广 东 旅 游 年 鉴

2010

（总 第 7 期）

活力广东 GUANGDONG

Guangdong —— Spot of vitality

广东省旅游局

TOURISM ADMINISTRATION OF GUANGDONG PROVINCE, CHINA

WWW.VISITGD.COM

广东旅游年鉴编纂委员会

图书在版编目（CIP）数据

广东旅游年鉴. 2010 / 广东旅游年鉴编纂委员会编著.
— 广州 : 广东世界图书出版公司, 2010.11
ISBN 978-7-5100-2981-3

Ⅰ. ①广… Ⅱ. ①广… Ⅲ. ①旅游业—广东省—
2010—年鉴 Ⅳ. ①F592.765-54
中国版本图书馆CIP数据核字(2010)第213596号

责任编辑：萧宿荣　康琬娟

广东旅游年鉴编辑部
地址：广州市黄埔大道西463号　邮编：510630
邮购电话：020-87513655
出版发行：世界图书出版广东公司
地址：广州市新港西路大江冲25号　邮编：510300
印刷：广州汉鼎印务有限公司

编辑说明

一、《广东旅游年鉴》是由广东省旅游局主办，全省21个地级以上市旅游局共同参与编纂的大型资料性工具书，创办于2004年，尔后逐年出版，并在国内外公开发行。其宗旨是全面记录和真实反映广东省旅游业的发展情况，为社会各界及海外人士了解和研究广东旅游提供基本资料。

二、《广东旅游年鉴》2010卷所记载的内容主要反映2009年度广东旅游业的情况，考虑到记载的连贯性，个别内容在时间上有所跨越。

三、《广东旅游年鉴》采用分类编辑法。主体内容设篇目、分目、条目三个结构层次，以条目作为表现内容的基本形式。本卷设有12个篇目，即重要图片、文献·讲话、广东旅游大事记、广东旅游业概况、广东国际旅游文化节、试行国民旅游休闲计划、各市旅游业、政策法规·标准规范、旅游发展规划、全省旅游业统计资料、各级旅游管理机构、名录等。

四、2009年，广东旅游先行先试，率先在全国开展“试行国民旅游休闲计划”；国务院出台《旅行社条例》，省旅游局按要求对全省旅行社重新进行登记。对此，本卷占用较大篇幅予以记载。

五、《广东旅游年鉴》2010卷“全省旅游业统计资料”篇中所归类的全省旅游业统计数字，已经省旅游局规划统计处核准。“各市旅游业”中所列举的旅游统计数字，由各地级以上市旅游局提供。由于两者统计口径、方法、范围不一，如与“全省旅游业统计资料”篇中的数字不一致的，应以本统计资料数字为准。如与以前公布的数字或其他文稿中所列举的数字有差异，皆以本书为准。

六、本年鉴的编辑出版工作得到省有关部门、各市旅游局的大力支持，谨此致谢。如有疏漏之处，敬请批评指正。

广东旅游年鉴编辑部

2010年12月

广东旅游年鉴编纂委员会

主　任　杨荣森（广东省旅游局局长）

副主任　曾维炳（广东省旅游局巡视员）

周开生（广东省旅游局副局长）

张振林（广东省旅游局副局长）

王志红（广东省旅游局副局长）

梅其洁（广东省旅游局副局长）

黎增丰（省纪委、省监察厅派驻广东省旅游局纪检组长、监察专员）

林上福（广东省旅游局副巡视员）

委　员　邱招贤（广东省旅游局办公室主任）

于非已（广东省旅游局党办主任）

曾晓峰（广东省旅游局政策法规处处长）

刘益华（广东省旅游局行业管理处处长）

甘达坚（广东省旅游局市场开发处处长）

陈瑞东（广东省旅游局规划统计处处长）

毛　诚（广东省旅游局港澳台旅游事务处处长）

李振德（广东省旅游局教育培训处处长）

余　斌（广东省旅游局人事处处长）

蔡立斌（广东省旅游局机关工会主席）

廖国强（广东省旅游质量监督管理所所长）

冒超球（广东省旅游职业技术学校校长）
李国平（广东省旅游发展研究中心主任）
孙朝晖（广东省旅游发展促进中心主任）
李进茂（广东省旅游协会副会长兼秘书长）
朱　力（广州市旅游局局长）
陈　威（深圳市文体旅游局局长）
刘福祥（珠海市文体旅游局局长）
陈华佳（汕头市旅游局局长）
彭聪恩（佛山市旅游局局长）
陈　波（韶关市旅游局局长）
古敏生（河源市旅游局局长）
陈建新（梅州市旅游局局长）
崔　爽（惠州市旅游局局长）
张林海（汕尾市旅游局局长）
梁少虾（东莞市旅游局局长）
车　卫（中山市旅游局局长）
周锦新（江门市旅游局局长）
马洪藻（阳江市旅游和外事侨务局局长）
林　红（湛江市旅游局局长）
李清汉（茂名市旅游局局长）
郑时广（肇庆市旅游发展局局长）
雷玉春（清远市旅游局局长）
伍　茸（潮州市文物旅游局局长）
谢锐锋（揭阳市旅游局局长）
袁伙月（云浮市旅游局局长）

《广东旅游年鉴》编辑部

目 录

广东国际旅游文化节

试行国民旅游休闲计划

各市旅游业

政策法规·标准规范

旅游发展规划

全省旅游业统计资料

各级旅游管理机构

名　　录

重要图片

广东2009 旅游数字

旅游总收入3068.39亿元

其中：旅游外汇收入100.28亿美元

国内旅游收入2383.47亿元

接待过夜旅游者总人数1.82亿人次

入境旅游者2738.01万人次

其中：外国人617.56万人次

港澳同胞1841.27万人次

台湾同胞279.18万人次

国内过夜旅游人数1.55亿人次

全省旅行社组团接待旅游者人数：

入境游370.12万人次

其中：外国人97.04万人次

港澳同胞242.00万人次

台湾同胞31.08万人次

国内旅游者1711.65万人次

出境旅游者356.78万人次

其中：香港176.65万人次

澳门60.84万人次

出国119.29万人次

中国优秀旅游城市共21个（含3个县级市）
广东省旅游强县（市）共15个
　其中：中国旅游强县（市）2个
旅游度假区共25个
　其中：国家级1个、省级24个
自然保护区
　其中：国家级11个、省级66个
森林公园
　其中：国家级25家、省级61家
全国重点文物保护单位
　其中：国家级66处、省级365处
海滨度假区33个
高尔夫球场80多个
温泉80多处
星级饭店1190家
　其中：白金五星级1家
　　　　五星级79家
　　　　四星级191家
　　　　三星级636家
客房数16.13万间
床位数27.03万张
星级饭店直接从业人员52.04万人
绿色饭店865家
国家A级旅游景区（点）126家
　其中：5A级旅游景区2家
　　　　4A级旅游景区78家
　　　　3A级旅游景区34家
景区（点）直接从业人员9.07万人
旅行社1092家
　其中：出境组团社138家
旅行社直接从业人员3.47万人
持证导游人员49949名
旅游院校（系）136所
　其中：高等院校66所
　　　　中等职业学校70所
旅游院校在校学生66292人
　其中：旅游高等院校26233人
　　　　旅游中等职业学校40059人
旅游专业教师2642人

□ 2009年11月13日，中共中央政治局委员、广东省委书记汪洋出席2009广东国际旅游文化节暨泛珠三角旅游推介大会并宣布大会开幕。

□ 2009年11月13日，中共中央政治局委员、广东省委书记汪洋在广州大学城体育场休息室会见世界旅游组织秘书长塔勒布·瑞法依（左）。（罗文清　摄）

2009年11月13日，中共中央政治局委员、广东省委书记汪洋(右三)在广州大学城体育场休息室会见世界旅游组织秘书长塔勒布·瑞法依（左三）及国家旅游局局长邵琪伟（右二）。广东省省长黄华华（右一）参加会见。（罗文清　摄）

2009年11月13日，广东省省长黄华华（右三）在广州会见世界旅游组织秘书长塔勒布·瑞法依（左二）。副省长万庆良（右一）、联合国世界旅游组织亚太部主任徐京（左一）等参加会见。

□ 2009年11月13日，广东省省长黄华华在2009广东国际旅游文化节暨泛珠三角旅游推介大会开幕式上致欢迎词。

□ 2009年11月14日，广东省省长黄华华在广州中山纪念堂观看“广东省开展国际友城30周年，2009广东国际旅游文化节国际友城文艺晚会”，并与全体中外演员一起合影。

□ 2009年11月13日，国家旅游局局长邵琪伟出席2009广东国际旅游文化节暨泛珠三角旅游推介大会开幕式并致辞。

□ 2009年11月13日，广东省省长黄华华（左二）、国家旅游局局长邵琪伟（左四）和世界旅游组织秘书长塔勒布·瑞法依（左三）等领导亲切接见首届中国粤菜峰会的获奖选手。

□ 2009年11月13日，世界旅游组织秘书长塔勒布·瑞法依出席2009广东国际旅游文化节暨泛珠三角旅游推介大会并致辞。

□ 2009年11月13日，广东省省长黄华华、国家旅游局局长邵琪伟、世界旅游组织秘书长塔勒布·瑞法依、广东省副省长雷于蓝、万庆良和省政协副主席汤炳权出席2009广东国际旅游文化节暨泛珠三角旅游推介大会组委会举办的欢迎宴会。

2009年11月19日，2009广东国际旅游文化节暨泛珠三角旅游推介大会闭幕式在广州长隆旅游度假区举行。广东省副省长雷于蓝宣布大会闭幕。

2009年11月19日，广东省副省长万庆良出席2009广东国际旅游文化节暨泛珠三角旅游推介大会闭幕式并致辞。

□ 2009年11月14日，2009广东国际旅游展览会暨海峡两岸旅游投资交流会在广州琶洲保利博览馆盛大开幕。（钟宝轩 摄）

□ 2009年11月14日，由广东省侨办和广东省旅游局共同举办的2009海外杰出华人广东行欢迎晚宴暨广东2010华人华侨旅游年活动启动仪式在广州隆重举行。

□ 2009年11月13日，由广东省人民政府主办的2009广东国际旅游文化节泛珠三角旅游招商会在广州举行。

□ 2009年11月25日，由广东省旅游局、广东南方广播影视传媒集团和中国移动通信集团广东公司联合主办的“唱响广东”——2009广东旅游金曲精英大赛颁奖典礼在广州隆重举行。广东省副省长万庆良为大赛冠军陈玲青颁奖。（张国辉　摄）

□ 2009年10月25~26日，由广东省旅游局、河源市人民政府、广东省旅游协会共同主办的“第四届广东（河源）国际温泉旅游节暨第六届河源市客家文化旅游节”在河源紫金御临门温泉度假村举行。

（河源市旅游局供稿）

□ 2009年11月14日，2009广东国际旅游文化节系列活动——“广东旅游推广大使”颁牌典礼仪式在广州举行。

□ 2009年11月13日，2009广东国际旅游文化节首届中国粤菜峰会在广州富力丽思卡尔顿酒店举行，独具特色的开幕仪式令人耳目一新。（陈春庆　摄）

□ 2009年11月13日，以“旅游合作与发展”为主题的2009广东国际旅游合作高峰论坛在中山大学举行。

2009年6月，以“乡土、乡音、乡情”为主题的“老照片·新广东”海外华人图说南粤系列活动在全省各地举行。

2009年11月14~18日，2009广东国际旅游文化节系列活动——岭南民间艺术汇演在广州英雄广场等5个场地演出。

□ 广东“领潮争先”彩车在各地展演展示受到人们青睐。图为2009年10月2日在北京天安门广场展示期间的情景。
（刘晓明　摄）

□ 2009广东国际旅游文化节暨泛珠三角旅游推介大会开幕式晚会花车巡游。

2009年11月13日，2009广东国际旅游文化节暨泛珠三角旅游推介大会开幕式晚会在广州大学城中心体育场隆重开幕。以“五彩岭南：敞开岭南情怀 拥抱快乐世界”为主题的开幕式大型文艺晚会，吸引4万多名中外嘉宾现场观看。

2009年11月19日，2009广东国际旅游文化节暨泛珠三角旅游推介大会闭幕式和文艺晚会在广州长隆旅游度假区举行。

□ 2009年2月23日，全省旅游工作会议在广州召开。广东省省长黄华华出席会议并讲话，广东省副省长万庆良主持会议。会议授予韶关市乳源县、仁化县、清远英德市和汕头市南澳县为“广东省旅游强县”。（涂继文 摄）

□ 2009年9月4日，广东省旅游协会第四届会员代表大会在广州长隆酒店举行。（蔡立斌 摄）

☐ 2009年8月1日，国家旅游局局长邵琪伟与广东省委常委、深圳市代市长王荣在深圳东部华侨城共同签署《国家旅游局 深圳市人民政府旅游合作框架协议》，并出席深圳东部华侨城全面开业庆典。

（深圳市文体旅游局供稿）

☐ 2009年2月23日，由国家旅游局和广东省人民政府共同主办的广东省试行国民旅游休闲计划启动仪式在广州中山纪念堂隆重举行。国家旅游局副局长祝善忠、广东省副省长万庆良等领导和4300多名游客参加启动仪式。

（专责小组供稿）

□ 2009年4月27日，湛江市隆重举行国民旅游休闲计划系列活动启动仪式暨湛江特呈岛旅游度假村试业典礼，广东省副省长万庆良为活动鸣锣。（湛江市旅游局供稿）

□ 2009年10月10日，全省旅游扶贫工作会议在广州增城市召开。广东省副省长万庆良（左）为首批广东省旅游扶贫大型重点项目单位授匾。（涂继文　摄）

□ 2009年12月11日，广东省旅游局局长杨荣森率领局各处室及直属单位负责人前往扶贫开发“规划到户、责任到人”帮扶点——乳源瑶族自治县洛阳镇板长村开展调研活动，并在田间地头召开帮扶工作座谈会。

（胡喜红　摄）

□ 2009年5月19～22日，广东省旅游局借助省主要领导率领的广东省党政代表团赴广西、湖南开展经贸学习考察活动之机，组成广东旅游分团开展系列活动。图为局长杨荣森在广西百色地区举行的粤桂旅游合作交流晚宴上，与广西壮族自治区旅游局局长陈建军（左）共同签订旅游合作与交流协议。

（广西壮族自治区旅游局供稿）

2009年1月1日，由广东省旅游局主办的“广东人游广东·粤游粤精彩——2009中国广东·生态旅游年”启动仪式在广州中山纪念堂举行。（张国辉　摄）

2009年10月16日，广东省旅游局与中国移动通信集团广东公司战略合作协议签约仪式暨2009广东国际旅游文化节“唱响广东”合作签约仪式在广州举行。杨荣森局长与中国移动广东公司总经理徐龙（左）共同签署合作协议。（专责小组供稿）

2009年4月28日，由广东省旅游局主办的“国民旅游休闲卡”发行暨首批“国民旅游休闲示范单位”颁牌仪式在广州中山纪念堂隆重举行。（张国辉　摄）

2009年2月28日，由广东省妇联和省旅游局共同主办的“春满南粤‘三八’同乐”启动仪式在广州中山纪念堂隆重举行。（张国辉　摄）

□ 由广东省科技厅和广东省旅游局主办的“广东省科技旅游启动暨科技旅游示范点授牌仪式”在广东科学中心举行。广东省副省长万庆良，省科技厅厅长李兴华，以及省市和港澳地区旅游局负责人出席仪式。

（广东科学中心供稿）

□ 2009年9月27日，“2009广东省森林生态旅游示范基地授牌暨森林生态游启动仪式”在中国科学院华南植物园举行。全省50家旅游景区被评定为省级森林生态旅游示范基地。广东省政府副秘书长江海燕出席仪式并讲话。

（张国辉　摄）

□ 2009年5月1日，城际旅游大联盟活动在肇庆启动。广东省副省长万庆良，省政府副秘书长刘晓捷，省旅游局局长杨荣森、副局长王志红及肇庆市委书记覃卫东、市长杨浩明出席活动。（肇庆市旅游局供稿）

□ 2009年4月11日，由国家旅游局主办，广东省旅游局承办的“全国百城（广东）旅游宣传周”启动仪式在广州英雄广场举行。深圳、珠海、佛山、东莞、中山、惠州、江门和肇庆8个分会场同步举行启动仪式和活动。（涂继文　摄）

□ 2009年4月21日，广东省副省长万庆良（左五），省政府副秘书长刘晓捷（左三）、省旅游局局长杨荣森（左二），梅州市委书记刘日知（左四）、市长李嘉（右二）等领导共同为“中国梅州客天下旅游产业园”揭幕。

（梅州市旅游局供稿）

□ 2009年11月20日，在惠州市举办的第四届惠州国际温泉旅游节上，国际休闲产业协会主席、国家旅游协会副会长王军（左）向市长李汝求颁发惠州市荣膺“国际最佳休闲城市”牌匾。（惠州市旅游局供稿）

2009年4月27日，湛江市人民政府与广东中旅（集团）有限公司旅游战略合作签约仪式在湛江皇冠假日酒店举行。

（吕哲琳　摄）

2009年9月3日，广东省旅游局和广东省财政厅在广州首次举办大型旅游重点项目现场评审会。

（涂继文　摄）

□ 2009年10月2日，由广东省旅游局和惠州市人民政府共同主办的珠三角旅游合作《罗浮山宣言》签署仪式在罗浮山举行。图为珠江三角洲地区九市旅游局局长共同签署宣言。　（惠州市旅游局供稿）

□ 2009年6月17日，为推进《珠三角地区改革发展规划纲要》的实施，广州、佛山和肇庆三市旅游局在肇庆市举行“广佛肇旅游一体化”合作框架协议签字仪式，并共同启用“广佛肇旅游一卡通”。　（广州市旅游局供稿）

2009年11月2～12日，中共中央政治局委员、广东省委书记汪洋率领的广东省党政代表团和经贸代表团赴韩国、日本、泰国访问，由广东省旅游局局长杨荣森率领的广东旅游分团在随访中开展系列旅游合作与交流活动。10日，参加广东驻曼谷旅游办事处的揭牌仪式。（梁耀坚　摄）

2009年11月10日，广东省旅游局局长杨荣森与泰国国家旅游局副局长山森共同签署《中国广东和泰国旅游合作与交流协议》。（梁耀坚　摄）

2009年4月13日，广东省旅游局局长杨荣森在广州会见来广东调研考察的世界旅游组织专家组一行，并同世界旅游组织旅游政策小组组长Pradech Phayakvichien（左三）就广东旅游资源和发展现状等问题进行交流。广东省旅游局副局长王志红参加会见。（涂继文　摄）

2009年9月22日，广东省旅游局局长杨荣森在杭州参加2009亚太旅游协会旅游交易会（PTM）期间，拜会亚太旅游协会（PATA）总裁兼首席执行官格雷格·达菲尔（左），双方就共同应对国际金融危机、加强双方交流与合作等问题交换意见。（梁耀坚　摄）

2009年11月2日，广东省旅游局巡视员曾维炳（右一）在参加广东省党政代表团和经贸代表团的广东旅游分团赴韩国、日本和泰国开展系列旅游合作与交流活动期间，与韩国文化体育观光部第一次官申载旻交谈。（梁耀坚　摄）

2009年9月下旬，以“海边世界遗产·开平碉楼欢迎您”为主题的2009中国（江门）开平碉楼旅游文化节在江门开平市举行。（江门市旅游局供稿）

□ 2009年11月13日，首届中国粤菜峰会在广州香格里拉大酒店举行。峰会评选出首批100家粤菜名店、100位粤菜管理服务大师、100位粤菜名厨、100道地方特色名菜名点，打造广东“美食天堂”旅游品牌。图为广东省旅游局副局长周开生（中）为获奖选手颁奖。

□ 绿道是连接公园、自然保护地、名胜区、历史古迹等与高密度聚居区之间的开敞空间纽带。2009年，全省各地加快绿道网建设。图为广州增城市建成的绿色单车道，颇受国内外游客喜爱。（广州市旅游局供稿）

□ 2009年7月9日，广东省旅游局副局长张振林在广州会见由松尾孝司（左）率领的日本关西旅游交流团。
（涂继文　摄）

□ 2009年6月12日，粤黔两省首次将健康旅游和生态旅游相结合，推出大规模的跨两省的旅游文化交流活动。图为在广州举行的“多彩贵州情 · 健康新百灵”——广东地区万名长者赴贵州观光旅游活动启动仪式。全国首趟“健康旅游专列”于7月11日从广州开出。

□ 2009年11月14日，广东旅游部门与泰国旅游代表团双边会谈在广州香格里拉酒店举行。广东省旅游局副局长王志红（左五）与泰国旅游与体育部常务次长萨西萨拉·皮恰恰那欧罗女士（左四）交换礼品。

□ 2009年12月24日，“广东海上丝绸之路博物馆”开馆庆典仪式在海陵岛十里银滩举行，并正式接待中外游客。（阳江市旅游局供稿）

□ 2009年，广东省共有21家旅游景区被国家旅游局和全国旅游景区等级评定委员会评为国家4A级旅游景区。图为2009年1月23日新评定的国家4A级旅游景区——江门市川岛旅游度假区。（江门市旅游局供稿）

□ 2009年8月1日，由华侨城集团斥资35亿元精心打造的东部华侨城全面开业。（深圳市文体旅游局供稿）

（以上图片除署名外，均由相关单位和国际摄影协会·中国 供稿）

文献·讲话

（第 1 ~ 14 页）

以世界眼光谋划新一轮国际旅游合作与发展

——在广东国际旅游合作高峰论坛上的讲话

广东省省长　　黄华华

（2009 年 11 月 13 日）

广东省省长黄华华

尊敬的邵琪伟局长，尊敬的格雷格·达菲尔先生，各位来宾，女士们、先生们：

岭南美景迎嘉宾，旅游盛会谱华章。乘 2009 广东国际旅游文化节隆重举行的东风，我们非常高兴在美丽的珠江之畔召开广东国际旅游合作高峰论坛。这是广东进一步深化与各国、各地区旅游交流与合作的重要举措。在此，受中共中央政治局委员、广东省委书记汪洋的委托，我谨代表广东省委、省政府，对各位嘉宾朋友表示热烈的欢迎！

旅游是国际交往的重要内容，是人类生活的美好乐章。中国是世界旅游大国，自古就有重视旅游的传统，“读万卷书、行万里路”几千年来始终贯穿着中国人的生活。孔子周游列国、徐霞客遍访神州、郑和七下西洋等不仅书写了中国旅游的传奇，也在中外旅游交流史和世界旅游发展史上留下了浓墨重彩的不朽篇章。广东是中国改革开放的先行者和旅游大省。新中国成立 60 年来，广东充分发挥“毗邻港澳、华侨众多”的地缘人缘优势，全面深化与世界各国、各地区在经贸、旅游等领域的合作，经济社会发展取得举世瞩目的成就。2008 年，全省生产总值达 35696 亿元，约占全国的 1/8；财政总收入达 8470 亿元，约占全国的 1/7；进出口总额达 6833 亿美元，约占全国的 1/3。伴随着经济的快速发展，广东旅游业实现了从无到有、从小到大的历史巨变，2008 年全省旅游总收入达 2641 亿元，约占全国的 1/5；外汇旅游收入达 92 亿美元，约占全国的 1/4，成为中国旅游经济最发达、旅游活力和吸引力最强的地区之一。

在推动旅游业发展的过程中，广东高度重视加强对外交流与合作。1979 年我省创办的中山温泉宾馆是中国第一家中外合资旅游企业，1988 年又在中国率先推出出境游业务。特别是近年来，广东与国际各区域之间的旅游交流合作蓬勃发展、成果丰硕：粤港澳旅游合作不断向纵深发展，并成为世界知名的国际旅游目的地；我省与印尼、越南、马来西亚、新加坡等东盟 4 国旅游部门签署了旅游合作框架协议，在旅游规划、资源开发、产品建设、市场推广和旅游管理等方面展开全面合作；与日本、韩国、澳大利亚等主要入境旅游市场，以及与国际友好省州的旅游交流与合作也日益密切。2008 年，广东口岸入境旅游人数达 1 亿多人次，其中入境过夜旅游人数 2568 万人次，占全国的近一半；全省旅行社组织出境旅游 348 万人次。在这一系列国际交流合作中，广东旅游提升了发展水平，拓展了发展空间。

女士们、先生们，随着经济全球化进程的不断加快，各国、各区域之间的交流合作日益密切，旅游业也呈现出新的发展态势。当今世界，旅游既是发展经济的重要组成部分，也是推动发展的重要动力；既是现代生活的重要需要，也是改善生活的重要载体；既是文明传承的重要依托，也是文明演进的重要过程；既是国际交流的重要内容，也是增进合作的重要桥梁。与此同时，越来越多的国家和地区开始有意识地协调各自的旅游政策，与周边国家共同进行旅游规划、开发旅游资源、打造区域旅游大市场，通过资源共享、客源互动、信息互通等途径，实现区域旅游一体化。

当前，广东旅游也正处在新的历史起点上。加强区域旅游合作，不断提升对外开放水平，既是广东落实《珠江三角洲地区改革发展规划纲要》、建设全国旅游综合改革示范区和旅游强省的现实需要，也是增进中外友好交流合作、共同构建和谐世界的重要使命。这里我特别要向各位介绍，随着经济社会发展进入新阶段，广东旅游迎来了前所未有的发展机遇和广阔前景。广东旅游资源丰富，“岭南文化、活力商都、黄金海岸、美食天堂”四大旅游品牌深入人心，对国内外游客的吸引力日益增强；岭南文化底蕴深厚、特色浓郁，在海外侨胞中具有强大的影响力和认同感；毗邻港澳，是世界上唯一具有“一国、两制、三地”特点，荟萃不同社会制度和历史文化的旅游区；交通便捷、配套完善，旅游产业发展基础良好，特别是拥有数量众多、灵活应变的旅游企业群，能够更好地适应瞬息万变的国内外形势和多种多样的游客需求。这些比较优势，再加上广东超过3万亿的经济总量，超过5000美元的人均生产总值，超过1亿人的省内旅游消费群体，超过1亿人次的口岸入境旅游人数，以及即将举办的2010年广州亚运会、2011年深圳世界大学生运动会等大型活动，都为广东进一步增进国际旅游交流合作、共同拓展旅游发展空间奠定了坚实基础、提供了难得机遇。

面对新形势、新机遇，广东将深入贯彻落实科学发展观，以深化改革、扩大开放为动力，以世界眼光、战略思维谋划和推动与世界各国、各地区的旅游交流与合作，共同提升旅游发展水平，实现互利共赢。

一是突出市场的关联性，积极推进广东旅游市场国际化。在深度开拓省内、国内旅游市场的同时，加大海外市场促销力度，打造国际化旅游目的地，吸引更多游客到广东旅游。同时，积极引导和推动广东居民“走出去”到世界各地旅游，为国际旅游业发展提供源源客流。

二是突出资源的互补性，积极推进广东旅游资源国际化。充分发挥旅游资源优势，引进国际知名旅游企业联合开发，提供更多符合国际旅游者需求的旅游产品。同时，积极推动我省有实力的旅游企业“走出去”开发利用国外旅游资源，推进区域间旅游要素、线路、产品的整合，形成能满足国内外不同游客需求的产品体系。

三是突出公共服务的支撑性，积极推进广东旅游管理服务国际化。充分学习借鉴先进地区的旅游开发管理经验，按照国际标准加快完善旅游交通、景区、酒店、商场等基础设施建设，加强安全、保险、救援、信息、集散中心等旅游公共服务设施建设，加强旅游人才的引进、培养和使用，着力优化旅游服务。

四是突出旅游形象的独特性，积极推进广东旅游品牌国际化。加快推动旅游产业优化升级，打造更多体现岭南风情、广东特色、世界水平的知名旅游景区景点和黄金旅游线路，推动知名旅游企业、著名景区景点、重点旅行社的对外合作，培育广东的世界旅游品牌和旅游跨国企业。

五是突出合作主体的多元性，积极推进广东旅游合作国际化。坚持政府主导，市场运作、社会行业组织推动相结合，建立完善旅游合作机制，推动旅游企业跨行政区域、跨国、跨地区进行实质性合作，在更大的空间范围形成有机的旅游产业链。充分发挥旅游行业组织的对外联系和综合服务职能，为旅游企业对外活动提供服务。

女士们、先生们，活力广东、欢乐祥和；南粤旅游、精彩无限。我们诚挚欢迎世界各国、各地区的朋友到广东观光旅游、投资兴业，携手共创更加辉煌的明天！

最后，祝本届论坛取得圆满成功！祝各位来宾、各位朋友在粤期间工作顺利、身体健康！

谢谢大家。

【附：广东国际旅游合作高峰论坛简介】 2009年11月13日，由2009广东国际旅游文化节暨泛珠三角旅游推介大会组委会主办，广东省旅游局、广东省人民政府外事办公室、中山大学联合承办的广东国际旅游合作高峰论坛在广州中山大学举行。广东省省长黄华华，国家旅游局局长邵琪伟，副省长万庆良，省旅游局局长杨荣森，中山大学校长黄达人，亚太旅游协会（PATA）CEO格雷格·达菲尔、泰国旅游与体育部常务次长萨西萨拉·皮恰恰、日本兵库县副知事吉本知之等出席论坛。联合国世界旅游组织亚太部负责人，广东主要客源国旅游部部长、广东国际友好省州官员、各国驻穗领馆官员、广东省旅游系统相关负责人、港澳旅游事务官员，国内知名旅游企业和旅游界专家学者300多人参加论坛。来自泰国、南非、菲律宾、瑞典、厄瓜多尔、香港、澳门等国家和地区的专家嘉宾就“国际旅游合作与与发展”为主题进行热烈讨论。本次论坛有以下特色：一是权威性。论坛由省委省政府领导、国家旅游局领导及各友好省州国际官员等权威人士出席并进行主题演讲，立意高端，共谋发展，具有较强的权威性。二是广泛性。此次论坛得到了来自国内外各级政府、企业、协会、专家学者、媒体、青年学子等的广泛参与，积极互动，踊跃发言，是一次各方智慧碰撞的思想盛宴。三是国际性。此次论坛诚邀广东省主要客源国旅游部部长及友好省州州长的参与，放眼国际，以世界眼光、战略思维诠释经济复苏背景下的国际旅游合作的深远意义，备受瞩目。

此次论坛在国际金融危机影响趋缓，国际合作不断深入，中国经济企稳回苏的关键时刻，在省委省政府出台《关于加快我省旅游业改革与发展建设旅游强省的决定》的背景下举办，为广东旅游业谋求国际化发展、提升广东旅游的国际影响力与知名度创造了条件；进一步丰富2009广东国际旅游文化节暨泛珠三角旅游推介大会的内容；对促进区域经济复苏、深化旅游合作机制、发挥旅游业的带动作用具有深远意义。

做强大产业　做好大品牌　做优大家乐

——在2010年全省旅游工作会议上的讲话

广东省副省长　万庆良

（2010年2月3日）

广东省副省长万庆良

同志们：

今天，省政府召开全省旅游工作会议，贯彻落实《国务院关于加快旅游业发展的意见》和全国旅游工作会议精神，按照省委十届六次全会的部署，全力以赴推动广东旅游发展在新的一年上新的台阶。刚才，荣森同志和有关市、有关企业的代表回顾了去年的工作、提出了今年的设想，国家旅游局王志发副局长在百忙中亲临大会，就如何贯彻落实国务院41号文和全国旅游工作会议精神发表重要讲话，要求我们在发展战略上提高一步、工作重心上向下走一步、发展空间上向农村进一步、发展方向上向“好”上迈一步，非常符合广东实际。希望同志们认真贯彻落实这次会议精神，扎扎实实做好今年各项工作。早在2008年全省旅游工作会议上，我就提出了广东旅游业“大产业、大品牌、大家乐”的思路，2008年11月的首届广东开放论坛上，我又对这一思路进行了进一步的演绎和细化。今天，我再围绕“做强大产业、做好大品牌、做优大家乐”的主题，讲三点意见：

一、“做强大产业、做好大品牌、做优大家乐”，成效怎么样?

2009年，百年一遇的国际金融危机给广东旅游发展带来了前所未有的困难和压力。在党中央、国务院的坚强有力领导下，省委、省政府团结带领全省人民以前所未有的胆略、气魄和干劲，积极应对危机，努力化危为机，在推动科学发展、促进社会和谐的宏伟进程中迈出了新的坚实步伐。从旅游发展的角度看，去年我们遭遇了寒流和甲流，但旅游给我们带来了暖流和人流。2009年全省实现旅游总收入3068亿元、增长15%、占全国的1/5，提前一年实现“十一五”规划目标，其中国内旅游收入2383亿元、增长17.4%，旅游外汇收入100.3亿美元、增长9.3%，成为全国旅游业改革发展的先行者、排头兵、风向标。总体上看，去年的工作主要有三个新突破：

一是改革创新有新突破。根据《珠江三角洲地区改革发展规划纲要》，根据省委、省政府建设旅游强省的决定，根据省政府和国家旅游局签订的战略合作框架协议，我们加大力度推进全国旅游综合改革示范区建设，在旅游改革创新方面进行了大量的探索实践，并取得了显著成效。在全国率先试行国民旅游休闲计划，开发推广乡村旅游、科技旅游、文化旅游、森林生态旅游、温泉旅游等13个专项旅游产品，创建了974家国民旅游休闲示范单位，策划组织了450多项休闲活动，公布了535个免费游览参观点，发行国民旅游休闲卡100万张、签约商户5000多家，推出“旅游下乡”、“广东旅游门票明信片”等，全面让利于民、优惠于民。抓好旅游业对港澳开放先行先试工作，深圳户籍居民赴港旅游“一签多行”、深圳非户籍居民以定点团队游方式赴港旅游正式实施启动。积极创新广东国际旅游文化节办节思路和模式，创办广东国际旅游展览会、首届粤菜峰会、“唱响广东”旅游金曲精英大赛、广东国际旅游合作高峰论坛等活动。圆满完成国庆60周年盛典广东彩车的设计制作、展演展示和社会宣传任务。创新旅游扶贫资金使用方式，除安排3000万元扶持60个旅游项目建设外，首次采取竞争性分配方式安排3000万元旅游扶贫资金，重点扶持6个大型旅游项目。旅游扶贫工作成绩显著，直接解决就业人数10万人，间接带动就业40多万人，吸引外资、侨资、民资开发旅游项目与协议投资达390亿元。

二是区域合作有新突破。广佛肇、珠中江、深莞惠区域旅游合作迈开新步伐，惠州市旅游局牵头珠三角9市签署《罗浮山宣言》，《广佛同城化旅游合作协议》等开始实施，珠三角旅游一体化进程加快推进。泛珠三角区域旅游合作深入推进，我省21个市和湖南、广西等地构建城际旅游大联盟。粤港澳旅游合作不断深化，“一江珠水、三颗明珠”的国际区域旅游品牌影响力不断增强。我省共接待港澳过夜旅游人数1849万人次，签发赴港澳个人游签注超过1000万个。以两岸“三通”为契机推进粤台旅游交流合作，广东（汕头）实现对台旅游邮轮直航，全年赴台游客超过12万人次，接待台湾过夜旅游人数257万人次。与新加坡、马来西亚、泰国等签署旅游框架合作协议，设立泰国旅游办事处。旅游区域合作从省内合作到省外合作、港澳台的合作和对国际的合作，都实现了新的突破。

三是旅游产业建设有新突破。积极配合省委、省政府建设现代产业体系的决策部署，推动旅游制造业、旅游服务业、旅游基础设施等有新的发展。去年新增旅行社89家、3A级以上旅游景区20家，旅游食、住、行、购、娱等产业要素进一步完善。目前，全省共有旅行社1125家、旅游饭店8000多家，其中星级酒店1226家、白金五星级酒店1家、五星级酒店80家、四星级酒店190家、绿色饭店800多家；大型旅游景区景点300多家，其中国家5A级旅游景区2家、4A级旅游景区78家；优秀旅游城市21个。旅游新业态有新的发展，会展旅游、高尔夫旅游、游艇旅游等高端旅游以及旅游房地产、旅游制造业蓬勃兴起，大型旅游企业综合实力和竞争力进一步增强，长隆、华侨城、广东中旅、广晟等一批大型旅游企业不断壮大提升。

这些成绩的取得，离不开全省各市的扎实工作和大力支持。这里，我通报一下去年各市旅游发展主要指标的排名情况。各市按旅游总收入增幅排名：第1名梅州37.6%，第2名韶关35.7%，第3名清远33.5%，第4名揭阳31.9%，第5名潮州增长29.7%，第6名肇庆20.8%，第7名惠州19.2%，第8名广州18.7%，第9名东莞17.7%，第10名阳江16.9%，第11名河源15%，第12名江门14.9%，第13名中山13.4%，第14名湛江13.1%，第15名云浮12.2%，第16名汕尾11.8%，第17名茂名10.3%，第18名佛山9.9%，第19名汕头9.4%，第20名珠海8.9%，第21名深圳5.1%。按国内旅游收入增幅排名：第1名梅州，第2名韶关，第3名清远，第4名潮州，第5名揭阳，第6名广州，第7名肇庆，第8名江门，第9名东莞，第10名惠州，第11名中山，第12名阳江，第13名河源，第14名湛江，第15名云浮，第16名汕尾，第17名汕头，第18名珠海，第19名茂名，第20名佛山，第21名深圳。按过夜旅游人数增幅排名：第1名潮州，第2名揭阳，第3名梅州，第4名肇庆，第5名湛江，第6名东莞，第7名惠州，第8名阳江，第9名云浮，第10名广州，第11名河源，第12名汕头，第13名汕尾，第14名珠海，第15名清远，第16名深圳，第17名茂名，第18名韶关，第19名中山，第20名佛山，第21名江门。这些增速排名，以后每年都要公布。

在大型旅游项目建设方面，全省21个市在建或已动工的大型旅游项目投资总额约3195亿元，涉及景区景点、酒店、旅游基础设施、旅游制造项目、旅游产业园等建设项目，其中投资1亿元以上的大型旅游项目共175个：广州20个、深圳6个、珠海5个、汕头2个、佛山4个、韶关4个、河源10个、梅州6个、惠州25个、汕尾2个、东莞6个、中山8个、江门6个、阳江8个、湛江10个、茂名1个、肇庆11个、清远28个、潮州2个、揭阳10个、云浮1个；投资5亿元以上的大型旅游项目90个；投资10亿元以上的大型旅游项目62个。

旅游业的快速发展，为全省经济平稳较快发展和“三促进一保持”的实施作出了重要贡献。2009年，全省生产总值达39082亿元、增长9.5%，占全国的1/8；财政总收入9052亿元、增长6.9%，占全国的1/8；地方一般预算收入3642亿元，增长10.3%；社会消费品零售总额14892亿元，增长16.3%；固定资产投资13367亿元，增长19.6%。这些，都包含着旅游业作出的积极贡献。一年来，全省旅游系统按照“构建大产业、打造大品牌、推动大家乐”的总体思路，迎难而上，乘势而为，做了大量卓有成效的工作，有几点值得很好地总结思考：一是紧扣中心、服务大局。坚持把旅游业放在全省扩内需保增长、调结构促转型的大局中来统筹安排，在保增长中扩大旅游消费，在调结构中做大旅游产业，在保民生中推动“大家乐”。二是先行先试、大胆创新。在全国率先出台由省委、省政府作出的《关于推动旅游业改革发展建设旅游强省的决定》，在全国率先试行国民旅游休闲计划，在全国率先推动落实带薪休假和集中休假促进消费。事实证明，我们按照中央的决策采取这些措施是完全正确的、富有成效的。三是借船出海，借鸡生蛋。各级旅游部门积极主动加强与经贸、科技、农业、林业、海洋、教育等部门的合作，联合推出了海洋旅游、工业旅游、农业旅游、森林旅游、科普旅游等一系列专项旅游。四是省市联动，合力推进。统筹全省旅游业的发展布局，省旅游局与梅州、河源、韶关、汕头等市签署了合作协议，上下联动，左右互动，共同行动，推动岭南大地旅游业遍地开花。五是突出重点，打造精品。狠抓重点景区景点和龙头企业的培育打造，着力抓好珠海横琴岛、肇庆千里画廊、深圳东部华侨城、梅州客天下等新项目建设，进一步擦亮广东国际旅游文化节的招牌，增强了广东旅游的号召力影响力。过去一年，全省旅游系统同志们发挥了主动性、积极性、创造性，推动旅游工作跃上了新的台阶，为服务全省应对国际金融危机、化为危机作出了积极贡献。在此，受黄华华省长委托，我代表省政府对全省各级各部门特别是旅游系统的同志们，表示衷心的感谢！

二、“做强大产业、做好大品牌、做优大家乐”，下一步怎么办？

当前，我省正处在巩固应对国际金融危机阶段性成果、推动科学发展由探索实践转向全面深化的关键时期。中央和省委、省政府高度重视新时期旅游业的改革发展，温家宝总理强调要把旅游业培育成为国民经济的战略性支柱产业，汪洋书记强调要在扩大内需中发挥旅游业的重要作用，邵琪伟局长希望广东争当全国旅游综合改革的排头兵，黄华华省长要求旅游业要发展成为我省的五大消费市场之一。领导同志的希望，就是我们的方向，人民群众的需求，就是我们的追求。我们要按照中央和省委、省政府对旅游业的新定位新要求，认真研究如何做强大产业、做好大品牌、做优大家乐，努力实现三个新提升：

一是战略定位上要有新提升。国务院41号文首次明确提出要把旅游产业培育成为国民经济的战略性支柱产业，把旅游业发展上升到国家战略层面进行部署推进，为我们加快旅游业发展带来“忽如一夜春风来，千树万树梨花开”的大好环境。面对前所未有的历史机遇，旅游业必须要有新作为。各级各部门党政一把手要亲自抓抓旅游，旅游部门要加强工作请示汇报，争取党政一把手的关心、支持、帮助。要根据新形势新机遇新要求，认真研究旅游业的战略地位。要放眼世界，以国际视野、战略眼光，研究广东的旅游战略地位怎么提升？研究广东旅游资源的优势和特色在哪里？缺点和不足在哪里？研究怎么参与制定旅游世界标准？研究该如何打造世界性旅游目的地？各市都要认真研究自身的旅游业战略定位，尤其是广州、深圳两个龙头市，发展旅游的战略地位一定要高。广东要成为世界旅游目的地，首先是广州、深圳要带动珠三角地区成为世界旅游目的地。

二是转型升级上要有新提升。提升广东旅游业的核心竞争力，必须在转型升级上下功夫。省委十届六次会议提出要转型与创新，值得我们好好深思研究和落实。我认为，广东旅游产业要提升核心竞争力，必须认真贯彻落实国务院41号文、省委十届六次全会和全国旅游工作会议精神，切实在转型、创新上下功夫。要认真研究如何推动旅游业从观光型向休闲型转变、从单一型向复合型转变、从旁观型向参与型转变。整个产业的整体素质，包括旅游基础设施、软件建设、服务功能、服务质量如何升级，如何上新的台阶，都需要我们很好地研究，由此推动旅游业在转型升级上实现新的提升。

三是在改革创新上要有新提升。广东要加快建设全国旅游综合改革示范区，就肩负着探索、创新、改革、试验的任务。在这方面，省里已经进行了一些研究和部署，去年以来也进行了一些探索和实践，但还不够系统、全面、到位。要按照国务院41号文精神和国家旅游局的要求，进一步加大改革创新力度。全省旅游系统的同志都要开动脑筋，大胆解放思想，转变观念、调整思路、积极创新，拿出实际东西来，大胆试验、大胆探索、大胆创新，争当全国旅游改革发展的排头兵、先行者。

三、“做强大产业、做好大品牌、做优大家乐”，今年怎么抓？

根据省委、省政府工作部署，2010年我省旅游发展目标是：入境过夜旅游人数增长10%，国内旅游人数增长14%，旅游总收入增长15%。实现上述目标，必须围绕“做强大产业、做好大品牌、做优大家乐”的目标，进一步做大总量、优化结构、提升质量，加快建设全国旅游综合改革示范区和旅游强省。重点抓好以下6个方面的工作：

一是抓活动，着力增强广东旅游的吸引力。今年我省旅游工作有一系列新的机遇：国务院41号文、上海世博会、广州亚运会、武广高铁开通，都给广东组织旅游大活动大促销提供了新的契机。一要策划精彩的主题旅游促销活动。各市、各地、各部门要科学制订今年旅游促销活动计划，于2月11日前上报省旅游局。省旅游局要对全省各市的旅游工作加强统筹安排，保证每个月都有两个市开展不同主题的旅游宣传推介活动，做到“月月有活动，处处有精彩”。围绕省委省政府关于将珠三角打造成都市旅游圈、粤东地区打造成特色文化旅游区、粤西地区打造成滨海旅游区、粤北山区打造成休闲度假区的要求，组织相关地市联合开展区域旅游宣传促销活动。今年每一区域至少组织一场大型的促销活动，推动区域合作，打造区域品牌。二要深入开展国民旅游休闲活动。认真总结去年试行国民旅游休闲计划的经验，进一步充实活动内容，抓好国民旅游休闲示范市、示范景区景点等建设，拓展国民旅游休闲卡的覆盖面，更广泛地调动人民群众的参与积极性。要及早谋划今年“五一”期间的集中带薪休假工作，做好组织协调工作，更好地发挥节庆活动拉动旅游、促进消费的作用。三要全力办好广东国际旅游文化节。要在继续举办好旅游招商会、国际旅游展览会、粤菜峰会、民间艺术汇演等传统精品活动的同时，进一步创新办节思路，不断充实新的活动项目，擦亮这一国际性旅游盛会品牌。要加大市场化运作力度，加强与旅游、通信、传媒等领域重点企业的战略合作，鼓励引导社会组织承办相关活动，并在合适时机考虑创新办会形式、办会内容，努力实现经济效益与社会效益的双丰收。四要办好2010华人华侨旅游年的活动。这是今年我省的一大创举。各市旅游、侨务部门要通力合作，并加强与港澳特区旅游管理部门的合作，精心设计华侨归乡旅游精品线路，挑选服务优良的接团社，为广大华人华侨来粤旅游消费提供便利服务优质服务。要加大海外宣传力度，广泛吸引华人华侨归故里、叙乡情，游胜景、品美食，观世博、看亚运，畅游广东，激发爱国爱乡热情。

二是抓载体，着力增强广东旅游的竞争力。广东旅游强省“强”在哪里？我认为，既要强品牌、强形象，又要强实力、强企业。只有打造一批龙头企业、龙头景区景点，才能迅速提升广东旅游的竞争力、带动力。一要狠抓龙头景区景点建设。目前我省4A级旅游景区有78家，5A仅有2家，缺少在国内外具有较高国际知名度和较强品牌号召力的龙头景区景点。真正在国际上叫得响的、有影响力的只有2家：华侨城和长隆。其余的丹霞山、罗浮山、鼎湖山等，都没有很好地包装推介，知名度和影响力不够，必须在这方面狠下功夫。要认真配合省委十届六次全会建设绿道网的工作部署，全省4A、5A景区景点都要建设相配套的绿道网，春节前后请省旅游局与省建设厅联合组织调研、召开座谈会，研究实施方案，推动4A、5A景区绿道网建设。二要狠抓旅游产业园建设。重点要抓好长隆集团在珠海横琴岛，省中旅集团在梅州、佛山和湛江，广晟在肇庆建设旅游产业园的工作，加大建设力度，突出产业特色。三要狠抓龙头企业培育。目前，我省旅游企业总体上仍然存在小、弱、散等问题，缺少摆得上台面、能够冲击大风大浪的龙头企业。比如，广东有9万多家的餐饮企业、8000多家旅游酒店、80多家五星级酒店，但是没有具有全国影响力的餐饮集团。希望省旅游局、经济和信息化委、国资委等单位加强研究，相关行业协会积极发挥作用，推动强强联合、积极培育精品品牌。省旅游局要重点联系协调10家旅游企业，推动集团化、规模化、品牌化的发展。建议省国资委按照省委十届六次全会的要求认真研究，培育一二家龙头旅游企业集团，打造旅游业“航空母舰”。

三是抓创新，着力增强广东旅游的影响力。一是着力发展旅游新业态。要积极发展邮轮旅游、游艇旅游、水上旅游，从全省布局来看，广州、深圳、珠海、汕头、湛江要筹建邮轮码头、游艇码头，提高旅游的增值能力。积极发展旅游制造业，培育发展具有自主知识产权的休闲、潜水、探险、高尔夫等各类户外活动用品及宾馆饭店专用产品，推动旅游装备制造业的发展。二是认真学习借鉴国际旅游先进经验，在建设旅游森林公园、星级酒店精细化管理、开发旅游产业带等方面加大工作力度。要落实去年汪书记出访日本的后续工作，省旅游局和林业局要联合组织调研，提出推进旅游森林公园建设的工作方案，电力、交通、公路、水利等相关部门要积极支持配合，初步建议打造10个旅游森林公园，推动广东旅游和林业改革的深度融合。三是全力推进旅游标准化、规范化建设。进一步提高旅游服务质量，提高人员素质。四是创新国际和区域旅游合作。启动编制《粤港澳区域旅游发展总体规划》，利用中国－东盟自贸区的契机，加大与东盟的旅游合作。

四是抓宣传，着力增强广东旅游的动员力。一要进一步研究明确广东旅游整体形象。要围绕“活力广东”这个总体形象和“岭南文化、活力商都、黄金海岸、美食天堂”这四大旅游品牌，通过深入的宣传推介，把它具体化实在化，让大家可看、可尝、可玩、可乐。二要统筹全省力量加大宣传力度。各市要积极参与全省旅游的统筹集中宣传。今年要认真谋划、加大统筹力度，把主要力量和重点集中到加强在全国、全世界的宣传推介上来，密切与中央电视台、凤凰卫视、旅游卫视等的合作，集中资金、集中亮点，扩大在主流媒体的宣传力度，擦亮广东旅游品牌。三要把握上海世博会、广州亚运会的契机，组织好世博旅游、亚运旅游的专项活动。四要充分发挥新兴媒体的作用，加大旅游宣传力度。

五是抓改革，着力增强广东旅游发展动力。重点抓好以下六项改革：一是着力推进旅游综合改革。要围绕建设全国旅游综合改革示范区的要求，认真研究如何示范、在哪些方面示范，如何改革、在哪些方面改革等问题，选择一批可以作为试点的市、县、镇和旅游企业开展先行先试。尽快成立广东旅游发展战略专家委员会，为广东旅游发展问症把脉。二是着力推动旅游业可持续发展。加强与世界旅游组织的沟通协调，争取今年9月世界旅游创新和可持续发展论坛在广东举办。大力推动旅游企业利用新能源新材料，广泛运用节能节水减排技术，减少温室气体排放，创建绿色环保企业，确保实现五年内将星级饭店、A级景区用水用电量降低20%。三是探索打造粤北生态旅游休闲示范区。认真组织开展专题调研，抓紧制定整合粤北大市旅游资源的工作方案，积极推进粤北地区生态旅游休闲产业加快发展。四是深化旅游扶贫资金分配方式改革。总结旅游扶贫资金竞争性分配的经验，集中力量打造旅游扶贫品牌项目，推动欠发达地区旅游项目扶贫开发。要把旅游业发展与扶贫开发结合起来，积极发展生态游、农家乐等旅游业态，学习借鉴增城培育“迟菜心”的做法，培育农产品品牌，带动农户增收。在加大监管查处力度的同时，发挥好旅游行业协会的作用，推进旅游诚信体系建设，完善旅游从业人员、旅行社、旅游购物店等信用等级评定制度和信息系统，并向社会公开，通过市场“优胜劣汰”的压力推动提升服务水平。六是改革旅游人才培养机制。整合旅游教育资源，大力发展旅游职业教育。建立完善旅游职业资格和职称制度，改革完善导游等级制度，五年内完成全省旅游企业中高级管理人员和导游人员的分级分类培训。

六是抓协作，着力增强广东旅游发展合力。各级政府要认真落实国务院《关于加快发展旅游业的意见》精神，进一步加强对旅游业发展的组织领导，将旅游基础设施和重点旅游项目建设纳入当期国民经济和社会发展总体规划。要认真落实宾馆饭店与工业企业同等用电用水用气价格等政策，在总结惠州、中山市试点的基础上，确保今年全省一半以上的城市的酒店用水、用电、用气与工业同价。各有关部门要根据职能分工，加大对旅游发展的支持力度，发展改革部门要支持做好广东旅游“十二五”规划、粤港澳区域旅游发展规划等编制工作；财政部门要加大对重点旅游项目开发建设的资金支持力度，保证各项资金及时足额到位；金融部门要拓宽旅游企业融资渠道，加大融资授信支持；保险部门要优化旅游保险服务，增加保险品种，扩大投保范围，提高理赔效率。根据省委、省政府的工作部署，今年省政府将分别到珠三角、粤东、粤西和粤北分片召开旅游工作现场办公会，现场研究问题，解决问题，这项工作可以与国民旅游休闲计划各市的活动结合起来。请各市旅游局认真做好准备。

同志们，做好新时期的旅游工作，责任重大、任务艰巨。我相信，在省委、省政府的正确领导和全省旅游系统的团结奋斗下，广东旅游大产业一定会越来越强、旅游大品牌一定会越来越好、旅游大家乐一定会越来越优，为全省经济社会又好又快发展、当好推动科学发展、促进社会和谐的排头兵作出新的更大贡献！

2009 年 2 月 3 日，全省旅游工作会议在广州召开

名词解释

1. 三促进一保持：促进提高自主创新能力、促进传统产业转型升级、促进建设现代产业体系、保持经济平稳较快增长。

2. 双提升：提升产业竞争力、提升自主创新能力。

3. 双转移：珠三角劳动密集型产业向东西两翼、粤北山区转移；东西两翼、粤北山区的劳动力向当地二、三产业转移或较高素系劳动力向珠三角转移。

4. 绿道网：绿道是一种线形绿色开敞空间，常沿河滨、风景道路等自然和人工廊道建立，内设可供行人和骑车者进入的景观游憩线路，连接主要公园、自然保护区、风景名胜区和城乡居民住区等。绿道网即众多区域绿道（省立）、城市绿道和社区绿道构成的网络状绿色开敞空间系统。

5. 一程多站：海外游客在一次出游行程计划中多角度感受整个地区不同特色的历史文化和都市魅力。“一程多站”旅游日数大致分 3 种，即 4 日 3 晚、5 日 4 晚或 6 日 5 晚不等，日数具弹性，由业界设计创新旅游产品。

6. 144 小时便利签证措施：为方便外国人进入珠江三角洲地区旅游，经国务院批准，对已到香港、澳门特别行政区持普通护照的建交国家的外国人组团进入广州、深圳、珠海、佛山、东莞、中山、江门、肇庆、惠州等地区旅游，实行简化手续，提供入境便利的政策。（即外国游客以 3 人或 3 人以上、40 人或 40 人以下组团的方式进入上述城市时，无需循外交途径，而只需履行简单的手续便可在当地停留 144 小时，停留时间从入境之日起不超过 6 天，即 144 小时）；上述人员须参加经在香港和澳门合法注册的旅行社组织的旅游团，入境后仅限在上述地区内旅游，停留时间为入境日起不超过第 6 天出境；三是旅游团需持团队名单出入境，可从设在上述地区的对外国人开放的口岸入出境。入境时，边防检查站查验护照、核查旅游团名单后旅行，旅游团成员免填“入出境登记卡”；上述团组赴汕头旅游，如直接从汕头入出境，活动范围不走出汕头行政区域的，亦适用上述政策。

自 2002 年以来，广东出入境办证量以年均 32% 的增长率逐年递增。2002 年全省办证量为 284 万，2009 年全省办证量已经激增为 2013 万，是 2002 年的 7 倍，其中签发外国人签证 317176 人次；办理国（境）外人员其他证件 108330 人次，同比增加 19.5%。

在2010年全省旅游工作会议上的讲话

广东省旅游局局长　杨荣森

（2010年2月3日）

广东省旅游局局长杨荣森

同志们：

今天，省政府召开全省旅游工作会议，主要目的是学习贯彻国务院《关于加快发展旅游业的意见》，落实全国旅游工作会议和省委十届六次全会的各项部署，回顾总结2009年全省旅游工作，安排部署2010年工作。稍后，王志发副局长、万庆良副省长将作重要讲话，我们全行业一定要认真学习、深刻领会、狠抓落实。根据会议安排，我主要通报2009年全省旅游业发展情况及2010年重点工作安排。

一、2009年全省旅游工作回顾

刚刚过去的一年，是我省旅游业发展进入新世纪以来最为困难的一年。面对国际金融危机和甲型流感疫情等的强烈冲击，在国家旅游局和省委省政府的高度重视、坚强领导下，在省直各有关部门的大力支持和鼎力帮助下，全省旅游系统团结奋进、迎难而上，积极应对、奋发有为，旅游业取得了比预期要好的成绩。2009年全省实现旅游总收入3068.4亿元、同比增长15.0%，其中国内旅游收入2383.5亿元、增长17.4%，旅游外汇收入100.3亿美元、增长9.3%。全省入境过夜旅游人数2743.8万人次、增长5.9%，国内过夜旅游人数1.58亿人次、增长16.6%。旅游总收入和入境过夜旅游人数提前完成“十一五”旅游发展规划目标。

过去一年，重点推进了以下九个方面的工作：

（一）认真落实《珠江三角洲地区改革发展规划纲要》，推进区域旅游协调发展。制订《广东旅游业贯彻落实〈规划纲要〉的工作方案》，明确加快建设全国旅游综合改革示范区的总体要求、工作重点和保障措施。初步完成全省滨海旅游发展规划和粤东、粤西区域旅游发展规划的编制工作，启动珠三角旅游产业一体化规划的编制。组织开展城际旅游大联盟活动，推动区域旅游合作。惠州等珠三角九市共同签署珠三角旅游合作《罗浮山宣言》，加速了珠三角旅游一体化进程。广佛肇、珠中江、深莞惠旅游合作更加紧密。

（二）积极试行国民旅游休闲计划，努力扩大旅游消费。通过各种媒体以专刊、专版、专栏等多种形式，大力宣传国民旅游休闲计划，培育居民旅游休闲意识；以落实带薪休假为切入点，以组织举办大活动为抓手，大力推进旅游休闲；通过创建示范单位，探索发行国民旅游休闲卡，发放旅游消费优惠券等为居民出游提供便利优惠和优质服务，促进旅游消费。一年来，全省各地共开展了450多项群众性旅游文化活动，创建了974家国民旅游休闲示范单位，发行了近100万张国民旅游休闲卡。对全省137家单位进行调研，“五一”期间有超过67%的职工安排了带薪年休假。有关市出台了推动国民旅游休闲的政策措施，开展了丰富多彩的专项旅游活动。深圳、惠州、河源市政府出台了《关于试行国民旅游休闲计划的意见》，佛山、梅州、清远、阳江、肇庆市政府与我局共同举办国民旅游休闲计划启动仪式，韶关、中山探索开展修学旅游，佛山、江门、梅州、潮州、阳江、云浮积极发展文化旅游。

（三）加大宣传力度，提升广东旅游总体形象。首次联合广州、珠海、韶关、中山、肇庆、惠州、江门、阳江市在CCTV－4投放广东旅游形象广告；与凤凰周刊、南方卫视、中国旅游报、南方日报等媒体合作，策划“广东旅游强县巡礼"、"粤游粤精彩"专刊和专题节目，整体宣传推介广东旅游。与南方卫视共同举办"老照片新广东"图说广东活动，向海外华人华侨征集老照片及其背后的动人故事，大力宣传家乡巨变，吸引华人华侨来粤旅游观光。

（四）大力开拓旅游市场。组织各有关市先后赴16个省（区、市）举行系列旅游推介活动，精心组织促销团参加中国国内旅游交易会等8个具有较高影响力的展览会和旅游节庆。聘请全国50家大型旅行社负责人为"广东旅游推广大使"，发挥外省旅游市场主体力量，开拓国内旅游市场。发动全省各市以广东生态旅游年、"全国百城（广东）旅游宣传周"活动为载体，多角度、全方位宣传特色产品线路，积极开展省内旅游促销。在国际市场开发方面，认真组织各市局参加国家旅游局组织的13个境外旅游展，并充分借助省主要领导出访的大好时机，组织旅游代表团赴韩、日、泰和澳大利亚举行旅游交流会，搭建旅游合作交流平台。广州、深圳等市积极试行入境旅游奖励办法，汕头、韶关等市推出包机、包专列奖励办法，积极开拓境内外旅游市场。

（五）全力推动大型旅游项目开发建设。全省各地全力推动了一批旅游龙头项目、重点项目开发建设。去年全省旅游投资总额达658亿元，其中投资1亿元以上的项目有175个，全省新增五星级酒店12家、四星级酒店21家，按四星以上标准在建及建成的宾馆有60家。东部华侨城全面建成营业；长隆集团投资100多亿元的海洋世界珠海横琴岛项目正式动工；省中旅集团投资38亿元建设南海西岸"广东中旅西岸国际旅游休闲区"即将动工，投资38亿元建设湛江东海岛项目已进入环评阶段，投资5亿元开发梅州客天下旅游产业园全面开工兴建。此外，旅游扶贫资金采取竞争性分配方式，在全省遴选出6个旅游扶贫大项目予以重点扶持开发。

（六）全力筹办2009广东国际旅游文化节。2009广东国际旅游文化节暨泛珠三角旅游推介大会会场首次覆盖21个地级以上市，全省共举办了204场丰富多彩、特色鲜明的活动，吸引了来自80多个国家和地区及省内外2000多万游客参加，其中创新成功举办了广东国际旅游展览会、首届粤菜峰会、"唱响广东"旅游金曲精英大赛、广东国际旅游合作高峰论坛等活动。期间，全省各分会场也成功举办了类型多样、群众参与性强的节庆活动，如广州的第23届国际美食节，河源的第四届广东国际温泉旅游节，汕尾的旅游文化节，中山的岭南水乡旅游文化节，江门的侨乡旅游节，阳江的旅游文化美食节，清远的"2009国际旅游小姐中国赛区总决赛"，揭阳的第三届生态旅游文化节，云浮的六祖文化节等活动，亮点纷呈、反响热烈。

（七）深化国际、区域旅游合作。省旅游局分别与新加坡旅游局、马来西亚国家旅游局、泰国国家旅游局、澳大利亚新州旅游部、美国加州旅游局签署了合作协议；与南航合作，设立了首个境外旅游办事处——广东驻曼谷旅游办事处。广州在澳大利亚悉尼和日本东京设立了广州旅游推广中心。深化粤港澳旅游合作，落实CEPA有关政策，推动深圳非户籍居民以定点团队游方式赴香港旅游，实施深圳户籍居民"一签多行"签注；落实"委托广东省审批港澳服务提供者在广东设立合资及独资旅行社"实施工作；落实144小时便利签证政策，积极推动政策实施范围扩大到全省。推动香港居民报考内地导游资格考试。粤台旅游合作健康有序推进，邀请台湾旅游业公会和旅游企业参加2009广东国际旅游展览会暨海峡两岸旅游投资交流会，组团参加"第四届海峡两岸台北旅展"，推动粤台旅游业界合作，开发港台联游产品。加强与泛珠三角及兄弟省区市旅游合作，与桂、湘、渝旅游局签署合作协议。全省各地凭借区位、资源、客源等优势，开展了形式多样的区域旅游合作，梅州牵头推进闽粤赣千里客家文化长廊开发；汕头积极参加海西区旅游交流合作，构建广东对台旅游合作大通道；茂名积极承办两广十市旅游联席会议，两广无障碍旅游又结硕果。

（八）加强旅游人才队伍建设。全省89所旅游院校加大旅游人才培养力度，全年共培养14630名旅游专业人才。与省委组织部共同举办了生态文明与旅游资源高级人才培训班。在10个地市、6个县（市）组织开展旅游业农村劳动力转移培训就业工作。成立广东省旅游服务中心职业技能鉴定所，加强对旅游业一线服务技能的鉴定工作。省旅游学校积极探索旅游职业教育新思路，不断优化教育资源，加强师资队伍建设和旅游人才培养。组织全国导游人员资格考试和酒店职业英语等级考试，做好中级导游员等级考核评定工作，加强红色导游员和饭店中高层管理人员岗位培训。加强对全行业的党风廉政和行风建设，推进服务型、学习型、创新型机关和企业建设。

（九）提升旅游服务质量。贯彻落实《旅行社条例》，在全国率先修订和推广使用统一的《国内旅游组团合同范本》。制定实施旅行社、星级酒店、海滨旅游、旅游景区等旅游安全系列地方标准和《温泉旅游服务规范》、《"渔家乐"旅游服务质量规范》、《广东省旅游餐饮服务质量标准》等旅游服务标准。试行优质旅游计划。规范旅游产品定价行为，联合开展系列专项整治行动，规范旅游市场秩序。充分发挥旅游协会和"民声热线"的作用，加强行业自律，积极解决游客反映的疑难问题。

此外，我们还根据省委省政府的要求，全力以赴完成了国庆60周年广东"领潮争先"彩车设计、制作、巡展等任务，展现了广东科学发展、先行先试、服务全国、走向世界的精神风貌，荣获国家颁发的"奋进杯"奖，并在全省组织开展广东彩车巡游活动。

在过去一年的实践中，我们深深体会到：国家旅游局和省委省政府高度重视、亲切关怀，是推动我省旅游业发展的关键。国家旅游局全力支持我省建设全国旅游综合改革示范区，全力支持我省试行国民旅游休闲计划、编制粤港澳区域旅游规划和创建5A景区等工作。邵琪伟局长多次听取我省旅游工作汇报，亲自出席广东国际旅游文化节等重大活动；王志发、杜一力、杜江、祝善忠、刘金平等领导多次深入我省调研并检查指导工作。省委省政府不断加大扶持力度，出台促进粤东、粤西、粤北旅游业发展和粤港澳旅游更紧密合作的政策措施；省政府专门下发《关于试行广东省国民旅游休闲计划的若干意见》。汪洋书记、黄华华省长多次专门听取旅游工作、国民旅游休闲工作汇报，并要求抓好旅游工作，促进旅游消费，为扩大内需作贡献；汪洋书记、黄华华省长每次出访都率旅游代表团到国外宣传推介广东旅游、开拓国际旅游市场；汪洋书记、黄华华省长还亲自到长隆等企业调研，视察指导旅游工作。万庆良副省长直接领导、强势推进，亲自协调解决旅游业发展中的重大难点问题，亲自推动旅游重大项目建设，亲自出席旅游重大活动，为我省旅游业发展倾注了大量心血。

在过去一年的实践中，我们深深体会到：各级党委政府积极主导、全力推动，是推动我省旅游业发展的强劲动力。各市、县、区党委政府纷纷出台促进旅游业发展的重要文件，从政策、资金、宣传促销等方面大力支持旅游业发展，主要领导高度重视、亲自挂帅，分管领导直接指挥、精心谋划、全力推动，为旅游业发展营造了良好环境、注入了强大动力。广州市委市政府出台实施《关于加快我市旅游业发展建设旅游强市的意见》，深圳市委市政府出台了《加快我市旅游业发展建设国际滨海旅游城市的意见》，河源市委市政府出台了《关于建设广东生态旅游示范区加快旅游业转型升级的决定》，惠州市委市政府出台了《贯彻落实省委省政府〈关于加快我省旅游业改革与发展建设旅游强省的决定〉的实施意见》；东莞、中山市政府分别出台了《关于进一步加快旅游业发展的意见》。增城、从化、龙门、清新、南海等县（市、区）大力实施政府主导旅游业发展战略，主要领导亲自推动实施国民旅游休闲计划，并出台系列扶持措施。

在过去一年的实践中，我们深深体会到：省有关部门和企业大力支持、积极配合，是推动我省旅游业发展的重要条件。省发改、财政、人保、公安、物价、教育等部门不断加大支持力度，在政策、资金、人才等方面为我省旅游业发展创造条件、提供保障。省文化、林业、农业、科技等部门与省旅游局联合推动专项旅游。省文化、外经贸、侨务、外事等部门与省旅游局共同举办旅游文化节庆活动。中国移动、中国联通广东公司、南方航空、白云机场、南方报业传媒、南方影视传媒等企业鼎力支持重大旅游工作与活动，积极参与旅游宣传与市场开拓，推动形成旅游消费热点。全省各有关部门和相关企业的支持与配合，形成了推动旅游业发展的强大合力。

在过去一年的实践中，我们深深体会到：全省旅游系统迎难而上、开拓奋进，是推动我省旅游业发展的中坚力量。全省各级旅游管理部门、各旅游企业振奋精神、奋发图强、危中寻机，创新工作思路和举措，创新推出新项目、新产品、新线路，联合开展宣传促销，联手开拓市场，共同推动区域旅游合作，共克时艰，共谋发展。长隆、华侨城、省中旅等企业逆境求强，大力调整经营策略，积极推进旅游产业园区建设，抢占旅游发展制高点。广晟集团等企业大力打造旅游精品线路，提升旅游产品竞争力。广东国旅、广之旅、南湖国旅等企业大力开展“旅游下乡”活动，派发旅游消费优惠券，积极扩大市场份额。岭南集团、花园酒店、白天鹅宾馆、东方宾馆等企业不断提升管理水平，提高服务质量，努力做大做强。

在此，我代表省旅游局对各位领导、各有关部门、各有关企业和在座各位，并通过大家，向所有关心、支持我省旅游业发展的同志们表示深深的谢意！

二、2010年主要工作

2010年是全面落实《国务院关于加快发展旅游业的意见》、《珠江三角洲地区改革发展规划纲要》和省委省政府《关于加快我省旅游业改革与发展建设旅游强省的决定》，全面推动全国旅游综合改革示范区和旅游强省建设的重要一年。全省旅游系统要以科学发展观为统领，认真贯彻全国旅游工作会议和省委十届六次全会的决策部署，大力推进“三促进一保持”，大力推进旅游业综合改革，大力推进旅游业转型升级，大力推进旅游消费，努力推动广东旅游业又好又快发展。

综合分析各种因素，确定2010年预期目标是：全省旅游总收入3528亿元、同比增长15%，其中国内旅游收入2765亿元、增长16%，旅游外汇收入113亿美元、增长13%；国内旅游人数1.8亿人次、增长14%；入境过夜旅游人数3023万人次、增长10%。为完成上述目标，今年我们将重点抓好以下十个方面的工作：

（一）着力贯彻落实《国务院关于加快发展旅游业的意见》。

一是组织全省旅游系统认真学习、深刻领会、全面贯彻落实《意见》精神，主动会同省发改、财政、物价、金融、法制、工商、质检、公安、国土等部门研究制定落实《意见》的具体方案。二是在全省甄选一批旅游综合改革示范市、县（市、区），先行先试，以点带面，推进全省的旅游综合改革。三是加强分类指导，精心筹备组织好省政府在珠三角、粤东、粤西、粤北召开的旅游工作现场办公会，重点推动珠三角“都市休闲旅游示范区”、粤北“全国生态旅游休闲示范区”、粤东“特色文化旅游示范区”、粤西“滨海生态旅游示范区”建设。四是进一步加强与世界旅游组织的合作，争取世界旅游组织在粤举办“旅游业创新与可持续发展”高峰论坛，创建世界旅游组织“旅游可持续发展示范区”。五是倡导低碳旅游，推动旅游业节能减排，落实星级饭店、A级景区用水、用电量5年内降低20%以上的计划。六是在总结惠州、中山试点经验的基础上，推动落实酒店用水、用电、用气与一般工业企业同价等政策。七是争取国家旅游局支持我省率先对外商投资旅行社开放经营中国公民出境旅游业务。

（二）着力推动国民旅游休闲计划深入实施。

一是支持国民旅游休闲示范市、示范县（市、区）深化改革、先行先试。二是加强与发改、建设等部门合作，强化珠三角绿道网的旅游功能，推动建设一批特色景观旅游村镇、旅游休闲小城镇、环城市旅游度假带、城市中央休闲休憩区，推动打造一批高水平的国际旅游度假区和休闲产业功能集聚区。三是深化与科技、林业、农业等部门合作，大力推广科技、森林生态、农业等专项旅游；加强与文化、水利、地质、环保、教育、经贸、体育、海洋渔业等部门合作，继续开发教育、工业、文化、体育、滨海、红色、中医药养生等专项旅游产品，创建专项旅游示范点。四是积极推动落实带薪休假制度，弹性安排休假时间，引导居民在国家重要法定节假日前后集中安排休假。五是继续组织开展城际旅游大联盟等国民旅游休闲活动，确保“月月有活动，处处有精彩”。六是强化国民旅游休闲卡功能，拓展受理商圈；在国家旅游局的支持下，推动与香港、澳门、上海、湖南、四川和海南等省市合作，促进跨区域旅游消费。七是开展国民旅游休闲计划专题研究，为我省试行工作提供理论指导和支持。

（三）着力开拓旅游市场。

1. 重点开拓国内旅游市场。

（1）认真组织参加国家旅游局主办的中国国内旅游交易会、中国国际旅游交易会、中国旅游产业博览会、中国国际旅游商品博览会、第六届海峡旅游博览会等具有较高知名度和影响力的展览会。

（2）加强与兄弟省区旅游管理部门、旅游市场主体合作，推动资源共享、客源互送和宣传互动；探索建立激励机制，发挥“广东旅游推广大使”作用，扩大外省游客来粤旅游规模。

（3）充分调动各市、各旅游企业的积极性、主动性和创造性，继续组织各地市旅游局、旅游企业赴国内主要客源市场举行旅游推介会和交流会。

（4）充分利用武广、厦深等高速铁路相继开通的有利条件，加强与沿线省市区旅游管理部门和旅游市场主体的合作，设计推广专门旅游产品和线路。

（5）开展广东精品旅游产品和线路评选活动，重点推出广东十大旅游精品线路，重点突出世博游、亚运游。

（6）推动旅行社与省内旅游资源丰富、旅游服务设施完善的县（市、区）结对子，继续策划“广东人游广东·粤游粤精彩”主题活动，大力推动省内旅游。

2. 积极开拓入境旅游市场。

（1）借助省委省政府主要领导出访的大好时机，在境外主要客源市场举办大型旅游交流会。

（2）积极参加国家旅游局组织的境外旅游展览会和赴传统、新兴客源市场举行的巡回促销和专项产品推广活动。

（3）联合港澳旅游管理部门，积极推动144小时便利签证政策扩展到全省。

（4）争取在日韩、东盟及国际友好省州等境外主要客源市场设立广东旅游办事处。

（5）加强与国家旅游局、香港旅游发展局、澳门旅游局驻外办事处合作，大力开拓国际市场。

（四）着力搭建全方位、立体式的旅游宣传与合作平台。

1. 借助媒体优势，宣传广东旅游品牌。

（1）继续加强与中央电视台、凤凰卫视、旅游卫视、南方卫视，南方日报、南方都市报、中国旅游报，携程、新浪、网易等媒体合作，强势宣传广东旅游，大力宣传世博旅游、亚运旅游。

（2）办好“活力广东网”和“国民旅游休闲网”。

2. 加强与有关部门合作，构建大旅游格局。

进一步加强与省发改、物价、财政、国土、公安、质检、消防、工商等部门合作，重点推进以下六方面合作：

（1）加强与文化部门的合作。落实文化部和国家旅游局《关于促进文化与旅游结合发展的指导意见》，每年公布8～10个地方旅游文化节庆活动扶持名录，并通过联合举办、政策优惠、资金补贴等多种方式进行支持，期满后根据活动绩效对扶持名录进行调整并予以公布；每年评选8～10个来广东必看的高品质旅游演艺产品，延长游客停留时间，提高旅游业的增值能力。落实省委省政府《关于实施扩大内需战略的决定》，扩大文化旅游休闲消费。

（2）加强与交通部门合作。在高速公路服务区拓展旅游宣传、咨询、服务功能。

（3）加强与南航合作。共同赴境内外主要客源市场举办旅游交流会，整合推介航空旅游产品；共同评选“广东旅游形象大使”。在南航的航班上播放广东旅游公益广告以及放置广东旅游宣传资料。

（4）加强与通信部门合作。在移动手机报上刊登广东旅游资讯，打造旅游景区数字化系统，推动全省旅游信息化建设。

（5）加强与邮政部门合作。共同研究开发旅游年票等旅游推广产品；共同开发亚运旅游特色邮品和明信片；依托各级邮政公司邮政电子商务信息平台，发挥营业网点、邮政网站和11185电话呼叫中心的资源优势，为旅游企业提供服务。

（6）加强与外事部门合作。邀请我驻外使领馆、总领馆和国家旅游局驻外办事处官员到广东各地旅游观光、休闲度假，宣传广东旅游。

（五）着力加强旅游规划和精品项目开发。

一是组织编制广东旅游业发展“十二五”规划、珠三角旅游产业一体化规划、粤港澳旅游发展规划等专项规划。将A级景区五年实现交通基本畅通、标识基本完善、厕所基本达标、停车场基本满足要求纳入“十二五”发展规划。二是整合全省各市具有投资潜力的旅游项目，建立旅游招商项目库，加大重点旅游项目的招商力度，积极引进国内外合作伙伴、战略投资者开发建设一批省级重点旅游项目。做好旅游重大项目的跟进落实工作，加快推动珠海长隆“海洋世界”、湛江东海岛旅游度假区、梅州客天下旅游产业园、南海西岸“广东中旅西岸国际旅游休闲区”等项目建设。三是深入调研，精心规划，推动建设一批国家级或省级旅游产业园和旅游森林公园。四是引入竞争机制和专家评审机制，每年重点扶持打造若干个旅游扶贫重大项目。五是开展旅游制造业专题调研，推动旅游制造业发展。促进旅游商品的研发、设计、制作和销售，打造一批旅游特色商业街区。六是在全省重点扶持10家旅游企业做大做强，推动1～2家旅游企业上市，推动1～2家旅游企业品牌输出。

（六）着力提升国际旅游合作水平。

一是落实与韩国、日本、泰国、澳大利亚及其他国际友好省州旅游管理部门达成的合作协议和共识。加强与日韩、东盟、美加、澳新、欧洲等国际重点客源市场旅游管理部门的合作与交流，构建联络协调机制，推动信息共享、客源互送。二是学习借鉴日本等国旅游精细化管理和旅游产业带开发的成功做法和经验。三是借广东—东盟自由贸易区成立之机，推动与东盟有关国家建立旅游便利签证合作机制，联手推介旅游线路。四是推动编制《粤港澳旅游发展规划》，打造粤港澳知名国际旅游区。

（七）着力提升旅游服务质量与水平。

一是加强旅游地方立法，推动制订《广东省旅游条例》。二是深入开展2010旅游服务质量提升年活动，积极实施品质旅游计划。三是加强已有旅游标准的宣贯，研究制定省级旅行社等级评定、旅游强县等标准，完善旅游标准体系，大力开展酒店评星、景区评A、旅行社资质等级评定工作。四是加快建设12301旅游服务平台。五是举办饭店、导游服务技能大赛和旅游职业英语技能大赛。

（八）着力推动广东2010华人华侨旅游年各项工作。

一是充分发挥省、市两级旅游、侨务部门的合力，策划开展主题年系列活动，鼓励全省旅游企业提供优惠和便利。二是加强宣传，在海外广东籍华侨聚居地区的华文媒体上刊登广东2010华侨旅游年宣传广告和优惠措施。三是发动旅游、通信、航空等企业为华侨旅游年提供优惠便利和优质服务。四是针对华人华侨旅游需求，设计推出6条省内精品旅游线路。同时，加强与港澳旅游管理部门合作，设计华侨归乡旅游“一程多站”旅游线路和产品，并开展联合促销。五是推出“华人华侨旅游年主题卡”，搭建华侨旅游咨询和网络服务平台。

（九）着力办好2010广东国际旅游文化节。

一方面，创新办节机制，提高市场化、专业化、国际化、网络化运作水平，重点办好开幕式、旅游招商会、国际旅游展览会、唱响广东、粤菜峰会、花车巡游、友城之夜和岭南民间艺术汇演等活动，适度增加新的活动项目。另一方面，鼓励、引导、支持社会组织承办旅游文化节各项活动，加强与旅游、通信、传媒等领域重点企业集团的战略合作。

（十）着力加强旅游人才开发培养。

一是推动旅游院校和旅游企业间合作，引导旅游院校培养出适合广东旅游发展的各类人才。二是健全旅游职业技能鉴定体系，积极开展导游服务技能、酒店服务技能、烹调操作技能等旅游服务技能大赛。三是建立和完善旅游职业资格和职称制度，培养一批优质精良的旅游职业经理人。四是争取各方支持省、市旅游院校大力发展旅游职业教育，加强学科建设，优化专业设置，培养实用性人才。五是大力开展旅游教育扶贫，继续做好旅游业农村劳动力培训转移就业工作。六是加强党风廉政建设和行风建设，推动把各级旅游部门建设成为清正廉洁、务实高效的服务型机关。

同志们，广东旅游业发展面临着大好机遇和广阔前景。让我们紧紧围绕新一年的既定目标和工作部署，以更加积极的进取精神，更加坚定的前进步伐，更加有力的对策举措，深化改革，扩大开放，拼搏进取，务实工作，努力开创我省旅游发展新局面，为把旅游业培育成我省国民经济的战略性支柱产业和人民群众更加满意的现代服务业而不懈奋斗，为建设全国旅游综合改革示范区和旅游强省而不懈奋斗！

振奋精神　开拓创新为建设新型旅游协会共同努力

广东省旅游局局长　广东省旅游协会会长　杨荣森

（2009 年 9 月 4 日）

刚才，大会通过了协会第三届理事会工作报告，根据《广东旅游协会章程》选举产生了第四届理事会的领导机构。第四届理事会第一次全体会议选举我为会长，我深感荣幸与责任重大。首先，请允许我代表新一届理事会，对大家的支持和信任表示衷心的感谢！对以通扬同志为会长的第三届理事会全体理事所作的大量卓有成效的工作，表示崇高的敬意！第三届理事会为广东旅游业改革与发展奠定了坚实的基础，我将和新一届的副会长、常务理事、理事一起，团结全体会员，同心同德，不负重托、不辱使命，承前启后、继往开来，竭心尽力、恪尽职守，密切团结、紧紧依托广大会员企业，认真履行好桥梁纽带、服务会员、行业自律等职能，自觉接受广大会员的监督，共同努力开创协会工作的新局面，推动我省旅游业新一轮的大发展大提升，为建设全国旅游综合改革示范区和旅游强省作出积极的贡献。

当前，我省旅游业发展和省旅游协会的工作已站在一个新的历史起点上，既面临国际金融危机、甲型流感等不利因素影响，也面临中央和省委、省政府推进发挥行业协会和商会作用、加快旅游业发展等难得的历史机遇，更面临我省加快建设全国旅游综合改革示范区和旅游强省的艰巨使命。我将和省旅游协会及全体会员一起，牢牢把握机遇，积极适应新形势新任务新要求，进一步创新思路、拓展职能，努力推动各项工作取得新突破，自觉担当起引导行业发展的重任。在此，我代表新一届理事会，就旅游协会在新时期如何更好地为旅游业发展服务，更好地发挥职能和作用，郑重地作出以下承诺：

（一）把握机遇，服务全局，围绕中心抓好发展。旅游协会将进一步增强大局意识，紧紧围绕全国旅游系统推出的“扩内需、促消费”政策，充分调动旅游企业的主动性和积极性，围绕建设全国旅游综合改革示范区和旅游强省这一中心，大力繁荣旅游市场，多渠道促进旅游消费。一是创新发展思路和方式，大力促进生态旅游、滨海旅游、温泉旅游、文化旅游、体育健身旅游等旅游新业态发展，支持有条件的地区积极发展邮轮旅游、游艇旅游等高端旅游业，推动形成多层次、多样化的旅游消费热点，培育旅游经济新的增长点。二是推动试行国民旅游休闲计划，鼓励和引导旅游市场主体策划开展形式多样、类型丰富、群众参与性强的旅游休闲活动，推出更多满足大众旅游休闲需求的产品和服务。三是加强与其他行业协会和主要国际旅游客源市场旅游协会的交流与合作，拓展我省旅游业发展空间。四是内联外引，联系大型企业集团，积极引导社会资金向符合旅游产业发展方向、促进旅游业转型升级的领域投入。五是充分发挥参谋助手作用，深入开展旅游业发展专题调研，积极为省委、省政府科学决策建言献策。

（二）凝聚力量，群策群力，围绕会员搞好服务。旅游协会将进一步增强服务意识，以满足会员诉求为基本出发点，不断增强协会的凝聚力和影响力。一是收集、发布行业信息，开展咨询服务、组织培训工作。二是参与制定、修订行业标准和行业发展规划、参与行业资质认证、提出市场准入条件。三是全面加强沟通协调，积极反映行业诉求，为政企之间的沟通，为同业内部、行业内外以及产业上下游之间的交流提供有效渠道。四是培育旅游市场主体，切实减轻企业负担。旅游协会将推动旅游企业与一般工业企业在用水、用电、用气方面实现“同网同价”。五是进一步推进行业自律，积极协助政府管理部门加强对市场的监督和管理。

（三）求真务实，与时俱进，围绕创新加强建设。一是加强对国务院、国家旅游局和省委省政府出台的重大旅游发展政策的学习，不断提高理解决策、运用政策的能力和水平。加强对《中共广东省委、广东省人民政府关于发挥行业协会商会作用的决定》和《广东省旅游协会章程》的学习，明确职责，发挥作用。二是抓好制度建设，完善内部民主管理机制，健全会员大会、理事会、常务理事会制度，充分发挥党组织的监督保障作用，实行民主管理，科学决策。三是加强作风建设，狠抓各项工作的督促检查落实。四是大力发展会员，加快壮大分会组织和协会规模，提高协会的知名度和影响力，不断增强会员的认同感和荣誉感。

各位代表，展望新时期省旅游协会各项工作，责任重大、使命光荣。让我们在省委、省政府的坚强领导下，更好地承担起自己的使命，凝聚全行业的力量，以团结、和谐、奋进、创新的工作精神，努力开创旅游协会工作的新局面，推进我省旅游业又好又快发展！

活力广东
GUANGDONG
Guangdong——Spot of vitality

广东旅游大事记

（第 15 ~ 22 页）

2009年广东旅游大事记

1月

1日 由广东省旅游局主办的“广东人游广东·粤游粤精彩——2009中国广东·生态旅游年”启动仪式在广州中山纪念堂举行。万庆良副省长出席活动并宣布“2009广东生态旅游年”启动，省内各大旅行社负责人、生态旅游景区代表以及当天赴生态旅游景区、自驾游客等2000多人参加活动。

4日 省信息产业厅、省旅游局与韶关市人民政府在广东大厦举行联合共建“广东省旅游信息化示范区”签约仪式。副省长佟星、省信息产业厅厅长温国辉、省旅游局局长杨荣森及韶关市市委书记徐建华、市长郑振涛、副市长兰茵出席签约仪式。

5~6日 省旅游局组织党员到扶贫点罗定市罗镜村开展城乡党支部互帮互助“结对子”活动，并慰问贫困户。

8日 广东省省长黄华华在广州增城市调研时指出：“增城旅游理念是不错的，像乡村旅游、绿道网建设、小楼人家农家乐等都挺有特色。”

12日 广东省旅游协会、广东省质量协会联合主办“广东品质旅游论坛”，并共同制定《广东省品质旅游联合体诚信条约及行为规范标准》。

23日 省旅游局召开深入学习实践科学发展观活动转入整改落实阶段动员大会。

2月

9日 万庆良副省长率省政府副秘书长刘晓捷、省旅游局局长杨荣森等赴北京拜会国家旅游局局长邵琪伟，汇报广东率先试行国民旅游休闲计划筹备情况，听取国家旅游局领导对广东试行国民旅游休闲计划的意见和建议。

12日 省旅游局副局长周开生在广州白天鹅宾馆参加广州地区酒店行业协会2009会员大会暨新春联谊会。

17~21日 北京市旅游局考察团赴广东考察旅游工作。周开生副局长陪同考察。

17日 由广东省旅游局、中山市人民政府、肇庆市人民政府、广州市花都区人民政府主办的“旅游下乡”活动在广州正式启动。中山、肇庆、花都三地农民报名旅游可享受13%的消费补贴。

□ 省旅游局局长杨荣森在广州会见省中旅集团董事长吕业升，就支持省中旅集团推进重点旅游项目等有关事宜听取汇报。

□ 广东省旅游局、中国南方航空股份有限公司和广州白云国际机场共同主办的“携手同行·畅游天下”——南方航空·广东旅游界国民旅游休闲首发团启动仪式在广州白云国际机场国际出发厅隆重举行。副省长万庆良、南航集团公司总经理司献民出席仪式并致辞，省旅游局局长杨荣森、中国南方航空股份公司总经理谭万庚、白云机场国际股份有限公司董事长卢光霖、广州白云国际机场股份有限公司总经理张克俭，省内各大旅行社负责人、主要新闻媒体记者以及首发团游客共600人参加仪式。省旅游局副巡视员王志红主持仪式。

21日 省政府发布《关于试行广东省国民旅游休闲计划的若干意见》（粤府〔2009〕19号）。

23日 由国家旅游局和广东省人民政府联合主办、广东省旅游局承办的广东省试行国民旅游休闲计划启动仪式在广州中山纪念堂隆重举行。国家旅游局副局长祝善忠、广东省副省长万庆良等领导和来自广东21个地级市、15家大型旅游企业的代表以及由广东8家旅行社组织的“国家旅游休闲计划”员工奖励旅游团共4300余人参加启动仪式。

□ 省政府召开广东省试行国民旅游休闲计划新闻发布会，正式向社会公布《关于试行广东省国民旅游休闲计划的若干意见》。

23日 省政府在广州召开全省旅游工作会议。省委副书记、省长黄华华出席会议并作重要讲话。副省长万庆良主持会议并作总结讲话。会议授予韶关市乳源县、仁化县、清远市英德市和汕头市南澳县为“广东省（市）旅游强县”。

23~24日 国家旅游局副局长祝善忠一行在广东考察。

28日 “春满南粤‘三八’同乐”启动仪式在广州中山纪念堂举行。

3月

1日 应泰国旅游局邀请，《周末导游》、环视旅游网等广东数十家旅游媒体对泰国旅游进行考察访问，并得到泰国政府总理及泰国国家旅游局局长 Phornsiri Manoharn 女士亲自接见。

5 日 省旅游局召开贯彻落实科学发展观总结暨转变作风抓落实活动动员会议。

6 日 广东省建设厅、广东省旅游局转发住房和城乡建设部、国家旅游局下发《关于开展全国特色景观旅游名镇（村）示范工作的通知》（粤建村字〔2009〕18 号）。惠州市惠东县巽寮镇、珠海市金湾区平沙镇、中山市三乡镇、东莞市虎门镇荣获首批“全国特色景观旅游名镇（村）”。

10 日 副省长万庆良专程到省旅游局开展调研活动并作重要指示。省政府副秘书长刘晓捷陪同调研。

□ 副省长万庆良主持召开国民旅游休闲计划专题会议。

11 日 广东省副省长万庆良到广州长隆集团和大夫山开展旅游调研并参加第二届广州（番禺）樱花文化节。省旅游局局长杨荣森、广州市副市长曹鉴燎等陪同调研。

20 日 省旅游局局长杨荣森参加建设汕头生态滨海旅游示范区动员大会并讲话。会后，杨荣森局长同汕头市委书记黄志光就共同建设生态滨海旅游示范区，推动旅游业健康持续发展等问题进行交流。

23 日 省长黄华华主持召开会议，研究部署全省试行国民旅游休闲计划工作。副省长万庆良出席会议。省旅游局局长杨荣森作专题汇报。

24 日 中央文明办、住房和城乡建设部、国家旅游局联合表彰“第二批全国文明风景旅游区”和“全国创建文明风景旅游区工作先进单位”。广东白云山风景名胜区为第二批“全国文明风景旅游区”、丹霞山风景名胜区为第二批“全国创建文明风景旅游区工作先进单位”、广东深圳华侨城旅游度假区经复查确认继续保留“全国文明风景旅游区”荣誉称号。

26 日 2009 年广州国际旅游展览会在广州锦汉展览中心隆重开幕。副省长万庆良、广州市副市长曹鉴燎和德国汉诺威展览公司高级副总裁雷那兹致开幕辞。省旅游局局长杨荣森、广州市旅游局局长朱力以及各大国际旅游局领导、外国驻华使馆官员、国内各地方政府旅游机构领导、展商代表等约 300 人出席开幕式。

27 日 由广东省旅游协会、东源县人民政府、河源市旅游局联合主办的“我为万绿再添绿”环保植树活动在河源万绿湖龙凤岛举行。

3 月 省旅游局组织开展以“转变作风抓落实”为主题的学习活动。

4 月

1 日 省旅游局局长杨荣森在广州会见澳大利亚资源能源兼旅游部长马丁—福格森一行。

2 日 由广东省旅游局和惠州市政府共同主的办珠三角旅游合作《罗浮山宣言》签署仪式在惠州市罗浮山举行。珠三角九市旅游局局长共同签署宣言。

□ 省劳动和社会保障厅接受省旅游局设立“职业技能鉴定所”申请并对外公示。

7 日 省旅游局局长杨荣森赴香港参加粤港旅游定期对话合作交流机制 2009 年第一次会议。

8 日 省旅游局下发《关于推选国民旅游休闲示范单位的通知》（粤旅办〔2009〕12 号），全省国民旅游休闲示范单位评选工作正式启动。

□ 国民旅游休闲卡及相关配套服务外包项目开标，纵横天地电子商旅服务有限公司中标，成为国民旅游休闲卡运营公司。

11～17 日 由国家旅游局主办，广东省旅游局承办的“全国百城（广东）旅游宣传周”启动仪式在广州英雄广场举行。副省长万庆良，国家旅游局党组成员、纪检组长刘金平出席活动并致辞，省旅游局局长杨荣森主持仪式。除广州主会场外，深圳、珠海、佛山、东莞、中山、惠州、江门和肇庆等珠三角 8 个分会场以及其他部分地市也同步举行各具特色的宣传周启动仪式。其中，广州于 4 月 11 日至 5 月 10 日期间举办“羊城休闲欢乐月”活动，深圳举办“精彩与您共享，深圳和您同乐”活动，广东省旅游局与肇庆市于 4 月 25 日在肇庆举办“旅游休闲，精彩无限城际旅游大联盟”活动启动仪式等。

9～12 日 国家旅游局党组成员、纪检组长刘金平一行到广州、深圳开展旅游调研。

13～14 日 世界旅游组织调研组一行到广东调研。

13 日 省物价局、财政厅、国土资源厅、建设厅、文化厅、林业局、旅游局、民族宗教委八部门联合下发通知，决定从 2009 年 5 月 1 日起，在全省实行游览参观点门票价格优惠政策。

14 日 广东省人民政府第十一届 30 次常务会议通过《广东省丹霞山保护管理规定》，2009 年 6 月 1 日起施行。

16～19 日 省旅游局局长杨荣森率领广东旅游代表团赴大连参加中国国内旅游交易会。其间，广东中山、湖南湘潭、四川广安三市联合举办“中国红色之旅——二十世纪三大伟人故里行”新闻发布会。同年 12 月 25 日在湖南省湘潭市举行“中国二十世纪三大伟人故里”旅游联盟签约仪式。

21 日 副省长万庆良赴梅州参加由梅州市人民政府、广东中旅集团共同举办的签订旅游战略合作协议暨梅州国民旅游休闲活动启动仪式。局长杨荣森、副局长王志红陪同参加有关活动。

23 日 中山、珠海、江门三市旅游局共同签署《旅游质监工作交流合作协议书》。

25 日 “广佛同城旅游大放送”启动仪式在中山纪念堂广场举行。副省长万庆良、省旅游局局长杨荣森、广州市副市长曹鉴燎、佛山市副市长麦洁华，广州、佛山两市及其各区旅游局负责人，旅游企业代表及游客近3000人出席仪式。

26 日 省旅游局局长杨荣森会见马来西亚旅游部部长拿督斯里黄燕燕。双方就建立友好互通平台，加快两地旅游部门和旅游行业交流和合作交换意见。

□ 由省科技厅、省旅游局主办的广东省科技旅游启动暨科技旅游示范点授牌仪式在广东科学中心举行。副省长万庆良，省科技厅厅长李兴华，省旅游局副局长王志红以及省市和港澳地区旅游局负责人出席仪式。广东科学中心被省旅游局授予广东省首个“科技旅游示范点”称号。

27 日 省长黄华华颁发省政府第136号令，《广东省丹霞山保护管理规定》已经2009年4月14日广东省人民政府第十一届30次常务会议通过。自2009年6月1日起施行。

□ 湛江市在特呈岛举行湛江市“五一”国民旅游休闲系列活动启动仪式暨特呈岛度假村开业典礼，以“文明生态旅游新海岛”的崭新面貌，纪念胡锦涛总书记视察湛江六周年。副省长万庆良出席启动仪式并宣布湛江市“五一”国民旅游休闲系列活动启动。

□ 湛江市人民政府、广东中旅集团旅游战略合作协议签字仪式在湛江举行。

28 日 由省旅游局主办的“国民旅游休闲卡”发行暨首批“国民旅游休闲示范单位”颁牌仪式在广州中山纪念堂隆重举行。副省长万庆良出席活动并致辞，省政府副秘书长刘晓捷主持仪式。中国银联常务副总裁蔡剑波、中国光大银行总行副行长单健保、省旅游局局长杨荣森及深圳华侨城、广东中旅等示范单位负责人、游客代表近3000人参加活动。

29 日 2009年国际旅游小姐中国赛区总决赛晚会在清远市清城区隆重举行，省政府副省长万庆良、副秘书长刘晓捷，省旅游局局长杨荣森、副局长王志红出席。

30 日 省政府办公厅下发《关于建立省试行国民旅游休闲计划联席会议的通知》（粤办函〔2009〕244号）。副省长万庆良为联席会议召集人，成员包括省政府25个厅局级单位负责人。

□ 由广东省旅游局、清远市人民政府和广东省旅游协会联合主办的2009广东（清远）国民旅游休闲文化论坛在清远国际会展中心举行。

□ 由广东省旅游协会主办的第三届广东自驾旅游节启动仪式在惠州龙门县蓝田瑶族风情园成功举行。本次自驾旅游节持续至2009年12月。

5 月

1 日 由省旅游局和肇庆市政府联合举办的“城际旅游大联盟”启动仪式在七星岩牌坊广场举行，来自广州、深圳、江苏无锡、湖南衡阳、广西桂林城市的等旅游局局长以及香港旅游发展局官员共同签署《城际旅游大联盟（肇庆）宣言》。副省长万庆良、省旅游局局长杨荣森出席仪式并讲话。

4~5 日 副省长万庆良到广州长隆集团、增城市开展旅游调研。

6~10 日 汕头——台湾邮轮直航首航。这是继上海、厦门之后，国家交通运输部批准的大陆第3宗海上邮轮、客轮直航台湾特案，是汕头市开通汕台货运海上直航之后两地交流与合作的又一重大突破。

11 日 省旅游局、省林业局联合下发《关于印发〈广东省森林生态旅游示范基地评选标准〉的通知》(粤林〔2009〕87号)。全省森林生态旅游示范基地评选工作正式启动。

15 日 广东省旅游局与赣州市人民政府在广州签订《关于进一步加强区域旅游合作框架协议》。省旅游局局长杨荣森，赣州市委副书记、市长王平，副市长詹延遵等出席签约仪式。

18 日 深圳、东莞、惠州三地旅游局在深圳召开三地旅游局联席会议，研究讨论三地旅游合作有关事项，并签署《深莞惠三地旅游紧密合作框架协议》。

19~22 日 中共中央政治局委员、省委书记汪洋，省长黄华华率领的广东省党政代表团赴广西、湖南开展经贸学习考察活动期间，由省旅游局局长杨荣森等领导组成的广东旅游分团参加了系列活动。19日晚，省旅游局在广西百色举行粤桂旅游合作交流晚宴，局长杨荣森与广西壮族自治区旅游局局长陈建军签订《广东省与广西壮族自治区旅游合作与交流协议》，广东国旅国际旅行社股份有限公司与中国国旅（广西）国际旅行社有限公司等15家旅游企业分别签订业务合作协议。21日，杨荣森局长与湖南省旅游局局杨光荣在湖南长沙签订《广东省与湖南省旅游合作与交流协议》。

22~23 日 全省中、高级导游员研讨会在广东科学馆举办，共有958名中高级导游员参加。

26~27 日 万庆良副省长赴茂名市电白县开展调研。省旅游局副局长周开生陪同调研。

28 日 万庆良副省长参加第八届肇庆龙舟赛开幕式。省旅游局副局长张振林陪同。

6月

1～6日 由省委组织部主办、省旅游局协办、中山大学旅游学院承办的“广东省领导干部生态文明与旅游资源开发研讨班”在中山大学举办。

5日 省旅游局举办《旅行社条例》宣贯培训班。副局长周开生出席培训班并讲话。

8～10日 副省长万庆良赴韶关、河源市调研。省旅游局曾副局长维炳陪同调研。

9日 省旅游局与省文化厅联合下发《关于印发〈广东国民文化旅游休闲实施方案〉的通知》（粤文物〔2009〕159号），除公布遗址类、文物建筑类博物馆外，全省95家文化文物系统国有博物馆、纪念馆全部免费开放。

10日 在广西南宁举办的第五届泛珠三角区域合作与发展论坛暨洽谈会旅游合作磋商会期间，广东和海南两省在南宁荔园酒店国际会议中心举行《环北部湾区域旅游合作框架协议书》签约仪式。省长黄华华、副省长佟星，海南省省长罗保铭、副省长李国梁以及粤琼两省旅游部门负责人出席签约仪式。

12日 由广东省酒店行业协会与广东高职高专酒店管理专业教学指导委员会联合主办的首届广东省高职高专酒店管理专业技能大赛在广东农工商职业技术学院成功举办。

16日 省旅游局副局长王志红参加中国南方航空“天合联盟号”喷涂飞机启用仪式。

18日 中国旅游协会温泉旅游分会成立大会暨温泉旅游发展研讨会在港中旅（珠海）海泉湾度假城召开。国家旅游局副局长、中国旅游协会副会长杜江，省旅游局、珠海市政府相关领导，各省市自治区旅游协会等109家温泉旅游企业代表参加会议。

17日 广州、佛山、肇庆三市签署《“广佛肇旅游一体化”合作框架协议》，启动“广佛肇旅游一卡通”。

23日 省旅游局局长杨荣森在广州会见康尼旅行社首席财务官、执行副总裁Max Katz和康尼旅行社全球组团业务总经理、执行副总裁Reto Wilhem。

26日 由广东温泉行业协会和辽宁阜新市人民政府政府联合主办的中国·阜新地热（温泉）资源开发高峰论坛在阜新市举行。

29日 广州市政府常务会议通过《广州市政公园免费开放工作方案》，决定自7月1日起对广州市、区园林绿化部门管理的15个公园和林业部门管理的17个森林公园实行免费向公众开放。

7月

1日 广东省旅游局成立“广东省旅游服务中心职业技能鉴定所”。

1～2日 万庆良副省长在云浮市调研。云浮市委副书记、市长黄强，市委常委、常务副市长郭汉毅，省旅游局局长杨荣森陪同调研。

2日 省旅游局和省科技厅联合下发《关于印发广东省科技旅游示范基地申报及认定办法的通知》（粤旅法〔2009〕6号）。科技旅游示范基地评选工作正式启动。

3日 广东省导游IC卡管理工作会议在广州召开。

8日 中国公民访日个人旅游签证发放暨广东首批游客出发乘机纪念活动在广州白云机场举行。省旅游局副局长周开生参加活动。

8～9日 省旅游局局长杨荣森赴澳门参加2009粤澳合作联席会议。

10日 省旅游局局长杨荣森在广州会见新加坡旅游局大中华区署长许文威一行。

16日 在新加坡——广东合作理事会第一次会议上，广东省旅游局与新加坡旅游局签订旅游合作框架协议。万庆良副省长和新加坡新闻、通讯及艺术部代部长吕德耀出席签约仪式并讲话。

20日 省旅游局召开国家5A级旅游景区复核和创建工作会议。

21～28日 省旅游局局长杨荣森与其他局领导率14位处长（主任）和4家省内知名品牌旅行社负责人走进“民声热线”直播室。全省21个地级以上市旅游局和县（市）旅游局主要领导同步异地参与“民声热线”。7月29日，省旅游局就观众反映的问题召开专题会议。

22日 由肇庆、佛山、江门、东莞、中山、惠州、珠海等市主流媒体联合主办的“首届珠三角地市媒体旅游发展论坛”在肇庆市举办。

23日 万庆良副省长在广州会见马来西亚旅游部部长黄燕燕一行。广东省旅游局与马来西亚国家旅游局在广州签署旅游合作与交流谅解备忘录。

26日 省旅游局局长杨荣森在广州会见世界旅游组织亚太区主任徐京一行。

30日至8月2日 国家旅游局局长邵琪伟在深圳开展旅游调研，省委常委、副省长肖志恒，省委副书记、深圳市委书记刘玉浦等陪同调研。8月1日，邵琪伟与广东省委常委、深圳代市长王荣在深圳东部华侨城共同签署《国家旅游局 深圳市人民政府旅游合作框架协议》，并出席深圳东部华侨城全面开业庆典。7月31日，邵琪伟到深圳华强文化科技集团股份有限公司考察，省旅游局局长杨荣森、深圳市政府副秘书长于忠厚、深圳市旅游局局长李小甘等陪同。

29～30日 2009年上半年全省旅游经济形势分析会在广州长隆会议中心召开。

30 日 省旅游局下发《关于推选第二批国民旅游休闲示范单位的通知》（粤旅办〔2009〕41 号）。全省第二批国民旅游休闲示范单位评选工作正式启动。

31 日 由广东省委宣传部、省军区政治部、省国防教育办公室联合举办的首批广东省国防教育基地授牌仪式在广州起义烈士陵园举行。广州起义烈士陵园等 30 个单位被命名为首批广东省国防教育基地。

7 月 “广东省旅游服务中心职业技能鉴定所”成立。该鉴定所可开展餐厅服务员、客房服务员、前厅服务员等工种的初、中、高级职业技能鉴定工作。

8 月

1 日 国家旅游局和深圳市人民政府在东部华侨城签订旅游合作框架协议，加快深圳建设国际滨海旅游城市步伐，推进大鹏半岛国际滨海旅游度假胜地建设。

12 日 广东省旅游协会联合广东省邮政公司首创推出第一辑《粤游粤精彩——广东旅游门票明信片册》。持本册门票明信片可享受减免门票等优惠。

13 ~ 14 日 全省旅游纪检监察行风建设暨旅游质量监督管理工作会议在湛江召开。

14 日 省旅游局召开纪律教育学习月活动动员大会。

17 日 中共深圳市委、深圳市人民政府印发《关于加快我市旅游业发展建设国际滨海旅游城市的意见》。

□ 省旅游局局长杨荣森在广州会见由香港立法会议员谢伟俊率领的香港旅游业界代表团一行。副局长曾维炳、周开生参加会见。

18 日 省政府办公厅《印发广东省旅游局主要职责内设机构和人员编制规定的通知》（粤府办〔2009〕60 号）。批准广东省旅游局为省人民政府直属机构。

26 日 省旅游局局长杨荣森在广州耀中广场参加国泰航空港龙航空公司迁址剪彩仪式。

27 日 中共中央政治局委员、省委书记汪洋到广州长隆旅游度假区调研并召开座谈会。广州市市长张广宁、省委副秘书长葛长伟、省旅游局局长杨荣森等领导陪同调研。

9 月

1 日 省政府在广州举办首场新闻发布会，向社会发布 2009 广东国际旅游文化节暨泛珠三角旅游推介大会的有关信息。组委会副主任、省政府副秘书长刘晓捷，组委会副主任兼办公室主任、省旅游局局长杨荣森，组委会办公室常务副主任、省旅游局副局长张振林以及省政府新闻办公室副主任胡振国出席并回答记者的提问。

3 日 省旅游局和省财政厅在广州首次举办大型旅游重点项目现场评审会。

3 ~ 16 日 省旅游局借助中共中央政治局委员、省委书记汪洋率团访问印尼、越南、马来西亚和新加坡东盟四国之机，组织韶关、河源、肇庆、揭阳等市旅游局、旅游招商项目单位和重点旅游企业代表组成旅游分团与上述四国开展旅游推介与交流活动。

4 日 省旅游协会第四届会员代表大会在广州长隆酒店国际会议中心隆重召开。

□ 省旅游局、省农业厅联合下发《关于创建广东省农业旅游示范点的通知》（粤旅管〔2009〕179 号），全省农业旅游示范基地评选工作正式启动。

8 日 省旅游局、省海洋与渔业局联合下发《关于印发〈广东省国民旅游休闲示范单位滨海旅游示范景区评定标准（试行）〉的通知》（粤海渔〔2009〕140 号）。全省滨海旅游示范景区评选工作正式启动。

10 日 省旅游局局长杨荣森，副局长周开生、张振林、王志红等领导参加广东省旅游职业技术学校教师节座谈会。

12 ~ 13 日 由广东省旅游协会主办，中共乳源瑶族自治县委、县政府承办，博爱名城文化产业有限公司策划的粤游粤精彩·乳源发现之旅大型记者采风活动在乳源成功举办。

10 ~ 18 日 省旅游局组织湛江、茂名、云浮三市旅游促销团，赴南宁、贵阳、重庆等市开展旅游促销推介活动。

13 日 “唱响广东”——2009 旅游金曲精英大赛新闻发布会暨启动仪式在广州举行，国内著名音乐大师王世光、陆在易、王祖皆、李双江、刘长安、方天行等出席。本次大赛由广东省旅游局和广东南方广播影视传媒集团共同主办，南方电视台承办。广东设置 3 个分赛区，分别为广州赛区、潮汕赛区、梅州赛区，历时 3 个月。

15 日 省旅游局召开纪律教育学习月动员大会。省旅游局局长杨荣森作动员讲话。

15 ~ 16 日 广东省首届导游证（IC 卡）制作管理工作会议在广州召开。

其间，省旅游局组织爱心父母代表到云浮罗定市龙湾镇向 49 名困境儿童资助 18900 元。此项活动从 2007 年开始持续 3 年。

16 日 省物价局下发《关于公布全省第二批免费游览参观点目录的通知》（粤价〔2009〕214 号），决定 2009 年 10 月 1 日前向社会开放全省第二批 361 个免费游览参观点。至此，全省已公布两批共 535 个免费游览参观点，每年免费金额达 8 亿元。

18 日 省旅游局局长杨荣森在广州参加国民旅游休闲传媒平台启动仪式。

□ 南方都市报社与广东益民旅游休闲服务有限公司战略合作签约仪式暨国民旅游休闲传媒平台启动仪式在广

州举行，国民旅游休闲传媒平台正式启动。

19日 广东省旅游局系统农村劳动力培训启动仪式暨河源市农村劳动力培训开班典礼在河源隆重举行。省旅游局副局长张振林、省农工办副主任魏建文、河源市副市长吴有必、省职业技能鉴定指导中心副主任杨耀基等领导参加启动仪式。

20日 由全球最大的酒店管理集团——洲际酒店管理集团负责管理的惠州洲际度假酒店开业。省旅游局局长杨荣森，惠州市委书记、市人大常委会主任黄业斌，市委副书记、市长李汝求，市政协主席刘耀辉，市委常委、副市长黄锦辉，副市长杨灿培等参加开业庆典。

22日 江西井冈山纳入广东国民旅游休闲示范景区颁牌仪式暨井冈山旅游座谈会在广州隆重举行。井冈山成为广东首个跨省国民旅游休闲示范单位。

26日 中共中央政治局委员、省委书记汪洋在粤西（茂名）工作现场会上指出："茂名依山傍海，气候温和，旅游资源十分丰富，一些资源可以说在省内或者说在国内都有比较优势，发展旅游业的条件比较好。要加快旅游精品景区建设，积极开发旅游商品，挖掘旅游文化资源，加快旅游业发展"。

27日 2009广东省森林生态旅游示范基地授牌暨森林生态游启动仪式在广州举行，省旅游局局长杨荣森参加授牌仪式。并正式公布全省首批50家森林生态旅游示范基地名单，启动广东森林生态游。

□ 杨荣森局长出席省旅游局与广东益民旅游休闲服务有限公司和中国联通广东分公司战略合作协议签字仪式。

10月

1日 广东"领潮争先"彩车参加国庆60周年首都天安门阅兵游行展演展示活动。彩车全身采用蓝、黄、红三种颜色，其中以蓝色为主，向全国人民和全世界充分展示广东"敢为天下先、勇领改革潮"的精神风貌。

10日 全省旅游扶贫工作会议在广州增城市召开。副省长万庆良出席会议并讲话，省政府有关部门，全省有关市、县以及2009年旅游扶贫重点项目负责人参加会议。省政府副秘书长刘晓捷主持会议。

15～19日 省旅游局副局长周开生赴日本参加第四届中日韩旅游部长会议暨开展中国世博会旅游宣传推广活动。

16日 广东省旅游局与中国移动通信集团广东公司战略合作协议签约仪式暨2009广东国际旅游文化节"唱响广东"合作签约在广州隆重举行。省旅游局局长杨荣森、中国移动广东公司总经理徐龙、南方广播影视传媒集团党委书记白玲等出席签约仪式。会上，杨荣森与徐龙共同签署《广东省旅游局与中国移动通信集团广东有限公司战略合作协议》。

18日 由省旅游协会主办，联合各高校学生社团、旅游产业单位共同参与的大型综合性活动第二届广东大学生旅游文化节在广州大学城岭南印象园正式启动。

18～19日 广东省旅游业农村劳动力培训启动仪式暨河源市农村劳动力培训开班典礼在河源市召开。张振林副局长参加并讲话。

19～22日 省旅游局局长杨荣森赴美国参加第三届中美省州旅游局长合作发展对话会议。

22～27日 由中国旅游温泉旅游分会主办、广东温泉行业协会等单位承办的首期中国温泉旅游行业总经理研修班在广东从化温泉宾馆开班。

23～29日 省旅游局局长杨荣森、巡视员曾维炳赴澳大利亚参加经贸交流活动。

25～26日 广东省旅游局、河源市人民政府和广东省旅游协会联合举办第四届广东（河源）国际温泉旅游节，世界温泉及气候养生联合会向御临门温泉颁发"天然温泉"牌匾和证书。广东省副省长万庆良宣布每年的10月25日定为"广东温泉旅游日"。

27日 省旅游局联合省文化厅下发《关于评选广东省国民文化旅游示范单位的通知》（粤文物〔2009〕326号），全省文化旅游示范基地评选工作正式启动。

□ 广东省旅游局副局长、广东旅游协会副会长王志红在广州会见世界温泉及气候养生联合会副主席乔瓦尼。

30日 副省长万庆良组织召开广东国庆彩车总结会。

30至11月2日 省旅游协会组团参加由海峡两岸旅游交流协会和台湾观光协会共同主办的"第四届海峡两岸台北旅展"。

11月

2～12日 由省旅游局局长杨荣森率领的广东旅游分团，随中共中央政治局委员、省委书记汪洋率领的广东省党政代表团和经贸代表团赴韩国、日本、泰国三国开展系列旅游合作与交流活动。

4日 省旅游局副局长张振林在广州会见澳大利亚昆士兰州国际教育培训署代表团。

5日 两广六市旅游协作第三次联席会议在佛山召开，省旅游局副局长王志红出席会议。

9日 省旅游局下发《关于授予广州东山湖公园等272家单位为第二批国民旅游休闲示范单位的通知》（粤旅办〔2009〕73号），公布全省第二批272家示范单位名单。

12日 国家旅游局局长邵琪伟考察广州长隆旅游度假区。

□ 首批"广东旅游推广大使"授牌典礼在广州举行。

省政府副秘书长刘晓捷、省旅游局局长杨荣森出席授牌仪式，并亲自为首批“广东旅游推广大使”授牌。

13日 中共中央政治局委员、省委书记汪洋，省长黄华华在广州会见世界旅游组织秘书长塔勒布·瑞法依、国家旅游局局长邵琪伟。

□ 由国家旅游局和广东省人民政府共同主办的2009广东国际旅游文化节暨泛珠三角旅游推介大会在广州大学城中心体育场举行。中共中央政治局委员、省委书记汪洋，国家旅游局局长邵琪伟，省长黄华华，省人大常委会主任欧广源，以及世界旅游组织秘书长塔勒布·瑞法依、南非社会发展部部长埃德加·莫莱瓦等40名境外嘉宾出席开幕式。省长黄华华、国家旅游局局长邵琪伟、世界旅游组织秘书长塔勒布·瑞法依在开幕式上分别致辞。开幕式晚会以“敞开岭南情怀拥抱快乐世界”为主题，分为“广东欢迎你”、“风情缭绕你”、“都市诱惑你”、“山水拥抱你”和“鲜花送给你”五个篇章，现场4万多名中外嘉宾和亿万电视观众观看。

□ 由2009广东国际旅游文化节暨泛珠三角旅游推介大会组委会主办，广东省旅游局、广东省人民政府外事办公室、中山大学联合承办的广东国际旅游合作高峰论坛在中山大学举行。

□ 2009广东国际旅游文化节暨泛珠三角旅游招商会在广州隆重举行。国际驻穗领馆、广东省友好省州和泛珠三角区域各省区旅游部门，以及中外旅游界、商协会和企业界人士等约500人参加招商会。现场签订外商投资合同20项，共吸引外资6.9亿美元。本次招商会总计签订投资项目154宗、吸引外资总额23.9亿美元。

□ “首届中国粤菜峰会”在广州拉开帷幕。本届粤菜峰会以“弘扬岭南饮食文化之精粹，传播广东美食天堂之美誉”为宗旨，评选出“粤菜十大名店”、“粤菜十大名菜”、“推动粤菜发展十大功勋企业家”以及“粤菜十大名厨”。

14~16日 2009广东国际旅游展览会暨海峡两岸旅游投资交流会在广州琶洲保利世贸博览馆举行。本次活动作为旅游文化节活动项目之一，由省旅游局和广州广之旅国际旅行社股份有限公司共同主办，台湾中华旅游观光促进协会、广东花城国际展览有限公司承办。

19日 2009广东国际旅游文化节暨泛珠三角旅游推介大会闭幕式和文艺晚会在广州长隆旅游度假区举行。

20日 由广东省旅游局、惠州市人民政府主办，惠州市旅游局、龙门县人民政府、广东温泉行业协会等承办的第四届惠州国际温泉旅游在南昆山温泉大观园隆重举行。

25~29日 以“共享旅游，共谋发展”为主题的第十一届“两广十市”区域旅游合作（茂名）联席会议在茂名市召开。

27日 深圳市文体旅游局、澳门旅游局就有关深澳旅游合作事项召开优质诚信澳门游工作会议。

30日 广东国民旅游休闲计划农业旅游启动仪式暨2009广东·从化温泉旅游文化节开幕式在广州从化市举行，并公布首批23家农业旅游示范基地名单。

12月

5日 香港中旅及其在深圳独资设立的京华旅行社正式开展非广东籍居民赴香港迪斯尼线路团队旅游业务。

8日 省旅游局局长杨荣森在广州参加12301旅游热线工作演示会。

10日 国家旅游局和共青团中央联合决定，命名东部华侨城有限公司、阳江十八子工贸实业有限公司为“全国青年文明号单位”。

10~11日 省旅游局局长杨荣森率其他局领导、各处室及各部门负责人赴局扶贫开发“规划到户、责任到人”的韶关市乳源县板长村开展调研活动。杨荣森深入到五保户李亚顺、李亚朗家中慰问，并向贫困户送上慰问金。韶关市市委常委、常务副市长陈向新，中共乳源瑶族自治县委书记、县人大常委会主任梁健等领导陪同调研。

14日 省旅游局局长杨荣森在广州会见澳大利亚领馆总领事及JESTAR航空公司负责人。

□ 西班牙驻广州总领事馆旅游处正式对外开放，这是西班牙在中国设立的第二家旅游处。

15日 省旅游局召开华人华侨旅游年工作座谈会。

19日 省旅游职业技术学校举办建校25周年校庆活动。副省长万庆良亲临视察。省旅游局局长杨荣森及其他局领导共同参加活动。

25日 由广东省旅游局、广东南方广播传媒影视集团和中国移动通信集团广东公司联合主办，南方电视台承办的“唱响广东”——2009广东旅游金曲精英大赛在广州举办金曲颁奖典礼。揭晓了“十大旅游金曲”，陈玲青获得冠军，喜获“广东旅游推广大使”，亚军潘旭、季军李思音也分获聘书。大会颁发“媒体支持奖”、“优秀组织奖”和“突出贡献奖”，其中增城市旅游局、清远市旅游局和河源市旅游局获得“突出贡献奖”。

27日 广东“领潮争先”国庆彩车全省百日大巡展首站在佛山岭南明珠体育馆正式启动。省旅游局副局长张振林、佛山市副市长麦洁华等领导参加启动仪式。

28日 广东省旅游局、清远市人民政府、佛冈县人民政府共建国际（中国佛冈）健康养生旅游示范基地启动仪式在清远佛冈举行，三方签订共建国际（中国佛冈）健康养生示范基地协议。全省康体旅游正式启动。

（涂继文、翁淑吟）

广东旅游业概况

（第 23 ~ 124 页）

综　　述

【广东旅游概况】　广东位于中国大陆的最南部，南临南海，毗邻港澳，陆地面积为17.98万平方公里，大陆海岸线长3368.1公里。常住人口为9638万人。祖籍广东的华侨、华人达2000多万人。

广东青山绿水，气候宜人，名胜古迹众多，旅游资源丰富。截至2009年底，全省共有18个地级以上市和3个县级市获“中国优秀旅游城市”称号。拥有7个国家级、19个省级风景名胜区；1个国家级、24个省级旅游度假区；11个国家级、66个省级自然保护区；25个国家级、61个省级森林公园；66处全国重点文物保护单位、365处省重点文物保护单位；80多个高尔夫球场、80多处温泉、33个海滨度假区；全省旅行社总数1192家，其中出境游组团社138家，台湾游组团社5家，港资经营港澳游旅行社2家；星级饭店总数1190家，其中白金五星级1家，五星级79家，四星级191家，三星级636家，二星级269家，一星级酒店14家。客房数16.13万间，床位数26.98万张。拥有绿色饭店865家；A级以上旅游景区126家，其中5A级旅游景区2家，4A级旅游景区78家，3A级旅游景区34家，2A级旅游景区12家；持证导游人员37596名。其中，初级导游员36390名，中级导游员1164名，高级导游员42名；拥有高、中等旅游院校136所，其中高等院校66所，中等职业学校70所，在校生66292人，其中旅游高等院校在校生26233人，旅游专业教师2642人；全省旅游从业人员150多万人。涌现出广东中旅、长隆、华侨城、广晟为代表的一批独具影响力的大型旅游企业。

【国际旅游】　2009年，广东省口岸入境旅游人数1.0232亿人次，比上年下降0.89%。其中外国人608.18万人次，下降1.26%；香港同胞7169.72万人次，下降0.71%；澳门同胞2251.51万人次，下降0.83%；台湾同胞202.68万人次，下降6.20%。接待入境旅游者2738.05万人次，比上年增长8.80%。其中外国人617.56万人次，下降3.62%；香港同胞1655.72万人次，增长8.64%；澳门同胞185.57万人次，增长27.55%；台湾同胞279.20万人次，增长11.26%。入境旅游者中港澳台游客仍为广东入境旅游接待的主体，约占总数77.45%。旅游外汇收入100.28亿美元，比上年增长9.30%，广东旅游外汇收入继续居于全国前列。

2009年，广东省接待入境旅游者人数排前5名的城市分别为：深圳市（896.37万人次）、广州市（689.40万人次）、珠海市（297.84万人次）、东莞市（225.96万人次）、惠州市（144.25万人次）；入境旅游外汇收入排前5名的旅游城市分别为：广州市（36.24亿美元，比上年增长15.77%）、深圳市（27.60亿美元，增长2.08%）、珠海市（10.27亿美元，增长8.28%）、佛山市（6.52亿美元，增长12.06%）、东莞市（5.18亿美元，增长13.47%）。广东省口岸入境旅游前5名客源国依次为：日本（40.19万人次）、美国（22.36万人次）、马来西亚（15.83万人次）、新加坡（11.08万人次）、韩国（10.24万人次）。

2009年，全省口岸出境旅游者3151.97万人次，比上年增长16.19%。组团出境旅游总人数为366.37万人次，比上年增长2.15%。其中，香港187.33万人次，比上年增长14.06%；澳门59.10万人次，比上年下降32.17%；海外119.94万人次，比上年增长11.78%。

【国内旅游接待与收入】　2009年，广东省接待过夜国内旅游者1.55亿人次，比上年增长13.82%。国内旅游收入2383.47亿元，比上年增长17.42%。2009年接待过夜国内旅游者人数前5名的城市依次为广州市（3286.12万人次，比上年增长12.68%）、深圳市（1943.94万人次，增长8.62%）、东莞市（1191.06万人次，增长21.18%）、珠海市（910.89万人次，增长9.85%）、惠州市（798.86万人次，增长18.37%）；国内旅游收入前5名的城市依次为广州市、深圳市、佛山市、东莞市、珠海市。旅游总收入前5名的城市依次是广州市（994.04亿元，增长18.66%）、深圳市（544.25亿元，增长6.44%）、佛山市（204.68亿元，增长21.75%）、珠海市（168.84亿元，增长8.87%）、东莞市（151.49亿元，增长17.72%），5个城市旅游经济总量占全省67.24%。

【假日旅游接待与收入】　2009年，春节黄金周（1月25日至2月1日）、“五一”假期（5月1～3日）、“十一”黄金周（10月1～7日），广东省分别接待游客2271.68万人次（同比增长10.44%）、877.57万人次（同比增长

10.87%)、2223.39万人次(同比增长9.15%),其中接待过夜旅游者分别为554.29万人次(同比增长14.51%)、202.91万人次(同比增长9.24%)、671.13万人次(同比增长7.50%)。一日游游客分别为1717.39万人次(同比增长9.18%)、674.65万人次(同比增长12.30%)、1552.26万人次(同比增长9.89%)。实现旅游收入分别为109.11亿元(同比增长8.73%)、41.67亿元(同比增长12.16%)、121.96亿元(同比增长8.73%)。

【汪洋到广州长隆开展旅游调研】 2009年8月27日,中共中央政治局委员、省委书记汪洋率省委办公厅、省旅游局和广州市领导到广州长隆旅游度假区开展旅游调研。汪洋实地考察香江野生动物世界、长隆水上乐园、长隆欢乐世界等主题公园,并在长隆酒店国际会议中心召开座谈会。广州市市长张广宁、省委副秘书长葛长伟、省旅游局局长杨荣森,以及广州市委常委、秘书长凌伟宪、副市长曹鉴燎等领导陪同调研。

汪洋在分别听取张广宁关于广州市旅游业和民营企业发展情况,以及长隆集团董事长苏志刚关于长隆集团发展历程、发展战略、重大项目规划建设等情况汇报后指出,长隆集团作为一家以旅游为核心产业的民营企业,经过20年的高速发展,为世人打造了一个旅游王国,发展成为广东省乃至全国著名的旅游企业集团。长隆集团作为广东旅游名副其实的"领头羊",其成功的关键有四条:一是具有瞄准世界一流水平的世界眼光;二是具有选贤任能的豁达大气;三是具有造福社会的精神理念;四是具有"干一行、爱一行、专一行"的专注态度。同时,长隆集团不断发展壮大,其原因还在于改革开放为广东民营企业发展提供了历史机遇和宽广舞台,广东经济社会发展为旅游业奠定良好基础,广州市作为省会和华南中心城市为长隆的发展创造了良好的营商环境。

汪洋强调,广东旅游业发展条件得天独厚,既有美丽的自然风光和丰富的旅游资源,又有深厚的文化底蕴和浓郁的人文环境,还有便利的区位条件和广阔的市场空间。各级政府和旅游部门要把握机遇、科学发展,努力把旅游业培育成为广东经济发展的新亮点,大力推进旅游强省建设。长隆集团作为广东旅游业发展的先导和典范,要"富而思进不自满,与时俱进当标兵",进一步解放思想,开拓创新,抓住《珠江三角洲地区改革发展规划纲要》实施的契机,认真落实"三促进一保持",整合旅游产业资源,延伸旅游产业链条,着力搞好长隆生态城、珠海长隆项目等的规划建设,不断推动产业转型升级,提升旅游综合竞争力,加快打造成为广东乃至全国的旅游旗舰,为广东建设全国旅游综合改革示范区和旅游强省作出更大贡献。

【汪洋、黄华华共同会见世界旅游组织秘书长及国家旅游局局长】 2009年11月13日,中共中央政治局委员、省委书记汪洋,省长黄华华在广州会见世界旅游组织秘书长塔勒布·瑞法依和国家旅游局局长邵琪伟。副省长万庆良,省委副秘书长葛长伟,省政府副秘书长刘晓捷和省旅游局局长杨荣森陪同参加会见。

汪洋指出,广东是中国的旅游大省,旅游经济总量连续多年居全国首位。广东省委、省政府高度重视旅游业发展,把旅游业作为现代服务业的重要组成部分来培育,以世界眼光、战略思维谋划广东旅游业新一轮大发展,大力实施国民旅游休闲计划,努力打造旅游强省。在当前国际金融危机的形势下,广东旅游业快速发展为全省保持经济平稳较快发展作出了重大贡献。实践证明,发展旅游业对于促进就业、促进经济复苏非常重要。今年国庆、中秋节连续放假8天,全省旅游接待如同"井喷"一样地增长,相当火爆。旅游增长带动了相关产业发展,社会消费品零售总额也都有两位数的增长。今年1月至10月,广东经济增长达到9%,旅游业是作了贡献的。他强调,发展旅游业要注重可持续发展,如何处理好景区开发与保护两者之间的关系,是我们面临的一个重大课题。广东要注意这个问题,使旅游业能实现可持续发展。我们发展旅游业得天独厚,要增强发展旅游业的信心,争取不断创造经济增长的奇迹,也争取创造旅游业可持续发展的奇迹。他说:我和黄华华省长率团出国访问时,都是把旅游推介作为重要的活动内容。他希望世界旅游组织继续关心关注、支持广东旅游业发展,充分发挥强大的旅游组织网络优势,为广东旅游资源开发和产业升级提供更多更大的支持。同时,也希望国家旅游局继续对广东旅游业发展给予指导和帮助,支持广东建设全国旅游综合改革示范区。

世界旅游组织秘书长塔勒布·瑞法依对中国、广东高度重视旅游业的发展给予积极评价,特别是对广东推行国民旅游休闲计划,把旅游业作为经济发展的重中之重表示肯定和赞赏。他认为,在国际金融危机的冲击下,发展旅游业有利于拉动经济、促进就业,应该成为各国、各地区的共识。世界旅游组织将积极加强与中国、广东旅游业合作,促进中国尤其是广东与世界各国各地区加强旅游交流。他通过分析一些欧洲国家发展旅游的经验和教训,对广东发展旅游业提出了有益建议,认为要加强规划、注重环保,避免旅游资源过度开发,实现旅游业可持续发展。

国家旅游局局长邵琪伟对广东旅游业发展取得巨大成绩给予充分肯定,祝贺广东成功地把广东国际旅游文化节打造成为海内外具有重大影响力的知名节庆品牌,并表示国家旅游局将继续大力支持广东加快旅游业改革与发展。

【全省旅游工作会议】 2009年2月27日,省政府在广州中国大酒店召开2009年全省旅游工作会议。省长黄华华、副省长万庆良出席会议并讲话。省政府副秘书长刘晓捷主持会议，省旅游局局长杨荣森作工作报告。会议总结2008年全省旅游工作情况，研究部署2009年旅游工作。黄华华强调："2009年推动广东旅游业的改革发展要在扩大内需、推动经济平稳较快发展，促进现代服务业发展、构建现代产业体系，推动'双转移'、促进区域协调发展，改善民生、建设和谐社会四个方面发挥更大作用。"会议要求以贯彻实施《珠江三角洲地区改革发展规划纲要》为主轴，坚持培育旅游大市场与扩大消费相结合，发展旅游大产业与促进现代产业体系建设相结合，打造旅游大品牌与增强文化软实力相结合，推动旅游大合作与促进城乡区域协调发展相结合，促进旅游大家乐与构建和谐社会相结合，加快转变旅游发展模式，全面提升旅游业发展质量和效益，加快推进旅游强省建设。会议还为2008荣获"广东省（市）旅游强县"的乳源瑶族自治县、仁化县、英德市和南澳县颁授牌匾，为获奖"2008广东旅游好新闻"的单位和个人颁奖。

【万庆良到省旅游局开展调研】 2009年3月10日，副省长万庆良专程到省旅游局开展调研活动，省政府副秘书长刘晓捷陪同调研。在由省旅游局领导班子、副处级以上干部和业务骨干参加大会上，杨荣森局长汇报2009年广东旅游工作安排及进展情况。万庆良指出，2008年在错综复杂的国际国内形势下，省旅游局团结带领全省旅游系统积极主动、创造性地开展工作，推动我省旅游业在综合竞争力提升、市场整合、资源挖掘、精品打造、形象提升等方面实现新突破，省委、省政府对旅游业发展取得的显著成绩高度赞扬，对省旅游局领导班子和全局干部职工的辛勤努力给予充分肯定。

万庆良认为，2009年广东旅游业发展面临前所未有的大好机遇，是我们大干一场的好年份，也必定是一个丰收的年份，必须乘势而为、破危为机，努力推动我省旅游业新一轮大发展。一方面，在国际金融危机影响下，从中央到地方都高度重视旅游业发展对扩大内需、刺激消费、拉动经济增长的积极作用，汪洋书记明确指出"旅游业是现代服务业的重要组成部分，在产业结构转型升级、拉动内需、刺激消费、促进就业、推动经济发展中越来越显示出重要性，广东作为旅游大省，要努力打造旅游强省。"黄华华省长明确把旅游与家电、住房、汽车一起作为我省重点发展的四大消费市场。

全省各市、县（市、区）、镇的党政领导都对旅游工作前所未有地高度重视，为旅游业发展注入了强大动力、提供了良好基础。另一方面，我省旅游业发展有《珠江三角洲地区改革发展规划纲要》和省委、省政府《关于加快我省旅游业改革与发展建设旅游强省的决定》作为战略指导，有试行国民旅游休闲计划作为具体抓手，有"全国旅游综合改革示范区"赋予的大胆探索、先行先试权，全省旅游系统广大干部职工心齐实干、斗志昂扬，旅游业发展时机大好、前景广阔。

万庆良强调，2009年我省旅游工作面广量多，必须振奋精神、树立信心，整合力量、全力推进，突出重点、狠抓落实，重点要抓好"三大重点工作"和"两大亮点工程"。三大重点工作：一是认真贯彻落实《珠江三角洲地区改革发展规划纲要》和省委、省政府《关于加快我省旅游业改革与发展建设旅游强省的决定》，大力推进全国旅游综合改革示范区和旅游强省建设；二是以打造"五一"黄金周为重点，以重大活动为节点，推进国民旅游休闲计划全面落实；三是全力以赴办好2009广东国际旅游文化节。两大亮点工程：一是打造"五一"黄金周，这是上半年的工作亮点；二是举办2009广东国际旅游文化节，这是下半年的工作亮点。万庆良副省长对有关具体工作提出明确要求：一是研究编制广东省旅游发展总体规划，争取今年启动前期调研和论证工作，明年编制完成；二是尽快成立广东省旅游发展咨询委员会，按照"宜精不宜多"的原则，聘请国内外旅游专家、学者和高级管理人员作为成员，在战略、产业、市场、人才等方面为广东旅游发展提供策略咨询和决策指导。争取5月份初步甄选确定咨询委员会成员名单，并落实工作机构，建立工作机制；三是确定一批全省旅游综合改革示范市和示范县（市、区）。要组织省政府发展研究中心、中国旅游研究院和国家旅游局的有关专家进行理论研讨，明确旅游综合改革示范区的内涵，弄清楚到底在哪些方面可以改革、怎么改革、示范什么、怎么示范等关键问题，对示范市、示范县的权利、义务提出明确具体要求。在此基础上，在全省范围内甄选确定一批发展旅游热情高、改革创新能力强、旅游发展基础好的地市和县（市、区），作为全省旅游综合改革示范市和示范县（市、区），为全省建设全国旅游综合改革示范区探索经验；四是打造一批重点旅游项目和精品旅游项目。对全省重大旅游资源进行充分调研和论证，在摸清家底的基础上科学制定工作规划，形成明确的年度工作计划项目表，分步骤、有计划稳步推进。加大创建全国5A级景区的力度，并在全省合理布局。要充分调动地方政府和市场主体推进旅游资源开发建设的积极性，大力推进旅游招商引资，打造旅游精品路线，增强市场动员力；五是努力提升旅游企业的核心竞争力。要深入旅游企业调研，理清当前企业面临的突出困难和问题，千方百计为企业排忧解难。尽快推动落实旅游企业与一般工业企业实行同等的用水、用电、用气价格。大力推行优质旅游联盟计划，加快制定完善有关工作方案和规则，动员尽可能多的企业加入，提高旅游行业管理和服务质量，确保市场有序发展，不断提高旅游服务品质；六是精心筹备2009广东国际旅游文化节。要整合省文化厅、广东电视台和广州军区文工团等多方资源，加大市场化运作力度，通过多家比选，尽快落实开幕式场地和承办单位，尽早完善总体工作方案和各项具体工作方案；七是大力发展旅游制造业，充分发挥我省制造业发达的优势，结合各地资源和特色，打造潮州旅游商品基地、珠海游艇制造基地和深圳华侨城等一批旅游制造业基地；八是加强旅游法制化标准化信息化制度化管理，尽快建立全省统一的12301旅游咨询和投诉热线；九是锻造一支高素质的旅游人才队伍；十是加大旅游扶贫力度，将旅游扶贫与试行国民旅游休闲计划和开发乡村旅游结合起来，共同推进。

【万庆良在广州调研假日旅游市场工作】 2009年5月4～5日，万庆良副省长到广州市长隆集团、增城市旅游调研，重点了解“五一”假期旅游市场情况。省府办公厅陈志英副主任、广州市曹鉴燎副市长、省旅游局局长杨荣森、副局长曾维炳、广州市旅游局局长朱力等陪同调研。

万庆良先后参观长隆水上乐园、增城市市民文化中心、正果湖心岛景区以及白水寨景区，详细了解“五一”假期旅游市场以及企业发展情况，与当地干部一起研究如何开拓旅游市场，进一步促进旅游消费等问题。在听取长隆集团负责人的情况介绍后，万庆良对长隆集团取得的成绩给予肯定，并鼓励长隆集团继续不懈努力，加大宣传策划力度，大力开拓港澳、东南亚市场。在增城，万庆良听取市委书记朱泽君的专题汇报后指出，增城市旅游业凭借“区位、资源、市场”优势，三大功能区的定位科学，全区域公园化战略实施效果明显，增城处处像公园，城市面貌大变样，经济社会效益日益凸显。万庆良强调，广州市、增城市要进一步整合资源，点、线、面相结合，大力引进战略投资者，抓好旅游精品建设，把旅游业打造成为大产业；要做大品牌，准确定位，精心规划，精心包装，加强宣传推介；要实现大家乐，让老百姓都参与进来，谋求旅游业的新发展和新突破。

【万庆良到云浮考察旅游工作】 2009年7月1～2日，万庆良副省长率省政府办公厅、省旅游局有关负责人赴云浮市考察旅游工作。云浮市委副书记、市长黄强，市委常委、常务副市长郭汉毅，省旅游局局长杨荣森等领导陪同考察。

云浮市是六祖故里、石艺之都。万庆良副省长一行先后考察龙山国恩寺和云浮国际石材城等地。在龙山国恩寺考察时，万庆良对云浮市旅游业发展给予充分肯定，并表示将进一步支持云浮市旅游业发展：一是要将六祖禅宗文化产业园、石艺文化博览园纳入省级重点旅游项目；二是在旅游扶贫、旅游促销方面给予大力支持。三是要充分利用六祖惠能这一珍贵的文化旅游资源，精心策划相关主题旅游文化活动，打造具有国际影响力的六祖旅游文化品牌。

在云浮国际石材城，万庆良仔细参观云浮石材样品展，要求云浮市围绕石材特色产业，加强产业规划和整合集聚，延长产业链，加大工艺设计人才的培养和引进，注重工艺技术创新，培育一批龙头骨干企业，做大做强石材产业，打造名副其实的“石艺之都”。

【国家5A级旅游景区复核和创建工作】 2009年7月20日，省旅游局召开国家5A级旅游景区复核和创建工作会议，传达国家旅游局《关于做好5A级旅游景区复核和创建工作的通知》精神，总结全省近年来创建国家5A级旅游景区工作情况，并对下一步开展复核和创建工作进行部署。省旅游局局长杨荣森在会上作了讲话，曾维炳副局长主持会议。广州、深圳、韶关、梅州、肇庆、清远6市旅游局负责人，华侨城集团、长隆集团、白云山风景名胜区等7家景区的负责人参加会议。

杨荣森指出，国家旅游局对国家5A级旅游景区进行复核，是促进景区不断开拓创新、持续优化发展的重要动力，有利于进一步擦亮“国家5A级旅游景区”这块金字招牌。华侨城集团和长隆集团要以复核工作为动力，进一步完善设施、优化管理和服务，力争保牌。同时，要充分认识国家5A级旅游景区创建工作的重要意义。当前，省委、省政府高度重视发展旅游业，出台一系列政策措施，明确了建设全国旅游综合改革示范区和旅游强省的总体目标。积极推动国家5A级旅游景区创建工作，打造一批国家级乃至世界知名的旅游景区，树立广东旅游品牌形象，是建设全国旅游综合改革示范区和旅游强省的重要举措。各创建单位要以创建工作为抓手，树立真正的5A级旅游景区是由广大游客评定的意识，切实完善景区服务设施、加强景区管理工作，提高景区服务水平，努力让广大游客满意；要积极争取当地政府的支持，以创建工作促旅游业发展。省旅游局将为国家5A级旅游景区复核和创建工作提供全面指导和支持，全力以赴做好服务保障工作。

会上，华侨城集团和长隆集团负责人分别介绍创建经验以及发展情况。白云山风景名胜区等5家景区汇报了创建工作情况。

【邵琪伟在深圳调研】 2009年7月30日至8月2日，国家旅游局局长邵琪伟到深圳开展旅游调研，并出席国家旅游局与深圳市人民政府签署旅游合作框架协议仪式、旅游工作调研座谈会和深圳东部华侨城全面开业庆典。省委常委、副省长肖志恒，省旅游局局长杨荣森、深圳市政府副秘书长于忠厚和深圳市旅游局局长李小甘等领导陪同调研。

8月1日，邵琪伟局长和省委常委、深圳代市长王荣在深圳东部华侨城签署旅游合作框架协议。省委副书记、深圳市委书记刘玉浦等领导出席并见证签约仪式。邵琪伟在签约仪式致辞中表示，我国旅游业总体上还处于发展的初级阶段，要迈上新台阶，必须进一步改革、开放和创新。希望广东、深圳为全国旅游业发展创造更多、更好的经验。国家旅游局将全力支持广东、珠三角及深圳旅游业的发展。根据协议规定，国家旅游局将与深圳市建立紧密合作机制，全面支持指导深圳建设成为在国际上具有较高知名度、在亚太地区具有重要影响力的国际滨海旅游城市，成为我国重要的旅游目的地、客源地和出入境旅游集散地之一，重点支持大鹏半岛建设国际滨海旅游度假胜地，鼓励支持深圳在旅游政策创新方面先行先试，支持深圳发展文化创意旅游业，拓展国内外旅游市场，打造“精彩深圳，时尚之都”的城市旅游品牌，支持以华侨城集团为代表的大型旅游企业和精品旅游项目发展，打造旅游企业“航母”，建设生态型、都市型、民族品牌型的旅游精品。

在旅游工作调研座谈会上，邵琪伟认真听取省、市旅游局，重点旅游企业的汇报，重点围绕如何应对全球金融危机和甲型H1N1流感影响的措施及未来发展目标、旅行社业创新发展、酒店业节能减排等进行调研。邵琪伟指出，2008年以来，旅游业受到各种不利因素的冲击。广东、深圳旅游行业在各种冲击面前保持了良好的状态，信心不倒，干劲不减，逆势而上，奋发有为，取得了较好成绩，值得充分肯定。随着全国经济的企稳回升，广东、深圳的旅游业发展一定会更好。邵琪伟认为，目前中国旅游业总体上仍处于快速发展期，要在战略上研究转变旅游经济增长方式、实现旅游产业转型升级的法律法规和政策措施，实现旅游业又好又快发展。他希望广东、深圳在体制机制创新、大型旅游集团培育等方面大胆探索、先行先试。

8月1日，邵琪伟出席深圳东部华侨城全面开业庆典并指出，东部华侨城做到了生态环境最优化保护和生态旅游最佳化发展，是当之无愧的“国家生态旅游示范区”。面对金融危机的严峻挑战，华侨城旅游仍保持11%的增长，为当前应对金融危机、服务经济发展发挥了应有的作用。

在考察华强集团时，邵琪伟听取华强集团关于发展旅游制造业和文化科技旅游的情况汇报，对华强集团运用高科技手段、融合文化元素来发展旅游产业的做法表示肯定，并希望华强集团做大做强，把科技成果更好地运用到文化旅游中，为全国旅游业的转型升级提供经验和模式借鉴。

【2009年上半年全省旅游经济形势分析会】 2009年7月29~30日，2009年上半年全省旅游经济形势分析会在广州长隆会议中心隆重召开。会议主要内容是贯彻落实温家宝总理考察海南时的重要讲话精神以及省委十届五次全会精神，总结分析上半年工作，研究部署下半年工作。省旅游局局长杨荣森，副局长曾维炳、周开生、王志红，各地级以上市、各县（市、区）旅游局负责人及重点旅游企业负责人约250人参加会议。

杨荣森在讲话中指出，2009年1月至6月，全省实现旅游外汇收入50.5亿美元，比上年同期增长1%，完成全年预期目标的53%；国内旅游收入1056亿元，同比增长10%，完成全年预期目标的48%；旅游总收入1406亿元，同比增长4.9%，排除汇率因素，实际增长7.5%，完成全年预期目标的48.8%。上半年全省旅游经济运行主要呈现以下特点：一是全省国内游、入境游和出境游市场冷暖不一。过夜国内游人数增长较快，上半年全省过夜国内游人数6278万人次，同比增长7.97%；过夜入境游客人数略有下降，其中外国游客人数降幅较大，上半年全省入境过夜游客数为1123万人次，继续位居全国首位；受国际金融危机影响，外国游客仅260万人次，同比下降8.99%。出境游保持小幅增长，上半年经口岸出境旅游总人数1551万人次，同比增长2.43%。二是旅游企业喜忧参半。全省旅行社组团国内、省内游客数量稳步增长，组团国内游665.5万人次，同比增长7.73%；出入境组团业务受甲型H1N1流感疫情影响明显，全省接待入境游客同比下降16.00%。全省不同类型的宾馆酒店受国际金融危机影响程度不一，经济型商务酒店出租率保持在80%左右的较高水平，高星级酒店由于高端商务海外客源市场萎缩，大型会议和接待业务减少，客房出租率维持在50%左右，比上年同期减少7.6%。全省旅游景区景点精心策划各种活动，接待游客人数逆市增长，经营收入较为理想。上半年全省纳入统计范围的431家主要景区景点接待游客总数为9113万人次，同比增长18.5%。三是假日旅游市场逆市飘红。春节黄金周旅游市场繁荣、旅游人数创新高，全省实现旅游收入109.11亿元，比去年同期增长8.73%；共接待旅游者2271.68万人次，比去年同期增长10.44%。“五一”假日旅游市场红火、旅游消费旺盛，5月1~3日，我省共接待游客879万人次，同比增长11%，全省实现旅游总收入41.64亿元，同比增长12.08%。四是全省各区域旅游业发展仍不均衡。

杨荣森局长强调，在国际金融危机和甲型H1N1流感疫情的双重影响下，上半年全省旅游业能够保持平稳发展，旅游业在扩大内需、拉动经济增长、促进社会就业等方面发挥了积极作用，这是难能可贵的。上半年成绩的取得：一是党中央、国务院、国家旅游局和省委省政府高度重视、亲切关怀的结果。二是全省各级党委政府积极主导、全力推动的结果。三是全省各级旅游管理部门真抓实干、务实创新的结果。四是全省旅游企业奋力开拓、拼博进取的结果。五是全省各相关部门大力支持、积极配合的结果。

杨荣森局长要求，在机遇与挑战面前，全省旅游系统要保持清醒头脑，既要认识到挑战的严峻性，把问题和困难考虑得更充分一些，未雨绸缪，积极应对；又要看到机遇和希望所在，勇于探索和创新，增强发展的信心和动力，以高度的使命感、责任感和紧迫感，全力以赴做好下半年旅游工作。着重做好以下四个方面的工作：一是狠抓国际国内旅游市场开发。在国际市场拓展方面，要积极参加、精心策划国家旅游局组织的境外旅游展览会和旅游宣传促销活动，要借助省委、省政府主要领导出访日韩、东盟、澳大利亚等国的有利时机，赴上述国家开展旅游推介活动，要加强与国际友好省州和主要客源市场的合作与交流，着力开拓华人华侨旅游市场；在国内市场开拓方面，要坚持不懈地开展研究和探索，着力试行国民旅游休闲计划，继续壮大省内游市场，大力开拓国内重点客源市场，深化粤港澳台旅游合作，进一步吸引粤港澳台游客。二是狠抓旅游环境优化。三是狠抓2009广东国际旅游文化节各项筹备工作。四是狠抓作风转变促落实出成效。

会上，广州、深圳、珠海、韶关、湛江、潮州6市旅游局局长，从化、德庆两个县（市）政府领导和深圳华侨城、广东中旅、广州长隆、广州广之旅、南湖国旅、广东益民服务公司6家重点旅游企业负责同志作了交流发言。本次会议的召开，进一步统一了思想，开拓了思路，明确了目标，为确保全年目标任务的顺利完成打下坚实的基础。

【省政府常务会议审议通过2009广东国际旅游文化节总体工作方案】 2009年8月31日，黄华华省长主持召开十一届四十次省政府常务会议，听取了2009广东国际旅游文化节暨泛珠三角旅游推介大会组委会办公室主任、省旅游局局长杨荣森同志关于《2009广东国际旅游文化节暨泛珠三角旅游推介大会总体工作方案》的汇报。会议原则同意该方案。

会议强调，我省是全国旅游大省，2008年全省旅游总收入占全国的1/4，旅游外汇收入占全国的1/5，均超过我省GDP占全国的比重。当前，我省正在大力推进现代服务业与先进制造业双轮驱动的现代产业体系建设，旅游业是现代服务业的重要组成部分，对经济社会发展具有很强的带动作用，各地各部门一定要高度重视，加快建设旅游强省。

会议指出，广东国际旅游文化节已经成为我省旅游、文化宣传和对外交流的响亮品牌，影响力日益提升，经济和社会效益显著。与前几届相比，本届国际旅游文化节呈现以下几个新特色：一是规模进一步扩大，21个地市都设立分会场，首次实现旅游文化节主、分会场覆盖全省；二是办节机制进一步创新，闭幕式首次由企业主办；三是旅游文化节与30周年国际友城活动相结合；四是推陈出新，打造亮点，增加了多个内容丰富的活动项目。

会议要求，要认真总结经验，紧紧围绕“国际、旅游、文化”做文章，进一步擦亮广东国际旅游文化节的品牌：一是要突出活动的国际化特点，与国际接轨，吸引更多境外游客尤其是境外旅游界知名人士和大旅行商参加，大力引进高水平的旅游合作项目；二是要突出广东的旅游特色，提升广东旅游的国际竞争力；三是要充分体现岭南文化，提升广东国际旅游文化节的文化品位。关于办节模式，今后可尝试由珠三角各市轮流举办旅游文化节开幕式，闭幕式形式要作进一步改革，具体由省旅游局作进一步研究。

根据总体工作方案，由国家旅游局和广东省人民政府共同主办的2009广东国际旅游文化节将于11月13日在广州隆重开幕，为期一周。主会场设在广州，21个地级以上市均设立分会场。开幕式将设在广州大学城体育中心体育场，闭幕式设在广州长隆欢乐世界。

【2010华人华侨旅游年工作座谈会】 2009年12月15日，省旅游局在广州召开华人华侨旅游年工作座谈会。省旅游局局长杨荣森主持会议并讲话。省侨办副主任黎静，南方影视传媒集团、南方报业传媒集团、中国移动广东公司、中国联通广东分公司、省机场管理集团公司、南方航空、国泰航空、花园酒店、白天鹅酒店、华侨城集团、长隆集团、海泉湾度假村、益民公司等相关旅游企业代表参加座谈。杨荣森指出，省政府将2010年广东主题旅游年确定为“华人华侨旅游年”具有重要的意义。受国际金融危机影响，入境游客特别是外国游客出游欲望降低，我省入境外国游客人数减少，给旅游企业经营带来较大的冲击。广东有超过2000万海外侨胞，遍布世界5大洲、100多个国家和地区。华侨的根在广东，心系广东发展，华侨旅游市场是我省重要的境外客源市场。开展华人华侨旅游年活动，既有利于广东入境旅游市场的繁荣发展，也有利于广东侨务工作的深入推进，同时为相关企业带来巨大商机，可谓一举多得。

杨荣森强调，要确保华人华侨旅游年活动办出特色、办出水平、办出成效，实现多方共赢，必须在三个方面下功夫：一是要在宣传上下功夫。要在海外华文媒体上大力宣传华人华侨旅游年主题活动和优惠措施，精心设计和推介广东特色旅游产品和精品旅游线路，热情邀请华人华侨回来看亚运、看世博。二是要在服务上下功夫。要发动通信企业、航空公司、大型景区、酒店、商业单位等相关企业为华人华侨提供优质服务和优惠价格。三是要在活动策划上下功夫。要积极争取各地市政府的支持，联合各地市旅游、侨务部门，根据各自的资源和文化特色，策划开展华人华侨感兴趣、想参与却在海外体验不到的具有浓郁岭南文化特色的丰富多彩的活动。

杨荣森要求，各旅游企业要充分认识开展华人华侨旅游年活动的重要意义，牢牢把握华人华侨旅游年活动蕴含的巨大商机，研究提出具体的优惠措施和配套方案，为来广东旅游的华人华侨提供综合性、专业化、个性化的服务。

（涂继文、叶志青、余晓娟）

旅游行业管理

广东省旅行社业

【旅行社行业规模】 2009年，广东省新批准设立的旅行社91家，其中，5月1日前批准设立的旅行社27家。至年底，全省经许可设立并领取《旅行社业务经营许可证》的旅行社1092家，其中完成工商注册登记手续的有1075家。

2009年，全省旅行社资产总额90.30亿元，比上年增长17.53%，负债总额64.41亿元，比上年增长24.06%，所有者权益25.88亿元，比上年增长3.91%，注册资本金17.41亿元，比上年增长2.46%。旅行社直接从业人员34774人，比上年增长3.31%。其中，管理人员6514人，导游人员7684人，领队人员4898人，会计人员2552人，其他人员13126人。

【旅行社经营规模和效益】 2009年，根据1056家旅行社填报的有效统计数据显示，全省旅行社营业收入总额265.05亿元，比上年增长8.14%；旅游业务收入总额254.84亿元，比上年增长7.84%；利润总额3.04亿元，比上年增长60.85%；毛利润总额24.58亿元，比上年增长14.39%；旅游业务毛利润19.65亿元，比上年增长14.29%；实缴税金总额3.04亿元，比上年增长55.90%；外汇结汇0.90亿美元，比上年下降2.72%；全年促销费支出1.59亿元，比上年增长1.37%。

经对全省22个地级市（县）旅行社经营的旅游业务营业收入、旅游业务毛利润、实缴税金、外汇结汇、入境外联人天、入境接待人天、国内组织人天、国内接待人天等8项指标进行综合排名，前5名地级市依次为：广州、深圳、佛山、中山、珠海。

【入境旅游业务】 2009年，全省旅行社入境外联人次为305.4万，比上年下降6.97%，其中外国人64.16万人次，下降7.36%。外联人天730.58万，比上年下降7.93%，其中外国人195.83万人天，比上年下降6.14%；入境接待人次379.67万，比上年下降5.27%，其中外国人96.71万人次，比上年增长6.33%。接待人天842.26万，比上年下降4.94%，其中外国人248.79万人天，比上年增长0.27%；入境旅游营业收入25.32亿元，占全省旅游业务收入总量的9.94%，入境旅游业务毛利润额1.86亿元，占旅游毛利润总量的9.49%，入境旅游业务毛利率7.37%。

【国内旅游业务】 2009年，全省旅行社国内旅游组织人次为1768.15万，比上年增长8.66%；组织人天为4107.55万，增长12.05%。接待人次为1615.10万，增长2.44%；接待人天为2710.67万，增长8.72%；国内旅游业务收入为156.39亿元，占全省旅游收入总量的61.36%；国内旅游毛利润额11.78亿元，占旅游毛利润总量的59.94%，国内旅游业务毛利率7.53%。

【出境旅游业务】 2009年，全省旅行社出国旅游组织人次为134.68万，比上年增长28.11%，组织人天646.48万，增长5.68%。港澳旅游组织人次253.87万，增长4.15%，组织人天521.40万，减少0.09%；出境旅游业务收入73.12亿元，占全省旅游业务收入总量的28.69%，出境旅游业务毛利润额6亿元，占全省旅游业务毛利润总量的30.56%；出境游业务毛利润率8.22%。

【旅行社结构分布状况】 2009年，全省旅行社业中，国有企业占10.80%，集体所有制企业占1.02%，股份制企业占0.28%，有限公司企业占19.81%，私营企业占67.44%，外资合资、独资企业占0.65%；全省旅行社数量排在前5位的地级市依次为：广州（195家）、深圳（191家）、珠海（89家）、汕头（62家）、佛山（50家），五市旅行社总量占全省总量的54.60%。

【旅行社重新审核换证工作】 2009年5月1日，《旅行社条例》开始施行。省旅游局根据国家旅游局《关于贯彻实施〈旅行社条例〉和〈旅行社条例实施细则〉有关事项的通知》（旅监管发〔2009〕111号），对全省原有旅行社的经营资格进行重新审核。汕头中国国际旅行社等883家旅行社符合《旅行社条例》及其《旅行社条例实施细则》规定的经营国内旅游业务和入境旅游业务设立条件，省旅游局已换发《旅行社业务经营许可证》（见附表：广东省许可经营国内旅游业务和入境旅游业务的旅行社名单）；广东国旅国际旅行社股份有限公司等138家出境游旅行社和广州康泰国际旅行社有限公司等7家外资旅行社已经国家旅游局重新审核并换发《旅行社业务经营许可证》（见附表：广东省许可经营国内旅游业务、入境旅游业务和出境旅游业务的旅行社名单，广东省许可经营国内旅游业务和入境旅游业务的外资旅行社名单）；东莞市益生旅行社有限公司等64家2009年5月至12月已经省或市旅游管理部门批准设立，许可经营国内旅游业务和入境旅游业务的旅行社，省旅游局已换发《旅行社业务经营许可证》（见附表：2009年度广东省许可经营国内旅游业务和入境旅游业务的旅行社名单）。

（省旅游局行业管理处提供）

附表：

广东省许可经营国内旅游业务和入境旅游业务的旅行社名单

（共883家）

序　号	许可证编号	旅行社名称
1	L－GD00001	汕头中国国际旅行社
2	L－GD00002	汕头市乐观国际旅行社有限公司
3	L－GD00003	汕头市商之旅国际旅行社有限公司
4	L－GD00004	汕头经济特区旅游有限公司
5	L－GD00005	汕头市康泰旅行社有限公司
6	L－GD00006	汕头市职工旅行社
7	L－GD00007	汕头市乐荣旅行社有限公司
8	L－GD00008	汕头市好之旅旅行社有限公司
9	L－GD00009	汕头市红头船国际旅行社有限公司
10	L－GD00010	汕头高新区四海旅行社有限公司
11	L－GD00011	汕头市好风光旅行社有限公司
12	L－GD00012	汕头假日旅行社有限公司
13	L－GD00013	汕头市海燕旅行社
14	L－GD00014	汕头市南国商务旅行社
15	L－GD00015	汕头市名胜旅行社有限公司
16	L－GD00016	汕头市青云旅行社有限公司
17	L－GD00017	汕头市华天旅行社有限公司
18	L－GD00018	汕头市新永安国际旅行社有限公司
19	L－GD00019	汕头海洋旅行社有限公司
20	L－GD00020	汕头广梅汕铁路旅行社
21	L－GD00021	南澳海之旅旅行社
22	L－GD00022	汕头市金潮国际旅行社有限公司
23	L－GD00023	汕头市潮人旅行社有限公司
24	L－GD00024	汕头市光大旅行社有限公司
25	L－GD00025	汕头市春秋旅行社有限公司
26	L－GD00026	汕头市金叶旅行社
27	L－GD00027	南澳县海岛旅行社有限公司
28	L－GD00028	汕头市龙泰旅行社有限公司
29	L－GD00029	汕头市澄海区假日旅行社有限公司
30	L－GD00030	汕头市汕澄旅行社有限公司

续表

序　号	许可证编号	旅行社名称
31	L－GD00031	汕头市广之旅旅行社有限公司
32	L－GD00032	汕头市新旅程国际旅行社有限公司
33	L－GD00033	汕头市航旅旅行社有限公司
34	L－GD00034	汕头市佳辰旅行社有限公司
35	L－GD00035	汕头市澳海信达旅行社有限公司
36	L－GD00036	汕头市青之旅旅行社有限公司
37	L－GD00037	汕头市金桥旅行社有限公司
38	L－GD00038	汕头市顺成旅行社有限公司
39	L－GD00039	汕头市泰昌国际旅行社有限公司
40	L－GD00040	汕头市汕之旅旅行社有限公司
41	L－GD00041	汕头市南安旅行社有限公司
42	L－GD00042	汕头市环宇国际旅行社有限公司
43	L－GD00043	汕头中国青年旅行社有限公司
44	L－GD00044	汕头市乐阳旅行社有限公司
45	L－GD00045	南澳县瀛南旅行社有限公司
46	L－GD00046	汕头市澄旅旅行社有限公司
47	L－GD00047	汕头市友好旅行社有限公司
48	L－GD00048	汕头市泰达旅行社有限公司
49	L－GD00050	汕头市纵横游国际旅行社有限公司
50	L－GD00051	汕头市顺驰旅行社有限公司
51	L－GD00052	汕头市澄海区愉悦旅行社有限公司
52	L－GD00053	汕头市和泰旅行社有限公司
53	L－GD00054	汕头市康乐旅行社有限公司
54	L－GD00055	汕头市新天地旅行社有限公司
55	L－GD00056	中山市东方国际旅行社有限公司
56	L－GD00057	中山交通旅行社
57	L－GD00058	中山市星星旅行社有限公司
58	L－GD00059	中山市新旅假期旅行社有限公司
59	L－GD00060	中山市南湖旅行社有限公司
60	L－GD00061	中山市假日国际旅行社有限公司
61	L－GD00062	中山市乐途旅行社有限公司
62	L－GD00063	中山新联假期国际旅行社有限公司
63	L－GD00064	中山市富达旅行社有限公司
64	L－GD00065	中山阳光假期国际旅行社有限公司
65	L－GD00066	中山市世纪行旅行社有限公司

续表

序　号	许可证编号	旅行社名称
66	L－GD00067	中山市大视角国际旅行社有限公司
67	L－GD00068	中山市广博旅行社有限公司
68	L－GD00069	揭阳市光辉国际旅行社有限公司
69	L－GD00070	揭阳假日旅行社有限公司
70	L－GD00071	揭阳市宝马旅行社有限公司
71	L－GD00072	揭阳市青年旅行社有限公司
72	L－GD00073	揭阳康辉旅行社有限公司
73	L－GD00074	揭阳市顺华旅行社
74	L－GD00075	揭阳市中和旅行社有限公司
75	L－GD00076	揭阳吉旅旅行社有限公司
76	L－GD00077	普宁市旅游总公司
77	L－GD00078	普宁市金叶旅行社有限公司
78	L－GD00079	普宁市侨联旅行社
79	L－GD00080	普宁市铁山旅行社有限公司
80	L－GD00081	普宁市新东方旅行社有限公司
81	L－GD00082	普宁市美林旅行社有限公司
82	L－GD00083	揭西县旅游总公司
83	L－GD00084	揭西县新世纪旅行社有限公司
84	L－GD00085	揭西县霖都旅行社有限公司
85	L－GD00086	揭东县金凤凰旅行社有限公司
86	L－GD00087	惠州市东江旅行社有限公司
87	L－GD00088	广东中旅（惠州）旅行社有限公司
88	L－GD00089	惠东县旅游服务公司
89	L－GD00090	博罗县中国旅行社
90	L－GD00091	广东省罗浮山旅游开发总公司
91	L－GD00092	惠州市西湖旅游总公司
92	L－GD00093	龙门县旅游公司
93	L－GD00094	博罗县旅游总公司
94	L－GD00095	惠州康辉旅行社有限公司
95	L－GD00096	龙门县新华旅行社有限公司
96	L－GD00097	惠州市金山旅行社有限公司
97	L－GD00098	惠州市畅游旅行社有限公司
98	L－GD00099	惠州市惠阳联华旅行社有限公司
99	L－GD00100	惠州市芳华旅行社
100	L－GD00101	惠东县新世纪旅行社有限公司

续表

序　号	许可证编号	旅行社名称
101	L－GD00102	博罗新青年旅行社有限责任公司
102	L－GD00103	惠州市国泰旅行社
103	L－GD00104	惠州西湖中国旅行社
104	L－GD00105	惠州市联运旅行社有限公司
105	L－GD00106	惠州市惠之旅旅行社有限公司
106	L－GD00107	惠州大亚湾龙泉旅行社有限公司
107	L－GD00108	惠州大亚湾海岸旅行社有限公司
108	L－GD00109	惠州市惠阳区泰阳旅行社
109	L－GD00110	惠州大亚湾顺安旅行社有限公司
110	L－GD00111	惠州市大众旅行社有限公司
111	L－GD00112	惠州市好风景旅行社有限公司
112	L－GD00113	惠州市假日风光旅行社有限公司
113	L－GD00114	惠州市好尔游旅行社有限公司
114	L－GD00115	惠州市时代青年旅行社有限公司
115	L－GD00116	惠州市假日旅行社有限公司
116	L－GD00117	惠州市四海达旅行社有限公司
117	**L－GD00118**	**※惠州市粤惠欢乐假期旅行社有限公司**
118	L－GD00119	珠海石景山国际旅行社有限公司
119	L－GD00120	珠海市澳国旅国际旅行社有限公司
120	L－GD00121	珠海神州国际旅行社
121	L－GD00122	珠海国际金融旅行社有限公司
122	L－GD00123	珠海阳光国际旅行社有限公司
123	L－GD00124	珠海九洲国际旅行社
124	L－GD00125	珠海经济特区环球国际旅行社
125	L－GD00126	珠海经济特区濠江旅行社
126	L－GD00127	珠海市斗门中国旅行社有限公司
127	L－GD00128	珠海市斗门区东亚旅行社有限公司
128	L－GD00129	珠海市青年旅行社有限公司
129	L－GD00130	珠海市黄杨旅行社有限公司
130	L－GD00131	珠海新风光国际旅行社有限公司
131	L－GD00132	珠海惠嘉旅行社有限公司
132	L－GD00133	珠海人人旅行社有限公司
133	L－GD00134	珠海市湾仔旅游服务公司
134	L－GD00135	珠海华视旅行社有限公司
135	L－GD00136	珠海广之旅旅行社有限公司

续表

序　号	许可证编号	旅行社名称
136	L－GD00137	珠海市浪漫时光国际旅行社有限公司
137	L－GD00138	珠海市斗门区白藤湖旅游发展公司
138	L－GD00139	珠海泰申旅行社有限公司
139	L－GD00140	珠海市斗门区泰安旅行社有限公司
140	L－GD00141	珠海易时代商务旅行社有限公司
141	L－GD00142	珠海东航旅行社有限公司
142	L－GD00143	珠海市碧海旅行社有限公司
143	L－GD00144	珠海经济特区怡海旅行社
144	L－GD00145	珠海市国际会议中心度假旅行社有限公司
145	L－GD00146	珠海市望海旅行社
146	L－GD00147	珠海市珠江国际旅行社有限公司
147	L－GD00148	珠海市平沙金雁旅游公司
148	L－GD00149	珠海飞扬旅行社有限公司
149	L－GD00150	珠海市缤纷国际旅行社有限公司
150	L－GD00151	珠海海威国际旅行社有限公司
151	L－GD00152	珠海斗门青年旅行社有限公司
152	L－GD00153	珠海西葳旅行社有限公司
153	L－GD00154	珠海市永佳旅行社有限公司
154	L－GD00155	珠海快乐假期旅行社有限公司
155	L－GD00156	珠海华美达国际旅行社有限公司
156	L－GD00157	珠海市天天游国际旅行社有限责任公司
157	L－GD00158	珠海市华深旅行社有限公司
158	L－GD00159	珠海凤凰假日旅行社有限公司
159	L－GD00160	珠海风情旅行社有限公司
160	L－GD00161	珠海市怡晴国际旅行社有限公司
161	L－GD00162	珠海新华旅行社有限公司
162	L－GD00163	珠海富临旅行社有限公司
163	L－GD00164	珠海市金四海旅行社有限公司
164	L－GD00165	珠海星辉旅行社有限公司
165	L－GD00166	珠海光大旅行社有限公司
166	L－GD00167	珠海云天国际旅行社有限公司
167	L－GD00168	珠海海旅假期旅行社有限公司
168	L－GD00169	珠海市顺安旅行社有限公司
169	L－GD00170	珠海市岛之旅旅行社有限公司
170	L－GD00171	珠海市海煜旅行社有限公司

续表

序　号	许可证编号	旅行社名称
171	L－GD00172	珠海远航旅行社有限公司
172	L－GD00173	珠海市易达假期国际旅行社有限公司
173	L－GD00174	珠海市中恒旅行社有限公司
174	L－GD00175	珠海澳中旅旅行社有限公司
175	L－GD00176	珠海市东南旅行社有限公司
176	L－GD00177	珠海市朋友旅行社有限公司
177	L－GD00178	珠海中澳旅行社有限公司
178	L－GD00179	珠海汇华博雅国际商务旅行社有限公司
179	L－GD00180	珠海万里游旅行社有限公司
180	L－GD00181	珠海春秋旅行社有限公司
181	L－GD00182	珠海山水旅行社有限公司
182	L－GD00183	珠海市鼎峰旅行社有限公司
183	L－GD00184	珠海市新一天旅行社有限公司
184	L－GD00185	珠海华旅旅行社有限公司
185	L－GD00186	珠海市飞越国际旅行社有限公司
186	L－GD00187	珠海四季国际旅行社有限公司
187	L－GD00188	珠海新天地旅行社有限公司
188	L－GD00189	珠海拱北中旅麒麟商务旅行社有限公司
189	L－GD00190	珠海市美好旅行社有限公司
190	L－GD00191	珠海华青旅行社有限公司
191	L－GD00192	珠海驿站旅行社有限公司
192	L－GD00193	珠海国华国际旅行社有限公司
193	**L－GD00194**	**※珠海佳晖旅行社有限公司**
194	**L－GD00195**	**※珠海市捷旅假期旅行社有限公司**
195	**L－GD00196**	**※珠海吉洪旅行社有限公司**
196	L－GD00197	河源中国旅行社
197	L－GD00198	河源市青年旅行社
198	L－GD00199	河源市海峡旅行社
199	L－GD00200	河源市华侨旅行社
200	L－GD00201	河源市客家女旅行社有限公司
201	L－GD00202	河源市桂山旅行社有限公司
202	L－GD00203	河源市大自然旅行社有限公司
203	L－GD00204	河源市绿意旅行社有限公司
204	L－GD00205	河源市绿都旅行社有限公司
205	L－GD00206	河源市开心假日旅行社有限公司

续表

序 号	许可证编号	旅行社名称
206	L－GD00207	河源市槎城旅行社有限公司
207	L－GD00208	河源市金旅旅行社有限公司
208	L－GD00209	河源市翔丰旅行社有限公司
209	L－GD00210	河源市源之旅旅行社有限公司
210	L－GD00211	河源市嘉年华旅行社有限公司
211	L－GD00212	河源市阳光假期旅行社有限公司
212	L－GD00213	河源市源城区中国旅行社
213	L－GD00214	河源市源城区假日旅行社
214	L－GD00215	广东省新丰江旅行社有限公司
215	L－GD00216	东源县万绿湖旅行社
216	L－GD00217	和平县中国旅行社
217	L－GD00218	和平县世纪旅行社有限公司
218	L－GD00219	龙川县旅游总公司
219	L－GD00220	龙川县客都旅行社有限公司
220	L－GD00221	紫金县旅游公司
221	L－GD00222	连平县九连山旅行社
222	L－GD00223	连平县金色阳光旅行社有限公司
223	L－GD00224	鹤山市中国旅行社
224	L－GD00225	江门市新会区海外旅游有限公司
225	L－GD00226	开平市广旅国际旅行社
226	L－GD00227	恩平广之旅旅行社有限公司
227	L－GD00228	江门市新会区金辉旅行社有限公司
228	L－GD00229	开平市中国旅行社有限公司
229	L－GD00230	恩平中国旅行社
230	L－GD00231	江门市开心国际旅行社有限公司
231	L－GD00232	江门市教育旅行社有限公司
232	L－GD00233	江门市中新旅行社有限公司
233	L－GD00234	江门市威威旅行社有限公司
234	L－GD00235	台山市川岛旅行社有限公司
235	L－GD00236	台山市中侨旅行社有限公司
236	L－GD00237	江门市青年旅行社有限责任公司
237	L－GD00238	江门广之旅旅行社有限公司
238	L－GD00239	江门市欢乐旅行社有限责任公司
239	L－GD00240	江门市白云旅行社有限公司
240	L－GD00241	鹤山市好景旅行社有限公司

续表

序 号	许可证编号	旅行社名称
241	L－GD00242	江门市风光假期国际旅行社有限公司
242	L－GD00243	江门市春秋国际旅行社有限公司
243	L－GD00244	江门市阳光假期国际旅行社有限公司
244	L－GD00245	江门市新会区时尚旅行社有限公司
245	L－GD00246	江门市假日旅行社有限公司
246	L－GD00247	江门市新会方健旅行社有限公司
247	L－GD00248	江门市飞扬国际旅行社有限公司
248	L－GD00249	江门市新会理想国际旅行社有限公司
249	L－GD00250	广东中旅（江门）旅行社有限公司
250	L－GD00251	恩平市锦江旅行社有限公司
251	L－GD00252	开平市印象碉楼旅行社有限公司
252	L－GD00253	江门市新浪旅行社有限公司
253	L－GD00254	台山市乐途旅行社有限公司
254	L－GD00255	恩平市知己旅行社有限公司
255	L－GD00256	江门市华厦国际旅行社有限公司
256	L－GD00257	江门市环宇旅行社有限公司
257	L－GD00258	恩平市泉之旅旅行社有限公司
258	L－GD00259	开平市经典旅行社有限公司
259	L－GD00260	鹤山市八方商旅旅行社有限公司
260	L－GD00261	鹤山市春秋假日旅行社有限公司
261	L－GD00262	东莞市泰平旅行社有限公司
262	L－GD00263	东莞市丰行旅行社有限公司
263	L－GD00264	东莞市讯通旅行社有限公司
264	L－GD00265	东莞市阳光旅行社有限公司
265	L－GD00266	东莞市明珠旅行社有限公司
266	L－GD00267	东莞市南湖旅行社有限公司
267	L－GD00268	东莞市南方观光旅行社有限公司
268	L－GD00269	东莞市君达假期旅行社有限公司
269	L－GD00270	东莞市开心假日旅行社有限公司
270	L－GD00271	东莞市华夏旅行社有限公司
271	L－GD00272	东莞市广之旅旅行社有限公司
272	L－GD00273	东莞市金旅假期旅行社有限公司
273	L－GD00274	东莞市幸福假期旅行社有限公司
274	L－GD00275	东莞市新华旅行社有限公司
275	L－GD00276	东莞市名界旅行社有限公司

续表

序　号	许可证编号	旅行社名称
276	L－GD00277	东莞市康福旅行社有限公司
277	L－GD00278	东莞市南方阳光商务旅行社有限公司
278	L－GD00279	东莞市文康旅行社有限公司
279	L－GD00280	东莞市欢泰旅行社有限公司
280	L－GD00281	东莞市会通旅行社有限公司
281	L－GD00282	东莞市金泰旅行社有限公司
282	L－GD00283	东莞市畅游天地旅行社有限公司
283	L－GD00284	东莞市东行天下旅行社有限公司
284	L－GD00285	东莞市优游旅行社有限公司
285	L－GD00286	东莞市宏途旅行社有限公司
286	L－GD00287	东莞市江南假期旅行社有限公司
287	L－GD00288	东莞市永泰旅行社有限公司
288	L－GD00289	东莞市松山湖旅行社有限公司
289	L－GD00290	东莞市天马旅行社有限公司
290	**L－GD00291**	**※东莞市康泰旅行社有限公司**
291	**L－GD00292**	**※东莞市飞马旅行社有限公司**
292	**L－GD00293**	**※东莞市车游天下旅行社有限公司**
293	**L－GD00294**	**※东莞市捷旅旅行社有限公司**
294	L－GD00295	韶关市广之旅旅行社有限公司
295	L－GD00296	韶关市旅总旅行社有限公司
296	L－GD00297	韶关市中天旅行社有限公司
297	L－GD00298	韶关商会旅行社
298	L－GD00299	韶关市国之旅旅行社有限公司
299	L－GD00300	韶关市快乐假期旅行社有限公司
300	L－GD00301	韶关市国泰旅行社有限公司
301	L－GD00302	**※韶关市完美假期旅行社有限公司**
302	L－GD00303	韶关市风情旅行社有限公司
303	L－GD00304	韶关市第一村旅行社
304	L－GD00305	韶关市职工旅行社
305	L－GD00306	韶关市友好旅行社有限公司
306	L－GD00307	韶关市开心假日旅行社有限公司
307	L－GD00308	韶关市教育旅行社
308	L－GD00309	韶关市中青旅行社有限公司
309	L－GD00310	韶关市风采假日旅行社有限公司
310	L－GD00311	韶关市大丹霞旅行社有限公司

续表

序　号	许可证编号	旅行社名称
311	L－GD00312	韶关市凤凰假期旅行社有限公司
312	L－GD00313	韶关市粤泰旅行社有限公司
313	L－GD00314	韶关市健之旅旅行社有限公司
314	L－GD00315	韶关市喜安交通旅行社有限公司
315	L－GD00316	韶关市曲江区旅游公司
316	L－GD00317	韶关市曲江区阳光旅行社有限公司
317	L－GD00318	韶关市曲江区风光旅行社有限公司
318	L－GD00319	乐昌市中青旅行社有限公司
319	L－GD00320	乐昌市长城旅行社
320	L－GD00321	乐昌市旅游有限公司
321	L－GD00322	乐昌市金鸡岭中国旅行社
322	L－GD00323	仁化县丹霞山旅行社有限公司
323	L－GD00324	仁化县丹霞山中国旅行社
324	L－GD00325	南雄市旅游公司
325	L－GD00326	新丰县阿婆髻旅行社有限公司
326	L－GD00327	新丰县交通旅行社有限公司
327	L－GD00328	新丰县旅游公司
328	L－GD00329	翁源县旅游公司
329	L－GD00330	翁源县龙翔旅行社有限公司
330	L－GD00331	翁源县友谊旅行社有限公司
331	L－GD00332	乳源瑶族自治县瑶家源旅行社有限公司
332	L－GD00333	乳源瑶族自治县天翔旅行社有限公司
333	L－GD00334	始兴县新华旅行社有限公司
334	L－GD00335	始兴县客家风情旅游有限公司
335	L－GD00336	茂名广之旅旅行社有限公司
336	L－GD00337	茂名市青年旅行社
337	L－GD00338	茂名市恒泰旅行社有限公司
338	L－GD00339	茂名市茂东铁路旅行社
339	L－GD00340	茂名市光明旅行社有限公司
340	L－GD00341	茂名金典旅行社有限公司
341	L－GD00342	茂名宗易旅行社有限公司
342	L－GD00343	茂名市同乐假日旅行社有限公司
343	L－GD00344	茂名神马旅行社有限公司
344	L－GD00345	茂名市茂南假日旅行社
345	L－GD00346	高州市中国旅行社

续表

序　号	许可证编号	旅行社名称
346	L－GD00347	高州市旅游总公司
347	L－GD00348	化州市中国旅行社
348	L－GD00349	信宜市中国旅行社
349	L－GD00350	信宜市云开旅行社
350	L－GD00351	清远市国旅国际旅行社有限责任公司
351	L－GD00352	清远青旅旅行社有限公司
352	L－GD00353	清远市新里程旅行社有限公司
353	L－GD00354	清远市步步高旅行社有限公司
354	L－GD00355	清远市凤之旅旅行社有限公司
355	L－GD00356	清远市新美景旅行社有限公司
356	L－GD00357	清远市星辉旅行社有限公司
357	L－GD00358	清远市口岸旅行社有限公司
358	L－GD00359	清远市燕翔旅行社有限公司
359	L－GD00360	清远市大地游踪旅行社有限公司
360	L－GD00361	清远市金色旅行社有限公司
361	L－GD00362	清远市远景旅行社有限公司
362	L－GD00363	清远市风情旅行社有限公司
363	L－GD00364	清远市北江情旅行社有限公司
364	L－GD00365	清远运通旅行社有限公司
365	L－GD00366	清远市缤纷旅行社有限公司
366	L－GD00367	清远市永安旅行社有限公司
367	L－GD00368	清远市花花假期旅行社有限公司
368	L－GD00369	清远市清新假期旅行社有限公司
369	L－GD00370	连南瑶族自治县瑶山旅行社有限公司
370	L－GD00371	连州新时代旅行社有限公司
371	L－GD00372	连州市金色假期旅行社有限责任公司
372	L－GD00373	连州市骄阳旅行社有限公司
373	L－GD00374	连山壮族瑶族自治县中国旅行社
374	L－GD00375	英德市中国旅行社
375	L－GD00376	英德市旅游服务公司
376	L－GD00377	英德市青年旅行社
377	L－GD00378	英德市英州旅行社有限责任公司
378	L－GD00379	英德市英之旅旅行社有限公司
379	L－GD00380	英德市今日假期旅行社有限公司
380	L－GD00381	英德市小岛旅行社有限责任公司

续表

序　号	许可证编号	旅行社名称
381	L－GD00382	英德市潮流旅行社有限公司
382	L－GD00383	英德市安泰旅行社有限公司
383	L－GD00384	佛冈县佛旅旅行社有限公司
384	L－GD00385	佛冈青年旅行社有限公司
385	L－GD00386	清远市开心假期旅行社有限公司
386	L－GD00387	阳山县中国旅行社有限公司
387	L－GD00388	清远市（连山）民族旅行社有限公司
388	L－GD00389	梅州市假日国际旅行社有限公司
389	L－GD00390	梅州市自家人旅行社有限公司
390	L－GD00391	广东中旅（梅州）旅行社有限公司
391	L－GD00392	梅州市金海国际旅行社有限公司
392	L－GD00393	梅州市嘉和旅行社有限公司
393	**L－GD00394**	**※梅州大众假期旅行社有限公司**
394	L－GD00395	梅州市客之旅旅行社有限公司
395	L－GD00396	梅州市梅江旅行社有限公司
396	L－GD00397	梅州市康辉国际旅行社有限公司
397	L－GD00398	梅州市青年旅行社有限公司
398	L－GD00399	梅州市客乡情旅行社有限公司
399	L－GD00400	梅州市嘉能旅行社
400	L－GD00401	梅州市远景旅行社有限公司
401	L－GD00402	梅州市悦佳旅行社有限公司
402	L－GD00403	梅州春秋旅行社有限公司
403	L－GD00404	梅州市江南旅行社有限公司
404	L－GD00405	大埔县梅河旅行社
405	L－GD00406	大埔县中国旅行社
406	L－GD00407	兴宁市永嘉国际旅行社
407	L－GD00408	兴宁市交通旅行社
408	L－GD00409	兴宁市鹏飞旅行社有限公司
409	L－GD00410	丰顺县逢源旅行社有限公司
410	L－GD00411	丰顺县温泉旅行社
411	L－GD00412	丰顺县环游旅行社有限公司
412	L－GD00413	平远县五指石旅行社有限公司
413	L－GD00414	平远县中国旅行社
414	L－GD00415	五华县华之旅旅行社有限公司
415	L－GD00416	五华县华丰旅行社有限公司

续表

序　号	许可证编号	旅行社名称
416	L-GD00417	五华县风光旅行社有限公司
417	L-GD00418	蕉岭县华侨旅行社有限公司
418	L-GD00419	蕉岭县桂岭旅行社有限公司
419	L-GD00420	潮州市潮之旅国际旅行社有限公司
420	L-GD00421	潮州招商旅行社有限公司
421	L-GD00422	潮州市海联旅行社
422	L-GD00423	潮州市青年旅行社
423	L-GD00424	潮州市假日旅行社有限公司
424	L-GD00425	潮州市龙之旅旅行社有限公司
425	L-GD00426	潮州市鸿运旅行社有限公司
426	L-GD00427	潮州市湘子桥旅行社有限公司
427	L-GD00428	潮州东南旅行社有限公司
428	L-GD00429	潮州市天伦旅行社有限公司
429	**L-GD00430**	**※潮州市金龙旅行社有限公司**
430	L-GD00431	潮州市春辉旅行社有限公司
431	L-GD00432	潮安县天马旅游公司
432	L-GD00433	潮安县中国旅行社
433	L-GD00434	潮安县春秋旅行社有限公司
434	L-GD00435	潮安县安之旅旅行社有限公司
435	L-GD00436	饶平县中国旅行社
436	L-GD00437	饶平县天地人旅行社有限公司
437	L-GD00438	饶平县阳光之旅旅行社有限公司
438	L-GD00439	饶平县鸿泰旅行社有限公司
439	L-GD00440	饶平县青年旅行社有限公司
440	L-GD00441	佛山市高明区旅游公司
441	L-GD00442	佛山市高明区中国旅行社
442	L-GD00443	佛山市三水之旅国际旅行社有限公司
443	L-GD00444	佛山市华银国际旅行社有限公司
444	L-GD00445	佛山市康健国际旅行社有限公司
445	L-GD00446	佛山广之旅国际旅行社有限公司
446	L-GD00447	佛山市中宇假期旅行社有限公司
447	L-GD00448	佛山市顺德区英特商务旅行社有限公司
448	L-GD00449	佛山市顺德区青年旅行社有限公司
449	L-GD00450	佛山市南之旅旅行社有限公司
450	L-GD00451	佛山市顺德区星光假期旅行社有限公司

续表

序 号	许可证编号	旅行社名称
451	L－GD00452	佛山市顺德区康之旅旅行社有限公司
452	L－GD00453	佛山市青年旅行社有限公司
453	L－GD00454	佛山永安假期旅行社有限公司
454	L－GD00455	佛山市明之旅国际旅行社有限公司
455	L－GD00456	佛山市金华旅行社有限公司
456	L－GD00457	佛山市顺德区环宇旅行社有限公司
457	L－GD00458	佛山市顺德区企发旅行社有限公司
458	L－GD00459	佛山市捷旅假期旅行社有限公司
459	L－GD00460	佛山市新联假期旅行社有限公司
460	L－GD00461	佛山市南海时尚假期旅行社有限公司
461	L－GD00462	佛山市纵横天地旅行社有限公司
462	L－GD00463	佛山市凤凰国际旅行社有限公司
463	L－GD00464	佛山市喜之旅国际旅行社有限公司
464	L－GD00465	佛山市三水天下游旅行社有限公司
465	L－GD00466	佛山市学旅假期旅行社有限公司
466	L－GD00467	佛山市逍遥天下旅行社有限公司
467	L－GD00468	佛山市南湖旅行社有限公司
468	L－GD00469	佛山东方假日旅行社有限公司
469	L－GD00470	佛山市京城风景线旅行社有限公司
470	L－GD00471	佛山市三水区畅游天下旅行社有限公司
471	L－GD00472	佛山市顺德区同乐国际旅行社有限公司
472	L－GD00473	佛山市顺德区澳之旅旅行社有限公司
473	L－GD00474	佛山三人行国际旅行社有限责任公司
474	L－GD00475	佛山市和平旅行社有限公司
475	L－GD00476	佛山市三水区美丽华旅行社有限公司
476	L－GD00477	广东中旅（佛山）旅行社有限公司
477	L－GD00478	佛山市高明沧江旅行社有限公司
478	L－GD00479	佛山开心假期旅行社有限公司
479	L－GD00480	佛山市新之旅旅行社有限公司
480	L－GD00481	佛山市浩兴旅行社有限公司
481	L－GD00482	佛山市万顺国际旅行社有限公司
482	L－GD00483	佛山凤腾旅行社有限公司
483	L－GD00484	佛山市华之旅旅行社有限公司
484	L－GD00485	佛山市美之旅旅行社有限公司
485	L－GD00486	佛山市羊城之旅国际旅行社有限公司

续表

序　号	许可证编号	旅行社名称
486	L－GD00487	佛山市金之旅旅行社有限公司
487	L－GD00488	佛山市星辰旅行社有限公司
488	L－GD00489	佛山市康怡假期旅行社有限公司
489	L－GD00490	佛山菊城假期旅行社有限公司
490	**L－GD00491**	**※佛山市顺德区玛旁雍措文化商务旅行社有限公司**
491	**L－GD00492**	**※佛山卓越旅程旅行社有限公司**
492	L－GD00493	湛江中国国际旅行社有限公司
493	L－GD00494	湛江铁路旅行社
494	L－GD00495	湛江广之旅旅行社有限公司
495	L－GD00496	湛江市金紫荆假日旅行社有限公司
496	L－GD00497	湛江市阳光旅行社有限公司
497	L－GD00498	湛江市粤华航空旅行社有限公司
498	L－GD00499	湛江市缤纷假日旅行社有限公司
499	L－GD00500	湛江海旅旅行社有限公司
500	L－GD00501	湛江市南珠旅行社有限公司
501	L－GD00502	湛江市神州假期旅行社有限公司
502	L－GD00503	湛江湛之旅旅行社有限公司
503	L－GD00504	湛江市天马旅行社有限公司
504	L－GD00505	湛江开发区教育旅行社有限公司
505	L－GD00506	湛江市环球旅行社有限公司
506	L－GD00507	湛江市怡海旅行社有限公司
507	L－GD00508	湛江市湖光岩旅行社有限公司
508	L－GD00509	湛江市蓝月湾旅行社有限公司
509	L－GD00511	雷州市旅游总公司
510	L－GD00512	湛江市中泰旅行社有限公司
511	L－GD00513	**※湛江南湖旅行社有限公司**
512	L－GD00514	湛江风光旅行社有限公司
513	L－GD00515	肇庆市活力国际旅行社有限公司
514	L－GD00516	肇庆市青年国际旅行社有限公司
515	L－GD00517	肇庆市国泰国际旅行社有限公司
516	L－GD00518	肇庆鼎湖旅行社
517	L－GD00519	肇庆通联旅行社有限公司
518	L－GD00520	肇庆市肇之旅国际旅行社有限公司
519	L－GD00521	肇庆金世纪国际旅行社有限公司
520	L－GD00522	肇庆市铁路旅行社

续表

序 号	许可证编号	旅行社名称
521	L-GD00523	肇庆市新时代国际旅行社有限公司
522	L-GD00524	肇庆市教育旅行社有限公司
523	L-GD00525	肇庆市锦绣东方旅行社有限公司
524	L-GD00526	肇庆环球商务国际旅行社有限公司
525	L-GD00527	肇庆市环宇国际旅行社有限公司
526	L-GD00528	肇庆市凤凰国际旅行社有限公司
527	L-GD00529	肇庆市神州国际旅行社有限公司
528	L-GD00530	肇庆市广之旅国际旅行社有限公司
529	L-GD00531	肇庆市南湖旅行社有限公司
530	L-GD00532	肇庆市华厦国际旅行社有限公司
531	L-GD00533	肇庆山水国际旅行社有限公司
532	L-GD00534	肇庆市四海国际旅行社有限公司
533	L-GD00535	肇庆市阳光国际旅行社有限公司
534	L-GD00536	肇庆市中达国际旅行社有限公司
535	L-GD00537	肇庆市精彩假期旅行社有限公司
536	L-GD00538	肇庆市和平国际旅行社有限公司
537	L-GD00539	肇庆市佰乐通国际旅行社有限公司
538	L-GD00540	广东中旅（肇庆）旅行社有限公司
539	L-GD00541	封开县青年国际旅行社有限公司
540	L-GD00542	四会市旅游有限公司
541	L-GD00543	怀集县中国旅行社
542	L-GD00544	四会市美丽华旅行社有限公司
543	L-GD00546	云浮市青年旅行社有限公司
544	L-GD00547	云浮市阳光旅行社有限公司
545	L-GD00548	云浮广之旅旅行社有限公司
546	L-GD00549	云浮市伴你同游旅行社有限公司
547	L-GD00550	罗定市中国旅行社有限公司
548	L-GD00551	罗定市飞翔旅行社有限公司
549	L-GD00552	新兴县翔顺旅行社有限公司
550	L-GD00553	郁南县中国旅行社
551	L-GD00554	深圳市报业国际旅行社有限公司
552	L-GD00555	深圳市南油国际旅行社有限公司
553	L-GD00556	深圳市南山国际旅行社有限公司
554	L-GD00557	深圳市广深铁路国际旅行社有限公司
555	L-GD00559	深圳市南方国际旅行社有限公司

续表

序　号	许可证编号	旅行社名称
556	L－GD00560	深圳市捷旅国际旅行社有限公司
557	L－GD00561	深圳市国贸国际旅行社有限公司
558	L－GD00562	深圳市沙头角旅游有限公司
559	L－GD00563	深圳市深联国际旅行社有限公司
560	L－GD00564	深圳市江南旅行社有限公司
561	L－GD00565	深圳市世纪里程国际旅行社有限公司
562	L－GD00566	深圳市蓝天之旅旅行社有限公司
563	L－GD00567	深圳市五洲旅行社
564	L－GD00568	深圳市华荣旅行社有限公司
565	L－GD00569	深圳市永康旅行社有限公司
566	L－GD00570	深圳市铁道旅行社有限公司
567	L－GD00571	深圳市唐龙旅行社有限公司
568	L－GD00572	深圳市大众旅行社有限公司
569	L－GD00573	深圳市世纪风行国际旅行社有限公司
570	L－GD00574	深圳市佳速旅行社有限公司
571	L－GD00575	深圳市运通行国际旅行社有限公司
572	L－GD00576	深圳市欢乐假日旅行社有限公司
573	L－GD00577	深圳市君之旅国际旅行社有限公司
574	L－GD00578	深圳市长江旅行社有限公司
575	L－GD00579	深圳市牡丹国际旅行社有限公司
576	L－GD00580	深圳市南方假日国际旅行社有限公司
577	L－GD00581	深圳市深之旅旅行社有限公司
578	L－GD00582	深圳市中南旅行社有限公司
579	L－GD00583	深圳市兆华旅行社有限公司
580	L－GD00584	深圳市名仕商务国际旅行社有限公司
581	L－GD00585	深圳市河山之旅旅行社有限公司
582	L－GD00586	深圳市畅游天下旅行社有限公司
583	L－GD00587	深圳市假日旅行社有限公司
584	L－GD00588	深圳市新西湖旅行社有限公司
585	L－GD00589	深圳市金凯国际旅行社有限公司
586	L－GD00590	深圳市红蜻蜓旅行社有限公司
587	L－GD00591	深圳市金燕之旅旅行社有限公司
588	L－GD00592	深圳市中油商务旅行社有限公司
589	L－GD00593	深圳市景天旅行社有限公司
590	L－GD00594	深圳市华美国际旅行社有限公司

续表

序　号	许可证编号	旅行社名称
591	L-GD00595	深圳市中航假期国际旅行社有限公司
592	L-GD00596	深圳市环宇捷径国际旅行社有限责任公司
593	L-GD00597	深圳市精英旅行社有限公司
594	L-GD00598	深圳神州国际旅行社有限公司
595	L-GD00599	深圳市中洲旅行社有限公司
596	L-GD00600	深圳市珍珠旅行社有限公司
597	L-GD00601	深圳市泰运通国际旅行社有限公司
598	L-GD00602	深圳市运通国际旅行社有限公司
599	L-GD00603	深圳市众辉国际旅行社有限公司
600	L-GD00604	深圳市神州假期旅行社有限公司
601	L-GD00605	深圳市港捷旅国际旅行社有限公司
602	L-GD00606	深圳市海星旅行社有限公司
603	L-GD00607	深圳市四季旅行社有限公司
604	L-GD00608	深圳市快乐时光旅行社有限公司
605	L-GD00609	深圳市走遍天下旅行社有限公司
606	L-GD00610	深圳市行知天下旅行社有限公司
607	L-GD00611	深圳市飞扬假期国际旅行社有限公司
608	L-GD00612	深圳市采逸旅行社有限公司
609	L-GD00613	深圳市华航假期旅行社有限公司
610	L-GD00614	深圳市彩云旅行社有限公司
611	L-GD00615	深圳市东方明珠国际旅行社有限公司
612	L-GD00616	深圳市经典假日旅行社有限公司
613	L-GD00617	深圳市太平洋国际旅行社有限公司
614	L-GD00618	深圳市海峡国际旅行社有限公司
615	L-GD00619	深圳市天马旅行社有限公司
616	L-GD00620	深圳市天天游旅行社有限公司
617	L-GD00621	深圳市龙游国际旅行社有限公司
618	L-GD00622	深圳市金鹏旅行社有限公司
619	L-GD00623	深圳市阳光里程旅行社有限公司
620	L-GD00624	深圳市畅游国际旅行社有限公司
621	L-GD00625	深圳市鹏程四海旅行社有限公司
622	L-GD00626	深圳市深泰旅行社有限公司
623	L-GD00627	深圳市阳光假日旅行社有限公司
624	L-GD00628	深圳市深业国际旅行社有限公司
625	L-GD00629	深圳市中之旅旅行社有限公司

续表

序　号	许可证编号	旅行社名称
626	L－GD00630	深圳市桓通旅行社有限公司
627	L－GD00631	深圳市飞扬假日国际旅行社有限公司
628	L－GD00632	深圳市大自然旅行社有限公司
629	L－GD00633	深圳市友谊之旅国际旅行社有限公司
630	L－GD00634	深圳市华夏新思路旅行社有限公司
631	L－GD00635	深圳市环宇通假期旅行社有限公司
632	L－GD00636	深圳市假期国际旅行社有限公司
633	L－GD00637	深圳市天海国际旅行社有限公司
634	L－GD00638	深圳市逸龙旅行社有限公司
635	L－GD00639	深圳市青年国际旅行社有限公司
636	L－GD00640	深圳市华源旅行社有限公司
637	L－GD00641	深圳市彩世界旅行社有限公司
638	L－GD00642	深圳市好阳光国际旅行社有限公司
639	L－GD00643	深圳市名人假期旅行社有限公司
640	L－GD00644	深圳市纵横天下国际旅行社有限公司
641	L－GD00645	深圳市洲际国际旅行社有限公司
642	L－GD00646	深圳市假日通旅行社有限公司
643	L－GD00647	深圳市新侨旅行社有限公司
644	L－GD00648	深圳市山水旅行社有限公司
645	L－GD00649	深圳市创景旅行社有限公司
646	L－GD00650	深圳市旅行家旅行社有限公司
647	L－GD00651	深圳市唐人国际旅行社有限公司
648	L－GD00652	深圳市海峡友谊旅行社有限公司
649	L－GD00653	深圳市健华旅行社有限公司
650	L－GD00654	深圳新景界商务旅行社有限公司
651	L－GD00655	深圳市飞扬旅行社有限公司
652	L－GD00656	深圳市金润旅行社有限公司
653	L－GD00657	深圳市金航程旅行社有限公司
654	L－GD00658	深圳市皇朝国际旅行社有限公司
655	L－GD00659	深圳市乔旅旅行社有限公司
656	L－GD00660	深圳市新景界东旭国际旅行社有限公司
657	L－GD00661	深圳市新文化旅行社有限公司
658	L－GD00662	深圳市汉邦旅行社有限公司
659	L－GD00663	深圳携程国际旅行社有限公司
660	L－GD00664	深圳市南国国际旅行社有限公司

续表

序　号	许可证编号	旅行社名称
661	L－GD00665	深圳市飞航国际旅行社有限公司
662	L－GD00666	深圳市食遊天下旅行社有限公司
663	L－GD00667	深圳市大洲旅行社有限公司
664	L－GD00668	深圳市金色年华旅行社有限公司
665	L－GD00669	深圳市风光国际旅行社有限公司
666	L－GD00670	深圳市中安旅行社有限公司
667	L－GD00671	深圳市世纪行国际旅行社有限公司
668	L－GD00672	深圳市骏捷国际旅行社有限公司
669	L－GD00673	深圳市锦都假期旅行社有限公司
670	L－GD00674	深圳市阳光之旅旅行社有限公司
671	L－GD00675	深圳市热风国际旅行社有限公司
672	L－GD00676	深圳市神州行旅行社有限公司
673	L－GD00677	深圳市鹏旅旅行社有限公司
674	L－GD00678	深圳市永恒旅行社有限公司
675	L－GD00679	深圳市天泰旅行社有限公司
676	L－GD00680	深圳市深航假期旅行社有限公司
677	L－GD00681	深圳市卓悦旅行社有限公司
678	L－GD00682	深圳市开泰国际旅行社有限公司
679	L－GD00683	深圳市商旅通国际旅行社有限公司
680	L－GD00684	深圳市白鹭旅行社有限公司
681	L－GD00685	深圳市嘉景国际旅行社有限公司
682	L－GD00686	深圳市天地间国际旅行社有限公司
683	L－GD00687	深圳新明扬国际旅行社有限公司
684	L－GD00688	深圳市卓越嘉美旅行社有限公司
685	L－GD00689	深圳市新金銮国际旅行社有限公司
686	L－GD00690	深圳市辉阳假期旅行社有限公司
687	L－GD00691	深圳市阳晨旅行社有限公司
688	L－GD00692	深圳市八方商务旅行社有限公司
689	L－GD00693	深圳顺心旅行社有限公司
690	L－GD00694	深圳市乐途国际旅行社有限公司
691	L－GD00695	深圳市中诚假期旅行社有限公司
692	L－GD00696	深圳市龙洲旅行社有限公司
693	L－GD00697	深圳市广通联旅行社有限公司
694	L－GD00698	深圳市悦达国际旅行社有限公司
695	L－GD00699	深圳市旅程天下旅行社有限责任公司

续表

序 号	许可证编号	旅行社名称
696	L－GD00700	深圳市金都旅行社有限公司
697	**L－GD00701**	**※深圳市扬子江旅行社有限公司**
698	**L－GD00702**	**※广东中旅（深圳）旅行社有限公司**
699	**L－GD00703**	**※深圳市顺通太旅行社有限公司**
700	**L－GD00704**	**※深圳市爱游旅行社有限公司**
701	L－GD00705	阳江市中国旅行社有限公司
702	L－GD00706	阳江市华龙旅游有限公司
703	L－GD00707	阳江市开心旅行社有限公司
704	L－GD00708	阳江市龙之旅旅行社有限公司
705	L－GD00709	阳江市天天旅行社有限公司
706	L－GD00710	阳江市新里程旅行社有限公司
707	L－GD00711	阳江市华泰旅行社有限公司
708	L－GD00712	阳江市海之旅旅行社有限公司
709	L－GD00713	阳江市青年旅行社有限公司
710	L－GD00714	阳江市黄金假期旅行社有限公司
711	L－GD00715	阳春市旅游总公司
712	L－GD00716	阳春市中国旅行社
713	L－GD00717	阳春市安泰旅行社有限公司
714	L－GD00718	阳春市虹日旅行社有限责任公司
715	L－GD00719	阳春市春之旅旅行社有限公司
716	L－GD00720	阳江市海陵岛闸坡旅游公司
717	L－GD00721	阳江市闸坡大角湾旅行社有限公司
718	L－GD00722	阳江市海陵岛海岛旅行社有限公司
719	L－GD00723	阳东东之旅旅行社
720	L－GD00724	阳东县青年旅行社
721	L－GD00725	阳江市江城区江之旅旅行社有限公司
722	L－GD00726	汕尾市东方国际旅行社有限公司
723	L－GD00727	汕尾市汕之旅国际旅行社有限公司
724	L－GD00728	汕尾市新青年旅行社有限公司
725	L－GD00729	汕尾市阳光旅行社有限公司
726	L－GD00730	海丰县旅游发展总公司
727	L－GD00731	海丰县红之旅旅行社有限公司
728	L－GD00732	海丰县丰收之旅旅行社有限公司
729	L－GD00733	陆河县惠康旅行社有限公司
730	L－GD00734	陆河县绿之旅旅行社有限公司

续表

序　号	许可证编号	旅行社名称
731	L－GD00735	陆丰市碣石玄武山旅游服务公司
732	L－GD00736	陆丰市东陆旅行社有限公司
733	L－GD00737	陆丰市陆之旅旅行社有限公司
734	L－GD00738	广州天马国际旅行社有限公司
735	L－GD00739	广东省三茂铁路国际旅行社
736	L－GD00740	广东省从化温泉中国国际旅行社
737	L－GD00741	广州市花都国际旅行社有限公司
738	L－GD00742	广东省珠江国际旅行社
739	L－GD00743	广东省国际体育旅游公司
740	L－GD00744	广州快达国际旅行社
741	L－GD00745	广东粤新国际旅行社有限公司
742	L－GD00746	广东绿色国际旅行社
743	L－GD00747	从化市华夏国际旅行社
744	L－GD00748	广州南沙国际旅行社
745	L－GD00749	广州市花都国都国际旅行社有限公司
746	L－GD00750	广州岭南国际旅行社有限公司
747	L－GD00751	广州大都市国际旅行社有限公司
748	L－GD00752	广东省广弘中旅国际旅行社有限公司
749	L－GD00753	广州澳信国际旅行社有限公司
750	L－GD00754	广州市金泰国际旅行社有限公司
751	L－GD00755	广州市职工旅行社
752	L－GD00756	广州市环宇国际旅行社有限公司
753	L－GD00757	广州海运（集团）海星旅游公司
754	L－GD00758	广州艳阳天旅行社有限公司
755	L－GD00759	广州市广视旅行社有限公司
756	L－GD00760	广东省口岸旅行社有限公司
757	L－GD00761	广东四通旅行社有限公司
758	L－GD00762	广东省中科旅行社
759	L－GD00763	广州市金威旅行社
760	L－GD00764	广州马会旅行社
761	L－GD00765	广州大江南北旅行社有限公司
762	L－GD00766	广州市交通旅行社有限公司
763	L－GD00767	广州远景旅行社有限公司
764	L－GD00768	广东华侨友谊旅行社有限公司
765	L－GD00769	广州市番禺交通旅行社有限公司

续表

序 号	许可证编号	旅行社名称
766	L－GD00770	广东省广梅汕铁路旅行社
767	L－GD00771	广东南鹰国际旅行社有限公司
768	L－GD00772	广州海明旅行社
769	L－GD00773	广州市黄金假日国际旅行社有限公司
770	L－GD00774	广州市长洲旅行社有限公司
771	L－GD00775	广州三人行旅行社有限公司
772	L－GD00776	增城市蓝景旅行社有限公司
773	L－GD00777	广州林海旅行社有限责任公司
774	L－GD00778	广州市假日通旅行社有限公司
775	L－GD00779	广州春秋假日旅行社有限公司
776	L－GD00780	广州春之旅旅行社有限公司
777	L－GD00781	广州阳光假日旅行社有限公司
778	L－GD00782	广州市金榜旅行社有限公司
779	L－GD00783	广州运通国际旅行社有限公司
780	L－GD00784	广州市快事达旅行社有限公司
781	L－GD00785	广州市日龙彩虹旅行社有限公司
782	L－GD00786	广州市山海天旅行社有限公司
783	L－GD00787	广州市天南地北旅行社有限公司
784	L－GD00788	广州市金怡假期旅行社有限公司
785	L－GD00789	广州市三平旅行社有限公司
786	L－GD00790	广州市神洲旅行社有限公司
787	L－GD00791	广州金穗国际旅行社有限公司
788	L－GD00792	广州领前旅行社有限公司
789	L－GD00793	广州市盛世明珠旅行社有限公司
790	L－GD00794	广东友好旅行社有限公司
791	L－GD00795	广州国龙旅行社有限公司
792	L－GD00796	广州自游通商务旅行社有限公司
793	L－GD00797	广州市鸿燕旅行社有限公司
794	L－GD00798	广州市中国旅行社
795	L－GD00799	广州市华龙旅行社有限公司
796	L－GD00800	广州金旅旅行社有限公司
797	L－GD00801	广州市广厦旅行社
798	L－GD00802	广州市梦旅旅行社有限公司
799	L－GD00803	广州泰乐国际旅行社有限公司
800	L－GD00804	广州市北方畅游旅行社有限公司

续表

序　号	许可证编号	旅行社名称
801	L－GD00805	广州云景国际旅行社有限公司
802	L－GD00806	广州市中宇旅行社有限公司
803	L－GD00807	广州市贵豪旅行社有限公司
804	L－GD00808	广州永乐旅行社有限公司
805	L－GD00809	广州市康城旅行社有限公司
806	L－GD00810	广州京奥旅行社有限公司
807	L－GD00811	广州市金马旅行社有限公司
808	L－GD00812	广州市龙行天下旅行社有限公司
809	L－GD00813	广州幸运旅行社有限公司
810	L－GD00814	广州市名晖教育旅行社有限公司
811	L－GD00815	广州中航旅国际旅游有限公司
812	L－GD00816	广州市成顺旅行社有限公司
813	L－GD00817	广州市槐乡旅行社有限公司
814	L－GD00818	广州市国青国际旅行社有限公司
815	L－GD00819	广州凤凰国际旅行社有限公司
816	L－GD00820	广州畅游旅行社有限公司
817	L－GD00821	广州新途旅行社有限公司
818	L－GD00822	广州长晖国际旅行社有限公司
819	L－GD00823	广州市捷诚旅行社有限公司
820	L－GD00824	广州市恒安旅行社有限公司
821	L－GD00825	广州市四季风旅行社有限公司
822	L－GD00826	广州市千适旅行社有限公司
823	L－GD00827	广东中旅假日旅行社有限公司
824	L－GD00828	广州金鹤旅行社有限公司
825	L－GD00829	广州易网通旅行社有限公司
826	L－GD00830	广州市荔壹旅行社有限公司
827	L－GD00831	广州辉煌旅行社有限公司
828	L－GD00832	广州东星航空旅行社有限公司
829	L－GD00833	广州市青枫旅行社有限公司
830	L－GD00834	广州市浪程国际旅行社有限公司
831	L－GD00835	广州市全球风行国际旅行社有限公司
832	L－GD00836	增城市中国旅行社
833	L－GD00837	广州市天客旅行社有限公司
834	L－GD00838	广州祺烨旅行社有限公司
835	L－GD00839	广州泛海旅行社有限公司

续表

序　号	许可证编号	旅行社名称
836	L－GD00840	广州众汇国际旅行社有限公司
837	L－GD00841	广州天涯旅行社有限公司
838	L－GD00842	广州龙润旅行社有限公司
839	L－GD00843	广州市乐游旅行社有限公司
840	L－GD00844	广州禾协之旅旅行社有限公司
841	L－GD00845	广州市洋溢旅行社有限公司
842	L－GD00846	广州市鑫南旅行社有限公司
843	L－GD00847	广州中洋旅行社有限公司
844	L－GD00848	广州佰信旅行社有限公司
845	L－GD00849	广州携旅国际旅行社有限公司
846	L－GD00850	广州市粤航金铁商务旅行社有限公司
847	**L－GD00851**	**※广州市创游国际旅行社有限责任公司**
848	**L－GD00852**	**※广州欢畅旅行社有限公司**
849	**L－GD00853**	**※广州名客国际旅行社有限公司**
850	**L－GD00854**	**※广州福之旅旅行社有限公司**
851	**L－GD00855**	**※广州市大路旅行社有限公司**
852	**L－GD00856**	**※广州市翔游旅行社有限公司**
853	**L－GD00857**	**※广州市灏明旅行社有限公司**
854	L－GD00858	广东金色国际旅行社有限公司
855	L－GD00859	增城市安达国际旅行社
856	L－GD00860	广东省职工国际旅行社
857	L－GD00861	广东活力商务国际旅行社有限公司
858	L－GD00862	广东省羊城铁路国际旅行社
859	L－GD00863	广州空港之旅国际旅行社有限公司
860	L－GD00864	广州鹅潭旅行社
861	L－GD00865	广东好时光旅行社有限公司
862	L－GD00866	广州市白云山旅行社有限公司
863	L－GD00867	增城挂绿旅行社
864	L－GD00868	广东国航假期旅行社有限公司
865	L－GD00869	广东电力旅行社有限公司
866	L－GD00870	广州市风行旅行社有限公司
867	L－GD00871	广州双湖旅行社有限公司
868	L－GD00872	广州市环球国际旅行社有限公司
869	L－GD00873	广州市星宸旅行社有限公司
870	L－GD00874	广州中游旅行社有限公司

续表

序　号	许可证编号	旅行社名称
871	L－GD00875	广州正佳旅行社有限公司
872	L－GD00876	广州市申浪旅行社有限公司
873	L－GD00877	广州华龄美旅行社有限公司
874	L－GD00878	广州市悠游旅行社有限公司
875	L－GD00879	广州开心旅行社有限公司
876	L－GD00880	广州市易达旅行社有限公司
877	L－GD00881	广州百众国际旅行社有限公司
878	**L－GD00882**	**※广州缤纷旅行社有限公司**
879	**L－GD00883**	**※广州一马旅行社有限公司**
880	L－GD00884	广州市太易旅行社有限公司
881	L－GD00885	云安县信安旅行社
882	L－GD00892	云浮市假日旅行社有限公司
883	L－GD00893	台山市创兴旅行社有限公司

备注：表格中标注※及黑体字部分为 2009 年 5 月 1 日前批准设立的旅行社，共 27 家。

广东省许可经营国内旅游业务、入境旅游业务和出境旅游业务的旅行社名单

（共 138 家）

序　号	许可证编号	旅行社名称
1	L－GD－CJ00001	广东国旅国际旅行社股份有限公司
2	L－GD－CJ00002	广东省中国旅行社股份有限公司
3	L－GD－CJ00003	广东省中国青年旅行社
4	L－GD－CJ00004	广州广之旅国际旅行社股份有限公司
5	L－GD－CJ00005	广东铁青国际旅行社有限责任公司
6	L－GD－CJ00006	广州东方国际旅行社有限公司
7	L－GD－CJ00007	港中旅（广东）国际旅行社有限公司
8	L－GD－CJ00008	广东省香江旅游公司
9	L－GD－CJ00009	广东熊猫国际旅游有限公司
10	L－GD－CJ00010	广东粤侨国际旅行社有限公司
11	L－GD－CJ00011	广州交易会国际旅行社有限公司
12	L－GD－CJ00012	广州市番禺旅游总公司
13	L－GD－CJ00013	广州市番禺中国旅行社
14	L－GD－CJ00014	广东省天马国际旅行社有限公司
15	L－GD－CJ00015	广州市丽景国际旅行社
16	L－GD－CJ00016	广东中妇旅国际旅行社有限责任公司
17	L－GD－CJ00017	广东中信国际旅行社有限公司
18	L－GD－CJ00018	广东和平国际旅行社有限公司
19	L－GD－CJ00019	广东南湖国际旅行社有限责任公司
20	L－GD－CJ00020	中青旅广州国际旅行社有限公司
21	L－GD－CJ00021	广东羊城之旅国际旅行社有限公司
22	L－GD－CJ00022	广州花园国际旅行社
23	L－GD－CJ00023	广东自游商旅国际旅行服务有限公司
24	L－GD－CJ00024	广东时尚国际旅行社有限公司
25	L－GD－CJ00025	广东风光国际旅行社有限公司
26	L－GD－CJ00026	广州康辉国际旅行社有限公司
27	L－GD－CJ00027	广州市领航国际旅行社有限公司
28	L－GD－CJ00028	广州市良辰美景国际旅行社有限公司
29	L－GD－CJ00029	广州国之旅国际旅行社有限公司
30	L－GD－CJ00030	广州教育国际旅行社有限公司
31	L－GD－CJ00031	广州美联国际商务旅行社有限公司
32	L－GD－CJ00032	广东南方传媒国际旅行社有限公司

续表

序　号	许可证编号	旅行社名称
33	L－GD－CJ00033	广州市汇粤国际旅行社有限公司
34	L－GD－CJ00034	广州西敏国际旅行社有限公司
35	L－GD－CJ00035	广东天天假期国际旅行社有限公司
36	L－GD－CJ00036	广州携程国际旅行社有限公司
37	L－GD－CJ00037	广州成功之路国际旅行社有限公司
38	L－GD－CJ00038	深圳市深旅国际旅行社有限公司
39	L－GD－CJ00039	深圳中国国际旅行社有限公司
40	L－GD－CJ00040	深圳招商国际旅游有限公司
41	L－GD－CJ00041	深圳市口岸中国旅行社有限公司
42	L－GD－CJ00042	深圳市中国旅行社有限公司
43	L－GD－CJ00043	深圳市深华国际旅行社有限责任公司
44	L－GD－CJ00044	深圳华侨城国际旅行社有限公司
45	L－GD－CJ00045	深圳中青旅国际会议展览有限公司
46	L－GD－CJ00046	深圳市鹏运国际旅行社有限公司
47	L－GD－CJ00047	深圳市九洲国际旅行社有限公司
48	L－GD－CJ00048	深圳机场国际旅行社有限公司
49	L－GD－CJ00049	深圳市巨邦国际旅行社有限公司
50	L－GD－CJ00050	深圳市宝安中国旅行社有限公司
51	L－GD－CJ00051	深圳市罗湖国际旅行社有限公司
52	L－GD－CJ00052	深圳市海外国际旅行社有限公司
53	L－GD－CJ00053	深圳市东星国际旅行社有限公司
54	L－GD－CJ00054	深圳市职工国际旅行社有限公司
55	L－GD－CJ00055	深圳市中侨国际旅行社有限公司
56	L－GD－CJ00056	深圳市宝中旅行社有限公司
57	L－GD－CJ00057	深圳市世纪假日国际旅行社有限公司
58	L－GD－CJ00058	深圳市航空国际旅行社有限公司
59	L－GD－CJ00059	深圳市广铁青国际旅行社有限公司
60	L－GD－CJ00060	深圳市鹏城康辉旅行社有限公司
61	L－GD－CJ00061	深圳市建南国际旅行社有限公司
62	L－GD－CJ00062	深圳市特色国际旅行社有限公司
63	L－GD－CJ00063	深圳市鹏之旅国际旅行社有限公司
64	L－GD－CJ00064	深圳市金冠国际旅行社有限公司
65	L－GD－CJ00065	深圳市海韵国际旅行社有限公司
66	L－GD－CJ00066	港中旅京华国际旅行社（深圳）有限公司

续表

序　号	许可证编号	旅行社名称
67	L－GD－CJ00067	国旅（深圳）国际旅行社有限公司
68	L－GD－CJ00068	珠海海外旅游有限公司
69	L－GD－CJ00069	广东省拱北口岸中国旅行社有限公司
70	L－GD－CJ00070	珠海市旅游有限公司
71	L－GD－CJ00071	珠海航空国际旅行社有限公司
72	L－GD－CJ00072	珠海中国国际旅行社有限公司
73	L－GD－CJ00073	珠海市君悦国际旅行社有限公司
74	L－GD－CJ00074	珠海国际度假旅行社有限公司
75	L－GD－CJ00075	珠海里程国际旅行社有限公司
76	L－GD－CJ00076	珠海海天国际旅行社有限公司
77	L－GD－CJ00077	汕头市旅游总公司
78	L－GD－CJ00078	中国康辉汕头旅行社有限公司
79	L－GD－CJ00079	汕头市中国旅行社有限公司
80	L－GD－CJ00080	汕头市天驰国际旅行社有限公司
81	L－GD－CJ00081	佛山市禅之旅国际旅行社有限公司
82	L－GD－CJ00082	广东顺之旅国际旅行社有限公司
83	L－GD－CJ00083	佛山市南海中旅假日国际旅行社有限公司
84	L－GD－CJ00084	佛山国旅国际旅行社有限公司
85	L－GD－CJ00085	佛山市中旅国际旅行社有限公司
86	L－GD－CJ00086	佛山市顺德区中旅国际旅行社有限公司
87	L－GD－CJ00087	佛山市三水中旅集团有限公司
88	L－GD－CJ00088	佛山海外国际旅行社有限公司
89	L－GD－CJ00089	佛山市口岸国际旅行社有限公司
90	L－GD－CJ00090	佛山市康辉国际旅行社有限公司
91	L－GD－CJ00091	佛山市顺德广之旅国际旅行社有限公司
92	L－GD－CJ00092	佛山市上游国际旅行社有限公司
93	L－GD－CJ00093	佛山市天宁国际旅行社有限公司
94	L－GD－CJ00094	佛山明媚假期国际旅行社有限公司
95	L－GD－CJ00095	韶关市中国旅行社有限责任公司
96	L－GD－CJ00096	河源市旅游总公司
97	L－GD－CJ00097	梅州市旅游总公司
98	L－GD－CJ00098	梅州市中国旅行社有限公司
99	L－GD－CJ00099	梅县中国旅行社
100	L－GD－CJ00100	惠州环宇国际旅行社有限公司

续表

序　号	许可证编号	旅行社名称
101	L－GD－CJ00101	惠州市中国旅行社
102	L－GD－CJ00102	惠州市青年国际旅行社有限公司
103	L－GD－CJ00103	汕尾市旅游总公司
104	L－GD－CJ00104	汕尾市中国旅行社
105	L－GD－CJ00105	东莞市国际旅行社有限公司
106	L－GD－CJ00106	东莞市中国旅行社有限公司
107	L－GD－CJ00107	广东国泰国际旅行社有限公司
108	L－GD－CJ00108	东莞康辉国际旅行社有限公司
109	L－GD－CJ00109	东莞市腾龙假日国际旅行社有限公司
110	L－GD－CJ00110	东莞市景鸿国际旅行社有限公司
111	L－GD－CJ00111	东莞市东华国际旅行社有限公司
112	L－GD－CJ00112	东莞市四海国际旅行社有限公司
113	L－GD－CJ00113	东莞市青年国际旅行社有限公司
114	L－GD－CJ00114	中山市海外旅游有限公司
115	L－GD－CJ00115	中山中国国际旅行社有限公司
116	L－GD－CJ00116	中山中国旅行社
117	L－GD－CJ00117	中山温泉国际旅行社有限公司
118	L－GD－CJ00118	中山菊城假期国际旅行社有限公司
119	L－GD－CJ00119	中山市青年国际旅行社有限公司
120	L－GD－CJ00120	中山市职工国际旅行社有限公司
121	L－GD－CJ00121	江门市大方旅游国际旅行社有限公司
122	L－GD－CJ00122	江门市中国旅行社有限公司
123	L－GD－CJ00123	台山市旅游公司
124	L－GD－CJ00124	台山中国旅行社
125	L－GD－CJ00125	江门市国旅国际旅行社有限公司
126	L－GD－CJ00126	阳江市国旅国际旅行社有限公司
127	L－GD－CJ00127	湛江市中国旅行社有限公司
128	L－GD－CJ00128	茂名市国旅国际旅行社有限公司
129	L－GD－CJ00129	茂名市中国旅行社
130	L－GD－CJ00130	肇庆市中国旅行社有限公司
131	L－GD－CJ00131	肇庆星湖国际旅行社有限公司
132	L－GD－CJ00132	清远市中旅国际旅行社有限公司
133	L－GD－CJ00133	潮州市中国旅行社有限公司
134	L－GD－CJ00134	潮州中国国际旅行社有限公司

续表

序　号	许可证编号	旅行社名称
135	L－GD－CJ00135	潮州风光国际旅行社有限公司
136	L－GD－CJ00136	揭阳市旅总国际旅行社
137	L－GD－CJ00137	揭阳市中国旅行社
138	L－GD－CJ00138	云浮市中国旅行社有限公司

广东省许可经营国内旅游业务和入境旅游业务外资旅行社名单
（共 7 家）

序　号	许可证编号	旅行社名称
1	L－GD－WZ00001	广州康泰国际旅行社有限公司
2	L－GD－WZ00002	广东永安国际旅行社有限公司
3	L－GD－WZ00003	深圳顺风旅行社有限公司
4	L－GD－WZ00004	胜景旅游（广东）有限公司
5	L－GD－WZ00005	康泰国际旅行社（深圳）有限公司
6	L－GD－WZ00006	翠明假期（广东）旅行社有限公司
7	L－GD－WZ00007	佳天美（广州）国际旅行社有限公司

2009年度广东省许可经营国内旅游业务和入境旅游业务的旅行社名单

（5月至12月批准设立，共64家）

序　号	许可证编号	旅行社名称
1	L－GD00921	东莞市益生旅行社有限公司
2	L－GD00922	中山市天天旅行社有限公司
3	L－GD00923	中山市金假期旅行社有限公司
4	L－GD00924	汕头市新景界国际旅行社有限公司
5	L－GD00925	汕头市潮汕风情旅行社有限公司
6	L－GD00926	汕尾市假日国际旅行社有限公司
7	L－GD00927	佛山市禅龙旅行社有限公司
8	L－GD00928	佛山市美好假期旅行社有限公司
9	L－GD00929	汕尾红海湾海洋旅行社有限公司
10	L－GD00930	中山市心源旅行社有限公司
11	L－GD00931	惠州市万里路旅行社有限公司
12	L－GD00932	广州广青商务旅行社有限公司
13	L－GD00933	广州美亚商务国际旅行社有限公司
14	L－GD00934	湛江市光大旅行社有限公司
15	L－GD00935	湛江泰华旅行社有限公司
16	L－GD00936	英德市畅游天下旅行社有限公司
17	L－GD00937	连州市粤北巾峰旅行社有限公司
18	L－GD00938	广东捷蓝旅行社有限公司
19	L－GD00939	广州市花之旅旅行社有限公司
20	L－GD00940	中山市一力国际旅行社有限公司
21	L－GD00941	深圳市辉煌国际旅行社有限公司
22	L－GD00942	深圳市旭日国际旅行社有限公司
23	L－GD00943	深圳市至醒旅行社有限公司
24	L－GD00944	深圳市环游国际旅行社有限公司
25	L－GD00945	深圳市南澳璐悦国际旅行社有限公司
26	L－GD00946	深圳市他乡美国际旅行社有限公司
27	L－GD00947	佛山市名家假期国际旅行社有限公司
28	L－GD00948	广州一起飞旅行社有限公司
29	L－GD00949	翁源县兰友旅行社有限公司
30	L－GD00950	广州大地恒国际旅行社有限公司
31	L－GD00951	佛山城市假期旅行社有限公司
32	L－GD00952	深圳市美景旅行社有限公司

续表

序　号	许可证编号	旅行社名称
33	L－GD00953	汕头市美景国际旅行社有限公司
34	L－GD00954	汕头市通达旅行社有限公司
35	L－GD00955	佛冈假日旅行社有限公司
36	L－GD00956	清新县黄金假日旅行社有限公司
37	L－GD00957	湛江市美景旅行社有限公司
38	L－GD00958	博罗环游天下旅行社有限公司
39	L－GD00959	开平市广之旅旅行社有限公司
40	L－GD00960	台山市广之游旅行社有限公司
41	L－GD00961	深圳市芒果网旅行社有限公司
42	L－GD00962	深圳市鹏辉旅行社有限公司
43	L－GD00963	肇庆市遨游天下国际旅行社有限公司
44	L－GD00964	广州市无国界旅行社有限公司
45	L－GD00965	广州巨邦旅行社有限公司
46	L－GD00966	东莞市瑞翔旅行社有限公司
47	L－GD00967	东莞市友好旅行社有限公司
48	L－GD00968	东莞市潮流假期旅行社有限公司
49	L－GD00969	广东中旅（东莞）旅行社有限公司
50	L－GD00970	湛江市青之旅旅游有限公司
51	L－GD00971	广东中旅（阳江）旅行社有限公司
52	L－GD00972	珠海市万佳旅行社有限公司
53	L－GD00973	广东中旅（珠海）旅行社有限公司
54	L－GD00974	汕尾市开心假期旅行社有限公司
55	L－GD00975	清远市飞扬旅行社有限公司
56	L－GD00976	广州芒果网国际旅行社有限公司
57	L－GD00977	广州豪旅国际旅行社有限公司
58	L－GD00978	湛江市环宇旅行社有限公司
59	L－GD00979	湛江市名家假期旅行社有限公司
60	L－GD00980	深圳市万悦旅行社有限公司
61	L－GD00981	深圳市吉祥天下国际旅行社有限公司
62	L－GD00982	汕头市好运国际旅行社有限公司
63	L－GD00983	珠海市环宇旅行社有限公司
64	L－GD00984	佛山市尚旅假期旅行社有限公司

（省旅游局行业管理处提供）

广东旅游企业进入全国排优排强榜

2009年度广东省进入全国百强旅行社名单

序　号	旅行社名称	许可证编号	全国名次
1	广东省中国旅行社股份有限公司	L-GD-CJ00002	6
2	广州广之旅国际旅行社股份有限公司	L-GD-CJ00004	7
3	深圳中国国际旅行社有限公司	L-GD-CJ00058	12
4	深圳中国国际旅行社有限公司	L-GD-CJ00039	15
5	广东南湖国际旅行社有限责任公司	L-GD-CJ00019	18
6	深圳市海外国际旅行社有限公司	L-GD-CJ00052	31
7	中山中国国际旅行社有限公司	L-GD-CJ00115	35
8	广东国旅国际旅行社股份有限公司	L-GD-CJ00001	41
9	广东省拱北口岸中国旅行社有限公司	L-GD-CJ00069	44
10	深圳市深旅国际旅行社有限公司	L-GD-CJ00038	58
11	深圳市宝中旅行社有限公司	L-GD-CJ00056	66
12	佛山市中旅国际旅行社有限公司	L-GD-CJ00085	68
13	深圳市口岸中国旅行社有限公司	L-GD-CJ00041	75
14	佛山市南海中旅假日国际旅行社有限公司	L-GD-CJ00083	76
15	佛山市禅之旅国际旅行社有限公司	L-GD-GJ00081	80
16	佛山国旅国际旅行社有限公司	L-GD-CJ00084	82
17	广东顺之旅国际旅行社有限公司	L-GD-CJ00082	94
18	中山菊城假期国际旅行社有限公司	L-GD-CJ00118	96

2009年度广东省进入全国十强旅行社集团名单

序　号	许可证编号	旅行社名称	全国名次
1	L-GD-GJ00004	广州广之旅国际旅行社股份有限公司	5
2	L-GD-GJ00019	广东南湖国际旅行社有限责任公司	8
3	L-GD-GJ00002	广东省中国旅行社股份有限公司	10

2009 年度广东省进入全国国内旅游十强旅行社名单

序　号	许可证编号	旅行社名称	全国名次
1	L－GD－CJ00019	广东南湖国际旅行社有限责任公司	6
2	L－GD－CJ00004	广州广之旅国际旅行社股份有限公司	7

2009 年度广东省进入全国入境旅游十强旅行社名单

序　号	许可证编号	旅行社名称	全国名次
1	L－GD－CJ00002	广东省中国旅行社股份有限公司	8

2009 年度广东省进入全国出境旅游十强旅行社名单

序　号	许可证编号	旅行社名称	全国名次
1	L－GD－CJ00004	广州广之旅国际旅行社股份有限公司	3
2	L－GD－CJ00002	广东省中国旅行社股份有限公司	7
3	L－GD－CJ00019	广东南湖国际旅行社有限责任公司	8

2009 年度广东省进入全国利税十强旅行社名单

序　号	许可证编号	旅行社名称	全国名次
1	L－GD－CJ00002	广东省中国旅行社股份有限公司	5
2	L－GD－CJ00004	广州广之旅国际旅行社股份有限公司	6

2009年度全国旅行社统计调查排优排强方法

一、"全国百强旅行社"排序方法

（1）国内旅游组织人天、接待人天，入境旅游外联人天、接待人天等四项指标之和进入全国旅行社前300名。

（2）在以上300家旅行社中，以国内旅游组织人天、接待人天，入境旅游外联人天、接待人天，旅游业务营业收入，旅游业务毛利润，实缴税金，旅游结汇八项指标进行排序，将此八项指标位次之和由小到大选取前100名旅行社。其中，旅游业务毛利润、旅游业务营业收入、实缴税金、旅游结汇四项指标中，任何一项未进入单项排序前300名的旅行社都被排除。

（3）当旅行社名次相同时，以旅游业务营业收入名次为先，决定其最后排序位次。

二、"全国十强旅行社集团"排序方法

（1）集团旅游业务营业收入总额、旅游业务毛利润总额两项指标之和进入旅行社集团的前100名。

（2）在以上100家旅行社集团中，以集团旅行社成员企业数、旅行社子公司（包括子公司的旅行社子公司）数、外联组织人天、接待人天、旅游业务营业收入总额、旅游业务利润总额六项指标进行排序，将此六项指标位次之和由小到大选取前10名旅行社。其中，在集团旅行社成员企业数、旅行社子公司数、外联组织人天、旅游业务营业收入总额等四项指标中，任何一项未进入旅行社集团单项排序前100名的都被排除。

（3）当旅行社名次相同时，以旅游业务收入名次为先，决定其最后排序位次。

三、"全国国内旅游十强旅行社"排序方法

（1）国内旅游组织人天、接待人天两项指标之和进入全国旅行社前100名。

（2）在以上100家旅行社中，以国内旅游的组团人天、接待人天、营业收入、毛利润四项指标进行排序，将此四项指标位次之和由小到大选取前10名旅行社。其中，在国内旅游业务营业收入、国内旅游业务毛利润两项指标中，任何一项未进入单项排序前100名的旅行社都被排除。

（3）当旅行社名次相同时，以国内旅游业务营业收入名次为先，决定其最后排序位次。

四、"全国入境旅游十强旅行社"排序方法

（1）入境旅游外联人天、接待人天两项指标之和进入全国旅行社前100名。

（2）在以上100家旅行社中，以入境旅游的外联人天、接待人天、营业收入、毛利润四项指标进行排序，将此四项指标位次之和由小到大选取前10名旅行社。其中，在入境旅游业务营业收入、入境旅游业务毛利润两项指标中，任何一项未进入单项排序前100名的旅行社都被排除。

（3）当旅行社名次相同时，以入境旅游业务营业收入名次为先，决定其最后排序位次。

五、"全国出境旅游十强旅行社"排序方法

（1）出国旅游组织人天、港澳旅游组织人天两项指标之和进入全国旅行社前100名。

（2）在以上100家旅行社中，以出国旅游组织人天、港澳旅游组织人天、出境旅游业务营业收入、出境旅游业务毛利润四项指标进行排序，将此四项指标位次之和由小到大选取前10名旅行社。其中，在出境旅游业务营业收入，出境旅游业务毛利润两项指标中，任何一项未进入单项排序前100名的旅行社都被排除。

（3）当旅行社名次相同时，以出境旅游业务营业收入名次为先，决定其最后排序位次。

六、"全国利税十强旅行社"排序方法

（1）以利润总额、实缴税金两项指标之和进行排序，取前10名旅行社。

（2）当旅行社名次相同时，以利润总额名次为先，决定其最后排序位次。

（中国旅游年鉴编辑部提供）

广东省旅游饭店业

【星级饭店规模】 2009年，全省新增星级饭店82家，其中五星级饭店12家、四星级饭店15家、三星级饭店53家、二星级饭店2家（具体见“2009年度广东省星级饭店评定情况一览表”）。截至2009年底，广东省共有星级饭店1190家，其中白金五星级1家，五星级79家，四星级饭店191家，三星级饭店636家，二星级饭店269家，一星级饭店14家。星级饭店客房总数16.14万间，床位数26.98万张，餐位数约75万个，从业人员38.4万人。

【星级饭店复核】 2009年，全省1077家星级饭店列入复核范围，其中年度复核905家、评定性复核172家。实际参加复核的星级饭店1050家（因改制或正在全面翻新改造和停业装修申请延期复核的星级饭店27家），复核的结果是：因不达标被取消星级资格的饭店51家，限期整改或警告、暂缓通过复核的饭店20家，其他星级饭店均通过年检复核。

【广东产生新一批星评员】 2009年7月3日，全国旅游星级饭店评定委员会根据《饭店星评员章程》有关规定，产生新一届国家级星评员，共有115人组成，聘任期为两年，即从2009年7月1日至2011年6月30日。2009年广东获国家级星评员名单包括：广东酒店行业协会会长杨小鹏，广州中国大酒店董事副总经理戴玉，广东中山国际酒店董事总经理吕庆生，深圳华侨城酒店集团常务副总裁陈晓芳，深圳华侨城洲际酒店副总经理王凛，广东东莞三正半山酒店总经理戴俊明，中山大学管理学院酒店管理系主任、教授谢礼珊，省旅游局质量规范与管理处处长甘达坚。

【节能减排工作】 2009年，广东饭店行业在建设、经营、管理、服务等环节落实节能减排。省旅游局下发文件要求全省星级饭店逐步取消使用一次性日用品，引导企业转变增长方式，调整饭店的发展战略、经营管理、模式、服务方式，倡导“绿色”消费，引导社会公众树立节约和环保意识，培育社会节约消费的新风尚。

要求各星级饭店高度重视节约能源资源和环境保护工作，把节约能源作为饭店经济指标增长的主攻方向，切实做到节约发展，清洁发展和可持续发展。饭店要组建节能减排工作领导小组，加大节能减排工作管理力度，认真落实节能减排工作；组织饭店全体员工认真学习中华人民共和国旅游行业标准《绿色旅游饭店》（LB/T0072006）；开展节能减排宣传教育，大力宣传节能减排的重要性，利用饭店专刊、专栏、简报等形式进行深入持久的宣传；对饭店全体员工进行节能减排培训，增强节能减排的责任感和紧迫感，表彰节能减排先进集体和个人，查处和曝光严重浪费能源的行为，营造人人讲节约的新风尚，提高饭店全体员工对节能减排的认识；要求各饭店针对自身实际情况，认真开展节能减排工作。各饭店要针对自身实际情况，制定节能减排工作计划和方案，组织实施节电、节气、节水、节油工作工程，实施有效管理。

把节能减排作为星级饭店评定性复核和年度复核检查的重点之一。在2009年星级饭店评定性复核和年度复核过程中，广东省星评委全面检查了各星级饭店要严格按照国家、省级和市级部门的有关规定，全面贯彻实施节能减排工作，并对各饭店的节能减排工作进行指导和督查。近几年来，广东省不断推进创建绿色饭店的工作，省内近840家绿色饭店中，将中央空调热能回收转变成热水能耗的饭店近500家。在未来创建绿色饭店工作中，主要要加强对饭店业的引导，加大技能减排降耗的科技应用，如对中央空调风管系统的清洗净化消毒，推行酒店管道纯净水系统；引导酒店利用互联网进行销售，鼓励酒店宽带上网接入客房、会议室和公共场所，推广信息化服务等。从花园酒店了解到，要大规模地进行节能技术改造难度较大，需要硬件改装等方面的动作。事实上，花园酒店在2006年重新装修，但在节能技术改造方面并没有大作为，而今广州亚运在即，酒店目前没有翻修整改的计划，节能减排并没有取得实质性成效。兴建于1973年的广州白云宾馆曾斥资两亿进行大规模装修改造，近期将锅炉燃烧设备改用为燃气设备。这些大型饭店企业的措施，有效带动了节能减排在全省旅游饭店业的推广，起到示范作用。

2009年度广东省星级饭店评定情况一览表

地区	饭店名称	星级	星级评定批复时间	开业时间	饭店地址	电话	房间数	床位数	餐位数	总投资额（万元）	所有制性质	总经理姓名
广州	白云宾馆	五	2009.1.15	1976.6.1	广州市环市东路367号	020 83333998	706	1101	700	82090	中外合作	胡建平
	香格里拉大酒店	五	2009.8.6	1991.9.1	广州市海珠区会展东路1号	020 89178888	704	700	1051	109900	股份有限	鲍存旗
	南沙大酒店	五	2009.8.11	2005.1.23	广州南沙海滨新城商贸大道南二路	39308888	318	504	1580	65000	港澳台商投资	林锡鎏
	天誉威斯汀酒店	五	2009.8.6	2007.5.18	广州市天河区林和中路6号	020 28866868	448	511	760	100000	港澳台商投资	南基德
	广州十甫假日酒店	四	2009.1.12	2006.4.1	广州市荔湾区第十甫路188号	020 81380088	280	413	262	25000	港澳台商投资	伍停彪 谢肇浩
	燕岭大厦	四	2009.5.21	1987.11.1	广州市天河燕岭路29号	87705898	230	440	700	2987	国有	赵威
	珠江帝景酒店	四	2009.3.23	2004.5.1	广州市艺州路灏景街1号	020 6129988	100	144	800	20000	股份合作	黄明非
	华夏国际商务酒店	四	2009.8.16	2006.7.15	广州市林乐路39.49号	020 37855988	198	294	356	4000	国有	张强俊
	临海酒店	三	2010.1.8	2008.1.1	广州南沙区龙穴大道龙穴大道中	020 22886668	108	202	80	4000	国有	胡嘉金
	广州市白云人和怡东酒店	三	2009.12.28	2000.8.28	白云区人和镇凤和村广花路	020 86455880	186	354	1200	3850	私营	李凤媚
	广州晨悦酒店	三	2009.12.28	2007.6.23	广州市天河区天源路961号	020 22023888	119	216	569	800	有限责任	郑伟刚
	圣玛登酒店	三	2009.12.23	2009.1.1	广州市中山八路19号	020 81818888	88	143	360	3600	有限责任	江伟雄

续表

地区	饭店名称	星级	星级评定批复时间	开业时间	饭店地址	电话	房间数	床位数	餐位数	总投资额（万元）	所有制性质	总经理姓名
广州	银座大酒店	三	2009. 10. 30	2008. 1. 1	番禺区市桥街禺山大道 228 号	020 34810888	305	435	750	13000	有限责任	何仲文
	凯利登大酒店	三	2009. 10. 30	2008. 12. 29	广州市花都区天贵路 92 号	020 28600888	121	170	1060	3400	有限责任	宋仕坚
	乐涛居酒店	三	2009. 10. 30	2005. 11. 8	广州市增城新塘镇港口大道	020 82775888	79	130	800	500	私营	彭丽娟
	翠鸟水电度假村	三	2009. 10. 30	2003. 11. 4	从化市温泉镇温泉西路 20 号	020 87836638	209	378	416	7700	国有	韩小鹭
	嘉尔登大酒店	三	2009. 10. 24	2008. 11. 22	花都区新华街曙光路与华路交界外	020 36802888	68	86	1200	430	有限责任	李亚刚
	大塘宾馆	三	2009. 10. 9	2003. 4. 29	广州市海珠区东风村聚偲西路	020 84055388	83	162	52	3681	有限责任	陈伟清
	山水时尚酒店黄埔店	三	2009. 10. 9	2008. 7. 28	广州市黄埔区黄埔东路 727 号	020 62661111	221	336	918	4800	股份有限	陈灿辉
	大舜晶华商务酒店	三	2009. 10. 9	2008. 4. 1	广州市天河区中山大道西 277 号	020 855551888	155	235	280	3000	港澳台商投资	朱彩荣
	英伦公馆酒店	三	2009. 8. 31	2009. 8. 1	广州市天河区天河东路 220 号	020 38900000	40	40	300	7000	有限责任	伍建峰
	琶洲酒店	三	2009. 8. 31	2007. 10. 1	广州市海珠区新港东路 37 号	020 22085888	126	238	390	3000	有限责任	杨剑楠
	八骏酒店	三	2009. 8. 5	2003. 4. 1	广州花都区新华街三东大道 26 号	86971788	49	94	1300	420	有限责任	江美甜
	南洲大酒店	三	2009. 8. 3	2001. 6. 8	广州市海珠区南洲路 188 号	020 84010328	83	142	1260	1000	私营	陈穗
	中濠大酒店	三	2009. 7. 24	2006. 12. 29	增城石滩增滩公路横岭开发区	020 82996666	39	54	1200	1500	私营	张锐雄

续表

地区	饭店名称	星级	星级评定批复时间	开业时间	饭店地址	电话	房间数	床位数	餐位数	总投资额（万元）	所有制性质	总经理姓名
广州	悦来登大宾馆	三	2009.7.21	2005.8.28	广州市增城新塘镇东坑三横路	020 82700888	120	177	30	2000	有限责任	黄海梁
	广大商务酒店	三	2009.6.29	2006.4.1	广州市大学城中环西路230号	020 39360988	110	202	1300	1300	私营	柯欣
	合成大酒店	三	2009.2.27	2008.1.23	广州市花都区狮岭大道中1号	020 36919168	160	195	300	1600	私营	宋仕坚
	江南商务酒店	三	2009.2.27	2008.8.12	广州市白云区增槎路789.828号	020 81996688	99	243	350	2470	有限责任	何兆桦
	新港假日酒店	三	2009.4.3	2003.9.1	广州市海珠区新港东路二号	020 89239900	118	206	800	1000	有限责任	林由
	广天大厦	三	2009.6.29	2007.10.8	广州市黄埔大道西243号	020 28389888	127	203	500	7000	国有	邓俊超
深圳	华侨城洲际大酒店	五	2009.7.1	2006.12.26	深圳市华侨城深南大道9009号	0755 33993388	550	567	1600	90000	国有	马文康
	大梅沙京基喜来登度假酒店	五	2009.7.1	2007.8.19	深圳盐田区大梅沙盐葵路9号	0755 88886688	386	608	805	80000	私营	江培树
	百合酒店	五	2009.7.1	2006.5.1	深圳市布吉	0755 89969999	300	413	900	28000	私营	杨涛
	深航国际酒店	五	2009.7.1	2005.1.26	深圳市福田区深南大道6035号	0755 88819999	420	656	1101	31500	有限责任	邵兵
	万悦国际酒店	四	2009.6.10	2006.5.1	深圳市宝安21区前进一路90号	0755 27881888	339	503	516	16570	港澳台商投资	任仲辉
	翠珊园酒店	三	2009.8.5	1999.1.7	深圳市宝安区石岩街道	0755 29682888	92	140	1230	6800	私营	张桂平
	吉盛宾馆	三	2009.8.5	2006.10.1	深圳市宝安区民治大道吉盛楼	0755 28192888	107	133	389	1000	有限责任	赵承亮
	东星汉永酒店	三	2009.8.5	2007.1.19	深圳市宝安区沙井街道中心路	0755 29938888	149	209	182	3850	有限责任	黄勇勤
	南澳大酒店	三	2009.8.5	1993.8.1	深圳市龙岗区南澳街道水头沙海滨	0755 84428666	120	219	900	1626	有限责任	邓汉平
	吉盛酒店	三	2009.8.5	2006.10.7	深圳市龙岗区盛平南路一号	0755 89568888	120	151	750	5000	有限责任	武晓峰
	金帝都大酒店	三	2009.12.24	2007.9.1	深圳市宝安区松岗镇松岗大道	0755 27097888	140	179	220	3054.8	股份合作	陈明胜

续表

地区	饭店名称	星级	星级评定批复时间	开业时间	饭店地址	电话	房间数	床位数	餐位数	总投资额（万元）	所有制性质	总经理姓名
珠海	西藏大厦	四	2009. 3. 23	2007. 8. 25	珠海市梅华西路 166 号	0756 2669988	200	284	298	11800	有限责任	刘志强
	千鹏酒店	三	2009. 3. 30	2006. 5. 23	珠海市香洲区人民西路 366 号	0756 2666999	99	192	350	500	有限责任	吴捷
	斗门区桃园假日酒店	三	2009. 6. 15	2007. 5. 1	珠海斗门区白藤湖湖滨一区 17 号	0756 3939333	88	164	100	2800	私营	徐锦雄
韶关	丛林山庄	三	2009. 6. 2	2002. 12. 1	韶关市浈江区森态路 11 号	0751 8282128	180	400	1000	500	私营	杨帆
	金海洋假日酒店	三	2009. 7. 18	2008. 4. 28	乐昌市长乐路 88 号	0751 5568688	36	66	80	850	私营	艾碧波
	幸福华庭酒店	三	2009. 9. 8	2009. 1. 10	韶关市武江区惠城南路 122 号	0751 8611188	193	307	600	1200	私营	彭龙
河源	连平星河湾酒店	三	2009. 12. 14	1905. 6. 27	河源市连平县滨河路 1 号	0762 4322888	62	116	250	2000	私营	陈彩云
	滨江金利大酒店	四	2009. 3. 27	2006. 5. 1	河源市源城区碧水居地段	0762 3399999	160	310	1200	8800	有限责任	徐亚畅
惠州	隆泰金都酒店	四	2009. 3. 23	2006. 10. 26	惠州市花边南路	0752 2678888	171	269	360	18000	私营	许春明
	新都会大酒店	四	2009. 3. 23	2007. 7. 3	惠州市惠阳区白云路 50 号	0752 3769999	93	126	650	11000	私营	李伟浩
	顺天云景大酒店	三	2009. 5. 12	2007. 9. 3	惠州市江北文昌二路 9 号	0752 2845888	150	193	400	3000	私营	池志强
	千帆阁酒店	三	2009. 6. 18	2003. 6. 28	惠州市大亚湾经济技术开发区霞涌	0752 5598888	78	129	400	2000	股份合作	康莉
	时代假日酒店	三	2009. 8. 4	2007. 1. 8	惠州市惠城区龙丰路 3 号	0752 2676888	133	201	500	6000	私营	谢正锋
	盛龙大酒店	三	2009. 8. 21	2001. 9. 8	惠州市龙门县县城迎宾大道 39 号	0752 7786888	32	48	600	2100	私营	罗继就

续表

地区	饭店名称	星级	星级评定批复时间	开业时间	饭店地址	电话	房间数	床位数	餐位数	总投资额（万元）	所有制性质	总经理姓名
惠州	华尔富商务酒店	三	2009.12.23	2009.5.2	惠州市江北5号小区期湖塘路3号	0752 5331888	71	113	144	3000	有限责任	王金英
	南城商务酒店	三	2009.9.15	2007.6.3	惠州市河南岸白泥路	0752 2556222	100	161	450	1800	有限责任	赖法棠
	景新酒店	三	2009.12.21	2005.6.8	龙门县城百乐路	0752 7788888	32	64	500	2700	私营	罗立新
汕尾	泰林酒店	三	2009.6.10	2002.1.1	汕尾市汕尾大道中段东侧	0660 3368071	125	226	1060	1050	有限责任	陈文成
东莞	美怡登酒店	四	2009.2.3	2005.7.5	东莞市常平镇中元路	0769 83028888	260	289	500	15000	私营	张钢权
	金沙亚都酒店	三	2009.7.3	2005.12.6	东莞市长安镇靖海中路36号	0769 85413888	84	108	110	1400	股份有限	李泽朋
	中青旅山水设计师酒店	三	2009.7.3	2008.2.1	东莞市东城区东莞大道189号	0769 21988888	126	151	210	2000	国有	李天柱
	亚都酒店	三	2009.7.3	2002.11.23	东莞市长安镇长中路115号	0769 85343888	106	127	165	1200	私营	刘志勇
江门	开平华侨大厦	二	2009.10.19	2009.2.8	开平市长沙西郊路5号	0750 2223318	66	141	148	4410	有限责任	廖朝晖
	丽宫国际酒店	五	2009.7.20	2006.1.8	江门市东华二路28号	0750 8233388	330	504	1850	36000	外商投资	区栢余
佛山	财神酒店	五	2009.7.1	2006.7.1	佛山市顺德区乐从大道东82号	28838888	408	558	478	3892美元	港澳台商投资	黄锐坚
	君莱酒店	四	2010.1.28	2007.2.5	顺德区大良街鉴海南路14号	0757 22608888	116	170	460	1.2亿	有限责任	黄光利
	君豪酒店	四	2010.1.28	2005.9.14	顺德区容桂容奇大道中24号	0757 28387888	80	406	146	6000	私营	马智慧
	百盛达商务酒店	三	2009.10.9	2008.3.26	佛山市南海区桂城海大路4号	0757 86311111	153	198	118	6000	私营	韦细华
	天豪酒店	三	2009.12.3	2003	佛上市南海区松岗松下工业园	0757 85200888	90	157	200	4000	私营	许春

续表

地区	饭店名称	星级	星级评定批复时间	开业时间	饭店地址	电话	房间数	床位数	餐位数	总投资额（万元）	所有制性质	总经理姓名
阳江	碧桂园阳江凤凰酒店	五	2009.7.1	2007.5.1	阳东湖滨西路（阳东碧桂园内）	0662 6666666	342	625	1100	25000	股份有限	杨忠东
	东湖国际大酒店	五	2009.7.20	2007.1.18	阳春市东湖东路213号	0662 7888888	209	346	1500	35000	有限责任	王晓科
	名濠饭店	三	2009.6.30	2001.10.1	阳江市东风二路一号	0662 3319999	54	87	1100	3000	有限责任	司徒丽萍
湛江	丽波度假村	四	2009.8.5	2001.12.18	廉江市海军路塘山岭边	0759 6618888	313	644	890	8000	港澳台商投资	曾英秀
茂名	高州大酒店	四	2009.1.16	2005.1.31	高州市高凉东路636号	0668 6383388	168	280	800	5000	私营	陈柏华
	电白县金龙泉大酒店	三	2009.9.25	2003.12.28	电白县水东镇向阳大道88号	0668 5119999	79	151	1416	5400	私营	潘权浪
肇庆	醉然居假日酒店	四	2009.6.10	2006.9.1	肇庆市德庆县德城镇青云路	0758 7781111	121	268	660	80000	集体	凌乃位
	肇庆高尔夫渡假村会所酒店	三	2009.1.12	1998.4.1	高要市回龙镇肇庆高尔夫渡假村	0758 8162168	57	126	180	9140	外商投资	赵爱华
	君悦大酒店	三	2009.9.15	2008.2.2	肇庆市321国道旁	0758 7797777	128	248	600	3520	私营	孙周萍
清远	英德海螺国际大酒店	四	2009.3.23	2005.1.18	英德市浈阳东路一号	0763 2788188	288	446	1500	15000	国有	丁军庭
	凯逸假日酒店	三	2009.8.21	2008.10.8	阳山县北门路城市广场	0763 7885500	177	375	500	140	私营	王衍阳
	荣华宾馆	二	2009.10.27	2007.10.18	阳山县光明路998号	0763 7896318	58	110	300	300	私营	陈婵华
云浮	好莱湾酒店	四	2009.10.26	2008.1.11	罗定市兴华一路2号324国道旁	0766 3881188	119	209	1200	9500	股份有限	朱建科
	龙山温泉度假村	三	2009.10.26	2006.4.6	云浮市新兴县龙山温泉度假村	0766 2691111	97	172	130	2600	有限责任	邵美眉

旅游安全管理

【总体情况】 广东省旅游局认真贯彻广东省委省政府关于安全生产的决策部署，狠抓安全生产责任制的落实，推进旅游安全规范化、标准化、制度化建设，配合安全生产执法、治理、宣传教育三项行动，加强安全生产体制机制、安全能力、监管队伍等三项建设。以黄金周为重点开展旅游安全大检查，全年累计派督查组 20 个组次，出动检查人员 56 人次，检查企业达 180 家。由于旅游安全形势良好稳定，我局连续三年在省安委会的考核中被评为“优秀”。

【安全生产责任制落实】 省旅游局领导历来高度重视旅游安全工作，先后在全省旅游工作会议、旅游经济形势分析会、旅游行业管理工作会议上反复强调旅游安全的重要性，要求做到“三个绝不”“四个到位”，即抓旅游安全工作绝不含糊、绝不手软、决不懈怠，要认识到位、领导到位、责任到位、措施到位。还成立了旅游安全工作领导小组，党组书记、局长任组长，分管局长为副组长，其余党组成员和业务处室领导为成员，全局分工合作、协调联动，并要求各市旅游局加强对旅游安全工作领导，与各旅游企业签订安全责任状，一级抓一级，层层抓落实，走活旅游安全一盘棋。

【部署工作】 围绕“安全第一、预防为主、综合治理”的总体方针和“年初计划有安排、日常时段有检查、季度半年有总结、特殊时期有措施、突发事件有预案”的工作思路，省旅游局把旅游安全作为行业管理工作的重点来抓，精心组织各市旅游部门开展旅游安全检查，落实安全监管责任和防范措施。一年来，省旅游局先后下发了一系列文件，主要有：《关于做好 2009 春节旅游安全工作的通知》、《关于做好星级饭店消防安全隐患排查整治工作的通知》、《关于进一步加强旅游安全工作的通知》、《关于进一步加强旅游团队安全工作的通知》、《关于切实做好五一期间旅游安全工作的通知》、《关于开展 2009 国庆旅游黄金周旅游安全生产大检查的通知》等。各市旅游部门按照省局的要求，召开旅游安全工作会议，制定工作要点，认真开展旅游安全大检查和日常巡查，安全责任和防范意识不断提高，应急管理措施不断加强，安全生产局面不断好转。

【旅游安全检查工作】 省旅游局以旅游黄金周为工作重点，组织各市深入开展旅游安全隐患排查。各市旅游部门在当地假日办的协调指挥下，依托政府主导、部门联动、行业参与的机制，会同有关部门全面整治旅游行业的安全隐患。在各市自查的基础上，省旅游局还组织相邻的地市进行交叉检查，并派出工作组赴各市督查。一年来，省旅游局累计派督查组 20 个组次，出动检查人员 56 人次，检查企业 180 多家。督查之后，再对各地旅游安全检查情况进行电话跟踪，要求整改安全隐患，完善旅游安全应急预案，安排好节假日值班和现场巡查。

【突发事故应急处置】 2009 年，全省旅行社共发生 4 起重大事故，其中 3 起发生在省外，1 起发生在省内。共造成 25 人死亡、7 人重伤。4 月，深圳某旅行团在惠州发生旅游交通安全事故；同月，珠海某旅行社在台湾发生高空坠物意外事故；10 月，广州旅行团在广西阳朔发生热气球意外坠落事故；11 月，广州某旅行团在山东威海发生交通安全事故。事故发生后，省旅游局快速有效启动应急预案，第一时间了解详情并跟进落实，派员赴当地协调处理伤员救治、善后处理、保险理赔等各项事宜，使各项事故均得到圆满解决。省旅游局从维护游客生命财产安全的高度，快速有效地启动应急预案，第一时间了解事故详情，派员会同当地有关部门协调处理伤员救治、善后处理、保险理赔等各项事宜。应对得当、处理及时，事故得到圆满处理。游客家属表示由衷的感谢。

【安全生产标准制定】 为推动旅游安全工作再上新水平，省旅游局制定《广东省旅游安全质量规范》地方标准。目前推出旅行社、星级酒店、滨海旅游、旅游景区三个系列，将来还计划向海上休闲渔业、漂流、自驾车游等新兴旅游项目延伸，形成覆盖面广、约束力强、应用性高的安全标准体系，指引企业以标准为抓手，明确职责、建章立制，推动安全工作创新发展。同时，还编撰了旅游安全工作制度，明确了组织领导、应急处置、督促检查、责任考核、重点监控、安全会议、隐患单位谈话、事故报告、责任追究等各方面的工作流程，把安全生产作为行业管理最重要的衡量指标，在星级饭店评定、旅行社管理等各项工作凡安全责任不落实、工作不到位，没有经过安监、质监、消防、卫生等部门认可的企业，一律不得受理审批或评定，体现“一票否决”，确保旅游安全。

【处理“4·24”意外事故】 2009年4月24日下午，广东东莞的25人赴台旅游团在台北信义商圈发生意外，游览车尾部被从空中坠落的起重机吊臂砸中，当场造成3死2伤。事故发生后，国家旅游局、广东省政府高度重视，国家旅游局第一时间通过海旅会与台旅会取得联系，迅速启动应急机制，并促请台旅会对伤员救治、游客安抚及善后工作提供协助。副省长万庆良作出批示：“请省旅游局迅速启动应急救援机制，迅速派员赴台做好急救善后工作。”省旅游局及时启动《广东省旅游突发公共事件应急预案》和《广东省出境旅游团队安全保障工作方案》。局长杨荣森亲自部署应急处置措施：一是立即成立以张振林副局长为组长，由省旅游局、珠海和东莞市旅游局以及拱北口岸中旅负责人组成的应急工作组，积极协调应急救援工作；二是迅速通知珠海、东莞市旅游局配合做好伤亡人员家属的工作，组织拱北口岸中旅落实应急救援措施，并与台湾有关部门及接待社协调，全力做好伤员抢救及善后工作；三是协调公安、台办等部门特事特办，为游客家属赴台处理善后工作开设绿色通道；四是督促组团社做好该团游客的安抚、稳定工作并作好行程调整；五是派出由省旅游局、珠海市旅游局和拱北口岸中旅负责人组成的工作组赴台协调善后工作。

4月26日，工作组赴台后，立即与台旅会、台湾观光协会、台湾旅行商业同业公会等联系协调，积极稳妥地开展以下工作：一是看望、慰问受伤游客。工作组抵台后，马上到北医、忠孝医院看望受伤游客，向医生了解其伤势、治疗和饮食料理情况，协调医生尽全力抢救伤病员，转达祖国大陆亲人的慰问。二是吊唁不幸遇难者。工作组参加台湾方面为遇难者举行的超度法事和追思会，并以省旅游协会名义献上花圈。三是安抚遇难者和伤者家属。工作组召集遇难者和伤者家属进行座谈，转达党和政府的亲切关怀以及祖国大陆亲人的关心慰问，共同研究解决实际困难的办法。家属情绪较稳定，对事故的分析较客观冷静，赔偿要求较合理。四是积极协调推进理赔及善后工作。工作组经过努力协调，专门从海基会请来著名的法律顾问，详细解释法规，积极推进理赔事宜。经过多轮谈判，最终每位遇难者都得到较为合理的补偿。家属对赔偿数额表示接受。返粤后，他们自发向省旅游局赠送了“患难见真情，游客贴心人”的牌匾，对工作组的协调和帮助表示感谢。

旅游创优与创强工作

【旅游创优创强工作】 2009年11月，省旅游局对韶关乐昌市、清远市佛冈县“旅游创强”工作进行验收。自2004年至2009年底，全省共有清新、梅县、东源、阳山、阳东、连州、新兴、德庆、龙门、仁化、乳源、英德、南澳、乐昌、佛岗15个县（市）评定为“广东省旅游强县”，其中清新、梅县被国家旅游局评定为“中国旅游强县”。乐昌、佛冈开展“旅游创强”以来，旅游产业规模、质量和效益得到大幅提升，旅游交通、公共安全、卫生保障、生态环保、宾馆餐饮等配套设施建设全面加强，旅游接待和服务配套功能全面改善，旅游发展环境全面优化，旅游业的发展有效带动招商引资、劳动就业、环境保护等各项事业发展，有效提升当地的现代文明程度。

韶关乐昌市是广东北大门，生态环境好、旅游业起步早，拥有有中国江河第一漂九泷十八滩漂流、广东八大名山之一金鸡岭、地下宫殿古佛岩等知名景区。通过创强，政府主导型旅游发展战略有效实施，旅游产业地位明显上升，建设广东北大门生态文化休闲基地的品牌形象日益明显。2008年全市共接待游客103万人次，旅游收入2.85亿元，占国内生产总值6%，同比增长25.5%和34.8%，旅游业已成为带动一、二产业发展的新兴产业。

清远市佛冈县作为广州近郊，区位优势明显，经济发展迅速，面貌日新月异。该县“温泉文化、生态旅游、农业观光、民情风俗”旅游产品特色鲜明，“聚龙湾”、“森波拉”等景区知名度较高，吸引大量珠三角和港澳台人士观光旅游、投资兴业。通过创强，政府主导型旅游发展战略有效实施，旅游产业地位明显上升，旅游产业素质全面提高。2008年，全县接待游客200万人次，是全县人口的7倍，旅游收入达5亿元，同比增长29%和63%，多项指标在全省山区县中名列前茅。实践证明：旅游产业作为现代服务业的重要组成部分，已经成为县域经济的引领者和助推器。“旅游创强”不仅是提升旅游产业素质，促进县域经济平稳较快增长的重要举措，也是推动东西两翼和粤北地区加快发展、深化经济结构调整、促进社会和谐的重要工程，是建设旅游强省的重要载体。

整顿和规范旅游市场工作

【总体情况】 2009年度，省旅游局把旅游市场整治作为行业管理的重点工作来抓，按照“点面结合、标本兼治、规范整顿与培育发展并重”的原则，以三优一满意（优美环境、优良秩序、优质服务、游客满意）为工作目标，以旅游六要素为整治重点，依托政府主导、部门配合，行业为主体、企业为基础的机制，着力解决影响和制约旅游业发展的突出问题，推动市场秩序逐步规范、服务质量大幅提高、从业人员素质普遍增强、旅游发展环境不断优化，取得了明显成效。

【旅游行业应对金融危机】 面对国际金融危机对旅游产业的冲击，省旅游局从完善公共服务职能出发，创新旅游管理体制、机制，重点加强对旅行社行业的规范和引导，推进旅行社资质等级评定工作，并引导鼓励旅行社联合景区、航空公司和酒店，整合资源、优势互补，采取“抱团取暖”合作方式，让利给旅游消费者，增强旅游市场信心。广东中旅、广之旅、南湖国旅等大型旅行社通过资本运作，介入上游资源，参与景区经营，取得双赢效果。中小旅行社向专业化方向发展，改进产品和服务，提高配套协作能力，维护稳定客源。2009年4月，省旅游局完成旅行社业务年检工作，并以此为平台，依据《旅行社条例》，加强对旅行社的服务和引导，深入推进诚信旅游活动，健全旅行社经营数据库，引导旅行社建立规范的运营机制、用人机制和质量保障机制，及时收集整理和发布旅游服务质量和市场监管信息，遏制侵害游客权益的行为；加强旅游市场整顿治理，规范旅游市场竞争，发挥行业自律作用，打击违规经营行为，在游客中倡导“文明旅游、理性消费”，推动旅游部门、旅游企业与游客之间的良性互动，提升游客的总体满意率，引导行业安全稳定和谐发展。

【旅游市场整顿】 2009年8月，省旅游局、省物价局联合发布了《关于进一步规范旅游价格行为，促进旅游业健康发展的通知》，要求各旅行社严格执行明码标价制度，积极开展价格诚信活动，建立健全自律约束机制，严禁价格欺诈、低价倾销、零负团费等违法行为，不得进行不正当竞争，不得互相串通操纵市场价格，损害旅游者和其他经营者的合法权益。通过规范旅游产品定价行为，进一步规范了旅游市场的竞争秩序，维护了我省旅游市场的稳定，推动了旅游市场的有序发展。还要求各级旅游部门和旅游协会要加强对旅行社的服务和引导，可组织力量编制主要旅游线路的参考价格，按淡旺季分设，根据市场供给需求和旅游者承受能力等因素适时修订并定期公布，推动旅游市场规范有序发展。同时，重点加强对台湾游市场的监管，与物价、工商、质监、台办等部门的信息沟通、资源共享和工作协调，推动旅游市场整顿工作，联合开展旅游安全与市场秩序执法检查，对旅游广告、导游领队人员、门市部、营业部等重点环节进行整治，对超范围经营、非法转让许可证、低成本倾销、价格欺诈等违规行为进行严厉打击，降低旅游投诉率。不断完善粤港澳联动机制，联手抵制零负团费等非法经营行为，总结“诚信优质香港游”活动经验，典型引路，逐步推广到海外游和国内游市场。对容易发生严重违规行为的重点环节和游客投诉较多、社会反映较强烈的问题在持续排查整顿的同时，研究抵制措施，维护合法企业的利益，营造规范有序的旅游市场环境。

（邹飞祥）

旅游质量监督管理工作

【总体情况】 2009年，全省旅游质监系统始认真贯彻落实《旅行社条例》、《关于加强旅游服务质量和市场秩序监督管理工作的意见》、《旅游服务质量提升纲要》、《关于加强旅游质监工作和质监队伍建设的意见》等旅游质监工作精神，把提升国民旅游服务质量和加强旅游市场秩序监管作为旅游质监工作的重点。坚持以保护旅游者和旅游经营者合法权益、提升旅游服务质量、建立良好市场秩序为着力点，进一步加强旅游投诉受理工作，从专门受理旅行社投诉，逐渐转变到受理旅游者对各类旅游服务企业的投诉。据统计，2009年全省旅游质监系统共立案处理旅游投诉623宗，理赔金额约77万元。省旅游质监所共接到旅游投诉269件。其中，书面投诉162件，来访投诉47件，网络投诉57件，其他单位转办投诉29件；正式受理投诉128件，结案122件，理赔金额约15万元，没有接到重大恶性质量投诉，没有出现一宗因游客不服处理而申诉到国家旅游局。

【旅游市场监管工作】 全省旅游质监系统积极开展旅游消费教育和指导工作，建立旅游消费警示与提示机制。在“3·15”国际消费者权益日前后，各地旅游质监部门与工商、消委会、主流媒体、主要旅行社等部门联合举办“明白消费，理性维权”系列活动，召集广州地区部分旅行社召开旅行社诚信旅游座谈会；联合《南方日报》、《广州日报》、《羊城晚报》等新闻媒体发行诚信旅游特刊；参加“3·15”国际消费者权益日宣传咨询活动，现场处理好群众投诉，解答群众关注的热点问题；派发《旅游温馨提示》；联合《南方日报》共同出版《2009广东旅游质量监督管理宣传指导手册》；联合《广州日报》制作旅游保障和维权专栏，以典型的旅游投诉案例，引导游客明白消费，理性维权。全省旅游质监系统认真贯彻落实国家旅游局和省旅游局有关指示精神，以打假打非、治理“零负团费”和虚假广告、整治企业安全隐患等为重点，精心组织、周密部署、真抓实干，开展系列专项整治行动，并加强与公安、工商、物价、交通、安监等部门的联合检查，灵活采取暗访、突击检查、监督员举报等方式，对旅行社、旅游景区景点、酒店、车船公司、购物店等各类旅游经营服务行为的开展旅游市场现场执法检查。打击取缔一批“黑社”、“黑导”、“黑车”、“黑店”，查处一批虚假旅游广告和违规导游，纠正一批违规经营行为，如台湾游违规广告，有力地规范旅游市场秩序。

【国内旅游合同修订】 2009年5月1日，新的《旅游社条例》颁布实施，并明确规定旅游合同必须包含14项内容，旧版旅游合同不再适应使用。省旅游质监所在通过多次座谈以及在网络广泛征求社会各方面的意见和建议基础上，修订《广东省国内旅游组团合同合同范本》（见附件），以省旅游局和省工商局名义联合发文在全省范围内推广使用，推动全省使用统一的国内游合同范本，结束国内游合同多个版本并存的局面，并以省旅游局和省工商局名义联合发文实施合同备案制度，要求旅行社对使用增加了合同条款的新合同到当地工商管理部门和旅游质监部门备案。

【全省质监工作测评】 为贯彻落实新条例精神，加强质监队伍建设，落实质监执法工作责任制，按照省局的工作部署，省旅游质监所在全省旅游质监系统开展质监执法工作测评活动，通过制定考核各地市质监执法机构的组织建设、旅游投诉受理、旅游市场监管等方面的工作情况的考核制度，先有各市对本市旅游质监执法工作进行自评，再按照各市旅游质监所自评打分和市场状况，分别组织3个工作组对深圳、珠海、中山、梅州、清远、韶关、广州、惠州、汕头等市旅游质监所的测评情况进行抽检和市场交叉检查，评选出11个先进质监所和21名优秀质监员并进行公开表彰，引起各地旅游主管部门对旅游质监工作的高度重视，提高全省质监队伍的士气。检查期间各地旅游质监所就《旅行社条例》及实施细则生效后出现的新问题进行认真探讨和交流，提高旅游执法水平。

【质监交流与培训】 省质监所积极推动区域性旅游质监工作互动协作，粤东、粤西、粤北及珠三角地区的有关地市根据需要与省内外有关地市签订相关区域合作协议，通过加强旅游市场联检、质监工作交流以及投诉处理互助，共同推动旅游质监工作质量的提高。省旅游质监所协助各市旅游质监部门开展对质监员的培训教育工作，会同广州、珠海、佛山、中山、东莞、韶关、肇庆等市旅游质监部门举办综合性的质监员培训班，共培训质监员1200人次。培训班以各市旅游质监员为主，同时覆盖部分大型旅行社质监工作人员，通过创新培训班模式，引入由旅行社协会组织、协会会员参与的方法，重点学习新颁布《旅行社条例》及实施细则的有关旅游法规和规章，分析探讨典型旅游投诉案例等，广大旅行社参与热情高，学习积极。省质监所推动省、市、县（区）、企业质监管理网络的建设，积极搭建质监工作交流平台，派员参加国家旅游局的旅游投诉信息系统的学习培训，并积极推动该系统在全省的使用，搭建网络交流平台，建立广东旅游质监系统和旅行社质监员的QQ群，为广大旅游质监工作者提供更为方便，更快捷的工作信息共享交流平台。

【全省旅游质量保证金的暂退和退还工作】 在年初暂退质保金的工作中，全省旅游质监系统本着以人为本，方便企业的指导思想，主动联系通知企业办理退质保金，并严格按照暂退保证金的工作原则和具体操作程序开展工作，圆满的完成暂退质保金的工作。省质监所共为161家符合条件的旅行社办理暂退质保金手续，累计暂退质保金7770万元。5月1日《旅行社条例》实施后规定，旅行社质量保质金要全部退还旅行社，由旅行社自行进行转存。目前，全省旅游质监系统已完成95%的旅行社质保金的退还工作。全省共计为旅行社退还质保金1.56亿元。

【12301旅游服务热线建设】 2009年，广东省旅游质量监督管理所推动全省12301旅游服务热线的设立。6月，接手省局设立12301旅游服务热线的工作后，对已建立12301旅游咨询投诉电话平台的兄弟省份进行调研，并起草相关工作方案。9月，顺利获得省通信管理局同意省旅游局设立全省12301旅游服务热线的批文。省质监所已与电讯运营商商洽和确立初步合作方案，已于12月中旬开通省一级的12301旅游服务热线。省质监所大力支持并推动韶关市旅游局于12月底开通12301韶关旅游热线，韶关是全国首先开通12301旅游热线地级市。

【全省旅游投诉情况分析】 2009年，全省省旅游市场秩序良好，旅游企业依法诚信经营，无重大服务质量投诉。全省收到旅游投诉共计753件，正式受理623件，已结案599件，结案率为96%，赔付金额为769673.9元，比上年增加154720元。按三大市场划分，入境游投诉2件，占投诉受理总数的0.3%；国内游投诉509件，占投诉受理总数的81.7%；出境游投诉112件，占投诉受理总数的17.9%。按被投诉对象划分，投诉旅行社442件，占投诉受理总数的70.94%；投诉饭店36件，占投诉受理总数的5.77%；投诉景点92件，占投诉受理总数的14.76%；投诉交通8件，占投诉受理总数的1.28%；投诉购物29件，占投诉受理总数的4.65%；投诉餐饮3件，占投诉受理总数的0.48%。其它问题投诉13件，占投诉受理总数的2.08%。按投诉的主要问题划分：投诉降低住宿、交通和餐饮等服务标准94件，占投诉受理总数的15.08%；投诉旅行社擅自增减游览项目80件，占投诉受理总数的12.84%；投诉导游服务质量问题60件，占投诉受理总数的9.63%；投诉因航班等交通工具导致行程延误或变更58件，占投诉受理总数的9.3%；其他问题投诉331件，占投诉受理总数的53.13%。

2009年旅游投诉的主要特点：一是投诉总量较去年同期基本持平。2009年全省受理投诉的件数比2008年增加了30件，同比增长4.8%。2008年旅游业受各种自然灾害与国际金融危机的影响，2009年旅游市场开始回暖，国内旅游人数和国内旅游收入继续呈现较快增长，随着全省国民旅游休闲等各项优惠旅游政策的实施，省内游市场也持续稳步增长，但旅游服务质量总体得到了较好的监控，因此旅游投诉增长幅度较小。

二是出境游投诉下降，省内游投诉占国内游投诉的比重较大。2009年受甲型流感等因素影响，全省出境游组团人数明显下降，旅游投诉下降11.8%。省外游投诉186件，占国内游投诉的36.6%，主要集中在北京、海南、云南、湖南、四川等地；省内游投诉323件，占国内游投诉的63.4%，主要集中在肇庆、江门、惠州、河源等地。

三是旅行社是旅游投诉的主要对象。2009年全省受理旅行社的投诉442件，占投诉受理总数的70.9%，比去年增长了13.5%。主要原因：1. 少数旅行社广告不规范，以超低价格误导消费者，尔后在行程中加点（自费景点）、加店（购物商店），引起旅游者不满。2. 游客在旅行社安排的购物点购物后，因物品质价不符等原因提出退赔。3. 旅行社合同签订时，使用“豪华酒店”“准某星酒店”等不规范用语，造成履约时不达标引发投诉。4. 导游不尽职，服务意识淡薄。

四是景点景区、星级饭店投诉上升。景区原因引发的投诉，主要表现在安全措施采取不到位、客流缺乏控制和引导等方面上，特别在旅游旺季，一些景区会出现饱和现象，而景区缺乏必要的引导和劝诫。有些景区本身就存在安全隐患和高风险旅游项目，而导致游客受伤等。部分旅游景点还存在工作人员专业服务水平不高、服务意识淡薄等问题。对星级饭店的投诉主要是接待不规范，服务人员操作不到位，游客物品丢失、损坏等。五是旅游购物问题增多。旅游购物主要发生在东南亚、港澳地区或省内深珠游等旅游线路，高价的珠宝首饰经鉴定为假货是旅游购物投诉的焦点。游客外出旅游购买珠宝首饰和纪念品时一定要慎重，索取正规发票，发票上一定要用中文标注宝石的名称、级别，以及是否经过人工处理等，一旦发生问题可以为维权保留证据。

（符常青）

广东省国内旅游组团合同（示范文本）

甲方（团体或个人）：

乙方（组团社名称）：　　　　　　　　　　　　　　合同编号：

旅行社经营范围：　　　　　　　　　　　　　　　　经营许可证编号：

为保证旅游服务质量，明确甲乙双方的权利与义务，依据我国《合同法》、《旅行社条例》等法律法规的规定，本着诚实信用、公平协商的原则，现就有关组团旅游事宜达成协议如下：

一、报名参团

1. 甲方报名参团时应向乙方提供真实的个人身份资料，旅途中须持本人身份证等有效证件。如因甲方提供不实身份资料造成不能成行或行程受阻，乙方不承担违约赔偿责任并有权收取已发生费用。

2. 甲方签订合同时应付清全额团费，乙方收取旅游费用时应出具发票。

3. 甲方应当确保自身身体条件适合参加旅游活动，并有义务在签订本合同时将自身健康状况（如有无特殊病史等）如实告知乙方。乙方有权根据甲方的身体健康状况等因素决定是否接纳甲方报名参团。

4. 乙方应当向甲方提供《旅游行程表》，并在旅游出发前由双方签字盖章确认，作为本合同的附件，对甲乙双方具有法律约束力。

二、旅游费用

5. 团费一般包括：交通费，住宿费，餐费，包价项目景点（区）的第一道门票费，导游服务费等。

6. 团费一般不包括：个人投保的旅游保险费、航空保险费，合同约定自费项目的费用，合同未约定由乙方支付的费用（包括行程以外非合同约定活动项目所需的费用、自由活动期间发生的费用等），行程中发生的甲方个人费用（包括交通工具上的非免费餐饮费、行李超重费、住宿期间的洗衣、电话、酒水饮料费、个人伤病医疗费等）及小费。

三、行程变更或取消处理办法

7. 发生战争、地震、洪水、火灾、暴风雪、重大传染性疫情、政府行为等不可抗力事件可变更或取消行程，但主张不可抗力的一方应及时通知对方，并提供事件详情及不能履约的有效证明材料。出发前发生不可抗力的，双方可协商取消行程或者延期出行，如甲方决定取消行程的，乙方应及时办理有关交通票务、订房等退订手续。旅途中发生不可抗力的，双方应积极配合，因此而增加的费用由双方合理分担。

8. 出发前，任何一方因自身原因导致旅游行程取消的，应按下列标准承担违约责任：（1）甲方违约，造成乙方发生航空、陆运、水运票务、订房等业务损失的（具体数额可由双方另行约定），该损失由甲方承担；乙方违约的，应退回甲方全额团费。（2）违约方在出发前4日以上（不含出发当天，以自然日计算，下同）通知对方的，应支付团费5%的违约金；违约方在出发前3至1日通知对方的，应支付团费10%的违约金；违约方在出发当天通知对方的，应支付团费15%的违约金。

如报名时间在出发前4日以内（含出发当天），违约方通知对方取消旅游行程的，应支付团费3%的违约金。

9. 更改旅游行程或出团日期的，更改方应与对方协商，并承担由此产生的业务损失，协商不成按取消行程处理。

10. 出发前经乙方同意，甲方可以让具备参加本次旅游条件的第三人代为履行合同，因此增加或减少费用的，由甲乙双方按实结算。

11. 出发前经甲方书面同意，同时第三方旅行社承诺承担乙方全部合同义务，乙方在保证不改变已约定的行程安排、不降低旅游服务标准、不提高团费的前提下，可以将甲方转至第三方旅行社合并组团出行，乙方对第三方旅行社的违约行为承担先行赔偿责任。如转团导致合同约定的服务标准降低、行程安排变更或团费提高的，经甲方同意，乙方可以将甲方推荐给其他旅行社组织、接待，并由甲方与被推荐的旅行社重新签订旅游合同。如甲方不同意转团、乙方又不能安排出行的，按乙方取消行程处理。

四、有关责任

12. 甲方有责任配合导游工作，遵守有关法律规定，尊重旅游目的地的风土人情和民俗习惯。如甲方的言行严重干扰旅游团队正常运作，乙方有权取消其随团资格，并由甲方承担已发生的费用和损失。甲方因违约、自身过错（如违反法律法规而被拘留或被追究其他法律责任等）、自由活动时间的个人行为、自身疾病等造成的人身、财产损失自行承担，但乙方应给予积极协助；如甲方因此不能继续行程的，乙方应作妥善安排，所交团费扣除已发生费用和损失后，按多退少补处理。

13. 旅行中，甲方应妥善保管自己的行李物品（特别是贵重物品），未委托乙方代管而丢失的，乙方不承担责任；发生争议时，甲方不得以旅游服务质量问题等原因拒绝登机（车、船）；甲方不得自行离团，否则作自愿退团处理，所交团费不予退还。

14. 旅行中发生甲方在入住宾馆财产被盗、游览景点或乘坐公共交通运输工具时受到人身伤害或财产损失等情形的，如乙方无过错，则不负赔偿责任，但应给予甲方必要的协助。甲乙双方均应采取适当措施防止损失的扩大，否则，应就自身行为导致扩大的损失承担责任。

15. 乙方应为甲方提供符合保障人身和财物安全需要、符合国家和行业标准的服务，对可预知危及甲方人身、财物安全的项目和须注意的问题，应当事前向甲方作出真实说明和明确警示，并采取防止危害发生的必要措施。乙方应提示甲方购买相关旅游意外保险。

16. 乙方因未尽妥善保管义务而遗失、毁损甲方证件、票据，或有关代办手续因乙方过错存在瑕疵的，乙方应当积极协助甲方补办相关手续，并承担因此而增加的费用；造成甲方损失的，应承担相应赔偿责任。

17. 在旅游行程中，当发生不可抗力、危及甲方人身、财产安全，或者非乙方责任造成的意外情形（如政府重大礼仪活动，飞机、火车、轮船晚点等），乙方不得不调整或者变更旅游合同约定的行程安排时，应当在事前向甲方作出说明；确因客观情况无法在事前说明的，应当在事后作出说明。

18. 未经甲方书面同意，乙方不得擅自增加合同约定之外的项目（包括景点、购物点、风味小吃、收费娱乐项目等）。

19. 甲方在乙方安排的购物点所购物品经甲方举证确认是假冒伪劣商品的，在购物之日起60日内，可要求乙方协助索赔；乙方应当积极协助甲方进行索赔。自甲方举证之日起60日内，甲方未能从购物点获得赔偿的，乙方应当先行赔付。

五、争议解决方式

本合同自双方签字盖章后生效，一式两份，双方各执一份，具有同等法律效力。履行合同发生争议的，可由双方平等协商解决；亦可向合同签订地的旅游质监所、消费者委员会等部门或机构申请调解解决。协商或者调解不成的，按下列第________种方式解决：①依法向被告所在地人民法院起诉；②提交________仲裁委员会仲裁。

乙方质监部电话：________；所在地旅游质监所电话：________。

六、行程内容与标准

<table>
<tr><td>团号</td><td colspan="2"></td><td colspan="2">旅游线路名称</td><td></td></tr>
<tr><td>旅行日期</td><td colspan="2"></td><td colspan="2">参团人数</td><td></td></tr>
<tr><td colspan="4">旅游行程的出发地、途经地和目的地；乙方安排的游览项目内容及时间；入住宾馆（酒店）名称及档次标准；交通工具及标准；甲方自由活动的时间和次数；安排购物次数、停留时间及购物场所名称；需要甲方另行付费的游览项目及价格；乙方联系人及联络方式；旅游目的地接待旅行社的名称、地址、联系人和联系电话等</td><td colspan="2">（见《旅游行程表》）</td></tr>
<tr><td>用餐标准</td><td colspan="5">早餐　　次，正餐　　次；标准为正餐　　元/人，早餐　　元/人</td></tr>
<tr><td>导游服务（选定的打√）</td><td colspan="5">□派全陪/□不派全陪，备注：</td></tr>
<tr><td>收费标准</td><td colspan="5">大人：　　元人民币/人；小孩：　　元人民币/人</td></tr>
<tr><td>应交纳团费总额</td><td colspan="2"></td><td colspan="2">交费方式</td><td></td></tr>
<tr><td>是否购买旅游意外险</td><td></td><td>保险金额</td><td></td><td>保险费</td><td></td></tr>
<tr><td>补充约定</td><td colspan="5"></td></tr>
</table>

甲方（代表）签字：
（盖章）：
联系电话：
地址及邮政编码：
签约地点：

乙方（经办人）签字：
（盖章）：
联系电话：
地址及邮政编码：
签约时间：　年　月　日

（该合同示范文本由省旅游局和省工商局共同制定，并从2009年下半年起在全省旅行社统一使用。）

旅游资源与市场开发

旅游宣传促销

【国内旅游客源市场营销】 2009年，全省旅游业注重开拓旅游大市场。在繁荣省内旅游市场方面，第一，配合和参与各市开展游客互动、联合促销、线路整合等活动，促进相关市旅游局“结对子”。第二，根据国家旅游局2009年生态旅游年的宣传主题和工作部署，1月1日，广州以及清远、韶关、惠州等生态旅游资源丰富的地市举行广东生态旅游年启动仪式。4月11～17日，在广州、深圳、珠海、佛山、东莞、中山、惠州、江门和肇庆等珠三角8个城市举办“全国百城（广东）旅游宣传周”活动，各有关市旅游管理部门积极发动各大旅游企业参加活动，大力宣传广东各地“五一”期间的各项重要活动和优惠措施，吸引全国各地游客赴粤旅游。

5月19～24日和12月3～6日，省旅游局借助省委、省政府主要领导出访广西、湖南、重庆开展经贸合作交流之机，在广西百色、湖南长沙和重庆分别举行粤桂、粤湘旅游合作交流会和广东—重庆旅游业界洽谈会，并分别与广西区旅游局、湖南省旅游局、重庆市旅游局签署旅游合作交流协议，全省重点旅游企业与广西、湖南、重庆的旅游企业也分别签署业务合作协议。

大力推进国民旅游休闲计划，策划开展形式多样、类型丰富、群众参与性强的旅游文化娱乐活动。与各级旅游管理部门、旅游企业联合组织、精心策划形式多样、内容丰富、特色鲜明、群众参与性强的旅游文化娱乐活动；鼓励和引导各旅游市场主体提供各种优惠便民措施及提供更多的适应假期调整的短途旅游精品线路和产品，营造良好的旅游休假氛围。2月28日，联合省妇联共同举办“春游南粤，‘三八’同乐”活动；3月20日，联合南方航空公司举办“携手同行·畅游天下——南方航空·广东旅游界国民旅游休闲首发团”启动仪式；4月3日，在惠州举行珠江三角洲9市旅游合作大联动启动仪式，珠三角9市共同签署《罗浮山宣言》，推进珠三角旅游一体化；4月21日，与梅州市人民政府联合举行“世界客都休闲梅州”旅游推介会和“梅州国民旅游休闲活动启动仪式”，梅州市人民政府和省中旅集团签订旅游战略合作协议，推动梅州重点旅游项目的招商引资，推进梅州客家文化生态旅游示范区建设；4月25日，广州市旅游局与佛山市旅游局联合举行“广佛同城旅游大放送”活动，推动广佛区域旅游一体化；同日，与省体育局和佛山南海区政府联合举行了“广佛同城灯湖倾情——珠三角2009休闲欢乐节暨珠三角休闲体育邀请赛”启动仪式；4月26日，与省科技厅联合举行“广东省科技旅游启动仪式暨科技旅游示范点授牌仪式”，共同推动科技文化旅游发展，打造科技旅游示范景点；4月27日，与湛江市人民政府共同举办“粤西‘五一’国民旅游休闲系列活动启动仪式暨湛江特呈渔岛旅游度假村开业典礼活动”；4月28日，举行“国民旅游休闲卡发行暨国民旅游休闲示范单位授牌仪式”；5月1日，与肇庆市政府联合举行“旅游休闲，精彩无限——城际旅游大联盟”活动。

积极发展国内旅游，精心策划国内旅游促销活动。第一，组织参加中国国内、国际旅游交易会、第五届海峡旅游博览会、中国旅游产业博览会、中国国际旅游商品博览会等具有较高知名度和影响力的展览会和旅游节庆活动。第二，分区域、分批邀请国内主要客源市场主流媒体和旅行商来粤考察采风，向他们宣传推介广东特色旅游资源和产品。第三，精心策划国内旅游促销活动，由省旅游局牵头，联合相关市旅游局赴福建、湖北、广西、湖南、四川、江西、东北三省、北京、上海、南京、杭州、重庆等16个省区（市）举行系列巡回旅游推介会和交流会等。第四，为鼓励和表彰国内主要客源地旅行社为广东输送更多的客源，从近30个省区（市）评选出50位广东旅游推广大使，并邀请推广大使来广东考察采风。

【国际旅游客源市场营销】 2009年，大力发展入境旅游，加大国际客源市场的宣传促销力度。积极参加国家旅游局组织的印度展、德国柏林展、法国巴黎展、俄罗斯展、香港国际旅游展览会、PATA旅游交易会、日本JATA及东京展等国际旅游展览会和赴韩国、东南亚、美加、欧洲、澳新等国家开展的宣传促销活动。借助2009亚太旅游协会旅游交易会（PTM）在杭州举办的契机，设宴招待1000家国内外买家，并在宴会期间宣传介绍广东旅游产品。积极参加省委省政府组织的赴国内其他省区和境外主要客源市场开展的经贸旅游交流活动。

10月24～29日和11月1～11日，省旅游局借助省委和省政府主要领导出访澳大利亚、韩日泰之机，加强与澳大利亚、韩日泰的旅游合作与交流，组织旅游代表团赴悉尼、首尔、东京、曼谷开展系列旅游交流活动，分别拜会四国旅游管理部门，并分别举行一场旅游交流会，邀请当地政府部门、旅游管理部门、旅游业界和媒体代表等出席。与泰国国家旅游局、新南威尔士州旅游局签署旅游合作与交流协议；全省主要旅游企业、南方航空公司与日本、泰国的旅游企业签署业务合作协议；在南航驻曼谷办事处加挂广东驻曼谷旅游办事处牌子，并与南方航空股份有限公司共同举办广东驻曼谷旅游办事处挂牌仪式。

与广东省国际友好省州、城市建立沟通联络机制，签署相关合作协议。分别与美国加州、新加坡、马来西亚、澳大利亚新南威尔士州、泰国旅游局签署了旅游合作与交流协议。

【创新旅游宣传促销方式】 2009 年，围绕“活力广东”宣传主题，结合“岭南文化、活力商都、黄金海岸、美食天堂”四大品牌，并根据国际客源市场游客的新需求，制作多语言版本的旅游地图，旅游美食、精品线路、精品景区等主题手册等。根据游客的偏好重新设计和制作一批特色鲜明、携带方便的旅游促销品和纪念品，如印制“活力广东”旅游衬衫、广东旅游景区 U 盘、伊泰莲娜胸针等旅游宣传品和纪念品。利用多种媒介加强对广东旅游形象的宣传。在平面媒体投放方面，在《凤凰周刊》上做广东旅游形象广告和各地市旅游形象广告；在电视媒体投放方面，借助两会和建国 60 周年的契机，在 CCTV－4《海峡两岸》栏目里投放广东旅游形象广告；在南方卫视上播出旅游类电视节目《粤游粤精彩》。与南方卫视共同举办“老照片新广东”图说广东活动，通过向海外华人华侨征集老照片以及背后的亲情故事，吸引更多华人华侨来广东旅游观光。在 PATACompass 杂志上投放广东旅游形象宣传广告，并刊登专刊、专访，取得了良好的反响。组织新闻媒体对重大旅游节庆活动或重要旅游事件进行报道和宣传；在《南方日报》刊登 2009 全省旅游工作会议、国民旅游休闲计划等专版。举办广东旅游好新闻评选活动等。

【全国百城（广东）旅游宣传周活动】 2009 年 4 月 11 日，由国家旅游局主办，广东省旅游局承办的“全国百城（广东）旅游宣传周”启动仪式在广州英雄广场举行。副省长万庆良，国家旅游局党组成员、中国旅游协会副会长刘金平出席活动并致辞，省旅游局局长杨荣森主持仪式。除广州主会场外，深圳、珠海、佛山、东莞、中山、惠州、江门和肇庆等珠三角 8 个分会场以及其他部分地市也同步举行各具特色的宣传周启动仪式。其中，广州将在 4 月 11 日至 5 月 10 日期间举办“羊城休闲欢乐月”活动，深圳举办“精彩与您共享，深圳和您同乐”活动，广东省旅游局与肇庆市于 4 月 25 日在肇庆举办“旅游休闲，精彩无限城际旅游大联盟”活动启动仪式等。宣传周期间，全省各地开展了包括“城际旅游联动”、生态旅游、各类节庆活动、娱乐体验互动、游客互送、旅游优惠大放送等各种惠民活动。

本次活动是根据国家旅游局《关于开展“全国百城旅游宣传周”活动的通知》（旅国际发〔2009〕6 号），在全国 186 个重点旅游城市同步启动“全国百城旅游宣传周”大型宣传推广活动。旨在贯彻落实中央拉动内需、刺激消费的政策方针，按照全国旅游工作会议精神，加大国内旅游宣传工作力度，增强旅游意识、提升旅游信心，为扩大内需、应对金融危机做出应有贡献。

【广东国际旅游文化节】 由国家旅游局和广东省人民政府共同主办的 2009 广东国际旅游文化节暨泛珠三角旅游推介大会于 11 月 13 日在广州大学城中心体育场开幕，于 11 月 19 日在广州长隆旅游度假区闭幕。中共中央政治局委员、省委书记汪洋宣布开幕，省长黄华华、国家旅游局局长邵琪伟、世界旅游组织秘书长塔勒布·瑞法依分别致辞。副省长万庆良主持开幕式。

本届旅游文化节由广东省旅游局、文化厅、外经贸厅、侨办、外办、港澳办、台办、省贸促会，全省 21 个地市人民政府，中国南方航空股份有限公司，广州白云国际机场股份有限公司，广州长隆集团有限公司承办，主会场设在广州市，全省 21 个地级以上市为分会场。整个旅游文化节活动项目 204 项。

本届旅游文化节既保留了旅游招商会、“友城之夜”系列活动、岭南民间艺术汇演、广东国际温泉旅游节、花车大巡游等传统活动项目，又新增包括“唱响广东”2009 广东旅游金曲精英大赛、“老照片·新广东”海外华人图说南粤系列活动、广东国际旅游合作高峰论坛、首届中国粤菜峰会等活动项目。

本届旅游文化节邀请的国内外嘉宾及游客人数逾万人。各国政府和世界旅游组织的高层官员包括：世界旅游组织秘书长塔勒布·瑞法依、亚太部主任徐京、亚太旅游协会首席执行官格雷格·达菲尔、泰国旅游和体育部常务次长 SasitharaPichai－channarong、韩国旅游发展局局长安得杓、日本国家旅游局首席代表田口一成、澳大利亚旅游局国际事务行政总经理李泽深、南非社会发展部部长莫莱瓦、菲律宾宿务省省长奎德琳·加西亚等，世界知名大型旅游企业负责人包括：美国运通大中华地区总裁姜大伟、日本 JTB 副总经理高羽人志、佳天美（广州）国际旅行社总经理治福司、泰国旅行社协会 TTAA 主席 CharoenWangananont 等。广东国际友好省州主要官员、各国驻穗领馆官员、港澳负责旅游事务主要官员、部分著名旅游专家学者等参加旅游文化节相关活动。300多名海内外嘉宾出席“广东·国际友好省州旅游合作论坛”。来自30多个国家和地区的430多名杰出华侨华人、港澳台同胞参加“海外杰出华人广东行”系列活动。本届旅游文化节与“广东省开展国际友城交往三十周年系列活动”紧密结合，促进广东旅游的国际交流与合作。

本届旅游文化节市场化运作的合作单位涵盖电力、通讯、交通运输、酒店旅游等行业。赞助总金额折合人民币约1500多万元。“广东人游广东，粤游粤精彩”系列活动、第四届广东国际温泉旅游节系列活动、第三届广东自驾旅游节系列活动等9项活动项目均为社会参与项目。闭幕式晚会首次实现由大型旅游企业承办的市场化运作模式。旅游招商会上，全省共签订外商投资合同、协议、意向共154宗，金额23.9亿美元，其中投资总额超过1000万美元的项目达100个。旅游招商会共签订外商独资项目117个，金额达16.38亿美元。

【2009广州国际旅游展览会】 2009年3月26～29日，由广东省旅游局、广州市旅游局指导，汉诺威展览（上海）有限公司主办的“2009广州国际旅游展览会”在广州锦汉展览中心举办。副省长万庆良、省旅游局局长杨荣森、广州市副市长曹鉴燎等领导及嘉宾300人出席开幕式。旅展共吸引40个国家和地区460家企业参展，展出面积15000多平方米。本次展览会参展外国机构占总数的45%。来自33个国家和地区2.1万名专业买家到场参观洽谈，共接待海内外观众及专业人士6.4万人次，国际化水平进一步增强。

【汕头市邮轮直航台湾】 2009年5月6日，“汕头—台湾邮轮首航庆典仪式”在汕头市港务集团2号泊位举行。中国旅游协会副会长王军、广东省旅游局副局长周开生，汕头市主要领导以及香港亚洲邮轮行政顾问纪明宝等出席首航庆典仪式。汕头市市长蔡宗泽在首航庆典仪式上致辞，市委书记黄志光宣布邮轮首航启航。市交通局向香港亚洲邮轮颁发交通运输部批准邮轮特案经营许可牌匾。5月7日凌晨，“亚洲之星”号邮轮载有350位客人抵达高雄港，当局为大陆访客办理通关手续。高雄市旅游观光局局长林昆山率领欢迎团迎接，向游客献上花环。旅游团按预定计划游览阿里山。5月8日，旅游团转乘当地车船抵达澎湖县，县长王乾发、副县长吕永泰、县旅游局长洪栋霖等亲临码头迎接。5月9日下午，全船游客游览高雄市景点后返航，邮轮于5月10日早上抵达汕头。

（白登亮）

旅游规划与资源管理

【概况】 2009年，省旅游局结合贯彻《珠江三角洲地区改革发展规划纲要（2008－2020）》，抓住国家扩大内需投资的契机，全省旅游行业掀起了大力推动旅游项目建设的热潮，据初步统计，全省21个地级以上市已在建或动工的大型旅游项目投资总额约3195亿元。该年《广东省滨海旅游发展规划》、《粤东区域旅游发展规划》和《粤西区域旅游发展规划》取得阶段性的重要成果，广州、汕头和湛江等市完成了区域重点产品和景区的专项性规划。

【景区评定工作】 2009年，根据国家旅游局的部署，广东省启动第二批国家5A级旅游景区的创建申报工作。经省旅游局审核，向国家旅游局推荐韶关丹霞山风景名胜区、梅州雁南飞茶田度假村、广州白云山风景名胜区、深圳观澜湖休闲旅游度假区、肇庆星湖风景名胜区和清远连州地下河6家景区为广东省创建国家5A级景区推荐单位。该年是广东有史以来获得国家旅游局、全国旅游景区等级评定委员会评定通过国家4A级旅游景区最多的一年。全年创建4A级旅游景区21家、3A级旅游景区7家。其中，1月23日，批准深圳市中信明思克航母世界旅游景区、惠州市海滨温泉旅游度假区、惠州市罗浮山风景名胜区、江门市富都温泉度假村、江门市川岛旅游度假区、清远市宝晶宫生态旅游度假区和揭阳市京明温泉度假村7家旅游景区为国家4A级旅游景区；10月15日，国家旅游局（旅办发［2009］173号）、全国旅游景区质量等级评定委员会公告（2009年第4号），批准佛山市南风古灶旅游区、肇庆市龙母祖庙景区、肇庆市盘龙峡景区、肇庆市德庆学宫景区、河源市御临门温泉度假区、阳江市凌霄岩景区6家景区，12月28日，国家旅游局（旅办发［2009］205号）、全国旅游景区质量等级评定委员会公告（2009年第5号），批准广州市广东科学中心、深圳市西部海上田园旅游区、深圳市观澜山水田园农庄景区、韶关市广东大峡谷景区、东莞市松山湖景区、东莞市观音山国家森林公园、云浮市六祖故里旅游度假区和云浮市金水台温泉景区8家旅游景区为国家4A级旅游景区；2009年，广东省旅游景区等级评定委员会先后批准珠海市外伶仃岛风景区（1月21日）、湛江市东海岛省级旅游度假区（1月21日）、梅州市益塘水库旅游区（12月1日）、梅州市神光山旅游区（12月1日）、梅州市长潭旅游区（12月1日）、梅州市西岩茶乡度假（12月1日）、梅州市龙鲸河漂流旅游区（12月1日）7家旅游景区为国家3A级旅游景区。截至2009年底，全省共有国家A级景区126家，其中5A级景区2家、4A级景区78家、3A级景区34家、2A级景区12家。

创建国家5A、4A级旅游景区，已成为全省许多地方政府年度行业发展的考核责任指标，深圳、佛山、清远和河源等市在现代服务业发展专项资金和城市品牌建设发展资金中对创建A级景区企业给予奖励。同时，省旅游局在该年全省旅游扶贫资金重大项目、金融企业与旅游企业战略合作、国家扩大内需旅游专项资金、重大旅游促销活动平台和行业协会建立等方面，明确向A级景区尤其是国家4A级旅游景区倾斜。认同标准和品牌，积极推动创建工作，已成为全省景区建设和管理的发展趋势。

【旅游规划单位资质管理】 2009年，广东省旅游规划设计单位资质等级认定委员会按照全国旅游规划资质等级认定委员会的要求，进一步加强旅游规划设计单位资质管理，增加对设计申报复核单位的服务便利措施，在“活力广东网”上，开设网上申请咨询服务，规范评定工作程序和要求。该年深圳市多彩旅游策划顾问有限公司和广州山晟旅游发展有限公司分别被全国旅游规划资质等级认定委员会认定为国家甲级和乙级规划设计资质单位；广州市新城旅游规划设计有限公司、汕头市澄海规划设计研究院和河源市职业技术学院旅游规划与发展研究中心被广东省旅游规划设计单位资质等级认定委员会认定为国家丙级规划设计资质单位。截至2009年12月31日，全省共有广东省旅游发展研究中心等5家甲级级规划设计资质单位，广州地理研究所等13家乙级规划设计资质单位，广州市常邦景观园艺开发有限公司等9家丙级规划设计资质单位乙级规划设计资质单位。（具体见“广东省旅游规划设计资质单位目录”）

附件：

广东省旅游规划资质单位名录

甲级：

1. 广东省旅游发展研究中心（2002）
2. 中山大学旅游发展与规划研究中心（2002）
3. 深圳市麟德旅游规划顾问有限公司（2008）
4. 广东新空间旅游发展有限公司（2008）
5. 深圳市多彩旅游策划顾问有限公司（2009）

乙级：

1. 广州地理研究所（2002）
2. 广州旅游规划中心（2002）
3. 深圳市榜样旅游项目设计有限公司（2003）
4. 深圳市华侨城旅游策划顾问有限公司（2004）
5. 广州市智景旅游策划设计咨询服务有限公司（2004）
6. 广州市城市规划勘探设计研究院（2004）
7. 广州市海森旅游策划设计有限公司（2006）
8. 深圳市汉沙国际工程咨询有限公司（2007）
9. 深圳市美亚丽景旅游景观设计有限公司（2007）

10 中山市规划设计院（2007）

11. 广州市谊华旅游规划设计有限公司（2007）
12. 暨南大学（2008）
13. 广州山晟旅游发展有限公司（2009）

丙级：

1. 深圳市银光彩旅游商品咨询有限公司（2002）
2. 广州市精旅策划服务有限公司（2002）
3. 广州市常邦景观园艺开发有限公司（2003）
4. 佛山技术学院旅游开发与规划研究中心（2003）
5. 梅州市城市规划设计院（2004）
6. 广州大学中法旅游学院（2006）
7. 广州市新城旅游规划设计有限公司（2009）
8. 汕头市澄海规划设计研究院（2009）
9. 河源市职业技术学院旅游规划与发展研究中心（2009）

【旅游景区和旅游投资】 2009年，全省各级党委政府认真贯彻落实省委、省政府《关于加快我省旅游业改革与发展建设旅游强省的决定》（粤发〔2008〕20号），大力推动旅游项目建设。据统计，全省21个地级以上市已在建或动工的大型旅游项目投资总额约3195亿元，其中投资1亿元以上的大型旅游项目共175个，广州20个、深圳6个、珠海5个、汕头2个、佛山4个、韶关4个、河源10个、梅州6个、惠州25个、汕尾2个、东莞6个、中山8个、江门6个、阳江8个、湛江10个、茂名1个、肇庆11个、清远28个、潮州2个、揭阳10个、云浮1个；投资5亿元以上的大型旅游项目90个；投资10亿元以上的大型旅游项目62个。建设项目包括景区景点、酒店、旅游基础设施、旅游制造项目、旅游产业园等。

【推选全国特色景观旅游名镇（村）】 2009年6月26日，根据住房和城乡建设部、国家旅游局《关于开展全国特色景观旅游名镇（村）示范工作的通知》（建村〔2009〕3号）的要求，省旅游局联合省建设厅组织开展全国特色景观旅游名镇（村）评选活动。在各地自愿申报的基础上，经初步评选，惠州市惠东县巽寮镇、珠海市金湾区平沙镇、佛山市顺德区大良街道、东莞市虎门镇、中山市三乡镇、梅州市梅县雁洋镇、广州市从化市温泉镇、肇庆市高要市回龙镇和潮州市饶平县新丰镇9个镇以及开平市塘口镇自力村、河源市东源县义合镇苏家围村、湛江市遂溪县遂城镇马六良村和韶关市始兴县太平镇东湖坪村4个村参加全国综合考核。2010年5月初，广东省惠东县巽寮镇、珠海市金湾区平沙镇、中山市三乡镇和东莞市虎门镇4个镇通过住房和城乡建设部和国家旅游局联合专家组的认定，成为广东省首批全国特色景观旅游名镇（村）。

【附：全国特色景观旅游名镇（村）介绍】

〖**惠东县巽寮镇**〗 巽寮镇是著名的海滨旅游风景区，素有“东方夏威夷”之美誉。以奇闻名，海奇、滩奇、山奇、石奇、洞奇，八个海滩相连，沙滩晶莹细软，海水清澈，海底坡度平实，百米内水深不超过2米，特别是巽寮湾沙滩长达3000多米，绿树林带环绕，被誉为“天赐白金堤”，是得天独厚的天然海水浴场。海上分布着大小99个洲。其中三角洲风光最迷人，岛上怪石林立，石趣无穷：有骏马探海、绵羊戏海、八戒显形、龟扑空，形象逼真，现正被开发为国家潜水基地。山上、海边林立的怪石，留下30多处石令许多文人墨客的题词石刻；其中“别有洞天”的石刻，每个字24平方米。主要景点包括：巽寮湾度假村、三角洲、石雕公园等。

〖**珠海市高栏港经济区平沙镇**〗 平沙镇依山傍海，环境优美，拥有由港中旅（珠海）海洋温泉有限公司投资35亿元，以天然温泉为核心元素，融温泉中心、豪华酒店、主题乐园、康体中心、渔人码头商业区及现代剧院为一体的海洋温泉度假城。平沙周边15千米范围内还有金湾高尔夫球场、飞沙滩、荷包岛、金海滩等休闲娱乐的好去处，是海洋、海岛、温泉、沙滩、森林等资源十分集中的良好居住地。金湾高尔夫球场是按国际标准设计建造的27洞高尔夫球场，拥有相配套的娱乐、餐饮、别墅等度假设施。主要景点包括：荷包岛、飞沙滩等。

〖**中山市三乡镇**〗 三乡镇设有大型免费的小琅环生态公园，其中建有6座观光亭、环山登山道路与长2.3千米、宽6米的山地自行车赛道，全球第一座有孔虫雕塑科普园，并有一座“人工湖”位于公园北侧。小琅环公园于2005年被评为“全国优秀全民健身运动站（点）”。同时泉林旅游山庄成为中山市最具人气的旅游景点。主要景点有泉林旅游度假山庄等。

〖**东莞市虎门镇**〗 虎门人文历史悠久，旅游资源丰富。从远古的新石器时代贝丘遗址，到近代的鸦片战争遗迹——林则徐销烟池、威远炮台、沙角炮台等抗英古战场遗址，从抗日名将蒋光鼐的故居，到热血洒虎门的民主革命战士朱执信纪念碑……无不辉映着这片英雄的土地。

英雄的虎门后人继往开来，一座充满活力、动感无限的现代化城市正在崛起：我国第一座大型悬索桥——“世界第一跨”虎门大桥、五星级的龙泉国际大酒店、豪门大饭店等完善的旅游度假设施，另外还有龙舟竞渡、荔枝节等岭南风情民俗……

在不久的将来，集军事主题博物公园、高科技主题公园、虎门大桥、大桥观景台、歌剧院、高级休闲度假商住区等精彩项目于一身的威远岛旅游开发区，将以崭新面貌呈现在世人面前，为虎门增添无限魅力。主要景点包括：威远炮台、海战博物馆、蒋光鼐故居等。

【广东绿道建设】 绿道是引自欧美发达国家的先进理念，在全国尚无完整的经验可循。绿道主要由人行步道、自行车道等非机动车游径和停车场、游船码头、租车店、休息站、旅游商店、特色小店等游憩配套设施及一定宽度的绿化缓冲区构成。根据需要，绿道外围可以划定一定范围的生态敏感区或农业生产用地作为城市生态廊道或组团隔离带。由众多区域绿道、城市绿道和社区绿道组成的绿道网是城乡、区域生态网络系统的重要组成部分，集环保、运动、休闲、旅游等功能于一体，是一种能将保护生态、改善民生与发展经济完美结合的有效载体。绿道建设符合建设低碳城市的发展要求，全面提升城乡居民的生活质量，完善城市功能，强化地方风貌特征，提升发展品位。2009年，全省全面铺行绿道网规划建设。

珠三角绿道网。省有关部门组织编制完成《珠江三角洲绿道网总体规划纲要》（送审稿），制订《珠江三角洲区域绿道规划设计技术指引》等技术文件。从2010年起，用3年左右时间，在珠三角率先建成总长约1690公里的6条区域绿道，形成以6条区域绿道为主体框架、城市绿道与社区绿道与区域绿道为重要补充的绿道网络系统。

区域旅游合作

【粤港澳旅游合作】 2009年，粤港澳旅游合作结合CEPA政策和“144小时便利签证”措施，共同打造“粤港澳国际旅游区”品牌。在落实CEPA及其补充协议规定方面，一是已核准捷旅假期（中国）有限公司等3家旅行社的申请，二是将港澳居民报考导游资格证纳入全省旅游导游人员资格考试工作范畴，于3月开始接受报名，三是香港中旅及其在深圳独资设立的京华旅行社已于2008年12月5日正式开展非广东籍居民赴香港迪斯尼线路团队旅游业务。在对外宣传促销方面，三地联合参加德国柏林展、日本JATA展等国外展销会，共同宣传推介并邀请海外旅游业界考察和体验“一程多站”精品旅游线路。在境内互动促销方面，邀请港澳旅游部门和旅游业界来粤考察，宣传推介广东旅游线路。8月26日，深圳市文体旅游局组织召开“优质诚信澳门游”签约仪式，全市25家具有出境游组团资格的旅行社有关负责人参加并签约。11月27日，深圳市文体旅游局、澳门旅游局就有关深澳旅游合作事项召开“优质诚信澳门游”工作会议，明确“优质诚信澳门游”活动开展的具体步骤。截至2009年底，全省共办理个人赴港澳旅游签注超过1069万人次。

【签署《罗浮山宣言》】 2009年4月2日，由广东省旅游局和惠州市人民政府共同主办的珠三角旅游合作《罗浮山宣言》签署仪式在罗浮山隆重举行。珠三角九市旅游局局长共同在《罗浮山宣言》上签名。省旅游局和惠州市委、市政府领导，珠三角各市旅游局局长，媒体记者以及旅游企业代表约3000人参加仪式。

签署仪式现场，广之旅、深圳国旅、珠海拱北口岸中旅、惠州环宇国旅、东莞国旅、中山国旅、江门大方旅游、佛山禅之旅和肇庆中旅等珠三角九市的旅游龙头企业代表共同签署《珠三角地区旅游合作旅行社行动纲要》。根据《行动纲要》，珠三角九市龙头旅行社将共同开展“珠三角城际旅游大联动”活动。

【粤赣签署旅游合作协议】 2009年5月15日，广东省旅游局、赣州市人民政府在广州举行《关于进一步加强两地旅游合作框架协议》签字仪式。省旅游局局长杨荣森与赣州市市委副书记、赣州市市长王平共同签署协议。省旅游局副局长张振林、赣州市副市长詹严遵等领导出席签字仪式。广东中旅、广东国旅、广之旅、南湖国旅等来自粤赣两地旅游业界的主要负责人以及两地的新闻媒体参加仪式。省旅游局局长杨荣森在讲话中对赣州市市长王平亲自率团到广东来推动粤赣两地旅游合作表示感谢，对赣州市打造红色故都、江南宋城、客家摇篮和生态赣州“四大名片”产生浓厚兴趣。杨荣森还就广东建设全国旅游综合改革示范区、建设旅游大省等情况向王平一行作了介绍。

【粤桂、粤湘签订旅游合作协议】 2009年5月19日、21日，借助中共中央政治局委员、省委书记汪洋，省长黄华华率党政代表团赴广西、湖南学习考察之机，省旅游局组织由全省重点旅游企业主要负责人组成旅游分团随同赴桂、湘两地开展旅游交流活动。在广西百色、湖南长沙举行的旅游交流会上，省旅游局局长杨荣森分别与广西壮族自治区旅游局局长陈建军、湖南省旅游局局长杨光荣分别签订了旅游合作协议。同时，粤桂、粤湘旅游企业也分别签订业务合作协议。

根据粤桂旅游合作协议，两省区将整合双方旅游资源，共同打造广州——肇庆——梧州——贺州——桂林的山水旅游线路和阳江——湛江——北海——防城港——崇左的滨海边关旅游线路；广东将广西作为国民旅游休闲计划的目的地予以推广，广西给予广东游客适当优惠；进一步推进两广无障碍旅游，不断完善自驾车旅游的配套服务；加大投资合作，引导和鼓励双方投资者，独资或联合开发对方区域内有市场发展前景的旅游资源、旅游纪念品和其他旅游项目；建立联席会议制度，构建合作保障机制等。同时，广东国旅与广西国旅将于2009年互送客源1.2万人次，约3000万元；广之旅将把广西巴马旅游作为2009年市场推广重点；南湖国旅将与桂林旅游发展总公司通过线路代理、媒体宣传、景区套票等“一站式推广联盟”，于2009年为广西输送套票客源1万人次，等等。

有资料显示：2008年，广东省接待的湖南游客达1130万人，同比增长13%，占广东省接待过夜旅游者的8.47%；湖南接待广东游客1439万，占其总游客接待量的11.33%。

【泛珠三角区域旅游合作框架协议签署】 2009年6月10日，第五届泛珠三角区域合作与发展论坛暨洽谈会旅游合作磋商会在广西南宁隆重举行。国家旅游局副局长祝善忠、广西壮族自治区副主席梁胜利出席磋商会并讲话。“9+2”各方旅游行政管理部门负责人参加磋商会。会议就加强旅游合作、应对金融危机、共同推动泛珠三角区域旅游业发展达成系列共识，并签署《泛珠三角区域旅游合作框架协议》。

国家旅游局副局长祝善忠在讲话中指出，泛珠三角区域，是中国涵盖面积最大和最具发展潜力的区域性旅游合作区，也是旅游业比较发达的地区。发展观光旅游、度假旅游和各种特种旅游都有明显的优势。“9+2”各方除了在传统的旅游领域外，要进一步加强区域内旅游包机、旅游专列、自驾游、休闲游、生态游乃至红色旅游、工农业旅游等新业态的全面合作。同时，还要在完善无障碍旅游、鼓励旅游企业在客源市场开拓、旅游投资开发等方面开展务实合作，进一步提升泛珠旅游在国际旅游市场上的知名度和竞争力。

【环北部湾区域旅游合作框架协议签署】 2009年6月10日，第五届珠洽会广东与海南《环北部湾区域旅游合作框架协议书》签约仪式在南宁荔园酒店国际会议中心举行。广东省省长黄华华、副省长佟星，海南省省长罗保铭、副省长李国梁，以及粤琼两省相关部门负责人出席签字仪式。仪式由省政府秘书长徐尚武主持。省旅游局杨荣森局长和海南省旅游发展委员会副主任陈耀分别在协议书上签字。

环北部湾包括广东、海南和广西三省区。环北部湾旅游圈建设是中国旅游强国建设的重要一环。2008年下半年，国家旅游局正式启动环北部湾旅游规划，并将其列入全国重点区域性旅游规划。环北部湾旅游圈的建设目标是打造国际著名的滨海旅游圈，主要分三个层次逐步推进：首先是北部湾“4+2”城市，即南宁、北海、钦州、防城港以及玉林、崇左，与国务院批准的《广西北部湾经济区发展规划》一致；其次是广西、广东和海南三个省区；在此基础上延伸至泛北部湾，即中国、越南、马来西亚、新加坡、印度尼西亚、菲律宾和文莱等七个国家。现在，广西区域的规划已基本完成，广东、海南区域的规划即将启动。加强环北部湾区域旅游合作，共建环北部湾旅游圈，正是在这一背景下应运而生的。

根据协议，环北部湾区域将编制环北部湾区域旅游规划，实现旅游资源开发和客源共享；联合开发跨省精品旅游线路，共同开拓国内外客源市场，共同打造发挥本地资源优势的旅游品牌；逐步消除旅游壁垒，推进无障碍旅游合作，支持对方旅游企业在本地开展旅游经营活动，并提供必要帮助，在政策允许范围内享受本地旅游企业同等待遇；联合制订环北部湾区域旅游市场营销总体战略和实施计划；建立环北部湾区域旅游合作组织官方网站、旅游公共信息库和旅游信息公布平台，促进旅游信息共享；联合监管和执法，健全旅游质量管理联动监督机制；统一旅游服务标准，探索建立环北部湾区域SOS旅游救援机制；设立联席会议制度，建立长效合作机制。环北部湾区域旅游合作框架协议的签署，是进一步深化泛珠三角区域旅游合作的具体行动，必将有利于促进区域内现代旅游服务业的又好又快发展，有利于打造区域旅游品牌，有利于提升区域旅游业的国际竞争力。

【省旅游局与马来西亚国家旅游局签署备忘录】 2009年7月23日，省旅游局与马来西亚国家旅游局《旅游合作与交流谅解备忘录》签字仪式在广州举行。省旅游局局长杨荣森、马来西亚旅游部部长黄燕燕等领导出席签字仪式。省旅游局副局长周开生与马来西亚旅游部驻中国华南地区领事苏凯米签署《旅游合作与交流谅解备忘录》（以下简称《备忘录》）。签字仪式结束后，副省长万庆良在省政府会见黄燕燕部长一行。万庆良副省长和黄燕燕部长就加强广东与马来西亚两地旅游合作、推动双向旅游投资等问题交换意见并达成共识。万庆良还邀请黄燕燕于11月再次率团参加2009广东国际旅游文化节。

在《备忘录》签署仪式上，杨荣森局长表示，广东与马来西亚的友好往来源远流长，旅游合作基础良好。目前，两地都互为重要的旅游目的地和客源地。据统计，2008年马来西亚来广东旅游人数超过60万人次，是广东第二大入境旅游国；而广东居民赴马来西亚旅游的人数也达到38万人次，同比增长21%。此次广东省旅游局和马来西亚国家旅游局签署《备忘录》，必将推动双方在旅游投资、资源开发、信息互通、客源互动等领域的全面合作。黄燕燕部长表示，《备忘录》的签署代表两地政府将共同参与推动双方旅游业合作、促进双边旅游业发展，并希望两地旅游企业也能加强合作，搭建政府层面和企业之间两个合作平台，实现资源互补、客源互动、共同发展的目标。

根据《备忘录》，双方将进一步加强两地旅游管理部门之间的交往，促进两地旅游交流与合作；积极开展旅游宣传推广活动，共同推进两地旅游业发展；以互惠互利为原则，进一步协调各自企业参与两地旅游资源的开发与应用；定期组织旅游业界考察团进行互访，共同开发适合对方旅游市场需求的产品，促进双方旅游人数的增长。

《备忘录》的签署，标志着广东和马来西亚旅游交流与合作进入了务实、高效、纵深发展的新阶段。为贯彻落实中共中央政治局委员、省委书记汪洋关于进一步加强广东与东盟旅游交流与合作的重要指示精神，建立两地旅游部门协调联络机制，提升两地旅游合作交流水平而开展的。

【省旅游局与新加坡旅游局签订旅游合作协议】 2009年7月16日，新加坡——广东合作理事会第一次会议在广州香格里拉大酒店召开。新加坡方面由新加坡新闻、通讯及艺术部代部长、合作理事会新方联合主席吕德耀率新方代表团67人出席会议；广东方面由副省长、合作理事会粤方联合主席万庆良率粤方理事、粤方观察员共50人出席。在本次会议上，新加坡旅游局与广东省旅游局签订旅游合作框架协议。副省长万庆良和新加坡新闻、通讯及艺术部代部长吕德耀出席签约仪式并讲话。

根据协议，双方将建立两地旅游管理部门协调联络机制，就旅游开发、运作、管理、培训及招商引资等方面的合作事宜，建立经常性的信息互换机制及交流通道。实行双方负责人定期交流、互通信息，共同促进两地的旅游交流与合作。双方将重点在会展旅游和教育旅游等领域开展多方位、深层次的合作与交流，互相学习与借鉴两地在国民旅游休闲计划、旅游开发、管理与规划等方面的成功经验，并在旅游宣传推广、资源开发、人才教育、联络机制等方面达成共识。

【附：2009年度签订的部分旅游合作协议】

〖国家旅游局　深圳市人民政府旅游合作框架协议〗　根据国务院批准的《珠江三角洲地区改革发展规划纲要(2008－2020年)》、《深圳综合配套改革总体方案》的要求，为深入贯彻党的十七大精神，全面落实科学发展观，加快深圳建设国际滨海旅游城市步伐，推进大鹏半岛国际滨海旅游度假胜地建设，在国家旅游局和广东省人民政府签署的《国家旅游局广东省人民政府建立局省紧密合作机制备忘录》框架下，国家旅游局和深圳市人民政府（以下简称“深圳市政府”）经过协商，达成共识，决定建立局市紧密合作机制。

一、局市紧密合作机制组织机构

国家旅游局和深圳市政府共同成立局市旅游工作协调委员会（以下简称“协调委员会”)，围绕推进深圳旅游业又好又快发展的目标任务，加强协调与合作，共同研究解决有关事项。

协调委员会主任由国家旅游局局长和深圳市政府市长担任，副主任分别由国家旅游局副局长和深圳市政府分管旅游工作的副市长担任。为加强日常工作的沟通，双方建立联络员制度，作为协调委员会的办事机构，国家旅游局联络员由规划财务司司长担任，深圳市政府联络员由市政府分管副秘书长、市旅游局局长担任。

二、国家旅游局支持深圳旅游发展的工作重点

（一）支持、指导深圳市建设国际滨海旅游城市。支持把深圳建设成为在国际上具有较高知名度、在亚太地区具有重要影响力的国际滨海旅游城市，支持深圳建设成为我国重要的旅游目的地、客源地和出入境游集散地之一。

（二）重点支持深圳建设大鹏半岛国际滨海旅游度假胜地。依托大鹏半岛高品位的山海资源和良好的区位优势，整合东部旅游资源，创新大鹏半岛开发管理体制机制。借鉴国际著名滨海旅游胜地的开发经验，按照保护性开发原则，以国际化、生态化、高端化为要求，把大鹏半岛打造为吸引国际和境外及国内高端度假游客，以高品质和特色项目为主的生态型、滨海型的休闲度假旅游产业区。

（三）支持深圳文化创意旅游业发展。以文化为灵魂，以科技为支撑，以旅游为载体，重点发展以休闲度假、高科技含量、文化创意、艺术体验等新型旅游业态和高端文化旅游产品，打造一批一流的旅游精品。

（四）支持深圳拓展国内外旅游市场，打造“精彩深圳，时尚之都”的城市旅游品牌。利用国家旅游局海外办事处等平台，扶持深圳继续开拓欧美和日、韩、俄、印等重点市场。支持深圳举办各种国际性的旅游经济、科技、节庆、会展等活动。

（五）支持深圳在旅游政策创新方面先行先试。支持深圳试行国民旅游休闲计划，出台弹性休假、带薪休假、修学旅游、奖励旅游等方面的试点措施。支持深圳在出入境旅游政策方面先行先试。支持深圳在深港澳合作方面先行先试，通过CEPA各项附件等形式，落实“优质诚信香港游”等深港澳合作政策措施，提升三地游客往来便利性。支持深圳在旅游管理体制与机制上积极探索，建立与旅游产业大发展相适应的行政管理机制、经营管理机制、市场运行模式。

（六）支持以华侨城集团为代表的大型旅游企业和精品旅游项目发展。支持深圳旅游产业加快上市融资、社会资本与民间资本进入平台的建设，提升旅游企业对资本市场的利用水平。支持深圳引进知名的大旅行社、著名饭店业连锁集团等品牌企业，打造国际竞争力。支持华侨城等一批企业集团做强做大，打造航母，向国内发展、向国际拓展转型升级持续发展。支持深圳旅游企业建设生态型、都市型、民族品牌型旅游精品的建设。

三、深圳市政府发展旅游业工作重点

（一）把旅游业作为全市重要产业，建设国际滨海旅游城市。按照国务院《珠江三角洲地区改革发展规划纲要(2008－2020年)》、《深圳市综合配套改革总体方案》要求，以《中共广东省委、广东省人民政府关于加快我市旅游业改革与发展建设旅游强省的决定》、《中共深圳市委、深圳市人民政府关于加快我市旅游业发展建设国际滨海旅游城市的指导意见》为指导，全面推进旅游业的发展上新台阶，对相关责任部门实行目标责任考核和任务分解，确保发展旅游业的政策措施落到实处。

（二）以高端旅游为抓手，推进旅游业升级转型。通过大力发展高端旅游，引导旅游产业发展模式向建设资源节约型、环境友好型产业的方向转变。大力推进东部华侨城、

欢乐海岸等重大旅游项目建设，扶持旅游新业态发展，加强对邮轮游艇产业发展的政策支持，加快蛇口太子港国际邮轮码头等东西部邮轮游艇基础设施建设。加大对旅游制造业扶持力度，培育旅游制造业品牌企业。着力形成摩托艇、帆船等海上运动、高尔夫、登山、滑翔、自驾游、在线旅游等新热点。创建“绿色酒店”、“绿色景区”。积极引导旅游企业通过信息化技术和手段与资本市场、金融服务、房地产等产业的对接。

（三）积极推进大鹏半岛旅游资源的保护与开发。按照总体规划、分步实施的策略，加快下沙旅游度假区、西涌国际会议与度假中心等重点开发片区的规划建设步伐，兴建海滨度假酒店群，逐步将大鹏半岛规划建设成为具有国际竞争力的滨海旅游度假胜地。

（四）大力加强旅游市场拓展和宣传推介工作，打造“都市风情”、“主题公园”、“滨海休闲” 和 “高尔夫之都”四大特色。在国外宣传“The Window of China”（中国之窗）的深圳旅游形象；在港澳地区推广“近在咫尺，远超想象”深圳旅游形象。借助大运会的契机，有效整合资源，拓展深圳旅游宣传的深度与广度，提高深圳旅游的知名度与美誉度。

（五）构建公众旅游服务体系，为海内外游客营造良好的旅游环境。进一步完善公众旅游信息网络，提高游客获取旅游资讯的便利性。加快旅游咨询中心、旅游集散中心建设。建立健全全市旅游公共标识系统，适当增加设置范围和密度，提高标准化、国际化程度，在 2011 年大运会前基本完成全市的旅游公共标识系统建设。加强旅游诚信体系建设和旅游市场监管。大力实施“旅游质量提升计划”，建设旅游行业诚信体系。

（六）加强对旅游业的政策支持力度，优化旅游业发展环境。加大对旅游业的财政投入，对旅游宣传促销和重大旅游节庆活动给予一定的经费支持，以提高旅游业在产业中的比重和提升宣传深圳对外改革开放的力度。支持重大旅游项目建设，完善旅游用地政策，加强旅游产业用地保障。完善旅游业价格、收费政策，进一步改善旅游交通环境。完善外国人入境旅游的奖励政策，鼓励旅行社招徕更多的外国游客到深圳市旅游。

本协议一式四份，国家旅游局和深圳市政府各执两份。

（2009 年 8 月 1 日）

〖泛珠三角区域旅游合作框架协议〗 泛珠三角区域各省区拥有丰富的旅游资源和独具特色的旅游产品，旅游市场互补性强，旅游产业具有共同发展的广阔前景和良好的合作潜力。为进一步促进泛珠三角区域各方旅游产品的互补和旅游市场的互动，推动旅游合作与交流，经各方旅游管理部门共同协商，本着资源共用、市场共拓、信息共享、实现多赢的原则，现达成以下合作框架协议：

一、加强区域内各方旅游宣传促销的合作。

（一）泛珠三角区域各方进一步整合各自的旅游资源和旅游精品线路，以构建泛珠三角区域旅游圈为共同目的，积极组织对境内外的旅游宣传促销活动；

（二）泛珠三角区域各方积极利用各种宣传促销场合，大力宣传各方和共同开发的旅游精品线路，并争取组织不定期的联合对外宣传促销活动；

（三）泛珠三角区域各方积极组织参加区域内任一方举办的旅游会展和推介活动，组织旅行商和媒体到他方考察旅游线路，积极为他方在本地开展旅游宣传促销和考察活动提供便利条件；

（四）泛珠三角区域各方要互为旅游目的地，积极引导和促进本省区居民赴泛珠三角区域内其他方旅游；

（五）加大区域内旅游城市间航空支线的扶持和培育力度，完善泛珠三角区域各方间的航空和陆路旅游通道，尽快实现泛珠三角区域九省区间旅游无障碍；

（六）完善泛珠三角区域九省区自驾车交通线路和自驾车服务体系，逐步建立汽车旅游营地营销联盟。

二、加强区域内各方旅游项目投资领域的合作

结合泛珠三角区域各方旅游专题推介会，举办旅游投资项目洽谈会并向社会推介宣传；互相为他方提供旅游招商信息，组织旅游项目及旅游资源考察，开展旅游投资咨询服务；积极鼓励泛珠三角区域各方的旅游企业开展收购、参股、租赁等各种形式的合资合作经营，本着“谁投资谁受益”的原则，引导和鼓励泛珠三角区域各方投资者独资或联合开发他方旅游资源和旅游纪念品。

三、加强区域内各方旅游市场管理的合作

建立和完善泛珠三角区域旅游突发事件的应对处理机制和质监互动协作机制。相互协作处理区域内发生的跨区域旅游突发事件和旅游服务质量案件，切实维护旅游消费者和合法经营者的合法权益。

四、加强区域内各方旅游信息的合作

充分利用现代化科技信息手段，加强泛珠三角区域各方旅游信息合作与交流，相互链接各方官方旅游网站，在各自旅游官方网站上设置“泛珠三角区域”窗口，实现旅游网站信息资源共享，技术共用，扩大区域内各方旅游信息交流，建立旅游产品网络推广联盟，推广“诚信旅游”，对出现可能影响旅游安全、服务质量和市场秩序的因素或事件进行警示提醒，积极为泛珠三角区域各方提供最新的旅游信息。

五、促进区域内各方旅游企业之间的合作

（一）鼓励和引导泛三角区哉各方星级饭店业缔结业务合作关系，开展业务往来，建立客源推荐网络，互相学习交流行业管理经验，促进旅游服务水平和管理水平的提高；

（二）鼓励和引导泛珠三角区域各方旅行社建立业务合作关系，共同开发和推介跨省区的旅游线路和产品；

（三）鼓励和引导泛珠三角区域各方 A 级景区（点）缔结业务合作关系，加强交流协作，共同推动区域旅游资源整合和旅游环境优化。

六、加强区域内各方旅游人才培训的合作

（一）加强泛珠三角区域各省区旅游人才教育培训的交流与合作，增进各层面的互动交流，实现人才第一资源合作互动、优势互补、互利共赢的目标；

（二）鼓励和引导泛珠三角区域旅游院校和高校中的旅游院系在旅游人才教育培训方面的交流与合作。充分发挥泛珠三角区域旅游教育资源优势，加大旅游人才尤其是中高级管理人才和服务一线技能型人才培养力度，引导地区间人才的合理流动，为泛珠三角区域各方需求单位提供培养各种层次的旅游人才服务，共同建设高素质的旅游人才队伍。

七、建立区域内各方良好的旅游合作保障机制

（一）建立泛珠三角区域旅游行政首长联席会议制度，确定固定的会晤互访机制，密切各方关系，加强旅游部门高层之间的往来；

（二）设立泛珠三角区域旅游行政首长联席会议秘书处，对年度的合作计划和交流项目做出评估和确认，形成工作跟踪检查落实机制；

（三）建立固定的联络机制，各方指定日常工作的联络部门，负责泛珠三角区域游合作交流的日常性工作。

八、加强泛珠三角区域与东盟旅游合作与交流

积极推进泛珠三角区域与东盟区域旅游合作，加强泛珠三角区域与东盟特色旅游产品和精品线路的对接与互动。

九、其它未尽事宜另案商议。

十、本合作协议一式十一份，泛珠三角区域各执一份，经各方代表签字盖章后正式生效。

（2009 年 6 月 7 日）

〖**广东省与广西壮族自治区旅游合作与交流协议**〗　广东省和广西壮族自治区（以下简称“双方”）的旅游资源十分丰富，旅游市场具有较强的互补性，旅游产业具有共同发展的广阔前景和良好的合作潜力。为进一步加强双方旅游合作与交流，增进双方友好合作关系，共同推动双方旅游经济的发展和社会的繁荣，经双方旅游管理部门的友好协商，本着优势互补、资源共享、市场共拓、合作共赢的原则，达成以下协议：

一、加强双方的旅游交流和合作，整合双方旅游资源，继续共同打造两条跨省区精品旅游线路：广州—肇庆—梧州—贺州—桂林的“山水旅游线路”和阳江—湛江—北海—防城港—崇左的“滨海边关旅游线路”，实现优势互补、资源共享。

二、定期组织旅游业界和媒体考察团互访，交流经验，共同研究、设计和开发适合双方旅游市场需求的特色旅游产品，扩大双方的客源市场。

三、积极参加双方举办的旅游展览会、旅游节庆活动和旅游宣传推广活动等，并为一方在另一方举办旅游宣传活动提供便利和支持。

四、双方积极开展旅游市场互动促销，并选择共同的境内外客源市场进行联合促销，共同推广双方的旅游资源和产品。

五、广西区有着得天独厚的旅游资源和地理优势，广东省将广西区作为国民旅游休头计划的目的地予以推广。广西区给予广东省赴桂旅游游客适当优惠，并采取积极措施，进一步提高服务质量和管理水平。

六、双方进一步推进两广无障碍旅游共和，不断完善自驾车旅游的配套设施和公共服务，进一步促进两广无障碍旅游区自驾车旅游的全面发展。推进双方积极鼓励本地有实力的旅行社依据相关法规通过参股、并购、直接设立、品牌输出等形式跨省设立具有法人产资格的分支机构，参与双方旅游资源的开发和利用。

七、加大双方旅游项目投资领域的合作，引导和鼓励双方投资者，独资或联合开发对方区域内有市场发展前景的旅游资源、旅游纪念品和其他旅游项目。

八、利用互联网先进技术，加强旅游信息交流，实现双方旅游政府网站的相互链接和信息互动，共享旅游信息资源。

九、建立双方旅游合作联席会议制度，构建良好的合作保障机制。双方商定，每年会晤互访一次，沟通合作内容，协调推进合作中重大事宜。建立固定的联络机制，双方指定日常工作的联络处，负责双方日常合作事宜的沟通、联系、协调等工作。

十、本协议自签定之日起执行本协议一式两份，双方各执一份，经双方签字协议有效，并共同监督执行。

（2009 年 5 月 19 日）

备注：广东省旅游局局长杨荣森与广西壮族自治区旅游局局长陈建军在广西百色地区签署此协议书。两广 15 家旅游企业也同时分别签订系列业务合作协议。

〖**广东省与湖南省旅游合作与交流协议**〗　广东省和湖南省（以下简称“双方”）的旅游资源十分丰富，旅游市场具有较强的互补性，旅游产业具有共同发展的广阔前景和良好的合作潜力。为进一步加强双方旅游合作与交流，增进双方友好合作关系，共同推动双方旅游经济的发展和社会的繁荣，经双方旅游管理部门的友好协商，本着优势互补、

资源共享、市场共拓、合作共赢的原则，达成以下协议：

一、加强双方的旅游交流与合作，整合双方旅游资源，联合开发跨省精品旅游线路，实现优势互补、资源共享。

二、定期组织旅游业界和媒体考察团互访，交流经验，共同研究、设计和开发适合双方旅游市场需求的特色旅游产品，扩大双方的客源市场。

三、积极参加双方举办的旅游展览会、旅游节庆活动和旅游宣传推广活动等，并为一方在另一方举办旅游宣传活动提供便利和支持。

四、双方积极开展旅游市场互动促销，并选择共同的境内外客源市场进行联合促销，共同推广双方的旅游资源和产品。

五、湖南省有着得天独厚的旅游资源和地理优势，广东省将湖南省作为国民旅游休闲计划的目的地予以推广。湖南省给予广东省赴湘旅游游客适当优惠，并采取积极措施，进一步提高服务质量和管理水平。

六、双方将进一步开放旅游市场，打破旅游壁垒和进入障碍，推进无障碍旅游。双方积极鼓励本地有实力的旅行社依据相关法规通过参股、并购、直接设立、品牌输出等形式跨省设立具有法人资格的分支机构，参与双方旅游资源的开发和利用。

七、加大双方旅游项目投资领域的合作，引导和鼓励双方投资者，独资或联合开发对方区域内有市场发展前景的旅游资源、旅游纪念品扣其他旅游项目。

八、利用互联网先进技术，加强旅游信息交流，实现双方旅游政府网站的相互链接和信息互动，共享旅游信息资源。

九、建立双方旅游合作联席会议制度，构建良好的合作保障机制。双方商定，每年会晤互访一次，沟通合作内容，协调推进合作中重大事宜。建立固定的联络机制，双方指定日常工作的联络处，负责双方日常合作事宜的沟通、联系、协调等工作。

十、本协议自签定之日起执行本协议一式两份，双方各执一份，经双方签字协议有效，并共同监督执行。

（2009 年 5 月 21 日）

备注：广东省旅游局局长杨荣森与湖南省旅游局局长杨光荣在长沙共同签署此协议书。

〖**北京天津上海广东重庆旅游合作协议书**〗 为促进旅游业的共同发展，加强西部与长三角、珠三角、环渤海地区旅游经济合作，实现旅游资源，产品、信息和市场共享，特别是在新形势下，发挥旅游业在“扩内需、保增长、调结构”方面的积极作用，北京市旅游局、天津市旅游局、上海市旅游局、广东省旅游局、重庆市旅游局（以下简称“四市一省”）本着“资源共享、市场互动、游客互送、信息互通、执法联动”的合作原则，经友好协商，达成旅游合作协议如下：

一、政府主导，建立旅游合作机制

1. 设立固定的联络和工作机构。四市一省旅游局明确负责旅游合作的具体负责人和业务处室，处理旅游合作交流的日常工作。负责落实涉及本省（市）旅游方面的有关协约和相关工作。

2. 互通四市一省旅游发展情况，交流旅游发展经验，开展旅游学术交流等。

二、联合促销，打造旅游品牌和形象

1. 全方位加强四市一省旅游促销的深度合作，创新合作机制，相互支持各自举办的旅游营销活动；鼓励和倡导四市一省互为旅游客源地，互为旅游目的地；联合参加国际国内重要旅游展会，共同拓展国内外旅游市场。

2. 整合各自优势资源，突出地方特色，打造四市一省精品旅游线路，形成能够满足国内外不同客源群体需要的旅游产品体系。

3. 加强四市一省旅游宣传合作，积极在本地宣传对方的旅游形象和推介对方的旅游产品及线路；在各自的旅游宣传品上宣传对方的旅游资源和产品，共同树立四市一省旅游品牌和形象。

4. 实现四市一省官方旅游政务网站的相互链接，同时积极利用旅游政务信息网，宣传四市一省旅游政务、旅游资源、旅游产品、旅游项目和旅游节庆活动。

5. 实现四市一省旅游咨询服务中心（点）的资源共享，互为提供旅游咨询服务活动。

三、增进交流，推动旅游产业可持续发展

1. 建立四市一省共享的旅游招商项目库，提供各自在旅游投资方面的优惠政策，为旅游投资商提供权威信息，引导和鼓励投资者到对方开展旅游大项目投资。

2. 支持旅游企业加强合作，鼓励大型旅游企业、旅游管理公司和知名旅游品牌实现跨地域经营、连锁经营和品牌输出，增强四市一省旅游产业整体实力。

3. 积极开展四市一省红色旅游、乡村旅游、工农业旅游、生态旅游等专项旅游的合作，加强旅游部门、旅游企业之间相互交流学习。

4. 加强旅游人才职业培训方面的师资合作交流，促进四市一省旅游从业人员整体素质的提高和旅游人才资源的共享，促进人才有序流动，形成人力资源的合理配置。

5. 加强旅游行业协会之间的交流和合作。

四、相互联动，营造良好的旅游环境

1. 建立旅游信誉、信息披露制度，利用网络等多种媒体手段，提供四市一省旅游诚信优质企业相关信息，发布相关旅游瞀示和不良旅游企业信息，为广大游客提供咨讯服务。

2. 建立旅游突发事件的应急处理机制，全力解决游客和旅游企业在四市一省遇到的各种困难和问题，对在四市一省内发生的重大旅游安全事故提供积极有效的救援和帮助。

3. 建立旅游投诉首接制度，四市一省旅游投诉调查取证互为有效，建立旅游执法交流工作平台，协调处理跨省（市）旅游执法及服务质量投诉案件，共同维护旅游市场秩序及游客合法权益。

4. 推动行业自律和旅游诚信体系建设。

五、其它未尽事宜另案商议。

六、本协议一式五份，四市一省代表签字后生效，. 四市一省旅游局各持一份，具同等效力。

（2009 年 6 月 9 日）

〖**珠江三角洲地区旅游合作《罗浮山宣言》**〗　为深入贯彻落实《珠江三角洲地区改革发展规划纲要（2008－2020）》和省委、省政府《关于加快我省旅游业改革与发展建设旅游强省的决定》，着力推动试行国民旅游休闲计划，经广东省旅游局倡议，我们齐聚惠州罗浮山，共商珠三角旅游发展大计。通过广泛磋商，我们一致认为：推动实现珠江三角洲地区旅游一体化，是打造珠江三角洲地区旅游产业航母的必由之路。为此，我们达成以下共识：

一、共同建立珠江三角洲地区重大旅游事项磋商机制，定期召开九市旅游局长联席会议，商讨旅游发展大计。

二、共同开展区域旅游规划，整合旅游资源，实现资源共享、市场一体、客源互动、品牌共创，推进全国旅游综合改革示范区和旅游强省建设。

三、共同开辟区域旅游绿色通道，完善交通设施，加快交通对接，形成二小时旅游经济圈，实现区域无障碍旅游。

四、共同建立旅游应急反应和投诉机制，协调处理区域内重大旅游事件和旅游投诉，加强旅游市场联检互动，切实规范旅游市场秩序。

五、共同打造区域旅游精品线路，实施旅游品牌战略，提升旅游服务水平，打造珠三角区域旅游品牌。

六、共同开拓区域旅游市场，以区域特色品牌、精品线路为依托，创新营销网络机制，实现旅游信息共享、宣传互惠、广告城际互动。

七、共同创新旅游人才交流机制，推进人才管理、人才流动、人才培训制度改革。

八、共同推进旅游投资合作，实现资源、资金和管理的优势互补，打造具有显著竞争优势的旅游产品。

九、共同构建旅游交流合作平台，实现旅游行业间的紧密合作。

珠江三角洲地区旅游合作《罗浮山宣言》的签署，标志着珠江三角洲地区九市旅游合作一体化的正式启动。我们将致力于发展珠三角旅游，带动环珠三角旅游，辐射泛珠三角旅游，为携手提升珠江三角洲地区旅游的国际竞争力和影响力作出贡献！

（2009 年 4 月 2 日）

备注：本协议书由广州市旅游局、深圳市旅游局、珠海市旅游局、佛山市旅游局、肇庆市旅游发展局、江门市旅游局、东莞市旅游局、中山市旅游局、惠州市旅游局 9 市旅游部门在惠州罗浮山共同签署。

〖**广佛肇一体化旅游合作框架协议**〗　为加快贯彻实施国务院颁布的《珠江三角洲改革发展规划纲要》的步伐和推进广州市、佛山市、肇庆市旅游业一体化进程，营造三市旅游的良好发展环境，经三市旅游局友好协商，本着资源共享，优势互补，客源互送，利益互惠的原则，达成以下旅游合作框架协议：

一、指导思想

国务院颁布的《珠江三角洲改革发展规划纲要》是促进珠江三角洲一体化以及广东全省加快发展的重要战略部署和纲领性文件，其中推动珠江三角洲一体化的重要突破口在于广佛同城化和广佛肇一体化。改革开放 30 年的发展，为三市的旅游业合作积淀了深厚的合作基础，使之具有了引领该行业更好更快发展的优势条件。为此，三市的旅游部门要在加强合作的前提下，大力促进广佛肇旅游向区域性国际化旅游中心的地位迈进，以实现《珠江三角洲改革发展规划纲要》的要求。

二、建立工作联动机制

1. 成立旅游合作专责小组，由广州、佛山、肇庆三市旅游局有关人员组织，三市旅游局局长任组长，分管副局长任副组长，具体组织架构由双方协商确定。

2. 建立联席会议制度。广州、佛山、肇庆三市旅游局局长为联席会议召集人，联席会议视具体情况可每月或每季召集，解决三市旅游业合作在行业管理、市场宣传推广、旅游规划、旅游资源开发和整合、旅游人才交流培训等四个方面需协调、协商和推进的重大问题。

三、合作内容

1. 加快旅游资源和产品的开发，做好规划衔接，提升产业发展水平。

联合开发旅游新产品。在坚持本地特色的同时，三市旅游资源开发在资源共享、产品整合、线路连接方面形成合力。双方将共同努力为旅游企业间的合作搭建平台，共同策划、包装、打造广佛肇旅游精品线路。

统筹、衔接好三市的旅游发展规划；大力向广州、佛山、肇庆的市民、旅游者推广“广佛肇旅游一卡通”的优惠范围及内容；积极推进三市旅游产品同城化进程。

2. 共同开发客源市场，联合对外宣传推介。

宣传互动，联手开展实质性合作。三市共同制订旅游市场推广方案，以广佛肇旅游区域合作的统一形象试行在境内外联合开展招商引资活动，联合对外宣传推广三市旅游资源产品和旅游线路，在各自的主流媒体及政府网站开辟旅游专栏介绍三市旅游资讯，为三市在各自城市举办旅游推介活动提供全力支持。

创新宣传形式，加大促销合作力度。每年三市联手举办对外促销推介活动，共同邀请媒体记者及旅游买家考察三市旅游资源，互派宣传资料，共同开展网上宣传推介等活动。

加强宣传资料建设。共同出资编制广佛旅游线路产品手册、旅游地图、制作旅游推介片、形成资源共享、优势互补、线路互推、团队互送的互惠共赢格局。

3. 加强行业服务和市场管理合作，优化三市旅游环境。

加强对三市旅游企业的服务，重点在政策法规方面引导旅游企业合法经营，共同维护三市旅游市场秩序，优化旅游环境。在努力营造三市旅游企业正当竞争和合法经营的优良环境同时，积极联合打击黑社、黑车、黑导等违法违规行为，建立行业监管通报机制，定期开展促进旅游发展的经验交流。

共同提升旅游产业发展水平，加强旅游发展的政策法规制定和实施方面的沟通交流，加强业界的交流合作。协调和推进三市旅游企业和协会之间的合作共赢，在经营模式、管理理念、市场营销、技术创新、人才培养等方面进行广泛交流，共同提升市场竞争力。

4. 加强旅游行业从业人员的教育培训合作。

重点先从导游员培训合作开始，特别是在导游员继续教育培训中积极开展一体化进程的合作，大力提供三市导游员在对方所在地开展旅游服务工作的便利条件，然后扩展到酒店服务人员、景区管理人员和讲解人员的教育培训，促进三市旅游业教育培训资源共享，旅游资讯资源共享的进程。

本协议经三市旅游合作专责小组负责人签字并加盖公章生效。协议一式六份，协议三方各执一份，三市政府各备案留存一份。

广州市旅游局　佛山市旅游局　肇庆市旅游局

（2009 年 6 月 17 日）

〖**深莞惠三地旅游紧密合作框架协议**〗　为贯彻落实《珠江三角洲地区改革发展规划纲要（2008－2020）》和《推进珠江口东岸地区紧密合作框架协议》，推动试行国民旅游休闲计划，建设广东旅游强省，充分发挥深莞惠三地之间的地缘、市场、资源、资金和管理优势，促进三地旅游协调发展，三地旅游部门经共同协商，本着“优势互补，互惠互利，共谋发展”的原则，达成如下框架协议。

一、建立深莞惠三地重大旅游事项磋商机制，定期召开三地旅游局长联席会议，商讨旅游发展大计。

二、共同开展区域旅游规划，整合旅游资源，实现资源共享、市场一体、客源互动、品牌共创，共同推进全国旅游综合改革示范区和旅游强省建设。

三、消除旅游壁垒，构建深莞惠无障碍旅游区。开通三地之间旅游绿色通道，完善旅游交通标示系统，高标准建设自驾车旅游营地，推动游客在三地进行自助游。开通往来三地之间的高速旅游大巴，打造深莞惠一小时旅游经济圈。

四、鼓励三地旅行社强强联合，互为委托，做大做强市场，实现共赢。实现三地旅行社在合作城市设立分社的地点、数量无限制，三地合法持证导游、领队在合作城市带团无障碍。

五、实现旅游信息共享。加强三地旅游网站、旅游咨询中心、旅游集散中心的相互链接和信息互动，建设三地一体化旅游信息服务体系。加强对合作城市旅游新闻的报道，实现旅游信息交流的经常化。

六、打造区域精品旅游线路。设计开发连接三地的精品旅游线路，共同宣传促销，打造区域旅游品牌。

七、共同开拓区域旅游市场，以区域特色品牌、精品线路为依托，创新营销机制，实现旅游宣传互惠、广告城际互动。进一步落实“144 小时便利签证”制度，共同开拓香港市场。

八、互为旅游市场，定期到合作城市开展旅游宣传促销活动，发动本地主流媒体对合作城市旅游进行宣传，为合作城市旅游宣传活动提供便利。

九、共同推进旅游投资合作，实现资源、资金和管理的优势互补，打造具有显著竞争优势的区域旅游产品。推动本地企业在合作城市投资建设旅游项目。联合开发环大亚湾滨海旅游，重点开发滨海休闲、海岛旅游等旅游产品。

十、建立旅游应急反应和投诉机制。三地旅游质监部门在市场检查、投诉处理、解决旅行社业务纠纷等方面共享信息，强化旅游市场联检互动，协调处理区域内重大旅游事件和旅游投诉，切实规范旅游市场秩序。

十一、建立市场监管联席会议制度，定期组织三地旅游质监所联席会，共同探讨旅游执法、投诉处理过程中出现的问题及解决方案，推动旅游企业诚信、守法经营，引导游客理性消费、文明旅游、依法维权。

十二、加强人才交流。建立旅游人才培训合作机制，共享师资资源和培训项目。共同创新旅游人才交流机制，推进人才管理、人才流动、人才培训制度改革。

十三、搭建旅游文化交流平台，组织三地旅游界、文化界、新闻界代表互访考察，促进三地旅游文化产业和谐发展。加强旅游学术交流，不断探索旅游合作新模式。

十四、加强指导和协调，及时研究解决合作中出现的问题和困难，共同推进落实合作项目和内容，促进三地旅游和谐发展。

（2009 年 5 月 17 日）

备注：本协议书由深圳市旅游局、东莞市旅游局和惠州市旅游局共同签署。

〖**中国南方航空股份有限公司与广东省旅游局推进国民旅游休闲计划合作框架协议**〗 为贯彻落实广东省人民政府《关于试行广东省国民旅游休闲计划的若干意见》及 2009 年全省旅游工作会议精神，全力推进广东国民旅游休闲计划的实施，搭建旅游业与航空业携手共促国民旅游休闲计划的合作平台，进一步丰富国民旅游休闲产品体系，提升国民旅游休闲服务水平，中国南方航空股份有限公司和广东省旅游局以相互促进与加快发展，谋求双方长期合作与互利共赢为原则，经友好协商，达成如下合作框架协议：

一、中国南方航空股份有限公司积极与广东省旅游局合作，共同推进民国旅游休闲计划的实施。

1. 中国南方航空股份有限公司将提供航线座位和旅游产品，为广大城乡居民参与旅游休闲提供更优惠的产品和更便利的服务。从 2009 年 3 月至 12 月，南方航空将提供 188 条国内、国际航线（广东始发 75 条，到达广东 93 条，国际 20 条），超过 200 万个座位投入促销。同时，从 2009 年 3 月 8 日起至 7 月 10 日止，南方航空将推出“南航行——天天自在游”产品，为广大城乡居民出游提供更多选择。

2. 中国南方航空股份有限公司积极与广东省旅游局共同策划和开展国民旅游休闲计划宣传促销活动，提升活动的层次，扩大活动的影响力。

3. 中国南方航空股份有限公司将作为广东国民旅游休闲卡的特约商户，为持卡居民提供更多的便利和价格优惠。

4. 广东省旅游局积极鼓励国民旅游休闲示范旅行社和示范基地与中国南方航空有限公司开展业务合作，推动双方实现资源共享、信息共通和互利共赢。

二、中国南方航空股份有限公司以其航线网络、营销网络和服务网络优势，搭建广东省旅游形象和产品宣传的重要平台。

1. 中国南方航空股份公司将广东省旅游局共同邀请境内外主要客源市场旅游业界和媒体来粤考察采风。南方航空负责考察团的国际交通费用；省旅游局负责考察团的当地食宿和交通费用。

2. 中国南方航空股份公司积极协助广东省旅游局宣传广东旅游形象和产品，推动在航班上播放广东旅游宣传片；推动《南方航空报·精英生活》等报刊杂志上刊登广东旅游形象公益广告；在各大营业网点里摆放广东旅游宣传资料。

3. 广东省旅游局将在境内外宣传促销活动中积极宣传中国南方航空股份公司；在广东旅游宣传片中展示南方航空的形象和航线等素材；在广东旅游宣传资料中宣传介绍南方航空。

三、中国南方航空股份公司的网站与广东省旅游局的网站相互链接、信息互动，共同策划和开展网络营销活动。

四、双方建立固定的协调联络机制，定期沟通合作项目的进展情况；成立专门的工作小组，负责落实各项合作内容。

五、本协议一式两份，双方各执一份，经双方签字协议有效，并共同监督执行。未尽事宜，双方商议解决。

（2009 年 3 月 20 日）

备注：本协议书由广东旅游局局长杨荣森与中国南方航空股份公司谭万庚在广州白云国际机场共同签署。

〖**自驾车旅游服务协作协议**〗 为促进两省之间自驾车旅游发展，大力培育自驾车旅游市场，提升自驾车旅游服务水平，特制订本协议。

一、双方本着资源共享、市场共拓、产品共建、利益共赢的原则，承诺大力推动自驾车旅游客源的互送、互接、互换。

二、双方协商，共同建设并推广 10 条自驾游跨省线路产品。

三、双方在五月份互送 2000 辆自驾车游客。

四、双方为对方在当天开展自驾车游产品宣传推介提供支持和帮助。

五、双方承诺针对性做好自驾车旅游服务工作，如在省界处设置自驾车咨询服务站，在高速公路及支线公路完善交通标识标牌，建设自驾车营地和旅馆；扩建、新建旅游景区（点）、旅游饭店停车场；提供紧急车辆救授服务等等。

六、双方加强对经营自驾车旅游业务的旅行社的监管和指导，对开展自驾车业务经营较好的旅行社给予重点扶持。

（2009 年 5 月 7 日）

备注：本协议由广东省旅游局与湖南省旅游局共同签署。

旅游扶贫与城乡游

2009年广东省旅游扶贫工作概述

【总体情况】 2009年是广东旅游扶贫工程战略实施的第8年。全省旅游扶贫工作继续深入开展，对贫困山区旅游业的扶持力度继续加大，专项资金的使用和管理进一步规范化，扶贫效应进一步扩大，有效促进了山区旅游业乃至县域经济的发展。主要包括以下几项工作：一是确定2009年旅游扶贫一般重点项目；二是探索以竞争性扶持方式评选出2009年旅游扶贫大型重点项目；三是顺利完成2007年度旅游扶贫专项资金使用的绩效评估工作；四是召开2009年全省旅游扶贫工作会议。2009年度全省共安排旅游扶贫资金6000万元。

【旅游扶贫大型重点项目】 为充分发挥旅游扶贫专项资金的效用，集中优势打造山区旅游品牌，扶持旅游企业做大做强，探索旅游扶贫科学发展的新思路、新模式，省旅游局与财政厅从2009年的旅游扶贫资金总额中安排3000万元，以竞争性分配的方式，重点扶持贫困山区6个大型旅游项目的开发建设，每个重点项目获得扶持资金为500万元。大型重点项目的遴选工作严格按照公开、公平、公正原则，省旅游局会同省财政厅制定《2009年旅游扶贫大型重点项目遴选和评审工作方案》。根据该《工作方案》，在各地推荐项目的基础上，省旅游局与省财政厅于2009年9月3日召开大型重点项目现场评审会，当天从广东省旅游专家库中随机抽取专家对各有关市15个大型项目材料、现场陈述和答辩进行评审打分，并邀请省审计厅等部门人员对评审会进行全程监督，并现场公布各项目得分及名次。梅州市华银雁鸣湖旅游度假村、湛江市特呈岛红树林生态旅游区、云浮市六祖故里旅游度假区、江门市开平碉楼与村落文化展示区、潮州市饶平县潮州乡村民俗文化村集群和揭阳市大北山森林公园依据得分前6名项目被确定为全省第一批大型重点项目。

【年度旅游扶贫一般项目遴选】 2009年，全省各地共申报旅游扶贫项目163个。为做到遴选工作的公平公正，省旅游局从各处室抽调人员组成考察小组，以抽签的形式确定各考察组的考察线路。经考察组对各申报项目进行实地调研，并与省财政厅一起研究论证，确定南澳县环岛公路景观带等60个重点扶持项目及各项目的资金分配方案。广东旅游扶贫工作自2002年起至2009年的8年间，全省共确定8批共405个旅游扶贫重点项目，投入旅游扶贫资金3.1亿元，资金投向以51个山区县为基础、以16个特困县为重点，覆盖粤北山区和东西两翼86个县（市、区）。

【全省旅游扶贫工作会议】 2009年10月10日，省政府在增城市召开全省旅游扶贫工作会议，副省长万庆良出席会议并讲话，省有关部门，有关市、县以及2009年旅游扶贫重点项目负责人参加会议。会议由省政府副秘书长刘晓捷主持。

万庆良在讲话指出，旅游扶贫成效显著，责任重大，大有可为。当前和今后一段时期，全省旅游扶贫工作要开创新局面，再创新业绩，必须要做到“五个着力”，实现“五个突破”：一是着力强化政府主导旅游业发展地位，在优化欠发达地区旅游发展环境上取得突破；二是着力扶持旅游扶贫重大项目建设，在培育欠发达地区旅游精品上取得突破；三是着力创新旅游扶贫形式，在提高旅游扶贫实效方面取得突破；四是着力加强旅游宣传推介，在促进欠发达地区旅游招商引资方面取得突破；五是着力加大旅游人才培训力度，在提高欠发达地区旅游产业素质方面取得突破。

会上，增城、梅州、揭西、乳源、湛江等市县代表先后作了旅游扶贫工作经验交流。万庆良等领导为梅州市华银雁鸣湖旅游度假村等6个2009年旅游扶贫大型重点项目进行授牌，省旅游局局长杨荣森与大型重点项目单位责任人及所在市旅游局负责人签署责任书。会议还组织参观增城市乡村旅游开发示范点。

【旅游扶贫工程产生效应】 2002年以来，全省旅游扶贫工程取得显著成效，突出表现在以下五个方面：一是有力促进欠发达地区旅游资源开发，推动旅游业迅猛发展。旅游扶贫资金主要投向山区县、特困县、粤北山区以及东西两翼的县（市、区），旅游扶贫项目直接加快了各地旅游基础设施建设，解决了项目开发及运营管理中面临的困难和问题，不仅直接带动了欠发达地区的旅游开发，而且极大地坚定了社会各界参与旅游、投资旅游、开发旅游的信心和决心，有力地推动了全省旅游业的协调发展，促进形成了“欠发达地区崛起、两翼齐飞”的区域旅游发展新格局；二是有力促进欠发达地区基础设施建设，优化了发展环境。各级党委、政府以及发改、财政、经贸、旅游、交通、文化、林业、民族、劳动等部门积极发挥职能作用，整合资源，加强协作，不断完善欠发达地区各项基础设施建设，大力优化发展环境，为欠发达地区旅游发展创造条件。2002年以来，全省交通部门协助解决旅游扶贫项目所在地旅游交通瓶颈道路374条、共计6700多公里；通讯、供电、供水等部门为旅游扶贫项目的开发建设给予了大力支持和协作，基本实现旅游开发到哪里，基础设施建设配套到哪里，为贫困地区改变落后面貌发挥了重要作用；三是有力地促进欠发达地区招商引资，带动了地方经济发展。2002年以来，全省旅游扶贫项目所在地吸引外资、侨资、民资开发旅游项目与合同协议资金共656亿元，涉及景区建设、旅游住宿、餐饮、旅游商品加工生产、旅游道路等多个方面，一大批大中型景区、中高档酒店、度假村在东西北地区迅速崛起，为欠发达地区经济发展增添了新活力；四是有力促进欠发达地区农民就业，带动了群众脱贫致富。旅游扶贫是一条投入较少、回收较快、返贫率低、成效高的扶贫之路。旅游扶贫开发为景区及周边的农村劳动力提供了新的就业机会，同时为农副产品销售提供了大市场。很多旅游扶贫项目所在地群众通过从事餐饮、旅业、娱乐和工艺品、土特产的销售等，人均收入实现倍数式增长，迅速走上了脱贫致富的道路。截至2009年底，旅游扶贫项目已直接解决就业人数12.6万人，间接带动就业31.7万人，形成了“开发一处、致富一方、带动一片”的良好效应；五是有力促进欠发达地区人才素质提高，推动社会全面进步。欠发达地区的旅游开发带来人流、资金流、信息流，打破了贫困地区相对封闭落后的状态，促使农民解放思想、更新观念，提高市场经济意识和文明意识。与此同时，欠发达地区旅游业的发展还促进农民参加各种培训，主动学习旅游服务、礼仪礼节、科学种养、环境卫生等方面的知识，积极参加技能比赛，提高了农村旅游从业人员的整体素质，推动欠发达地区新农村建设和社会进步。

附件：

广东省旅游扶贫专项资金管理办法

为贯彻落实省政府《关于进一步加强旅游扶贫工作的意见》，规范我省旅游扶贫专项资金的使用和管理，充分发挥旅游扶贫专项资金的作用，促进我省区域性经济协调发展，省财政厅与旅游局于2003年6月20日联合发布《广东省旅游扶贫专项资金管理办法》。该办法明确了省旅游扶贫资金的概念，对扶贫资金的使用原则、范围、申报、拨付和具体管理等都作出了详细的规定。办法的主要内容有：

一、关于旅游扶贫资金的概念

省旅游扶贫专项资金是指经省政府批准，由省财政预算安排用于我省贫困地区和山区等弱势群体相对集中地区旅游公共基础配套设施建设的专项资金。

二、关于扶贫资金使用管理原则和使用范围

办法确定了扶贫资金使用管理的四项原则：一是项目化管理原则。通过申请、立项、可行性研究、审核、审批、监督实施、决算等项目管理程序，对扶贫资金实施有效管理，各级旅游和财政主管部门应根据全省旅游规划，推荐和确定旅游扶贫重点项目。二是突出重点、兼顾一般的原则。资金侧重于16个贫困山区县旅游公共基础设施配套的支出，避免资金过于分散和低水平重复建设，提高扶贫资金效益。三是引导激励原则。发挥政府资金对旅游扶贫项目建设的引导作用，对旅游扶贫项目建设的投入，以单位自筹和地方配套资金为主，省级财政扶持为辅。四是追踪问效原则。各级财政和旅游主管部门应对专项资金的拨付、使用管理情况进行监督检查，确保扶贫资金专款专用。

扶贫资金的使用范围是：旅游景点的公共基础配套设施建设；旅游规划设计编制经费补助；为旅游区特色旅游商品销售提供购物设施配套建设。

三、关于扶贫资金的申请条件、申报程序和拨付

扶贫资金的申请条件是：申请的项目符合广东省旅游发展总体规划的要求，旅游资源有特色、开发条件较好，预期扶贫效益显著，并已纳入省确定的旅游扶贫重点项目范围；项目审批程序完整，建设配套资金落实；基层申请用款单位具有完备的项目法人资格及其组织机构。

扶贫资金的申报程序是：一是由旅游和财政主管部门推荐所在地旅游扶贫项目，提交书面申请及可行性研究报告或项目建议书，并联合逐级上报。报送的项目可行性研究报告或项目建议书内容应包括：项目名称、申请数额、项目自筹和地方配套资金落实情况、项目总体规划、专家论证情况、项目实施方案、经济和社会效益等。二是地级市旅游和财政主管部门根据扶贫资金使用管理的原则对县区的项目进行筛选后，连同所属项目可行性研究报告等材料，于每年4月底前联合向省旅游局和省财政厅申报。省旅游局和省财政厅不直接受理县区一级的申请报告。省旅游局和省财政厅提出扶贫资金分配方案，联合上报省政府审批。

根据省政府批准的扶贫资金分配方案，省财政厅直接发文追加预算并拨付资金给有关市财政局。市财政局收到文件后，按照规定负责对用款单位或有关县区财政局办文和拨款，拨付文件抄送当地旅游主管部门。

地级市财政局应在收到省财政厅扶贫资金追加预算文件的1个月内，与旅游主管部门共同确定旅游扶贫项目资金使用计划，并报送省旅游局和省财政厅审定。用款单位必须严格按省审定的资金使用计划执行。因特殊原因需变更项目资金使用计划的，要经当地旅游和财政部门同意后，报省旅游局和省财政厅审定。

四、关于扶贫资金的监督管理

财政部门应按照专项资金管理规定，以及具体扶贫项目资金使用计划，按工程进度及时拨付资金；旅游和财政主管部门应加强对项目执行的指导和监督。

建立跟踪反馈制度。省安排扶贫资金项目所在地市旅游、财政主管部门，应在年度终了后一个月内分别向省旅游局和省财政厅提交项目建设资金使用和工程进度等有关情况的报告。

项目用款单位必须按照《中华人民共和国招标投标法》和《中华人民共和国政府采购法》等有关规定，实行工程招标等方式确定工程建设单位，并严格按批准的扶贫资金项目进行施工。项目用款单位要对扶贫资金设置专门会计科目核算，防止挪作他用。

各级财政和旅游主管部门要根据国家有关法律、法规和规章，负责扶贫资金管理和监督。省财政厅和省旅游局将定期对扶贫资金的使用进行检查。检查的主要内容有：根据批准的项目及审定的项目资金使用计划，对扶贫资金的支出范围和使用情况进行审核检查；财政部门按照财政专项资金管理规定，按工程进度将资金及时拨付到位的情况，旅游和财政主管部门对项目进行监管指导的情况；项目的用款单位按照有关规定实施招标、项目工程进度、使用资金和建账核算的情况；旅游扶贫项目信息的反馈情况。

未按本办法规定使用和管理扶贫资金的，省财政厅、省旅游局经调查核实后，收回项目资金，作出停止实施或整改后实施的决定；涉及违反财经法规的，依照有关法律、法规进行处理；涉嫌触犯刑律的，移交司法部门处理。

（二〇〇九年四月十七日）

【扶贫开发“规划到户，责任到人”】 2009年6月22日，省委办公厅、省政府办公厅印发《关于我省扶贫开发“规划到户责任到人”工作的实施意见》（粤办发〔2009〕20号），用3年左右的时间为全省3409个贫困村和村内贫困户70万户316万人摆脱贫困。乳源瑶族自治县洛阳镇板长村为省旅游局对口帮扶点，该村为典型的石灰岩山区，离县城约50公里，下属10个自然村，总户数175户，总人口854人，其中困难户84户，贫困人口有312人，人均年收入仅2781元。省旅游局成立省旅游局扶贫开发工作领导小组，制定扶贫开发总体方案，明确提出扶贫开发工作的指导思想、目标任务和工作措施，派出1名驻村专职干部，开展建档立卡工作以及实行“一村一策、一户一法”等。全年已投入资金20多万元，帮助贫困户种植笋竹、油松，并免费提供复合肥。为村集体开发桑蚕基地、养殖水库鱼。长塝、白竹坪、石子坪3个自然村饮水工程、板洞村村道硬底化建设工程也将陆续启动。12月10日至11日，杨荣森局长率领处室负责人前往板长村开展实地调研，深入农户了解民情民意，向洛阳镇、板长村集体及村“五保户”发放慰问金。

杨荣森局长在板长村田间地头召开帮扶工作座谈会

【增城旅游业发展的做法与启示】 广州增城市委、市政府依托“区位、资源、市场”三大优势，解放思想，因地制宜，全面推进主体功能区规划，大力实施全区域公园化战略，高起点规划建设景区景点，全力整合优质旅游资源，探索走出了一条以旅游业发展促进解决“三农”问题、统筹城乡发展、提升城市综合竞争力的成功之路。

2008年8月13日，中共中央政治局委员、省委书记汪洋在增城调研座谈时指出：“增城距广州比较近，适合搞度假式休闲旅游。休闲旅游如果搞得好，可以直接跟农民的富裕结合起来。”

2009年1月8日，广东省委副书记、省长黄华华在增城调研时指出：“增城旅游理念是不错的，像乡村旅游、自行车、小楼人家农家乐等都挺有特色。”

2009年5月5日，万庆良副省长在增城调研时指出：“增城市委、市政府对发展旅游业高度重视，又有区位、资源、市场三大优势，完全有条件创建全省旅游综合改革试点县（市），增城的特色就是生态和休闲，这是增城的品牌。”

增城市近年来经济迅猛发展，县域经济基本竞争力从1999年全国百强第58位跃升到2007年全国百强第12位，连续7年居全省首位。在经济迅猛发展的同时，增城市全面推进以乡村特色旅游为重点的生态旅游业发展，旅游业发展取得显著成绩，接待游客由2003年的216万人次增加到2008年的520万人次；旅游业总收入由5.6亿元增加到10亿元。增城市发展生态旅游，主要有以下四大经验：

一、规划建设三大主体功能区，以不平衡发展破解发展不平衡，把创建生态旅游示范区作为全市发展的重要举措来抓。增城市因地制宜地把全市规划为三个经济圈，形成三大主体功能区：南部工业基础和区位条件比较好，定位为重点开发的新型工业化区；中部城市功能和设施都比较完善，定位为优化开发的文化产业区；北部工业基础比较差，但生态环境好，是增城市的上游水源，定位为限制工业开发的都市农业和生态旅游区。北部都市农业和生态旅游区在旅游发展目标的定位上，主打中高端旅游项目，与周边地区旅游产业形成错位发展。具体措施为：一是组建市生态旅游示范区管委会，建立生态旅游工作协调的长效机制；二是实施生态补偿和财政转移支付机制，每年从南部镇的超收分成中，拿出10%转移给北部，支持基础设施建设，优化旅游环境；三是建立绩效评估和分类考核机制，北部重点考核旅游和农业产值，推动树立“保护也是发展、发展促进保护”的政绩观；四是创新组织保障机制，根据三大主体功能区不同定位，配备专业对口的干部，把学旅游、学农业的安排到北部，充分用其所长；五是全面实施“清洁美”工程，实行问责制，科学保护和利用好生态环境。

二、实施全区域公园化战略，营造旅游发展大环境，把旅游作为提升地区文明形象的重要举措来抓。增城市高度重视保护和建设生态文明，变“在城市里建公园”为“在公园里建城乡”，在严格落实“四原”（原生态、原产权、原居民、原民俗）保护的同时，用建设公园的标准来建设城乡，提出“五园”公园化（家园、田园、果园、校园、工业园公园化）；用管理公园的手段来管理城乡，重点抓好“三边”（路边、山边和水边）环境整治；通过招商引资、商场换广场、企业捐助、BOT等方式，先后建成一批市政园林设施和旅游景区景点。全市形成了一江（增江）、二道（凤凰城至白水寨、鹤之洲至湖心岛）、三游（北部生态游、中部文化游、南部工业游）、五大旅游核心区（白水寨省级风景名胜区、何仙姑景区、小楼人家景区、湖心岛景区、鹤之洲旅游区）的旅游发展新格局。

三、整合旅游资源，不断延伸旅游产业链，把发展旅游业作为惠民富民的重要举措来抓。增城市以五大核心景区为重点，充分整合周边的农业资源、文物古迹资源、古村落资源、体育休闲资源、广场文化公园资源、宗教文化资源、农家美食资源以及各种旅游文化元素，大力推动旅游与农业、林业、水利、交通、文化、市政和新农村建设相结合，形成了乡村生态文化游、乡村水上文化游、古村落文化游、乡村温泉养生游、乡村度假休闲游、乡村民族民俗文化游、体育健身休闲游、农业观光游和乡村美食游等10余条“一日游”、“两日游”精品线路。通过政府主导，举办荔枝文化旅游节、菜心美食节等节庆活动，搭建农产品销售平台，打造优质农产品品牌，形成了增城荔枝、丝苗米、迟菜心、乌榄、小楼冬瓜、正果腊味、黄塘头菜、派潭凉粉草、密石红柿、白水寨番薯等“增城十宝”，出现了增城“三贵”：荔枝最贵、丝苗米最贵、菜心最贵，提升了农产品附加值，增加了农村致富的新途径。

四、高标准规划、高水平建设，精心培育旅游景区景点，把打造品牌作为提升旅游业发展水平的重要举措来抓。在发展生态旅游方面，增城市坚持政府主导与企业运作相结合，坚持景区景点高标准规划、高水平建设，着力打造旅游业发展新品牌。近年来，增城市政府通过招商引资、竞争性融资、资源置换等多种方式筹措资金，积极参与旅游景区景点的规划建设和经营管理，收到明显成效。如，白水仙瀑景区由政府先做好基础设施和景区规划建设，然后委托广之旅经营，目前白水寨已成为广州乃至广东省的一个亮丽名片。湖心岛景区以“水的世界、花的海洋、鸟的天堂”为建设理念，坚持高标准规划、高起点建设，现已建成具有较大规模的生态旅游景区。正在规划建设的鹤之洲和增江画廊生态旅游景区，也都按照严格的标准规划建设。在高标准、高水平规划建设重点旅游景区景点的同时，增城市着力加大对旅游资源和旅游项目的包装和推介力度，市领导和各级各部门干部带头宣传推介，开辟了生态旅游风光电视频道滚动播放，制作了生态旅游宣传专题片，开通了旅游官方网站，印制了旅游指南，举办了荔枝文化节、登山旅游节、广场音乐节、牛仔服装节、菜心美食节、仙姑文化节等旅游文化节庆活动，针对“粤ABSE”客源市场开展旅游推介活动，“荔乡仙境生态健康游”的旅游整体形象日益深入人心。“何必舍近求远，美景就在身边，我们一起去增城度假休闲”的增城旅游品牌遐迩驰名、广为人知。

2009年，增城市以创建全省旅游综合改革示范市为抓手，大力实行“增城休闲市民”计划，拿出创广州最美景区、建广东最美乡村的勇气和魄力，保护、利用好自然生态和田园风光，建设一批高水准的休闲度假设施，借助珠三角休闲度假大市场，推动增城生态休闲旅游更上一层楼。

2009 年度广东省旅游扶贫项目名录
（65 个）

一、旅游扶贫大型重点项目

1. 梅州市梅县华银雁鸣湖旅游度假村
2. 湛江市特呈岛红树林生态旅游区
3. 云浮市六祖故里旅游度假区
4. 江门市开平碉楼与村落文化展示区
5. 潮州市饶平县潮州乡村民俗文化村集群
6. 揭阳市大北山森林公园

二、旅游扶贫重点项目

（一）汕头市

1. 南澳县环岛公路景观带
2. 澄海区莲华乡村旅游区
3. 濠江区巨峰风景区

（二）韶关市

1. 丹霞山锦江画廊
2. 始兴县深渡水生态旅游区
3. 翁源县仙鹤兰花长廊
4. 仁化县双峰寨红色生态旅游景区
5. 新丰县佛手瓜村
6. 乳源县必背瑶寨－天景山仙人桥景区
7. 乐昌市杨东山十二渡水生态旅游区

（三）河源市

1. 源城区野趣沟旅游区
2. 东源县万绿湖客运旅游码头
3. 和平县客乡温泉生态旅游度假区涮江古村
4. 龙川县奇峰山旅游度假村
5. 连平县九连山乡村旅游度假村
6. 紫金县苏区镇红色旅游区

（四）梅州市

1. 兴宁花塔旅游生态园
2. 丰顺县韩山生态旅游度假区
3. 大埔县坪山千亩梯田旅游区
4. 五华县丰华有机农业农家乐旅游休闲基地
5. 平远县仁居镇乡村旅游区

（五）惠州市

1. 龙门县蓝田瑶族乡“舞火狗”民俗旅游区
2. 博罗县龙华五村古村落
3. 大亚湾铁炉嶂森林公园

（六）汕尾市

1. 城区渔家小岛生态旅游区
2. 陆河县御水湾度假村
3. 海丰县鲘门乡村游服务中心
4. 陆丰市乌砍湾海上渔村度假区渔家乐景区

（七）阳江市

1. 阳春乡村农家乐基地
2. 阳东县东平大澳渔家文化村渔家乐旅游区
3. 江城区冯盎将军墓纪念公园
4. 海陵自由岛旅游度假区

（八）湛江市

1. 坡头区东和鸟类乐园生态休闲度假山庄
2. 廉江市仙人双峰旅游区
3. 赤坎区福建—丰厚—新坡生态农业观光旅游经济区及丰厚村民俗文化园

（九）茂名市

1. 茂名森林公园
2. 高州玉湖风景区七星伴月景点
3. 电白县龙头山海湾旅游区
4. 化州市瑚琳生态农庄
5. 茂港区第一滩渔家乐旅游区

（十）肇庆市

1. 鼎湖区九龙湖旅游景区
2. 封开县状元湖森林公园现代林业与特色农家乐旅游区
3. 德庆县世外洞天乡村旅游度假村
4. 怀集县燕山景区、高要砚坑紫云谷景区

（十一）清远市

1. 清城区牛鱼嘴原始生态旅游风景区
2. 清新县五星旅游度假区
3. 英德十二峰旅游风景区
4. 连山县金子山原生态休闲度假旅游景区
5. 阳山县广东第一峰太平洞瑶族生态乡村游景区
6. 连州市福山风景区

（十二）潮州市

1. 凤凰山茶家乐山庄
2. 饶平县云峰兰花艺术博览园
3. 潮安县千果山旅游区农家客栈

（十三）揭阳市

1. 普宁仙步农家乐生态旅游区
2. 揭东县万竹园生态旅游景区
3. 惠来县神泉海洋文化走廊旅游区
4. 大南山八国风情旅游度假区

（十四）云浮市

1. 郁南县大王山国家森林公园
2. 云城区腰古水东古村落生态旅游区

（张蕊青　提供）

人事与旅游教育培训

人　　事

【旅游机构改革】 2009年，根据《中共广东省委、广东省人民政府关于印发〈广东省人民政府机构改革方案〉的通知》（粤发〔2009〕8号），省旅游局启动新一轮机构改革。2009年8月18日，省政府办公厅《印发广东省旅游局主要职责内设机构和人员编制规定的通知》（粤府办〔2009〕60号），批准广东省旅游局为省人民政府直属机构，设8个内设机构，机关行政编制62名。

2009年12月16日，广东省编办批复《广东省旅游局所属事业单位分类改革方案》：保留省旅游质量监督管理所、省旅游职业技术学校、省旅游发展研究中心，省旅游服务中心更名为省旅游发展促进中心，均为正处级事业单位；撤销省旅游局机关后勤保障中心，局机关核定后勤服务人员数9名；增加旅游执法、开展和推动旅游业信息化建设、挖掘旅游文化历史与内涵、承担广东国际旅游文化节等宣传活动的日常工作等职能；经费来源得到进一步改善，省旅游质量监督管理所、省旅游职业技术学校、省旅游发展研究中心人员经费由财政补助，省旅游发展促进中心人员经费自理，后勤服务人员经费由省财政拨付。

【附：广东省人民政府办公厅印发广东省旅游局主要职责内设机构和人员编制规定的通知（粤府办〔2009〕60号）】

各地级以上市人民政府，各县（市、区）人民政府，省政府各部门、各直属机构：《广东省旅游局主要职责内设机构和人员编制规定》已经省人民政府批准，现予印发。

广东省人民政府办公厅

二〇〇九年八月十八日

广东省旅游局主要职责内设机构和人员编制规定

根据《中共广东省委、广东省人民政府关于印发〈广东省人民政府机构改革方案〉的通知》（粤发〔2009〕8号），设立广东省旅游局，为省人民政府直属机构。

一、职责调整

（一）取消和调整已由省人民政府公布取消和调整的行政审批事项。

（二）加强旅游综合改革、旅游应急救援、节假日旅游、红色旅游等综合协调职责。

（三）加强粤港澳台旅游合作与交流职责。

二、主要职责

（一）贯彻执行国家和省有关旅游工作的方针政策和法律法规，起草有关地方性法规、规章草案和政策并监督实施。

（二）研究和推进旅游综合改革，协调旅游安全、旅游应急救援、节假日旅游、红色旅游工作，引导休闲度假，协调和推动国民旅游休闲计划实施。

（三）制定国内旅游、入境旅游和出境旅游的市场开发战略并组织实施，组织广东旅游整体形象的对外宣传和重大推广活动，负责国内、国际旅游合作与交流事务。

（四）组织省内旅游资源的普查、规划、开发和相关保护工作，引导旅游业社会投资，引导旅游产品开发和旅游制造业发展，监测旅游经济运行，负责全省旅游统计工作及行业信息发布。

（五）协调管理旅游服务质量和市场秩序，组织实施旅游区、旅游设施、旅游服务、旅游产品等方面的标准工作，依法负责有关旅游业务的审核、审批工作和出入境旅游管理工作，指导旅游行业精神文明建设和诚信体系建设，指导行业组织的业务工作。

（六）会同有关部门拟订赴港澳台旅游政策并组织实施，开展对港澳台旅游市场推广工作，承办赴港澳台旅游的有关事务和其他粤港澳台旅游合作交流事务。

（七）制定并组织实施旅游人才规划，指导旅游教育培训工作，会同有关部门指导实施旅游从业人员的职业资格标准和等级标准工作。

（八）承办省人民政府和国家旅游局交办的其他事项。

三、内设机构

根据上述职责，省旅游局设8个内设机构：

（一）办公室（与机关党委办公室合署）

负责文电、会务、机要、档案等机关日常工作；承担信息、保密、信访、新闻宣传和政务公开等工作；负责机关和指导直属单位财务、党群工作。

（二）政策法规处（协调发展处）

起草有关地方性法规、规章草案和政策并监督实施；研究全省旅游经济运行中的重大问题，承担旅游体制改革的有关工作；承办有关行政复议、行政诉讼工作；承担旅游业政策、法规的宣传与咨询工作；承担机关有关规范性文件的合法性审核工作；协调和推动全国旅游综合改革示范区建设；承担旅游安全综合协调工作，指导旅游应急救援和保险工作；引导休闲度假，组织实施国民旅游休闲计划；承担节假日旅游和旅游节庆活动的综合协调工作；承担旅游扶贫工作。

（三）行业管理处

协调管理旅游服务质量和市场秩序；承担旅游标准有关工作，拟订、指导实施旅游景区景点、度假区及旅游住宿、旅游交通、餐饮、旅行社等的服务标准；承办旅行社审批、领队证审核、境外驻粤旅游机构审核和出入境旅游管理工作；指导旅游诚信体系建设和创建旅游强县工作。

（四）市场开发处

承担国内、国际旅游市场开发工作和合作交流事务，承担广东旅游整体形象的宣传推广工作；组织开展重点旅游区域、目的地、线路的宣传推广工作；指导驻其他国家和地区旅游办事机构的业务工作；推进旅游行业信息化工作。

（五）规划统计处

拟订旅游发展规划并组织实施；承担旅游资源的普查工作；指导重点旅游区域、目的地和线路的规划、开发和保护；引导旅游业社会投资及旅游制造业发展；承担旅游统计工作；承担红色旅游有关工作。

（六）港澳台旅游事务处

开展对港澳台旅游市场的推广工作；承办赴港澳台旅游的有关事务和粤港澳台旅游合作交流事务；指导驻港澳台旅游办事机构的业务工作。

（七）教育培训处

拟订并实施全省旅游行业人才教育培训的中长期规划；组织、指导旅游行业人员教育培训工作；指导实施旅游从业人员的职业资格标准、等级标准；承担旅游从业人员管理及导游证年审工作；承担国内外旅游教育培训的交流与合作工作；承担旅游人才援藏、援疆等工作。

（八）人事处

负责机关和指导直属单位的人事管理、机构编制、劳动工资和离退休人员服务等工作。

四、人员编制

省旅游局机关行政编制 62 名。其中：局长 1 名、副局长 3 名，正处级领导职数 9 名（含机关党委专职副书记 1 名）、副处级领导职数 12 名。

五、附则

本规定由省机构编制委员会办公室负责解释，其调整由省机构编制委员会办公室按规定程序办理。

发布部门：广东省政府，发布日期：2009 年 8 月 18 日，实施日期：2009 年 8 月 18 日。

（许文静供稿）

旅游人力资源开发工作

【广东旅游教育培训概况】 截至 2009 年底，全省有 7550 人取得饭店中高层管理人员岗位培训证书，其中总经理 1717 人，部门经理 5833 人；有 4813 人取得旅行社经理资格证书，其中总经理 3161 人，部门经理 1652 人；有 128 人取得景区中高层管理人员岗位职务证书，其中总经理 77 人，部门经理 51 人；有 49949 人取得导游人员资格证书。

2009 年，全省共举办旅游企业高层管理人员培训班 9 期，培训人员 1826 名；举办一线技能人员培训班 4 期，培训人员 823 名；举办行业考试 15 场，考生 18580 人；全省各级旅游培训机构培训旅游行业各类人员达 37 万人次。至年底，全省共有持导游证（IC 卡）人数为 45031 人。按照等级划分，其中初级导游员 43653 人，占 96.9%；中级导游员 1334 人，占 3%；高级导游员 44 人，占 0.1%。

【旅游业推动产业和劳动力“双转移”】 所谓“双转移”，是指珠三角劳动密集型产业向欠发达地区转移，欠发达地区劳动力向当地二、三产业和珠三角发达地区转移。为贯彻落实省委、省政府《关于加快广东省旅游业改革与发展建设旅游强省的决定》和《关于推进产业转移和劳动力转移的决定》精神，充分发挥旅游业在全省“双转移”工作中的作用，带动东西两翼和粤北山区旅游业发展。经省政府批准，省财政厅、省劳动和社会保障厅于 2008 年从“农村劳动力培训转移就业专项补助资金”划拨 600 万元给省旅游局，专门用于全省山区部分富余农村劳动力进入旅游业的培训、鉴定、转移就业工作。

省旅游局成立以杨荣森局长为组长的工作领导小组，各有关市、县旅游局相应成立以主管局长为组长的专责小组，具体负责推进当地旅游业农村劳动力培训转移工作。2009年初，省旅游局对各地市（县）农村富余劳动力状况、旅游从业人员状况、培训机构状况等情况开展调研，了解各地培训需求。确定梅州、河源、韶关、汕头、清远、惠州、潮州、揭阳、汕尾、云浮10个地级以上市和大埔、龙门、南澳、惠来、陆丰、英德6个县（市）为2009年广东省旅游业农村劳动力培训转移就业工作试点市（县）。

为做好此项工作，省旅游局与省职业技能鉴定指导中心开展合作，新开发“景区导游”和“农家菜烹饪”两个专项职业能力项目，并组织省内有关专家编写《景点导游》和《农家菜烹饪》教材，开发专项能力题库等工作。同时，对全省旅游行业急需的“餐厅服务员”及“客房服务员”两个职业工种开展培训。2009年全省共开展上述4个工种（专项能力）农村劳动力培训转移就业工作。

省旅游局在惠州召开各有关市、县旅游局长，业务科室负责人，培训机构负责人及具体经办人等参加的工作会议。全省各试点市（县）共有4000多名农村富余劳动力报名参加培训转移就业工作。按照《广东省农村劳动力技能培训转移就业定点培训机构认定办法》等有关要求，对试点市（县）申报的培训学校进行实地考察和严格审核，认定16家可以承担旅游技能培训和鉴定工作的职业技术学校为省旅游业职业技能培训基地。10月19日，广东省旅游局系统农村劳动力培训启动仪式暨河源市农村劳动力培训开班典礼在河源隆重举行。省旅游局副局长张振林、省农工办副主任魏建文、河源市副市长吴有必、省职业技能鉴定指导中心副主任杨耀基等领导出席活动并颁发“广东省旅游行业技能培训基地”的匾牌和签订《目标责任书》。全省旅游业16家试点市（县）农村劳动力培训工作全面展开。

【首次设立职业技能鉴定所】 2009年4月2日，省劳动和社会保障厅接受省旅游局设立职业技能鉴定所申请并对外公示，于2009年7月正式成立广东省旅游服务中心职业技能鉴定所。鉴定的工种包括餐厅服务员、前厅服务员、客房服务员，鉴定等级为初级、中级和高级。鉴定所开展鉴定的项目包括餐厅服务员、客房服务员、前厅服务员3个职业工种以及景点导游、农家菜烹饪等专项能力项目。7月中旬，省旅游局在广州举办全省旅游系统职业技能鉴定考评员培训班，共有来自全省18个地级以上市的196名准考评员参加为期3天的培训和考试，其中景点导游准考评员71人、农家菜准考评员56人、客房服务员准考评员38人和餐厅服务员准考评员31人。至年底，全省16个试点市县分3批完成近4000名农村劳动力学员技能鉴定工作。

举办全省旅游系统职业技能鉴定考评员培训班

【生态文明与旅游资源开发培训班】 2009年6月1～6日，由省委组织部主办、省旅游局协办、中山大学旅游学院承办的“广东省领导干部生态文明与旅游资源开发研讨班”在中山大学举办。6月1日，副省长万庆良、省委组织部副部长林存德、省旅游局局长杨荣森、中山大学党委书记郑德涛等出席开班典礼并作重要讲话。有关地级以上市分管领导和旅游、林业部门主要负责人，全省部分县（市）分管旅游工作的领导共112名学员参加研讨班。研讨班邀请到中国旅游研究院、中国社科院旅游研究中心以及中山大学等科研机构和高校的知名专家学者为学员授课。专家就旅游与可持续发展、旅游与城市建设、生态文明与城市形象、生态文明与旅游目的地建设、珠三角发展纲要与珠三角城市建设、珠三角酒店业的发展等问题进行研讨，对一些热点、难点问题展开专题讨论。其间，还组织学员到广州增城市实地考察乡村旅游发展情况。

【全国导游人员资格考试】 2009年3月和9月，全省组织完成两次全国导游人员资格考试工作。第一次考试有6951人报名参加，通过人数为2678人，通过率达38.5%。第二次考试有10262人报名参加，通过人数为3112人，通过率达32.67%。全年共5790名考生获得导游员资料证书。本年导游考试呈现两个新特点：一是按照《内地与香港关于建立更紧密经贸合作关系的安排》补充协议五（CEPA）相关政策，从2009年1月1日起，全国导游人员资格考试首次允许香港永久性居民中的中国公民参与内地导游人员资格考试。全年有39名香港居民报名参考，其中4人通过考试。二是根据省财政厅规定，从2009年度第一次导游人员资格考试报名开始，广东省导游人员资格考试和等级考核收费收入，实行“收支两条线”管理，全额上缴省国库。全年的导游资格考试工作进展顺利，从规范题库建设、强化考评员培训、严抓试题质量到从严考试纪律等方面，环环相扣，层层把关。7 月 9 ~ 12 日，省旅游局在湛江举办共有250 多人参加的口试考评员培训班；3 月 27 ~ 29 日和9 月 25 ~ 27 日在广州市举办分别有 87 人、112 人参加的英语口试考前培训班。

举办广东省全国导游人员资格考试口试考评员培训班

【粤港澳旅游人才合作】 为深化粤港澳区域旅游合作，推进 CEPA 旅游业在广东先行先试，省旅游局教育培训部门按规定组织旅游业高层管理人员攻读香港理工大学旅游酒店及旅游业管理硕士学位班，加强粤港澳导游员交流与合作，推动粤港澳旅游人才合作进程。首先，组织广东省旅游高层管理人员攻读香港理工大学酒店及旅游业管理硕士学位，共有 12 人报读。此外，为落实 CEPA 补充协议五关于香港居民报考内地导游资格考试政策，于 9 月 24 日在香港开设“香港居民如何申领内地导游证和领队证”的专题讲座，香港职业训练局官员、香港导游及社会人士近 400 人参加。

举办旅游业国家资格考试培训意向书签署仪式

【饭店中高层管理人员系列岗位培训班】 2009 年 8 月，全省饭店总经理和前厅客房部、餐饮部经理岗位培训班分别在东莞嘉华酒店、广州燕岭大厦举办。来自全省 235 名中高层管理人员（其中总经理班 89 人）参加培训学习。培训班采取专家授课、经验介绍、互动交流、座谈讨论以及实地考察等形式进行，共同探讨旅游酒店管理的经验和做法。培训班为学员提供了一个学习业务知识、加强同行交流的良好平台。

【赴汶川地震灾区“送教上门”】 为贯彻落实省委省政府支援汶川重建工作部署，切实履行与汶川县旅游局签订的帮扶协议，教育培训处积极开展“送教上门”活动。2009 年 3 月下旬，“广东省旅游局支援汶川旅游行业岗位培训班”在汶川县举办。培训班为期 3 天，共派出 3 名专业教师授课，开设 6 门课程，设置 24 个课时，培训学员 200 多名。培训班适用性强，针对性突出，取得良好成效，为支援汶川地震灾区开辟新途径，为汶川县旅游业的恢复重建提供了有力帮助，并促进了广东与汶川旅游业界的交流与友谊。

省旅游局赴汶川“送教上门”

【全国第七批导游援藏工作】 为做好 2009 年全国第七批导游援藏工作，教育培训处高度重视，积极配合国家旅游局做好导游员选送及组织工作。经过努力，共选送广东国旅国际旅行社股份有限公司王海青、广东铁青国际旅行社有限公司王楠楠、韶关市旅游协会黄寿辉、珠海市导游服务中心导游管理专业委员会于聪等 4 名政治可靠、素质过硬的外语导游员执行援藏任务。期间，省旅游局组织相关单位于 9 月下旬前往拉萨慰问援藏导游员。2009 年，援藏导游员王楠楠、王海青获得国家旅游局“全国第七批援藏导游员西藏自治区先进个人”荣誉称号。

【红色旅游教育培训工作】 2009 年，根据全国红色旅游工作协调小组办公室印发《关于第二届全国红色旅游导游员电视大赛的通知》，省旅游局教育培训部门组织选手分别参加全国第二届红色旅游导游员电视大赛、第四期全国红色导游讲解师资培训班以及录制“金牌导游说红旅”网上展播片等工作。5 月至 7 月，国家旅游局组织开展“全国红色旅游讲解员”电视大赛，省旅游系统于 4 月在广州举行第二届全国红色旅游导游员大赛广东赛区选拔赛，来自全省 14 个地级以上市的 28 名选手参加比赛。大赛选出南海中旅旅行社有限公司吴雄均和吉林大学珠海学院王靖两名选手赴京参加全国比赛，并获得“第二届全国红色旅游导游员电视大赛优秀导游员”。

第二届全国红色旅游导游员电视大赛广东赛区选拔赛

【中、高级导游员研讨会】 2009年5月22～23日，2008年度中、高级导游员研讨会在广东科学馆举办。全省共有958名中高级导游员参加研讨会。本次研讨会旨在全面贯彻落实省委、省政府《关于加快广东省旅游业改革与发展建设旅游强省的决定》，结合"2009中国生态旅游年"宣传主题而进行的，并有针对性地开设"导游讲解技能与语言艺术"及"国民旅游休闲计划与生态旅游"专题讲座，邀请到北京第二外国语学院教授吕龙根、暨南大学深圳旅游学院教授董观志授课。研讨题材新颖、内容实用性强。

【推进酒店职业英语等级考试】 2009年，省旅游局教育培训部门继续积极推进酒店职业英语等级考试项目。分别在广东省旅游职业学校、广州华通外语培训学校、广州番禺职业技术学院、珠海第一职业学校、广州科技贸易职业学院、惠州市旅游学校、深圳广播电视大学等地共举行14场考试，共1183名酒店一线员工及旅游院校学生参加，718人经考试合格。酒店职业英语等级考试的顺利推进，对于全省酒店业整体服务质量的提升有着重要的意义，为今后开拓网络培训、考试等新型模式积累经验。

【中级导游员等级考核评定】 2009年12月5日，由国家旅游局统一组织的中级导游员等级考试在广州举行。本次等级考试包括中文、英语、俄语、泰语四个语种，全省共523人报名参加考试。按照国家旅游局的统一安排，省旅游局教育培训处按要求做好考前培训、考试、阅卷等工作。期间，于11月中下旬在广州举办中级导游员等级考试中文考前培训班，聘请经验丰富的教师紧扣大纲进行授课。

【全省导游IC卡制卡工作会议】 2009年9月15～16日，广东省首届导游证（IC卡）制作管理工作会议在广州召开，全省各地级以上市旅游局导游证件制作及管理人员60多人参加会议。会议通过对证卡制作职业道德、导游证（IC卡）制作管理制度、导游证（IC卡）制作管理程序、证件制作管理有关法律知识的辅导以及各市证件制作管理经验交流等环节，进一步严肃证件制作管理纪律，提高各市旅游局证件制作管理人员法律意识，确保广东省导游证件制作管理工作程序化、规范化、科学化。

【外语导游考试教材编写】 近年来，广东省全国导游人员资格考试外语类考生报名人数逐年上升。2009年，省旅游局教育培训部门组织各级旅游管理部门、有关旅游院校及旅游企业的专家、学者和管理人员编写《广东英语导游》、《广东日语导游》两本外语导游考试教材。教材内容丰富，实用性强，既可帮助访粤外国游客更好地了解广东，也可作为旅游院校学生及持证英语导游员的参考资料。

【旅游院系建设】 2009年，广东旅游人才培养继续朝着包括研究生教育、本科教育、专科教育和中等职业教育四个层次进行，多数旅游院校开设有旅游管理、旅游外语、饭店服务与管理、旅行社服务与管理、烹饪等专业。截至2009年底，全省共有高、中等旅游院校（包括完全的旅游院校和只开设旅游系或旅游专业的院校）136所，其中高等院校66所，中等职业学校70所。旅游院校在校生为66292人，其中旅游高等院校在校生26233人，旅游中等职业学校在校生40059人；全省旅游院校拥有旅游专业教师2642人，其中旅游高等院校1319人，旅游中等职业学校1323人。

附件

广东旅游院系简介（续）

【珠海城市职业技术学院旅游系】 位于珠海市金湾区西湖城区金二路。是由珠海市政府主办的全日制普通高等院校，于2004年4月经省政府批准成立，并报国家教育部备案。学院现有教职工400余人。学院下设经济管理学院、工程与信息学院、国际合作与交流学院、人文社科系、艺术设计系和成人教育学院（珠海电大）5个二级学院，开设36个专业，涵盖计算机、电子信息、通信、制造、财经、公共事业、文化教育、艺术设计等10多个高职教育职业技术门类。

该院旅游系于2005年9月正式对外招生，设有酒店管理和旅游管理两个专业。目前在校学生有397人，现有专职教师10人，其中高级职称2人，博士、硕士7人，均持有导游员、高级调酒师、旅游咨询师等职业资格证书。旅游系拥有酒店客房实训、前台实训、中西餐饮实训、酒吧实训和导游实训等旅游综合一体化实训室，面积约250平方米。与珠海度假村酒店、深圳大梅沙京基喜来登酒店、惠州皇冠假日酒店、澳门中国旅行社、珠海拱北口岸中国旅行社和珠海圆明新园旅游有限公司等20家大型企业建立紧密的合作关系。毕业生就业率达97.5%。

珠海城市职业技术学院

【珠海艺术职业学院旅游系】　坐落在珠海大道中部金湾区大学城内，占地200多亩，建筑面积4万平方米。学院创办于2003年3月，是由加拿大佳毅国际教育集团和国内知名企业家合资兴建，经省政府批准，教育部备案，颁发电子注册学历文凭的全日制普通高等艺术院校。校园环境优美，秩序井然。面向全国20多个省、市、自治区招生。学院招收五年一贯制高职高专学生，在初中毕业生中培养大学专科层次的艺术类专门人才。设有旅游（酒店经营管理与餐饮管理、旅行社经营管理与导游）、舞蹈（舞蹈表演与教育、现代舞、舞蹈编导）、音乐（音乐表演与教育、音乐剧表演、计算机音乐制作）、艺术设计（环境艺术设计、视觉传达艺术设计、动画设计）等八个专业教学系、部，有22个专业（专业方向），各专业特色鲜明，适合社会经济发展和职业岗位需求，适宜各类人员学习和就业。

学院旅游系目前开设旅行社经营管理及导游和酒店与餐饮管理两个专业。旅游系立足于为珠江三角洲及港澳地区旅游产业发展服务。现有教授及副教授4人、讲师8人，具有硕士研究生学历4人。各专业定位于旅游高等职业教育，在校学习期间，要求学生运用理论知识的能力、组织管理能力以及文化修养达到高职高专学生必备的水平，岗位工作技能优于本科学生。在理论课教学中，本着所学的知识“有用、够用”的原则，有层次的开设三年的各门专业理论课程，特别注重学生英语应用能力的提高。在实践技能课教学中，为学生开设实践学习的“三个平台”：课堂案例教学平台、校内实践平台、校外实践基地平台。学生实习、见习单位均安排在香港中旅的海泉湾度假城、珠海度假村、西藏大酒店、星城大酒店等旅游企业。历届毕业生就业率都达到97.6%以上。

【汕尾职业技术学院旅游管理专业】　位于汕尾市城区文德路。面积约700亩，建筑面积7.4万平方米。该院由市政府创办，省政府批准，国家教育部备案的专科层次公办普通高等院校。学院坚持“以人为本、服务社会、内涵发展、彰显特色”的办学理念，树立“人才培养质量是学院生存与发展生命线”的观念。推行“双证书”制度，积极组织开展职业资格考核认定，提升毕业生职业技能和就业竞争力。

该院现有教职工307人，专任教师223人，其中具有副高以上职称的教师占24.9%。设有中文系、外语系、数学系、电子信息系、经济管理系、艺术与体育系以及思想政治理论课教学部。开设27个专业，全日制在校专科生4631人，专科函授生224人。

学院经济管理系旅游管理专业开设于2008年9月。拥有专业教师26名，其中副高以上职称3名，中级以上职称7名，全国导游人员资格考评员1名，5名教师拥有导游人员从业资格证，12名教师都具备“双师”资格。建立了12个校外实训基地和1个校内实训室，并与校外实训基地建立紧密的产学合作关系。旅游管理专业把培养学习的实际操作能力作为主要目标，采取“2+1”教学模式的专业，前两年在学校完成全部校内规定课程，第三年在旅游企业顶岗实习。他们把培养掌握旅游企业管理和服务的基本知识与技能，从事旅行社、旅游饭店的经营管理、接待服务和高级技术应用性专门人才作为培养目标。

【惠州学院旅游系】　位于惠州市区，占地总面积160.65万平方米，校舍建筑面积27.21万平方米，绿化面积11.38万平方米，绿化覆盖率达到70%，连年被惠州市授予“花园式单位”称号。是省属公办综合性本科大学。

学院拥有教学仪器设备7750.12万元，馆藏图书109.78万册，电子图书60.99万册。招生范围包括全国21个省（区、直辖市）。现有全日制本、专科在校生12038人，成人类学生5815人。拥有教职工881人，专任教师629人，其中教授（正高）71人，副教授（副高）175人，博士89人，硕士316人，高级职称的教师246人。学院现有服装系、经济管理系等16个系、部。另设有成人教育学院、建筑规划设计院、高等教育研究室及“苏轼寓惠研究所”、“东江文化研究所”等17个研究所。学院致力于立足惠州、面向广东，为地方经济建设培养应用拓展型高素质人才，力争把学院办成一所特色鲜明、有较大影响的应用型本科大学。

旅游管理专业于2000年开办专科，2006年开办本科。现有专任教师16人。其中教授1人，副教授4人；博士学位教师4人；具有导游、餐厅、客房等职业技能考评员资格教师5人；有7名教师担任惠州市旅游服务中心兼职教师，4名教师以专家身份服务地方。近年来，本系教师共承担各类科研项目12项，发表学术论文30多篇，出版教材及著作

5部。原惠州大学于1999年筹办旅游管理专科，2000年正式招生。旅游管理专科依托地理专业（1986年开办专科）办学，以培养导游员为重点。先后招收六届330名专科生。专科毕业生中已有7人先后获得“惠州市十佳导游员”称号。全系有模拟客房、模拟餐厅、模拟导游、地理综合等4个专业实验室，另有惠州康帝国际酒店、惠州洲际度假酒店、环宇国际旅行社等20个校外实习基地。设有旅游管理师范类、旅游管理（旅行社管理、酒店管理2个专业方向）、地理科学（师范类，设地理教育、资源环境2个专业方向）两个本科专业，致力于培养从事地理教育教学与研究、旅游管理、酒店管理等工作的高级应用型人才。

惠州学院

【惠州旅游学校】 该校前身为广东省惠阳地区供销学校，创办于1964年，1988更名为惠州供销学校。2000年6月，因创建中国优秀旅游城市的需要，经省政府批准，增设旅游类专业，更名为惠州旅游学校。学校确立“面向就业市场，服务第三产业”的办学宗旨，全力打造旅游职业教育品牌。2006年4月学校被评为“广东省重点中等职业学校”。

学校占地面积100亩，建筑面积45000平方米，面向全国招生，现有在校生2885人。学校设有导游与旅行社管理、航空服务与导游、现代酒店管理（半工半读）、现代酒店管理（康帝班）、现代酒店管理（喜来登班）、旅游商务外语（英语，韩语）、旅游服务与管理、旅游服务与管理（高中起点）、会计与金融事务、国际商务（现代物流）、商务秘书与会展管理、市场营销、电子商务、计算机应用、艺术幼师教育等十五个专业。学校现有在职在编人员107人。其中，专业技术人员80人，占教职工总数的78.6%，高级职称20人，中级职称29人。

学校拥有导游实训室、茶艺室、餐饮实训室、客房实训室、酒店前厅实训大堂、会计电算化实训室、商务实训室、形体训练室、舞蹈室、声乐室、语音室、书画室、多媒体教室、电子阅览室、计算机中心、新闻中心、学生实训超市、校园网、校园广播系统、现代化图书馆、导游实训长廊等教学设备设施。

学校与旅游企业全面开展对口培养工作，贴近市场办学。2007年，学校成为惠州市旅游协会会长单位；连年协办惠州市饭店技能大赛和导游员技能大赛；为惠州市星级酒店和旅行社的管理人员进行全面技能培训；学校先后同康帝国际酒店、喜来登度假酒店、世界金钥匙酒店联盟、奥林匹克花园、罗浮山嘉宝田国际会议酒店、东莞电信等30多个大型企事单位签订校企合作协议，成为企业人力资源战略合作伙伴单位，而企业则是学生见习、实习、就业基地。学校成立了“惠州旅游学校专业教育指导委员会”，为学校办学定向把脉。目前，学校系广东省首批（旅游行业）农村劳动力转移定点培训机构。

按照惠州市贯彻落实《珠三角改革发展规划纲要》实施规划，惠州市积极打造“3510”工程，力争将惠州打造成为粤港澳地区休闲度假基地。旅游业的强劲发展必然带来对旅游专业人才的大量需求，但就惠州市而言，专业人才的短缺已成为制约旅游业发展的关键因素之一。作为惠州市唯一一所公办全日制旅游职业学校，学校将与时俱进，努力承担起培养高素质旅游专业人才的重任。

惠州旅游学校

【广东海洋大学旅游类专业】 广东海洋大学是广东省人民政府和国家海洋局共建的省属重点建设大学，是一所以海洋和水产学科为特色，理、工、农、文、经、管、法、教等学科协调发展，以应用学科见长的多科性海洋大学，是教育部本科教学工作水平评估优秀院校，是国家新增博士学位授予权规划建设单位。学校设有主校区、霞山校区、海滨校区3个校区，校园占地4911亩。学校现有水产学院、食品科技学院、海洋与气象学院、经济管理学院、航海学院、体育与休闲学院、中歌艺术学院、职业技术学院等18个二级学院，1个独立学院——寸金学院。现有3个国家批准规划建设的一级学科博士点，16个硕士点，61个本科专业，37个高职高专专业，3个省级重点（扶持）学科，5个教育部高等学校特色专业建设点，2个广东省名牌专业。学校自从1999年开设旅游英语专业。现有森林游憩管理专业、滨海休闲体育和旅游管理专业。长期以来，学校为广东省培养了大量旅游专业人才，学生在历年的全国导游资格考试中通过率都很高。学校现有旅游专业教师12人，其中副教授3人、博士4人，招收旅游管理方向硕士研究生，具备完整的旅游人才培养体系。

广东海洋大学

【湛江市旅游职业技术学校】 湛江市旅游职业技术学校（湛江市第八中学）始建于1962年，是一所“一套班子，两块牌子”的公办综合性学校。近年来，学校坚持“以人为本，以德立校，以法治校，人才兴校，质量强校”的治校方略，坚持“让上级领导放心，让每位家长满意，让每个学生向往，让每名教师引以自豪”的办学思想，走提升内涵、扩大规模、创建特色相统一的可持续发展之路。

学校坐落在中国优秀旅游城市、中国十大休闲城市——湛江市，校园面积39000多平方米。学校现发展到50多个教学班，学生3000多人，开设有旅游服务与管理、酒店服务与管理、美容纤体与管理、幼儿师范等10个专业，打造了旅游、幼师两个专业品牌。学校师资力量雄厚，拥有一批享誉粤西的名教师和国家级、省级骨干教师。学校现有专兼职教职工152人，其中专任教师130多人，中高级职称达70%，研究生学历5人。

为适应经济的发展和社会的需求，学校职业教育与企业联姻、与高校联盟，不断拓展专业空间及学历层次，促进职业教育的健康快速发展。毕业生的就业率是职业教育生存与发展的生命线，学校以提高毕业生就业率作为提高办学效益的突破口，多形式、多渠道为学生拓展就业门路。近年学校建立了供求就业网络，为珠三角经济发达地区输送了大量人才，连续多年就业率达96%以上。

【广东省粤东高级技工学校】 广东省粤东高级技工学校（原汕头市高级技工学校）创立于1970年，是省人力资源和社会保障厅直属的第一所副厅级高级技工院校。现为国家重点技工学校、粤东技师学院和省高技能人才实训基地，是国家和省职业技术教育先进单位。

学校占地面积407亩，建筑面积10万平方米（含在建）。现有在校生8000多人、教工350多人，其中中、高级职称教师89名，技师、高级技师86名。学校拥有PLC、数控机床、VMC加工中心、多媒体教室、专业技能训练教室（车间）和技能鉴定平台、智能型高级技师实训考核设备等多种先进教学实习设备。办学层次包括技师（兼修大专、本科）和高级技师、高技（兼修大专）、高技和中技等。近几年来，毕业生的推荐就业率一直保持在98%以上。

学校旅游与酒店管理部（系）是第一个试行二级管理、采用准军化模式的教学管理部门。该部（系）办学层次包括技师（兼修大专）和高级技师、高技（兼修大专）、高技和中技，设立的专业有酒店服务与旅游（导游方向）、酒店服务与旅游（酒店方向）、茶艺与营销、中式烹调、中西式面点等专业。目前，部（系）的学生人数有800多人，教职工人数34人，师资队伍较雄厚，中、高级职称讲师5名，技师、高级技师9名。学生毕业就业率100%。

湛江市旅游职业技术学校

【汕头市鮀滨职业技术学校】 该校于1983年由一所完全中学改制为职业高中，定名为汕头市鮀滨职业中学。于1999年8月与市外语中专、旅游中专合并，2004年9月市贸易成人中专并入，2006年1月更改为现名。学校坐落在汕头市。建校以来，坚持“以服务为宗旨，以就业为导向，以能力为本位，以技能为核心，以素质为根本”的职业教育办学方向，确立并实践“基础＋专业＋特长”的三维人才培养模式，融中等职业教育的基础性、职业性和个性化于一体。确立了“厚德砺技务实创新”的校训，先后被授予“全国职业技术教育先进单位”、“广东省教育系统先进集体”、汕头市“文明学校”、“健康教育示范学校”等荣誉称号。

学校现有3个校区（汕樟校区、广厦校区和南滨校区），占地121.4亩，建筑面积2.67万平方米；拥有包括计算机、商务英语、会计、市场营销、旅游服务与管理等各类专业的实训室和多媒体教室共31间的配置。开设计算机及应用、商务英语、国际商务、电子商务、会计、市场营销、旅游服务与管理、现代物流等12个专业。学校现有全日制在校生3700多人。拥有一支结构日趋合理的由专业带头人、骨干教师、"双师型"教师和外聘教师组成的教学团队。现有教职工222人，其中专任教师190多人，高级职称53人，中级职称72人。

旅游管理专业创办于1994年，以酒店管理、导游为主要培养方向，目前在校学生120多人。学生就业后主要从事导游员、定点讲解员及外联、计调、前台、文员、咨询服务员等工作岗位及基层管理工作。该专业已建成导游实训室、中餐实训室、客房实训室等专业基本技能实训室；与德华民俗风情园等单位合作建立校外学生实训基地。旅游管理专业教学师资力量雄厚，具备高级职称的教师2名，持有全国导游员资格证的"双师型"教师3名。

（凌丽莉）

【广东省旅游职业技术学校】

〖概况〗地处广州市白云山麓，南湖之畔，占地200亩，建筑面积约7万平方米。该校创建于1984年，为全国最早建立的省级旅游学校之一，属公办国家级重点职业学校，系广东省和国家级重点职业学校、中国旅游协会常务理事单位和旅游教育分会副会长单位。现有全日制在校生6000人，教职工近300人。目前开设11个主干专业，其中，旅游服务与管理、酒店服务与管理被列为全省骨干示范专业，旅游艺术、旅游英语和旅游日语是学校特色专业。

该校长期以来，不断探索旅游人才培养模式，形成自身独特的办学理念，始终坚持面向市场、面向旅游业的办学方向，与国内外知名企业形成长期合作培养人才的机制，走出了一条产教紧密结合的校企合作之路，形成了以珠三角地区为中心，辐射港澳和国内大中城市以及美国、日本的实习就业网络。拥有100余家知名企业参加的校企合作理事会作为学生实习就业基地。历届毕业生就业率高，分布在旅游、航空、通讯、电信、银行、党政机关等各个服务行业和"窗口"单位。

25年来，该校先后荣获全国教育系统先进集体、全国德育先进集体、广东省中职学校竞争力"十强单位"、广东省直工委先进单位、广东省安全文明校园等荣誉称号。

校园概貌

〖**25周年校庆**〗 2009年12月19日，广东省旅游职业技术学校在校文化广场举行建校25周年庆典活动。副省长万庆良、省旅游局局长杨荣森、省人事厅巡视员赵伟光、省教育厅巡视员李小鲁以及华南师范大学王国建、中国旅游协会旅游教育分会秘书长李南等兄弟院校200多名嘉宾出席盛典，逾千名校友重走校园路、共叙同窗情。万庆良在庆典仪式讲话时转达了中共中央政治局委员、省委书记汪洋，省长黄华华对全体师生的亲切问候，他充分肯定学校多年来努力探索旅游职业教育的办学成功模式，为广东旅游事业的发展培养和输送数以万计的旅游专业人才，希望社会各界为广东省旅游学校今后的发展营造更好的环境，提供更加有力帮助和支持。

万庆良等领导参加建校25周年盛典活动

（梁定宽）

旅游行业协会

广东省旅游协会

【总体情况】 2009年，省旅游协会认真学习和贯彻落实《关于加快我省旅游业改革与发展建设旅游强省的决定》，除完成好中国旅游协会、省旅游局交办的任务，协调、支持好各地市旅游协会的工作、处理好本会的日常业务外，发挥本会各行业协会、分会的作用，加强协会建设，做好行业自律，保障行业健康发展，以“粤游粤精彩”为主题，着力做好“引客入粤”和“广东人游广东”的工作。

【第四届会员代表大会】 2009年9月4日，省旅游协会第四届会员代表大会在广州长隆酒店国际会议中心隆重召开。大会推举省人民政府万庆良副省长和省政协原副主席许德立为省旅游协会名誉会长；省人民政府副秘书长刘晓捷、省政协外事侨务委员会主任吕伟雄、省人大民族宗教委员会副主任郑通扬为名誉副会长。大会选举产生了广东省旅游协会第四届理事会及其常务理事会，省旅游局局长杨荣森当选会长，曾维炳、周开生、张振林、王志红、朱力、李小甘、苏志刚、陈港、蓢迪岸、李进明、刘建新、王万年、黄颖聪、冯劲、李进茂、麦月嫦、刘凤波、郑烘、温祈福、刘汉华、张本川当选副会长，李进茂兼任秘书长。大会还审议通过了《第三届理事会工作报告》、《广东省旅游协会章程修正案》和《广东省旅游协会机构设置方案》。

【中国旅游协会温泉旅游分会在珠海成立】 2009年6月18日，由广东省旅游协会、广东温泉行业协会承办的中国旅游协会温泉旅游分会成立大会在珠海海泉湾度假区隆重举行。国家旅游局副局长、中国旅游协会副会长杜江、中国旅游协会秘书长刘志江、副秘书长蒋齐康、国家旅游局人事教育司副巡视员周景萍、广东省旅游局副局长王志红、香港中旅国际投资有限公司副总经理薄宝华、珠海海泉湾度假区和来自全国各地的温泉企业代表、专家等200多人出席成立大会。国家旅游局副局长杜江在大会上讲话。大会按照民主程序，通过推荐与自荐相结合的方式，产生第一届温泉旅游分会理事会，港中旅（珠海）海泉湾度假区被推选为会长单位。目前中国旅游协会温泉旅游分会已有会员110余家，覆盖全国大部分省、自治区、直辖市。会议代表考察了从化碧水湾温泉、增城金叶子温泉和佛冈聚龙湾温泉。

会后杜江副局长一行考察珠海、江门的旅游业，省旅游局局长杨荣森、副局长王志红，珠海、江门市政府领导和旅游局领导陪同考察。

【省内游促销】 2009年9月12～13日，由广东省旅游协会主办，乳源县县委、县政府承办，博爱名城文化产业有限公司策划的粤游粤精彩·乳源发现之旅大型记者采风活动成功举办；利用协会与电视台长期合作的关系，避开广告费用极高的套路，与各地市旅游协会合作筹拍10集“粤游粤精彩”电视专题片，每集10分钟，在广东电视台体育频道黄金时刻插播；3月27日，由省旅游协会、东源县人民政府、河源市旅游局联合主办，万绿湖风景区管理委员会承办，广东旅行社行业协会协办的“我为万绿再添绿”环保植树活动在河源万绿湖龙凤岛举行；2009年，由广东省旅游协会、广东省邮政公司联合开发的《粤游粤精彩——广东旅游门票明信片》共发行了12万册，全省4000家邮政网点同时发行，惠民金额达3亿元人民币，受到社会各界的热烈欢迎，受到省政府领导表扬，为各加盟景点营造良好的宣传效应。

【国民旅游休闲计划】 2009年4月30日，由广东省旅游局、清远市人民政府和广东省旅游协会联合主办的2009广东（清远）国民旅游休闲文化论坛在清远国际会展中心报告厅举行。论坛对我省率先试行国民旅游休闲计划、培养国民旅游休闲意识、推动旅游休闲文化发展等问题进行了深层次探讨和交流；10月18日，由省旅游协会主办，联合各高校学生社团、旅游产业单位共同参与的大型综合性活动第二届广东大学生旅游文化节在广州大学城岭南印象园正式启动，推动广东国民旅游休闲计划走进校园；10月25日，在河源御临门温泉度假村主办第四届广东国际温泉旅游节；12月23日，在惠州罗浮山主办第三届广东自驾旅游节；与此同时，省协会还协助相关处室举行了国民旅游休闲计划的各专项活动——科技、森林、农业旅游的启动仪式。

【加强与各协会的交流与合作】 受广东省旅游局委托，以广东省旅游协会的名义组成广东旅游促销分团，参加“第四届海峡两岸台北旅展”，推动海峡两岸旅游业的深度交流与合作；2009年1月12日，广东省旅游协会、广东省质量协会在省旅游局的指导下，联合主办了“广东品质旅游论坛”，试行“优质旅游计划”。广东四大龙头旅游企业现场签约缔结横向的“品质旅游联合体”，并宣读了共同商定的《广东省品质旅游联合体诚信条约及行为规范标准》。

此外，省协会还积极与其他各行业协会密切配合，以圆满完成省政府、省局的各项工作：指导旅行社行业协会完成《金融危机和甲流对我省旅行社的影响分析及对策研究报告》；指导酒店行业协会落实2008、2009－2010年中央党政机关工作人员广东（不含深圳市）出差住宿及会议定点饭店选定、签约及相关管理工作；指导酒店行业协会起草《广东省餐饮服务质量评定标准》；大力支持、指导温泉行业协会和自驾协会各项活动的开展等。

【温泉行业协会出省办论坛】 2009年6月26日，由广东省旅游协会与阜新市人民政府共同主办，中国旅游协会温泉旅游分会支持，广东温泉行业协会、广州座头鲸文化传播有限公司策划执行的“中国·阜新地热（温泉）资源开发高峰论坛”在辽宁阜新隆重举行。论坛对广东的温泉旅游景区规划设计、设备、管理技术输出和游客招徕产生积极的影响，也对阜新的温泉开发起到借鉴作用，国内外温泉专家到会发表主题演讲。论坛上，广东温泉行业协会专家介绍了广东温泉旅游的发展情况；国家旅游局规划司的窦群博士就阜新地热资源开发利用前景作了深入分析；广东温泉行业协会高级顾问、中国温泉水质专家冼汉隆介绍了中国地热资源分布及水质特点与阜新特色；来自意大利的世界温泉及气候养生联合会（FEMTEC）副主席兼技术委员会主席乔瓦尼阐述了当今世界地热温泉水利用的战略与技术；韩国国家温泉协会的主席介绍了温泉国温泉地热水的运用现状。

附件

广东省旅游协会机构设置方案

一、领导机构：

1. 最高权力机构：会员代表大会
2. 领导机构：理事会
3. 常务领导机构：常务理事会
4. 决策机构：会长会议

二、组成机构：

1. 广东酒店行业协会
2. 广东旅行社行业协会
3. 广东省自驾旅游协会
4. 广东温泉行业协会
5. 导游分会
6. 旅游文化传媒专业委员会
7. 景区景点分会（筹）
8. 旅游教育培训分会（筹）
9. 漂流旅游分会（筹）
10. 电子商务旅行分会（筹）
11. 旅游交通专业委员会（筹）
12. 旅游商品专业委员会（筹）

三、工作机构：

秘书处

内设部门：

1. 财务部
2. 会员服务部
3. 合作发展部

【广东酒店行业协会】

〖承担政府委托工作〗 受广东省财政厅委托，广东酒店行业协会（下称“酒店协会”）继续承接了2009—2010年中央党政机关工作人员广东（不含深圳市）出差住宿及会议定点饭店补充招标的选定、签约及相关管理工作。截至2009年8月底，共有66家酒店通过竞标被确定为政府“定点饭店”。9月初，按照国家财政部和省财政厅的要求，酒店协会与分别中标单位签定协议并颁发牌匾，进行网上注册管理；受广东省技术监督局和省旅游局质量规范与管理处委托，酒店协会在2008年起草的《广东省餐饮服务质量评定标准》的基础上进一步完善《标准》内容。经深入论证、广泛听取意见，该《标准》提交省技监局审批，并于11月4日批准通过，于2010年3月1日起实施。该协会还承担了2009广东国际旅游文化节大会贵宾厅、主席台的接待服务工作。

〖举办首届广东省高职高专酒店管理技能大赛〗 2009年6月12日，由广东酒店行业协会与广东高职高专酒店管理专业教学指导委员会联合主办的首届广东省高职高专酒店管理专业技能大赛在广东农工商职业技术学院举办。本次大赛由广州大厦协办，广东农工商职业技术学院承办。大赛吸引全省15家高职高专院校的300多名选手参赛，另有3家院校代表前来观摩。比赛共设斟酒、餐巾折花、中式铺床和中餐摆台4个项目，分别进行单项赛和团体赛。单项赛主要考验选手的个人能力，以速度和质量为标准，而团体赛则体现配合和整齐，以协调性和一致性见长。大赛期间，还安排了一场别开生面的广东省旅游管理类专业精品课程大纲教材编制座谈会，与会领导与老师相聚一堂，共同探讨专业建设及发展的未来。

〖**积极发展与服务会员**〗 2009 年 4 月，广东酒店行业协会会长办公会议和会员年会在广州珠江新城富力君悦酒店召开。会议决定增补恒大酒店管理集团、惠州康帝国际酒店、湛江海滨宾馆为广东酒店行业协会副会长单位，同时建立年度执行会长制度，2009 年度执行会长单位为：广州花园酒店、深圳粤海酒店管理公司、中山国际酒店；4 月，主办以“旅游制造业与旅游酒店业”为主题的演讲会。省旅游局副局长王志红到会并发表讲话；11 月，中国旅游饭店业协会举办“中国饭店金星奖”评选活动，协会协助向中国旅游饭店业协会推荐广东省星级饭店候选名单；为进一步加强协会宣传力度和沟通交流作用，协会继续与广州锐志网络技术科技有限公司共同充实、完善建设网站的内容，将最新的信息及时提供给各会员单位。截至 2009 年底，广东酒店行业协会会员单位由协会成立时的 100 家发展至 272 家。

〖**领导机构组成**〗
会　长：
杨小鹏　原白天鹅宾馆总经理
副会长：
李进茂　广东省旅游协会副会长、秘书长
沈宜初　广州市堡龙酒店管理有限公司总裁
冼　锋　中国饭店管理有限公司广东公司总经理
郑越东　广州花园酒店总经理
齐　雁　广东国际大酒店总经理
贺邦富　广东省广晟酒店集团有限公司董事长
郑玮玲　粤海（国际）酒店管理集团公司董事总经理
金　阳　深圳市华侨城酒店集团有限公司总裁
李鸿斌　珠海度假村酒店董事总经理
方伟群　汕头经济特区金海湾大酒店总经理
何　滔　韶关市韶华酒店总经理
戴俊明　广东三正集团广东三正国际酒店管理有限公司、助理总经理、CEO
吕庆生　中山国际酒店总经理
罗　锋　中山汉威酒店管理有限公司常务副总经理
黎建青　佛山宾馆总经理
杨晓飞　肇庆星湖大酒店总经理
彭建军　恒大酒店管理集团总经理
方贺维　惠州康帝国际酒店董事总经理
吴国威　湛江海滨宾馆总经理
吴　伟　广州如家酒店管理有限公司
秘书长：
李进茂（兼）　广东省旅游协会副会长
监事会主席：
邝云弘　广州大厦总经理
监　事：
李添彬　深圳晶都酒店总经理

【广东旅行社行业协会】

〖**总体情况**〗 截至 2009 年底，广东旅行社行业协会有会员单位 286 个。该协会认真履行职责、反映行业诉求，完成了广东试行国民旅游休闲计划担负的“商业示范单位”的推荐评选，森林生态专项游游标准的制定、各市（县）示范基地的调研等工作；完善省旅游局门户网站中的旅行社行业协会的网页建设，提升了协会信息化建设水平；编印《工作简报》寄发到每一个会员单位，为同业人员了解动向、沟通信息架起桥梁。

〖**助推国民旅游休闲计划**〗 2009 年 4 月 27 日，国家旅游局、省政府在广州中山纪念堂广场隆重举行试行国民旅游休闲计划启动仪式。该协会积极发动行业协会骨干旅行社组团参加，共有由 8 家旅行社组织的员工奖励旅游团近 5000 人参加启动仪式；在创建全省国民旅游休闲计划“示范单位”的评选过程中，省旅游协会受省旅游局委托，联合省商业联合会共同开展对国民旅游休闲计划“商业示范单位”的推荐评选工作。广东旅行社行业协会认真协调配合、审核把关，完成了全省首批、第二批国民旅游休闲计划“商业示范单位”的推荐评选、授牌等工作。该协会还参与并完成国民旅游休闲专项旅游“森林生态游”标准制定、各市县示范基地的调研等工作；9 月 27 日，由广东省林业局和广东省旅游局联合主办、中国科学院华南植物园承办、省林业产业协会和省旅游协会、旅行社行业协会协办的“2009 广东省森林生态旅游示范基地授牌暨森林生态游启动仪式”在广州中国科学院华南植物园隆重举行。该协会组织省内 60 多家旅行社、20 多家新闻媒体及部分游客近千人参加启动仪式；为配合国民旅游休闲计划科技旅游项目，该协会与省科技厅、省科技中心一道，推出众多“科技旅游”的新线路、新产品，并全力配合参与 2009 年底在从化举行的国民旅游休闲农业乡村旅游启动仪式和示范基地授牌仪式。

〖**反映行业诉求**〗 2009 年 4 月中旬以来，广东省出境旅游重要目的地——泰国政局混乱，为保障游客安全，国家旅游局发出旅游警告，广东旅行社行业协会按照省旅游协会指示，及时发布“非安全条件下不得出团”的行业自律指导性意见，及时处理行业突发事件。由于措施及时得当，全省游客没有发生一例旅游安全事故；从 6 月中旬开始，广东旅行社行业协会对全省部分会员单位以采取问卷调查、分片区召开调研座谈会、旅游企业个别走访等形式，在对全省各类典型旅行社营业状况进行专题分析研究后，向省旅游局报送《金融危机和甲流对我省旅行社的影响分析及对策研究报告》，为政府部门提振广东旅行社业做好决策参谋。

〖**完成政府交办工作**〗 2009 年 10 月 30 至 11 月 2 日，由海峡两岸旅游交流协会和台湾观光协会共同主办的“第四届海峡两岸台北旅展”在台北世贸中心举办。广东旅行社行业协会承担并完成了广东代表团赴台参展全部人员申报、证件办理、费用预算、内外联络、议程落实、招标投标、资料汇总、清点托运等各项组织协调工作，确保了广东代表团顺利参展；8 月至 12 月，“唱响广东”2009 旅游金曲精英大赛活动在全省各地隆重举行，该会积极发动全省旅行社行业员工踊跃报名参赛，“唱响广东”2009 旅游金曲精英大赛已成为 2009 广东国际旅游文化节的新亮点。

〖**领导机构**〗

会　长：

李建奇　广东省中国旅行社股份有限公司董事、总经理

副会长（以下排名不分先后，共 14 个单位）

李进茂　广东省旅游协会副会长兼秘书长

郑　烘　广州广之旅国际旅行社股份有限公司董事长、总裁

吴　斌　深圳中国国际旅行社有限公司董事长

陈冀凯　东莞市国际旅行社有限公司董事长

张汉林　汕头市旅游总公司总经理

胡文强　广东省拱北口岸中国旅行社有限公司总经理

杜修远　佛山市禅之旅国际旅行社有限公司董事长

谷训才　广东国旅国际旅行社股份有限公司董事总经理

赵　祁　广东南湖国际旅行社有限公司董事长

张学克　广东省铁青国际旅行社有限责任公司总经理

沈泽朋　潮州市中国旅行社有限公司总经理

刘建进　湛江市中国旅行社有限公司总经理

罗红霞　清远市国旅国际旅行社有限责任公司董事长

王子乐　中山中国国际旅行社董事长

秘书长：

张莉莉　广东省旅游协会副秘书长

监事会主席：

林栋礼　江门大方旅游国际旅行社有限公司董事长、总经理

监事会成员：

高玲玲　广东中妇旅国际旅行社有限责任公司总经理

李木胜　深圳市海外国际旅行社有限公司总经理

【广东省自驾旅游协会】

〖**自驾联盟成型，服务网络加强**〗 2009 年，在协会主办、承办的多个主题活动项目的推动下，由广东心飞扬、广东名车会、深圳人车行、东莞飞马、东莞悠游户外、中山领航者、广东狼群、广东德宝大众车友会、广保丰田车友会、佛山溢丰丰田车友会、南海合福车友会、顺德亚飞车友会、惠州俊峰车友会、穿越户外、南都车友会、1061 车友会、太平洋汽车网、车夫网、易车网、阳光吧车友俱乐部、山卡啦摄影俱乐部等数十家专业俱乐部组成的自驾游活动联盟开始成型，成为本年度协会各类活动的中坚力量；9 月初，协会官方网站 www.gdzjly.com.cn（广东自驾旅游网）完成改版并运作；为加强会员交流，协会编印《工作简报》，以双月刊形式定期出版；在省内各地市先后成立自驾游服务中心，广西桂林、梧州、南宁 3 个省外服务中心也同时挂牌成立，协会的服务力量不断加强。

〖**承办第三届广东自驾旅游节**〗 2009 年 4 月 30 日，由广东省自驾旅游协会与惠州市旅游局共同承办的第三届广东自驾旅游节系列活动在惠州龙门蓝田瑶族风情园盛大揭幕；5 月 1～2 日，举办巽寮湾出海、东江夜游、湖山农场香猪宴等活动；10 月 31 日，组织开展走进大甲岛、大亚湾之夜等富有特色的系列主题推广活动；12 月 23 日，由广东省旅游协会主办的第三届广东自驾旅游节主场活动在惠州罗浮山盛大举行，该会组织 11 家俱乐部方队，共 216 辆自驾车、600 多人参加仪式，成为本年度规模最大的自驾游主题集结活动；同时，由该协会策划发起、旗下各大俱乐部组成联合车队的活动推广模式正式成型，成为广东自驾游目的地推广的最佳模式。

〖**组织百万车友游广西**〗 2009 年 3 月底至 4 月初，应广西壮族自治区旅游局邀请，广东省自驾旅游协会组织开展为期 9 天的广西自驾游考察活动，并分别与桂林、南宁、崇左、北海等地市主管部门共同探讨两广自驾游无障碍对接合作事宜；9 月 24～27 日，由该协会策划承办的《百万车友游广西》系列活动启动仪式在广州举行。广东心飞扬、广东名车会、深圳人车行、东莞飞马、中山领航者、佛山电台顺德 901、南海合福等组织的 80 多辆先锋车队参与活动首发。活动期间，该协会与分别桂林、梧州有关部门达成战略合作共识，签订《无障碍自驾游区域合作协议》，并在桂林、梧州分别设立广东自驾旅游服务中心以及阳朔世外桃源、兴安灵渠、兴安乐满地、灌阳千家峒、梧州石表山、梧州蝴蝶谷等省外首批接待基地。本次活动的开展对推动跨区域自驾游无障碍合作、对接得到有效尝试。

〖**举办 2009 新丰枫叶节**〗 2009 年 11 月 29 日，由广东省

自驾旅游协会与新丰县人民政府共同主办的“走进美丽新丰·体验‘枫’情新丰”2009新丰枫叶节在韶关市新丰县政府前广场举行。来自珠三角地区的300多位车友和媒体记者参加了开幕式。本次活动包括“自驾车观红叶”、“赏秋色”、“泡温泉”、“品美食”、“摘柑橘”、“爱心助学”等内容，由广东心飞扬俱乐部、广东名车会、合福车友会、深圳人车行、中山领航者5家俱乐部联合组成的“广东爱心之旅·新丰站”爱心车队运送首批价值近10万元的捐赠物品到新丰谭石小学，为63名小朋友送上车友们的关怀和爱心并表示将给予长期的支援，成为本届枫叶节的最大亮点。

〖**组织福建自驾游考察**〗 2009年12月8日，应福建省旅游局邀请，广东省自驾旅游协会组织所属俱乐部、旅行社、新闻媒体、车友代表共32人考察团前往福建考察，为2010年“百万车友游福建”系列活动打响了前奏。此次活动为期9天，考察线路涵盖8个市16个县区，对福建八大旅游品牌及众多新兴旅游景点进行实地考察，两省代表广泛交流对接，共同商讨编制适销对路、多样化的旅游线路，联手策划2010年“百万车友游福建”系列活动，同时还将争取把广东自驾游线路经福建延伸到台湾，形成两岸的旅游联线互动，推动三地旅游合作的创新发展。

〖**领导机构组成**〗

会　长：
钟戈鸣　广东国邦投资公司董事长
常务副会长：
李进茂　广东省旅游协会副会长兼秘书长
副会长：
李招培　广东省自驾旅游协会副会长兼秘书长
武旭峰　广东旅游出版社总策划
陈文君　广州城市职业学院旅游与公共管理学院院长
张伟强　广东商学院旅游学院院长、教授、博士生导师
丁月华　华工信元集团董事长、中科院院士
缪韶清　广州市超粤旅行社有限公司董事长
陈彩安　梅州雁鸣湖旅游度假村总经理
秘书长：
李招培　广东省自驾旅游协会副会长（兼）
执行秘书长：
李致君　广东合智策划传播机构董事总经理
监事长：
胡见阳　广州威英科技公司董事长
监　事：
骆若愚　深圳信京投资有限公司总经理
黄映延　惠州市旅游产品生产供应总公司副总经理

【**广东温泉行业协会**】

〖**以节庆活动力推温泉品牌**〗 2009年10月25～27日，由广东省旅游局、河源市人民政府、广东省旅游协会主办，广东温泉行业协会、河源市旅游局、紫金县政府承办，御临门温泉度假村、《南风窗》杂志协办的第四届广东（河源）国际温泉旅游节系列活动在河源紫金县御临门温泉度假村隆重举行。国家旅游局、中国善生旅游协会、广东省人民政府、广东省旅游局、世界温泉及气候联合会等领导出席并讲话。万庆良副省长宣布本届国际温泉旅游节开幕。本届温泉节邀请到国内外知名的旅游规划专家、区域经济专家、温泉专家与会，举办了广东温泉行业协会2009年年会、温泉旅游经济发展论坛等内容，论坛就温泉旅游经济发展、温泉旅游地产、温泉区域经济等话题对广东温泉产业谋求转型升级等方面进行深入的探讨。本届广东国际温泉旅游节组委会决定将每年的“10月25日”定为“广东温泉日”。

11月20日，由广东省旅游局、惠州市人民政府主办，惠州市旅游局、龙门县人民政府、广东温泉行业协会等承办的第四届惠州国际温泉旅游节在南昆山温泉大观园隆重举行。国际休闲产业协会主席、原国家旅游局纪检组长王军，副省长万庆良，省旅游局副局长王志红，惠州市委副书记、市长李汝求，国内外有关知名旅游专家、学者，粤港澳部分旅行商家负责人以及新闻媒体的朋友等800多人出席开幕式。

〖**服务会员**〗 2009年8月26日，广东温泉行业协会在广州举行第四次会长工作会议。会长王长乐主持会议并作工作报告。会议回顾了2008年协会工作，对2009年上半年工作进行总结并部署下半年工作，重点讨论第四届广东（河源）国际温泉旅游节的举办事项。会议还吸纳广东温泉宾馆、湛江海滨宾馆为副会长单位。

2009年10月22～27日，由中国旅游协会温泉旅游分会主办、广东温泉行业协会等单位承办的首期中国温泉旅游行业总经理研修班在广东温泉宾馆开班。中国温泉旅游协会副会长姜忠平、副秘书长徐杰、广东省旅游协会副会长兼秘书长李进茂出席开班仪式。来自广东、陕西、河南、安徽、内蒙古、山东、江西等省市的40名学员参加第一期研修班。中国旅游协会副秘书长蒋齐康、中国旅游协会温泉旅游分会会长兼广东温泉行业协会会长王长乐在第四届广东（河源）国际温泉旅游节开幕式上为学员颁发了结业证书。

为打造广东温泉品牌知名度，广东温泉行业协会印刷出版中英文版2009《泉在广东》，该画册印刷精美、图文并茂，详尽地介绍广东各大温泉的特点和资源等情况，为读者更多地了解广东温泉提供了参考，已作为省旅游局、温

泉企业对外促销的重要宣传资料。

〖**加强交流合作**〗 2009年3月22～27日，由广东温泉行业协会会长王长乐带队的广东温泉考察团赴云南考察。期间，该协会与云南省旅游协会SPA及温泉分会签订《合作备忘录》，内容包括：行业政策交流、学术交流、客源互送、共同举办有影响力的行业活动、人才交流、建立两省温泉行业数据库、管理输出、设备输出、品牌输出、劳务输出、项目招商、投资、行业书籍出版及共同对外交流等。广东和云南两省温泉协会的合作是一种新的省与省温泉行业的合作模式，将共同促进两地及全国温泉行业的良好发展。

2009年6月26日，由辽宁阜新市人民政府与广东温泉行业协会联合主办的中国·阜新地热（温泉）资源开发高峰论坛在阜新市迎宾馆隆重举行。协会秘书长张建彬、协会高级顾问冼汉隆教授以及阜新市、国家旅游局、辽宁省服务业委员会、东北煤田地质局相关领导以及国内外相关专家学者、国内主流媒体记者共100多人参加论坛。

2009年11月8～12日，由广东温泉行业协会会长王长乐带队的中国温泉代表团赴日本横滨参加世界温泉及气候养生联合会第62届年会，推介中国温泉尤其是广东温泉。年会上，王长乐代表中国温泉行业发表《关于中国温泉旅游产业发展》的演讲，全面介绍十几年来中国温泉旅游业取得的经验和成果。

〖**领导机构组成**〗

会　长：

王长乐　港中旅（珠海）海泉湾度假城总裁

副会长（排名不分先后）

吴江徽　珠海御温泉度假村总经理

姜忠平　碧水湾温泉度假村总经理

肖成业　仙沐园集团董事长

梁瑞廉　恩平市锦江温泉董事长

郑坚明　恩平市帝都温泉董事长

韩　明　新会古兜温泉董事长

刘国华　清远清新温矿泉旅游度假区总经理

邓秩兴　阳江温泉度假村董事长

周楚钧　韶关曹溪温泉——假日度假村有限公司总经理

文　飞　佛冈聚龙湾温泉旅游度假村总经理

张本川　广东温泉宾馆总经理

吴国威　湛江海滨宾馆董事长

秘书长：

张建彬　广东省旅游协会副秘书长

监事会主席：

杨富超　韶关市龙华山温泉度假村董事长

（张建彬）

中央党政机关工作人员广东地区（不含深圳市）出差住宿及会议饭店 2009～2010年度定点服务资格采购项目中标供应商名单

地区	中标候选人	双人标准间评审价	套间评审价	会议费评审价	地址	联系电话
广州	浙江大厦富春宾馆	280	500	230	广州市越秀区先烈中路85号	87772998
	广州凯旋华美达大酒店	300	600		广州市广州大道中明月一路9号	87372988
	从化碧泉大酒店有限责任公司	290	420	270	广州市从化温泉镇温泉东路73号	87835268
	广州白天鹅从化培训中心	288	598	258	广州从化流溪河林场新群工区	87843183
	东方丝绸大酒店	248	378	268	广州市东风中路752号	87762888
	广东珠岛宾馆	300	600	280	广州市沿江东路463号	87190819
	广州军区幼儿教师培训基地	240	580	220	广州东山合群一马路43号	87762988
	广州越秀天安大厦	298	580		广州市解放北路960号	86665666
	广州市爱群大酒店	298	500	280	广州市沿江西路113号	81038028
	广州市江悦酒店有限公司	280	600	280	广州市海珠区滨江西路20号	61259998
	广州市流溪河国家森林公园	260	298	218	广州从化市流溪河林场	87844628
	广东省公安厅招待所（广东广安大厦）	220	480	200	广州市环市东路328号	83110748
	广东迎宾馆	300	600	280	广州解放北路603号	83332950
	广州市广州宾馆	300	550		广州市越秀区起义路2号	83338168
	广州军区从化接待处	260	595	260	广州从化温泉河西路108号	87836801
	番禺祈福（南沙）大酒店有限公司	300	600	270	广州市南沙区进港大道	23880088
	广东红叶酒店有限公司	268	460		广州市机场路西东嘉路8号	86349302
	广州大厦	300	600	280	广州市北京路374号	83189888
	广州市番禺疗养院	298	580	268	广州市番禺市桥禺山西路688号	23889288
	珠海特区大酒店	268	528		广州市越秀区海珠北路11－15号	61276888
	广州金桥酒店有限公司	300	600	280	广州市越秀区寺右新马路93号	83918868
	广州军区华泰招待所（广州华泰宾馆）	280	560	260	广州先烈南路23号	87774862
	广州三寓宾馆	298	487	280	广州市越秀区三育路23号	37196101
	广东南洋长胜酒店有限公司	298	568	268	广州市天河区兴华路38号	61368888
	广东工会大厦	280	450	260	广州市越秀南东园横路5号	83834665
	广州云山大酒店有限公司	300	600	270	广州市先烈中路云鹤北街8号	38377188
	中共广东省委组织部招待所（广东东园宾馆）	280	560	250	广州市越秀区东湖北路30号	37876098
	广东南洋冠盛酒店有限公司	298	568	268	广州市天河区天府路11号	61398888
	广东农垦燕岭大厦联合公司	300	600	280	广州市天河区燕岭路29号	37232188
	广州市电信实业总公司白云山庄	250		268	广州市白云大道南下坑水库侧	86320009
	广东裕通大酒店有限公司	300	600	280	中山大道136号	61008888
	广州流花宾馆集团股份有限公司	300	600	280	广州市环市西路194号	86668800
	广东大厦	300	600	280	广州市东风中路309号	83339933
	广州军区东山招待所	280	536	280	广州市越秀区三育路44号	87773722
	广东省宣传干部培训中心（广轩大厦）	260	550	260	广州市海珠区沥滘振兴大街9号	84163368

续表

地区	中标候选人	双人标准间评审价	套间评审价	会议费评审价	地址	联系电话
广州	广州市江河宾馆	298	498		广州市天河区天寿路 31 号	28850596
	广州市哈尔滨冰花酒店	288	538	268	广州市天河北路 2 号	38860936
	广东中央酒店有限公司	298	600	280	广州市机场路 33 号	86578331
	广州翠岛水电度假村有限责任公司	300	548	270	广州从化温泉镇温泉西路 20 号	87838632
	广东华师粤海酒店有限公司	300	450	280	广州市天河区中山大道西 55 号	85216888
	中国人民解放军海军南海舰队第一招待所（海军华海大厦）	260	580	230	广州市海珠区江南大道中 232 号 A 座	84414213
	中国成套设备进出口广州分公司对外经济服务中心	200			广州市先烈南路 31 号中成外经大厦	87614979
	增城市百花山庄度假村有限公司	270	450	220	广州增城市荔城大道百花路 88 号	82618888
	广州华建大酒店有限公司	200	280	200	广州市先烈中路 102 号华盛大厦	87756777
	广州市方豪酒店有限公司	230	280	230	广州市黄埔大道中 141～143 号	85558697
	广州南方毅源大酒店有限公司	298	560	260	番禺区迎宾大道兴南路 30 号	34764888
	广州军区房地产管理局华山招待所（华山宾馆）	288	488	238	广州市环市东路 420 号	87763868
	广东广天大厦	300	600	280	广州市黄埔大道西 243 号	28389932
	广州湖天宾馆	280	580	238	广州市东风西路 156 号	81006616
	广东湖滨宾馆	288	538	250	广州市沿江东路 451 号	83794328
	广州鸣泉居度假村有限公司	300	600	280	广州市白云区白云大道南 1068 号	86632888
	广州华茂中心	238	480	260	越秀区盘福路 63 号	81253668
	广东新天河宾馆有限公司	280	490	248	广州市天河北路 188 号	85595888
	广州市颐龙山庄有限公司	220	300	180	广州从化市良口镇良明松院 10 号	87841812
	广东月亮湾妇女儿童发展有限公司月亮湾酒店	260	450	220	广州市广州大道中明月一路 18 号	87358138
	广州市花样年华酒店有限公司	238			广州市环市东路 475 号	28838655
	广州市华金盾大酒店有限公司	298	588	276	广州市天河区中山大道 368 号	82308838
	中国人民解放军广州军区金城招待所	268	410	248	广州市越秀区东华北路 168 号	8775488
	北京广东大厦（广东省人民政府驻北京办事处）	300	600	280	北京市海淀区岭南路 36 号	68474552
	广州远洋宾馆有限公司			280	广州市环市东路 412 号	87768988
	广州经济技术开发区（从化）华辉度假村			268	广州市从化温泉镇云星大道流溪河畔	87832388
	广东全球通大酒店有限公司			280	广州越秀南路 208 号	83898989
	中国人民解放军广州军区珠江宾馆			280	广州寺右一马路 2 号大厦	87379988
	广东温泉宾馆			280	广州从化市温泉镇温原东路 80 号	87830038
	广东省金苑山庄			280	广州市恒福路 117 号	83509275
	广东省增城宾馆有限公司			270	广东省增城市荔城增城大道 1 号	82619888
	广州市长隆酒店有限公司			280	广州市番禺区迎宾路何村路段	84786838
	广东新白云宾馆有限公司			280	广州市环市东路 367 号	83333998

续表

地区	中标候选人	双人标准间评审价	套间评审价	会议费评审价	地址	联系电话
珠海	珠海市望海楼	240	418	200	珠海市海滨北路 3 号	2219007
	珠海市二千年大酒店	300	600	280	珠海市人们东路 121 号	2127156
	珠海华骏实业有限公司	298	598	280	珠海市侨光西路 328 号	8119618
	珠海九洲港务集团公司海洋大酒店	298	438	235	珠海市吉大情侣南路 128 号	3262299
	珠海市碧海旅游酒店有限公司碧海酒店	280	398	220	珠海市香洲区碧海路	2121239
	珠海市旅游大酒店有限公司	268	518	210	珠海市吉大海滨南路 56 号	3217630
	珠海南湾国际大酒店	248	348	240	珠海市南屏镇环屏路一号	8919002
	珠海华侨宾馆	230	438	198	珠海市拱北迎宾南路 2106 号	8828888
汕头	汕头市中国旅行社华侨大厦	188	300	180	汕头市汕樟路 41 号	88252223
	汕头市龙湖宾馆有限公司	278	558	248	汕头市大北山路 2 号	88260706
	汕头市莲花山温泉度假村有限公司	240	280	220	汕头市澄海区莲华镇莲花山南麓	85753333
佛山	佛山市金湖酒店有限公司	280	468	275	佛山市禅城区普澜二路 23 号	82983929
	佛山市顺德区碧桂园物业发展有限公司度假村	298	600	300	佛山市顺德区碧江大桥侧	26330501
	佛山市南海祈福仙湖酒店有限公司	300	600	280	佛山市南海区丹灶镇仙湖度假区	85449388
	佛山市高明皇家银海大酒店			250	佛山市高明区沿江路 483 号	88821128
韶关	韶关市人民政府招待所	270	480		韶关市浈江区风度北路 98 号	8188898
	韶关市曲江曹溪温泉度假村有限公司	230	600	220	韶关市曲江区马坝转溪桥头	6658999
	乳源瑶族自治县方圆民族温矿泉酒店	200	380	180	乳源瑶族自治县鹰锋西路 50 号	5373882
	南雄市南雄迎宾馆	238	518		南雄市建设路 6 号	3822790
	乳源瑶族自治县白云天园林宾馆有限公司			280	乳源瑶族自治县乳城镇鲜明南路	5377777
河源	河源市假日酒店有限公司	238	580	210	河源市宝源沿江路 10 号	3380999
	河源迎宾馆	298	598	280	河源市沿江路 20 号	3386999
	广东客家女旅游集团有限公司万豪国际酒店	300	600		河源市沿江东路	3389777
梅州	梅州市深梅友谊大厦有限公司友谊宾馆	238	485	219	梅州市江南街芳大道 52 号	2310666
	梅州迎宾馆	218	580	239	梅州市梅江区江南机关路 9 号	2250275
	梅州市梅江区田园大酒店有限公司	198	368	238	梅州市江南路 35 号	2909865
惠州	惠州国际金融大厦天悦大酒店	300	600	280	惠州市麦地路 22 号	2388004
	龙门县南昆山云天海原始森林渡假村	260	550	240	惠州市龙门县南昆山国家森林公园内	5940077
汕尾	汕尾友谊宾馆	230	515	280	汕尾市政府办公大楼右西侧	3945305
东莞	东莞市宏远酒店有限公司	290	600	280	东莞市南城区宏远路一号	22418888
	东莞宾馆有限公司	298	572		东莞市莞城东正路 11 号	22227255
	东莞市富盈酒店有限公司	300	600	280	东莞市广深高速东莞出口东莞大厦交汇处	85888888
	东莞市东城国际酒店有限公司			280	东莞市东城区东城东路 3 号	22668888
中山	中山温泉宾馆	280	600	278	中山市三乡镇中山温泉宾馆	86683888

续表

地区	中标候选人	双人标准间评审价	套间评审价	会议费评审价	地址	联系电话
江门	台山园林酒店有限公司	260	475	210	台山市南门西路	5556868
	江门市五邑碧桂园凤凰酒店有限公司	300	600	280	江门市蓬江区西环路大西坑自然保护区旁碧桂园内	3289988
	江门丽宫国际酒店	298	498	230	江门市东华二路 18～28 号	8233388
	江门银晶国际酒店有限公司			280	江门市港口一路 22 号	3163889
	鹤山碧桂园凤凰酒店有限公司			280	鹤山市鹤山大道 623 号碧桂园	8866398
	江门市逸豪酒店有限公司			280	江门市迎宾大道中 118 号	3928888
阳江	阳江市碧桂园凤凰酒店有限公司	298	600	280	阳江市阳东湖滨西路阳东碧桂园内	6666666
湛江	湛江海滨宾馆有限责任公司	300	600	280	湛江市海滨大道中 2 号	2788300
	湛江经济技术开发区中国城酒店文化娱乐美食中心	298	578	260	湛江市开发区乐山大道中 48 号	3387588
茂名	茂名市委招待所	210	517	258	茂名市迎宾路 42 号	2867606
肇庆	肇庆市人民政府招待所	160	400	218	肇庆市城中路 193 号	2833020
	肇庆市波海楼	260	420	260	肇庆市星湖西路	2224582
	肇庆市委招待所	245	420	270	肇庆市天宁北路 82 号	2316688
清远	清远迎宾馆酒店有限公司	298	463	268	广东省清远市新城区北江二路	3972028
潮州	潮州市金龙宾馆有限公司	290	550		潮州市环城南路 35 号	2265403
	潮安东山湖温泉度假村有限公司	298	600	280	潮州市潮安县东山湖	5215888
揭阳	揭东县金叶大酒店有限公司	225	340	270	揭东县城西西一路	3271999
	揭阳市榕江大酒店有限公司	298	598	278	揭阳市东山区岐山大道	8216171
	揭阳市特美思大酒店有限公司	280	500	280	揭阳市东山区马牙路以东建阳路以南	8223888
云浮	云浮凯旋酒店有限公司	288	528	280	云浮市建设北路 11 号	8858208
	云浮市迎宾馆有限公司	258	600	280	云浮市行政中心侧	8988520

广东省直党政机关工作人员广东地区（不含深圳市）出差住宿及会议饭店2009～2010年度定点服务资格采购项目中标供应商名单

地区	中标候选人	双人标准间评审价	套间评审价	会议费评审价
广州	广州市东方宾馆股份有限公司	300	600	280
	广州白云国际会议中心有限公司	300	600	280
	广东松园宾馆	300	600	280
	中国人民武装警察部队广东省总队天鹿湖会议中心	268	568	280
	广州华威达商务大酒店有限公司	288	580	280
	广东胜利宾馆	300	600	280
	广东亚洲国际大酒店	300	600	280
	广东悦华法官培训中心	260	360	280
	广州市鼎龙国际大酒店有限公司	298	568	280
	广东省地方税务局招待所	300	600	280
	广东博斯坦宾馆	248	408	280
	广州文化假日酒店有限公司	300	600	
	广东华海大酒店有限公司	200	360	230
	广东嘉鸿酒店有限公司	280	588	260
	广东东方国际饭店有限公司	300	600	280
	广州逸泉国际大酒店有限公司	300	600	280
	中国人民解放军广州军区政治部艺星招待所	268	418	248
	广州天龙大酒店	230	480	
	广州中国市长大厦管理有限公司	298	598	
	广州军区长城招待所	260	600	
	增城市碧桂园凤凰城酒店有限公司			280
	广州望谷温泉度假村有限公司			268
	从化湖光度假山庄			268
珠海	珠海南航明珠大酒店	180	280	170
	珠海度假村酒店有限公司	300	600	280
	珠海市中天酒店有限公司	268	338	230
	珠海粤海酒店	288	450	278
	珠海市石景山旅游中心			280
	港中旅（珠海）海洋温泉有限公司			280
汕头	汕头花园宾馆有限公司	280	600	280
	汕头经济特区金海湾大酒店有限公司			280
佛山	佛山市南海桃源楼餐饮服务部	280	580	280
	佛山市旋宫酒店有限公司	230		238
	佛山市金银酒店有限公司	248	568	210
	佛山市三水区鸿南酒店有限公司	288	388	220

续表

地区	中标候选人	双人标准间评审价	套间评审价	会议费评审价
韶关	韶关市湖心宾馆			250
河源	河源市金利大酒店有限公司			150
	河源市滨江金利大酒店有限公司			200
梅州	梅州金雁富源大酒店有限公司	250	400	
惠州	惠州金华悦国际酒店有限公司	289	480	280
	惠州市金銮酒店有限公司	298	588	280
	惠州宾馆	298	528	280
东莞	东莞市龙泉国际大酒店	300	580	270
	东莞市尼罗河酒店有限公司	280	538	278
	东莞市帝豪花园酒店有限公司	290	590	280
	东莞市悦莱花园酒店有限公司	298	598	265
	东莞金凯悦大酒店	288	568	268
中山	中山市怡景酒店经营管理有限公司	298	600	280
	中山国际酒店	298	598	268
	中山富华酒店	280	480	280
江门	恩平市锦江温泉有限公司	280	580	
	广东银业雁山酒店有限公司	300	600	
	江门市金怡置业有限公司	298	598	
湛江	湛江市霞山区金辉煌酒店	299	498	
茂名	茂名市茂南区南国大酒店有限公司	259	580	280
	茂名市东园大酒店	290	500	
肇庆	肇庆市高要碧桂园凤凰酒店有限公司	300	600	280
	高要市丽晶大酒店有限公司	260	450	250
	肇庆华侨大厦	280	560	260
	肇庆星湖俱乐部			280
清远	清远嘉华大酒店有限公司	245	483	200
	东新（佛冈）温泉开发有限公司	300	600	280
	佛冈白云机场温泉度假村	288	480	268
	清远是碧桂园假日半岛酒店有限公司	300	600	280
揭阳	揭西县京明温泉度假村有限公司	260	480	265
云浮	罗定市好莱湾酒店有限公司	280	480	268

（广东省旅游协会提供）

机关作风和旅游行风建设

广东省旅游局机关主题学习活动

【学习实践科学发展观活动】 2008年9月至2009年3月，省旅游局按照中央和省委的统一部署，扎实开展深入学习实践科学发展观活动。活动分为学习调研、分析检查、整改落实三个阶段进行。学习调研阶段以“深化思想认识，转化调研成果”为目标，抓好广泛发动、深入学习、深化调研、主题实践活动四个重点环节；分析检查阶段以“总结经验教训，完善发展思路”为目标，完成了征求意见、找准问题、分析原因、理清思路等各项任务；整改落实阶段以“创新体制机制，实现人民群众满意”为目标，局党组针对制约广东旅游科学发展的突出问题，研究并制定《省旅游局贯彻落实科学发展观整改落实方案》。深入开展学习实践科学发展观活动取得明显成效，达到了“党员干部受教育、科学发展上水平、人民群众得实惠”的学习效果。

【转变作风抓落实活动】 从2009年3月起，为进一步巩固和扩大学习实践科学发展观活动成果，省旅游局按照省直机关2009年主题实践活动的统一部署，组织开展以“转变作风抓落实”为主题的学习活动。制定了《省旅游局“转变作风抓落实”主题实践活动方案》，活动以全面落实《省旅游局贯彻落实科学发展观整改落实方案》为主线，把作风建设的长期目标和当前工作有机结合起来，重点在减少审批、主动服务、提高效率、健全制度四个方面抓落实、见成效。省旅游局各基层党组织把主题实践活动与推动中国旅游综合改革示范区、旅游强省建设紧密结合起来，努力做到“四个下功夫”，实现“六个新突破”：即在深入学习、提高党员干部素质上下功夫；在落实学习实践活动整改方案上下功夫；在推行国民旅游休闲计划上下功夫；在提升服务意识和服务水平，提高工作效率上下功夫。实现旅游强省建设取得新突破；中国旅游综合改革示范区建设取得新突破；创新旅游发展体制机制取得新突破；服务基层、帮扶企业应对金融危机取得新突破；机关作风建设、制度建设取得新突破；推动广东旅游科学发展取得新突破。

旅游行风建设

【全省旅游纪检监察行风建设暨旅游质量监督管理工作会议】 2009年8月13日，广东省2009年度旅游纪检监察行风建设暨旅游质量监督管理工作会议在湛江市召开。省旅游局副局长周开生、张振林，湛江市副市长梁志鹏出席会议并致辞。全省各地级以上市旅游局主管纪监和质监工作的局领导、质监所所长、重点旅游企业负责人120多人参加会议。会议传达学习全国旅游纪检监察、行风建设以及全国旅游行业监督管理工作会议精神，总结并部署全省旅游纪检监察、行风建设和旅游质监执法工作。这次会议继续把旅游质监工作与旅游纪检监察、旅游行风建设有机结合，体现“管行业必须管行风”和“谁主管谁负责”的精神。会议表彰11个2008年度旅游质监系统先进单位和21名优秀个人。

【纪律教育学习月活动】 2009年8月至9月，按照省纪委《关于2009年开展纪律教育学习月活动的意见》精神，省旅游局在全局范围内开展以“加强作风建设，保障科学发展”为主题的纪律教育学习月活动。整个活动以抓好教育学习月活动促进党风廉政建设，促进旅游发展为目标，重点抓好“六个一”活动，即开好一次纪律教育学习月动员大会——8月14日召开纪律教育学习月活动动员大会；上好一堂反腐倡廉辅导课；读好一本廉政教育书——《反腐倡廉教育读本（2009）》、《党政领导干部问责制及相关法律规定》、《关于实行党政领导干部问责的暂行规定》、《中国共产党巡视工作条例（试行）》等书籍；组织观看一部反腐倡廉电教片——《“蚁穴”透视》、《天使情怀》、《永不凋零的巴山红叶》、《畸变——叶树养案件警示录》等；各支部（总支）开好一次专题纪律教育民主生活会；各支部（总支）写好一份纪律教育学习月活动总结。省旅游局还针对厉行节约工作开展专项自查，通过严格控制公款出国和经费开支、严格执行公车购置规定并严格控制用车经费、落实公务定点接待、精简会议和文件、开展“小金库”治理工作等手段厉行节约。

【“民声热线”上线】 2009年7月21日和28日，省旅游局领导率14位处长（主任）和广东4家知名品牌旅行社负责人走进“民声热线”直播室。省、市、县（区）三级旅游管理部门实施联动，全省21个地级以上市旅游局和县（市）旅游局主要领导同步异地参与“民声热线”。“民声热线”节目期间，共收到听众、观众来电反映的问题23个（其中投诉20个，咨询3个）。7月29日，省旅游局在广州召集由各市旅游局及重点旅行社负责人召开的专题会议，就“民声热线”上线过程中群众反映的虚假旅游广告等问题进行通报，并责成相关旅行社进行整改。

旅游行业精神文明建设

【“春风送暖——爱心父母送爱心”活动】 2009年9月15～16日，省旅游局组织爱心父母代表到云浮罗定市龙湾镇向49名困境儿童资助18900元。此项活动从2007年开始持续3年不间断。1月6日，省旅游局继续组织开展城乡党支部互帮互助“结对子”活动，向对口扶持单位云浮市罗镜镇赠送500本、价值6000元的书籍，协助当地建立“农村儿童流动图书室”。组织所属各党支部（总支）与罗镜镇开展互帮互助结对子活动，共同开展“五个一”活动，即：共同过一次组织生活、对农村基层党支部建设提出一条合理化建议、走访一次村落、上门慰问一次困难群众、扶助一户困难党员和困难学生。同时，省旅游局发挥旅游专业优势，通过乡村旅游规划和旅游政策扶持，为当地旅游发展注入活力，促进了当地经济发展。

省旅游局各党支部（总支）与罗镜镇开展互帮互助结对子活动

【2009年荣誉榜】 2009年，全省旅游系统涌现出一大批先进集体和个人典型，形成良好的示范带动效应。3月24日，中央文明办、住房和城乡建设部、国家旅游局联合表彰第二批全国文明风景旅游区和全国创建文明风景旅游区工作先进单位，广东白云山风景名胜区为第二批“全国文明风景旅游区”，丹霞山风景名胜区为第二批“全国创建文明风景旅游区工作先进单位”，广东深圳华侨城旅游度假区经复查确认继续保留“全国文明风景旅游区”荣誉称号；12月10日，国家旅游局和共青团中央联合决定，命名东部华侨城有限公司、阳江十八子工贸实业有限公司为“全国青年文明号单位”；首都国庆60周年群众游行指挥部授予杨荣森、张振林、梁晖、蔡彬彬、申继民、吴秩源、蒙燕霞、王文庆、李娜为“国庆60周年群众游行参与工作人员奖”；王楠楠、王海青被国家旅游局评为“全国第七批援藏导游员西藏自治区先进个人”；李国平被中共广东省委办公厅、广东省人民政府办公厅授予“广东省第五次民族团结进步表彰模范个人”；李康被省委组织部授予“城乡基层党组织互帮互助活动先进个人”称号。

（李　娜）

广东“领潮争先”彩车特辑

国庆60周年盛典·广东“领潮争先”彩车

【概况】 2009年，按照国务院的统一部署，为庆祝中华人民共和国成立60周年，各省（自治区、直辖市）制作一台代表本省水平和形象的彩车，参加10月1日在北京天安门广场举行的阅兵式和群众游行庆祝活动。中央政治局委员、省委书记汪洋，省长黄华华，省委常委、宣传部长林雄等领导，对彩车设计制作及宣传作出重要指示。省委、省政府成立由副省长万庆良为组长的国庆60周年广东彩车设计制作领导小组，全面部署和统筹安排彩车工作，李红军、刘晓捷副秘书长具体负责协调指导。领导小组办公室设在省旅游局，办公室主任由省旅游局局长杨荣森担任，副局长张振林任办公室副主任。彩车设计制作、展演展示等系列任务由省旅游局会同省文化厅共同承担。按照首都国庆60周年群众游行指挥部和省委省政府要求，领导小组办公室牵头总负责，组织协调省文化厅、公安厅、财政厅、质监局、安监局、环保局、市公安局、广州市交通委员会、广东歌舞剧院、广汽集团、旅游职业技术学校、华力盈公司、国光电器公司等20多个单位和部门、逾千人以高度的政治责任感，团结协作，全力以赴参与广东彩车各项工作。

【广东“领潮争先”彩车创意设计】 广东彩车整体以“领潮争先”为主题设计，充分展示广东“敢为天下先、勇领改革潮”的勇气和精神，也是广东在建国60年来特别是改革开放30年来奋斗创业历程的总结和反映。集中体现广东人民紧密团结在以胡锦涛同志为总书记的党中央周围，科学发展、先行先试、立足中国、走向世界的精神风貌，展现广东在新世纪高速发展和展翅腾飞的雄伟气势，突出国际化、现代化和创新精神。彩车整体造型采取现代高科技材料和技术制作，加以声光电相配合，凸现出五条金色“猛龙出海”的超强规模，气势磅礴，动感十足，写意传神。

彩车伸展后长达21米、宽6米、高8米，总重量足有28吨。彩车主体由三大部分组成：

（一）底部以琶洲会展中心为主体、屋顶蓝色海浪动态平面为载体（可翻转另一面为太空银60周年浮雕年轮图案）

1. 底部表面以蓝色海洋、白色浪花为基本色和主体图案，由400块铝合金翻板组成，重复规则地翻转运动，形成波浪起伏、滚滚向前的效果。体现出南海之滨的广东作为全国外向度最高的省份，着力提高核心竞争力和国际竞争力，为适应经济全球化要求面向世界谋发展。作为中国古代“海上丝绸之路”的起点，广东具有突出的海洋文化特征，既有开放性又有包容性，与世界文明交汇互动。四条蓝色海浪展示广东科学发展的“四个文明”：物质文明、精神文明、政治文明、生态文明。

2. 蓝色海洋平面翻转后另一面以太空银60周年浮雕年轮为基本色和主体图案，示意新中国在建国后走过了伟大而不平凡的60周年。

3. 底座左右内侧是充满时代感的现代城市和珠江水系自然景观立体空间实体雕刻模型。既象征着广东积极探索节能环保生态文明、以人为本可持续发展之路，着力建设宜居城乡和美好家园，又展现出广东经济社会又好又快发展的建设成就和未来美景。

（二）前方以五条金色“猛龙出海”动态前进展现广东未来发展方向和趋势

1. 五条金龙向前上方威然昂首，龙首采用现代美术雕塑，龙身采用玻璃钢制流线型龙舟，30名龙舟赛手全身金色，与龙舟浑然一体。五条“猛龙出海”既体现出在党中央、国务院的正确领导下，广东在经济、政治、文化、社会和党的建设五个方面取得的巨大成就，又象征着广东积极应对当前国际金融危机等各种困难和挑战，成为带动环珠江三角洲和泛珠江三角洲区域发展的龙头，成为带动全国发展更为强大的引擎。

2. 彩车在行进时，五条金龙由动力机械装置推动在空中你追我赶、交错前进，每条龙舟上6名赛手奋力划桨、齐心协力向前冲。从自身纵向发展看，强调广东站在新的历史起点上，继续解放思想，坚持改革开放，以世界眼光、战略思维谋划新一轮大发展，在争当实践科学发展观排头兵的新征程上迈出新步伐。从当前形势横向比较，呈现出广东赶超亚洲“四小龙”的竞争态势，表现出广东人民风雨同舟、团结拼搏的坚强精神，并显示出广东敢于超越、勇于领先的迅猛势头和豪迈气魄。从哲学角度看，反映金木水火土五行相胜相生、平衡和谐的关系，强调广东省经济社会发展的整体性、结构性、运动性和协调性。

（三）后方水珠飞溅托起双人击鼓显示龙舟于碧海云天长风破浪动力强劲

1. 龙舟后方飞溅起水珠以不锈钢和仿水晶材料制作，记录和标志着广东脚踏实地一步一个脚印地走过建国60周年的每一年。

2. 水珠飞溅托起双人击鼓，为猛龙出海助威助力。巨型大鼓鼓面采用南越王玉佩图案。鼓声节奏强劲，衬托显示出猛龙旺盛的生命力和强大的活力。

广东“领潮争先”彩车模型

【广东“领潮争先”彩车展演展示】 广东“领潮争先”彩车圆满完成国庆60周年阅兵式及群众游行展演展示活动，展示了广东“敢为天下先、勇领改革潮”的激情与魄力。10月2～11日，彩车在天安门广场展示，超过1000万人进入天安门参观。9月中旬，中央电视台“国庆探班”、“焦点访谈”栏目组在首都彩车村对广东彩车作了详尽的报道，《人民日报》及新浪、搜狐等各大网站对广东彩车进行宣传报道，省内各媒体也积极宣传，在国庆节前后对广东彩车进行全方位、多层次、多视角的详细报道，广东彩车电视转播解说词、展演展示全攻略和设计制作三大亮点等专题文章以及各种新闻花絮、采访报道，配合广东彩车大幅图片或视频在各大媒体宣传，网民普遍认为广东彩车最有特色、最有创意、最有冲击力。用Google搜索“广东彩车”显示相关信息量达到14万条以上，在众多国庆彩车中名列前茅。10月，人民网在显著位置特别报道国庆彩车评选结果：广东“领潮争先”彩车人气最高。

【彩车参与单位及个人获得荣誉和奖项】 2009年10月1～11日，广东“领潮争先”彩车参加在北京天安门国庆60周年群众游行展演展示活动取得圆满成功。首都国庆60周年群众游行指挥部表彰彩车工作贡献突出的单位及个人：广东省旅游局荣获“奋进杯”，并被授予“国庆60周年群众游行彩车组织单位奖”；广东省文化厅、广东省公安厅、广东省人民政府驻北京办事处、广汽集团、广州市华力盈网架钢结构有限公司5个单位被授予“国庆60周年群众游行支持贡献单位奖”；广东歌舞剧院被授予“国庆60周年群众游行创新成果单位奖”；广东省旅游职业技术学校被授予“国庆60周年群众游行人员组织单位奖”。万庆良副省长等80人被授予“国庆60周年群众游行参与工作人员奖”；秦立运、姚友毅、熊健、胡加、阮少峰、李彦6名设计制作专家被授予“国庆60周年群众游行参与专家奖”；周敏等36人被授予“国庆60周年群众游行参与群众奖”。

【彩车后续利用】 2009年11月13～17日，彩车参加2009广东国际旅游文化节暨泛珠三角旅游推介大会巡展。11月下旬至2010年3月上旬，由省旅游局联合各巡展市主办，广东益民旅游休闲服务有限公司联合各地市旅游局承办，先后在佛山、肇庆、中山等市巡展，让老百姓近距离观赏广东彩车。彩车微型模型已联系厂家生产并投放旅游市场销售，以广东彩车为主题的工艺品、明信片已制作多种不同样式赠送相关单位。2010年7月28日至8月1日，广东“领潮争先”彩车5条金龙及30个赛手模型在上海世博会广东活动周精彩亮相。

【附：游行现场电视转播广东彩车解说词】 广东彩车以“领潮争先”为主题，充分展示了广东“敢为天下先、勇领改革潮”的激情与魄力，集中体现了广东人民紧密团结在以胡锦涛同志为总书记的党中央周围，科学发展、先行先试、立足中国、走向世界的精神风貌。

广东彩车整体凸显出“猛龙出海”雄姿英发、壮志凌云的磅礴气势。你看，五条金龙在广阔的碧海云天遨游，乘风破浪、你追我赶、共庆吉祥，象征着广东经济、政治、文化、社会和党的建设成就辉煌，展露出广东赶超先进国家和地区的竞争势头，呈现出未来光辉灿烂的美景和发展方向！你看，龙舟赛手齐心协力、勇往直前、奋力划桨，表现出广东人民风雨同舟、团结拼搏、开拓进取的坚强意志，多么豪迈激昂！你听，蓝色海洋波涛澎湃、鼓声催潮，展现出广东作为外向度高的省份，着力提高国际竞争力，主动参与全球化、面向世界谋发展。龙舟飞扬起60对晶莹剔透的水珠，标志着广东一步一个脚印锐意创新、艰苦创业，胜利走过60周年！

新中国成立以来，特别是改革开放30年来，广东不负党的重托，率先解放思想、推进改革开放，实现了综合实力历史性跨越，成为中国经济大省。在新世纪，广东继续解放思想，在全国人民的支持下，以世界眼光、战略思维谋划新一轮大发展，争当实践科学发展观的排头兵，积极构建和谐社会，为率先基本实现社会主义现代化伟大目标努力奋斗！

广东国际旅游文化节

（第 125 ~ 154 页）

2009广东国际旅游文化节暨泛珠三角旅游推介大会开幕式欢迎词

广东省省长、组委会主任　黄华华

（2009年11月13日）

广东省省长黄华华

尊敬的世界旅游组织塔勒布·瑞法依秘书长，尊敬的汪洋书记，尊敬的邵琪伟局长，尊敬的各位领导、各位嘉宾，女士们、先生们，朋友们：

大家晚上好！南粤金秋欣逢旅游盛事，花城今宵喜迎五洲宾朋！喜乘新中国成立60周年盛典的东风，国家旅游局和广东省人民政府共同主办的2009广东国际旅游文化节暨泛珠三角旅游推介大会即将隆重开幕。在这万众欢腾的美好时刻，我谨代表广东省委、省政府和全省人民，代表本届国际旅游文化节组委会，对各位领导和嘉宾朋友表示热烈的欢迎！

广东是中国改革开放的先行省、现代化建设的排头兵。新中国成立60年来特别是改革开放以来，在党中央、国务院的正确领导下，广东人民抓住机遇，团结奋进，经济社会发展取得举世瞩目的辉煌成就，成为当今中国第一经济大省和旅游大省。今日的广东，正站在新的历史起点上，全面实施国家批准的《珠江三角洲地区改革发展规划纲要》，努力在加快率先基本实现社会主义现代化、争当实践科学发展观排头兵的伟大进程中取得新的更大成就。

2009广东国际旅游文化节的隆重举办，是展现广东和泛珠三角地区旅游文化发展的盛典，是广东与各国各地区友好交流、合作发展的盛会，是海内外嘉宾朋友共同欢乐的盛大节日。我们诚挚邀请海内外宾朋到广东投资发展、观光考察和旅游休闲，尽情体验锦绣南粤的无限生机，共享活力广东的无穷魅力！

祝本届国际旅游文化节圆满成功！祝各位领导和嘉宾朋友度过一个愉快美好的夜晚！

谢谢大家。

在2009广东国际旅游文化节暨泛珠三角旅游推介大会开幕式上的致辞

国家旅游局局长、组委会主任　邵琪伟

（2009年11月13日）

国家旅游局局长邵琪伟

尊敬的汪洋书记，尊敬的联合国世界旅游组织秘书长塔勒布·瑞法依先生，尊敬的黄华华省长，女士们、先生们、朋友们：

晚上好！值此2009广东国际旅游文化节暨泛珠三角旅游推介大会隆重开幕之际，我谨代表国家旅游局表示热烈的祝贺！

今年以来，中国旅游业虽然经受了国际金融危机等不利因素的影响，但在党中央、国务院的坚强领导下，在各有关方面的大力支持和全国旅游行业的共同努力下，继续保持了平稳较快的发展势头。

当前，我国旅游业已进入新的发展阶段。全国旅游业将按照科学发展的要求，致力于改革创新，转变发展方式，提升发展质量，扩大国际合作，推动旅游业不断迈上新的台阶。

广东，是我国改革开放的前沿，是中国的经济大省，也是旅游大省。我们相信，广东旅游业将在新的历史起点上，充分发挥市场配置资源的基础性作用，推进体制改革、机制创新、结构调整、效益提升，在全省经济社会又好又快发展中发挥更加积极的作用，并为全国创造新鲜经验。

预祝本届广东国际旅游文化节暨泛珠三角旅游推介大会圆满成功！祝广东经济更加繁荣，人民幸福安康！

谢谢！

在2009广东国际旅游文化节暨泛珠三角旅游推介大会开幕式上的致辞

世界旅游组织秘书长　塔勒布·瑞法依

（2009年11月13日）

世界旅游组织秘书长塔勒布·瑞法依

尊敬的广东省委书记汪洋先生，尊敬的广东省省长黄华华先生，尊敬的中国国家旅游局局长邵琪伟先生，各位代表团的来宾，女士们、先生们：

首先，我谨代表世界旅游组织对第五届广东国际旅游文化节的成功举办向广东省政府和组委会表示热烈的祝贺。这次盛会反映了中国政府的长远目光——把旅游业作为团结人民和交流文化的平台，以及作为和平、互信和合作的桥梁。

从踏上广东这片土地的那一刻起，我就对这里城市的蓬勃发展、丰富的旅游资源以及世界闻名的粤菜留下了深刻的印象。当然，令我印象最深的，还是这里热情的人民。

女士们、先生们，从去年开始，持续的全球经济低迷给国际旅游业的发展带来了负面的影响。几乎所有国家和地区的旅游业都因经济发展减缓而遭受挫折。然而，从2009年夏季开始，我们看到了旅游业复苏的喜人迹象，尤其是在东北亚地区。即使国际旅游业未能在今年底之前得到完全恢复，我们亦有信心，旅游业的极强韧性和重要地位，将加快全球经济的回暖过程。正是在这个时候，旅游业更能在就业、促进和发展贸易中凸现重要地位，引导全球走向绿色经济。

女士们、先生们，如今中国对世界旅游业发展的影响日益增加。据预测，中国将于2020年成为世界首位旅游目的地国。在近年其他国家旅游业发展低迷的情况下，以广东为领头羊的中国旅游业却蓬勃发展。因此，我们坚信，在未来几年内，中国将会在国际旅游业中稳稳占据首要地位。

最后，再次祝愿2009广东国际旅游文化节取得圆满成功。祝各位朋友财源广进，身体健康，万事如意。

2009广东国际旅游文化节暨泛珠三角旅游推介大会总体工作方案

一、名称

2009广东国际旅游文化节暨泛珠三角旅游推介大会

二、主办和承办单位

（一）主办单位：国家旅游局、广东省人民政府

（二）承办单位：省旅游局、文化厅、外经贸厅、侨办、外办、港澳办、台办、省贸促会，全省21个地市人民政府，中国南方航空股份有限公司，广州白云国际机场股份有限公司，广州长隆集团有限公司

三、主题宣传口号

活力广东　欢乐祥和

四、会标

沿用“2008广东国际旅游文化节暨泛珠三角旅游推介大会”会标主体，将会标中的年份改为“2009”。

五、指导思想和原则

坚持以科学发展观为统领，深入贯彻落实中央经济工作会议、省委十届三次、四次、五次会议精神，贯彻落实省委、省政府和国家旅游局领导的重要指示和批示精神，立足于“保增长、扩内需、调结构”，紧紧围绕迎接和纪念建国六十周年大庆，紧紧围绕贯彻落实《珠江三角洲地区改革发展规划纲要》和“三促进一保持”工作重点，积极应对国际金融危机等复杂因素的挑战，大力推进全国旅游综合改革示范区和旅游强省建设，以世界眼光、战略思维做大做强广东国际旅游文化节这一精品品牌，推动粤港澳和国际旅游合作与发展，推动广东经济强省、文化大省、和谐广东建设，促进广东经济社会又好又快发展。

2009广东国际旅游文化节继续坚持“政府主导、社会参与、市场运作”的原则，具体做到“八个结合”、“六个着力”：

（一）坚持“八个结合”：一是与坚持解放思想，深入学习实践科学发展观活动相结合；二是与推进实施《珠江三角洲地区改革发展规划纲要》相结合；三是与推行国民旅游休闲计划、提高国民生活质量、生命质量和幸福指数相结合；四是与推动“2009中国生态旅游年”活动相结合；五是与打造广东旅游精品，营造良好旅游环境、增强旅游吸引力、建设旅游强省相结合；六是与促进我省区域经济协调发展、形成城乡一体化新格局相结合；七是与推动招商引资、构建开放型经济体系相结合；八是与加强国际国内区域旅游合作、推动区域旅游共赢发展相结合。

（二）做到“六个着力”：一是着力丰富活动项目的旅游文化内涵，提升广东国际旅游文化节的文化品位；二是着力强化活动的国际化、专业化程度，吸引更多境外游客尤其是境外旅游业界知名人士和大旅行商参加；三是着力创新办节机制，强化市场运作，充分利用社会赞助、竞标活动冠名权、广告经营权等形式筹集经费，增强市场运作的成效；四是着力深化区域旅游合作，尤其是粤港澳旅游合作，拓展境外旅游合作空间；五是着力提升招商引资水平，大力引进高水平的旅游合作项目，增强旅游企业核心竞争力；六是着力打造旅游文化精品，提升广东旅游的国际吸引力。

六、组织机构

成立2009广东国际旅游文化节组委会负责组织筹备工作，国家旅游局邵琪伟局长、广东省黄华华省长担任组委会主任，万庆良副省长担任组委会执行主任，省政府有关部门和主会场、分会场所在地主要领导担任组委会副主任。组委会办公室设在省旅游局，负责日常筹备工作。办公室下设秘书行政组、外联接待组、大型项目组、经贸招商组、财务统筹与监督管理组、安全保卫组、新闻宣传组、卫生防疫组、广州活动组等九个工作组。（见附件1）

七、举办时间和地点

（一）举办时间

2009年11月13日（星期五）至11月19日（星期

四）。

（二）举办形式及地点

1. 采取主会场和分会场结合的形式；

2. 开幕式设在广州大学城体育中心体育场，由组委会牵头举办；

3. 闭幕式设在广州长隆欢乐世界，由广州长隆集团承办；

4. 21个地市均申请了设立分会场，经组委会审核后组织实施。

八、主要活动

2009广东国际旅游文化节项目有3类：（一）省有关部门牵头组织的活动；（二）有关市政府组织的活动；（三）境内外企事业单位或社会团体组织的活动。（见附件2）

九、工作要求

（一）高度重视，精心组织。继续举办广东国际旅游文化节是省委省政府审时度势、从战略高度谋划广东旅游业大发展的重要举措，对我省积极应对国际国内复杂经济形势挑战、加快旅游强省和全国旅游综合改革示范区建设具有重要意义。各地、各有关部门要从全局的高度出发，高度重视，提高认识，加强领导，精心组织，确保各项筹备工作顺利推进。

（二）协同配合，形成合力。组委会办公室要加强组织领导，统筹协调各主分会场、各承办单位，统筹安排各项重大活动；各有关单位要从大局出发，充分发挥自身优势，全力以赴做好各项筹备工作，形成省市联动、协同配合的工作格局；各市、各单位要在总体工作方案框架下合理安排各项活动；各成员单位要齐心协力，相互配合，相互支持，确保各项工作任务的完成。

（三）精益求精，打造精品。旅游文化节是一次旅游的盛会，文化的盛典，更是全面展示南粤风采、广东特色的盛典。各会场组委会及活动项目牵头单位要严格优选活动项目，将旅游文化节与各地旅游节庆活动以及旅游宣传促销活动结合起来，在保留传统经典项目的基础上推陈出新。要注重挖掘本地特色旅游文化资源，推广“岭南文化、活力商都、黄金海岸、美食天堂”四大旅游品牌，打造一批精品力作和品牌项目。各承办单位要按照组委会总体工作要求和具体标准，精心策划，严密组织，认真落实各项承办工作。

（四）拓宽市场，扩大成效。本届旅游文化节要继续运用市场机制筹集活动经费、扩大社会参与面以及灵活运用市场运作机制。各活动项目的牵头或负责单位要大胆创新办节机制，根据活动项目实际情况采用招标、委托承办、联办、协办等形式，最大限度地引进有实力的企事业单位和社会团体参与，形成政府与社会的合力，共同办好广东国际旅游文化节。

（五）加强宣传，营造声势。要充分发挥我驻外机构的作用，及早做好与友好关系国家和地区的联系，利用多种形式开展宣传，加强与当地主流媒体的合作，重点吸引广东主要客源国、友好省州、友城和泛珠三角各省区以及其他兄弟省市到我省参展、参演，及早做好境外重点嘉宾的邀请工作，强化活动的国际性、参与性、实效性和群众性，推动广东、泛珠三角各区域旅游业和第三产业优势互补、共同发展。

（六）严格预算，分级负责。继续按照“统筹协调、分级承办、分级负责”的原则，由省、市和相关部门以及企、事业单位独立承担各自的活动经费。应由省承担的费用，由组委会办公室按照勤俭办事的原则编制预算，按程序报批，并按有关制度严格管理；社会征办项目的费用，由承办单位自筹解决。

（七）科学管理，加强监督。要切实加强对使用财政资金项目的规范与管理，规范采购模式，完善采购管理办法，增强采购的计划性，采购单位按规定编报政府采购预算，并根据预算编报政府采购实施计划。省财政部门要加强经费预算管理，指导监督本届旅游文化节各个项目的财务收支及政府采购工作。省审计部门要加强对各项财务支出的审计监督。

（八）健全机制，明确职责。建立健全旅游文化节督导机制、通报机制和奖惩机制。组委会办公室和有关各市政府要指定专人对各地、各单位、各项目的工作进度进行监督检查，帮助解决实际困难，及时了解和掌握旅游文化节组织筹备情况。各单位特别是各工作组要抓紧制订工作方案，落实机构、人员和职责分工，建立工作责任制，把任务分解到每个人，确保工作到人，责任到人，不遗漏不重复。对表现突出的单位和个人要表彰奖励，对工作不力的单位和个人要通报批评，对工作失职、严重影响旅游文化节正常进行的，要追究负责人的责任。各有关单位务必按时按质完成各项工作，确保旅游文化节的组织和筹备顺利进行。

附件 1：

组委会及办公室人员组成和工作职责

一、组委会

主　任：
邵琪伟　国家旅游局局长
黄华华　广东省省长
执行主任：
万庆良　广东省副省长
副主任：
刘晓捷　省政府副秘书长
杨荣森　省旅游局局长
方健宏　省文化厅厅长
梁耀文　省外经贸厅厅长
傅　朗　省外办主任
吴锐成　省侨办主任
唐　豪　省港澳办主任
陈国兴　省台办主任
陈文杰　省贸促会会长
杨文龙　省委办公厅副主任
李守进　省委宣传部副部长、省政府新闻办主任
曹鉴燎　广州市副市长
唐　杰　深圳市副市长
钟世坚　珠海市市长
蔡宗泽　汕头市市长
陈云贤　佛山市市长
郑振涛　韶关市市长
刘小华　河源市市长
李　嘉　梅州市市长
李汝求　惠州市市长
郑雁雄　汕尾市市长
李毓全　东莞市市长
李启红　中山市市长
王南健　江门市市长
魏宏广　阳江市市长
阮日生　湛江市市长
邓海光　茂名市市长
杨浩明　肇庆市市长
徐萍华　清远市市长
汤锡坤　潮州市市长
陈奕威　揭阳市市长
黄　强　云浮市市长
谭万庚　南方航空股份有限公司总经理
张克俭　白云机场股份有限公司总经理

二、组委会办公室

办公室主任：
杨荣森　省旅游局局长（兼）
办公室常务副主任：
景李虎　省文化厅副厅长
曾维炳　省旅游局副局长
周开生　省旅游局副局长
张振林　省旅游局副局长
王志红　省旅游局副局长
办公室副主任：
郑　东　省公安厅副厅长
欧　斌　省财政厅副厅长
吴　军　省外经贸厅副厅长
耿庆山　省卫生厅副厅长
李春燕　省外办纪检组长、监察专员
陈仰豪　省侨办副主任
廖京山　省港澳办副主任
蒋长芳　省台办副主任
司庆伟　省贸促会副会长
莫高义　省政府新闻办常务副主任
陈绍康　广州市政府副秘书长
于忠厚　深圳市政府副秘书长
金展扬　珠海市副市长
于健明　汕头市副市长
麦洁华　佛山市副市长
邹永松　韶关市副市长
吴有必　河源市副市长
李金元　梅州市副市长
杨灿培　惠州市副市长

李贤谋　汕尾市副市长
江　凌　东莞市副市长
谭培安　中山市副市长
李　崴　江门市副市长
陈华康　阳江市常务副市长
梁志鹏　湛江市副市长
林日娣　茂名市副市长
孙　德　肇庆市副市长
王得坤　清远市副市长
陈建新　潮州市副市长
叶少明　揭阳市副市长
崔逢池　云浮市副市长
陈　港　南方航空股份有限公司营销委主任
马心航　白云机场股份有限公司副总经理

（一）秘书行政组

组　长：
张振林　省旅游局副局长
副组长：
郭才武　省委办公厅调研员
贺　宇　省府办公厅处长
何日火　省政府办公厅调研员
邱招贤　省旅游局办公室主任
余　斌　省旅游局处长
刘益华　省旅游局处长
曾晓峰　省旅游局处长
冯宏海　省政府办公厅副处长
柯显东　广州市旅游局处长
联络员：
邱招贤　省旅游局办公室主任
蔡彬彬　省旅游局办公室副主任
成员单位：

省委办公厅、省政府办公厅、省旅游局、省文化厅、省外办、省体育局、广州市政府办公厅、广州市旅游局、南方航空股份有限公司、白云机场股份有限公司。

工作职责：

1. 协助领导组织开展办公室日常工作；

2. 组织统筹领导讲话、相关文件和资料的准备工作；

3. 统筹审查各分会场、活动承办单位、参与或争办项目单位的活动方案以及相关宣传品；

4. 检查、督导各工作组、各项目承办单位工作；

5. 统筹组织、协调各项活动日程；

6. 接受社会赞助和捐赠事宜，统筹集资广告、集资回报的落实和集资实物的管理等工作；

7. 组织开展本届旅游文化节社会参与及市场化运作工作；

8. 编印活动简报；

9. 负责公文核发和印章管理；

10. 制作信封、信笺等；

11. 编印活动指南；

12. 编制本组各项活动费用预算和款项支付进度计划，对已批准的预算范围内的具体经费开支进行审核把关；

13. 组委会交办的其他工作。

（二）外联接待组

组　长：
周开生　省旅游局副局长
副组长：
巫东朋　省政府接待办副主任
麦月嫦　省旅游局调研员
甘达坚　省旅游局处长
于非己　省旅游局处长
吴晓生　省侨办调研员
黄梅良　省台办调研员
陈广海　省外办调研员
联络员：
甘达坚　省旅游局处长
成员单位：

省委办公厅接待办、省政府接待办、省旅游局、省文化厅、省外事办、省侨办、省台办、省港澳办、海关总署广东分署、省公安边防总队、广州边检总站、深圳边检总站、珠海边检总站、南方航空集团公司、广州铁路（集团）公司、广州市政府办公厅、酒店协会、导游协会、省机场管理集团公司、省中旅、广东国旅、广之旅、广东铁青、南湖国旅、南航明珠酒店、花园酒店、新白云宾馆、东方宾馆。

工作职责：

1. 组织实施本届旅游文化节接待方案；

2. 联络并邀请有关国家和地区，兄弟省（市、区）领导；

3. 提出特邀嘉宾名单；

4. 落实开幕式等系列活动的嘉宾名单；

5. 发送请柬、邀请函及相关资料；

6. 协调有关部门安排特邀海外嘉宾的入、出境礼遇；

7. 组织落实领导、嘉宾欢迎酒会等相关工作；

8. 协调相关部门或单位做好嘉宾食、宿、行等后勤接待工作；

9. 向嘉宾派发宣传推介资料和纪念品；

10. 编制本组各项活动费用预算和款项支付进度计划，对已批准的预算范围内的具体经费开支进行审核把关；

11. 组委会交办的其他工作。

除组委会统一邀请的领导嘉宾外，各单位按谁邀请、谁负责的原则，做好嘉宾的各项接待工作。

（三）大型项目组

组　长：

曾维炳　省旅游局副局长

副组长：

毛　诚　省旅游局处长
李振德　省旅游局处长
陈小明　省文化厅处长
王　莉　省文化厅处长
孙旭阳　广东电视台副台长
谭天玄　广东电视台副台长
冯子源　省海外交流协会副秘书长

联络员：

毛　诚　省旅游局处长

成员单位：

省旅游局、省文化厅、省建设厅、省外办、广东电视台、广东电台、省教育厅、团省委、省旅游职业技术学校、广州长隆集团有限公司。

工作职责：

1. 负责开幕式、闭幕式、花车巡游、广东国际旅游展览会暨海峡两岸旅游投资交流会等省政府相关部门组织的大型活动的组织、协调、审核和主要省定项目的实施工作；

2. 开幕式、广东国际旅游展览会暨海峡两岸旅游投资交流会场地的租用、布置、协调；

3. 编制本组各项活动费用预算和款项支付进度计划，对已批准的预算范围内的具体经费开支进行审核把关；

4. 组委会交办的其他工作。

（四）经贸招商组

组　长：

吴　军　省外经贸厅副厅长

副组长：

司庆伟　省贸促会副会长
宋晓军　省投资促进局局长
杨子江　省投资促进局副局长
黄　燕　省旅游局工会副主席

联络员：

黄　燕　省旅游局工会副主席

成员单位：

省发展改革委、省经贸委、省外经贸厅、省侨办、省外办、省旅游局、省台办、省贸促会、白云机场股份有限公司。

工作职责：

1. 负责旅游招商会等活动的组织、协调、策划和实施工作；

2. 编制本组各项活动费用预算和款项支付进度计划，对已批准的预算范围内的具体经费开支进行审核把关；

3. 组委会交办的其他工作。

（五）财务统筹与监督管理组

组　长：

欧　斌　省财政厅副厅长

副组长：

莫羡春　省政府参事室处长
林　华　省财政厅副处长
张　梅　省文化厅副处长
钟尔慧　省审计厅经贸处副处长
阮　静　省旅游局副调研员

联络员：

阮　静　省旅游局副调研员

成员单位：

省财政厅、省文化厅、省旅游局、省审计厅。

工作职责：

1. 负责申请旅游文化节所需经费；

2. 受政府委托对各工作小组及大型项目单位申报的预算进行审核；

3. 负责旅游文化节总账户的管理，对各有关单位的经费预算、主要费用的支付、结算，进行监督审查；

4. 配合有关部门对旅游文化节费用开支进行审核；

5. 组委会交办的其他工作。

（六）安全保卫组

组　长：

郑　东　省公安厅副厅长

副组长：

梁土金　省委办公厅警卫局处长
张绍新　省公安厅治安管理局副局长
苏武辉　省公安厅国内安全保卫局副局长
董贵龙　省公安厅消防局副局长
骆振辉　广州市公安局副局长
梁　晖　省旅游局党办主任
潘茂嘉　省政府办公厅处长
蔡立斌　省旅游局工会主席
翁舒鹏　省公安厅治安管理局副处长
王惠棠　省公安厅交通管理局副处长
邱志冬　广州市国家安全局副处长

联络员：

梁　晖　省旅游局党办主任

成员单位：

省公安厅治安管理局、省公安厅消防局、省公安厅交通管理局、省委办公厅警卫局、省公安厅国内安全保卫局、省旅游局、广州市公安局、广州市国家安全局。

工作职责：

1. 负责旅游文化节安全保卫工作的组织、协调、指导和检查；

2. 负责审核组委会各部门制定的活动安全工作方案和应急救援预案，督促承办单位做好相关报批工作；

3. 负责开、闭幕式及其系列活动的治安、消防、交通等安保工作，并制定《广东国际旅游文化节安全保卫工作方案》和《广东国际旅游文化节突发事件处理预案》、落实各项安保工作；

4. 统筹活动证件的制作、发放和管理；

5. 编制本组各项活动费用预算和款项支付进度计划，对已批准的预算范围内的具体经费开支进行审核把关；

6. 组委会交办的其他工作。

（七）新闻宣传组

组　长：

胡振国　省新闻办副主任

副组长：

曾胜泉　省委宣传部副处长

刘端雄　省政府办公厅副处长

王永清　省新闻办主任助理

沈卫红　省侨办副处长

陈瑞东　省旅游局副处长

联络员：

陈瑞东　省旅游局副处长

成员单位：

省政府新闻办公室、省府办公厅、省旅游局、省外办、省台办、南方广播影视传媒集团、南方日报报业集团、南方新闻网、羊城晚报报业集团。

工作职责：

1. 负责本届旅游文化节新闻宣传工作的组织、协调、指导和实施；

2. 协调召开本届旅游文化节新闻发布会；

3. 策划与实施本届旅游文化节的专题节目和专题报道；

4. 按照组委会接待工作的规定，做好海内外记者的邀请、接待、安排采访以及新闻记者的管理工作；

5. 印制和发送宣传海报、特刊、记者接待手册以及其他宣传资料；

6. 发布本届旅游文化节相关信息；

7. 编制本组各项活动费用预算和款项支付进度计划，对已批准的预算范围内的具体经费开支进行审核把关；

8. 组委会交办的其他工作。

（八）医疗卫生防疫组

组　长：

耿庆山　省卫生厅副厅长

副组长：

叶兆怡　省卫生厅调研员

廖国强　省旅游质监所所长

郑　云　广州市卫生局副处长

邱建锋　省卫生监督所副所长

联络员：

廖国强　省旅游质监所所长

成员单位：

省卫生厅、省旅游局、广州市卫生局、省卫生监督所、广州市卫生监督所。

工作职责：

1. 负责本届旅游文化节的公共场所卫生、饮食、疾病预防、医疗急救、重要嘉宾保健等工作的协调、联络、检查；

2. 负责对赞助酒水、饮料等食品的卫生检疫工作；

3. 编制本组各项活动费用预算和款项支付进度计划，对已批准的预算范围内的具体经费开支进行审核把关；

4. 组委会交办的其他工作。

（九）广州活动组

组　长：

陈绍康　市政府副秘书长

副组长：

朱　力　广州市旅游局局长

联络员：

朱晋峰　市旅游局办公室副主任科员

成员单位：

广州市旅游局、市文化局、市外事办、市经贸委、市公安局、市交委、市体育局、市卫生局、广州大学城体育中心体育场。

工作职责：

1. 负责落实主会场组织的活动项目；

2. 做好组委会在主会场举办的各项活动的协调配合工作，以及主会场市容市貌、环境营造等工作；

3. 组委会交办的其他工作。

附件2：

2009广东国际旅游文化节暨泛珠三角旅游推介大会主要活动项目

【省有关部门牵头组织的活动】

1. 活动名称：2009广东国际旅游文化节暨泛珠三角旅游推介大会开幕式晚会

活动时间：11月13日晚

活动地点：广州大学城中心体育场

活动内容：晚会以“岭南请柬”为主题，分为“广东欢迎你”、“风情缭绕你”、“都市诱惑你”、“山水拥抱你”、“鲜花送给你”五大篇章。整台晚会具有浓郁的岭南风情，国庆60周年和迎亚运元素穿插其中，节目精彩纷呈，传统与现代交融，洋溢着喜庆、欢乐、祥和的气氛。

2. 活动名称：旅游招商会

活动时间：11月13日

活动地点：广州市香格里拉大酒店

活动内容：国家旅游局领导、世界旅游组织特使致辞；省政府领导发表主题演讲；泛珠三角9+2地区及其他省区旅游部门代表发言；在粤投资的外资旅游企业代表介绍投资体会；举行重大项目签约仪式。

3. 活动名称：“唱响广东”2009广东旅游金曲精英大赛

活动时间：9月至12月

活动地点：广东各地

活动内容：以“印象岭南唱游广东”为活动主题，从“旅游歌曲”这一地域音乐品牌入手，通过举办采风活动暨歌曲征集、地区分赛区赛事、全省赛事、金曲揭晓暨颁奖晚会、《唱游广东为亚运喝彩》明星爱心巡演等活动，讴歌广东人民良好的精神风貌，打造广东“旅游歌曲名片”。

4. 活动名称：“老照片·新广东”海外华人图说南粤系列活动

活动时间：6月至2010年2月

活动地点：全球华侨华人地区

活动内容：本次活动以“乡土、乡音、乡情”为主题，通过“老照片征集与评比”和“循迹老照片感受新广东”两个阶段开展的活动，唤起海外华侨及后辈对广东的眷恋与情怀，触摸广东的历史沉淀，感受广东现代发展脉搏。

5. 活动名称：广东国际旅游合作高峰论坛

活动时间：11月13日

活动地点：中山大学小礼堂

活动内容：以“旅游合作与发展”为主题，内容包括主旨演讲、主题讲座。世界旅游组织高层官员，广东省友好省州主要官员、国外著名旅游企业负责人等海外嘉宾和国内重要嘉宾、旅游界专家学者，著名旅游企业高层负责人共300人参加。

6. 活动名称：广东国际旅游展览会暨海峡两岸旅游投资交流会

活动时间：11月14～16日

活动地点：广州琶洲保利世贸博览馆2号馆

活动内容：包括2009广东国际旅游展览会开幕式、旅游文化、艺术及产品展示、旅游文娱节目汇演、粤台旅游合作高峰论坛、海峡两岸旅游项目投融资介绍会等活动，构建广东旅游对外合作招商平台，推动粤港澳台、泛珠三角、东盟等区域旅游合作与发展。

7. 活动名称：2009广东国际旅游文化节花车大巡游

活动时间：11月13～19日

活动地点：广州大学城体育中心、广州越秀区广交会流花馆

活动内容：来自国际友城，香港、澳门特别行政区，新疆、海南、福建等省区，广东21个地级以上市的花车齐聚广州，参加开幕式晚会演出、展览、街区巡游，展现各地旅游形象和人文特色。

8. 活动名称：广东国际温泉旅游节

活动时间：10月25～27日

活动地点：河源市

活动内容：包括广东温泉行业协会2009年会，温泉旅游经济发展论坛，河源生态、温泉、恐龙、客家文化旅游资源及线路考察推介，“粤游·粤精彩——体验河源”大型自驾活动暨河源自驾车旅游券推广等活动。

9. 活动名称：海外杰出华人广东行系列活动

活动时间：11月5～23日

活动地点：广东各地

活动内容：包括“海外知名华人广东行”、“海外华商、

慈善家广东行”、“海外华教精英汇广东”、“华裔政要广东行”四大系列活动。

10. 活动名称：“友城之夜”系列活动

活动时间：11月14日

活动地点：中山纪念堂

活动内容：“友城之夜”文艺晚会以和平、友好为主题，旨在表现广东省人民与各友好省州人民友谊的日益发展，进一步提升我省的国际水平。届时，来自瑞典、丹麦、日本、韩国等11个广东友好省州的表演团体将与国内演出团体共同呈现一台兼具国际特色和岭南风韵的精彩节目。

11. 活动名称：岭南民间艺术汇演

活动时间：11月14～18日

活动地点：广州英雄广场、中山大学北门广场、海珠周周乐广场、天河龙洞广场

活动内容：本次艺术汇演有成都民族歌舞剧院、芳华十八女子音乐组合、陆丰皮影剧团和省内木偶剧团的精彩演出。节目以国家级和省级非物质文化遗产项目为元素，既有汉、藏、彝、羌等多民族演员，也有国家级非物质文化遗产项目的传承人，特色浓郁，精彩纷呈。

12. 活动名称：首届中国粤菜峰会

活动时间：11月13日

活动地点：广州香格里拉大酒店

活动内容：包括中国粤菜高峰论坛、广东省餐饮服务质量标准新闻发布会、粤菜名店/名师/名菜颁奖晚会等活动。峰会将评选出100家粤菜名店、100位粤菜管理/服务大师、100位粤菜名厨、100道地方特色名菜/名点，打造广东“美食天堂”旅游品牌。

13. 活动名称：广东旅游推广大使评聘活动

活动时间：11月14日

活动地点：广东省

活动内容：在全国范围内聘请一批“广东旅游推广大使”。举办“广东旅游推广大使”颁牌仪式、组织“广东旅游推广大使”参加旅游文化节等相关活动和赴省内旅游景区（点）宣传推介等活动。

14. 活动名称：网上旅游文化节

活动时间：2009年10月至2010年9月

网址：广东国际旅游文化节官方网站（www. gditcf. com）

活动内容：整个活动包括网上旅游博览会、网上直播、旅游文化节网上宣传报道三大部分。旨在借助网络平台的宣传优势，全面展示广东旅游文化节活动盛况，提升本届旅游文化节同社会公众及广大网民的交流与互动，强化广东国际旅游文化节的品牌形象。

15. 活动名称：2009广东国际旅游文化节暨泛珠三角旅游推介大会闭幕式晚会

活动时间：11月19日晚

活动地点：广州长隆旅游度假区

活动内容：以“旅游的盛会，欢乐的节日”为主题，通过《岭南迎宾曲》、《美丽新世界》、《盛世狂欢节》、《欢乐长隆夜》、《邀请全世界》五个篇章，表现广东敞开胸怀欢迎来自世界的宾朋。

【广州分会场】

16. 活动名称：第二十三届广州（国际）美食节

活动时间：11月中旬

活动地点：主会场设在正佳广场，分会场设立在广州相关区、县级市等地。

活动内容：包括餐饮行业发展研讨会、2009粤菜大师评选活动、美食体验活动、精品美食展、“食在广州”精品展示、烹饪艺术演艺广场、广州美食游、颁奖典礼等系列活动。

17. 活动名称：2009珠江花船大巡游

活动时间：11月14～29日

活动地点：广州市珠江河段

活动内容：以绚丽多彩的花船为载体，展示全省各市及泛珠三角各地旅游文化特色，吸引更多的市民、游客共同参与珠江游。

18. 活动名称：2009第三届广州金牌导游员大赛

活动时间：8月至11月

活动地点：大型的旅游景点景区、旅游度假目的地、楼盘社区、商业场所等

活动内容：包括公开推荐、培训和选拔等环节。通过导游员的景点讲解技巧、个人才艺表演、仪表仪容展示的角逐，选拔出一批优秀的导游技能人才，创建一支高素质的广州金牌导游队伍。

19. 活动名称：亚运广州美食推广大使评选活动

活动时间：8月2日至10月30日

活动地点：广东电视台

活动内容：本次评选活动将成为亚运宣传、城市形象宣传的一张亮丽的名片。通过举办选拔“亚运广州美食推广形象代言人”的活动，将为广州举办亚运的宣传增添新的内容。

20. 活动名称：第十届广州国际茶文化节2009中国（广州）国际茶业博览会

活动时间：11月26～30日

活动地点：中洲国际商务展示中心

活动内容：包括举办中国茶业营销论坛、广东省茶艺师职业技能大赛及茶艺表演、中国紫砂壶艺大赛、国际交流与合作工作委员会成立大会等一系列活动。旨在弘扬中华茶文化，打造中国茶品牌。

21. 活动名称：第十四届广州国际艺术博览会

活动时间：12 月 10～14 日

活动地点：白云国际会议中心

活动内容：历届广州国际艺术博览会吸引数以万计的收藏家和爱好者参观，在国内外都产生了良好反应，已形成与北京、上海艺博会三足鼎立的艺术会展业品牌，具有一定的国际知名度。

22. 活动名称："西关寻迹"暨"西关美食节"系列活动

活动时间：9 月至 12 月

活动地点：荔湾区

活动内容：以西关文化主线为脉络，通过举办线上娱乐、竞赛游戏、网络访谈、广场主题活动、文化娱乐、西关论坛等活动项目，发掘并展现广州西关深厚的文化底蕴，弘扬浓郁的岭南风土人情，传承历史悠久的岭南广府西关文化。

23. 活动名称：第七届中国音乐金钟奖

活动时间：11 月 20～27 日

活动地点：星海音乐厅、白云国际会议中心音乐厅

活动内容：第七届中国音乐金钟奖设表演奖、终身成就奖两大子项目。以"民族之声、艺术盛会、人民节日"为目标，扩大金钟奖在全国的影响，提升金钟奖的品牌价值，推进广州音乐名城建设。

24. 活动名称："羊城新秀"歌手大赛

活动时间：9 月 16 日至 11 月 22 日

活动地点：广州电视台演播厅等

活动内容：分为海选、电视复赛、准决赛、总决赛等四个阶段。大赛设冠、亚、季军各一名，并设有"最佳爵士音乐表现奖"、"最佳摇滚音乐表现奖"、"最佳 Hip－Hop 音乐表现奖"、"最佳原创音乐"、"最佳最合奖"、"最佳民谣表现奖"等奖项。

25. 活动名称：第五十届羊城菊花展览会

活动时间：11 月 20 日至 12 月 6 日

活动地点：广州文化公园

活动内容：展览会荟萃大立菊、扎作菊、盆景菊、艺菊等上千种菊花，举行青少年园艺作品评比以及以菊花为题材的插花、绘画和摄影艺术作品展示等活动。

26. 活动名称：2009 广州（南沙）滨海旅游欢乐节

活动时间：2009 年 11 月

活动地点：南沙天后宫、滨海公园、蒲洲花园

活动内容：包括风筝欢乐节、婚纱摄影活动、沙滩排球友谊赛、沙雕作品展、啤酒烧烤篝火晚会、沙滩音乐狂欢派对等。

27. 活动名称：第二届广州黄埔长洲杨桃欢乐节

活动时间：9 月 18 日至 11 月 30 日

活动地点：黄埔区长洲岛

活动内容：由开幕式、方阵巡游、"狂欢·美食行"、"休闲·欢乐行"、"益智·文化行"、冲关互动游戏、摄影大赛、美食一条街、长洲图片展、闭幕式等组成。

28. 活动名称：第二届广州海珠小洲青年艺术节

活动时间：11 月 1～30 日

活动地点：海珠区小洲村

活动内容：以"25°洲游记"为主题构想，开展创意市集、影像展放周、户外装置雕塑展览、新锐青年架上展、音乐节、青年艺术家作品联展、广东油画邀请展、清和朗韵艺术空间、广州国际艺术空间站、99 艺术廊等系列活动。

29. 活动名称：首届番禺农产品博览会暨 2009 年番禺旅游文化美食节

活动时间：2009 年 9 月至 11 月

活动地点：番禺广场及周边路、番禺区餐饮企业及旅游景区

活动内容：农博会设有 100 多个展位，开展丰富的农产品展销活动；美食节设有 200 多个美食摊位，数以千计的名菜美食供市民品尝。分会场设在区内 40 多个餐饮企业、8 个旅游景区。

30. 活动名称：花都旅游文化节

活动时间：10 月至 11 月

活动地点：花都区内

活动内容：包括石头记矿物园开幕式、"花都一日游"首发团启动仪式、王子山森林度假区开幕仪式、盘古王诞文化艺术节、花乡旅游美食文化节等一系列旅游文化活动。

31. 活动名称：精彩越秀——广府文化旅游嘉年华

活动时间：11 月 5～12 日

活动地点：广州市北京路步行街

活动内容：以节庆活动与旅游产品相结合，旅游与文化内涵相融合，多元化展示广府地域多姿多彩的旅游资源和别具魅力的独特旅游文化，打造一场"永不落幕"的欢乐旅游嘉年华，让市民、游客充分体验在广州旅游的精粹和欢乐。

32. 活动名称：2009 年"绚丽天河"文化艺术节

活动时间：2009 年 8 月至 12 月

活动地点：天河区内

活动内容：包括国际文化系列活动、群众文化活动系列、60 台群众文艺精品大巡演、国庆 60 华诞"美术、书法、摄影展以及天河艺术团走进社区文艺演出等活动。

33. 活动名称：2009 中国（广州·从化）温泉旅游文化节

活动时间：2009 年 12 月

活动地点：从化市内

活动内容：包括从化温泉旅游产业研究、温泉水质鉴定新闻发布会、温泉旅游产业研究报告会、温泉养生大讲

堂、首届美食文化节、梅花节、红叶节、火龙果节、宝趣玫瑰情侣集体婚礼、“泡温泉，念亲恩”健康休闲从化行等系列活动

34. 活动名称：2009 中国广州（增城）登山旅游节

活动时间：2009 年 11 月至 12 月

活动地点：白水寨风景名胜区

活动内容：通过举办全民健身登高健身活动、自行车游等系列活动，以体育添活力，以文化增魅力，让体育文化彰显增城旅游特色，着力打造“荔乡仙境生态健康游”品牌。

35. 活动名称：2009 中国广州增城菜心美食节

活动时间：12 月

活动地点：增城市小楼镇小楼人家景区

活动内容：本届菜心节将继续把增城特有的迟菜心推广至全省范围。通过饮食与旅游元素的完美结合，培育和打造增城名优农副产品品牌，丰富增城的旅游文化内涵。

36. 活动名称：2009 中国广州新塘国际牛仔服装节暨中国新塘国际牛仔形象大赛

活动时间：6 月 8 日至 11 月 3 日

活动地点：增城市，总决赛地点于凤凰城酒店

活动内容：本次大赛将在大连、郑州、成都、杭州、广州设立 5 个分赛区，并首次在美国洛杉矶和加拿大温哥华设立两个分赛区。旨在全力打造新塘的全球牛仔品牌基地，塑造全球牛仔时尚中心，从而将新塘的牛仔文化、形象传播给全世界。

【深圳分会场】

37. 活动名称：2009 深圳国际旅游文化节开幕式晚会

活动时间：11 月 5 日

活动地点：世界之窗

活动内容：以“精彩深圳、时尚之都”为主题，邀请海内外的著名歌手，同时还将邀请旅游专业表演团体参演，务求呈现出一台有特色、有影响、有创意的视觉盛宴，突出深圳旅游都市风情、主题公园、滨海休闲、高尔夫等特色，从而推动国际滨海旅游城市的建设。

38. 活动名称：2009F1 摩托艇世界锦标赛中国深圳大奖赛

活动时间：11 月 17～18 日

活动地点：南山区后海内湾公园人工湖

活动内容：该项赛事是由国际摩托艇联合会于 1981 年发起组织的，与奥运会、世界杯足球赛、F1 赛车世界锦标赛齐名的国际体育赛事。本次大赛突出“体育 + 人文 + 环境”的新理念、张扬时代特点和城市风格，体现深圳高端旅游特色。

39. 活动名称：2009 第三届“中国杯”帆船赛

活动时间：10 月 30 日至 11 月 2 日

活动地点：深圳大亚湾海域

活动内容：本届赛事将有 20 多个国家和地区的选手参赛，将举行接力赛、场地赛等比赛项目。赛事的举行对于加强与国际帆船界的友好往来和技术交流，推广航海休闲运动高端旅游活动起到积极的促进作用，以提升深圳的国际知名度和国际影响力。

40. 活动名称：第二届“深圳国际友城文化艺术周”

活动时间：2009 年 11 月

活动地点：深圳主要文化场馆

活动内容：深圳共缔结了世界 12 个友好城市和 15 个友好交流城市。友城艺术家与深圳本地文艺团体将倾情演绎荟萃中西文化特色的文艺节目，让观众领略到各国独特文化的魅力和丰富多彩的中华古老文化，以增进各国人民之间的友谊和了解。

41. 活动名称：第四届公园文化节

活动时间：2009 年 11 月至 12 月

活动地点：全市 14 个市政公园

活动内容：以“颂改革开放成果，创和谐家园文化”为主题，举办一系列与改革开放、和谐家园相关的活动与展览。

42. 活动名称：一同走过从前——深圳市旅游界纪念建国 60 周年图片征集宣传活动

活动时间：2009 年 7 月至 11 月

活动地点：深圳市

活动内容：通过图片真实再现历史深圳、生态深圳、动感深圳、时尚深圳、活力深圳和精彩深圳的旅游城市形象，全面提升深圳国际化海滨旅游城市的知名度和美誉度，以纪念中华人民共和国成立 60 周年、反映深圳 30 年改革开放的发展历程。

43. 活动名称：欧米茄观澜湖高尔夫世界杯

活动时间：11 月 26～29 日

活动地点：深圳市观澜高尔夫球会

活动内容：欧米茄观澜湖世界杯总共 28 支参赛队伍，除了 18 支种子队伍之外，其他队伍需要通过设在亚洲、欧洲和南美洲的资格赛来争取席位，每个资格赛拥有 3 个席位。幸运儿将同 18 支种子队及东道主中国一起参加角逐第五十五届高尔夫世界杯锦标。

44. 活动名称：2009 罗湖旅游文化节

活动时间：10 月 19～28 日

举办地点：罗湖区

活动内容：将举办深圳珠宝购物地图、罗湖旅游购物消费优惠手册大派送、旅游线路展示推介会、花式调酒大赛、饭店业服务职业技能竞赛决赛、深圳珠宝魅力秀等活动，以强化珠宝业与旅游业的产业融合和互动发展。

45. 活动名称：福田区国际品牌服装服饰文化旅游节

活动时间：2009 年 11 月中旬

活动地点：福田区

活动内容：旨在进一步打造福田国际品牌服装服饰特色文化旅游节品牌，优化产业结构，培育消费热点。届时将举办启动仪式暨福田区国际品牌服装秀展演专场、国际品牌服饰服装购物一日游活动、福田文化局建国 60 周年系列文艺演出活动等。

46. 活动名称：第八届深圳黄金海岸旅游节

活动时间：2009 年 9 月至 11 月

活动地点：盐田区

活动内容：本次旅游节以“欢乐盐田，山海休闲”为主题，进一步推介深圳黄金海岸旅游品牌，挖掘山海文化内涵，塑造美丽的滨海旅游城区、高品位的文化和生态城区形象。

47. 活动名称：“山海龙岗生态旅游体验周”活动

活动时间：2009 年 11 月中旬

活动地点：龙岗区横岗天然园山风景区

活动内容：本次活动坚持“原创”风格，为山海龙岗旅游注入新的生命力和感染力，创造一种新的休闲概念和度假形态。届时将邀请 300 名市民代表以及媒体记者参加启动仪式，并游览龙岗最具有代表性的生态旅游线路，宣传推介龙岗生态旅游资源。

48. 活动名称：第六届宝安区“沙井金蚝节”

活动时间：12 月 22～29 日

活动地点：宝安区

活动内容：“沙井金蚝节”创办于 2004 年，每年 12 月举行。本次活动以“蚝乡旅游优美宝安”为主题，届时将举办传统蚝鲜百家宴、沙井蚝博物馆落成开馆仪式、蚝乡美食旅游购物节、蚝乡旅游形象歌手大奖赛等活动。

49. 活动名称：光明新区第三届旅游文化节

活动时间：2009 年 12 月至 2010 年 2 月

活动地点：光明新区

活动内容：本届旅游文化节以“绿色、生态、人文”为主题，内容包括光明新区首届企业家高尔夫球邀请赛、光明新区首届内衣品牌文化展、第二届深圳（国际）藏獒博览会、第三届“绿色光明”摄影大赛等活动。

50. 活动名称：首届欢乐谷国际魔术大赛暨深圳欢乐谷第十届国际魔术节

活动时间：10 月 1～8 日

活动地点：深圳欢乐谷景区

活动内容：欢乐谷第十届国际魔术节是目前国际第二大魔术盛会。首届欢乐谷国际魔术大赛将邀请德国、泰国、俄罗斯等十余个国家和地区的各路魔术精英，展开为期 7 天的魔界争霸。观众可携手体验百余个高科技项目，一起观看《欢乐无极》、《魔幻嘉年华》等娱乐表演。

51. 活动名称：世界之窗庆华诞盛世狂欢——迎国庆《天地浪漫》

活动时间：2009 年 10 月始（每晚 19：30）

活动地点：深圳世界之窗环球舞台

活动简介：该系列主题活动包括飞行体验馆、炫舞激情夜、北欧风情热舞等节目，将展示异国文化，体验浪漫风情。期间还将推出全新大型综艺史诗晚会《天地浪漫》以及投资亿元新项目——亚洲首座实景拍摄悬挂式环幕影院“飞跃美利坚”。

52. 活动名称：锦绣中华爱我中华——民族狂欢节

活动时间：2009 年 10 月至 11 月

活动地点：深圳锦绣中华景区和民俗村景区

活动内容：以“民族狂欢”为口号，内容包括：“我的景区我做主——景区 20 周年品牌广告语征集、吉祥物征名”“我与锦绣中华共成长——老照片征集”“老朋友逛新园——老门票以旧换新”“我与锦绣中华共欢乐”“我与锦绣中华共庆生”等活动。

53. 活动名称：东部华侨城国庆黄金周“国际音乐节”

活动时间：9 月 27 日至 10 月 10 日

活动地点：深圳东部华侨城

活动内容：国内外十余支知名“国际大师级”乐队将驻场巡演，亚洲首部海陆空跨界多媒体奇幻水秀《天机》也将在露天剧场隆重试演，《天禅》、《生命大巡游》等精彩表演以及第 59 届世界小姐中国总决赛轮番在景区举行。

54. 活动名称：海上世界第五届国际啤酒美食节

活动时间：10 月 16～25 日

活动地点：深圳海上世界

活动内容：包括调酒师大赛、大胃王比赛、啤酒竞饮与速画、乐队演出沸点接力、啤酒美食长街、热力四射美食节、美食促销等系列活动，融合旅游节庆与居民休闲生活结合的新热点。

55. 活动名称：第十五届国际旅游小姐（中国深圳区）大赛

活动时间：8 月 8 日至 11 月 12 日

活动地点：深圳市

活动内容：世界小姐大赛为国际三大顶级赛事之一，是目前全球最具规模和影响力的时尚文化盛典之一。整个赛事分为海选、初赛、复赛和决赛四个阶段，通过比赛展现深圳的人文景观和旅游特色，丰富广大市民的业余文化生活。

56. 活动名称：南山区第三届动漫文化节

活动时间：12 月 5～19 日

活动地点：南山区海德广场、益田假日广场、花园城广场、京基百纳广场、南山书城活动内容：包括开幕式晚会、动漫秀、动漫作品展播、动漫作品展览、闭幕式晚会共9场活动，融合了国际与本土原创卡通元素，凭借多种手法展示时尚动漫文化。COSPLAY秀、木偶动漫与“变脸”艺术等创意节目，将是本届动漫文化节的精彩看点。

57. 活动名称：第二届深圳国际自行车嘉年华2009飞盘狗中国公开赛

活动时间：11月20～22日

活动地点：深圳南山后海内湖公园

活动内容：以“时尚运动与都市文化”为主题，融入现代都市流行音乐、时尚生活、慈善活动、环保宣传的元素。届时，将举办“国际自行车音乐节”、“2009飞盘狗中国公开赛”等活动。

【珠海分会场】

58. 活动名称：2009珠海美食嘉年华

活动时间：10月23日至11月1日

活动地点：珠海体育中心

活动内容：“搜本土食材，寻美味之源”是本届美食节的特色，以系列主题活动为发展途径，更好地将珠海本地食材、珠海美食以及名企名品展示、风味小吃展销等有机结合，让广大游客和群众从中得到实惠、得到享受。

59. 活动名称：第四届海泉湾音乐狂欢节

活动时间：10月1～8日

活动地点：珠海海泉湾度假区

活动内容：包括地中海大巡游、啤酒音乐狂欢夜、加勒比沙滩音乐派对，“泉”情舞动、淮阳美食节等精彩活动内容将隆重上演，为广大游客打造集音乐、美食、演艺于一体的狂欢之旅。

60. 活动名称：爱与分享—2009“动感地带”第七届珠海沙滩音乐派对

活动时间：10月4～5日

活动地点：珠海吉大海滨泳场沙滩

活动内容：以音乐为主线串联文化、旅游，激发青年人创造珠海新文化的热情，创造游客与珠海市民之间交流的契机，培育珠海独特的城市文化的开放式、群众性沙滩音乐公益活动

61. 活动名称：珠海唐家湾非遗节暨珠海唐家湾中秋对歌会

活动时间：10月2日

活动地点：珠海唐家文化广场

活动内容：通过图文展览、模型展示，并结合品尝、学习制作，现场对歌表演等形式，以传承唐家湾镇作为中国历史文化名镇的民风民俗，做大文化旅游产业。

62. 活动名称：德国啤酒节

活动时间：10月22～24日

活动地点：珠海粤财假日酒店

活动内容：届时，特邀德国慕尼黑著名4人乐队驻场表演，德式佳肴与中式美食交相辉映，欢乐的巴伐利亚歌舞表演醉人心脾。

63. 活动名称：珠海市首届金秋艺术节

活动时间：9月20日至10月31日

活动地点：面向珠海不同群体的公益演出

活动内容：共有17场演出。届时，为群众和游客欣赏到一场精彩的、公益性的文艺盛宴。

64. 活动名称：珠海国际赛车场2009年下半年赛事

活动时间：9月18～20日

活动地点：珠海国际赛车场

活动内容：融合了香港和澳门房车锦标赛、亚洲三级方程式锦标赛、亚洲GT、ZIC超级摩托车锦标赛、泛珠三角房车赛等顶级赛事于一体，还特意为赛车发烧友设计了“赛道英雄”的赛事。

65. 活动名称：《生态斗门·美丽瞬间》旅游风光摄影大赛

活动时间：6月27日至10月30日

活动地点：珠海市斗门区

活动内容：以摄影作品展示珠海斗门区美丽的山水田园风光和绚丽的民风民俗。

66. 活动名称：“情系祖国爱在珠海”大型集体婚礼活动

活动时间：9月26日（八月初八）

活动地点：珠海市

活动内容：本次集体婚礼活动组织60对新人，同时还将分别邀请汶川绵虒、澳门的两对新婚夫妇参加，凸显珠海浪漫之城的特色。分三个篇章进行，具有喜庆浪漫、经典永恒、中西合璧等特色，让新人尽享良辰美景，留下永远难忘的回忆。

67. 活动名称：2009“缤纷圣诞欢乐新年”

活动时间：2009年12月24日至2010年1月3日

活动地点：港中旅（珠海）海泉湾度假区

活动内容：包括欢乐派送、巡游表演、互动游戏、圣诞/元旦美食大赏、大型歌舞表演、户外演艺综艺等内容，为游客打造一系列欢乐祥和的中、西式辞旧迎新庆祝活动。

68. 活动名称：挑战基尼斯，精彩珠澳夜

活动时间：珠澳夜游（每日19：00和20：45航班）

活动地点：珠海湾仔旅游码头。

活动内容：以基尼斯记录的创造者为主题的海上旅游文化、休闲娱乐活动。由104位奇人异士（每星期2位）参与表演。本次活动让珠海市民及游客零距离地接近中国奇人，感受基尼斯的精髓与魅力，领略海上旅游的浪漫与

激情。

【汕头分会场】

69. 活动名称：汕头市第十五届潮汕美食节、台湾美食展示会

活动时间：12月3～13日

活动地点：汕头时代广场和市区各有关宾馆、酒家

活动内容：在汕头时代广场设置100多个展位，同时推出特色美食旅游；举办潮汕美食研讨会；组织评选“美食之家”；邀请台湾、澎湖美食企业参加台湾美食展示会等。

70. 活动名称：汕头市第十一届国际食品博览会

活动时间：12月3～14日

活动地点：汕头林百欣国际会展中心

活动内容：由汕头市人民政府与香港食品商会联合开展的食博会已成功举办10届，为粤东地区乃至华南地区规模最大、影响力最强的专业展览盛会。届时还将同期举办“泰国商品（汕头）展览会”。共设标准展位600个，海内外近200家食品企业参展。

71. 活动名称：第二届旅游产品（汕头）博览会、第四届中华名茶（汕头）博览会

活动时间：12月10～13日

活动地点：汕头市林百欣国际会展中心

活动内容：茶博会将展销各地名茶、茶饮料、茶保健品、茶食品，交流潮汕工夫茶等茶文化，推介茶文化旅游项目，为各参展商提供宣传推介、展示平台，并设若干评奖项目。

72. 活动名称：汕头市第二届环南澳岛自行车赛

活动时间：2009年12月上旬

活动地点：南澳生态旅游区

活动内容：举办国内外、港澳台自行车手环南澳岛骑行比赛，组织游客进岛观光游览，宣传推介“绿色生态、滨海旅游、魅力南澳”的旅游资源和旅游线路。

73. 活动名称：汕头国际啤酒节

活动时间：10月下旬

活动地点：汕头市时代广场

活动内容：设置啤酒展览区，向市民和游客展示汕头啤酒文化。

74. 活动名称：群星璀璨迎国庆暨09’旅游企业文化节

活动时间：2009年9月中旬

活动地点：汕头市

活动内容：各旅游企业以歌咏、舞蹈等多种表演形式，尽情展示汕头市旅游企业文化，反映本市旅游行业改革开放的巨大变化，讴歌建国60周年。

75. 活动名称：蓝水星狂欢节

活动时间：2009年11月下旬

活动地点：汕头市蓝水星方特乐园

活动内容：在新一代高科技主题公园、集高科技器械游乐与多维情景创造的新型主题公园蓝水星方特乐园举行隆重的开园典礼时，在园内举行大型文艺表演，所有场馆盛情开放，游客尽情狂欢。

【佛山分会场】

76. 活动名称：2009佛山旅游文化节启动仪式暨佛山美食欢乐节开幕式

活动时间：9月30日至10月7日

活动地点：禅城区东方广场

活动内容：届时将举办2009佛山美食欢乐节开幕式，并作为2009佛山旅游文化节的启动仪式。包括“健康生态汤”揭幕、“广佛生态健康名点名小吃”评比认定、中华名小吃、美食一日游、文艺大汇演、趣味饮食赛等活动。

77. 活动名称：“魅力佛山·秋色辉煌”—2009佛山秋色大巡游

活动时间：11月6～8日

活动地点：禅城区、三水区、高明区、顺德区、南海桂城

活动内容：整个活动分为花车巡游、传统秋色和民间艺术项目、现代展示项目、珠三角及港澳地区民间艺术项目以及群众巡游方阵进行，以传承岭南文化，展示“佛山秋色”这一国家级非物质文化遗产保护项目的无穷魅力。

78. 活动名称：2009佛山旅游文化节－体育嘉年华

活动时间：9月中旬至12月中下旬

活动地点：顺德区、岭南明珠体育馆、世纪莲体育中心游泳馆、禅城区

活动内容：体育嘉年华系列活动包括全市武术锦标赛、中国功夫对泰国职业拳手对抗赛、第八届亚洲游泳锦标赛、第十四届环南中国海自行车大赛等。

78. 活动名称：2009佛山旅游文化节五区活动

活动时间：8月至11月

活动地点：佛山市各区

活动内容：

（1）2009佛山旅游文化节——陶都禅城。包括陶瓷艺术系列活动、纪念粤剧祖师爷华光师傅诞辰系列活动等。

（2）2009佛山旅游文化节——有为南海。包括2009年“黄飞鸿杯”第五届世界华人狮王争霸赛暨水上飞狮绝技大赛、中华棍王大汇演等。

（3）2009佛山旅游文化节——美食顺德。包括第四届顺德私房菜大赛初赛、决赛及巡展、2009顺德餐饮业技能比赛等。

（4）2009佛山旅游文化节——绿色高明。包括第三届

"万人濑粉节"、高明土特产风情推介、"岭南山林水都"广佛肇旅游欢乐月系列活动等。

（5）2009佛山旅游文化节——生态三水。包括第十届荷花文化艺术节、三水自然生态摄影大赛、首届激光野战擂台赛等。

【韶关分会场】

80. 活动名称：2009广东禅宗六祖文化节

活动时间：9月20～22日

活动地点：曲江区南华禅寺

活动内容：佛教文艺晚会、"2009广东禅宗六祖文化节"开幕仪式、南华寺大雄宝殿重修落成典礼暨开光祈福大法会、禅修中心挂牌及惠能圣像落成仪式、禅悦行暨六祖真身瞻礼朝拜、禅宗文化研讨会等活动。

81. 活动名称：韶关市第六届旅游美食购物欢乐节

活动时间：12月21～27日

活动地点：武江区西河全民健身广场

活动内容：本届欢乐节将举行文艺节目表演，开展"微笑服务之星"评选颁奖活动等活动。各县（市、区）企业也将设置专门展区展销美食健康食品，同时组织外省、市风味小吃和红三角地区以及东南亚风味美食进行展示展销等活动。

82. 活动名称：天地丹霞·颠峰对弈

活动时间：2009年10月至11月

活动地点：丹霞山风景区

活动内容：举办中日围棋对抗赛，邀请中外棋坛高手参加相关系列文体活动，包括乐舞表演、文化体育表演、登山仪式、丹霞山特殊纪念品赠送仪式、文化名人书画作品展示赠送等相关活动。

83. 活动名称：第二届全国徒步穿越丹霞山大赛

活动时间：2009年11月初

活动地点：丹霞山景区

活动内容：活动路线从市区出发，自南向北穿越丹霞山腹地，徒步里程近50公里，与规划中的丹霞山南北通道部分重合，以考验每位参与者的体能极限和意志，领略到丹霞山腹地奇特风光。本次活动拟邀请2009人参加。

84. 活动名称："丹霞红红天下"全国校园原创歌曲征集大赛

活动时间：2009年7月至12月

活动地点：丹霞山景区

活动内容：以"创意校园精神，唱响丹霞风采"为主题，以丹霞山为创作基地，邀请全国部分大、中专院校、社会艺术院校学生到丹霞山采风，从而推动校园歌曲的发展，造就校园之星，支持丹霞山申遗。本次大赛秉着公平、公正、公开赛事的原则，在全国范围内评选出10首最佳原创歌曲。

85. 活动名称："网络相约共度七夕"广东丹霞山浪漫爱情之旅

活动时间：8月25～28日

活动地点：丹霞山景区

活动内容：公布网络报名地址，征集浪漫相爱的爱情故事；通过网络寻找100对浪漫相爱的情侣、夫妻，并在"七夕"情人节期间共赴丹霞山，在"爱情名山"上留下他们的幸福记号。

86. 活动名称：2009年广东南雄梅花节

活动时间：12月19日至2010年2月初

活动地点：南雄市三影塔广场、梅岭景区

活动内容：举办启动仪式及文艺晚会、迎春赏梅游园、梅文化及科普知识展、梅花摄影精品展、以"梅"为主题的征文和摄影书法作品比赛等活动，把梅关古道打造成著名的文化旅游景点。

87. 活动名称：2009年广东南雄珠玑姓氏文化节

活动时间：9月19日

活动地点：珠玑巷景区

活动内容：组织开展姓氏文化展示及讲座、珠玑后裔名家书画展、珠玑美食节、百家姓用品展销等系列活动，让人们知道珠玑是我国三大寻根地之一，是珠三角姓氏发源地，吸引更多的人到珠玑古巷寻根问祖，在更高层面上打造珠玑文化的旅游品牌。

88. 活动名称：新丰枫叶节

活动时间：2009年11月中下旬

活动地点：云髻山旅游区

活动内容：突出"贺国庆、赏枫景、品文化"的主题，加强可观赏性和游客参与性。届时将举办云髻山书画采风活动及现场互动；港澳摄影家云髻山采风及文艺活动。

89. 活动名称：乳源瑶族自治县第三届"十月朝"风情旅游文化节

活动时间：2009年9月至11月

活动地点：广州二沙岛岭南会展览馆、乳源瑶族自治县

活动内容：在广州举办以"生态瑶乡·绿色乳源"为主题的乳源招商暨"世界过山瑶之乡·中国乳源"生态旅游文化展；在乳源举办以"发展生态休闲做强旅游经济"为主题的乳源第三届"十月朝"风情旅游文化节开幕式和2009中国生态休闲旅游城市高峰论坛等活动。

90. 活动名称：第二届龙王潭重阳登高节

活动时间：10月24～31日

活动地点：三龙谷旅游区

活动内容：登高节突出"吟诗、摄影、登高"的主题，届时将举办第二届龙王潭重阳登高节启动仪式、乐昌市文

学社诗社进行采风创作、韶关市摄影协会进行采风创作、第二届龙王潭重阳登高节登高比赛等活动。

【河源分会场】

91. 活动名称：第四届广东（河源）国际温泉旅游节系列活动

活动时间：10 月 25 ~ 27 日

活动地点：紫金县御临门温泉度假村

活动内容：包括开幕式、广东温泉行业协会 2009 年会、温泉旅游经济发展论坛、“粤游・粤精彩——体验河源”大型自驾活动暨河源自驾车旅游券推广等活动。

92. 活动名称：第六届河源市客家文化旅游节系列活动

活动时间：10 月 22 ~ 26 日

活动地点：市区文化广场、

活动内容：包括客家美食嘉年华活动、客家民间艺术大汇演、客家民间传统手工艺展览等。

【梅州分会场】

93. 活动名称：“重走客家迁徙古道”粤闽赣千里客家文化长廊大型旅游活动

活动时间：2009 年 4 月至 11 月

活动地点：梅州、广州、河源、深圳、龙岩、赣州

活动内容：包括授旗启动仪式、“闯者”故事有奖征文大赛、“闯者”征集评选、“重走客家迁徙古道”新闻发布会暨首团出发仪式、采风团重走客家迁徙古道、“行摄古道风网承客家情”网上摄影拍客大赛、100 分钟特别节目宣传片拍摄录制播放等。

94. 活动名称：第二届客都导游演讲大赛

活动时间：2009 年 8 月至 9 月

活动地点：梅州市

活动内容：大赛分景点讲解、知识问答和才艺展示三部分进行，通过初赛、复赛、总决赛，评选梅州市“十佳导游员”。

95. 活动名称：“9・27 世界旅游日”暨“十一”黄金周旅游维权宣传活动

活动时间：9 月 27 日

活动地点：梅州市文化公园广场

活动内容：包括旅游维权宣传、旅游服务热线宣传咨询、旅游产品宣传推介、阳光旅游倡议、广场文艺晚会等。

96. 活动名称：2009’梅州・世界客商大会

活动时间：10 月 12 ~ 14 日

活动地点：梅州市

活动内容：举行大会开幕式及闭幕式、旅游招商项目推介会及经贸合作活动、旅游宣传展示、文艺活动及连心联谊活动等。

97. 活动名称：2009 广东自驾旅游日暨梅州精彩客都自驾旅游周系列活动

活动时间：12 月 5 ~ 11 日

活动地点：梅州市

活动内容：以“悠悠自驾日浓浓客都情”为主题，举办启动仪式、“重走客家迁徙古道”第三采风团出发仪式、“行摄古道风・网承客家情”网上摄影拍客大赛颁奖仪式、足球之乡“球王杯”客都自驾游系列足球赛、客家风情自驾狂欢等活动。

98. 活动名称：梅县雁南飞茶香节

活动时间：2009 年 12 月上旬

活动地点：梅州市梅县雁南飞茶田度假村

活动内容：举办“美丽大埔”美术、摄影作品展；客家风情文艺晚会；举行鲤鱼灯舞、仔狮舞、山歌对唱等客家民俗表演；观摩小吃制作，品尝客家美食、小吃；参观客家风情之夜文艺晚会等。

99. 活动名称：大埔客家风情旅游节

活动时间：12 月 5 ~ 7 日

活动地点：梅州市大埔县

活动内容：以“走进美丽大埔，体验客家风情，品尝客家美食”为主题，届时将举办“美丽大埔”美术、摄影作品展、客家风情文艺晚会、客家民俗表演、品尝客家美食、小吃等活动。

100. 活动名称：五华县第二届热矿泥浴节

活动时间：12 月 5 日

活动地点：梅州市五华县转水镇汤湖热矿泥山庄

活动内容：以“饱览神泥文化体验保健神功”为主题，包括启动仪式、五华县第二届热矿泥浴节文体活动、汤湖热矿泥浴知识讲座等。

101. 活动名称：蕉岭金桔节

活动时间：2009 年 12 月上旬

活动地点：梅州市蕉岭县

活动内容：以“游长潭品金桔赏枫叶”为主题，举办金桔节开幕式、组织自驾车游客到长潭镇百美金桔现场采摘金桔、畅游蕉岭美景。

102. 活动名称：平远第五届脐橙旅游节

活动时间：2009 年 12 月上旬

活动地点：梅州市平远县

活动内容：以“走进生态平远，享受健康人生”为主题，举办亲园采果、参观景区（点）等活动。

103. 活动名称：梅江区客家乡村美食节

活动时间：12 月 5 ~ 6 日

活动地点：梅州市梅江区玉水乡村旅游点

活动内容：以“听客家山歌、品客家美食、游客家乡村”为主题，举办观看客家山歌表演，山歌大师教唱山歌，

游客参与山歌对唱、品尝客家农家菜美食、玉水风光摄影活动、畅游山村，登山活动、山塘垂钓活动、绿蔬鲜果采摘等活动。

104. 活动名称：第三届丰顺温泉文化宗教旅游节

活动时间：12月上旬

活动地点：梅州市丰顺县

活动内容：以“感受丰顺旅游，享受优质温泉”为主题，举办第三届丰顺温泉文化宗教旅游节开幕式、丰顺旅游推介会、丰顺特色风情文艺晚会、畅游丰顺景点、体验丰顺温泉等活动。

105. 活动名称：兴宁乡村旅游节

活动时间：12月上旬

活动地点：梅州市兴宁市

活动内容：以“客家乡村，精彩自驾”为主题，举办自驾乡村游、参观古民居、体验农家乐等活动。

【惠州分会场】

106. 活动名称：第四届惠州国际温泉旅游节

活动时间：11月9~18日

活动地点：惠州市龙门南昆山温泉大观园

活动内容：以“休闲惠州·温泉之都”为主题，举办开幕晚会、国际温泉度假旅游（惠州）高峰论坛等活动，全面推介惠州的名山秀水、人文历史、民俗风情，特别是温泉旅游资源，打造惠州温泉养生旅游品牌。

107. 活动名称：蓝田瑶乡火狗节

活动时间：11月9~18日

活动地点：龙门蓝田瑶族风情园

活动内容：通过举办大型瑶族原生态实景演出《印象·蓝田》民间文艺表演、中国岭南火崇拜民间瑞兽艺术表演、中国龙门蓝田首届少女成人礼艺术节、拜祭蓝田瑶族地域神峒主爷仪式等活动，以擦亮蓝田瑶乡“舞火狗”非物质文化遗产品牌，展示蓝田瑶族乡丰富的旅游文化内涵，打造龙门民族旅游品牌。

108. 活动名称：海滨温泉渔家风情旅游文化节

活动时间：11月9~18日

活动地点：惠东海滨温泉惠州

活动内容：举行渔民土特产展、组织渔家风情乡村游以及举办渔家风情歌舞表演、渔家风情图片展、海洋温泉养生讲座等。

109. 活动名称：天然温泉农民画艺术节

活动时间：11月9~18日

活动地点：天然温泉龙门农民画博物馆

活动内容：举办农民画及其源生产品展览、农民画艺术研讨会、邀请知名画家现场表演作画等活动，以展示龙门农民绘画艺术成就，促进民间艺术文化交流。

110. 活动名称：“中国十佳宜游城市”授牌仪式暨第三届惠州市旅游行业文艺汇演

活动时间：9月27日晚

活动地点：市区滨江公园北广场、下埔滨江公园

活动内容：本次活动旨在为庆祝建国60周年及惠州市荣膺“2009年中国十佳宜游城市”献礼，进一步展示惠州旅游行业的良好精神风貌，提升惠州旅游知名度和美誉度。

111. 活动名称：“鹅城十景”、“惠州十大名胜”评选活动

活动时间：2009年1月至12月

活动地点：惠州市

活动内容：从1月8日起，全面启动“鹅城十景”、“惠州十大名胜”评选活动，以此提高惠州市的知名度、美誉度，增强市民“爱我惠州”的热情，并在惠州市第四届国际温泉旅游节晚会上举行颁奖仪式。

112. 活动名称：粤港澳主流媒体、旅行商惠州踩线活动

活动时间：2009年9月至12月

活动地点：惠州市

活动内容：以举办第四届惠州国际温泉旅游节为契机，组织粤港澳主流媒体及旅行商来惠州踩线，感受惠州生态旅游，品味“鹅城十景”“惠州十大名胜”独特魅力，进一步宣传打造粤港澳旅游休闲度假基地的品牌，

113. 活动名称：罗浮山重阳登山旅游节

活动时间：2009年10月

活动地点：罗浮山风景名胜区

活动内容：广东省自驾旅游协会将组织广东省内知名车商、车友会、俱乐部等自驾车友，由500辆车组成庞大车队奔赴罗浮山登高游览、摄影采风等活动，旨在宣传展示罗浮山优美的自然风光和独特的宗教文化。

114. 活动名称：第五届惠州“美食嘉年华”活动

活动时间：9月29日至11月11日

活动地点：下埔滨江公园南广场、沥林镇（分会场）

活动内容：包括精彩的文艺表演，名厨现场传授烹饪技艺，健康美食月等活动。

115. 活动名称：自驾游踩线和广东省千车万人游惠州系列活动

活动时间：2009年11月至12月

活动地点：惠州市

活动内容：以自驾车友踩线，欣游“惠州十景十名胜”的形式，组织一系列千车万人游惠州活动，积极配合第三届广东自驾旅游节在惠州成功举办，以此带旺全省自驾旅游市场，促进惠州旅游经济的发展。

116. 活动名称：惠州市名导游技能大赛

活动时间：12月8日

活动地点：惠州康帝国际酒店

活动内容：大赛分报名评选、审核评定和决赛三个阶段进行。通过大赛，全面展示全市导游队伍的精神风貌，选拔和储备优秀导游人才。

117. 活动名称：自驾游系列活动—大亚湾之夜

活动时间：10 月 24 日

活动地点：惠州大亚湾

活动内容：举办大亚湾之夜——广东车友慈善晚会等活动。

【汕尾分会场】

118. 活动名称：汕尾旅游宣传推介会暨“汕尾人爱汕尾游汕尾”

活动时间：10 月 31 日

活动地点：汕尾市区玉台山慈云公园

活动内容：举办汕尾市旅游宣传推介会，大力宣传推介汕尾旅游，并由各旅行社组织游客参加“汕尾人爱汕尾游汕尾”活动。

119. 活动名称：汕尾市旅游风光摄影大赛

活动时间：10 月至 12 月

活动地点：汕尾市

活动内容：在全市广泛征集反映汕尾市人文旅游风光的图片，从中精选百余幅图片进行评比，产生若干奖项。获奖作品将在汕尾市图书馆一楼展厅进行展览。

120. 活动名称：2009 汕尾海丰旅游美食节

活动时间：10 月 23 ~ 29 日

活动地点：海丰县二环西路

活动内容：以“食在海丰、休闲旅游”为主题，包括“吃得开心”——美食展销，“买得放心”——包装食品、干货产品展销，“看得欢心”——举行盛大的开幕式和晚会表演，玩得舒心——在活动现场设置游戏区域和举办文娱比赛等活动。

121. 活动名称：汕尾市稀有剧种展演

活动时间：11 月中旬

活动地点：汕尾市区凤山妈祖文化广场

活动内容：选调列入国家级非物质文化遗产的正字、西秦、白字和皮影四个剧种的专业或民营剧团组台演出，节目以经典剧目为主要内容，表演用折子、选段、唱段形式进行，擦亮汕尾市“中国民间文化艺术之乡”品牌。

【东莞分会场】

122. 活动名称：2009 东莞市旅游文化节

活动时间：2009 年 9 月至 11 月

活动地点：东莞主要镇街

活动内容：开幕式将于 9 月 26 日与“香港人旅游节”同时开始。届时，将举办樟木头香港人旅游节、谢岗登山节、东莞国际啤酒节、东莞美食节等活动，以展示东莞特色旅游资源和独特民俗风情。

123. 活动名称：2009 年东莞美食节

活动时间：9 月 30 日至 10 月 6 日

活动地点：南城富民商业步行街

活动内容：美食节已成功举办七届。本届美食节以绿色、本土为主题，专门开辟本土风味区以展示本土地方特色美食。届时，美食节开幕式将特邀 2008 年星光大道年度总冠军“玖月奇迹”表演助兴。

124. 活动名称：2009 广东国际啤酒节

活动时间：9 月 28 日至 10 月 7 日

活动地点：东莞市常平镇

活动内容：本届啤酒节以啤酒产能大市—东莞为主舞台，吸纳众多国际啤酒品牌参加，是一次融合啤酒狂欢、精品美食、歌舞曲艺的旅游文化大餐。

【中山分会场】

125. 活动名称：孙中山文化周活动

活动时间：11 月 11 ~ 19 日

活动地点：中山市

活动内容：以“展中山精神，塑文化品牌”为主题，以文化活动塑造城市品牌，繁荣孙中山主题文艺创作。届时将开展孙中山纪念地摄影大赛、联合相关城市开展文化合作等活动。

126. 活动名称：2009 中山市岭南水乡旅游文化节

活动时间：10 月 30 日至 11 月 1 日

活动地点：中山市民众镇

活动内容：以“名城中山、活力民众”为主题，届时将举办中山农副产品特产展、“民众 24 小时”纪实摄影大赛、水乡运动会、动物演艺秀、快乐水乡“一日游”、名彩水果嘉年华、水乡特色农家宴等活动。

127. 活动名称：第二届中山市（东升）脆肉鲩美食节

活动时间：11 月 27 ~ 30 日

活动地点：东升镇

活动内容：举办脆肉鲩美食节新闻发布会暨启动仪式、中山脆肉鲩发展规划研讨会、第二届脆肉鲩美食节开幕典礼、中山脆肉鲩产业发展论坛、“中山脆肉鲩”十大金牌菜式评选等活动。

128. 活动名称：2009 中山市（小榄）美食节

活动时间：2009 年 11 月下旬

活动地点：小榄镇

活动内容：包括开幕式、中山（国际）美食嘉年华、中山餐饮行业特色美食大赛、中山饮食文化展暨饮食文化论坛、中山餐饮行业职业技能系列培训及技能竞赛等活动。

129. 活动名称：2009 中山市导游大赛

活动时间：2009 年 9 月至 11 月

活动地点：中山市

活动内容：本次大赛分初赛、复赛和决赛三个阶段进行。首次将中山市情和中山精品线路列入比赛，并强调导游个人的才艺。通过电视比赛，以展现中山市导游风采，展示旅游行业风貌。

130. 活动名称：2009 中国国际食品工业经贸洽谈会

活动时间：11 月 6～8 日

活动地点：黄圃镇国际会展中心

活动内容：包括中国食品安全法高峰论坛，开幕典礼，产品展示、经贸洽谈，红色香颂一中欧葡萄酒鉴会，参展商、采购商专场对接会，陕西省安康市绿色食品推介会，国际新世界红酒经贸对接日，台湾食品招商、采购会等活动。

131. 活动名称：2009 中国（中山）南方绿化苗木博览会暨第九届中国锦鲤大赛

活动时间：12 月 30 日至 2010 年 1 月 3 日

活动地点：中山市古镇镇

活动内容：以“五个一千”（千种乔木、千种名花、千种荫森植物、千种菊花、千种观叶植物）、“五个一百”（百种棕榈乔木品种、百种竹类品种、百种果树品种、百种水生品种、百种藤本花卉品种）和“八名八景”（名花、名木、名果、名雕、名石、名景、名鱼、名龟）为展会亮点。设有锦鲤大赛主展区、锦鲤河、锦鲤湖、锦鲤会所、锦鲤养殖场百种区五大景点。

【江门分会场】

132. 活动名称：2009 中国（江门）侨乡旅游节

活动时间：5 月 1 日至 9 月 30 日

活动地点：台山市川岛镇

活动内容：主会场台山川岛风情系列活动有：开幕式暨“川岛风情，欢乐侨乡”大型歌舞晚会、首届中国台山国际沙雕节、“激情川岛”中国女子沙滩排球赛等；各市、区举办的侨乡风情系列活动有：侨乡美食购物节、新会葵乡欢乐节、开平碉楼文化节、鹤山生态旅游节、恩平温泉欢乐节等。

133. 活动名称：2009 江门侨乡美食购物节

活动时间：9 月 22～27 日

活动地点：江门市金汇城市广场

活动内容：活动以“共享侨乡美食”为活动主旨，举办开幕式、现场展示、贸易洽谈、文艺表演等活动。

134. 活动名称：2009 江海区田园风光美食旅游节

活动时间：9 月 23 日

活动地点：丰泽园门前

活动内容：以“精彩田园，‘味’力尽献”为主题，包括开幕式、宣传推介促销大行动以及文娱节目表演等活动。

135. 活动名称：2009 新会葵乡旅游节

活动时间：2009 年 9 月下旬

活动地点：新会区

活动内容：举办新会区旅游行业文艺大赛、旅游推介会、明清古典家具展、汽车展、美食嘉年华以及各旅游景区开展系列活动，以营造“休闲旅游欢乐葵乡”的节庆氛围。

136. 活动名称：2009 中国（江门）开平碉楼文化旅游节

活动时间：2009 年 9 月下旬

活动地点：开平市人民会堂、各大景区

活动内容：以“海边的世界遗产・开平碉楼欢迎您”为主题，包括 2009 中国（江门）侨乡旅游节开幕式、旅游节系列活动（星级饭店旅游美食节、中欧论坛——旅游分论坛、开平马降龙竹编竹艺大赛）等。

137. 活动名称：2009 鹤山生态旅游节

活动时间：9 月 19 日

活动地点：鹤山市沙坪北湖广场

活动内容：以“生态鹤山和谐鹤山”为主题，包括“千人游鹤山”活动启动仪式、李铁夫诞辰 140 周年纪念活动、鹤山金秋美食嘉年华等活动。

138. 活动名称：2009 恩平温泉欢乐节、纪念冯如飞天 100 周年暨重大项目庆典活动

活动时间：9 月 21～24 日

活动地点：恩平市

活动内容：举行 2009 恩平温泉欢乐节开幕式暨冯如铜像揭幕仪式；重大招商引资项目签约、奠基、剪彩仪式；恩平市庆祝建国六十周年、纪念冯如飞天 100 周年暨 2009 恩平温泉欢乐节文艺晚会等。

139. 活动名称：2009 江门旅游文艺大赛

活动时间：2009 年 9 月底

活动地点：江门各市、区

活动内容：本次大赛将具有鲜明的江门民俗特色、本土原生态特点，包括声乐、舞蹈、器乐、曲艺小品的本地原创作品。届时将产生金奖 1 名、银奖 2 名、铜奖 3 名及优秀奖若干名。通过比赛，挖掘江门丰富的文化旅游资源，展示江门独特的侨乡文化。

140. 活动名称：2009 年江门市旅游行业服务技能大赛

活动时间：初赛定于 2009 年 6 至 8 月、决赛定于 9 月

活动地点：江门市

活动内容：大赛设中餐服务、西餐服务、客房服务、前厅服务、调酒项目、中式烹调和中式面点共 7 个工种类别，全面提升江门旅游服务水平，展示魅力侨乡风采。

141. 活动名称：2009年度江门市十佳农土特产品评选活动

活动时间：5月30日至9月30日

活动地点：江门市

活动内容：以“打造精品、树立品牌、发展经济”为活动主题，分广泛征集、综合整理、专家评选三个阶段进行。最终评选出“2009年度江门市十佳农土特产品（初级类产品）”和“2009年度江门市十佳农土特产品（加工类产品）”。

【阳江分会场】

142. 活动名称：2009年阳江旅游文化美食节开幕式

活动时间：9月19日

活动地点：阳江市人民广场

活动内容：开展文艺节目表演、烹饪大赛及月饼评比大赛颁奖授牌、2009年阳江旅游文化美食节开幕式启动仪式、参观美食节现场等活动。

143. 活动名称：“碧海银滩·船说阳江”旅游主题推介会

活动时间：9月19日

活动地点：阳江凤凰酒店

活动内容：包括本市各县（市、区）旅游局（管理中心）局长（主任）作推介发言和旅游界及商业代表交流洽谈等活动。

144. 活动名称：“船说阳江”旅游线路考察采风活动

活动时间：9月19日

活动地点：海陵岛

活动内容：集中前往海陵岛参观广东海上丝绸之路博物馆、参观国家4A级旅游区大角湾和国家中心渔港闸坡渔港等景区。

145. 活动名称：十社百团万人阳江游

活动时间：9月17日至10月2日

活动地点：阳江市

活动内容：组织百个旅游团队，上万名游客到阳江旅游，参加各种活动，进一步延伸阳江的知名度，塑造阳江旅游新形象。

146. 活动名称：阳江旅游文化美食节

活动时间：9月17日至10月2日

活动地点：市人民广场

活动内容：阳江旅游美食节烹饪技术大赛，“广东金牌月饼、广东精品月饼、广东优质月饼”评比大赛，中秋阳江名优月饼及名优旅游食品大展销。

147. 活动名称：“船说阳江，律动南海”海陵岛沙滩音乐舞蹈沙龙系列活动

活动时间：9月19日

活动地点：阳江海陵岛闸坡螺州公园

活动内容：设有音乐创作、音乐考评、演唱表演、器乐表演、舞蹈表演，阳江民俗文化表演、游人互动表演等八大演示区，向游人展示阳江沙滩音乐创作及表演氛围。

148. 活动名称：（2009）首届阳春美食

活动时间：9月25日至10月5日

活动地点：阳春市

活动内容：包括开幕式、美食大荟萃、阳春美食一日游活动、阳春食神比赛、文艺演出等活动。

149. 活动名称：阳江市温泉狂欢节

活动时间：9月17日

活动地点：阳春春都温泉、阳西咸水矿温泉度假山庄、阳江温泉度假村

活动内容：在春都温泉举办温泉狂欢节系列活动；在大池内举行水中拔河、闭气潜水、水中扔球等小型比赛；在池边举办街舞、民族风情表演、歌曲演唱等娱乐活动等。

150. 活动名称：阳西山歌节

活动时间：9月17日至10月2日

活动地点：阳西县文化广场

活动内容：以“青山秀水、休闲阳西”为主题，由海选从中选拔20名歌手参赛，对节目优胜者进行颁奖，通过举办山歌节使更多人认识阳西，走进阳西。

【湛江分会场】

151. 活动名称：湛江旅游美食节

活动时间：2009年11月

活动地点：湛江市体育中心

活动内容：以海鲜美食为主，集中展示湛江的特色旅游美食文化，既有精心烹调的湛江海鲜名菜，又有制作风味独特的地方小食以及全国各地特色美食，精心打造“吃海鲜到湛江”的品牌。

152. 活动名称：2009中国湛江东海岛人龙沙滩旅游文化节

活动时间：10月1～3日

活动地点：东海岛省级旅游度假区

活动内容：以“东海人龙舞”的表演形式，通过丰富多彩的文艺表演、沙滩活动，展示“彩色湛江”丰富的旅游资源，营造欢乐祥和的节日旅游氛围。

153. 活动名称：首届广东（湛江）茶博会暨2009国庆中秋旅游购物文化节

活动时间：9月23～27日

活动地点：湛江国际会展中心

活动内容：“茶博会”以茶叶展销、茶文化展示为主要内容，将举行“粤桂琼旅游联合展销会”。期间还将开展广东省第八届名优茶质量竞赛及颁奖大会、粤桂琼旅游推介

会、湛江旅游特色产品展示、紫砂陶艺及工艺品艺术展、茶艺及茶道技能表演等活动。

154. 活动名称：2009 湛江海滨啤酒街欢乐节

活动时间：2009 年 11 月

活动地点：湛江市霞山区海滨公园

活动内容：以“相聚南海之滨，共享欢乐和谐”为主题，包括化妆大巡游、歌舞、技艺、民间艺术表演、啤酒竞饮、游戏玩乐、时尚车展、购物、娱乐、品尝美食等活动内容。

155. 活动名称：2009 湛江森林生态欢乐节

活动时间：10 月 1 ~7 日

活动地点：湛江市三岭山森林公园

活动内容：活动以“森林度假，清新休闲”为主题，主要有登山运动、森林寻宝、森林探秘、生态科普、文体表演、梦幻游乐、生态烧烤等系列活动。

156. 活动名称：2009 廉江红橙·旅游文化节

活动时间：2009 年 11 月下旬至 12 月上旬

活动地点：廉江市

活动内容：融旅游、娱乐、展览为一体，主要包括红橙生态休闲时尚博览园、塘山岭休闲生态风情园展示、廉江（全国）休闲时尚用品博览会、中国橙乡国际狂欢节等内容。

157. 活动名称：2009 特呈岛旅游文化节

活动时间：10 月 1 ~8 日

活动地点：霞山特呈岛度假村

活动内容：以“吉祥海岛，欢乐旅游”为主题，通过丰富多彩的民俗表演、沙滩活动、美食品尝等活动，全面展示湛江滨海旅游发展的新景象，为市民和游客休闲度假提供好去处。

158. 活动名称：2009 全市旅游服务技能大赛

活动时间：2009 年 8 月至 11 月

活动地点：皇冠假日酒店

活动内容：通过开展中餐宴会摆台、西餐宴会摆台、客房服务、前厅服务、中式烹饪、蔬果雕刻等服务技能大赛，推动旅游企业岗位练兵，提高旅游服务质量。活动分企业练兵选拔、初赛、决赛、技能展示四个阶段。

【茂名分会场】

159. 活动名称：“两广十市”区域旅游合作联席会议

活动时间：2009 年 10 月

活动地点：茂名市

活动内容：广东的茂名、湛江、阳江、云浮，广西的北海、防城港、贵港、玉林、钦州、来宾共十个市的政府及旅游系统共聚茂名讨论“两广十市”区域旅游合作的问题。

160. 活动名称：放鸡岛海上游乐世界全国金鸡奖海钓大赛

活动时间：2009 年初至 2010 年 1 月

活动地点：茂名放鸡岛海上游乐世界

活动内容：从 2009 年起，每月 15 日举办分赛，2010 年 1 月 15 日举办总决赛。

161. 活动名称：中国第一滩沙滩音乐节

活动时间：2009 年 10 月

活动地点：中国第一滩旅游度假区

活动内容：邀请一些音乐团体举办沙滩音乐节。

162. 活动名称：龙祖文化节

活动时间：2009 年 10 月

活动地点：天马山生态旅游区

活动内容：邀请相关专家、学者研讨天马山的龙祖文化，并举行相关的庆典活动。

163. 活动名称：冼夫人诞辰节

活动时间：2009 年 12 月

活动地点：高州市

活动内容：包括纪念“中国巾帼英雄第一人”冼太夫人诞辰、冼夫人文化研讨会、冼夫人文化史迹考察。

【肇庆分会场】

164. 活动名称：2009 广东国际旅游文化节·肇庆·环星湖国际市民徒步大会

活动时间：11 月 14 日

活动地点：牌坊广场

活动内容：诚邀世界各地徒步爱好者环绕星湖风景名胜区徒步一圈，行程约 10 公里。届时融徒步行走、休闲健身与观赏星湖秀美风光为一体，将举办启动仪式、文艺表演以及万人徒步等活动。

165. 活动名称：肇庆民间文化艺术展示

活动时间：11 月 14 日

活动地点：徒步大会沿途

活动内容：在徒步大会沿途的星荷路、星湖西堤路和七星岩景区设置端砚、裹蒸粽、蓝带啤酒等造型展示。期间，还将举办肇庆客家山歌、封开采茶歌、德庆公鸡舞、封开麒麟白马舞、五马巡城舞等艺术展示活动。

166. 活动名称：肇庆国际太极养生系列活动

活动时间：11 月 14 日

活动地点：鼎湖山

活动内容：邀请国际太极养生爱好者及嘉宾，肇庆、广州、深圳、珠海、江门、恩平等市太极拳代表队，参加包括鼎湖山国际太极养生系列活动基地挂牌仪式、太极养生沙龙、太极拳汇演和太极拳名家表演等活动。

167. 活动名称：鼎湖山第四届国际森林旅游登山节

活动时间：11 月 15 日

活动地点：肇庆鼎湖山景区

活动内容：邀请国际友人、国内外游客等社会各界登山爱好者参加环鼎湖山攀越亚热带沟谷雨林之旅，全程以徒步休闲登山为主。

168. 活动名称：问鼎健康·藏会鼎湖山养生高峰论坛

活动时间：11 月 15 日

活动地点：鼎湖山蝴蝶谷

活动内容：举办养生高峰论坛、养生技艺表演等活动。

169. 活动名称：肇庆星湖国家湿地公园第三届观鸟节

活动时间：11 月 15 日

活动地点：星湖国家湿地公园

活动内容：包括第三届星湖观鸟节启动仪式、坐船参观丹顶鹤岛、火烈鸟岛和野生候鸟岛等活动。

170. 活动名称：肇庆市第四届旅游美食节

活动时间：11 月 14 ~ 22 日

活动地点：肇庆市体育中心

活动内容：举办美食大展示、啤酒大狂欢、文艺大汇演、第四届肇庆市翻唱拉阔秀、娱乐大世界、旅游时尚生活嘉年华和生态美食大评比等活动。

171. 活动名称：2009 肇庆旅游工艺品（特产）展

活动时间：11 月 12 ~ 15 日

活动地点：中国端砚展览馆（端州一路）

活动内容：展会将集中展示四大名砚之首的肇庆端砚和木雕、檀香扇、香木扇、牛骨扇，以及高要的草席、鼎湖山的拐杖、四会的玉器、高要的红木家具等旅游商品，同时邀请书画名家现场挥毫泼墨以及国内特色旅游工艺品商家参会。设置标准展位 100 多个。

172. 活动名称：鼎湖山水旅游节

活动时间：11 月 18 ~ 20 日

活动地点：肇庆鼎湖区

活动内容：以“鼎湖山水旅游节”为主题，推出九龙奇聚观凤凰、品尝山泉美食、山水大砚齐共赏等活动。

173. 活动名称：四会市柑桔玉器文化节

活动时间：2009 年 11 月至 12 月

活动地点：四会市城区

活动内容：举办玉器展销及精品评选拍卖、柑桔品尝、美食嘉年华、经贸洽谈及文艺晚会等活动。

174. 活动名称：高要金钟山“感·化”节

活动时间：11 月 29 日至 12 月 3 日

活动地点：高要金钟山景区

活动内容：“感·化”是“灵”的体现。高要金钟山“感·化”节，通过化解体验、感悟体验等活动达到触动心灵、感悟真理之效果，从精神层面得到慰藉。

175. 活动名称：广宁县第四届广宁竹子节暨招商推介会

活动时间：12 月 23 ~ 24 日

活动地点：广宁县

活动内容：举办竹子节开幕式文艺晚会、招商推介会、竹海大观等一批旅游建设项目奠基和落成仪式、第二届广绿玉精品评选及展览、评选十佳竹乡美食店、2009 年广宁沙糖桔推介会等活动。

176. 活动名称：德庆龙母感恩节

活动时间：12 月 30 日（农历十一月十五）

活动地点：悦城龙母祖庙

活动内容：举办万民感恩龙母仪式、万民接福仪式、歌舞升平感恩龙母仪式以及社团、堂口、善信感恩龙母捐赠仪式等活动。

177. 活动名称：封开县第四届广信文化节

活动时间：11 月 18 ~ 19 日

活动地点：封开县行政中心广场等

活动内容：包括开幕式、广信民间艺术汇演、探寻岭南奇境—生态、文化之旅启动仪式、项目剪彩仪式、封开民歌演唱会和“岭南奇境——封开”摄影展以及广信旅游商品展销会等活动。

178. 活动名称：燕都旅游美食节

活动时间：2009 年 11 月

活动地点：怀集县怀城

活动内容：荟萃各地美食，展示本地美食文化，预计吸引当地群众和游客约 5 万人次参加。

179. 活动名称：2009 广东怀集全国攀岩冠军赛暨燕子文化节

活动时间：7 月 27 日（农历六月六）

活动地点：怀集燕岩省级风景名胜区

活动内容：每年农历六月初六是当地约定俗成的“要岩节”，现称“燕子节”，期间，有数以万计的海内外游客前来观看掏燕窝人徒手攀岩比赛。贵儿戏和山歌对唱等民间艺术表演活动将烘托节日的气氛。

【清远分会场】

180. 活动名称：“开心清远·闲情山水”旅游推介会暨 2009 第四届中国岭南清远牛鱼嘴野生禾雀花观赏节

活动时间：3 月 6 ~ 7 日

活动地点：清远市牛鱼嘴风景区、清新花园酒店

活动内容：举办闲情山水联合推介会、先锋艺术作品“泡女郎”揭幕、《女人·花》摄影大赛、旅行社与景区签约仪式等活动，以提升清远市“闲情山水”类景区（点）的知名度和美誉度。

181. 活动名称：“开心清远·激情漂流”2009 广东

（清远）漂流开漂节

活动时间：4 月 18 日

活动地点：清远市清新县玄真生态旅游度假区

活动内容：包括“开心清远·激情漂流”开漂节开幕式、玩转清远漂流“有多远，漂多远”挑战吉尼斯、玄真景区“2008 年十佳组团社”和“授旗、授桨、授艇”仪式以及全面启动“国民旅游休闲计划”等活动。

182. 活动名称：2009 年广东（连山）“七月香”壮家戏水节暨重点项目签约奠基剪彩仪式活动

活动时间：8 月 26 日（农历七月初七）

活动地点：佛山希望小学门前亲水广场

活动内容：“七月香”壮家戏水节已成为连山县重要旅游文化品牌和当地老百姓喜欢的民俗节日，久负盛名。包括举办开幕式、民族歌舞表演、大型山水实景表演《活力连山·水舞壮乡》、戏水狂欢等。

183. 活动名称：“开心清远·亲情温泉”2009 广东·清远温泉旅游文化节

活动时间：2009 年 11 月

活动地点：英德奇洞温泉

活动内容：包括清远温泉旅游发展论坛、温泉旅游景点考察、派送温泉优惠券、答谢晚宴等活动组成。

184. 活动名称：连南县排瑶耍歌堂

活动时间：12 月 2 日

活动地点：连南瑶族自治县

活动内容：“耍歌堂”是八排瑶民喜庆丰收，规模盛大的传统节日，连南每年定在农历十月十六日举行。届时将举行“游神”大典、过州过府、送神等传统节目，以传承历史文化，促进各民族的大团结。

185. 活动名称：阳山第五届四驱越野车节

活动时间：2009 年 11 月

活动地点：阳山县四驱车赛场

活动内容：包括旅游推介会、品牌汽车展销、越野 E 族年会和重点项目庆典活动等，整个车节将注入更多的文化内涵和文化品味。参赛选手、赛车爱好者、旅游者、旅游业同行等约有 20 万人次参加。

186. 活动名称：连州市国际摄影年展

活动时间：2009 年 12 月

活动地点：“中国摄影之城”——连州市

活动内容：包括举办专业摄影主题展、连州采风摄影大赛、摄影器材展示、清远市摄影家协会会员摄影作品展、连州市旅游专题摄影作品展和具有连州民族特色的民间艺术表演、美食节、招商会等一系列活动。

【揭阳分会场】

187. 活动名称：第八届中国揭阳（国际）玉器节

活动时间：2009 年 10 月

活动地点：揭阳市东山区阳美村

活动内容：包括中国玉都文化广场开工仪式、阳美翡翠精品拍卖会、亚洲玉都及中国玉都品牌推广交流会、第六届玉器节文艺晚会、珠宝玉器展销会等活动。

188. 活动名称：第三届广东揭西生态旅游文化节

活动时间：2009 年 10 月

活动地点：揭西县京明温泉度假村

活动内容：包括开幕式暨广东发现之旅首届活力导游大赛颁奖晚会、海内外乡亲理事会、县重点工程开工落成庆典、经贸洽谈会、旅游推介会及大粤东旅游无障碍区域合作签约仪式、“外地游客千人游揭西”等活动。

【潮州分会场】

189. 活动名称：广东省第二届粤东侨博会暨潮州市第三届文化旅游节

活动时间：10 月 15 ~ 17 日

活动地点：本市

活动内容：包括投资项目签约仪式、中国瓷都展销会、名牌名标产品展销会、潮州传统工艺精品展、侨资侨捐展、民俗文化巡游和潮剧汇演以及大型综合文艺晚会暨潮州市第四批荣誉市民授荣仪式等活动。

【云浮分会场】

190. 活动名称：2009 广东国际旅游文化节云浮（新兴）分会场

活动时间：11 月 14 日

活动地点：新兴县文化广场

活动内容：以“广东大西关、魅力新云浮”为活动主题，举办开幕式、文艺表演等一系列旅游活动，营造浓郁的旅游文化氛围，展示六祖故里、云石之都、广东大西关、魅力新云浮的崭新形象。

191. 活动名称：感恩之旅新兴“六祖诞”暨禅宗文化周活动

活动时间：9 月 19 ~ 23 日

活动地点：新兴县龙山温泉旅游度假区（国恩寺）

活动内容：包括祈福法会、佛事活动、瞻仰佛舍利、书画、摄影爱好者采风、民间技艺表演等活动，旨在弘扬禅宗文化。

192. 活动名称：云浮国际石材科技展览会暨石乡风情旅游采风活动

活动时间：10 月 21 ~ 23 日

活动地点：云浮市国际石材城

活动内容：全面展示石材加工的高科技设备、最新石材产品、工艺品、石材护理知识宣传，来自海内外客商商务活动，文艺表演、旅游商品及工艺品推介展示、旅游精品推介、石乡风情旅游采风活动。

193. 活动名称："2009 新兴温泉比基尼模特大赛"及"冬日温情——悠游云浮"旅游嘉年华暨新兴温泉旅游文化周活动

活动时间：11 月 25 日至 12 月 1 日

活动地点：新兴县金水台等三大温泉度假区

活动内容：包括"2009 新兴比基尼模特"大赛等，文艺、技艺、民间绝活表演和温泉文化推广、温泉知识普及以及水上活动竞赛等。

194. 活动名称：欢乐自驾车游新兴

活动时间：11 月 14～30 日

活动地点：新兴县各景区

活动内容：宣传推广新兴县特色旅游线路——领略禅宗文化、享受温泉沐浴、感受新兴生态、品尝新兴美食。

195. 活动名称：郁南沙糖桔旅游节暨首届美食欢乐节

活动时间：11 月 28 日至 12 月 28 日

活动地点：郁南县文化中心

活动内容：通过举办文艺表演（连滩山歌擂台赛、歌王歌后争霸）、民间技艺表演、2009 沙糖桔果王评比及颁奖，弘扬郁南节庆文化、展现中华美食精华。

196. 活动名称：罗定龙湾重阳登山大赛暨森林生态旅游文化节

活动时间：10 月 23～29 日

活动地点：罗定龙湾生态旅游景区

活动内容：重阳登山大赛暨森林生态旅游文化节、民间技艺表演、文艺表演等。

【境内外企事业单位或社会团体组织的活动】

197. 活动名称：第三届广东自驾旅游节系列活动

活动时间：4 月 30 日至 12 月

活动地点：广东省

活动内容：包括举办巽寮湾海滩节、罗浮山登山节、自驾旅游消费联盟授牌仪式、广东省第一个自驾车旅游营地开营仪式、广东省导游（导航员）技能大赛等活动。

198. 活动名称：广州自驾旅游总评榜暨 2009 年自驾旅游日

活动时间：5 月至 12 月

活动地点：广东省各地市内景区

活动内容：包括广东自驾游先锋南粤行、2009 广东自驾车体验季、广东生态旅游体验季、广东温泉体验季等活动。评选出"活力广东自驾游最受车主欢迎目的地"、若干个活力广东自驾游最受车主欢迎的"旅游企业"和"汽车服务商"等。

199. 活动名称："广东人游广东、粤游粤精彩"系列活动

活动时间：4 月至 12 月

活动地点：河源、东莞、广州

活动内容：包括"粤游粤精彩—广东旅游门票名信片"推介、"我为万绿再添绿"环保植树等活动。

200. 活动名称：第二届大学生旅游文化节

活动时间：6 月至 11 月

活动地点：广东省内

活动内容：包括"川粤同心"旅游夏令营、广东大学生旅游形象大使选拔、2009"赢"销校园——旅游营销策划大赛、"玩转天下"——大学旅游沙龙等活动。

201. 活动名称：第二届广州国际葡萄酒文化节

活动时间：11 月 18～20 日

活动地点：广州保税区国际酒类会展中心

活动内容：包括酒文化节开幕式，进口葡萄酒、烈性酒展示品鉴会，进口葡萄酒中国市场发展高峰论坛，葡萄酒知识大赛，葡萄酒文化花车游，大型葡萄酒文化展，红酒财富论坛暨藏酒拍卖会等活动。

202. 活动名称：发现之旅——首届旅游明星大赛

活动时间：8 月至 12 月

活动地点：广州、梅州、惠州、江门、茂名、肇庆、揭阳等市

活动内容：以"横向文化延展、纵向资源挖掘、落地赛事流程"为主线，通过举办分赛区海选、总决赛、展示赛，评选出"广东旅游明星"、"广东旅游形象大使"、"广东活力导游"。

203. 活动名称：2010 国际旅游小姐中国（广东）总决赛

活动时间：2009 年 6 月至 2010 年 1 月

活动地点：广州市

活动内容：全省设 10 个分赛区，比赛分海选、初赛、复赛、总决赛四个阶段，2009 年 12 月底举办"2010 国际旅游小姐中国（广东）总决赛"晚会，2010 年 1 月初开展获奖佳丽回访活动。

204. 活动名称：星空联盟航空产品推介会

活动时间：11 月 13 日

活动地点：广州香格里拉大酒店

活动内容：通过举办星空联盟服务产品介绍、航空产品与旅游产品合作项目介绍、嘉宾互动、媒体专访等活动，全面提升国航以及星空联盟在广东地区的航空产品影响力，为广东旅游提供便利、舒适和经济的航空产品。

（涂继文　整理）

2009 广东国际旅游文化节暨泛珠三角旅游推介大会总结报告

为加强国际及区域旅游交流合作，宣传推介岭南文化，加快建设全国旅游综合改革示范区，打造旅游强省，11 月 13～19 日，国家旅游局和广东省人民政府联合在我省主办 2009 广东国际旅游文化节暨泛珠三角旅游推介大会。本届旅游文化节以其盛大的规模、丰富的内容、精彩的亮点、丰硕的成果圆满实现了办节的目标与宗旨，是一次高规格、高水平、有特色、精彩纷呈的旅游文化盛会，是一次整合全省力量、推动文旅结合、加快广东发展的成功实践。期间，全省共举办各类活动 204 项，吸引了 80 多个国家和地区及省内外 2000 多万人参与，其中境外嘉宾逾 1 万名，合同吸引外资金额 23.91 亿美元，增进了国内外旅游交流合作，弘扬了岭南文化，擦亮了广东国际旅游文化节品牌。主要情况如下：

一、主要成效与收获

本届旅游文化节突出注重实效、创新机制、创新形式、扩大宣传、打造品牌等特点，取得圆满成功和显著成效。主要体现为“八个进一步”：

（一）活动内容进一步丰富。本届旅游文化节主会场设在广州市，全省其他 20 个地级以上市均设立了分会场，活动项目相对往年明显增多。其中，全省性及广州主会场活动项目达到 44 个，比去年增加了 1 倍。“唱响广东”2009 旅游金曲精英大赛，通过征集和传唱蕴含广东浓厚风土人情的旅游歌曲，擦亮我省旅游文化品牌，提升广东在国内外的知名度和名誉度。“老照片 · 新广东”海外华人图说南粤系列活动，以“乡土、乡音、乡情”为主题，向世界华人华侨征集老照片及其背后的故事，精心设计策划旅游线路，勾起华人华侨的思乡情结，吸引他们回广东旅游休闲、观光度假。广东旅游合作高峰论坛邀请国家旅游局领导、世界旅游组织官员、广东主要客源国旅游部长、广东国际友好省州主要官员、各国驻穗领馆官员、港澳负责旅游事务主要官员、国内外旅游专家学者及著名旅游企业高层等，探讨未来合作与发展的共赢之路，加快广东旅游国际化进程。首届中国粤菜峰会通过评选首批 100 家粤菜名店、100 位粤菜管理大师、100 位粤菜名厨、100 道地方特色名菜/名点，向世界推广粤派饮食文化，树立广东“美食天堂”的品牌。广东国际旅游展览会暨海峡两岸旅游投资交流会，首次推出旅游展览会与投资交流会两个促销平台，突出海峡两岸合作，重点促进泛珠三角、东盟等国际区域旅游投资交流。各地、各单位组织的活动也轮番上演，各具特色，高潮迭起。

（二）广东旅游文化资源得到进一步挖掘。本届旅游文化节依托广东旅游文化资源，集中展示了广东旅游文化的精品。珠海金秋艺术节、佛山武术文化节、河源客家文化旅游节、汕尾民间艺术旅游文化节、中山岭南水乡旅游文化节、江门中国（江门）侨乡旅游节等活动，具有深厚的文化底蕴和浓郁的地方特色。开幕式晚会以“敞开岭南情怀，拥抱快乐世界”为主题，分《广东欢迎你》、《风情缭绕你》、《都市诱惑你》、《山水拥抱你》、《鲜花献给你》五大篇章，全面展示了具有浓郁岭南特点的山水风光、人文情怀，向世界发出了“岭南请柬”。闭幕式晚会以“活力广东、欢乐长隆”为主题，分《岭南迎宾曲》、《盛世狂欢节》、《欢乐长隆夜》、《四海汇花城》、《长隆邀请您》五大部分，充分展现了广东独特的旅游资源与文化魅力。“岭南民间艺术展演”向市民和游客展示了岭南民间艺术文化的保护成果，给公众留下了深刻印象。

（三）推动国民旅游休闲计划进一步实施。2009 广东国际旅游展览会首日便吸引了 2 万多名市民和游客入场，6000 个优惠旅游产品筹号不到半小时派完，6 小时内售出逾千万元旅游产品，刷新了中国旅游产品展览销售新纪录。肇庆旅游嘉年华之环星湖国际市民徒步大会，以“徒步肇庆 · 慢享生活”为主题，以“健康、和谐、友谊、交流”为宗旨，吸引了 3 万多名肇庆市民和世界各地的徒步爱好者参加。第 23 届广州（国际）美食节吸引前来品尝的民众超过 300 万人次。第七届珠海沙滩音乐派对共吸引了 12 万人次游客入场，擦亮了珠海旅游名片。

（四）市场化运作进一步成熟。本届旅游文化节市场化运作在创新合作机制、丰富回报内容、提高合作效果等方面有着突出特点。合作单位企业涵盖电力、通讯、交通运输、酒店旅游等行业，赞助形式包括提供资金、物品和服务支持，赞助总金额折合人民币约 1500 多万元，为历年之最。本届旅游文化节所有活动的90%左右通过市场化运作。旅游文化节闭幕式晚会首次由大型旅游企业承办。由中国移动通信集团广东分公司赞助500万元、广东省旅游局、南方广播影视传媒集团共同主办的“唱响广东——2009旅游金曲精英大赛”，参赛人数达5583人，社会反响热烈。由广之旅承办的广东国际展览会，首次实行“政府主导、企业主体、市场化运作、市民参与”的操作办法，创造了“全球性、全行业、全方位、全年度”旅游产品集体提前预售的促销模式，成功打造了一个展销结合的“旅游嘉年华”。由广东益民旅游休闲服务有限公司赞助设计制作的“国民旅游休闲卡”开幕式门票，制作精美，实用性强，受到了公众的广泛欢迎。此外，社会参与活动项目也向长期化、品牌化方向发展，今年组委会直接批准了“广东人游广东，粤游粤精彩”系列活动、第四届广东国际温泉旅游节系列活动、第三届广东自驾旅游节系列活动等9个社会参与项目。

（五）广东旅游业吸引外资潜力进一步释放。在泛珠三角旅游招商会上，全省共签订外商投资合同、协议、意向共154宗，金额23.9亿美元，显示出旅游产业招商引资的强劲势头。其中投资总额超过1000万美元的项目达100个。本届旅游招商会外商独资比例高，共签订外商独资项目117个，金额达16.38亿美元，分别占项目总数和外资总额的75.97%和70.39%。粤东西北地区也吸引了大量投资，潮州市签订了投资总额8800万美元的潮州市文化名城旅游接待中心项目，阳江、汕尾、河源等市也分别签订了单个投资额为6300万美元、3800万美元和3500万美元的旅游项目。清远旅游产品展示会暨旅游合作招商签约会签署项目12个，签约资金达23.33亿元。

（六）国际国内旅游合作进一步深化。参加本届旅游文化节的国外和境外嘉宾和游客人数逾10000人，超过了历届水平。其中，政府和旅游组织的高层官员包括：世界旅游组织秘书长塔勒布·瑞法依、亚太部主任徐京、亚太旅游协会首席执行官格雷格·达菲尔、泰国旅游和体育部常务次长 Sasithara Pichai—channarong、韩国旅游发展局局长安得杓、日本国家旅游局首席代表田口一成、澳大利亚旅游局国际事务行政总经理李泽深、南非社会发展部部长莫莱瓦、菲律宾宿务省省长奎德琳·加西亚以及云南省副省长刘平、广西壮族自治区政协副主席蒋济雄、海南省省长助理陆志远等，世界知名大型旅游企业负责人包括：美国运通大中华地区总裁姜大伟、日本JTB副总经理高羽人志、佳天美（广州）国际旅行社总经理治福司、泰国旅行社协会TTAA主席 Charoen Wangananont 等。此外，广东国际友好省州主要官员、各国驻穗领馆官员、港澳负责旅游事务主要官员、部分著名旅游专家学者等也参加了旅游文化节相关活动。在“广东·国际友好省州旅游合作论坛”上，300多名海内外嘉宾共商国际区域旅游合作发展大计。来自30多个国家和地区430多名杰出华侨华人、港澳台同胞参加了“海外杰出华人广东行”系列活动，促进了广东与海外同胞的联谊与互动。本届旅游文化节还与30周年国际友城活动相结合，通过参观考察、文艺表演、旅游促销等形式，让来自近20个国家的省、州领导加深了对广东的了解，推动了广东的国际交流与合作。

（七）广东旅游国际知名度进一步扩大。据统计，共有国内外150多家媒体对本届旅游文化节进行持续不断的报道，共发稿5000多篇、图片1000余幅，仅Google上关于“2009广东国际文化旅游节”的相关搜索逾100万条。星岛日报、欧华报（西班牙、葡萄牙）、日中新闻（日本）、印尼国际日报、泰国京华中原联合日报等海外媒体，整版刊登了旅游文化节的主要活动和我省4A、5A级旅游区介绍。新华社、中央电视台、中央人民广播电台、中国国际广播电台、中国旅游卫视、《人民日报》、《中国日报》、《中国旅游报》、新华网等国家主流媒体，凤凰卫视、香港亚洲电视、《香港大公报》、《香港文汇报》、《澳门日报》等港澳主流媒体，省内主要媒体，泛珠三角八省区30多家媒体，各主分会场所在市、县媒体，均对旅游文化节进行了大篇幅、多角度、长时间的宣传报道。旅游文化节期间，组委会准备了大量的宣传资料，对广东旅游文化进行多渠道、全方位、立体式的宣传和介绍，充分展示广东改革发展成果，提升广东旅游总体形象。

（八）广东旅游企业效益进一步提升。旅游文化节期间，24个国家和地区的旅游部门，48个国家和地区的旅游协会，15家国际酒店管理公司，22家航空公司以及美国运通、日本JTB等约1000家大旅游商汇集广东，与我省旅游企业共商合作发展大计。在广东国际旅游展览会上，长隆、百万葵园、东部华侨城、白水寨、封开等景区合计售出门票3万多张；广之旅、广东中旅、金马等旅行社合计售出旅游名额2万多个；近20家与会的全球旅游大鳄现场与广东各旅行社签订了10亿元人民币的旅游采购协议，创下中国旅游销售新纪录。各旅行社、景区、酒店在旅游文化节期间频出奇招、推出全面的让利措施，取得了立竿见影的市场效果。省内一些旅游企业负责人纷纷表示，在受金融危机的不利影响情况下，广东国际旅游文化节犹如一支“强心剂”，极大地促进了旅游市场的繁荣发展。

二、做法与体会

本届旅游文化节积累了许多宝贵的办节经验，对于推动广东旅游跨越式发展提供了有益的借鉴。我们的做法与体会是：

（一）领导高度重视、亲自推动和参与是办好本届旅游文化节的关键所在。国家旅游局和省委省政府高度重视旅游文化节的举办。省政府常务会议专题研究了旅游文化节有关事项。中共中央政治局委员、省委书记汪洋，组委会主任、省长黄华华多次作出重要批示和指示；组委会主任、国家旅游局局长邵琪伟悉心指导和关心；万庆良副省长亲自挂帅、亲自指挥，多次召开专题工作会议，协调解决筹备过程中的困难和问题。刘晓捷副秘书长亲自督导，具体策划组织，大力推进各项筹备工作。各主分会场、各级各部门领导精心策划、靠前指挥、全力推动，在人力、物力、财力等方面为旅游文化节提供了有力保障，使各项筹备工作顺利进行。

（二）精心策划、协调联动是办好本届旅游文化节的重要基础。为办好本届旅游文化节，组委会提前筹备，认真统筹，全面督促，狠抓落实。6月份，组委会办公室便出台了《广东国际旅游文化节规范管理指导意见》（试行），全面完善、规范运作流程和标准，进一步健全“政府主导、社会参与、市场运作”的办节机制。省府办公厅和省旅游局、文化厅、外经贸厅、侨办、外办、港澳办、台办、贸促会等部门各尽其责，定期会商，协调配合；各市党委、政府高度重视，密切与组委会办公室联系，高质高效做好筹备工作，保障了各主、分会场活动的顺利开展。广东电视台、长隆旅游度假区高度负责，积极主动，全力做好旅游文化节开、闭幕式节目编排工作。团省委从各大高校招募培训了1500名青年志愿者，为旅游文化节提供了3000多人次的志愿者服务。武警战士、警官学员、省旅游学校学生等为旅游文化节活动现场的秩序维护、文艺节目演出等做出了重要贡献。

（三）市场运作、充分发挥企业的创造性是办好本届旅游文化节的有力举措。为筹集办节资金，组委会大力推动市场化运作，通过各种企业冠名和广告宣传等方式筹措了大笔经费，通过有偿服务、商业运作的模式，依托各项活动、各种宣传载体，有偿出让节会活动的冠名权和协办权、活动场所的广告权、宣传物品的广告权、所需物品供应权等形式，深入挖掘赞助回报资源，吸引、支持企业参与到旅游文化节各类活动的策划与组织实施中来。如广东省旅游局与中国移动通信广东分公司签署战略合作协议，建立战略合作伙伴关系。广东移动在本届旅游文化节上推出旅游信息服务平台、掌上宝典、银旅通电子门票、12580导航专线和生活播报等系列信息化产品，专门为本届盛会推出的“12580广东旅游文化节引导咨询”专线，提高了本届旅游文化节的信息化、数字化水平。

（四）宣传推介、营造氛围是办好本届旅游文化节的重要条件。组委会高度重视新闻舆论宣传工作，把握导向，加强策划，形成了恢宏大气的宣传声势。从3月份开始，组委会办公室便利用报纸、广播、电视、专刊、互联网、宣传单张、公交传媒、广告牌等媒体（介），通过设立新闻中心、召开新闻发布会（通气会）、接受专访、开展互动、组织记者考察等形式，及时、全面、深入地展开旅游文化节的宣传报道工作。各地也利用报纸、广播、电视、网络、户外广告等各类媒体全方位宣传报道，在主要的交通要道、车站、机场、宾馆、酒店、景区等设立了旅游文化节相关活动的宣传广告牌、横幅、招贴画，为旅游文化节营造了隆重热烈、喜庆和谐的良好氛围，激发了社会各界和广大人民群众了解、支持、参与旅游文化节的兴趣和热情。

（五）优化服务、落实安全措施是办好本届旅游文化节的有力保证。组委会各工作组以严谨、细致、热情、周到的工作态度，认真做好各项服务工作，大力提升广东旅游服务总体水平。外联接待组协调公安、交通、边防等有关部门在机场开通旅游文化节嘉宾快速入境通道，为重要嘉宾提供便利和礼遇；安排专人跟进落实欢迎宴会、贵宾出入境礼遇、嘉宾旅游考察、导游和车辆安排等工作，切实提高服务质量和水平；精心编印《联络接待服务指南》、《酒店接待嘉宾服务规程》、《导游接待服务规程》等资料，加强对旅行社、酒店、导游接待工作规程及其他注意事项的培训辅导，不断强化细节意识。安全保卫组和卫生防疫组及早介入，采取得力措施，狠抓卫生防疫和安全保卫。公安、交警、武警、消防等部门和社会力量协同作战，共投入安保人员近3000人次，出色完成了各项活动的安全保卫工作。卫生防疫组共派出卫生行政管理人员、医务人员、卫生监督员、疾病控制技术人员300多人次，开展监测、检验、医疗救护、场所消毒等工作。由于各项工作部署周密、服务周到，本届旅游文化节期间没有发生一起人身安全、食品安全、交通安全事件。

三、存在不足

认真总结本届旅游文化节，我们深刻认识到，成绩来之不易，但尚有不少需要改进、完善和提高的地方，主要如下：一是运作机制还不够规范，有的工作组织、协调、衔接不够紧密。二是市场化运作程度还不够高，如何充分利用和调动社会资源办好旅游文化节是我们今后进一步努力的方向。三是一些活动特色不够鲜明、吸引力不够强，需要不断改进和创新。四是国际化程度还不够高，旅游文化节的国际影响力有待进一步提升。五是群众参与性还不够广泛，旅游文化节在项目设计、活动安排上尚需进一步融入生活、贴近百姓。

下一步，我们将在省委、省政府的正确领导和国家旅游局的关心指导下，认真总结经验，改进不足，健全机制，不断提高办节的效率和水平，深入挖掘广东旅游文化资源特色，努力把广东国际旅游文化节办成更高规格、更高水平、更具特色、更具生命力和影响力的旅游文化盛会，为推动全国旅游综合改革示范区和旅游强省建设注入发展活力，为促进我省经济社会又好又快发展做出新的贡献。

（执笔：李录春、莫理强）

试行国民旅游休闲计划

（第 155 ~ 216 页）

试行广东国民旅游休闲计划综述

【总体情况】 为积极应对国际金融危机带来的不利影响，扩大国内有效需求特别是居民消费需求，提升广东旅游行业整体服务水平，推进旅游产业快速健康发展，进一步提高广大群众的生活质量，推动社会和谐发展、全面进步，根据国务院批复的《珠江三角洲地区改革与发展规划纲要（2008－2020年）》要求，省委、省政府根据当前国际国内形势，结合广东旅游产业发展特点，经过广泛调研和反复论证，决定在全省率先试行国民旅游休闲计划。2009年2月20日，省政府印发《关于试行广东省国民旅游休闲计划的若干意见》（粤府〔2009〕19号），与国家旅游局联合在广州举办启动仪式，正式拉开广东试行国民旅游休闲计划的序幕。中共中央政治局委员、省委书记汪洋，国家旅游局局长邵琪伟，省长黄华华对此项工作高度重视，多次听取专题汇报，专门作出重要指示；万庆良副省长亲自部署、亲自协调、大力推动，国家旅游局专门派有关司室负责人到广东具体指导，省旅游局举全局之力全力推进，试行国民旅游休闲计划进展顺利，取得阶段性成果。

【举办各类旅游休闲活动】 2009年，广东在试行国民旅游休闲计划过程中，精心策划450多项旅游休闲活动。按照“月月有活动，处处有精彩”的要求，以“五一”小长假和“十一”黄金周假期为重点，全省旅游系统精心策划、精心组织多项旅游休闲活动，其中省有关单位组织活动达60多项，如省旅游局与省妇联成功举办“春游南粤，‘三八’同乐”专题活动；省旅游局、南方航空股份公司和广州白云国际机场联合举行“携手同行·畅游天下——南方航空·广东旅游界国民旅游休闲首发团”启动仪式；广州市推出“广佛同城旅游大放送”活动；深圳举办“黄金海岸旅游节活动”；梅州举办“重走客家迁徙古道”粤闽赣千里客家文化长廊大型旅游活动；河源举办“第四届广东（河源）国际温泉旅游节暨第六届河源市客家文化旅游节”等等。活动突出国民旅游休闲计划主题，营造浓郁的旅游休闲氛围。大力推动“城际旅游大联盟”活动，5月1日，“旅游休闲·精彩无限——城际旅游大联盟活动”正式启动以后，全省各地旅游合作互动不断，“珠三角万人游潮州”、“畅游伟人故里，体验清远山水——清远中山两地旅游互动”、“广佛肇、深莞惠、珠中江旅游一体化”、“粤东9县7区无障碍休闲旅游合作区”等相继启动，有力推动了省内区域旅游合作及省内游市场的快速发展。

【主要成效】 （1）建设专网。4月，“广东国民旅游休闲网”正式启动，网站全面展示广东试行国民旅游休闲计划的总体情况，及时发布国民旅游休闲示范单位相关信息及优惠活动，通报各地试行国民旅游休闲计划相关情况，同时作为国民旅游休闲卡服务平台，为持卡人提供全面、细致的服务。（2）策划专刊。加强与媒体的合作，开设国民旅游休闲专刊，通过策划系列不同角度的旅游休闲主题，以现代社会健康生活方式为内容，多角度、全方位宣传旅游休闲意识和理念。9月3日，省旅游局推动国民旅游休闲卡项目运营公司——广东益民旅游休闲服务有限公司（以下称“益民公司”）与南方都市报社合作，将《南方都市报》的“旅游时代专刊”改版为“国民旅游休闲专刊”；9月18日，省旅游局与南方报业集团合作，整合双方资源，共同打造由南方都市报和广东益民旅游休闲服务有限公司共同投资建设运营的“国民旅游休闲传媒平台”；10月，省旅游局与《中国旅游报》合作，联合推出“粤游粤精彩”广东旅游专栏，在全国范围内宣传广东试行国民旅游休闲计划有关情况。（3）组织专访。与媒体联合策划“专家谈国民旅游休闲计划”主题活动，通过采访学者、医生、企业经理、成功人士、潮流人物等业界精英，宣扬现代健康生活方式，引导城乡居民参与旅游休闲，增进公众对国民旅游休闲计划的理解和认识。（4）推出专栏。通过与南方电视台TVS－2合作“粤游粤精彩”栏目，加强对全省各地开展国民旅游休闲计划活动的报道，宣传各地旅游休闲活动信息，有力推动省内游的深入开展。（5）设立专区。在2009广东国际旅游文化节国际旅游展览会上，增设“国民旅游休闲计划专题展示区”，联合国民旅游休闲卡项目运营公司益民公司精心布置展位，发放《广东国民旅游休闲手册》，向国内外业界人士和公众全面展示广东试行国民旅游休闲计划总体情况，扩大国民旅游休闲计划的影响。（6）印发简报。从2月份开始，省旅游局不定期印发《试行国民旅游休闲计划工作简报》，全年已印发32期。《简报》广泛报道各地试行国民旅游休闲计划情况，及时总结、交流各地经验，并报送国家旅游局、省委、省政府、省人大、省政协、省直各部门及各地市、县政府，全面通报广东试行国民旅游休闲计划最新情况。

【推出各项优惠福利政策措施】 （1）落实带薪休假制度，弹性安排带薪休假时间。根据国家相关的法律法规，大力推动落实带薪休假制度，弹性安排带薪休假时间，鼓励公众根据个人意愿，将带薪年休假分段灵活安排，与法定节假日相连接，为公众旅游休闲提供时间保证。（2）创建国民旅游休闲示范单位（包括景区、旅行社、酒店、餐厅、商业购物点、航空公司）。4月，省旅游局正式公布首批702家国民旅游休闲示范单位；10月份，第二批272家示范单位也正式出炉；9月份，广东、江西两省旅游局在广州联合举行授予井冈山“广东国民旅游休闲计划示范景区”仪式，井冈山成为首个跨省示范景区。各示范单位纷纷向公众特别是针对持国民旅游休闲卡游客推出系列优惠措施和便利服务，抢占旅游休闲市场先机。通过创建国民旅游休闲示范单位，为广大城乡居民参与国民旅游休闲活动提供了丰富多样、优惠便利的产品和服务。（3）推出国民旅游休闲卡。4月，省旅游局、国民旅游休闲卡项目运营公司益民公司联合中国银联正式推行国民旅游休闲卡。国民旅游休闲卡是一张优惠便利的旅游休闲金融消费卡，具有旅游服务、金融服务、统计分析、信息服务、会员管理五大功能，是全省城乡居民享受国民旅游休闲计划优惠措施和便利服务的载体，将打造成全省城乡居民的旅游身份证。截至11月底，广东国民旅游休闲卡发卡量达40多万张，签约商户约5000家。加快与香港旅游发展局合作，积极推动7000多个“香港优质旅游服务计划认证商户”加入国民旅游休闲卡受理商圈；在公司内部建设方面，不断加强国民旅游休闲网建设，并着力推动“三台”（传媒平台、电子商务平台、客服平台）、“三场”（基础卡市场、主题卡市场、区域性市场）、“三基”（管理基础、市场基础、战略基础）建设，力争到2010年3月建成超过1万家特约商户的受理商圈和与之匹配的受理环境，实现基础卡、主题卡、储值卡发行量皆超过100万张的目标。（4）出台系列优惠福利措施。省旅游局通过联合省有关单位，积极推动出台相关旅游休闲优惠福利措施，为城乡居民参与国民旅游休闲活动提供便利服务和优惠。同时为响应国民旅游休闲计划便民、惠民政策，全省旅游企业积极推出各项优惠活动，全面让利于民，大力拉动旅游消费。4月，省物价局、财政厅、国土资源厅、建设厅、文化厅、林业局、旅游局、民族宗教委等八部门，联合出台《关于进一步做好游览参观点门票价格优惠工作的通知》（粤价〔2009〕95号），公布全省第一批174家免费游览参观点。6月，省旅游局与省文化厅联合出台文化旅游实施方案，公布除遗址类、文物建筑类博物馆外，全省95家文化文物系统国有博物馆、纪念馆全部免费开放；非免费开放的对青少年、老年人、残疾人等特殊群体减免参观费用。7月，广州市将市、区园林绿化部门管理的15个城市公园和林业部门管理的17个森林公园实行免费开放。8月，省旅游协会联合广东省邮政公司首创推出“粤游粤精彩——广东旅游门票明信片”，门票价值2686元的邮册定价95元，在全省4000多家邮政网站同时出售15万份，游客持明信片到广东境内的42个景区（点）免门票，同游者购票按8.8折优惠，全面让利于民，大力拉动旅游消费。9月，省物价局公布2009年10月1日前向社会免费开放的第二批共361个游览参观点。截至2009年底，全省第一、二批共535个免费游览参观点，据初步测算，每年免费金额将达8亿元。为响应国民旅游休闲计划，全省旅游企业纷纷推出多项优惠措施。4月1日至6月30日，广州长隆旅游度假区推出“6000万礼金大派送”大型让利活动，预计惠及300万游客；深圳东部华侨城从5月开始，免费开放景区夜场；南湖国旅首家推出“长者旅游消费券”、“千架包机优惠团”等优惠活动；广东国旅实施“旅游普惠计划”，联动上千家旅游机构，全面提供出游优惠；（5）开展专项旅游开发工作。省旅游局制订《广东省国民旅游休闲计划专项旅游推进计划》，联合省有关厅（局），大力推动乡村旅游、森林生态旅游、滨海旅游、工业旅游、农业旅游、会展旅游、科技旅游、文化旅游、教育旅游、体育旅游、红色旅游、温泉旅游、康体旅游、中医药文化养生旅游等14个专项旅游的开发工作，推动旅游业与相关行业的发展，构建多样化旅游休闲产品体系。4月，省旅游局联合省科技厅成功启动科技旅游，拉开全省国民旅游休闲计划专项旅游开发的序幕；6月，省旅游局与省文化厅联合出台文化旅游实施方案，公布全省95家文化文物系统国有博物馆、纪念馆全部免费开放。9月，省旅游局联合省林业局评出首批50家广东森林生态旅游示范基地，并在华南植物园隆重举办了授牌暨启动仪式；省旅游局、省海洋与渔业局联合下发《关于印发〈广东省国民旅游休闲示范单位滨海旅游示范景区评定高标准（试行）的通知〉》（粤海渔〔2009〕179号），正式启动全省滨海旅游示范基地评选工作；10月，省旅游局、河源市人民政府和广东省旅游协会联合在河源隆重举办“第四届广东（河源）国际温泉旅游节”，并将每年的10月25日定为“广东温泉旅游日”；省旅游局与省文化厅再次联合下发《关于评选广东省国民文化旅游示范单位的通知》（粤文物〔2009〕326号），全面启动文化旅游示范基地评选工作；11月，省旅游局、省农业厅在从化联合启动农业旅游，并为首批23家“广东省农业旅游示范基地”颁牌；省旅游局、省体育局联合出台《关于下发〈广东省体育旅游示范基地认定办法〉的通知》，在全省范围内征集修改意见和建议等。

（张国辉、陈秀娟）

政策与规范性文件

关于试行广东省国民旅游休闲计划的若干意见

（粤府〔2009〕19号）

各地级以上市人民政府，各县（市、区）人民政府，省政府各部门、各直属机构：

为贯彻落实《中共广东省委广东省人民政府关于加快我省旅游业改革与发展建设旅游强省的决定》（粤发〔2008〕20号）和《国家旅游局广东省人民政府关于建立局省紧密合作机制备忘录》精神，加快我省全国旅游综合改革示范区和旅游强省建设步伐，根据《职工带薪年休假条例》（国务院令第514号）、《国务院关于加快发展服务业的若干意见》（国发〔2007〕7号）和《国务院关于珠江三角洲地区改革发展规划纲要（2008－2020年）的批复》（国函〔2008〕129号）有关规定，结合我省实际，现就率先试行国民旅游休闲计划提出如下意见：

一、指导思想

试行国民旅游休闲计划是我省积极应对国际金融危机，扩大国内有效需求特别是居民消费需求，促进就业的重要举措；是我省提升旅游行业整体服务水平，推进旅游产业快速健康发展，加快实现从旅游大省向旅游强省转变的有效途径；是坚持以人为本，进一步提高广大群众的生活质量，让全体居民共享改革发展成果的迫切需要，同时也是进一步提升社会文明程度和居民综合素质，推动社会和谐发展、全面进步的重要载体。试行国民旅游休闲计划，要坚持以邓小平理论和“三个代表”重要思想为指导，深入贯彻落实科学发展观，贯彻党的十七大、十七届三中全会、中央经济工作会议和省委十届三次、四次全会精神，按照“政府引导，社会参与；积极探索，稳步推进；全面实施，务求实效”的原则，通过建立健全工作机制，制订和落实扶持政策，加大宣传力度，充分调动全社会参加旅游休闲活动的积极性，逐步培育国民旅游休闲意识，加快形成积极健康的生活情趣和消费习惯。

二、参与主体

参与国民旅游休闲计划的主体是具有我省户籍的居民，以及办理了我省暂住证或居住证的暂住人员。

三、主要措施

（一）落实带薪休假制度，弹性安排带薪休假时间。鼓励根据个人意愿，将带薪年休假分段灵活安排，与法定节假日相连接。

（二）在保证生产、工作正常进行的前提下，落实无会旬制度，创造必要条件鼓励和引导居民在“五一”国际劳动节等国家重要法定节假日前后集中安排休假，形成较长假期的旅游黄金周。

（三）推动建设一批旅游休闲服务社区、旅游休闲小城镇、环城市旅游度假带、城市中央休闲休憩区，推动打造一批高水平的国际旅游度假区和发展一批各具特色、品牌价值高、内涵丰富的休闲产业功能集聚区，为居民提供更多旅游休闲场所，营造良好的旅游休闲环境。

（四）创建一批旅游休闲示范旅行社和示范基地。大力开发乡村旅游、森林生态旅游、滨海旅游、工业旅游、农业旅游、会展旅游、科技旅游、文化旅游、教育旅游、体育旅游、红色旅游、温泉旅游等旅游产品，着力打造一批旅游休闲精品线路，构建丰富多样的旅游休闲产品体系。

（五）积极探索推行“国民旅游休闲卡”，持卡人员凭卡参加旅游休闲活动可以获得相应的便利服务和价格优惠。

（六）各级文化、文物部门归口管理的公共博物馆（文物建筑及遗址类博物馆除外）、纪念馆、爱国主义教育基地向社会免费开放。鼓励城市休闲公园、科普教育基地、红色旅游景点等，实行免费或以优惠价格向社会开放。

（七）推动旅游休闲示范旅行社和基地对在校学生、农村进城务工人员、残疾人、低保救助对象、五保户及年满60周岁的老年人等特定群体参与国民旅游休闲计划给予特别优惠。

（八）各级各类学校可在寒暑假和黄金周等法定假日期间组织教师和学生开展修学旅游活动，将修学旅游纳入学生综合实践课程。

（九）鼓励企业将安排职工旅游休闲作为奖励和福利措施，相关费用可按有关规定列支。

（十）鼓励开发跨行政区域的旅游专线，增设行政区域内的旅游专线，推进实施公交低票价制度。

（十一）深化与港澳地区的旅游合作，做好“144 小时便利签证”政策及相关配套措施的落实，不断优化交通、安全和通关环境，推动三地旅游服务便利化对接。

（十二）鼓励和支持珠三角等有条件的地区和单位先行先试，加大试验探索力度，采取更加有力的政策措施，为全省推行国民旅游休闲计划积累经验，发挥示范带动作用。

（十三）各地要引导和鼓励当地相关企事业单位尤其是交通、餐饮、住宿、购物、娱乐等服务单位出台更多的优惠措施，进一步增强服务意识、改进服务质量、提高服务效率。

（十四）各地、各有关单位要加大对旅游休闲项目的扶持力度，在项目审批、信贷等方面给予积极支持，并扩大对旅游休闲配套基础设施建设的投入。

（十五）充分发挥旅游扶贫资金等财政资金的作用，重点支持开发和完善一批乡村旅游休闲项目。

（十六）鼓励资源互补性强的地区开展形式多样的交流与合作，深入开展“广东人游广东。粤游粤精彩”等省内游活动，进一步推动广东旅游市场发展。

（十七）建立以高等院校、职业技术学校和旅游企业为主的旅游人才教育培训体系，加快培养推行国民旅游休闲计划急需的中高级旅游经营管理人才和生产服务一线的技能型人才。

（十八）将国民旅游休闲计划纳入全省经济社会发展的总体规划，将旅游公共服务设施建设纳入全省城乡建设规划。

四、工作要求

（一）各地、各有关单位要加强调研，结合实际，抓紧研究出台相关配套政策措施以及操作办法，建立完善相应的管理机制、督导机制和信息反馈机制，推进国民旅游休闲计划的实施。

（二）各单位尤其是窗口服务部门，应以适当形式对外公布干部职工的年度休假信息和休假安排；在弹性安排休假时间的同时，要统筹安排生产或工作任务，做到工作和休假两不误，确保公众办事窗口正常运作。

（三）各级旅游管理部门要加大行业管理和市场监管力度，提高旅游行业的服务质量和水平，鼓励和扶持旅游企业开发适合居民旅游休闲的产品和线路。

（四）各地、各有关单位要广泛开展宣传活动，推广试行国民旅游休闲计划的好经验、好做法，激发居民参与的兴趣和热情，营造浓厚的社会舆论氛围，共同推动国民旅游休闲计划深入开展。

（五）各地、各有关单位在大力试行国民旅游休闲计划的同时，要进一步加强监督管理，严肃财经纪律，严禁变相公款旅游等违规行为，严禁变相向学生乱摊派，增加学生经济负担。同时，要发挥社会监督和舆论监督的作用，确保国民旅游休闲计划健康有序开展。

（六）各地、各有关单位在试行国民旅游休闲计划过程中要高度重视安全保障工作，切实抓好各项安全生产工作，强化安全监管和安全意识，落实安全生产工作责任制，制订和完善安全保障措施和安全指引，加强应急准备，及时消除安全隐患，营造安全舒适的旅游休闲环境。

五、组织领导

试行国民旅游休闲计划是一项创新的工作，涉及面广、任务繁重，事关我省经济社会发展大局和应对国际金融危机的挑战。各地、各有关单位要高度重视，把这项工作纳入重要议事日程，主要领导亲自抓，分管领导具体抓，认真研究和妥善处理试行过程中出现的各种情况和问题。各级旅游、发展改革、经贸、教育、财政、人事、劳动保障、建设、交通、农业、文化、卫生、工商行政管理、物价、质监、林业、海洋渔业等部门要切实履行职责，上下联动，齐抓共促，形成推进国民旅游休闲计划的强大合力。

省政府建立广东省试行国民旅游休闲计划联席会议制度，负责统筹协调指导有关工作。日常工作由省旅游局负责。

广东省人民政府

二〇〇九年二月二十一日

关于建立省试行国民旅游休闲计划联席会议的通知

（粤办函〔2009〕244号）

各地级以上市人民政府，省政府各部门、各直属机构：

为加强对我省试行国民旅游休闲计划工作的领导和协调，省政府决定建立省试行国民旅游休闲计划联席会议。组成人员如下：

召集人：万庆良（副省长）

成　员：

刘晓捷（省政府副秘书长）

黄功绵（省发展改革委总经济师）

戚真理（省经贸委巡视员）

李小鲁（省教育厅副厅长）

钟小平（省科技厅副厅长）

郑　东（省公安厅副厅长）

叶秀仁（省民政厅副厅长）

欧　斌（省财政厅副厅长）

陈康团（省人事厅副厅长）

黄林琰（省劳动保障厅副巡视员）

刘锦红（省建设厅副厅长）

杨细平（省交通厅副厅长）

刘金生（省农业厅副厅长）

杨伟时（省文化厅副巡视员）

黄晓军（省卫生厅副巡视员）

张振钿（省环保局副巡视员）

林　林（省物价局副局长）

冯湘勇（省工商局副局长）

邓梦柏（省林业局副局长）

陈良尧（省海洋渔业局副局长）

郭驰（省质监局副局长）

杨荣森（省旅游局局长）

廖京山（省港澳办副主任）

张国兴（省总工会副主席）

谭君铁（团省委书记）

杨洁芝（省妇联副主席）

联席会议不设办公室，日常工作由省旅游局负责。

广东省人民政府办公厅

二〇〇九年四月三十一日

关于进一步做好游览参观点门票价格优惠工作的通知

（粤价〔2009〕95号）

各地级以上市物价局、财政局、国土资源局、建设（城管、市政园林）局、文化（文化广电新闻出版、文物）局、文管办、林业局、旅游局、宗教局：

为贯彻落实省政府《关于试行广东省国民旅游休闲计划的若干意见》（粤府〔2009〕19号）和国家八部委《关于整顿和规范游览参观点门票价格的通知》（发改价格〔2008〕905号）精神，推进我省旅游产业健康发展，经研究，决定从2009年5月1日起，在全省实行游览参观点门票价格优惠政策。现将有关事项通知如下：

一、全面推进符合条件的游览参观点免费开放

根据发改价格〔2008〕905号文件要求，除文物建筑及遗址类博物馆外，各级文化、文物部门归口管理的公共博物馆、纪念馆、全国爱国主义教育示范基地，在今年年底之前全部向社会免费开放；与人民群众关系密切的城市休闲公园要充分体现公益性，实行免费开放，暂不具备开放条件的，应实行低票价。现结合我省2008年清理整顿情况，公布全省第一批免费游览参观点目录（见附件）。

按照国家有关规定，财政部门要加大对实行免费开放游览参观点的投入。暂未免费开放的，要建立免费开放日制度，同时各级相关部门要加强沟通，采取有效措施尽快实现免费开放。各级价格主管部门请于今年11月30日前参照附件格式将第二批免费的游览参观点目录上报省物价局，全省第二批免费游览参观点目录将在年底前公布。

二、实行游览参观点门票价格优惠

我省辖区内实行政府定价或政府指导价管理的游览参观点，在“五一”、“十一”、春节节假日期间，对单次购买全票的游客实行门票价格20%以上的优惠，团体门票优惠标准由旅行社等企业与旅游参观点双方协商确定。各地可结合实际，在上述节假日前后适当延长优惠时段，并制定具体方案。各地要加强对实行市场调节价的游览参观点的价格指导，鼓励在节假日期间实行价格优惠政策。各地可根据需要设置各种方便、适用、优惠的游览参观点通用年票、套票以及同一区域不同游览参观点的联票等，为不同需求的游客提供质优价廉的个性化服务。

三、扩大游览参观点门票减免范围

各地要进一步明确对儿童、学生、未成年人、老年人、现役军人、残疾人、宗教人士等门票价格减免范围和标准，将民政部门确认的低保救助对象、五保户等特定群体纳入优惠范围并制定具体优惠方案。我省辖区内所有游览参观点（含商业性游览参观点）对1.2米（含1.2米）以下儿童实行免费，对1.2米至1.5米（含1.5米）的儿童实行半票优惠。

四、配套实施优惠价费政策

按照国家和省有关促进服务业发展的政策要求，结合我省旅游业发展的实际，加快推进包括旅游业在内的服务业用电、用气、用水与一般工业同价的步伐。有条件的地区可以先行先试，率先实现商业（含旅游及其他服务业）与一般工业用电、用气、用水同价，促进旅游业的发展。同时，各地要积极推进城市公共交通低票价政策，针对不同群体积极出台相应优惠票价措施，使广大市民出游享受廉价的公共交通服务。

五、加强对旅游价格的监管

各地要开展对游览参观点门票价格的清理整顿工作，定期组织对游览参观点门票价格专项检查，对越权定价、违反规定调整价格和游览参观点擅自涨价等行为，从严查处。游览参观点为提升服务质量，满足参观者需要，开展讲解服务如需收费的，按照合理补偿的原则，制定讲解服务收费标准，并报当地价格主管部门备案。讲解服务应由参观者自愿选择，不得强制服务、强制收费。要严格按照《广东省物价局机动车停放服务收费管理办法》有关规定，强化游览参观点车辆停放服务的价格管理，维护正常的价格秩序。各地要做好明码标价工作，督促辖区内游览参观点及时在醒目位置公示门票价格、优惠范围和幅度，以及缆车、观光车、游船等交通运输服务价格信息。加强12358价格举报工作，及时受理和查处旅游休闲相关价格投诉。

省物价局　省财政厅　省国土资源厅　省建设厅
省文化厅　省林业局　省旅游局　省民族宗教委

二〇〇九年四月十三日

附件：

广东省第一批免费游览参观点名单

（共174家）

一、广州市（37家）

1. 广东省博物馆
2. 农讲所纪念馆
3. 黄埔军校旧址纪念馆
4. 三元里抗英斗争纪念馆
5. 广州起义纪念馆
6. “三·二九”起义指挥部旧址纪念馆
7. 陈树人纪念馆
8. 高剑父纪念馆
9. 东征烈士陵园
10. 詹天佑纪念馆
11. 天河区博物馆
12. 番禺博物馆
13. 冼星海纪念馆
14. 花都区博物馆
15. 从化市博物馆
16. 增城市博物馆
17. 东风公园
18. 云溪生态公园
19. 广州儿童公园
20. 人民公园
21. 海珠广场
22. 庄头公园
23. 海印公园
24. 磨碟沙公园
25. 增埗公园
26. 醉观公园
27. 青年公园
28. 沙面公园
29. 大夫山森林公园
30. 芙蓉旅游度假区
31. 九龙湖社区
32. 花果山公园
33. 萝岗香雪公园
34. 义务植树园
35. 凤凰山公园
36. 湖心岛
37. 中山纪念堂（主体建筑和陈列馆除外）

二、深圳市（3家）

38. 深圳市南山区南头古城博物馆
39. 深圳市博物馆
40. 深圳市中英街历史博物馆

三、珠海市（10家）

41. 珠海市博物馆
42. 斗门区博物馆
43. 海滨公园
44. 景山公园
45. 白莲洞公园
46. 板樟山公园
47. 炮台山公园
48. 香山公园
49. 石花山公园
50. 野狸岛公园

四、汕头市（6家）

51. 南澳县海防史博物馆
52. 澄海区博物馆
53. 汕头市博物馆
54. 东征军革命史迹陈列馆
55. 仙城镇翠峰岩风景区
56. 仙城镇八角亭风景区

五、佛山市（8家）

57. 高明区名人馆
58. 唐代龙窑陈列馆
59. 三谭纪念馆
60. “粤中纵队”纪念馆
61. 高明区灵龟公园
62. 三水区博物馆
63. 禅城区中山公园
64. 高明区七星公园

六、韶关市（10家）

65. 韶关市博物馆
66. 曲江区博物馆
67. 乐昌市博物馆
68. 南雄市博物馆
69. 仁化县博物馆
70. 乳源民族博物馆
71. 始兴县博物馆
72. 翁源县博物馆
73. 新丰县博物馆
74. 韶关国家森林公园

七、河源市（6家）

75. 东源县博物馆
76. 和平县博物馆
77. 连平县博物馆
78. 龙川县博物馆
79. 紫金县博物馆
80. 水坑旅游区

八、梅州市（15家）

81. 广东客家博物馆
82. 叶剑英元帅纪念馆
83. 大埔县博物馆
84. 丰顺县博物馆
85. 蕉岭县博物馆
86. 丘逢甲故居
87. 梅县博物馆

88. 平远县博物馆
89. 五华县博物馆
90. 兴宁市博物馆
91. 剑英公园
92. 文化公园
93. 嘉应桥头公园
94. 蕉岭县镇山公园
95. 大埔县西湖公园

九、汕尾市（1 家）

96. 海丰红宫红场旧址纪念馆

十、东莞（16 家）

97. 鸦片战争博物馆
98. 东莞市博物馆
99. 可园博物馆
100. 广东东江纵队纪念馆
101. 蚝岗遗址博物馆
102. 市人民公园
103. 同沙生态公园
104. 东城榴花塔公园
105. 虎英郊野公园
106. 塘厦文化公园
107. 虎门公园
108. 水濂山森林公园
109. 黄江公园
110. 大岭山森林公园
111. 银瓶嘴森林公园
112. 长安郊野公园

十一、中山市（3 家）

113. 孙中山故居纪念馆
114. 中山市博物馆
115. 中山市美术馆

十二、江门市（9 家）

116. 江门市博物馆
117. 新会区博物馆
118. 恩平市博物馆
119. 鹤山市博物馆
120. 开平市华侨博物馆
121. 台山市博物馆
122. 中山公园
123. 通济公园
124. 江海区茶庵寺公园

十三、阳江市（12 家）

125. 阳江市博物馆
126. 石觉寺
127. 阳春市博物馆
128. 大垌山净业寺
129. 阳西大垌山净业寺
130. 阳东平地村农业生态旅游区
131. 十八子工业旅游示范点
132. 北山公园
133. 鸳鸯湖公园
134. 金山森林公园
135. 北湖公园
136. 东岳公园

十四、湛江市（5 家）

137. 湛江市博物馆
138. 雷州市博物馆
139. 廉江市博物馆
140. 遂溪县博物馆
141. 徐闻县博物馆

十五、茂名市（4 家）

142. 茂名市博物馆
143. 高州市博物馆
144. 高州冼太庙
145. 信宜市博物馆

十六、肇庆市（4 家）

146. 叶挺独立团团部旧址纪念馆
147. 德庆县博物馆
148. 高要市博物馆
149. 广宁县博物馆

十七、清远市（11 家）

150. 清远市博物馆
151. 清城区博物馆
152. 连州市博物馆
153. 连州市冯达飞纪念馆
154. 连山博物馆
155. 阳山县博物馆
156. 阳山县韩愈纪念馆
157. 英德市博物馆
158. 清新县田园牧歌旅游度假村
159. 龙山公园
160. 滨江公园

十八、潮州市（2 家）

161. 潮州市博物馆
162. 涵碧楼

十九、揭阳市（5 家）

163. 揭阳市博物馆
164. 丁日昌纪念馆
165. 惠来县博物馆
166. 揭西县博物馆
167. 普宁市博物馆

二十、云浮市（7 家）

168. 云浮市博物馆
169. 罗定市博物馆
170. 兴濂书院
171. 新兴县博物馆
172. 郁南县博物馆
173. 云安县博物馆
174. 罗定市文塔观光点

关于公布全省第二批免费游览参观点目录的通知

（粤价〔2009〕214 号）

各地级以上市物价局：

根据国家发展改革委等八部门《关于整顿和规范游览参观点门票价格的通知》（发改价格〔2008〕905 号）、省政府《关于试行广东省国民旅游休闲计划的若干意见》（粤府〔2009〕19 号）精神，经商省直相关部门，现决定公布2009 年 10 月 1 日前向社会免费开放的全省第二批免费游览参观点目录（见附件），并就免费开放的有关问题通知如下：

一、高度重视，精心组织。博物馆、纪念馆、全国爱国主义教育示范基地和城市休闲公园向社会免费开放是党的十七大关于社会主义文化大发展大繁荣的具体实践，是政府为全社会提供公共文化服务的重要举措，各级价格主管部门要统一思想，提高认识，主动做好与有关部门的沟通协调，对照第一、二批公布的免费游览参观点目录进行全面清理，废止收费的相关文件，及时撤下门票价格明码标价牌，指导做好已出售月票、年票等退票工作及其它后续工作。

二、加强监管，狠抓落实。各级价格主管部门要加强价格监管，严禁各游览参观点以免费为由通过新增名目、设立“园中园”等形式变相收费；游览参观点内缆车、观光车、游船等交通运输服务和车辆停放服务、讲解服务的价格要保持基本稳定；游览参观点内酒家、商店、游乐设施等提供的商品或服务价格要做好明码标价工作，不得乘机涨价、变相抬价，确保免费开放的惠民措施落实到位。

三、加强检查，确保稳定。各级价格主管部门要加强新闻宣传，动员各方面力量参与监督。加强价格举报工作，畅通举报渠道，认真受理并及时查处游览参观点的价格投诉，维护广大游客的合法权益。要在“十一”前后开展游览参观点门票价格工作的专项检查，重点检查游览参观点免费开放落实情况和粤价〔2009〕95 号文的执行情况。对拒不执行免费开放政策、越权定价、违反规定调整价格或乘机涨价、变相抬价等行为，要从严查处，确保我省国庆期间旅游市场价格的基本稳定。

四、加强监测，关注动态。各地要加强价格监测，密切关注、跟踪免费开放游览参观点的参观人数、服务质量、运行成本、免费金额等动态情况，将有关政策执行情况、存在问题汇总于10 月 14 日前书面上报我局（服务价格管理处）。

广东省物价局

二○○九年九月十六日

附件：

广东省第二批免费游览参观点名单

（共361家）

一、广州市（36家）

1. 越秀公园
2. 流花湖公园
3. 文化公园
4. 黄花岗公园
5. 广州起义烈士陵园
6. 珠江公园
7. 雕塑公园
8. 聚芳园
9. 星海园
10. 东山湖公园
11. 三元里抗英斗争纪念公园
12. 荔湾湖公园
13. 双桥公园
14. 天河公园
15. 晓港公园
16. 聚龙山森林公园
17. 火炉山森林公园
18. 龙眼洞森林公园
19. 凤凰山森林公园
20. 龙头山森林公园
21. 金坑森林公园
22. 白兰花森林公园
23. 大夫山森林公园
24. 滴水岩森林公园
25. 十八罗汉森林公园
26. 黄山鲁森林公园
27. 九龙潭森林公园
28. 风云岭森林公园
29. 蕉石岭森林公园
30. 南香山森林公园
31. 中新森林公园
32. 白洞森林公园
33. 陈李济中药博物馆
34. 广东中医药博物馆
35. “神农草堂”中医药博物馆
36. 美容化妆品博物馆

二、深圳市

37. 东湖公园
38. 洪湖公园
39. 人民公园
40. 翠竹公园
41. 儿童公园
42. 围岭公园
43. 罗湖文化公园
44. 荔枝公园
45. 莲花山公园
46. 笔架山公园
47. 深圳中心公园
48. 皇岗公园
49. 梅林公园
50. 彩田公园
51. 国际园林花卉博览园
52. 红树林海滨生态公园
53. 中山公园
54. 荔香公园
55. 麒麟生态公园
56. 四海公园
57. 南山公园
58. 大沙河公园
59. 塘朗山郊野公园
60. 海山公园
61. 盐田双拥公园
62. 东和公园
63. 大梅沙海滨公园
64. 小梅沙生态公园
65. 灵芝公园
66. 新安公园
67. 宝安公园
68. 西乡文化公园
69. 沙井中心公园
70. 万丰公园
71. 龙华公园
72. 观澜文化公园
73. 观澜人民公园
74. 红花山公园
75. 凤凰山森林公园
76. 羊台山森林公园
77. 宝安“一大”纪念馆
78. 富民公园
79. 坑梓生态公园
80. 坑梓人民公园
81. 龙潭公园
82. 龙城公园
83. 横岗人民公园
84. 大鹏烈士陵园
85. 锣鼓山郊野公园
86. 观音山公园
87. 布吉公园
88. 东江纵队纪念馆
89. 东江纵队司令部纪念馆
90. 坪山公园
91. 葵涌公园
92. 烈士陵园
93. 陈郁故居纪念馆
94. 宝安抗日纪念馆
95. 宝安劳务工博物馆
96. 白石龙文化名人大营救纪念馆
97. 宝安抗日纪念馆
98. 陈郁故居
99. 深圳（宝安）劳务工博物馆
100. 中国文化名人大营救纪念馆
101. 深圳钢琴博物馆

102. 十里红妆民俗博物馆

五、汕头市（4 家）

103. 七日红公园
104. 星湖公园
105. 澄海区人民公园
106. 澄海区红头船公园

六、佛山市（104 家）

107. 禅城区石湾公园
108. 禅城区文华公园
109. 禅城区亚洲艺术公园
110. 禅城区佛山公园（北岸）
111. 禅城区季华园
112. 禅城区唐翠园
113. 禅城区南浦园
114. 禅城区莲花广场
115. 禅城区惠景公园
116. 禅城区石湾文化广场
117. 禅城区澜石文化广场
118. 禅城区垂虹公园
119. 禅城区铁军公园
120. 禅城区百业广场
121. 禅城区站前公园
122. 禅城区通济文化广场
123. 禅城区佛山乐园
124. 禅城区鸿业园
125. 禅城区城南长廊花园
126. 禅城区白燕公园
127. 禅城区张槎文化广场
128. 禅城区南庄绿化广场
129. 禅城区吉利绿化广场
130. 禅城区河堤公园
131. 禅城区南庄文化中心广场
132. 禅城区罗南文化广场
133. 禅城区贺丰文化广场
134. 禅城区上元公园
135. 禅城区吉利邓岗公园
136. 南海区文化公园（桂城）
137. 南海区康怡公园
138. 南海区中央公园
139. 南海区河堤公园
140. 南海区三圣河公园
141. 南海区千灯湖公园
142. 南海区虫雷岗公园
143. 南海区狮山郊野公园
144. 南海区广场公园
145. 南海区草暖公园
146. 南海区驿园文化广场
147. 南海区官窑新广场
148. 南海区海滨公园
149. 南海区文化公园（松岗）
150. 南海区松岗休闲小公园
151. 南海区富寿公园
152. 南海区沿江公园
153. 南海区街心公园
154. 南海区丹灶文化广场
155. 南海区珍丰公园
156. 南海区横江公园
157. 南海区大沥公园
158. 南海区沥城公园
159. 南海区盐步公园
160. 南海区黄岐公园
161. 南海区文强公园
162. 南海区河滨公园
163. 南海区太和公园
164. 南海区天镇锋公园
165. 南海区汇丰半岛公园
166. 南海区儒林广场公园
167. 南海区红棉公园
168. 南海区华光公园
169. 南海区下北儿童公园
170. 南海区下西探花公园
171. 南海区文化公园（罗村）
172. 南海区城中公园
173. 南海区乐城公园
174. 顺德区均安镇翠湖公园
175. 顺德区伦教一景公园
176. 顺德区人民公园
177. 顺德区牛岗公园
178. 顺德区天湖公园
179. 顺德区金紫公园
180. 顺德区紫云公园
181. 顺德区里海公园
182. 顺德区花溪公园
183. 顺德区文塔公园
184. 顺德区狮山公园
185. 顺德区大凤山公园
186. 顺德区凤岭公园
187. 顺德区榕园公园
188. 顺德区海旁公园
189. 顺德区白莲池公园
190. 顺德区乐从文化公园
191. 顺德区乐从河滨公园
192. 顺德区乐从儿童公园
193. 顺德区乐从美德公园
194. 顺德区乐从红棉东公园
195. 顺德区北滘公园
196. 顺德区百福公园
197. 顺德区碧江民乐公园
198. 顺德区锦岩公园
199. 顺德区钟楼公园
200. 顺德区顺峰山公园
201. 顺德区桂畔公园
202. 顺德区树林公园
203. 高明区荷城公园
204. 高明区三洲华山公园
205. 高明区街心公园
206. 三水区新西南公园
207. 三水区文化公园
208. 三水区旧西南公园
209. 高明区博物馆
210. 广东鸿胜纪念馆

七、韶关市（12 家）

211. 中山公园
212. 风采楼
213. 张九龄墓
214. 大鉴禅寺
215. 芙蓉山国家矿山公园
216. 乐昌市九峰花果园
217. 乐昌市雅石展馆
218. 乐昌市西石岩寺
219. 乐昌市竹林公园
220. 乐昌市烈士陵园
221. 乐昌市中国工农红军第七军纪念园
222. 康顺小游园

八、梅州市（22 家）

223. 清水公园
224. 梅州市档案馆
225. 梅州学宫
226. 洋坑旅游度假村
227. 五华县梅林古大存故居

228. 五华县华城长乐学宫
229. 五华县琴江公园
230. 兴宁市人民公园
231. 兴宁市明星公园
232. 兴宁市体育休闲公园
233. 神光山森林公园
234. 兴宁市鸡鸣山灵化寺
235. 兴宁市和山古寺
236. 兴宁合水水库景区
237. 平远县南台山（大佛）森林公园
238. 平远县仁居红军纪念公园
239. 平远县程旼公园
240. 大埔县五虎山公园
241. 大埔县田家炳事迹展览馆
242. 大埔县三河坝战役纪念园
243. 丰顺坚真纪念馆
244. 焦岭县释迦文化中心

九、惠州市（34 家）

245. 惠州博物馆
246. 东江民俗文物馆
247. 丰山公园
248. 飞鹅岭公园
249. 南门公园
250. 下浦滨江公园
251. 东平公园
252. 东江沙公园
253. 河南岸公园
254. 北门公园
255. 东江公园
256. 鹅潭公园
257. 北湖公园
258. 中山公园
259. 体育公园
260. 丰山东江人民革命烈士纪念碑
261. 东征阵亡烈士纪念碑及东征惠州遗址
262. 七汝湖起义遗址
263. 中山纪念堂
264. 邓演达故居
265. 惠州市档案馆
266. 惠阳区叶挺纪念馆
267. 大亚湾区惠州港
268. 博罗县东江纵队纪念馆
269. 博罗县罗浮山东江纵队司令部旧址
270. 惠东县高潭苏维埃政府旧址
271. 惠东县平海古城
272. 惠东县中洞革命遗址
273. 惠东县百岴田——平山三次农民起义遗址
274. 惠东县小星山战斗烈士纪念碑
275. 惠东县育英楼－惠宝人民抗日游击总队旧址
276. 惠州市博物馆
277. 博罗县博物馆
278. 龙门县博物馆

十、汕尾市（12 家）

279. 城区烈士陵园
280. 奎山公园
281. 慈云公园
282. 陆丰县玉照公园
283. 陆丰烈士陵园
284. 海丰县青年公园
285. 海丰县烈士陵园
286. 海丰县彭湃纪念馆
287. 陆河县烈士陵园
288. 陆河公园
289. 海丰县博物馆
290. 陆丰市博物馆

十一、东莞市（2 家）

291. 唯美陶瓷博物馆
292. 观音山古树博物馆

十二、中山市（5 家）

293. 孙文纪念公园
294. 紫马岭公园
295. 逸仙湖公园
296. 小榄民俗博物馆
297. 古氏宗祠（珠江纵队司令部旧址）

十三、阳江市（3 家）

298. 中山公园
299. 阳春市人民公园
300. 阳西县西湖公园

十四、湛江市（26 家）

301. 海滨公园
302. 霞山绿苑（花圃）
303. 霞湖公园（青少年公园）
304. 渔港公园
305. 观海长廊
306. 金沙湾观海长廊
307. 绿塘河公园
308. 中澳友谊花园
309. 寸金桥公园
310. 寸金纪念广场
311. 北桥公园
312. 南桥公园
313. 海田公园
314. 南国热带花园
315. 棕榈园
316. 金康榕园
317. 坡头灯塔公园
318. 坡头（南油）怡海园
319. 坡头（南油）悦海园
320. 坡头（南油）儿童公园
321. 坡头（南油）中心公园
322. 坡头南油公园
323. 麻章百乐园
324. 百荟园
325. 麻章花卉公园
326. 鹤地水库（廉江）

十五、茂名市（12 家）

327. 人民广场
328. 新湖公园
329. 春苑公园
330. 江滨公园
331. 烈士陵园
332. 电白县东湖公园
333. 高州市潘洲公园
334. 高州市瀛洲公园
335. 高州市冼太文化公园
336. 高州市根子文化旅游区
337. 化州市生态公园
338. 化州市宝山公园

十六、肇庆市（6家）
339. 城东公园
340. 宝月公园
341. 芙蓉公园
342. 白沙公园
343. 封开县博物馆
344. 怀集县博物馆

十七、清远市（8家）
345. 清城区中山公园
346. 清新县观景台
347. 清新县松林公园
348. 清新县清新公园
349. 清新县玄真公园
350. 阳山县贤令山森林公园
351. 连山县民族博物馆
352. 连南瑶族自治县民族博物馆

十八、潮州市（2家）
353. 人民广场
354. 文化公园

十九、揭阳市（4家）
355. 黄歧山森林公园
356. 榕城榕江公园
357. 普宁流沙公园
358. 揭西滨江公园

二十、云浮市（5家）
359. 南山森林公园
360. 郁南大王山森林公园
361. 人民广场

转发市旅游局《关于韶关市修学旅游活动实施方案（试行）》的通知

各县、市、区人民政府，市府直属有关单位：

经市人民政府同意，现将市旅游局关于《韶关市修学旅游活动实施方案（试行）》转发给你们，请认真按照执行。执行过程中遇到的问题，请径向市旅游局反映。

韶关市人民政府
二〇〇九年六月一日

关于韶关市修学旅游活动实施方案（试行）

韶关市旅游局

根据省政府《关于试行广东省国民旅游休闲计划的若干意见》（粤府［2009］19号）和市政府《关于贯彻广东省国民旅游休闲计划的实施意见》（韶府［2009］49号）精神，为进一步实施我市国民旅游休闲计划，将我市打造成为国内一流的旅游休闲基地和修学旅游示范基地，制定如下实施方案。

一、指导思想

坚持以邓小平理论和“三个代表”重要思想为指导，深入贯彻落实省政府《关于试行广东省国民旅游休闲计划的若干意见》（粤府［2009］19号）精神，增强学生实践能力，提高学生综合素质，培养学生旅游意识，促进社会和谐进步，推动我市旅游事业又好又快发展。

二、组织领导

为贯彻落实国民旅游休闲计划，组织领导全市修学旅游重点工作，市成立修学旅游活动工作领导小组。

组长：邹永松副市长

成员：市委宣传部、市旅游局、市教育局、市劳动和社会保障局、市发展和改革局、市文化广电新闻出版局、市交通局、市公安局、市卫生局、市妇联、团市委、韶关学院分管领导。

领导小组下设办公室，办公室设在市旅游局（联系电话：8885710、8898981）。办公室主任由王晓梅（市旅游局局长）同志担任。

三、工作职责

市旅游局：负责全市修学旅游活动的总体协调工作。

市教育局：负责配合有关单位做好所管辖的普通中小学校、中等职业技术学校（含大中专）的修学旅游计划、统筹、宣传与组织实施工作。

市劳动和社会保障局：负责配合有关单位做好所管辖的技工院校修学旅游的计划、统筹、宣传、协调与组织实施工作。

韶关学院：负责本院校修学旅游的计划、统筹、宣传与组织实施工作。

市委宣传部：负责配合做好全市修学旅游活动的宣传报道工作。

市发展和改革局：负责为全市旅游产业发展提供政策支持，确保重点旅游建设项目顺利实施，为我市修学旅游发展创造良好的环境和条件。

市文化广电新闻出版局：负责深入挖掘韶关文化内涵，将其融入修学旅游产品中，积极组织开展修学旅游文化活动。

市交通局：负责配合选择审定几家修学旅游专用旅游运输公司，做好修学旅游交通安全保障工作。

市公安局：负责配合做好修学旅游安全保卫工作。

市卫生局：负责配合做好评定修学旅游示范酒店、示范餐厅的卫生检查工作，并加强对示范企业的卫生监管工作。

市妇联：负责配合做好修学旅游的宣传发动工作，鼓励妇女与儿童共同参与修学旅游活动。

团市委：负责配合做好修学旅游的宣传发动工作，以及修学旅游活动志愿者的组建工作。

四、工作要求

（一）修学旅游活动时间：2009 年 6 月至 2012 年 6 月，试行 3 年。

（二）修学旅游活动步骤：分阶段逐步推行。2009 年 6 月至 2010 年 6 月，在武江区、浈江区、曲江区、乳源县、仁化县各级各类学校试点实施；2010 年 6 月至 2012 年 6 月，在全市各级各类学校中实施；3 年试行期后，根据具体情况商定执行。

（三）修学旅游活动组织形式：修学旅游活动由学校组织学生集体参与，经有关部门审定的有良好信誉及资质的旅行社具体操作。具体如下：

1. 各级各类学校将修学旅游结合学生综合实践活动课程要求及本地本校实际，组织教师和学生开展有针对性和教育性的修学旅游活动。修学旅游活动每学年至少开展 1 次以上。

2. 修学旅游活动原则上避免在黄金周期间开展。学校可在寒暑假结合夏令营、冬令营、社区服务与社会实践等进行；在教学时间进行的修学旅游活动应结合春游、秋游、军训、爱国主义教育等进行。初三和高三学生原则上不在教学时间内开展修学旅游，可采取毕业后开展毕业纪念游活动。

（四）建立“修学旅游周”。各学校根据综合实践课程，统筹安排教学期间某一周为“修学旅游周”，分批开展修学旅游活动，形成一定的修学旅游规模和效应。

（五）确定修学旅游示范基地。经企业申报，相关部门审定，分批确定韶关市修学旅游示范景区、餐厅、酒店、旅行社及专责旅游运输公司。各级各类学校选择示范单位开展修学旅游活动。

（六）修学游资金扶持形式。

1. 韶关市修学旅游示范景区景点对修学游团队实行门票特别优惠。各级文化、文物部门归口管理的公共博物馆（文物建筑及遗址类博物馆除外）、纪念馆、爱国主义教育基地、科普教育基地、红色旅游景点等免收修学旅游团队门票。其它各类收费示范景区景点向修学旅游团队收取最低经营优惠价。修学旅游团队需有学校开具的证明确认。

2. 在确保服务质量的前提下，修学旅游示范景区、餐厅、酒店、旅行社及专责旅游运输公司等企业在物价部门核准的市场价格基础上对修学旅游团队实行特别优惠。

3. 充分发挥旅游扶贫资金等财政资金的作用。重点鼓励、支持建立一批适合开展修学旅游活动的旅游休闲项目，如青年旅馆、旅游营地等。完善基础设施建设，创造修学旅游大环境。

（七）修学旅游线路安排。韶关市修学旅游线路根据教学及课程要求，由学校和旅行社共同商议确定。线路编排须选择韶关市修学旅游示范旅游景区、餐厅、酒店及专责旅游运输公司，原则上以省内游为主。小学学生可组织市内游，初中学生可组织省内游，高中以上学生可组织国内外游。在内容上可考虑历史教育修学游、红色教育修学游、生态环保修学游、现代化教育修学游等。鼓励开展不同地域学校间交流活动，如城市乡村学校交流、跨城市学生交流、国际学生交流等。

（八）加强修学旅游安全服务保障。

1. 修学旅游示范景区、餐厅、酒店、旅行社及专责旅游运输公司等企业要加深对修学游主体的了解和认识，不断增强服务意识、提高服务质量，保证质量及安全。

2. 修学旅游示范旅行社要针对修学旅游产品，积极培训导游，提高导游讲解能力，丰富讲解词的文化内涵，增强知识性、教育性。

3. 示范旅行社出团前必须与学校签订出团合同，并为每一个学生购买保险。

4. 成立修学旅游志愿者队伍。志愿者主要由韶关学院旅游与地理学院及市中等职业技术学院旅游专业学生组成，为修学旅游团队提供导游及讲解服务。

（九）建立修学旅游活动考核机制。各部门要出台修学旅游活动具体实施方案，认真落实本方案中各项工作职责。市政府将对各部门落实情况进行考核。

（十）加大修学旅游活动宣传力度。要积极开展多种形式的修学旅游宣传活动，增强全社会对修学旅游的认识和了解。

关于河源市试行国民旅游休闲计划的实施意见

各县区人民政府，市府直属各单位：

为贯彻落实省政府《关于试行广东省国民旅游休闲计划的若干意见》（粤府〔2009〕19 号）和《中共河源市委河源市人民政府关于建设广东生态旅游示范区加快旅游业转型升级的决定》（河委发〔2008〕20 号）精神，根据我市实际，现就试行国民旅游休闲计划提出如下实施意见：

一、指导思想

以邓小平理论和“三个代表”重要思想为指导，深入贯彻落实科学发展观，以实现改善民生和扩大内需为目标，通过建立健全工作机制，制订和落实扶持政策，加大宣传力度，充分调动全社会参加旅游休闲活动的积极性，逐步培育国民旅游休闲意识，加快形成积极健康的生活情趣和消费习惯。进一步提高广大群众的生活质量，让全市居民共享改革发展成果，进一步提升社会文明程度和全民综合素质，推动社会和谐发展和全面进步。提升我市旅游行业整体服务水平，加快旅游强市和广东省生态旅游示范区建设步伐，推进旅游产业快速健康发展。

二、主要措施

（一）落实带薪休假制度，弹性安排带薪休假时间。根据国务院《职工带薪年休假条例》，全市各级机关、团体、企业、事业单位、民办非企业单位、有雇工的个体工商户等单位的职工，根据个人意愿，将带薪年休假分段灵活安排，与法定节假日相连接。单位应当保证职工享受年休假。

（二）加快推进“万绿生态旅游度假区”及一批特色旅游镇的策划、规划建设工作；建设一批城市公园，使河源成为“公园城市”。加快开展以“农家乐”为重点的乡村旅游试点工作。今年各县区分别先搞一个“农家乐”试点，为珠三角游客和本市市民提供更多的旅游休闲场所。

（三）创建一批推行国民旅游休闲计划的示范旅行社和示范基地，着力打造一批旅游休闲精品景区及旅游线路。

（四）深入开展“河源人游河源”活动，积极探索在河源市民中推行“国民旅游休闲健身年卡”制度，持卡人员凭卡参加旅游休闲活动可以获得相应的价格优惠和便利服务。支持市区生态旅游景区先行试点，然后向各县区推广。

（五）各级文化、文物部门归口管理的纪念馆、爱国主义教育基地向社会免费开放。鼓励支持城市休闲公园、科普教育基地、红色旅游景点等向社会实行免费或以优惠价格开放。

（六）推动旅游休闲示范旅行社及全市旅游景区对在校学生和残疾人、低保救助对象、五保户及年满 60 周岁的老年人等特定群体参与国民旅游休闲计划给予优惠。

（七）鼓励全市各级各类学校将修学旅游纳入学生综合实践课程，各级教育部门和学校年初制订年度计划，在节假日期间组织教师和学生开展修学旅游活动。鼓励市内大专院校、中小学校与外地兄弟院校联合开展夏令营活动。

（八）鼓励企业实行奖励和福利旅游，将安排职工旅游休闲作为奖励和福利措施。

（九）争取开通河源一日游专线和常规旅游线路，将市区的景区与各县景区整合几条精品线路，并开展联合促销，吸引更多的入市游客。加快河源市游客服务中心和游客集散中心等城市旅游配套设施建设进程。争取所有景区开通公共汽车。

（十）利用“144 小时便利签证”惠及全省机遇，加强与港澳合作，引入境外游客到我市旅游。

（十一）各县区要引导和鼓励当地相关企事业单位尤其是交通、餐饮、住宿、购物、娱乐等服务单位出台更多的优惠措施，进一步增强服务意识、改进服务质量、提高服务效率。

（十二）各县区、各部门要加大对旅游休闲项目的扶持力度，加快旅游产品的开发，在项目审批、信贷等方面给予积极支持，并增加对旅游休闲配套基础设施的投入，加大旅游景区的硬件设施的投入。

（十三）充分发挥全省旅游扶贫资金和市旅游产业发展基金的作用，重点支持开发和完善一批乡村旅游休闲项目。

（十四）加快培养推行国民旅游休闲计划急需的中高级旅游经营管理人才和生产服务一线的技能型人才以及导游人员。

（十五）将国民旅游休闲计划纳入全市国民经济和社会发展总体规划，将旅游公共服务设施建设纳入全市城乡建设规划。

三、工作要求

（一）各县区、各有关单位要加强调研，结合实际，制订具体实施方案和配套措施，推进我市国民旅游休闲计划的实施。

（二）各单位尤其是窗口服务部门，应以适当形式对外公布干部职工的年度休假信息和休假安排；在弹性安排休假时间的同时，要统筹安排生产或工作任务。

（三）各级旅游管理部门要加大行业和市场监管力度，科学规划、合理开发旅游景区（点），避免重复建设，提高旅游行业的服务质量和水平，鼓励和扶持旅游企业开发适合居民旅游休闲的产品和线路。

（四）各县区、各有关单位要广泛开展宣传活动，推广试行国民旅游休闲计划的好经验、好做法，激发居民参与的兴趣和热情，营造浓厚的社会舆论氛围，共同推动国民旅游休闲计划深入开展。

（五）各县区、各有关单位要进一步加强监督管理，严肃财经纪律，严禁变相公款旅游等违规行为。要发挥社会监督和舆论监督的作用，确保国民旅游休闲计划健康有序开展。

（六）各县区、各有关单位在试行国民旅游休闲计划过程中要高度重视安全保障工作，强化安全监管和安全意识，落实安全生产工作责任制，制订和完善安全保障措施和安全指引，加强应急准备，及时消除安全隐患，营造安全舒适的旅游休闲环境。

四、组织领导

各县区、各有关单位要高度重视，把试行国民旅游休闲计划工作纳入重要议事日程，主要领导亲自抓，分管领导具体抓，认真研究和妥善处理试行过程中出现的各种情况和问题。各级旅游、宣传、发改、经贸、教育、财政、人事、劳动保障、规划建设、交通、林业、农业、文化、卫生、工商、物价、质监、水务、海事等部门要切实履行职责，上下联动，齐抓共促，形成推进国民旅游休闲计划的强大合力。

市政府建立河源市试行国民旅游休闲计划联席会议制度，负责统筹协调指导有关工作。日常工作由市旅游局负责。

河源市人民政府

二〇〇九年四月七日

肇庆市人民政府办公室印发肇庆市试行国民旅游休闲计划实施方案的通知

（肇府办〔2009〕66号）

各县（市、区）人民政府，肇庆高新区管委会，市政府各部门、直属各单位：

《肇庆市试行国民旅游休闲计划实施方案》业经市人民政府同意，现印发给你们，请认真贯彻执行。执行中遇到的问题，请径向市旅游发展局反映。

二〇〇九年十二月十七日

肇庆市试行国民旅游休闲计划实施方案

为贯彻落实省政府《关于试行广东省国民旅游休闲计划的若干意见》（粤府〔2009〕19号）精神，推动我市国民旅游休闲计划的实施，促进旅游消费，加快建设旅游经济强市，现结合我市实际，就试行国民旅游休闲计划制定如下实施方案。

一、推行国民旅游休闲计划的目的意义

国民旅游休闲计划，就是通过制订有关扶持政策，采取各种激励措施，让广大人民群众切实享受改革开放的成果，最大限度调动全社会参与旅游休闲活动的积极性，满足人民群众日益增长的精神文化生活需要，使旅游休闲真正成为广大人民群众的日常生活方式和健康消费行为，是建设和谐社会的重要举措。

肇庆作为国家历史文化名城、国家园林城市、中国砚都和首批中国优秀旅游城市，旅游资源丰富、旅游产品品位高、历史文化积淀深厚。近年创新推出的“千里旅游画廊”旅游新产品，取得了良好的社会效应与经济效益。2008年，全市旅游景区（点）共接待游客1360万人次，全市旅游收入65.8亿元，旅游收入占GDP的比重达到了9%以上。试行国民旅游休闲计划将更好地促进我市城乡统筹发展，优化产业结构，推进产业和劳动力双转移，为我市经济社会又好又快发展注入新的动力。试行国民旅游休闲计划既是积极应对金融危机、拉动内需、促进经济发展的重要途径，又有利于推动经济发展方式转变，带动基础设施建设投资，增加就业，调整消费结构，扩大消费领域，培育消费热点，对确保经济增长具有重要的现实意义。

二、推行国民旅游休闲计划的重点工作

（一）全面启动肇庆市市民享受国民旅游休闲待遇，推行带薪休假制度。

1. 机关、事业单位要按照《机关事业单位工作人员带薪年休假办法》（人事部令第9号）的规定，保障工作人员带薪休假。每年有计划地安排工作人员分批次、分阶段休假，单位主要负责人和班子成员要带头休假。

2. 企业单位要按照《职工带薪休假条例》（国务院令第514号）、《企业职工带薪年休假实施办法》（人力资源和社会保障部令第1号）的规定，按工作需要实施带薪假期制度、探亲休假制度，结合国家法定节假日弹性安排休假时间，对优秀员工、工作年限长的员工实行奖励旅游、福利旅游。旅行社旅游发票可报销入账，列入企业成本开支。

3. 将修学旅行纳入学校教学计划，培养学生从小热爱大自然、热爱生活的良好情操，从小养成“读万卷书，行万里路”的良好习惯。修学旅行成果（包括观光游记、科普考察报告、社会实践论文等）可作为素质教育的一项内容记入中小学课程相应科目的学业评价。

鼓励学校组织小学低年级（1－3年级）学生每学期参

观一次学校附近的公园、博物馆、科技馆、果园、农场、农家乐等。对小学高年级（4－6年级）以上学生，在学生自愿、条件许可和不影响学校正常课程计划的情况下，利用寒暑假和假期较长的法定节假日组织小学高年级（4－6年级）学生到本乡镇或本县（市、区）以外的、全市范围内的旅游景点进行修学旅行考察；组织中学（中专）学生到本市以外的、全省范围内的旅游景点进行观光旅行、科普考察；组织大专院校学生到本省以外的、全国范围内的城市进行考察及开展社会实践活动。组织修学旅行应切实做好相关准备工作，制定各项安全措施，确保修学旅行安全有序进行。

（二）营造良好休闲环境，将肇庆打造成为国民旅游休闲计划的重点接待城市。

市政府建立由市政府分管领导担任召集人，市有关单位负责人组成的“肇庆市推行国民旅游休闲计划”联席会议制度，统筹协调有关工作，研究制订相关政策措施，解决工作中遇到的困难和问题。

将试行国民旅游休闲计划纳入全市国民经济和社会发展规划，将旅游休闲公共服务配套设施纳入城乡建设规划。大力完善旅游休闲基础配套设施建设，通过多种方式支持和鼓励满足大众旅游休闲需求的旅游景区发展。拓宽融资渠道，积极争取金融扶持政策，加大对符合信贷条件的旅游休闲项目的扶持力度，引导和鼓励民间资本加大对旅游休闲产业的投入。

（三）制定优惠政策，扩大优惠范围，鼓励肇庆城镇居民及农民到省内外观光旅游，吸引省内外游客到肇庆休闲度假。

1. 开展“旅游下乡”活动。制定质优价平的旅游产品向农民销售，并以“旅游消费券”的方式对“旅游下乡”活动进行补贴。针对城市居民到农村进行乡村游，鼓励有关旅游企业提供“旅游现金消费券”，用于抵扣有关旅游消费费用。

2. 开展“广佛肇旅游一卡通”活动。广泛动员旅游景区、旅游商场、旅游酒店加入“广佛肇旅游一卡通”活动，并提供最大优惠。加大宣传力度，鼓励广大市民、游客使用“广佛肇旅游一卡通”，享受参与企业提供的景区门票、酒店客房与特色餐饮以及购物的消费优惠，享受网上预订的优惠折扣。

3. 开展“生态旅游年”活动。按照“森林生态游、健身探险游、学生修学游、乡村民俗游”四大系列产品规划多条“生态旅游线路”，打造一批生态度假酒店、评选一批生态旅游景点、推出一批生态养生食品、组织一次“世界养生之都论坛”。

4. 在条件成熟的情况下，各级文化、文物部门归口管理的公共博物馆、纪念馆、爱国主义教育示范基地向社会免费开放。鼓励支持城市休闲公园、科普教育基地、红色旅游景点向社会免费或优惠价格开放。

5. 推动国民旅游休闲示范景区和示范旅行社对在校学生、农村进城务工人员参与国民旅游休闲计划给予特别优惠。

6. 残疾人、现役军人、年满60周岁的老年人、低保救助对象、五保户凭有效证件进入我市各旅游景区（点），以及各县（市、区）居民进入当地的旅游景区（点），可享受门票最低折扣优惠，符合免费规定的按免费优惠政策执行。

（四）加强管理、提升服务，评选一批国民旅游休闲示范旅行社和示范基地（景区、酒店）。

由市旅游发展局制定国民旅游休闲示范旅行社、示范基地标准，经评选符合条件的旅行社及景区、酒店，由市旅游发展局授牌，成为国民旅游休闲示范旅行社及示范基地，并在公共媒体及网络上公布，在旅游宣传促销中予以重点推介。

示范旅行社要加强管理，诚信经营，不断提高服务质量和游客满意度。大力开发奖励旅游、福利旅游、修学旅行、银发旅游和大众休闲度假旅游产品。

示范基地要进一步完善旅游休闲配套设施，改善旅游休闲环境，推出满足大众休闲度假需求的产品。

三、工作要求

（一）试行国民旅游休闲计划是一项创新的工作，事关我市经济社会发展大局和应对国际金融危机的挑战，各地、各有关单位要高度重视，将其纳入重要议事日程；要按照本实施方案，结合实际，制定具体的实施细则；要在深入分析调研和总结经验的基础上，有计划、分步骤地推进各项相关工作。

（二）各新闻媒体要加大开展国民旅游休闲计划的宣传力度，大力宣传报道国民旅游休闲计划的理念、重要意义和作用，普及国民旅游休闲知识，引导更多的单位和个人参与国民旅游休闲活动。

（三）各地、各有关单位在大力试行国民旅游休闲计划的同时，要严肃财经纪律，严禁变相公款旅游、变相向学生乱摊派等违规行为；要强化安全监管和安全意识，制订和完善安全保障措施，加强应急准备，营造安全舒适的旅游休闲环境。

清远市人民政府
印发清远市贯彻广东省国民旅游
休闲计划实施意见的通知

（清府〔2009〕73号）

各市、县、自治县、市辖区人民政府，市政府各部门、各直属机构：

《清远市贯彻广东省国民旅游休闲计划实施意见》，经2009年8月11日市政府常务会议审议通过。现印发给你们，请遵照施行。

二〇〇九年九月二十日

清远市贯彻广东省国民旅游休闲计划实施意见

为贯彻落实省委、省政府《关于加快我省旅游业改革与发展建设旅游强省的决定》（粤发〔2008〕20号）以及省政府《关于试行广东省国民旅游休闲计划的若干意见》（粤府〔2009〕19号）的精神，结合我市实际，提出以下实施意见：

一、指导思想

试行国民旅游休闲计划是我市实施“绿色经济强市、岭南宜居名城、华南休闲之都”战略目标的一项重要举措，对拉动内需、扩大消费、推动经济发展具有深远意义。以旅游惠民生，调动全社会参加旅游休闲活动的积极性，引导市民从纯“参观式”、“购物式”的普通旅游，过渡到追求“精神满足”的“体验生活”式的旅游，使旅游真正成为人们普遍的消费行为。

二、参与主体

参与国民休闲计划的主体是具有我市户籍的居民以及办理了我市暂住证或居住证的人员。

三、主要措施

（一）落实带薪休假制度，弹性安排带薪休假时间。鼓励根据个人意愿，在不影响正常工作的情况下，将带薪年休假分段灵活安排，与法定节假日相连接。

（二）在市中心区和各县（市）中心城镇建设多个文化主题公园和湿地公园，为居民提供休闲环境。依照“市肺”工程规划建设绿色生态屏障，建设笔架山麓自然生态森林度假区；建设凤城湖（北江）、大燕湖（大燕河）、笔架河、滨江河及飞来湖，形成“三江三湖”城市中央湖城景观品牌休闲休憩区；北江旅游带综合性高端休闲旅游度假区、清西旅游大道康体养生综合景区、英佛湖光山色观光休闲度假带、连阳民族风情和生态休闲旅游度假带；京珠高速、清连高速、广乐高速（清远段）自驾车旅游走廊、京广铁路、武广快线（清远段）观光旅游走廊，形成休闲产业多功能集聚区，使清远真正成为具有休闲意境的城市。

（三）创建一批休闲示范旅行社和示范基地。大力发展亲情温泉、激情漂流、闲情山水、奇情溶洞、热情民族五大特色旅游和乡村“农家乐”旅游、森林度假旅游、工业旅游、会展旅游、科技旅游、文化旅游、教育旅游、体育旅游、红色旅游等旅游产品，着力打造一批旅游休闲精品线路，构建丰富多彩的休闲产品体系。

（四）鼓励全市旅游企业积极参加广东省“国民旅游休闲卡”优惠活动，游客持卡到景区、酒店消费可以获得相应的便利服务和价格优惠。

（五）各级文化、文物部门和归口管理的公共博物馆

（文物建筑及遗址类博物馆除外）、纪念馆向社会免费开放。鼓励城市休闲公园、科普教育基地、爱国主义教育基地、红色旅游景点等实行免费或优惠价格向社会开放。

（六）被省、市、县评定为旅游休闲示范旅行社和示范基地的景区，对在校学生、农村进城务工人员、残疾人、低保救助对象、五保户及年满60周岁以上老年人给予特别优惠。

（七）各级各类学校可在寒暑假和每年的“黄金周”或法定假日组织教师和学生开展修学旅游活动（未成年学生应由家长陪同）。

（八）鼓励企业安排职工旅游休闲并作为企业的福利。

（九）鼓励港、澳、珠三角及周边地区的省、市开通到我市旅游景区的直通旅游快巴，实施跨区域无障碍旅游。市中心区和县（市、区）中心城镇开通到重点旅游景区的专线车，试行在双休日和重要节假日推出清远旅游景区穿梭巴士，建立自驾车旅游基地和汽车野营地，提升清远“自助游”服务质量。

（十）有条件的县（市、区）可试行发放旅游消费券，市民或游客可以到指定旅行社、酒店和景区领取旅游消费券，凭消费券在指定景点、酒店进行优惠消费。

（十一）各级政府要在加快旅游业发展与改革和试行国民休闲计划中大胆先行先试，努力把我市建设成为全省“生态休闲与民族文化旅游示范区”和全省“旅游综合改革示范市”，率先在广东国民旅游休闲计划中发挥示范带动作用。

（十二）鼓励景区、酒店、旅行社建立“利益共同体”，使旅游企业获利益，游客得到实惠。

（十三）各级各部门要加大对旅游休闲项目的扶持力度，在项目审批、信贷等方面给予大力支持，并加大对旅游休闲配套设施的投入。

（十四）对符合条件具有较大规模的旅游休闲项目，各级要争取省旅游扶贫资金和旅游发展资金的支持，重点支持和完善一批乡村旅游休闲项目。

（十五）积极落实我市加快旅游业发展政策，吸引本地和外来资金投资旅游开发，注重引进大企业，发展大旅游，打造一批旅游精品景区，把我市建设成为名符其实的“华南休闲之都”。

（十六）精心策划一批主题鲜明、特色明显、游客喜爱的旅游活动，做到活动有主题，进一步推动清远旅游市场的发展。

（十七）大力开展我市旅游职业技能培训。通过校（院）企合作的方式，分期分批培训农村劳动力向旅游行业转移。旅游企业要注重加强对员工的培训，提高旅游从业人员的专业水平，推进旅游服务质量的提升。

（十八）将国民旅游休闲计划纳入全市经济社会发展的总体规划，将旅游公共服务设施建设纳入全市城乡建设规划，努力把我市打造成为广东省试行国民旅游休闲计划的排头兵。

四、工作要求

（一）各县（市、区）要结合实际，加强研究，出台相关配套政策措施，建立完善的管理机制，鼓励和扶持旅游企业开发适合居民旅游休闲的线路，推进国民旅游休闲计划；各旅游企业要联动起来，互惠互利，共同振兴旅游业。

（二）各级在试行国民旅游休闲计划过程中要高度重视安全保障工作，强化安全监管和安全意识，落实安全生产责任制，制定和完善安全保障措施，加强应急准备，及时消除安全隐患，营造安全舒适的旅游休闲环境。

发布部门：发布日期：2009年09月20日　实施日期：2009年09月20日（地方法规）

关于试行惠州市国民旅游休闲计划的若干意见

（惠府〔2009〕86号）

各县、区人民政府，市政府各部门、各直属机构：

为贯彻落实《珠江三角洲地区改革发展规划纲要（2008～2020年）》、《中共广东省委广东省人民政府关于加快我省旅游业改革与发展建设旅游强省的决定》（粤发〔2008〕20号）、省政府《关于试行广东省国民旅游休闲计划的若干意见》（粤府〔2009〕19号）及2009年全省旅游工作会议精神，根据《职工带薪年休假条例》（国务院令第514号）、《国务院关于加快发展服务业的若干意见》（国发〔2007〕7号）的有关规定，结合我市实际，现就试行国民旅游休闲计划提出如下意见：

一、指导思想

试行国民旅游休闲计划是我市积极应对国际金融危机，引导和促进旅游消费，促进就业的重要举措；是促进惠州旅游“3510”工程的实施，进一步确立惠州旅游在珠三角乃至粤港澳地区的重要地位，加快创建旅游强市的有效途径；是让广大城乡居民共享改革发展成果，更好地建设“惠民之州”的迫切需要。要坚持以邓小平理论和“三个代表”重要思想为指导，深入贯彻落实科学发展观，按照政府引导、社会参与，积极探索、稳步推进，全面实施、务求实效的原则，通过建立健全机制、落实扶持政策、加大宣传推广力度，充分调动全社会参加旅游休闲活动的积极性，逐步培育旅游休闲意识，加快形成积极健康的生活情趣和消费习惯。

二、参与主体

具有我市户籍的居民，有暂住证或具有劳动居住证的暂住人员以及在惠企业工作签署劳动合同的人员。

三、主要措施

（一）落实带薪休假制度，弹性安排带薪休假时间。在保证生产、工作正常的前提下，鼓励各机关、企事业单位根据个人意愿，将带薪年休假分段灵活安排，每年分批次安排符合条件的人员休假；落实无会旬制度，每季度安排一个无会旬或每月安排一个无会周，为带薪休假创造必要条件；鼓励和引导居民在“五一”、元旦等国家法定节假日前后集中安排休假，形成较长假期的旅游黄金周。

（二）推动建设、整合和包装一批旅游休闲服务社区、旅游休闲小城镇、环城市旅游度假带、城市中央休闲区，营造良好的旅游休闲环境。

1. 完善“东江游”项目，将游船分为高中低三个档次，主要开发低票价观光船项目；

2. 由政府补贴，宣传、文化部门及相关单位组织和排练一出具有浓厚地方特色的大型歌舞节目，定期演出，丰富游客的娱乐生活，吸引本地市民和外来游客；

3. 完善水东街、丰湖书院、高榜山、红花湖景区以及“两江四岸”等景观，建设和开发好以生态农业观光为主的农业龙头企业及农家乐项目，为市民在节假日或双休日提供更多的旅游休闲场所；

（三）创建休闲旅游示范旅行社、示范景区、示范酒店、示范餐厅、示范商场，由旅游行政管理部门，根据行业标准评定后授牌。按照“3510”工程的要求，着力打造10条旅游休闲精品线路，构建丰富多样的旅游休闲产品体系；促进旅游企业互动发展，制定更优惠、更合理的休闲旅游线路；推动旅游休闲示范单位与工会、共青团、妇联、学校、教育、老龄委等部门合作，大力开展奖励旅游、福利旅游、银发旅游、修学旅游、大众休闲度假旅游等国民旅游休闲计划；根据不同的情况，开发和整合旅游休闲线路，在价格上给予特别的优惠，各级文化、文物部门归口管理的公共博物馆（文物建筑及遗址类博物馆除外）、纪念馆、爱国主义教育基地向社会免费开放；鼓励城市休闲公园、科普教育基地、红色旅游景点等实行免费或以优惠价格向社会开放。

（四）引导和鼓励相关企事业单位尤其是交通、餐饮、住宿、购物、娱乐等服务单位出台更多的优惠措施，进一步增强服务意识，改进服务质量，提高服务效率。

1. 开通城市中心与景点之间的旅游公交线路，增设跨县、区景点与景点之间的旅游专线；

2. 凡我市户籍居民、有暂住证或与本地企业签订劳动合同的人员，入住酒店和进入景区（除规定免费外）可以享受20% ~50%的优惠（节假日除外）；景区对60岁以上长者实行免费；

3. 惠州主要景区（点）建立奖励基金，志愿服务者根据服务时数到指定景区兑换门票。

（五）学校可在寒暑假和黄金周等法定假日期间组织师生开展修学旅游活动。将修学旅游纳入学生综合实践课程。由教育与旅游、共青团、林业、海洋渔业、经贸、农业等部门合作，共建海洋、森林生态、农耕操作体验以及工业、环保、科普、红色等景点或基地，由学校每学期安排学生3~5天的修学旅游纳入综合实践课程，计入学分。

（六）鼓励企业将安排职工旅游作为奖励和福利措施，在惠企业组织职工在市内旅游，享受所有优惠政策；以TCL等重点大型企业为试点，在全市率先开展奖励旅游、福利旅游活动。

（七）大力开展“万人游惠州”等活动，进一步推动我市旅游市场的发展。开展“惠州一日游”活动，由示范旅行社或城市游客中心统一协调，设立专门旅游巴士站，统一发车；利用妇女节、劳动节、国庆节、元旦等节假日，举办“万人游惠州”系列活动，活动期间市内部分景区门票对旅游团队实行减免；由旅游、共青团、邮政等有关部门合作印发“八景十名胜”纪念明信片或首日封，由共青团市委发动全市共青团员向外市亲朋好友邮寄。

（八）加大对重点旅游休闲项目和重点企业的扶持力度。

1. 政府对旅游企业安排200万元贷款贴息或其它优惠信贷措施；

2. 森林公园根据市委、市政府《贯彻省委省政府关于加快建设林业生态省的决定的实施意见》（惠市委发〔2006〕6号）的规定划出5%的林地进行综合开发；

3. 机关、企事业单位和社会团体经审批获准的公务活动，可通过招标的形式委托示范旅行社安排交通、住宿、餐饮、会务等事项，扶持旅行社的发展，以市委办、市府办、纪检、财政等单位为试点，在全市率先试行公务活动委托代办。

（九）加强对外宣传与合作，吸引更多的游客到惠州旅游。鼓励我市旅游企业与省内外知名企业合作。

1. 积极融入“珠三角城际旅游大联动”，推出我市的旅游精品线路，让周边游客以实惠的价格游览我市具有代表性的景点，实现拉动内需的目的；

2. 参加省旅游局统一协调的在中央电视台进行6个半月的形象宣传；组织旅游企业赴珠三角其他地区、港澳台地区、周边省份及东南亚地区宣传推介；

3. 做好“144小时便利签证”政策及相关配套措施的落实，利用《珠江三角洲地区改革发展规划纲要（2008~2020年）》实施为契机，优化交通、安全和通关环境，推动我市与其它地市旅游服务便利化对接，实现珠三角旅游一体化。

（十）积极探索推行“国民旅游休闲卡”，持卡人员凭卡参加旅游休闲活动可以获得相应的便利服务和价格优惠。

（十一）制订奖励政策，设立旅游奖励基金，激励旅游企业。对积极参与组织地接游客的景区和旅行社按一定标准实行奖励：旅行社每年地接游客超过1万人次的奖励5万元，达到2万人次以上的奖励10万元；景区（点）每年地接游客超过10万人次的奖励5万元，达到20万人次以上的奖励10万元；评上5A级的景区、白金五星级的酒店奖励200万元，评上5星级的旅行社奖励50万元。

（十二）把开发乡村旅游、农家乐项目与建设社会主义新农村结合起来，鼓励开发林业生态村、农民画村、花卉种植村、民族特色村、客家民居古围村、渔家乐、旅游商品村，对形成一定规模和旅游接待能力的给予5万元奖励；争取省旅游局人才培训经费支持，免费培训2万人次农村45岁以下从事旅游业的劳动力，力争使全市农村就地转移从事旅游业的劳动力人数达到8万人。

（十三）将国民旅游休闲计划纳入全市经济社会发展总体规划，将旅游资源的保护、开发和旅游公共服务设施建设纳入全市城乡建设规划。

四、工作要求

（一）各县、区及各有关单位要根据实际情况，尽快出台相关配套政策措施及实施办法，建立完善的管理机制、督导机制和信息反馈机制，推进国民旅游休闲计划的实施。

（二）各单位应对外公布休假安排信息，在弹性安排休假时间的同时，要合理统筹安排好工作与休假，确保生产、工作正常运行。

（三）旅游管理部门要加大行业管理和市场监管力度，提高旅游行业的服务质量和水平，鼓励和扶持旅游企业开发适合居民旅游休闲的产品和线路。

（四）各级、各有关单位要做好试行国民旅游休闲计划的宣传工作，发动全社会共同参与，营造浓厚的舆论氛围，共同推动国民旅游休闲计划深入开展。

（五）要进一步加强监督管理，严肃财经纪律，严禁变相公款旅游等违规行为；严禁变相向学生乱摊派，增加学生经济负担。同时，要发挥纪检监察部门监督和社会舆论监督的作用，确保国民旅游休闲计划健康有序开展。

（六）各县、区及各有关单位要周密部署，落实责任，加强检查和管理力度，切实抓好各项安全生产工作。强化安全监督和安全意识，及时消除安全隐患，营造安全舒适的旅游休闲环境。

五、组织领导

试行国民旅游休闲计划是我市应对当前国际金融危机挑战、拉动内需、确保增长的一项重大举措。市、县（区）成立由主要领导任组长、分管领导及各相关部门负责人组成的领导小组，日常工作由市、县（区）旅游局负责，建立相应的管理机制、联席会议机制、督导机制和信息反馈机制，认真研究和处理试行国民旅游休闲计划中出现的各种情况和问题。各级旅游、纪检监察、工会、共青团、妇联、发展改革、经贸、老龄委、财政、人事、劳动保障、规划建设、交通、农业、文化、教育、卫生、工商、物价、质监、林业、海洋渔业、中小企业等部门要切实履行职责，做到上下联动，齐抓共管，充分发挥政府主导作用，从人员配置、政策、制度、资金等方面给予配套和支持，加强旅游行政管理部门在国民旅游休闲计划实施过程中的协调作用。

惠州市人民政府

二〇〇九年六月一日

潮州市人民政府关于贯彻落实广东省试行国民旅游休闲计划的实施意见

各县、区人民政府（管委会），府直属各单位，市各开发区管委会：

为贯彻落实《中共广东省委广东省人民政府关于加快我省旅游业改革与发展建设旅游强省的决定》（粤发［2008］20号）和省政府《关于试行广东省国民旅游休闲计划的若干意见》（粤府［2009］19号），结合我市实际，现就试行国民旅游休闲计划提出如下实施意见：

一、指导思想

在我市积极试行国民旅游休闲计划是贯彻落实《珠江三角洲地区改革发展规划纲要》的一项重大举措，有利于刺激消费，扩大内需；有利于发挥潮州文化旅游优势，进一步加强景区景点建设和城市休闲设施建设，推进潮州从文化旅游资源大市向文化经济大市的转变，提升潮州旅游服务业的水平，促进我市旅游业的发展，对建设宜居、宜业、宜游的现代化滨江城市具有重大意义。以广济桥、牌坊街为龙头，以打造国家5A级旅游景区——古城文化旅游区为重点，提升潮州旅游的核心竞争力；以修学旅游为切入点，发展具有国民旅游休闲特色的文化旅游、生态旅游、乡村旅游、滨海旅游、温泉旅游、工业旅游等特色旅游产品；鼓励“潮州人游潮州”，进一步推动潮州旅游市场的发展，力争把潮州建成我省首批修学旅游基地，以文化旅游提升第三产业发展水平，促进潮州经济平稳较快发展。

二、参与主体

参与国民旅游休闲计划活动的主体是具有我市户籍的居民，以及办理我市暂住证或居住证的暂住人员。

三、主要措施

（一）加强组织领导，建立潮州市试行国民旅游休闲计划联席会议制度。联席会议由市政府分管旅游工作的领导为召集人，成员单位由市旅游局、市发改局、市经贸局、市教育局、市科技局、市公安局、市民政局、市财政局、市人事局、市劳动和社会保障局、市国土资源局、市建设局、市交通局、市农业局、市文广新局、市卫生局、市环保局、市体育局、市物价局、市林业局、市海洋与渔业局、市城管局、市安监局、市文管办、市交警支队、市政园林管理局、市工商局、市质监局、市国税局、市地税局等部门和各县、区政府（管委会）组成，负责统筹协调指导我市试行国民旅游休闲计划有关工作。办公室设在市旅游局，负责联席会议日常工作。

（二）着力培育和打造旅游品牌和线路，完善和提升城市景区景点的休闲旅游设施和功能。把古城文化旅游区打造成为国家5A级景区；将绿岛山庄、淡浮院等旅游景区创建为国家4A级旅游景区，促进全市旅游景区的全面升级，建设休闲产业功能集聚区，积极推动潮州乡村旅游集群建设，提升乡村休闲游水平，把潮州发展成为休闲舒适的旅游城市。

（三）积极创建旅游休闲示范旅行社和示范基地。以修学旅游为切入点，在首批8个旅行社、5个景区和5个酒店挂牌开展修学旅游示范活动，以点带面，大力发展各具特色，更加适应国民旅游休闲的古城文化旅游、生态旅游、乡村旅游、农业旅游、工业旅游、会展旅游、红色旅游、温泉旅游等旅游项目。着力打造潮州旅游休闲精品线路，构建丰富多彩的旅游休闲产品体系。

（四）打造广东（潮州）旅游商品基地，积极推动潮州物质文化遗产资源向旅游制造业转化，优化和发展潮州旅游制造业，进一步拉动旅游消费，扩大旅游经济发展总量。

（五）加大旅游宣传推介力度，提高我市旅游品牌的知名度和影响力。通过媒体和各种户外宣传活动，发动广大市民参与休闲旅游；利用各种活动，采取各种激励措施，吸引广大市民踊跃加入休闲旅游。精心策划一批主题鲜明、特色突出、游客喜爱的旅游节庆活动，推动国民旅游休闲市场持续快速发展。以文化旅游为重点，突出打造“广济桥”和“牌坊街”品牌，进一步打响“到广不到潮，枉费走一遭”、“到潮不到桥，白白走一场”、“相聚广济古桥，走进潮人故里”等潮州旅游宣传口号，旅游、宣传部门和各媒体要协调配合，加大对外宣传力度，加强与外地相关部门及媒体的合作，充分利用和发挥媒体的作用，不断扩大宣传覆盖面，使潮州成为全省贯彻落实国民旅游休闲计划的热点城市。

（六）各级文化、文物部门管理的公共博物馆（文物建筑及遗址类博物馆除外）、纪念馆向社会免费开放。鼓励城市休闲公园、科普教育基地、爱国主义教育基地、红色旅游景点等，实行免费或以优惠价格向社会开放。

（七）鼓励全市旅游企业积极参加广东省“国民旅游休闲卡”优惠活动，游客持卡到景区、酒店消费可以获得相应的便利服务和价格优惠。由旅游部门牵头协调旅游景点筹集100万元的门票，免费派送给机关、企事业单位干部职工和城乡居民，拉动旅游消费。

（八）被评定为旅游休闲示范旅行社和示范基地的景区，要带头对在校学生、农村进城务工人员、残疾人、低保救助对象、五保户及年满60周岁老年人等特定群体参与国民旅游休闲计划给予优惠。

（九）各级旅游部门和景点管理单位，要协作配合，推动建立景区、酒店、旅行社互惠互利的旅游协作机制，如入住酒店送景点门票，游览景点送酒店优惠住宿券，到旅行社订购景区门票和预订住宿给予优惠等，让游客得到方便实惠。

（十）各级各类学校要将修学旅游纳入学校教学计划，可适时组织教师和学生开展修学旅游活动。旅游及教育部门要精心策划好修学旅游的线路，丰富修学旅游内容，合理收费，确保安全，推动我市修学旅游活动健康发展，让广大青少年从小认识潮州、爱我潮州，激发宣传潮州、建设潮州的热忱。

（十一）鼓励企业将安排职工旅游休闲作为奖励和福利措施，相关费用可按有关规定列支。

（十二）鼓励周边城市开通直达我市旅游景区的旅游公交汽车线路，实施跨区域无障碍旅游。市中心区和县（区）中心城镇开通到重点旅游景区专线车服务，试行在双休日和重要节假日推出潮州旅游景区公共汽车。

（十三）建立自驾车旅游营地，提升潮州“自助游”服务质量。

（十四）建设潮州市旅游咨询服务中心，在古城区和县城设立若干个咨询服务站，提高服务水平，形成具有旅游咨询、预订、投诉功能，覆盖全市的旅游咨询服务网络。

（十五）有条件的县（区）可试行发放旅游消费券，市民或游客可以到指定旅行社、酒店和景区领取旅游消费券，凭消费券在指定景点、酒店进行消费可获得优惠。

（十六）各级政府在加快我市旅游业改革和发展，试行国民休闲计划中要敢于先行先试，大胆探索实践，研究推出行之有效的措施，发挥示范带动作用，推动全市国民旅游休闲计划的实施。

（十七）各地、各有关单位要加大对旅游休闲项目特别是乡村生态、海滨等休闲项

目的扶持力度，加大对旅游休闲基础设施、配套设施建设的投入，在项目审批、信贷等方面给予积极支持。

（十八）对符合条件且具有较大规模的旅游休闲项目，旅游部门和财政部门要积极争取省旅游扶贫资金和旅游发展资金的支持，着力发展一批乡村旅游、滨海旅游等品牌休闲项目。

（十九）争取“双转移”旅游职业技能培训指标。市旅游局与市职业技术教育部门要协作配合，分期分批培训旅游职业技术人员。各级旅游管理部门要大力加强队伍建设，组织开展各类旅游行业技能大赛，提高旅游服务人员的专业水平，提升旅游服务质量。

（二十）将国民旅游休闲计划纳入全市经济社会发展总体规划，将旅游公共服务设施建设纳入全市城乡建设规划，并加速发展。

四、工作要求

（一）试行国民旅游休闲计划是一项创新的工作，涉及面广、任务繁重。各级、各有关部门要高度重视，把这项工作纳入重要议事日程，主要领导亲自抓，分管领导具体抓，认真研究和妥善处理试行过程中出现的各种情况和问题。

（二）各县（区）要结合实际，加强研究，出台相关配套措施、实施细则以及操作办法，建立完善的管理机制，鼓励和扶持旅游企业开发适合居民旅游休闲的产品和线路，推进国民旅游休闲计划的实施；各旅游企业要联动起来，互惠互利，团结发展，共同振兴我市旅游业。

（三）各级各有关部门、各旅游企业在试行国民旅游休闲计划过程中要高度重视安全保障工作，增强安全生产意识，强化安全生产监管，落实安全生产工作责任制，切实抓好各项安全生产工作。制定和完善安全检查保障措施和安全检查指引，做好应急准备，及时消除安全隐患，营造安全舒适的旅游休闲环境。

（四）各地、各有关部门要切实履行职责，上下联动，齐抓共管，形成贯彻落实国民旅游休闲计划的强大合力。

二〇〇九年三月三十日

国民旅游休闲示范单位

关于授予广州白云山风景名胜区等702家单位为首批国民旅游休闲示范单位的通知

（粤旅办〔2009〕16号）

各地级以上市旅游局，各有关单位：

为贯彻落实省政府《关于试行广东省国民旅游休闲计划的若干意见》（粤府〔2009〕19号）精神，加快推进我省国民旅游休闲示范单位创建工作，根据自愿申报、严格筛选原则，按照《广东省国民旅游休闲示范单位评选标准》，现评出首批702家国民旅游休闲示范单位。其中包括广州白云山风景名胜区等187家示范景区、广东中旅等178家示范旅行社、广州白天鹅宾馆等253家示范酒店、广州白云轩中餐厅等62家示范餐厅、广百北京路分公司等16家商业示范单位、南方航空等6家示范航空公司。

希望各示范单位珍惜荣誉，诚信经营、加强管理、提升服务，推出更多便民惠民措施，进一步提升广大人民群众的生活质量和幸福指数。希望各级旅游管理部门要加强监管、规范秩序，为广大人民群众参与国民旅游休闲计划营造良好的旅游环境。请各地级以上市旅游局到省旅游局相关处室领取牌匾，并通知各示范单位登录国民旅游休闲网确认国民旅游休闲卡卡样。

广东省旅游局

二〇〇九年四月二十九日

附件：

首批国民旅游休闲示范景区名单

（187家）

一、广州市（28家）

1. 长隆旅游度假区
2. 白云山风景名胜区
3. 中山纪念堂
4. 莲花山旅游区
5. 西汉南越王博物馆
6. 黄花岗公园
7. 广州起义烈士陵园
8. 华南植物园
9. 广州动物园
10. 十九路军淞沪抗日阵亡将士陵园
11. 丹水坑风景区
12. 荔湾博物馆
13. 南湖游乐园
14. 白水寨
15. 碧水湾温泉度假村
16. 广东科学中心
17. “神农草堂”中医药博物馆
18. 百万葵园
19. 宝桑园新生态农业示范基地
20. 芙蓉省级旅游度假区
21. 广东中医药博物馆
22. 广州海洋馆
23. 横档岛旅游区
24. 流溪河国家森林公园
25. 三百洞生态度假区
26. 孙中山大元帅府纪念馆
27. 笑翻天乐园
28. 余荫山房

二、深圳市（3家）

29. 深圳华侨城旅游度假区
30. 深圳市中信明思克投资有限公司
31. 深圳市海上田园旅游发展有限公司

三、珠海市（9家）

32. 港中旅（珠海）海泉湾度假区
33. 珠海经济特区圆明新园旅游

有限公司
34. 珠海农科奇观
35. 珠海景山三特索道有限公司
36. 横琴三叠泉发展有限公司
37. 梅溪牌坊
38. 东澳岛
39. 珍珠乐园
40. 世外桃源休闲度假农场

四、汕头市（5 家）
41. 莲花山温泉度假村
42. 大自然休闲农庄
43. 协和生态园
44. 明安里
45. 中山公园

五、佛山市（19 家）
46. 西樵山风景名胜区
47. 荷花世界
48. 佛山市清晖园
49. 长鹿农庄
50. 南风古灶
51. 佛山市三水森林赛车俱乐部有限公司
52. 霭雯教育农庄
53. 佛山市新石湾美术陶瓷厂
54. 广东省粤剧博物馆
55. 锦华农业生态园
56. 九道谷漂流
57. 黎文生态果园
58. 梁园
59. 南国丝都丝绸博物馆
60. 南国桃园旅游度假区
61. 侨鑫生态园
62. 腾龙峡漂流景区
63. 盈香生态果园
64. 中央电视台南海影视

六、韶关市（3 家）
65. 南岭国家森林公园
66. 珠玑古巷
67. 乐昌古佛岩

七、河源市（8 家）
68. 万绿湖风景区
69. 镜花缘旅游区
70. 桂山风景区
71. 御临门温泉度假村
72. 黄龙岩旅游区
73. 热龙温泉度假村
74. 万绿谷休闲度假旅游区
75. 野趣沟旅游区

八、梅州市（8 家）
76. 梅县雁南飞茶田度假村
77. 梅县雁鸣湖旅游度假村
78. 梅县叶剑英纪念园
79. 平远县五指石景区
80. 五华汤湖热矿泥山庄
81. 兴宁市神光山旅游区
82. 兴宁市合水风景区
83. 兴宁市兴宁学宫

九、惠州市（10 家）
84. 惠州西湖
85. 南昆山生态旅游区
86. 龙门天然温泉度假区
87. 香溪堡旅游区
88. 罗浮山名胜风景区
89. 惠东永记农业观光园
90. 惠州海滨温泉旅游度假区
91. 龙门铁泉旅游区
92. 南昆山温泉大观园
93. 巽寮湾滨海旅游区

十、汕尾市（3 家）
94. 玄武山旅游区
95. 红宫红场旧址纪念馆
96. 凤山祖庙旅游区

十一、东莞市（6 家）
97. 松山湖
98. 可园博物馆
99. 东莞粤晖园
100. 新华南 MALL 欢笑天地
101. 广东观音山国家森林公园
102. 东莞科技馆

十二、中山市（12 家）
103. 孙中山故居
104. 中山詹园
105. 金斗湾怡乐园
106. 岐江公园
107. 泉林旅游山庄
108. 孙文纪念公园
109. 伊泰莲娜 DIY 地带
110. 中山红色军事博物馆
111. 中山仙沐园集团
112. 中山影视城
113. 卓旗山庄
114. 紫马岭公园

十三、江门市（10 家）
115. 开平市碉楼与村落
（自力村、马降龙、赤坎影视城）
116. 开平市立园
117. 新会圭峰山国家森林公园
118. 恩平市金山温泉度假村
119. 恩平市锦江温泉
120. 新会古兜温泉度假邨
121. 鹤山市大雁山风景区
122. 台山市川岛旅游度假区
123. 台山市富都温泉度假村
124. 台山市康桥温泉

十四、阳江市（9 家）
125. 阳江海陵自由岛旅游开发有限公司
126. 海陵岛大角湾旅游度假区
127. 阳春春湾风景区
128. 阳江温泉度假村
129. 阳春市凌霄岩风景区
130. 阳春市春都温泉
131. 阳春市崆峒岩风景区
132. 阳西咸水矿温泉旅游度假山庄
133. 海陵岛新圣洋休闲渔业有限公司

十五、湛江市（8 家）
134. 湛江市湖光岩
135. 湛江市南亚热带植物园
136. 吴川市吉兆湾省级旅游度假区
137. 东海岛省级旅游度假区

138. 湛江金鹿园
139. 湛江市红嘴鸥旅游船务有限公司
140. 湛江炭之家休闲旅游保健山庄
141. 吴川市蛤岭村社会主义新农村文化活动中心

十六、茂名市（2 家）
142. 放鸡岛海上游乐世界
143. 第一滩旅游度假区

十七、肇庆市（20 家）
144. 鼎湖山景区
145. 七星岩景区
146. 德庆盘龙峡景区
147. 德庆学宫景区
148. 德庆悦城龙母祖庙景区
149. 崇禧塔
150. 阅江楼
151. 丽谯楼
152. 将军山风景区
153. 九龙湖旅游风景区
154. 黄金沟生态旅游景区
155. 鼎湖区砚洲岛景区
156. 鼎湖区藏龙沟景区
157. 高要市八卦村景区
158. 四会市贞山风景旅游区
159. 封开龙山风景区
160. 怀集县燕山风景区
161. 怀集县燕岩风景区
162. 怀集燕峰峡景区
163. 广宁碧翠湖宝锭山景区

十八、清远市（9 家）
164. 清新温矿泉旅游度假区有限公司
165. 清新玄真古洞生态旅游开发有限公司
166. 黄腾峡生态旅游区
167. 聚龙湾天然温泉度假村
168. 英德市宝晶宫生态旅游度假区
169. 清远市银盏温泉旅游度假区
170. 故乡里文化发展有限公司
171. 清新县五星旅游发展有限公司
172. 牛鱼嘴·稻草人童话

十九、潮州市（4 家）
173. 潮州淡浮收藏院
174. 绿岛旅游山庄
175. 幽峪逸林旅游区
176. 西湖公园

二十、揭阳市（5 家）
177. 南岩文化风景区
178. 揭西京明温泉度假村
179. 揭西黄满磜瀑布旅游区
180. 揭西石内河漂流
181. 揭东万竹园

二十一、云浮市（6 家）
182. 国恩寺
183. 罗定市龙湾生态旅游区
184. 云浮市蟠龙洞国家 AAA 级风景区
185. 新兴县金水台温泉
186. 新兴县青山绿水温泉
187. 新兴县新龙山露天温泉

首批国民旅游休闲示范旅行社名单
（178 家）

一、广州市（12 家）
1. 广东省中国旅行社股份有限公司
2. 广州广之旅国际旅行社股份有限公司
3. 广东南湖国际旅行社有限责任公司
4. 广东国旅国际旅行社股份有限公司
5. 广东省中国青年旅行社
6. 广东铁青国际旅行社有限责任公司
7. 广州和平国际旅行社有限公司
8. 广东羊城之旅国际旅行社有限公司
9. 广州大都市国际旅行社有限公司
10. 广州花都国都国际旅行社有限公司
11. 从化市华夏国际旅行社
12. 广州国之旅国际旅行社有限公司

二、深圳市（20 家）
13. 深圳中国国际旅行社有限公司
14. 深圳市深旅国际旅行社有限公司
15. 深圳华侨城国际旅行社有限公司
16. 深圳市海外国际旅行社有限公司
17. 深圳市口岸中国旅行社有限公司
18. 深圳市宝中旅行社有限公司
19. 深圳市中国旅行社有限公司
20. 深圳市世纪假日国际旅行社有限公司
21. 深圳市深联国际旅行社有限公司
22. 深圳市中侨国际旅行社有限公司
23. 深圳市海韵国际旅行社有限公司
24. 深圳市宝安中国旅行社有限

公司
25. 深圳乔旅旅行社有限公司
26. 深圳市海岸旅行社有限公司
27. 深圳市环宇捷径旅行社有限责任公司
28. 深圳市世纪风行旅行社有限公司
29. 深圳市假期旅行社有限公司
30. 深圳市牡丹旅行社有限公司
31. 深圳市深业旅行社有限公司
32. 深圳市深之旅旅行社有限公司

三、珠海市（15 家）
33. 广东省拱北口岸中国旅行社有限公司
34. 珠海国际度假旅行社有限公司
35. 珠海市君悦国际旅行社有限公司
36. 珠海中国国际旅行社有限公司
37. 珠海航空国际旅行社有限公司
38. 珠海市旅游有限公司
39. 珠海海外旅游有限公司
40. 珠海九洲国际旅行社
41. 珠海神州国际旅行社
42. 珠海里程国际旅行社有限公司
43. 珠海光大旅行社有限公司
44. 珠海新天地旅行社
45. 珠海市望海旅行社
46. 珠海四季旅行社有限公司
47. 珠海海天国际旅行社有限公司

四、汕头市（5 家）
48. 汕头中国旅行社有限公司
49. 中国康辉汕头旅行社有限公司
50. 汕头市乐观国际旅行社有限公司
51. 汕头中国青年旅行社有限公司
52. 汕头市红头船旅行社有限公司

五、佛山市（19 家）
53. 佛山市禅之旅国际旅行社有限公司
54. 佛山市中旅国际旅行社有限公司
55. 佛山市南海中旅假日国际旅行社有限公司
56. 佛山国旅国际旅行社有限公司
57. 广东顺之旅国际旅行社有限公司
58. 佛山市口岸国际旅行社有限公司
59. 佛山市上游国际旅行社有限公司
60. 佛山市三水中旅集团有限公司国际旅行社
61. 佛山永安假期旅行社有限公司
62. 佛山市南湖旅行社有限公司
63. 佛山市南之旅旅行社有限公司
64. 佛山市三水天下游旅行社有限公司
65. 佛山市纵横天地旅行社有限公司
66. 佛山市南海区三人行旅行社有限公司
67. 佛山市和平旅行社有限公司
68. 佛山华之旅旅行社有限公司
69. 佛山市高明沧江旅行社有限公司
70. 佛山开心假期旅行社有限公司

六、韶关市（5 家）
71. 韶关市风情旅行社
72. 韶关市广之旅旅行社
73. 韶关市粤泰旅行社
74. 韶关市大丹霞旅行社
75. 韶关市教育旅行社

七、河源市（5 家）
76. 河源市旅游总公司
77. 东源县万绿湖旅行社
78. 河源市青年旅行社
79. 河源市源城区假日旅行社
80. 河源市桂山旅行社

八、梅州市（10 家）
81. 梅州市旅游总公司
82. 梅县中国旅行社
83. 梅州市中国旅行社有限公司
84. 梅州市假日旅行社有限公司
85. 梅州市金海旅行社
86. 梅州市梅江旅行社
87. 梅州市自家人旅行社
88. 梅州市客之旅旅行社
89. 广东中旅（梅州）旅行社
90. 梅州市嘉和旅行社有限公司
91. 兴宁市永嘉旅行社

九、惠州市（10 家）
92. 惠州市青年国际旅行社有限公司
93. 惠州市中国旅行社
94. 惠州环宇国际旅行社有限公司
95. 惠州西湖中国旅行社
96. 惠州市惠之旅旅行社有限公司
97. 惠州市金山旅行社
98. 惠东县新世纪旅行社有限公司
99. 惠州市惠阳联华旅行社有限公司
100. 博罗新青年旅行社有限责任公司
101. 龙门县旅游公司

十、汕尾市（6 家）
102. 汕尾市东方旅行社
103. 海丰县旅游发展总公司
104. 汕尾市汕之旅旅行社有限公司
105. 陆河县陆之旅旅行社有限公司

106. 海丰县丰收之旅旅行社有限公司
107. 陆丰市东陆旅行社有限公司

十一、东莞市（9 家）

108. 东莞市青年旅行社有限公司
109. 广东国泰国际旅行社有限公司
110. 东莞市中国旅行社有限公司
111. 东莞市国际旅行社有限公司
112. 东莞市四海国际旅行社有限公司
113. 东莞康辉国际旅行社有限公司
114. 东莞市景鸿国际旅行社有限公司
115. 东莞市腾龙假日国际旅行社有限公司
116. 东莞市东华国际旅行社有限公司

十二、中山市（6 家）

117. 中山中国国际旅行社有限公司
118. 中山市青年国际旅行社有限公司
119. 中山温泉国际旅行社有限公司
120. 中山市职工国际旅行社有限公司
121. 中山市阳光假期旅行社有限公司
122. 中山菊城假期国际旅行社有限公司

十三、江门市（6 家）

123. 江门市大方旅游国际旅行社
124. 江门市国旅国际旅行社有限公司
125. 江门市中国旅行社有限公司
126. 江门市新会区开心旅行社有限公司
127. 恩平中国旅行社
128. 台山市乐途旅行社有限公司

十四、阳江市（4 家）

129. 阳江市国旅国际旅行社有限公司
130. 江城江之旅旅行社有限公司
131. 阳东东之旅旅行社
132. 阳春市旅游总公司

十五、湛江市（6 家）

133. 湛江市中国旅行社有限公司
134. 湛江中国国际旅行社有限公司
135. 湛江市旅游总公司
136. 湛江广之旅旅行社有限公司
137. 湛江市金紫荆假日旅行社
138. 湛江风光旅行社有限公司

十六、茂名市（5 家）

139. 茂名市国旅国际旅行社有限公司
140. 茂名市中国旅行社
141. 茂名广之旅旅行社有限公司
142. 茂名市青年旅行社
143. 高州市旅游总公司

十七、肇庆市（9 家）

144. 肇庆市中国旅行社有限公司
145. 肇庆市星湖国际旅行社有限公司
146. 肇庆市青年旅行社有限公司
147. 肇庆市活力国际旅行社有限公司
148. 肇庆市山水旅行社有限公司
149. 肇庆市新时代旅行社有限公司
150. 肇庆市肇之旅旅行社有限公司
151. 肇庆鼎湖旅行社
152. 封开县青年旅行社有限公司

十八、清远市（3 家）

153. 清远市国旅国际旅行社有限公司
154. 清远市星辉旅行社有限公司
155. 清远市步步高旅行社有限公司

十九、潮州市（6 家）

156. 潮州风光国际旅行社有限公司
157. 潮安县中国旅行社
158. 潮州市青年旅行社
159. 潮州市湘子桥旅行社有限公司
160. 潮州市春辉旅行社有限公司
161. 饶平县阳光之旅旅行社有限公司

二十、揭阳市（9 家）

162. 揭阳市光辉国际旅行社有限公司
163. 揭阳市中国旅行社
164. 揭阳市青年旅行社有限公司
165. 揭阳假日旅行社有限公司
166. 揭阳市顺华旅行社
167. 揭西县霖都旅行社有限公司
168. 普宁市铁山旅行社有限公司
169. 揭阳吉旅旅行社有限公司
170. 揭西县新世纪旅行社有限公司

二十一、云浮市（8 家）

171. 罗定市飞翔旅行有限公司
172. 罗定市中国旅行社有限公司
173. 新兴县翔顺旅行社有限公司
174. 郁南县中国旅行社
175. 云安县信安旅行社
176. 云浮广之旅旅行社有限公司
177. 云浮市伴你同游旅行社有限公司
178. 云浮市中国旅行社有限公司

首批国民旅游休闲示范酒店名单
（253 家）

一、广州市（35 家）

1. 广州花园酒店
2. 广州东方宾馆
3. 白天鹅宾馆
4. 中国大酒店
5. 广州白云宾馆
6. 广东全球通大酒店
7. 广东大厦
8. 新珠江大酒店
9. 祈福酒店度假俱乐部
10. 广州流花宾馆
11. 广州珠江帝景酒店
12. 皇家国际饭店
13. 广信江湾新城大酒店
14. 湛江大厦雷州酒店
15. 东方丝绸大酒店
16. 广东温泉宾馆
17. 广东蓄能大厦
18. 广州湖天宾馆
19. 广州丽都大酒店
20. 广州市爱群大酒店
21. 广州市金之鼎酒店有限公司
22. 天龙大酒店
23. 新世界大酒店
24. 壹心宾馆
25. 广州市丽美大酒店
26. 广州市龙逸山庄度假村有限公司
27. 惠福大酒店
28. 广州市荣威酒店有限公司
29. 广州悦海酒店
30. 广州文化假日酒店
31. 广州大厦
32. 广州南方毅源大酒店
33. 南航明珠大酒店
34. 山西大厦
35. 豪悦酒店

二、深圳市（29 家）

36. 富临大酒店
37. 圣廷苑酒店
38. 南海酒店
39. 恒丰海悦国际酒店
40. 都之都大酒店
41. 富丽华大酒店
42. 花园格兰云天大酒店
43. 皇廷假日酒店
44. 凯利宾馆
45. 梧桐山宾馆
46. 云鹏大酒店
47. 蔡屋围大酒店
48. 鸿波酒店
49. 湖北宾馆
50. 华丽城酒店
51. 华强宾馆
52. 金湾酒店
53. 凯利莱酒店
54. 绿杨春大酒店
55. 南方联合大酒店
56. 求水山酒店
57. 上海宾馆
58. 深航国际酒店
59. 深圳海景奥思廷酒店
60. 四川宾馆
61. 北方大酒店
62. 雅兰酒店
63. 银湖旅游中心
64. 中青旅山水酒店

三、珠海市（25 家）

65. 海湾大酒店
66. 中邦商务酒店
67. 珠海粤财假日酒店
68. 珠海度假村酒店
69. 怡景湾大酒店
70. 御温泉渡假村
71. 珠海市骏德会酒店
72. 粤海酒店
73. 华侨宾馆
74. 岐关大酒店
75. 石景山旅游中心
76. 望海楼
77. 新海利大酒店
78. 嘉丽万豪酒店
79. 金口岸度假酒店
80. 2000 年大酒店
81. 昌安假日酒店
82. 海泉湾维景大酒店
83. 珠海金岸酒店
84. 珠海骏德会酒店
85. 珠海迈豪国际酒店
86. 珠海南油大酒店
87. 珠海市旅游大酒店
88. 珠海市四海商务酒店
89. 珠海市中天酒店有限公司

四、汕头市（11 家）

90. 君华大酒店
91. 龙湖宾馆
92. 金城大酒店
93. 澄海花园酒店
94. 潮阳金叶大厦
95. 花园宾馆
96. 华侨大厦
97. 皇都大酒店
98. 金海鸥酒店
99. 金苑假日大酒店
100. 天马大酒店

五、佛山市（18 家）

101. 明苑迎宾馆
102. 佛山金城大酒店
103. 佛山市恒安瑞士大酒店
104. 佛山市金城大酒店
105. 高明恒威大酒店
106. 高明明苑迎宾馆

107. 皇都酒店
108. 金银酒店
109. 南国大酒店
110. 南海名都大酒店
111. 三水花园酒店
112. 三水千叶度假酒店
113. 三水阳光假日酒店
114. 世纪星酒店
115. 顺德碧桂园度假村酒店
116. 顺德君豪酒店
117. 天成酒店
118. 佛山市财神酒店

六、韶关市（7家）

119. 莱斯大酒店
120. 翁源龙翔大酒店
121. 乐昌迎宾大酒店
122. 福苑大酒店
123. 湖心宾馆
124. 南雄市迎宾馆
125. 乳源白云天园林馆

七、河源市（7家）

126. 河源市翔丰国际酒店
127. 河源市新世界酒店
128. 源城区假日酒店
129. 河源华信大酒店
130. 河源市新江大酒店
131. 河源市新丽源大酒店
132. 源城区滨江金利大酒店

八、梅州市（9家）

133. 梅江区富源大酒店
134. 丰顺县千江温泉酒店
135. 大埔县金帆大酒店
136. 蕉岭县长潭旅游度假村
137. 梅江区太平洋酒店
138. 梅江区田园大酒店
139. 梅州市友谊宾馆
140. 平远县迎宾馆
141. 兴宁市金叶大酒店

九、惠州市（13家）

142. 罗浮山宝田国际度假会议中心酒店
143. 三阳酒店
144. 富华大酒店
145. 惠州宾馆
146. 惠州金华悦国际酒店
147. 惠州市康帝国际酒店
148. 惠州涛景高尔夫度假村
149. 凯旋假日酒店
150. 丽景花园酒店
151. 龙门天然温泉度假村
152. 龙门县南昆山云天海原始森林度假村
153. 隆泰金都酒店
154. 万事达华侨酒店

十、汕尾市（7家）

155. 东陆酒店
156. 莲花山度假村
157. 友谊宾馆
158. 美丽华大酒店
159. 南方澳渔港度假村
160. 金丽湾度假村
161. 瑞龙庄园

十一、东莞市（11家）

162. 长安国际酒店
163. 嘉华大酒店
164. 富盈酒店
165. 长安海悦花园大酒店
166. 帝豪花园酒店
167. 东莞喜来登大酒店
168. 宏远酒店
169. 汇源华美达酒店
170. 东莞宾馆
171. 广彩城酒店
172. 丰泰花园酒店

十二、中山市（10家）

173. 国际酒店
174. 香格里拉大酒店
175. 小榄旅游大酒店
176. 真善美大酒店
177. 富华酒店
178. 汇景酒店
179. 温泉宾馆
180. 中山国贸大酒店
181. 金钻酒店
182. 中山丽阁花园酒店

十三、江门市（10家）

183. 鹤山市碧桂园凤凰酒店
184. 开平潭江半岛酒店
185. 江门市逸豪酒店
186. 江门丽宫国际酒店
187. 江门银晶国际酒店
188. 开平三埠假日酒店
189. 新会龙泉度假酒店
190. 江门市侨都大酒店
191. 台山市碧桂园凤凰酒店
192. 广东银业雁山酒店

十四、阳江市（6家）

193. 阳江市碧桂园凤凰酒店
194. 阳江温泉度假村
195. 阳江紫光大酒店
196. 阳春金鹏大酒店
197. 阳春市东湖国际大酒店
198. 阳西咸水矿温泉旅游度假山庄

十五、湛江市（12家）

199. 湛江皇冠假日酒店
200. 湛江金辉煌酒店
201. 湛江南海宾馆
202. 湛江银海酒店
203. 湛江中国城酒店
204. 湛江海滨宾馆
205. 杏磊湾温泉度假村
206. 湛江枫叶国际酒店
207. 湛江海洋国际酒店
208. 湛江恒逸国际酒店
209. 湛江丽波度假村
210. 湛江远扬城市酒店

十六、茂名市（5家）

211. 茂名国际大酒店
212. 东园大酒店
213. 南国大酒店
214. 飞龙宾馆
215. 荔晶大酒店

十七、肇庆市（12 家）
216. 肇庆星湖俱乐部皇朝酒店
217. 德庆县登云酒店
218. 德庆醉然居假日酒店
219. 金世纪大酒店
220. 君悦大酒店
221. 四会荔枝湾度假村
222. 新丽都大酒店
223. 新时代大酒店
224. 肇庆凤凰酒店
225. 肇庆华侨大厦
226. 肇庆南粤苑度假中心
227. 肇庆市中青旅山水时尚酒店

十八、清远市（7 家）
228. 碧桂园假日半岛酒店
229. 清新凯逸大酒店
230. 英德海螺国际大酒店
231. 丁香花园酒店
232. 佛冈簧胜酒店
233. 格豪假日酒店
234. 清新花园酒店

十九、潮州市（5 家）
235. 潮州宾馆
236. 潮安县安南大酒店
237. 饶平大酒店
238. 金龙大酒店
239. 潮安东山湖温泉度假村

二十、揭阳市（6 家）
240. 榕江大酒店
241 惠来宾馆
242. 揭东金叶酒店
243. 揭西特美思度假村
244. 揭阳市阳美国际大酒店
245. 揭阳特美思大酒店

二十一、云浮市（8 家）
246. 新兴县翔顺花园酒店
247. 云浮凯旋酒店
248. 新兴县龙山翔顺大酒店
249. 新兴县新中旅大酒店
250. 罗定市好莱湾酒店
251. 新兴县华立温泉度假村
252. 新兴县南豪酒店
253. 郁南县华盛大酒店

首批国民旅游休闲示范餐厅名单
（62 家）

一、广州市（9 家）
1. 广州酒家
2. 白云轩中餐厅
3. 碧海蓝天餐厅
4. 花园酒店桃园馆
5. 皇家国际中餐
6. 江湾新城大酒店荷花轩中餐厅
7. 流花宾馆中餐厅
8. 美苑中餐厅
9. 荣威酒店中餐厅
10. 悦香酒家

二、珠海市（11 家）
10. 常胜鲍鱼
11. 得月舫
12. 叠石酒家
13. 横琴生态蚝园
14. 金悦轩
15. 湾仔海鲜一条街
16. 五月花
17. 新海利酒店
18. 益健海鲜大食坊
19. 渔人码头
20. 珠海市望海楼中餐厅

三、佛山市（3 家）
21. 佛山市财神酒店
22. 佛山市得心斋食品有限公司
23. 佛山市银天饮食有限公司

四、韶关市（2 家）
24. 潮州菜馆
25. 在水一方食府

五、河源市（4 家）
26. 林香酒楼
27. 绿湖酒店
28. 年辉渔村
29. 三和酒楼

六、梅州市（1 家）
30. 雨花西餐厅咖啡吧

七、惠州市（8 家）
31. 车田豆腐坊
32. 大亚湾海洋海鲜楼
33. 惠州天悦（嘉柏）大酒店
34. 景新大酒店
35. 罗浮山红灯记餐厅
36. 天悦大酒店
37. 渔人港
38. 云天海

八、东莞市（2 家）
39. 东海海都酒家
40. 花园粥城

九、江门市（1 家）
41. 开平福纳千家餐厅

十、湛江市（1 家）
42. 霞山新录丰大酒楼

十一、茂名市（3 家）
43. 茂名市高品味酒店

44. 茂名市世纪生态园
45. 茂名市新天地酒店

十二、肇庆市（10家）
46. 德城镇龙江大世界
47. 端州大酒店时代食府
48. 盘龙峡山菜馆
49. 肇庆华苑养生食府
50. 肇庆利好山庄
51. 肇庆畔溪山庄
52. 肇庆市东湖酒家
53. 肇庆香江酒楼
54. 肇庆新世纪渔港
55. 肇庆耀华海鲜舫

十三、清远市（2家）
56. 红不让食府
57. 粤北之珠

十四、云浮市（5家）
58. 黄茅洞绿色食苑
59. 龙山翔顺大酒店龙潮餐厅
60. 罗定市好莱湾酒店食府
61. 南豪酒店餐厅 KTV
62. 新兴县新中旅大酒店餐厅

首批国民旅游休闲商业示范单位名单
（16家）

一、广州市（6家）
1. 广州市广百股份有限公司北京路分公司
2. 广州市广百股份有限公司天河中怡分公司
3. 广州友谊集团股份有限公司广州友谊商店环市东店
4. 广州友谊集团股份有限公司广州友谊商店正佳店
5. 广州摩登百货股份有限公司岗顶店
6. 广州市新光百货有限公司

二、深圳市（4家）
7. 深圳市和平茂业百货有限公司会员店
8. 深圳茂业商厦有限公司东门店
9. 深圳市茂业百货有限公司华强北店
10. 深圳市茂业百货深南有限公司深南店

三、珠海市（1家）
11. 珠海国贸购物广场有限公司

四、佛山市（3家）
12. 佛山市世纪东方物业经营管理有限公司
13. 佛山市顺德区天佑城购物餐饮娱乐广场
14. 佛山市三水广场

五、中山市（1家）
15. 广东益华百货有限公司中山店

六、阳江市（1家）
16. 阳江市南大万兴隆商场有限公司

首批国民旅游休闲示范航空公司名单
（6家）

1. 东方航空
2. 深圳航空
3. 国际航空
4. 山东航空
5. 四川航空
6. 南方航空

关于授予广州东山湖公园等272家单位为第二批国民旅游休闲示范单位的通知

（粤旅办〔2009〕73号）

各地级以上市旅游局，各有关单位：

为进一步贯彻落实《关于试行广东省国民旅游休闲计划的若干意见》（粤府〔2009〕19号）精神，加快推进我省国民旅游休闲示范单位创建工作，继推出首批国民旅游休闲示范单位后，我省评选出第二批国民旅游休闲示范单位。现就评选结果有关事项通知如下：

一、经各地市旅游局筛选，省旅游局审定，现授予广州东山湖公园等272家单位为第二批国民旅游休闲示范单位（名单详见附件）。示范单位名单将在活力广东网（http://www.visitgd.com）、国民旅游休闲网（http://www.gdtravel.com）以及《南方都市报》国民旅游休闲专刊上公布并作广泛的宣传推广。

二、各示范单位要珍惜荣誉，诚信经营，加强管理，提升服务，推出更多便民惠民措施。各级旅游管理部门要加强监管，规范秩序，进一步改善广大人民群众的旅游休闲环境。

三、我局拟于2009广东国际旅游文化节活动结束后择日召开广东省试行国民旅游休闲计划座谈会，届时将一并发放第二批国民旅游休闲示范单位牌匾。

广东省旅游局

二〇〇九年十月二十二日

附件：

第二批国民旅游休闲示范景区名单
（67家）

一、广州市（15家）

1. 广州宝趣玫瑰世界
2. 广州市蔬菜公园
3. 广州大丘有机农产有限公司
4. 广州市从化仙沐园氡温泉乐园
5. 广州文星旅游有限公司
6. 广州市金航游轮有限公司
7. 广州广舶游船有限公司
8. 广州市响水峡旅游开发有限公司
9. 广州嘉游旅游景区开发有限公司
10. 粤海第一关纪念馆
11. 广州天河航天奇观
12. 蓝海豚游船公司
13. 石门国家森林公园
14. 广州农讲所纪念馆
15. 广州市东山湖公园

二、珠海市（2家）

16. 珠海市世外桃源休闲度假农场
17. 珠海市天湖旅游发展有限公司

三、汕头市（1家）

18. 澄海去塔山风景名胜区

四、韶关市（6家）

19. 乐昌市水浸角7011管理处
20. 广东天井山国家森林公园
21. 新丰县樱花峪景区
22. 新丰县云髻山旅游区
23. 满堂客家大围景区
24. 乐昌市龙王潭生态旅游区

五、河源市（6家）

25. 苏家围客家乡村旅游区
26. 和平天上人间温泉度假村
27. 九连山原始森林度假村
28. 南园古村
29. 圣迹苍岩旅游区

30. 东源县东江野战俱乐部有限公司

六、梅州市（4家）

31. 梅县华银雁鸣湖旅游度假村有限公司
32. 梅县灵光寺旅游区
33. 合水花塔生态园
34. 广东神光山国家森林公园

七、东莞市（8家）

35. 鸦片战争博物馆
36. 东莞市冠和博物馆
37. 东莞展览馆
38. 广东东江纵队纪念馆
39. 南社明清古村落
40. 袁崇焕纪念园
41. 中国建筑陶瓷博物馆
42. 金威啤酒东莞有限公司

八、江门市（3家）

43. 凤凰峡漂流休闲度假村
44. 色色会所
45. 台山市海角城旅游度假中心

九、茂名市（2家）

46. 广东省信宜市龙玄峡漂流
47. 西江温泉度假村

十、肇庆市（4家）

48. 封开县大旺海鹰博览中心
49. 德庆三元塔景区
50. 花世界温矿泉发展有限公司
51. 肇庆市盘古山生态文化景区

十一、清远市（9家）

52. 清新古龙峡原生态旅游区
53. 清远清新温矿泉旅游度假区有限公司
54. 清新县玄真古洞生态旅游开发有限公司
55. 清新县太和古洞旅游开发有限公司
56. 牛鱼嘴原始生态风景区
57. 清远市宝晶宫生态旅游度假区
58. 广东第一峰旅游风景区有限公司
59. 阳山县水口鱼水旅游风景区有限公司
60. 大旭山瀑布群旅游风景区

十二、潮州市（3家）

61. 潮安县青少年航空航天科技教育基地
62. 广东宏伟集团有限公司
63. 潮安县千果山旅游开发公司

十三、揭阳市（3家）

64. 揭西县大北山森林公园京明度假村
65. 揭西县龙源农业科技园
66. 普宁盘龙湾温泉度假村

十四、江西省（1家）

67. 井冈山旅游景区

第二批国民旅游休闲示范旅行社名单
（72家）

一、深圳市（5家）

1. 深圳九洲国际旅行社
2. 深圳泰运通旅行社
3. 深圳旅程天下旅行社
4. 深圳鹏程康辉旅行社
5. 深圳阳光之旅旅行社

二、珠海市（1家）

6. 珠海神州国际旅行社

三、汕头市（9家）

7. 汕头市澄旅旅行社
8. 汕头市澄海假日旅行社
9. 汕头市广之旅
10. 汕头市天驰国际旅行社
11. 汕头金潮旅行社
12. 汕头市新旅程旅行社
13. 汕头市澳海信达旅行社
14. 汕头市康泰旅行社
15. 汕头市好之旅旅行社

四、佛山市（3家）

16. 佛山市金华旅行社有限公司
17. 三水区美丽华旅行社
18. 佛山市三水之旅国际旅行社

五、韶关市（6家）

19. 韶关市阿婆髻旅行社
20. 新丰县旅游公司
21. 乳源瑶家源旅行社
22. 乳源天翔旅行社
23. 仁化县丹霞山旅行社
24. 韶关市中国旅行社

六、梅州市（6家）

25. 梅县中国旅行社
26. 梅州大众假期旅行社
27. 平远县五指石旅行社
28. 兴宁市永嘉旅行社
29. 兴宁市交通旅行社
30. 梅州市鹏飞旅行社

七、汕尾市（1家）

31. 汕尾市中国旅行社

八、东莞市（5家）

32. 东莞市金旅假期旅行社
33. 东莞市南方阳光商务旅行社

34. 东莞市江南假期旅行社
35. 东莞市宏途旅行社
36. 东莞市永泰旅行社

九、中山市（3 家）
37. 中山市东方国际旅行社
38. 中山中国旅行社
39. 中山市海外旅游公司

十、江门市（5 家）
40. 江门市新会方健旅行社
41. 江门市新会时尚旅行社
42. 江门市鹤山中国旅行社
43. 鹤山市春秋假日旅行社
44. 台山市中国旅行社

十一、阳江市（4 家）
45. 阳春市春之旅旅行社
46. 阳江市开心旅行社有限公司
47. 阳江市龙之旅旅行社
48. 阳江市华泰旅行社有限公司

十二、肇庆市（3 家）
49. 怀集县中国旅行社
50. 四会市旅游有限公司
51. 肇庆市国泰旅行社

十三、清远市（11 家）
52. 连州市骄阳旅行社
53. 连州市金色假期旅行社
54. 英德英之旅旅行社
55. 英德市今日假期旅行社
56. 英德市青年旅行社
57. 清远市佛旅旅行社
58. 清远青旅旅行社
59. 阳山县中国旅行社
60. 清远市口岸旅行社
61. 清远运通旅行社
62. 连南瑶山旅行社

十四、潮州市（4 家）
63. 潮安县春秋旅行社
64. 饶平县天地人旅行社
65. 饶平县鸿泰旅行社
66. 潮州市天伦旅行社

十五、揭阳市（4 家）
67. 揭阳市康辉旅行社
68. 揭东县金凤凰旅行社
69. 揭西县旅游总公司
70. 普宁市旅游总公司

十六、云浮市（2 家）
71. 云浮市青年旅行社有限公司
72. 云浮市阳光旅行社

第二批国民旅游休闲示范酒店名单
（113 家）

一、广州市（2 家）
1. 广东迎宾馆
2. 广州市九龙湖旅游娱乐开发有限公司九龙湖公主酒店

二、深圳市（22 家）
3. 深圳市长丰酒店
4. 深圳市春江庐山酒店
5. 深圳金碧酒店
6. 深圳君逸酒店
7. 深圳格兰云天大酒店
8. 深圳明华国际会议中心
9. 深圳国丰酒店
10. 深圳科苑宾馆
11. 深圳广深宾馆
12. 深圳迪富酒店
13. 深圳闽江酒店
14. 深圳汉永酒店
15. 深圳宝利来大酒店
16. 深圳华侨酒店
17. 深圳友谊酒店
18. 深圳海燕大酒店
19. 深圳老地方酒店
20. 深圳振兴宾馆
21. 深圳迎宾馆
22. 深圳中油阳光大酒店
23. 深圳东山珍珠岛酒店
24. 深圳大梅沙海景酒店

三、珠海市（6 家）
25. 珠海德翰大酒店
26. 珠海昌安假日酒店
27. 珠海西藏大厦
28. 珠海新昌安酒店
29. 珠海交通大厦
30. 珠海永通酒店

四、汕头市（1 家）
31. 广润酒店

五、佛山市（15 家）
32. 佛山市旋宫酒店有限公司
33. 南海都市海逸酒店
34. 佛山市南海区西樵永安大酒店
35. 福裕酒店
36. 中联大酒店
37. 南海官窑新建豪酒店
38. 南海力之源大酒店
39. 佛山京粤大酒店
40. 佛山市南海蝴蝶谷酒店
41. 佛山市南海枫丹白鹭酒店
42. 佛山市顺德区哥顿酒店
43. 城市客栈（顺德清晖店）
44. 皇帝酒店
45. 顺德区福盈酒店

46. 三水区鸿南酒店

六、韶关市（13家）

47. 曹溪温泉假日度假村
48. 新丰县百乐宫大酒店
49. 新丰县交通大酒店
50. 乳源县小岛饭店
51. 新丰县迎宾馆
52. 金鸡宾馆
53. 金源酒店
54. 南雄迎宾馆
55. 雄州大酒店
56. 南雄市珠玑大酒店
57. 韶关市国林宾馆
58. 翁源县富源大酒店
59. 粤源大酒店

七、梅州市（5家）

60. 梅县柏丽酒店
61. 五华县迎宾馆
62. 兴宁市港兴迎宾馆
63. 洪都大酒店
64. 兴宁华侨大酒店

八、东莞市（8家）

65. 东莞长安莲花山庄
66. 东莞市新都会怡景酒店
67. 东莞市太子酒店
68. 东莞金凯悦大酒店
69. 东莞市新都会酒店
70. 东莞市桥头三正半山酒店
71. 盈富华禧酒店
72. 东莞市嘉辉会酒店

九、中山市（8家）

73. 中山市长命水海逸酒店
74. 中山东方海悦酒店
75. 中山市好世界酒店
76. 中山江畔商务酒店
77. 中山市京华世纪酒店
78. 中山雅居乐长江酒店
79. 中山阳光商务酒店
80. 中山怡景假日酒店

十、江门市（2家）

81. 鹤山叠翠山庄
82. 玉湖御景酒店

十一、阳江市（1家）

83. 阳江市逸华宾馆

十二、茂名市（4家）

84. 茂名华海酒店
85. 东方世纪酒店
86. 南国大酒店
87. 嘉燕大酒店

十三、肇庆市（9家）

88. 德庆盘龙宾馆
89. 德城龙腾大酒店
90. 德庆县龙盛大酒店
91. 德庆县庆龙宾馆
92. 肇庆市湖滨大酒店
93. 腾业大酒店
94. 龙洲大酒店
95. 肇庆国际大酒店
96. 商业大厦花园酒店

十四、清远市（13家）

97. 连州红楼宾馆
98. 连州鸿都大酒店
99. 连州大厦
100. 英德东方大酒店
101. 英洲大酒店
102. 清远嘉华大酒店
103. 清远迎宾馆
104. 阳山雄风宾馆
105. 卓代花园酒店
106. 清远龙城大酒店
107. 白云温泉山庄
108. 清远市步步高环城酒店
109. 清远丁香花园酒店

十五、潮州市（1家）

110. 潮州金信酒店

十六、云浮市（3家）

111. 云浮市光明大酒店
112. 新丽晶大酒店
113. 云浮卓成大酒店

第二批国民旅游休闲示范餐厅名单
（14 家）

一、佛山市（1 家）
1. 西樵永安大酒店茶艺中餐厅

二、珠海市（1 家）
2. 珠海横琴中心沟天湖食府

三、清远市（1 家）
3. 步步高粤北之珠海鲜阁

四、肇庆市（2 家）
4. 德庆金恒湾酒家
5. 新悦酒家

五、中山市（8 家）
6. 东升美味园
7. 中山海港饮食
8. 和景大酒楼
9. 中山市恒心酒楼
10. 金记大酒楼
11. 南海渔村大酒楼
12. 石岐佬饭店
13. 天天渔村

六、江西省（1 家）
14. 井冈山市农家餐馆

第二批国民旅游休闲商业示范单位名单
（6 家）

一、广州市（2 家）
1. 广东天河城（集团）股份有限公司
2. 广州市天河电脑城有限公司

二、佛山市（1 家）
3. 广东罗浮宫国际家具博览中心有限公司

三、惠州市（1 家）
4. 惠州市天虹商场有限公司

四、潮州市（2 家）
5. 潮州市金安特产总汇
6. 饶平县名优特产食品展馆

专项旅游产品

关于印发《广东省科技旅游示范基地申报及认定办法（试行）》的通知

（粤旅法〔2009〕6号）

各地级以上市旅游局、科技局：

为贯彻落实《广东省人民政府关于试行广东省国民旅游休闲计划的若干意见》（粤府〔2009〕19号）和《广东省建设创新型广东行动纲要》（粤府〔2008〕72号）精神，推动我省服务业科技创新和科技旅游发展，打造一批科技旅游示范基地，省旅游局、省科技厅联合制定了《广东省科技旅游示范基地申报及认定办法》，现印发给你们，请认真贯彻执行。

广东省旅游局　广东省科技厅

二○○九年七月二日

广东省科技旅游示范基地申报及认定办法（试行）

第一条　为贯彻落实省政府《关于试行广东省国民旅游休闲计划的若干意见》（粤府〔2009〕19号）和《广东省建设创新型广东行动纲要》（粤府〔2008〕72号）精神，推动我省服务业科技创新和科技旅游发展，打造一批科技旅游示范基地，制定本办法。

第二条　申报时间：每年7月10日起开始申报，8月20日前将申报材料一式两份分别报送省旅游局、省科技厅。

第三条　申报对象：向公众开放、在发展科技旅游方面具有示范功能和重大影响的科普教育基地或A级景区（点）。

第四条　申报条件：

（一）具有一定规模和效益。年接待游客或旅游营业收入在全省同类型景区（点）具有一定的比较规模优势，经济社会效益显著，发展潜力大。

（二）基础配套设施完备。内外交通条件较好，可进入性强；设有游客接待中心、较完善的配套停车场和旅游厕所；交通指示牌及基地说明牌等标识规范清晰；环境卫生秩序良好；购物场所诚信经营，无假冒伪劣产品。

（三）科普主题鲜明，内容丰富。游览线路编排合理，科普内容充实、形式生动；有较高素质的专、兼职讲解和接待人员。

（四）安全设施完善，措施到位。建立健全的安全保卫制度，设立专门的安保机构和配置专职人员，安全措施得力，无重大旅游安全事故发生。

（五）经营管理规范，制度完善。经营管理状况良好，各经营管理环节协调有序。设置游客咨询、预订和投诉电话专线。

（六）宣传推广有力，效果显著。多渠道开展宣传推广工作，促销推介力度大，使基地有较高知名度和影响力。

第五条　申报材料：

（一）广东省科技旅游示范基地申报表；

（二）申报单位基本情况材料；

（三）证明符合认定条件的有关材料。

第六条　申报程序及认定办法：

（一）符合条件的单位，以自愿为原则，向所在县（市、区）旅游局、科技局提出申请。县（市、区）主管部门审核通过后联合上报地级以上市旅游局、科技局。

（二）地级以上市旅游局、科技局审核并加注意见后，上报省旅游局、省科技厅。

（三）省旅游局、省科技厅每年 9 月份联合组织对申报单位情况进行评审和认定。经认定的科技旅游示范基地，由省旅游局、

省科技厅联合颁发“广东省科技旅游示范基地”证书和牌匾，并向社会公布。

第七条 管理办法：

（一）科技旅游示范基地应接受各级旅游、科技主管部门的业务指导和督促检查。

（二）科技旅游示范基地自命名之后第二年起，应于每年 12 月 30 日前，对照科技旅游示范基地应具备的条件将年度工作报告分别逐级上报至省旅游局、省科技厅。

（三）省旅游局、省科技厅对科技旅游示范基地实行动态管理，每三年考核一次，不符合条件的，按认定程序取消其示范基地资格。

第八条 权利责任：

（一）科技旅游示范基地申报单位应当大力支持我省试行国民旅游休闲计划和建设创新型广东行动，以门票、场租优惠和各种便利化措施，积极配合开展科技旅游活动和科学技术知识普及工作。

（二）省旅游局、省科技厅通过积极运用财政专项资金等形式，对符合条件的示范基地建设发展给予重点指导和支持。

第九条 本办法自二〇〇九年七月一日起施行。

第十条 本办法由省旅游局、省科技厅共同负责解释。

关于公布第一批广东省科技旅游示范基地名单的通知

（粤旅函〔2010〕92 号）

各地级以上市旅游局（文体旅游局、文物旅游局、旅游外侨局）、科技局（科技和信息局）：

根据《广东省科技旅游示范基地申报及认定办法》粤旅法〔2009〕6 号，经各地旅游及科技部门推荐，并经实地考察和专家审核，省旅游局、科技厅决定授予广东科学中心等 17 家单位“广东省科技旅游示范基地”称号，现予以公布。

广东省旅游局　广东省科技厅

二〇一〇年三月十一日

第一批广东省科技旅游示范基地名单

（17 家，排名不分先后）

1. 广东科学中心
2. 中国科学院华南植物园
3. 广州动物园
4. 广东省农业科学院蚕业与农产品加工研究所科普基地
5. 深圳太空作物园
6. 深圳中信明思克航母世界
7. 深圳海洋世界
8. 珠海安和香熏观光园
9. 汕头绍河珍珠养殖场
10. 汕头太安堂中医药博物馆
11. 佛山顺德陈村花卉世界
12. 梅州大埔县大陶瓷工业生产基地
13. 东莞市科学技术博物馆
14. 中山民众镇丰本农业科技园
15. 湛江南亚热带植物园
16. 清远红不让农业科技园
17. 潮州潮安县青少年航空航天科技教育基地

关于印发《广东省森林生态旅游示范基地评定标准》的通知

各地级以上市林业局、旅游局，深圳市农林渔业局，各县（市、区）林业局、旅游局，有关自然保护区、国有林场：

为贯彻落实省委、省政府《关于加快我省旅游业改革与发展建设旅游强省的决定》（粤发〔2008〕20号）和省政府《关于试行广东省国民旅游休闲计划的若干意见》（粤府〔2009〕19号）精神，促进森林生态旅游业发展，规范森林生态旅游示范基地认定工作，根据《中华人民共和国森林法》、《森林公园管理办法》、《风景名胜管理暂行条例》等有关法律法规，结合我省实际，我们联合制定了《广东省森林生态旅游示范基地评定标准》，现印发你们，请结合本地区实际，认真贯彻执行，并抓紧做好森林生态旅游示范基地的申报工作。

广东省林业局　广东省旅游局

二〇〇九年五月十一日

广东省森林生态旅游示范基地评定标准

第一章　总则

第一条　为贯彻落实省委、省政府《关于加快我省旅游业改革与发展建设旅游强省的决定》（粤发〔2008〕20号）和省政府《关于试行广东省国民旅游休闲计划的若干意见》（粤府〔2009〕19号）精神，促进森林生态旅游业发展，规范森林生态旅游示范基地认定工作，根据《中华人民共和国森林法》、《森林公园管理办法》、《风景名胜管理暂行条例》等有关法律法规，结合本省实际，制定本标准。

第二条　广东省森林生态旅游示范基地是指广东省境内，依托森林资源，提供游览、度假、休憩、疗养、科考、科普、文化娱乐服务，森林资源建设与保护成绩显著、景区文化内涵丰富、旅游服务设施完善、生态社会经济效益良好、示范辐射作用强的生态旅游场所。

第三条　广东省森林生态旅游示范基地的评定，坚持企业自愿申请，公平、公正、公开评定，不干预企业经营自主权的原则。

第二章　评定标准

第四条　申请广东省森林生态旅游示范基地的单位须符合下列评定标准：

（一）资源与景观

1. 景观资源

（1）有一定规模或独特的自然、人文景观，适宜开展森林生态旅游活动。

（2）森林资源类型丰富，景点数量众多，并且组合关系良好。

（3）自然、人文景观基本保存完整，人为干扰较小，且不构成明显影响。

2. 特色价值

（1）在科学研究、科学普及和历史文化方面具有学术价值和教育意义。

（2）在观光游览和休闲度假方面具有较高的开发利用价值，具有较大影响力。

（3）能够较完整真实地体现森林生态旅游特色和风貌。

3. 市场吸引力

（1）在周边省市知名，美誉度较高，具有一定的市场辐射力。

（2）观赏游憩价值较高。

（二）旅游经济

1. 年接待旅游者达到一定规模。

2. 旅游经济效益良好。

3. 吸纳本地劳动力就业明显。

（三）基础设施

1. 道路、给排水、供电、通讯、供热、燃气、垃圾、防灾减灾等基础设施项目，均有合理的配置和具体安排。

2. 道路交通路网布局合理，内外交通顺畅便捷。

3. 道路路面硬化率达到较高水平，交通标志、路灯、停车场等交通设施完备，进出便捷，或有旅游专线。

4. 配有绿化停车面或绿化隔离线的停车场，或使用生态型或环保型建筑材料修建的停车场。船舶码头布局合理，河道畅通，与景观环境相协调，容量满足需求，标志规范、醒目。

5. 使用低排放和清洁能源的交通工具，或使用具有地方特色的传统交通工具。

6. 供水设施运行良好，水质、水量符合标准，满足旅游服务需求。

7. 主干道路、公共场所排水管渠设施完善，排水管渠通畅，排放雨水及时快捷。

8. 供电设施完备，布局合理，满足旅游服务需求。

9. 设有邮电服务网点，提供邮政及邮政纪念服务；能提供相应的电信服务，通讯设施布局合理，通讯方便，线路畅通，标志规范、醒目。

10. 燃气设施可采用多种能源并举，鼓励使用太阳能、沼气、生物制气等天然能源和再生能源。

11. 垃圾分类收集，清运及时，集中处理；垃圾站（箱、筒）标识清楚、设施完好、分布合理、数量适当。

12. 公厕布点合理、完好，管理规范，卫生状况良好，粪便无害化处理；便池能及时冲洗，做到干净整洁。公厕达到《旅游厕所质量等级的划分与评定》二星级以上厕所标准。

13. 消防、防洪、排涝等各类防灾设施符合标准，满足旅游方面需求，有专人负责定期检修。

（四）资源保护

1. 各类历史文化遗产（包括古建筑、古树名木等）得到科学、妥善保护，有档案和保护记录。

2. 森林、湿地、生态脆弱区等特殊生态系统得到有效保护；没有破坏自然景观、人文景观、违章建设、乱砍树木、捕猎珍稀动物、盗挖珍稀植物等行为发生。

3. 对具有旅游价值的保护区，制定相应的游客管理措施，并注意避免由旅游引发的对居民传统生活方式产生的不良影响。

4. 在政府财政资金及旅游经济收入中，有一定比例资金用于森林资源的保护。

5. 建筑及设施具有当地风情特色，使用生态材料；标识牌匾、安全护栏、垃圾桶等设施倡导使用生态或仿生态材料。

6. 制定有文物、历史建筑的修缮和抢救维护措施，以及古树名木养护、森林防火、病虫害防治、动植物检疫等保护制度、技术操作规程或应急预案。

（五）自然环境

1. 环境

(1) 示范基地内容貌整洁，建筑物与绿化、水体等自然环境有机结合。

(2) 河、湖、渠已整治改造，水体沿岸绿化良好、具有特色，已形成绿化景观。

(3) 水、大气、噪声等污染得到有效控制并达到规定标准，其中：空气质量达《环境空气质量标准》一级标准；噪声质量达到《城市区域环境噪声标准》一类标准；地面水环境质量达到《地表水环境质量标准》的规定；污水排放达到《污水综合排放标准》的规定。

(4) 植树造林，保土固水，减少水土流失，保护水源地。

(5) 注重水资源的可持续利用，有效促进水资源的节约和优化配置。

2. 卫生

(1) 卫生管理制度和奖惩机制完善，有严格的定期检查、抽查制度。

(2) 卫浴设备设施完好，无缺损，达到《旅游厕所质量等级的划分与考核标准》规定的卫生标准。

(3) 公共场所卫生良好，餐饮场所能达到《饭馆（餐厅）卫生标准》规定的卫生标准。

(4) 有严格的卫生消毒设施与消毒制度，消除老鼠、蟑螂、苍蝇及其他有害昆虫的措施落实较好。

(5) 景区内经营场所、服务设施、休憩设施及其周围环境、道路以及交通工具卫生清洁，无污垢，无剥落，无破败荒芜现象，无损伤景物、污染环境和影响观瞻现象，景物无乱刻、乱画和涂抹现象。

3. 文化娱乐

(1) 有反映地方历史文化和森林生态旅游特色的公共文化娱乐场所。

(2) 餐饮、住宿场所设有健康、丰富的晚间娱乐活动。

（六）综合管理

1. 具有健全的管理机构，专业技术人员和管理人员配备合理。

2. 旅游质量、旅游安全、旅游统计、旅游培训等各项管理制度健全有效，措施得力，有监督检查制度，有完整的书面记录和总结，管理档案保存完整规范。

3. 基本设施和服务流程能为特定人群（老年人、儿童、残疾人等）提供特殊服务。

4. 在游客中心或游客出口处设置意见（卡、箱），公布旅游质量投诉监督电话号码。投诉处理及时，做到投诉必复，投诉处理档案记录完整。

5. 定期收集分析游客意见和建议，提高接待质量，改进旅游服务。

6. 建立管理信息系统（包括旅游电子商务、旅游区网站等），能及时进行信息的综合收集、处理、发布等。

（七）旅游服务

1. 住宿

（1）住宿设施内配备有满足需要的冷暖及换气设备。

（2）客房和公共活动场所干净整洁、卫生舒适。

（3）客房内配套设施能满足需要，被褥、枕巾和卫生用具能做到一客一换。

2. 餐饮

（1）餐饮设施建设与周边的整体环境相协调。

（2）餐饮服务设施规模与游客接待能力相适应，且能满足要求。

（3）能提供地方特色或生态旅游特色的菜肴，且品种丰富。

3. 游览

（1）游客中心位置及配置合理，规模适度，设施、功能齐备，配有专职服务人员，业务熟练，服务热情。

（2）游览路线或航道布局合理、顺畅，视野开阔，赏心悦目。

（3）各种引导标识（包括导游全景图、导览图、标识牌、景物介绍牌等）设置规范合理，图文清晰，清洁美观，保持完好；标牌和说明有中、英文等两种以上文字。

（4）公众信息资料（如综合画册、音像制品、导游图和导游材料等）有特色，品种全，内容丰富，制作良好。

（5）导游员（讲解员）持证上岗，人数及语种能满足游客需要。普通话达标率100%。

（6）公共信息图形符号的设置合理，设计有特色，符合《标志用公共信息图形符号》的规定。

（7）游客公共休息设施布局合理，设计有特色，数量满足需要。

4. 购物

（1）购物场所布局合理，建筑造型、色彩、材质与环境协调。

（2）对购物场所进行集中管理，环境整洁，秩序良好，无围追兜售、强买强卖行为，无销售假冒伪劣商品现象。

（3）农副土特产品、民间工艺品和森林生态旅游纪念品能充分体现当地物产和文化特色。

（八）旅游安全

1. 重视安全工作，主要领导为安全第一责任人。

2. 建立健全安全规章制度，建立有安全检查、预演、监督和及时报告制度，各岗位的安全职责明确，相关责任人经常开展安全培训和安全教育活动。

3. 各项安全设施完善，有应急预案，能及时采取防灾、减灾措施。

4. 山地、水域等危险地段和道路事故多发地段有明显警示标志。

5. 游客较为集中的区域配有足够的保安人员，以保证秩序和游客安全。

6. 有相应的医疗急救措施，并配备医务人员和游客常备药品。

第五条 申请单位须提交下列材料

（一）开展森林生态旅游的总结材料；

（二）《广东省森林生态旅游示范基地申请表》；

（三）营业执照复印件；

（四）森林经营类许可证复印件；

（五）银行出具的信用证明；

（六）上年度资产负债表和损益表等相关财务报表；

（七）上年度职工缴纳各项社会劳动保险费的证明；

（八）上年度纳税情况证明；

（九）环保、科技成果、专利、文明单位、重要获奖等方面的证明材料复印件；

（十）森林公园风景资源质量等级评定证书复印件。

第六条 省林业局、省旅游局联合成立省森林生态旅游联席会议办公室（设省林业局），并设立省森林生态旅游示范基地评定小组，评定小组按照本《标准》第四条确定的评定标准，对各申请单位进行综合考察，结合区域、类型、档次、组合等情况，对符合示范基地资格的景区，授予“广东省森林生态旅游示范基地”称号。

第七条 申请广东省森林生态旅游示范基地按如下程序逐级上报：

（一）申请单位直接向当地的县（市、区）林业主管部门提出申请，按要求提交有关申报材料。县（市、区）林业主管部门和同级旅游主管部门提出初审意见。

（二）地级以上市林业主管部门和同级旅游主管部门对企业申报材料进行复核，提出审核意见后，上报省森林生态旅游示范基地评定小组。

（三）省森林生态旅游示范基地评定小组组织评审评定，形成书面复核意见和相关材料。

（四）省属企业可按要求直接向省林业局申请。

第八条 被评定为“广东省森林生态旅游示范基地”的单位，由广东省林业局和广东省旅游局联合颁发“广东省森林生态旅游示范基地”证书和牌匾。标牌须置于示范基地入口醒目处，便于旅客识别，并在对外宣传资料中正确标明。

第三章 跟踪服务

第九条 根据国家和省有关扶持政策，省林业局优先协助“广东省森林生态旅游示范基地”申请办理林业贴息贷款等涉林财经扶持项目。同时，优先协助其申请国家或省的各种产业化项目资金和科研专项资金。积极向省财政争取资金，扶持“广东省森林生态旅游示范基地”的森林生态旅游建设。

第十条 省旅游局将“广东省森林生态旅游示范基地”纳入省国民旅游休闲计划及各项旅游促销计划，示范基地享有相关优惠扶持政策。

第十一条 利用各种媒体帮助森林生态旅游示范基地做好宣传，树立品牌，扩大影响。优先链接广东林业网、活力广东网、广东林业产业网，通过网络引导和推动森林生态旅游建设。

第十二条 广东省森林生态旅游示范基地实行三年一次的复核制度。每年3月底前，向省森林生态旅游示范基地评定小组报送上一年度示范基地经营总结。三年届期满后，各单位要按照本《标准》第五条的要求，向省森林生态旅游示范基地评定小组报送相关材料。经省森林生态旅游示范基地评定小组复核，达不到要求，将取消其森林生态旅游示范基地资格，收回“广东省森林生态旅游示范基地”证书和牌匾。

第十三条 广东省森林生态旅游示范基地存在下列情况之一，取消其“广东省森林生态旅游示范基地”资格，收回证书和牌匾，不再享受有关扶持政策，三年内不得再申请。

（一）保护森林生态旅游资源不力，出现生态资源严重毁损事件，在省内外造成重大影响；

（二）发生重大旅游服务质量投诉事件；

（三）未经批准征占用林地，乱砍滥伐林木，毁林开垦，毁林采石、采砂、采土，严重破坏景区生态环境和景观，造成重大影响和经济损失；

（四）擅自野外用火造成重大森林火灾，经济损失在200万元以上；

（五）不按规定要求提供总结材料；

（六）发生重大安全责任事故、重大刑事案件，造成人民生命、财产重大损失；

（七）经税务部门查实，存在严重偷、逃、骗、抗税违法行为；

（八）严重违反国家法律、法规和政策行为。

关于公布“2009年森林生态旅游示范基地”名单的通知

（粤林〔2009〕148号）

省林业局、旅游局直属有关单位，各地级以上市林业局、旅游局，深圳市农林渔业局、文体旅游局，各县（市、区）林业局、旅游局，各森林生态旅游示范基地申报单位：

在省委、省政府的高度重视和正确领导下，我省森林旅游产业迅猛发展，涌现出了一批森林生态良好、基础设施完善、管理水平高、服务质量好、社会经济效益佳、示范带动能力强的森林生态旅游单位。为加快我省森林生态旅游的发展，促进国民旅游休闲计划的深入落实，充分发挥森林生态旅游示范作用，带动山区农民增收致富，推动我省经济社会又好又快发展，做出了积极贡献，根据省委、省政府关于加快广东林业产业特别是森林生态旅游和加快建设旅游强省的一系列决策部署，依据《广东省森林生态旅游示范基地评定标准》，经企业申请，县（市、区）林业局、旅游局初审，地级以上市林业局、旅游局复核，省森林生态旅游评定小组考核评选，报广东省林业局、广东省旅游局批准，决定授予广东南岭国家森林公园等50家单位“2009年森林生态旅游示范基地”称号，并颁发“2009年森林生态旅游示范基地”证书和牌匾。现将“2009年森林生态旅游示范基地”单位予以公布。

希望被授予“2009年森林生态旅游示范基地”称号的单位，戒骄戒躁，再接再厉，继续解放思想，抢抓机遇，不断改革创新，加大投入力度，不断完善基础设施建设，努力提高森林生态功能和服务质量，为国民休闲旅游提供更加优美的生态环境。各地要继续加大对森林生态旅游企业的扶持力度，培育更多森林生态旅游示范单位和森林旅游龙头企业，并充分发挥其辐射带动作用，为促进我省经济社会和旅游产业又好又快发展做出更大的贡献。

广东省林业局　广东省旅游局

二〇〇九年九月十四日

2009年森林生态旅游示范基地名单
（50家，排名不分先后）

1. 广东南岭国家森林公园
2. 广东天井山林场国家森林公园
3. 韶关大峡谷旅游区
4. 惠州市南昆山生态旅游区
5. 广东南昆山省级自然保护区
6. 韶关市国家森林公园
7. 广州市从化流溪河国家森林公园
8. 韶关市野生动植物园（华南虎基地）
9. 韶关丹霞山旅游区
10. 河源市新丰江国家森林公园
11. 河源市连平九连山原始森林旅游度假村
12. 清远市英德市九州驿站度假营地
13. 清远市清新县玄真古洞生态旅游度假区
14. 河源市野趣沟旅游区
15. 清远市清新县太和古洞旅游区
16. 梅州市梅县雁南飞茶田度假村
17. 梅州市梅县华银雁鸣湖旅游度假村
18. 梅州市梅县灵光寺旅游区
19. 梅州市平远县五指石省级风景名胜区
20. 梅州市大埔县西岩茶叶集团茶乡度假村
21. 潮州市饶平县绿岛山庄
22. 潮州市潮安县千果山旅游区
23. 潮州市绿太阳生态旅游度假区
24. 揭阳市大北山森林公园京明度假村
25. 中国科学院华南植物园
26. 深圳市仙湖植物园
27. 东莞市观音山国家森林公园
28. 惠州市罗浮山风景名胜区
29. 湛江市湖光岩风景区
30. 深圳市东部华侨城旅游度假区
31. 肇庆市德庆盘龙峡生态旅游区
32. 肇庆市广宁碧翠湖度假村
33. 肇庆市星湖风景名胜区（鼎湖山景区）
34. 广东阳春鹅凰嶂省级自然保护区
35. 广州市从化石门国家森林公园
36. 韶关市乳源瑶族自治县必背瑶寨旅游区
37. 清远市连山县大旭山瀑布群旅游风景区
38. 韶关市翁源东华寺旅游区
39. 韶关市新丰县云髻山旅游区
40. 梅州市兴宁神光山森林公园
41. 茂名市森林公园
42. 茂名市信宜天马山生态旅游区
43. 湛江市森林公园
44. 江门市台山北峰山国家森林公园
45. 肇庆市九龙湖旅游风景区
46. 肇庆市封开县龙山风景名胜区
47. 广东大王山国家森林公园
48. 茂名市信宜大雾岭省级自然保护区
49. 湛江市红树林国家级自然保护区
50. 云浮市罗定龙湾生态旅游区

广东省农业厅　广东省旅游局
关于创建广东省农业旅游示范基地的通知

各地级以上市农业局、旅游局：

为贯彻落实省委、省政府《关于加快旅游业改革与发展，建设旅游强省的决定》，充分利用“三农”资源发展旅游业，全面拓展农业功能和领域，积极促进农民致富增收，经研究，决定在全省范围创建一批广东省农业旅游示范点。现将有关事项通知如下：

一、指导思想

开发农业旅游资源对调整农村产业结构、促进劳动力就近转移、推动社会主义新农村建设、构建和谐社会等具有重要意义，也是广东省实施国民旅游休闲计划，建设全国旅游综合改革示范区的重要内容。创建广东省农业旅游示范点，要以邓小平理论和“三个代表”重要思想为指导，全面落实科学发展观，充分发挥农业和旅游两个行业优势，统筹安排，加强服务，因地制宜，分类指导，发挥旅游产业的关联带动作用，推动传统农业向现代农业跨越，促进村容村貌改善，带动农民就业增收，为社会主义新农村建设作出积极贡献。

二、工作目标

农业旅游示范点是指以农业生产过程、农村风貌、农民劳动生活场景为主要吸引物的旅游活动，具有独特观赏价值和示范推广价值的旅游点，包括科技示范、农业观光、生态农业、农村民俗等类型。要通过开展创建农业旅游示范点，使我省农业旅游资源得到有效整合、提升和完善，形成种类丰富、档次适中的农业旅游产品体系和特色突出、发展规范的乡村旅游格局。争取到2010年，建成100个省农业旅游示范点，并从其中择优推荐申报全国农业旅游示范点。

三、标准和名额

省农业厅、省旅游局参照国家旅游局制定的全国农业旅游示范点标准和有关兄弟省市创建农业旅游示范点的经验，制定出《广东省农业旅游示范点评选标准》（附后）。各市评选推荐农业旅游示范点必须坚持标准，选择诚信经营、优质服务、在当地具有典型示范作用的优质企业，以点带面推动旅游产业素质提升。本次创建活动不设名额限制。

四、创建程序

（一）农业旅游景点自愿申报，向市旅游局提交书面申请。

（二）市旅游局负责检查，审核经营情况及服务质量水平，会商市农业局同意，向省旅游局作正式推荐。

（三）省旅游局进行审核，会商省农业厅同意，汇总名单进行公示，公示结束正式命名，在全行业进行公告。

（四）召开现场会为示范单位颁发牌匾，并加强后续管理。农业旅游示范点入选后，因经营管理不善或其他原因，不能达到标准要求的，按程序重新评审后予以取消。

五、工作要求

（一）高度重视、精心组织

各市农业局、旅游局要高度重视，积极协调当地党委、政府进一步加大对农业旅游的扶持力度。要以组织创建农业旅游示范点为契机，培育休闲度假、民俗风情、田园风光、农事体验等乡村农业游产品，促进旅游公共服务体系建设，提升旅游产业素质，把国民旅游休闲计划落到实处。

（二）分工合作、狠抓落实

各市旅游局要加强与农业等部门的沟通与调，主要承担组织推动、服务协调、政策研究、标准贯彻和典型推广工作，确保创建农业旅游示范点活动顺利开展。要同心协力，分工协作，抓紧创建广东省农业旅游示范点工作，依据检查标准先期进行评选，于6月30日前汇总上报省旅游局。

（三）发动群众、加强监督

国民旅游休闲计划涉及广大人民群众的切实利益。示范单位评选活动要着力开展游客满意度调查，加强群众监督。要把旅游者评价作为行业管理的重要指针，规范旅游企业的经营服务行为，维护游客和企业的权益，提升旅游服务水平。

（四）加强宣传、营造氛围

通过创建活动总结各地发展农业旅游的好经验好做法，倡导品质旅游、诚信旅游、和谐旅游，并联合新闻媒体大力宣传报道，营造各界共同关心、支持旅游发展的良好氛围。

附件：1. 广东省农业旅游示范点申请报告书（略）

2. 广东省农业旅游示范点检查标准

3. 广东省农业旅游示范点评选标准

二00九年三月二十四日

附件：

广东省农业旅游示范点评选标准（试行）

广东省农业旅游示范点是指以农业生产过程、农村风貌、农民劳动生活场景为主要旅游吸引物，具有一定观赏价值和示范推广价值的旅游点，包括科技示范、农业观光、生态农业、农村民俗等不同类型。

广东省农业旅游示范点应符合下列条件：

一、支持国民旅游休闲计划。配合推行国民旅游休闲计划，结合实际，制订相应配套措施和方案，共同推动国民旅游休闲计划顺利实施。

二、支持国民旅游休闲卡的运行。设立国民旅游休闲服务专柜，放置国民旅游休闲计划相关宣传资料，安排专人负责，为持卡人员提供相应优惠和便利服务。

三、符合相关安全、卫生、质量、环保标准，提供优质服务。安全设施完善，卫生条件良好，管理到位，制订旅游安全应急预案，开业以来无重大安全事故发生。诚信经营，服务规范，态度热情，保障优质服务。

四、具有较好的经济社会效益。年接待人数超过2万人，年旅游业收入超过20万元，直接提供就业岗位10人以上。

五、具有较好的生态环境效益。规划科学，绿化美化好，可进入性较强，周边环境整洁，无垃圾和污染源，未造成对生态环境的破坏和建设性破坏。

六、旅游产品具有较高吸引力。形成3处以上参观点，旅游线路编排合理，内容丰富。有游客接待中心、停车场、旅游厕所、交通指示牌、标示牌等旅游配套设施。

七、市场宣传推广有力。印制有介绍自身特色的小册子或折页，同旅行社建立合作关系，积极创造条件做广告。

八、旅游者接待制度健全，各环节协调有序，能较好地解决游客咨询、受理、投诉等问题，在当地旅游业界具有较高信誉，总的游客满意率不低于80%。

广东省农业旅游示范点检查标准（试行）目录

序　号	项　目	最高得分
1	示范点的接待人数和经济效益	200
2	示范点的社会效益	150
3	示范点的生态环境效益	50
4	示范点的旅游产品	100
5	示范点的旅游设施	140
6	示范点的旅游管理	60
7	示范点的旅游经营	130
8	示范点的旅游安全	80
9	示范点的周边环境和可进入性	60
10	示范点的发展后劲评估	30
总体情况		50

广东省农业旅游示范点检查标准（试行）

序号	检查项目	最高得分	分档计分	检查得分
1	示范点的接待人数和经济效益（200）			
1.1	示范点的年接待人数	100		
1.1.1	20 万人以上		100	
1.1.2	15～20 万人之间		80	
1.1.3	8～15 万人之间		60	
1.1.4	3～8 万人之间		50	
1.1.5	3 万人以下		20	
1.2	示范点的年旅游业收入	100		
1.2.1	年旅游业收入 400 万元以上		100	
1.2.2	年旅游业收入 300～400 万元		90	
1.2.3	年旅游业收入 150～300 万元		80	
1.2.4	年旅游业收入 100～150 万元		70	
1.2.5	年旅游业收入 50～100 万元		60	
1.2.6	年旅游业收入 30～50 万元		50	
1.2.7	年旅游业收入 30 万元以下		20	
2	示范点的社会效益（150）			
2.1	直接吸纳劳动就业人数	70		
2.1.1	80 人以上		70	
2.1.2	50～80 人		60	
2.1.3	30～50 人		50	
2.1.4	15～30 人		40	
2.1.5	15 人以下		15	
2.2	间接提供劳动就业岗位数	30		
2.2.1	150 人以上		30	
2.2.2	80～150 人		25	
2.2.3	40～80 人		20	
2.2.4	20～40 人		15	
2.2.5	20 人以下		5	
2.3	带动本单位产品及纪念品销售等附加值效益	30		
2.3.1	400 万元以上		30	
2.3.2	200～400 万元		25	
2.3.3	100～200 万元		20	
2.3.4	50～100 万元		15	
2.3.5	50 万元以下		5	
2.4	本单位因兴办旅游业因而增加的纳税额	20		
2.4.1	年增纳税额 50 万元以上		20	

续表

序号	检查项目	最高得分	分档计分	检查得分
2.4.2	年增纳税额25～50万元		15	
2.4.3	年增纳税额10～25万元		10	
2.4.4	年增纳税额10万元以下		5	
3	示范点的生态环境效益（50）	50		
3.1	规划科学，绿化美化好，已通过市级以上（含）环保部门环境评估		50	
3.2	规划较好，绿化较好，已通过县（市、区）级环保部门环境评估		40	
3.3	*示范点未造成对生态环境的破坏和建设性破坏		30	
4	示范点的旅游产品（100）			
4.1	已形成的参观点数量	30		
4.1.1	农业点在6处以上		30	
4.1.2	在4～6处		20	
4.1.3	2～4处		15	
4.2	参观点的吸引力	30		
4.2.1	全部具有较高吸引力		30	
4.2.2	大部分具有较高吸引力		20	
4.2.3	总体吸引力一般		15	
4.3	旅游线路数量及旅游内容编排	20		
4.3.1	有3条以上旅游线路，内容编排合理，内容丰富		20	
4.3.2	有2条以上旅游线路，内容编排合理，内容丰富		15	
4.3.3	有1条以上旅游线路，内容编排合理，内容丰富		10	
4.4	游客一般逗留时间	20		
4.4.1	一天以上		20	
4.4.2	一天		15	
4.4.3	半天以内		10	
5	示范点的旅游设施（140）			
5.1	*有游客接待中心，能通过集中讲解及播放录像等，向游客比较系统地介绍本旅游点参观内容及参观须知	30		
5.2	区内旅游交通	30		
5.2.1	*各条旅游线路道路通畅、干净、卫生	10		
5.2.2	*1km以上的旅游线路上配有专用车辆或船只运送游客	10		
5.2.3	*农田或厂房内辟有专门参观通道	10		
5.3	*有餐饮设施，干净卫生，服务优良	10		
5.4	*有购物设施，场地整洁，无假冒伪劣商品	10		
5.5	*有旅游娱乐设施或场地，游客多时能进行文娱表演，表演内容富有特色	10		
5.6	区内主要道路上有中英文对照的交通指示牌	10		
5.7	区内主要参观点有中英文对照的说明牌	10		
5.8	厕所设施	30		
5.8.1	*在数量上能满足需求，分布合理	15		

续表

序号	检查项目	最高得分	分档计分	检查得分
5.8.2	*所有厕所管理良好，清洁卫生，无污物，无异味	15		
6	示范点的旅游管理（60）			
6.1	旅游行业管理	20		
6.1.1	有机构健全、职责分明、统一管理旅游业的管理机构		20	
6.1.2	有兼职管理机构，能做到职责分明，管理有效		18	
6.1.3	*有专职管理人员，管理基本有效		15	
6.1.4	*有兼职管理人员，管理基本有效		10	
6.2	旅游市场管理	20		
6.2.1	有专职旅游市场管理队伍，市场优良有序		20	
6.2.2	有兼职旅游市场管理队伍，市场秩序良好		15	
6.2.3	*无专职或兼职的市场管理人员，但基本做到旅游秩序健康正常		10	
6.3	旅游质量与投诉管理	20		
6.3.1	设有面向公众的旅游咨询电话，接听及时	5		
6.3.2	设有面向公众的旅游投诉电话，接听及时	5		
6.3.3	旅游者投诉的质量纠纷得到及时圆满解决	10		
7	示范点的旅游经营（130）			
7.1	有独立核算的旅游经营实体	20		
7.2	宣传促销	20		
7.2.1	有介绍本旅游点旅游事项的小册子或折页	8		
7.2.2	在市级新闻媒体上做过促销广告	4		
7.2.3	在县（区、市）新闻媒体上做过促销广告	4		
7.2.4	在省级以上新闻媒体上做过促销广告	4		
7.3	客源招徕	30		
7.3.1	*已开办旅行社且经营良好		30	
7.3.2	*已同一批旅行社建立良好的业务合作关系，客源稳定		25	
7.3.3	*已同少数旅行社建立业务合作关系		20	
7.3.4	*无主动招徕行为，客人完全靠自发而来		10	
7.4	游客接待	30		
7.4.1	*接待制度健全，各接待环节协调有序	10		
7.4.2	*讲解内容健康生动，积极普及农业和工业科技知识	10		
7.4.3	*服务人员统一着装，态度热情，服务优良	10		
7.5	游客满意度现场调查结果	30		
7.5.1	满意度在90%以上		30	
7.5.2	满意度在75~90%之间		20	
7.5.3	满意度在60~75%之间		10	
8	示范点的旅游安全（80）			
8.1	*旅游安全教育防范制度和安全责任制健全，落实情况好	20		
8.2	*开业以来无重大旅游安全事故发生	20		

续表

序号	检查项目	最高得分	分档计分	检查得分
8.3	区内有医疗救护点	20		
8.4	*现场检查无安全隐患	20		
9	示范点的周边环境和可进入性（60）			
9.1	周边环境	20		
9.1.1	*周边环境协调和谐，无脏乱差问题	10		
9.1.2	*周边无建设性破坏和污染单位	10		
9.2	可进入性	40		
9.2.1	*有公路通达旅游点，公路状况良好	20		
9.2.2	附近有铁路车站，距旅游点车程在半小时内	10		
9.2.3	附近有水运码头，距旅游点车程在半小时内	5		
9.2.4	附近有高速路出口，距旅游点车程在半小时内	5		
10	示范点的可持续发展（30）			
10.1	还有很多旅游资源和旅游项目可以开发利用	10		
10.2	*可持续发展态势良好	10		
10.3	*已经编制出具有指导性、前瞻性和可操作性的中长期旅游业发展规划	10		
附则	加分项目（50）	50		
J1	示范点被评为4A景区		10	
J2	示范点被评为3A景区		8	
J3	示范点被评为2A景区		6	
J4	示范点被评为1A景区		4	
J5	示范点获得省级以上精神文明建设先进称号	10		
J6	示范点获得市级精神文明建设先进称号		8	
J7	示范点获得县（市）级精神文明建设先进称号		6	
J8	示范点获得省级“青年文明号”称号	10		
J9	示范点获得县（市）级以上“青年文明号”称号		8	
J10	示范点获得省级以上生态环境保护称号	10		
J11	示范点的规划、建设和产品设计在本市有创新意义（检查组须附专门材料说明）	10		
合计得分：				

关于授予从化宝趣玫瑰世界等23家单位首批广东省农业旅游示范基地称号的通知

（粤旅办〔2009〕78号）

各地级以上市旅游局、农业局：

为整合农业旅游资源，打造农业旅游品牌，支持和配合国民旅游休闲计划的全面实施，省旅游局、省农业厅下发了《关于创建广东省农业旅游示范点的通知》。各市旅游局、农业局高度重视、精心组织、大力推动，社会各界反响热烈、踊跃参与、积极申报。经过各市联合评审，省旅游局、省农业厅共同研究，决定授予从化宝趣玫瑰世界等23家单位首批“广东省农业旅游示范基地”称号。

创建“广东省农业旅游示范基地”是拓展农业功能和领域，促进农民致富增收的重要举措，是丰富旅游产品体系，发挥旅游综合带动功能，实施国民旅游休闲计划，建设旅游强省的重要内容。希望获此殊荣的单位珍惜荣誉，继续巩固发展，不断开拓创新，为我省农业、旅游业发展作出新贡献。

广东省旅游局　广东省农业厅

二〇〇九年十一月十九日

广东省首批农业旅游示范基地名单

（23家）

一、广州市（3家）

1. 从化市宝趣玫瑰世界
2. 从化市大丘有机农产公司
3. 增城仙源旅游景区小楼人家

二、珠海市（1家）

1. 珠海一棵树休闲农庄

三、韶关市（1家）

1. 乳源县鸵鸟寨
2. 乐昌市白水寨

四、河源市（2家）

1. 连平县九连山桃园
2. 广东聪明人集团公司

五、梅州市（2家）

1. 大埔县西岩茶叶集团
2. 梅州市洞天湖发展公司

六、惠州市（2家）

1. 惠州旺旺农业科技公司
2. 惠东黑珍珠莲雾白花农场

七、东莞市（2家）

1. 横沥田饶步农业生态园
2. 寮步香市现代农业生态园

八、潮州市（2家）

1. 饶平县绿岛旅游山庄
2. 潮安县千果山开发公司

九、肇庆市（2家）

1. 广宁县八一生态农场
2. 封开县杨池古村

十、揭阳市（1家）

1. 揭东县万竹农业生态园

十一、阳江市（2家）

1. 广东绿业工业集团
2. 广东羽威食品公司

十二、湛江市（2家）

1. 吴川蛤岭文化活动中心
2. 廉江河唇杨桃沟

关于印发《广东文化旅游休闲实施方案》的通知

（粤文物〔2009〕159号）

各地级以上市文化（文化广电新闻出版、文物）局、文管办，厅属文博单位，各地级以上市旅游局：

为贯彻落实国务院批准的《珠江三角洲地区改革发展规划纲要（2008－2020年）》和广东省政府《关于试行广东省国民旅游休闲计划的若干意见》（粤府［2009］19号），加快文化大省、旅游强省和全国旅游综合改革示范区的建设步伐，提升广东文化软实力，省文化厅与省旅游局共同制定了《广东文化旅游休闲实施方案》。现将方案印发给你们，请遵照执行。

广东省文化厅　广东省旅游局

二〇〇九年六月九日

广东省文化旅游休闲实施方案

为贯彻落实国务院批准的《珠江三角洲地区改革发展规划纲要（2008－2020年）》和广东省政府《关于试行广东省国民旅游休闲计划的若干意见》（粤府［2009］19号），加快文化大省、旅游强省和全国旅游综合改革示范区的建设步伐，提升广东文化软实力，制定本实施方案。

一、推动博物馆、纪念馆免费开放，保证人民群众共享文化发展成果。除遗址类、文物建筑类博物馆外，全省文化文物系统国有博物馆、纪念馆全部免费开放。

二、非免费开放的博物馆及文化文物系统国有文物保护单位，对持有国民旅游休闲卡的观众实行特殊优惠。对青少年、老年人、残疾人等特殊群体减免参观费用；特殊节假日对特殊群体实行免费开放，如国际护士节对护士免费开放，中国教师节对教师免费开放，国际博物馆日、文化遗产日免费开放等；配合我省国民旅游休闲计划，对持有国民旅游休闲卡的观众实行20%以上特殊优惠。

三、打造文化精品旅游线路，树立文化旅游品牌，实现文化遗产保护与旅游经济共同发展。广东是岭南文化中心地、海上丝绸之路发祥地、中国近代民族革命策源地，保存的历史文化遗产颇为丰厚。广东古代文物种类繁多，近现代文物、海上丝绸之路文物、华侨文物位居全国前列。根据广东文物资源的特点及其历史、艺术、科学、文化、景观价值，以及旅游服务设施情况，推荐下列7条文化旅游线路和文化旅游点。

（一）古代文化游：曲江马坝人遗址——河源石峡恐龙化石埋藏地——广州南越国宫署遗址、南越文王墓。

（二）宗教文化游：新兴国恩寺——德庆悦城龙母庙——肇庆梅庵——佛山祖庙——广州光孝寺、圣心大教堂——曲江南华寺——梅县灵光寺——潮州开元寺——陆丰玄山寺。

（三）海上丝绸之路游：“南海Ⅰ号”沉船及其出水文物——广州南海神庙、怀圣寺光塔、沙面建筑群——南澳沉船及其出水文物。

（四）近现代史迹游：东莞林则徐销烟池与虎门炮台旧址——中山孙中山故居——新会梁启超故居——南海康有为故居——广州三元里平英团旧址、花都洪秀全故居、大元帅府旧址、中共“三大”旧址、国民党“一大”旧址、黄埔军校旧址、黄花岗七十二烈士陵园、广州农民运动讲习所旧址、广州起义旧址、广州起义烈士陵园、十九路军抗日阵亡烈士坟园、中山纪念堂——梅县叶剑英故居——周恩来同志革命活动旧址——海丰红宫红场旧址——惠阳叶挺纪念馆。

（五）华侨文化游：开平自力村、马降龙村、锦江里、三门里的碉楼与村落、立园、赤坎古镇——珠海陈芳故居。

（六）岭南名园游：东莞可园——番禺余荫山房——顺

德清晖园——佛山梁园。

（七）乡土建筑游：广府民居恩平歇马村——佛山东华里——三水大旗头村——东莞南社村、塘尾村，客家民居始兴满堂围——河源苏家围——梅县桥溪村——大埔泰安楼——饶平道韵楼——深圳鹤湖新居，潮汕民居揭阳丁府——潮州许附马府、己略黄公祠——澄海前美村，少数民族民居连南瑶族自治县三排镇南岗古排。

四、核定公布文化旅游示范点，发挥典型作用，推动全省文化旅游发展。由省文化厅和省旅游局根据下列标准评选文化旅游示范点：

1. 支持国民旅游休闲计划，以历史文物、古代建筑、民族民俗、艺术宗教等人文资源为主要旅游吸引物、可满足旅游者通过体验旅游资源的文化内涵，获得精神愉悦和文化享受，并具有一定的示范推广价值的文化旅游点。

2. 具有一定规模和社会效益，年接待观众10万人次以上。有素质较高的讲解员队伍，定期进行义务讲解，讲解规范生动准确，有适合不同观众的讲解词，有针对特殊观众的讲解服务。有志愿者队伍，并有效开展服务工作。

3. 建筑功能区块布局合理，自成系统。环境整洁、美观、舒适、绿化率高，可进入性好。参观游览线路合理、顺畅，能有效普及历史文化知识，有利于弘扬岭南文化。

4. 旅游配套设施完备。外部中、外文引导标识清楚、规范，出入口道路畅通，设有游客接待处和纪念品、书籍等销售设施。游览区内有游客休息设施，卫生设施、设备布局合理，数量满足需要，并与环境相协调。

5. 有专门的保卫工作机构，保卫工作规章制度健全，措施得当，有处置一般突发事件的应急预案。保卫人员受过专业训练，工作程序规范、准确。档案齐全，有交接班制度和记录。消防设施、设备配备合理，并定期进行检查、维修、更新、补充。安全出口、疏散通道畅通，标志醒目，应急照明设备完好。无重大旅游安全事故发生。

6. 游客满意度较高，在省内有较高的知名度和较好的声誉，公众影响力较强，国外观众占一定比例，总满意率不低于80%。

广东省免费开放的博物馆、纪念馆名单
（共95家）

一、广州市（12家）

1. 广东省博物馆
2. 毛泽东同志主办农民运动讲习所旧址纪念馆
3. 黄埔军校旧址纪念馆
4. 三元里人民抗英斗争纪念馆
5. 广州起义旧址纪念馆
6. “三·二九”起义指挥部旧址纪念馆
7. 陈树人纪念馆
8. 高剑父纪念馆
9. 从化市博物馆
10. 增城市博物馆
11. 天河区博物馆
12. 番禺博物馆

二、深圳市（3家）

13. 深圳市博物馆
14. 深圳市中英街历史博物馆
15. 深圳市南头古城博物馆

三、珠海市（2家）

16. 珠海市博物馆
17. 斗门区博物馆

四、汕头市（4家）

18. 汕头市博物馆
19. 南澳县海防史博物馆
20. 澄海区博物馆
21. 东征军革命史迹陈列馆

五、韶关市（9家）

22. 韶关市博物馆
23. 南雄市博物馆
24. 乐昌市博物馆
25. 曲江区博物馆
26. 乳源瑶族自治县民族博物馆
27. 翁源县博物馆
28. 仁化县博物馆
29. 新丰县博物馆
30. 始兴县博物馆

六、河源市（5家）

31. 东源县博物馆
32. 龙川县博物馆
33. 紫金县博物馆
34. 连平县博物馆
35. 和平县博物馆

七、梅州市（8家）

36. 梅县博物馆
37. 叶剑英元帅纪念馆
38. 丰顺县博物馆
39. 平远县博物馆
40. 兴宁市博物馆
41. 大埔县博物馆
42. 蕉岭县博物馆
43. 五华县博物馆

八、惠州市（4家）

44. 惠州市博物馆
45. 博罗县博物馆
46. 龙门县博物馆

47. 叶挺纪念馆

九、汕尾市（1家）

48. 海丰红宫红场旧址纪念馆

十、东莞市（3家）

49. 鸦片战争博物馆
50. 东莞市可园博物馆
51. 东莞市蚝岗遗址博物馆

十一、中山市（2家）

52. 中山市博物馆
53. 孙中山故居纪念馆

十二、江门市（6家）

54. 江门市博物馆
55. 台山市博物馆
56. 鹤山市博物馆
57. 新会区博物馆
58. 开平市华侨博物馆
59. 恩平市博物馆

十三、佛山市（5家）

60. 三水区博物馆
61. 高明名人馆
62. 唐代龙窑陈列馆
63. 三谭纪念馆
64. “粤中纵队”纪念馆

十四、阳江市（2家）

65. 阳江市博物馆
66. 阳春市博物馆

十五、湛江市（5家）

67. 湛江市博物馆
68. 徐闻县博物馆
69. 雷州市博物馆
70. 遂溪县博物馆
71. 廉江市博物馆

十六、茂名市（3家）

72. 茂名市博物馆
73. 高州市博物馆
74. 信宜市博物馆

十七、肇庆市（4家）

75. 德庆县博物馆
76. 封开县博物馆
77. 广宁县博物馆
78. 高要市博物馆

十八、清远市（7家）

79. 清远市博物馆
80. 清城区博物馆
81. 英德市博物馆
82. 连州市博物馆
83. 连山博物馆
84. 阳山县博物馆
85. 冯达飞纪念馆

十九、潮州市（1家）

86. 潮州市博物馆

二十、揭阳市（5家）

87. 揭阳市博物馆
88. 丁日昌纪念馆
89. 揭西县博物馆
90. 普宁市博物馆
91. 惠来县博物馆

二十一、云浮市（2家）

92. 云浮市博物馆
93. 罗定市博物馆
94. 郁南县博物馆
95. 新兴县博物馆

关于评选广东省文化旅游示范单位的通知

（粤文物〔2009〕326号）

广州市文化局、深圳市文体旅游局，各地级以上市文化（文化广电新闻出版、文物）局、文管办，厅属文博单位，各地级以上市旅游局：

为了继续深入贯彻落实《关于试行广东省国民旅游休闲计划的若干意见》（粤府〔2009〕19号）文件精神，加快文化大省、旅游强省和全国旅游综合改革示范区的建设步伐，提升广东的文化软实力，按照《广东文化旅游休闲实施方案》（粤文物〔2009〕159号）要求，省文化厅与省旅游局决定联合评选第一批广东省国民文化旅游示范单位。请各地文化文物、旅游部门按照评选标准，积极组织辖区内符合条件的旅游单位参评。

此次评选按照自愿、公平、公正、公开的原则，自下而上、逐级审核申报。省文化厅与省旅游局将联合组成评选工作组，按照实事求是、优中选优、严格考核的原则，重点向参加国民旅游休闲卡优惠活动的单位倾斜。评审小组专家将从文化文物、旅游专家库中随机抽选。

申报评选的旅游单位需填写《广东省文化旅游示范单位申请表》，（http：//gov. visitgd. com/gmlyxxjh/gzdt 下载电子表格），于11月20日前分别报省文物局和省旅游局。纸质文本一式四份，同时提交电子文档，并注明“参评文化旅游示范单位——×（单位名称）”字样。

第一批示范单位名单将于12月初在活力广东网和广东

文物网公布，入选单位将正式纳入国民旅游休闲卡优惠范围（由益民公司跟进国民旅游休闲卡后续签约事宜）。

广东省文化厅　广东省旅游局
二〇〇九年十月二十七日

广东省文化旅游示范单位评选标准

1. 支持国民旅游休闲计划，以历史文物、古代建筑、民族民俗、艺术宗教等人文资源为主要旅游吸引物、可满足旅游者通过体验旅游资源的文化内涵，获得精神愉悦和文化享受，并具有一定的示范推广价值的文化旅游点。

2. 具有一定规模和社会效益，年接待观众10万人次以上。有素质较高的讲解员队伍，定期进行义务讲解，讲解规范生动准确，有适合不同观众的讲解词，有针对特殊观众的讲解服务。有志愿者队伍，并有效开展服务工作。

3. 建筑功能区块布局合理，自成系统。环境整洁、美观、舒适、绿化率高，可进入性好。参观游览线路合理、顺畅，能有效普及历史文化知识，有利于弘扬岭南文化。

4. 旅游配套设施完备。外部中、外文引导标识清楚、规范，出入口道路畅通，设有游客接待处和纪念品、书籍等销售设施。游览区内有游客休息设施，卫生设施、设备布局合理，数量满足需要，并与环境相协调。

5. 有专门的保卫工作机构，保卫工作规章制度健全，措施得当，有处置一般突发事件的应急预案。保卫人员受过专业训练，工作程序规范、准确。档案齐全，有交接班制度和记录。消防设施、设备配备合理，并定期进行检查、维修、更新、补充。安全出口、疏散通道畅通，标志醒目，应急照明设备完好。无重大旅游安全事故发生。

6. 游客满意度较高，在省内有较高的知名度和较好的声誉，公众影响力较强，国外观众占一定比例，总满意率不低于80%。

链接：2010年7月7日，广东省文化厅、广东省旅游局以（粤文物〔2010〕251号）联合发文，公布首批“广东省文化旅游示范单位”名单。

首批“广东省文化旅游示范单位”名单

广东省

广东省博物馆

广东美术馆

广州市

广东民间工艺博物馆

广州博物馆

广州近代史博物馆

广州起义纪念馆

广州艺术博物院

黄埔军校旧址纪念馆

毛泽东同志主办农民运动讲习所旧址纪念馆

南海神庙

孙中山大元帅府纪念馆

西汉南越王博物馆

粤海第一关纪念馆

越秀区博物馆

中山纪念堂

珠江—英博国际啤酒博物馆

珠海市

梅溪牌坊旅游区

佛山市

佛山祖庙

清晖园

韶关市

梅岭景区

珠玑巷景区

东莞市

东莞市可园博物馆

广东东江纵队纪念馆

南社村古建筑群

鸦片战争博物馆

中山市

孙中山故居纪念馆

香山商业文化博物馆

阳江市

崆峒岩风景区

湛江市

湛江市博物馆

雷州市博物馆

雷祖祠

肇庆市

德庆学宫

七星岩景区

杨池古村景区

悦城龙母祖庙

叶挺独立团团部旧址纪念馆

清远市

故乡里文化主题公园

连州地下河景区

揭阳市

揭阳学宫文化旅游圈

关于印发《广东省国民旅游休闲示范单位滨海旅游示范景区评定标准（试行）》的通知

（粤海渔〔2009〕140号）

沿海各地级以上市海洋与渔业主管部门、旅游局，沿海各县（市、区）海洋与渔业主管部门、旅游局：

为贯彻落实省委、省政府《关于加快我省旅游业改革与发展建设旅游强省的决定》（粤发〔2008〕20号）和省政府《关于试行广东省国民旅游休闲计划的若干意见》（粤府〔2009〕19号）精神，促进我省滨海旅游业发展，创建国民旅游休闲示范单位，根据《中华人民共和国海域使用管理法》、《中华人民共和国渔业法》、《风景名胜管理暂行条例》等有关法律法规，结合我省实际，我们联合制定了《广东省国民旅游休闲示范单位滨海旅游示范景区评定标准（试行）》。现印发你们，请结合本地实际，认真贯彻执行，并抓紧做好创建国民旅游休闲示范单位滨海旅游示范景区的各项工作。现就有关事项通知如下：

一、省海洋与渔业局、省旅游局将联合组成滨海旅游示范景区评审工作小组，负责有关评审协调工作。

二、各地级以上市海洋与渔业及旅游部门要密切协作，主动配合，联合发动符合条件的滨海旅游景区积极报名并依照标准进行初选，于9月20日前将国民旅游休闲示范单位滨海旅游示范景区候选名单及相关材料报评审工作小组（原件两份，电子版发指定邮箱）。

三、评审工作小组将依照评选标准及相关审核程序，结合区域、类型、档次、组合等情况，对各地上报的候选示范景区进行评审。9月底将公布首批国民旅游休闲示范单位滨海旅游示范景区名单，并举行颁牌仪式。

广东省海洋与渔业局　广东省旅游局

二〇〇九年九月八日

广东省国民旅游休闲示范单位滨海旅游示范景区评定标准（试行）

第一章　总则

第一条　为贯彻落实省委、省政府《关于加快广东旅游业改革与发展建设旅游强省的决定》和省政府《关于试行广东省国民旅游休闲计划的若干意见》，促进滨海旅游业发展，创建国民旅游休闲示范单位，根据有关法律法规，结合我省实际，制定《广东省国民旅游休闲示范单位滨海旅游示范景区评定标准》（试行）（以下简称“滨海旅游示范景区”）。

第二条　滨海旅游示范景区是指广东省境内，依托海洋、海岛资源，实施旅游度假、科普、文化娱乐服务，海洋、海岛资源建设与保护成绩显著，景区文化内涵丰富，旅游服务设施完善，社会、经济效益较好、辐射作用强的滨海旅游景区。

第三条　省旅游局将“滨海旅游示范景区”纳入省国民旅游休闲计划及各项旅游促销计划，滨海旅游示范景区享有相关优惠扶持政策。

第四条　滨海旅游示范景区的评定，坚持企业自愿申请，公平、公开、公正，不干预企业经营自主权的原则。

第五条　滨海旅游示范景区要积极支持国民旅游休闲计划，支持并承认国民旅游休闲卡，制订相应配套措施和方案，为持卡人提供特殊优惠和便利服务。

第二章　滨海旅游示范景区评定标准

第六条　滨海旅游示范景区须符合下列标准：

（一）滨海资源开发与利用

1. 通过前期合理开发，已有一定规模或独特的自然、人文景观，适宜开展滨海旅游活动。

2. 滨海旅游资源丰富，景点数量较多，有较好的开发前景。

3. 海洋海岛自然资源保护良好、历史古迹保存完整，人为破坏较小。

4. 在观光游览和休闲度假方面具有较高的开发利用价值。

5. 能够较完整、真实地体现滨海旅游特色和风貌。

（二）接待能力

1. 年接待游客能力达到10万人次以上。

2. 具有20艘旅游观光或休闲渔船，船龄5年以下的不少于80%，可提供海上游乐、观光休闲项目8项以上。

3. 在50公里或1小时车程内，有一星级以上酒店接待床位500个以上，有同时用餐餐位500个以上，并能采用标准化服务。

4. 有本景区持证导游讲解员。

5. 有一定规模的规范购物场所，提供当地土特产供应。

6. 安全措施健全、落实。

（三）景区基本建设

1. 道路畅通；能同时停放20台旅游大巴，100台中小型车辆；供电、通讯设备齐全。

2. 具有一定数量的船只进行海上运输。

3. 有较多的海上游乐项目。

4. 船舶码头布局合理，海滩通道畅通，景观环境协调，标志、标示规范、醒目。

5. 海上旅游项目所用船只应环保节能，海面海滩整洁卫生，无污染环境现象。

6. 景区内有船舶油污水和垃圾等污染物接收设施。

7. 景区内经营场所、服务设施及其周围环境优雅，有健康的文化娱乐场所。

第七条 申请单位须提交下列材料

（一）上年开展滨海旅游的总结材料；

（二）填写《滨海旅游示范景区申请表》（见附件）；

（三）营业执照复印件；

（四）滨海旅游经营许可证和海域使用权证复印件；

（五）如有银行贷款，出具信用证明；

（六）上年度资产负债表和损益表等相关财务报表；

（七）上年度职工缴纳各项社会劳动保险费的证明；

（八）上年度纳税情况证明；

（九）已获环保、科技成果、文明单位等奖项的提供证书或有关材料复印件；

（十）滨海旅游资源质量等级评定证书复印件。

第八条 滨海旅游示范景区，按以下程序逐级申报：

（一）申请单位向所在县（市、区）海洋与渔业主管部门提出申请，按要求提交有关申报材料。县（市、区）海洋与渔业主管部门会同同级旅游主管部门对材料初审后，报上一级主管部门。

（二）地级以上市海洋与渔业主管部门会同级旅游主管部门对企业所报材料进行复核后，上报滨海旅游示范景区评审小组，评审小组组织审核评定，并形成书面复核意见和相关材料。

（三）省属企业可按要求直接向省海洋与渔业局申请。

第九条 被评定为“滨海旅游示范景区”的单位，由广东省海洋与渔业局和广东省旅游局联合颁发“广东省国民旅游休闲示范单位滨海旅游示范景区”牌匾。牌匾须置于示范景区入口醒目处，便于旅客识别，并在对外宣传资料中注明。

第三章　后续管理制度

第十条 根据国家和省扶持政策，给予各景区相应的扶持。

（一）列入广东旅游海内外宣传促销重点推介景区；

1. 南方都市报-国民旅游休闲专版宣传。

2. 国民旅游休闲卡专刊（月刊、周刊）放至各酒店，飞机客舱；

3. 上国民旅游休闲网（网址：www.gdtravel.com）；

4. 咨询服务呼叫中心（1010-00-11）；

5. “电子卷库”宣传推广。

（二）根据国家政策，经相关部门认定后，列入国家或政府财政专项投资项目。

（三）遇重大自然灾害，受灾特别严重的，可获部分恢复生产性资金。

（四）休闲渔船不受“双控”（船数、主机功率数）指标限制。

第十一条 滨海旅游示范景区实行三年一次复核制度。每年3月底前，向滨海旅游示范景区评审小组报送上一年度示范景区经营总结。三年届期满后，各单位要按照本《标准》要求，向省滨海旅游示范景区评审小组报送相关材料。经评审小组复核，达不到要求的，取消其示范景区资格，收回牌匾。

第十二条 滨海旅游示范景区存在下列情况之一的，取消其“滨海旅游示范景区”资格，收回牌匾，不再享受有关扶持政策，三年内不得再申请。

（一）保护海滨资源环境不力，出现生态环境严重毁损事件，在省内外造成重大影响；

（二）发生重大旅游服务质量投诉事件；

（三）擅自违反安全规范措施，造成经济重大损失；

（四）不按规定要求提供总结材料；

（五）发生重大安全责任事故、重大刑事案件，造成人民生命、财产重大损失；

（六）经税务部门查实，存在严重偷、逃、骗、抗税违法行为；

（七）严重违反国家法律、法规和政策行为。

关于公布广东省国民旅游休闲计划首批滨海旅游示范景区名单的通知

各地级以上市海洋与渔业主管部门、旅游局：

为贯彻落实省委、省政府《关于加快我省旅游业改革与发展建设旅游强省的决定》（粤发〔2008〕20号）和《关于试行广东省国民旅游休闲计划的若干意见》（粤府〔2009〕19号）精神，培育我省“黄金海岸”旅游品牌，根据省海洋与渔业局、省旅游局《关于印发〈广东省国民旅游休闲示范单位滨海旅游示范景区评定标准（试行）〉的通知》（粤海渔〔2009〕140号），经各景区申报，县（市、区）、地级以上市海洋与渔业局、旅游局审核，广东省海洋与渔业局、广东省旅游局联合考评，确认汕头市南澳国家AAAA级旅游景区等13个景区（点）为首批“广东省滨海旅游示范景区”（名单见附件1）。现将有关事宜通知如下：

一、希望各滨海旅游示范景区珍惜荣誉，再接再厉，抢抓机遇，不断改革创新，进一步加强滨海资源开发与保护，加大景区基础设施建设力度，提高管理服务水平，共同打造我省“黄金海岸”旅游品牌。各地要继续加大对滨海旅游景区的扶持力度，培育更多滨海旅游示范单位和龙头企业，并充分发挥其辐射带动作用，为促进我省经济社会和旅游产业又好又快发展做出更大的贡献。

二、省海洋与渔业局、省旅游局拟于“粤西地区旅游工作现场办公会”期间，即3月31日上午08：30～09：00在湛江市海滨宾馆举办首批“广东省滨海旅游示范景区”颁牌仪式，由省领导颁发牌匾，请各滨海旅游示范景区派1名主要负责人参加仪式，并于3月29日前将与会人员名单传真至省旅游局。

三、请各地级以上市海洋与渔业主管部门、旅游局将此通知转发至县（市、区）海洋与渔业主管部门、旅游局，以及相关滨海旅游示范景区。

广东省海洋与渔业局　广东省旅游局

二〇一〇年三月二十五日

广东省国民旅游休闲计划首批滨海旅游示范景区名单（共13个）

1. 深圳市金沙湾海滨度假区
2. 珠海市海泉湾度假区
3. 珠海市外伶仃岛风景区
4. 汕头市南澳国家AAAA级旅游景区
5. 惠州市金海湾（巽寮）国际滨海旅游度假区
6. 江门市川岛旅游度假区
7. 阳江市海陵岛旅游景区
8. 湛江市特呈渔岛度假村
9. 湛江市东海岛省级旅游度假区
10. 湛江市雷州天成台旅游度假村
11. 湛江市吴川吉兆湾省级旅游度假区
12. 茂名市放鸡岛海上游乐世界
13. 茂名市中国第一滩旅游度假区

关于下发《广东省体育旅游示范基地认定办法》的通知

（粤体经〔2009〕148号）

各地级以上体育局、旅游局：

现将《广东省体育旅游示范基地认定办法》（稿）下发给你们，请结合体育设施的生产标准、安全规范就本《办法》提出修改意见和建议，并于2009年12月7日前报送省体育局经济处。

广东省体育局　广东省旅游局

二〇〇九十一月三日

广东省体育旅游示范基地认定办法

第一章　总则

第一条　为贯彻落实省委、省政府《关于加快我省旅游业改革与发展建设旅游强省的决定》（粤发〔2008〕20号）和省政府《关于试行广东省国民旅游休闲计划的若干意见》（粤府〔2009〕19号）精神，促进体育旅游业的发展，规范体育旅游示范基地认定工作，根据《中华人民共和国体育法》、《广东高危险性体育项目经营活动管理规定》等有关法规，结合本省实际，制定本标准。

第二条　本办法所指的体育旅游，是指以参加各种体育活动为主要目的，使消费者通过旅游的形式体会体育活动带来的乐趣，满足各种人群不同需求。广东省体育旅游示范基地是指广东省境内，开展多项体育项目，并可为游客提供游览、度假、健身休闲等服务，景区体育健身和旅游服务设施完善、社会经济效益良好、示范辐射作用强的体育旅游场所。

第三条　广东省体育旅游示范基地的评定，坚持企业自愿申请，公平、公正、公开评定，不干预企业经营自主权的原则。

第二章　认定范围

第四条　凡在广东省境内，依托旅游资源，开展多项体育健身休闲项目的景点和旅游度假区，或以体育健身休闲项目经营为主，有一定规模的体育经营单位，均可申请参加广东省体育旅游示范基地评定。

第三章　申报条件

第五条　体育旅游示范基地申报单位必须具备以下条件：

一、支持国民旅游休闲计划。配合推行国民旅游休闲计划，结合实际，制定相应配套措施和方案，共同推动国民旅游休闲计划顺利实施。

二、支持国民旅游休闲卡。积极宣传国民旅游休闲计划，提供相关宣传资料，安排专人负责，为持卡人员提供相应优惠和便利服务。

三、体育设施配置符合要求．体育器材、设施符合国家标准、并定期维护保养；有具备从业资格的体育项目从业人员和医疗救护人员。

四、安全保障有力。体育经营项目各项管理制度健全有效，建立有安全检查、预演、监督和及时报告制度、各岗位安全职责明确，在开展体育项目的场所显著位置张贴安全注意事项、紧急事件处理程序及预案；安全警示标识齐全、醒目、规范。

五、体育旅游基地交通畅通。游客进出景色区交通顺畅，配置有公共交通工具，能够满足游客特别是自驾车游客的方便。在主要干道有标识牌，配备规范的停车场。

六、旅游经济效益良好，年接待量达到一定规模，吸纳本地劳动力就业明显。

七、积极宣传推广体育旅游。印制宣传资料推介或利用各种平台宣传，积极推动体育旅游的发展。

八、旅游接待制度健全。能较好地处理游客的咨询、预订、投诉等问题，游客的满意率达到百分之九十以上。

第六条 申请单位须提交下列材料

（一）开展体育旅游的总结材料；

（二）《广东省体育旅游示范基地申请表》（见附件）；

（三）营业执照复印件；

（四）涉及经营高危险性体育项目的，须提交《广东省危险性体育项目经营许可证》复印件；

（五）银行出具的信用证明；

（六）上年度资产负债表和损益表等相关财务报表；

（七）上年度职工缴纳各项社会劳动保险费的证明；

（八）上年度纳税情况证明；

第四章 认定程序

第七条 省体育局、省旅游局联合成立省体育旅游示范基地评定小组，评定小组按照本《办法》第三章规定的申报条件，对申请单位进行综合考察，结合区域、类型、档次、组合等情况，对符合示范基地资格的景区，授予“广东省体育旅游示范基地”荣誉称号。

第八条 广东省体育旅游示范基地申报时间为每年的第二季度。申请广东省体育旅游示范基地应按如下程序逐级上报：

（一）申请单位直接向所属区域的县、地级以上市体育部门提出申请，按要求提交有关申报材料。体育部门会同同级旅游部门提出初审意见，并报省体育旅游示范基地评定小组。

（二）省体育旅游示范基地评定小组组织评定后，形成书面复核意见和相关材料，并由省体育局、省旅游局下文公示、公布。

第九条 被评定为“广东省体育旅游示范基地”的单位，由广东省体育局和广东省旅游局联合颁发“广东省体育旅游示范基地”证书和牌匾。牌匾须置于示范基地入口醒目处，便于旅客识别，并在对外宣传资料中正确标明。

第十条 广东省体育旅游示范基地实行四年一次的复核制度。每年3月底前，向省体育旅游示范基地评定小组报送上一年度示范基地的经营总结。四年期满后，各单位要按照本《办法》第六条的要求，向省体育旅游示范基地评定小组报送相关材料。经省体育旅游示范基地评定小组复核，对达不到要求的，将取消其体育旅游示范基地资格，收回“广东省体育旅游示范基地”的证书和牌匾。

第五章 扶持政策

第十一条 省体育局将把获得“广东省体育旅游示范基地”荣誉称号的单位列为我省体育产业重点扶持单位，根据国家和省的有关扶持政策，给予企业重点扶持。同时，省旅游局优先协助其申请国家或省的各种旅游产业化项目扶持资金。

第十二条 省旅游局将“广东省体育旅游示范基地”纳入省国民旅游休闲计划及各项旅游促销计划，示范基地享有相关优惠扶持政策。

第十三条 利用各种媒体帮助省体育旅游示范基地做好宣传，树立品牌，扩大影响。优先链接广东体育网、活力广东旅游网等政府官员网站，通过网络引导和推动体育旅游建设。

第六章 附则

第十四条 广东省体育旅游示范基地存在下列情况之一，取消其“广东省体育旅游示范基地”资格，收回证书和牌匾，不再享受有关扶持政策，三年内不得再申请。

（一）发生重大旅游服务质量投诉事件；

（二）所开展的体育项目发生严重安全事故；

（三）不按规定要求提供总结材料；

（四）存在严重违反国家法律、法规和政策行为，并被有关部门查实。

第十五条 本办法由广东省体育局、广东省旅游局负责解释。

第十六条 本办法自发布之日起实施。

各市旅游业

（第 217～349 页）

千年羊城 南国明珠

2200多年悠久历史的厚重积淀、东西方文化的交汇融合、温暖多雨的海洋性气候和快速发展的经济使广州拥有丰富多彩的旅游资源，名胜古迹众多，岭南文化浓郁，人文风俗独特。伴随着2010年亚运会的成功举办，广州城市形象全面提升，以新中轴线为主，包括广州塔、西塔、博物馆、歌剧院、海心沙广场、市民广场在内的都市景观群拔地而起，让广州面貌焕然一新；珠江两岸的亮灯整饰工程把珠江装点得异彩纷呈，份外迷人；而白水寨等以东北部为主的生态旅游已初见雏形，花都王子山将成为广州旅游的另一标杆……全年城市接待总人数首次突破1亿人次，旅游业总收入首次超过1000亿元，广州市荣获“世界知名旅游城市”和“最佳商务旅游目的地城市” 称号，广州（国际）美食节荣获“2010最具国际影响力节庆”奖。

广州欢迎您!

作为一座有着2200多年悠久历史的文化名城，广州是古代“海上丝绸之路发祥地”、“岭南文化中心地”、“近现代中国革命策源地”和“改革开放前沿地”，镇海楼、五仙观、南越王墓、陈家祠、六榕寺、光孝寺、怀圣寺、石室等古迹彰显着广州悠久的历史，中山纪念堂、黄花岗、烈士陵园、鲁迅纪念馆、农民运动讲习所、三元里抗英遗址、黄埔军校旧址等景观见证了广州近代史的辉煌，白云山风景区、越秀公园、流花公园、麓湖、华南植物园、长隆动物世界等景点展现了广州活力的一面，而一年一度的广州（国际）美食节、广州国际旅游展销会、广东国际旅游文化节广州系列活动等节庆更赋予了广州旅游国际性的内涵。

多年来，广州旅游业蓬勃发展，已成为中国乃至亚太地区最为重要的旅游目的地、旅游集散地和旅游客源地之一，正向国际性旅游中心城市迈进。

2010年，广州旅游发展紧紧围绕将旅游业培育成国民经济的重要战略性支柱产业和人民群众更加满意的现代服务业、建设旅游强市这个中心，突出服务亚运、宣传亚运这个主题，大力推进旅游基础配套设施建设，着力提升旅游服务质量，不断优化旅游发展环境，积极推进旅游产业升级换代，旅游发展和重点专项工作实现新的跨越，

岭南印象 园全貌

陈家祠

沙面鹅潭新貌

珠江夜韵

广东科学中心雄姿

从化森林公园

福地--天后宫

花城广场

广州塔

中山纪念堂

珠海欢迎您

珠海——一座绿色生态城市、和谐幸福城市、浪漫温馨的旅游城市。

珠海地处珠江三角洲南端，是秀丽珠江与辽阔南海交汇之地，气候温和，鲜花盛开，风光优美，宜游宜居宜业，被誉为“世界最适宜人类居住的城市”。

珠海文化底蕴深厚，是古代中国“海上丝绸之路”的重要通道，近代中西文化大走廊。以休闲度假、海洋海岛、自然生态、人文历史、会议会展为主题的旅游产业凸显浪漫之城的魅力。以温泉、高尔夫、航展、赛车为特色的旅游产品逐步成为旅游时尚品牌。随着港珠澳大桥的兴建、横琴新区的开发以及中航通用飞机等重大项目的落户，珠海经济社会发展步入了“快车道”。国务院《珠江三角洲地区改革发展规划纲要》。把珠海定位为珠江口西岸核心城市和国际休闲旅游度假区，使珠海城市和旅游业发展面临前所未有的机遇和更加美好的全景。

动感
活力。

御温泉

珠海高尔夫

海泉湾

圆明新园

休闲
浪漫。

梅溪牌坊

澳门环岛游

马拉松赛

大巡游

全国红色经典景区　国家AAAA级旅游景区——叶剑英纪念园

中国客家博物馆

国家AAAA级旅游景区——灵光寺旅游区

梅州精彩客都之旅经典线路

[客家文化之旅]

梅州城区中国客家博物馆、东山书院、院士广场、归读公园——大型民系风情歌舞表演《客家意象》——梅江夜游——客天下旅游产业园——平远程旼公园——梅县南口侨乡客家乡村、客家围龙屋——国家4A级旅游区叶剑英纪念园——国家4A级旅游区雁南飞茶田景区——国家4A级旅游区灵光寺旅游区——客家特色民居大埔方楼、土楼。

千江温泉度假村

[度假休闲之旅]

国家3A级旅游区五华益塘旅游风景区、兴宁神光山旅游区——国家4A级旅游区雁南飞茶田景区、雁鸣湖旅游度假村——国家3A级旅游区平远五指石风景名胜区、蕉岭长潭旅游区、丰顺龙鲸河漂流旅游区、大埔西岩茶乡度假村。

[保健养生之旅]

国家3A级旅游区五华汤湖热矿泥山庄——国家4A级旅游区雁南飞茶田景区——国家4A级旅游区雁鸣湖旅游度假村——国家4A级旅游区灵光寺旅游区——省级旅游度假区丰顺千江温泉度假村。

汤湖热矿泥山庄

[红色文化之旅]

梅州五华老红军古大存故居——蕉岭谢晋元将军纪念园——平远红军纪念园——国家4A级旅游区梅县叶剑英纪念园——大埔“八一”起义军三河坝战役纪念园——丰顺老红军李坚真纪念馆。

中国五大特色民居之一客家围龙屋

【酒店经营呈良好发展势头】

全市各宾馆、酒店经营策略灵活多样，宣传促销到位，积极开拓国内客源市场，全市星级宾馆、酒店和其他旅游住宿设施接待人数225.32万人次，同比增长12%，春节、清明、五一、国庆（中秋）节期间，全市各宾馆酒店平均开房率达90%以上，全市平均开房率达75.34%。全年新评三星级酒店1家、新增旅行社2家。

【自驾车游成为旅游新时尚】

我市的旅游客源地主要在珠三角周边地区，随着汕尾交通网络的便利，近年来，来汕的自驾车游客量增长较快，随着国民旅游休闲计划的出台，游客更倾向于省内的自驾游。在我市，夏季自驾车来汕的游客明显增加。

【完善规章制度】

按照科学发展观要求，紧密联系工作实际，针对工作上的不足，建立和完善了切实可行的规章制度，形成长效机制。制定和完善了《汕尾市旅游局财务管理制度》、《汕尾市旅游局公文处理办法》、《汕尾市旅游局考勤制度》、《汕尾市旅游局实行政务公开五项制度》、《行政执法过错责任追究制度》、《服务承诺制度》、《行风热线工作制度》等11个制度。坚持按制度管人，按制度办事、按制度理财，确保正常运转。

【旅游市场监督管理】

2009年，汕尾市旅游局坚持开展诚信教育，不断优化旅游发展环境，整顿旅游市场秩序，营造公平、公正竞争的旅游市场环境。严厉打击"黑车"、"黑导"和非法经营旅游业务活动行为。同时，加强对旅游者的教育引导，大力倡导文明旅游、健康旅游，为提升公民文明旅游素质，宣传《中国公民出境旅游文明行为指南》、《中国公民国内旅游文明行为公约》、《旅行社条例》及《旅游投诉处理办法》，有力地推动了旅游市场秩序的进一步好转。严厉打击欺客、宰客以及乱收费行为，开展"旅游诚信活动"，树立"服务游客为本"的思想，提升服务质量，提高服务水平，创造文明、祥和、顺畅的旅游环境。

汕尾市旅游局

↑ 陆河赏梅活动暨旅游风光摄影大赛开幕仪式

↗ 2009年海丰县旅游美食节开幕式

→ 2009年全市旅游工作会议

孫中山的家

850多年历史的南国名城，名人辈出；
1800多平方公里的山水田园，风光优美；
集人文景观、民俗观光、镇区特色产业、水乡田园风光于一体，
美丽、沉稳，又充满朝气，
透发出诱人的岭南新风情。
这就是孙中山先生的家乡——广东·中山

中山，一个以伟人的名字命名的城市，她周身散发出独特的气质魅力。踏上这块土地，扑面而来的人文气息、深厚的历史文化底蕴，以及她迷人的姿态就足以让世人陶醉：孙中山故居，见证了一代伟人的成长经历，留下了“博爱”、“天下为公”的人文情怀；孙文西路文化旅游步行街，旧式的骑楼，现代的商业气息，展现出老街新韵；阜峰文笔，经历沧桑变幻，依旧傲然耸立；岭南水乡，如诗如画的意境，恍如梦里江南；中山詹园，以孝为主题，古典的园林风格，形成了“一山一水一庭院，亦诗亦画亦休闲”的景观布局；五桂山逍遥谷、泉林旅游山庄等等，都是旅游的好去处，大有“江山如此多娇，风景这边独好”之势。走进中山，就 能感受到翠碧的绿、澈目的清、晴朗的天空和梦里的意境。故而中山冠有“中国园林城市”、“中国优秀旅游城市”、“全国文明城市”、“十大最具幸福感的城市之一”、联合国“人居奖”等美誉，婀娜多姿的中山摇曳在珠三角，正用她丰韵的神态向世人展示她的锦绣风采。

中山市委市政府高度重视旅游业发展，把旅游业放到全市经济社会协调发展的战略上布局，不断创新思路，整合资源，突出重点，构筑大旅游、大产业、大发展的新格局，努力实现旅游产业的跨越式发展。近年来，通过开展国民旅游休闲计划和十市联动、策划“中国二十世纪三大伟人故里行”精品线路、打造孙中山故里旅游区5A级旅游景区、完善现有旅游景区（点）、推进一批新项目建设等一系列手段，使中山旅游业呈现了蓬勃的发展态势。2009年，中山市接待过夜游客552万人次，旅游业总收入突破110亿元，中山旅游业日益成为中山经济发展新的增长点。

展望未来，中山旅游业必将以更加丰富的旅游资源，更加优质的旅游服务，更加完善的旅游配套设施笑迎八方嘉客。我们热忱地欢迎各地投资商前来投资、观光！

岐江河畔

乡——广东中山

人文景观厚重肃穆

踏上这块土地，扑面而来的人文气息、深厚的历史文化底蕴让世人陶醉。孙中山故居、孙中山纪念馆、孙文纪念公园、商业文化博物馆……循着这些地方寻访，名人们的思想光辉撒播在土地里、他们的丰功伟绩铭刻在人心里。

城市风光锦绣多姿

中山是个风景如画的城市，到处鸟语花香，绿树成荫。走进中山，就能感受到翠碧的绿、澈目的清、晴朗的天空和梦里的意境。

田园水乡如诗如画

中山市风光优美，1800多平方公里的山水田园风景秀丽；这里有如诗如画的岭南水乡，依然保留原始朴素的沙田水乡生活习俗；这里有岭南最大的私家园林——中山詹园，景观布局富有诗意，古典洒脱。

旅游节庆丰富多彩

中山的旅游节庆活动丰富多彩，小榄菊花展、孙中山文化周、中山市岭南水乡旅游文化节、中国国际食品工业经贸洽谈会、中山市东升脆肉鲩美食节、中国（中山）南方绿化苗木博览会等旅游节庆活动吸引了广大的游客，全面展示了中山的旅游文化风采。

中山市旅游局
咨询电话：114
旅游投诉热线：86-760-88805211
中山旅游网网址：www.zhongshantour.com.cn

孙中山故居纪念馆

中山詹园

孙文西路文化旅游步行街

水乡风光

中山温泉宾馆

风光旖旎新三

三乡温泉

温泉古镇 人文三乡

三乡镇党委书记李韬

三乡镇位于广东省中山市南部，毗邻珠海，是一座岭南千年古镇，群山环保，风景秀丽。三乡镇文化底蕴深厚，旅游资源丰富。三乡温泉是全国知名品牌，中山温泉宾馆是中国第一个中外合资宾馆，中山温泉高尔夫球场是中国第一个标准高尔夫球场，邓小平同志在罗三妹山留下了“不走回头路”的警世诤言，三乡温泉远近驰名，古鹤古村落保留完整。近年来开发的旅游景点主要有小琅环公园、海洋有孔虫雕塑园、泉林旅游渡假山庄、中心区雕塑群、文化广场、古典家具市场等。

近年来，三乡镇加大对旅游业的扶持和引导力度，努力使旅游成为最重要的三产增长点，以旅游规划统领旅游大发展，发展旅游集聚区，打造重点项目，突出了温泉养生、运动、休闲、修学、古文化等旅游特色。2008年，三乡被广东省旅游局授予“广东省旅游特色镇”；被博鳌国际旅游论坛组委会授予“国际旅游名镇”殊荣； 2010年初，三乡获“中国特色景观旅游名镇”荣誉称号。

“十二五”期间，三乡镇将引资40亿元、规划用地面积500亩打造温泉旅游商贸项目，建设一个集餐饮、购物、娱乐、休闲、文化、运动、旅游、演艺于一体的高档旅游商业区，整合周边丰富的旅游资源，形成中山南部旅游集聚区。三乡对旅游资源的发掘、保护和整合利用工作已经全面展开，将和全世界的宾朋一起不断书写特色鲜明的旅游传奇。

高尔夫球场

罗三妹山

有孔虫雕塑园

古村石牌坊

上海世博的生命之树
新会小鸟天堂
魅力侨乡 度假天堂 —— 江门
www.jm-tour.com
广东唯一的世界文化遗产
开平碉楼与村落

中国第一个温泉之乡
恩平温泉
www.jm-tour.com
魅力侨乡 度假天堂 — 江门
广东最美的海岛
台山上、下川岛

与您相约在祖国大陆最南端
——彩色湛江

雷州天成台度假村

特呈渔岛度假村

品味时光

“十一五”湛江旅游业之最

●旅游收入增长最快的五年

“十一五”期间，全市接待游客4910万人次、旅游收入244亿元，同比“十五”分别增长 2.2倍和1.7倍。2010年，全市接待游客1415万人次，比5年前的569.96万人次增长1.5倍 ，年均增长20%；旅游收入65.3亿元，比5年前的32.21亿元增长1.1倍，年均增长15%。

●旅游投资增长最快的五年

“十一五”期间，全市加大旅游招商，旅游投资迅猛增长，重点旅游项目不断涌现，在建投资超1亿元以上的旅游重点项目26个，投资超过10亿元的旅游项目有8个，计划总投资额282亿元。完成旅游投资63亿元，同比“十五”增长2.6倍，已完成投资36.2亿元，同比增长182%，我市重点旅游项目建设数量和投资额均居全省前列。

●品牌打造成效最大的五年

“十一五”期间，我市两度荣获“中国十大休闲城市”、首个“中国海鲜美食之都”等称号，湖光岩被评为世界地质公园和广东最美的湖泊，东海岛被认证为中国第一长滩，中国大陆最南端被评为广东最美的海岸，皇冠假日酒店获评为我市首家五星级饭店，一大批旅游景点被评为广东旅游建设示范基地。进一步打响“彩色湛江”、“相约中国大陆最南端——湛江”、“吃在广东，吃海鲜到湛江”等旅游品牌。

●区域合作拓展最快的五年

“十一五”期间，我市积极参与粤西四市、两广十市、琼北湛江、环北部湾区域旅游合 作，加强与西南、中南、华东、华北等地区旅游合作，大举开拓区域旅游市场。湖光岩分别与德国玛珥湖、台湾 日月潭结为姐妹湖，进行友好合作。香港丽星邮轮数度访湛，我市每年都引入成千上万的海外宾客前来旅游，为湛江与国内外的友好交往与经贸合作搭起桥梁。

●产业规模增长最快的五年

“十一五”期间，全市高标准酒店增至68家，新增客房800多间，增长20多倍；新建景点 43个，增长5.6倍；农家乐景点从无到有，发展到28个；旅行社29家，增长[illegible]0%；旅游车 船公司增加到9家，旅游接待大巴车增加到200多辆；游船增加到12艘，车船接待容量增加8000多人，旅游直接从业人数增加30000多人， 增长2.3倍，是旅游产业规模增长最快的五年。

湛江海湾大桥

湛江湖光岩风景区

凝视湛江

湛江，是“中国优秀旅游城市”中最富热情、最具活力的城市，也是“中国十大休闲城市”之一。她位于中国大陆最南端的雷州半岛，三面大海相拥，四季花开如春，拥有蓝色滨海旅游与海洋旅游资源、绿色生态与农业旅游资源、红土风情与历史文化资源，蓝、绿、红三大色块亮丽逼人，特点突出。

“蓝”的是海：漫长的海岸线，赐给湛江一个个美丽的港湾。中国第五大岛东海岛，平整笔直的海滩，足以让越野车纵横驰骋；波平浪缓的海湾，是最理想的海滨浴场。吉兆湾的海，弯曲多变，礁石林立，层次分明，水急浪高；徐闻的海，是珊瑚的家园，色彩斑斓绚丽，奇妙无比。硇洲岛上，峭壁怪石、海浪滔天、古老的灯塔和火山遗址，让人发怀古之幽思。

“绿”的是环境：16万年前一场壮观的地质运动，给湛江留下了世界少见的平地火山湖泊——世界地质公园湖光岩，灌木丛生、绿荫如盖。由于地处热带，无论是在城市还是乡间，到处是怡然清新的绿色，榕树、菠萝树、香蕉树、大王椰以及连片的果林、桉树林、橡胶林……在这些绿色植物装点下，湛江大地一年四季春意盎然、绿意无限，原生态景观令人陶醉。

“红”的是土地：雷州半岛丰富的矿物质，赋予了湛江肥沃的红色土地。在这片红色土地，勤劳的湛江人民创造了源远流长、灿烂辉煌的红土文化。二千多年，海上丝绸之路始发港就位于湛江市徐闻县境内，久远的历史,塑造了南疆人丰富多彩的民间生活和民俗风情，湛江的人龙舞、醒狮、飘色、傩舞、蜈蚣舞、貔貅舞、鹰雄舞、雷州换鼓、安铺八音、雷歌、雷剧等民间艺术，异彩纷呈，引人入胜。朋友们，我们真诚地期待着，和您相聚在中国大陆最南端！

湛江市旅游局

广东省第二届粤东侨博会期间，中共中央政治局委员、广东省委书记汪洋出席潮州《广济桥》特种邮票首发仪式。

在“相约广济古桥，走进潮人故里”宣传推介会上，潮州市政府党组成员、市长助理刘建伟、潮州市旅游局局长谢鸿洲向珠三角九城市市民颁发“潮州市惠民免费景区门票”。

□ 3月7日　“开心清远·闲情山水”旅游推介会暨2009’第四届中国岭南清远牛鱼嘴野生禾雀花观赏节在清远牛鱼嘴原始生态风景区隆重开幕。

□ 4月29日　2009国际旅游小姐中国区总决赛在清城区凤城广场举行。

□ 4月18日　举行“开心清远·激情漂流”2009广东(清远)漂流开漂节活动。

□ 7月28日　国民旅游休闲卡清远发卡仪式暨特惠示范商户签约仪式在好来登候机楼隆重举行，清远成为全省首个发行国民旅游休闲卡的地级市。

□ 8月1日　在清远市国际会展中心南门广场联合举办了的“畅游伟人故里，体验清远山水”清远中山两地旅游互动启动仪式。

□ 8月26日　广东（连山）"七月香"壮家戏水节在县城亲水广场隆重举行。

□ 9月21日　广东省旅游局携手清远市政府、肇庆市政府、梅州市政府、东莞市政府在天津海河假日酒店举办以"活力广东·粤游粤精彩"为主题的广东旅游（天津）推介会。

□ 10月20日—21日　"魅力清远 亲情温泉"2009广东清远温泉节在英德奇洞温泉度假区隆重举行。

□ 11月30日　"唱响广东·走进清远"2009广东省旅游金曲精英大赛活动于在清新花园酒店落下帷幕。

□ 12月28日　广东省旅游局、清远市人民政府、佛冈县人民政府共建国际（中国佛冈）健康养生旅游示范基地签约启动仪式在佛冈篁胜酒店隆重举行，三方共同签署了合作框架协议。

肇庆 体验国际化旅游休闲之都

Experiencing the charm of international travel and leisure capital of

广东肇庆的魅力

Guangdong Zhaoqing

肇庆，意寓开始带来吉祥的地方。是岭南一片钟灵毓秀的自然山水，是珠三角洲葱绿温润的绿宝石。

肇庆，好山好水好地方。七星岩碧波荡漾、岩山耸立；鼎湖山古木参天、群峰竞秀；湿地公园仙鹤翩跹、鹭鸟飞翔；庆云寺佛香缭绕、凉意清心。自古以来，凡山水旖旎绚丽者，皆为人杰地灵之所，包拯、龙母、莫宣卿、六祖慧能、利马窦、荣睿、孙中山、叶挺在肇庆留下的足迹，见证了肇庆的山之秀、水之丽、人之杰。

Zhaoqing, the meaning of starting place of bring good luck. It is beautiful natural landscape in the Lingnan, also is moist emeralds in the Pearl River Deltal.

Zhaoqing, an good place for scenery. In here, rippling blue waves in the Qixing rock, ancient tree and grand mountains in the Dinghu mountain, many flying crane and egret in the wetland park, wreathing Buddhism incense in the Qingyun temple. Since the ancient times, colorful and charming landscape where attached to outstanding people and efficacious place. There are many personalities in Zhaoqing who left their footprints and witnessed the beauty of landscape and preeminence of people including Bao Zheng, Longmu, Mo Xuanqing, Liuzu Huineng, Matteo Ricci, Rong Rui, Sun Zhongshan, Ye Ting.

骑游星湖

九龙湖拉纤竞渡

七星岩水月岩云

鼎湖山飞水潭

盘龙峡漂流

鼎湖山生态游

体验国际化旅游休闲之都广东肇庆的魅力

Experiencing the charm of international travel and leisure capital of Guangdong Zhaoqing

肇庆山水的灵气，滋养着肇庆人的气质，平和而包容，懂得享受生活的情趣。生活在肇庆，房前是夜夜吟唱的西江水，屋后是天然氧吧的鼎湖山。呼吸的是负离子含量最高的空气，喝的是清甜的鼎湖山泉，吃的是无污染的绿色食品，男人精神，女人水灵。空气清新、没的压抑感。每个人都有很大的心灵空间，去体味真实的生活。那种发自内心深入的幸福感，应该是一种内心的暗流，不喧哗，就像血脉的流动，不做声，不停歇。

肇庆市“山、湖、城、江”浑然一体的城市格局，使肇庆人拥有面湖而居的开阔胸襟和豁达胸怀，而距离城市最近的原始森林鼎湖山的熏染，更让肇庆人拥有一种散淡从容的人生态度。无论是肇庆本地人，还是外来的游客，在青山绿水间散步、垂钓、品茗、翩翩起舞、甚至引吭高歌，都有一种休闲的快乐。

The beautiful landscape of Zhaoqing, it has nourished the local people with full of gentle temperament who know how to enjoy the pleasures of life. Living in the Zhaoqing, you can listen the Xijiangshui song on front of the house, enjoy the natural oxygen bar behind Dinghu mountain, breath anion of the highest concentrations of air, drink the sweet spring of Dinghu mountain, eat pollution-free green food, the spirit of men, the charming of women, fresh air, not of oppression.

Zhaoqing City has the integrative city pattern of "Hill, Lake, City, River" which makes local people has open-minded mind, and forests nearest away from virgin forest Dinghu mountain which makes local people has relaxed life attitude. Either you are local persons or foreign visitors, you will enjoy a leisure pleasure when fishing, tea, dance, sing.

湿地公园（仙鹤腾飞）

广州市

综　述

【总体情况】　2009年，是新世纪以来广州旅游业发展面临困难最多的一年，也是全市旅游行业上下坚定信心、共克时艰、化危为机、危中求进的一年。是年，广州旅游业得到各级领导的关心，中共中央政治局委员、省委书记汪洋，国家旅游局局长邵琪伟等领导亲自视察和调研广州旅游业，在充分肯定全市旅游业发展的同时，提出殷切希望；省委常委、常务副省长、广州市委书记朱小丹明确批示，要把旅游业培育成我市的优势产业；副省长万庆良对广州旅游的发展给予极大关心与支持，多次参加广州市举办的旅游活动；市长张广宁多次听取旅游工作汇报，提出要把广州旅游做大做强做出品牌；副市长曹鉴燎对旅游业发展倾注诸多心血，直接领导研究制定建设旅游强市的意见，主抓珠江游深度开发等重点工作。各区（县级市）的主要领导均把区域旅游发展工作放在重要议事日程，作为本地区的重要产业抓紧抓好落实。2009年广州国内旅游持续发展、入境旅游恢复迅速，旅游经济实现平稳较快发展。全市城市接待游客总人数1.18亿人次，比上年增长6.30%；旅游业总收入994.04亿元，比上年增长18.66%；过夜旅游者3975.53万人次，比上年增长12.66%；旅游外汇收入36.24亿美元，比上年增长15.77%。

【旅游行业规模】　2009年，广州市按照《旅行社条例》换发《旅行社业务经营许可证》及新成立的旅行社共有199家（服务网点711家），其中出境游组团社37家，外资旅行社5家。分社29家，分布在省内各大城市。利用CEPA优惠政策初审上报捷旅假期（广州）有限公司为广州首家港资旅行社。全市旅行社从业人员7296人，比上年增长12.71%。全市拥有星级饭店242家，其中五星级饭店13家（含1家白金五星）、四星级34家、三星级132家、二星级62家、一星级1家。星级饭店可供出租客房3.67万间，床位6.43万张，年可接待游客605.82万人次。全市星级酒店从业人员45183人，同比增长3.67%。全市拥有A级景区27家，其中5A级景区1家，4A级景区14家；主要旅游景点从业人员14072人，同比增长11.43%。广州地区注册导游人数的规模达到16006人。其中，大专以上学历导游占总数的68.93%，30岁以下导游占总数的81.27%，普通话导游占总数的91.68%，外语导游占总数的8.32%。广州地区男女导游的比例为24.22∶75.78。

【重大旅游决策】　2009年10月16日，广州市委、市政府正式颁布实施《关于加快旅游业发展建设旅游强市的意见》。《意见》明确提出要将旅游业打造成优势产业，把广州建设成为国家旅游强市和国内国际重要旅游目的地。同时，要求从政策、资金、税收等方面对旅游业予以积极扶持，这为全市旅游业在新的历史起点上又好又快发展提供了有力保证。制订《旅行社组织外国人来穗奖励办法（试行）》，编制《广州东北部山区旅游发展战略规划》，修订出台新的《出境旅游组团合同》范本和《国内旅游组团合同》范本。

【全市旅游工作会议】　2009年2月9日，广州市旅游工作会议在广州市政府礼堂召开。广州市副市长曹鉴燎、省旅游局副局长曾维炳出席会议，广州市旅游局党委书记、局长朱力作工作报告。曹鉴燎副市长会上提出三点要求：一是旅游业要服务好当前全国经济工作、服务好全体市民、服务好广州亚运；二是做好政府与企业之间的互动；三是抓好大型旅游项目开发。全市旅游工作会议的召开，为旅游业应对国际金融危机，实现“三促进一保持”指明了方向，为实现2009年广州旅游经济的平稳较快发展奠定了良好基础。

【广州当选亚太城市旅游振兴机构会长城市】　2009年9月27～30日，亚太城市旅游振兴机构（英文简称TPO）第四届总会在马来西亚沙巴州首府亚庇市召开，有10个国家30个城市的200多名代表参加，包括20名市长（副市长）在内的政府、民间旅游部门的代表、联合国世界旅游组织（UNWTO）代表等旅游界高层人士，以及马来西亚政府高层人士和各大媒体代表参会。在本届TPO总会上，经执委会推荐、与会代表表决，广州市以全票纪录当选为TPO第四届会长城市，张广宁市长担任TPO第四任会长，任期自2009年10月至2011年9月。广州市同时获得TPO授予的最佳城市旅游管理奖。TPO是在2002年的亚太城市首脑会议上提议成立，截至2009年第四届总会结束，加入TPO组织的有亚太地区10个国家的65个城市会员和39个民间会员，作为最初发起城市之一，广州市是中国在TPO的唯一执行委员城市，代表中国参与TPO事务的有关决策。

【试行国民旅游休闲计划】 2009年，广州市认真落实省政府《关于试行广东省国民旅游休闲计划的若干意见》（粤府［2009］19号），举办“活力都市、生态旅游——2009年春节黄金周广州旅游产品推介会”、“心连心·羊城欢乐行”、“广佛同城旅游大放送”、“广州新亮点推介”等系列活动。各区（县级市）也结合本地特点，举办各类活动120多场次，同比增长25%。各旅游企业也根据行业特点和企业情况，纷纷出台各种优惠便民措施，落实国民旅游休闲计划，广州地区的5个主体旅行社，与国内外旅游局和旅游企业签订联合营销合作协议1300份，同比增长20%，发放旅游消费券2200万元；各景区（点）也采取折扣让利等措施，向社会发放20万张“U卡先一卡通”旅游优惠卡。推荐增城市为“广东省国民旅游休闲示范市”，从化市为“创建全国生态旅游示范区”。

4月28日，“广州滨海金游廊启动暨广州国民旅游模范干线授牌仪式”在岭南印象园举行。广州市副市长曹鉴燎、广州市旅游局局长朱力，市直各有关单位、各区县旅游局负责人、景区和旅行社代表、广州地区主流媒体以及来自广州、佛山等地的游客共3000多人参加活动。启动仪式上，向南沙港快速路颁发“广州国民旅游模范干线”牌匾，向岭南印象园等12个景区颁发“广州滨海金游廊示范景区”牌匾。

广州滨海金游廊启动

【全国百城（广东）旅游宣传周】 2009年4月11日，由国家旅游局主办，广东省旅游局承办，广州市旅游局协办的“全国百城（广东）旅游宣传周”开幕启动仪式在广州英雄广场举行。中纪委驻国家旅游局纪检组组长刘金平、副省长万庆良、省政府副秘书长刘晓捷、省旅游局局长杨荣森、广州市副市长曹鉴燎出席开幕式。启动仪式后，广州举办大型推广活动，有近百家企业参展，吸引逾10万名游客和市民参加，推出多项旅游优惠措施，受到游客和市民的热捧。活动现场发放1万册“惠民旅游手册”。

【中国生态旅游年】 2009年为国家旅游局确定的“中国生态旅游年”，主题口号为“走进绿色旅游、感受生态文明”。2009年1月1日凌晨零点，由广州市旅游局主办，南湖国旅·西部假期承办，德庆盘龙峡生态旅游景区、广州本田东圃店、广东奥林匹克体育中心协办的“2009广州生态旅游年全国第一团”启动仪式在广东奥体中心正式拉开帷幕。年内，广州市旅游行业紧紧围绕生态旅游这一主题，充分挖掘广州的城市生态特点，加强旅游资源整合，突出岭南山水文化特色，初步打造“山、水、城、花”城市旅游品牌。积极推进东北部山区生态休闲度假旅游产品开发和整合，重点开发王子山、帽峰山、火炉山建设，整合北部白云、花都、增城、从化等地60个景区的旅游资源，推出涵盖山林生态、乡村生态、湖泊生态、温泉生态、漂流生态五种生态旅游类型的广州“翡翠生态游地标群”旅游品牌。同时设计推出系列生态旅游新线路，如：结合北部的从化市、增城市、花都区、番禺区、南沙区的森林公园、林家乐旅游和特色饮食等资源，开发以观光、品尝、度假为主的生态休闲乡村一日游、二日游线路等。重点支持和指导从化、增城生态休闲度假区项目的建设以及生态旅游片区的打造。

2009广州“生态旅游年全国第一团”启动仪式

旅游接待与收入

【入境旅游】 2009年，广州市全年接待入境过夜旅游者

689.40万人次，比上年增长12.56%；旅游外汇收入36.24亿美元，比上年增长15.77%。入境游市场经受国际金融风暴和甲型H1N1流感的双重影响，在艰难中起步。入境旅游者接待人数在1月份同比达到2位数的降幅，经历反复的升降以后，从5月份起全面止跌回升；从8月份起至12月，接待境外游客人数同比增幅逐步加大，最高达四成。全年全市接待主要客源国前10名为：日本、美国、马来西亚、韩国、新加坡、泰国、澳大利亚、印尼、法国、印度。

【国内旅游】 2009年，广州市接待游客总人数1.18亿人次，比上年增长6.3%，其中接待国内过夜旅游者3286.12万人次，比上年增长12.68%；广州旅游业总收入994.04亿元，比上年增长18.66%，其中国内旅游收入746.52亿元，比上年增长20.38%；旅行社组团省内游416.88万人，比上年增长6.41%；旅行社组团省外游152.73万人，比上年增长2.08%。全年来穗国内游客的数量呈逐季攀升态势。

【出境旅游】 2009年，广州市全年组团出境游168.10万人次，其中香港游70.65万人次，澳门游31.83万人次，出境游65.62万人次。广州出境游市场在H1N1甲型流感疫情放缓后，从8月份起逐渐步入上升的轨道，至年底有1.87%的微升，其中香港游、出国游分别增长19.59%和16.72%。居民赴港旅游全面开放自由行后，通过旅行社组织的香港游基本恢复至2007年的水平。

【假日旅游】 2009年春节黄金周，广州市城市接待890.22万人次，同比增长12.61%；旅游业总收入34.25亿元，同比增长8.69%。“五一”期间，全市接待游客393.82万人次，同比下降32.23%；旅游业总收入12.33亿元，同比增长8.54%。“十一”黄金周，全市接待游客998.98万人次，同比增长7.05%；旅游业总收入46.30亿元，同比增长7.19%。

旅游宣传促销与节庆活动

【概述】 2009年，广州市不断加大对境内外旅游宣传推广的力度。境外旅游宣传方面：在澳大利亚（悉尼）和日本（东京）新设立广州旅游推广中心；组织旅游企业赴澳大利亚、德国、加拿大、俄罗斯等20多个国家和地区进行参展和专题旅游宣传促销活动；旅游企业加强与日本全日空、亚洲航空、马达加斯加等国际航空公司的业务合作，全年旅游包机200架次，同比增长30%；积极参与亚太城市振兴机构（TPO）、亚太旅游协会（PATA）和国际城市美食联盟等国际旅游合作组织的事务活动，广州获得TPO授予的最佳城市旅游管理奖，并成功当选TPO第四任会长城市。国内旅游宣传方面：先后组织旅游企业赴大连、昆明、杭州、重庆等30多个国内城市开展专题宣传促销活动；编辑《广州旅游》、《讲饮讲食》杂志和拍摄《畅游广州》、《粤游粤精彩》等电视栏目；开展“广佛旅游同城化”、“广佛肇旅游一体化”区域旅游合作，与佛山、肇庆市旅游局共同签订旅游合作框架协议，并首次发行“广佛肇旅游一卡通”；深化广深珠区域旅游合作，三地以统一形象共同参加7次国内外旅游展和大型推介会。成功举办2009广州国际旅游展览会，国外参展客商达到45%，有效提升了展会和广州城市的国际知名度；举办2009广东国际旅游文化节暨泛珠三角旅游推介大会广州系列活动共21项；第23届广州（国际）美食节尝试由政府主办转向市场运作举办，代表中国餐饮八大派系和世界三大流派的118家知名餐饮企业积极参予，充分展示广州餐饮企业强大的实力和良好形象。

【国际旅游客源市场营销】 2009年，广州市实施“走出去”促销策略，在重点国际旅游客源市场开展旅游宣传推广工作。2月，赴澳大利亚参加墨尔本会议与奖励旅游展及广州旅游（澳新）推广中心的挂牌仪式，赴日本参加福冈市政府等部门举办的“广州说明会”；3月，赴德国参加2009年柏林国际旅游交易会（ITB），赴法国参加里昂美食音乐会并进行现场厨艺展示；4月，赴大连参加2009中国国内旅游交易会及2009中国生态旅游年辽宁启动仪式暨中国边境旅游高峰论坛等系列活动，赴澳门参加亚太旅游协会（PATA）2009年会及其论坛，赴俄罗斯符拉迪沃斯托克市参加亚太城市旅游振兴机构（TPO）第14次执委会会议；5月，赴香港参加由省旅游局与省港澳办联合组织的交流活动；6月，赴香港参加第23届香港国际旅游展览会；9月，赴日本参加在东京举办的2009年JATA国际旅游展暨专项促销展，赴俄罗斯参加2009年莫斯科休闲度假旅游展，赴杭州参加亚太旅游协会（PATA）交易会和第五届目的地管理国际大会；10月，赴加拿大参加2009年蒙特利尔国际旅游展；11月，赴英国参加2009伦敦国际旅游展（WTM），赴昆明参加2009中国国际旅游交易会；12月，赴北欧四国进行中国旅游宣传推广活动。通过这些活动，与境外旅游业界加强交流与合作，也借鉴到先进的旅游管理和宣传促销经验以及未来发展规划。

【国内旅游客源市场营销】 2009年，广州市积极参加国内相关的展览及推广活动。4月，赴青海参加2009青海投资贸易洽谈会暨郁金香节；5月，赴沈阳参加2009中国食品博览会；6月，赴南宁参加第五届泛珠三角区域合作经贸洽谈会；7月，赴成都参加“广州－成都时尚品牌展销会”，赴珠海参加首届中国海洋博览会暨海洋事业60年成就展；8月，赴宁夏参加2009中国国际投资贸易洽谈会旅游展；9

月，赴西安参加广州产品国内行系列活动，赴杭州参加亚太旅游协会（PATA）旅游展；10月，赴郑州参加“2009郑州·旅游产业发展论坛”，赴华东四市参加由广东省旅游局主办，广州、深圳、珠海三市旅游局联合承办的“活力广东、精彩广深珠”旅游推介会；11月，由副市长曹鉴燎带队赴三亚参加第四届中国邮轮产业发展大会暨首届国际邮轮博览会并作了《努力建设广州国际邮轮母港加强合作推进邮轮经济发展》的主题发言，赴南京参加广州产品国内行活动，参加由广州市政府主办的广州博览会。通过这些活动，与国内旅游业界加强了交流与合作，达到深化交流、推进合作、互利双赢的目的。

【2009广州国际旅游展览会】 2009年3月26～29日，由广东省旅游局、广州市旅游局指导，汉诺威展览（上海）有限公司主办的“2009年广州国际旅游展览会”在广州锦汉展览中心举办。副省长万庆良、省旅游局局长杨荣森、广州市政府副市长曹鉴燎等领导和嘉宾近300人出席开幕式。展览会共吸引40个国家和地区的460家企业参展，展出面积15000多平方米。本次展览会参展外国机构占总数的45%。来自33个国家和地区的2.1万名专业买家到场参观洽谈，共接待海内外观众及专业人士63715人次，国际化水平进一步提升。

与会领导为2009广州国际旅游展剪彩

【广东国际旅游文化节广州分会场】 2009广东国际旅游文化节暨泛珠三角旅游推介大会广州系列活动于11月成功举办。本届系列活动内容丰富，形式多样，阵容强大，精彩纷呈。开展的主要活动包括：第二十三届广州（国际）美食节、2009泛珠三角旅游花船大巡游、第三届广州金牌导游员大赛、亚运广州美食推广大使评选、第十届广州国际茶文化节暨2009中国（广州）国际茶业博览会、第十四届广州国际艺术博览会、第五届“羊城新秀”歌手大赛、第七届中国音乐金钟奖、第五十届羊城菊花展览会、“西关寻迹”暨“西关美食节”系列活动、2009广州（南沙）滨海旅游欢乐节、第二届广州黄埔杨桃欢乐节、第二届广州海珠小洲青年艺术节、首届番禺农产品博览会暨2009年番禺旅游文化美食节、花都旅游文化节、“精彩越秀——广府文化旅游嘉年华”、2009年“绚丽天河”文化艺术节、2009中国广州·从化温泉旅游文化节、2009中国广州（增城）登山旅游节、2009中国广州增城菜心节、2009中国广州（新塘）国际牛仔服装节暨中国新塘国际牛仔形象大使大赛。在2009年广东国际旅游文化节开幕式典礼上，广州制作的花车被2009广东国际旅游文化节暨珠三角旅游推介大会组委会办公室评为唯一的特等奖，并被著名歌唱家宋祖英指定为演出乘用车。

【2009广州国际美食节】 2009年11月12日至11月22日，由广州市人民政府主办，广州市旅游局、广州市饮食行业商会、广州市正佳企业有限公司承办的“第23届广州（国际）美食节”在正佳广场主会场和全市各主题会场及分会场举行。本届美食节以“迎亚运好味广州”为主题，主会场13项活动吸引全市众多知名餐饮企业前来参展。美食节期间，参与各项活动的市民和游客达330多万人次，成为2009广东国际旅游文化节最具人气的活动之一。美食节规模之大，内容之丰富，群众参与性之强，均体现了广州饮食文化的吸引力与深厚内涵，使之真正成为全民的节日、大众的盛宴。通过在主会场、主题会场、分会场组织的不同风味档次、丰富多彩的各类活动，满足了市民和游客不同层次的美食需求，擦亮“食在广州”城市招牌。

【广佛肇一体化区域合作】 2009年6月17日，广州、佛山、肇庆三地旅游局在肇庆签订《“广佛肇旅游一体化”合作框架协议》，进一步推进广佛肇旅游深度合作。《协议》作为广佛、广佛肇区域旅游合作的指导性文件，旨在解决三个城市旅游合作在行业管理、市场推广、旅游规划、旅游资源开发和整合、旅游人才培训交流等方面需协调、协商和推进的重大问题。同时，三地旅游局策划发行“广佛肇旅游一卡通”，为游客提供三地旅游的有关资讯和价格优惠，持卡人可在广州、佛山、肇庆三地200多个旅游景区（点）及相关旅游接待单位，凭卡享受最低五折优惠。优惠卡的发行，有效整合三地的旅游资源，使游客尽享旅游优惠，畅游广佛肇景区（点），促进三地旅游经济的共同发展。

旅游资源开发和景区(点)建设

【概述】 2009年，广州市提出并全面启动“山、水、城、花”特色旅游品牌产品体系建设，深化以珠江游为主的水文化休闲旅游品牌产品开发，加强“千年商都”、“岭南文化”、“食在广州”、“现代都市”、“近代史迹”、“海上丝绸之路”、“宗教文化”、“亚运”等八大都市旅游品牌产品体系建设，推进山水相融的生态休闲旅游产品品牌升级，提升“花城”旅游品牌形象。并围绕这“山、水、城、花”四个主题打造一系列的旅游精品线路：推进珠江游深度开发工作，打造珠江游水文化休闲旅游项目，升级改造珠江两岸景观和延伸珠江游线路等；推进以“山”为主的生态休闲旅游产品建设，重点打造王子山、帽峰山、火炉山等森林公园的旅游开发；推进以“城”为主题的都市游项目，广州新电视塔、西塔等新的都市旅游亮点正在形成；推进以“花”为主题的景区（点）开发建设，从化玫瑰园、番禺大夫山等以花为主题的景区建设初具雏形。2009 年，珠江夜游航线向东延长至琶洲展馆，珠江日游航线延长至黄埔；广州新电视塔游览观光的产品设计和市场推广已进行预热；琶洲段沿江一公里长的“琶醍”文化休闲中心建设抓紧推进；大沙头珠江游新码头通过验收，海心沙码头、新电视塔码头、太古仓码头和黄沙水产码头建设及升级改造工作已相应启动；珠江游船升级改造和新型游船引入工作逐步推进；海珠区的黄埔涌、荔湾区的大沙河、冲口涌等河涌旅游开发工作正抓紧推进；邮轮、游艇旅游项目开发工作取得了新进展。

启动广佛肇旅游一卡通项目

【旅游规划】 2009 年，广州市旅游局会同暨南大学旅游规划设计研究院合作编制完成《广州东北部山区旅游发展战略规划》。《规划》对广州东北部山区六镇旅游发展现状进行调查和分析，对资源环境进行科学评价，并从规划原则、产业定位、形象定位、市场定位、战略目标定位等方面全面规划东北部山区旅游的建设，充分发挥旅游业对促进地方经济发展和生态环境保护的双重带动作用，更好地促进山区镇经济、社会、环境协调发展。

【旅游区（点）与基础设施建设】 2009 年，为迎接第十六届广州亚运会，广州市旅游局会同市质监局积极开展旅游景区服务标志标准化改造工作，规范景区服务标志标准化建设，取得阶段性成果。根据国家标准《旅游厕所质量等级的划分与评定》（GB/T18973－2003），广州市旅游局和市质监局会同旅游景区协会评定首批景区星级旅游厕所 32 间，促进景区旅游厕所的发展。

【2009 穗台乡村旅游研讨会】 2009 年 10 月 9～12 日，由广州市旅游部门和市台湾同胞联谊会联合主办、台湾乡村旅游协会协办的“2009 年穗台乡村旅游研讨会暨广州乡村旅游现场会”在广州召开。会议围绕“大力发展乡村旅游”的主题，邀请台湾乡村旅游专家、业界代表及在穗投资农业的台商近 30 人参观考察广州乡村旅游投资环境，并与广州市乡村旅游业专家、市区（县级市）乡村旅游有关部门负责人、业界代表进行交流，拓宽未来广州乡村旅游发展思路，为未来广州乡村旅游的发展奠定了理论基础。

【新开发、新建设旅游景区（点）】

〖**石头记矿物园**〗 位于广州市花都区珠宝城内，园区占地面积 70 亩，是以矿物为概念所建的主题乐园。“矿物园”主体为一扇形建筑物，地下一层包括时空隧道，影视厅，水晶、琥珀原生态区，石头禅室，古代生物化石区和奇石矿物陈列区。聚焦看点有传国玉玺、夜明珠、满汉全席、海洋之梦等石头艺术文化经典作品。石头记矿物园是中国玉石文化的一个立体形象展示，荟萃来自世界各地的矿藏奇石以及与人类文明息息相关的所有的“石头的故事”。

〖**南粤苑**〗 位于广州番禺沙湾镇紫坭村大川岗，东临紫坭河，南接宝墨园，西倚村民居，北望耕作区，占地 100 多亩，是一座山水园林与岭南建筑相融合、艺术珍品与岭南园林并茂的大型山水园林。南粤苑是岭南名园宝墨园的“姐妹园”，是宝墨园建设的深化与伸延，她展现了沙湾历史文化名镇和禺山风采。南粤苑的诞生可谓是番禺旅游的一张新名片，也是沙湾文化古镇的一道亮丽风景线。

【新的旅游线路】 2009 年，广州市整合打造“广州滨海金游廊”、“翡翠生态游地标群”、“珠水·丝路”珠江日游航线三大旅游品牌线路。“广州滨海金游廊”线路以南沙港快速路为纽带，串联沿线黄埔区、海珠区、番禺区和南沙区四个行政辖区的景区（点），整合成历史科教休闲文化景区集群、现代娱乐民俗景区集群、生态美食文化景区集群、滨海史迹现代文明景区集群和滨海渔村风情景区集群。4 月 29 日，该集群线路的启动仪式在广州市岭南印象园举行。“翡翠生态游地标群”品牌线路整合北部白云、花都、增城、从化等地60个景区的旅游资源，推出涵盖山林生态、乡村生态、湖泊生态、温泉生态及漂流生态五种生态旅游类型，为市民到北部生态旅游景区游玩提供更丰富的选择。8月28日，该线路的启动仪式在增城白水寨风景区举行。“珠水·丝路”珠江日游航线由广州市旅游局联合黄埔区政府，以及广州港务集团有限公司、广东省珠江航运有限公司、广州广舶游船公司、南湖国旅等共同打造。12月30日，该线路首航仪式在大沙头码头举行。副省长万庆良等省、市领导及有关单位负责人，相关旅游企业代表、各大主要新闻媒体记者约500人共同见证。该航线由广州大沙头码头开出，除上岸参观南海神庙及黄埔军校旧址纪念馆两个主要景点外，沿途可观赏到代表珠江两岸历史文化时代变迁的大元帅府纪念馆等30多处景观。

【乡村旅游和旅游扶贫工作】 2009年，广州市将旅游扶贫工作与新农村建设相结合，指导和帮扶各区、县级市发展乡村旅游，在旅游基础设施建设、旅游项目开发、大力发展乡村游和生态游等方面，帮扶各区、县级市资金313.5万元。1月20日，广州市第一个“广州地区农家乐旅游示范点”在增城小楼镇“小楼人家”旅游景区挂牌，“小楼人家”评为首个“农家乐旅游示范点”景区。9月，中国科学华南植物园、石门国家森林公园、流溪河国家森林公园被评为“广东省森林生态旅游示范基地”。11月，从化市宝趣玫瑰世界、从化市大丘有机农产公司、增城小楼人家景区被评为首批“广东省农业旅游示范基地”。从化市制定《关于鼓励旅游业发展的优惠办法》，加大对旅游业发展的扶持和统筹力度，着力打造田心村、溪头村等乡村生态旅游品牌；番禺区将海鸥岛岭南水乡风情乡村旅游区规划建设作为建设社会主义新农村的重点工作；花都区积极打造自然生态、农业观光等旅游项目，油菜花基地、香草世界等农家乐景区，吸引众多游客；南沙区以建设两个适宜现代化滨海新城区为目标，重点打造南部水乡生态旅游风景区；黄埔区积极推出长洲农家乐旅游项目，对多个农家乐试点项目进行升级改造；海珠区投入巨资重点推进小洲村、黄埔古村的旅游开发，着力打造城乡和谐游精品项目；天河区重点打造以华南植物园为龙头的森林生态旅游公园群落；萝岗区重点推出天鹿湖生态游项目；荔湾区正在规划和建设水秀花香生态旅游区，开发乡村河涌旅游，力争在2010年春节前将大沙河建设成为市民、游客周末、节日的好去处。

旅游行业监督管理

【概述】 2009年，广州市积极贯彻实施《旅行社条例》和《广州市旅游条例》，不断推进依法治旅工作，加快行政审批制度改革，向区（县级市）下放旅行社分社和服务网点2个备案事项，对原有的规范性文件进行全面清理，编印《广州市旅游行业法规汇编》，推出2009版广州国内旅游和出境旅游合同示范文本，完善导游IC卡审核发证管理制度。及时完成146家旅行社质保金清退工作；出台《2009年度广州市旅行社组织外国人来穗旅游奖励办法（试行）》，并从市旅游发展专项资金中拿出200万元奖励入境游，鼓励促进入境游市场建设；各区（县级市）也采取增加旅游专项资金、设立贴息贷款等措施，扶持旅游业发展。全年新评定星级饭店27家，其中五星级4家、四星级4家、三星级19家。全年复核星级饭店209家，其中评定性复核16家。全年完成197家旅行社的年度年检工作，新审批旅行社17家，注销7家；组织189家旅行社重新审核换发经营许可证工作。指导景区创A工作。重点指导白云山创国家5A级景区，广东科学馆、九龙湖、南海神庙、正佳广场等创国家4A级旅游景区工作，白云山已通过省级评定，广东科学馆被评为4A级旅游景区。

广州增城市绿色单车道颇受游客喜爱

【迎亚运系列工作有序开展】 2009年，广州市进入迎接第16届亚运会的关键年。在市政府亚运城市行动协调委、亚组委领导下，市旅游行政管理部门按照《广州2010年亚运城市行动计划》要求，紧紧围绕亚运工作重点，组织开展迎亚运系列工作。成立酒店服务专项小组，制定《酒店服务专项小组工作方案》；与亚组委运动会服务部研究和督导接待饭店按要求做好接待服务、食品卫生A级达标、清真餐饮保障等工作；举办广州市酒店星评员培训班，对全市50多名星评员队伍进行培训提高；召开全市酒店评星会议，向区、县级旅游局下达酒店评星任务和提出新要求；加强对未评星（晋星）酒店申请星级评定工作的指引；召开全市旅游行业服务标志标准化改造会议，下发《关于全面推进公共场所服务标志标准化改造工作的通知》，对酒店完善和提升服务标志标准化进行部署和提出要求；组织开展酒店业迎亚运提升行业素质系列培训，制定《亚运城市行动广州酒店行业培训工作方案》，并与亚组委运动会服务部、广州地区酒店行业协会等单位共同举办“亚洲宗教政策与礼仪知识”、“酒店行业公共图形标志规范使用”、“亚运常识、国家安全”、“分享北京奥运经验，共迎广州亚运”等多期培训班；组织“迎亚运·广州美食推广大使”评选活动。

【旅游市场监督】 2009年，广州市转变旅游市场质量监管模式，对投诉较多的旅行社主动上门进行专题剖析，要求旅行社狠抓监管制度落实，狠抓诚信旅游服务培训，形成投诉快速反应机制。与公安、工商等部门联动，除日常检查外，进行了8次专项检查行动。出台《诚信旅行社服务规范与评定》地方标准。全年受理游客有效投诉39宗，比上年减少13宗，下降25%，理赔金额2万多元。

【旅游安全管理】 2009年8月6日，广州市副市长曹鉴燎主持召开全市旅游安全及发展工作分析会。广州市旅游局、各区县旅游局领导及旅游企业负责人近200人参加会议。会议要求全行业牢固树立“旅游安全第一”的观念，建立健全长效安全机制，落实安全责任制，提高对突发情况的应急处理能力。2009年，全市加强旅游安全生产监管工作，形成了市、区（县级市）旅游行政管理部门主要领导和企业第一责任人亲自抓、分管领导重点抓、各部门齐抓共管的旅游安全工作机制。全年围绕“关爱生命，安全发展”主题，重点抓好旅行社租车、景区安全疏导、旅游饭店消防安全和食品卫生安全等工作。开展了安全生产年和旅游警示教育活动，强化企业负责人的安全生产意识，建立健全安全生产管理制度和操作规程，落实安全生产责任制。健全企业安全应急管理机制，增强突发事件应急处置能力。重大节假日和黄金周前期，会同公安消防、质监、安监、卫生等部门开展安全生产大检查，消除各种安全事故隐患。广州地区全年未发生重、特大旅游安全事故，有力地保障了广大旅游者和旅游从业人员的生命财产安全。

【旅行社管理】 2009年，国务院颁布实施《旅行社条例》，广州市举办全市旅行社及有关单位参加的《旅行社条例》学习培训班。修订出台新的《出境旅游组团合同》范本和《国内旅游组团合同》范本，由旅行社协会印制并大量提供给各旅行社使用。按照国家旅游局的要求和省旅游局的工作安排，对旅行社重新换发经营许可证，全部清退质保金并督促旅行社到银行缴存质保金，规范质保金的管理。为帮助旅行社度过金融危机难关，对旅行社实施暂退50%质量保证金。制订《旅行社组织外国人来穗奖励办法（试行）》。2009年，广东省中国旅行社股份有限公司等4家旅行社获“2008年度全国国际旅行社100强”称号，广州假日通旅行社有限公司等4家旅行社获“2008年度全国国内旅行社100强”称号，广东南湖国际旅行社有限责任公司等2家旅行社获“2008年度全国三大业务国内游十强旅行社”称号，广州广之旅国际旅行社股份有限公司等3家旅行社获“2008年度全国三大业务出境游十强旅行社”称号，广东省中国旅行社股份有限公司获“2008年度全国利税十强旅行社”称号，广州广之旅国际旅行社股份有限公司获“2008年度全国旅行社企业集团十强”称号。

【导游员管理】 2009年，广州市导游管理继续采取政府主导，发挥行业协会的协调作用，导游服务管理公司承担对兼职导游的管理与培训职能，旅行社对专职导游实施职业岗位管理与专项训练。导游IC卡管理实行制管分离，制作、保管、发放、回收都有严格的管理制度和标准。建立以基本工资加带团补贴为主体的导游员薪酬办法，确保其基本工资收入、社会保障等合法权益。对已经注册登记的导游人员名单、诚信服务信息、投诉记录、扣分记录，及时在市旅游行政管理部门的网站上公开发布，建立导游人员信誉档案公开系统。12月，广州市举办2009第三届广州金牌导游员大赛决赛暨颁奖典礼，评选出40名金牌导游员，总分前6名的选手由广州市人力资源和社会保障局授予“广州市技术能手”称号。广州市旅游局党委书记、局长朱力出席活动并为获奖选手颁奖。至此，广州市金牌导游员已升至110名。

2009第三届广州金牌导游大赛

【旅游饭店管理】 2009年，广州地区旅游住宿设施（宾馆、酒店、旅馆、招待所等）接待来穗过夜游客2879.41万人次、5636.32万人天，分别比上年增长7.53%和5.85%。全年平均开房率为58.9%。全市星级饭店的接待总人数605.82万人次、1026.08万人天，分别下降1.77%和0.74%；营业收入65.3亿元，下降1.94%；平均开房率57.31%，与上年基本持平。完成对209家星级饭店复核，其中因转营、停业、设施设备达不到标准等原因取消星级饭店资格的有2家，因装修改造、准备拆建等原因暂缓年检复核的有2家，其余星级饭店通过年检复核。广州市主要宾馆（酒店）营业收入排前十位的是：花园酒店、香格里拉大酒店、长隆酒店、白天鹅宾馆、中国大酒店、威斯汀酒店、东方宾馆、丽思卡尔顿酒店、广州大厦、亚洲国际大酒店，这10家酒店营业收入总额为27.38亿元，比上年增长2.69%，占全市宾馆（酒店）营业收入总额的10.87%。广州香格里拉大酒店、广州天誉威斯汀酒店、南沙大酒店、白云宾馆4家酒店被评定为五星级旅游饭店，其中白云宾馆由四星级晋升为五星级饭店。原广东国际大酒店由洲际酒店管理集团管理，并更名为广州中心皇冠假日酒店。全市有107家酒店被评为“绿色旅游饭店”。原东方酒店集团属下的东方宾馆、白云国际会议中心、鸣泉居度假村整体划归广州岭南国际企业集团。

【旅游标准化建设标准】 2009年，广州市旅游局和市质量技术监督局共同制定广州市地方性技术标准《诚信旅行社服务规范与评定》（DBJ440100/T50－2009），将于2010年1月1日起实施，并同步开展诚信旅行社测评工作。对诚信旅行社的基本条件、经营要求、管理要求、服务要等方面进行量化测评。3月9日，按照新标准通过测评复核的70家旅行社和新测评达标的12家旅行社被授予“广州地区诚信旅行社”牌匾。

【广州地区旅游景区协会】 2009年，协会充分发挥桥梁作用，共举办6期培训班，其中，两期珠江游讲解员培训班，组织四家游轮公司、部分景区约190人次参加培训。9月，由广州市旅游局主办、广州地区旅游景区协会承办的广州地区旅游景区（点）首届讲解员大赛在广东美术馆举办。来自20家单位的40多位选手通过自我展示，推介广州，诗歌朗诵、情景剧讲解三个环节，选出16名优秀选手，西汉南越王博物馆选手王维一摘得桂冠。9月12日，由广州市旅游局、第16届亚运会组委会服务部联合主办，协会联合广州电视台《周末导游》栏目、华南植物园等单位承办的“广州美景最佳拍摄点DV、摄影大赛”开镜仪式在华南植物园隆重举行，300多位摄影爱好者参加，大赛参选作品近千份，在环视旅游网进行了专题宣传。2009年底，协会与广东国旅、广州邮政商函局共同研发首批名为“广州滨海金游廊”明信片门票面世，莲花山旅游区等10家单位加盟，首批印制发行量为2000册。明信片门票的推出，整合了广州旅游资源，籍亚运会契机，更好向国内外游客宣传广州。

【广州地区酒店行业协会】 2009年，广州地区酒店行业协会联合多个政府部门和单位，共同举办“亚洲宗教政策与礼仪知识”、“酒店行业公共图形标志规范使用”等多个培训班，全市酒店业从业人员约1500人次参加培训。同时，协会通过组织会员酒店参加多场人才供需见面会的方式，为广州酒店业发展储备人才搭建平台。2月21日，举办以“迎亚运盛会展行业风采”为主题的广州酒店行业服务技能系列大赛活动。全市星级饭店推荐上百位选手参加餐厅服务技能大赛，近600多位同行现场观摩。张斯敏等10位选手荣获“广州市技术能手”，甄作令等11位选手荣获“广州市技术创新能手”。11月，广州地区酒店行业协会会长赴京交流团一行18人在会长林伟民的率领下，赴京展开为期3天的同业交流活动。交流团代表广州酒店业界拜访国家旅游局、中国旅游协会、中国旅游饭店业协会的领导，并与北京酒店业同仁进行交流座谈，就奥运酒店接待服务经验、亚运酒店接待服务，以及酒店节能、税务、行业协会工作等进行广泛讨论与交流。

朱力局长为大赛获奖选手颁奖

【广州地区旅行社行业协会】 2009年，协会以“树立行业良好的形象，改善行业的经营环境，维护行业的合法权益，提高行业的发展能力，规范行业的良性竞争，增强行业的应变能力，协调行业的相关关系和提升行业的经营水平”为宗旨，协助会员单位降低金融危机和甲型流感对旅行社业的影响。2月11日，协会在广州举行“广州地区旅行社行业协会2009年春茗茶话会”。4月底，全球爆发甲型H1N1流感，协会第一时间发出预警通知，紧急召开会长会议，商讨应对办法。5月11日，广州市旅游局和协会在流花宾馆共同举办广州市《旅行社条例》、《旅行社条例实施细则》学习班。全市160多家旅行社、各区（县级市）旅游局、市质监所共200多人参加培训。7月，协会发动会员单位设置“爱蕾行动”募捐箱。协会还积极参与2009版旅游合同、广州市《诚信旅行社服务规范与评定》（DBJ440100/T50－2009）标准制订等工作。

旅游教育培训和精神文明建设

【概述】 广州市在导游队伍建设方面，坚持以岗前培训、在岗培训、年度检查和监督为主要内容，全面提升初级导游综合素质，加强对中级、高级导游综合能力的培养，加快对特级导游人才的吸纳和培养；重视专业技能导游、复合型导游、小语种导游、社会高级兼职导游等不同门类导游人才的培养。推进导游培训网络教育模式与导游人员的IC卡导游证年度刷卡相结合的考核方式，根据导游的工作特点，采用集中授课和网上远程教育相结合的新模式，为导游人员继续教育培训工作开通网络操作和管理的渠道。组织旅游行业参加各类培训考试活动。培训经理级人员66人、旅游系统职业技能鉴定考评员20人、珠江游讲解员98人、景区（点）讲解员60多人、质监管理专员220人、区（县级市）旅游从业人员300多人。完成广州地区2009年度第一、第二次全国导游考试工作，共有1698人参加考试。

【旅游教育培训】 2009年，广州市全面实行导游远程网络教育授课模式，开设《广东旅游30年回顾与思考》等10多门课程。访问旅游教育栏目达到59668人次。参加继续教育培训总人数5500人，其中参加导游远程教育网络课程培训人数5080人，占当年参加继续教育培训总人数的92.36%。在2009年广州市直机关服务年活动期间，市直机关服务年活动办公室组织开展市直机关最受群众欢迎“四服务”实事评选活动，“实施导游继续教育远程网络培训”作为推荐参评项目参与评比。

广州旅游业积极备战迎亚运

【旅游行业精神文明建设】 2009年7月，由广州市旅游局、广州市人力资源和社会保障局、广州日报报业集团共同举办的“2009第三届广州金牌导游员大赛”在广州地区各旅行社、导游服务管理公司等范围内接受报名。12月4日，总决赛在广州艺博院举行。整个大赛分预选、初赛、半决赛、决赛4个阶段，从中评选出“金牌导游员”40名。广东铁青国际旅行社有限责任公司薛苏获得冠军，并获“最佳才艺奖”、“最佳形象奖”，杨媚获“最佳景点讲解奖”；广州广之旅国际旅行社股份有限公司张云遥获“最佳导游知识奖”。获得总分前6名的冠、亚、季军选手由广州市人力资源和社会保障局授予“广州市技术能手”。

【旅游行风与机关作风建设】 2009年，广州旅游行政管理部门以“优化服务、办事公开、提高效能、厉行节约”为切入点，以“服务企业、服务农村、服务基层、服务群众”为着力点，坚持把增强党性修养与转变机关作风结合起来，开展机关服务年活动，不断推动机关服务转型升级。活动围绕旅游业发展大局，紧紧抓住“四服务”这一活动重点，机关各部门走访服务对象，开展优化服务、问政于群众、问政于基层的调查研究，制定“四服务”的具体政策措施。在办事公开方面，全面推行政务公开、办事公开，增强服务工作的公开性和透明度。在广州旅游网上公布所有职能部门及联系方式，设立网上办事大厅，多项业务实现网上受理或查询。每季度在网上公布旅游市场有关情况，将旅游企业违规经营情况、投诉信息及处理结果向社会大众公布。设立网上“违规举报”栏目，定期对网上的各类意见和建议作出回复。在提高效能方面，深入实施《广州市国家行政机关及其公务员公共服务行为规范试行规定》，抓好“首问首办”、“一次性告知”、“限时办结”等服务承诺制度，推进机关工作和机关事务的规范化、科学化和流程化。简化办理导游IC卡资料年度备案和旅行社资料备案手续，加快旅游投诉事件的办理进度。建立网上信息平台，及时向旅游企业发布相关信息。使用全国旅游质监投诉管理系统，建立投诉档案，实现统一管理。在依法行政方面，问卷调查显示，行政管理相对人及社会公众对广州旅游行政管理部门行政执法的满意度高。在厉行节约方面，全局严格控制一般性行政经费支出，完善并监督实施有关会议、办文、财务、用工和合同审核等工作制度，严格控制会议和下发文件数量，大力压缩会议、文件、调研等方面的费用支出。

【导游援藏工作】 2009年，广州市继续选派导游援藏。广东国旅国际旅行社股份有限公司王海青和广东铁青国际旅行社有限责任公司王楠楠被选为第七批援藏导游员入藏。两名导游员被评为全国第七批援藏导游员西藏自治区先进个人，受到国家旅游局的表彰。广州市旅游局发动援藏企业加强与西藏地区旅游部门、旅游企业的交流合作，在促进两地旅游业发展、保持社会稳定、增强民族团结等方面发挥了作用。

【人事管理】 2009年，广州市旅游行政管理部门以《干部教育培训工作条例（试行）》、《广州市贯彻〈干部教育培训工作条例（试行）〉实施办法》为依据，按照《2007－2010年广州市干部教育培训规划》的部署，着力加强旅游局干部教育培训制度建设，建立健全机关干部教育培训的领导统筹、考核激励、监督约束、权益保障、质量评估、竞争择优等制度。通过举办任职培训、在岗轮训和专题培训班等多种途径进行干部教育培训，同时利用“广州人才大讲堂”、“网络大学堂”和“知名专家讲座”等多种形式，扩大培训范围，创新培训模式，完善培训内容。

纪　事

1月1日 举办“2009广州生态旅游年全国第一团启动仪式”，组织100台自驾车组成的车队前往德庆盘龙峡生态旅游区，成为2009生态旅游年全国首个生态游团队。

2月 广州市旅游局与澳大利亚澳嘉集团有限公司合作成立广州旅游（澳新）推广中心的签约仪式在广州举行。该推广中心设在澳大利亚悉尼市。

澳大利亚推广中心签约仪式

2月9日 2009年广州市旅游工作会议在市政礼堂召开，副市长曹鉴燎出席会议并讲话。

3月11日 广东省副省长万庆良赴长隆集团和大夫山开展旅游调研活动。省旅游局局长杨荣森、副市长曹鉴燎、市旅游局局长朱力陪同调研。

3月26日 由广东省旅游局和广州市旅游局指导，汉诺威展览（上海）有限公司主办的2009年广州国际旅游展览会在广州锦汉展览中心举行。

4月11日 由国家旅游局主办、广东省旅游局承办、广州市旅游局协办的“全国百城（广东）旅游宣传周”启动仪式在广州英雄广场举行。

4月25日 “广佛同城旅游大放送”启动仪式在中山纪念堂举行。广佛两市旅游界及游客近3000人参加活动。

4月28日 “广州滨海金游廊启动暨广州国民旅游模范干线授牌仪式”在岭南印象园举行。

5月4～5日 广东省副省长万庆良先后到广州长隆集团有限公司和增城市开展旅游调研。省旅游局局长杨荣森、副市长曹鉴燎、广州市旅游局局长朱力陪同调研。

6月 广州市市长张广宁在市旅游局的工作报告上批示：“朱力同志，近年旅游工作抓得富有成效，请继续努力”。省委常委、市委书记朱小丹批示：“近两年，我市旅游取得新发展，加快了从旅游大市向旅游强市迈进的步伐，市旅游局为此做了大量富有成效的工作，值得充分肯定。既要立足当前，把发展旅游作为扩内需、保增长的重要举措来抓，又要着眼长远，继续重点抓好资源整合、品牌打造、服务创新、营销推介等重点工作，把旅游业打造成为我市优势产业。”

8月6日 广州市副市长曹鉴燎主持召开全市旅游安全及发展工作分析会。

8月27日 中央政治局委员、省委书记汪洋到广州长隆集团有限公司考察，鼓励并指示做强做大广州旅游业，促进产业升级。广州市市长张广宁、副市长曹鉴燎、旅游局局长朱力分别介绍情况并陪同考察。

9月27～30日 在马来西亚沙巴州首府亚庇市召开的亚太城市旅游振兴机构（英文简称TPO）第四届总会上，广州市当选TPO第四届会长城市，市长张广宁担任TPO第四任会长。广州市获TPO授予“最佳城市旅游管理奖”。

10月10日 广州市旅游局、市台办在增城市联合主办2009年穗台乡村旅游研讨会暨广州乡村旅游现场会。

10月16日 广州市委、市政府印发《中共广州市委广州市人民政府关于加快我市旅游业发展建设旅游强市的意见》（穗字〔2009〕15号）。

10月 援藏导游王海青、王楠楠被西藏自治区授予“全国第七批援藏导游员西藏自治区先进个人”称号，受到国家旅游局的通报表彰。

11月12日 第23届广州（国际）美食节在主会场正佳广场开幕。

11月12日 国家旅游局局长邵琪伟视察长隆旅游度假区，副市长曹鉴燎、旅游局局长朱力向邵琪伟局长汇报了广州旅游工作。

（陈美祥、朱晋峰、何伟业、胡雄文、方永钦、陈国策、丁劭筠、莫斯宁、许莉、周展鹏、钟瑞坤、何伟业、李振宇、莫斯宁、郑炜、潘丽雯）

深圳市

综 述

【总体情况】 2009年，中共深圳市委、深圳市人民政府印发《加快我市旅游业发展建设国际滨海旅游城市的意见》，深圳市人民政府与国家旅游局签订《旅游合作框架协议》。通过积极发展高端旅游、不断探索旅游管理体制的改革创新、大力构建公众旅游服务体系、塑造推广旅游品牌形象，努力推进旅游业持续健康发展，克服了全球金融危机和甲型H1N1流感疫情的不利影响，深圳市旅游业得以健康、持续、平稳发展，全国重要旅游目的地、客源地、出入境旅游集散地的地位进一步巩固，美国《纽约时报》将深圳列为全世界2010年必到的31个旅游胜地之一。深圳各项主要旅游经济指标继续位居全国大中城市前列：全年接待游客总人数7071.32万人次，比上年增长4.68%，其中国内游客4358.61万人次，增长7.14%，入境游客2712.71万人次，增长0.95%；全市旅游业总收入544.24亿元，比上年增长5.1%，其中国内旅游收入355.73亿元，增长7.92%，旅游外汇收入27.6亿美元，增长1.93%。旅游景区接待2865.33万人次，增长7.71%；旅行社接待623.39万人次，增长5.26%；宾馆酒店平均住房率59.32%，与上年基本持平。

【旅游行业规模】 深圳旅游业已初步形成“都市风情”、“主题公园”、“滨海休闲”和“高尔夫之都”四大品牌特色。全市各类景区（点）117处，包括主题公园、自然生态、滨海度假、都市风情、购物美食、人文历史等不同类型，其中A级景区6家（5A级1家、4A级5家）。拥有各类旅游住宿设施1906家，其中宾馆酒店778家，旅馆、招待所1128家，星级饭店150家，客房总数112951间，床位总数160665张。星级饭店中五星级14家、四星级31家、三星级74家、二星级31家。按五星级标准建设并已投入使用的酒店达到17家，按五星级标准设计并已开工兴建的酒店有10家；拥有旅行社193家，其中出境组团社30家、外资社3家；旅游产业配套方面，深圳市还建成一批如万象城、金光华、COCOPARK、中信城市广场等大型商业娱乐设施。体育活动和健身场所设施新、数量多，高尔夫运动最突出，全市有15家高尔夫球会，其中观澜湖高尔夫球会是世界上最大的球会，有216个球洞，欧米茄世界杯高尔夫球赛连续12年在此举办赛事。

【重大旅游决策】 2009年8月17日，中共深圳市委、深圳市人民政府印发《关于加快我市旅游业发展建设国际滨海旅游城市的意见》。《意见》进一步明确深圳市旅游业发展的方向、任务、基本原则和政策措施，完善了深圳市旅游业发展的政策环境，解决了旅游业发展中存在的一些制约因素，为深圳市旅游业未来的发展提供了政策支持。

全市贯彻落实市委、市政府加快旅游业发展意见大会

【全市旅游工作会议】 2009年2月11日，深圳市政府召开2009年全市旅游工作会议。会议总结2008年深圳旅游工作，部署2009年深圳旅游工作任务。深圳市委宣传部、深圳市发展改革局、深圳市贸易工业局、深圳市财政局和深圳海关、深圳边检总站、深圳特检站等部门以及各旅游企业负责人参加会议。副市长卓钦锐出席会议并讲话。

【深莞惠三地签订旅游紧密合作框架协议】 2009年5月18日，深圳、东莞、惠州三地旅游局在深圳市召开三地旅游局联席会议，研究讨论三地旅游合作的有关事项，并签署《深莞惠三地旅游紧密合作框架协议》。《协议》本着

"优势互补，互惠互利，共谋发展"的原则共同协商而成，内容涵盖构建无障碍旅游区、联合促销与宣传、联手市场整治、联合开发环大亚湾区域等。

【国家旅游局与市政府签订旅游协议】 2009年8月1日，国家旅游局和深圳市政府在东部华侨城签订旅游合作框架协议。这是国家旅游局与国内首个非直辖市的城市政府签订的旅游合作框架协议，国家旅游局将在建设国际滨海旅游城市、拓展国内外旅游市场、推进旅游政策创新等方面给予深圳更多的支持和指导。

国家旅游局、深圳市人民政府签署旅游合作框架协议

【深澳旅游合作取得突破性进展】 2009年6月18日，深圳市旅游局和澳门旅游局在澳门举行2009深澳旅游合作联席会议，就进一步加强旅游合作取得突破性进展，达成多项合作意向：9月份联合在杭州举行"深澳旅游联合推介会"；联合制作深澳旅游"一程多站"线路产品宣传折页，在本地旅游咨询服务中心（旅游集散中心）派发摆放对方的旅游宣传品；加强市场秩序监管合作力度，建立深澳旅游市场秩序监管沟通机制；组织旅行社成立诚信经营自律组织，共同制定和公布"优质诚信澳门游"产品标准，开展"优质诚信澳门游"活动。

【贯彻实施《旅行社条例》】 2009年，深圳市文体旅游局将国务院颁布的《旅行社条例》宣贯工作纳入全年22件大事之一。对现有旅行社进行重新审核并换发《许可证》；组织《旅行社条例》宣讲会，邀请国家旅游局专家为全市旅行社及营业部500多人做专场宣讲；组织《旅行社条例》"五一"宣贯现场咨询会以及旅游协会、旅行社、新闻媒体参加的"应对《旅行社条例》转变经营模式研讨会"。

【防控甲型H1N1流感疫情】 2009年，面对全球性甲型H1N1流感的爆发，深圳市文体旅游局启动防控甲型H1N1流感疫情的应急响应管理工作，成立深圳市旅游行业防控人感染猪流感疫情领导小组，并督促企业成立领导机构，下发《关于进一步加强我市旅游系统甲型H1N1流感防控措施的通知》，切实加强对各旅游企业的日常监督检查和指导服务，确保各项防控措施落实到位。

【试行国民旅游休闲计划】 2009年，深圳市颁布国民旅游休闲实施计划，印发国民旅游休闲计划示范基地和示范旅行社的标准及深圳市修学旅游操作办法，创建一批旅游休闲示范旅行社和示范基地：深圳中国国际旅行社有限公司等18家旅行社被列为广东省"国民旅游休闲示范旅行社"；富临大酒店等51家星级酒店被列为广东省"国民旅游休闲示范酒店"；深圳华侨城旅游度假区等3家景区列为广东省"国民旅游休闲示范景区"；深圳市和平茂业百货有限公司会员店等4家商场被列为广东省"国民旅游休闲商业示范单位"。深圳市还大力推进公共旅游休闲场馆向市民优惠开放，公共博物馆、纪念馆、爱国主义教育基地已向社会免费开放，城市休闲公园、科普教育基地、红色旅游景点等已实行免费或以优惠价格向社会开放。

旅游接待与收入

【入境旅游】 2009年，深圳市共接待入境游客2712.71万人次，比上年增长0.95%，其中，入境过夜旅游者896.37万人次，比上年增长3.08%；入境一日游游客1816.35万人次，与上年基本持平。据深圳边检总站统计，2009年从深圳口岸入境的旅客人数7163.32万人次，与上年基本持平。其中外国人339.07万人次，比上年下降2.01%；香港同胞6702.43万人次，比上年增长0.07%；台湾同胞115.02万人次，比上年下降6.10%；澳门同胞6.78万人次，比上年下降9.15%。

【国内旅游】 2009年，深圳市共接待国内游客4358.61万人次，比上年增长7.14%。其中，国内过夜旅游者1943.39万人次，比上年增长8.62%；一日游游客2414.56万人次，比上年增长5.97%。2009年，深圳市国内旅游收入355.73亿元，比上年增长7.92%。其中过夜旅游者带来的收入228.58亿元，比上年增长10.59%；一日游游客带来的收入127.15亿元，比上年增长3.43%。从收入构成看，国内游客给深圳市带来的商品性收入191.51亿元，比上年增长7.16%，占国内旅游收入的53.84%；劳务性收入164.22亿元，比上年增长8.82%，占国内旅游收入的46.16%。

【出境旅游】 2009年，深圳市经旅行社组织的居民出境旅游人数91.38万人次，比上年下降5.99%。其中，港澳游人数63.30万人次，比上年下降2.53%；出国游人数28.08万人次，比上年同期下降12.94%。

【假日旅游】 2009年春节、“十一”黄金周期间，深圳市共接待游客858.78万人次，同比增长10.17%，占全年游客接待量的12.14%。其中，接待入境游客192.88万人次，同比增长13.03%；接待国内游客665.9万人次，同比增长9.37%。两个黄金周实现旅游总收入73.61亿元，同比增长11.03%，占全年总收入的13.53%。其中，国际旅游收入1.92亿美元，同比增长26.32%；国内旅游收入60.25亿元，同比增长9.31%。假日旅游已成为全市旅游产业发展的重要组成部分。其中春节黄金周旅游创收入38.06亿元，居全国主要旅游城市第一位。

旅游宣传促销与节庆活动

【概述】 2009年，深圳市文体旅游局全力打造城市整体旅游新形象：在国内宣传“精彩深圳，时尚之都”的深圳旅游形象；在国外宣传“The Windowof China”（中国之窗）的深圳旅游形象；在港澳地区推广“近在咫尺，远超想象”的旅游宣传。致力于打造“都市风情”、“主题公园”、“滨海休闲”和“高尔夫之都”四大品牌特色。

【旅游宣传促销】 2009年，深圳市文体旅游局进一步做好旅游宣传促销工作，创新旅游宣传形式，面向境外游客编印《发现深圳之美》中英文版旅游手册、《深港双城游》宣传折页和《深圳》的中英文版旅游画册；围绕“精彩深圳，时尚之都”的城市旅游新定位，重新制作旅游形象广告片和旅游形象标识，在皇岗口岸大型立柱投放“精彩深圳，时尚之都”、“近在咫尺，远超想象”的形象广告以及不同时期的旅游节庆广告；举办“精彩深圳”旅游摄影作品展，精选60多幅图片多方位反映深圳景区风光和旅游业发展成就。根据国内外客源市场变化趋势，深圳市文体旅游局开展系列旅游宣传促销活动，有重点地组织旅游企业前往境外的美国、印度、俄罗斯、德国、澳大利亚、加拿大以及我国香港、台湾地区和内地的云南、甘肃、辽宁、陕西、上海、江苏、浙江、安徽等省以及省内的广州市等地进行旅游促销，通过参加旅游展、举办深圳旅游产品推介会和旅游业界座谈会、拜访当地旅游局和主要旅行商等形式，增进与各地旅游业界的交流与合作，提升深圳旅游的知名度和影响力。

【系列主题促销活动】 2009年4月11日，“精彩与你共享，深圳与你同乐”系列主题促销活动启动仪式在世界之窗举行。整个活动包括“深圳人游深圳”、“万人游宝安”、“春城人游鹏城”、“燃情五月”等10多项，来自深圳各区的2000多名游客参加“精彩深圳”旅游首发团；4月18日，副市长卓钦锐率深圳旅游界、新闻界在昆明举办该活动的国内客源地的启动仪式，在昆明以歌舞、有奖问答等生动活泼的路演形式对深圳旅游资源进行宣传展示。同时，数百人的“春城人游鹏城”首发团也来深圳欢度假期。

“春城人游鹏程”启动仪式

5月1~3日，深圳市各区均包装整合新景点、新线路，并借助在各口岸的旅游集散中心和遍布全市各社区的旅行社营业网点组织游客。宝安区组织主题为“零距离新感受”的“万人游宝安”活动，龙岗区在“五一”期间推出包括“古城遗韵·滨海休闲”之旅、南澳“都市渔夫”游、南岭求水山、大芬村文化休闲之旅等9条全新的“生态旅游年精品旅游线路”供游客选择，“深圳人游深圳”活动再次兴起。

7月至11月，深圳市文体旅游局与深圳晚报社联合主办“一同走过从前——深圳市旅游界纪念建国60周年图片征集活动”活动，面向海内外游客、广大市民、旅游业界、摄影爱好者等征集深圳旅游图片，全面、生动、形象地反映改革开放以来深圳市旅游业的发展历程，展示历史深圳、生态深圳、动感深圳、文明深圳、活力深圳和精彩深圳的良好旅游城市形象。

4月18日，由深圳市文体旅游局和深圳旅游协会、深圳特区报共同主办的“燃情五月”大型联展在金光华广场举行。来自海内外多个城市的旅游部门以及旅行社、景区、邮轮和度假酒店等30余家企业联合设展，推出台湾游、香港游、红色旅游、邮轮旅游、休闲旅游、温泉旅游、漂流旅游和生态旅游八大主题，为深圳市民“五一”出游提供“一站式”咨询、报名服务。

4月30日~5月4日，由深圳市人民政府、广东省外经贸厅主办，深圳市贸易工业局、深圳市零售行业协会承办的“深圳购物节”在全市举行，主题为“高低商品任你搜，物超所值有你购/made in china 深圳总动员”，内容包括多场品牌折扣会等促销活动，并将发放涵盖食、住、行、游、购、娱各个环节的《鹏城乐》优惠指南，吸引近500万人次参与。如南山区启动“缤纷时尚南山购物季”，活动以南山区五大商圈为活动主体，发放《南山购物淘宝路线图》，将酒店、餐饮和景点有机结合。宝安区组织并协调商场、餐饮企业举办“2009 宝安购物节”等。

【广东国际旅游文化节深圳分会场】 深圳市作为 2009 广东国际旅游文化节分会场，由政府主导，共举办 22 项活动：包括开幕式晚会、F1 摩托艇世界锦标赛中国深圳大奖赛、第三届“中国杯”帆船赛、第二届“深圳国际友城文化艺术周”、第四届公园文化节、“一同走过从前”——深圳市旅游界纪念建国 60 周年图片征集宣传活动、欧米茄观澜湖高尔夫世界杯、2009 罗湖珠宝节、福田区国际品牌服装服饰文化旅游节、第八届深圳黄金海岸旅游节、山海龙岗生态旅游体验周、第六届宝安区“沙井金蚝节”、光明新区第三届旅游文化节、首届欢乐谷国际魔术大赛暨深圳欢乐谷第十届国际魔术节、锦绣中华民族狂欢节、世界之窗庆华诞盛世狂欢《天地浪漫》、东部华侨城“国际音乐节”、海上世界第五届国际啤酒美食节、国际旅游小姐（中国深圳区）大赛、南山区周末广场音乐会、南山区第三届动漫文化节、第二届深圳国际自行车嘉年华和 2009 飞盘狗公开赛等。本次文化节历时 3 个月，活动内容精彩纷呈，提升了深圳旅游文化品位，深化了与泛珠三角区域其他城市的旅游交流与合作。

广东省委常委、深圳市代市长王荣出席 2009 深圳国际旅游文化节开幕式

【信息化建设】 2009 年，深圳旅游网的建设主要集中在内容建设方面，网站目前共设有 5 个语言版本，分别是中文版、繁体版、英文版、日文版、韩文版；分 10 大版块，分别为首页、深圳概况、景点景区、旅游线路、食购娱乐、酒店住宿、旅行社、视听体验、节庆会展、交通指南，在每一主题大栏目下，又有聚集海量信息的子栏目。2009 年，深圳市共整理编辑包括新闻、食购娱乐、专题等动态信息 5240 多条，策划制作大小专题 17 个，中文版收集信息约 429.5 万字，其中静态信息 249.5 万字，动态信息 180 万字，英文版、日文版、韩文版收纳信息 30 万字，上传各类图片 1000 多张，向游客提供准确、及时和比较齐全的信息查询服务，方便游客和市民出游。

旅游资源开发和景区（点）建设

【概述】 根据 2009 年统计调查，深圳已建成富有特色的各类景区（点）117 处，包括主题公园、自然生态、滨海度假、都市风情、购物美食、人文历史等不同类型。深圳旅游景区种类多样、内涵丰富，除东部华侨城、世界之窗、欢乐谷和锦绣中华民俗村等华侨城的各个景区外，观澜湖高尔夫球会和仙湖植物园、海上田园、观澜山水田园为国家 4A 级旅游景区，其它重要的景区还包括野生动物园、青青世界等等。

【旅游项目投资建设】 2009 年，深圳市继续加大景区建设力度。如华侨城集团：东部华侨城二期全面建成开业并在全国产生重大影响，华侨城投资建设的成都欢乐谷、上海欢乐谷于 2009 年开业，其位于江苏的泰州华侨城大型旅游项目也将于 2010 春节后开业；12 月 26 日，以“欢乐谷”主题公园为核心的大型旅游综合项目“武汉华侨城”动工兴建，该项目占地面积逾 2 平方公里，预计总投资 45 亿元，将建成一个包括欢乐谷主题公园、独立水公园、开放式的都市娱乐休闲区、主题酒店和主题社区等在内的生态旅游示范区（预计在 2011 年 10 月 10 日前后建成试营业，为辛亥革命 100 周年献礼）；占地面积 1 万余亩的云南华侨城大型生态旅游项目正在抓紧建设之中。总投资规模约为 50 亿元的天津市东丽湖华侨城项目于 2009 年 5 月签约；由华侨城集团投资兴建的欢乐海岸项目的地基处理工作基本完成，进入地面设计施工阶段。该项目地处深圳湾填海区，滨海大道北侧，华侨城主题公园南侧，南面与深圳市规划的 15 公里滨海长廊和红树林保护区连接，预计于 2011 年试营业。

华强集团：该集团依靠自身技术和知识产权先后在重庆、汕头、芜湖、泰安投资兴建多个文化产业主题公园。其中，安徽芜湖“方特欢乐世界”建成并接待游客。该集团还在伊朗建设“方特卡通动漫园”，成为中国第一个主题公园出口企业。

蛇口太子港国际邮轮母港：其改扩建工程进入向国家有关部门办理填海手续阶段。该项目由招商集团投资 90 亿元打造，建成后可停泊最高达 15 万吨位的国际豪华邮轮，成为集邮轮客运、商务办公、滨海休闲于一体的国际邮轮主题休闲度假区，预计 2011 年 8 月大运会前启用，周边配套工程在五年内完成。

东部华侨城－OCT

【景区建设】 2009年，深圳观澜湖旅游休闲度假区申报5A级旅游景区并通过专家验收，向国家旅游局正式申报；海上田园、观澜山水田园被评定为国家4A级旅游景区。全市继续推进绿色景区、绿色酒店创评工作。以“生态旅游年”为契机，大力推进绿色旅游和循环经济发展，开展第二批绿色景区（点）评定工作。

【深圳华强文化科技集团】 深圳华强文化科技集团股份有限公司（简称“华强文化科技集团”）是华强集团旗下专业从事文化科技产业的集团公司。该集团探索走出一条“以文化为核心，以科技为依托”的文化科技产业发展新道路，先后获得“中国文化企业三十强”、“国家文化出口重点企业”、“国家文化产业示范基地”、“广东十大创新企业”、“广东省版权兴业示范基地”和“深圳市文化＋科技型示范企业”等荣誉，已拥有国内外专利百余项，国内外商标近200项，动画、影视及计算机软件著作权200余项。华强文化科技集团基于自身核心竞争力构建了以文化科技主题公园、影视娱乐、媒体网络、文化产业衍生品为核心的立体多元产业网络，业务涵盖文化科技主题公园、影视出品、影视制作、影视后期、数字动漫、网络游戏、电视节目制作、动漫衍生品开发、主题演艺、旅游商业、出版发行等16个文化科技产业相关领域，形成优势互补产业链。华强已在诸多领域走在世界前列，掌握了特种电影、数字动漫、文化主题公园等多个领域的关键技术和自有知识产权，形成了具有国际竞争力的拳头产品，在国际上建立起强势的中国文化科技产业品牌。华强文化科技集团成功研发出环幕4D电影、环境4D电影、悬挂式球幕电影、跟踪式立体电影、幻影剧场等十多类特种电影，原创动漫实现了二维、三维动画无纸化、规模化生产，动漫产品还先后出口到俄罗斯、新加坡、中东、印尼等70多个国家和地区累计上万分钟，并获法国戛纳电视节亚洲节目论坛展播动画及青少年节目展“儿童评审团”提名奖，日本TBS Digicon6大奖赛中国区专业组提名奖，意大利Cartoon on the Bay的Pulcinella Awards奖项提名，韩国BCWW展播动画等多项殊荣，进入Nickelodeon等国际主流媒体频道2009年10月，李长春同志第二次视察华强文化科技集团时，又提出打造中国文化产业航母的殷切希望。

旅游行业监督管理

【概述】 2009年，深圳市文体旅游局加大旅游市场监管力度，对各类严重违法违规行为给予处罚，处罚2家相关单位和个人，罚款金额20000元，没收违法所得8380元，进行旅游市场检查行动102次，共出动检查人次481次，检查国际旅行社25家、国内旅行社2家、营业部83家，旅游车辆17辆次，检查旅游团队58个，导游62人，检查旅游购物商店15次，酒店招待所商务中心12家，取缔4家非法经营旅游业务的场所，收缴旅游传单10000份。

【旅游市场监督】 2009年5月，深圳市文体旅游局结合《旅行社条例》的贯彻实施，组织开展旅行社“八统一”管理检查，整治旅行社承包、挂靠等违法违规经营行为。共出动检查人员254人次，检查国际旅行社24家、国内旅行社39家、营业部62家，发出责令整改通知书78份。

定期到出境游组团社的营业部检查港澳游业务，及时发现和纠正各类违反“优质诚信香港游”活动公约的行为；检查各类港澳游广告，查处不按照公约约定刊登港澳游广告的旅行社；通过群众举报和旅游投诉，掌握港澳市场的动态，对违规经营港澳游业务的单位或个人给予相应的处罚。3月，对超范围经营香港游业务的深圳市南油国际旅行社处予2万元罚款。8月26日，深圳市文体旅游局组织召开“优质诚信澳门游”签约仪式，全市25家具有出境游组团资格的旅行社有关负责人参加并签约。11月27日，深圳市文体旅游局、澳门旅游局召开“优质诚信澳门游”工作会议，就《“优质诚信澳门游”合作协议》、《“优质诚信澳门游”公告》进行讨论修改，明确“优质诚信澳门游”活动开展的具体步骤。

【旅游安全管理】 2009年，深圳市文体旅游局加强安全生产督查，强化旅游应急管理，与各区旅游部门、各旅游企业签订《深圳市各区旅游局安全生产目标管理责任书》和《深圳市各旅行社安全生产目标管理责任书》。举办全行业专题宣贯培训班，大力宣贯《深圳市旅游行业安全生产检查规范》，150家酒店、88家旅行社、44家景区、景点共282家企业及各区旅游部门参加。切实加强旅游黄金周等重点时段旅游安全督查，督促旅游企业加强节假日安全管理，保障全市旅游业安全有序运作。下发《2009年旅游行业安全生产大检查工作方案》，开展全市旅游行业安全交叉大检查活动，对全市264家旅游企业进行了安全交叉大检查，检查覆盖率达到100%。积极开展甲型H1N1流感防控和相关协调工作确保，各项防控措施落实到位，协调解决因甲流防控引起的旅游团队行程受阻问题，完善防控信息报送制度。

【旅行社管理】 2009年，深圳市文体旅游局完成2008年度旅行社业务年检，9家国际旅行社和1家国内旅行社进入全国旅行社“百强”排名，继续在全国大中城市中名列前茅。推选深圳中国国际旅行社、深圳航空国际旅行社和深圳市九州岛国际旅行社为赴台旅游组团社并得到批准。多次召开台湾游组团社工作座谈会，加强赴台旅游自律管理和政策指导。非深户居民赴香港迪斯尼定点团队旅游等“先行先试”香港游政策顺利实施，旅行社首次获准参与政府采购。继续做好旅行社入境游奖励工作，全年奖励14家国际旅行社共80万元。

【导游员管理】 2009年，深圳市文体旅游局完成《我市导游薪酬制度问题探讨与政策建议》，提出深圳市解决导游薪酬问题的方案，指导市旅游协会组织讨论、征求社会各界意见并颁布试行。为解决优秀导游入户问题，深圳市文体旅游局积极协调市劳动和社会保障局，力推将导游职业正式纳入深圳市招调工工种，有关方案正在研究。对导游证（IC卡）的管理和制作流程进行认真细致的梳理，严格执行有关制度规定，规范操作，杜绝漏洞，全年完成754张导游证（IC）卡的资料审核、发证等工作。

【旅游饭店管理】 2009年，深圳市继续做好旅游饭店星评工作，初评14家酒店，协助完成4家五星级饭店、2家四星级饭店的星级终审工作，2家星级饭店被批准为四星级饭店。按要求做好星级饭店复核工作，对54家酒店进行评定性复核，对71家酒店进行年度复核工作，取消9家星级饭店的星级资格。继续开展绿色饭店创建工作，向省星评委推荐15家绿色饭店并获得批准；积极开展创建节水型城市和节能建筑等有关活动，推荐东华假日酒店作为全省节能先进单位，鼓励旅游企业发展循环经济，积极开展节能减排工作。

【旅游标准化工作】 2009年，深圳市人民政府第四届136次常务会议原则通过深圳市规划部门提交的《城市公共标识系统建设工作方案》。旅游交通标识系统作为其中一部分，由有关部门在2011年世界大学生运动会前统筹实施。深圳市文体旅游局联合有关部门拟定并颁布实施《诚信旅行社评价规范》和《旅游行业安全生产检查规范》两个地方标准，与深圳市人居环境委联合委托深圳市环境科学研究院进行绿色景区试行标准的拟定和修改，在全国同业中处于领先地位。6月，深圳市盐田区获得全国第一个“国家旅游服务标准化示范区”称号。

旅游教育培训和精神文明建设

【旅游教育培训】 2009年，深圳市文体旅游局组织做好2009年度全国导游人员以及中级导游资格考试工作，举办中高级导游员研讨班和考评员培训、饭店中高层管理人员岗位培训；编制《深圳市社会经济动态汇编－2008年》（导游员专用版），组织开展深圳市《新导游词》的编写工作。举办2009年深圳市导游大赛，全市300名导游参加比赛，前30名选手获得入户指标。组织导游员参加省旅游局举办的“第二届全国红色旅游导游员电视大赛”全省预赛、“旅游行业收银之星”技能竞赛活动。联合深圳市人力资源和社会保障局、深圳市总工会组织开展“2009年全市旅游行业职工技能竞赛（西餐服务员）”活动。共有152人参加，决赛前50名选手获得入户指标。

【机构改革】 2009年7月31日，深圳市正式启动政府机构改革，并公布《深圳市人民政府机构改革方案》。依照《方案》，深圳市文化局、深圳市体育局、深圳市旅游局、深圳市政府文化产业发展办公室整合组成深圳市文体旅游局。深圳市旅游局由办公室、行业管理处、资源与市场开发处组成，下辖深圳市旅游质量监督管理所，编制38名，其中公务员编制25名，附属编3名。合并后的深圳市文体旅游局有16个处室组成，下属2个直属机关事业单位、18个代管事业单位，核定局机关公务员编145人、雇员编25人。

纪　事

5月18日 深圳、东莞、惠州三地旅游局在深圳召开三地旅游局联席会议，研究讨论有关旅游合作事项，并签署《深莞惠三地旅游紧密合作框架协议》。

8月1日 国家旅游局和深圳市政府在东部华侨城签订旅游合作框架协议，加快深圳建设国际滨海旅游城市步伐，推进大鹏半岛国际滨海旅游度假胜地建设。

8月17日 中共深圳市委、深圳市人民政府印发《关于加快我市旅游业发展建设国际滨海旅游城市的意见》。

（金　超）

珠海市

综 述

【总体情况】 2009年，珠海市旅游工作克服金融危机带来的不利影响，努力营造良好的旅游环境，推动全市旅游健康发展。全市接待旅游总人数2087.65万人次，比上年增长9.08%。其中接待入境游客413.57万人次，比上年增长6.57%，国内游客1674.08万人次，比上年增长9.71%。旅游总收入168.84亿元，比上年增长8.87%。其中旅游（外汇）收入10.27亿美元，比上年增长8.28%，国内旅游收入98.71亿元，比上年增长10.69%。接待过夜游客1208.73万人次，比上年增长8.36%，其中国内旅游者910.89万人次，比上年增长9.85%，入境旅游者297.84万人次，比上年增长4.06%。入境游客中，外国人47.86万人次，比上年下降2.93%；香港同胞101.98万人次，比上年增长5.22%；澳门同胞68.04万人次，比上年增长11.49%；台湾同胞79.97万人次，比上年增长1.28%。

【旅游行业规模】 截至2009年底，全市共有住宿设施458座。拥有星级饭店91家，其中五星级饭店8家，四星级饭店9家，三星级饭店66家，二星级饭店8家。星级饭店客房数11940间、床位数20089张；共有旅行社90家，其中出境组团社9家，非法人分社8家；现有景区（点）43个，A级旅游景区3家，其中4A级景区2家，3A级景区1家。

【重大旅游决策】 2009年，依据《中华人民共和国环境保护法》、《中华人民共和国环境影响评价法》要求，珠海市旅游局、珠海市规划局通过公开招标，遴选广东省城乡规划设计研究院编制《珠海市旅游发展总体规划环境影响报告书》，对2007年编制的《珠海市旅游发展总体规划（2007～2020）》开展规划环境影响评价，以预防规划实施可能造成的不良影响，并作为环境保护主管部门加强宏观和微观环境管理的科学依据。

【2009年中国生态旅游年】 为配合2009年中国生态旅游年活动，珠海将2009年旅游年活动主题定为“浪漫之城·生态珠海”，倡导健康生态的旅游文化和旅游方式，2009年全市共举办旅游年活动40多项。4月11日，珠海市旅游局组织全市各大旅游景区景点、旅行社在免税广场，举办“全国百城旅游宣传周珠海分会场暨珠海国民旅游休闲计划启动仪式”，正式启动珠海市国民旅游休闲计划。珠海分会场现场设立旅游景点展示区、旅行社大卖场、珠海风光图片展和演艺表演区。圆明新园、海泉湾、梅溪牌坊、农科奇观、九洲游轮、御温泉、珍珠乐园、珠海国际赛车场、石景山索道、口岸中旅、度假国旅、海天国旅、神州国旅、君悦国旅、珠海国旅等29家旅游企业在现场搭台设点，派发宣传资料、赠送或出售打折的酒店住房、景点门票及旅游线路等产品，现场回答公众咨询。同时在珠海旅游公共网上开辟旅游年专栏，方便市民和游客查询相关信息。

全国百城旅游宣传周珠海分会场

【国民旅游休闲计划】 2009年，珠海市按照省政府《关于试行广东省国民旅游休闲计划的若干意见》（粤府〔2009〕19号）精神，大力推行国民旅游休闲计划。制定《珠海市推进国民旅游休闲计划实施意见》，成立专门领导机构，以“集中力量办大事”为指导，建立健全有关工作协调机制。全市共有63家企业被评选为“广东省国民旅游休闲示范单位”，其中酒店25家、旅行社15家、景区景点11家、餐饮店11家和购物商场1家。9月，珠海市旅游协会和珠海市邮政局发行首套“珠海旅游景点优惠门票”明信片，包含海泉湾、圆明新园、珍珠乐园、梅溪牌坊等全市主要景区景点。市民和游客只需花60元购买一册明信片，就可在全市16个景点景区得到5折以上的优惠。

11月初，珠海市旅游局举办“珠海人游珠海，粤游粤精彩”大型旅游活动。活动历时3个月，通过精选线路、适当补贴等形式，按不同主题精选11条旅游线路，鼓励百万珠海市民走出家门游珠海。还先后推出一批文化、工业、农业旅游示范点，珠海一棵树休闲农庄有限公司、珠海市世外桃源休闲度假农场被评为“珠海市休闲旅游示范农庄”，烈士陵园、万山区桂山岛被评为“珠海市红色旅游示范景点”，三灶万人坟、苏兆征故居被评为“红色旅游景点”。

旅游接待与收入

【入境旅游】 2009年，珠海市接待入境旅游者297.84万人次，比上年增长4.06%，其中外国人47.86万人次，比上年减少2.93%；旅游外汇收入10.27亿美元，比上年增长8.28%。

【国内旅游】 2009年，珠海市接待国内游客1674.08万人次，比上年增长9.71%，其中接待国内旅游者910.89万人次，比上年增长9.85%；旅行社组团省内游56.97万人次，比上年增长2.63%，旅行社组团省外游16.55万人次，比上年增长34.36%；国内旅游收入98.71亿元，比上年增长10.69%。

【出境旅游】 2009年，旅行社组团出境游18.91万人次，比上年下降14.04%。其中香港游8.85万人次，下降4.23%；澳门游5.17万人次，下降43.98%；出国游4.89万人次，增长38.64%。前往的国家和地区主要是香港，其他依次为澳门、新加坡、马来西亚、韩国、日本和泰国等。

旅游宣传促销与节庆活动

【旅游宣传促销】 2009年，珠海市旅游局紧紧围绕全市旅游工作重点，加大市场宣传力度，积极宣传推广珠海旅游年系列活动，继续强化区域旅游合作，全面提升旅游宣传资料的形象与内涵，巩固港台市场。年内，市旅游局发挥广深珠旅游联席机构轮值主席单位的作用，全面协调组织好全年的广深珠区域推广工作，包括联合广州市旅游局和深圳市旅游局参加2009广州国际旅游展、2009中国（大连）国内旅游交易会、2009台北两岸观光博览会、第23届香港国际旅游展以及2009中国（昆明）国际旅游交易会等活动。此外，三地共同赴华东开展旅游促销活动，进一步树立“精彩广深珠”的品牌形象，三地还借助参加“2009台北两岸观光博览会”之机，首次携手在台北举办广深珠旅游推介会。

2009年，珠海市旅游局同时担任中珠澳旅游合作体的轮值主席单位，三地以“中珠澳—大香山”的主题参加2009年台北两岸观光博览会，联合江门一起参加在葡萄牙里斯本举办的国际旅游交易会，区域性旅游吸引力明显提升。

5月8日，珠海、中山、江门三地旅游局在珠海昌安假日酒店签署《珠中江旅游合作协议书》，标志着三地旅游合作正式启动。6月18～21日，珠中江三地首次联手参加重庆举办第一届中国西部旅游产业博览会，把三地作为珠江西岸最理想的旅游休闲地作为统一的品牌形象，向西部游客推广介绍；7月初，三地共同邀请北京旅行社考察团一行30多人到珠中江三地进行为期5天的休闲旅游线路考察。

为塑造“浪漫之城、生态珠海”的旅游城市形象，与广州、深圳联合制作广深珠手绘地图、旅游宣传指南册和DVD；与中山、澳门联合制作中珠澳中英文指南图、旅游形象光盘和宣传册；与中山、江门联合制作中珠江宣传折页等。

10月21日，广州、深圳和珠海三市旅游局在杭州市举行旅游推介活动

【首届半程马拉松邀请赛】 2009年2月22日，由珠海市旅游局与体育局联合主办，粤财假日酒店与澳门登峰公司承办的“珠海首届半程马拉松邀请赛”在珠海市成功举办。半程马拉松赛道围绕珠海经典景区（点）设置线路，包括情侣路、珠海渔女、九洲城等。本届邀请赛吸引1833名来自世界各地的长跑爱好者。其中境外1230人，来自香港、澳门、台湾、美国、新加坡、日本、意大利、英国、澳大利亚、加拿大、韩国、菲律宾、尼泊尔等14个国家和地区。中央电视台、广东电视台体育频道、香港亚洲电视台、香港NOW有线电视台等媒体对本次活动进行报导。

首届半程马拉松邀请赛新闻发布会

【旅游节庆活动】　2009年，国家旅游局将“中国生态旅游年”作为宣传主题，珠海市把“浪漫之城·生态珠海”作为旅游年宣传主题，并举办一系列活动，包括珠海首届半程马拉松邀请赛、第七届沙滩音乐派对、珠海人游珠海、德国啤酒节、农科中心第三届“南瓜艺术节”、海泉湾第四届“新春嘉年华”、高尔夫邀请赛、梅溪牌坊迎春庙会、泛珠三角超级赛车节、圆明新园婚庆系列活动、珠海首届婚庆展等。

10月4~5日，由珠海市旅游局、香洲区人民政府、珠海市文化广电新闻出版局、珠海特区报社、珠海广播电视台和珠海华发集团联合主办的“爱与分享——2009第七届珠海沙滩音乐派对”大型户外公益活动在珠海海滨泳场成功举办。共吸引8万多名群众参与，再创新高。

5月，珠海市旅游局、珠海机场、特区报社联合开展“慧眼拾珠”——寻找珠海旅游故事系列活动，共同挖掘珠海城市故事和人文景点，推出更多市民与游客喜欢的旅游点。

【2009广东国际旅游文化节珠海分会场】　2009年，珠海市作为2009广东国际旅游文化节暨泛珠三角旅游推介大会的分会场，举办的主要活动项目有第七届珠海沙滩音乐派对、首届唐家湾非遗文化节暨中秋对歌会、2009第四届“海泉湾音乐狂欢节”、第七届德国啤酒节、中国超级摩托车锦标赛、珠海国际海钓比赛、FIM亚洲公路摩托车、高尔夫邀请赛锦标赛等。同时，积极组织旅游企业参与在广州主会场举办的广东国际旅游展览会暨海峡两岸旅游投资交流会、旅游招商会，推介珠海市“浪漫之城生态珠海”的旅游形象；制作宣传花车，充分展示珠海的温泉、高尔夫、海岛等品牌旅游产品；选送20名选手参加2009《唱响广东》旅游金曲精英大赛之大型电视活动等。

旅游资源开发和景区（点）建设

【概述】　2009年，珠海市拥有景区景点40多个，其中海泉湾度假区、御温泉已成为国内外知名休闲旅游品牌，圆明新园和农科中心为国家级4A景区，外伶仃岛为3A景区；有高尔夫球会5个，国际标准的高尔夫球场6个；珠海情侣路成为城市重要的旅游观光带和城市名片。积极为促进横琴国际海洋休闲度假区落户与立项提供服务，推进淇澳红树林生态区的旅游开发和开放。加快情侣路沿线珠海渔女、海滨浴场及周边区域商务和休闲功能的规划及升级改造；顺利完成外伶仃岛国家3A景区的申报评定工作。

【旅游规划】　2009，珠海市旅游局完成或协助完成了《珠海市旅游总体规划环评》和《平沙游艇产业旅游休闲区规划》，推进海泉湾二期开发的规划研究；积极推进《野狸岛文化休闲区的概念规划》；积极参与《珠海游艇产业发展研究》和《珠海邮轮游艇港口发展规划研究》；完善《湾仔旅游码头发展规划》。

【红色旅游】　2009年，珠海市推出一批红色旅游示范点。烈士陵园、万山区桂山岛被评为“珠海市红色旅游示范景点”，三灶万人坟、苏兆征故居被评为“红色旅游景点”。珠海市旅游行业党委组织珠海各大旅行社策划推广“‘七一’红色经典旅游”活动，向全市企事业单位推荐红色经典旅游线路。据不完全统计，全市各大旅行社共组织游客参与红色经典旅行团达16785人次，旅游收入500多万元。

【旅游扶贫与乡村旅游】　2009年6月30日，珠海市旅游局党员干部到金湾区连湾社区，开展“一对一”结对帮扶工作，局党员干部对帮扶对象进行慰问，赠送慰问金，同时召开座谈会，详细了解社区实际困难。7月1日，珠海旅游局党员干部深入到口岸中旅等多家旅游企业，对多名困难老党员进行慰问。同时，组织困难老党员到市区和增城白水寨生态园参观，让老党员亲身感受改革开放30年的成果。珠海市推出一批农业旅游示范点，珠海一棵树休闲农庄有限公司、珠海市世外桃源休闲度假农场被评为珠海市休闲旅游示范农庄。

旅游行业监督管理

【旅游市场监督】　2009年，珠海市旅游局不断加大行业管理力度，做好旅游行业管理基础性工作，全力整顿规范旅游市场，完善各项旅游安全管理措施，有力地促进了全市旅游行业健康持续发展。在全市开展“浪漫之城·诚信旅游”专项整顿活动，珠海市旅游质监所联合公安、工商、交通、行政执法等部门加大对旅游市场的巡查检查力度，定期对拱北口岸、珠海渔女等游客密集地区以及面向团队游客的旅游购物商场进行检查。全年共开展旅游市场联合检查活动29次，出动检查人员500多人次，检查导游600多人次，检查旅游购物商场90家次，检查旅游车辆600辆次，有力地维护了旅游市场的正常秩序。

珠海市旅游质监所全年共受理游客投诉73宗，比上年下降42%，涉及游客333人，退赔金额63482元。其中投诉旅行社38宗，投诉酒店8宗，投诉景点8宗，购物投诉16宗，其他投诉3宗。三年来，珠海市旅游投诉逐年下降，由2007年的126宗，2008年106宗，下降到2009年的73宗。同时，珠海市旅游质监所每月对旅游投诉进行汇总，向全社会通报，促进旅游企业完善投诉协调机制，强化了旅游企业的投诉预防意识。8月20日，国家旅游局出版的《旅游行风》杂志刊发珠海市旅游局相关经验介绍文章，向全国推介珠海的旅游质监工作机制。

【旅游安全管理】 2009年，珠海市积极开展“旅游安全生产年”系列活动。在全市旅游行业中营造“关注安全，关爱生命”的浓厚氛围，普及安全法律法规和安全常识，强化旅游安全责任意识和安全发展意识，营造良好的旅游安全文化，推动旅游安全工作措施的落实，为构建“平安旅游、和谐旅游”服务。具体工作包括：印发《2009年珠海市旅游安全生产年活动方案》；于5月召开全市旅游企业诚信旅游暨安全生产年动员大会；于6月举办“旅游安全伴你行”为主题的安全生产知识普及答题竞赛，组织旅游企业参加全市安全生产知识竞赛；于10月举办珠海市旅游安全演讲比赛。珠海市旅游管理部门与各区旅游局（办）签订安全生产责任书，与全市星级酒店、旅行社、景区景点签署珠海市旅游企业安全生产责任承诺书。

年内，会同全市消防、安监、卫生、技监等职能部门对全市的星级酒店、旅行社、景区景点进行旅游安全大检查，落实各项安全防范措施，对发现的问题及时提出整改。精心组织安全生产百日督查专项行动，开展安全检查，要求企业进行自查自纠，做到每周一小检查，每月一大检查，并每周一报；完善了全市星级酒店安全管理档案，各星级饭店每月、每季定期进行酒店安全的自检自查，并要进行书面记录及将记录情况传真至市旅游局有关科室存档，发现问题及时整改。

【旅行社管理】 2009年，珠海市新增4家旅行社。至年底，全市共有旅行社102家。在开展旅行社年检工作中，全市共注销2家旅行社，完成旅行社业务变更、营业部设立和办理领队证、签证专办员卡160人次；按照省旅游局的要求，协助出入境管理部门做好加强对旅行社“144小时便利签证”团队的管理；对全市91家旅行社开展旅行社经营许可证的换证工作，并对全市110家营业网点进行登记、发证；为帮助企业度过金融危机，向旅行社暂时退回质量保证金800多万元。广东省拱北口岸中国旅行社有限公司荣获“2009全国百强旅行社”，排名全国第44名。

【导游员管理】 2009年，珠海市完成第一次、第二次全国导游人员资格考试考务工作。第一次导游报考人数799人，通过率达37%，第二次报名人数1225人，通过率达38%。至年底，珠海市导游累计达到3607名。

全年，珠海市旅游局加强对导游人员上岗前的培训工作，从课程设置、师资派遣、培训安排等各个环节入手，先后安排两期培训，组织导游人员进行实地景点考察。同时做好新进导游员注册、IC卡办理、合同档案管理等工作；全市有22名拟任考评员参加培训和考试，培训班通过闭卷笔试和模拟口试等方式，帮助考评员熟悉景点内容；为注册导游人员建立档案，按规定时间对导游人员开展年审培训和业务指导，建立对导游人员工作情况的检查、考核和奖惩的内部管理机制。同时为导游人员提供旅行社用人信息，协调双方关系；完成全市国际旅行社出境领队人员的换证、新证申请的资料填报、整理等工作，为全市118名出境领队申请换证，135名导游申请新的出境领队证。

【旅游饭店管理】 2009年，珠海市新增四星级饭店1家、三星级饭店2家。至年底，珠海市共有星级饭店97家。7月1日至8月31日，根据国家标准《旅游饭店星级的划分与评定》的要求以及省星评委的工作部署，珠海市对全市的旅游饭店进行年度复核。其中65家参加年度复核，6家年满5年的参加评定性复核。6月10日，珠海市旅游局举行新闻发布会，宣布在珠海旅游酒店行业率先开展“延时退房”服务并向全市酒店行业发出倡议。珠海市78家星级酒店的负责人在市旅游局、市旅游协会倡议的延时退房倡议书上签名。从即日起，这些酒店将遵照合同商定，打破国际老例，驻店客人的退房时间由午时12点延至14点，便利客人住行。这一举措引起境内外媒体的广泛关注。

年内，珠海旅游管理部门发动非星级饭店积极参与星级评定工作，并纳入星级饭店的管理范畴，努力提升全市的整体接待水平，帮助申请星级饭店评定的单位进行整改、建立健全管理制度和对员工的培训等。

【旅游行业协会】 2009年，珠海市积极筹备旅游饭店行业协会、珠海旅行社行业协会、珠海市旅游景区景点行业协会、珠海市导游协会、自行车旅游协会的独立法人的成立相关工作。2月16日，珠海市妇联和市旅游局积极响应省妇联、省旅游局关于在全省开展“春游南粤，‘三八’同乐”活动的号召，珠海市旅游协会经过多方筛选，13家旅行社分会会员单位作为承办单位共同参与活动。6月10日，珠海市旅游局举行新闻发布会，宣布在市旅游酒店行业开展“延时退房”服务。这一举措得到全市78家酒店行业的积极响应，酒店积极响应。12月16日，珠海市旅游协会旅行社分会与澳门旅游商会合作策划以“珠澳两地旅游业界共庆澳门回归十周年”为主题的系列活动，其中以“万人游澳门”、“万人游珠海”的互动为主要内容，珠海市有相关业务资质的旅行社统一对外报价，统一行程，统一对外宣传，共同打造珠澳旅游珠澳旅游区域合作的整体化。

旅游教育培训和精神文明建设

【旅游教育培训】 2009年，珠海市有计划、有步骤地开展各类培训、讲座活动。其中完成了省旅游局指定的初、中、高级导游人员的培训、酒店职业英语考评员培训、酒店服务员技能培训等培训项目。开展对导游人员继续教育培训工作，全市导游人员根据取得资格的年限分两批进行培训，培训课程涉及导游业务、语言技巧、时事政策、摄影技巧、珠宝鉴定等内容；根据省旅游局有关文件精神，组织全市的旅游管理人员报读香港理工大学的旅游管理硕士课程；5月，组织全市30名中高级导游人员参加由省旅游局组织的省中高级导游人员培训班；6月，组织全市89名酒店从业人员参加酒店职业英语等级标准考试；8月，组织全市星级酒店10多名高中层管理人员参加酒店中高层管理人员岗位培训班，并获得岗位资格认证；举办《酒店会务服务与管理》讲座，邀请上海著名旅游专家针对酒店会务服务与管理方面进行培训，全市共有80多名业内人士参加。

【旅游行业精神文明建设】 2009年，珠海市选派的优秀导游员参加全国红色导游电视大赛广东赛区的比赛，分获得全省第一和第三名。11月26日至12月4日，广东省拱北口岸中旅导游员张潇潇在北京参加复赛和决赛，并获得“沙家浜”杯全国红色旅游导游员讲解员大赛优秀导游员讲解员荣誉。年内，珠海市选派珠海度假国旅的日语导游于聪参加导游援藏服务工作。

【旅游行风与机关作风建设】 2009年，珠海市旅游局开展纪律教育学习月活动，成立了纪律教育学习月活动领导小组，制定《2009年旅游局纪律教育学习月活动方案》；8月14日，组织开展以“加强作风建设，保障科学发展”为主题的专题学习会，并邀请珠海市纪委常委谢文欣做专题报告，会议还颁布《珠海市旅游行业管理“十不准”》和《珠海市受评旅游企业评定工作“十不准”》，规范饭店星级申请评定、年度复核，旅行社申办审批、备案、星评、年审，景区景点质量等级评定等工作；开展典型教育，组织党员干部观看《天使情怀》和《贪之害》等党员教育片，开展正反面典型的党员教育；开展“党课入企业”和“自觉抵制商业贿赂”教育月活动。

【机构改革】 2009年11月，根据珠海市大部制改革的要求，珠海市文化广电新闻出版局（版权局）、市体育局和市旅游局三局职责整合划入新成立的市文体旅游局，编制81人，内设13个业务科室，（办公室、产业规划与发展科、城市活动策划科、文体场馆管理科、文化艺术科、新闻出版科、广播电影电视科、文物科、群众体育科、竞技体育科、旅游推广促进科、市场管理科、人事监察科），直属13个单位，分别是行政执法大队、市图书馆、市文化馆、市博物馆、市古元美术馆、市体育运动学校、市旅游质量监督管理所、市粤剧团、女子室内中乐团、市体育中心、市体育彩票管理中心、大会堂、电影公司。

纪　事

2月22日 珠海市举办首届半程马拉松邀请赛，共吸引来自14个国家和地区1833名的长跑爱好者参加。

4月11日 珠海市旅游局组织全市各大旅游景区（点）、旅行社在市免税广场隆重举办“全国百城旅游宣传周珠海分会场暨珠海国民旅游休闲计划启动仪式”，珠海市国民旅游休闲计划正式启动。

5月8日 珠海市旅游局、中山市旅游局、江门市旅游局在珠海签署珠（海）中（山）江（门）旅游合作协议，标志着三地旅游一体化正式启动。

5月19日 珠海市旅游局、珠海特区报与珠港机场管理有限公司联合举行“慧眼拾珠·寻找珠海旅游故事”活动启动仪式。

5月21～28日 珠海市旅游局组织珠海市旅游代表团赴台进行考察交流活动，参加2009台北两岸观光博览会和举办广州、深圳、珠海三地与台湾旅游业界的交流活动。

6月10日 珠海市旅游局举行新闻发布会，宣布在珠海旅游酒店行业开展“延时退房”服务。这一举措得到全市酒店行业积极响应，共有78家酒店参加此次活动。

6月18～21日 珠中江三地首次联袂出席重庆举办的第一届中国西部旅游产业博览会。

7月 珠海市旅游局开展系列调研活动，就金融危机困境下企业遇到的问题以及政府相关部门应给予哪些扶持等问题分别与酒店、旅行社、景区景点等旅游企业共同进行探讨。

8月20日 国家旅游局出版的《旅游行风》杂志刊发珠海市旅游局经验介绍文章，向全国推介珠海旅游质监工作机制经验。

10月4～5日 珠海市“爱与分享——2009第七届珠海沙滩音乐派对”在珠海海滨泳场成功举办，共吸引8万多名群众参与。

（金　璐）

汕头市

综　述

【总体情况】 2009年，汕头市着力加快生态滨海旅游示范区建设，打造海滨休闲度假旅游品牌，发展独具特色的海滨海岛度假游、美食游，潮汕文化游、绿色生态游和革命老区红色游，促进旅游经济科学发展。通过整合旅游资源，加大宣传推介力度，启动国民旅游休闲计划，融入海西经济圈等举措，全市旅游经济运行情况良好，全年接待过夜游客680.13万人次，比上年增长10.04%，旅游收入74.29亿元，比上年增长9.42%，相当于全市生产总值的7%。

【旅游行业规模】 2009年，汕头市共有各类住宿设施近300家，床位约3万张。拥有星级饭店42家，其中五星级酒店3家、四星级酒店7家，三星级酒店20家；旅行社63家，其中出境组团社4家；旅游景区（点）20多处，其中国家4A级旅游景区3处、3A级旅游景区1处；有国家级森林公园1处、全国农业旅游示范点1处。全市旅游从业人员近3万人。旅游业为社会创造近10万个就业机会。

【重大旅游活动】 2009年3月20日，汕头市召开建设汕头生态滨海旅游示范区动员大会。大会提出要以科学发展观为指导，进一步解放思想，创新体制机制，以建设生态滨海旅游示范区为中心，实施"精品带动、创新驱动、整合联动、服务推动"四大战略，实现"产品竞争力、产业发展能力、市场吸引力、服务和应变能力"四大提升，全力打造产品体系成熟、旅游设施完善、城市景观优美、旅游环境优越、公共服务先进的生态滨海休闲度假胜地，成为广东省乃至全国的生态滨海旅游示范区，推动全市旅游业实现跨越式发展。

8月3~4日，闽粤赣浙4省20个市旅游局及媒体记者齐聚福州市，就推动海西旅游区域协作等问题开展交流和研讨，并签署《海西区域旅游营销福州宣言》，汕头市南澳岛被列入海西"一程多站"精品旅游线路。9月7日，汕头市旅游局局长陈华佳、副局长陈斌率全市主要旅行社和南海明珠轮船有限公司负责人赴厦门，参加澎湖—汕头旅游交流会，与澎湖县同行就进一步加强澎湖—汕头旅游交流合作展开深入探讨。双方认为，汕头、澎湖地缘相近，人缘相亲，产业相接，客源互动，应利用汕头—台湾邮轮成功首航的巨大效用，大力推动两地旅游交流与合作，把旅游业培育成为提升两地合作的先导产业和突破口。9月17日，市长蔡宗泽带队调研全市旅游资源开发建设情况，实地察看中心城区部分旅游资源开发建设项目，协调解决项目开发建设存在的问题。蔡宗泽强调，各级各部门要高度重视旅游资源开发建设，积极为旅游开发建设项目解决实际问题，做到依法依规、公平公正、特事特办，加快旅游资源的开发建设。

建设汕头生态滨海旅游示范区动员大会

【试行国民旅游休闲计划】 2009年2月，汕头市出台《汕头市国民旅游休闲计划》。3月6日，汕头市旅游局联合澄海区政府和市妇联共同举办"汕头市国民旅游休闲计划"、"第二届莲华乡村旅游节暨畅游汕头、姐妹同乐"活动，正式启动汕头市国民旅游休闲计划。4月，汕头市旅游局开展首推汕头旅游休闲卡活动，全市15家旅游单位参与优惠让利服务。通过邮政投递、网上申领、派送等方式，共发放"汕头旅游休闲卡"两万份，优惠让利金额1亿多元。全市旅游企业积极参与全省国民旅游休闲计划活动，于4月首批推出21家，8月推出第二批11家共32家旅游单位为广东省国民旅游休闲示范单位。

旅游接待与收入

【入境旅游】 2009 年，汕头市共接待入境过夜旅游者 12.32 万人次，比上年下降 11.59%；旅游外汇收入 4909.82 万美元，比上年下降 24.36%，占全省比重为 0.49%。

【试行国内旅游】 2009 年，全市共接待国内过夜旅游者 667.82 万人次，比上年增长 10.54%；国内旅游收入 70.94 亿元，比上年增长 11.93%；旅行社组团省内游 32.63 万人次，比上年增长 14.01；旅行社组团省外游 18.32 万人次，比上年增长 13.59%。

【出境旅游】 2009 年，全市旅行社组织出境游 28853 人次，比上年下降 4.57%。其中，出国游 8488 人次，香港游 17838 人次，澳门游 2527 人次。

【假日旅游】 2009 年春节黄金周期间，全市旅游住宿设施接待过夜游客 9.21 万人次，同比增长 6.6%；主要旅游景区（点）接待游客 126.23 万人次；旅游总收入 3.04 亿元，同比增长 4.16%。2009 年国庆中秋假日期间，全市接待过夜游客 7.15 万人次，同比增长 1.71%；主要旅游景区（点）接待游客 96.2 万人次；旅游总收入 2.16 亿元，同比增长 4.1%。

旅游宣传促销与节庆活动

【旅游宣传促销】 2009 年，汕头市旅游宣传促销活动形式多样，别具一格。2 月 11～15 日，应汕头市政府邀请，举办人民日报社《中国经济周刊》"广东汕头生态滨海旅游采风活动暨 2009 年年会"。该报海外版副总编刘国昌和杂志社社长兼总编季晓磊带队，《中国经济周刊》总部及国内 33 个记者站全体记者约 80 人莅汕参加活动。汕头市委书记黄志光、副市长余健明接受采访，并在该刊发表专访文章和新闻报道共 15 版，刊登汕头旅游图片广告 9 版，全面宣传、展示了汕头生态型海滨旅游城市、现代化港口城市、区域性中心城市的整体形象。3 月，汕头市旅游局与市社科联共同开展"潮汕老字号"品牌企业推荐活动。评选出太安堂、汕头市老山合腊味厂、蒂蒂香达濠鱼丸、澄海源春兴记茶庄等 12 家"潮汕老字号"。3 月 6～16 日，汕头市旅游局领导参加汕头市经贸考察团赴台湾考察活动，为发展两地旅游合作奠定了良好基础；5 月 6 日，汕头市正式开通汕、台、港豪华邮轮，汕头作为对台邮轮旅游始发港，由汕头市旅游总公司与"亚洲之星"邮轮联手组织的"台湾高雄、澎湖五天游"首航团出发。7 月中旬，市旅游局组织拍摄五集"粤游粤精彩"旅游电视节目（每集 20 分钟），于 8 月初在南方卫视台播出。

【旅游节庆活动】 2009 年，汕头市旅游节庆活动丰富多彩，常办常新。2 月 26 日，由濠江区委、区政府和汕头市旅游局主办的首届濠江桃花节开幕式暨"2009 中国生态旅游年"汕头启动仪式在巨峰禅寺风景区隆重举行。副市长余健明出席活动。活动以"走进绿色旅游，感受生态文明"为主题，依托濠江独特的自然资源，以花为媒，打造旅游新品牌。6 月 18～20 日，由余健明副市长率领的汕头市旅游推介团赴北京市举行汕头（北京）旅游推介会，并参加 2009 北京国际旅游博览会。北京市旅游局领导出席推介活动。本次推介活动旨在宣传汕头独特的潮汕文化，特别是滨海休闲和潮汕美食旅游，招徕更多的北京市民莅汕旅游观光。推介活动采取集中向旅行商推介与向市民展示相结合的形式举行。自 2008 年 10 月 20 日开始举办的"印象·汕头"旅游摄影大赛至 2 月 15 日圆满结束。大赛共收到作品 490 幅，整个大赛采取平面媒体与网络媒体相结合，网上投票与摄影界专家评选相结合的方式，共评出金奖、银奖、铜奖各 1 名，优秀奖 20 名，入选奖 120 名。金奖作品为肖旭东《崛起的汕头》。12 月 25 日，由市旅游局和澄海区人民政府主办的汕头市首届莲华鲜菇美食旅游节在澄海区莲华镇大自然景区开幕。首届莲华鲜菇美食旅游节是进一步丰富潮汕美食、大力发展乡村旅游、加快强镇富民步伐的重要举措。

汕头市首届濠江桃花节开幕仪式暨"2009 中国生态旅游年"汕头启动仪式

汕头市旅游界积极参加全国性或区域性旅游交易活动，全方位推介汕头旅游资源。4 月，参加大连国内旅游交易会；9 月，赴福建省参加第五届海峡旅游博览会，并牵头潮州、梅州、揭阳、韶关、河源、阳江 6 市举办"2009 广东（福建）旅游推介会"。2009 广东国际旅游文化节期间，汕头市组织参加国际旅游展览会暨海峡两岸旅游投资交流会、花车巡游、“唱响广东”广东旅游金曲大赛、泛珠三角旅游招商会等活动，都有不俗的表现，汕头市花车获三等奖，“唱响广东”广东旅游金曲大赛获优秀组织奖等。汕头市旅游局除开展传统民俗旅游活动外，还举办了第十五届潮汕美食节、桃花节、薄壳节、紫菜节等系列活动，既丰富了市民的休闲生活，又吸引外地游客来汕旅游。汕头市还通过送游客下乡与送家电下乡活动共同启动农村消费市场，发挥旅游扶持“三农”的带动作用。

【第十五届潮汕美食节】 2009年12月3～13日，由汕头市政府主办，汕头市旅游局、汕头市餐饮业协会承办的第十五届潮汕美食节在市区美食广场举行。共有58个参展单位，设展位98个。参展单位除星级饭店、知名餐馆和传统名店，还特设台湾美食展区，集中展示台湾美食。各商家推出中华名小吃、传统潮菜、台湾风味、日式、泰式、韩式等美食品种超过600款。本届美食节接待游客超过40万人次，营业金额近400万元。美食节期间，第十一届中国（汕头）国际食品博览会、2009泰国商品交易会、第二届旅游产品（汕头）博览会、第四届中华名茶（汕头）博览会等展会轮番登场，与美食节相互补充，相得益彰。本届美食节通过“美食之家”、“十大最受欢迎小吃”等评选活动，推陈出新，全面提升了汕头市作为“中国潮菜之乡”的品位。

蔡宗泽市长视察美食广场

【汕头市邮轮直航台湾】 2009年5月6日，“汕头—台湾邮轮首航庆典仪式”在汕头市港务集团2号泊位举行。中国旅游协会副会长王军、广东省旅游局副局长周开生，汕头市主要领导以及香港亚洲邮轮行政顾问纪明宝等出席首航庆典仪式。汕头市市长蔡宗泽在首航庆典仪式上致辞，市委书记黄志光宣布邮轮首航启航。市交通局向香港亚洲邮轮颁发交通运输部批准邮轮特案经营许可牌匾。5月7日凌晨，“亚洲之星”号邮轮载有350位客人抵达高雄港，当局为大陆访客办理通关手续。高雄市旅游观光局局长林昆山率领欢迎团迎接，向游客献上花环。旅游团按预定计划游览阿里山。5月8日，旅游团转乘当地车船抵达澎湖县，县长王乾发、副县长吕永泰、县旅游局长洪栋霖等亲临码头迎接。5月9日下午，全船游客游览高雄市景点后返航，邮轮于5月10日早上抵达汕头。

“汕头至台湾”邮轮首航开通仪式

旅游行业监督管理

【旅游市场监督】 2009年，汕头市先后下发《关于加强旅游服务质量和市场秩序监督管理工作的意见》、《关于加强国庆中秋假日期间旅游市场秩序和服务质量工作的紧急通知》和《关于推广使用广东省国内旅游组团合同示范文本相关事宜的通知》等，先后2次发出全市旅游服务质量公告。全年共检查旅行社20多次，提出具体整改意见20多条，发出行政处罚决定书1份、限期整改通知书3份；采取“听”、“查”、“看”等方法，有效规范导游人员执业行为。所谓“听”就是听导游在讲解过程中是否到位，所谓“查”就是查导游携带的手续是否齐全，所谓“看”就是看游客对导游的服务是否满意，全年共检查导游人员40余人次。加大了宣传力度，全年先后2次通过新闻媒体发布《温馨提示》、3次通过报纸电台广泛宣传新出台的《旅行社条例》。同时还利用“3·15”消费者权益日、“今日视线”栏目专访等时机向广大市民和旅游经营者宣传旅游法律法规知识，解答听众关注的旅游热点问题。全年共接受各类旅游咨询230余人次，受理各类旅游投诉31起，为旅游者挽回经济损失4万余元。

【旅游安全】 2009年，汕头市先后印发《汕头市旅游局“安全生产年”活动方案》、《关于印发安全生产“三项行动”工作实施方案的通知》、《汕头市旅游业安全生产宣传教育行动、治理行动、执法行动实施方案》等文件。结合旅游业实际，积极开展安全生产大检查，消除安全生产隐患；围绕"安全生产年"的活动主题，积极组织全行业开展"安全生产年"各项活动。积极做好安全生产各项工作，遏制重特大事故发生，全年旅游安全生产形势保持平稳，未发生大的旅游安全事故。

【旅游饭店管理】 2009年，汕头市星级饭店年度应复核42家，实际复核38家，4家星级饭店延期一年复核（其中2家为延期一年评定性复核）。金海湾大酒店、龙湖宾馆分别通过国家、省星评委的五年期评定性复核。1月7日，组织全市星级饭店参加在金海湾大酒店举行的"全国旅游饭店服务技能大赛"广东代表队巡回演示会。6月，由24人组成的全市星级饭店代表队参加在东莞举办的"首届广东外商投资企业产品（内销）博览会"，并进行观展采购以及参观东莞三正半山酒店，开展对口观摩学习。

汕头市举办星级饭店评定会议

【旅行社管理】 2009年，汕头市旅行社行业开展《旅行社条例》实施宣贯，完成全市旅行社及分支机构重新审核换证相关工作。截至2009年底，经重新发证，全市共有旅行社60家，其中出境游旅行社4家，另有分社4家。根据《广东省旅行社资质等级划分与评定》标准和工作方案有关规定，汕头市旅行社资质等级评定委员会完成了对汕头市中国旅行社申报四星级旅行社、汕头市乐观国际旅行社有限公司申报三星级旅行社的审核、评审、公示和上报等工作。联合市财政局，根据《汕头市奖励旅行社组织游客进入汕头旅游实施办法（2007年修订）》（汕旅〔2007〕32号），对获得"组接总量奖"的南澳海岛旅行社、获得"年度增幅奖"的金潮旅行社、商之旅和获"特色创意奖"的旅游总公司、金潮、好风光、广之旅、新旅程等旅行社给予奖励。全年批准设立4家旅行社（新景界、潮汕风情、美景、通达），注销4家旅行社（大地、金华、中贸、清新），备案分社4家（深圳中国国际旅行社有限公司汕头分社、广东省和平国际旅行社有限公司汕头分公司、广东省拱北口岸中国旅行社有限公司汕头分公司、广州广之旅旅行社有限公司汕头分公司）。

【导游员管理】 2009年，汕头市组织参加全国导游人员资格考试2场次，参加考生409人，其中本市通过考试103人。全年共检查导游IC卡40人次，举办导游员年审教育培训班10期次。积极探索导游人员教育培训方法，各旅行社和导游服务公司可根据业务运行和导游员出团情况，以及对培训内容的取舍，分期分批安排所属导游员参加教育培训，不需相对集中时间安排所有导游员参加年审学习，确保导游员旅游业务和培训学习两不误。

旅游资源开发和景区（点）建设

【旅游规划】 2009年，汕头市启动《汕头市旅游发展规划》的修编工作。8月，经市政府常务会议审议并原则同意《汕头市旅游发展总体规划（调整）》（2008－2025）。在此《规划》框架下，汕头市旅游局着力推动《牛田洋现代农业生态区总体规划》、《海滨文化公园修建性详细规划》、《汕头市苏埃湾红树林公园详细规划》等规划修编完成。各区县旅游规划也在紧锣密鼓编制之中，如濠江区完成对濠江古城、巨峰寺景区、南山湾国际度假湾、青云岩等景区规划工作。前美古村规划编制工作也将争取上级启动资金的支持。

"蓝水星主题公园——海螺湾剧场"

【旅游区（点）与基础设施建设】 2009年，汕头市投入景区景点及基础设施建设资金共24716万元，其中旅游景区景点建设投入20576万元，旅游基础设施投入4140万元。如：方特欢乐世界·蓝水星主题公园再投入14137万元，项目总投资额达10亿元。3月，汕头市旅游局与澄海区莲华镇签订框架协议，指导澄海莲华乡村旅游区开展4A创建工作，并从规划、资金、宣传等方面予以扶持。南澳环岛景观带再投入1100万元，建成集航海和观光为一体的航标塔一座，环岛公路已建成观景点5个。礐石风景名胜区投入

1582万元完善景区设施。原南澳迎宾馆投入3500万元，按4星级酒店标准改造成为南澳欣涛度假村。莱芜成兴渔舫投入1700万元新建蓬莱养生园等。

【旅游扶贫和旅游强县工作】 2009年度省下拨旅游扶贫资金180万元，其中南澳环岛公路景观带60万元，澄海区莲华乡村旅游区40万元，濠江区巨峰风景区80万元。1月12～14日，省旅游局派出以周开生副局长为组长的验收组，对南澳县创强工作进行验收。省验收组综合各方面情况，认为南澳县政府主导旅游发展战略得到贯彻落实，并通过验收。在2009年召开的全省旅游工作大会上，南澳县被授予“广东省旅游强县”。

【旅游信息化】 2009年，汕头旅游门户网站（http://stly.gov.cn）功能日趋完善，汕头旅游公众网、政务网公众服务及行业管理的功能作用明显，通过汕头旅游门户网站开展印象e汕头摄影大赛、汕头市“中国移动企业建站杯”优秀旅游网站创建活动和《旅行社条例》网上知识问答等活动。在汕头市“中国移动企业建站杯”优秀旅游网站创建活动中，我市各旅游企业踊跃参加，积极打造资讯丰富、功能齐全、文明和谐的旅游网站，为推动我市旅游网站健康有序发展，加快旅游行业信息化建设作出了贡献。经过网上投票、短信投票和专家评审，南澳县旅游局等2家网站被评为优秀管理机构网站，金海湾大酒店等7家网站被评为优秀酒店网站，汕头市新旅程旅行社有限公司等8家网站被评为优秀旅行社网站。潮阳金叶大厦网站获得人气奖。《旅行社条例》网上知识问答。新的《旅行社条例》自2009年5月1日起施行。为宣传好、实施好《条例》，我局根据《条例》的内容和市民参团旅游较为关注的几个方面，编发《旅行社条例》问答专栏，从8月底每周一期在汕头旅游网以及汕头日报、汕头都市报连续刊登，供广大旅游消费者和旅游经营学习参考。同时，本次活动也开展有奖问答，踊跃参与的读者有机会获得旅游纪念品。

旅游教育培训和精神文明建设

【旅游教育培训】 2009年，汕头市酒店举办培训班230多场次，旅行社举办培训班180多场次，景区举办培训班20多场次，参加培训人数1万多人次。举办一场有关网络知识讲座，邀请汕头市经济干部学校高级讲师讲授利用网络知识在旅游业中的应用等知识。参加本次讲座的有市旅游局全体干部，各区县旅游局正、副局长，全市各星级酒店总经理、旅行社总经理，A级旅游区负责人共100多人。开展了本市旅游业农村劳动力职业培训和技能鉴定，其工种为餐厅服务员、客房服务员和景点导游3个工种，有293人参加培训，经鉴定合格182人，就业率达100%。

【旅游行业精神文明建设】 2009年，汕头市旅游局倡导和发动全市旅游系统干部、职工到濠江区巨峰禅寺风景区进行义务种植“桃花树”，紧扣“走进绿色旅游，感受生态文明”主题，进一步提高旅游系统从业人员的文明素质，为旅游行业精神文明建设多做贡献。

纪　事

2月11～15日 汕头市举办人民日报社《中国经济周刊》“广东汕头生态滨海旅游采风活动暨2009年年会”。

2月26日 汕头市首届濠江桃花节开幕式暨“2009中国生态旅游年”汕头启动仪式在巨峰禅寺风景区举行。

3月6日 “第二届莲华乡村旅游节”、“汕头市国民旅游休闲计划”和“畅游汕头、姐妹同乐”活动在澄海区莲华镇启动。

4月9日 汕头市旅游局召开汕头市旅游行业提升服务质量动员大会并举行旅游休闲卡首发仪式。

5月6～10日 汕头—台湾邮轮直航首航。

6月18～20日 汕头市旅游推介团赴北京市举行汕头（北京）旅游推介会。

8月17日 市长蔡宗泽主持召开第46次市政府常务会议，审议通过《汕头市旅游发展总体规划（调整）》（2008－2025）。

9月7日 陈华佳局长率全市主要旅行社和南海明珠轮船有限公司负责人赴厦门参加澎湖—汕头旅游交流会。

9月17日 蔡宗泽市长带队调研全市旅游资源开发建设情况。

12月3～13日 汕头市第十五届潮汕美食节在汕头市林百欣会展中心时代广场开幕。

12月25日 首届莲华鲜菇美食旅游节在澄海区莲华镇大自然景区开幕。

（庄为建、陈少文）

佛山市

综　述

【总体情况】　2009年佛山旅游行业克服世界金融危机、甲型流感流行等事件带来的不利影响，策划举办2009佛山旅游文化节，开展“2009中国生态旅游年”主题促销活动，推动大型旅游项目建设，加强区域旅游协作，促进酒店高端化品牌化经营，增强旅行社实力和整体竞争力，实现了旅游行业逆市上扬，全市旅游收入204.68亿元，比上年增长9.97%；全市旅游景区点接待境内外游客2180万人次，比上年增长1.40%；全市接待过夜旅游总人数836万人次，比上年增长4.18%；主要宾馆酒店客房出租率58.89%，比上年下降0.35%。

【旅游行业规模】　截至2009年底，全市拥有星级饭店97家，其中五星饭店5家，四星级饭店16家，三星级饭店47家，二星级以下饭店29家；旅行社总数71家，其中具有组织出境游资格的旅游社14家；A级旅游景区6家（均为4A级）。旅游从业人员5万余人。

【2009佛山旅游工作会议】　4月1日，2009年佛山市旅游工作会议在市委机关小礼堂召开。副市长麦洁华出席会议并讲话，麦洁华充分肯定2008年全市旅游行业所取得的成绩，就如何做好2009年的旅游工作提出“一要树立信心，二要抓好旅游景区景点建设，三要搞好旅游活动策划，四要抓好人才队伍建设，五要抓好旅游诚信建设”五点意见。会议由佛山市政府副秘书长汤建军主持。佛山市旅游局局长朱粤平传达全省旅游工作会议精神，对2008年旅游工作进行总结，对2009年旅游工作全面部署。部分旅游游企业代表在大会上发言。会议确定2009年佛山旅游业发展预期目标为：全市旅游总收入增长12%，主要景区、景点、旅游酒店接待游客（含过夜游客）保持2%的增长。2009年要成为佛山旅游行业“学习年、调整年、宣传年、管理年和培训年”。

【广佛肇旅游一体化合作框架协议】　2009年6月17日，广州、佛山、肇庆三市旅游局在肇庆签订《“广佛肇旅游一体化”合作框架协议》，并举行合作框架协议签署仪式暨“广佛肇旅游一卡通”启用仪式。肇庆市副市长孙德、副秘书长陈义、广州市旅游局局长朱力、佛山市旅游局局长朱粤平、肇庆市旅游发展局局长郑时广，以及旅游界、新闻界共150多人出席仪式。根据框架协议，三市旅游局建立联席会议制度，旅游局长为联席会议召集人，解决三市旅游业合作在行业管理、市场宣传推广、旅游规划、旅游资源开发和整合、旅游人才交流培训4个方面需协调、协商和推进的重大问题。“广佛肇旅游一卡通”是在原“广佛同城旅游一卡通”的基础上，加入肇庆的旅游景区、旅游饭店及相关单位，通行三地的旅游优惠卡。“广佛肇旅游一卡通”于7月初正式发行，成员单位超过150个。广佛肇三地以旅游框架协议的签署和“一卡通”的启用为契机，在三地党委政府的领导下，扎实推进各项工作，发挥三地旅游资源各自的优势，提升旅游形象，共同打造广佛肇区域旅游品牌，实现三市旅游资源共享、信息共通、市场共管、客源互动、品牌共创。

【试行国民旅游休闲计划】　2009年7月13日，佛山市政府印发《佛山市试行国民旅游休闲计划的实施意见》（以下称《意见》）。《意见》指出：试行国民旅游休闲计划，是佛山市认真贯彻落实《珠江三角洲地区改革发展规划纲要》的一项重大举措。要坚持“政府引导，社会参与；积极探索，先行先试；分步实施，重点突破；整体推进，注重实效”的原则，积极探索和大力推进国民旅游休闲计划，推动我市国民旅游休闲活动健康、有序、可持续发展。《意见》就试行国民旅游休闲计划采取10项主要措施，其中包括落实带薪休假制度，弹性安排带薪休假时间；完善我市被授予省首批国民旅游休闲示范景区、旅行社、酒店、餐厅、商店的各项配套功能，提升综合服务水平；对奖励旅游、福利旅游、修学旅游、银发旅游、大众休闲度假旅游等给予优惠，并带头对在校学生、农村进城务工人员、残疾人、低保救助对象、五保户及年满60周岁老年人等特定群体参与国民旅游休闲计划给予适当优惠；教育部门要积极探索将修学旅游纳入学生综合实践课程；鼓励企业将安排职工旅游休闲作为奖励和福利措施，相关费用可按有关规定列支等。

2009年，佛山市有82家旅游经营单位被省授予首批国民旅游休闲示范单位。在此基础上，着力打造特色旅游休闲精品线路，构建丰富多彩的旅游休闲产品。部分旅行社对市民公开发放“旅游消费券”，全市共有7家发放“旅游消费券”的旅行社在市旅游局备案，分别是禅之旅、佛山中旅、天宁国际旅行社、和平旅行社、南海中旅、天下游旅行社、华之旅旅行社，发放消费券总额5154万元。其中发行量最大的是佛山市南海中旅假日国际旅行社有限公司和佛山市禅之旅国际旅行社有限公司，占总额近80%。

2009年12月27日，省旅游局、佛山市领导参加国庆彩车大巡展启动仪式

【2009中国生态旅游年】 2009年3月6日，“2009中国生态旅游年”佛山市启动仪式在首批国家生态村禅城区南庄镇罗南村隆重举行。佛山市政府副秘书长汤建军，佛山市旅游局局长朱粤平等市、区、镇和罗南村委相关领导，媒体记者以及来自全市5区的1500多名游客参加启动仪式。佛山旅游行业围绕“2009中国生态旅游年”主题年活动，大力挖掘、整合佛山丰富的生态旅游资源。如充分发挥和利用西樵山、南国桃园，陈村花卉世界、长鹿农庄、合水桫椤自然保护区、盈香农业生态园、森林公园、侨鑫生态园、九道谷漂流、荷花世界等一大批生态旅游资源，精心策划推出贯穿全年的1～2天行程的3条生态旅游线路：南海西樵山—高明霭雯教育农庄—高明腾龙峡漂流；禅城南风古灶—亚洲艺术公园—顺德陈村花卉世界—顺德长鹿农庄—顺德锦华农业生态园；南海南国桃园—三水森林公园—三水荷花世界—三水九道谷漂流等。全市旅行社围绕“2009中国生态旅游年”，加大生态旅游产品推广促销力度，开展“畅游绿色佛山，感受生态文明”专题旅游活动。

旅游接待与收入

【入境旅游】 2009年，佛山市接待过夜境外游客98.35万人次，比上年增长0.26%；旅游外汇收入6.52亿美元，比上年增长12.06%，旅游外汇收入占全省比重为6.50%。

【国内旅游】 2009年，全市国内旅游收入160.15亿元，比上年增长9.93%；全市旅游景区点接待境内外游客2081.65万人次，比上年增长1.40%；全市接待过夜旅游者737.56万人次，比上年增长4.72%；旅行社组团省内游196.69万人次，比上年增长8.15%；组团省外游40.28万人次，比上年增长9.64%。

【出境旅游】 2009年，全市组团出境游295954人次，比上年增长0.46%。其中香港游15.09人次，比上年下降0.45%；澳门游6.15人次，比上年下降14.49%；出国游8.36人次，比上年增长30.23%。

【假日旅游】 春节黄金周，佛山市旅游收入7.26亿元，同比增长16.47%；旅游外汇收入1903.72万美元，同比增长11.6%；各主要旅游景区点接待中外游客158.39万人次，同比增长3.76%，旅行社组团55207人次，同比增长15.09%；旅行社接待14726人次，同比增长15.40%。佛山春节黄金周旅游市场繁荣稳定，呈现四个特点：一是旅游活动特色足，数量多，气氛浓。二是旅行社组团出游人数多，增长大。受金融危机影响，2009年长假期间出游价格比上年同期下降一到两成，这在一定程度上刺激了市民参团出游的欲望。出境游、国内游、省内游均出现组团高峰，省内游增长14.66%，省外游增长21.97%，出境游（含港澳游和海外游）增长10.27%，旅行社营业收入增长22.49%。三是“广佛同城”带旺自驾游。2008年底广佛年票互通后，许多广州家庭团队驾车到佛山游玩“农家乐”，本地市民驾车出游也异常火爆。四是部门协作监控有力，保安全。全市接到旅游投诉7宗，没有发生重大事故和重大投诉。

“五一”（5月1～3日）小长假，佛山市旅游收入3.78亿元，同比增长16.31%，其中外汇收入803万美元，同比增长5.95%。主要景区点接待中外游客83万人次，同比增长7.49%，全市主要旅游设施共接待过夜游客3.75万人次，同比增长3.87%。呈现三个显著特点：一是“广佛同城”携手共进，精彩活动同台上演。“珠三角2009休闲欢乐节暨珠三角第一届休闲体育邀请赛”等100多项活动营造浓郁的狂欢气氛。“广佛购物节”活动的两地旅游休闲购物中心人潮如织，销量较往年增加两到三成。二是区域协作取得实质进展，旅游联盟成效显著。在广佛旅游合作协议、《罗浮山宣言》、《城际旅游大联盟肇庆宣言》等推动下，佛山市和珠三角、港澳台、泛珠三角及多个外省市加强旅游合作，共建城际旅游品牌，共享城际旅游资源。城际旅游客源互送、宣传互动、市场共管有效推动了资源共享、市场共赢，大量外地客源进入佛山。“五一”期间，佛山旅行社接待人次同比增长20.86%，组织省内游同比增长23.97%，省外游人数同比增长45.03%。三是旅游券、广佛一卡通受热捧，刺激旅游消费。仅“五一”前夕，首批发行10万张，市民认领踊跃。

“十一”黄金周正值国庆、中秋“双节”。全市旅游收入达8.65亿元，同比增长18.33%；旅游外汇收入2345.42万美元，同比增长17.98%；各主要旅游景区点接待中外游客266.57万人次，同比增长0.95%，旅行社组团52438人次，同比增长9.58%。旅游市场有五个特点：一是旅游文化节盛大开幕，美食节人气旺盛。9月30日晚，2009佛山旅游文化节启动仪式暨佛山美食欢乐节开幕式在东方广场隆重举行，美食欢乐节8天内共有50多万市民和游客前来品尝美食。二是景区活动特色足，数量多，气氛浓。“十一”期间，各旅游景区（点）推出一系列“庆国庆、迎中秋”颇具浓郁地方特色的活动，为游人送上节日大餐。三是旅行社接待、组团人数多，增长大。旅行社接待26208人次，同比增长4.17%。省内游增长5.35%，省外游增长18.85%，出境游（含港澳游和海外游）增长20.31%，旅行社营业收入增长21.91%。四是“广佛肇”大交流，自驾游掀高潮。五是星级酒店宴会生意兴隆，餐饮收入同比增长24.31%。

旅游宣传促销与节庆活动

【概述】 2009年，佛山市旅游系统认真抓好“2009中国生态旅游年”活动，精心策划推出3条生态旅游线路。试行国民旅游休闲计划，最大限度地调动全社会参与旅游休闲活动的积极性，提升国民的生活质量、生命质量和幸福指数。积极拓展海内外客源市场，以“狮舞岭南，传奇佛山”为主要宣传口号，开展形式多样的促销推介工作，组织旅游企业参加香港国际旅游展、广州国际旅游展、中国（大连）国内旅游交易会、2009广东国际旅游文化节暨海峡两岸旅游投资推介会和花车花船大巡游等。认真落实《珠江三角洲地区改革发展规划纲要》，加强区域旅游合作，大力推进“广佛旅游同城化”，与广州、肇庆两市签署广、佛、肇旅游合作协议。组织召开“两广六市”第三次旅游协作会议，共同打造黄金旅游线路。与中山市、江门市联合组成旅游促销团赴东北三省促销。“南番顺”旅游联盟在深圳、珠海举行“悠游南番顺，广佛新感觉”业界人士推介活动。

【组团参加2009广州国际旅游展览会】 2009年3月26日，佛山市组团参加在广州锦汉展览中心举办的2009广州国际旅游展览会。佛山市有70多家旅行社、酒店、旅游景区等参展，仅顺德长鹿农庄单独设立展位6个。本次展销会除大力推介“狮舞岭南，传奇佛山”旅游形象外，还特别突出西樵山、南国桃园、花卉世界、九道谷漂流、荷花世界等生态旅游景点，吸引大批观众驻足。在“广佛同城”的大背景下，“南番顺”以统一品牌参展，设展位10个。佛山市旅游局获得“最佳组织奖”。

【2009佛山旅游文化节】 2009年9月30日至11月30日，“2009佛山旅游文化节”在佛山举行。市政府成立以副市长麦洁华为主任的“2009佛山旅游文化节”组委会，下设办公室。办公室设综合组、项目组、市场开发组、宣传组、安保组、财务组和各区活动组等工作小组。召开动员会，各部门各单位落实责任制。组委会办公室深入景区、饭店、场馆现场开展督查，协调解决存在问题。各工作小组研究制定专门的管理制度，各负其责，密切配合，做好活动安排、接待联络、赛事组织、服务保障等工作。旅游文化节期间，广东与东盟非物质文化遗产保护传承交流会开幕，“魅力佛山·秋色辉煌——2009佛山秋色大巡游”隆重上演。广东省副省长雷于蓝、文化部外联局局长助理杨治、省文化厅厅长方健宏等参加开幕式。文莱、柬埔寨、老挝、缅甸、菲律宾、泰国、越南7国文化界嘉宾，港澳文化官员和来自国内的著名非物质文化遗产保护专家等参加盛会。佛山美食欢乐节持续8天，超过100家参展商进场参展，50多万人次进场争相品尝各地特色美食。秋色大巡游由《名城秋韵》、《水乡踏歌》、《红豆飘香》、《和谐家园》、《魅力佛山》、《秋色辉煌》六个篇章构成，巡游队伍中既有花车与传统秋色项目，还加入现代项目的展示，如卡通大头佛、彩装表演、动漫秀、现代溜冰队等，令人感受到秋色与时代同步的生机和活力。来自广州番禺的飘色队、肇庆市的舞龙队、普宁市的英歌队、清远市的连南瑶鼓队、湛江市的傩舞队以及香港的咏春联会亦赶来助兴，为佛山秋色再添喜庆色彩，展示了这项国家非遗项目的巨大魅力。秋色大巡游规模宏大，有10辆彩车，50个表演队伍，分为10个方阵，共3000多名演职人员组成，连续3天在5区表演5场，吸引120多万市民走上街头欣赏。中国功夫对泰国职业拳手对抗赛、亚洲游泳锦标赛、第十四届环南中国海自行车大赛等国内、国际重大赛事的举办，使佛山再次成为国际关注的焦点。旅游欢乐节期间从市直到各区，社会各界积极响应，参与的游客和群众超过300万人次。“陶都禅城”、“有为南海”、“美食顺德”、“绿色高明”、“生态三水”系列主题旅游文化活动也从不同侧面展示佛山的特色文化、发展成就和潜力。

【“两广六市”旅游协作】 旅游文化节期间，各大旅游景区纷纷推出丰富多彩的旅游节目和项目，吸引市内外游客纷至沓来。据统计，10至11月，佛山旅游景区（点）接待游客389万人次，旅行社接待人数25.3万人次，均比上年同期有一定幅度的增加，旅游产业的发展优势和辐射带动效应进一步凸现。

佛山旅游行业抓住机遇，一是积极组团参加2009广东国际旅游展览会暨海峡两岸旅游投资交流会和2009广东国际旅游文化节花车大巡游和珠江花船大巡游，展示佛山旅游风采，推介佛山旅游精品和线路。二是组织召开2009"两广六市"（广东省的广州、佛山、肇庆和广西自治区的桂林、梧州、贺州市）旅游协作第三次联席会议，就如何加强各方联动、整合旅游资源、做深做细区域间的旅游营销合作、开展旅游互动活动等事宜进行深入探讨，六市旅游局长共同签署了《"两广六市"旅游协作佛山宣言》，为打造"两广六市"黄金旅游带打造了坚实的基础。三是旅游景区、旅行社积极揽客。

"两广六市"旅游协作会议

【"全国百城旅游宣传周"佛山分会场】 2009年4月11日，由国家旅游局举办的"全国百城旅游宣传周"活动正式启动。该活动在北京、上海、西安、广州、郑州、长春设立6个主会场。广东省同时在珠三角8个城市设立分会场。佛山市在禅城区东方广场同步启动宣传活动。五区旅游部门积极组织发动旅游企业参与，充分利用这个向市民全面展示自身企业形象和极具特色旅游产品的平台，开展旅游推介和促销活动。活动现场共搭建展示区2个、展台38个，有近60家旅游企业积极参与公众旅游宣传推广活动，派发宣传资料8万多份。除派发旅游宣传资料、回答市民咨询外，还组织旅游知识问答抽奖等多种形式的互动活动以及"旅游惠民"活动现场报名等等，让广大市民游客了解到更多的出游地，丰富出行选择。各旅行社、酒店等旅游企业在现场促销都推出比平时优惠幅度更大的旅游产品；景点景区现场赠送或打折出售门票。当天，市旅游局还组织部分景区参加在广州市举行的"全国百城（广东）旅游宣传周"开幕启动仪式的宣传推介活动。4月下旬，各区旅游局又组织旅游企业进社区、下乡镇进行旅游宣传和促销活动。

【"广佛同城旅游大放送"活动启动】 2009年4月25日，"广佛同城旅游大放送"活动启动仪式在广州中山纪念堂举行。下午，"广佛同城旅游大放送"（首发团）佛山欢迎仪式在顺德长鹿农庄举行。副省长万庆良、广州市副市长曹鉴燎、佛山市副市长麦洁华，以及广州、佛山两市、区旅游局领导，旅游企业代表，新闻单位记者和两地游客近3000人出席在广州的启动仪式。启动仪式上，万庆良副省长分别向广佛10名游客颁（首）发"广佛同城旅游一卡通"。该"一卡通"把广州和佛山150多个景区（点）整合起来，向自助游客免费发放，持卡人凭"一卡通"可以享受到各加盟的成员单位承诺的优惠折扣。在省市领导的见证下，广佛两市旅游局长共同签订《广佛同城旅游合作框架协议》。广佛两地旅游局联合南方航空公司、南湖国旅共同策划举办"广佛旅游惠民计划"也同时揭幕。该计划由南航提供一批特惠线路的特价机票，由南湖国旅针对广州、佛山游客要求度身定制部份质优价平的旅游产品，促进广东国民旅游休闲计划的实施，让两地市民游客得到实惠。还举行了"广佛同城精品旅游线路首发仪式"，广佛两市各组织1000名游客进行互游，双方整合两地旅游资源，共同推出9大主题、15条旅游精品线路，涵盖两地的历史文化、生态休闲、美食购物等旅游特色主题产品。

【附：广佛同城旅游合作框架协议】 为加快贯彻实施国务院颁布的《珠江三角洲改革发展规划纲要》的步伐和推进广州市、佛山市旅游业同城化进程，营造两市旅游的良好发展环境，经两市旅游局友好协商，本着资源共享，优势互补，客源互送，利益互惠的原则，达成以下旅游合作框架协议：

一、指导思想

国务院颁布的《珠江三角洲改革发展规划纲要》是促进珠江三角洲一体化以及广东全省加快发展的重要战略部署和纲领性文件，其中推动珠江三角洲一体化的重要突破口在于广佛同城化。改革开放30年的发展，为两市的旅游业合作积淀了深厚的合作基础，使之具有了引领该行业更好更快发展的优势条件。为此，两市的旅游部门要在加强合作的前提下，大力促进广佛旅游向区域性国际化旅游中心的地位迈进，以实现《珠江三角洲改革发展规划纲要》的要求。

二、建立工作联动机制

1. 成立旅游合作专责小组，由广州、佛山两市旅游局有关人员组织，两市旅游局局长任组长，分管副局长任副组长，具体组织架构由双方协商确定。

2. 建立联席会议制度。广州、佛山两市旅游局局长为联席会议召集人，联席会议视具体情况可每月或每季召集，解决两市旅游业合作在行业管理、市场宣传推广、旅游规划、旅游资源开发和整合、旅游人才交流培训等四个方面需协调、协商和推进的重大问题。

三、合作内容

1. 加快旅游资源和产品的开发，做好规划衔接，提升产业发展水平。联合开发旅游新产品。在坚持本地特色的同时，两市旅游资源开发在资源共享、产品整合、线路连接方面形成合力。双方将共同努力为旅游企业间的合作搭建平台，共同策划、包装、打造广佛旅游精品线路。统筹、衔接好两市的旅游发展规划；大力向广州、佛山的市民、旅游者推广“广佛同城旅游一卡通”的优惠范围及内容；积极推进两市旅游产品同城化进程。

2. 共同开发客源市场，联合对外宣传推介。宣传互动，联手开展实质性合作。两市共同制订旅游市场推广方案，以广佛旅游区域合作的统一形象试行在境内外联合开展招商引资活动，联合对外宣传推广两市旅游资源产品和旅游线路，在各自的主流媒体及政府网站开辟旅游专栏介绍两市旅游资讯，为两市在各自城市举办旅游推介活动提供全力支持。创新宣传形式，加大促销合作力度。每年两市联手举办对外促销推介活动，共同邀请媒体记者及旅游买家考察两市旅游资源，互派宣传资料，共同开展网上宣传推介等活动。加强宣传资料建设。共同出资编制广佛旅游线路产品手册、旅游地图、制作旅游推介片、形成资源共享、优势互补、线路互推、团队互送的互惠共赢格局。

3. 加强行业服务和市场管理合作，优化两市旅游环境。加强对两市旅游企业的服务，重点在政策法规方面引导旅游企业合法经营，共同维护两市旅游市场秩序，优化旅游环境。在努力营造两市旅游企业正当竞争和合法经营的优良环境同时，积极联合打击黑社、黑车、黑导等违法违规行为，建立行业监管通报机制，定期开展促进旅游发展的经验交流。共同提升旅游产业发展水平，加强旅游发展的政策法规制定和实施方面的沟通交流，加强业界的交流合作。协调和推进两市旅游企业和协会之间的合作共赢，在经营模式、管理理念、市场营销、技术创新、人才培养等方面进行广泛交流，共同提升市场竞争力。

4. 加强旅游行业从业人员的教育培训合作。重点先从导游员培训合作开始，特别是在导游员继续教育培训中积极开展一体化进程的合作，大力提供两市导游员在对方所在地开展旅游服务工作的便利条件，然后扩展到酒店服务人员、景区管理人员和讲解人员的教育培训，促进两市旅游业教育培训资源共享，旅游资讯资源共享的进程。

【参加香港国际旅游展】 2009年6月11～14日，2009香港国际旅游展（ITE）在香港会展中心隆重举行，吸引来自全球50多个国家及地区的600余家展商参展。佛山市组织50多家旅游企业和100多名代表前往参展。南海和顺德以“南番顺”旅游联盟成员单独设展。

旅游资源开发和景区(点)建设

【概述】 2009年，佛山市利用国家强力拉动内需的机遇，加快推动重大旅游项目建设，以发展休闲度假旅游为重点，推动佛山旅游产品升级改造。一方面，推进重大旅游项目建设，全力支持东华里“岭南天地”建设，推动南风古灶实现建成国家4A旅游景区、西樵山旅游度假区创建国家5A级景区，继续打造好顺德区凤城美食旅游品牌，加快“李小龙乐园”的建设步伐；加强高明区旅游规划落实力度；推进三水区云东海旅游区建设综合性生态旅游度假区的步伐，协助开展世界名牌折扣店的策划、建设、推介工作。另一方面，抓好特色旅游镇（街）规划建设。以11个特色旅游街镇为基础，增加旅游发展活力，营造优良旅游环境。结合广佛都市圈发展、佛山现代化都市和“三旧”改造建设，优化旅游产品结构和产品网络，完善旅游配套，构筑具有强大吸引力的旅游地域系统。

【旅游区（点）与基础设施建设】 2009年，启动东华里岭南天地、南庄缘湖生态休闲度假区建设；西樵山积极构建“一山一区三节点”的大5A格局，总投资超过10亿元的12项重点工程正分步实施，其中投资600多万元的碧玉湖公园已率先建成并对外开发，按四星级标准建设的汇银酒店顺利开业；千灯湖保利水城商业购物中心开业；完成了碧江金楼文化旅游区总体规划；高明银海高尔夫球新会所项目已竣工；澳特莱斯世界名牌折扣店项目已在芦苞奠基。高明、三水区还加紧制订一系列加快旅游业发展的政策措施，扶持优质旅游项目发展壮大，大力推动“农家乐”休闲旅游业发展。

【新开发、新建设景区（点）介绍】

〖佛山东华里岭南天地〗 地处佛山市老城区的中心。片区内有22处历史文物保护单位，其中包括祖庙、东华里两个国家级历史文物保护单位。市政府成功引入香港瑞安房地产有限公司，预计投入100多亿元，采取“政府引导、规划引领、属地实施、市场运作、分步推进、各方受益”的改造新模式，把老城内部密集的居住人口向周边疏散，重新布局区域空间，力争用3～5年的时间完成。该改造片区北至人民路、燎原路，南至城门头路、建新路和兆祥路，西至汾江路，东到市东下路，总面积约86.99公顷。将建成融合岭南民俗文化、禅城时代特色和现代商业文明，辐射珠三角，影响华南地区的集文化、旅游、居住、商业为一体的综合街区，成为佛山的城市中心和城市标志。

〖千灯湖保利水城商业购物中心〗　保利水城是保利房地产（集团）有限公司首个大型商业项目，集购物、餐饮、娱乐、旅游、居住、商务、休闲于一体，是佛山最大的城市综合体。保利水城地处南海千灯湖金融高新区，总建筑面积16万平方米，投资近10亿元，已于2009年4月25日开业。

〖三水澳特莱斯世界名牌折扣店〗　位于三水区芦苞镇。由世界名牌折扣店亚洲有限公司、奥特莱斯名牌折扣店置业有限公司、奥特莱斯名牌折扣店投资有限公司、奥特莱斯名牌折扣店（中国）有限公司联合投资，是“广东省新十项工程”之一。该项目总投资138亿元，首期将于2010年11月亚运会开幕前开业。将建成广东奥特莱斯世界名牌折扣店。

【开展佛山旅游厕所评选活动】　2009年6月中旬，由佛山市旅游局、市公用事业管理局主办，佛山日报社、广佛都市网承办，市文明办、市爱卫办协办的佛山旅游厕所评选活动全面启动，并向市民公布《佛山旅游厕所评选方案》和《佛山旅游厕所评选评分标准》。各参评景区和公园结合各自实际情况，认真制定整改方案和工作措施，责任到岗、任务到人，积极做好评选前的各项改造和提升工作，以接受市民投票和专家组的现场检查。组委会聘请专家，把《旅游厕所质量等级的划分与评定标准》与《城市公共厕所规划和设计标准》融合为一体，总称《佛山旅游厕所评选评分标准》，并在《佛山日报》上全文刊登供市民参考，该报还刊出13期版花；广佛都市网开辟专栏供市民进行投票，并在投票栏设置投稿区，供市民上传照片，为网民投票提供方便。《南方日报》、《南方都市报》、《广州日报》、《新快报》、《珠江时报》、《珠江商报》先后在不同的版面对佛山旅游厕所评选活动进行跟踪报道，并现场点评相关参评单位的厕所。佛山电视台、佛山电台还通过采访主办单位的相关负责人，发动市民积极参与评选投票，引导市民关注旅游厕所文明与卫生水平的提升。7月初，“广佛都市网”推出投票专区，启动网民投票。据统计，投票截至8月17日止，共有18517人次参与投票。9月9日，市公用事业管理局联合召开佛山旅游厕所评选结果公布及颁奖会议，评审专家组组长郑坚强代表佛山旅游厕所评选专家组公布评选结果：长鹿环保农庄、观音景区、西樵山、清晖园、荷花世界、侨鑫生态园、亚洲艺术公园、石湾文化广场、梁园、森林公园为“十优单位”，祖庙、南风古灶、黄大仙圣境园为“三个较差单位”。市旅游局局长朱粤平、市公用事业管理局党组副书记谷玉山分别向“十优单位”颁发牌匾。评选活动的成功举办在全市旅游景区（较大型休闲公园）中掀起建设提升厕所的软硬件和管理水平的高潮，提高了市民的公共环境卫生意识。会议在省市新闻媒体的见证下进行现场抽奖，共有22位参与投票的幸运市民获得现金和旅游景点门票奖励，最高奖项达3800元。

旅游行业监督管理

【概述】　全市旅游行业以提高旅游服务质量和规范旅游市场秩序为重点，做好《旅行社条例》宣贯，开展安全生产执法和旅游警示工作，做好疾病防控工作，妥善处理旅游投诉。2009年5月，佛山市旅游局与《佛山日报》开展合作，开辟专栏宣传解析新《旅行社条例》。邀请省旅游质监所领导，组织各区旅游局领导、干部及旅行社、旅游大专院校负责人学习贯彻《旅行社条例》，结合具体案例生动形象地解读，收到良好宣贯效果。参加市政府、佛山电台联合举办的《民生直通车》节目，接受游客和企业的咨询，现场受理投诉。全年共收到立案投诉12宗，理赔金额4.2万余元，有效投诉办结率100%。

【旅游安全管理】　2009年，佛山市旅游管理部门深入开展安全生产执法、安全生产治理、安全生产宣传教育“三项行动”活动。认真开展旅游企业自查自纠和隐患排查治理工作，共排查和整改安全隐患26项，开展安全学习培训46次，开展应急预案演练24次，隐患治理工作取得新成效；3月15日，与消委会等有关单位合作在东方广场设点，开展国际消费者权益日宣传活动。同时，在媒体发布“旅游消费警示”，帮助旅游者树立理性消费观念，引导游客理性消费和依法维权，培养成熟的游客消费市场；年初做好旅游行业甲型H1N1流感的防控工作，制订防控甲型H1N1流感工作预案，要求星级酒店、旅行社、景点等认真落实防控措施，并按国家旅游局要求，及时上报相关信息。积极配合市应急办开展防控甲型H1N1流感工作，顺利完成密切接触者的隔离工作。

【旅行社管理】　2009年，佛山市批准设立国内旅行社3家。截至年底全市旅行社总数达到71家，其中具有组织出境游资格的旅游社14家。有6家旅行社被评为“全国百强社”。开展2008年度旅行社年审工作，参加年审的68家旅行社总体结构、经营状况名列全省第三。南海中旅导游吴雄均在第二届“全国红色旅游导游员电视大赛”中荣获“优秀导游员”奖项，广东仅2名选手获得此荣誉。

【旅游饭店管理】 2009年，佛山财神酒店已通过国家星评委五星级饭店评定。顺德哥顿酒店、南海名都酒店于年初分别举行挂五星级牌仪式。2家初评四星级饭店已上报省星评委。1家评定为三星级酒店。截至年底，全市拥有星级饭店98家，其中五星酒店5家，四星级18家，三星级46家。《佛山市五星级旅游饭店规划建设概况》在广泛调研的基础上形成初稿，按此规划全市拟于2020年前规划建设五星级酒店19家。

10月18日，市旅游局局长朱粤平代表佛山旅游行业与粤海（国际）酒店管理集团有限公司签订旅游合作框架协议。副市长麦洁华，市、区旅游局有关人员、粤海（国际）酒店管理集团有限公司及佛山酒店界代表和市主要新闻媒体记者共50多人见证签约仪式。市旅游局局长朱粤平、粤海（国际）酒店管理集团有限公司董事长（总经理）郑玮玲分别致辞。双方拟通过“政府搭台、企业唱戏”的方式，借助集团全新的管理理念，全力推进佛港两地旅游界的交流合作，提升佛山旅游酒店业的服务品质，提高整体竞争力，打造优势品牌，实现佛港两地旅游界的共建、共兴、共赢。

旅游教育培训和精神文明建设

【概述】 2009年，佛山市在全行业广泛开展职业道德教育，培育文明道德风尚，提高全行业的思想道德水平。继续加强与教育、劳动部门的合作，推进旅游学历教育、职业教育、岗位培训，做好每年两次的全国导游人员资格考试、等级考试和考前培训工作，加大对饭店、旅行社、景区中高级管理人员的培训力度，建设一支思想品德好、讲诚信、业务强、素质高的旅游产业从业人员队伍。

【旅游教育培训】 2009年，佛山市加大旅游从业人员培训的力度。5月，由佛山市南海区旅游协会、南海中旅主办的“南海中旅杯”佛山高校导游之星大赛在全市高校举行。比赛分初赛、决赛两个阶段。初赛由佛山各高校自行组织，报名人数120多人，各高校取3名选手进入决赛。决赛分为自我介绍、景点讲解、才艺表演三个部分，设置冠亚季军、最上镜导游大奖、最具网上人气大奖、最佳才艺演出奖、最佳组织奖等多个奖项。5月19日晚，2009首届“南海中旅杯”佛山高校导游之星大赛总决赛在广东轻工职业技术学院举行。来自华南师范大学南海校区、广东轻工职业技术学院等佛山5所高校15名选手参与大赛各奖项角逐。选手以自我介绍、现场讲解、魔术、舞蹈、爵士鼓、诗朗诵、TalkShow等形式轮番表演。广东轻工职业技术学院余冬冬取得冠军，华南师范大学南海校区陈泽虹、卢扬分获亚军和季军。佛山市旅游局局长朱粤平、南海区旅游局局长林平武出席活动并为获奖选手颁奖。

【旅游行风与机关作风建设】 2009年，佛山市旅游局认真开展旅游系统审批制度改革工作，制定落实《佛山市旅游系统深化行政审批制度改革实施方案》以及《佛山市旅游系统行政审批内部工作制度》、《佛山市旅游系统行政审批项目否定报备登记表》等配套制度和措施，进一步规范审批程序，明确审批时限，实现市辖五区统一办事指南、统一办事程序、统一审批时限、统一服务标准。按照市委、市政府的统一部署和要求，在市局机关开展认真做好第二批深入学习实践科学发展观活动以及“深入农村、深入社区、深入企业，听民意、解民困、暖民心”活动，全面加强了机关作风建设，增强机关干部廉政勤政意识，提高机关办事效率和服务水平。南海区继续举办“优质服务月”活动，提升全区旅游服务水平。6月，市旅游局组织全局机关公务员参加由市人事局、市行政学院组织的《珠江三角洲地区改革发展规划纲要》、《中华人民共和国政府信息公开条例》、《行政机关公务员处分条例》（简称“三项内容”）培训班学习，并全部考试合格。

纪 事

3月6日 “2009中国生态旅游年”佛山市启动仪式在首批国家生态村禅城区南庄镇罗南村隆重举行。

4月1日 2009年佛山市旅游工作会议在市委机关小礼堂举行。

4月11日 由国家旅游局举办的“全国百城旅游宣传周”活动正式启动。佛山市在禅城区东方广场同步启动宣传活动。

4月25日 “广佛同城旅游大放送”活动启动仪式在广州中山纪念堂广场隆重举行。同日下午“广佛同城旅游大放送”（首发团）佛山欢迎仪式在顺德长鹿农庄举行。

5月19日 2009首届“南海中旅杯”佛山高校导游之星大赛总决赛在广东轻工职业技术学院举行。

6月17日 广州、佛山、肇庆三地旅游界在广州中山纪念堂举行“广佛肇旅游一体化”合作框架协议签署仪式暨“广佛肇旅游一卡通”启用仪式。

9月30日至11月30日 举办2009佛山旅游文化节。

10月18日 朱粤平局长代表佛山旅游行业与粤海（国际）酒店管理集团有限公司签订旅游合作框架协议。

11月25日 佛山美食欢乐节活动在第五届（2009）中国节庆产业年会上荣获“中国十大饮食类节庆”奖。

（汝百乐）

韶关市

综 述

【总体情况】 2009年，韶关市旅游系统围绕市委、市政府提出的建成国内一流、国际知名的旅游休闲基地目标，并结合国家旅游局提出“旅游生态年”的总体要求，积极开展各项旅游工作。以创建广东旅游强县为抓手，加快旅游项目开发和品牌建设，提升县域旅游整体的综合接待能力。指导企业提高经营和开发的水平、促进旅游经济又好又快发展。全年接待游客1226.06万人次，比上年增长17.41%；实现旅游总收入71.38亿元，比上年增长35.71%。全市各县（市、区）游客接待和旅游总收入均实现10%以上的增幅。

【旅游行业规模】 截至2009年底，韶关市拥有星级饭店53家，其中五星级1家、四星级7家、三星级37家、二星级6家、一星级2家；旅行社43家（含1家出境组团社），其中市、区旅行社（含曲江区）27家，各县（市、区）18家；景区（点）36家，其中丹霞山风景名胜区、曹溪度假村、广东大峡谷景区为4A级旅游景区；旅游运输公司2家（鸿运、喜安旅游运输公司）。

【重大旅游决策】 2009年5月25日，韶关市召开丹霞山申报世界自然遗产动员大会。韶关市委书记徐建华，市长郑振涛，政协主席邓苏夏和市政府顾问、丹霞山世界地质公园总工程师彭华，以及政府相关部门、县区旅游负责人近千人参加会议。徐建华书记要求各相关单位按照申遗办公室下发的《丹霞山申遗责任分工倒排时间表》全力抓好落实，以“决心一次下定，措施一次到位，申报一次成功”的总要求，确保丹霞山申遗工作圆满成功。

根据省政府《关于试行广东省国民旅游休闲计划的若干意见》（粤府〔2009〕19号）和韶关市政府《关于贯彻广东省国民旅游休闲计划的实施意见》（韶府〔2009〕49号）精神，6月1日，韶关市政府转发《市旅游局关于韶关市修学旅游活动实施方案（试行）的通知》。

5月25日，韶关市委、市政府隆重召开丹霞山申报世界自然遗产动员大会。大会由市委副书记、市长、市丹霞山申遗领导小组组长郑振涛主持。市委书记、市人大常委会主任徐建华作动员讲话。市政协主席邓苏夏、市人大常委会副主任朱金雄、市政府副市长尚伟、邹永松，中国丹霞申遗专家组组长、中山大学教授彭华，市丹霞山申遗领导小组成员单位负责人以及来自全市各界代表近千人参加动员大会。徐建华指出：“丹霞山申遗是关系国家荣誉、民族利益的大事，是深入学习实践科学发展观的具体行动，是加强生态文明建设的重要举措。必须站在履行国际公约、保护人类共同遗产的高度，站在维护民族和国家利益、维护广东和韶关形象的高度，深刻认识丹霞山申遗的重大意义，抓好丹霞山申遗各项工作任务的落实。”徐建华要求“各级、各有关单位要严格按照市申遗办下发的《丹霞山申遗责任分工倒排时间表》，认真落实各项工作任务，突出重点，抓住关键，全力以赴，确保申遗成功。全力做好申遗环境整治工作，认真做好风景资源保护工作，加紧丹霞山遗产地资料收集及监测工作，继续积极争取项目及资金支持，全力承办好丹霞地貌国际学术讨论会，认真做好迎接世界遗产中心专家实地考察评估工作。”徐建华强调“申报世界自然遗产既是我市丹霞山景区提升品牌的重要载体，更是韶关发展大旅游的重大机遇，是320多万韶关人民的共同心愿。按照决心一次下定，措施一次到位，申报一次成功的要求，加强领导，狠抓落实，确保申遗各项目标任务落到实处”。副市长邹永松围绕《广东省丹霞山保护管理规定》作了有关情况说明，并提出贯彻《规定》意见。中国丹霞申遗专家组组长彭华对丹霞山申遗工作作了介绍；仁化县、浈江区负责人以及农民、学生代表等在会上发言，纷纷表示全力支持丹霞山申遗工作。

【丹霞山申遗】 《广东省丹霞山保护管理规定》于2009年4月14日由广东省人民政府第十一届30次常务会议通过，并于2009年6月1日起施行。韶关市法制局牵头起草《〈广东省丹霞山保护管理规定〉实施办法》，经市政府常务会议讨论审议通过，于2009年9月7日正式颁发施行。

2009年5月26～28日，首届丹霞地貌国际学术讨论会在韶关市举办。会议邀请到国际地质科学联合会秘书长，国际地貌学家协会副主席，世界自然保护联盟（IUCN）核心小组专家，联合国教科文组织地学部前主任，中科院地质、地理学界的两名院士以及来自14个国家154位知名专家学者与会。大会通过《丹霞宣言》，肯定中国丹霞的遗产价值，赢得与会专家的支持，为世界遗产专家对中国丹霞申遗项目进行外围咨询、深入了解搭建了平台。

9月24日至26日，丹霞山顺利通过世界自然保护联盟（IUCN）专家格里姆·沃博伊斯博士和禹卿植博士对丹霞山的实地考察评估，丹霞山申遗迎检工作达到“展示好、介绍好、接待好”的目的，得到两位IUCN专家和国家住房和城乡建设部领导的好评和肯定。

2009年，韶关市围绕申遗策划“申遗之旅”、“支持申遗”等系列活动，积极推动丹霞山景区创建国家5A级旅游景区。开展环境综合整治行动，对丹霞山景区核心区内长老峰码头区域、锦江沿岸、瑶塘村、断石村等区域的有碍景观的建筑物实施全面拆除整治，共计拆除核心景区8家宾馆、2户民宅、1处茶庄、3处餐厅、40余个商铺，总计拆除面积3万多平方米，清理建筑垃圾3万多立方米，恢复拆迁区域绿化面积16000平方米，新植草皮8000平方米，完成游人中心景观绿化、考察线路沿线景观绿化、恢复旅游线路生态植被等。完成新建专家科考线路6公里，改造景区步道4公里，建成丹霞山地质地貌博物馆、中山门新票站及附属场地建设工程4000平方米，设立丹霞山景区界碑177块，完成景区内3处村庄130户民居“穿衣戴帽”改造工程，整治景区商铺150间，更换或增设分类垃圾桶200个，引导标识牌80个，更换道路指示牌和安全警示牌及植物中英文介绍说明牌约500块，完成丹霞山景区核心区道路沿线通信、电力、有线电视三线下地改造工程。全年共完成总投资1.1亿元。全年共建成遗产地地质监测点（站）、气象监测点（站）、环境自动监测站、森林防火监测点（站）、森林防火远程视频有线（无线）监测系统的8个视频前端勘测、森林资源动态监测点以及野生动物与林业有害生物监测点、社区监测点。

【试行国民旅游休闲计划】 2009年，韶关市积极推行国民旅游休闲计划，市旅游局牵头出台《韶关市修学旅游活动实施方案（试行）》，启动韶关修学旅游市场。举办丹霞申遗“三八”同乐、韶关乡村旅游节、近千万旅游门票和优惠券大派送、韶关端午美食节等系列活动；与中国移动广东公司韶关分公司联手推出百万旅游消费券大赠送，奖励困难企业与外来企业的优秀员工或劳模及移动客户积极参与国民旅游休闲活动；鼓励各景区出台国民旅游优惠政策，引导市民多样化旅游消费，拉动社会消费增长。鼓励和支持旅游企业创建国民休闲旅游示范单位、科技旅游示范单位、森林生态旅游示范基地、农业旅游示范单位等。南岭国家森林公园、白云天园林宾馆等6个景区评为首批“广东省国民旅游休闲试点单位”。

韶关市各县（区）围绕国民旅游休闲计划制订一系列优惠措施。乳源县推出“乳源旅游一卡通”折扣优惠以及“乳源人游乳源”活动，试行期半年内，全县范围内发行1000多张“一卡通”。南岭与莽山实行“一票通”，广东人从南岭上广东最高峰可享受门票优惠。乐昌市与广东商学院sife团队、广州市汽车销售4S店和东莞游客服务中心联合发售乐昌畅游卡，在广州、东莞试行推出“一卡通”服务，持卡游客到乐昌各旅游景点均可享受门票6折优惠。对韶关地区以外游客在工作日期间持卡进入景区可享受门票6折优惠，节假日享受门票8折优惠。

【2009中国生态旅游年】 2009年9月14日，广东省林业厅、省旅游局公布的50个广东省“2009年森林生态旅游示范基地”名单中，广东省南岭国家森林公园、广东天井山林场国家森林公园、韶关乳源大峡谷旅游区、韶关市国家森林公园、韶关市野生动植物园（华南虎基地）、韶关市丹霞山旅游区、韶关市乳源瑶族自治县必背瑶寨旅游区、韶关市翁源县东华寺旅游区、韶关市新丰县云髻山旅游区9个旅游景区榜上有名。

旅游接待与收入

【入境旅游】 2009年，韶关市宾馆接待过夜入境游客平均停留天数1.2天。接待入境旅游者5.88人次，比上年下降3.17%。其中外国人0.29万人次，占4.91%；港澳同胞5.39万人次，占91.65%；台湾同胞0.20人次，占3.43%。旅游外汇收入2111.83万美元，比上年下降2.19%。

【国内旅游】 2009年，韶关市接待国内游客1220.18万人次，比上年增长17.53%；国内旅游收入69.94亿元，比上年增长36.87%，占旅游总收入的98%；接待国内旅游者670.49万人次，比上年增长4.85%，平均停留天数1.15天，比上年增长0.3天；旅行社组团省内游7.58万人次，比上年增长52.05%；旅行社组团省外游4.96万人次，比上年下降14.80%。

【出境旅游】 2009年，韶关市通过旅行社组团出境游0.34万人次，比上年下降27.23%，其中赴港澳地区最多，占78.1%。在出境旅游人数中，依次为新马来西亚、泰国、日本、韩国、德国、澳大利亚等国。

【假日旅游】 2009年，全市受冰雪严寒自然灾害的影响，全市旅游系统采取措施，努力营造假日经济的旅游环境，维护旅游市场秩序。据统计，春节黄金周全市共接待游客83.74万人次，旅游总收入3.73亿元，分别与上年同比增长26.68%和32%。“五一”小长假接待游客44.78万人次，旅游总收入2.09亿元，同比分别增长20.76%和29.37%。“十一”黄金周接待游客110.35万人次，旅游总收入5.3亿元，同比分别增长5.65%和13.71%。

9月17日，市假日办在丛林山庄召开全市“十一”黄金周旅游工作会议。市政府副秘书长李书明主持会议。邹永松副市长出席会议并讲话。会上，市旅游局局长、市假日办主任王晓梅传达全国假日旅游部际协调会议《关于做好国庆节中秋节假日旅游工作的通知》精神，市旅游局副局长陈仲耀通报全市旅游安全检查情况。在这次会议上还对全市旅游接待单位特别是星级饭店、旅游景区存在的一些典型问题通过图像形式予以通报。邹永松副市长在讲话中指出：市委、市政府对这次黄金周十分重视，需要不断创新和完善工作机制，把“十一”黄金周旅游工作提高到一个新的水平。一是要提高认识，加强领导；二是要高度重视黄金周旅游安全工作；三是要做好黄金周前的旅游市场推介工作；四是要创造完善良好的旅游环境。同时要求各地、各有关部门齐心协力、加强配合，共同努力实现“安全、秩序、质量、效益”四统一的黄金周工作目的。各县（市、区）旅游局长、丹霞山管委会和主要旅游企业负责人参加会议。

旅游宣传促销与节庆活动

【旅游宣传促销】 2009年，韶关市围绕“生态旅游年”主题活动、武广快线即将开通及广州亚运会举行为契机，调整营销对策，制定相关措施，拓展客源，攻略市场制高点。先后组织开展“体验原生态，粤游粤精彩”湖北推介会。相继在北京举办和参加多种类型的宣传促销活动。借助第五届海峡旅游博览会在厦门举办的有利契机，举行“2009广东（福建）旅游推介会”。与珠海、中山、江门、潮汕等滨海城市推出“海（海滩·情侣路）誓山（丹霞·爱情山）盟”浪漫之旅、“寻访伟人故里，畅游丹山碧水”、“南中国世界遗产游”，“禅宗祖庭祈福游”。与《珠江晚报》、珠海市自驾游协会和多家自助游网站等多个媒体发布线路，开展“走进粤北，万名珠海读者游韶关”、“走进乳源，扶贫助学万人游”、“潮州包机团”等系列活动。

年内，韶关市联合省旅游局在中央电视台投放广告宣传近800万元，单独投放广告宣传近100万，全面提升“神奇丹霞魅力韶关”的品牌知名度。全力支持丹霞山风景区在港澳台、珠三角洲、华中、华东和京广沿线等主要目的地市场开展宣传与促销活动。出台旅游市场奖励办法，对于组织包机、专列、大巴等大型团队来韶关旅游的单位最高给予5万元奖励；引导各景区出台针对旅行社拓展市场尤其是新市场的优惠政策；积极参加省旅游局组织和重要的客源市场举办的旅交会，帮助企业间构建目标市场销售渠道。

7月13～16日，第二十一届“保利城”杯世界超级模特环球大赛华南赛区总决赛外景拍摄活动在乳源各景区开拍，20名佳丽在乳源青山碧水之间尽情展现其靓丽风采。

【旅游节庆活动】 2009年9月20－22日，“2009广东禅宗六祖文化节”在韶关举行。整个活动旨在通过合作交流，打造融合禅宗精髓的精品旅游线路。来自全国与禅宗文化有深厚历史渊源的6省12个城市旅游业界代表、专家学者以及泰国、韩国、加拿大等国嘉宾应邀参加。活动内容包括：中国禅宗文化旅游联盟成立仪式暨中国禅宗文化旅游联盟高峰论坛、禅宗文化与旅游景区建设经验交流会等。4月19日，由乐昌市政府、韶关市旅游局主办的“韶关市欢乐乡村旅游文化节启动仪式暨后洞省级森林公园挂牌仪式”在后洞生态庄园隆重举行。开展森林健步行、水上娱乐比赛等活动。省市旅游企业及新闻媒体应邀参加，进一步打造新丰县“云髻山·新丰江之源”旅游品牌。7月16日至8月16日，在云髻山旅游区举办主题为“丰水清如许源在云髻山”暨“千人饮水思源游”活动，为期一个月的活动，向游客展现云髻山优美的生态环境和自然风光。11月7～8日，韶关市旅游局、仁化县旅游局、汝城县旅游局在万时山天山大草原举办“首届万时山红三角帐篷节”。

开展具有地方特色的节庆活动。韶关市及各县先后举办“世界过山瑶之乡——中国　乳源”生态旅游文化展暨招商推介会、“相约网络共度七夕”广东丹霞山爱情之旅、“丹霞红红天下”全国原创歌曲征集大赛、始兴杨梅节、翁源三华李节、九峰乡村旅游节等；珠玑巷景区增设民俗表演，东湖坪客家大围设有客家婚俗表演，梅关景区提供青梅酒品尝，乳源瑶寨开设游客参与的“瑶家乐”、“手拉手”扶贫系列项目。

本次交流大会由韶关市政府、中国老年报社、广东省老龄办共同主办，丹霞山管委会和市旅游局承办。此次会议以“弘扬健康养生文化，打造欢乐共享、展示中老年风采”为主题，是日上午在丹霞山风景区隆重举行。

中国老年报社社长孙立仁，著名军旅诗人、词作家石祥，中共中央党校离退体干部局副局长李桂英，广东省老龄工作委员会办公室副主任陈瑞峰和韶关市有关部门负责人参加开幕仪式。来自中国十多个省市自治区的一千多名中老年朋友欢聚广东丹霞山，交流展现养生文化。

开幕式上，来自全国不同地区的六对金婚、银婚中老年夫妇代表牵手走上红地毯，举办了隆重的婚庆盛典。现场的嘉宾朋友和几千名观众共同见证了这一美好时光。主办方还为婚庆夫妇在阳山景区举行神奇丹霞——阳元雄风

2009 年 4 月 16 日，韶关市举办“古堡葡萄酒杯”中老年养生健康交流大会。

典礼。会议活动期间，近千名中老年朋友以合唱、中老年民族舞蹈、太极拳、柔力球表演等精彩纷呈的表演节目，尽情展示“人与自然和谐、美与文明共存”新的时尚风采。

【2009 广东国际旅游文化节韶关分会场】 韶关市作为 2009 广东国际旅游文化节分会场开展数 10 项活动，其中包括第二届丹霞山徒步穿越丹霞户外运动、韶关市第六届旅游美食购物欢乐节、南雄珠玑古巷姓氏文化节、南雄梅关古道梅花节、新丰云髻山枫叶节、乳源第三届“十月朝”风情旅游文化节等。时间跨度从 2009 年 9 月至 2010 年春节，地域从市区到县城到景区遍及全市。韶关市获得 2009 广东国际旅游展览会暨海峡两岸旅游投资交流会最佳组织奖。

【信息化建设】 2009 年，韶关旅游通商务平台已由韶关市旅游、科技和通讯部门联合建成。基本实现网上预订韶关旅游、娱乐以及其他休闲消费项目，形成了一个便捷的网上销售体系。韶关市旅游局官方网站以及各县旅游局网站的建设不断得到加强，在页面、版块、信息、文化和种类等方面都有提高，成为韶关旅游资讯的重要平台和国内外旅游者了解韶关旅游的主要信息渠道。

旅游资源开发和景区(点)建设

【概述】 全面规划开发利用全市旅游资源。以丹霞山—韶关市区—南华寺为开发核心、以韶赣高速、深湘高速和京珠高速为发展辐射轴，形成“一核三轴”的旅游发展构架。在此基础上，加强全市各县的区域旅游规划，促进旅游资源大整合；通过招商引资、民营投资、政策支持和扶贫项目等方式，加大景区景点的投入，着力景区评 A 和品牌的建设；使景区景点可进入性更为顺畅便捷、可欣赏性更为丰富多彩。

【旅游规划】 2009 年，《韶关市旅游总体规划》由广东旅游研究发展中心负责编制，并已通过专家评审。《南雄市旅游发展规划》由中山大学旅游规划研究所负责规划，该所已对珠玑巷的人文等现状进行调研，目前已完成资料搜集、概念提炼、景区定位、发展方向等前期工作。《乐昌市旅游发总体展规划》和《乐昌峡湖面库区旅游规划》均由广东商学院编制，目前全市旅游发展规划征求意见稿已完成，进入征求意见阶段。翁源县继续修编完善《东华山旅游风景区规划》，积极推进“三华书堂石”、“仙鹤花卉长廊”景区规划已进入资源调查和前期规划设计阶段。《新丰旅游发展总体规划》初稿已经完成并在修改之中，佛手瓜村和樱花峪景区两个旅游扶贫项目的规划工作已由华南师范大学旅游学院专家提出初步规划方案，将于 12 月完成规划评审。

【旅游招商引资】 2009 年，韶关市加大旅游招商引资工作力度。乳源瑶族自治县的丽宫国际旅游度假区项目，集休闲、温泉、娱乐为一体，预计 2010 年初对外营业；南岭国家森林公园园内至小黄山景区道路修建现已贯通、旅游公厕、旅游标识牌等配套服务设施有较大改善；云门峡漂流项目建设已基本完工，游客中心等配套项目正在加紧施工，预计景区 2010 年 5 月开漂。南雄市共投入 200 多万元用于珠玑巷、梅关古道两个重点景区的建设，梅关古道补种梅树 300 多株，珠玑巷沙水湖排污管道建设已完成，珠玑巷和梅关两个景区的停车场改造修建完成。曲江区小坑大森林温泉世界度假村项目由曲江区旅游局联合小坑镇政府、区公安分局、建设局、林业局、国土资源局等单位组成协调工作组已完成该项目征地、拆迁任务，正在进行主体工程建设。

在争取支持项目中：一是将大南华旅游开发基础设施首期工程申报为广东省旅游专项资金项目，争取资金支持；二是将小坑国家森林公园、樟市大自然农家乐两个项目申报为 2009 年广东省旅游扶贫项目；三是将罗坑省级自然保护区、马坝人—石峡遗址、小坑国家森林公园、大宝山矿工业旅游、汤溪温泉度假村、新桥生态文化旅游综合开发等六个项目申报为韶关市储备项目，为今后的开发建设奠定基础。乐昌市积极跟进乐昌龙山观音寺旅游区签约项目，目前已解决部分土地，近期外商准备进行第一期投资。始兴县争取到深渡水项目省旅游扶贫资金 40 万元；解决了多年来困扰车八岭项目（76 亩土地）和总甫温泉项目（300 亩土地）的用地审批问题。其中，车八岭旅游综合开发项目第一期工程已于 9 月 26 日奠基开工，总甫温泉项目也在挂牌、办证过程中。继续跟进与广州格尼国际咨询策划公司关于车八岭及周边的刘张家山温泉、深渡水自驾游的旅游项目进行概念策划、招商引资和项目建设的联系洽谈。翁源县引进资金建设九曲水生态旅游度假村项目，该项目总投资为2500万元。投资1000多万元的第一期工程已于10月份峻工运营；新丰县樱花峪景区在原来的基础上，修建停车场和旅游标识牌，设立景区宣传廊，进一步完善景区的配套功能；投入13万元完善云髻山山稔园的观景亭、护栏、会议室的接待设施；广州旺地樱花种植实业有限公司在浈江区投资新种植樱花观赏、研发樱花等项目已达2.2亿元，目前该项目运行正常，三年后樱树长成后即可投放市场，同时将继续投资开发旅游赏樱项目。

【旅游区（点）与基础设施建设】 2009年，韶关市着力推进景区创A工作。丹霞山创建5A级旅游景区，乳源大峡谷、云门寺创建4A级旅游景区工作进展顺利。经初步摸底，全市有11家景区拟创建国家A级旅游景区。进一步做好全市道路指示标识牌工作列入当年市委、市政府为民办的“十件实事”之一，邀请深圳市标准技术研究院已对全市公路交通进行统计摸底和科学规划，在市区及7个县（市、区）树立294块车行和人行道路指示标识牌。乐昌、乳源、新丰等也设立100多块牌道路指示标识牌。始兴县在县内的国道、省道、县道等交通要道和公共场所设立公益广告和宣传指示牌。乐昌龙王潭景区翻新硬化游览步行道500多米，完善景点说明牌一批，新建设垃圾处理池1个，扩建公路桥梁1座。

【旅游线路和旅游商品】 2009年3月29日（农历三月初三），乳源天景山仙人桥风景区内元妙观开光，开启乳源道教文化与旅游资源相结合发展的路子。仁化县依托丹霞山，不断培育县境内旅游精品线路。推出丹霞山——中华性文化博物馆——古恩村——飞水寨——南国天山大草原；丹霞山——城口古秦城温泉——高坪省级生态自然保护区；丹霞山——董塘云龙寺——石塘双峰寨等旅游线路。

市旅游局积极指导扶持具有地方特色的旅游商品起步发展。乳源县首家旅游商品研发公司大南岭民族贸易工艺有限公司成立，其主要研发瑶绣服饰、瑶族特需品、瑶山特产、瑶山彩石、瑶族工艺品、旅游用品等，该公司在乳源县城鹰峰东路电信楼和新汽车站设有大型产品展示厅和购物城，购物城于2009年4月30日对外营业。同时，积极引进中山博爱名城旅游商品研发中心合作开发乳源瑶绣旅游产业项目，该县政府常务会议于2009年11月通过成立瑶绣研究所和瑶绣培训基地的决定，计划在民族实验学校及乳源教师进修学校开办瑶绣幼儿教育及瑶族刺绣综合中专班，每年在本县招收100名瑶绣初级班学生和50名应届瑶族初中毕业生，达到保护和发展瑶族传统工艺，发展瑶族刺绣艺术，努力把本县建设成为瑶绣和粤绣的培训、传承和研发基地。

【旅游扶贫】 2009年，韶关市积极做好旅游扶贫项目的申报工作。乐昌市向省旅游局成功申请省旅游扶贫专项资金70万元，其中十二渡水40万元、白水寨景点30万元。翁源县获省旅游扶贫专项资金40万元主要用于兰花长廊旅游项目。仁化县双峰寨红色生态旅游项目被批准为省旅游扶贫重点项目。全市旅游业农村劳动力“双转移”培训报名工作进展顺利，共组织367人参加由省旅游业农村劳动力职业技能培训班。

【旅游强县工作】 积极开展和推进“创建广东省旅游强县”系列活动。“创强”活动是全面提高县域旅游综合管理的重要举措之一。市旅游局领导带队深入到有关县（市）指导和检查创强工作。1月20日广东省旅游强县评定委员会正式命名乳源为广东省旅游强县。省长黄华华为乳源颁发“广东省旅游强县”牌匾。11月25日，乐昌市创建广东省旅游强县（市）顺利通过省旅游局的检查验收，成为全省第14个旅游强县（市）。9月26日始兴县召开创强工作动员大会，成立县旅游创强工作领导小组，下设创强办，正式启动旅游“创强”系统工程。

【全国工农业示范点建设】 5月22日，在坪石镇的中健行松珍厂举行韶关市工业旅游示范点挂牌仪式，吸引来自山东等省内外游客前来参观购物。中健行松珍厂被评为韶关市工业旅游示范点和韶关市旅游购物诚信单位，开创韶关市工业旅游的先河。

旅游行业监督管理

【旅游市场监督】 为认真做好H1N1甲型流感防控工作，根据省旅游局要求，及时转发省旅游局〔2009〕22号、旅办发〔2009〕115号文件，要求各旅行社暑期严格做好流感预防工作，并印发《甲型H1N1流感公共场所预防指引》，引导旅游企业对有疑似流感发生时应采取的正确处理方法。根据国家、省旅游局有关开展旅游市场专项整治的要求，市旅游局加大了旅游市场整治力度，不定期地开展旅游市场检查，严格查处违法违规行为。一年来，共组织开展旅游市场检查21次，出动检查人员65人次，检查旅游企业68家次、导游371人次，对旅游企业的经营行为及导游行为进行规范，净化全市旅游市场。据统计，2009年全市共受理旅游投诉案件5宗，结案5宗。其中，投诉旅行社2宗，旅游饭店2宗，旅游景点1宗。投诉内容主要有：旅行社的导游服务不到位、旅游饭店接待服务不到位、客房卫生保洁等问题。投诉处理结果在市旅游局官方网站公示。2009年春节、五一和国庆旅游黄金周期间经济畅旺秩序良好。

【旅游安全管理】 市旅游局认真贯彻"安全第一，预防为主"的指导思想，持之以恒加强对旅游安全工作的领导和开展工作。一是牢固树立"没有安全就没有旅游"的观念，从思想上高度重视旅游安全管理工作。形成主要领导及分管领导亲自抓，职能科室具体抓的工作架构。黄金周期间，市委、市政府领导都亲自布置、亲自检查旅游安全工作，对做好旅游安全提出具体要求。同时，各级旅游部门和旅游企业领导都把旅游安全工作作为一项重要工作来抓，做到早布置、早安排、早检查，早落实。二是及时召开旅游安全工作会议。春节、十一旅游黄金周，市旅游局都召开旅游安全工作会议，传达贯彻国家、省旅游局有关做好黄金周旅游安全工作的通知要求，通报节前旅游安全检查情况，布置黄金周旅游安全工作。同时根据旅游安全形势，还按季度召开旅游安全形势分析会，对全市旅游安全情况进行分析同时部署下阶段旅游安全工作。三是认真开展安全生产"三项行动"工作。根据省、市有关开展安全生产"三项行动"的通知要求，市旅游局专门成立了"三项行动"领导小组，广泛宣传，提高旅游从业人员对"三项行动"工作的认识。要求企业在做好自查的基础上，还对重点旅游企业的安全隐患排查治理工作情况进行检查，对发现的安全隐患现场提出了整改意见。通过"三项行动"使我市旅游安全工作取得了显著的效果。四是开展旅游安全警示教育和"安全生产月"活动。制定方案，提出要求，组织重在企业面向社会的宣传、咨询活动，做到人人讲安全，处处讲安全；五是加强安全培训活动，市旅游局两次聘请有关专家老师进行授课，对旅行社经营行为进行严格规范，保障旅游团队安全。在参加市政府组织的对安全生产委员会成员单位2007~2008年度安全生产责任制考核中，我局第一责任人和直接责任人均被评为优秀。8月12日至15日，省旅游局在湛江市召开2009年全省旅游纪检监察行风建设暨旅游质量监管工作会议。会议对获得全省旅游质监系统的11家先进单位和优秀个人进行了表彰，韶关市旅游质监所荣登"全省旅游质监先进单位"之列，并作为先进单位的代表在会上介绍了开展旅游行风建设和旅游质量监督管理工作的经验。

【导游员管理】 组织开展2009年二次导游考试报名及笔试考试、中级导游人员等级考试以及相关的培训工作。指导市导游管委会做好全市导游的各项培训教育及管理方面的工作。在组织参加全国导游人员资格的考试工作中，高标准严要求，确保考试工作万无一失。共组织534人笔试和404人口试。考务工作秩序良好。据2009年底统计，全市导游共1455名：其中高级导游4名、中级导游（已办证）41名、初级导游（已办证）1410名。开展评选和表彰韶关市2008年度"十佳导游"、"优秀导游"活动。曲江区旅游公司的陈玉梅同志以特有的职业服务、专业的介绍讲解，得到了各级领导和游客的高度认可，连续三年高票当选"韶关市十佳导游"。

市政府邹永松副市长出席会议并作重要讲话。他要求全市旅游系统要创新宣传方式，加大旅游宣传推介工作力度，努力拓展客源市场；抢抓机遇做好招商引资工作，加快旅游资源开发；尤其要加强旅游人才队伍的培养，为旅游业的发展提供的人才。他希望全体导游人员继续发扬成绩，努力学习业务知识，提高导游水平，为韶关旅游业发展作出更大的贡献。会上表彰陈佩珍等"十佳"导游和范文娟等"十优"导游。

韶关市举办"十佳导游"表彰大会

【旅行社管理】 根据旅行社的经营特点，加强规范管理工作。认真开展2008年度旅行社业务年检工作。全市42家旅行社全部通过业务年检。新批准成立一家旅行社，注销了二家旅行社；认真落实国家旅游局《关于暂退部分保证金支持旅行社度过金融危机冲击难关的紧急通知》精神，向全市旅行社退还50%的质保金，共向全市41家旅行社退还质保金共计240万元，有力地支持旅行社度过金融危机冲击的难关。2009年5月新的《旅行社条例》及其实施细则开始执行，新版旅游合同于8月推广使用，市旅游局结合实际情况，要求全市旅行社都必须使用省旅游局、省工商局所推广使用的《广东省国内旅游组团合同》示范文本。为规范新版旅游合同的使用，组织检查组对使用情况进行专项检查。于8月18~28日，对全市旅行社（公司）进行新版旅游合同使用情况的专项检查，重点检查了市中国旅行社、韶关广之旅旅行社、市风情旅行社、市粤泰旅行社和乐昌市、南雄市、始兴县等16家旅行社（公司）。并将检查发现的情况和问题向全市旅行社进行通报。通过此次专项行动，进一步规范我市旅行社的经营秩序，提高全市旅行社旅游合同的规范程度，维护旅游者的合法利益。

【旅游饭店管理】 组织星级饭店管理人员参加省旅游局举办的"全国纪念改革开放三十周年旅游饭店服务技能大赛获奖选手表演"。我市共有92名旅游饭店人员参加在清远市聚龙湾温泉酒店举行的演出活动，对提高我市旅游饭店的服务水平有很大的促进作用。评定三家三星级饭店。开展2008年度优质服务名店评定活动。共评定出2008年度优质服务名店25家，其中既有莱斯大酒店等星级饭店，也有潮州菜馆等社会餐饮企业。1月21日，乐昌迎宾大酒店获得四星级酒店和广东省绿色饭店称号并挂牌。

【旅游标准化建设】 各县积极探索县域旅游发展的路子。乳源县制定《〈乳源瑶族自治县旅游管理条例〉实施办法》（试行）于2009年1月20日正式开始实施。翁源县在广泛征求各有关部门和社会各界人士意见的基础上，制订修改《翁源县关于进一步加快旅游业发展的实施意见》，加强政府主导作用，切合实际完善工作措施和优惠政策，推动旅游业的发展。

【旅游行业协会】 充分发挥政府与企业中介作用，配合支持市旅游管理部门执行法规、落实政策、组织节庆和促销活动。积极参与承办韶关市第六届旅游美食购物欢乐节、共建"广东省旅游信息化示范区"等活动。

旅游教育培训和精神文明建设

【旅游教育培训】 根据省旅游局有关文件精神，认真组织开展2009年两次导游考试报名及笔试考试、中级导游人员审核等培训工作。根据省旅游业农村劳动力双转移培训工作会议精神和省旅游局制定的一系列培训政策和要求，认真开展全市旅游业农村劳动力双转移培训报名工作，并在7月份组织合格的技校老师参加省旅游局举办的工种考评员培训班。2009年10月28日，韶关市举办旅游业农村劳动力培训开班仪式，共组织367人参加职业技能培训，职业包括：景点导游、农家菜烹饪、客房服务员、餐厅服务员等。组织参加省旅游局举办的"全国纪念改革开放30周年旅游饭店服务技能大赛获奖选手表演"。全市共有92名旅游饭店人员参加在清远市聚龙湾温泉酒店举行的演出活动。

10月28日，韶关市在高级技工学校举行韶关市旅游业农村劳动力培训开班仪式，市政府副秘书长李书明和省旅游局人事处、市旅游局、市劳动和社会保障局负责人及300多名学员参加了开班仪式。在开班仪式上，省、市旅游局领导对培训工作提出要求。作为承担培训工作的韶关市高级技工学校负责人表示，派出一流教师队伍，确保学员学有所获、学有所成。

韶关市举办旅游业农村劳动力培训开班仪式

这次开展旅游业农村劳动力培训转移就业工作，是进一步贯彻落实省委、省政府《关于推进产业转移和劳动力转移的决定》的重要组成部分。以落实科学发展观为指导，推进旅游业农村劳动力培训转移就业工作，是以新一轮思想大解放，实现新一轮旅游大发展的重要举措。培训内容包括农家菜烹调、餐厅服务员、客房服务员、景区讲解员四个方面。

为做好旅游业农村劳动力培训转移就业工作，韶关市成立专门领导小组，做到有专门组织，有专人负责。召开培训工作会议，开展调查摸底和组织报名工作。市政府要求，加强对农村劳动力培训转移就业工作，确保培训时间和培训质量，落实转移就业工作。加强对农村劳动力培训转移就业资金的管理，严格按照省规定的范围使用补助资金，做到专款专用。

【旅游行业精神文明建设】 旅游品牌建设获殊荣。乳源境内的南岭国家森林公园、天井山国家森林公园、广东大峡谷、必背瑶寨荣获"2009年森林生态旅游示范基地"证书和牌匾，成为全省获此奖项最多的一个县。乐昌的古佛洞天、迎宾大酒店被省旅游局评为"国民旅游休闲示范单位"；白水寨生态园被评为广东省农业旅游示范基地。4月29日南岭国家森林公园、乳源白云天园林宾馆等6个景区获首批"广东省国民旅游休闲试点单位"称号。9月27日已在广州举行授牌仪式。11月底始兴县获得"中国最美的小城"荣誉称号。在"'魅力韶关'我最喜爱的休闲旅游好去处评选"活动中，广东大峡谷获"我最喜爱的休闲旅游好去处"、南岭国家森林公园和必背瑶寨获"最具特色的休闲旅游好去处”称号。通过一系列品牌带动战略，进一步提升了我市旅游综合接待品位。

【旅游行风与机关作风建设】 按照韶关市委学习实践科学发展观活动指导小组的要求，成立市旅游局深入开展学习实践科学发展观活动领导小组和办公室。制订旅游局学习实践科学发展观活动方案。深入调研影响和制约我市旅游科学发展的问题，形成了具有指导意义的调研报告。召开市直机关和部分旅游企业人员参加的座谈会，听取意见和建议。在市直机关和旅游行业企业中开展了领导班子征求意见问卷调查。出台《韶关市加快建设“旅游强市”实施方案》。对开展学习实践科学发展观活动进行了认真的总结和宣传报告。

【人事管理】 根据韶关市人大常委会韶常〔2009〕24号文通知，经韶关市第十二届人民代表大会常务委员会第二十八次会议于2009年12月22日审议决定：任命陈波为韶关市旅游局局长，免去王晓梅的韶关市旅游局局长职务。2009年11月10日，韶关市政府任命江仁瑞为韶关市旅游局副局长。

纪　事

1月20日 广东省旅游强县评定委员会正式命名乳源为广东省旅游强县。广东省人民政府省长黄华华亲自为乳源颁发“广东省旅游强县”牌匾。

3月29日 乳源天景山仙人桥风景区内元妙观开光。

3月28日 乳源县结合广东国民旅游休闲计划的实施，通过组织协调有关旅游企业联合让利，推出“乳源旅游一卡通”，鼓励乳源县居民利用节假日到本县景区休闲旅游，推动“乳源人游乳源”活动。

4月14日 广东省人民政府第十一届30次常务会议通过《广东省丹霞山保护管理规定》，2009年6月1日起施行。

4月29日 南岭国家森林公园、乳源白云天园林宾馆等6个景区获首批“广东省国民旅游休闲试点单位”称号。

5月22日 在坪石镇的中健行松珍厂举行韶关市工业旅游示范点挂牌仪式。开创了韶关市工业旅游的先河。

5月25日 召开全市丹霞山申报世界遗产动员大会

5月26～28日 韶关市政府举办了首届丹霞地貌国际学术讨论会。本届大会邀请到国际地质科学联合会秘书长、国际地貌学家协会副主席、世界自然保护联盟（IUCN）核心小组专家、联合国教科文组织地学部前主任，以及中科院地质、地理学界的两名院士参会。本届大会共有来自14个国家154位知名专家学者参会。

6月1日 韶关市人民政府转发《市旅游局关于韶关市修学旅游活动实施方案（试行）的通知》6月下旬广东省林业厅、省旅游局公布广东省“2009年森林生态旅游示范基地”名单，全省共有50个旅游景区获此称号，其中韶关市占9个。

7月13～16日 第21届“保利城”杯世界超级模特环球大赛华南赛区总决赛外景拍摄活动在乳源各景区开拍，20名佳丽在乳源青山碧水之间尽情展现其靓丽风采。

8月13日 韶关市旅游局获得省旅游局颁发的2008年度广东省旅游质监工作先进单位称号。

9月7日 韶关市政府制定《〈广东省丹霞山保护管理规定〉实施办法》正式颁发施行。

9月20～22日 在“2009广东禅宗六祖文化节”期间，组织举办中国禅宗文化旅游联盟成立仪式暨中国禅宗文化旅游联盟高峰论坛、禅宗文化与旅游景区建设经验交流会等活动。

9月24～26日 丹霞山顺利通过了世界自然保护联盟（IUCN）专家格里姆·沃博伊斯博士和禹卿植博士对丹霞山的实地考察评估。丹霞山申报世界自然遗产已进入最后的冲刺阶段。

9月26日 始兴县召开创强动员大会，成立县旅游创强工作领导小组，正式启动旅游创强系统工程。

10月30日 根据省旅游业农村劳动力双转移培训工作会议精神，共组织367人参加广东省旅游业农村劳动力职业技能培训。

11月7～8日 市旅游局、仁化县旅游局、汝城县旅游局在万时山天山大草原举办“首届万时山红三角帐篷节”。

11月25日 乐昌市创建“广东省旅游强县（市）”顺利通过检查验收，成为全省第14个旅游强县（市）。

（申敏新）

河源市

综　述

【总体情况】　2009年，河源市进一步推进建设旅游强市进程，实施国民旅游休闲计划，启动建设广东生态旅游示范区工作，全方位宣传推介“客家古邑·万绿河源”这一旅游形象。参与“2009第二届中国（国际）休闲发展论坛”和“2009中国十大特色休闲城市”参选活动，河源市成功入选“2009中国十大特色休闲城市”。举办全国百城（河源）旅游宣传周活动，推进国民旅游休闲计划的全面实施。投资10亿元的东源县东江源温泉度假区已成功招商，紫金御临门温泉度假村被评定为国家4A级旅游景区。在国际金融危机及甲型H1N1流感的影响下，河源旅游业仍然实现平稳增长的发展目标。全年接待入市游客840.44万人次，旅游总收入35.84亿元，分别比上年增长16.2%和15.5%。

【旅游行业规模】　截至2009年年底，河源市拥有旅行社28家，持有国家导游资格证书导游914人，其中中级导游员11人、初级导游员903人（英语导游员6人）；全市星级饭店30家，其中五星级1家、四星级3家、三星级15家、二星级以下饭店11家。绿色饭店6家；国家A级旅游景区5家，其中4A级2家、3A级1家、2A级2家；拥有2处省级自然保护区和环境教育基地、1处国家森林公园、1处国家级文物保护单位、1处省级历史文化名城、6处省级文物保护单位、22处市级文物保护单位、2家全国工农业旅游示范点；荣获省级“旅游强县”、“温泉特色县”各1个，“特色镇”、“特色村”各2个。旅游直接从业人员3.72万人。

【重大旅游决策】　2009年4月7日，河源市政府印发《关于河源市试行国民旅游休闲计划的实施意见》。《意见》提出15项措施强化保障落实，提出“各县区、各单位、各部门要高度重视，把试行国民旅游休闲计划工作纳入重要议事日程；加强调研，结合实际，制订具体实施方案和配套措施，推进我市国民旅游休闲计划的实施；市政府建立河源市试行国民旅游休闲计划联席会议制度，负责统筹协调指导有关工作。”

8月26日，河源市政府下发《关于世客会接待酒店景区提档升级享受优惠规定的通知》。《通知》规定，凡按照世客会筹委会要求进行投资建设、改造、升级并承担世客会宾客接待任务的酒店和景区，均可享受优惠政策。其中包括：从2010年1月1日起，对参加世客会接待签约并经升级改造的宾馆酒店，按该酒店上年度缴纳的营业税和企业所得税本级地方库留成部分为基数，对当年新增本级地方库留成部分，按80%安排给企业作为提档升级专项建设补助资金，一定3年；对参加世客会接待签约新建的宾馆酒店，以营业当日计起，按该酒店经营满一年缴纳的营业税和企业所得税本级地方库留成部分为基数，对第二年新增本级地方库留成部分，按60%安排给企业作为提档升级专项建设补助资金，一定3年。

河源市政府实行创建国家A级旅游景区奖励措施。凡成功创建5A级景区的单位，市财政一次性奖励50万元；凡成功创建4A级景区的单位，奖励25万元；凡成功创建3A景区的，奖励10万元。所在县区还可参照市的奖励办法给予适当奖励。

【第四届广东（河源）国际温泉旅游节】　2009年10月25～26日，由广东省旅游局、河源市人民政府、广东省旅游协会主办，河源市旅游局、广东温泉行业协会、紫金县人民政府承办的“第四届广东（河源）国际温泉旅游节暨第六届河源市客家文化旅游节”在紫金御临门温泉度假村隆重举行。副省长万庆良、中国旅游协会副秘书长蒋齐康、河源市委书记陈建华、世界温泉及气候养生联合会副主席王长乐、省旅游局副局长王志红等嘉宾1300多人出席开幕式。期间还举办广东省温泉行业协会2009年年会，温沙之夜——2009～2010温沙温泉泳装发布会，温泉旅游经济发展论坛，河源生态、温泉、客家文化旅游线路及旅游投资项目考察推介和“温泉旅游优惠月”等活动。会议确定并由万庆良副省长宣布，从2009年起每年10月25日为“广东省温泉旅游日”。在温泉旅游日的前后的一个月中，广东的众多温泉旅游企业将推出一系列的优惠和丰富多彩的活动。

开幕式上，广东首次表彰一批优秀职业经理人和广东温泉之星，万庆良副省长等领导为获奖代表颁发了证书。

同时举行由中国旅游协会温泉旅游分会主办的中国温泉旅游行业第一期总经理研修班的结业典礼，近40名来自广东、陕西、河南、安徽、内蒙古、山东、江西等省市的温泉总经理取得结业证书。世界温泉及气候养生联合会向御临门温泉度假村颁发“天然温泉认证”的牌匾和证书。

第四届广东（河源）国际温泉旅游节开幕式

【试行国民旅游休闲计划】 2009年4月，河源市按照省政府要求启动国民旅游休闲计划的实施工作：市政府印发“关于河源市试行国民旅游休闲计划的实施意见”，举办全国百城（河源）旅游宣传周活动；建立市试行国民旅游休计划联席会议制度；河源市旅游局发布关于发行河源市国民旅游休闲年卡的通告，鼓励市民利用节假日到本市景区旅游休闲，并组织相关景区与河源市工商银行合作开展“缴费一卡通”优惠旅游活动。同时，还通过槎城旅行社争取深圳市工商银行、深圳晚报社的支持，联合开展“爱旅游、购快乐”刷卡送旅游活动，组织深圳市工行持卡客户到河源游览观光。

旅游接待与收入

【入境旅游】 2009年，河源市接待入境旅游者4.13万人次，比上年增长3.8%。其中外国游客2825人次，比上年增长98%；旅游外汇收入1267.47万美元，比上年增长36.2%。

【国内旅游】 2009年，河源市接待国内游旅游者836.31万人次，比上年增长16.3%。其中过夜旅游者366.68万人次，比上年增长11.1%；一日游游客473.76万人次，比上年增长20.5%；国内旅游收入34.97亿元，比上年增长15.11%。

【出境旅游】 2009年，河源市出境游组团社共组织出境游客0.2万人次，比上年下降46%。其中香港游1185人次，比上年下降49%；澳门游307人次，比上年下降53%；出国游486人次，比上年下降24%。

【假日旅游】 2009年春节黄金周期间，全市共接待入市游客33.78万人次，比上年同期增长16.8%。其中接待过夜旅游者8.85万人次，同比增长22.24%；一日游游客24.93万人次，同比增长14.99%；实现旅游收入14162.4万元，同比增长34.7%；人均花费419.25元；全市住宿设施平均开房率达到41.5%。

“五一”（5月1～3日）期间，全市共接待入市游客21.01万人次；实现旅游收入6851.04万元；人均花费326.08元；全市星级饭店住宿设施平均开房率达75.2%。

“十一”黄金周期间，全市共接待游客64.21万人次，同比增长7.9%；其中过夜旅游者12.83万人次，同比增长2.66%；一日游游客51.38万人次，同比增长10.56%；旅游收入23596.8万元，同比增长10.4%；人均花费367.49元；全市住宿设施平均开房率达85.36%。

旅游宣传促销与节庆活动

【概述】 2009年，河源市旅游宣传促销工作，紧紧围绕市委、市政府确定的建设最适宜休闲、度假的山水园林城市和国内重要的观光、休闲、度假、商务会展旅游目的地城市的战略部署，积极开拓国内外、省内外客源市场。通过国际国内有影响力的旅游交易会，展销会，到外地举办河源旅游推介会这一平台，继续实施“走出去，请进来”的促销战略，不断向港澳台及境外大力推广“客家古邑·万绿河源·温泉之都·恐龙之乡”四大系列特色旅游产品，努力打造“客家古邑·万绿河源”旅游城市品牌。

【旅游宣传促销】 2009年，河源市结合旅游市场发展态势，不断创新旅游宣传促销载体，精心组织形式多样的宣传促销活动，扩大河源旅游影响力，提升河源城市旅游形象。一是组织部分旅游企业参加2009年广州国际旅游展览会、香港国际旅游展、2009广东国际旅游文化节旅游大促销暨国际旅游展览会和大连旅游交易会、昆明旅游交易会等。由省旅游局与江西省旅游局共同主办的“2009广东（江西）旅游推介会”在南昌市举行，河源市旅游局作为承办单位，有效提高了旅游知名度。二是加强区域旅游合作。2009年8月，河源市参加在福建龙岩举办的“千里客家文化旅游长廊”系列活动，进一步促进粤赣闽三省客家地区区域的旅游合作。11月6～7日，由刘小华市长率队赴杭州参加2009中国（国际）休闲发展论坛，通过申报，专家委员会一致举荐、网友票选和论坛组委会确定，河源市成功入选“2009中国十大特色休闲城市”。同时，还加强与深圳、广州、惠州、东莞、梅州、佛山等客源地及东江流域旅游系统和媒体的交流与合作。三是加强媒体与旅行社合作。河源市旅游局、市旅游协会多次组织旅游企业与新闻媒体和旅行社的合作，开展旅游形象宣传和旅游广告活动。3月，联合市内主要旅游景区和有关酒店、旅行社在广东电视台新闻频道播放“客家古邑·万绿河源”旅游城市形象宣传短片和“寰宇地理”栏目赞助广告，为期半年；8月至10月，组织县区旅游局及旅游企业参加省旅游局在南方卫视《粤游粤精彩》宣传栏目，先后播出5期专题片。11月至次年1月，以“饮水思源河源游”为主题，通过市政府、企业支付一部分费用在香港3家主流报纸投放3个月的旅游路线广告。在香港展览会举行前期，还组织相关的旅游企业在香港地铁东站投放15个旅游灯箱广告。

【2009广东国际旅游文化节河源分会场】 2009年，河源市作为2009广东国际旅游文化节暨泛珠三角旅游推介大会分会场举办了一系列活动，包括10月25～27日举办的第四届广东（河源）国际温泉旅游节活动，其间，河源市举办了“粤游·粤精彩——体验河源”大型自驾活动暨河源自驾车旅游券推广，河源生态、温泉、客家文化旅游路线及旅游投资项目考察推广，河源市酒店服务员技能大赛，河源市“十佳导游”评选和温泉旅游优惠月等活动。10月22～26日，第六届河源市客家文化旅游节系列活动在市区文化广场举行。活动内容包括客家美食嘉年华活动、客家民间艺术大汇演、客家民间传统手工艺展览等。

河源市还组织参加在广州主会场举办的花车大巡游、旅游大促销暨国际旅游展览会、网上旅游文化节、旅游招商会、首届中国粤菜峰会、广东旅游推广大使评聘、海外杰出华人广东（河源）行等系列活动，并以此为平台，进一步推广“客家古邑·万绿河源”这一旅游形象和品牌。

河源市举办温泉旅游经济发展论坛

【“唱响广东”2009旅游金曲精英大赛】 2009年，河源市承办“唱响广东”2009旅游金曲精英大赛河源赛区活动。河源市组织河源、惠州、梅州、汕头、揭阳、潮州、汕尾7市参加河源赛区选拔赛。经过“海选50强”、“50强进30”、“30进15”、“15进6”4场选拔赛，共选出6名选手参加广州总决赛。12月25日，在广州举行的“唱响广东”2009旅游金曲精英大赛揭晓颁奖典礼上，河源市选送的“多彩万绿湖”旅游金曲在全国参赛作品近四百首曲目中脱颖而出，被评为“广东十大旅游金曲”之一，选手陈玲青获大赛总冠军及“2010年度广东旅游推广大使”。河源市旅游局因组织工作表现突出，获“突出贡献奖”。

旅游资源开发和景区（点）建设

【旅游规划】 2009年，河源市以“中国生态旅游年”为契机，全力推动“建设生态旅游示范区的核心区”——万绿生态旅游度假区的策划工作。《万绿生态旅游度假区策划（2010～2030）》由中山大学旅游发展与规划研究中心编制策划，并于11月25日由市政府组织召开“万绿生态旅游度假区策划”汇报会。

【旅游区（点）与基础设施建设】 2009年，河源市抓住市内多条高速公路和惠州城际轻轨提前规划建设的机遇，营造良好旅游投资环境，加快推进旅游产品转型升级，实现从单一观光型旅游为主向观光与休闲度假型并举转变。如深圳市梓盛发实业有限公司投资10亿元兴建东源县东江源温泉度假区项目建设正在推进之中；投资10亿元的万绿湖国际会议度假中心和连平九连山黄牛石风景区也在建设之中；投资5000万元的河源市恐龙博物馆已完成主体建设工程，预计2010年10月1日前建成向公众开放。

河源御临门温泉

【新开发、建设景区（点）、酒店介绍（续）】

〖河源市恐龙博物馆〗 位于市区城南龟峰塔下。属河源市恐龙博物馆与河源市博物馆两馆合一的综合性博物馆。将充分反映河源市自然文化遗产和历史文化遗产的保护及研究利用水平，突出表现“中华恐龙之乡之奥秘”和“客家古邑之文明”两大主题。该馆外观三层实为四层（含负一层，即地下室），高16米，总建筑面积8300平方米。馆内划分为文物库房、展示厅、各功能配套用房、公共空间、办公区等五大版块。馆藏文物约 3 万件。总投资约 5000 万元。

〖万绿湖东方国际酒店〗 坐落于风景秀丽的国家 4A 级旅游景区——万绿湖风景区内，酒店依山傍水而建，自然资源十分优越，地理位置得天独厚。占地面积 278 亩，酒店主体建筑面积 12 万平方米，共有客房 399 套（间），全新装修的商住两用客房，格调高雅华贵，均设有景观阳台。该酒店由东莞黄河集团投资兴建的河源市首家铂金五星级会议度假酒店。

珠三角两小时度假生活圈。目前是华南地区规格最高、规模最大、功能最齐全的奢华度假酒店。

现代客家风情建筑。借鉴客家民居的外观，正面采用对称形式，而侧面则成为高低错落的不对称形状，屋宇参差、院落重叠，任何角度来观察都呈现出古朴、庄重、壮观的艺术风格。整个建筑群布局规整、条理井然、主次分明、和谐统一，将客家建筑的特色充分的融入。

东方国际宴会厅。配备升降舞台和最先进的音响设备，能容纳 1000 人，适宜举办各类大型宴会、酒会、表演和国际会议。

翠苑中餐厅。广集新派港式粤菜、川菜、上海菜、客家风味等各地特色风味的菜肴和各式美点，诠释鱼翅、海参、燕窝等经典粤菜的烹饪精髓，可容纳 800 人同时进餐。

尊龙娱乐会所、尊龙水疗会所。拥有齐全的康乐项目以及美容美体、休养生息的娱乐休闲项目。

【红色旅游】 2009 年，河源市继续实施《2004－2010 年全国红色旅游发展规划纲要》，进一步拓展 12 大红色旅游景区（点）。强化“红色旅游”做到三个结合：红色与绿色相结合，即红色旅游与绿色生态游、乡村度假游相结合；旅游与教育相结合，即红色旅游与革命传统教育、民情教育相结合，寓教于乐；市区与市外相结合。积极发展区域旅游合作，为粤赣六市（深圳、东莞、惠州、河源、梅州、赣州）东江流域旅游合作健康发展提供大力支持，与兄弟市一道打造东江流域旅游品牌。2009 年 6 月 26 日，河源市委组织部组织广大党员、预备党员、发展对象和入党积极分子到紫金县苏区爱国主义教育基地，开展“缅怀先烈、牢记使命”的红色主题教育活动。

【旅游扶贫】 2009 年，河源市积极向省推荐申报 13 个旅游扶贫重点项目。经过审核筛选，源城区野趣沟旅游区、东源县万绿湖客运旅游码头、和平县客乡温泉生态旅游度假区利江古村、龙川县奇峰山旅游度假村、紫金县苏区镇红色旅游区、连平县九连山乡村旅游度假村 6 个项目获得省旅游扶贫专项资金 300 万元。

旅游行业监督管理

【旅游市场监督】 2009 年，河源市全面贯彻落实国家旅游局和省旅游局关于提升旅游服务质量的工作要求，紧紧围绕创造“优美环境、优良秩序、优质服务和游客满意”的总体目标，坚持治标与治本相结合，规范经营秩序和培育消费市场相结合，加大整治力度，积极引导旅游企业培育品牌、树立荣誉，创造和形成良好的旅游消费环境和市场发展环境。市旅游局与公安、物价、工商、安监、交通等部门有关负责人组成专项行动小组，全年共组织 30 次旅游上路执法检查，检查导游 48 人次，查处违规导游 7 人次，通过开展依法检查，整治“零负团费”等行动，全市旅游市场秩序良好。

【旅游安全管理】 2009 年，河源市多次召开安全生产工作会议，强调旅游企业负责人的安全生产和责任意识，加强对旅游市场和旅游安全生产的监督。认真做好“春节”、“十一”两个黄金周和“五一”小长假及日常旅游安全生产工作。全年转发及拟发安全生产管理文件 56 份，节假日组织安全生产检查与督查旅游企业 96 个（次），参加检查行动 108 人次，发出安全生产整改通知书 96 份，受理和处理旅游投诉案件 26 宗，实现投诉处理率 100%，满意率 100%。

【旅行社管理】 2009 年，河源市对所有旅行社开展业务年检，全市 30 家旅行社均通过业务年检复核工作。截至 2009 年底，全市共有旅行社 30 家。

【导游员管理】 2009 年，河源市重视加强对导游思想政治教育、业务技能、旅游安全知识的培训，加强以市区（属）导游为主的导游服务体系建设，并坚持开展对导游劳动合同的检查。严格执行导游 IC 卡扣分制度。全市共组织 463 人参加全国导游考试，有 148 人通过资格考试。截至 2009 年底，河源市持有《导游资格证书》人员 914 名，其中中级导游员 11 人，初级导游员 903 人（其中英语导游员 6 人）。为迎接世界客属第 23 届恳亲大会在河源市召开，举办了 2009 河源市“十佳导游”评选活动。

【旅游饭店管理】 2009 年，河源市继续抓好旅游饭店标准化建设和管理，发动符合条件的酒店评定星级，并以评星作为提高饭店硬件配置、软件管理的一个重要手段。全年新评定 1 家四星级饭店。对全市 29 家星级饭店进行复核。截至 2009 年底，河源市拥有旅游住宿设施 487 家，客房 14976 间，公寓 239 套，总床位数 27672 张。其中星级饭店

30 家，客房 2434 间，床位数 4582 张。

【旅游行业协会】 截至 2009 年底，河源市旅游协会有会员单位 93 个，常务理事 22 家。协会始终坚持“自我管理、自我约束、自我服务”办会宗旨，加强自身建设，发挥协会特有功能，配合市旅游主管部门推行国民旅游休闲计划，抓好旅行社、旅游景区（点）、星级饭店开展国民旅游休闲计划的协调工作，并组织协助行业分会开展参观、考察、学习、培训等活动。

旅游教育培训和精神文明建设

【旅游教育培训】 2009 年，河源市共举办各类培训 17 期，参训人数 1204 人次。其中，举办全国导游人员资格考试考前培训班 2 期共 250 人；举办导游人员岗前培训班 2 期 500 人。至年底，河源市拥有国家导游资格证书人数已达 914 人。全市旅游系统有大专以上学历的 1326 人，高中、中专学历的 12641 人；专业人员 421 名（高级职称 13 名，中级职称 43 名，初级职称 365 名），技术工人 317 名（高级职称 9 名，中级 43 名，初级 265 名）。

【参与“双转移工作”】 2009 年，河源市被省旅游局批准为全省旅游系统农村劳动力转移培训就业培训基地，并被确定为全省首批 10 个试点地级市之一。10 月 19 日，省旅游局在该市举办“广东省旅游系统农村劳动力培训启动暨河源市农民工培训班开班仪式”，省旅游局副局长张振林、河源市副市长吴有必、省农民工办副主任魏建文等领导出席会议。会上，省旅游局向与会单位颁发《广东省旅游系统农村劳动力培训专项补助资金管理使用目标责任书》，并向与会院校颁发《广东省旅游行业技能培训基地》牌匾。至年底，全市按照培训工作要求先后开设“客房初级服务员”、“餐厅初级服务员”、“景区导游员和农家菜烹饪”培训班四期 8 个班次，参加人数达到 238 人。

纪　事

3 月 30 日 河源市委副书记、市长刘小华出席 2009 年全市旅游工作会议并作重要讲话，强调要求大力发展生态旅游，将河源建设成为广东生态旅游示范区。

4 月 7 日 河源市政府印发《关于河源市试行国民旅游休闲计划的实施意见》。为试行国民旅游休闲计划，举办全国百城（河源）旅游宣传周等活动。

5 月 18 日 河源市委书记陈建华到市旅游局调研，强调要求将生态旅游业打造成河源市支柱产业，要像抓工业一样抓旅游产业的大发展。

8 月 26 日 河源市政府颁发《关于世客会接待酒店景区提档升级享受优惠规定的通知》。《通知》规定，凡按照世客会筹委会要求进行投资新建、改造、升级并承担世客会宾客接待任务的酒店和景区，均可享受优惠政策。

10 月 15 日 紫金县御临门温泉度假村被国家旅游局批准为 4A 级旅游景区。

10 月 25 日 第四届广东（河源）国际温泉旅游节暨第六届河源市客家文化旅游节在紫金御临门温泉度假村隆重举行。

11 月 6 日~7 日 河源市政府市长刘小华率队赴杭州参加 2009 中国（国际）休闲发展论坛。河源市入选“2009 中国十大特色休闲城市”。

11 月 28 日 在“唱响广东”2009 旅游金曲精英大赛中，河源市选送的“多彩万绿湖”获“广东十大旅游金曲”，选手陈玲青获大赛冠军，并评为“广东十佳旅游歌手”、“2010 年度广东旅游推广大使”。

（吴运坚）

梅州市

综　述

【总体情况】　2009年，梅州市旅游行业以打造“推动绿色崛起”的旅游先锋产业为平台，大力开展旅游宣传营销，积极实施旅游招商引资，稳步推进旅游设施建设，不断提升旅游产业水准，旅游业持续快速发展。全市接待国内外游客553.66万人次，比上年增长20%；旅游总收入50.30亿元，比上年增长37.62%。

【旅游行业规模】　截至2009年底，梅州市拥有旅行社34家，其中出境组团社3家；星级饭店31家，其中四星级2家，三星级13家，二星级15家，一星级1家；国家A级旅游景区11家，其中4A级4家，3A级7家；有全国红色旅游经典景区1家，全国农业旅游示范点2家，国家森林公园4家，省级风景名胜区2家，省级旅游度假区2家，省级农业旅游示范点2家，省级乡村旅游示范基地1家，省级自然保护区6家；旅游汽车公司4家，游船公司1家。

【李瑞环视察旅游业】　2009年2月19日，中共中央原政治局常委、全国政协原主席李瑞环，在广东省委常委、省委秘书长徐少华，梅州市委书记刘日知、市长李嘉、市政协主席温华光、市委副书记陈小山等陪同下，先后视察了广东客家博物馆、叶剑英纪念园、雁南飞茶田度假村。在叶剑英纪念园，李瑞环向叶剑英元帅铜像敬献了花篮，并在园内的空地种下一棵香樟树。

【迟浩田视察旅游业】　2009年2月11～18日，中共中央原政治局委员、中央军委原副主席、原国务委员兼国防部部长迟浩田上将，在广州军区副参谋长周瑞华少将、广东省军区政委蔡多文少将等领导陪同下，先后视察雁南飞茶田度假村、叶剑英纪念园、雁鸣湖旅游度假村、广东客家博物馆、“八一”起义军三河坝战役纪念园，并参观梅州将军馆、黄遵宪纪念馆。梅州市委书记刘日知、副书记陈小山、市委秘书长彭耀新、副市长邓建华，梅州军分区负责人郎波、彭世敏、段琦等分别陪同视察与参观。

【汪洋考察旅游业】　2009年5月6～7日，中共中央政治局委员、广东省委书记汪洋到梅县开展专题调研，并参观考察雁南飞茶田度假村、大新城客家风情商业旅游步行街。广东省委常委、秘书长徐少华，省委副秘书长葛长伟，省委副秘书长、政研室主任魏建飞，省委组织部副部长方锐，梅州市委书记刘日知、市长李嘉陪同考察。

【战略合作协议签订仪式】　2009年4月21日，由广东省旅游局、梅州市政府、广东中旅集团共同主办的签订旅游战略合作协议暨梅州国民旅游休闲活动及“重走客家迁徙古道”启动仪式系列活动，在梅江区客天下旅游产业园广场隆重举行。副省长万庆良，省政府副秘书长刘晓捷、省旅游局局长杨荣森，梅州市委书记刘日知、市长李嘉等一起推动拉杆，共同启动梅州国民旅游休闲活动；万庆良向梅州及各县（市、区）颁授“重走客家迁徙古道”旗和“休闲客都——粤游粤精彩”旗；梅州市政府与广东中旅集团签订《旅游战略合作框架协议》，平远县政府与广东中旅集团投资公司签订《旅游合作框架协议》，广东鸿艺集团与广东中旅华厦国际酒店控股公司签订《客天下华厦大酒店合作框架协议》，广东中旅集团与各合作方签订建立广东中旅省内控股旅行社的协议。梅州市共向港澳及粤闽赣地区有关旅行社赠送总值300万元的景区门票，其中向香港中旅集团、广东中旅集团等旅行社代表分别赠送30万元“梅州国民旅游休闲活动景区门票”。

梅州市委常委、常务副市长张远方主持签约和启动仪式。广东中旅集团董事长吕业升、总经理王万年，广东粤旅集团总经理胡建平，省旅游局副局长王志红，梅州市委常委、秘书长彭耀新，副厅级干部、大埔县委书记丘小宏，梅州市旅游发展战略顾问郑泽国等领导和嘉宾，海内外投资商、旅游界和新闻界代表等共2000人参加了活动。广东中旅集团计划投资5亿元，在资源开发、设施建设、市场拓展、人才培训等方面与梅州市开展全方位的旅游合作。

【中国客家博物馆挂牌】　2009年3月，国务院办公厅批准，梅州市“广东客家博物馆”升格并冠名为“中国客家博物馆”。4月16日上午，原全国人大常委会副委员长邹家华，广东省委常委、广州市委书记朱小丹，原全国政协常委叶选宁，广东省人大常委会副主任谢强华，广州市市长张广宁，梅州市委书记刘日知、市长李嘉，中国博物馆学会副秘书长张春雨，广东省委宣传部副部长阎静萍等为“中国客家博物馆”挂牌揭幕。

“重走客家迁徙古道”授旗仪式

【“世界客都·休闲梅州”旅游推介会】 2009年4月21日，广东省旅游局和梅州市政府在雁南飞茶田度假村举行“世界客都·休闲梅州”旅游推介会。副省长万庆良，省政府副秘书长刘晓捷，省旅游局局长杨荣森、副局长王志红，广东中旅集团董事长吕业升，副总经理夙心钢、徐永胜，梅州市市长李嘉，粤港澳旅游界、投资商、新闻界代表等领导及嘉宾1000多人出席推介会。万庆良与李嘉先后致辞。万庆良在致辞中说：通过参加推介会，充分领略客家旅游、客家文化的魅力、活力和穿透力，并向与会者热情推介“世界客都·休闲梅州”的秀丽风光和迷人风情。推介会播放“一座围龙屋、一座客家城”旅游宣传片，进行了梅州旅游专题、平远县和大埔县旅游资源及项目、大型民系风情歌舞《客家意象》节目的推介。与会者共同观赏客家山歌、《娘酒飘香》、《平远船灯》等客家文艺歌舞表演。梅州与珠江三角洲地区的旅行社代表，在推介会现场签订《梅州——珠三角客源互送协议书》。

【自驾旅游日周活动启动仪式】 由广东省旅游局、梅州市政府共同主办，广东省旅游协会、梅州市旅游局、平远县委及县政府承办的“2009广东自驾旅游日·客都自驾游周·平远县第五届脐橙旅游节”系列活动启动仪式，于12月5日在平远县平远中学新校区广场隆重举行。副省长万庆良宣布“广东自驾旅游日周”系列活动正式启动，并与省人大常委会原副主任游宁丰、梅州市市长李嘉、省旅游局副局长王志红、平远县委书记肖文浩、香港嘉宾何冬青一起推动启动杆。仪式由梅州市委常委、常务副市长李金元主持，李嘉、王志红先后讲话。省委副秘书长、省委信访局局长陈山地，省委副秘书长王衍诗，省农业厅副厅长郑惠典，梅州市领导古小平、陈小山、叶胜坤、曾百友，香港嘉宾罗焕昌、林光如、余鹏春、张庆华，省、市直相关部门负责人，广州、深圳、东莞、中山、佛山、惠州、河源、汕头、潮州、汕尾、揭阳和赣州、龙岩市旅游局负责人，兄弟县（市、区）党政代表团、香港客属各界代表、省内外企业家代表、海内外各界人士2600人参加启动仪式。现场还举行经贸、旅游、工业、农业项目签约，橙艺表演比赛、“重走客家迁徙古道”网上摄影大赛颁奖活动。启动仪式结束后，“千车百团游梅州”、“重走客家迁徙古道”自驾游车队随即出发，来自香港、广州、深圳、佛山、潮汕的200辆自驾车1000名游客开启客都精彩自驾旅程。

万庆良、游宁丰、李嘉和王志红等省市领导启动2009自驾旅游的周活动

旅游接待与收入

【入境旅游】 2009年，梅州市接待入境游客7.97万人次，比上年下降8.86%。其中外国游客1.48万人次，比上年下降36.1%；香港同胞4.13人次，比上年增长19.2%；澳门同胞0.88万人次，比上年下降25.1%；台湾同胞1.46万人次，比上年下降18.8%。旅游外汇收入2624万美元，比上年下降13.35%。

【国内旅游】 2009年，梅州市接待国内游客545.54万人次，比上年增长20.8%；国内旅游收入48.51亿元，比上年增长40.83%。旅行社组团省内游4.38万人次，比上年下降6.98%；省外游4.41万人次，比上年增长16.90%。

【出境旅游】 2009年，梅州市出境组团社组织出境游3422人次，比上年增长98.4%。其中香港游2011人次，澳门游569人次，出国游844人次。

旅游宣传促销与节庆活动

【宣传营销】 2009年，梅州市委、市政府高度重视旅游宣传营销工作，拨出200万元专款作为年度旅游宣传营销经费。梅州市旅游局组织各县（市、区）旅游局和主要旅游企业积极参与，另筹集资金131万元，其中梅县旅游局40万元、平远县旅游局10万元、兴宁市旅游局10万元、大埔县旅游局10万元、雁南飞茶田景区15万元、雁鸣湖旅游度假村及灵光寺旅游区20万元、千江温泉度假村10万元、龙鲸河漂流旅游区5万元、汤湖热矿泥山庄6万元、益塘水库旅游区5万元。全市共投入旅游宣传营销经费331万元，通过实施"整体营销、联动营销、主题营销"举措，首次与《中国旅游报》、《南方都市报》、《广州日报》、南方卫视、乐途旅游网五家主流媒体开展旅游宣传营销战略合作，采取形象营销、品牌营销、企业营销、专题营销、节日营销、活动营销、网络营销手段，按计划、分重点、持续性地展开宣传攻势，不断提高旅游宣传覆盖面和客源市场占有率。全年在《中国旅游报》、《南方都市报》、《广州日报》刊登梅州旅游资讯、旅游专题、旅游广告图文108篇；南方卫视播放"世界客都·文化梅州"宣传广告1800期次、"潮流假期"栏目播出梅州旅游专题片13期次，总时长710分钟；乐途旅游网首页、国内游、论坛、广东周边游、自驾游频道全年发布"梅州旅游"专题页面，持续宣传推介梅州旅游产品及特色线路，曝光量3.88亿次、点击访问量40.53万次、日均访问量1132次，刊发"梅州旅游"资讯62篇。《南方日报》、《羊城晚报》、《深圳特区报》、《梅州日报》、《香港商报》、《中国旅游产业》杂志等全年刊登"梅州旅游"新闻、简讯、动态、产品推介文章等共计250篇，进一步提升了"世界客都·文化梅州"在海内外的美誉度和感召力。

2009年，梅州市旅游局组织各县（市、区）旅游局和主要旅游企业参加的主要活动包括：3月26~29日，举办的广州国际旅游展览会，5月22~27日的赣州、龙岩、漳州、泉州、厦门五市"梅州旅游专题推介会"，6月11~14日的第23届香港国际旅游展览会，9月6~11日的厦门市第五届海峡旅游博览会，9月20~22日的天津市首届中国旅游产业博览会，11月14~16日的广东国际旅游展览会。通过图文展示、派发资料、现场交流等形式，重点推介"客都文化之旅、休闲之旅、红色之旅"三大品牌，扩大了梅州旅游在海内外旅游市场的影响力。4~12月，梅州市旅游局联合南方卫视与广东五叶神实业发展有限公司共同举办粤闽赣"重走客家迁徙古道"大型旅游宣传活动，该公司赞助35万元予以支持。重点推出以梅州为起点的环形旅游线路，与闽西、赣南、河源等地的客家文化旅游景区连成一线，形成客家旅游特色品牌，深受海内外游客欢迎。

12月5日，梅州市举办"精彩自驾相约客都梅州"千车百团游启动仪式

【各县（市、区）节庆活动】 2009年12月5日，梅江区在市体育训练中心足球场举行主题为"来世界客都旅游，聚足球之乡踢球"自驾游足球友谊赛，副省长万庆良为球赛开球并参加首场比赛，梅州市市长李嘉宣布开赛。同日，梅县在雁南飞茶田景区举办主题为"万人同品雁南飞茶"第二届茶香节，来自珠三角、潮汕等地3100名游客参加活动；12月5日，五华县在转水镇汤湖热矿泥山庄举办主题为"体验神泥文化，感受保健神功"第二届热矿泥浴节，来自广州、深圳、河源、潮汕等地旅行社负责人及1300名游客参加活动；12月5~6日，蕉岭县在长潭旅游区举办主题为"游长潭、品金桔、赏枫叶"长潭金桔节，来自广州、深圳、汕头、潮州、梅城等地2000名游客参加活动；12月6日，雁鸣湖旅游度假村举办主题为"雁鸣九天外，情系山水间"如意果节，省内外3000名游客在现场体验采摘与品尝如意果的乐趣；12月6日，大埔县在枫朗镇西岩茶乡度假村举办主题为"名茶之乡，客家世界的香格里拉"西岩茶乡旅游节，来自佛山、深圳、中山、潮州的自驾车采风团游客，在活动中观赏精彩的茶艺、客家山歌、五句板、采茶舞节目表演，并品尝西岩名茶、农家菜和特色小吃；12月5~6日，兴宁市举办主题为"自驾乡村游、参观古民居、体验农家乐"自驾车乡村旅游节；12月6日，丰顺县在县城举办主题为"温泉之乡、潮客文化之旅"第三届温泉文化宗教旅游节，来自深圳、汕头、潮州、汕尾、揭阳的有关旅行社负责人及自驾车游客1500人参加活动。

旅游行业管理

【旅游市场监督管理】 2009年，梅州市旅游局实施监督检查与规范引导举措，加强对旅游市场的监督和管理。全年出动旅游质监执法联检人员283人次，检查旅游企业87家，下发整改通知书25份，清理虚假旅游宣传广告2500张，处理违规带团人员 1 名、违规导游员 2 名；受理旅游投诉 12 宗，结案率 100%。

【旅行社管理】 2009 年 6 月 25 日，梅州市旅游局组织 19 家主要旅行社负责人学习贯彻由国务院颁布、于 5 月 1 日起施行的新《旅行社条例》，要求认真查找和整顿存在的违规经营行为，努力提高旅游服务质量，积极探索新形势下旅行社发展的新思路。为支持旅行社应对金融危机，市旅游局暂退全市旅行社质量保证金 245 万元。4 月，经市旅游局批准，设立梅州大众假期旅行社有限公司。在旅行社年度业务年检中，除蕉岭县华侨旅行社暂缓通过年检之外，其余旅行社均通过年检。

【导游员管理】 2009 年，梅州市旅游局组织 333 人参加全国导游资格考试。11 月 28 日，在梅城友谊宾馆举行“第二届客都导游演讲大赛总决赛”，共有 38 名选手进入复赛，15 名导游参与总决赛角逐。平远县五指石旅行社鲁燕玲荣获一等奖，梅县中国旅行社池彬娜、梅州市旅游协会刘雯文荣获二等奖。

【旅游饭店管理】 2009 年，梅州市旅游局完成对全市星级饭店年度检查复核，通过率 100%。8 月，梅县龙华宾馆被评为二星级饭店；12 月，大埔县交通大酒店被评为三星级饭店。梅城的主要星级饭店加大资金投入，对设施设备进行改造，其中富源大酒店、友谊宾馆、柏丽酒店、客都大酒店、田园大酒店更新客房及中餐厢房设施，以满足不同层次游客的消费需求，进一步提升了市场竞争力。由广东恒泰公路工程有限公司投资 2.5 亿元按五星级标准兴建的金沙湾圣廷苑酒店，坐落于梅城沿江西路，分别由 A、B 两座 12 层高的塔楼组成，内设宴会厅、西餐厅、多功能厅、中日韩餐厅、大堂酒吧、238 套豪华客房，康体与娱乐设施一应俱全，于 6 月 8 日开业。

【行业协会】 2009 年 11 月 17 日，梅州市旅游协会在梅州迎宾馆召开市自驾车旅游协会换届选举大会，并通过《梅州市自驾车旅游基地标准》，评定 41 家自驾车旅游推荐接待单位。经全体与会代表投票选举，产生新一届领导机构，梅州市旅游总公司负责人林思生当选梅州市自驾车旅游协会会长。

旅游资源开发和景区（点）建设

【旅游规划】 2009 年 2 月下旬，由华南师范大学地理科学学院及旅游研究所组成的专家评审组，对《雁鸣湖国家森林公园总体规划》进行评审，认为规划结构完整，内容详实，理念新颖，定位准确，布局合理，特色鲜明，一致同意通过该规划。10 月 16 日，由华南理工大学、暨南大学、嘉应学院的专家教授组成的评审组，对《梅江区旅游发展总体规划》进行评审，认为梅江区突出“都城”的内涵和外延为总体目标，结合旅游资源现状与定位，发展城区中心都市休闲文化旅游区、东区宗教文化生态休闲旅游区、北区乡村生态休闲旅游区符合实际，思路明晰，一致同意通过该规划。12 月 10 日，平远县《五指石风景名胜区总体规划》通过华南理工大学专家组评审。

【旅游招商引资】 2009 年 4 月，梅州市委、市政府引进广州市客轮公司、广州之星游轮有限公司共同投资开发梅江游船项目，具体事项由梅州市旅游局协调办理，注册成立“梅州客通游船有限公司”。梅州市政府另投入 1100 万元配套建设梅江游船码头、完善“一江两岸”的灯光夜景设施，并清理航道和设置航标，确保游船畅通无阻。由广州两大客（游）轮公司投资 500 万元建造的梅江游船“客都 1 号”及“客都 2 号”为仿古画舫游船，造型独特，装饰华丽，宽敞明亮，整洁舒适。12 月 25 日上午正式通航运营，成为“世界客都”的精品旅游项目和“一江两岸”的新亮点。

3 月 21 日，由中华民族文化促进会牵头发起，中央文化管理干部学院、文化部网络文化研究中心、中央新闻纪录电影制片厂、中国传媒大学影视艺术学院、国际动画教育联盟加盟，广东新金基投资有限公司开发建设的“麓湖山文化产业园区”，在梅县南口镇麓湖山举行揭幕仪式。该园区总投资 15 亿～20 亿元，规划面积 6000 亩，将建成融国际影像、动漫制作、国际文化交流、商贸、餐饮、客家文化旅游开发于一体的多元化园区。9 月 12 日，由广州富港实业有限公司投资 1.5 亿元开发的盛世富港优山美地酒店，在平远县石龙寨景区破土动工。酒店占地面积 100 亩，按五星级标准设计建造。9 月下旬，兴宁市与东莞天恒集团签约，由该集团投资 3 亿元在神光山旅游区兴建旅游度假酒店。11 月 29 日，由广东中科天元新能源科技有限公司投资 1 亿元建造的丰溪森林假日酒店，在大埔县省级自然保护区丰溪林场奠基动工；酒店占地面积 8 万平方米，按五星级标准规划设计兴建。12 月 5 日上午，广东中旅集团、广州“广之旅”、广东国旅、南湖国旅、宜华集团与平远县签约，在旅游资源开发、景区建设等方面开展旅游合作。五大旅游集团将投资 18.5 亿元，与平远县合作开发南台山卧佛山旅游文化产业园、南台温泉旅游度假村、五指石风景名胜区、程旼纪念园、龙文——黄田省级自然保护区，推动平远县旅游业做强做大。

【景区（点）建设】 2009 年，平远县依托“名人、名山、名果”特色旅游资源，大力推进景区建设，斥资 2000 万元兴建五指石水库、贵妃湖及环山公路，使五指石风景名胜区面积增大1倍，并改变过去有山无水的风貌，景区品位得以提升；投入670万元，在仁居镇东教场原红四军革命旧址兴建红军纪念园，占地200亩，内设纪念亭、纪念塔、展馆区、主题雕塑区、休闲观光区，于9月22日落成，成为广东省首个红军纪念园和梅州市红色旅游新景点。丰顺县龙鲸河漂流公司投资100万元改造码头、更新路牌标识、新购100条漂流船艇，于5月1日启用；丰顺县投入4000万元，完成韩山森林公园首期工程建设。大埔县斥资150万元，按乡村旅游示范点标准对大东镇坪山梯田旅游区进行规划和配套建设，已建成停车场、步行道、观景亭、登山游道、农家餐馆、旅游公厕，梯田环境大为改观。“八一”前夕，叶剑英纪念园被广东省委宣传部、省军区政治部、省国防教育办公室命名为“广东省国防教育基地”。从10月18日起，国家4A级旅游区“雁南飞茶田度假村”更名为“雁南飞茶田景区”。11月，梅州市洞天湖生态旅游度假区、大埔县西岩茶乡度假村，被省农业旅游示范评定委员会评为“广东省农业旅游示范点”，大埔县坪山梯田旅游区被省旅游局评为“广东省乡村旅游示范基地”。11月27日，五华县益塘水库旅游区、兴宁市神光山旅游区、蕉岭县长潭旅游区、大埔县西岩茶乡度假村、丰顺县龙鲸河漂流旅游区，被广东省旅游局评为国家3A级旅游区。12月，雁南飞茶田景区，被广东省旅游协会、广东省自驾旅游协会评为“活力广东2009自驾游最受车友欢迎景区”；平远县南台山森林公园、蕉岭县镇山森林公园，被国家林业局评为“国家森林公园”。

7月23日，20名“闯者”在新闻发布会暨首团出发仪式现场拼出“重走客家迁徙古道”线路图

【旅游扶贫工程】 2009年9月3日，省旅游扶贫大型重点项目评审竞标在广州举行。雁鸣湖旅游度假村的休闲农业生态旅游示范区项目代表梅州市参与竞标，以91.2的最高分在全省15个城市中脱颖而出，获得省旅游扶持专项资金500万元。雁鸣湖休闲农业生态旅游示范区项目，为梅州市人民政府与广东省旅游局签订共建“客家文化生态旅游示范区”的重点建设工程，规划建设面积8353亩，其中彩色林带景观园4353亩、开发金柚及蜜柚为主体的现代农业生态旅游园2500亩、种植纯天然南药为特色的生态养生保健园1500亩，发展以农业观赏和农业科研为主题的现代休闲农业旅游新产品，工程预算总投资2000万元人民币。梅县人民政府拨出300万元专项经费，并派专人落实和跟踪项目建设情况。工程自3月份立项及实施后，各种项目建设进展顺利。

万庆良副省长为梅县华银雁鸣湖旅游度假村获省大型旅游扶贫项目颁匾

【新景区（点）介绍】

〖西岩茶乡度假村〗 国家3A级旅游景区、广东省农业旅游示范点，位于大埔县枫朗镇西岩山上，距县城30公里，由广东省农业龙头企业西岩茶叶集团有限公司投资兴建，融自然生态、“三高农业”、旅游度假于一体。目前，拥有白叶单丛、黄枝香为主体的茶田2万多亩，连绵群山，层层迭迭，苍翠秀美；建有8栋山庄别墅，傍山依水，四周分别由石径、小溪、游泳池、品茶阁、山歌台、奇花异草等景物点缀，流水淙淙，环境优雅，如诗如画。在茶艺馆，可尽情品尝各种名茶和观看茶艺表演。沿登山石径登上“高瞻远瞩”凉亭，可饱览群山秀色。西岩山为大埔县一大名山，主峰海拔1256米，山高岭峻，气势雄伟，山中遍布飞来石、七星石、撑腰石、仙人桥、仙人打鼓、仙人茶壶、天狗望月等众多天然奇石景观，令人叹为观止。

〖坪山梯田旅游区〗 广东省乡村旅游示范基地，位于大埔县大东镇坪山村，距县城40公里。梯田开辟于元末，完工于清初，共有1200多亩，其中主体梯田680多亩，坡度多为25°~35°，沿一座座山坡层叠延绵，纵横交汇，蜿蜒起伏，形态各异，线条流畅，蔚为壮观。春游坪山梯田，水满田畴，可看村民在田间或荷锄、或把犁、或插秧，展现一幅“手把青秧插满田、低头即见水中天”的“天人合一”

立体画卷。夏游坪山梯田，禾苗葱翠，水稻生长，绿茵层层，与碧绿的山峦和林木融为一体，呈现出一片生机勃勃、赏心悦目的绿色世界。秋游坪山梯田，稻穗摇曳，稻谷飘香，远望田野泛金浪，近看村民收割忙，宁静的村落山峦，一派热闹非凡和喜气洋洋的丰收景象。冬游坪山梯田，但见金黄的油菜花、茁壮成长的紫云英、蚕豆等农作物，一行行、一片片、一层层，五颜六色，如诗如画，把充满希望的梯田装扮得更加美丽。春夏秋冬，周而复始，万物在变，恒久不变的却是坪山梯田一年四季丰富多彩的美景。

〖**益塘水库旅游区**〗　国家3A级旅游区，位于五华县转水镇与潭下镇之间，总面积15平方公里，水道绵延10公里，蓄水量1.6亿立方米，为梅州市最大的人工湖。库区山环水绕，山水相连，拥有300多个大小不一的库湾和10多个形态各异的小岛，四周种植的荔枝、柑橙、金柚等水果共计1万多亩，碧水清澈，花果飘香，景色秀丽。乘坐游船飞艇环湖畅游，实有“船在水中行、人在画中游”之感，放飞心情，美不胜收。区内建有水上乐园、钓鱼场、狩猎场、长乐岛、度假村、特色酒楼、会务中心等众多设施。在此旅游观光和休闲度假，还可品尝鲜鱼、鲜虾、狗肉、酿豆腐、清蒸大鱼头等独特菜肴，色香味俱佳，令人回味无穷，难以忘怀。

〖**七目嶂生态旅游区**〗　位于五华县长布镇大田镇，面积58.5平方公里，属省级自然保护区，为原始次生阔叶林区，也是广东省最大的天然阔叶林区之一。经专家考证，自然保护区共有2000多种珍稀的动、植物资源，其中属国家保护的珍稀濒危植物有桫椤、三尖杉、吊皮锥、红椿等15种，动物有云豹、雉鸡、穿山甲等。七目嶂自然保护区不但物种丰富，而且自然风光秀丽，景色十分迷人，群峰俊俏，峭壁险要，飞瀑深潭，古藤横空，山溪清澈，云海茫茫等秀丽景点举不胜举，美不胜收。该保护区有海拔1000米以上的山峰12座，其主峰高达1318米，为粤东最高峰。登其顶峰，可眺五华及毗邻的兴宁、龙川、东源、丰顺、紫金、陆河等7个县市，故得名七目嶂。相传，诗人苏东坡游七目嶂后，对七目嶂的秀丽景色赞不绝口，曾写下不朽诗作《石马诗》。

七目嶂现已开通生态探险一日游。其山美水美，人们结伴登山穿林游览胜景，领略大自然的风光，无疑是一种极美的享受。

旅游教育培训和精神文明建设

【**旅游精神文明建设**】　位于梅县雁洋镇长教村的雁南飞茶田景区党支部，在深入开展学习实践科学发展观活动中，坚持实施“反哺”农村的举措。2009年，雁南飞茶田景区每月固定给长教村的老年人发放福利金：60岁以上老人每人100元、70岁以上老人每人150元、80岁以上老人每人250元，并于12月出资40多万元，为长教村全体60岁以上老人购买养老保险。景区招聘的工作人员80%为雁洋镇人，其中长教村群众150人，通过参加旅游服务技能培训后全部上岗，成为“洗脚上田”和“领工资的农民”。由景区全年发放到长教村村民手中的工资和各种福利资金，共计400多万元。国庆节前夕，雁南飞围龙大酒店总经理洪淑玲，被中华全国妇女联合会评为“全国三八红旗手”；雁鸣湖旅游度假村被中华全国妇女联合会授予“全国三八红旗集体”荣誉称号。梅州市旅游局被市委、市政府授予2009年度“梅州市文明窗口”称号；雁南飞围龙大酒店总经理洪淑玲荣获市委、市政府授予的“梅州巾帼贡献奖”称号；梅州市旅游局被市委、市政府评为“梅州市机关挂钩扶贫先进单位”，市旅游局局长陈建新被评为“梅州市机关挂钩扶贫先进个人”及“梅州市行风热线先进个人”。

【**旅游教育培训**】　2009年2月13日，市旅游局邀请梅州市旅游发展战略顾问、著名旅游营销策划专家郑泽国，在梅州迎宾馆向全市旅游行业130名负责人作旅游营销专题辅导报告。郑泽国从大旅游、大市场、大营销、如何创新旅游营销思路、精心构建旅游营销体系方面进行论述和深入浅出的讲解，使梅州旅游界人士拓宽了视野，增长了营销知识，为大力开展旅游宣传和市场营销奠定了良好基础。11月3日，梅州市旅游业农村劳动力技能培训班开班典礼暨广东省旅游业技能培训基地挂牌仪式，在梅州市职业技术学校举行。梅州市和大埔县被确定为“全省旅游业农村劳动力培训转移就业工作”的试点单位，全市旅游业农村劳动力转移培训工作正式启动。市旅游局组织农村劳动力309人参加首期技能培训，涉及景区导游、农家菜烹饪、客房服务、中餐服务4个专业，以提升参培人员的旅游服务技能和综合素质。

【**荣誉称号**】　2009年1月，梅州被世界休闲组织、中国休闲产业联盟、省旅游协会评为“广东最佳休闲城市”。4月，平远县被亚太旅游联合会、中华生态旅游促进会、中华民族促进会旅游文化研究中心授予“中国最佳文化生态旅游目的地”荣誉称号。雁南飞茶田度假村被国际旅游营销协会、世界和谐基金会、国际旅游促进会、世界自助旅游协会评为“中国王牌旅游景区”，度假村总经理叶祖根被授予“中国旅游精英人物”称号。11月13日，在广州举行的“首届中国粤菜峰会”上，雁南飞围龙食府获评“十大中国粤菜名店”称号，围龙食府出品的“雁南飞茶田鸭”入选“粤菜十大名菜”，行政总厨熊志达荣获“粤菜十大名厨”

称号。11月下旬，由中国传统文化促进会、中华民族和谐发展促进会、欧中经济技术交流促进会、中国影响力传媒机构主办的“中国最美的小城”推介评选活动中，大埔县城荣膺“中国最美的小城” “十佳”称号，并入选全国“最具文化品位的十个小城”。12月25日，由广东省旅游局、南方广播影视传媒集团主办的“唱响广东2009旅游金曲精英大赛”揭晓，梅州市旅游局选送的旅游歌曲《家乡好梅州》被评为“广东十大旅游金曲”，选送的歌手罗容入选“广东十强旅游歌手”。12月，梅州被省旅游协会、广东省自驾旅游协会等机构评为“活力广东2009自驾游最受车友欢迎目的地”。12月，由人民网旅游频道举办的“最具民俗文化特色旅游目的地”评选活动揭晓，梅县成功入选。12月，由乐途旅游网举办的“民俗风、自驾游——2009你心中最具民俗风情的自驾游目的地大型网络评选活动”揭晓，梅州以总票位居第一入选“最具民俗风情的自驾游目的地”。12月，梅州市旅游局、丰顺县千江温泉度假村被省旅游局评为“全省旅游扶贫工作先进单位”；梅州市旅游局质监科被评为“全省旅游质监工作先进单位”。

纪　事

1月31日　中央电视台新闻频道播放梅州客家美食专题节目。

2月18~20日　马来西亚华人旅游业公会、马来西亚电视台及旅游报刊记者一行10人来梅州参观考察旅游景区。

4月10日　梅州市委召开常委扩大会议，决定正式启动客家围龙屋申报世界文化遗产工作。

4月12日　中国·大埔“客家世界的香格里拉”全国摄影大展开镜仪式在大埔县城文化广场隆重举行。

4月13~16日　广东中旅集团总经理王万年一行13人莅临梅州考察旅游业发展情况。

4月21日　副省长万庆良，省旅游局局长杨荣森，梅州市委书记刘日知、市长李嘉在梅州市客天下旅游产业园参加植树活动。

5月1日　大埔县旅游局开始向社会公开万元征集旅游形象口号及旅游标识。

5月8日　由梅州市中国旅行社、梅州市老年人体育协会联合举办的“梅州千人游台湾”活动启动。

5月28日　全国红色旅游经典景区、国家4A级旅游区叶剑英纪念园正式向海内外游客免费开放。

6月14日　“来世界客都旅游·聚足球之乡踢球”自驾游足球比赛启动仪式在梅州市举行。

7月23日　“重走客家迁徙古道”新闻发布会暨首发团出发仪式在广州举行。

7月25~8月1日　梅州市市长李嘉率市旅游局、农业局、台办、招商办等部门负责人，赴台湾开展考察交流活动。中国国民党主席吴伯雄会见了李嘉一行，并与李嘉就两地文化旅游、经贸合作等事宜进行了探讨。

9月27日　梅州市旅游局、梅州移动公司在梅城文化公园广场联合举办“世界旅游日”大型宣传活动。

10月14日　出席“梅州·世界客商大会”的海内外客属商界精英代表畅游中国客家博物馆、叶剑英纪念园、雁南飞茶田景区。

10月24日　由大埔县人民政府举办的“韩江溯源·万人游大埔”活动在大埔县泰安楼启动。

11月5~6日　“2009广东自驾旅游日暨梅州精彩客都自驾旅游周”系列活动新闻发布会分别在广州和深圳举行。

11月20日　由美国、英国、澳大利亚、马来西亚等国家的华侨组成的华侨旅游团，分别参观游览了中国客家博物馆、梅县南口镇客家民居古村落、雁南飞茶田景区、叶剑英纪念园。

11月28日　闽粤赣3省13市旅游局长座谈会在江西鹰潭市龙虎山风景名胜区召开。梅州市旅游局负责人参加座谈会。

12月14~16日　国务院参事车书剑率调研组一行8人，先后深入梅县雁南飞茶田景区、雁洋镇长教村、雁鸣湖旅游度假村、叶剑英纪念园调研农业旅游和乡村旅游发展工作，并参观客天下旅游产业园、院士广场、中国客家博物馆。

（饶贵祥）

惠州市

综　述

【总体情况】　2009年是惠州贯彻《珠江三角洲改革发展规划纲要》建设粤港澳旅游休闲度假基地的第一年，也是试行国民旅游休闲计划的第一年，出台旅游政策最多的一年，也是活动最多、创新最多、亮点最多的一年。市委、市政府在全省率先出台《关于加快旅游业改革发展建设旅游强市的实施意见》、《建设粤港澳旅游休闲度假基地实施细则》和《试行国民旅游休闲计划的若干意见》三个重要文件；率先发起珠三角旅游合作《罗浮山宣言》和打造“千里客家文化长廊”；率先将惠州旅游节与“中国美少女大赛”、“中国职业模特大赛”、“惠州旅游形象大使”大赛等三项选美赛事有机结合。大手笔、大气魄、大发展，呈现出欣欣向荣的发展气象，使旅游业成为最具活力、最具发展潜力的明星产业。全年接待国内外游客2114.76万人次，比上年增长17.15%，其中过夜游客943.11万人次，景区（点）接待一日游游客1171.65万人次，分别增长16.77%、17.46%；旅游总收入115.12亿元，增长19.24%。数据表明全市旅游业经受住国际金融危机的影响，显示出逆市上扬的增长势头，成为拉动第三产业发展的龙头、促进经济社会发展的生力军。

【旅游行业规模】　截至2009年底，惠州市拥有旅行社37家，其中出境组团社3家；有星级饭店66家，其中五星级2家、四星级11家、三星级43家、二星级10家；全市已建成的旅游景区近60处，国家和省级风景名胜区及自然保护区共18处。有国家A级旅游景区8处，其中国家4A级旅游区6处，国家3A级旅游区2处；全市旅游行业直接从业人数2.75万人，间接从业人数达到16.5万人。

【第四届惠州国际温泉旅游节】　2009年11月20日晚，“第四届惠州国际温泉旅游节”在南昆山温泉大观园隆重开幕。国际休闲产业协会主席王军，广东省副省长万庆良，省旅游局副局长王志红，市委副书记、市长李汝求，国内外有关知名旅游专家学者，粤港澳部分旅行商家负责人以及新闻媒体800多人出席开幕式。李汝求市长接受王军向惠州市授发的“国际最佳休闲城市”牌匾。本届旅游节活动内容包括开幕晚会、论坛和四个大型活动及四大节事。除南昆山温泉大观园主会场外，还在洲际温泉、海滨温泉、天然温泉和巽寮金海湾设立分会场。11月21日，第四届惠州国际温泉旅游节系列活动之一——国际温泉度假旅游（惠州）高峰论坛在龙门南昆山温泉大观园举行。论坛由市政府和省旅游局共同举办。国家旅游局原党组成员、纪检组长，现国际休闲产业协会主席、国家旅游协会副会长王军，副省长万庆良，省旅游局副局长王志红，副市长杨灿培、操向农等参加活动。论坛由凤凰卫视著名主持人董嘉耀主持。

第四届惠州国际温泉旅游节圣水传递暨开幕式启动仪式

为筹备本届国际温泉旅游节，惠州市政府于9月16日召开第四届惠州国际温泉旅游节组委会工作会议，套开全市旅游安全生产工作会议，部署旅游节筹备、国庆中秋期间旅游安全工作。会议由杨灿培副市长主持，旅游节组委会成员、市旅游工作协调领导小组成员单位和各县（区）分管旅游工作的负责人参加会议；10月20日，第四届惠州国际温泉旅游节新闻发布会在广州召开。副市长杨灿培发布第四届惠州国际温泉旅游节活动的新闻。市旅游局局长崔爽、副局长郭武飘、龙门县县委常委杨慧红分别回答记者的提问；11月20日，第四届惠州国际温泉旅游节媒体见面会在龙门县南昆山温泉大观园召开，副市长杨灿培出席见面会。

【重大旅游活动】 从 2009 年 1 月 8 日起，惠州市启动“鹅城十景”、“惠州十大名胜”评选活动。经过报名审核、宣传展示、公众投票、专家评议、组委会审核、市政府批准等程序，评选出玉塔微澜（泗洲塔）、祥云挂榜（高榜山）、孤山苏迹（东坡园·苏堤）、丰渚孝感（丰渚园）、碧湖书香（丰湖书院）、朱楼合江（合江楼）、朝京雄关（朝京门）、留丹点翠（点翠洲）、九紫元妙（元妙观）和合生天弦（合生大桥）为“鹅城十景”；评选出惠州西湖风景名胜区（红花湖）、罗浮山风景名胜区、南昆山生态旅游区、巽寮湾滨海旅游度假区、象头山自然保护区、大亚湾石化工业区、海龟湾·双月湾、叶挺故居、客家围屋和惠州温泉系列旅游区为“惠州十大名胜”。评选结果于 11 月 20 日“第四届惠州国际温泉旅游节”开幕晚会上揭晓；1 月 8 日晚，世界休闲组织、中国休闲产业联盟、广东省旅游协会在罗浮山国家风景名胜区嘉宝田乡村俱乐部隆重举行“2008 中国休闲悠优奖”颁奖仪式。惠州市获评“国际最佳休闲城市”奖，罗浮山风景名胜区以高票获得“最佳休闲旅游景区”奖；1 月 11 日，“珠三角万人游惠州”首发仪式暨首站“温泉大观园体验之旅”启动仪式在惠州南昆山温泉大观园举行；3 月 4 日，由市旅游局和市妇联联合主办的“巾帼同游鹅城，品评十景十名胜”活动启动仪式在惠州西湖举行。全市各界妇女代表以及新闻媒体 400 多人参加。“三八”妇女节期间，罗浮山景区共接待妇女团队 170 多个，共 11000 多人；3 月 18 日，由中国生态学学会旅游生态专业委员会、中华民族文化促进会旅游文化研究中心和亚太旅游联合会联合开展的“中国最佳文化生态旅游目的地”评选活动中，龙门县被评为“中国最佳文化生态旅游目的地”；3 月 26 日，市委常委、政法委书记、公安局局长李达文率领市旅游局、发改局的领导到龙门县调研，先后到碧水天源温泉度假村建设项目和南昆山温泉大观园二期工程考察。随后，在温泉大观园国际会议中心召开座谈会；5 月 14 日，市委常委、纪委书记李松率队到市旅游局召开调研座谈会，指导和检查市旅游局狠抓工作落实年活动以及落实《纲要》建设粤港澳地区旅游休闲度假基地的情况；5 月 27 日，市委书记助理乔卫到市旅游局调研贯彻落实《市委、市政府关于贯彻落实省委、省政府〈关于加快我省旅游业改革与发展建设旅游强省的决定〉的实施意见》和建设粤港澳旅游休闲度假基地情况，市旅游局领导班子参加座谈会。

【全市旅游工作会议】 2009 年 3 月 19 日，惠州市召开全市旅游工作会议，省旅游局局长杨荣森，市委副书记、市长李汝求出席会议并讲话，会上为罗浮山风景名胜区、惠州海滨温泉旅游度假区颁授国家 4A 级旅游景区牌匾。会议召开之前，惠州市试行国民旅游休闲计划启动仪式在江北市会议中心广场举行，1000 多名游客参加。康帝国际酒店、环宇旅行社等被评为首批 40 家国民旅游休闲示范单位。

【创建国家 5A 级旅游景区】 2009 年 4 月 30 日，龙门县环南昆山创建国家 5A 级旅游景区暨南昆山温泉大观园二期项目启动仪式在南昆山温泉大观园举行。副市长杨灿培，副秘书长李舜添，市旅游局局长崔爽及县领导许志晖、林洪等出席仪式。6 月 25 日，惠东县举行稔平半岛旅游度假区创建国家 5A 级旅游景区暨金海湾（巽寮）国际滨海旅游度假区、永记生态园创建国家 4A 级旅游景区、金海湾喜来登度假酒店创建五星级旅游饭店启动及“广东十佳滨海旅游景区”授牌仪式。

国际休闲产业协会主席王军向惠州市市长李汝求颁发“国际最佳休闲城市”牌匾

【惠州荣获“2009 中国十佳宜游城市”】 2009 年 7 月 8 日，“2009 中国城市分类优势排行榜”新闻发布会在香港举行。“2009 中国十佳宜游城市”评比中，惠州排名列全国第十。该排行榜是中国城市竞争力研究会的年度综合性研究评价课题之一，是该会应用自主创立的评价指标体系（GN 体系），经搜集翔实的基础资料及进行大量的调查研究，并在充分考虑公众口碑支持率的基础上，对中国包括港澳台地区在内的 34 个省、区，289 个城市，374 个县级市分类优势进行综合评价后产生的最新研究成果。

【试行国民旅游休闲计划】 2009 年 6 月 1 日，惠州市政府出台《关于试行惠州市国民旅游休闲计划的若干意见》（惠府〔2009〕86 号）；9 月 27 日，由广东省林业局和广东省旅游局联合主办、中国科学院华南植物园承办的“2009 广东省森林生态旅游示范基地授牌暨森林生态游启动仪式"在广州市华南植物园隆重举行。罗浮山风景名胜区、南昆山国家森林公园被评为"广东省森林生态旅游示范基地"。

2009 年 3 月 19 日，惠州市隆重举行试行国民旅游休闲计划启动仪式，并为各县（区）授旗

【签署《罗浮山宣言》】 2009 年 4 月 2 日，根据省旅游局和惠州市委、市政府主要领导的倡议，由惠州市旅游局牵头组织珠江三角洲地区旅游合作活动在罗浮山举行。珠三角九市旅游局局长在罗浮山签署珠江三角洲地区旅游合作《罗浮山宣言》，并达成 9 项共识，标志着珠江三角洲地区九市旅游合作一体化正式启动。当日，罗浮山举行国家 4A 级旅游景区挂牌暨创建国家 5A 级旅游景区启动及罗浮山旅游大道升级工程动工仪式。12 月 23 日，珠三角九市旅游局局长再次聚首罗浮山嘉宝田国际会议度假酒店，参加珠三角旅游合作高峰论坛和罗浮名山文化论坛，共同签署《推行广东国民旅游休闲示范景区一票通倡议书》。

《罗浮山宣言》画卷

【2009 中国生态旅游年】 2009 年 3 月，惠州市委、市政府出台惠州市贯彻《珠江三角洲改革发展规划纲要（2008－2020年）》之建设粤港澳地区旅游休闲度假基地实施细则，该基地成为全市重点发展的五大基地之一；6 月 26～28日，由惠州市人民政府、广东省旅游局、中国旅游报社联合举办以"加快生态旅游产品开发，创建国家生态旅游示范区"为主题的中国（龙门）生态旅游高峰论坛在南昆山温泉大观园举行；7 月 1 日，市政府在市行政中心召开建设粤港澳地区旅游休闲度假基地动员大会。市委常委、常务副市长黄仕芳主持会议。市委副书记、市长李汝求、副市长谢端、杨灿培等参加会议。

旅游接待与收入

【入境旅游】 2009 年，惠州市接待入境旅游者 144.25 万人次，旅游外汇收入 40107 万美元，分别比上年增长 8.63%、21.20%。

【国内旅游】 2009 年，全市接待国内旅游者 798.86 万人次，国内旅游收入 87.73 亿元，分别比上年增长 18.37%、19.28%。旅行社组团国内游 37.60 万人次，比上年下降 4.56%，其中省外游 11.60 万人次，比上年增长 32.48%。

【出境旅游】 2009 年，受国际金融危机影响，全市旅行社组团出境游 19600 人次，比上年下降 20.38%。其中港澳游 15194 人次，出国游 4392 人次，分别比上年下降 24.14%、3.89%。

旅游宣传促销与节庆活动

【旅游宣传促销】 2009 年，惠州市旅游局瞄准客源市场，继续采取"走出去、请进来、办节庆、搞活动"等措施，擦亮"生态惠州·度假天堂"旅游品牌。1 月至 9 月，惠州市旅游局组织巽寮湾等 10 多家旅游企业先后赴长沙、株洲、衡阳、重庆、武汉和成都市开展宣传促销活动，并邀请湖南、武汉、成都等省市 300 多家旅行商来惠踩线，推介惠州旅游产品；1 月 10 日至 3 月 3 日，龙门县先后在广佛高速、广深高速和惠州市区竖立"森林度假·温泉养生"大型户外广告宣传牌；2 月 12 日，为配合省旅游局统一在央视做形象宣传，邀请中央电视台、中国新闻社到南昆山生态旅游区、南昆山温泉大观园和天然温泉 3 个景区拍摄旅游宣传片，以此打造"休闲惠州·度假天堂"旅游品牌；3 月 13 日，由惠州市政府主办的"惠州旅游（深圳）推介会"在深圳大中华喜来登酒店举行。深圳市副市长卓钦锐、惠州市副市长杨灿培出席推介会并讲话。来自深圳和惠州两地旅游界和新闻界共 600 多人参加推介会，并签署《惠州市与深圳市旅游紧密合作框架协议》，免费向深圳市民派发 10 万元的景区门票、住宿券等旅游消费券；3 月 17 日，莞惠旅游合作交流会在东莞市会展国际大酒店举行。惠州市副市长杨灿培，东莞市委常委、副市长江陵出席交流会并讲话。来自东莞和惠州两地旅游界和新闻界约 400 人参加交流活动。莞惠两地共同签署《惠州市与东莞市旅游紧密合作框架协议》，免费向东莞市民派发10万元的旅游消费券；5月8日，罗浮山管委会在罗浮山朱明洞景区东江纵队纪念馆广场举行“罗浮仙境·道行天地”休闲旅游消费礼包赠送启动仪式。共赠送旅游消费礼包10万份，总面值达5700多万元；5月29日，“珠三角城际旅游大联动”之“万人游惠州启动日”活动在南昆山温泉大观园隆重举行。珠江三角洲9市近千客人参加。推出的首批“旅游名片线路”中，惠州西湖、罗浮山、南昆山等景区列入其中。同日，市旅游局组织部分旅游企业参加2009惠州（春季）房地产展销暨旅游推介会，前来参观旅游展位的市民达近万人次，免费发放惠州旅游宣传资料逾20万份；6月29～30日，大亚湾旅游推介会暨“夜海捕鱼”旅游活动启动仪式在澳头渔人码头隆重举行。珠江三角洲地区180家旅行社280位总经理或业务总监莅会。签订旅游开发项目1项，协议金额15亿元。签署旅游合作协议85份，初步达成每年向该区输送5万名游客的合作意向；7月24～26日和9月11～13日，市旅游局与市经贸局等部门合作分别在武汉和成都举办“惠州产品（武汉、成都）展销暨旅游推介会”。重点推介滨海旅游产品，成都、武汉的滨海度假旅游团队陆续进来；8月17～19日，由国家外文局、省外宣办组织6家外宣媒体、5家境外媒体（人民日报社、新华社、中新社、中国日报社、今日中国、北京周报、中国网）来惠州开展落实《珠江三角洲地区改革发展规划纲要》主题采访活动，在龙门段沿着龙门画乡生态旅游线路参观采访龙门香溪堡旅游区、农民画乡嘉义庄和南昆山温泉大观园；10月24日，大亚湾旅游局组织举办第三届广东自驾游系列活动之“大亚湾之夜”自驾游活动，广东省自驾游协会近百名车友、32辆车畅游大亚湾。大亚湾区旅游局与省自驾游协会签订《广东自驾游目的地合作协议》，并举行广东自驾旅游接待基地（大亚湾）颁牌仪式；12月3日，大亚湾旅游局与海洋渔业局在中海酒店举办休闲渔业旅游活动首航新闻发布会，来自深圳市、惠州市、广东省自驾车协会、旅游界的嘉宾、新闻媒体记者以及该区各职能部门的领导共120多人参加发布会，正式启动该区海上休闲旅游活动。

2009年10月，惠东县旅游局与省旅游地图出版社联合编制出版《惠东旅游交通地图》。11月，《惠州旅游发展纪实》（1972－2009）、《导游带你游惠州》、《休闲惠州百事通》书籍和《南国温泉数惠州》DVD面世。

惠州市旅游局组织旅游企业分别参加3月26～29日的2009广州国际旅游展销会，4月16～20日在大连举行的2009中国国内旅游交易会及6月11～14日的2009香港国际旅游展览会，总共派发宣传资料近15万份。

【惠州旅游（香港）推介会】 2009年6月10日，惠州旅游（香港）推介会在香港喜来登酒店隆重举行。国家旅游局驻港办事处、香港旅游事务署、广东省旅游局、惠州市委、市政府等单位相关领导，香港、惠州两地旅游界、商会、社团及新闻界的代表350多人出席推介会。推介会由凤凰卫视著名主持人董嘉耀主持，采取推介会与《惠州开讲》节目相结合的形式，新颖别致富有创意，使惠州（香港）旅游推介会获得圆满成功。6月11日，香港国际旅游展在香港会展中心隆重开幕，此次展览会为期4天。惠州市旅游局以“休闲惠州·度假天堂”为宣传主题组团参加此次交易会。市委副书记陈仕其、副市长杨灿培亲临惠州展位现场。

惠州旅游（深圳）推介会签约仪式

【旅游节庆活动】 2009年4月30日，“第三届广东自驾旅游节系列活动启动仪式暨蓝田瑶族风情园开园仪式”在瑶族风情园区举行。惠州西湖、蓝田瑶族风情园、南昆山温泉大观园、罗浮山客家文化村4家景区正式挂牌为“广东省自驾游接待基地”；6月29日至7月10日，“惠阳客家文化暨崇林世居荔枝节”在镇隆镇崇林世居举办。此活动于6月29日开幕。活动期间到崇林世居参观的游客及群众1万多人；9月18日，由珠三角报业联盟和深圳报业集团共同主办的“2009珠三角报业联盟旅游节暨商报温泉节”在博罗县举行。博罗县旅游局组织旅游企事业单位参加。罗浮山风景名胜区被评为“2009年深港市民喜爱的度假胜地”；11月21日，龙门县举办首届“蓝田瑶族火狗文化旅游节”开幕仪式。省委统战部副部长、省民族宗教事务委员会主任陈绿平发来贺信。省民族宗教事务委员会党组成员、省民族宗教研究所所长马建钊，中国非物质文化遗产研究中心副主任、中山大学教授宋俊华，省“非遗”保护专家委员会副主任杨明敬，市政协副主席刘冠贤出席开幕式。11月22日，“火狗文化旅游”研讨会在龙门铁泉召开；11月25日，“第四届惠州国际温泉旅游节惠东分会场海滨温泉渔家文化节”在惠东县举办。11月28日，惠东县还成功举办“第四届惠州国际温泉旅游节惠东分会场‘金海湾杯’2009第九届中国职业模特选拔大赛”。

【惠州代表团赴穗参加广东国际旅游文化节】 2009年11月13~19日，由副市长杨灿培带队的代表团赴穗参加在广东国际旅游文化节期间举办的泛珠三角旅游招商会、广东国际旅游合作高峰论坛、开幕式及花车巡游和旅游促销推介等活动。为进一步展示惠州温泉独特的魅力，扩大惠州旅游的影响力，大力拓展客源市场，市旅游局组织全市10家知名温泉集体亮相，整体促销。11月，惠州市孙孟清、康帝国际酒店、“虫草榆耳酿虾胶”等7家单位（个人/名菜）获得“首届南粤名师、名店、名菜/名点”称号。

【2008惠州旅游摄影大赛颁奖】 2009年5月1日，“鹅城十景”、“惠州十大名胜”评选系列活动之“东方威尼斯杯”2008惠州旅游摄影大赛举行颁奖仪式。《璀璨》、《体育馆》、《西湖生态惠州》、《大亚湾夜景》、《都市夕阳美》等29幅作品分获一、二、三等奖及荣誉奖。本次摄影大赛由市政府主办，市委宣传部、市旅游局承办，从2008年3月正式启动，历时近10个月。

【旅游信息化建设】 2009年，惠州市编制《惠州市旅游局政府信息公开指南》、《惠州市旅游局政府信息公开目录》、《惠州旅游惠民在线信息摘报》。定时更新有关政策法规、部门文件、年度工作计划、重要工作、统计、信息公开年度报告等信息，加强部门的文件公开公示，全年更新资料1000余条。7月，市旅游局与中国电信惠州分公司再度携手，免费对惠州旅游网（www. huizhoutourism. com. cn）进行全面改版。原网站栏目设置约28个，年内新增加“旅游质监”栏目，除论坛和相册外，包含近70个子类，页面总访问量（PV流量）576万次，平访月访问量超过16万次。市信息中心在政府官网建立旅游频道（http：//ly. huizhou. gov. cn/index. shtml），并建立英文旅游网站（http：//tourism - en. huizhou. gov. cn）。为积极试行国民旅游休闲计划，根据全市旅游工作会议精神，市旅游局重新改版《惠州旅游》杂志，并建立悠游惠州网（www. uuliving. com）。

由市财政拨款建设的惠州市旅游局办公自动化系统投入使用。建立惠州旅游信息报送制度，安排专人负责信息报送工作，开办《惠州旅游工作简报》，平均每周印发一期，对全局工作及旅游行业信息及时整理上报。全年共印发41期，向市委、市政府等各机关单位主动及时公开旅游政务信息128条。年内，市旅游局共收到网络问政信息29条，回复率达100%。4月11~12日，市旅游局在下埔滨江公园组织开展“全国百城（惠州）旅游宣传周暨惠州旅游网”开通仪式，全市近百家旅游企业参与这一活动，免费向市民派发各种旅游宣传资料逾10万份。

旅游资源开发和景区（点）建设

【概述】 2009年3月31日，在2009惠州高新科技产业和现代服务业招商引资推介会上，惠州旅游业独揽33个项目，总额283亿元。截至年底，全市共有重大旅游投资项目31项，总投资额334亿元。其中投资近5亿元的惠城矮陂温泉已试营业；计划投资12亿元的天然温泉项目已完成投资2亿元，目前开始正式接待游客；三期工程投资2亿元的龙门农民画博物馆年内完工；计划投资3.5亿元的地派温泉已完成投资1.5亿元；同时还有投资超过10亿元的巽寮湾五星级酒店群等项目正在进行基础建设。在第四届惠州国际温泉旅游节上，龙门县政府与广东省广晟资产经营有限公司签订“环大南昆山旅游项目及相关产业战略合作框架协议”，根据协议，该公司将在5年内在龙门县投资30亿元，进行环大南昆山旅游项目及相关产业的开发和打造，创建大南昆山国家5A级景区，把龙门建设成为国内外著名的休闲旅游、观光、度假、会议、体育、修学等多元性的旅游目的地。

惠州市罗浮山风景名胜区荣膺4A级景区

【旅游规划】 2009年6月，博罗县编制《博罗县航天农业科技示范基地旅游发展概念规划》。同月，惠东县与中山大学旅游发展与规划研究中心签订技术咨询合同，并为惠东县编制旅游发展总体规划。由福建师范大学旅游研究所修编的《惠阳区旅游业发展总体规划（2008-2020）》，已于9月18日惠阳区政府常务会议审定通过实施。《大亚湾旅游发展总体规划》已于11月25日完成评审工作。12月4日，在博罗县京联宾馆召开《博罗县秋风寨旅游景区修建性详细规划》（初稿）评审会，惠州市旅游局、博罗县规划局、博罗县建设局、博罗县旅游局、四川大学、暨南大学的有关领导和专家出席评审会。12月11日，惠东县召开《惠东县旅游发展总体规划》中期意见征询会。

【旅游招商引资】 2009年2月6日，“龙门县重点项目竣工·系列项目签约剪彩仪式暨2009年元宵文艺活动”在县城东较文化广场隆重举行。在系列项目签约仪式中，旅游项目包括惠州生活之原旅游项目、南昆山温泉大观园二期项目、龙之泉原生态文化村项目、南昆山云顶温泉度假村项目、麻榨十里水湾旅游项目、江山无界生态庄园旅游项目等，合同金额达32.2亿元。3月31日，惠州市委、市政府在康帝国际酒店举办2009惠州高新科技产业和现代服务业招商引资推介会，旅游招商成为签约大会的亮点，共签约33个项目，签约金额283亿元。惠州、深圳、东莞市旅游局局长及香港旅游业议会代表齐聚康帝，分别签署《深圳、东莞、惠州三市旅游紧密合作框架协议》、《惠州与香港旅游紧密合作框架协议》，正式拉开珠三角东岸旅游一体化合作的序幕。

【惠州旅游在建项目】 2009年2月，博罗县公庄镇举行慕兰酒店项目动工仪式，该项目计划投资7000万港元，按照四星级商务酒店标准设计建设。3月，博罗县柏塘镇古橄榄园旅游项目、湖镇镇下村航天育种生态农业休闲度假旅游项目相继开工建设。5月13日，汤泉春天高尔夫酒店开始试营业。9月21日，惠州洲际度假酒店开业，是惠城区横沥镇与惠州市金鹅温泉实业有限公司合作开发的一个项目，计划总投资4亿元，由全球最大的酒店管理集团——洲际酒店管理集团负责管理。9月22日，水东街改造工程、丰湖书院改建工程开工。9月29日，由东莞市华源集团计划投资5.5亿元建设的巽寮金海湾嘉华度假酒店奠基仪式在惠东县巽寮滨海旅游度假区举行。市委副书记陈仕其、副市长林添好，以及金融街惠州置业有限公司、东莞市华源集团有关负责人出席仪式。9月30日，丰渚园东坡园合江楼建成开放、桂湖整治竣工暨惠州西湖创建国家5A级旅游景区启动仪式举行。75200部队部队长尤海涛少将、政委岳世鑫少将、副部队长谭本宏少将，市委书记、市人大常委会主任黄业斌，市委副书记、市长李汝求，市政协主席刘耀辉，市人大常委会常务副主任、党组书记杨有义，以及市领导黄仕芳、黄雁行、黄锦辉、谢端、杨灿培，老同志田业如、叶月坚等出席仪式。启动仪式上，岳世鑫少将与李汝求互赠“桂湖整治工程竣工暨管理交接纪念”牌匾。10月13日，惠州市现代农业观光乐园项目奠基。该项目位于惠城区小金口街道与汝湖镇交界处，计划投资4.6亿元。市领导李汝求、黄仕芳、黄雁行、李达文、黄锦辉、朱挺青、杨灿培、吴选钊，市直有关部门、惠城区负责人等参加奠基仪式。市委副书记、市长李汝求等为醒狮点睛，并为奠基石培土。12月16日，惠州罗浮山凤凰庄园旅游开发有限公司与横河镇举行合作开发签约仪式。惠州市罗浮山嘉宝田乡村俱乐部有限公司与深圳凤凰生活文化传媒广告有限公司联合打造的罗浮山原生态庄园集群旅游区项目落户横河镇，首期计划投入资金5亿元。12月23日，由省旅游局、惠州市人民政府和省旅游协会共同主办的“2009第三届广东省自驾旅游节闭幕式暨博罗县招商引资项目签约仪式”在罗浮山隆重举行。签约项目47宗，投资总额205亿元，其中有8宗为旅游项目。“活力广东2009自驾游最受车友欢迎目的地”总评榜中，惠州西湖、罗浮山风景名胜区、南昆山国家森林公园榜上有名，惠州市入选“活力广东2009自驾游最受欢迎目的地”城市。

【红色旅游】 2009年7月31日，省委宣传部、省军区政治部、省国防教育办联合在广州起义烈士陵园举行首批30家“广东省国防教育基地”授牌仪式。罗浮山东江纵队纪念馆被正式命名为“省国防教育基地”。4月10日，经选拔，惠州环宇国际旅行社2位导游员参加“广东省第二届全国红色旅游导游员电视大赛”，张映月被评为“广东省红色旅游精英导游员”、李静怡被评为“广东省红色旅游优秀导游员”。

【旅游扶贫工作】 2009年11月，经省政府批准，惠州市有3个项目列为省旅游扶贫项目，并获得180万旅游扶贫资金的支持。市政府拔出100万旅游发展基金支持8个旅游资源开发项目的基础设施建设。

【创建旅游强县】 2009年11月5日，惠州市人大常委会副主任杨美林、博罗县人大常委会常务副主任陈健辉带队视察博罗县创建旅游强县工作。人大代表共同提议把旅游业作为博罗县支柱产业来打造。12月，博罗县旅游局携手《东江时报》，共同举办“东江时报——博罗县旅游行业联手创强座谈会”，《东江时报》与博罗旅游行业建立战略合作伙伴关系。年内，博罗县正式启动创建广东省旅游强县工作，县委、县政府印发《博罗县创建广东省旅游强县通知》，成立博罗县创建广东省旅游强县工作委员会。

【新开发、新建设景（区）点介绍】

〖丰渚园〗 为西湖美化亮化工程的组成部分。园区面积3万平方米。园内29个单体建筑采用岭南传统建筑风格，融合惠州民居院落特色，粉墙黛瓦，古朴素雅。分为主入口区、知鱼区、文化怡情区、孤桐馆区、流香听瀑区和东坞荷香区6大观景区。让市民在观鸟、观鱼、赏荷、赏奇木怪石中，领略生态文化；在文人墨客的诗赋才情、孝悌之义中汲取人文素养；以琴韵茶香为友，以诗书画论为伴，陶冶艺术修养；还有农业生活用品展示农耕文化，是以新国学为背景的一代名园，西湖原名丰湖，因湖中物产丰富，湖水可以灌溉农田，给居民带来丰裕收获而得名；渚，水中小块陆地，小洲曰渚。还有一种说法，丰渚是丰山前的小洲。古时曾有丰渚亭，早倾圮。后重建为纪念江逢辰筑“江孝子亭”，亭畔遍莳荷花故称荷花亭，今在荷花亭旧址上扩大重建，并筑岭南园林，称丰渚园。

〖**东坡园**〗 占地面积为32000平方米。园内建有啖荔亭、杯酒亭、归醉亭、小圃五味轩、景贤祠和相宜居等景点。在廊前亭畔展示东坡诗诗词石刻以供吟诵赏析，同时在各景点分别设《东坡居士》、《惠州品荔》、《王朝云像》、《造福》、《豪情》、《知音》等6座雕塑，各座雕塑刀法细腻，形象逼真。园中佳木葱胧，名花竞艳，绿树蓝天互相辉映。东坡园景点建设旨在展示一代大文豪苏东坡寓惠期间之生活步履，为市民提供清丽典雅、多彩多姿之游览休闲场所。

〖**合江楼**〗 位于惠州东北部、东江和西枝江的合流处，与广州镇海楼、肇庆阅江楼齐名。合江楼在民国初年拆城时被毁，后重建。合江楼重建，旨在纪盛世，复古迹，缅先贤，勖后人。游人登楼远眺，“两江四岸”美景尽收眼底。东坡有灵，当醉赏惠州古郡焕新姿。合江楼名闻遐迩，誉贯古今，已成为广东6大名楼之一，皆缘于苏东坡为其写下的“海山葱昽气佳哉，二江合处朱楼开。蓬莱方丈应不远，肯与苏子浮江来”的名句。

旅游行业监督管理

【**旅游市场监督**】 2009年3月9日至4月9日，在全市旅游行业开展旅游服务质量检查工作，分自查和各县（区）交叉检查两个阶段。通过这次检查，进一步促进旅游服务质量的全面提升。3月15日，市质监所会同惠城区旅游局、惠州环宇国旅参加市工商局、市消委会在下埔滨江公园举办的“3·15”国际消费者权益保护宣传咨询活动。现场派发旅游权益保护手册共5000多份，旅游宣传资料近万份，现场没有接到旅游投诉，现场旅游咨询约50人次。6月8日，根据群众举报，市质监所与市工商局龙丰工商所开展联合执法行动，依法取缔一家“黑社”。经调查核实，所谓的“福建省旅游有限公司厦门分公司驻惠州办事处”既没有在市工商局办理工商登记，也没有在旅游局备案，非法从事旅行社业务经营活动，依照《旅行社条例》及《旅行社条例实施细则》对其依法查封。7月7日，省旅游局“创全省市级先进旅游质监所”抽检工作组到惠州市检查验收“创全省市级先进旅游质监所”工作，对近年来惠州在处理旅游投诉案件、制度建设、行政执法、旅游市场监管等工作给予充分肯定和称赞。市旅游局配齐手提电脑、摄像、照相、录音等旅游质监执法工作办案设备，建立质监执法网站，并在办公场所公告惠州市旅游质量监督管理的各项制度。市旅游质监所被评为“全省旅游质监执法工作先进单位”，所长陈丽娟被评为“全省旅游质监执法工作优秀个人”。7月，市旅游局“零负团费”专项整治工作组派出检查人员对全市的旅行社进行大检查，并对市区龙丰和博罗石湾镇的两家“黑社”进行查处，打击旅行社违规经营现象。8月，通过组织法制讲座和法律知识培训、印制宣传资料等活动，市旅游局开展“法律进企业”活动。全年全市处理61宗各类旅游投诉案件，比上年同期减少20.1%，其中有效投诉50宗，无效投诉11宗，涉及旅游质量投诉的案件有2宗，已全部结案，结案率达100%，为游客挽回经济损失3.58万元。

【**旅游安全管理**】 2009年5月是“全国安全生产月”，惠州市旅游局开展“服务到基层”活动。6月16日，在滨江公园举行旅游安全生产咨询活动。6月，市旅游局牵头会同消防、安监等部门，启动全市星级饭店消防安全专项整治工作，分成两个检查组对全市星级饭店进行消防安全检查。市旅游应急管理综合试点工作领导小组组织实施安全生产应急管理综合试点工作，分别于9月8日和16日在市直酒店和旅游景区进行消防综合演练，模拟灾情发生时的应急处置演练。

【**旅行社管理**】 2009年，惠州市按照新的《旅行社条例》规定按时完成保证金暂退工作，全市38家旅行社，其中有32家旅行社已办理保证金暂退手续，暂退保证金合计共220万元（其中国际社2家、60万；非法人分社1家、15万；国内社29家、145万元），剩余的6家尚未申办保证金暂退手续。所有款项已于1月31日前退回各旅行社。3月，惠州市完成2008年度旅行社业务年检工作，对环宇国旅、市青年国旅等8家先进旅行社予以表彰。8月，根据《旅行社条例》及《实施细则》，市旅游局对全市旅行社进行重新审核，核发惠州环宇国旅等36家旅行社的经营许可证。从10月起，对全市旅行社分社及服务网点进行重新备案工作。全年惠州市新批准设立惠州市万里路和博罗环游天下2家旅行社，注销惠州市永记和康达2家旅行社。元旦、春节、“五一”、暑期和“十一”等节假日，市旅游局组织6个检查组，赴各县（区）及市直旅游企业开展节假日黄金周旅游安全检查工作，并严密部署预防甲流工作。6月5日，市旅游局召开《旅行社条例》研讨会，市旅游局负责人、市旅游协会、各县（区）旅游局、旅游院校、旅游保险公司、旅游汽车公司、律师等代表和各主要旅行社总经理参加座谈会。会议针对旅游合同的签订、旅游保险的购买、旅行社的管理等问题进行研讨。新《旅行社条例》于2009年5月1日开始实施。

【导游员管理】 2009年，惠州市旅游局对783名导游人员进行计分管理专项检查工作，有效规范全市导游人员的行为规范，提高服务质量，以达到实现“三提高”（提高导游队伍服务水平，提高旅行社规范经营水平，提高旅游环境管理水平）的目的。12月8日，市旅游局在康帝国际酒店举行“万饰城杯”首届惠州旅游形象大使风采展示暨名导游大赛（专业组），评选出孙莉娜等10名“名导游”及10名“优秀导游”。

首届惠州旅游形象大使风采展示暨名导游大赛

【旅游饭店管理】 2009年7月3日，惠州市旅游局召开2009年度全市星级饭店复核工作会议。复核星级饭店54家，其中评定性复核12家，年度复核42家。8月至10月，配合省星评委对满5年期的惠州宾馆四星级饭店的评定性复核工作，西湖宾馆等三星级饭店的评定性复核工作，对其余42家星级饭店进行年度复核工作。4月，新都会大酒店被省旅游星级饭店评定委员会评定为四星级酒店。12月，省星评委按照五星级饭店标准对喜来登酒店、南昆山温泉大观园、家路国际大酒店3家饭店进行初评。年内，惠州市新评定隆泰金都酒店为四星级饭店以及南城商务酒店等7家三星级饭店。

旅游教育培训和精神文明建设

【概述】 2009年，惠州市创新旅游教育形式，广开培训渠道，在规范开展一年两次的全国导游人员资格考试的基础上，继续与惠州市委组织部联合举办惠州市旅游行业“双创”（景区创A、饭店创星）培训班，首次举办“双转移”培训班并在培训人数上名列全省之首，连续举办导游技能大赛，做好四川三江乡的旅游援建工作，大力推进精神文明建设、政风行风建设，不断提高旅游队伍的综合素质和文明形象，为创建全国文明城市作出积极贡献。12月15日，市旅游局全局干部到扶贫帮扶点惠东县安墩镇石塘村、石珠村开展前期对接工作。工作组在当地县、镇、村工作人员的陪同下，走村入户与干部群众开展座谈，详细了解贫困户情况、存在的突出问题，听取干部群众对开展“规划到户责任到人”工作的意见。

【旅游教育培训】 2009年，惠州市组织并完成2009年度两次全国导游人员资格考试工作，全市共有445人参加考试。年内，有12人领取全国中级导游人员资格证。2月26日，龙门县旅游局在南昆山柏祥酒店举办首期乡村旅游经营业主和从业人员培训班，近80名家庭旅馆主要负责人接受培训；5月，组织全市35名中级导游人员参加省举办的中级导游人员研讨会；6月3日，市委组织部、市人事局、市语委办、市教育局在市旅游局培训室组织举办市旅游局普通话水平测试培训班，国家普通话水平测试员高级教师涂继红授课，市旅游局全体干部职工参加培训；8月，组织考评员参加广东省全国导游人员资格考试考评员的培训。全市现有导游现场考试考评员14名；9月7日，市旅游局与中共惠州市委组织部在市委党校联合举办惠州市旅游行业“双创”（景区创A、饭店创星）培训班。各县（区）人民政府主管旅游工作的副县（区）长，各县（区）旅游局正、分管副局长及相关业务股长，各景区管委会（管理处）正、副主任，参加创建国家A级景区的主要负责人，星级酒店的主要负责人，市旅游协会、市饭店行业协会的负责人，旅游院校主管旅游专业教学的负责人，市旅游局副科以上干部共181人参加培训。开班仪式上，市旅游局与惠州学院签订合作协议。

举办惠州市旅游行业“双创”培训班

【旅游行业精神文明建设】 2009年6月24日，惠州市旅游局机关党支部组织全体干部职工到省旅游扶贫资金扶持项目——惠阳镇隆大光村及崇林世居开展党日活动。6月29日，市旅游局局长崔爽、副局长谭跃华一行5人到驻村点龙门南昆山乌坭社区开展“七一”慰问活动。8月，市旅游局被市委、市政府评为“2007－2008年度惠州市平安建设先进单位”，谭跃华副局长被评为“2007－2008年度社会治安综合治理工作先进个人”。8月，惠州市顺利通过2009年国家城市公共文明指数测评工作。9月26日，市旅游局在下埔滨江公园隆重举行“2009中国十佳宜游城市”授牌仪式暨第三届惠州市旅游行业文艺晚会。中国城市竞争力研究会会长桂强芳、市人大常委会副主任易敬典、副市长杨灿培、市政协副主席谢仕强等出席活动。11月12日，惠州市第三届运动会在市体育馆开幕，市旅游局获“体育道德风尚奖”团体奖，副局长谭跃华获“华轩置业杯”乒乓球比赛领导组男子单打第二名和“体育道德风尚奖”个人奖。

“2009中国十佳宜游城市”授牌仪式暨第三届惠州市旅游行业文艺晚会

【旅游行风与机关作风建设】 2009年，按照市委、市政府统一部署，在市、县（区）旅游机关广泛开展“五个年”活动（“狠抓工作落实年”、“机关效能建设年”、“基础设施建设年”、“产业优化升级年”、“社会和谐稳定年”）。通过在机关开展创建“学习型、创新型、落实型、服务型、廉洁型”五型机关、作风纪律整顿、服务宗旨教育、岗位责任制量化考核、年度综合考评等一系列活动，机关作风得到明显改进，服务水平明显提升，办事效率明显提高，服务对象明显满意，在2009年的万众评公务活动中，群众满意率98.047%。7月15日，市旅游局召开纪律教育学习月动员大会。11月25日，市旅游局召开局党员领导干部民主生活会。杨灿培副市长，市纪委常委、市监察局副局长于泽到会指导。11月27日，市旅游局邀请市委党校常务副校长黄石松作贯彻落实党的十七届四中全会精神专题学习辅导报告。9月28日晚，由市纪委、市委办、市府办、市委宣传部联合主办的“惠民在线”论坛，邀请市政府副市长杨灿培作客，与广大网友就全市农业、民政和旅游等方面问题进行在线交流，市政府门户网、今日惠州网同步直播。12月10日，惠州市委巡视组对市旅游局进行深入开展科学发展观教育活动“回头看”，对2008年巡视整改意见和建议的落实情况进行检查。巡视组采取听汇报、领导班子民主测评、中层以上干部个别谈话和实地考察旅游重点项目等形式，全面掌握了解局领导班子建设、全市旅游业发展等情况。

【汶川对口援建】 2009年9月21～24日，市旅游局党组书记、副局长吴琦生带领旅游行业赴三江旅游首发团一行39人到汶川县三江乡学习考察。在三江乡学习考察期间，首发团全体成员参观重建项目和恢复建设中的旅游景区，到三江乡小学看望小朋友并向她们赠送学习用品，慰问惠州赴三江援建的工作人员。援助三江旅游编制小组部分成员与汶川县旅游局、三江乡部分领导召开座谈会，就三江乡旅游总体规划征求意见。

【参与“双转移”工作】 2009年，惠州市顺利完成农村劳动力转移培训组织发动、报名及培训等工作，全市举办餐厅服务员、客房服务员、景点导游、农家菜烹饪4个岗位共17个班次，参加培训学员共706人。6月19日，为贯彻落实市委、市政府《关于推进产业转移和劳动力转移的实施意见》和市劳动保障局相关文件精神，加快建设旅游强市步伐，全面提升旅游行业整体服务水平，市劳动保障局和市旅游局联合召开旅游业农村劳动力培训转移就业工作推进会。市旅游局农村劳动力培训转移就业工作领导小组、市劳动保障局培训就业科、各县（区）旅游局分管领导以及相关工作人员、市直各星级酒店负责人30余人参加会议。11月11日，龙门县在富翔酒店举行旅游行业农村劳动力转移培训班开班仪式。市旅游局党组书记、副局长吴琦生，市旅游局副局长田佑良，副县长胡雪平，县旅游局、劳动和社会保障局、龙门县三多轩培训学校相关领导出席仪式。11月16日，惠东县旅游行业“酒店服务员”、“景区导游”和“农家菜烹饪”农村劳动力转移培训班开班。11月18日，博罗县旅游业农村劳动力转移培训班开班仪式在汤泉春天高尔夫酒店举行。11月24日，大亚湾区旅游局在千帆阁酒店举行旅游业农村劳动力转移培训班开班仪式，全区共有68人分别报名参加“酒店服务员”、“餐厅服务员”、“农家菜烹饪”等职业技能的免费培训。11月26日，惠阳区旅游局联合市旅游局共同对全区星级酒店156人进行为期10天的酒店服务业农村劳动力转移技能培训。

纪　事

2 月 5 日　云南玉龙县政协主席和秀琼到龙门县开展友好交流及旅游业合作等活动。

2 月 25 日　李存修教授应惠州祯元旅游策划机构的邀请到罗浮山采风。

3 月 2～7 日　市旅游局邀请中央电视台《希望英语》栏目组来惠拍摄两期以“斗乐惠州”为主题的英语节目。

3 月 3 日　香港电影《一路有你》剧组新闻发布会在罗浮山宝田国际度假会议酒店举行。

3 月　惠州市举办以“休闲惠州·度假天堂”、“活力惠州·辉煌 2008”为主题的“2008 惠州旅游好新闻”评选活动。

4 月　博罗县旅游局出版《多彩博罗》画册。

4 月 17～19 日　“第二届中国文化生态旅游高峰论坛”在北京人民大会堂召开，并举行授牌仪式。

5 月 1 日　郭武飘副局长作客香港新城广播电台旅游专题栏目，向香港市民介绍惠州的吃、住、行、游、购、娱等旅游要素。同日，广东电视台珠江频道《今日关注》栏目举办《今日关注》走进龙门欢乐夜大型文艺晚会。

5 月 2 日　“纪念葛洪仙师诞辰 1726 周年暨惠州市罗浮山道教养生研究院成立庆典”在罗浮山冲虚古观隆重举行。

5 月 7～8 日　龙门县委书记、县人大常委会主任许志晖率人大代表就对接深莞旅游、升级改造罗浮山至南昆山快速旅游通道等事项开展调研。

5 月 13 日　第十三届全球旅游小姐国际大赛中国特区赛选拔赛组委会组织 30 名全球旅游小组候选人到龙门县天然温泉度假村采风。

5 月 19 日　深圳华侨城集团投资发展部总经理杨超一行 4 人考察惠州旅游投资项目。

5 月 23～24 日　台湾驻港旅游机构代表及香港旅游界资深人士首次组团到惠交流访问，对全市旅游资源、旅游产品和旅游线路进行全方位的考察。

5 月 23～24 日　“旅行社新条例实施”总经理研讨会暨深圳百家旅行社考察罗浮山景区活动在罗浮山举行。

5 月 27 日　市委组织部调研三组到市旅游局调研旅游人才队伍建设情况，市旅游局领导班子和科长以上干部参加调研座谈会。

6 月 5 日　大亚湾澳头港——三门岛旅游客运航线开通新闻发布会在惠州市旅游局召开。

6 月 6～7 日　著名环保作家、诗人徐刚到龙门县参观考察。

6 月 14 日　龙门景新大酒家与惠州康帝国际酒店建立合作伙伴关系，康帝国际酒店并把一年来在酒店销售龙门农民画所得的 10900 元捐给龙门农民画协会作为创作基金。

6 月 29～30 日　惠州市旅游协会在大亚湾千帆阁酒店召开旅游协会年会。

7 月 16 日　市政府副秘书长李舜添到龙门县开展调研，全面了解碧水天源和南昆山温泉大观园二期工程等重点项目建设的进展情况。

8 月 15～16 日　省旅游局和省林业局领导到南昆山考察生态旅游示范基地。

8 月 17～20 日　第十二届（惠州）国际诗人笔会在罗浮山举行。

9 月 19～20 日　香港华商旅游协会一行 80 多人到惠州市开展旅游考察。

9 月 26 日　朱明洞景区在冲虚古观广场举行佑国祈福法会。

9 月 30 日至 10 月 4 日　2009 惠州（秋季）房地产展销暨旅游推介会在惠州召开。

10 月 25～26 日　罗浮山风景名胜区共接待 29600 游客到罗浮山登高观日出，登高的人数比上年增长 36%。

11 月 30 日至 12 月 1 日　南方卫视一行 4 人到龙门县南昆山生态旅游区和南昆山温泉大观园拍摄“粤游粤精彩”宣传片。

12 月 12～14 日　凤凰卫视《智慧东方》节目组一行 10 多人到罗浮山风景名胜区进行道教文化专题拍摄活动。

12 月 14 日　“当代徐霞客”李存修在罗浮山朱明洞景区东江纵队纪念馆召开签名售书会。

（侯　瑞）

汕尾市

综　述

【总体情况】　2009年，汕尾市旅游系统按照市委、市政府发展旅游业的总体思路，坚持以科学发展观为统领，认真贯彻实施“发展海岸经济，崛起蓝色汕尾”发展战略，按照全市旅游工作会议提出的“以蓝色崛起为使命，以机制创新为关键，以文化提升为支撑”的要求，不断推进旅游业各项工作，取得一定成效。全市接待旅游总人数405.59万人次，比上年增长20.57%；实现旅游总收入25.52亿元，比上年增长11.82%；旅游创汇510.86万美元，比上年增长0.05%。

【旅游行业规模】　截至2009年底，汕尾市拥有旅行社17家，其中经营出境旅游业务的旅行社2家，国内旅行社15家；星级饭店15家，其中四星级饭店2家，三星级饭店11家，二星级饭店2家；汕尾市主要景区（点）共10个：陆丰碣石玄武山景区（国家4A级景区）、红海湾旅游区、金厢滩滨海景区、海丰莲花山森林公园景区、海丰红宫红场、陆河绿色生态走廊景区、陆河神象山公园、陆河瑞龙庄园、汕尾凤山祖庙旅游区、陆丰清云山景区；全市旅游直接从业人员逾万人。

2009年全市旅游工作会议

【全市旅游工作会议】　2009年3月19日，汕尾市政府在市政府会议厅召开全市旅游工作会议。会议传达贯彻全国和全省旅游工作会议精神，对2008年度汕尾市旅游工作进行回顾总结，对2009年旅游工作进行全面部署。市政府副市长吴维保等领导出席会议。会议由市政府副秘书长曾志宁主持。各县（市、区）分管旅游工作领导、旅游局长，全市各旅游企业负责人共200多人参加会议。

旅游接待与收入

【入境旅游】　2009年，汕尾市接待入境游客2.19万人次，比上年下降11.99%；旅游外汇收入510.86万美元，比上年增长0.05%。

【国内旅游】　2009年，汕尾市接待国内游客405.59万人次，比上年增长20.57%。其中国内旅游者239.43万人次，比上年增长9.51%；一日游游客163.97万人次，比上年增长39.98%；旅行社组团国同旅游人数2.72万人次，比上年增长30.33%。

【出境旅游】　2009年，汕尾市出境组团社共组织出境游客2542人次，比上年增长24.36%。其中组织港澳游2508人次，比上年增长19.5%。

【黄金周假日旅游】　2009年春节黄金周，汕尾市共接待游客163.58万人次，比上年增长10.25%，其中接待过夜游客14.29万人次，比上年增长8.42%；旅游总收入1.38亿元，比上年增长18.96%。

“五一”（5月1~3日）小长假全市共接待游客6.89万人次，其中接待过夜游客2.67万人次；旅游总收入2013.06万元。

“十一”黄金周全市共接待游客31.27万人次，比上年增长6.65%，其中接待过夜游客10.2万人次，比上年增长10.27%；旅游总收入9724.56万元，比上年增长8.57%。

旅游宣传促销与节庆活动

【旅游宣传促销】　2009年，汕尾市加强与国内外旅游团体的交流与合作，打造旅游品牌，提高旅游知名度，积极组织宣传推介活动。一是赴香港推介。为扩大港澳地区对汕尾旅游资源的进一步了解和加强合作，6月和8月汕尾市旅游局领导随市领导前往香港进行旅游宣传推介。6月11～14日，玄武山旅游区组团参加第二十三届香港国际旅游展览会，现场派发宣传资料2000多份，让港澳地区乃至东南亚旅游同仁进一步了解玄武山“古”色旅游的特色；5月26～28日，由市旅游局主要领导带队，联合玄武山旅游区、市旅游总公司等单位组团到中山、佛山举办旅游推介会；7月5～12日，汕尾市旅游局在南方卫视2台《潮流假期》栏目播放汕尾旅游风光片2集，取得较好的宣传效果。

【2009广东国际旅游文化节汕尾分会场】 2009年11月12～15日，汕尾市组织各县（市、区）旅游局和旅游企业共15个单位、40多人参加2009广东国际旅游文化节活动。活动期间，制作了具有汕尾旅游文化特色的花车参加巡游，花车设计理念突出“发展滨海旅游，崛起蓝色汕尾”这一主题。借助旅游大促销展览会平台，设展位8个，共派发各类旅游宣传资料4万多份，全面推介汕尾旅游资源，并与各地旅游界同仁进行广泛的交流。

【首届汕尾旅游文化节】 2009年10月31日，汕尾市政府在市区玉台山慈云公园举行汕尾市旅游文化节开幕式，出席开幕式的市领导有市委常委、宣传部长杨青，副市长吴维保，市政协副主席余红等。旅游文化节期间通过举办旅游宣传推介会、汕尾人爱汕尾游汕尾等系列活动，充分体现汕尾人文底蕴，展示汕尾旅游文化特色，推进汕尾与珠三角、粤东地区的旅游文化交流与合作，促进旅游热的兴起。各县（市、区）旅游局也分别开展了旅游文化节庆活动，如陆丰举办了摄影大赛、海丰举办了美食节、陆河举办赏梅节及旅游风光摄影大赛。

2009汕尾旅游文化节正式开幕式

【2009海丰旅游文化美食节】 2009年10月28日，由海丰县旅游局主办的2009年海丰旅游文化美食节在蓝天广场对面（老车站）隆重开幕。市旅游局局长张林海、海丰县副县长吕珠龙以及汕尾市内各旅游部门负责人出席开幕式。市旅游局局长张林海、县旅游局局长罗金泉分别致词。本次活动系2009汕尾旅游文化节系列活动之一，旨在展示中华烹饪技艺，弘扬中国饮食文化，增进美食文化交流，提升海丰旅游吸引力，谋求海丰县美食技艺发展，推动海丰县美食文化与外界的交流与合作。美食节于10月28日启动，11月3日结束。活动以“和谐社会，休闲旅游”为主题，邀请全国各地各小吃和海丰本地特色食品，餐饮企业及海丰县旅游总公司、莲花山度假村、红之旅、丰收之旅等旅游企业共80多家参加。期间，还举办多场晚会，市民可以一边品尝多种风味小吃，一边欣赏精彩的文艺表演。

2009年海丰县旅游美食节开幕式

旅游资源开发和景区（点）建设

【旅游投资和招商引资】 2009年，通过各级政府和各部门的共同努力，一批旅游项目落成或动工，陆河县御水湾度假村（原名黄金坑温泉度假村）抓紧建设。该项目位于陆河县河田镇宝金村，距县城5公里，交通条件方便，地理位置优越。是一家集休闲度假、温泉健身于一体的外资企业，由香港万事达电器实业公司投资兴建。建筑面积11000平方米，一期工程完成投资5000万港元，目前已试业。陆河县水唇汤排温泉度假村增资项目签约。该项目由陆河县政府和我局共同引建，由汕尾新昶宏温泉度假有限公司投资建设，计划总投资为3亿元。截至2009年底，该项目已投入资金1000万元，完成征地600多亩，同时完成了通往景区约4公里的水泥公路建设。海丰县鲘门自驾车旅游驿站正式启用。该项目是海丰县旅游扶贫重点项目，占地面积7000平方米，建筑面积3500平方米；工程改造装修配套资金总投入550万元，大型停车场、驿站花园由地方投资配套。该项目于2007年底省旅游局和省财政厅批准建设—广东鲘门自驾车旅游驿站，于2007年12月拨给首期旅游扶贫资金80万元，2008年12月继续追加驿站建设旅游扶贫资金50万元。海丰县委县政府十分重视该项目建设，先后从县财政拨给场地租赁、工程设计和建设等配套资金80万元。在省、市、县的共同努力下，该驿站于2009年9月28日正式开业。市城区黄金海岸大酒店建设项目奠基开工。该项目于2006年9月26日在市对外贸易局登记批准，注册资本为1.2亿港元，由上海显达装饰材料有限公司和英属维尔京群岛进亿控股有限公司合资兴建。项目总规模63000平方米，总投资4.8亿，一期工程拟建12层高的五星级酒店，建筑面积32000平方米，投资3亿元，于2009年9月28日举行奠基开工仪式。

【旅游扶贫】 2009年，汕尾市向省旅游局申报了6个扶贫项目，其中，省给予扶持的项目有4个，即：海丰县鲘门乡村游服务中心；市城区渔家小岛生态旅游区；陆河县御水湾度假村；陆丰市乌坎湾海上渔村度假区渔家乐景区。截至到2009年，汕尾市共争取到省旅游扶贫项目19个、扶贫资金1180万元。

旅游行业管理

【旅游安全管理】 至2009年10月，市旅游局和各县（市、区）旅游局共组织8个检查组32人次，分别对14家旅行社、12家星级饭店和5个旅游景区进行安全检查，全年未发生旅游安全事故。2009年下发的文件有《汕尾市旅游安全生产隐患排查治理方案》、《汕尾市旅游局处理安全事故应急预案》、《关于开展十一黄金周旅游安全检查的通知》等。

【旅行社管理】 2009年，通过旅游统计工作的旅行社共17家，经营出境游业务的2家，经营国内旅游和入境旅游业务的15家，其中新增3家旅行社（汕尾市开心假期旅行社、汕尾市假日国际旅行社、汕尾红海湾海洋旅行社），注销1家旅行社（海丰县中国旅行社），未参加新《旅行社条例》颁发后重新登记的旅行社1家（汕尾红海湾旅行社）。截至2009年底，全市有导游员111名，其中中级导游6名。

【酒店管理】 2009年，汕尾市各宾馆、酒店经营策略灵活多样，宣传促销到位，积极开拓国内客源市场，全市星级宾馆、酒店和其他旅游住宿设施接待人数225.32万人次，同比增长12%，春节、清明、五一、国庆（中秋）节期间，全市各宾馆酒店平均开房率达90%以上，全市平均开房率达75.34%。全年新评三星级酒店1家、新增旅行社2家。

旅游教育培训和精神文明建设

【旅游教育培训】 2009年，汕尾市首次开设全国导游人员资格考试考场，第一次考试报考53人，通过资格考试4人，第2次招考117人，通过50人。按照省旅游局、市政府关于抓好“双转移”培训工作的部署，汕尾市旅游局开办景区导游员技能培训班，共有144名农村劳动力参加培训。

【“双转移”工作】 按照省旅游局、市政府的工作部署，汕尾市旅游局认真做好旅游行业农村劳动技能培训相关工作，开办了景点导游员技能培训班，报考144人，通过考核109人。

【旅游行风与机关作风建设】 2009年，汕尾市旅游行业在开展深入学习实践科学发展观活动中，严格按照市委学习实践办的工作安排和要求，紧紧围绕“党员干部受教育，科学发展上水平，人民群众得实惠”的总要求，切实做到争当实践科学发展观排头兵，进一步解放思想、改革创新，把科学发展观贯彻落实到各项工作中去。1. 加强旅游队伍的思想道德教育。结合行业特点，在全市旅游系统开展学习英模爱岗敬业、无私奉献的精神，加强对全行业广大干部职工的思想道德教育，促进了工作作风的好转和行业队伍思想素质的提高。2. 加强党风廉政建设，树立良好的行业风气和形象。实行政务公开，进一步规范了行政审批（审核、核准）事项和办事程序，开办网上办公业务，对旅行社和星级饭店的设立、申评和审批，做到公开、公平、公正，提高了机关依法行政、依法办事的效能和工作人员的综合素质，树立了机关良好的形象。3. 改进工作作风，提高工作效率。建立了每周一次局长办公会的会议制度，及时协调工作，集体研究解决问题，避免拖拉推诿，确保各项工作的顺利推进。

（蔡韩娇）

东莞市

综　述

【总体情况】　2009年，东莞市旅游局加强城市营销，整合旅游资源，强化行业管理，加强区域合作，建立东莞旅游咨询服务中心，组团参加各类展会，编印系列宣传资料，开展“走进东莞”、2009东莞旅游文化节等系列活动，采取有效措施努力丰富旅游产品供给，旅游市场持续良好发展，服务质量不断提高，延伸了旅游产业链，拓展了国内外旅游客源市场，全市旅游市场呈现欢乐祥和的旅游氛围，全市旅游业经济各项主要指标全面提升。2009年，全年接待游客人数2037万人次。全市旅游总收入151.49亿元，比上年增长17.72%。旅游外汇收入51755.75万美元，比上年增长13.47%；国内旅游收入116.14亿元，比上年增长19.75%。

【旅游行业规模】　2009年，东莞市拥有星级饭店98家，其中五星级饭店19家、四星级饭店26家、三星级饭店38家、二星级饭店14家、一星级饭店1家；旅行社47家，其中出境组团社9家；国家A级景区4家，其中4A级景区3家、2A级景区1家。

【全市旅游工作会议】　2009年3月5日，全市旅游工作会议在市会议大厦召开。东莞市委常委、副市长江凌，东莞市旅游局局长蒋小莺，东莞市各镇街分管旅游工作的领导及旅游办主任，东莞市政府直属有关单位负责人，东莞市旅游饭店协会会员及东莞市各旅行社、景点（区）、星级饭店的主要负责人参加会议。会议传达2009年全省旅游工作会议精神，总结2008年全市旅游工作，部署2009年全市旅游工作。

【试行国民旅游休闲计划】　2009年，东莞市大力推行实施国民旅游休闲计划。东莞市旅游局联合有关部门和各镇街、旅游企业研究制定实施方案，加强东莞旅游行业与金融、教育、妇联、共青团、工会等部门的合作，充分发挥东莞高星级酒店众多、休闲旅游资源丰富和地理位置优越等优势，落实带薪年假，弹性安排带薪休假时间，推动东莞“商务会展、休闲度假、购物娱乐”等几大旅游产品的发展，进一步加大休闲旅游产品推广力度，筹建东莞旅游咨询中心，组织策划形式多样的国民旅游休闲活动。3月5日，“东莞市试行国民旅游休闲计划”启动仪式在东莞会议大厦举行。茶山镇南社村（南社村古建筑群）、广东东江纵队纪念馆、可园博物馆、鸦片战争博物馆被省文化厅、省旅游局评为“国民文化旅游示范单位”；横沥田饶步农业生态园、寮步香市现代农业生态园被省旅游局、省农业厅评为“广东省农业旅游示范单位”；9月，鸦片战争博物馆、东莞市冠和博物馆、东莞展览馆、广东东江纵队纪念馆、南社明清古村落、袁崇焕纪念园、中国建筑陶瓷博物馆、金威啤酒（东莞）有限公司、松山湖光雕世界被省旅游局评为“第二批国民旅游休闲示范单位（景点）”；11月27日，银瓶山森林公园被省旅游局评为“全省乡村旅游示范基地”；东莞市有15个旅游景（点）、14家旅行社、20家星级酒店、5家餐厅共54个单位被省旅游局评为“国民旅游休闲示范单位”。东莞市的鸦片战争博物馆、松山湖景区、东莞科技馆等14个景区（点）入选“国民旅游休闲计划示范景区”。

石排镇举办的“中国镇第二届体育文化科技艺术节”之民族服饰方阵

旅游接待与收入

【入境旅游】　2009年，东莞市接待入境过夜旅游者

225.96万人次，比上年下降0.91%，其中接待外国人89.64万人次，比上年下降3.20%，接待港澳台同胞181.76万人次，比上年增长9.96%；国际旅游外汇收入51755.75万美元，比上年增长13.47%。

【国内旅游】 2009年，东莞市接待游客总人数1751万人次，比上年增长9.18%，其中接待国内过夜旅游者1191.07万人次，比上年增长21.18%；东莞市旅游业总收入151.49亿元，比上年增长17.72%，其中国内旅游收入116.14亿元，比上年增长19.75%；旅行社组团省内游79.02万人次，比上年增长6.52%，省外游35.43万人次，比上年增长50.16%。

【出境旅游】 2009年，东莞市全年组团出境游人数12.65万人次，比上年增长20.01%。其中香港游5.96万、澳门游1.63万人次、出国游5.07万人次。

【假日旅游】 2009年春节黄金周，东莞市接待人数462.39万人次，同比增长17.96%；过夜旅游者32.81万人次，同比增长8.61%；一日游游客429.58万人次，同比增长18.78%；旅游收入107711.99万元，同比增长8.91%。"五一"小长假，接待人数62.16万人次，同比增长10.17%；过夜旅游者18.55万人次，同比增长6.96%；一日游游客43.61万人次，同比增长11.74%；旅游收入31000万元，同比增长10.71%。"十一"黄金周，接待人数509.74万人次，同比增长16.1%；过夜旅游者37.35万人次，同比增长12.33%；一日游游客472.39万人次，同比增长16.41%；旅游收入169144.06万元，同比增长22.37%。

旅游宣传促销与节庆活动

【旅游宣传促销】 2009东莞旅游文化节举办期间，东莞市旅游局在莞长、莞龙、莞惠和东深四大主干道的400个公交候车亭发布广告，在3个主要路段城市大型广告牌上悬挂宣传画，在主流报刊、电视网站等媒体开展专版介绍，在《凤凰周刊》上刊登系列广告进行专题宣传；在东莞旅游网站宣传报道"东莞市国民旅游休闲计划、走进东莞系列活动、2009东莞旅游文化节"等节庆活动的情况，并与阳光网合作对各节庆活动进行跟踪报道；与《凤凰周刊》杂志合作刊登跨页版广告，对2009东莞旅游文化节进行专题报道，宣传辐射至港澳台、澳大利亚、新西兰、新加坡、马来西亚、日本、加拿大、美国等华人社区；完成东莞城市旅游形象宣传片的拍摄，制成的英日韩三种语言高清DVD，作为东莞市官方宣传品多次用于政府出访活动；编制《东莞美食地图》、《东莞旅游指南》、《东莞景点指南》、自驾游地图、东莞旅游香港推介会小册子和2009东莞旅游文化节宣传专册等宣传资料。为推动珠三角地区旅游一体化，加强珠三角旅游业之间的交流互动，提升地区旅游的国际竞争力和影响力，4月2日珠三角九市旅游局局长在罗浮山签订《罗浮山宣言》，5月18日深圳、东莞、惠州三市旅游局局长在深圳签署《莞深惠三地旅游紧密合作协议》，东莞、韶关、河源、惠州、清远、云浮六市旅游局签署《旅游合作协议》、《旅游质监工作合作协议》，对发展区域旅游进一步达成共识。在4月11日启动的"走进东莞"系列活动开幕式上，1600名来自深圳、惠州、中山的游客参加仪式，珠三角城际旅游活动自此拉开序幕。

2009东莞旅游文化节新闻发布会

【旅游节庆活动】 2009年4月23日，由东莞市旅游局主办的"走进东莞"旅游推介会暨《东莞美食地图》新书发布会在香港九龙香格里拉大酒店举行，香港旅游业界代表、在港的莞籍乡亲、新闻媒体及各界嘉宾130多人出席活动；《东莞美食地图》一书是第一本比较全面反映东莞美食资源的书籍，汇集东莞32个镇街的地方特色餐饮，以及50多家高星级酒店的经典美食，为广大的香港市民提供较为全面的美食资讯。

3月26~29日，东莞市旅游局先后组团参加在广州锦汉展览中心举行的2009年广州国际旅游展销会，4月17~19日，参加在大连世界博览广场举行的2009中国国内旅游交易会，6月11~14日，参加在香港会议展览中心举行的2009香港国际旅游展，11月19~22日，参加在昆明国际展览中心举行的2009中国国际旅游交易会，11月14~16日，参加在琶洲保利世贸博览馆举行的2009广东国际旅游展览会，还组团参加2009广东国际旅游文化节、第16届广州国际旅游展览会、2009中国（天津）旅游产业节等活动。

9月至11月，东莞市旅游局以"走进欢乐城镇，感受风情东莞"为主题举办"2009东莞旅游文化节"系列活动，东莞市旅游局和樟木头镇人民政府于 9 月 26 日晚在樟木头镇行政广场联合主办“2009 东莞旅游文化节暨樟木头镇第六届小香港旅游节开幕式”，主体活动为主题节庆类和旅游专业类两大类 11 项，主题节庆类活动包括开幕式、樟木头镇第六届小香港旅游节、广东国际啤酒节、第八届东莞美食节、谢岗镇登山节、中国镇第二届体育文化艺术科技节和七月七民俗风情节等，旅游专业类活动包括旅游休闲摄影大赛、第二批国民旅游休闲示范单位和景区评选活动、“国民旅游休闲计划”——东莞经典旅游线路体验月、东莞市导游技能大赛等，该系列活动的举办，展示出东莞独特的自然人文景观和丰富的旅游产品，吸引近 300 万国内外的游客到东莞旅游，带动旅游收入 11 亿多元。

2009 东莞旅游文化节暨樟木头小香港旅游节开幕式晚会

【2009 广东国际旅游文化节东莞分会场】 在 2009 广东国际旅游文化节暨泛珠三角旅游推介大会活动中，东莞市邀请近千名海内外嘉宾出席开幕式，设计制作花车花船参与巡游，并获得“2009 广东国际旅游文化节最佳花车设计奖”；组团参加 2009 广东国际旅游展览会暨海峡两岸旅游交流投资会和“唱响广东”2009 广东旅游金曲精英大赛等活动，获得“唱响广东——2009 广东旅游金曲精英大赛优秀组织奖”。东莞作为广东国际旅游文化节分会场之一，9 月至 11 月，举办 2009 东莞旅游文化节系列活动项目，整个旅游文化节历时两个月，打造了“2009 东莞旅游文化节”旅游品牌，提高东莞旅游的知名度，对推动东莞旅游业的发展，提升旅游文化的地位和品味，促进旅游文化持续发展，具有积极的作用。

【信息化建设】 2009 年 8 月，东莞市旅游局与东莞阳光网有关人员正式探讨开发“中国东莞旅游网”项目的各种细节，并达成合作意向。11 月，东莞阳光网成立“中国东莞旅游网”项目建设小组，负责该项目的规划建设和开发维护，东莞市旅游局也正式开始落实网站操作系统、服务器、备份软件等有关网站软硬件方面的条件。在中国万网网络有限公司注册旅游网站域名，并签订合作协议。制定信息的形成、审批、更新等一系列的网站更新体系，建立旅游信息共享系统，并通过网络、电话、传真等手段对系统中各个企业所上报的旅游信息进行收集和整理。拟定《东莞市旅游局政务信息网上公开制度》和《政府信息网上公开分工表》。增加了网站的信息咨询和搜索功能，加强东莞节庆活动的网络宣传，对东莞市国民旅游休闲计划的启动仪式、“走进东莞”系列活动、2009 东莞旅游文化节等重大节庆活动，进行网站宣传更新工作，并与阳光网合作对各个节庆活动进行跟踪报道以及策划主题网页，通过这些手段加强节庆活动的网络宣传，扩大东莞节庆活动的影响力。

旅游资源开发和景区（点）建设

【旅游规划】 2009 年，东莞市旅游局与华南理工大学国际旅游研究中心、上海旅游国际咨询公司合作编制《东莞国际旅游营销规划（2010－2014 年）》。此《规划》将分别制定从 2010 年至 2014 年间每一年东莞国际旅游市场营销目标、行动和方案。拟写东莞国际旅游营销规划调研提纲和调研线路，成立了东莞国际旅游营销规划项目小组，开展实地调研、座谈会、问卷调查等调研工作。

【旅游区（点）与基础设施建设】 2009 年，东莞市的东莞科技馆、新华南 MALL·生活城、唯美陶瓷博物馆、圣心糕点博物馆和袁崇焕纪念园 5 个景区启动申报 4A 级和 3A 级旅游区的工作；松山湖景区和广东观音山国家森林公园顺利通过国家 4A 级旅游区的评定工作。1 月 19 日到 2 月 28 日期间，市旅游局与东莞阳光网联合举办“我喜爱的东莞‘十佳’景点网络评选活动”，全市 20 多家旅游景区（点）积极参与，新华南 MALL·生活城、银瓶山森林公园、东莞可园博物馆、松山湖风景区、石排塘尾古村落、茶山南社明清古村落、广东观音山国家森林公园、粤晖园、金威啤酒厂、榴花公园 10 家景区入选“十佳”。

【新开发、新建设景区（点）介绍】

〖森晖古玩城·自然博物馆〗 位于东莞市莞城区可园路，与广东四大名园之一的可园、可园博物馆、岭南画院、东莞文学艺术院仅一路之隔。该馆占地面积 12000 多平方米，博物馆展馆建筑面积 6000 多平方米，古玩城建筑面积约 8000 平方米。博物馆主要集古生物化石、根雕、奇石、名人字画、木雕等领域的收藏、展览、研究和科普等，是东莞一家规模较大、藏品较多、设施完善、功能齐备的自然科学博物馆；古玩城内设展览交流培训中心，精优商铺，主要经营以古典家具、奇石、根雕、翡翠、玉器、书画、瓷器、陶器、沉香、杂项等商品，是东莞较集中化、规模化、专业化，具备商务交流信息传播，培训鉴定，休闲淘宝，艺术创造为一体的古玩城。

【东莞市松山湖景区】 东莞松山湖位于东莞市中心，是东莞近年来大力开发建设的一个高科技产业园区，被国家科技部评为"中国最具发展潜力的高新科技术产业开发区"。园区规划面积72平方公里，有近8平方公里的淡水湖、14平方公里的生态绿地及42公里的滨湖路，是一个生态自然环境保持良好的区域。根据国家旅游局和中国科学院地理研究所编制的《旅游资源分类、调查与评价》（GB/T18972－2003）的分类标准，松山湖景区旅游资源包括水域风光类、生物景观类等六大类旅游资源共20多处重要景点。水域风光类主要有松湖烟雨和松湖花海两大景区，包括桃花岛、虹桥、荷香水榭、情人湾、烟雨亭、阳光沙滩、松木山水库等；生物景观类主要包括见血封喉、梦幻百花谷、桃花谷、生态绿地、宝坡湿地生态公园、星月湾生态沟谷等；建筑与设施类包括月荷湖公园、紫薇园、中心公园、状元笔公园、岁寒三友公园、桃花源、园艺博览中心、创意生活城、金威啤酒文化展览馆、万科国家住宅产业化基地等；遗址遗迹包括状元笔、通济桥、渡槽和旅游商品等；人文活动类包括闹元宵、踏青赏花、自行车赛、航模赛、滑水赛等。松山湖还拥有各种城市公园和主题公园，以及具有现代特色的格式建筑，已成为珠三角地区都市居民旅游的目的地，并吸引部分港、澳、台地区和洲际远程游客。该景区于2009年12月28日被评为国家4A级旅游景区。

【观音山国家森林公园】 位于东莞樟木头境内，是以祈福、休闲、度假为一体的生态旅游区，座拥18平方公里原始次生林，现存观音古寺、仙宫岭老仙庙两处宗教历史类文化遗址，为泛珠三角地区少有的佛、道文化并存之处，山顶供奉33米高的石雕观音圣像。该公园规划总面积598.10公顷，公园内森林覆盖率92.6%，次生林面积415.63公顷，人工林面积138.21公顷，公园内林地面积553.84公顷，均为集体林。森林负离子含量高，素有"南天圣地、百粤密境"之美誉，是目前东莞市唯一的国家森林公园。森林公园目前已建成观音像、慈云阁、国际会展中心、古树博物馆、观音广场、百草园、苗圃、物流殿、综合楼、感恩湖水库、清华大学户外培训基地、山间别墅、三正半山酒店（五星级）、仙泉水库、游泳场、钓鱼场、烧烤场、公园门楼、多个观景亭、佛光路、佛缘路、菩提径、耀佛丛林、青云路、供水、供电等景点及基础设施。目前日均可接待游客3000人次以上。该景区于2009年12月28日被评为国家4A级旅游景区。

旅游行业监督管理

【旅游市场监督】 2009年，东莞市旅游局对13家三星级以上宾馆饭店开展体育健身休闲服务情况调查和年度入境游客花费抽样调查及国内游客抽样调查工作，并将调查数据汇总上报。严厉查处旅行社私设营业点及超范围经营等违规行为，打击非法经营旅行社业务活动。全年共查处非法经营旅游业务的网点9个。建立了高效的投诉受理机制，黄金周期间实行24小时接听旅游投诉、咨询电话。对重大旅游投诉案件，将会同政府相关部门，及时进行处理。对投诉反映出来的问题及时反馈给旅行社。全年共受理有效投诉74起，投诉结案率100%。

【旅游安全管理】 2009年4月21日，召开全市旅游质监工作会议，对全年旅游安全工作进行部署和要求。东莞市旅游局调整旅游安全组织机构，制定旅游安全工作职责，建立安全管理机制，与东莞市政府有关职能部门建立联合督查机制，加大对旅游安全工作的监管力度。1月至11月，东莞市旅游质量监督管理所联合市安全生产监督管理局、市消防局、市卫生局及各镇街安全办公室等政府职能部门组成联合检查组开展安全督查活动。1月13～14日，对观音山森林公园、隐贤山庄、松山湖旅行社、松山湖景区等旅游企业的安全生产情况进行督查；5月1～3日，与汕尾市旅游局开展旅游安全工作交叉检查；9月2日，与东莞市文化局、市质监局、市民宗局、市工商局等单位组成检查组，对隐贤山庄及观音山森林公园的燃香情况和安全工作情况进行检查；9月9～11日，对嘉华大酒店、富盈酒店及永泰旅行社、开心旅行社等企业的安全工作情况进行督查；9月17日，对畅游天地旅行社、中国旅行社及东华旅行社的新版旅游合同的执行情况及"十一"前的安全工作情况进行督查；9月22日，省旅游局派出安全工作检查小组在副局长李耀辉陪同下，对华南MALL、广彩城大酒店、青年旅行社等企业的安全生产工作及"十一"期间安全工作部署情况进行检查；按照东莞市安委会《关于印发东莞市开展可燃气、液体储罐安全专项检查工作方案的通知》要求，市旅游局下发《关于开展可燃气、液体储罐安全专项检查工作的通知》，要求各星级饭店认真做好可燃气、液体储罐安全自查自纠工作。10月16日，对篁胜大酒店、广彩城酒店等星级饭店的可燃气、液体储罐的安全工作进行抽查。年内，东莞市旅游局进一步完善《旅游突发公共事件应急预案》，制订《旅游突发公共事件应急救援组织指挥小组职责及任务》，健全和完善旅游安全应急救援的组织领导机构，明确各岗位人员的职责和任务；充分利用黄金周旅游安全工作会议、旅游事故分析会、旅游饭店协会年会及到企业督促检查工作等场合和机会，向企业人员，特别是管理人员进行安全生产工作的宣传教育和引导。每逢重大节假日和旅游黄金周期间，实行24小时值班，确保值班人员在岗在位。

【旅行社管理】 2009年5月1日实施《旅行社条例》以来，东莞市旅游局召开《全市旅行社宣贯〈旅行社条例〉工作会议》，制定《旅行社设立审批》和《营业网点设立备案》的有关手续，及时更新有关办事程序，完成全市所有旅行社许可证的换证审核工作，指导旅行社行业协会开展各项工作，举办《旅行社条例》宣贯培训班和旅游业务论坛等；四海旅行社、东华旅行社、东莞青旅3家旅行社升格为出境游组团社；新批康泰旅行社、飞马旅行社、车游天下旅行社、捷旅旅行社、益生旅行社5家旅行社；年检旅行社42家，其中38家通过年检，南湖旅行社、光大交通旅行社2家暂缓通过年检，志诚旅行社、华南旅行社2家不予以通过年检并注销经营许可证；东莞市评定首批星级旅行社，东莞国旅、东莞中旅、国泰旅行社、东莞康辉旅行社、腾龙旅行社、景鸿旅行社、东莞青旅7家旅行社评为4星级旅行社；5月至6月，开展东莞经典旅游线路设计大赛活动，评选出“东莞‘十佳’旅游线路、东莞优秀旅游线路、入围旅游线路”等奖项；10月至12月，举办“2009东莞导游技能大赛”，来自全市各旅行社、南博学院、东莞技校、松山湖职业技术学院、东莞理工学院和社会导游101名选手参赛，12月1日在索菲特御景湾酒店举办决赛，评选出“东莞‘十佳’导游”、“东莞优秀导游”、“最具亲和力奖”、“最佳形象奖”、“最佳网络人气奖”、“优秀组织奖”等奖项。

为2009东莞导游技能大赛决赛颁奖

【导游员管理】 2009年，东莞市旅游局对上年度初级导游员继续教育培训班学员的出勤情况和作业上交情况进行归档登记，对符合年审条件导游员所持导游证（IC卡）进行年审；同时，按照培训有关要求，对于未参加培训班或未完成相关作业的导游员暂缓办理年审手续，暂不收取其导游证（IC卡）进行年审。截至2009年底，东莞市共有持证导游员912名。以种类构成分类，社会导游员482名，旅行社专职导游员430名；以级别构成分类，初级导游员885名，中级导游员27名；以语种构成分类，普通话导游员881名，英语导游员26名，俄语导游员3名，德语导游员1名，朝鲜语导游员1名；以籍贯构成分类，广东籍导游人数740人，其中东莞户籍410人，非广东户籍人数172人。

【旅游饭店管理】 2009年，东莞市悦莱花园酒店和桥头三正半山酒店2家酒店申报评估五星级酒店，已通过东莞市星评委的初评；有5家酒店评为星级酒店，其中五星级酒店1家（华尔登国际酒店）、四星级酒店1家（美怡登酒店）、三星级酒店3家（设计师酒店、亚都酒店、金沙亚都酒店）；对77家星级酒店进行复核，其中62家参加年度复核，15家参加评定性复核；省星评委委派东莞市旅游局组成星评小组对河源滨江金利大酒店进行四星评评定，对珠海南油大酒店、2000年大酒店进行满五年期四星级评定性复核。在饭店节能减排工作方面，东莞市旅游局成立领导小组，建立有关规章制度，落实人员责任制；做好饭店行业节能降耗宣传，确保创绿工作从制度、人员和资金上的长期有效实施。强化节能目标责任评价考核体系，全面推进资源综合利用和清洁生产工作，限期淘汰陈旧设备。如：嘉华大酒店强化内部管理机制，要求检查人员对酒店的各个营业区域的节能工作情况进行定期而不定点的检查。方中假日酒店分批将价格低但消耗高的白炽灯、电感式日光管全部以节能灯和电子支架代替。会展国际大酒店采用无纸办公系统。华尔登国际酒店依靠科学原理，客房楼层中每隔四层都设有1个空中花园，以满足白天照明的要求，减少酒店照明灯光的使用。

2009年4月23日，东莞香港旅游推介会暨《东莞美食地图新书发布会》

【东莞旅游饭店协会】 2009年6月23日，东莞市旅游饭店协会举行会员大会和换届选举大会，选举产生新一届理事会。现有会员单位108家，设有会长1人、副会长8人、理事单位33个、监事单位3个。会长由帝豪花园酒店的梁永雄担任。协会总部设在帝豪花园酒店办公楼，协会秘书处设在东莞市旅游局办公楼。年内，该协会协助东莞旅游局举办多期酒店管理人员培训班，培养了一批中、高层酒店行业管理人员。协助行业与有关部门的沟通，商讨解决酒店有线电视机顶盒的安装、特殊行业的牌照、卡拉OK版权的使用费等问题，以维护行业和会员单位的合法权益。

【东莞旅行社行业协会】 2009年1月6日，东莞市旅行社行业协会正式挂牌成立。协会以“服务行业，规范行业，发展行业”为理念，建立会员单位联络人档案库，每月定期举办行业沙龙，加强会员单位之间的沟通与交流。建立东莞市旅行社行业协会门户网站，成立“会员之家论坛”，搭建协会会员的网络交流平台。协助东莞市旅游局承办东莞旅游线路设计大赛和东莞市导游技能大赛。邀请专业讲师对旅行社管理人员及导游人员进行专题培训，举办《导游技能培训系列讲座》。在新的《旅行社条例》颁布实施后，举办《新条例下旅行社的经营风险与规避》专题讲座。由东莞市泰平旅行社有限公司、东莞市欢泰旅行社有限公司和东莞南方阳光商务旅行社有限公司3家旅行社共同发起并于9月29日正式成立“东莞市旅行社行业协会虎门分会”。筹备落实旅行社责任险集体采购事宜及旅行社质量保证金集体存储事宜。在2009年秋冬甲流病毒肆虐时期，为东莞市国际旅行社领队争取100支甲流接种疫苗。

旅游教育培训和精神文明建设

【旅游教育培训】 2009年1月19～23日和2月9～13日，东莞市组织2009年度全国导游人员资格考试报名工作，有178人报名，3月22日，参加全国导游员资格考试（笔试部分）的考生共164人在市职业技术学校进行，4月22～25日，参加全国导游员资格考试（口试部分）的考生共129人在市旅游局旧办公楼进行；6月29日至7月10日，东莞市组织2009年度第二次全国导游人员资格考试报名工作，有232人报名。7月18日至8月23日，东莞市组织开办全国导游人员资格考试考前培训班，有39人参加培训；10月18～21日，参加全国导游员资格考试（口试部分）的考生在市职业技术学校实训楼进行，应到195人，实到161人。从报名参加导游考试的考生种类比例来看，院校生、社会青年和旅行社职员报名人数的比例约为4∶4∶2，来自各旅游院校的在校学生和社会青年所占比例较大；7月27日至9月1日，东莞市组织2009年度全国中级导游员等级考试的报名工作。（请补充2次导游资格考试的结果）

东莞市旅游局制定《2009年东莞市旅游局旅游教育培训工作计划》和《广东省东莞市旅行社从业人员继续教育记录册》，加强对旅行社从业人员教育培训资格认证体系建设。2月20日至3月11日，东莞市旅游局分别在龙泉国际大酒店、长安国际酒店和汇华国际饭店3个教学点举办“东莞市饭店管理人员资格认证2008年第一期P级学习班结业典礼”，并为成绩优秀的学员颁发“优秀学员”和“积极分子”证书，3个教学点被评为“东莞市饭店业管理人员继续教育先进饭店”。8月，东莞市有18人参加由省旅游局开设的行业人员岗位培训班的学习。5月24日，东莞市组织全市中、高级导游员参加省旅游局在广东科学馆举办的全省中、高级导游员研讨班；7月8～12日，东莞市旅游局组织现有的5位考评员和新增的4位考评员参加在湛江市举行的“2009年全省导游人员资格考试口试考评员培训班”。根据粤劳职鉴〔2009〕43号文件精神，东莞市旅游局组织7名人员参加在广州市红帆酒店举办的旅游系统职业技能鉴定考评员培训班，其中4名参加景点导游考评员培训，3名参加农家菜烹饪考评员培训。9月14～15日，东莞市旅游局联合东莞市旅行社行业协会在东莞市广播电视大学举办1期导游技能培训班，开设的课程包括《新条例下导游工作常见纠纷案例解析》、《导游技巧》、《医疗急救知识》和《关注消防·关爱生命》4门功课。

根据东莞市人民政府办公室《关于印发东莞市开展应急救护培训工作方案的通知》（东府办〔2009〕102号），在全市旅游系统开展应急救护培训工作，制定《东莞市旅游系统开展应急救护培训工作方案》、《东莞市应急救护培训工作联系表》、《东莞市应急救护培训工作计划表》和《东莞市应急救护培训申请表》，全市旅游系统防灾避险、自救互救能力，应急救护知识进一步普及和提高。

【旅游行业精神文明建设】 2009年4月，东莞市旅游局选派康辉国际旅行社、国泰国际旅行社2名优秀导游员参加省旅游局组织的“第二届全国红色旅游导游员电视大赛”省内选拔赛，均获“优秀奖”。年底，经过东莞市旅游局和东莞旅游协会的综合考核，评选出“2009年度全市旅游系统先进单位”43个、“东莞旅游好新闻”作者6名，并予以通报表彰。

【旅游行风与机关作风建设】 2009年，东莞市旅游局制定《市旅游局内部办公网建设方案》，完善内部办公网系统和旅游信息共享系统的建设，调整和完善办公自动化系统功能，并于10月19日正式启用。东莞市旅游企业旅游数据网上直报系统得到升级，东莞市网上直报旅游企业的单位编码进行重新整理，东莞市旅游局每月都能及时准确地向广东省旅游局和东莞市统计局报送月报数据和东莞市黄金周的旅游统计数据，被东莞市政府有关部门评为“2009 年度全市部门统计工作先进单位”。

2009 东莞旅游统计工作会议

纪 事

3 月 5 日 2009 年全市旅游工作会议在东莞市会议大厦召开。同日，举行“东莞市试行国民旅游休闲计划”启动仪式。

4 月 21 日 召开全市旅游质监工作会议。

4 月 23 日 由东莞市旅游局主办的“走进东莞”旅游推介会暨《东莞美食地图》新书发布会在香港九龙香格里拉大酒店举行。

5 月 1 ~ 3 日 东莞市旅游质量监督管理所与汕尾市旅游局就“五一”期间的旅游安全工作进行交叉检查。

6 月 18 ~ 20 日 东莞旅游行业完成“广东省外资企业产品（内销）博览会”在东莞市举办期间的 7000 多名采购商的食宿、交通等任务。

8 月 25 ~ 27 日 东莞市望牛墩镇举行第四届“七月七民俗风情节”。

9 月 26 ~ 30 日 东莞市樟木头镇举办以“至 YEAH 小香港，缤纷樟木头”为主题的“第六届小香港旅游节”。

9 月 28 日至 10 月 7 日 东莞市在常平镇铁路公园举办以“盛世酒歌、狂欢华南”为口号，以“对酒歌盛世，举杯庆华诞”为主题的“广东国际啤酒节”。

9 月 30 日至 10 月 6 日 东莞市在南城富民商业步行街举办以“绿色、本土、美味、和谐”为主题，以延续本土特色为宗旨的“第八届东莞美食节”。

9 月 18 ~ 20 日 东莞市在谢岗镇举办以“源于自然、所以美丽”为主题的“谢岗镇登山节”。

9 月 19 日至 10 月 19 日 东莞市在石排镇举办“中国镇第二届体育文化艺术科技节”。

10 月 1 日 举办松山湖国际光雕节。

10 月至 12 月 东莞市旅游局与东莞市旅行社行业协会联合举办 2009 东莞市导游技能大赛，10 月 13 ~ 16 日在东莞会展国际酒店举行海选，11 月 10 ~ 11 日在东莞宾馆举办初赛，12 月 1 日在东莞索菲特酒店举行决赛。

（钟金伟）

中山市

综 述

【总体情况】 2009 年，中山旅游业克服金融危机和甲型 H1N1 流感疫情的影响，呈现出先抑后扬的发展态势。为振兴中山市旅游，大力推行广东国民旅游休闲计划，与省内多个城市举行大型旅游互动，开通广州至中山城际旅游穿梭巴士，开展修学旅游活动等，各镇区大型主题活动不断，重燃市民旅游信心，释放旅游消费热情，拉动旅游消费市场。全年接待过夜旅游者总人数 551.91 万人次，比上年增长 4.5%，其中入境旅游者 47.59 万人次，比上年下降 26.99%；全年实现旅游总收入 110.26 亿元，比上年增长 13.96%，其中旅游外汇收入 20434 万美元。

【旅游产业规模】 截至 2009 年底，中山市拥有星级饭店 35 家，其中五星级 3 家，四星级 6 家，三星级 20 家，二星级 4 家，一星级 2 家。无星级酒店 437 家；共有旅行社 24 家，其中出境组团社 7 家；较大型旅游景点 25 家，其中国家 4A 级旅游景区 2 家；年内新增工业旅游点 2 家。

【市领导关心旅游业】 2009 年，中山市政府领导带领旅游局有关人员，拜访香港旅游业界。专程赴澳门作考察交流，中澳双方就进一步深度合作、加强部门联系、联合宣传促销、互送游客等方面达成共识。澳门方面表示，今后将通过把中山旅游线路增加至当地旅游产品中，丰富澳门的旅游产品，使更多经澳门中转的国外游客、华侨、台湾同胞到中山来旅游。5 月，市旅游局组织香港旅游业界及新闻媒体代表近 30 人考察中山。考察团参观咀香园全国工业旅游示范点、小榄华帝燃气具公司奥运火炬典藏馆、古镇华艺灯饰工业旅游点、古镇时代广场，以及孙中山故居、中山城、詹园、步行街等景点，品尝东升脆肉鲩美食、燕石围特色海鲜餐。表示将通过旅行商的网络以及新闻媒体的渠道，推动香港旅游业界打造“一程多站”式旅游产品。

8 月，由市领导率领旅游局、旅游业界代表赴台湾召开旅游推介会，首次全面开发台湾旅游市场，着重推介中山的美食、高尔夫、温泉资源，并针对台湾市场的自身特点，精心设计精品旅游线路，着力宣传中山特色旅游产品。11 月 25 ~27 日，台湾旅游业界大型踩线团到中山，由此拉开台湾旅游团到中山的序幕。

【试行国民旅游休闲计划】 2009 年，中山市大力推行国民旅游休闲计划，营造国民旅游休闲气氛，培育旅游消费热点。2 月 20 日，由广东省旅游局、中山市人民政府、肇庆市人民政府、广州市花都区人民政府主办，中山市旅游局、肇庆市旅游局、广州市花都区旅游局协办，东方航空和南湖国旅·西部假期共同承办的“旅游下乡”活动在广州正式启动，共同推出多条“旅游下乡”线路。中山、肇庆、花都三地农民报名时将可享受 13% 的消费补贴。从 2 月 24 日起，中山市通过南湖国旅的营业网点，向广州及珠三角市民分期分批派发“旅游下乡消费补贴券”。2 月 24 日，中山市旅游局在古镇镇举行“2009 旅游下乡消费补贴券”首发仪式。

3 月 1 日，由中山市旅游局主办、广东南湖国际旅行社有限公司承办的“广州—中山城际旅游穿梭巴士”正式开通。该城际旅游穿梭巴士为全省首条跨行政区域的旅游专线，每天 8：00 在广州烈士陵园发车，开往市中心、南区詹园、南朗孙中山故居、古镇等地。据不完全统计，全年广州有 8 万人次乘搭城际旅游穿梭巴士前来中山旅游，营业额超过 150 万元。

4 月 23 日，由共青团中山市委及旅游局共同策划组织的“青春畅游伟人故里——2009 广东（中山）国民旅游休闲计划青年活动”启动仪式在市博览中心举行。活动内容包括：畅游伟人故里，“一镇一品工业体验游”，孙中山史迹径游，中山、湘潭、广安三地团委开展“中国二十世纪三大伟人故里行”交流活动，“青旅杯”征文比赛，“展青春风采、行科学发展”主题日活动等。

2 月份以来，中山市先后与广州、深圳、珠海、佛山、东莞、惠州、肇庆、江门、阳江、清远 10 城市开展旅游互动，吸引 30 万省内游客到中山旅游，拉动消费 3000 多万元。

4 月 29 日，广东省评选的首批国民旅游休闲“示范单位”中，中山市 29 家旅游企业榜上有名。包括：“景点类” 12 家，分别是孙中山故居、詹园、金斗湾怡乐园、岐江公园、泉林旅游山庄、孙文纪念公园、伊泰莲娜 DIY 地带、红色军事博物馆、仙沐园、中山影视城、卓旗山庄、紫马岭公园。“旅行社类”6家，分别是中山国旅、中山青旅、温泉国旅、职工国旅、菊城假期、阳光假期旅行社。“酒店类”10家，分别是国际酒店、香格里拉大酒店、小榄旅游大酒店、真善美大酒店、富华酒店、汇景酒店、中山温泉宾馆、国贸大酒店、金钻酒店、丽阁花园酒店。“商业单位类”1家（益华百货）。

2010年1月，省政府授予中山市“广东国民旅游休闲示范市”称号。

中山市委副书记彭建文宣布2009中山市岭南水乡旅游文化节开幕

【2009中山市岭南水乡旅游文化节】 2009年11月19～22日，中山市举办的2009中山市岭南水乡旅游文化节在民众镇举行。活动以“名城中山，活力民众”为主题，内容包括：开幕式、中山农副产品特产展、水乡运动会、“民众24小时”纪实摄影大赛、快乐水乡一日游、动物演艺秀等。中山市副市长谭培安、省旅游局副局长王志红出席开幕式。旅游文化节期间，民众镇各大旅游景点接待游客11万人次。直接拉动消费约300万元，其中餐饮业及酒店住宿约200万元，农副产品销售约60万元，景点门票收入30多万元。

【中山与珠海江门签署旅游合作协议】 2009年4月23日，中山、珠海、江门三市旅游局认真贯彻落实《珠江三角洲地区改革发展规划纲要（2008－2020）》，共同签署《旅游质监工作交流合作协议书》。《协议》主要内容包括：对在三方城市辖区内旅行社的经营、导游人员的执业行为依法进行共同监管；对于各方在处理投诉、突发事件时，三方质监所就事件达成共识，共同协商解决，切实维护旅游者和旅游企业、导游人员的合法权益；共同规范和引导三地旅游企业诚信、守法经营；加强沟通与合作，交流旅游执法、投诉处理等方面的工作经验。5月8日，中山市与珠海、江门市旅游局签署旅游合作协议。主要内容包括：实行联席会议制度，三地旅游局轮流担任轮值主席，联手打造精品旅游线路，推荐具有特色的文化旅游产品和休闲度假产品；对旅游市场管理、旅游安全和重大旅游投诉等问题实现联合应急机制，共同处理应急事件，推动无障碍旅游。鼓励通过旅游人才资质互认、建立各层次培训合作机制、完善区域旅游人才信息网络、及时交流人才培训信息等手段，建立长期的合作关系。

旅游接待与收入

【入境旅游】 2009年，中山市接待入境旅游者47.59万人次，比上年下降26.99%。其中接待外国人10.96万人次，比上年下降7.88%；旅游外汇收入2.04亿美元，比上年下降9.99%。

【国内旅游】 2009年，中山市接待国内游客551.91万人次，比上年增长4.50%，其中接待国内过夜旅游者504.32万人次，比上年增长8.93%。旅行社组团国内游131.12万人次，比上年增长19.81%，其中，组团省内游103.74万人次，比上年增长9.46%，组团省外游27.38万人次，比上年增长86.64%。国内旅游收入96.30亿元，比上年增长18.23%。

【出境旅游】 2009年，中山市旅行社组团出境旅游18.12万人次，比上年增长12.06%，其中：香港游为12.67万人次，比上年增长0.86%；澳门游为1.78万人次，比上年增长28.44%；组织出国游3.67万人次，比上年增长65.16%。出国游大幅增长的原因与美元、欧元等货币贬值、国际航班机票下降等原因导致出国游价格下调有关。

【假日旅游】 2009年，中山市春节黄金周共接待海内外游客8.05万人次，同比下降0.6%。旅游总收入1.5亿元；酒店开房率59%。景区（点）接待游客72.01万人次，与上年持平；旅行社接团3.5万人次，同比增长6.04%。春节黄金周的特点是：由于经济不景气，免票的公园、景点成为本地市民和外来务工人员的首选，大部分收费景区（点）接待人数呈现不同程度降幅；酒店的餐饮火爆，开房率有轻微下降。

“十一”黄金周，旅游业总收入1.68亿元，城市接待过夜旅游者8.37万人次，平均开房率60.37%，景点迎客76.23万人次，旅行社组织出游近5.5万人次，同比增长近36%。“十一”黄金周的特点是：长线团热销，出境游线路走俏，国内游出现10月1日和10月4日的出游双高峰；国庆、中秋“两节”重叠，自驾游火爆；适逢婚宴旺季，餐饮收入红火。

旅游宣传促销与节庆活动

【概述】 2009年，中山市旅游局积极组织旅游企业参加由国家旅游局和省旅游局主办的大型旅游宣传促销会展活动。包括2009中国（大连）国内旅游交易会、2009年香港国际旅游交易会、广州国际旅游交易会、2009台北旅游观光博览会、第一届中国西部旅游产业博览会、2009中国（昆明）国内旅游交易会等，通过与业界交流与沟通，开展业务对接，吸引更多的游客到中山旅游。

年内，中山市先后在《中国旅游报》、《广州日报》、《羊城晚报》、《南方都市报》、《中山日报》、《中山商报》、《凤凰周刊》等各大媒体开设中山旅游专版，发表新闻、专稿1800多篇次，较大地提高了中山旅游在国际、国内的知名度和影响力。同时，还尝试与大型旅行社在宣传上进行合作，分别与广之旅、南湖国旅、中山国旅签定合作协议，使中山的旅游广告首次大篇幅、长时间出现在省级媒体和香港媒体，对广大游客、自驾车游客产生较大的影响力。

【旅游宣传促销】 2009年，中山市深入挖掘中山美食文化，以“美食”为媒，吸引国内外游客进入中山享受休闲时光。1月，应葡萄牙旅游发展部与澳门特区旅游局共同邀请，参加2009年里斯本国际旅游博览会；3月26日，赴广州锦汉会展中心参加2009广州国际旅游交易会；4月17～19日，参加中国（大连）国内旅游交易会；6月11～14日，参加由国家旅游局主办的“2009年香港国际旅游交易会”，6月19～21日，联合珠海、江门市旅游局以“珠中江”区域合作联盟形式，赴重庆市参加第一届中国西部旅游产业博览会；8月2～7日，由副市长谭培安带队，赴台湾举行“孙中山的家乡欢迎您”——广东中山·台湾旅游交流会；9月7～9日，赴厦门市参加由国家旅游局和福建省人民政府联合举办的“第五届海峡旅游博览会”；10月11月，分别参加由省政府主要领导带队的广东经贸代表团赴瑞典、澳大利亚、越南、韩国、日本、泰国访问，并在当地举行旅游合作交流活动；11月19～22日，参加2009中国（昆明）国际旅游交易会；12月6～12日，以“活力广东，粤游粤精彩”为主题，由省旅游局主办，佛山市、中山市、江门市旅游局承办的“2009广东（辽宁、吉林、黑龙江）旅游交流会”分别在沈阳、长春、哈尔滨市举行，共同对“佛、中、江”珠江西岸精品旅游线路进行宣传推介。

年内，中山市分别接待广州市旅游局、广西壮族自治区旅游局、山东济宁市旅游局以及马来西亚旅游部、沙巴旅游局来中山市旅游推介。台北市旅行商业同业公会、香港旅游发展局、顺德区旅游局分别前来旅游考察。

2009年3月，市旅游局将中山的旅游宣传片放在中央电视台4套《海峡两岸》节目的黄金时段播出。6月，中山市旅游局编印《中山美食美购地图》；9月，中央电视台中文国际频道《我的祖国—万里海疆印象》节目制作组对孙文西路文化旅游步行街、孙中山故居、孙文纪念公园、中山詹园、五桂山古氏宗祠等景点进行拍摄。香港有线电视台《直通世界》栏目组到中山各旅游景点取材拍摄。10月27日，美国有线电视台（weekencp）栏目组到中山市拍摄旅游宣传片。

【参加2009广东国际旅游文化节】 2009年，中山市作为2009广东国际旅游文化节暨泛珠三角旅游推介大会分会场，组团参加了广州主会场举办的珠江花船大巡游、开幕式花车大巡游、旅游大促销以及网上旅游文化节等系列活动。中山分会场的主要项目包括：2009中山市岭南水乡旅游文化节、孙中山文化周系列活动、第二届中山市（东升）脆肉鲩美食节、2009中山市（小榄）美食节、2009中山市导游大赛、2009中国国际食品工业经贸洽谈会和2009中国（中山）南方绿化苗木博览会暨第九届中国锦鲤大赛等。

中山市制作的花船夜游珠江

【2009中山市（东升）脆肉鲩美食节】 2009年11月27～30日，以“活力东升，鱼乐无穷”为主题的2009中山市（东升）脆肉鲩美食节在东升镇旭日公园举行。活动项目包括：开幕式，“东裕”牌脆肉鲩“绿色食品A级产品”授牌仪式、脆肉鲩产业发展论坛以及科研单位、脆肉鲩养殖户与流通大户签订购销协议等。美食节期间举办了“东裕”牌脆肉鲩“十大金牌”菜评比、鱼王大比拼、家庭厨艺大比拼、五人飞艇大赛等赛事活动，评出“十大金牌”菜、鱼王冠亚季军、家庭厨艺前三等奖。美食节闭幕式举行冠军“鱼王”大拍卖，中山詹园以10万元的价格认购。

整个美食节设脆肉鲩美食摊位45个、东升镇绿色食品展位5个、中华名小食摊位85个、中华特产展销位50多个。吸引来自港澳地区以及广州、深圳、佛山、江门等周边地区160多个旅游团的逾5万名游客前来品尝远近驰名的“东裕”牌脆肉鲩。美食节期间，共接待游客30万人次，脆肉鲩参展摊位每天营业额超8000元，直接拉动消费3050万元。

【2009中山市（小榄）美食文化节】 2009年11月21～29日，以“中山美食，菊城飘香”为主题的2009中山市（小榄）美食文化节在小榄镇举行。本届美食文化节除保留传统活动项目外，还增设中山餐饮文化展暨饮食文化论坛，邀请扬州大学、广州华商学院以及中国餐饮协会专家就餐饮美食文化的品牌建设作专题演讲。其间，举办了中山餐饮行业特色美食大赛，海港大酒楼、国际酒店、富华酒店、京华世纪酒店、香格里拉大酒店、东方海悦酒店、金钻酒店、一品御厨大酒楼、金记、小榄公、小榄人家等40多家知名餐饮及食品企业参赛参展。美食文化节期间，设展位288个，特设户籍青年居民创业区，免费提供给本地青年设摊。接待游客达200万人次，商家生意火爆，营业额达2000万。

2009中山（小榄）美食文化节揭幕仪式

【区域旅游合作】 2009年5月8日，中山市旅游局与珠海、江门市旅游局签署《珠中江区域旅游合作协议》，共同打造珠江口西岸文化休闲旅游目的地区域。7月，三地在江门（台山川岛）举行旅游推介会，推介珠中江旅游合作产品。同月，三市旅游局联合组织并邀请北京各大旅行社及新闻媒体前来考察三地旅游线路。11月初，北京市大型旅游团来珠海、中山、江门旅游。

10月15日，珠中江旅游区域合作一体化工作会议在中山市召开。会议达成6项具体共识：确定珠中江区域联盟标识；三地旅游促销使用资料袋的规格、式样及制作；三地旅游线路的整合和推介；三地联合到南韩、日本、泰国旅游线路的推介等；三地旅游局、妇联联合于2009年11月1日在中山城举办“相约珠中江、缘来系你我”大型青年联谊交友活动；珠中江三地旅游资源共享，网络互通。

旅游行业监督管理

【旅游行业监督管理】 2009年，中山市以实施新的《旅行社条例》为抓手，以提高旅游服务质量和规范旅游市场秩序为重点，加大质量规范必市场监管力度，严厉打击违法经营行为。全年开展景区（点）质量检查23次，旅行社业务检查35次，星级酒店检查50次，开展旅游安全专项督查10次，接待旅游来访及电话咨询86宗，召开旅游质监员会议3次，受理旅游投诉35宗，结案率100%。联合参加中山市整顿和规范旅游购物秩序领导小组成员单位检查旅游购物点，取缔三乡镇1家违法经营的旅游购物店，五桂山一带的旅游购物点的经营更加规范，维护良好的经营秩序。

【旅行社管理】 2009年，中山市新成立中山市天天旅行社有限公司等4家旅行社。至年底，中山市有旅行社24家，其中出境组团社7家。3月，全市有20家旅行社参加年检。中山中国国际旅行社有限公司、中山菊城假期国际旅行社有限公司进入“2009年度全国百强旅行社”行列。

食洽会开幕式

【旅游饭店管理】 2009年，中山市拥有星级酒店36家，其中五星级3家，四星级6家，三星级21家。年内，中山市以雅居乐长江酒店、京华世纪酒店、东方海悦酒店、小榄皇冠假日酒店为代表的一批高档酒店相继开业，全市旅游接待水平上了新台阶。

【2009年中国国际食品工业经贸洽谈会（中山·黄圃）】 2009年11月7日，2009年中国国际食品工业经贸洽谈会（中山·黄圃）在中山市黄圃镇国际会展中心隆重举行。自从2005年起首办的食洽会，已经4年打造与经营，相继荣获“2007年中国十大最具影响力国家级品牌展会”与“2008年中国十大食品行业品牌展会”等国家级奖项。本届2009中国国际食品工业经贸谈会（中山·黄圃）共设标准

展位600个，其中特装展位12个。主要分为三大类展品。其中以葡萄酒为主的酒类展位占36%，以各地风味腊味为主的肉类制品展位占19%，以粮油干果及休闲食品为主的绿色食品展位占43%。境外企业展位数占总展位数52%。中国食品工业示范基地专区、中国百强食品企业组团展区、中国食品产业60年成就展区等重点展区成为本届食洽会展厅中的焦点。本届食洽会已落实贸易与投资项目8个，所涉金额11.6亿元。同时食洽会境外参展企业比例达52%，专门开辟国际馆，分设由港、台地区和东盟国家参展企业组成的东南亚特色食品区，澳门贸发局组团参展的澳门手信食品区。

【导游员管理】 2009年，中山市253名导游员通过2009年度导游员年审。5月，中山市旅游局制定中山市第二批政务导游队伍组建方案，通过发布招考信息、笔试、面试，遴选出12名政务导游，并于7月14日举行2009年度中山市政务导游受聘仪式。

旅游资源开发和景区(点)建设

【旅游景点（区）建设】 2009年12月28日，位于南朗镇翠亨村，总投资35亿元，以水上度假为主题，集休闲、旅游、居住于一体的大型综合性休闲旅游乐园的中山锦绣海湾温泉旅游度假区动工。项目分三期开发，拟3年建成。建成后将成为珠三角西岸旅游线首个国际顶级滨海生态型、体验型、复合型度假区。市委书记陈根楷、副市长谭培安、广东省旅游局副局长张振林等出席开工典礼。2009年，中山市旅游项目开发进展顺利，投资2亿元的新长江乐园改造工程于4月底动工，中山聚龙湾温泉度假村9月份开业，投资35亿元的中山锦绣海湾温泉旅游度假区12月底奠基，孙中山故里旅游区创建国家5A级景区的工作步伐扎实推进。在建项目还包括黄圃镇广东鳌山旅游文化区、横石围现代农业生态旅游园，神湾盛世游艇会、南区文笔山大风车、民众裕安人家、南朗陈家祠、三角民森体育休闲度假区等。

【中山聚龙湾温泉度假村】 位于中山市火炬开发区康乐大道，占地面积达15万平方米，建筑面积9.6万平方米，设有商务客房327间，其中联排别墅40余栋。该度假村集露天深海温泉区、温泉别墅群、聚龙湾假日酒店以及丽晶会娱乐城于一体，服务项目提供包括休闲度假、商务会议、餐饮娱乐、社交旅游等。露天深海温泉区所用水源采自深海温矿泉，泉眼水源地属珠江口西翼岩石断裂带的典型构造，常年保持90℃以上水温、日出水量超4000吨，含有氟、锂、偏硅酸等多种微量元素。温泉区整个占地面积达3万平方米，可同时接待1700余人；公共温泉区设有儿童动感水上乐园、非标准游泳池等，多功能SPA动感区、“亲亲鱼疗”、太空舱温控桑拿浴、芬兰玉石板炕及各色香薰按摩理疗项目应有尽有。该度假村由广东聚龙湾国际酒店管理有限公司连锁经营管理并按四星级旅游饭店标准建造，于2009年9月27日开业。

【旅游招商】 2009年，中山市旅游局大力培育和促进一批旅游项目上马和开发。包括：孙中山故居纪念馆创建国家5A级景区、滨海温泉度假城、神湾盛世游艇会、南区文笔山大风车、民众裕安人家、新长江乐园、南朗陈家祠、三角民森体育休闲度假区等。其中，翠亨滨海温泉旅游度假城的核心区已通过市规划局审批并通过公示，滨海新城已顺利完成1.1万亩规划用地的使用补偿工作，温泉城3000亩项目用地指标已获省国土厅审批。镇区旅游开发项目各具特色，如黄圃的广东鳌山文化旅游区，集商务酒店休闲度假、观光旅游、文化娱乐、美食游玩、修身养性、地理及农林科普教育等六大功能于一体；横石围现代农业生态旅游园，规划建设12大功能区（旅游驿站、花木世界、黄圃水乡、渔家乐、农家乐、石军革命传统教育基地、好上好农庄、万亩蕉园、拓展训练营、滨江湿地观光带、旅游主题餐厅、岛上高尔夫度假区），形成集生态、旅游、观光、休闲、科普、示范功能于一体的农业生态旅游开发项目。板芙镇积极打造鹿鸣湖旅游渡假区—海心沙湿地休闲公园—田菜花基地—金钟山郊野公园—生态游乐城—西江景观游“六点一线”的旅游产业聚集带。中山市“一镇一品”产业经济特色明显，继咀香园健康食品厂、伊泰莲娜DIY地带被评为“全国工业旅游示范点”后，黄圃镇泰和腊味世界也在积极创建“全国工业旅游示范点”，沙溪霞湖世家服饰、古镇华艺灯饰、开元灯饰、胜球灯饰、小榄华帝燃气具等正在开发工业旅游项目。

3月28日，在中山市2009年招商经贸洽谈会上，中山影视城旅游娱乐度假酒店、三鑫商务酒店、长江乐园、三角镇民森休闲度假城、火炬区的聚龙湾温泉度假村和中山海洋馆等6个旅游项目签约，签约总额达28.55亿元。

【共同打造三大伟人故里行线路】 2009年4月17～19日，在中国（大连）国内旅游交易会上，国家旅游局和全国红办大力支持广东中山、湖南湘潭、四川广安三市红色旅游联盟的发展和推广，国家旅游局除在序厅中，以“培育旅游新亮点，打造红色旅游品牌”为主题展示“二十世纪三大伟人故里行”红色旅游联盟外，还出资安排三市在交易会序厅的144平方米的旅游展区中，以“中国红色之旅——二十世纪三大伟人故里行”为主题全面展示三地旅游资源并举办新闻发布会。国家旅游局局长邵琪伟、副局长王志发等领导先后莅临参观。4月17日，由全国红办指导，三市政府共同召开红色旅游宣传推广会。三地分管旅游工作的副市长分别作推介发言。三地旅游局局长与6家旅行社共同签订旅游合作协议。国家旅游局红办还将该产品纳入我国“红色旅游”重点线路。年内，三大伟人——孙中山、毛泽东、邓小平故里行旅游产品正式向市场推广，从三地市民互动开始，将该产品推向全国，推向海外。中山国旅组织首发团，中山青旅推出千人火车团，拉开三地旅游互动的序幕。

旅游教育培训和精神文明建设

【旅游教育培训】 2009年2月25日，在中山市委党校举办中山市旅游管理干部培训班，邀请中山大学李立勋教授、广东省旅游发展研究中心主任陈南江博士作专题讲座。26至27日，培训班学员到德庆县盘龙峡景区与顺德长鹿农庄考察。学员包括中山市各镇区分管旅游工作的领导、各镇区三产办的同志以及市旅游局的干部员工共计90余人。

7月13～16日，中山市旅游局组织市内主要旅游院校的9名教师赴广州参加旅游系统职业技能鉴定考评员培训班。培训班分客房服务员、餐厅服务员、农家菜烹饪、景点导游四个类别。

8月份，旅游局分两批组织旅游行业管理人员到广东省旅游局接受培训。其中，16名中高级职称人员参加2009年省旅游行业技能考评员培训班并通过考试；9名酒店高层管理人员参加2009年广东省饭店中高层管理人员岗位培训班中的酒店总经理职务专项培训。

【2009中山市导游大赛】 2009年9月22日至12月22日，由中山市旅游局、中山市总工会、中山市劳动与社会保障局共同主办的2009中山市导游大赛在中山举行。12月22日，决赛暨颁奖典礼在金钻酒店进行。来自全市各旅行社、导游服务公司、有关院校等17个单位的143名导游报名参赛。大赛竞争激烈，王晓成、张宝花、叶果分别获“2009中山市导游大赛”冠、亚、季军，王晓成获“最受欢迎奖”、张宝花获“最佳形象奖”、张宝花获“最佳才艺奖”；并选出20名“优秀导游”和10名“金牌导游”。其中10名金牌导游为：王晓成（中山青旅）、张宝花（中山中旅）、叶果（菊城假期）、李艳（中山中旅）、谢敏燕（中山国旅）、赖太明（东方国旅）、张晶（中山青旅）、郑秋玲（菊城假期）、唐丽华（大视角旅行社）、陈曦（中山国旅）。

纪　事

3月1日　全省首条跨行政区域旅游专线——广州至中山城际旅游穿梭巴士开通。

2月25日　中山詹园与广东南湖国旅经营，中山詹园将经营权转让。

4月24日　召开全市旅游工作会议。会议提出“三路推进，六个转变”旅游发展战略。

4月27日　新长江乐园主题公园改造工程动工。

4月23日　中山市旅游局与珠海、江门两市旅游局签署旅游质监工作交流合作协议。

5月8日　中山市旅游局与惠州市旅游局签署旅游质监工作合作协议。同日，中山市旅游局与珠海、江门两市旅游局签署旅游合作协议。

9月27日　中山聚龙湾温泉度假村开业。

12月28日　中山锦绣海湾温泉旅游度假区奠基。市委书记陈根楷、市长李启红、常务副市长邓小兵、市委秘书长梁荣森、副市长谭培安、副秘书长郑向荣等出席奠基典礼。

（刘　婧）

江门市

综 述

【总体情况】 2009年，江门市旅游业认真贯彻落实市委十一届五次全会第一次全体会议和第十三届人民代表大会第四次会议的有关精神，克服国际金融危机及甲流病毒带来的各种困难，举办2009中国（江门）侨乡旅游节，拓展上海、湖南、湖北、四川、重庆、北京、哈尔滨和沈阳等外省旅游市场，加强与珠海、中山、深圳、东莞、佛山、惠州、肇庆等城市的紧密合作，努力打造川岛旅游区、富都温泉和北峰山国家森林公园等旅游品牌，全市旅游经济继续保持较快增长态势，全年接待游客2099.18万人次，比上年增长19.61%；旅游总收入104.02亿元人民币，比上年增长14.85%。

【旅游行业规模】 截至2009年底，江门市拥有旅行社46家，其中出境游组团社5家；共有星级饭店29家。其中五星级饭店4家，四星级饭店3家，三星级饭店19家，二星级饭店3家。无星级宾馆401家；拥有国家4A级旅游景区7家；全市旅游直接从业人员5.1万人，其中旅行社从业人员784名，持证导游员1163人（中级导游员37人，初级导游员1126人）。

【省市领导关心旅游业】 2009年3月31日，广东省省长黄华华在江门市召开的珠三角各市领导参加的现场会上的讲话中指出："江门旅游业的发展很有特色，打造了碉楼、温泉、滨海、休闲旅游，2008年旅游业总收入增长30.2%，旅游外汇收入增长116.5%，2009年第一季度又大增长，旅游人数也大增长。"副省长林木声也称赞江门："有山有水，水网交错，像有小鸟天堂、圭峰山，还有温泉，有一批很漂亮的景点，所以我觉得自然条件很好……。江门的文化很有特色，主要这里是著名侨乡。侨乡文化、华侨文化很有特色，江门碉楼已经成为一个很成熟、很有冲击力的符号，另外江门历史上出过很多名人，尤其当代和近代出了很多名人，这些都是资源。"

1月9日，江门市委书记陈继兴在市委十一届五次全会第一次全体会议上讲话要求："要以打造国内外著名旅游胜地为目标，加大开平碉楼开发力度，完善景区基础设施和配备设施建设，整合旅游资源，开发旅游产品，积极推进江澳'世界文化遗产两日游'，打响世界文化遗产品牌。依托江门丰富的旅游资源，大力发展温泉、海滨、休闲游，促进旅游业大发展，使旅游业成为全市在金融危机下的新的经济增长点"。

2月25日，江门市市长王南健在江门市第十三届人民代表大会第四次会议上要求"把物流业和旅游业作为现代服务业发展的重点。进一步提升旅游资源的营销和整合水平，加强与港澳台、周边省区及国际旅游合作，打响碉楼、温泉、海滨'三张牌'，保持旅游业强势增长。"

9月25日，由8名市人大代表组成的旅游调研组在市人大常委会委员、副秘书长马荣炽、凌伟中率领下到开平、恩平开展旅游视察工作，先后视察开平赤坎古镇、加拿大村、风采堂和马降龙村的旅游开发情况，认真听取开平市旅游局局长邝积康关于开平市旅游开发工作情况的汇报，随后视察歇马举人村，听取恩平市旅游局及旅游区代表的汇报。

【2009中国（江门）侨乡旅游节】 2009年9月23日，由江门市人民政府主办，台山市人民政府承办的"2009中国（江门）侨乡旅游节"在台山市台城人民体育广场隆重举行。省政协副主席梁国聚宣布旅游节开幕，省旅游局副局长张振林，江门市委书记陈继兴、市长王南健，台山市委书记吴晓谋等领导出席开幕式，祖籍五邑的澳门现任行政长官崔世安、美国商务部部长骆家辉、国会议员赵小兰分别发来贺言和贺词，近300名演员向在场的7000名嘉宾和观众表演《侨乡邀请你》、《游海岛》、《川岛之恋》、《家乡美》等反映台山地方特色的节目和曾获世界杂技金奖的《肩上芭蕾——东方天鹅》、曾获2008年央视春晚歌舞节目一等奖的舞蹈《飞天》等精品。旅游节以"川岛风情，欢乐侨乡"为主题，以侨乡文化为主线，主要活动共48项，分为旅游节开幕式暨大型歌舞晚会、台山海岛风情系列活动、侨乡风情系列活动、旅游节闭幕式暨大型文艺晚会四大板块。旅游节突出四大特色：一是突出海岛文化，在川岛举办国际风帆遨游表演、首届中国台山国际沙雕节等10多项丰富多彩的活动；二是突出名人效应，如恩平市举办

恩平冯如文化节，鹤山市举办纪念“东亚画坛巨擘”李铁夫系列活动；三是突出旅游区域合作，联合珠海、中山市共同参加北京、重庆等地召开旅游推介会、博览会，并邀请北京旅行社和媒体对三地旅游资源进行考察，在打造珠江西岸“世界遗产—伟人故里—浪漫海滨”黄金线路。四是突出旅游产品综合开发，首次举办农土特产品评选活动，加快旅游品市场的培育和建设。旅游节于10月7日闭幕。

2009中国（江门）侨乡旅游节

【召开江门市旅游工作会议暨江门五邑旅游协会工作会议】 2009年3月20日，2009年江门市旅游工作会议暨江门五邑旅游协会工作会议在逸豪酒店召开。副市长李崴出席会议并作重要讲话。会上，江门市旅游局局长周锦新对2008年旅游工作进行了总结及部署2009年旅游工作，旅游协会会长韩明总结协会2008年度的工作及提出2009年工作意见。出席会议有各市、区分管旅游工作领导，各市、区旅游局长及江门大方等10家旅行社，逸豪酒店等10家酒店，古兜温泉等10个景区，还有江门日报社、江门电视台等6家媒体。会议授予五邑游组接人数居全市前十名的10家旅行社为“2008江门市五邑游十佳旅行社”；授予营业收入及旅游接待量居全市前十名的10家酒店为“2008江门市最受欢迎旅游酒店”；授予接待游客数量和景区美誉度高的10个景区为“2008江门市最受欢迎旅游景区”，并颁发牌匾。

【试行国民旅游休闲计划】 2009年4月20日，江门旅游行业积极响应“广东省国民旅游休闲计划”，全市主要景区（点）以折扣优惠鼓励市民积极参与广东省国民旅游休闲计划活动。从4月20日起至2009年12月31日，江门市户籍居民（含四市三区）凭身份证、外来务工人员凭江门市暂住证到有关景点旅游享受4至9折优惠。如新会区小鸟天堂、梁启超故居、宋元海战旅游文化区、周总理纪念馆、葵博园、熊子塔给予平日门票7折优惠，古兜温泉给予温泉门票平日5折，周末6折，法定节日8折优惠，台山市海侨东南亚风情园、黑沙湾和北峰山漂流给予门票6折优惠等。

5月18日，江门市旅游局向市政府报送《关于积极推行市民旅游休闲计划的工作意见》。内容包括指导思想、参与主体、15项主要措施、工作要求和组织领导五个部分。

【全国百城（广东江门）旅游宣传周】 2009年4月11日，“全国百城（广东江门）旅游宣传周”在江门市东湖广场举行启动仪式。副市长谢日荣出席启动仪式并致辞。全市140家旅游企业（旅行社、星级酒店、景点、旅游产品）参与，在东湖广场设142个展位，宣传、推出一系列打折促销产品，旅游企业文艺表演在广场舞台全天表演节目旅行社的时装秀、台山的东南亚风情舞、开平侨乡碉楼特色舞等展现侨乡旅游和文化特色节目，向市民送出客房、温泉票、景点门票、优惠券以及侨乡八宝等奖品2000份。

旅游接待与收入

【入境旅游】 2009年，江门市接待入境旅游者115.89万人次，比上年增长4.03%。其中：接待外国人15.00万人次，比上年下降0.83%；旅游外汇收入4.09亿美元，比上年增长4.50%。

【国内旅游】 2009年，江门市接待国内过夜旅游者746.04万人次，比上年增长2.48%；全市接待一日游国内游客1119.1万人次，比上年增长30.95%；旅行社组团国内游61.08万人次，比上年下降1.16%。其中：省内游49.12万人次，比上年下降6.82%，旅行社组团省外游11.96万人次，比上年增长31.68%；国内旅游收入76.09亿元，比上年增长20.06%；

【出境旅游】 2009年，江门市旅行社组团出境游5.94万人次，比上年增长7.42%。其中：香港游2.15万人次，下降6.71%；澳门游3.19万人次，增长20.04%；出国游0.61万人次，增长5.71%。

【假日旅游】 2009年春节黄金周全市共接待游客150.11万人次，旅游收入4.05亿元，同比分别增长20.70%和17.91%；“五一”（5月1~3日）小长假共接待游客55.11万人次，旅游收入1.55亿元，同比分别增长8.98%和8.68%；“十一”黄金周共接待游客125.41万人次，旅游收入4.82亿元，同比分别增长13.14%和15.09%。

旅游宣传促销与节庆活动

【概述】 2009年，江门市大力拓展上海、湖南、湖北、四川、重庆、北京、哈尔滨和沈阳等外省旅游市场和港澳旅游市场，积极加强与珠海、中山、深圳、东莞、佛山、惠州、肇庆等城市的紧密合作，节假日期间举办“第八届万胜杯龙舟赛”，夏日“欢乐水世界”、“水上乐园冰火世界”、“崖门海鲜节”、“乡村美食节”、“咸水歌”表演、惊险踩巨蛋、南瓜估重、“香港——川岛帆船遨游竞技赛”、沙滩烧烤、海上冲浪沙滩排球赛、沙滩篝火晚会、海边烟火汇演、“飘雪乐园”等丰富多彩绿活动加强促销招徕，取得了显著成效。

【2009 广东国际旅游文化节江门分会场】 2009 广东国际旅游文化节暨泛珠三角旅游推介大会江门分会场举办系列活动包括：2009 中国（江门）侨乡旅游节、2009 年度江门市十佳农土特产品评选活动、2009 年江门市旅游行业服务技能大赛、2009 鹤山生态旅游节、2009 恩平温泉欢乐节、纪念冯如飞天 100 周年、2009 江门侨乡美食购物节、2009 江海区田园风光美食旅游节、2009 中国（江门）开平碉楼文化旅游节、2009 江门旅游文艺大赛和 2009 新会葵乡旅游节等。

2009 中国（江门）开平碉楼文化旅游节

【珠中江加快旅游一体化】 2009 年 4 月 23 日，珠海、中山、江门三市共同签署《旅游质监互动合作协议》，标志珠中江三地开始走向旅游区域一体合作、监管互动，在迈向无障碍旅游、全力保障旅游服务质量方面取得实质性的新进展。江门市旅游局副局长冯细就率有关部门负责人出席协议签订活动。

5 月 8 日，江门、珠海、中山三市旅游局负责人在珠海市签订旅游合作协议，以实现“共同打造珠江口西岸文化休闲旅游目的地区域”目标，并采取六大举措：一是实行旅游联席会议制度的工作机制，成立珠中江旅游合作领导小组，由局长作为领导小组的负责人和联席会议召集人；二是整合三地旅游资源，积极推动三地旅游资源开发，打造珠中江“温泉度假区”、“高尔夫乐园”和“文化旅游区”；三是加强旅游宣传促销合作、联手推进旅游市场互动；四是对旅游市场管理、旅游安全和重大旅游投诉等问题实行联合应急机制，共同处理应急事件，推动无障碍旅游；五是建立人才合作交流机制，实现人才资源共享；六是积极推进三地旅游企业和旅游协会间的紧密交流与合作等。合作协议的签署，对于繁荣区域旅游市场，实现三地互利共赢，共同推进区域旅游大合作、大发展将发挥重要作用。

8 月 25 日，珠海、中山、江门三市旅游局长在江门古兜温泉举行联席会议，就今后三地旅游合作，推动珠中江旅游一体化等问题展开讨论。会议总结了上半年珠中江主要旅游合作的成绩和经验，并对下半年如何加强合作开展交流。会议确定珠中江旅游局合作轮值制度，每年将由一地旅游局统筹珠中江旅游合作计划，任期为一年。首次坐庄的城市是江门市，时间从 2009 年的 8 月 25 日开始。下一年度轮值城市将由本任轮值城市推荐产生。

【港澳旅游市场】 2009 年，江门市增开由香港机场经香港市区直达江门的游客专线运输服务，开通澳门至江门的客运班车合澳门至开平碉楼两日游专线车，全年接待香港游客 106.63 万人次，同比增长 30.42%；澳门游客 88.17 万人次，同比增长 48.96%。

【省外旅游市场】 2009 年，江门市先后到上海、湖南、湖北、四川、重庆、北京、哈尔滨和沈阳等市宣传促销，与十几个省市建立了旅游业紧密合作关系。湖南、湖北、重庆、四川、北京等 10 多个省市的旅行社都把川岛、碉楼纳入重点推介线路。外省来江门的游客快速增长，全年全市旅行社接待省外旅游团队游客 2.2 万人次，同比大增 2.86 倍。

5 月 22 日，以“川岛阳光沙滩，开平世遗碉楼，温泉休闲之旅”为主题的江门市旅游推介会在成都市沃特大酒店举行。江门市旅游局局长周锦新、副局长冯裕聪，台山市旅游局局长容兆廉，蓬江区经贸（旅游）局副局长叶宇晃，开平市旅游局副局长许永峰，恩平市旅游局、川岛镇旅游办负责人和成都市旅游局领导、汶川县旅游局局长王旭英等共同出席推介会。成都市 12 家主要旅行社和 4 家主流新闻媒体以及开平市旅游资源开发中心等旅游企业单位负责人参加推介会。周锦新在推介会上详细介绍了江门市旅游资源和发展情况，并通过媒体向成都市民发出热情洋溢的邀请。会上，江门市旅游局还与成都市旅游局签订旅游合作意向。5 月 26 日，江门市旅游推介团在重庆市洪崖洞大酒店举办第二场旅游推介会。来自重庆市旅游局、渝中区旅游局负责人和重庆市 15 家旅行社和 5 家新闻媒体出席推介会。

9 月 9 日，江门市组团参加由省旅游局主办，江门市旅游局、肇庆市旅游局和韶关市旅游局共同承办的“2009 广东（北京）旅游推介会”。推介会上，江门市旅游局、肇庆市旅游局、韶关市旅游局主要负责人分别介绍当地丰富的旅游文化资源和旅游精品线路。江门市推出中国第一侨乡，开平碉楼与村落世界文化遗产和温泉、海岛度假休闲旅游产品。

【珠三角城际旅游大联动】 2009年，分别与珠海、中山、深圳、东莞、佛山、惠州、肇庆等城市签订旅游紧密合作协议，组织开展区域万人游等活动，有效地带动全市的短线游、自驾游。全年接待省内旅游团队客人32.65万人次，同比增长61.87%。

3月21日，由广州、深圳、珠海等珠三角九个地市联手举办的“珠三角城际旅游大联动”之“万人游江门启动日”活动在江门市古兜温泉举行，江门市副市长李崴、市旅游局局长周锦新、广之旅总裁陈白羽以及新会市旅游局、开平市旅游局的有关领导，以“千人宴”配合“文化汇演”的形式，宴请来自广州等八市的千人旅行团。

【江门、中山开展万人互游活动】 2009年3月15日，由江门市旅游局、中山市旅游局主办，新会区旅游局协办，菊城假期独家承办的“春游南粤，畅游江门”江中万人互游大型旅游启动仪式在新会崖门古战场隆重启动。首批1500多名中山市民分别参与新会市宝翠玫瑰园、玉湖桃花岛、赏禾雀花一天游，崖门古战场、古炮台一天游，古兜温泉雍容华贵之旅纯玩一天团及西江鲍鱼“蚬”粥美食一天游。

【第一届旅游联盟高峰（江门）论坛】 2009年2月17～18日，由江门市旅游局、湖湘天下旅游联盟、中国龙马旅游联盟主办的第一届旅游联盟高峰（江门）论坛推介会暨江门旅游推介会在新会古兜温泉举行。来自全国近80家旅行社负责人及江门各市、区旅游主管部门及旅游单位负责人参加活动。论坛围绕进一步推动江门开平碉楼——川岛——温泉休闲旅游的主题及旅游行业发展的热点问题进行探讨。会上，市旅游局局长周锦新表示，江门旅游的三大品牌——开平碉楼、海岛、温泉都期待更多的旅游联盟前来宣传、开发。湖湘天下旅游联盟、武汉神州行旅游联盟、四川川西旅游联合体、中国飞龙旅游联盟等联盟的负责人就旅游联盟的发展及如何推动江门开平碉楼——川岛——温泉休闲旅游等作了发言。开平、台山、新会旅游局及江门市大方旅游国际旅行社有限公司的负责人也分别作了推介。会议期间，与会嘉宾对开平碉楼、新会古兜温泉、崖门古战场、小岛天堂、梁启超故居及台山上、下川岛进行考察。

【2009年江门市十佳农土特产品评选活动】 2009年9月18日，由江门市旅游局、江门市农业局、江门广播电视台、江门日报社联合举办的“2009年江门市十佳农土特产品”评选会议在逸豪酒店隆重举行，60种来自江门各市（区）的名优特色农土产品参加评比。通过综合市民的网上投票和评委的现场投票，选出初级类“十佳”产品：新会陈皮、冲蒌黑皮冬瓜、杜阮凉瓜、马冈鹅、岗州春虫草子实体、珍香大米、锦江红橙、金山火蒜、潮连白王鸽、粤金科山鸡、珍珠鸡鲜蛋。加工类“十佳”产品：大有凉果系列、丽宫陈皮月饼、陈皮饼系列、金马牌桔普茶、上等仁黄金饼、鹏中皇广式腊味制品、参皇香鸡、大人山牌簕菜茶、荷塘冲菜、东古野山椒、宝塔牌腊味。

江门市举办“十佳农土特产品”评选活动

【旅游信息化工作】 2009年7月，江门旅游网重新改版，内容涵盖碉楼、海滨、温泉、生态、人文、美食、购物、娱乐等内容，收集了全市所有旅游单位的详细情况，公布酒店、景区、旅行社名录，方便行业内外人员查阅。政务版设有“办事指南”、“网上办公”、“网上投诉”和“IC卡申请”等便民栏目，市民可以足不出门办理有关业务工作。

旅游资源开发和景区(点)建设

【旅游规划】 2009年，完成《世界文化遗产——开平碉楼与村落保护与开发利用研究》课题研究工作的策划、调研、报告编写工作；根据省旅游局、市政府部署，落实《珠江三角洲发展规划纲要》、《珠中江旅游一体化发展规划纲要》各项规划工作任务；开展《广东省滨海旅游业发展规划》、《江门市旅游产业发展规划概要》整编工作。

【旅游区（点）与基础设施建设】 2009年，江门市在建的旅游项目达80多亿元，正在洽谈的旅游项目超过100亿元。其中在建的旅游区（点）主要有新会银湖湾湿地公园游艇休闲度假区、恩平盛林生态旅游度假区、恩平美林温泉小镇、世界遗产开平碉楼与村落旅游配套设施项目；在建的旅游饭店主要有新会龙泉酒店按五星级标准扩建、上川岛圆山大酒店、江海区海逸酒店和鹿茵酒店按五星级标准兴建。正在洽谈的重点项目有开平赤坎古镇、上川岛旅游整体开发项目、台山海龙湾旅游项目、鹤山新水乡项目、蓬江区良溪古村落等。

【新开发、新建设旅游区（点）介绍】

〖**恩平盛林生态旅游区**〗　由山泉湾花园酒店度假区和岑洞峡谷漂流旅游区组成，占地2000多亩，计划投资15亿元，预计年产值1.2亿元，创造就业岗位700个。项目于2007年1月26日奠基，目前正处于建设阶段。其中山泉湾花园酒店度假区总建筑面积为6万平方米，现已完成5万多平方米。其中酒店1~6号主楼、水疗馆、别墅区等主体建设已完成，计划2011年4月全面竣工，5月酒店正常营业；岑洞峡谷漂流旅游区已建好岑洞全长16公里公路，漂流坑道总体工程已全面完成，水上乐园、射击场、滑草场、拓展基地、熏衣草王国、服务大厅、停车场等项目已建好，计划于2010年4月试业。

〖**新会银湖湾湿地公园**〗　位于江门市新会区的西南，东与珠海隔海相望，毗邻港澳，拥有围垦土地6.4万亩和3.6万亩海域滩涂，周边紧靠古兜温泉度假村及崖门古战场、古炮台、梁启超故居、小鸟天堂等景点。2005年制定开发规划，总体定位为“生态休闲旅游新镇”，目标定位为“华南地区最时尚生态休闲旅游度假胜地”，以健康为主题，主打“生态”、“观光”、“休闲”、“度假”、“体验”、“科教”六大旅游产品，分为“三片九区”（滨海湿地保护片：湿地核心保护区、红树林保育区；生态休闲度假片：综合服务区、健康主题社区、生态环保娱乐区、高档运动休闲区、东方威尼斯游憩区；旅游农业示范片：农渔耕作区、土地储备区）。2009年改建中心南路，配设供水管5.5公里，安装3000千伏安输电设施设施和11万伏变电站，停车场完成填土砌石工程。

【乡村旅游】　2009年，江门市大力发展乡村旅游和生态农业，全市有11个镇村被评为“广东省旅游特色镇村”，其中新会古井镇（宋元古战场）、开平赤坎镇（欧陆风情）、台山川岛镇（海岛沙滩）、新会崖门镇（蔡李佛始祖、古兜温泉）被评为“广东省旅游特色镇”；恩平歇马村（举人文化）、鹤山双桥村（南国水乡）、新会天马村（鸟的天堂）、开平自力村（世遗碉楼）、台山五丰村（归侨风情）、开平马降龙村（世遗碉楼）、恩平石头村（石头探秘）被评为“广东省旅游特色村”。

【旅游扶贫】　2009年，开平碉楼世界遗产景区第二期经参加省大型旅游项目的竞争性分配，获得旅游扶持资金为500万元。资金将重点投入2010年动工建设的文化展示区和游客中心项目建设。该项目总占地面积50984平方米。首期建设占地面积9805平方米，总投资2800万元。建设内容包括改造旧建筑设施1560平方米，新建接待中心650平方米、旅游购物中心415平方米，计划总投资约736万元，计划于2011年春节前竣工。展示区将向游客全面华侨奋斗史、发展史、世界遗产名录、申遗历程以及相关等系列内容。

【旅游强县工作】　2009年，台山市市委、市政府成立以市长为主任，全市25个相关单位为成员的侨乡旅游节组委会，以“川岛风情，欢乐侨乡”为主题，举办风帆遨游表演、国际沙雕节、女子沙滩排球赛、侨乡美食节和开、闭幕式大型文艺晚会等一系列活动，通过旅游节庆活动调动各方面因素，推动旅游强县工作。同时，市财政投入100多万元，支持旅游区创A，以创建4A为推手，打造高品质休闲度假胜地，川岛旅游度假区和富都温泉度假村创4A工作于2009年年底通过国家旅游局验收。台山市还认真抓好星级旅游饭店的申报和新建酒店的规划，天富文华大酒正式挂牌三星酒店，碧桂园凤凰酒店申报五星级酒店通过初审。

【全国工农业示范点建设】　新会现代农业基地是全国首批农业旅游示范点，也是全国首批科普教育基地，基地把现代农业生产示范、科普教育与农业旅游集于一身，设有无土栽培果菜园、名优花卉园、优质水果园、旅游服务中心、野趣园、检测化验培训大楼、现代化智能温室、野菜餐厅、基地产品及新会特产展销厅等。近年来，现代农业基地积极发展“农家乐”旅游项目，吸引游客到摘瓜果、吃野菜、逗驼鸟。2009年，该基地共接待游客7.75万人次，客源主要以亲子团和学生团为主。

旅游行业监督管理

【旅游市场监督】　2009年，市旅游质监所全年共受理旅游投诉27宗，投诉决案率为100%，有效维护游客的合法权益。旅游、公安、工商等部门联合开展执法检查，重点打击和取缔“黑社”、“黑导”、非法旅游企业和违规经营的旅行社，并对“零负团费”和虚假旅游广告等不正当经营行为进行查处和治理。旅游、交通部门大力整顿旅游运输市场，严肃查处“黑车”等非法经营行为。5月1日，新修订的《旅行社条例》正式施行后，邀请省旅游质量监督管理所领导上门对有关条款进行宣讲，组织各市、区旅游局及市直旅行社、旅游大专院校负责人参加学习。同时，通过江门五邑旅游网和《侨乡旅游》杂志对新条例有关热点问题进行解读，帮助旅行社经营者和旅游者加深理解。同时，大力整顿导游队伍，在各景区、购物商场对导游持证情况进行专项检查，发现问题及时纠正。查处导游人员超计划超时购物、私拿回扣、擅自变更旅游线路、降低服务质量标准以及庸俗、迷信讲解等行为。

【旅游安全管理】 2009年，江门市旅游局结合“安全生产年”工作大力开展旅游行业隐患排查活动，消除安全隐患，督促各市、区旅游局和旅游单位建立和完善安全应急预案，加强演练，提高全市旅游业应急处理能力，指导旅游单位开展宣传教育活动，提高员工安全意识。4月，对参加导游员继续教育培训的200多名导游员进行消防安全知识教育培训，印制数万册旅游安全知识小册子，派发到每一个旅游从业人员手上，并针对部分旅游单位安全档案不规范的情况，于6月全市“安全生产月”期间组织各市、区旅游局安全负责人和市直酒店、旅行社、景点及40多人进行安全档案培训，提高安全注册主任的安全档案管理水平。全年没有发生安全责任事故。

【旅行社管理】 2009年，江门市新增台山市广游旅行社和开平市广聚旅行社。至年底，全市共有旅行社46家，其中出境游组团社5家。积极参加全省旅行社统计调查行动，全市有43家旅行社参加，模清了全市旅行社经营、规模等情况。于9月完成了全市旅行社换发《旅行社许可证》工作。全市旅行社积极参加国家旅行社责任保险统保示范项目，参保率和达标率均为100%。

【导游员管理】 2009年，江门市继续贯彻执行导游资格考试制度，严格按有关文件要求做好香港、澳门永久性居民中的中国公民报考全国导游人员资格考试的工作。加强对导游员IC卡年审工作，严格按照导游证IC卡记分管理办法，以导游员的接待团量和人数、投诉情况为年审依据材料，对全年累计扣分达10分者或不能提供劳动合同（协议书）者不予通过年审。

【旅游饭店管理】 2009年，江门市通过星级饭店评定、复核等工作，促进各旅游饭店按照星级评定标准，改造硬件设施，改进服务质量。江门丽宫国际酒店经过多次检查、整改，硬件设施和服务质量有很大的提高，被国家星评委评定为五星级饭店，台山碧桂园凤凰酒店经多次检查整改，基本符合五星级饭店标准，已向省星评委申报五星级初评。至年底，全市共有星级饭店30家，其中五星级饭店4家，四星级饭店3家。全市进一步推进绿色旅游饭店创建活动，指导各星级饭店响应国家节能减排的号召，进行技术改造和升级，加强管理措施，大力降低能耗和减少污染物的排放。

2009年9月22日，江门举办2009江门侨乡美食购物节

【旅游标准化建设】 2009年，江门市旅游局印发《关于加强景区标识牌规范管理的通知》，对全市景区标识牌按照国家标准和要求进行检查和规范。台山川岛和富都温泉创建4A工作和鹤山碧桂园凤凰酒店创五星工作取得显著成效，川岛和富都温泉通过国家4A景区评审，市星评委积极开展旅游饭店星级评定工作，大力促进各饭店按照星级评定标准，改造硬件设施，改进服务质量，加强经营管理，全面提高接待服务水平，台山碧桂园凤凰酒店申报五星级饭店，江门丽宫国际酒店被国家星评委评定为五星级饭店，开平华侨大厦评定为二星级饭店，新会区富豪酒店、台山市新发（美丽华）酒店、台山市广海海洋大厦、开平广播电视大厦在年度复核中由于硬件设施、消防安全和服务质量等方面问题被取消星级资格。

旅游教育培训和精神文明建设

【旅游教育培训】 2009年，江门市设置旅游专业的高等院校共2家，分别是江门市职业技术学院、广东江门艺华旅游职业学院；中专类7家，分别是江门市杜阮旅游职业学校、江门市高级技工学校、新英职业学校、江门市第一职业高级中学、台山市职业技术学校、开平市旅游职业学校（开平市第五中学）、鹤山市职业技术高级中学。旅游院校每年培养580多名中、高等旅游专业人才。全市旅游行业全年开展从业人员教育培训共15749人次。江门市旅游局与江门市职业技术学院共同在开平设立外语培训校外基地，提供外语学生校外学习和实践平台，通过实地教学，提高外语学生的讲解能力，为景区旺季需要外语导游提供储备。

2009年，全市共组织364名考生参加2009年度全国导游人员资格考试，通过率33.8%；组织800多名导游人员参加2009年度导游员继续教育培训班，邀请行业专家、资深导游讲课，参加培训的导游864人次。

【旅游行业精神文明建设和行风建设】 2009年，江门市旅游局积极倡导全行业开展诚信旅游、文明旅游活动，不断增强旅游企业诚信经营意识，改善旅游市场环境。各旅行社向游客派发《中国公民国内旅游文明行为公约》、《中国公民出境旅游文明行为指南》，在旅游行业和游客中营造“文明旅游从我做起”的浓厚氛围。

6月21日，由市旅游局局长周锦新为组长，成员由江门市旅游局、鹤山市旅游局、恩平市旅游局和开平市旅游局共12人组成的江门市旅游代表团前往四川汶川县开展旅游考察和交流活动。代表团先后考察映秀震源、漩口中学等地震遗址，参观江门市对雁门乡的援建项目汶川一中、雁门小学两所学校、雁门乡萝卜寨旅游区和重建项目，并在汶川县政府会议室召开两地旅游座谈会。

江门市举办2009旅游行业服务技能大赛总决赛

【2009旅游行业服务技能大赛总决赛】 2009年9月14日，由江门市旅游局、江门市劳动和社会保障局、江门市总工会、共青团江门市委员会联合主办，以“提升旅游服务技能，展示魅力侨乡风采”为主题的2009旅游行业服务技能大赛总决赛和烹饪大赛分别在江门逸豪酒店拉开帷幕。江门市旅游局周锦新局长、江门市劳动和社会保障局孔继深副局长、江门市总工会王雄副主席、江门市旅游局张华副局长等领导参加出席各项赛事活动。本次大赛设有7个项目，共有300多名选手进入决赛，产生个人奖70个、团体奖项9个。竞赛形式由理论考试和实操两部分组成，竞赛内容分别为中餐服务、西餐服务、客房服务、前厅服务和调酒项目五大工种类别。300位来自江门各旅游行业服务岗位的选手激烈的角逐。开平市潭江半岛酒店司徒艺文等获“中餐服务类”前十名；江门市名冠金凯悦大酒店有限公司李笑燕获“西餐服务类”前十名；江门市逸豪酒店李冀东获“客房服务类”前十名；逸豪酒店钟洁芳获“前厅服务员类”前十名；台山碧桂园凤凰酒店许杰获“调酒师”前十名；中式面点师金奖由梁桂元等8人获得；中式烹调师金奖由张发妙等8人获得；江门市逸豪酒店代表队获团体一等奖。整个大赛持续3个月。

纪 事

4月20日 从即日起至2009年12月31日，江门市户籍居民（含四市三区）凭身份证、外来务工人员凭江门市暂住证到有关景点旅游享受4至9折优惠。

4月23日 珠中江三地共同签署《旅游质监互动合作协议》。

5月8日 江门、珠海、中山三地地局的负责人在珠海签订旅游合作协议，共同打造珠江口西岸文化休闲旅游目的地区域。

5月22～26日 江门市旅游局率领由市县旅游局及旅游企业组成的旅游推介团分别在四川省成都市和重庆市举行大型旅游推介会。

6月19～20日 香港旅游发展局一行20人到开平市考察旅游环境及旅游资源开发情况，以加强两地旅游更紧密的合作。

6月21日 江门市旅游代表团前往四川汶川开展旅游考察及交流活动。

6月26日 市政协第十一届七次常委会议就加快旅游业大发展进行专题议政。

8月12日 江门市副市长李崴会见台湾旅游业界组成的一行15人考察团。

9月25日 由市人大常委会委员、副秘书长马荣炽、凌伟中等8名市人大代表分别到开平、恩平开展旅游调研考察工作。

10月18日 新会区经贸局和旅游局联合策划推介五邑地区首条“手信”一条街——新会区世纪广场旅游商品特色街举行了开业亮灯仪式。

11月14日 江门市在开平市城市文化广场举行司徒美堂诞辰140周年铜像揭幕仪式。

11月26～28日 开平碉楼与村落世界遗产旅游博览会暨亚洲奖励休闲旅游展在澳门威尼斯人会展中心举行。

12月5日 2008江门市优秀旅游商品评选活动在开平市福纳千家塘口旅游服务区举行。

（黄建廉、杨剑明、廖文英、周德儒、余文顺、刘若波）

阳江市

综 述

【概述】 2009年，阳江市旅游业克服强台风“黑格比”摧毁海陵岛大堤、甲流疫情、金融危机造成的影响，按照“打基础、抓规范、拓市场、促发展”的思路，做大做强旅游业，推动旅游业持续较快发展。全市旅游接待人数648.85万人次，比上年增长15.3%。其中接待过夜旅游者277.22万人次，比上年增长13.07%；一日游游客371.64万人次，比上年增长17.1%；实现旅游业总收人35.10亿元，比上年增长16.92%，相当于全市国内生产总值比重的6.8%。

【旅游产业规模】 截至2009年底，阳江市拥有旅行社23家，其中出境组团社1家；星级饭店33家。其中五星级饭店3家，四星级饭店3家，三星级饭店17家，二星级饭店10家。客房数3166间，床位数5910张；拥有A级旅游景区3家，其中4A级2家、3A级1家。

【市领导关心旅游业】 2009年3月17日，阳江市委书记、市人大常委会主任林少春到海陵岛试验区开展旅游调研，现场考察海陵岛旅游环境综合整治工作中的闸坡银滩大道改造、大角湾东区环境改造、闸坡综合市整治三大工程的建设情况，听取了海陵岛试验区负责人关于山海湾等旅游项目进展情况的汇报。3月5日，阳江市委副书记、市长魏宏广到海陵岛试验区检查旅游环境综合工作，听取海陵岛试验区主要领导的工作汇报。陈华康、陈芝岳、李孟志、阮永钦、陈荣欣等市领导陪同检查。4月30日，魏宏广组织调研组到海陵岛试验区开展调研活动，成员包括陈华康、李孟志、陈荣欣等市领导以及市国土资源局、旅游局主要领导。调研组听取有关海陵岛旅游环境综合整治情况的汇报，重点检查海陵岛旅游大道、海滨大道、银滩大道旅游环境综合整治和察看保利、海韵国际大酒店施工现场以及大王山项目用地等情况。5月1日，魏宏广再次到海陵岛试验区检查旅游环境综合整治工作，并听取海陵岛试验区主要领导的工作汇报。3月6日，市委常委、常务副市长陈华康出席阳江市自驾车游服务中心落成启用仪式。该中心是由市旅游局管理，集现代化、多功能为一体的旅游服务场所，可为自驾车游客提供旅游接待、线路指引、导游解说、租车服务、旅游保险、票务代理、客房预定等多种服务。3月20日，阳江市委常委、常务副市长陈华康到海陵岛试验区召开旅游环境综合整治现场办公会，考察了海陵岛旅游环境综合整治的闸坡银滩大道改造、大角湾东区环境改造、闸坡综合市整治三大工程的建设进展情况。3月27日，陈华康再次到海陵试验区考察旅游环境综合整治工作，听取旅游环境综合整治工作最新进展情况汇报，并考察了三山岛旅游项目。由阳江市政府办副调研员陈荣欣以及市发改局、国土资源局、旅游局等有关部门领导组成的调研组陪同考察。4月1日，陈华康到海陵岛试验区检查旅游环境综合整治工作，现场检查了闸坡银滩大道改造、大角湾东区环境改造、闸坡综合市整治等三大改造工程的建设进展情况。

【试行国民旅游休闲计划】 2009年4月25日，由广东省旅游局、阳江市人民政府共同主办，阳江市旅游局、海陵岛试验区管委会共同承办的阳江市国民旅游休闲计划启动仪式在大角湾东区广场举行。阳江市委常委、常务副市长陈华康致辞，他指出：“推行国民旅游休闲计划活动，是全市旅游行业落实‘扩内需、保增长、促民生’的具体行动，要以新辟旅游线路、优惠门票、优质服务、让利于民、优惠于民的方式，开发一批与城乡居民需求相一致的乡村游、都市游、短程游等旅游休闲精品项目和线路。”粤港澳66家旅行社负责人和逾百名媒体记者及1500多名省内外游客应邀参加。启动仪式上，全市21家旅游企业（13家酒店和景区、4家旅行社、4家示范购物点）被评为“阳江市国民旅游休闲计划示范单位”，海陵岛试验区被评为“阳江市国民旅游休闲计划示范基地”。阳江市旅游企业还联手推出84项旅游优惠项目、优惠总值超过26亿元的现金代用券，选择省内一家媒体发行100万份，每份总值2663元，其中单张代用券面值最高面额500元；与工商银行共同推出的牡丹国民旅游休闲卡和大角湾“阳江年票通”。

市旅游部门组织开展了一系列活动，包括“珠三角千车万人自驾游阳江”活动，阳春推出“春耕亲子游”、“休闲、修学游”；阳西和海陵岛联合推出“咸水矿—月亮湾—

海陵岛”蓝色风景线优惠组团活动；海陵岛与阳江温泉度假村推出“日游大海、夜泡温泉”系列活动等。

【召开2009年全市旅游工作会议】 2009年3月24日，阳江市旅游局在市委会堂召开全市旅游工作会议。市委常委、常务副市长陈华康出席会议并作重要讲话。市旅游局局长丁锡丰作2008年度旅游工作总结报告，全面动员部署2009年全市旅游工作。市政府与各县（市、区）旅游局（管理中心）和部分企业签订了旅游安全责任状。

【广东海上丝绸之路博物馆正式开馆】 2009年12月24日，阳江市政府、省文化厅在海陵岛十里银滩举行“广东海上丝绸之路博物馆”开馆庆典仪式。广东省委常委、省委宣传部部长林雄宣布“广东海上丝绸之路博物馆”正式开馆，国家文物局长单霁翔、广东省副省长雷于蓝、广东省文化厅长方健宏等，以及阳江市委书记林少春、市长魏宏广等领导和各界嘉宾近千人共同见证了这一历史时刻。

广东海上丝绸之路博物馆是为具有800多年历史的宋代古沉船“南海Ⅰ号”度身定做的，是世界首例将古沉船水下考古发掘过程向观众展示的动态专题博物馆。博物馆共分3大展区8个展厅。主体工程由省政府投资1.9686亿元建设，于2005年12月28日动工兴建。“南海一号”从1987年8月被意外发现，到2007年12月22日被整体打捞出水，历时20年。开馆当日，逾千名省内外游客分批进入博物馆参观。

广东海上丝绸之路博物馆全景

旅游接待与收入

【入境旅游】 2009年，阳江市接待入境旅游者4.20万人次，比上年下降23.19%。其中外国人0.51万人次，比上年增长75.01%；旅游外汇收人1411.94万美元，比上年下降8.13%。

【国内旅游】 2009年，阳江市接待国内旅游者273.02万人次，比上年增长13.90%；旅行社组团国内游16.55万人次，比上年增长26.63%。其中：省内游12.57万人次，比上年下降54.02%，旅行社组团省外游3.98万人次，比上年下降18.89%；国内旅游收入34.13亿元，比上年增长17.90%。

【出境旅游】 2009年，阳江市旅行社组团出境游583人次，比上年下降89.16%。其中：香港游207人次，澳门游219人次，出国游157人次。

【假日旅游】 2009年春节旅游黄金周，阳江市接待旅游49.3万人次，旅游总收入16175万元，分别比去年同期下降0.36%和增长0.65%；“十一”旅游黄金周全市接待旅游58.25万人次，旅游总收入达20499.5亿元，同比增长51.3%和73.7%。

旅游宣传促销与节庆活动

【旅游宣传促销】 2009年，阳江市旅游宣传促销以“碧海银滩船说阳江”为主题，开展各项宣传促销活动，进一步树立旅游新品牌和新形象。2月3日，阳春市举行传统的“玉皇圣诞”活动，吸引了来自广州、深圳、湛江、茂名、阳江等地5万人多名游客参与。设有168张餐桌，1600名游客与当地村民参加的“千人大宴”，展示了当地500年的民俗风情；2月20日，阳春市旅游局在佛山市举行以“走进百里画廊，畅游水墨阳春”为主题的旅游推介活动；3月9日，阳江市以征集滨海旅游和“南海Ⅰ号”旅游文化为主题宣传口号举办论证座谈会，邀请中山大学、暨南大学和广州地理研究所等权威机构的专家参加。阳江旅游城市品牌形象以“碧海银滩·船说阳江”重新的定位和打造，阳江旅游独特魅力更加显现。

4月14～16日，阳江市组织旅游企业参加“两广十市”区域旅游合作（来宾市）联席会议。会上，十市与会代表就如何进一步推进区域旅游合作积极建言献策，阳江市与云浮、贵港、来宾三市签订《旅游宣传合作框架协议》；4月26日，2009世界旅游精英博鳌峰会在海南博鳌亚洲论坛国际会议中心召开，阳江市借机在本次论坛上推介山海兼优旅游资源，特别是“南海Ⅰ号”旅游文化的独特旅游资源。经论坛组委会专家组的评选，该市荣鹰“国际王牌旅游目的地”城市；5月27日，农历五月初四的千年古墟“高流河墟”，前来赶墟的群众和旅客有18万人次，同比增长15%，来自各地的旅游团队有80多个。阳春市区和合水镇的饮食业、零售业和宾馆业异常火爆，春湾龙宫岩、崆峒岩等景点人头涌涌，当天全市旅游总收入达500万元；9

月6~9日，阳江市组织各县（市、区）旅游局、旅游企业参加第五届海峡旅游博览会。在由省旅游局主办，阳江、汕头、韶关、梅州、潮州、清远、揭阳7市旅游局承办的2009广东（福建）旅游推介会上，“南海Ⅰ号”的出水历程、文物价值和历史文化内涵及广东海上丝绸之路博物馆建设情况进行重点检推介，与会人员产生浓厚兴趣，进一步加强了阳江与福建、台湾的旅游交流与合作，促进海峡两岸旅游业的共同发展；11月25~27日，阳江市由市委常委、常务副市长陈华康率领市旅游局、旅游企业代表一行参加“两广十市”区域旅游合作（茂名）联席会议。与会各方达成共同“建立一个日常工作机制、打造一条精品旅游路线、打造一个旅游节庆、打造一个宣传促销平台、设立一项奖励基金”5项共识；12月3~5日，由省旅游局组织广东旅游代表团赴重庆市开展旅游合作与交流活动。阳江市旅游局领导及龙之旅旅行社总经理随团参加活动；10月至12月，阳江市与省内其他地级以级以上市联合在中央电视台CCTV－4《海峡两岸》栏目播放城市旅游专题宣传片，每天进行城市旅游品牌的宣传，使国内外旅游者和投资商关注阳江旅游资源。

【阳江市党政考察团赴粤东考察】 2009年5月19~22日，阳江市委书记、市人大常委会主任林少春，市委副书记、市长魏宏广率领阳江党政考察团，赴梅州、揭阳、潮州、汕头、惠州粤东五市考察，学习借鉴兄弟城市的先进经验，共谋合作共赢的发展大计。市领导韦丽坤、陈华康、梁本佳、莫章德、周乐荣及各县（市、区）、市直有关单位主要负责人参加考察。

【签订《旅游宣传合作框架协议》】 2009年4月14~16日，阳江市政府办公室副调研员陈荣欣、阳江市旅游局副局长柯远平率领市有关旅游企业、新闻媒体代表赴广西来宾市参加“两广十市”区域旅游合作联席会议。十市与会代表就如何进一步推进区域旅游合作积极建言献策。阳江市与云浮、贵港、来宾三市签订《旅游宣传合作框架协议》。

【阳江市和江门市旅游局签订旅游交流合作协议】 2009年4月28日，阳江市委书记、市人大常委会主任林少春，市委副书记、市长魏宏广率领阳江市党政代表团赴江门市考察，学习江门招商引资、园区建设和城市建设的好经验、好做法，商讨进一步扩大交流合作，贯彻落实《珠江三角洲地区改革发展规划纲要》，推动两市新发展。两市旅游局签订了旅游交流合作协议，达成合作共识。

【2009年阳江旅游文化美食节】 2009年9月17至10月2日，由阳江市人民政府与广东省旅游局共同主办的2009年旅游文化美食节在市人民广场隆重开幕。市委常委、常务副市长陈华康，省旅游局副局长张振林分别致辞。市领导陈成洪、谭保明，以及来自省内外嘉宾出席开幕式。此次旅游文化节主会场主要活动包括：2009年阳江市旅游文化美食节开幕式，“碧海银滩·船说阳江”旅游招商暨旅游推介会，“船说阳江”旅游线路考察采风活动，2009年阳江市旅游美食节（烹饪技术大赛、“广东优质月饼”评比、中秋阳江名优月饼大展销、阳江名家小吃和名优旅游食品展销），“十社百团万人”阳江游等活动。分会场主要举办了阳江市温泉狂欢节，2009首届阳春美食节，“船说阳江，律动南海”海陵岛沙滩音乐舞蹈沙龙活动，阳西山歌节等活动。

2009年阳江旅游文化美食节

【2009广东国际旅游文化节阳江分会场】 阳江市作为2009广东国际旅游文化节的分会场举办了一系列活动，包括在海陵岛举办的“船说阳江，律动南海”——海陵岛沙滩音乐舞蹈沙龙系列活动，在阳春市举办的2009首届阳春美食节，在阳江温泉、阳西温泉、春都温泉举办的阳江市温泉狂欢节以及在阳西县举办阳西山歌节等；在市区举办2009年阳江市旅游文化美食节。阳江市委、市政府首次将旅游文化节和旅游美食节合在一起举办，进一步整合阳江旅游资源，加强阳江旅游文化与美食文化结合，彰显阳江旅游文化和美食的魅力，树立阳江整体的旅游形象。

11月13~16日，阳江市旅游局组团参加2009广东国际旅游文化节暨泛珠三角旅游推介大会在广州举办系列活动，包括组织旅游企业参加广东国际旅游展览会暨海峡两岸旅游投资交流会和旅游招商会以及花车巡游等活动，大力宣传推介阳江旅游，达到预期宣传效果。

【第七届南海（阳江）开渔节】 2009年8月1日，第七届南海（阳江）开渔节在海陵岛闸坡国家中心渔港开幕，本届开渔节新增祭海仪式、疍家婚俗表演等内容。开渔节期间海陵岛共吸引7.9万名游客，同比增长36.2%。

旅游资源开发和景区(点)建设

【概述】 阳江市是位于广东省西南沿海中部的海滨旅游城市，为中国“风筝之乡”、“刀剪之都”、“中国优秀旅游城市”。阳江有470多公里的海岛岸线，海陵岛是中国“十大最美”的海岛之一，大角湾是国家4A级旅游景区，十里银滩被载入世界吉尼之最，“南海1号”宋代沉船被称为“海上敦煌”；阳江有105公里长市的喀斯特峰林地貌景观，以阳春国家地质公园凌霄岩、龙宫岩景区、崆峒岩最具代表；阳江温泉资源丰富，已发现21处；阳江湖光山色、瀑布美不胜收，阳东的东湖星岛、八甲的鹅凰嶂的森林生态、飘布最为著名；阳江物产富饶，“阳江三宝”等旅游特产和特色美食丰富多彩；阳江风情独特，放风筝已有1400多年的历史，素有“北潍坊，南阳江”之称。唱山歌、贴春联、端午龙舟节、阳春高留墟等是这里的独特风情。

阳春马兰油菜花香

【旅游区（点）与基础设施建设】 2009年，阳春市凌霄岩风景区被评为国家4A级风景区；广东海上丝绸之路博物馆及配套设施已建成并于2009年12月24日正式开馆；十里银滩西区旅游综合开发项目已完成征地、土地招标挂牌拍卖等相关前期工作；阳春温泉度假村、阳东山水绿洲度假村项目已完成征地、及前期规划工作。一批旅游重点项目建设进展顺利，阳江涛景高尔夫球场二期，阳江温泉高尔夫球场均已竣工并投入使用，闸坡大角湾东区旅游环境整治项目取得成效。景区景点基础设施建设不断完善，通往凌霄岩景区的道路已竣工通车。旅游服务配套设施正逐步健全，正式启用了阳江市自驾车游服务中心阳江（白沙）自驾车游服务中心，自驾车游服务站（开阳高速梁金山服务区）、海陵岛东区二期整治项目、海陵岛自由岛、新圣洋渔业休闲基地、阳西大垌山风景区、沙扒海天旅游度假区、阳春合水平北农家乐示范基地、凌霄岩风景区等。同时，市旅游局做好指导各县（市、区）新建改造景区旅游厕所、建立游客咨询中心、创建国家级工农业示范点等工作。

【旅游规划】 2009年，阳江市以贯彻实施《珠三角地区改革与发展规划纲要》为契机，对已修编的《广东省阳江市旅游发展总体规划（2007—2020）》进行修订。阳江市委、市政府以各县（市、区）党委、政府结合科学发展观学习实践活动，充分认识发展旅游必须科学规划先行的理念，把阳江的资源优势通过规划转变为发展旅游经济资本优势。目前，阳春市旅游规划修编工作开始启动，阳东、海陵岛、阳西旅游规划编制工作也陆续启动。

【旅游投资与招商】 2009年9月19日，阳江市在阳江凤凰酒店举办“碧海银滩·船说阳江”旅游招商暨旅游推介会。市领导陈华康、陈成洪、谭保明，省旅游局副局长张振林以及300多名省内外旅游界人士参加推介会。年内，随着打造广东滨海旅游黄金海岸工作的启动，尤其是展示“南海I号”古船文化的广东海上丝绸之路博物馆的落成开放，引发了阳江新一轮的滨海旅游投资热，国内外著名的投资集团如保利集团、碧桂园等争相抢滩投资旅游酒店和旅游房地产，目前已动工和申报立项开发建设的五星级大酒店超过8家。1月5日，香港新世界环球控股有限公司和深圳市金柱建筑工程有限公司对面积6.23平方公里的大树岛进行旅游项目投资考察，拟将该项目突出打造成为旅游生态岛，将自然美景、海文化和海滨休闲融为一体。

阳江市将重点做好招商引资的项目有：海陵岛雪流湾高级旅游渡假区、阳东县东湖旅游度假区、罗琴雅操旅游项目、儒洞咸水（氡）温泉、螺岛疍家渔村、月亮湾旅游风景区、阳江市一类口岸海陵岛游艇客运码头、阳东东平珍珠湾海水浴场度假区、阳江市石河生态旅游度假区、阳江市平冈咸水温泉度假村、阳江市国之瑰宝工艺博物馆展馆建设项目、阳春崆峒风景区、春湾风景区。

【旅游扶贫工作】 2009年，阳江市旅游局组织全市各县（市、区）旅游局（管理中心）上报旅游扶贫项目。阳春市乡村农家乐基地、海陵自由岛旅游渡假区、阳东县东平大澳渔家文化村渔家乐旅游区和江城区冯盎将军墓纪念公园被列入省旅游扶贫项目，共获旅游扶贫资金万元。旅游扶贫项目全面提升阳江市旅游业质量，进一步优化全市一、二、三产业的结构，促进国民经济健康和谐发展。

旅游行业监督管理

【旅游市场监督】 2009年，阳江市旅游局联合工商、消防、安监等旅游部门对旅游市场进行联合检查，同时也大力规范和整治旅游市场秩序，实施6次专项整顿和规范旅游市场秩序工作，3次参加全市旅游安全大检查行动，受理和协调处理25起旅游投诉案。针对旅游市场恶性竞争容易发生的“零负团费”、聘用无证导游、旅行社与游客签订的合同内容模糊等现象。开展共6次专项整顿和规范旅游市场秩序工作。查处旅行社超范围广告宣传10起；查处旅行社与游客签订不规范合同15起；3次参加市旅游局组织的安全大检查。督促旅游餐馆进行明码标价，做到货签相符；对53家旅游餐馆和农家乐的秤量器进行检查，收缴14台不合格的秤量器；现场调处10宗游客投诉案件，做到件件有着落；收缴8辆禁止参与市场营运的三轮车；对3家旅行社及导游带游客乘坐非法营运船只出海观光的行为作出了警告处理。检查团队20个，导游员IC卡20人。在检查中对6位导游人员的执业不规范行为作现场责令改正。旅游“黄金周”期间，坚持24小时值班，共接投诉电话150个。

【旅游安全管理】 2009年初，阳江市旅游局与市政府签订安全责任状，市旅游局又与各相关旅游企业相应签订责任书，确保做到一级抓一级，一级一级抓落实；3月25日，召开全市旅游安全工作会议；市旅游局成立旅游安全工作领导小组，分别制订了《阳江市旅游安全生产应急救援体建设工作实施方案》、《阳江市旅游公共事件突发应急救援预案》和《阳江市2009年“安全生产月”活动方案》。仅在2009年旅游安全专项整治工作中，全市旅游管理部门共组织检查13次，重点行业和领域安全隐患排查整改企业30家，自查隐患120处，整改完善118处，整改率98%。组织检查组6个，督查企业30家，下达整改指令书10份，责令旅游企业10家，责令整改10项，落实9额整改率90%。

在全市开展的“安全生产月”活动中，围绕“关爱生命、安全发展”的主题，积极参加市安监局组织的“安全日”咨询活动，派发旅游安全知识宣传单张。每逢旅游黄金周安全督查检查，职能部门要求旅行社负责人编排科学合理的旅游线路，保证时间充裕，防止匆忙赶路。严格执行旅游用车制度，严禁使用和租借不符合安全标准的车辆接待旅游团，导游员与驾驶员要形成相互监督的机制。严禁超速、超载、酒后、疲劳驾驶等一切违返交通规则的行为，严格带游客到存在安全隐患的景区（点）旅游；要求星级饭店加强对消防设施设备的检查维修，彻底排查安全隐患，防止火灾事故发生。对旅游景区，要求抓大型游乐设备（如索道、缆车等）、水上交通及游乐设施（如皮筏、游艇等）的检修；对有危险的项目，要事先提醒游客；对危险区域，要设立醒目的提示标志，并采取分流疏导措施，加派人手现场巡查，及时堵塞漏洞，确保旅游安全。

【旅行社管理】 2009年，阳江市新成立的旅行社有广东中旅（阳江）旅行社、阳春市兴达旅行社。至年底，全市共有旅行社24家。新颁发的《旅行社条例》实施后，阳江市旅游局共有22家旅行社重新审核登记发证（组团旅行社1家、其他旅行社21家）。

在旅行社管理方面，要求在组团中与游客签订规范组团合同，明确旅行社与游客双方的义务、责任、权益；积极向游客宣传并落实购买旅游意外保险业务。全市24家旅行社都购买旅行社责任险，投保率100%。对旅行社的宣传广告规范管理，落实登记备案制度，对违规刊登旅游广告的旅行社进行登报通报批评；建立了较为完善的旅行社安全管理档案，制订安全管理制度，落实旅行社法人总经理安全工作责任制，要求各旅行社严禁无证导游出团；12月，市旅游局组织召开2009年度全市旅行社统计工作会议。

【导游员管理】 2009年，阳江市共有导游员330人。4月，阳江市旅游局组织开展导游员培训、导游证年审工作。导游员全部通过年审。年内，按要求先后组织两次参加全国导游资格证考试。第一次有57人报名参考，有26人取得导游资格证，第二次有100人报名参考，有36人取得导游资格证。

【星级饭店管理】 2009年，阳江市新增星级饭店3家，其中两家五星级饭店（碧桂园阳江凤凰酒店、阳春东湖国际大酒店）、1家三星级饭店（名濠饭店）。至年底，全市星级饭店37家。其中通过年度复核有26家，通过评定性复核有3家。因酒店改制、停业装修申请延期复核的有3家：阳江国际大酒店、闸坡银波酒店、阳春花园酒店。因酒店部分设施整改或进行消防整改而暂缓通过复核的有3家：中平酒店、阳春华夏大酒店、旺角大厦。取消星级的有4家：阳江君悦大酒店、东景宾馆、祥安酒店，满江红大酒店。

阳江市美食节烹饪大赛

2009年，阳江市旅游局积极推进全市饭店行业节能减排工作，建议饭店实施计划用水、定额管理，分解用水指标，在客房设立环保标示。同时，部分酒店更换热水管道，完善热水管道的循环系统，对生活用水流程、废水流程进行合理的调整。更改灯光线路，实行一键控制，减少关灯次数，安装高效节能灯，客房用插卡式取电，减少电量，根据季节的生意情况分区域营业并指定专人负责，灵活控制公共区域的照明、空调机恒温度数等来节约用电。空调出口易漏水的地方要用软管引导，在外墙采用节能防曝玻璃，进行噪音防护。加强污水排放的管理，对酒店的排放物、固体物进行分类处理，以改善环境。对垃圾进行分类处理，建设绿色走廊，设置无烟楼层，不使用一次性的台布。

【旅游行业协会】 2009年，阳江市旅游协会共有单位会员200多个，个人会员300多人。协会设置阳江市旅游协会常务理事，设景区委员会、旅行社和导游委员会、宾馆酒店和餐饮委员会、商业、茶艺、娱乐委员会。协会设会员事务部、信息服务部、专业委员会工作部、教育培训部工作部。办公地址：广东省阳江市金山路中段（市汽车总站西侧）。

旅游教育培训和精神文明建设

【旅游教育培训活动】 2009年4月9日，阳江市首届旅游人才招聘会在阳江市职业技术学院体育馆举办。各大旅行社、酒店、旅游景区提供了150多个职位。市职业技术学院、阳江电大、市一职中组织各自的旅游管理、商务英语、财会、文秘等专业学生共400多人参加应聘。组织举办首届饭店管理人才培训班，邀请有关专家授课。组织举办第二期旅游行业管理人员培训班，邀请中山大学旅游学院教授张朝枝讲课，全市旅行社、星级饭店的管理人员共200多人参加培训。

【机构改革】 2009年12月，根据中共阳江市委办公室、阳江市人民政府办公室关于印发《阳江市市级政府改革方案实施意见〉的通知》（阳办发〔2009〕19号），原阳江市旅游局、市外事侨务局、市港澳事务局合并，市归国华侨联合会合署办公。新成立的阳江市旅游和外事侨务局对职能配置、机构设置、人员编制情况进行重组。新拟定的“三定”方案中，该局合并调整后由原来三个单位的13个科室减为10个。内设机构在原有科室总量基础上减少23%。设办公室、旅游政策法规与产业协调科、旅游行业管理科、旅游市场开发科、旅游资源开发与管理科、港澳事务科、外事科、侨务科、文化联络和经济（维权）部。

纪　事

2月3日　阳春市举行传统的“玉皇圣诞”节活动。

3月5日　阳江市委副书记、市长魏宏广到海陵岛试验区检查旅游环境综合工作。

3月6日　市委常委、常务副市长陈华康出席阳江市自驾车游服务中心落成启用仪式。

3月24日　阳江市旅游局在市委会堂召开全市旅游工作会议。

3月25日　阳江市召开旅游安全工作会议。

3月6日　阳江市自驾车游服务中心落成启用。

4月2日　举办全市导游人员培训班。

4月9日　阳江市举办首届旅游人才招聘会。

4月14～16日　阳江市组织有关旅游企业、新闻媒体赴广西来宾市参加“两广十市”区域旅游合作联席会议。与云浮、贵港、来宾三市签订《旅游宣传合作框架协议》。

4月25日　由广东省旅游局、阳江市人民政府共同主办，阳江市旅游局、海陵岛试验区管委会共同承办的阳江市国民旅游休闲计划启动仪式在大角湾东区广场举行。

4月26日　在海南博鳌举办的2009世界旅游精英博鳌峰会上，经论坛组委会专家组的评选，阳江市荣膺“国际王牌旅游目的地城市”称号。

4月28日　阳江市委书记、市人大常委会主任林少春，市委副书记、市长魏宏广率领阳江市党政代表团赴江门考察。

9月17至10月2日　2009年阳江旅游文化美食节在市人民广场隆重开幕。

9月19日　阳江市在阳江凤凰酒店举办“碧海银滩·船说阳江”旅游招商暨旅游推介会。

12月24日　广东海上丝绸之路博物馆正式开馆。

（叶基权）

湛江市

综　述

【总体情况】　2009年，湛江市旅游行业积极贯彻落实省旅游局和市委、市政府决策部署，全力推动湛江市旅游产业快速协调稳健发展。全年全市共举办9项国民旅游休闲大型旅游主题活动。积极推进包括东海岛旅游产业园项目在内的重点旅游项目建设。市政府与广东中旅集团签署《旅游战略合作框架协议》。抓好旅游规划编制，做好《湛江市旅游产业发展规划》的前期准备工作。改革湛江市市级财政旅游专项资金的分配方式，将原来对全市旅游项目基础设施建设资金申报审批改为市级财政旅游专项资金竞争性分配，从市财政落实重点景区项目引导资金120万元。特呈岛红树林生态旅游区项目争取到省旅游扶贫资金500万元。全年全市接待游客总人数1151.15万人次，旅游总收入53.17亿元，同比分别增长29.14%和13.05%，其中人数增幅超过全省平均水平。

【旅游行业规模】　2009年，湛江市共有星级饭店40家，其中五星级1家、四星级6家、三星级24家、二星级9家。星级饭店拥有客房8867间、床位数15649张。恒逸国际酒店、海洋国际酒店、枫叶国际酒店、杏磊湾温泉度假村、新大天然酒店等10多家酒店均按星级饭店标准设计，其他非星级酒店520家；旅行社28家，其中出境游组团社1家；国家A级旅游景区12家，其中4A级旅游景区2家，3A级旅游景区6家，2A级旅游景区4家。另有南三岛旅游度假区、东坡荔园度假村、徐闻白沙湾市级旅游度假区等50多处旅游景点；旅游汽车公司6家、汽车200多辆，接待能力超6000人。旅游船务公司1家，旅游轮船3艘，主要经营湛江港湾游项目；全市旅游直接从业人员4万多人，其中旅游景区从业人员6000多人，持证导游人员976人。间接从业人员近20万人，其中餐饮住宿从业人员约12万人。

【重大旅游活动】　2009年4月27日，湛江市在特呈岛举行湛江市“五一”国民旅游休闲系列活动启动仪式暨特呈岛度假村开业典礼。以“文明生态旅游新海岛”的崭新面貌，隆重纪念胡锦涛总书记视察特呈岛六周年，拉开“湛江休闲游、粤游粤精彩”旅游主题活动序幕。副省长万庆良出席启动仪式并宣布湛江市“五一”国民旅游休闲系列活动启动。省政府副秘书长刘晓捷、省旅游局副局长张振林、省中旅集团总经理王万年，湛江市市委书记陈耀光、市长阮日生，市领导张小刚、麦教猛、梁志鹏等出席启动仪式。启动仪式上，湛江市旅游局为湛江旅游民俗文化评选活动获奖者颁奖。与会嘉宾和2000多名游客登上特呈岛共同参加启动仪式，并游览特呈岛风光，品尝湛江特色美食，观看人龙舞、舞狮、曲艺、编扎等渔家乐海岛旅游休闲活动。

9月10~18日，省旅游局组织湛江、茂名、云浮三市、旅游促销团赴南宁、贵阳、重庆市开展旅游促销推介活动。本次活动以“活力广东、粤游粤精彩”为主题，向西南地区旅游业界及游客推介粤西蓝色滨海、绿色生态、温泉漂流、荔乡风情、六祖故里、红色之旅等众多精品旅游线路和丰富独特的旅游资源。参加活动的有粤西地区湛江、茂名、云浮市政府领导，市旅游局局长，旅游企业负责人和新闻媒体等近百人。整个促销推介活动历时7天，跨越广西、贵州、四川三省（自治区），行程3000多公里。南宁市、贵阳市、重庆市当地政府、旅游局领导，主要旅行社负责人、新闻媒体出席在当地举办的广东（粤西）旅游推介会。

万庆良副省长亲自为湛江“五一”国民旅游休闲系列活动启动仪式鸣锣

11月23~27日，由广东省农业厅、湛江市人民政府支持，广东省茶业行业协会、湛江市农业局、湛江市旅游局共同主办的“首届广东（湛江）茶业博览会暨国庆中秋休闲旅游购物节”（以下简称首届湛江茶博会）在湛江国际会展中心举办。首届湛江茶博会内容丰富、亮点突出：有全国十大传统名茶同台展示并供品尝，有广东省第八届名优茶质量竞赛颁奖大会及获奖茶叶展示、品饮，纪念建国60周年茶文化全国摄影大赛展览，茶艺、茶道技能及各茶区民族歌舞表演，茶文化书画作品展及现场挥毫和万人免费品茶等活动，吸引数10万名市民和游客参与。

【2009中国生态旅游年】 2009年1月1日，湛江市贯彻落实国家、省旅游局开展“2009年中国生态旅游年”活动工作部署，在湛江国际会展中心举行“走进生态湛江、享受休闲旅游——2009湛江生态旅游年”活动启动仪式。湛江市人大副主任刘菊、副市长麦教猛和有关部门领导共同出席启动仪式。2000多名游客参加湛江生态休闲游首发团，分赴廉江、坡头、麻章和市区等地，领略滨海休闲风光，体验中国首家炭理疗保健，参观雷琼湖光岩世界地质公园，与梅花鹿、奇花异木亲密接触，到红橙之乡廉江摘果品尝特色美食，逛超市、书城、泡温泉，享受休闲美食购物的乐趣。据不完全统计，全年共有100多万名游客参与各类生态旅游、休闲体验活动，湛江生态旅游蓬勃开展。

湛江市启动生态游

【试行国民旅游休闲计划】 2009年，湛江市认真组织实施国民旅游休闲计划，举办多项大型的国民旅游休闲主题活动。主要活动有：1月1日，湛江市在湛江国际会展中心举行2009湛江生态旅游年”活动启动仪式。3月12日至4月27日，湛江市旅游局与湛江晚报联合举办“湛江旅游民俗文化评选活动”。4月27日，湛江市在特呈岛举行湛江市“五一”国民旅游休闲系列活动启动仪式暨特呈岛度假村开业典礼。5月28日端午节，由国家体育总局社会体育指导中心、中国龙舟协会、广东省体育局和湛江市人民政府主办的2009年中国湛江海上国际龙舟邀请赛在湛江市赤坎区金沙湾海域举行。来自英国、澳大利亚、加拿大、香港地区、澳门地区、湛江师范学院等33支中外龙舟队角逐邀请赛奖项。11月23～27日，省农业厅、湛江市政府支持，广东省茶业行业协会、湛江市农业局、市旅游局在湛江国际会展中心共同主办“首届广东（湛江）茶业博览会暨国庆中秋休闲旅游购物节”。12月6日，由湛江市人民政府主办，湛江市旅游局承办，赤坎区人民政府、湛江市体育局、广州珠江啤酒股份有限公司协办的“2009湛江旅游美食啤酒节开幕式”在湛江市体育中心举行。12月6日，廉江市人民政府和湛江市旅游局等单位在廉江体育中心举办“2009廉江红橙·旅游文化节暨经贸洽谈会”。据不完全统计，湛江市全年开展国民旅游休闲计划活动共吸引市内外游客超过500万人次，国民旅游休闲活动初显成效。

旅游接待与收入

【入境旅游】 2009年，湛江市接待入境游客8.09万人次，比上年增长27.80%；旅游外汇收入2236.74万美元，占旅游总收入的2.88%，比上年增长18.28%；主要宾馆接待过夜入境游客5.07万人次，占接待入境游客总人次的62.67%，比上年增长53.56%。其中外国人2.15万人次，比上年增长24.54%；香港同胞3.36万人次，比上年增长33.86%；澳门同胞0.27万人次，比上年下降10%；台湾同胞1.23万人次，比上年增长46.43%。

【国内旅游】 2009年，湛江市接待旅客总人数1151.15万人次，比上年增长29.14%，其中接待国内过夜旅游者462.26万人次，比上年增长180.06%；湛江市旅游总收入53.17亿元，比上年增长13.05%，其中国内旅游收入51.64亿元，比上年增长12.95%。旅行社组团省内游10.88万人次，比上年增长37.01%；省外游16.33万人次，比上年增长46.98%。

【出境旅游】 2009年，湛江市旅行社组团出境游6448人次，比上年减少4.1%。其中港澳游4478人次，出国游1970人次。

【假日旅游】 2009年春节黄金周湛江市接待游客96.81万人次，同比增长9.69%，旅游收入2.1亿元，同比增长7.3%。

“五一”小长假，湛江市接待游客68万人次、旅游总收入1.23亿元，同比分别增长12.7%和11.8%。特呈岛成为湛江旅游的新亮点，接待游客超过10万人次。

“十一”黄金周湛江市共接待游客125.88万人次，同比增长17.84%；旅游收入2.42亿元，同比增长16.35%。

旅游宣传促销与节庆活动

【概述】 2009年，湛江市按照“2009生态旅游年”和推行国民旅游休闲计划的各项工作部署，积极开展旅游营销，组织旅游企业先后参加国家、省旅游局举办的广州、大连、西南、昆明等旅游推介会，巩固和开拓珠江三角洲、大西南地区客源市场。精心组织茶博会、文化节、美食节等旅游主题节庆活动，努力打造“相约在中国大陆最南端——彩色湛江”旅游品牌。积极拓宽区域旅游合作。抓住推动全省区域旅游合作的机遇，主动加强与“两广十市”、琼北、港澳、西南各地和泛珠三角洲、东盟等地的旅游交流与合作，组织开展城际旅游活动。

【旅游宣传促销】 2009年，湛江市继续加大对外宣传促销、引客入湛力度，积极拓展省内外客源市场。从3月19日起，湛江市旅游局在市内外设点，向广大市民游客发放面值1600万元的旅游消费券。3月21～29日，湛江市与琼北地区各市联手，以“琼北湛江区域旅游合作组织”名义组织各市酒店、旅行社、景区（点）等旅游企业100多人促销团，赴广州、佛山、东莞市开展“逍遥自驾、阳光GOLF”2009年琼北湛江旅游系列推介活动，通过举办推介会、特色文艺演出、有奖促销等形式宣传琼、湛旅游资源，并向当地旅游企业进行旅游推介，吸引近200家旅游企业及数万名市民参与。促销团还于3月26日参加在广州锦汉会展中心举办的2009年广州国际旅游展览会，设置旅游宣传展位，派发旅游宣传资料13000份。4月17～19日，湛江市组织旅游企业赴大连参加2009中国国内旅游交易会，宣传推介彩色湛江。中国旅游网、优酷网、趣途网等媒体预约采访报道湛江市旅游资源特色及发展滨海生态旅游的情况。200多家国内旅游企业与湛江市参展团咨询洽谈旅游合作事宜，“五一”期间，大连市旅游业界组织火车专列或自驾团到湛江旅游。4月19日和11月9日，湛江市旅游局派代表参与在广西来宾市和广东茂名市举办的“两广十市”区域旅游合作联席会议，共同推进城际旅游和区域无障碍旅游。5月至6月，在南方卫视台“潮流假期”栏目，通过该台国内频道和海外卫星频道，向国内外观众持续播放反映“彩色湛江”——《粤游粤精彩：湛江旅游宣传专题片》，内容包括《湛江城乡风貌》、《蓝色滨海之旅》、《火山探密之旅》、《绿色生态之旅》、《红岛渔村之旅》和《红土风情之旅》六个篇章。9月10～18日，协助省旅游局组织湛江、茂名、云浮三市旅游促销团赴西南南宁、贵阳、重庆等市开展旅游促销推介活动。11月19日，湛江市旅游局组团参加国家旅游局在昆明举办的2009中国国际旅游交易会，向世界各国旅游同行推介湛江旅游。11月12～30日，湛江市组团参加花车花船巡游、2009广东国际旅游展览会暨海峡两岸旅游投资交流会、首届中国粤菜峰会粤菜名店（名师、名菜）评选、广东2010华人华侨旅游年启动仪式、“唱响广东”2009旅游金曲精英大赛等2009广东国际旅游文化节主会场系列促销活动。其中湛江市花车、花船和特装展位分别获组委会评选三等奖。在首届中国粤菜峰会粤菜名店（名师、名菜）评选中，湛江市皇冠假日酒店、恒逸国际酒店、中国城酒店、金辉煌酒店、丽波度假村5家旅游饭店被评为“‘首届中国粤菜峰会’粤菜名店”；在“唱响广东”2009旅游金曲精英大赛中，湛江的贾小杏获进入广州赛区总决赛资格。

【2009湛江国际龙舟邀请赛】 2009年5月28日（端午节），由国家体育总局社会体育指导中心、中国龙舟协会、广东省体育局和湛江市人民政府主办，湛江市委宣传部、湛江市体育局、湛江市旅游局和湛江市广播电视台共同承办的“2009年全国龙舟月中国湛江海上国际龙舟邀请赛”在湛江市赤坎区金沙湾海域举行。来自英国、澳大利亚、加拿大、香港地区、澳门地区、湛江师范学院等33支中外龙舟队海上竞舸。经过激烈角逐，英国万事达国际龙舟队夺得冠军，第二、第三名分别由广东吴川那津龙舟队，霞山区特呈岛男子龙舟队获得。当日，举办独具湛江特色的民间文化艺术《雷颂》、傩舞、醒狮，以及风筝竞放、帆板表演等活动。陈耀光、阮日生等市领导到场观看比赛。此次龙舟赛吸引近万名市民游客观赏，广东电视台以及新浪网、广东文化网等知名网站同步直播当天赛事。

【2009湛江旅游民俗文化评选活动】 2009年3月12日至4月27日，湛江市旅游局与湛江晚报社联合举办“湛江旅游民俗文化评选活动”。评选内容包括旅游风味美食、旅游特色产品、旅游民间艺术、旅游民间手工艺品（绝活）四大类。本次评选活动通过市民投票、专家评审的方式进行，共收到市民选票19万多张，评选出四大类共47项旅游民俗文化产品。其中旅游风味美食20道：湛江白切鸡、碳烧生蚝、湛江白切狗、清蒸花蟹、炸虾饼、湛江杂鱼煲、沙虫煲、麻章烧猪、盐插虾、烂镬炒粉、油焗膏蟹、番薯丝粥、鲍鱼番茄煲、艾米乙、咸鱼腩肉生蒜煲、蒜茸蒸龙虾、簸箕炊、蛤蒌饭、腌泥丁、干煎白仓；旅游特色产品10种：湛江红心鸭蛋、红心橙、菠萝蜜、菠萝（凤梨）、红鱼干、红杨桃、虾干、瑶柱、腌海蜇、马友干；旅游民间艺术10种：醒狮、人龙舞、艇仔歌、雷州歌、舞鹰雄、安铺八音、木偶戏、竞技龙、傩舞、舞貔貅；旅游民间手工艺品（绝活）7种：南珠工艺饰品、泥塑、湛江大碌竹（水烟筒）、飘色、太平草编、竹扎编、彩扎。

【2009 年湛江市旅游饭店服务技能大赛】 2009 年 11 月 19 日，由湛江市旅游局、湛江市旅游协会、湛江市旅游协会星级饭店分会联合主办，各县市（区）旅游局协办的旅游饭店服务技能大赛在湛江皇冠假日酒店举行。大赛共设客房中式铺床服务技能、中餐宴会摆台服务技能（中餐摆台、口布折花、斟酒）、果蔬雕刻、茶艺服务、安全应急事故处理竞答 5 个项目。经过激烈角逐，中国城酒店黄仁意等 6 位“客房中式铺床”选手、海滨宾馆张李梅等 6 位“中餐宴会摆台”选手、湛江皇冠假日酒店梁娣等 6 位“果蔬雕刻”选手、银海酒店王雪松等 6 位“茶艺技能”选手、银海酒店陆少红等 6 位“安全应急事故竞答”选手分获该项目的一、二、三等奖。银海酒店等 5 家单位获得团体奖，吴川市旅游局等 5 家单位获得组织奖。

【第一届广东（湛江）茶博会暨国庆中秋休闲旅游购物节】 2009 年 11 月 23 ~ 27 日，由广东省农业厅、湛江市人民政府支持，广东省茶业行业协会、湛江市农业局、湛江市旅游局共同主办的“首届广东（湛江）茶业博览会暨国庆中秋休闲旅游购物节”（简称“首届湛江茶博会”）在湛江国际会展中心举办。湛江市政协主席李康寿、省农业厅党组成员、省纪委派驻省农业厅纪检组长张小沙、省茶业行业协会会长、省茶叶学会理事长穆有为、省农科院原副院长莫棣华、云南省茶叶产业办公室主任杨善禧、湛江市副市长梁志鹏、市政协副主席黄雪艳、市政府副秘书长李卫、市农业局局长陈康华、市旅游局局长林红以及广东省茶叶行业协会、省农业厅、省农展馆、梅州市农业局和广西壮族自治区旅游局、广西钦州市、防城港市旅游局，云浮市旅游局等单位的领导、专家、教授及企业家出席茶博会开幕式。本届茶博会规模大、范围广，来自广西、云南、江苏、贵州、湖南、安徽、福建、广东等省区 300 多家企业参展。茶博会展场面积超过 12000 平方米，设国际标准展位 500 个，其中茶叶专题展位 300 多个，旅游专题展位 60 多个，湛江地区土特产设展位 100 多个，进场人数超过 10 万人次。本次首届湛江茶博会内容丰富、亮点突出：有全国十大传统名茶同台展示并供品尝，广东省第八届名优茶质量竞赛颁奖大会及获奖茶叶展示、品饮等活动。组委会每天安排 2000 份茶礼、100 份月饼供观众现场抽奖，让市民体验购物的惊喜与快乐。

【2009 湛江旅游美食啤酒节】 2009 年 12 月 6 日，由湛江市人民政府主办，湛江市旅游局承办，赤坎区人民政府、湛江市体育局、广州珠江啤酒股份有限公司协办的 2009 湛江旅游美食啤酒节开幕式在湛江市体育中心举行。市领导阮日生、陈亚德、徐志农等出席开幕式。市委副书记、市长阮日生宣布本届旅游美食啤酒节开幕。本届美食节设置摊位 200 多个，推出湛江特色风味美食、特色小吃、啤酒街、饮食文化展示、烧烤明火区、儿童欢乐园、演艺广场等活动项目，集饮食、商贸、娱乐为一体，是一次美食和旅游文化的综合性盛会，充分展示了湛江独特的海鲜美食旅游资源和产品，美食节为期 9 天，入场市民超过 40 万人次。

2009 广东省首届茶博会暨国庆旅游购物休闲节开幕仪式

【2009 湛江海味·土特产旅游文化节暨湛江民企名牌名品展销会】 2009 年 9 月 29 日至 10 月 5 日，由湛江市赤坎区人民政府，湛江市海洋、农业、旅游等单位和湛江日报社共同主办的湛江海味土特产旅游文化节暨名牌名品展销会在海田海味土特产批发城开幕。活动现场设置 40 多个地方特产综合区、海味干货购物区、名牌名品综合区以及 30 多个特色美食摊位，方便市民和游客购买各类海味干货、各地土特产和水果、月饼等商品。活动期间，每天 8：00 至 20：00，开展欢乐湛江一日游、名优产品幸运抽奖大赠送、红土文艺大展演等活动。

【2009 廉江红橙旅游文化节暨经贸洽谈会】 2009 年 12 月 6 日，以“生态橙乡、和谐廉江”为主题的“2009 廉江红橙·旅游文化节暨经贸洽谈会”在廉江体育中心开幕。省人大常委会副主任邓维龙宣布 2009 廉江红橙·旅游文化节开幕。原省人大常委会副主任陈坚，原省政协副主席王兆林，原广州军区副参谋长、湖北省军区司令员张德仁，广东省委巡视组组长、省人大常委曹南才；市领导阮日生、李康寿、严植婵、邓碧泉、陈长寿、张荣辉等和嘉宾共 1000 余人出席开幕式。著名歌星宋祖英激情唱响专为廉江度身定造的歌曲《我的九洲江》，两岸三地著名歌手同台献唱，12 位首届“廉江红橙小姐”展示橙乡风采。开幕仪式上，廉江市有 66 个经贸项目签约，举行 40 个项目竣工及 40 个项目开工建设仪式，表彰为廉江市经济发展作出突出贡献的人士和“慈善之星”。同时还举行反映廉江改革开放 30 年成就的花车巡游以及独具地方特色的舞鹰雄、白戏、飘色、八音等民俗文化表演等活动。

【信息化建设】 2009年，根据《湛江市“信息兴农”工程实施方案（试行）》的工作部署，湛江市旅游局组织深入开展调研，拟定《湛江旅游资源信息服务平台建设的实施方案》，确定旅游信息化的建设目标，完成“以点带面”试点选择工作。选取湖光岩、遂溪马六良村等10多个旅游景区（点）和乡村旅游试范点作为试点单位，并在试点单位实施免费安装铺设“银旅通”电子网络销售设备。通过电子网络的铺设与全省旅游网络销售链接，提高试点单位的知名度和销售量，促进湛江市乡村旅游业快速发展。建设“湛江虚拟旅游网”，该系统主要模块是支持湛江各旅游景区（点）全景浏览，室外导航和支持后台管理等功能。基于FLASH的虚拟旅游全景漫游技术，完成了全景照片采集、全景文件合成与播放、全景展示小地图设计、后台架构及数据库、服务器架构、系统界面的设计和网上智能导航系统等工作。湛江虚拟旅游系统的开发是对湛江旅游文化非常好的展示和宣传。该系统已通过市科技专家验收，并向市科技局申评科学技术奖项目。

旅游资源开发和景区（点）建设

【概述】 2009年，湛江市积极实施《湛江市旅游业“十一五”发展规划》，不断加快景区规划、景区开发、宣传促销、乡村旅游、旅游扶贫、区域合作等方面的工作进度，推动旅游业又好又快发展。协调配合做好《广东粤西地区旅游发展总体规划》和《广东省滨海旅游业发展总体规划》等各项旅游业发展规划编制，做好《湛江市旅游产业发展规划》的前期准备工作。推进旅游基础设施建设。认真做好东海岛旅游产业园项目前期筹建工作，市政府与广东中旅集团签署《旅游战略合作框架协议》，缔结旅游战略合作伙伴关系。开展旅游扶贫工作，向省申报扶贫资金3800万元，帮助特呈岛红树林生态旅游区项目获省扶贫资金500万元。与市财政局共同改革市级财政旅游专项资金的分配方式，开展市级财政旅游专项资金竞争性分配，划拨120万元用于重点景区项目建设资金。积极推动标准化建设，吴川蚧岭村、廉江杨桃沟、金萱茶叶园、南方国家林木种苗基地被评为“广东省农业旅游示范点”。

【旅游规划】 2009年，湛江市旅游局积极做好各项旅游业发展规划的编制。一是根据《湛江市“十一五”旅游发展规划》，落实整合我市旅游资源，加大招商引资和项目建设力度；二是协助省旅游局编制《广东粤西地区旅游发展总体规划》和《广东省滨海旅游发展规划》，进一步提升湛江旅游在全省和环北部湾区域的地位和影响力；三是编制完善《湖光岩大旅游区总体规划》；四是协助编制湛江市旅游产业发展规划；五是协调指导县（市、区）编制好旅游发展总体规划。

【旅游招商引资】 2009年，湛江市旅游局深入调研，科学整合海岛、海滩、生态、古城等旅游资源，整理形成旅游招商项目，面向社会招商引资，吸引各种资本参与旅游项目的开发建设，扩大旅游产业规模。湛江市旅游局还推荐旅游投资项目参与2009广东国际旅游文化节暨泛珠三角旅游推介大会活动之一旅游招商会，向海内外旅游客商推介湛江旅游投资环境。至年底，湛江市共有在建旅游重大项目24个，总投资额超过160亿元。旅游重点招商项目35个，计划投资金额超过200亿元。

【旅游区（点）与基础设施建设】 2009年，湛江市旅游局积极引认真做好东海岛旅游产业园项目前期筹建工作。4月27日，湛江市政府与广东中旅集团在湛江市皇冠假日酒店签署《旅游战略合作框架协议》，缔结旅游战略合作伙伴关系。协调有关部门推进项目立项工作，争取东海岛旅游产业园项目早日落户湛江。服务引导吴川吉兆湾国际海洋生态度假中心、徐闻大汉三墩旅游区、硇洲岛存亮村等旅游景区旅游项目加快建设。广东三岭山国家森林公园欢乐世界于1月18日建成并对外开放，该项目投资1700多万元，拥有14个娱乐项目，占地16000多平方米，具有先进性好、安全性高和娱乐性、新奇性和刺激性强等娱乐特色。特呈渔岛度假村于“五一”前试业，湛江海田海鲜干货市场春节前建成接待游客。

湛江市政府与广东中旅集团签订旅游战略合作框架协议

【特呈渔岛生态旅游度假村】 位于湛江市特呈岛，离市区2.8海里，面积3.6平方公里。岛上居民4500人，以捕鱼与渔业养殖为主业，海洋资源异常丰富。2003年4月，胡锦涛总书记上岛考察，指示要把特呈岛建设成为“文明、生态、旅游新海岛”。

该岛由湛江市中鑫有限公司投资开发。该公司目前已开发的项目包括享有“全国十佳”称号的海产品批发市场、高尚住宅鑫海华庭、广百鑫海名店、冰厂等。2009年5月，特呈渔岛度假村开始试业。度假村一期推出产品项目主要有别墅、温泉、特色食街、酒吧街、商业街、各类湛江本地特色烧烤、沙滩浴场、渔家乐、各类康体娱乐等项目，是集吃、住、玩、乐、休闲、度假于一体的大型综合性生态休闲度假村。

万庆良副省长为特呈岛红树林生态旅游区获省大型旅游扶贫项目颁匾

【乡村旅游和旅游扶贫】　2009年，湛江市加快发展特色乡村旅游步伐，积极引导徐闻神州木兰园等单位创建特色生态科普旅游示范点。霞山特呈岛、硇洲存亮村、坡头炭之家、吴阳蛤岭村、遂溪马六良村、徐闻包宅村等特色乡村旅游示范点完善基础设施，不断提高服务质量。吴川蛤岭村、廉江杨桃沟等被评为“广东省农业旅游示范点”。

加大旅游扶贫力度，推动乡村旅游经济发展。一是积极贯彻落实省旅游扶贫政策，精心挑选旅游项目，申报省旅游扶贫资金和景区建设资金。赤坎、坡头、廉江等地3个项目获得省旅游扶贫资金140万元，吴川、徐闻、雷州等8个景点获得省景点建设资金260万元，有效吸引大批社会资金投入全市旅游景点的开发建设。二是改革湛江市市级财政旅游专项资金的分配方式。将原来对全市旅游项目基础设施建设资金申报审批改为市级财政旅游专项资金竞争性分配。2009年安排资金120万元建设3个项目。市旅游部门和财政部门联合组织全市旅游项目资金竞争性分配的申报评审工作，对符合利税收益等标准的项目重点扶持。全市共有14个单位参与本次评审，经综合评定徐闻县大汉三墩旅游区、坡头区东和生态度假庄园、湛江森林公园为中标单位。三是积极争取省旅游局和省财政厅加强对全市旅游开发建设的扶持。推荐特呈岛红树林生态旅游区项目参与全省首批旅游扶贫大型重点项目竞争并获省旅游扶贫资金500万元。

【旅游强县工作】　2009年，湛江市旅游局引导徐闻、廉江以“创强”为载体，结合城乡公共服务设施建设，积极完善旅游服务基础设施，提高服务水平，促进县域旅游经济发展壮大。徐闻抓紧建设大汉三墩旅游区，打造拳头旅游产品。廉江不断完善通往各生态旅游景区道路，丰富杨桃沟等景区项目内涵。5月份，组织徐闻、廉江等创强单位前往云浮等地考察学习创强经验，认真做好迎接创强初检准备工作

【全国工农业示范点建设】　2009年，湛江市旅游局积极引导徐闻神州木兰园等单位创建特色生态科普旅游示范点。不断完善霞山特呈岛、硇洲存亮村、坡头炭之家、遂溪马六良村、徐闻包宅村等特色乡村旅游示范点基础设施建设，提高乡村旅游服务质量。吴川蛤岭村、廉江杨桃沟等被评为“广东省农业旅游示范点”。

旅游行业监督管理

【旅游市场监督】　2009年，湛江市旅游局大力开展旅游行业“抓行风、树形象、促服务、促发展”活动，狠抓安全生产和优质服务，加强处理应急突发事件机制建设，有效抵御甲型H1N1等灾害和突发事件对湛江市旅游业的影响。成功承办全省导游考评员培训班和全省旅游行风纪检暨质监工作会议。8月13日，“广东省2009年度旅游行风纪检暨质监工作会议”在湛江市召开。会议传达全国旅游纪检监察暨行风建设工作会议精神，分析总结了近几年的旅游行风工作，研究部署今年的廉政建设、行风建设和质量监督管理工作。来自全省各地级市旅游局主要负责人、纪检工作干部，旅游质量监督管理所所长和深圳华侨城等主要旅游企业负责人共120多人参加会议。省旅游局副局长周开生、张振林，湛江市副市长梁志鹏出席会议并致辞。全年湛江市旅游质监所共接受旅游咨询108次，受理处理旅游投诉案件42宗。

【旅游安全管理】　2009年，湛江市旅游局大力开展旅游行业“安全生产年”活动，做好节假日旅游安全生产和旅游接待服务工作。组织全市旅游行业开展“春节”、“五一”、“端午”等黄金周、节假日各项工作，并坚持每次黄金周做好节前到一线检查督导安全生产工作，对餐饮、卫生、消防设备、游乐设施等重点部位予以重点检查，对存在有安全隐患的，督促企业马上整改。全年共下发各种安全规范管理性文件70多份，指导全市旅游企业开展安全生产活动；严格把安全质量关，严防旅游事故发生，全年没有发生重特大旅游安全事故；日常督促企业抓好安全自检和防范工作。开展安全生产宣传教育、引导企业安全生产竞技练兵，

提高了全行业应急管理能力。做好甲型H1N1流感的防控工作，与国家、省旅游局建立动态信息通报协调机制。多次下基层组织旅行社组接团、酒店等做好防控、信息跟踪等工作，及时掌握工作动态，防止甲型H1N1流感通过旅游活动蔓延传播。做好湖光岩风景区内望海楼特大型滑坡地质灾害安全防范督导工作。

【旅行社管理】 2009年，湛江市旅游局认真组织全市旅行社近百名代表学习《旅行社条例》和《实施细则》，并10多次派员到湛江中旅、国旅、金紫荆旅行社企业基层宣讲法律组织。对全市29家旅行社、近60家营业网点实施后的旅行社经营资格、经营范围重新审核和《旅行社业务经营许可证》换发工作，进一步规范旅行社管理工作。在湛江市行政审批电子监测下严格按照审批制度新成立6家新办旅行社，并对违规的4家旅行社进行注销处理。通过“湛江旅游网”及时公布行政办事指南和办事结果，做到公正、公平、公开、廉洁、科学行政；做到行管工作信息无纸化快速传达。全年制定并下发各类行业规范管理文件和指导性文档60多份。完成了对旅行社业务年检和审计验证工作，其中湛江广之旅旅行社被评为“全国百强旅行社”。

【导游员管理】 2009年，湛江市旅游局认真做好导游员年审培训和IC卡管理工作，通过举办全国优秀导游先进事迹报告会、专题讲座等形式，为全市导游员提供年审教育培训。全年累计共为672名导游员办理导游IC卡年审，为162名通过导游资格考试的考生办理导游IC卡及导游挂靠手续，为26名导游员办理迁入、迁出手续。至年底，挂靠在湛江市旅游服务中心的导游员人数增加到976人。

【旅游饭店管理】 2009年，湛江市旅游局实施标准化管理推动旅游企业规范化经营，引导旅游饭店严格按国家标准提供服务。下基层指导徐闻杏磊湾度假村、廉江丽波度假村、湛江恒逸国际酒店等酒店评星工作，做好徐闻杏磊湾度假村四星级饭店申报各项准备工作，7月份丽波度假村被评为四星级饭店。开展全市旅游饭店基本情况调研，编制全市旅游饭店年度经营管理报告。对湛江皇冠假日酒店、中国城酒店、美丽华酒店等10多家星级饭店在经营收入、业务利润、人员流动率、经营成本、耗能指标进行全年数据监测。开展2008年度星级饭店复核工作，接受省星评委的复核检查，对不符合复核标准的新园大厦注销星级饭店资格。

【标准化建设】 2009年，湛江市旅游局积极宣传贯彻行业标准，引导旅游企业开展“评星创A”工作。指导湖光岩创建国家5A级旅游景区，东海岛旅游度假区和鹤地银湖旅游度假区创建国家4A级旅游景区和恒逸国际酒店创建五星级饭店。徐闻杏磊湾度假村创建四星级饭店正抓紧建设。7月，廉江丽波度假村被评为四星级酒店；11月，吴川蛤岭村、廉江杨桃沟被评为“广东省农业旅游示范点”；皇冠假日、中国城、金辉煌、恒逸国际、丽波度假村等饭店获评为“中国粤菜名店”。

【旅游行业协会】 2009年，湛江市旅游协会加强与其它协会的相互沟通，进一步增进与省旅游协会、各地级以上市旅游协会的工作交流。黄金周前后及时召开旅游协会旅行社分会、旅游饭店分会座谈会。4月，市旅游协会召开第二届会员大会，选举产生第二届理事会及领导机构，并审议通过旅游协会2008年工作报告和2009年工作计划。市旅游局局长林红当选为第二届市旅游协会会长。会议为会员代表发放旅游协会会员单位牌匾。3月、5月、11月分别组织会员单位前往江西、安徽、台湾、云南等地交流学习。积极参与举办茶博会、美食节、“3·15”宣传等主题活动。

旅游教育培训和精神文明建设

【旅游教育培训活动】 2009年，湛江市按要求做好每年两次导游考试笔试、口试考场的组织协调工作。全年有367名考生参加湛江考点举办的两次全国导游人员资格考试。其中第一次导游考试有127人参考，合格人数58人，合格率46%；第二次导游考试有195人参考，合格人数91人，合格率47%；举办2期各为期10天的笔试（口试）培训班，共有229人参加笔试、口试的培训；对全市旅游行业包括森林公园、运达旅游汽车出租有限公司等部门的从业人员进行脱产培训，近200人参加；7月8～12日，广东省2009年度全国导游人员资格考试考评员培训班在湛江举行。来自全省各地旅游行政管理部门、旅游学校和旅行社等旅游资深业内人士250多人在皇冠假日酒店进行为期5天的培训考核，湛江市有10位考评员参加培训，均取得全国导游资格考试口试考评员资格；全年累计组织参加岗位技能培训和导游考试旅游从业人员4000多人次。

【旅游行业精神文明建设】 2009年，湛江市旅游局深入开展诚信旅游活动，促进旅游从业人员不断提高综合素质能力和管理服务水平。组织开展2009年度湛江市旅游行业“评优创佳”活动。经层层推荐和评选，全市旅游系统“十佳总经理”为湛江皇冠假日酒店莫振斌、中国城酒店崔剑、金辉煌酒店林炳琳、湛江金海酒店黄华献、远扬城市酒店张文龙、徐闻杏磊湾度假村刘钟元、湛江市中国旅行社冯海棠、金紫荆假日旅行社梁铭、森林公园陈鹏程、运达旅游汽车公司梁亚伟；“十佳服务员”为湛江皇冠假日酒店谢春芳、湛江皇冠假日酒店戚小丹、海滨宾馆关庆梅、中国城酒店陈宇婷、湛江丽波度假村苏奇、南海宾馆周春莲、海湾宾馆梁国青、远扬城市酒店陈丽、枫叶国际酒店梁家宝、南油迎宾馆李海萍；“十佳导游”为湛江市中国旅行社张斌、林海球、江明、朱好，湛江广之旅黎华耀，金紫荆假日旅行社王玉兰，市旅游服务中心陈晓聪、洪蝶、麦家琼、文婵；“十佳旅游驾驶员”为湛江运达旅游汽车公司梁伟文、陶华、黄建良，金紫荆旅游汽车公司陈万年、黎金华、谢玉华，粤达汽车客运公司林保庆、莫启军，东锐旅游汽车公司杨志明、朱思彬。

【旅游行风与机关作风建设】 2009年，湛江市旅游局以开展机关行政效能建设和旅游诚信体系建设活动为载体，大力推进旅游行风建设。包括向社会公开工作承诺，完成工作任务时限，公开监督热线电话，完善制度建设等。9月23日和9月30日，湛江市旅游局自觉参与由省纠风办和广东电台共同主办的“旅游行风热线”活动，回答听众和游客关注的问题，自觉接受社会监督。湛江市旅游局深入开展学习实践科学发展观活动，组织党员干部赴婺源、北海、梅州等地考察学习旅游发展经验，撰写《湛江旅游业发展情况调研报告》、《江西婺源旅游发展考察报告》、《北海市培育旅游航空市场的报告》、《关于梅州客天下旅游产业园考察学习情况的汇报》、《湛江市旅游局领导班子学习实践科学发展观分析检查报告》等文章，得到市领导的好评。开展党组中心组理论学习，在全局开展纪律教育学习月活动。组织公务员参加知识更新培训，集中参加全市“公务员责任意识和依法行政”培训班课程学习。

纪　事

1月1日　举办“走进生态湛江、享受休闲旅游——2009湛江生态旅游年”活动启动仪式。

1月8日　徐闻县召开创建“广东省旅游强县”动员大会。副县长包声宏代表县政府与县旅游局、海安镇、杏磊湾温泉度假村等三个创强责任单位签订目标责任书。

1月18日　粤西规模最大游乐项目——广东三岭山国家森林公园“欢乐世界”正式对外开业。

3月12日　由湛江晚报社与湛江市旅游局联合举办的“湛江旅游民俗文化评选活动”正式启动。

3月17日　湛江市旅游局举行发放旅游消费券新闻发布会。

3月21～29日　琼北湛江区域旅游合作组织成员赴东莞、佛山、广州开展“逍遥自驾、阳光GOLF”2009年琼北湛江旅游系列推介活动。

4月17～19日　湛江市组织旅游企业赴大连参加2009中国国内旅游交易会，宣传推介彩色湛江。

4月27日　湛江市“五一”国民旅游休闲系列活动启动仪式暨特呈岛度假村开业典礼在特呈岛举行。

5月28日　2009年全国龙舟月中国湛江海上国际龙舟邀请赛在湛江市赤坎区金沙湾海域举行。共有33支中外龙舟队伍参加比赛。

7月8～12日　广东省2009年度全国导游人员资格考试考评员培训班在湛江市五星级皇冠假日酒店举办。

7月23日　举办2009年度市级财政旅游专项资金竞争性分配项目评审会。

8月13日　广东省2009年度旅游行风纪检暨质监工作会议在湛江市召开。

8月21日　2009“工会杯”海口·湛江旅游饭店服务技能大赛在海口会展中心举行。

9月10～18日　省旅游局组织湛江、茂名、云浮三市旅游促销团赴西南南宁、贵阳、重庆等市开展旅游促销推介活动。

9月29日　湛江海味土特产旅游文化节暨名牌名品展销会在海田海味土特产批发城开幕。

11月19日　湛江市旅游饭店服务技能大赛在湛江皇冠假日酒店举行。

11月19日　湛江市旅游局组团参加在昆明举办的2009中国国际旅游交易会。

11月23～27日　首届广东（湛江）茶业博览会暨国庆中秋休闲旅游购物节在湛江国际会展中心举办。

12月6～15日　2009湛江旅游美食啤酒节在湛江市体育中心举行。

（陈　乐）

茂名市

综 述

【总体情况】 2009年，茂名市以广东国际旅游文化节分会场的形式，成功举办第十一届“两广十市”区域旅游合作（茂名）联席会议，全方位、大范围、高密度地宣传推介茂名“中国荔乡、冼太故里、云山鉴水、滨海茂名”的旅游主题。认真做好饭店评星、景区创A等一系列工作，开展修编《茂名市旅游发展总体规划》和编制《茂名市国家级滨海旅游度假城发展规划》及《浮山岭风景名胜区旅游发展规划》工作，全市旅游业继续沿着科学发展的轨道迈进。全年全市接待旅游者486.21万人次，比上年增长17.91%，旅游总收入62.39亿元，比上年增长10.25%，旅游外汇收入980.51万美元，比上年下降10.82%。

【旅游行业规模】 截至2009年底，茂名市拥有星级饭店20家，其中五星级饭店1家、四星级饭店3家、二星级饭店6家、三星级饭店10家。星级饭店客房数1959间，床位数3545张。待评高星级饭店有海景湾国际大酒店、星河国际假日酒店、荔晶酒店、粤龙大酒店等；拥有旅行社17家，其中出境组团社2家；拥有旅游景区（点）23处，其中3A级旅游景区3处；拥有国家级农业旅游示范点1处，国家级风景名胜区1处，省级森林公园2处，省级旅游度假区3处；有旅游购物、旅游餐饮推荐单位8家，旅游车船公司2家；全市旅游从业人员2万多人。

【“两广十市”区域旅游合作（茂名）联席会议】 2009年11月25～29日，以“共享旅游，共谋发展”为主题的第十一届“两广十市”区域旅游合作（茂名）联度会议在茂名市区召开。会议由广东省旅游局、广西壮族自治区旅游局和茂名市人民政府共同主办，茂名、湛江、阳江、云浮、防城港、玉林、北海、钦州、来宾、贵港10市旅游局共同承办。两广省区旅游局、“两广十市”政府领导和旅游局领导、新闻媒体记者及来自重庆、深圳、珠海、香港、增城和梧州等地特邀嘉宾和旅游企业负责人共250多人参加本届联席会议。会议由茂名市政府秘书长吴刚强主持，省旅游局巡视员曾维炳、副调研员池世庆、广西壮族自治区旅游局的领导和茂名市委常委、副市长林日娣分别讲话。广州增城市委书记朱泽君作了“如何创新思路，加快发展旅游业”专题讲座。“两广十市”旅游局领导共同签订《“两广十市”区域旅游合作茂名共同宣言》。会议期间，还安排与会人员参加“市长旅游论坛”、“两广十市”首届旅游“十美节”以及参观考察茂名主要旅游景区等活动。

两广十市区域旅游合作（茂名）联席会议

【市长旅游论坛】 2009年11月26日，茂名市政府在放鸡岛举行“市长旅游论坛”。市委常委、常务副市长郭元强出席论坛并作发言。郭元强从创新机制、务实推进合作进程，整合资源、打造精品旅游线路，突出重点、着力打造区域旅游品牌，深化合作、促进旅游要素合理流动四个方面阐述扩大旅游合作的思路。阳江市委常委、常务副市长陈康华、防城港市副市长罗志先以及有关市的领导或代表分别发言。

【全市旅游工作会议】 2009年3月20日，茂名市召开全市旅游工作会议。市直各有关单位负责人，各县（市、区）分管旅游工作的领导，旅游局长以及旅行社、景区、饭店主要负责人共120多人参加会议。会议传达全国、全省旅游工作会议精神，总结全市2008年旅游工作，研究部署2009年旅游工作。市委常委、副市长林日娣出席会议并作讲话。林日娣指出，2008年全市旅游行业干部职工克服雪灾、地震、金融危机等重重困难，保持旅游经济健康平稳发展，各项工作再上新台阶。林日娣还提出“一要一心一意抓好旅游工作，二要千方百计扩大旅游投资规模，三要积极培育新的旅游消费热点，四要想方设法‘引客入茂’，五要进一步加大政府主导旅游发展的力度”的要求。

旅游接待与收入

【入境旅游】 2009 年，茂名市接待入境旅游者 8697 人次，比上年增长 10.06%；旅游外汇收入 980.51 万美元，比上年下降 10.82%。

【国内旅游】 2009 年，茂名市接待国内旅游者 201.07 万人次，比上年增长 17.34%；全市旅游业总收入 62.39 亿元，比上年增长 10.25%，其中国内旅游收入 61.72 亿元；旅行社组团省内游 22.68 万人次，比上年增长 82.09%，省外游 8.78 万人次，比上年增长 7.03%。

【出境旅游】 2009 年，茂名市旅行社组团出境游 5306 人次，比上年下降 44.69%，其中香港游 2241 人次，澳门游 1969 人次，出国游 1096 人次。

【假日旅游】 2009 年，春节黄金周全市旅游总收入 1.67 亿元，同比增长 4.68%；旅行社组团入茂的游客和散客人数达 68.82 万人次，同比增长 4.95%；一日游游客 62.59 万人次，同比增长 4.84%；旅游饭店接待过夜游客 6.23 万人次，同比增长 6.09%。

“五一”假日全市旅游总收入 7326 万元，同比增长 7.47%；全市主要旅游景点接待游客 18.94 万人次，同比增长 9.04%；全市主要住宿设施接待过夜游客 2.7 万人次，同比增长 8%；旅行社组团 15800 人次，同比增长 31.6%。

“十一”黄金周全市旅游总收入 1.688 亿元，同比增长 12.48%；全市主要旅游景区接待游客 43.67 万人次，同比增长 10.58%；全市旅游饭店接待过夜游客 7.02 万人次，同比增长 9.43%。

旅游宣传促销与节庆活动

【概述】 2009 年，茂名市旅游宣传工作紧紧围绕市委、市政府确定的“大力发展滨海旅游和生态旅游业、把茂名打造成国家级滨海旅游目的地城市”的战略部署，积极开拓以北京、西安、重庆等城市为重点的内陆市场，以香港、澳门、台湾等为重点的海外市场，以广西、湖南、贵州、重庆等为重点的邻省市场，以珠三角为重点的省内市场。大力宣传包装“中国荔乡、冼太故里、云山鉴水、滨海茂名”四大系列特色旅游产品，努力打造“海滨度假、温泉养生、都市休闲、海鲜美食、冼太文化和生态旅游”六大旅游战略品牌。

【旅游宣传促销】 2009 年，茂名市结合旅游市场发展态势，不断创新旅游宣传载体，精心组织形式多样的旅游宣传促销活动，扩大茂名旅游影响力，提高茂名旅游竞争力。一年来，茂名不断加大对外宣传促销引客入茂力度，积极拓展省内外客源市场。5 月 13 日，茂名市旅游局联合放鸡岛旅游发展有限公司在省旅游局举办“畅游放鸡岛，感受荔乡情”大型旅游推介会，广州、佛山、深圳、东莞市等珠江三角洲城市 70 家旅行社负责人，《南方日报》、《广州日报》、广东电视台、南方电视台等省级新闻媒体记者共 140 多人参加；放鸡岛海上游乐世界与省内 17 家旅行社签订合作协议，向全省派发总价值 1200 万元的旅游现金券 10 万张。5 月 21 ~ 25 日，化州、高州两市分别举办橘红节和旅游文化节，参加两节的活动客商及游客近 3000 人、市民达 2 万人。6 月，茂名市旅游局投入 30 万元，邀请南方电视台拍摄茂名旅游风光专题片，该台都市频道连续播放 30 次。4 至 11 月，茂名市精心制作旅游界第一部旅游专题电影——《花开的时候》。9 月 10 ~ 18 日，由省旅游局牵头组织茂名、湛江、云浮三市旅游促销团赴南宁、贵阳、重庆和广安等西南四市开展以“活力广东 · 粤游粤精彩”为主题的旅游推介活动。茂名市旅游局组织 31 家旅游企业负责人参加各项活动，并推介茂名旅游。10 月，茂名市旅游局发动全市旅游行业精心编著一本制作精美、图文并茂的旅游画册《印象茂名—茂名旅游指南》。11 月 12 ~ 14 日，茂名市组织全市 41 家旅游企业负责人参加 2009 年广东国际旅游文化节活动。参加广东旅游招商会并布置展位 10 个、制作巡游花车，参加经贸洽谈会和国际旅游展暨海峡两岸旅游投资交流会等一系列旅游促销活动，大力宣传推介茂名旅游产品。

2009 年 9 月 10 ~ 17 日，由省旅游局牵头，以“活力广东 · 粤游粤精彩”为主题的茂名、湛江、云浮 3 市旅游促销团赴南宁、贵阳、重庆和四川广安等西南四市进行旅游推介，整个活动历时 8 天，行程 4150 公里。茂名旅游促销团由市政府副秘书长朱春保、旅游局长李清汉、副局长车健明带队，主要旅游企业负责人及多家媒体记者共 31 人组成，为 3 市人数最多。促销团所到之处得到了当地政府和旅游部门的大力支持和热情接待，当地新闻媒体热切关注。广西、贵州、重庆三地政府、旅游局领导、旅行社代表和新闻媒体记者等 600 多人出席推介会。茂名的“中国荔乡、冼太故里、云山鉴水、滨海茂名”丰富的旅游资源和风土人情给与会人员留下深刻的印象。茂名国旅与三地旅行社签订旅游合作协议。茂名国旅和放鸡岛海上游乐世界向南宁地区的游客派发价值 200 万元的旅游消费券。

2009 广东（广西、贵州、重庆）旅游推介会

【“两广十市”旅游“一节五展”】 2009 年 11 月25～29 日，由两广的茂名、湛江、阳江、云浮、防城港、玉林、北海、钦州、来宾、贵港 10 市举办“两广十市”旅游“一节五展”活动。“两广十市”旅游美食节（简称“十美节”）共设区域旅游合作成果展、旅游招商项目展、旅游美景展、旅游美食展、旅游商品展五个展区。25 日上午，广东国际旅游文化节茂名分会场暨“一节五展”开幕式在文化广场隆重举行。茂名市领导宋寿金、林日娣和九市政府领导共同剪彩，礼炮齐鸣。本次“一节五展”共搭建展位 400 个，来自全国各地参展商共 400 多家、2000 多人。展销期间，有 50 多万人次的市民和游客前来参观、购物和品尝美食。

“十美节”开幕式

【旅游信息化建设】 茂名旅游网是由茂名市旅游局开发建设的官方旅游网站。2009 年，网站进行全面升级改版。改版后的茂名旅游网版面独特，层次分明，功能更为完善。茂名市旅游景区景点、酒店宾馆、旅行社和旅游资讯、招商引资、政策法规和茂名交通情况等旅游信息在网上一目了然，并设置有“在线订房”、“在线投诉”等功能，为旅客提供多元化、全方位的旅游信息发布平台。目前，茂名旅游网的浏览量达 4 万多人次，平均每月浏览量超 4000 人次。

旅游行业监督管理

【旅游市场监督】 2009 年，茂名市旅游管理部门充分发挥职能作用，依法大力整顿全市的旅游市场秩序，全行业规范生产的责任感进一步增强，服务质量和依法经营的自觉性进一步提高，重大旅游质量投诉为零，及时结案率达 100%，有力地维护了旅游者及旅游企业的合法权益，确保了旅游经济的健康有序发展。成立治理整顿“零负团费”专项行动工作领导小组，向各旅行社下发《2009 年茂名市整顿旅游市场工作方案》。市旅游局联合市执法部门共同开展整顿旅游市场秩序的活动，对旅游广告、旅游合同、旅游购物、自费景点和项目等进行严格检查，对各旅游企业的产品成本及价格重新进行核算和适当调整，对没有质量保证的产品进行禁售。还在新闻媒体上作宣传报导，让市民配合以整治“零负团费”为重点的专项工作。

【旅游安全】 2009 年，茂名市狠抓旅游安全生产，市旅游局在旅游行业中积极开展旅游安全生产责任制系列教育活动。先后 5 次召开旅游行业安全生产工作会议，集中对行业管理人员进行强化安全生产的培训。先后举办 4 期有饭店、景区、旅行社管理人员参加的互相观摩学习和参观考察活动。8 月 16～19 日，市旅游局联合市安委办举办一期对全市旅游行业单位分管安全生产的领导和安全管理人员进行安全生产知识培训。全市旅游从业人员的再教育培训率达 98%，有效地提高旅游行业从业人员的职业道德和业务素质。与此同时，还加强安全执法检查和市场规范化工作的领导。明确各县（市、区）旅游部门的安全生产责任。2009 年 2 月 10～13 日、4 月 23 日、5 月 5 日、6 月 9～11 日、8 月 7 日、9 月 19～25 日 6 个时间段先后联合工商、公安、技监、安监等部门联合开展 6 次旅游市场秩序和安全生产大检查，出动检查人员 98 人次，车辆 42 台次，全面进行旅游市场秩序和安全隐患排查。共检查旅游企业 62 家，查出安全隐患 21 处，并发出限期整改通知书。大力推荐游客购买旅游意外险，较好地刹住“黑车、黑团、黑导”等安全生产隐患。完善《2009 年茂名市旅游业应急管理工作计划》，着力建立健全旅游行业安全应急管理体系，增强突发事件应急处置能力。

【旅行社管理】 2009 年，茂名市新成立旅行社 1 家：广东中旅（茂名）旅行社有限公司。至年底，茂名市旅行社数量达到 18 家。按《广东省旅行社等级划分与评定标准》，在旅行社中积极开展资质等级评定工作和开展“2009 年旅行社综合实力排名”活动。召开全市旅行社行业大会并通过媒体大力宣传贯彻《旅行社管理条例》，对全市 18 家旅行社开展年检工作，其中2家国际社、16家国内社均通过年检。

【导游员管理】 2009年，茂名市组织人员参加全国导游资格考试。3月份第一次全国导游资格考试，共有119人参加考试，40人通过，通过率为34%。9月份第二次全国导游资格考试，共有138人参加考试，42人通过，通过率为30%。截至2009年底，茂名市现有持证导游690人。按等级分类，中级导游23人，占总人数的3.3%；初级导游667人，占总人数的96.7%；按语种分类，中文导游689人，粤语导游0人，英语导游1人，日语导游0人，其他语种0人；中文与粤语导游占99.8%，外语导游占0.2%；按学历分类，专科以上学历320人，占46%，高中（中专）学历370人，占54%。全市全年共有370名导游通过年审刷卡，占导游总数的54%。其中茂名国旅180名，中旅60名，青旅40名。

【旅游饭店管理】 2009年，高州大酒店、电白金龙泉大酒店通过省、市星评委的检查评定，分别被评为四星级和三星级旅游饭店。截至2009年底，茂名市拥有星级饭店20家，其中五星级饭店1家，四星级饭店3家，三星级饭店6家，二星级10家。待评星级饭店3家，在建高星级饭店1家。全年主要宾馆客房平均出租率为56.33%，平均房价为217.41元，分别比上年增长1.65个百分点和增长6.22元。全市住宿设施（含宾馆、酒店、旅店、招待所等）营业收入总额46.5亿元，比上年增长11.48%，其中客房收入23.66%，附设餐饮收入35.12%，商品销售收入10.94%。

【茂名国际大酒店被授予“中国粤菜名店”称号】 2009年11月，茂名国际大酒店被广东省国际旅游文化节组委会授予“中国粤菜名店”称号，并荣膺“美食天堂”品牌代表店；其厨师龙智才被授予“粤菜管理大师”称号。

旅游资源开发和景区(点)建设

【概述】 茂名自然风光与人文古迹交相辉映，粤西风情浓郁，地方特色鲜明，海滨海岛、农业生态、温泉疗养、冼太文化等是茂名旅游的优势和特色，是广东省新兴的旅游目的地城市。全市拥有景（区）点23个，形成以高水公路为中轴线、以207国道为辅助线的多条3天游精品旅游线路。放鸡岛海上游乐世界，是国内较大型的以潜水、海上游乐运动为主题的海岛型旅游区；中国第一滩旅游度假区是全省首批省级旅游度假区，以海滨休闲度假为特色，有“南方北戴河”的美称；以岭南荔枝文化为特色的根子荔枝文化旅游区是“全国农业旅游示范点”；大雾岭森林旅游区则是避暑疗养和森林生态旅游者的天堂，是广东第二高峰，粤西第一峰；天马山生态旅游区是“广东省最美的乡村旅游示范区”；西江温泉则以“广东水质最好的温泉”著称；甲门峡漂流和龙玄峡漂流是茂名旅游的新卖点，其中甲门峡漂流是粤西第一个漂流项目，被誉为“粤西第一漂”；冼太文化是茂名人文旅游的亮点，冼太夫人被周恩来总理称为“中国巾帼英雄第一人”，民间则把她尊称为“岭南圣母”，纪念冼太夫人的寺庙遍布茂名各处，其中高州冼太庙、电白娘娘庙历史悠久，规模大，是省级文物保护单位。

【旅游规划】 2009年8月，茂名市旅游局收到省旅游局《关于征求〈广东省滨海旅游发展规划〉意见的通知》和《关于征求〈粤西区域旅游发展规划〉意见的通知》后，立即组织相关人员认真修改《广东省滨海旅游发展规划》和《粤西区域旅游发展规划》，并提出1万多字的修改意见，并将茂名市整体旅游规划的设想融入规划之中。同时，茂名突出本地旅游资源优势，以海滨、生态、温泉、冼夫人文化旅游为重点，精心修编《茂名市旅游发展总体规划》，组织专家编制《茂名国家级滨海旅游度假城发展规划》和《浮山岭风景名胜区旅游发展规划》等前期工作，以规划促进全市旅游业实现科学发展。

【旅游招商引资】 2009年，茂名旅游业新增社会投资4.3亿元。其中新增四星级饭店1家、三星级饭店1家，新开业景区1家，新增旅行社1家。10月，投资1.5亿元的电白御水古温泉度假村已正式开门迎客；放鸡岛海上游乐世界第四期工程投资3000万元建设岛上游客娱乐设施已竣工；市森林公园投入100万元增加模拟现代军事实战野练障碍穿越工事的“勇敢者之路”大型户外游乐项目，并申报“世界吉尼斯纪录”获得成功；平云山旅游区投资700万元重修冼太庙已向游客开放。正在投资建设的旅游项目有总投资4.3亿元的高州乐天大酒店，首期投资7000万元的电白博贺滨海养生园、投资3000万元的沙琅沉香山旅游风景区，投资超亿元的茂南碧桂园生态园等一批旅游项目。茂南桃花岛、高州三官山等新景点开发建设正在继续推进。

【旅游区（点）与基础设施建设】 2009年，放鸡岛海上游乐世界投入3000多万元，完成第四期工程，建成木屋别墅100幢，景区接待条件大大改善。电白御水古温泉度假村投资1.5亿元，建有别墅19幢、楼房4幢，接待床位500个，风景亭16个、大型冲浪池1个、各式温泉池50个，池区面积25000平方米，绿化面积3万多平方米，10月正式向游客开放。茂名森林公园投资100万元，建设拓展体验型项目“勇敢者之路”，并申报“世界吉尼斯纪录”获得成功；新建“名鸽园”，引进世界罕见的珍稀白鸽，供科研和游客参观。茂名市在加大景区基础设施建设的同时，还加大景区创4A的步伐，9月，中国第一滩和天马山西江温泉旅游度假区申报国家4A级旅游区的材料已上报省旅游局；茂名森林公园和放鸡岛海上游乐世界创建申报国家4A级旅游区的相关工作也正在进行中。

【旅游扶贫】 2009年，茂名森林公园、高州玉湖、龙头山海湾、化州瑚琳林生态农庄和中国第一滩5景区共获得省旅游扶贫资金260万元的支持。至此，全市先后有16个旅游扶贫景点，争取省级旅游扶贫资金17批次、共1280万元，带动社会投入资金6.137亿元，完善旅游扶贫景区配套的“四通”（路、电、水、讯）和住宿、餐饮、游览、娱乐、购物及文化娱乐等设施建设。完成水泥硬底化公路100多公里，改善2万村民饮用水，新增就业岗位1500个，年增旅游收入2.6亿元。旅游区所在地的98700多农民人均收入从2002年的2700元增至2009年的4800元，近八成农民住上新楼房。景区群众“行路难、饮水难、就业难、通讯难”问题基本得到了解决。

【新开发、新建设景区（点）介绍】

〖电白御水古温泉度假村〗 按4A级景区、四星级酒店标准建造的电白御水古温泉度假村，于2009年10月正式向游客开放。该度假村距茂名市区28公里，座落在广湛高速公路和325国道旁，占地500多亩。是目前茂名地区规模最大、档次最高、功能最齐全、管理最规范、服务最周到的温泉文化主题酒店。度假村100%纯优质天然温泉水，其古温泉曾被载入县志。度假村第一期工程已竣工，建有200多间南亚式别墅客房、50个形状不一功能各异的温泉池，内设温泉泡浴、温泉冲浪、温泉SPA、温泉鱼疗、温泉磁沙、养生保健、干湿蒸和水上拓展等项目一应俱全，集温泉旅游、餐饮住宿、会务培训、休闲娱乐等项目于一体的温泉度假村。

〖茂名海景湾国际大酒店〗 位于南海海岸，“中国第一滩”傍，是粤西首家海滨商务度假型五星级酒店。酒店建筑总面积35000多平方米，主楼16层，附楼5层，拥有各具特色的客房266间，豪华别墅7幢11单元。餐饮服务设施总面积2722平方米，内设中餐大厅、中餐贵宾房、面积各异的多功能厅及会议室、西餐厅、酒吧和茶艺坊等；并设有KTV、保健桑拿、棋牌室、桌球室、健身室、游泳池和网球场等娱乐休闲设施。是茂名及粤西地区最优质的休闲度假酒店。

旅游教育培训和精神文明建设

【旅游教育培训活动】 2009年，茂名市旅游局以“在职

御水古温泉

再培训、外出参观学习”的形式，先后组织各县（市、区）旅游局和旅游企业负责人到外地参观考察学习，并通过局领导带头讲课作辅导等形式，先后举办12期旅游企业部门经理培训班，6期导游在职培训班。5月，聘请旅游院校教师对全市610名持证导游员进行在职教育培训；6月，组织全市星级饭店管理人员到东莞参观考察高星级饭店，开拓管理视野，提高饭店管理水平；7月，选送星级资深人员赴省培训学习，并考取广东省星级系统职业技能鉴定考评员资格；8月，组织饭店管理人员参加全市旅游饭店岗位资格证书培训班。9月，组织全市31家旅游景区负责人到广西、贵州、重庆、广安西南4市参观考察学习。

【旅游行业精神文明建设】 2009年，茂名市旅游局紧紧围绕“争当东西两翼实践科学发展观排头兵”为主题，带领全市旅游行业深入学习实践科学发展观活动。基本实现党员干部受教育、科学发展上水平、旅游行业得实惠的总要求，并结合旅游业的实际修订完善《首问负责制度》、《服务承诺制度》、《限时办结制度》和《责任追究制度》。

【旅游行风建设】 2009年，茂名市旅游局采取领导分工负责，企业齐抓共管的办法，整顿和规范旅游市场秩序、着力维护消费者利益、构建行风建设长效机制。在旅游企业开展诚信经营教育，并配合市有关部门进行专项治理和打假打非行动。局机关干部在建设“学习型、服务型、节约型”机关活动中，扎实开展“端正行风政风，优化发展环境”活动。9月30日，茂名市旅游局还在茂名广播电台举办“民声热线”节目，接听和解答听众提出的问题，接受群众监督和咨询。局党风廉政建设连续9年被市委评为“优秀单位”。

纪　事

1月9日　“纪念改革开放三十周年”全国旅游饭店服务技能大赛广东代表队粤西地区演示会在茂名国际大酒店举行。茂名、湛江、阳江和云浮四市旅游行业组织近300人观摩。

1月22日　高州大酒店被评定为四星级饭店。

3月7日　茂名在文化广场举行“春游南粤·三八同乐”启动仪式。

3月20日　茂名市旅游工作会议在电白召开。

4月~11月　茂名市第一部旅游电影《花开的时候》在高州市拍摄制作。

5月13日　茂名市旅游局联合放鸡岛海上游乐世界在广州举行以“畅游放鸡岛，感受荔乡情”为主题的茂名旅游推介会。

5月16日　广州、佛山、东莞、中山、珠海等珠江三角洲城市至放鸡岛海上游乐世界的旅游直通车正式开通。

5月17~18日　由深圳宝安中国旅行社、深圳市旅行家旅行社牵头组织深圳市30多家旅行社110多人到茂名各主要旅游景区考察踩线。

5月25日　高州市与广东电视台“今日关注”栏目联合举办“高州市荔枝旅游文化节”和“高州市特色美食一条街”活动。

6月18日　化州市举办“中国化橘红文化节”。

9月13~21日　由省旅游局牵头，以“活力广东·粤游粤精彩”为主题的茂名、湛江、云浮三市旅游促销团赴南宁、贵阳、重庆和广安西南四市进行旅游促销活动。

9月17日　茂名市政府举办旅游发展论坛讲座，邀请中山大学城市规划设计院院长、教授李立勋作专题报告。市委常委、副市长林日娣，市旅游局长李清汉出席并分别作了主题讲话。市直机关和各县（市、区）旅游局长及旅游企业负责人120多人参加。

9月25日　电白金龙泉大酒店被评定为三星级饭店。

9月26日　中共中央政治局委员、省委书记汪洋在粤西（茂名）工作现场会上作出“茂名依山傍海，气候温和，旅游资源十分丰富，一些资源可以说在省内或者说在国内都有比较优势，发展旅游业的条件比较好。要加快旅游精品景区建设，积极开发旅游商品，挖掘旅游文化资源，加快旅游业发展”的指示。

9月29日　茂名市召开全市“十一”黄金周旅游安全工作会议。

9月30日　茂名市旅游局参加由市纠风办和茂名广播电台联合举办“民声热线”上线节目，接听和解答听众提出的问题。

11月11日　信宜市在天马山生态旅游区举办龙祖文化研讨会。

11月12~14日　茂名市旅游局组织各县（市、区）旅游局及41家旅游企业负责人参加广东国际旅游文化节花车巡游、旅游资源招商展、经贸洽谈会和国际旅游展暨海峡两岸旅游投资交流会等一系列活动。

11月25~29日　茂名市在文化广场举行以“十美节”为主题的“两广十市”旅游“一节五展”系列活动。

11月26日　第十一届“两广十市”区域旅游合作联席会议在茂名国际大酒店召开。

11月26日　第十一届“两广十市”区域旅游合作联席会议在茂名国际大酒店召开。省政协副主席汤炳权，省旅游局巡视员曾维炳，广西壮族自治区旅游局领导及“两广十市”人民政府分管旅游工作的常务副市长等领导，十个市的旅游局局长、主要旅游企业负责人、新闻媒体记者和来自增城市、梧州、重庆、深圳、珠海、香港等地的特邀嘉宾共250多人出席了会议。十市旅游局共同签署“五项共同宣言”。

12月10日　信宜市西江温泉度假村举办“十载浓情·泉为了你”10周年庆典活动。

（黄理伟）

肇庆市

综　述

【总体情况】　2009年，肇庆市旅游系统认真学习贯彻省委、省政府《关于加快我省旅游业改革与发展建设旅游强省的决定》精神，大力推行国民旅游休闲计划，积极组织开展“中国生态旅游年”系列活动，实现10个“进一步”：一是深入学习实践科学发展观，目标思路进一步明确；二是积极推行国民旅游休闲计划，旅游消费进一步拉动；三是积极开展旅游交流合作，发展平台进一步拓宽；四是积极开展旅游宣传促销，客源市场进一步扩大；五是积极开展旅游招商引资，产品开发进一步加快；六是积极开展旅游创优评星，配套设施进一步完善；七是积极开展旅游行业监管，发展环境进一步优化；八是积极开展星湖建设保护，管理水平进一步提高；九是积极开展旅游教育培训，队伍素质进一步提升；十是积极策划主题旅游活动，游览内涵进一步丰富。全市旅游景区（点）接待游客1603万人次，比上年增长18.1%；接待过夜旅游者人数840.51万人次，比上年增长18.26%；实现旅游收入79.46亿元，比上年增长20.78%；2009年，肇庆市先后荣获“中国最佳文化生态旅游城市”、“中国十大特色休闲城市”称号，星湖国家湿地公园被评为“中国最美的六大湿地公园”。

【旅游行业规模】　截至2009年底，肇庆市建成开放的旅游景区（点）44家，其中年接待游客超100万人次的6家。全市拥有4A级景区4家；有各类宾馆饭店、旅馆828家，其中星级饭店36家（四星级3家、三星级17家、二星级13家、一星级3家），正在申评和待评的五星级饭店3家、四星级7家；共有旅行社33家，其中经营出境旅游业务2家。

【重大旅游决策】　2009年10月27日，肇庆市委、市政府（肇委办【2009】42号）文决定恢复设置肇庆星湖风景名胜区管理局，为肇庆市旅游发展局管理的事业单位，不再加挂肇庆星湖风景名胜区管理局牌子。11月17日，肇庆市委、市政府出台《关于贯彻〈中共广东省委广东省人民政府关于加快我省旅游业改革与发展建设旅游强省的决定〉的实施意见》（肇发【2009】　22号）。《意见》提出“到2012年全市旅游接待人数达到2290万人次、年均增长14%，旅游收入达到120亿元、年均增长16%，初步建成旅游经济强市；到2020年，全市旅游接待人数超过7000万人次、年均增长15%，旅游收入超过380亿元、年均增长16%，建成依托粤港澳、辐射全国、面向世界的具有较高国际水准的旅游目的地。”12月17日，肇庆市政府印发《肇庆市试行国民旅游休闲计划实施方案》，出台系列措施推动干部职工带薪休假和国民旅游休闲计划。

【全市旅游工作会议】　2009年3月20日，肇庆市委、市政府在市委小礼堂召开2009年全市旅游工作会议。会议总结分析2008年全市旅游工作，部署2009年旅游工作。肇庆市市委书记覃卫东、市长杨浩明等出席会议。会议提出，2009年，该市旅游业要抢抓机遇，科学发展，先行先试，以广东建设全国旅游综合改革示范区为契机，围绕建设“三个最适宜城市”、打造“国际化旅游休闲之都”的战略目标，改革创新、优化结构、打造精品，加快推进“肇庆千里旅游画廊”资源特别是文化旅游的整合开发，大力推行国民旅游休闲计划，组织开展“中国生态旅游年”系列活动，建设旅游经济强市。要重点抓好10个方面的工作，实现“三大突破、三大发展、四大提升”：一要抢抓机遇，实现旅游产业升级大突破；二要先行先试，实现国民旅游休闲大突破；三要主动出击，实现省外市场开拓大突破；四要发挥特色，实现生态养生旅游大发展；五要加强配套，实现商务会展旅游大发展；六要创新机制，实现星湖经营保护大发展；七要打造精品，实现旅游产品内涵大提升；八要强化监管，实现旅游发展环境大提升；九要创新方法，实现旅游节庆活动大提升；十要加强培训，实现旅游队伍素质大提升。全市旅游景区（点）接待游客达到1482万人次，比上年增长9%（其中城市住宿设施接待旅游者人数778万人次，增长9.5%）；实现旅游收入72.6亿元，增长10.8%。

大会为有关单位和个人颁发了荣誉牌匾。德庆学宫（孔庙）被国家旅游局和全国妇联授予“全国旅游系统巾帼文明岗”称号，怀集腾业大酒店陆月妹、鼎湖九龙湖景区谢秀燕被评为“全国旅游系统巾帼建功标兵”；肇庆市被世界休闲组织、中国休闲产业联盟、广东省旅游协会授予“最佳休闲城市”称号，肇庆高尔夫度假村被授予“最佳休闲高尔夫球场”称号，德庆盘龙峡景区被评为“最佳休闲旅游景区”，端砚文化村被省政府侨务办公室、省文化厅、省旅游局评为“中华文化传承基地”，鼎湖山观光车有限公司小车班被省旅游局评为“广东省旅游系统10大窗口之星”。

【试行国民旅游休闲计划】 2009年，肇庆市积极推行国民旅游休闲计划。肇庆市政府办公室印发《肇庆市试行国民旅游休闲计划实施方案》。1月1日凌晨，肇庆市政府联合广东南湖国旅在广肇高速公路白土收费站举办“2009中国（肇庆）生态旅游年启动仪式暨百辆自驾车肇庆迎新年活动”。来自广州150台自驾车、500名游客参加。先后与中山、花都等地和广东南湖国旅合作，启动“旅游下乡”活动；2月24日，肇庆市政府联合东方航空公司、广东南湖国旅启动“旅游下乡”，在七星岩牌坊广场举办“肇庆市（旅游下乡）旅游消费补帖券派发仪式”，向中山市、肇庆市、广州花都区农民发放20万张“旅游消费补贴券”，三地市民凭此券参团旅游可享受13%的消费补贴；3月27日，肇庆市旅游发展局在广州中国大酒店启动“肇庆驴友卡”赠亿元促旅游消费活动，向消费者发放20万张优惠额度超亿元的“肇庆驴友卡”；3月29日，由肇庆、中山两市政府联合组织的“肇庆万人游中山，中山万人游肇庆”城际互游之“中山万人游肇庆”首团欢迎仪式在七星岩牌坊广场举行，中山市1169名游客乘25台大巴抵肇参观旅游；发动全市旅游景区（点）、旅行社、酒店创建旅游休闲示范单位，有69个单位荣获广东省“国民旅游休闲示范单位”，肇庆市被省政府授予“国民旅游休闲示范市”称号。

肇庆市“旅游下乡”活动启动，并派发“旅游消费补贴券”

【2009中国生态旅游年】 2009年1月1日凌晨，肇庆市政府联合广东南湖国旅在广肇高速公路白土收费站前举办“2009中国（肇庆）生态旅游年启动仪式暨百辆自驾车肇庆迎新年活动”，来自广州的150台自驾车、500名游客参加。以森林生态游、乡村游、探险游为主题，编印《广东肇庆星湖国家湿地公园——观鸟在星湖》、《国际化旅游休闲之都——肇庆》画册，重点宣传推介2条线路，即“中国最美的六大湿地公园”之星湖国家湿地公园线路和集奇趣、探险、原生态于一体的鼎湖山蝴蝶谷原始森林探险线路。

【广佛肇旅游合作】 2009年6月，广州、佛山、肇庆三市签订《“广佛肇经济圈”建设合作框架协议》。6月17日，肇庆市旅游发展局经与广州、佛山市旅游局协商，达成三地旅游业一体化发展共识，在肇庆市签署“广佛肇旅游一体化”合作框架协议，并将“肇庆驴友卡”升级为“广佛肇旅游一卡通”。8月28日，三市在广州增城白水寨联合举办“广佛肇生态旅游首团互访启动仪式”，三市分别组织千人旅行团互访，宣传和营造“广佛肇旅游一体化”氛围。联合策划编印“广佛肇”旅游宣传资料，联合组织“广佛肇”省外旅游宣传推介活动，包装推出统一的区域旅游形象，共同开发客源市场。

《“广佛肇旅游一体化”合作框架协议》签署暨“广佛肇旅游一卡通”启用仪式

旅游接待与收入

【概述】 2009年，肇庆市旅游景区（点）接待游客1603万人次，比上年增长18.1%；城市接待旅游者人数1423万人次，增长18.2%；城市住宿设施接待过夜旅游者840.51万人次，增长18.26%（其中入境旅游者112.32万人次，增长11.19%；国内旅游者728.19万人次，增长19.43%）；一日游游客583万人次，增长18.02%。全市旅游总收入79.46亿元，比上年增长20.78%（其中旅游外汇收入8088.57美元，增长21%）。纳入全市统计的宾馆酒店的客房平均出租率61.9%，比上年增长2个百分点。

【入境旅游】 2009 年，肇庆市接待入境旅游者 112.32 万人次，比上年增长 11.19%；旅游外汇收入 8088.57 万美元，比上年增长 21%。

【国内旅游】 2009 年，肇庆市接待国内游客 1232.5 万人次，比上年增长 16.3%，其中过夜国内旅游者 728.19 万人次，增长 19.43%；国内旅游收入 73.93 亿元，增长 20.14%；一日游国内游客 504.3 万人次，增长 12.3%；旅行社组团省内游 21.41 万人次，比上年增长 16.49%，省外游 8.84 万人次，比上年增长 17.80%。

【出境旅游】 2009 年，肇庆市出境游组团社组织出境游客 2.21 万人次，比上年增长 16.81%（其中，组织港澳游 1.72 万人次，增长 4.9%；组织出国游 0.49 万人次，增长 92.59%）。

【假日旅游】 春节旅游黄金周肇庆市接待游客 147.2 万人次，比上年同期增长 10.1%，占全年游客接待量的 9.2%。其中，接待入境游客 19.9 万人次，同比增长 8.8%；接待国内游客 127.3 万人次，同比增长 10.3%。从游客的过夜情况看，接待过夜旅游者 86.5 万人次，同比增长 7.1%；一日游游客 60.7 万人次，同比增长 14.7%。

"五一"假期（5 月 1 ~ 3 日）该市接待游客 87.1 万人次，同比增长 18.7%，占全年游客接待量的 5.4%。其中，接待入境游客 10.33 万人次，同比增长 19.2%；接待国内游客 76.76 万人次，同比增长 15.5%。从游客的过夜情况看，接待过夜旅游者 51.47 万人次，同比增长 18.5%；一日游游客 35.62 万人次，同比增长 18.9%。

"十一"旅游黄金周该市接待游客 152.3 万人次，同比增长 9.6%，占全年游客接待量的 9.5%。其中，接待入境游客 20.75 万人次，同比增长 7.9%；接待国内游客 131.55 万人次，同比增长 9.9%。从游客的过夜情况看，接待过夜旅游者 90.1 万人次，同比增长 10.8%；一日游游客 62.2 万人次，同比增长 8%。

春节、"十一"两大黄金周共实现旅游收入 6.12 亿元，同比增长 12.09%，占全年旅游总收入的 7.7%。其中，国际旅游（外汇）收入 618.7 万美元，同比增长 22.9%；国内旅游收入 5.69 亿元，同比增长 11.4%。

旅游宣传促销与节庆活动

【概述】 2009 年肇庆市旅游宣传促销工作以拉动消费、扩大内需、促进经济为着眼点，以推动"2009 中国生态旅游年"、"国民旅游休闲计划"为着力点，取得较好成效。肇庆市先后荣获"中国最佳文化生态旅游城市"、"建国六十周年中国最具投资价值旅游城市"、"2009 中国十大特色休闲城市"，星湖国家湿地公园获评为"中国最美的六大湿地公园"，打造了肇庆旅游的新品牌和新卖点，扩大了客源市场。全市接待的过夜国内游客中，省外游客所占比例约 20%，比上年提高约 4 个百分点。

【国内旅游宣传促销】 2009 年，肇庆市加大城市形象宣传力度，3 月至 7 月，投入 200 万元在中央电视台四套播出"国砚名都，山水肇庆"专题城市形象片。4 月至 6 月，在南方电视台播出"粤游粤精彩"《肇庆篇》6 期，在肇庆电台推出《旅游之声》节目；在省内和香港的电视电台、报纸杂志以及各知名网站投放大量旅游专题广告；大力拓展华东、华北市场。1 月 7 日，邀请浙江省旅行社协会组织 23 家旅行社到肇庆考察踩线，参观七星岩、鼎湖山、端砚文化村等景区和奥威斯酒店。4 月，组织参加在大连举办的 2009 中国国内旅游交易会；9 月至 12 月，参加由省旅游局主办、各市分别牵头承办的"活力广东"（北京、天津、常州、杭州、东三省）省外旅游推介会。其中，11 月 27 日由该市牵头，联合韶关、清远市在江苏常州举办三地（长三角）旅游推介会。积极参与"全国百城旅游宣传周"活动。4 月 11 日，在七星岩牌坊广场举行启动仪式暨旅游宣传推介，该市 8 个县（市、区）旅游局，30 家旅行社、旅游景区（点）、酒店在现场设立咨询点，推出系列优惠，并通过文艺表演、游戏互动、派送礼品、宣传演讲等进行旅游宣传推介。全年先后参加由省旅游局牵头组织的武汉、北京、天津专题推介会，香港、广州、大连、南京、天津、昆明、厦门等国际国内旅游交易会（展销会）以及深圳文化博览会。

【国际旅游宣传促销】 2009 年 3 月 2 日，由肇庆市政府和香港旅游业议会联合举办、肇庆市旅游发展局承办、肇庆市中国旅行社协办的肇庆旅游（香港）春茗联谊会在香港举行。市人大常委会副主任黄三和、市政府副市长孙德，市直有关单位领导、各县（市、区）分管旅游工作的领导和旅游局局长、旅游企业代表约 100 人参加。香港旅游发展局推广总经理郭志杰、香港旅游业议会主席何柏霆等领导应邀出席，并协助组织香港旅游界、新闻界 150 多人参加。联谊会由肇庆市政府副秘书长陈义主持，孙德副市长、何柏霆主席先后致辞，市中旅社总经理朱丽华、香港永安旅游有限公司中国旅游部高级经理冼佩芳分别代表两地旅行社讲话。会上，肇港两地旅游部门、旅游界新老朋友共叙友情、共商两地旅游发展大计；肇庆市政府向香港旅游业议会总干事董耀中颁发"肇庆旅游发展突出贡献奖"。

6 月 11 ~ 14 日，肇庆市旅游发展局组织参加在香港国际会议展览中心举行的第 23 届香港国际旅游展览会。该市以“国际化旅游休闲之都·肇庆”为主题的背景板及众多有代表性的景观图片，吸引大量国内国际旅行商和香港市民驻足观看。展会现场，共派发上万份精美画册和 DVD 等宣传资料，奥威斯酒店及部分旅行社也参加宣传推介，并与各地旅行商进行沟通洽谈。

2009 年 7 月 22 日，“首届珠三角地市媒体旅游发展论坛”在肇庆市举办

【旅游节庆活动】 2009 年，肇庆市旅游节庆活动重点围绕黄金周及小长假举行。一是开展春节“请到肇庆过大年”系列活动。结合省试行国民旅游休闲计划和“2009 中国生态旅游年”主题，肇庆市策划组织一系列具有地方特色、参与性强的旅游文化活动：年初一晚上在牌坊广场举办大型新春烟花晚会；初一至初五在星湖中心堤东侧举办汽车漂移表演；星湖渔乐坊水上舞台每晚上演歌舞、喜剧、小品、魔术、杂耍等精彩节目。同时，鼎湖山有风筝祈福会，七星岩有“仙女出嫁”、“独竹漂”绝技表演，庆云寺、龙母祖庙举办新春祈福会，封开的麒麟白马舞、五马巡城舞，怀集的春牛舞、贵儿戏等民俗歌舞纷纷上演，吸引广大市民和游客参与。春节期间，每天头 1000 名购票进入七星岩、鼎湖山景区的游客可获赠 18 元购票赠券和精美贺年卡，赠券在春节期间可抵减门票款；二是“广东人游广东，‘五一’我游肇庆”系列活动。“五一”期间，该市在七星岩牌坊广场举办肇庆千里旅游画廊图片展、旅游景区摄影作品展、海军四十一训练基地（封开大旺海鹰博览中心）军事装备展示、肇庆旅游工艺品（特产）制作技艺展等。七星岩景区有刘三妹对歌，悦城龙母祖庙举办龙母祈福会，盘龙峡景区举行盘龙峡薰衣草节，砚坑紫云谷举办端溪山泉泼水嘉年华等。5 月 1 日，凡旅行社购买七星岩或鼎湖山单个景区门票，一律 30 元，当天有效。同时购买 2 个景区门票，一律 60 元，5 月 1 日和 2 日两天有效；三是“十一”旅游黄金周系列活动。以“肇庆旅游新体验，十大亮点贺华诞”为主题，策划推出“鼎湖山负离子洗肺防甲流”、“七星岩水上极限大冲关”、“赏‘卧佛含丹’，吸天地灵气”、“五万鹤鸟伴您游星湖”、“端州古集市历史文化节”、“薰衣草天使与您有个约会”、“文鲤渔节，尝百年贡品”、“潜伏封开的‘51 号兵站’探秘”、“叹名数山庄，悟养生之道”、“国家 863 计划‘旅游机’助您游”等 10 大旅游项目和亮点。10 月 2 日，在七星岩举办“世界小姐和丹顶鹤同游星湖”活动，广东电视台金牌栏目《今日关注》派出总监制、名主持及多位记者主持和采访报道。推出多项旅游优惠措施：“十一”期间，凡全国英模（劳模）、汶川地震救灾英模、汶川灾区人民凭有效证件可免门票进入七星岩、鼎湖山景区；凡 10 月 1 日出生的公民，在 10 月 1 日当天凭身份证可免票进入景区；一家三口来七星岩、鼎湖山景区旅游，凭户口簿可享受 1 名子女免票的优待等。

【2009 广东国际旅游文化节肇庆分会场】 肇庆市作为 2009 广东国际旅游文化节暨泛珠三角旅游推介大会分会场，围绕“肇庆旅游嘉年华”主题举办一系列旅游文化活动。11 月 13 ~ 15 日，先后举行开幕仪式暨环星湖国际市民徒步大会、第二届肇庆旅游工艺品（特产）展、星湖国家湿地公园第三届观鸟节、鼎湖山国际太极养生活动、肇庆市第四届旅游美食节、鼎湖山第四届国际森林旅游登山节、问鼎健康—藏会鼎湖山养生高峰论坛。11 月至 12 月，该市各县（市、区）陆续举办多个主题活动：鼎湖山水旅游节、四会柑桔玉器文化节、高要金钟山龙公庙会文化节、德庆龙母感恩节、第四届广宁竹子节、第四届封开广信文化节、怀集燕都旅游美食节等。

“环星湖国际市民徒步大会”吸引来自 16 个国家和地区的徒步爱好者

旅游资源开发和景区（点）建设

【旅游规划编制与实施】 2009 年，肇庆市启动《星湖风景名胜区总体规划》修编和修建性详细规划工作；鼎湖砚洲岛生态文化创意园项目进展顺利，投入 3800 万元完成全案策划、总体规划、全岛地形地貌的测量和绘图工程等工作；封开县千层峰旅游景区整体开发项目规划工作启动，

完成《广东封开龙山风景名胜区总体规划》修编。

【旅游招商引资】 2009年，肇庆市借助端午节龙舟邀请赛之机，组织策划大型旅游招商推介会，吸引境内外客商、旅行社和新闻媒体记者200多人参加。副省长万庆良和省旅游局领导亲临招商推介会。在2009广东国际旅游文化节泛珠三角旅游招商会上，肇庆市签订旅游投资项目5个，合计金额1.07亿美元。全年共签订旅游招商项目14个，合同金额55亿元。

【旅游区（点）与基础设施建设】 2009年，肇庆市进一步完善旅游基础设施建设。肇庆星湖风景名胜区：启动七星岩水月堤除险加固工程，完成了鼎湖山环山公路防撞栏工程、鼎湖山消防管网和供水系统工程、七星岩中心堤荫梓岗以南堤段路面维修。完善了景区标识指引系统。在波海湖火车站入水口建成总面积达2600平方米的星湖人工湿地示范基地，入湖污水经该基地处理后达到国家污水处理I类排放标准和景观娱乐用水C类标准；整治星湖西堤“白屋仔”地段的脏、乱、差。通过ISO14001环境管理体系年度监督审核。

鼎湖区：砚洲岛旅游开发项目完成投资3800万元，初步建成宋风商业街，完成导视系统建设和码头、部分道路和包公楼的改造；以岛东“祈福文化游览区”、岛中“岭南民俗文化区”、岛西“沙滩时尚休闲区”为主线的初级旅游线路对外开放。

高要市：12月6日，投资8000万元的金钟山龙文化景区开业；香山旅游度假区、上清湾旅游度假区基本完成道路、水电等基础配套建设。四会市：贞山景区、邓村造纸第一村增加旅游服务基础设施，包括旅游导向指示牌、旅游标志、安全警示牌以及公共厕所等；主要交通要道、公路出入口增设了导游指示牌。

德庆县：悦城龙母祖庙、德庆学宫（孔庙）、盘龙峡3个景区按照《旅游景区质量等级的划分与评定》标准，完成一系列软硬件配套设施的完善改造，成功创建国家4A级旅游景区。

封开县：大旺海鹰博览中心试业，开放导弹发射阵地、各类火炮阵地、坦克阵地、隧道军事指挥所、军事博览馆等给游客参观，建成野炊、烧烤场等配套设施，增设乘坐水陆两栖坦克、发射高炮和追击炮等军事体验项目。龙山景区对双龙洞、白石岩进行改造，并新建游客服务中心。

怀集县：8月，总投资3亿元的蓝钟岳山温泉旅游综合开发项目上马建设。红霞湾冷热山泉度假区投资350万元的二期工程动工建设，主要增加建设漂流项目的大坝、漂流河道和景区自用小水电站等。

广宁县：经过近10个月的建设，12月15日，占地面积5000平方米、总投资近1000万元的广宁竹文化博馆建成开放。投入30多万元先期开发的螺壳山樱花谷，在原有野生樱花的基础上引种500多棵不同品种、不同颜色的樱花，修建停车场以及樱花谷人行小道。竹海大观进行全面升级改造，2010年元旦重新开业。

2009年12月12日，肇庆星湖风景名胜区管理局与中国康辉旅行社集团有限责任公司签订外省市场营销合作协议

【旅游商品开发】 2009年11月13～16日，肇庆市成功举办第二届旅游工艺品（特产）展。本次展会共设展位220多个，全市旅游商品和旅游工艺品生产、经营企业悉数参展，还吸引来自山东、湖南、四川、重庆、云南、陕西等10多个省市的参展商参展。展品包括旅游土特产品、旅游工艺品以及玉器、奇石、根雕、字画等。既为企业搭建了一个宣传推介、学习交流、展销采购的平台，又为市民、游客提供了一个观赏、选购旅游工艺品和旅游特产的机会，吸引众多市民、游客参观和选购，成交金额800多万元。

【旅游扶贫】 2009年，肇庆市鼎湖区九龙湖景区、高要市砚坑紫云谷景区、德庆县世外洞天乡村旅游度假村、怀集县燕山景区、封开县状元湖森林公园现代林业与特色农家乐共获省旅游扶贫专项资金200万元。

旅游行业管理

【概述】 按照国家旅游局、省旅游局工作部署，肇庆市假日旅游协调领导小组充分发挥职能作用，大力开展联合执法和综合执法，全面整顿和规范旅游市场秩序。抓好导游IC卡检查，全面清理整顿导游队伍，坚决查处“黑导”和无证导游；积极做好新《旅行社条例》宣贯工作，做好旅行社年审和换证、导游员年审和岗前培训，做好星级饭店的评定和复核，抓好旅游安全工作，确保了旅游业发展有序、安全、稳定。

【旅游市场监管】 2009年，肇庆市围绕旅行社违规经营、超范围经营、服务质量不规范等突出问题进行整治，组织开展一系列专项督查活动，如对旅行社的广告清理检查，对部分旅行社低价违规发布广告和超范围经营的宣传资料进行查处。联合物价部门检查旅行社旅游线路价格公示情况，重点规范交通方式、住宿酒店标准的标注、自费旅游项目及其价格和旅游购物次数和时间的明示。

【旅游安全管理】 2009年，肇庆市旅游发展局在春节、“五一”、暑期、“十一”节假日前夕，定期开展旅游安全检查，与市安监、质监、海事、交通、卫生、消防等职能部门组成旅游安全检查组，对全市旅游经营单位集中综合督查。市旅游局联合市安监局、市消防局等单位举办旅游安全管理培训班和消防安全标准化及酒店管理培训班，市旅游业单位安全负责人和安检员129人次参加。加强旅游安全隐患的整改，对检查发现的安全隐患及时记录，定人、定时督促整改。全年没有发生重大旅游安全事故。

【旅行社管理】 2009年5月，肇庆市旅游发展局加强对新出台的《旅行社条例》的宣贯，联合肇庆学院和省旅游质监所举办针对旅行社中高层管理人员的《旅行社条例》培训班。从7月起，全市旅行社启用新的国内旅游合同示范文本。完成对全市旅行社的业务年检及重新审核和换证，年检通过率97.6%。

【导游员管理】 2009年，肇庆市旅游发展局加强对导游服务行为的规范和管理，针对导游人员在导游活动中存在的突出问题，加大导游IC卡检查力度，全年共检查导游员113人次，其中无证带团10人。（全年组织导游岗前培训、导游年审教育培训的简要情况）。组织一年两次的全国导游人员资格考试，479人次参加考试，213人通过，合格率44%。截至2009年底，该市共有导游员1644人。

【旅游饭店管理】 2009年，肇庆市根据国家和省旅游饭店星级评定委员会部署，完成对全市34家星级饭店的复核工作。（复核结果）大力推进饭店创星工作，德庆醉然居假日酒店被评为四星级饭店，肇庆高尔夫度假村、德庆君悦大酒店被评为三星级饭店；南粤苑度假中心等21家饭店被评为“绿色饭店”。

【旅游行业协会】 2009年3月19日，召开第三届肇庆市旅游协会换届选举大会。省旅游协会副会长、秘书长李进茂，肇庆市政府副市长孙德、副秘书长陈义，肇庆市直有关单位领导，以及肇庆各县（市、区）旅游局局长、全市旅游企事业单位负责人150多人参加。会议选举肇庆市旅游发展局局长郑时广为肇庆市旅游协会第三届会长，肇庆市旅游发展局党委书记、副局长李达标为常务副会长，肇庆市旅游发展局行业管理科科长谭映梅为秘书长。聘任原肇庆市政协主席杜鉴波为名誉会长。

旅游教育培训和精神文明建设

【旅游教育培训】 2009年，肇庆市旅游发展局在全市旅游系统深入开展学习实践科学发展观教育活动以及纪律教育学习月、公务员学习培训和普法教育活动；组织全市479人次参加全国导游人员资格考试，全年新增导游员213名。全市有854人次参加导游岗前培训和导游年审教育培训；组织全市星级饭店、旅行社、旅游景区中高层管理人员共125人次参加由省旅游局、有关旅游机构和院校等单位举办的各类旅游业务培训班。

【旅游行业精神文明建设】 2009年，肇庆市旅游发展局被肇庆市委、市政府评为“肇庆市文明单位”、“人口与计划生育工作先进单位”，被市综治委评为“社会治安综合治理优秀单位”。全市21个旅游景区、12个旅行社、21个酒店、12个旅游餐厅被省旅游局评为“广东省国民旅游休闲示范单位”。德庆县旅游发展局梁彩云被省妇联授予“广东省‘三八’红旗手”称号。

【旅游行风建设】 2009年，肇庆市假日旅游协调领导小组发挥职能作用，大力开展联合执法和综合执法，整顿和规范旅游市场秩序。肇庆市旅游发展局积极宣传贯彻新颁布的《旅行社条例》，完成对全市旅行社的业务年检及重新审核和换证。市旅游质监所共受理旅游投诉69宗，全部得到妥善处理。完成第三届肇庆市旅游协会换届选举，促进了旅游行业的自我约束、自我保护、自我规范和自我完善。

纪 事

1月1日凌晨 肇庆市政府在广肇高速公路白土收费站举行“自驾游天堂肇庆迎新暨中国（肇庆）生态旅游年”启动仪式。

1月4~5日 全国政协副主席、九三学社中央副主席王志珍到七星岩、鼎湖山景区参观考察。

1月12日 “2009资本面对面·生态旅游投融资峰会”在德庆盘龙峡景区举行。

1月26日 肇庆市委书记覃卫东、市长杨浩明到七星岩、鼎湖山景区视察指导春节旅游黄金周工作。

1月30日 省委常委、省公安厅厅长梁伟发到七星岩景区视察指导工作。

2月18日 原中共中央政治局委员、全国政协副主席杨汝岱到七星岩景区参观游览。

2月24日 肇庆市政府联合东方航空公司、广东南湖国旅在全省率先启动“旅游下乡”活动，派发“旅游消费补贴券”。

3月4日 肇庆市政府与香港旅游业议会在香港联合举办“2009肇庆旅游（香港）春茗联谊会”。肇港两地旅游界、新闻界人士300多人参加。

3月9日 肇庆星湖国家湿地公园被《行游天下》杂志社、搜狐旅游等媒体公开投票评选为“中国最美的湿地公园”。

3月19日 第三届肇庆市旅游协会换届选举大会在皇朝酒店举行。肇庆市旅游发展局局长郑时广为新一届肇庆市旅游协会会长。

3月20日 2009年全市旅游工作会议在市委小礼堂召开。

3月27日 “肇庆驴友卡”赠亿元促旅游消费活动在广州中国大酒店启动。

3月29日 “肇庆万人游中山，中山万人游肇庆”城际互游之“中山万人游肇庆”首团欢迎仪式在七星岩牌坊广场举行。

4月11日 肇庆市在七星岩牌坊广场举行“全国百城旅游宣传周”活动。

4月18日 在第二届中国文化生态旅游高峰论坛上，肇庆市被评为“中国最佳文化生态旅游城市”。

5月1日 来自广州、深圳、香港、江苏无锡、湖南衡阳、广西桂林等全国各地的30位旅游局局长共同签署《城际旅游大联盟（肇庆）宣言》。

5月20日 肇庆市政府组团赴三亚召开打造商务会展旅游休闲城市现场会。

5月26日 德庆醉然居假日酒店通过四星级饭店检查评定。

5月27～28日 借国际龙舟邀请赛，肇庆市举行大规模旅游招商推介会。

5月27日 副省长万庆良到七星岩景区考察工作，肇庆市委书记覃卫东陪同考察。

5月28日 中共中央政治局委员、广东省委书记汪洋到七星岩景区视察指导工作。

6月17日 广州、佛山、肇庆三市旅游局在肇庆签署“广佛肇旅游一体化”合作框架协议并启动“广佛肇旅游一卡通”。

7月5日 台湾亚洲大学参访团抵达肇庆开展旅游交流与参访活动。

7月22日 由肇庆、佛山、江门、东莞、中山、惠州、珠海等市主流媒体联合主办的“首届珠三角地市媒体旅游发展论坛”在肇庆市举办。

7月25日 由肇庆市旅游发展局、市广播电视台联合主办的大型旅游综艺节目——《众乐星湖》在七星岩里湖启动。

8月16日 在“2009中外旅游投资高峰论坛暨建国六十周年旅游业成果颁奖盛典”上，肇庆市被亚太旅游联合会、中国营销学会、中国国际旅行家协会评为“建国六十周年中国最具投资价值旅游城市”。

8月17～18日 澳门特别行政区行政长官崔世安到鼎湖山、七星岩景区参观考察。

8月26日 加拿大驻广州总领事李贤辉到七星岩景区参观考察。

9月24日 宁夏回族自治区主席助理田明率宁夏政府代表团到七星岩、鼎湖山景区参观考察。

10月20日 越南国家监察总署代表团到鼎湖山、七星岩景区参观考察。

11月14日 2009广东国际旅游文化节·肇庆旅游嘉年华开幕式暨环星湖国际市民徒步大会在七星岩牌坊广场举行，来自16个国家和地区的游客、徒步爱好者3万多人参加。

11月27日 由省旅游局牵头，肇庆、清远、韶关三市政府在江苏常州市联合举办旅游推介会。

12月12日 首批具有国内先进技术的“太阳能”游船在肇庆星湖景区投入使用。同日下午，肇庆星湖风景名胜区管理局与中国康辉旅行社集团有限责任公司签订外省市场营销合作协议，委托康辉旅行社独家代理星湖景区外省市场营销拓展业务。

12月26日 广东“领潮争先”国庆彩车抵达肇庆市开展为期一周的巡展。

（童益南）

清远市

综 述

【总体情况】 2009年，清远市各级旅游部门和旅游企业积极应对国内外复杂多变的经济形势和甲流带来的不利影响，以科学发展观为指导，以国家旅游局确定的“中国生态旅游年”为主题，紧紧围绕市委、市政府提出“保增长、扩内需、调结构、促和谐”工作主线，制定一系列的应对措施：继续稳步推进“开心清远”系列活动；创新宣传促销方式，拓展旅游市场；着力抓好“创强”、“创A”工作，打造旅游品牌；着力抓好从业人员培训，提升服务质量；着力抓好北江旅游带总体规划和游客服务中心的建设工作；着力抓好旅游招商和旅游扶贫工作；着抓好行业管理，规范旅游市场等；积极试行广东国民旅游休闲计划，推动全市旅游业继续保持良好的发展势头。据统计，2009年全市接待海内外游客1881万人次，比上年增长26.41%；实现旅游总收入75.08亿元，比上年增长33.46%，圆满完成2009年预定目标，创历史新高。

【旅游行业规模】 2009年，清远市共有星级酒店41家，其中五星级1家，四星级6家，三星级24家，二星级10家。各类商务宾馆、温泉度假村、社会旅馆609家，床位数40181张；拥有旅行社44家，其中经营出境旅游业务的组团社1家。按属地划分，市区（含清城区、清新）23家，英德市10家，连州市4家，阳山县1家，连山县2家，佛冈县3家，连南县1家；全市已建成并向游客开放的景区（点）75处，共有A级旅游景区11家，其中4A级旅游景区8家，3A级旅游景区3家。旅游从业人员2.65万人。

【全市旅游工作会议】 2009年4月7日，清远市政府在国际会展中心召开全市旅游工作会议。会议传达贯彻2009全国、全省旅游工作会议精神，对2008年全市旅游工作进行总结，研究部署2009年全市旅游工作。会议要求全市旅游从业人员抓住广东省作为全国旅游综合改革试验区、率先试行国民旅游休闲计划先行省份等有利时机，发挥自身拥有旅游资源和旅游品牌的优势，做大做强做优清远旅游业。会议强调要把握形势、统一思想，坚定加快旅游业发展的信心和决心，要突出重点、加大力度，扎实推进旅游业发展。

【试行国民旅游休闲计划】 2009年9月20日，清远市政府出台《清远市贯彻广东省国民旅游休闲计划实施意见》。4月29日，清远市举办首届国民旅游休闲计划启动仪式。副省长万庆良、省旅游局局长杨荣森，清远市市委书记陈家记、市长徐萍华等领导参加。副省长万庆良以授旗方式正式启动清远市国民旅游休闲计划；4月30日，由广东省旅游局、清远市政府共同主办的“国民休闲文化论坛”在清远市举行。副市长王得坤参加并主持论坛。广东商学院教授张伟强、广州谊华旅游规划设计有限公司城市旅游和景区营销策划专家郑泽国作专题报告。来自全省21个地级以上市旅游局的领导、旅游业界、新闻媒体等共200多名嘉宾参加论坛活动。论坛的成功举办，进一步提高与会人员对国民旅游休闲文化及其背景的认识，奠定了理论基础；7月28日，由清远市旅游局、中国建设银行清远市分行、广东益民旅游休闲服务有限公司联合承办的“国民旅游休闲卡清远发卡仪式暨特惠示范商户签约仪式”在好来登候机楼隆重举行。清远市成为全省首个发行国民旅游休闲卡的地级市。中国建设银行清远市分行作为发行国民旅游休闲卡指定银行，在全市29个营业网点同时推出国民旅游休闲卡。全市有200多家旅游企业成为国民旅游示范单位和特惠示范商户。

清远市举办首届国民旅游休闲计划启动仪式

【中国旅游生态年】 2009年为"中国生态旅游年"，主题口号为"走进绿色旅游、感受生态文明"。清远市加大乡村旅游、农业旅游、森林旅游等生态旅游资源的宣传推广力度，推出一批适合各类市场需求的生态旅游产品。3月20日，副省长雷于蓝在副市长廖迪娜的陪同下，考察牛鱼嘴原始生态旅游风景区。雷于蓝对牛鱼嘴景区充分利用原生态禾雀花发展绿色生态旅游并带动附近村民就业的做法表示肯定和鼓励，强调要把旅游开发与文化交流结合，发展具有文化品位、有活力的旅游。9月27日，清新县太和古洞旅游开发有限公司、清新县玄真古洞生态旅游开发有限公司、英德市九州驿站度假营地、连山壮族瑶族自治县大旭山瀑布群旅游风景区四个景区获得省旅游局、省林业局颁发的"林业生态旅游示范基地"。

雷于蓝副省长视察牛鱼嘴原始生态风景区

旅游接待与收入

【入境旅游】 2009年，清远市接待入境旅游者22.63万人次，比上年增长5.4%，平均停留天数为1.5天；旅游外汇收入4510.92万美元，比上年增长1.47%，占全省比重的0.45%。

【国内旅游】 2009年，清远市接待国内游客1858.37万人次，其中接待国内旅游者501.85万人次，比上年增长6.92%；国内旅游收入72亿元，比上年增长35.43%，占全市旅游总收入的95.9%；平均停留天数为1.13人天；旅行社组团国内游人数23.07万人次，比上年下降23.38%。其中，省内游18.92万人次，省外游4.15万人次，比上年下降31.60%。

【出境旅游】 2009年，清远市组团出境游人数为8853人次，比上年增长85.6%，其中港澳游8370人次，出国游483人次。

【假日旅游】 2009年春节黄金周全市共接待海内外游客61.88万人次，同比增长2.79%；旅游总收入1.97亿元人民币，同比增长18.67%。

"五一"（1～3日）全市共接待海内外游客42万人次，同比增长16.02%，旅游总收入为1.7亿元，同比增长9.68%。

"十一"黄金周，全市共接待游客88.4万人次，比去年增长12.35%；旅游总收入3.27亿元，比去年增长12.67%。人次首超80万，收入首超3亿。

旅游宣传促销与节庆活动

【旅游宣传促销】 2009年，清远市实施"跨媒体、多层次、全方位"开展以旅游目的地为营销战略，创新宣传推介方式。全年加大在电视、电台、报刊等媒体的投放力度。加强与省旅游局联合办节的模式，扩大清远节庆活动在全省及全国的影响。与省旅游局联合举办的活动项目有：2009国际旅游小姐中国赛区总决赛、第四届中国岭南清远牛鱼嘴野生禾雀花观赏节、连南"耍歌堂"、"盘王节"、连州的国际摄影年展、连山的戏水节、阳山的"四驱车节"、温泉节、漂流节等；全市各地举办的节庆活动项目有：佛冈的"豆腐节"、英德的"菜花节"、城区"禾雀花节"等；7月，由中科院城市发展与经济研究中心等单位在海南三亚举行全国300多个城市市长参加的"中国城市品牌"大会上，清远市被评为"中国十大特色生态城市"。

清远市全年的客源90%来自珠江三角洲地区，为拓展省外客源市场，市旅游局联合韶关、肇庆、汕头、潮州、韶关、梅州、阳江、揭阳、梅州、东莞市旅游局分别到武汉、长沙、厦门、天津、常州、南京等地组织策划广东旅游推介会，并取得实际效果。9月23日，武汉旅游界联盟组织20多家旅行社总经理到清远市踩线考察，9月25日，长沙旅游界联盟秘书长与清远旅行社分会商议合作事宜。

8月1～2日，市旅游局与中山市旅游局分别在清远会展中心广场和中山市隆重举行"火热八月·激情互动"·畅游伟人故里，体验清远山水——清远中山两地旅游互动启动仪式。当月到清远旅游的中山游客达15000人次，同比增长265%。9月26日，市旅游局和佛山市旅游局联合主办"金秋十月·友情互动"领略佛山古韵，体验清远山水佛山清远旅游互动启动仪式，两地达到优势互补、客源互送、双赢互利的目标。佛山组团量已跃居第二位。

3月26～29日，清远市旅游局组织全市旅游企业参加"2009年广州国际旅游展览会"。其间，对4个特装36平方米的展位进行整体设计、统一包装。全市有60多家旅游企业参加展览会，展位前来咨询者超1万人次，派发宣传资料6万多份。

【旅游节庆活动】 2009年，清远市旅游局联合各县举办各类颇具特色的旅游节庆活动。农历“七月七”，连山县人民政府和清远市旅游局联合举办具有浓郁少数民族特色的“连山旅游文化戏水节”；8月28日，佛冈县举办“中国（佛冈）汽车拉力锦标赛暨旅游文化节”；10月20～25日，英德市举办“英德第三届体育旅游文化节”；11月20日，连南县举办“连南瑶族（盘王）文化节”，并纳入2009广东国际旅游文化节活动项目；11月26日，阳山县举办“第五届中国四驱越野车节”；12月5～10日，连州市举办“第五届连州国际摄影年展”；12月18日，清远市政府与佛冈县政府在佛冈县城举办“清远（佛冈）沙糖桔暨旅游文化节”等。

【2009国际旅游小姐中国赛区总决赛】 2009年3月29日至4月29日，2009国际旅游小姐中国赛区总决赛在清远市举行。万庆良副省长、省旅游局局长杨荣森以及清远市委书记陈家记、市长徐萍华等四套班子领导出席总决赛晚会。万庆良将“启动国民旅游休闲计划的旗帜”授予清远市副市长王德坤。总决赛期间，清远市结合国际旅游小姐选拔赛，开展了“广东省国民休闲论坛”、“美女与美食同行”、“清远旅游名优产品展销”等系列活动。活动的成功举办，标志着全市以旅游业大发展来应对金融危机，拉动内需、带进经济增长的重要举措得到具体的实施。

【“唱响广东．走进清远”2009旅游金曲精英大赛】 清远市作为省组委会指定的“唱响广东”全省三大赛区之一，负责清远、韶关、肇庆、云浮、阳江、茂名、湛江7个地级以上市的海选、晋级赛、培训拉票和地区决赛。大赛从2009年10月13日启动以来，吸引来自全国各地包括台湾等地区500多名选手参赛。11月30日晚清远赛区总决赛晚会在清新花园酒店隆重举行，省旅游局局长杨荣森亲临赛场观赛。在12月19日“唱响广东”广州总决赛中，《美丽清远》旅游歌曲被评为“广东省十大旅游金曲”，清远市旅游局获大赛组委会颁发的“突出贡献奖”。

【“开心清远．闲情山水”旅游推介会】 2009年3月7日，由广东省旅游局、清远市人民政府主办的“开心清远．闲情山水”旅游推介会暨2009年第四届中国岭南清远牛鱼嘴野生禾雀花观赏节在清城区隆重开幕。省旅游局副局长王志红、清远市副市长廖迪娜等领导和来自省内外旅游界、主流媒体近千名嘉宾参加开幕式，并观赏到野生禾雀花这一国家野生二级保护植物。活动的成功举办，深化和提升了清远“闲情山水”的品牌形象。

【2009广东（清远）漂流开漂节】 2009年4月18日，以“开心清远．激情漂流”为主题的2009广东（清远）漂流开漂节开幕仪式在玄真古洞生态旅游区隆重举行。香港旅游业协议会、兄弟市和友好城市旅游局代表、长三角及珠三角地区旅行社代表500多人参加开幕仪式。本届开漂节以传承漂流文化为载体，进一步擦亮了“中国漂流之乡”的旅游品牌。

“激情漂流·魅力清远”漂流开漂节

【2009广东清远温泉节】 2009年10月，由广东省旅游局和清远市人民政府联合主办、清远市旅游局和英德市人民政府承办的“魅力清远·亲情温泉”·2009广东清远温泉节在英德奇洞温泉度假区隆重举行。温泉节向社会各界展示并新推出高品味温泉景区，展示了清远温泉不断创新的魅力。

【信息化建设】 2009年，清远市旅游局信息化建设得到新的改善。一是加入市政府公务内网，收发文通过内网操作，与市政府及其他部门、各县（市、区）政府等单位的信息交流、收发文件更加方便快捷。清远旅游网作为政府门户网站向社会发布景点、住宿、交通、天气等信息咨询，成为一个功能完善的旅游业务管理和信息发布平台。二是通过在清远旅游网上安装链接“清远市旅游统计信息系统”，方便旅游企业上报统计报表，实现部分业务处理的网络化，达到信息交换效率和信息发布的即时性、准确性的目的。三是建立了清远市旅游局QQ群，与各县（市、区）旅游局、旅游企业的联系得到加强。四是建立移动通讯“旅信通”，借助短信、彩信、语音接入、无线网站、互联网等多种信息传播手段，为来清游客提供包括文字、图片、语音、视频在内的立体旅游信息化服务。五是发行国民旅游休闲卡，持卡人通过国民旅游休闲网、国民旅游休闲卡呼叫中心、《国民旅游休闲卡用户手册》等配套服务平台享受预定、咨询、投诉以及折扣优惠等服务。

旅游资源开发和景区(点)建设

【概述】 2009年清远加快旅游资源开发，优化旅游产业结构，以旅游增和谐、惠民生、促发展。市政府先后出台加快旅游业发展的优惠政策，精心营造投资洼地，发展高地，创业福地，吸引众多的国内外投资商到清远投资发展旅游业。2009年开业的新景区（点）有清泉湾生态旅游区、佛冈龙啸峡漂流、阳山神笔山生态旅游区。目前全市已有景区（点）75处。2009年以来，清远市继续实施品牌带动战略，加大创强、创A和品牌打造力度。11月，佛冈县创建“广东旅游强县”通过省的验收；英德市宝晶宫景区创建成为国家4A级景区，英德奇洞温泉、阳山广东第一峰和清城区新银盏温泉度假村创建国家4A级旅游景区已通过市旅游局初检。截至2009年底，清远市有4A级旅游景区8家，居全省各地级以上市之首。连州地下河景区拟创建国家5A级景区，并纳入全省6个候选景区名单之一。

【旅游区（点）与基础设施建设】 2009年，清远市把老景区改造、新景区开发作为一项重要工作内容，在如何适应旅游业发展新形势和游客的需求，增加文化内涵，丰富旅游产品上下功夫。积极支持和指导连州地下河创建国家5A级景区，使景区更加突出地下河与溶洞景观的特色，景区配套设施更加人性化，环境氛围更具文化内涵；黄腾峡漂流景区二期工程项目建设已完成山道滑车、大型水上娱乐等新项目，改变单一漂流的格局；英德宝晶宫对景区进行较大的更新改造，景区成功创建为4A级旅游景区；佛冈聚龙湾天然温泉度假区，建造占地300多亩的花卉世界，大型水车风流运转，奇花异草清香诱人；清新田园牧歌生态旅游度假村，从2008年8月起，新增投资上亿元的建设，已成功打造神奇漂浮、黑泥养生和大型水上娱乐项目；英德市天门沟（九州驿站）生态旅游区，在茂密的森林之中，建设别具一格的树上木屋别墅和树上温泉池。12月28日，广东省旅游局、清远市人民政府、佛冈县人民政府共建国际（中国佛冈）健康养生旅游示范基地签约启动仪式在佛冈篁胜酒店隆重举行，三方共同签署合作框架协议。

【新开发、新建设景区（点）介绍】

〖清泉湾生态旅游区〗 位于清新县骆坑，距清新县城5公里。由广东世纪家园旅游开发有限公司投资达3亿多元建造。为大型麻竹笋GAP生产基地，也是“骆坑笋”原产

国际（中国佛冈）健康养生旅游示范基地签约启动仪式

地。该项目分三期建设，首期投资8000万元，打造粤北“山水风光娱乐游玩”旅游旗舰。设有度假酒店、动感山泉水城、竹林极速滑水漂流、大型水陆拓展训练基地、特色餐厅、会议中心等服务项目，是集休闲疗养、商务会议、特色美食、运动健身、生态旅游与享受体验为一体的大型生态旅游度假区。

〖阳山县的神笔山生态旅游区〗 地处阳山县境内，为新开发高品位原生态旅游度假区。这里的自然风光旖旎，景区内有20来座植被完好、林木茂盛的山峰，景区溶洞漂流长达3公里。该景区是在神笔洞的基础上，经过后期工程扩建而成。包括神笔仙洞、地心漂流、蜂蛹石林、山洞瀑布等罕见奇观。其中历时5年打造开地心漂流，全程穿越四座山峰和多个村寨的地下，长度近3000米；山洞瀑布位于双子峰外，水流穿过双子峰谷底，一出洞口，即形成一挂宽9米、高近100米的飞天瀑布。

〖佛冈龙啸峡漂流〗 位于佛冈县水头镇。该漂流由佛冈龙啸峡旅游开发有限公司投资兴建，首期投入达2000万元。该漂流河道地形依山势而建，保留河流原貌，全长6公里，首尾落差约120米，最高落差约30米。其中，落差70米、长度300多米长的长城滑道是景区最大亮点。

【旅游扶贫】 2009年，清远市旅游扶贫工作扎实推进，对企业上报的项目及其资料认真审核，并组织实地考察。共向省旅游局、省财政厅上报14个旅游扶贫项目，其中英德十二峰漂流、阳山第一峰，连州市福山旅游区、金子山原生态休闲度假旅游景区、五星旅游度假区、牛鱼嘴原始生态旅游风景区6个项目获得省旅游扶贫专项资金240万元。截至2009年底，全市累计旅游扶贫项目26个、获省旅游扶贫资金3080万。

【旅游强县工作】 2009年，清远市继续做好旅游强县工作。英德市：自2006年4月启动创强工作以来，英德市委、市政府把旅游定位为国民经济的支柱产业。充分发挥党委、政府的主导作用，把加快发展旅游经济作为建设县域经济强市的重要举措，全力整合旅游资源，提升旅游产业发展水平。2008年9月25~26日，省创建旅游强县评定委员会验收组对英德市创建“广东省旅游强县（市）”进行检查验收。2009年1月20日，英德市正式命名为“广东省旅游强县（市）”。佛冈县：佛冈县依托区域、交通和资源优势，全力打造以山水景观为主体，休闲度假为特色的郊区旅游品牌，形成以“温泉文化、生态旅游、观光农业、文明古村”为主题的大旅游开发格局，成为县域经济新的增长点。该县于2008年5月申报创建“广东省旅游强县”；省旅游强县评定委员会于2009年11月25~27日对佛冈县“旅游强县”进行验收。截至2009年底，清远市拥有5个县（市）获得“广东省旅游强县（市）”称号。

旅游行业监督管理

【旅游市场监督】 2009年，清远市采取定期不定期的检查方式，以市场监督检查促进行业规范。采取节前检查和节间现场抽查，不定期检查，加强对旅游企业和旅游从业人员的动态管理、规范经营服务行为，维护旅游市场秩序。对于“黑导”和违规导游，进行现场罚款、并收缴一批虚假证件。全年共组织开展市场检查10次，出动检查人员93人次，检查相关旅游企业数量147个，检查导游人员150人次，处罚4名违规导游并作出现场罚款处理。8月，联合城区旅游局、清新县旅游局，对路边私设兜售景点门票的旅游摊点进行取缔。

【旅游投诉和安全工作】 2009年，清远市旅游局研究制定旅游安全生产工作方案，成立由局主要领导挂帅的安全工作领导小组，仅分管副局长邹俊带队开展的安全专项检查共计20次（其中例行检查12次，专项检查8次），出动检查人数近30人，检查旅游企业近130个，发出整改通知书18份；市旅游质监所工作人员深入旅游企业调查研究，主动与投诉人了解情况，依法依规处理游客投诉；与韶关、河源、惠州、东莞、云浮市质监所签订质监工作合作协议，加强了与兄弟市的合作与交流；重点抓好旅游“黄金周”节假日的安全监管和检查，确保旅游市场安全有序健康发展。全年旅游安全工作基本上达到“健康、安全、秩序、质量”四统一的目标，无出现重大安全事故。

【旅行社管理】 截至2009年底，清远市旅行社总数44家，其中经营出境旅游业务的组团社1家，经营国内旅游业务和入境旅游业务的旅行社43家。经过年检，共注销旅行社2家，分别是阳山县阳城旅行社，连州市粤北旅行社；新审批旅行社4家，分别是英德市畅游天下旅行社有限责任公司、连州市粤北巾峰旅行社有限公司、佛冈假日旅行社有限公司、清新县黄金假日旅行社有限公司。自5月3日起，新《旅行社条例》开始实施，清远市旅游局举办全市旅行社负责人新《条例》专题学习班。按照新条例实施要求，对全市旅行社进行重新审核登记，规范经营范围。全市旅行社及时与新《条例》规定接轨，实现旅行社管理的顺利过度。

【导游员管理】 2009年，清远市旅游局组织两次全国导游人员资格考试的工作，全市导游资格报名人次383人次，109人通过考试，通过率28.46%。按照有关规定举办导游年审培训班，培训班通过课堂授课和网络培训相结合的方式，让导游年审工作更加机动、灵活，更利于导游素质和业务能力的提高。

【旅游饭店管理】 2009年，清远市英德海螺国际大酒店、阳山凯逸假日酒店、阳山县荣华宾馆分别被评定为四星级、三星级和二星级饭店；取消经年度复核不合格的星级饭店3家，分别为：天湖大酒店、英德通信大厦、英德爱丽大厦；组织多期第三届步步高服务技能大赛、第三届青工技能大赛酒店服务比赛、“开心清远”杯全市旅游行业服务技能大赛和清远市旅游行业服务技能大赛总决赛，酒店行业整体服务水平得到提高。为贯彻省旅游局、清远市人民政府有关加强节能减排工作的精神及要求，贯彻落实科学发展观，建设资源节约型、环境友好型社会，该市在星级饭店进行施工设计、评星、复核等工作中，都很注重向企业贯宣节能减排，绿色环保的理念。使饭店企业及早建立节能理念，制定实效的节能减排制度，配置节能减排系统设备，使用节能减排用品和将节能减排理念贯穿于饭店管理的各个方面。

【旅游行业协会】 截至2009年底，清远市旅游协会共有会员单位120个。4月9日，完成了第三届旅游协会选举工作，市旅游协会会长继续由市旅游局局长兼任，秘书长由市旅游局副调研员张秀莲兼任，同时进行了第二届旅游协会工作总结；积极协助市政府在清远举办2009国际旅游小姐中国总决赛活动。协会副会长兼秘书长张秀莲率领80多名从全国各大赛区选拔进入中国总决赛的佳丽和近百家境内外新闻媒体到清远所属8个县（市、区）开展巡游、宣传活动；积极组织开展“唱响广东·走进清远”旅游金曲精英大赛活动，先后发动10多家旅游企业为大赛活动提供演出场地、餐饮住宿、景区巡演、VCR 拍摄花絮、音响娱乐、景区门票等赞助，为清远赛区参赛人员免费提供食宿等。

旅游教育培训和精神文明建设

【概述】 2009 年，是清远市第一批学习实践科学发展观的落实之年，清远市旅游局按照市委的要求和局的部署，组织全局干部认真学习相关文件，查问题，促落实，切实完成各个阶段的工作；制定完善清远市旅游局各科室（所）及人员的工作职责，各自明确职责和任务；抓好党务工作，多次组织党员学习党的有关知识和各项法律法规，配合协调“规划到户，责任到人”扶贫驻村工作，为驻村解决实际问题，尽力帮助贫困村、户脱贫致富。

【旅游培训工作】 2009 年，清远市旅游局重视旅游行业的教育培训工作，组织两次导游资格考试，全市导游资格报名人数达 383 人，通过 109 人，通过率为 28.46%。按照《导游人员管理实施方法》和省旅游局文件精神，与市职业技术学院合作，举办导游继续教育培训班，培训导游 300 人次。利用“双转移”的机遇，在全市积极组织举办各类旅游业服务技能培训班，旅游系统“双转移”培训班共 12 期，培训人员达 956 人次。

【学习实践科学发展活动】 根据清远市委的统一部署，该局作为第二批深入学习实践科学发展观活动单位，从 3 月至 8 月，该局以推动清远旅游科学发展为主线，着力理清发展思路，着力破解发展难题，着力改进工作作风，整个活动扎实有序推进，达到了党员干部受教育、科学发展上水平、人民群众得实惠的总体目标要求。各阶段依次展开，各环节环环相扣，总体上做到规定动作不走样，自选动作有创新；活动期间，先后召开动员大会等全局干部职工及党员大会 5 次，各类征求意见会 6 场次，共征集到群众意见 86 条，查找出影响和制约旅游业科学发展 6 个方面的突出问题；撰写各类调研报告 6 篇，其中向市委市政府报送 3 篇；有关学习实践活动报道 3 条；在清远旅游网政务版开辟了学习实践科学发展观信息和专栏，；修改完善规章制度 12 个，制定整改落实措施 10 项 31 条；为实现“保增长、扩内需、调结构、促和谐”开展八项大型旅游促销活动，经过群众满意度测评达到 96%。

纪　事

1 月 8 日 佛冈聚龙湾天然温泉度假村举办“全国旅游饭店服务技能大赛广东代表队巡回演示会”。

1 月 8 ~ 9 日 省旅游局局长杨荣森率局党组领导班子成员及机关、事业单位科以上干部 80 多人到清远市参观生态旅游。其间，市长徐萍华、副市长曾贤林、市政协副主席唐远强与局班子领导在佛冈聚龙湾天然温泉度假村召开座谈会。

1 月 20 日 英德市被命名为“广东省旅游强县（市）”。

2 月 4 日 清远市宝晶宫生态旅游度假区被批准为国家 4A 级旅游景区。

2 月 25 ~ 27 日 广东省星级饭店评审委员会评审小组对英德海螺国际大酒店、清新凯逸大酒店申报国家四星级饭店进行评审验收。

3 月 20 日 副省长雷于蓝考察牛鱼嘴旅游风景区。副市长廖迪娜陪同考察。

4 月 2 日 聚龙湾天然温泉度假村（佛冈）、清新县玄真古洞生态旅游度假区荣获“市双拥共建先进企业”。

4 月 15 日 “美女与美食同行——清远特色美食节”开幕。

7 月 23 ~ 25 日 2009“北江”杯全国滑水大赛暨英德市首届北江河鲜节在英德市大樟沙滩度假村隆重举行。

8 月 19 日 清远市旅游局局长雷玉春率全局干部职工和飞霞景区管理处班子成员到挂扶点阳山县杨梅镇坪洞村开展“规划到户、责任到人”帮扶活动。

9 月 7 日 清远市在武汉举行“体验原生态 · 粤游粤精彩”广东旅游（湖北）推介会。

9 月 8 日 清远市在长沙举办“活力广东 · 魅力清远”广东清远 2009 长沙旅游推介会。

9 月 21 日 省旅游局携手清远、肇庆、梅州、东莞市政府在天津海河假日酒店举办以“活力广东 · 粤游粤精彩”为主题的广东旅游（天津）推介会。

9 月 23 ~ 25 日 武汉旅游联盟组织 20 多家旅行社总经理到清远踩线考察。长沙旅游联盟秘书长到清远与清远市旅行社分会商议合作事宜。

11 月 27 ~ 28 日 清远市联合肇庆、韶关两市在常州和南京举行“这里的冬天不会冷，休闲度假到广东”2009 广东（长三角）旅游推介会。

12 月 11 ~ 13 日 清远名优产品展销会在广州锦汉展览馆隆重举行。

（张秀莲）

潮州市

综　述

【总体情况】　2009年，潮州市旅游局按照省委、省政府“三促进一保持”和市委、市政府建设“宜居、宜业、宜游”城市的战略部署，以“打造国内外有重要影响力的历史文化名城”为目标，以发展古城文化旅游区为重点，提升潮州旅游核心竞争力，以修学旅游和乡村旅游为切入点，发展潮州特色旅游品牌，加强城市旅游服务接待设施建设，全市旅游业呈现高速发展局面。全年接待海内外游客307.71万人次，旅游总收入46.37亿元，分别比上年增长25.50%和29.70%。

【旅游行业规模】　截至2009年底，潮州市拥有星级饭店12家。其中四星级4家，三星级5家，二星级3家；拥有旅行社24家，其中出境组团社3家；拥有A级旅游景区2家，其中4A级、3A级景区各1家。

【国民旅游休闲计划】　2009年3月7日，潮州市“贯彻落实国民旅游休闲计划、发展潮州修学旅游”启动仪式在湖州富丽学校礼堂举行。省旅游局副局长张振林出席启动仪式并讲话，潮州市政府市长助理刘建伟、副秘书长曾武雄出席启动仪式，市旅游局局长谢鸿洲致辞。潮州市及两县两区有关部门领导和各学校学生代表、受邀的各新闻媒体参加仪式。仪式现场授予潮州市8家旅行社和5家酒店为修学旅游示范旅行社和国民旅游休闲计划示范酒店。随后全面开展“广东人游潮州”、“珠江三角洲万人游潮州”、“香港市民千人回乡观光游”、“潮州人游潮州”等活动。组织发动景区筹集100万元景区门票，向本地、珠三角和闽南地区市民免费发放，引导发动旅行社以线路为突破口，免费发放300万元旅游消费券，发动示范酒店带头对老人、学生、外地农民工实施房价及餐费特殊优惠，以此推动旅游消费。以绿岛山庄为龙头，率先提出并实施打造“乡村旅游集群”的创新思路，促使我市乡村旅游朝向“大众化”与“高端化”齐头并进的方向发展，构建潮州旅游新品牌。全市全年共15家旅游企业被广东省授予“首批国民旅游休闲计划示范单位”，其中景区4家，旅行社6家，酒店5家。

3月7日，潮州市启动国民旅游休闲计划

旅游接待与收入

【入境旅游】　2009年，潮州市接待入境旅游者33.81万人次，比上年增长28.60%，其中外国人3.07万人次，比上年增长31.49%；旅游外汇收入11072.38万美元，比上年增长26.20%。平均停留天数为2.50天。

【国内旅游】　2009年，潮州市国内旅游稳步提升，呈现良好增长态势。全市接待国内旅游者273.90万人次，比上年增长25.13%；旅行社组团国内游16.27万人次，比上年增长18.76%。其中：省内游7.48万人次，比上年增长20.16%，省外游8.79万人次，比上年增长17.59%；国内旅游收入38.81亿元，比上年增长33.68%；占旅游总收入的83.70%，平均停留天数为2.01人/天。

【出境旅游】　2009年，潮州市各旅行社组织出境游1.59万人次，比上年增长15.55%。其中：香港游7131人次，同比增长18.77%；澳门游3266人次，同比增长16.19%；出国游5473人次，同比增长11.26%。

【假日旅游】　2009年春节黄金周全市景区景点接待游客

61万人次，同比增长8%，全市接待海内外游客人数18.2万人次，同比增长7.8%；“五一”假期全市景区景点接待游客约30万人次，同比增长21%，全市接待海内外游客人数10.2万人次，同比增长23%。“十一”黄金周全市景区景点接待游客82.9万人次，同比增长25.2%，全市接待海内外游客人数35.6万人次，同比增长24.3%。

旅游宣传促销与节庆活动

【旅游宣传促销】 2009年4月20日，潮州市旅游局在人民广场举行“相约广济古桥，走进潮人故里暨潮州市惠民免费景区门票、旅游消费券发送仪式”，年内还陆续举办“中国第一桥——广济桥”、“中国第一街——牌坊街”等宣传主题活动，重点突出以“广济桥”、“牌坊街”作为潮州文化旅游的新亮点和大品牌进行宣传。组织参加香港、广州、厦门、大连、昆明等地的国际、国内旅游展销会，发放《潮州旅游导航》、《潮州旅游电子杂志》和大量潮州旅游地图及潮州旅游彩页，推介潮州文化旅游，积极引客如潮。配合中央电视台、广东卫视、台湾东森电视台等媒体，走街串巷摄制古城风貌，组织“潮州功夫茶”、“潮州菜”现场表演，以最具传统文化特色的展示，丰富了采访内涵，增强了宣传效果。以组织参加“唱响广东”旅游金曲精英大赛为契机，大力宣传潮州，唱响潮州。《潮州有座广济桥》歌曲将获全省“十大旅游金曲奖”。参加2009广东国际旅游文化节花车巡游、花船巡游、2009广东国际旅游展览会、泛珠三角旅游招商会、海峡两岸旅游投资交流会、旅游扶贫成果展、2009广东国际旅游文化节网上博览会、旅游合作高峰论坛、广东旅游推广大使授牌仪式、广东2010华人华侨旅游年启动仪式等活动。

免费发送旅游消费券活动受到媒体和群众的追捧

【广东省第二届粤东侨博会暨潮州市第三届文化旅游节】 2009年11月15~17日，第二届粤东侨博会在潮州市举行。从该届起升格为省政府主办，本年由广东省外经贸厅、省侨办和潮州市承办。潮州市旅游局积极协助潮州市委、市政府，负责策划、筹办侨博会开幕式项目、名胜游览、酒店接待和富丽戴斯度假酒店开工仪式等四个项目工作，以创意“系侨心”、组织“聚众力”、效果“合民意”圆满完成侨博会筹办工作。开幕式会场设计潮味浓郁，红头船等设计创意紧贴“侨”字主题。在现场布置工程量大，雨天施工难度高的情况下，全体人员夜以继日，顶风冒雨，确保工程顺利完成。首次组织的广济桥合拢仪式及民俗文化巡游表演凸显潮州传统文化特色，祭祀韩江及大锣鼓、英歌舞、布马舞等表演场面壮观热烈，博得赞赏，冬至日举办专场“感恩韩江”大型文化表演与民同乐。针对今年侨博会规模庞大、邀请领导嘉宾多而潮州市酒店接待能力不足的实际，积极引导、支持全市酒店的新建、改建、评星工作，提高酒店的接待能力和服务档次。为做好名胜游览组织工作，市旅游局专门编制印发4万多字的导游资料，抽调60多名导游员进行专项培训，侨博会期间做好1000多名参加名胜游览嘉宾的组织、协调、导游工作，确保嘉宾尽兴游览。

【区域旅游交流与合作】 2009年，潮州市旅游局以“把我市发展成为粤东旅游中心城市、海峡西岸旅游走廊的重要‘驿站’，广东对台旅游合作的‘桥头堡’”为发展思路，务实推进区域旅游合作。主动与厦门、汕头、梅州、汕尾等周边城市联系合作，把各市的交通优势、景区优势、特色优势、文化优势进行整合，串点成线，资源互补，开拓特色线路吸引中远途游客、航空落地客，发挥潮州“广东东大门”的地理优势，以潮州旅游为“跳板”，将闽南、珠三角两地的游客互引到两地旅游，大大增加入潮旅游的客流。积极加大和海峡西岸经济区各市的区域旅游合作，不断提升潮州市在区域旅游中的地位和作用。4月，组织赴福州参加两岸经贸洽谈会，8月3日，由闽粤浙赣四省旅游局共同主办的海西旅游区域协作研讨会在福州召开。潮州市旅游局和闽粤浙赣19个联盟城市旅游局局长正式签署《海西区域旅游营销福州宣言》，共同打造对台旅游前沿合作平台。11月，在江西赣州闽粤赣十三市旅游局长联谊会上签署的加强区域旅游合作“赣州宣言”，有效地推进了周边区域旅游的合作。抓住台湾旅游直接开放的契机，积极发挥潮州市地处全省对台旅游前沿的优势，加强与台湾旅游界的联系。6月，台湾经贸考察团莅临潮州市，台湾旅游同业公会同仁表示将同潮州建立旅游合作关系。10月，应台湾金门县旅游商业同业公会的邀请，组织全市10多个旅业单位的代表访问考察金门、澎湖等地。11月，参加潮州经贸考察团访问台湾，并邀请台湾旅游界人士组团到潮州考察，洽谈旅游合作事宜，逐步扩大潮台旅游区域合作交流的范围及效果。

【创建旅游咨询服务中心】 2009年1月23日，“潮州市旅游咨询服务中心”总站（潮州市环城南路广发楼）正式投入运作，向广大游客提供咨询、预订、投诉等服务，全年共接待游客服务1000多人次。创建潮州市旅游咨询服务中心，并规划在古城区牌坊街及两县县城新增三个咨询服务分站，形成城市旅游咨询服务网络，大大增强了潮州旅游城市功能，提高城市旅游服务水平，促进县域乡村旅游和区域旅游业发展，逐步使潮州旅游城市服务功能向国际旅游城市的要求接轨。

旅游资源开发和景区（点）建设

【整合古城旅游文化资源】 古城文化区是潮州文化旅游的精髓，继“广济桥”修复开放后，“牌坊街”也开始对外开放，从而使古城文化旅游区真正开始形成。为把古城文化旅游区打造成为潮州文化旅游的重要品牌，提升全市旅游的知名度，2009年，潮州市旅游局和湘桥区旅游局积极发挥职能作用，全力配合各服务部门大力加深对古城区旅游资源的整合和经营服务的管理工作。潮州市旅游局提出将古城文化旅游区建设成为国家5A级景区的目标，提供创建思路和建设标准，推动古城文化旅游区旅游功能配套建设，积极配合古城区的规划与建设。在湘桥区旅游局承担区委、区政府委派的配合实施古城文化旅游区管理任务的情况下，潮州市旅游局积极配合其开展工作，一方面是引导民营、个体户开设特色展馆、餐厅、旅馆、商铺，促使牌坊街的经营日趋热闹；另一方面是针对街区实行交通管制部分居民群众不理解、实施难的实际，细致耐心地做好群众工作，努力减轻管理压力。随着古城文化旅游区建设、管理的不断完善和旅游宣传力度的加大，“广济桥”和“牌坊街”的旅游品牌效应日趋明显，古城文化旅游假日期间出现火爆热潮，许多海内外游客冲着一睹有着千百年历史的古桥、古街和古城重现雄姿而涌入潮州旅游。在2009年“十一”、中秋黄金周长假期间，久负盛名的“古牌坊街”正式对外开放。

【旅游景区建设】 2009年，潮州市成立创建4A级景区工作指导机构，重点指导饶平绿岛山庄、淡浮院两个景区开展创建4A级景区工作，景区按照创评要求积极进行扩建和整改。绿岛山庄全面整合景区环境，突出庭园景观特色，营造休闲度假旅游氛围，新建成“香域华府”高档餐厅，在建一座可容纳200人入住、配套现代会议设施的接待住宿设施。淡浮院扩建《中国历代书法碑林》，突出文物收藏院的文化魅力。两个景区均于2009年底已通过省评。为缓解酒店“少而小”的“瓶颈”，市旅游局将提升酒店接待水平摆在年度工作重点，先后有富丽（戴斯）度假酒店、潮州国际大酒店、汇景大酒店、宝华酒店及凤凰台宾馆等高星级酒店动工、在建或建成，新增客房1000多间。以“侨博会”为契机，引导原有酒店进行全面改造装修，提高了服务环境和档次。发动民营企业投资兴办社会旅馆，有效地改善了全市旅游的接待服务能力。

【创建广东旅游强县】 2009年，潮州市把饶平、潮安两县创建旅游强县作为工作的突破口，以将古城区建成“文化旅游主导区”为目标，不断加强旅游软硬件建设，全面提高旅游接待服务水平。潮安县继续开展创建“广东省旅游强县”工作，完善县城旅游功能，成功举办第二届“情趣潮安”旅游集市；实施特色旅游品牌化战略，推进旅游业优化升级，海逸大酒店晋升四星级旅游饭店，千果山旅游区荣获“广东省青少年科技教育基地”，绿太阳生态旅游度假区、千果山旅游区荣获“广东省森林生态旅游示范基地”称号，航空航天城成为全市首个荣获“广东省国防教育基地”称号单位。饶平县完成了旅游发展规划的修编工作和《“中华海龙”文化旅游区总体规划》编制工作，成功举办饶平县旅游美食（商品）交流会暨“潮州人游饶平”活动和“饶平人自驾游”活动。东山湾旅游度假村建成开放营业，中华海龙景区建设积极推进，绿岛山庄、张竞生纪念馆等继续加大投入，不断完善配套设施。湘桥区以“建成文化旅游主导区”为目标，牵头组织实施牌坊街管理工作，组建管理机构，配套牌坊街公共信息符号和旅游标识，在牌坊街建成旅游咨询服务中心并投入使用。开展“潮州民居文化研究与旅游开发”课题研究，整合传统特色工艺资源，建成首座潮州民居客栈——府城客栈，以区民居文化展览馆和民间艺术陈列馆为平台，注册“甲第坊”商标，打造以潮绣传承人李淑英为主创的系列潮绣工艺旅游商品。

【旅游工艺商品】 2009年，潮州市积极拓宽旅游工艺商品生产和销售渠道，引导民营企业创办“潮州木雕艺术馆”，设立展示厅集中对外展示潮州木雕、潮绣等传统工艺精品，设立工艺大师工作室供日常设计创作，开展工艺制作人才培训，促进潮州工艺的传承创新工作。把木雕、潮绣等民间企业整合成文化旅游景点，评定为省、市修学旅游示范单位、文化旅游示范单位，纳入古城文化旅游区线路，丰富了潮州古城旅游区的文化内涵，营造古城区浓郁艺术氛围。在古城区牌坊街开设潮州工艺品展销馆、收藏馆和商铺，开阔潮州工艺品面向公众和游客的展销网络。积极向省政府、省旅游局推广潮州工艺品成为对外交流馈赠礼品，全年向省级单位销出潮绣、木雕等达100多件，陶瓷一批，单件最高价值近40万元。

【旅游扶贫】 2009年，潮州市旅游局以旅游扶贫为途径，大力发展“乡村游”。全年共向省旅游局推荐5个旅游扶贫项目，其中凤凰山茶家东山庄、饶平县云峰兰花艺术博物园和潮安县干果山旅游区农家客栈评为省旅游扶贫项目；饶平县潮州乡村民俗文化村集群项目竞标获得省旅游扶贫大型项目，获得省旅游扶贫项目资金700万元。

【潮州乡村民俗文化村集群】 2009年11月，潮州市饶平县“潮州乡村民俗文化村集群”项目参加全省旅游扶贫大型重点项目竞标获胜，被批准为省旅游扶贫大型重点项目，获得省旅游扶贫大型重点项目资金500万元。“潮州乡村民俗文化村集群”是以饶平县绿岛山庄的自然生态和民俗生态相结合的旅游景区为中心，整合周边各类旅游资源，打造饶平山区旅游品牌。项目占地1500亩，总投资2235.51万元。绿岛山庄是一处集旅游观光、休闲度假、商务会议、生态科普于一体的综合性乡村旅游度假区，先后被评为“全国农业旅游示范点”、“广东省林业旅游龙头企业”、“广东省生态示范园”、“广东省青少年科技教育示范基地”、“广东自驾游旅游特色景点”和“厦门市民周末自驾游十大目的地”，是目前粤东地区规模较大的乡村生态旅游胜地。

万庆良副省长为饶平县潮州乡村民俗文化村集群获省大型旅游扶贫项目颁匾

旅游行业监督管理

【旅游市场监督管理】 2009的，潮州市针对旅游越兴旺市场越“易乱”的特点和旅行社出现“低价”恶性竞争的苗头，积极发挥旅游行业协会的作用，引导旅行社企业签订了旅行社行业的公约，并对一些旅游线路的价格以公约形式实行“最低限价”。同时，对个别出现违约的企业实行批评、通报等处理，促进了旅游市场的规范经营和良性竞争。

【旅游安全生产管理】 始终把安全放在第一位，扎实抓好旅游安全生产工作，以“不搞形式、不留死角，抓主动、抓整改，以点带面、自上而下全面落实安全生产责任制”的原则，全力以赴狠抓旅游安全生产管理工作。召开3次旅游企（事）业单位安全工作负责人安全工作会议，研究制订有关我市旅游安全生产管理和责任制落实的文件和转发上级有关安全生产文件1000多份。组织2次旅游企（事）业单位和联合有关部门上街开展安全宣传咨询服务活动，出动70多人次，发放宣传资料近万份。全年组织7次开展旅游专项执法检查检查、抽查行动，共出动82人次，检查全市辖区内的所有旅游企（事）业单位，发出整改通知书2份，当场责成整改3宗，及时有效地消除隐患。发动旅游企业积极参与“安全生产年”活动，做好安全生产“三项行动”整治工作。

【导游员管理】 2009年，潮州市于3月和9月共组织两次全国导游人员资格考试，全市报考人数170人，通过考取人数46人，通过率为27%。4月份，分三期对全市持卡的初级导游员进行教育培训，共培训导游员250人。

【旅游饭店管理】 2009年6月至9月，潮州市饭店星评委对全市12家星级饭店进行年度复核，星级饭店全部通过复核。为做好广东省第二届粤东侨博会接待工作，市旅游局开展专项服务质量督查，指导新建、新装修11家酒店，新增1000多间客房，海逸大酒店经装修改造被评为四星级酒店。

旅游教育培训和精神文明建设

【旅游教育培训】 2009年，潮州市旅游局以大中专院校为载体，建立旅游教育培训网络，全面提高从业人员整体素质。在坚持政府主导办好旅游教育培训工作的同时，注重发挥各种办学机构的积极性，采取联办、协办和委托代办的形式，全面开展旅游教育培训工作。为强化导游和景区讲解员的培训教育，潮州市旅游局4月举办三期持卡初级导游员再教育培训班，共培训导游250人；同时做好旅游企业中、高层管理人员的培训教育工作，为社会输送了一大批能够满足不同层次需要的人才。

【参加“双转移”工作】 2009年，潮州市列为全省首批10个农村劳动力旅游培训试点城市之一，获得培训指标300名。11月下旬，在潮州市职业技术学校举办开班仪式，正式开班授课，按要求免费培训山区、农村的旅游技能就业人员，使全市旅游培训工作实现新的突破，进一步开阔了潮州市旅游教育培训渠道，对缓解旅游劳动力需求、促进农村劳动力转移、提升旅游从业队伍素质将起到推动作用。

（沈建中）

揭阳市

综　述

【总体情况】　2009年，揭阳市旅游工作以科学发展观为统领，按照年初全省、全市旅游工作会议提出的工作目标和总体部署，以打造"岭南水城"特色旅游城市为目标，以提升区域旅游竞争力为核心，加大旅游重点项目建设，加大旅游产品整合包装，加大旅游市场宣传促销力度，突出工作重点，充分发挥旅游业在拉动消费、扩大内需的重要作用，旅游经济呈现快速良好的发展势头，实现了旅游业逆势增长。全市全年接待旅游总人数795.06万人次，比上年增长37.4%，实现旅游总收入28.27亿元，比上年增长31.91%。

【旅游行业规模】　截至2009年底，全市拥有一定规模的旅游饭店和度假村77家，客房总数4558间（套），床位数8612张。星级饭店9家，其中五星级1家、四星级5家、三星级1家、二星级2家。星级饭店客房总数1531间（套），床位总数2538张；国家A级旅游景区2家，其中4A级旅游景区1家、3A级旅游景区1家；旅行社20家，其中出境组团社2家。

【全市旅游工作会议】　2009年3月11日，揭阳市人民政府召开市政府工作会议，传达学习全国和全省旅游工作会议精神，总结2008年全市旅游工作，研究部署2009全市旅游工作。市长陈奕威、副市长叶少明出席会议并讲话。市委常委、常务副市长刘盛发主持会议。各县（市、区）人民政府（管委会）分管旅游工作的副县（市、区）长和管委会副主任，市旅游局局长，各县（市、区）旅游局局长参加会议。

【全市旅游局长会议】　2009年9月21日，全市旅游局长工作会议在揭阳市召开。会议总结前三季度全市旅游工作，研究部署2009年"十一"黄金周、中秋节假日旅游安全工作和下一阶段旅游工作。市旅游局班子成员，各县（市、区）旅游局局长，市旅游局各科室所负责人参加会议。

【全市发展乡村旅游工作会议】　2009年12月21日，揭阳市召开发展乡村旅游工作会议。会议分析全市乡村旅游工作现状，对发展乡村旅游的各项工作进行全面部署。揭阳市委农办、市旅游局、市发改局、市农业局、市林业局、市海洋与渔业局、市交通局、揭阳日报社、市广播电视台主要负责人；全市各县（市、区）党委分管农村工作、旅游工作的党政领导和各县（市、区）委农办主任、旅游局长参加会议。市委常委、组织部长谢峻，副市长叶少明出席会议并分别讲话。会议由市政府林俊生副秘书长主持。

旅游接待与收入

【入境旅游】　2009年，揭阳市接待入境旅游者4.88万人次，比上年增长19.65%；旅游外汇收入1480.9万美元，比上年增长71.72%。

【国内旅游】　2009年，揭阳市接待国内游客790.18万人次，比上年增长37.5%，其中接待国内过夜旅游者197.71万人次，比上年增长26.03%；国内旅游收入27.26亿元，比上年增长30.85%；旅行社组团省内游2.71万人次，省外游2.56万人次。

【出境旅游】　2009年，揭阳市旅行社组织出境旅游人数1091人次，比上年增长85.86%。其中组织香港游614人次、澳门游11人次、出国游466人次。

【假日旅游】　2009年，揭阳市春节黄金周旅游接待人数95.88万人次，同比增长19.3%。其中过夜游客2.69万人次，同比增长3.86%，一日游游客93.19万人次，同比增长20.6%；旅游总收入1.64亿元，同比增长20.6%。"五一"假期（5月1～3日）全市旅游接待人数25.96万人次，同比增长13.4%。其中过夜游客0.79万人次，同比下降35.8%，一日游游客25.17万人次，同比增长16.2%；旅游总收入4361万元，同比增长8.1%。

"十一"黄金周旅游接待人数85.4万人次，同比增长13.6%。其中过夜游客5.28万人次，同比增长8%，一日游游客80.12万人次，同比增长14%；旅游总收入2.46亿元，同比增长17.1%。

旅游宣传促销与节庆活动

【旅游宣传促销】 2009年，揭阳市通过开展形式多样的活动，多渠道、全方位宣传城市形象和旅游产品。年初，揭阳市举办首届特色文化节，市旅游局承担花船巡游、美食嘉年华和旅游特色线路等重大任务。花船巡游成为特色文化节的最亮点。12月3日，揭阳旅游网开通仪式在榕江大酒店举行。揭阳旅游网的建成，旅游的国际化、信息化程度得到明显提升。组团参加2009年香港国际旅游展览会，参加2009广东国际旅游文化节暨泛珠三角旅游推介大会，全方位推介揭阳旅游。与广之旅国际旅行社股份有限公司组织珠三角洲地区万人游揭阳，千人游揭西活动。指导各企业与报社、电视台的新闻媒体深度合作，开辟专栏，多渠道宣传促销，行业整体形象得到提升。启动国民旅游休闲工作，推荐确定一批示范单位，举行国民旅游休闲卡发放仪式等。

【首届揭阳美食嘉年华活动】 2009年1月10至2月2日，首届揭阳美食嘉年华活动在市区临江南路举行。本届美食嘉年华活动由市委、市政府主办，市旅游局承办，榕江大酒店、揭阳特美思大酒店、揭东金叶酒店、惠来宾馆、揭阳宾馆协办。首届揭阳美食嘉华活动是揭阳首届特色文化节中的亮点节目和序曲之一。活动包括揭阳特色美食展、潮汕风情美食廊、中华美食展、中华特产食品展、揭阳年货商品（特色食品）一条街、啤酒狂欢娱乐广场、揭阳“十大”金牌名菜名点评比、旅行社美食游活动、文艺大表演、啤酒大胃王比赛、闪亮全城卡拉OK大赛等项目。活动旨在弘扬中华饮食文化，展现揭阳美食风采，促进揭阳烹饪技艺交流，推动饮食消费，逐步把饮食文化打造成旅游的特色品牌。活动吸引大批省内外游客，提高揭阳的知名度。

首届揭阳美食嘉年华

【首届特色文化节榕江花船巡游】 2009年1月28日晚，揭阳市在揭阳临江北路（揭阳市政府前广场）隆重举行主题为“岭南春城涌春潮——榕江大型花船巡游”出发仪式。揭阳榕江花船巡游启动仪式是本次活动的重要环节之一，从1月28日至2月10日，共有岭南水城号、商贸名城号、工业新城号、美丽山城号、滨海名城号、贵雅天下号、康美天下号美、衣被天下号、装点天下号、中润号、东部新城号、普侨区号、大南山侨区号、电力号、电信号、移动号、联通号、烟草号、榕泰号、巨轮号、运通号、创鸿号、宏和号、深展号、佳隆号、高乐玩具号、炮台号、泰都号、中诚号、惠来电厂号、“乔林烟花火龙号”31艘主题花船参加。市委副书记、市长陈奕威宣布揭阳市首届特色文化节榕江花船巡游开始。林兴胜、李统书、谢绍春，陈弘平、陈奕威、欧汉波、杜安义、陈石波，市委、市人大、市政府、市政协、市纪委领导班子成员等，以及参加揭阳市首届特色文化节的领导和海内外嘉宾出席榕江花船巡游活动。

【赴香港开展旅游推介活动】 2009年6月11～14日，副市长叶少明带领市旅游局、揭西县政府、各县（市、区）旅游局、主要景区、星级酒店、国际旅行社有关负责人30多人的代表团赴香港参加2009年香港国际旅游展览会，并举行广东省揭阳市（香港）旅游推介会。香港国际旅游展览会是亚洲地区最重要的国际旅游展览会之一，是国家旅游局组织内地旅游业界定期参加的一个重要的国际旅游展览会。这次展览会共有欧、亚、美、非等地50多个国家和地区计650家参展商参加。揭阳市参加本次展会主要活动有两大项：一是揭阳城市形象展示、揭阳旅游产品展览推介，以“岭南水城”为形象主题，重点宣传推介揭阳市的城市新貌、生态休闲、历史文化、滨海异景等特色旅游产品、线路；二是举行揭阳旅游推介座谈会，邀请香港旅游业议会领导及香港中旅、康泰、骏升等多家旅行社参加推介座谈。

【第八届中国（揭阳）国际玉器节】 2009年10月21～25日，第八届中国（揭阳）国际玉器节在揭阳市阳美玉都举行。十届全国人大常委、中国轻工业联合会名誉会长陈士能，中国轻工业联合会副秘书长、中国轻工珠宝首饰中心主任林小冲，中国工艺美术学会副理事长、秘书长赵之硕，中国轻工珠宝首饰中心副主任张淑荣，北京大学古代玉器暨玉文化研究中心主任赵朝洪，亚洲珠宝联合会主席、北京珠宝首饰研修学院院长李劲松；市领导陈弘平、陈石波、王德坤、谢峻、刘盛发、林俊达、陈澄民，市政府秘书长王陈明；“中国玉都”复评活动专家，揭阳市原正厅级老同志，来自缅甸、泰国等东南亚国家以及全国各地重要玉商团体等出席开幕式。本届玉器节共设展位1000多个，荟萃各种玉石毛料、缅甸翡翠、白玉、碧玉、墨类宝玉石，参展玉器档次高、种类全，集中展示阳美翡翠玉器的发展水平。本届玉器节内容包括举办玉文化与经济发展论坛、玉器珠宝展销、阳美翡翠玉雕精品展、文艺活动等系列活动。

【广东揭西第三届生态旅游文化节】 2009年11月1～3日，广东揭西第三届生态旅游文化节在揭西京明温泉度假村隆重举行，市委副书记、市长陈奕威宣布开幕。常务副市长刘小辉在开幕式上讲话，市政协副主席、揭西县委书记黄陇章致辞。中国高尔夫球协会老年委员会主任栗前明将军，中国高尔夫球协会女子委员会主任邓先群将军，省旅游局副局长张振林，市人大常委会副主任熊梅华、曾瑞如和老同志林生耀等以及海内外嘉宾800多人出席开幕仪式。本届生态旅游文化节是广东国际旅游文化节的重要组成部分，内容包括广东首届发现之旅明星导游大赛总决赛及颁奖晚会、外地游客千人游揭西以及举办揭西京明绿茵运动场、揭西县金瑞科兽药有限公司、揭西县河婆工业集中区及电子玩具商贸中心和揭西县凤凰新城等五大重点项目落成剪彩和开工奠基，28个大项目投资签约，经贸洽谈、旅游推介、乡贤回归座谈等一系列活动。

广东揭西第三届生态旅游文化节

【2009广东国际旅游文化节揭阳分会场】 2009年11月13～19日，揭阳市组成由副市长叶少明为团长的代表团参加2009广东国际旅游文化节。展览会上共设8个展位，整个展区以“岭南水城”为设计主题，采用淡蓝色为主色调，展区内共有7大展示版块，分别展示“岭南水城”概貌、榕江大型音乐喷泉、进贤门亭、双峰寺、神泉海角甘泉、世镠院、揭东万竹园、风门古径、揭西大北山森林公园、揭西大瀑布、京明度假村、普宁盘龙湾温泉度假村、八国风情旅游度假村等具有鲜明揭阳特色的旅游资源。花车巡演以“岭南水城”为主题，糅合了富有鲜明揭阳特色的翡翠玉雕技艺、揭阳潮汕机场、进贤门亭、揭西大瀑布、榕江音乐喷泉、惠来海滨度假村等诸多元素，充分展示揭阳丰富的旅游资源和经济社会良好的发展态势，着重突出揭阳作为“潮汕文化发祥地”的深厚文化底蕴及“亚洲玉都”、“中国玉都”的独特风采。花车上，获得“中国少儿戏曲小梅花荟萃”活动金花奖的吴杭、刘梓坚两位“小梅花”演员，伴随着音乐表演潮剧片段《桃花过渡》，将“岭南水城”古老的文化韵味演绎得淋漓尽致。

揭阳花车亮相2009广东国际旅游文化节开幕式

【揭阳旅游网开通】 2009年12月3日，揭阳旅游网开通暨国民旅游休闲卡发放仪式在榕江大酒店隆重举行。叶少明副市长、林俊生副秘书长以及市旅游局、市信息产业局、广东益民旅游休闲旅游有限公司、揭阳邮政、电信、移动、联通等单位的领导出席活动并启动仪式。参加仪式的还有各县（市、区）旅游局长，全市各旅行社、星级饭店、主要景区和新闻媒体共70多人。

旅游行业监督管理

【旅游市场监督】 2009年，揭阳市县两级旅游行政管理部门加大执法和管理力度。一是认真做好“甲型流感”防控工作。及时启动防控“甲型流感”应急预案，对宾馆酒店、景区重点开展消防安全、卫生防疫的监督、检查，对旅行社重点开展组接团用车的监督、检查；要求各组团社按日按时填报出、入境旅游台帐，及时掌握全市出团动向。二是做好《旅行社条例》的学习宣传工作，认真组织全市各县（市）旅游管理部门及全市旅行社进行学习，加快旅行社诚信体系建设。三是建立旅游、工商、公安、交通、安监等部门组织的旅游联动机制，加强旅游黄金周和重点时段旅游市场的监控。四是做好旅行社责任险投保和意外险投保工作，为旅行社规避风险和维护广大旅游消费者权益提供强有力的保障。利用“3·15”消费者权益保护日，在市区东风广场举行旅游咨询服务活动，针对旅游的有关法律法规、旅游投诉以及旅游中经常出现的一些问题，向公众进行广泛的宣传介绍，使市民开开心心旅游，明明白白消费。

【旅游安全】 2009年，揭阳市旅游管理部门始终把安全作为重要工作来抓，牢固树立“没有安全就没有旅游”的思想，结合省旅游局、市安委办相关文件精神，一是进一步完善各项安全制度，确保旅游安全责任落实。坚持“属地管理”和“谁主管，谁负责”的原则，贯彻“安全第一、预防为主”的方针，充分发挥行业管理的指导和监管作用，落实旅游安全责任，推进旅游企业安全生产管理规范化，制度化建设，全年共印发旅游安全文件120多份；二是加强监督管理，确保安全无事故。在各个黄金周期间，提前做好准备，根据省假日办和市政府的要求和有关文件精神，及时启动黄金周旅游联动机制，成立旅游安全督查小组，对全市各旅游景区、星级饭店及旅行社进行安全大检查，实地了解黄金周旅游接待准备工作情况。全年共组织安全检查18次，出动人员86人次，发出整改通知书1份，落实安全整改项目12个，共投入安全设施设备整改项目资金25万元；三是加大宣传力度，强化安全防范意识。认真开展2009年“全国安全月”活动，要求各旅游企业总结经验，制订活动方案，积极开展宣传活动，强化安全意识，推动全市旅游安全生产稳定健康发展，揭阳市榕江大酒店、揭东金叶大酒店、惠来宾馆3家星级酒店在安全月中进行1次安全消防演练，取得较好的培训效果。

【旅行社管理】 从2009年6月份中旬开始，揭阳市旅游局根据省旅游局的统一部署及《关于贯彻实施〈旅行社条例〉和〈旅行社条例实施细则〉有关事项的通知》精神，依据《旅行社条例》及其实施细则规定，组织对全市旅行社的经营资格和经营范围进行重新审核和换发。经审核，全市20家旅行社顺利通过，其中组团社2家，经营入境和国内旅游业务旅行社18家，并取得新的业务经营许可证。

【旅游饭店管理】 2009年6月30日，揭阳市召开全市星级饭店复核动员会。会议由市星评委主任、市旅游局局长谢锐锋主持，市星评委副主任、市旅游局副局长杨金河对全市星级饭店年度复核工作动员部署。复核工作严格按照《旅游饭店星级的划分及评定》（GB/T14308－2003）和行业标准《星级饭店访查规范》（LB/T006－2006）进行，全市9家星级酒店，除普宁金叶大厦因歇业装修暂缓复核外，其余8家星级酒店均通过复核。以复核为契机，把复核工作与创建绿色旅游饭店相结合，进一步推进绿色旅游饭店创建活动，提高全市绿色饭店创建工作的质量和水平，共出动检查复核人员26人次，现场提出整改项目76项。通过复核，各星级饭店加大投入，做好设备设施的维修保养，建立健全各项经营管理制度，强化员工培训，服务质量有较大的提高。根据省旅游局《关于认真组织邀请酒店采购商参加首届广东“外博会”的通知》（粤旅管〔2009〕104号），6月中旬，组织全市9家星级饭店、23人到东莞参加省旅游局协办首届广东“外博会”采购洽谈会。

旅游资源开发和景区（点）建设

【概述】 2009年，揭阳市把推动旅游产业升级、产业聚集、产业发展放在重要位置，利用各种手段，推介该市旅游投资环境，积极推动旅游业的招商引资和配套升级。举行全市首家国家4A级旅游景区——揭西京明温泉旅游度假村挂牌揭幕仪式；指导推动惠来滨海度假村、揭西大北山森林公园、普宁盘龙湾温泉度假村、南岩古寺、揭东万竹园和黄光山等项目配套升级，使之成为粤东旅游新亮点。旅游招商引资取得新突破，普宁市金莎国际大酒店、惠来隆江大酒店开工奠基，东山区宏和度假酒店、揭东机场路高端商务酒店、揭东潮人城等一大批投资项目招商引资取得重大突破。确定一批市级乡村旅游项目，并着手启动规划建设。

【旅游规划及开发建设】 2009年8月21日，市政府召开《揭阳市旅游发展总体规划》修编工作会议，重新启动《揭阳市旅游发展总体规划》修编工作。副市长叶少明出席会议。省城乡规划设计研究院院长张少康等规划专家，市规划、旅游等部门负责人参加会议。会议主要介绍全市旅游发展总体规划修编工作情况，部署下一步工作，要求各县（市、区）及相关部门要紧密配合，精心组织，科学运作，争取在10月底完成规划修编工作。叶少明指出：“旅游规划是旅游发展的龙头，能起到引导、指导、推动作用。要求各地各部门充分认识旅游行业在当前我市实现五年大变化目标中的重要地位；要以旅游规划修编为契机，提升我市综合实力；要进一步加强旅游与其他产业的融合发展，提高品位，提升魅力，互赢互利，突出特色。”

【旅游扶贫】 2009年，揭阳市认真做好旅游扶贫项目的筛选、推荐、上报工作，全市共5个项目列入省旅游扶贫项目，获得省旅游扶贫资金660万元，数额位居全省第二。其中，大北山森林公园500万元、普宁仙步农家乐生态旅游区40万元、揭东万竹园生态旅游景区40万元、惠来神泉海洋文化走廊旅游区40万元、大南山八国风情旅游度假区40万元。在全省首批重点旅游扶贫项目竞争性评审中，市大北山国家森林公园旅游度假区在15选6同台PK中脱颖而出，成为全省大型重点旅游扶贫项目。

万庆良副省长为大北山森林公园获省大型旅游扶贫项目颁匾

旅游教育培训和精神文明建设

【旅游教育培训】 2009年，揭东市把培养、吸引、用好人才作为一项重大的战略任务抓紧抓好，切实加强旅游人才队伍建设。一是做好全市旅游业农村劳动力转移培训工作。根据省委、省政府关于推进产业转移和劳动力转移的决定和省旅游局有关2009年起在全省部分市组织开展旅游业农村劳动力转移培训工作的部署，积极筹划。经推选并由省旅游局实地考察验收批准揭阳市成为全省10个试点市的旅游业农村劳动力培训定点机构之一，市博华职业培训学校列入市旅游业农村劳动力转移定点培训学校。11月9日在大北山京明温泉度假村隆重举行"揭阳市旅游业农村劳动力转移培训班开班仪式"，全市有382人参加农村劳动力免费培训。二是组织参加全国导游人员资格考试工作。全年全市55人参加考试，31人（含补考）取得导游资格证，考试合格率达56%。积极鼓励提证导游人员报名参加全国中级导游资格考试，参加考试1人，通过1人。三是举办全市导游员培训班。4月12～13日在揭阳宾馆举办，聘请省旅游职业技术学校老师授课，培训结合"2009年中国生态旅游年"，全面深入开展科学发展观、学习"全国模范导游员"王新慷的先进事迹，着力加强导游员职业道德教育、加强政务接待的基础知识和基本技能学习、加强导游员沿途讲解技巧和业务能力训练、加强对导游员应急救援知识等方面进行专题学习。市旅游局副局长李介兴出席培训班，就如何学习实践科学发展观，做一名优秀导游员作专题辅导报告。四是抓旅游后备人才队伍建设。加大对省旅游学校现状和前景进行全面宣传、广泛发动、积极动员考生报名，发出200多份预录通知书，几十人就读省旅游学校粤东校区，同时还有部分直接往省总校就读。五是分期分批组织全市旅游从业人员参加各专业培训班。组织参加省职业技能鉴定指导中心和省旅游行业岗位职务培训指导中心委员会联合举办的全省旅游系统首期职业技能鉴定考评员培训班，经培训考试，全市有8人获得景区导游、农家菜烹饪、客房初级服务员和餐厅初级服务员等项目考评员证，为我市旅游业填补考评员提证的空白。组织我市星级饭店中高层管理人员参加省局举办的各工种岗位证书培训班，经学员共同努力，全市参加培训人员全部取得国家局颁发的岗位证书。组织省旅游职业技术学校粤东校区揭阳班和普宁班学生前往市主要景区点实地见习，安排有实践经验的专职导游员做示范讲解。

2009广东旅游明星导演大赛总决赛

【旅游行业精神文明建设】 2009年，围绕全市旅游业的发展目标，加强旅游行业的队伍建设和旅游行风建设，把塑造行业文化、提升行业整体素质作为精神文明建设工作核心，不断提升旅游行业的软实力。揭阳市榕江大酒店被授予"市直文明窗口单位"。

2009年3月至8月，按照市委的统一部署，揭东市旅游局开展深入学习实践科学发展观活动。在市委第四指导检查组的指导下，以推动揭阳旅游科学发展为主线，着力理清发展思路，着力破解发展难题，着力改进工作作风，整个活动扎实有序推进，达到党员干部受教育、科学发展上水平、人民群众得实惠的总体目标要求。

（吴舜锋）

云浮市

综　述

【总体情况】　2009年，云浮市首次成为广东国际旅游文化节分会场，举办7项别具特色的旅游主题活动，全面宣传推介云浮“六祖故里云石之都”的旅游城市形象。认真做好饭店评星、景区评A等一系列工作，罗定好莱湾酒店、新兴龙山华立温泉旅游度假村分别被评为四星级和三星级旅游饭店；新兴金水台温泉、六祖故里旅游度假区被评为4A级旅游景区，实现零的突破。郁南同乐大山原生态景区、新兴飞天蚕生态茶园等原生态景区相继建成对外开放，乡村游发展加快。市委四届七次全会通过《美好环境与和谐社会共同缔造行动纲要》，加快“生态、健康、幸福”宜居城市建设，在山区率先规划建设全市生态文化旅游慢行绿道系统，提高城市品位，打造特色健康休闲度假基地，使全市旅游业实现平稳、有序、健康的发展。2009年全市接待游客489.96万人次，比上年增长12.4%，旅游收入38.66亿元，比上年增长12.22%，占第三产业增加值的33.8%，占全市生产总值的11.1%。

【旅游行业规模】　截至2009年底，云浮市共有旅行社11家，其中出境组团社1家；星级饭店20家，其中四星级饭店4家，三星级饭店7家，二星级饭店9家。星级饭店客房数1456间，床位数2607张；国家A级旅游景区7家，其中4A级景区2家，3A级景区2家，2A级景区3家。

【全市旅游工作会议】　2009年3月24日，云浮市人民政府召开全市旅游工作会议。会议全面总结2008年全市旅游业发展所取得的成绩，对2009年的工作进行部署。副市长崔逢池要求全市旅游系统要围绕建设广东富庶文明大西关的战略目标，重点抓好提升云浮旅游竞争力，加强旅游宣传营销，强化旅游行业管理，加快旅游基础设施建设。同时要加快提高景区景点接待档次，打造旅游品牌，抓好重点旅游项目建设，加大旅游扶贫力度，积极推进国民旅游休闲计划和加强旅游队伍建设等方面的工作，努力开创全市旅游工作新局面。会议由市政府副秘书长梁卫民主持。市直有关单位负责人、各县（市、区）政府分管领导及旅游局局长、旅游企业代表100多人参加会议。

【试行国民旅游休闲计划】　2009年3月24日，“广东试行国民旅游休闲计划暨情暖农民工春风行”云浮启动仪式在云浮市人民广场隆重举行，来自全市各地的逾千名农民工参加由市政府主办、市旅游局承办、市主流媒体协办的“云浮人游云浮，越游越精彩”活动，兴致勃勃地游览了云浮各大主要旅游景点。省旅游局副巡视员王志红、云浮市副市长崔逢池参加启动仪式，并向各县（市、区）授旗。罗定市也在此后隆重举行“我爱广东粤游粤精彩”国民旅游休闲计划罗定启动仪式。郁南大王山国家森林公园、罗定龙湾生态旅游区被省林业厅和省旅游局评为“2009年森林生态旅游示范基地”。

“广东试行国民旅游休闲计划暨情暖农民工春风行”云浮启动仪式

旅游接待与收入

【入境旅游】　2009年，云浮市接待入境旅游者6.08万人次，比上年增长7.93%。其中外国人0.40万人次，比上年增长19.51%；旅游外汇收入2132.38万美元，比上年增长7.94%。

【国内旅游】　2009年，云浮市接待过夜旅游者368.19万人次，比上年增长12.38%；其中国内旅游者362.11万人次，比上年增长12.46%；国内旅游收入37.20亿元，比上年增长12.48%；旅行社组团省内游2.05万人次，省外游1.26万人次。

【出境旅游】 2009年，云浮市旅行社组团出境旅游789人次，其中香港游371人次、澳门游18人次、出国游400人次。

【黄金周假日旅游】 春节黄金周，全市接待游客58.82万人次，同比增长11.57%。其中过夜旅游者11.96万人次，同比增长13.04%，一日游游客46.86万人次，同比增长11.2%。旅游收入1.02亿元人民币，同比增长14.52%。

"五一"小长假，全市接待游客16.27万人次，同比增长24.29%。其中过夜旅游者4.76万人次，同比增长51.59%，一日游游客11.51万人次，同比增长15.68%。旅游总收入7800万元，同比增长32.2%。

"十一"黄金周，全市接待游客51.28万人次，同比增长15.17%。其中过夜旅游者17.99万人次，同比增长9.01%，一日游游客33.29万人次，同比增长18.79%。旅游收入达1.77亿元人民币，同比增长17.4%。

旅游宣传促销与节庆活动

【概述】 2009年，云浮市旅游宣传紧紧围绕市委、市政府确定的建设宜居城市和打造全省"山区旅游休闲基地"的工作部署，克服世界金融危机、甲型流感等事件带来的不利影响，以周边2~3小时车程的本地游客为主，积极开拓两广乃至泛珠三角区域旅游市场，建立和完善旅游宣传促销工作体系，形成政府主导、企业主体、各方联合、市场化运作的宣传促销工作格局，大力宣传云浮"六祖故里，云石之都"的旅游城市形象。

【云浮（东莞）旅游推介会】 2009年3月25日，云浮市（东莞）旅游推介会在东莞会展国际大酒店举行。云浮、东莞两地旅游业界100多人参加推介会，派发宣传资料1500多份，广东电视台珠江频道、《南方日报》、《环球旅游》等10家省、市媒体进行专门报道。推介会为云浮、东莞两市今后进一步加强沟通与合作，打造无障碍区域旅游合作，实现两地的旅游、经济互赢奠定基础。

【"两广十市"区域旅游合作联席会议】 云浮市旅游局领导于2009年4月出席广西壮族自治区来宾市和11月在广东省茂名市举行的"两广十市"区域旅游合作联席会议。在广西壮族自治区来宾市举行的"两广十市"区域旅游合作联席会议期间，云浮市与阳江、贵港、来宾三市签订《旅游合作框架协议书》。在茂名市举行的"两广十市"区域旅游合作联席会议上，共同签署《两广十市区域旅游合作茂名宣言》。

【旅游宣传促销活动】 2009年，云浮市开展形式多样的旅游宣传促销，叫响云浮"六祖故里，云石之都"旅游城市口号。举行了"迎'五一'轻松自驾游云浮暨旅游休闲、精彩无限——城际旅游大联盟·金水台爱心之旅"活动启动仪式，吸引本市和广州、东莞等珠三角地区的自驾车队60多台车300多人参与；与湛江、茂名旅游局联合组成粤西旅游促销团，赴南宁、贵阳、重庆三市开展旅游促销及活动交流；协助新兴县举办首届旅游文化美食节，参展展位123个，到现场参观与购物的市民达19.95万人次。参加在大连市举办的"2009中国国内旅游交易会"，在肇庆举行的"旅游休闲·精彩无限——城际旅游大联盟"活动启动仪式以及"广东省科技旅游启动暨科技旅游示范点授牌仪式"、广州旅游交易会、香港国际旅游展、阳江市旅游文化美食节、广东（韶关）禅宗六祖文化节、首届广东（湛江）茶业博览会暨国庆中秋休闲旅游购物节等推介活动，向与会者全面展示云浮"六祖故里，云石之都"的风采，进一步宣传云浮的旅游资源，扩大了云浮的影响力，提升了云浮的知名度。同时，组织有关专家和学者编辑出版《2008云浮旅游文化节回顾专刊》、《悠游云浮》等旅游书刊画册，印制《广东大西关，魅力新云浮》旅游招商手册。协助中央电视台、香港翡翠台、南方卫视拍摄云浮旅游宣传推介片，在《环球游报》、《车游广东》等专业旅游会刊以及省内《南方日报》、《羊城晚报》、广东电视台等媒体刊物分别进行云浮旅游专题的宣传，增添云浮旅游文化内涵，树立良好旅游目的地城市形象。

【2009广东国际旅游文化节云浮分会场】 2009年，云浮首次成为广东国际旅游文化节分会场。11月17日晚，2009广东国际旅游文化节云浮（新兴）分会场在新兴县体育馆隆重开幕。省旅游局副局长王志红、副市长崔逢池、广西梧州、湛江、茂名、肇庆等兄弟市旅游局负责人、市各县（市、区）有关领导、旅游界人士及市民1800多人出席开幕式并观看文艺演出。副市长崔逢池宣布开幕式开幕并致词，省旅游局副局长王志红在开幕式上讲话，新兴县委副书记、县长江壮宏致欢迎词。开幕式由市政府副秘书长黄汉棣主持。开幕式后，嘉宾们观看融六祖文化、南江文化和石都文化精华的文艺演出。分会场系列活动包括：感恩之旅新兴"六祖诞"暨禅宗文化周活动、云浮国际石材科技展览会暨石乡风情旅游采风活动、2009"冬日温情——悠游云浮"旅游嘉年华暨新兴温泉旅游文化周活动、欢乐自驾车游新兴、罗定重阳登山大赛暨旅游文化节、"郁南沙

糖桔欢乐旅游节”等。

2009 年 11 月，云浮市副市长崔逢池率各县（市、区）分管领导、旅游局长以及各大旅行社、景区、酒店负责人参加 2009 广东国际旅游文化节暨泛珠三角旅游推介大会。本届旅游文化节，云浮市亮点频现，在开幕式的花车巡游中，注入“大西关”、“宜居之城”元素的花车，受到省有关领导好评，雄盛大饭店的剁椒蒸乌沙鳝等 3 个菜式在“首届中国粤菜峰会”比拼中获得“粤菜名菜”、罗定市好莱湾酒店等 4 家酒店获得“粤菜名店”、莫森贤等 2 名厨师获得“粤菜名厨”、董国玉等 2 人获得“粤菜名菜管理大师”称号。云浮市富山湖度假区在旅游文化节上还与外商正式签约，签约投资额达 3000 万元，参展的展位和制作的花车获广东国际旅游文化节组委会颁发的“优秀组织奖”。

旅游资源开发和景区（点）建设

【概述】 2009 年，云浮市加大旅游资源开发和景区（点）建设力度，六祖惠能文化博览园被云浮市列为 2009 年 50 个重点建设项目之一，通过对“六祖文化”圣迹的整合、包装，将其打造成省级的“禅文化创意产业园”，7 月 15～16 日举办六祖惠能文化博览园、龙山禅泉会馆规划设计方案研讨暨新闻发布会；罗定聚龙洞风景区易主经营后重修洞内外配套设施，于 5 月 1 日重新开放；郁南同乐大山原生态景区于 7 月 20 日开门迎客；新兴飞天蚕生态茶园 10 月正式对外营业；罗定好莱湾酒店、新兴龙山华立温泉旅游度假村分别被评为四星级和三星级旅游饭店；新兴金水台温泉、六祖故里旅游度假区被评为 4A 级旅游景区。

【旅游招商引资】 由广东凤铝集团投资 6 亿元，占地面积 130 亩的龙山禅泉休闲度假旅游有限公司于 2009 年 9 月 28 日奠基建设，累计已完成投资 1.295 亿元；按五星级标准建设，总投资近 3 亿元，占地 185 亩的绮景湖度假村已建成酒店主体楼，累计已完成投资 2.54 亿万元；按五星级标准建设，总投资近 3.5 亿元的罗定国际大酒店已投入资金 3.2 亿元；按四星级标准建设的金凯莱国际商务大酒店已累计投入 1.6518 亿元，并于春节前对外试业；按四星级酒店标准设计，投资 5 亿元的郁南新永光度假酒店于 2009 年 11 月奠基。

【旅游区（点）与基础设施建设】 2009 年，云浮市以建设“健康、生态、幸福的宜居城市”为目标，努力将云浮打造成为“值得作为故乡的城市”，市委四届七次全会通过《美好环境与和谐社会共同缔造行动纲要》，启动宜居城市建设一、二期工程，其中绿道一南山森林公园休闲自行车道是二期工程的重要组成部分，该项目于 10 月 26 日开始施工，在仅 3 个月的时间里，建成长约 2 公里的休闲自行车道、沿休闲自行车道旁边的休闲人行道和休憩小区等项目，从而成为云浮市建成的首条绿道；六祖故里旅游度假区投入 500 多万元，对景区的标志石、停车场、路灯等基础设施进行全面的改造升级；金水台温泉的投资方则多方筹措资金，先后进行景区停车场、游客服务中心、旅游购物商场、会议中心的升级改造，使景区基础设施不断完善，服务功能不断增强，形象不断提升。

【新开发、新建设景区（点）介绍】

〖六祖故里旅游度假区〗 位于新兴县六祖镇。为国家 4A 级旅游景区、省级旅游度假区。是集旅游、观光、会议、休闲度假为一体的综合型旅游度假区。1994 年经广东省人民政府批准建立，2009 年被评为国家 4A 级旅游景区。度假区总规划面积 8.7 平方公里，特色景点主要有国恩寺、露天温泉浴场、六祖故居等。设有宾馆服务区、佛事区、休闲旅游区 3 个功能分区组成。区内的“六祖文化”和“温泉文化”是新兴县“六祖故乡新兴游”旅游风景线上最具特色的品牌。度假区内的龙山温泉水属硫氢化物泉，泉口出水温度高达 72.8℃，泉水含硫磺、氡、二氢化纳和矿物质等 20 多种对人体健康有益的微量元素。区内建有露天浴场总面积 6000 平方米，大、中、小浴池 10 多个，可同时供 500 多人浸浴。区内有宾馆 17 家，客房 760 多间，床位数 1700 多个，会议室 23 个，功能配套，设施齐全，是省内著名的疗养度假胜地。

〖金水台温泉度假村〗 位于鹤山、开平、高明接壤的新兴县水台镇。度假村整区均以加勒比海风格设计建成，配有大型露天温泉区、私家温泉别墅 60 多套、豪华酒店客房 400 余间、大型国际会议中心、金水轩中餐厅、健康中心、KTV 娱乐中心、特产超市、标准足球场、篮球场、户外拓展训练基地、网球场、钓鱼场、烧烤场以及原生态山林漫游氧吧等。2009 年，金水台温泉度假村被评为国家 4A 级旅游景区。

〖同乐大山原生态景区〗 位于郁南县平台镇。该景区以 267 公顷天然林为核心，以国营同乐林场、大河水库县级自然保护区和平台水库周围——重山、桂圩银岩坑森林公园、厂上生态果园等为森林屏障，总面积约 2.9 万亩。景区内种有国内珍稀树种——郁南黄杞。同乐大山是 1927 年大革命时期农民运动的据点和 1948 年“四・一八”起义部队活动的地方，是一条红色旅游线路。

〖飞天蚕生态茶园〗 位于新兴县太平镇东南部。由广东翔顺集团有限公司投资建设。园区远望像一条长约 10 里的巨蚕自南向北横卧在象窝茶场的东面，人称“飞天蚕”。茶园园区海拔600~800米，森林资源面积约7000亩，茶园400亩，是新兴县保护最为完整的原生态林带。茶园始建于2007年1月，目前已完成大朗到象窝茶场5公里的道路基础建设。新建成1500多平方米的茶叶加工厂与两幢4200多平方米的员工宿舍楼以及3739平方米的飞天蚕度假酒店和酒店配套的5000多平方米广场已投入使用。2009年10月正式对外营业。

【旅游扶贫工作】 2009年9月3日，新兴县六祖故里旅游度假区项目通过竞评，以88.8分顺利通过2009年省旅游扶贫大型重点项目评审，获省政府专项旅游扶贫资金500万元。郁南县大王山国家森林公园、腰古水东古村落生态旅游区分别获省旅游扶贫资金40万元。

旅游行业管理

【旅游市场监督】 2009年，云浮市进一步加大查处“黑社”、“黑导”，打击超范围经营、零团费和负团费等现象，净化和规范旅游市场；5月1日新的《旅行社条例》正式实施后，该市进一步建立健全游客投诉、旅游咨询、紧急救援和散客服务等旅游服务机制。同时，深入开展诚信旅游活动，引导诚信单位和从业人员“守法经营、诚信服务”，为游客理性消费营造良好的市场环境。全年对12家旅行社进行年检，开展执法检查30多次，共查处31宗非法经营旅游业务、1宗超范围经营和1宗违法广告；对265名导游进行检查。

2009年，云浮市共接受各类旅游咨询200人次，受理各类旅游投诉8起，涉及游客67人，挽回经济损失10367元，维护了旅游企业和游客的合法权益。

【旅游安全管理】 紧紧围绕“2009年安全生产年”、“三项行动”以及安全生产月等工作要求，认真研究、制定活动方案，广泛宣传，营造加强旅游安全生产、促进旅游事业发展的浓厚氛围。认真开展企业自查自纠和隐患排查治理工作，累计检查企业42家，共排查和整改安全隐患38项，开展安全学习培训23次，在全市旅游行业形成企业、部门、社会全方位排查隐患的浓厚氛围，全年无重大旅游安全事故，旅游安全生产工作取得新成效。

【旅游饭店管理】 2009年，云浮市推行旅游星级饭店和绿色饭店的标准，加强管理工作。全年新增1家四星级饭店（罗定好莱湾酒店）和新增1家三星级饭店（新兴龙山华立温泉旅游度假村）。全市星级饭店增至20家。评定绿色饭店18家。

〖好莱湾酒店荣膺四星级旅游饭店〗 位于罗定市，濒临泷江边。酒店于2004年开业，由广州好莱湾酒店管理有限公司全资兴建。2009年10月，被评为四星级旅游饭店。该酒店占地18000平方米，建筑面积20000平方米，主楼12层，副楼7层，极具亚热带园林风情。酒店拥有客房128间，设有标准房、豪华房、商务行政房、中西食府、多功能会议中心、茶艺厅、卡拉OK等，另有商场、商务中心等配套设施。

好莱湾酒店荣膺四星级旅游饭店和绿色旅游饭店挂牌仪式

【旅行社管理】 2009年，云浮市按要求开展对全市旅行社业务年检工作，就旅行社在遵守旅游法规、组接团、导游管理和规范经营管理等方面进行综合的检查，通过审计验证，全市11家旅行社通过了业务年检；指导旅行社执行《旅行社质量保证金存取管理办法》，做好旅行社保证金退款及转存工作，已退清了由云浮市旅游局直接管理的保证金共160万元给旅行社，同时，指导旅行社按新办法到银行办理相关的质保金存款或银行担保手续，全市旅行社到银行办理了专项资金，共存款170万元质保金。

【导游员管理】 2009年，按照广东省旅游局的工作安排，分别在2009年4月和11月组织两次全国导游人员资格考试。省旅游局在云浮市首次设立导游资格考试口试点，全年有56人次进行口试。

【旅游行业协会】 4月28日在凯旋酒店召开云浮市旅游协会成立大会，表决通过《云浮市旅游协会章程》，选举产生协会领导机构，为进一步加强行业指导，提高服务水平起到积极作用。

旅游教育培训和精神文明建设

【旅游教育培训】 2009年，云浮市旅游局以提高从业人员政治素质、业务能力和思想道德水平为目标，在全行业继续抓好旅游管理人员岗位职务培训。积极组织相关人员参加省旅游局举办的各类培训班及资格考证，同时指导推进旅游企业内部的培训，罗定好莱湾酒店、云浮凯旋酒店、新兴县翔顺花园酒店等举行15期的综合培训和专项业务培训，不断提高酒店的接待和服务水平。

【农村劳动力技能培训转移就业】 2009年4月以来，云浮市按照省旅游局关于开展旅游行业农村劳动力培训转移就业的有关要求，切实加强组织领导，明确目标任务，落实工作责任，采取有效措施，狠抓工作落实，全面完成了农村劳动力转移就业培训任务。经摸底调查，共发动我市18周岁以上45周岁以下的农村劳动力395人报名，经省审核成功的280人，其中261人参加了培训，从2009年11月27日开始先后开展4期旅游业农村劳动力职业培训班，开办的工种有餐厅服务员、客房服务员、景点导游、农家菜烹饪4个。

【旅游行风与机关作风建设】 按照市委、市政府的统一部署和要求，云浮市旅游局认真开展第二批深入学习实践科学发展观活动，以推进云浮旅游科学发展为导向，紧紧围绕党员干部受教育、科学发展上水平、人民群众得实惠的总要求，认真解决阻碍云浮旅游发展的重点和难点，通过学习实践活动，进一步统一思想，理清思路，全面加强机关作风建设，提高机关办事效率和服务水平。7月至9月，开展纪律教育学习月活动，建立和完善一系列行之有效的规章制度，切实为企业提供高效优质的服务。

【机构改革】 根据《中共云浮市委、云浮市人民政府关于印发云浮市人民政府机构改革方案的通知》（云发〔2009〕15号），云浮市将旅游局由承担行政职能的事业单位调整为市人民政府工作部门。

纪　事

3月24日 云浮市举行国民旅游休闲计划启动仪式和召开全市旅游工作会议。

3月25日 云浮市到东莞召开云浮（东莞）旅游推介会，副市长崔逢池，东莞市副市长出席会议并作讲话。

4月25日 云浮市旅游局举行“迎五一轻松自驾游云浮”暨“旅游休闲、精彩无限——城际旅游大联盟·金水台爱心之旅”活动启动仪式。

4月27日 省首次在云浮市设立导游资格考试口试点。

4月28日 云浮市旅游协会成立大会暨一届一次会员大会在凯旋大酒店召开。

5月23～30日 新兴县举办首届旅游文化美食节。

7月2日 省政府副秘书长刘晓捷，省旅游局局长杨荣森，云浮市委副书记、市长黄强，市委常委何少青、副市长崔逢池等陪同。

图为万庆良副省长在新兴县国恩寺考察时的情景

7月20日 郁南县同乐大山原生态景区举行开游仪式，标志着同乐大山原生态游正式启动。

9月3日 新兴县六祖故里旅游度假区项目竞获省旅游扶贫大型重点项目，获得省政府专项旅游扶贫资金500万元。

9月10～17日 由云浮、湛江、茂名三市旅游局联合组成粤西旅游促销团，赴贵阳市、南宁市、重庆市开展省际旅游促销活动。

10月26日 罗定市好莱湾酒店评定为四星级旅游饭店，新兴县华立龙山温泉度假村酒店评定为三星级旅游饭店。

11月13日 副市长崔逢池率团参加2009广东国际旅游文化节暨泛珠三角旅游推介大会。

11月15日 2009广东国际旅游文化节记者采风团走进云浮，开始为期2天的云浮旅游采风活动。

11月17日 2009广东国际旅游文化节云浮（新兴）分会场在新兴县体育馆隆重开幕。

12月3日 云浮市旅游局档案室以95.7分的优异成绩晋升为省特级档案室。

12月28日 新兴县六祖故里旅游度假区、金水台温泉被评为国家4A级旅游景区。

（叶木新）

政策法规·标准规范

（第 351 ~418 页）

广东旅游政策法规和旅游标准化建设综述

【总体情况】 2009年，广东省旅游政策法规工作再上新台阶。省旅游局代拟《关于试行广东省国民旅游休闲计划的若干意见》。2月21日，省政府发布《关于试行广东省国民旅游休闲计划的若干意见》（粤府〔2009〕19号）。省旅游局争取各方面支持与配合，启动《广东旅游管理条例》修订工作。省旅游局继续加大旅游标准化建设力度，作为增强企业核心竞争力、提高旅游服务质量的重要平台，作为规范旅游行业管理、促进旅游市场有序发展的有效途径，引导旅游企业向标准化、品牌化方向发展，典型引路、以点带面，带动旅游产业素质、竞争力和发展水平的提升。

【宣贯国家和省旅游标准】 2009年11月，国家旅游局、国家标准委联合召开全国旅游标准化工作会议，并出台《全国旅游标准化发展规划（2009－2015）》。省旅游局积极贯彻国家重要会议和文件精神，组织各市旅游管理部门认真学习国家有关部委下发的《全国旅游标准化工作管理办法》、《全国旅游标准化发展规划》、《全国服务业标准化发展规划》、《关于推进服务标准化试点工作的意见》、《服务业标准化试点实施细则》及省政府《关于进一步实施技术标准化战略意见》，推动标准化成为行业监管的重要抓手。对国家旅游局已经颁布的《旅游饭店星级划分与评定》、《旅游景区质量等级划分与评定》等20项国家和行业标准加大贯彻力度，积极引导企业认真实施标准；推动行业协会和企业积极参与旅游标准化工作，把管理成果和实践经验上升为标准，创建品牌，提升企业质量管理水平。

2009年10月20日，广东省旅游地方标准评审会

【旅游标准化建设】 2009年，省旅游局依托政府主导的机制，加强与质监等有关部门的信息沟通与协调，广泛听取旅游经营者、游客和社会各界的意见建议，加快制定旅游资质、旅游项目、配套设施、旅游安全等方面的旅游地方标准，10月，省旅游局、省质监局联合完成《旅游安全管理标准·旅行社》、《旅游安全管理标准·星级饭店》、《旅游安全管理标准·海滨旅游》、《旅游安全管理标准·旅游景区》等标准的专家评审，正式颁布了《广东省旅游餐饮服务质量标准》，并申报《旅游安全管理标准自驾车游》、《广东省旅行社资质与等级评定标准》立项。在加快标准制定的同时，加强对现有旅游标准的整合与管理，特别是加强国家标准、行业标准、地方标准的衔接，避免交叉重复，提高标准科学性。加大对标准化工作的投入，加强组织领导，扩充专家队伍，加强旅游标准化工作的规划、组织、协调、引导，制订相应的工作计划并稳步推进，对不适应发展需求的标准内容及时地作出修订，提高旅游标准的执行力和有效性。

【国家旅游局、商务部31号令】 2009年10月11日，由国家旅游局局长邵琪伟、商务部部长陈德铭共同签署31号令，决定废止《设立外商控股、外商独资旅行社暂行规定》等3个部门规章的决定。

附件：

废止的规章目录

规章名称	公布机关及日期
设立外商控股、外商独资旅行社暂行规定（国家旅游局令第19号）	2003年6月12日国家旅游局、商务部公布
对《设立外商控股、外商独资旅行社暂行规定》的修订（国家旅游局令第20号）	2005年2月17日国家旅游局、商务部公布
《设立外商控股、外商独资旅行社暂行规定》的补充规定（国家旅游局令第25号）	2005年12月29日国家旅游局、商务部公布

省政府规章

广东省丹霞山保护管理规定

广东省人民政府令第136号

《广东省丹霞山保护管理规定》已经2009年4月14日广东省人民政府第十一届30次常务会议通过，现予发布，自2009年6月1日起施行。

省　长　黄华华

二○○九年四月二十七日

广东省丹霞山保护管理规定

第一章　总　则

第一条　为了保护丹霞山自然资源、人文资源和生态环境，根据《风景名胜区条例》、《自然保护区条例》、《广东省地质环境管理条例》和有关法律法规，制定本规定。

第二条　本规定所称的丹霞山是指经国务院批准的丹霞山风景名胜区总体规划、丹霞山自然保护区总体规划和地质遗迹保护区发展规划确定的区域。

第三条　在丹霞山范围内进行保护管理、开发利用、科学研究、生产生活、旅游和建设等活动，应当遵守本规定。

第四条丹霞山的保护，应当符合世界自然遗产地和世界地质公园的要求，遵循科学规划、统一管理、严格保护、永续利用的原则。

第五条　本规定由韶关市人民政府组织实施。省人民政府有关部门依照各自职责，协同做好工作。

丹霞山管理机构负责具体的保护、利用和统一管理工作。

第六条　广东省人民政府和韶关市人民政府将丹霞山保护管理纳入国民经济与社会发展规划，保护管理经费由广东省人民政府和韶关市人民政府按照财政体制共同负担。

鼓励多渠道和采取多种形式筹集经费，建立丹霞山保护专项资金。

第七条　任何单位和个人都有保护丹霞山的义务，并有权制止、检举破坏丹霞山自然资源、人文资源和生态环境的行为。

广东省人民政府和韶关市人民政府对丹霞山保护管理工作作出突出贡献者，应当给予表彰和奖励。

第二章　规划与建设

第八条　丹霞山总体规划和详细规划由广东省人民政府建设主管部门组织有关部门会同韶关市人民政府依照国家法律、法规和技术规范编制，并按照规定程序上报审批。

第九条　经批准的丹霞山规划，应当向社会公布；任何单位和个人不得违反或者擅自改变。确需调整或者修改的，应当按原审批程序办理批准手续。

第十条　丹霞山（包括驻地农村）新建、扩建、改建的项目，应当符合规划，并经丹霞山管理机构审核后，依法办理审批手续，取得相应许可证件，方可施工。

丹霞山内宗教活动场所的规划、建设、修缮应当符合丹霞山总体规划、详细规划。

韶关市人民政府城乡规划建设主管部门应当制订具体管理办法，对丹霞山内工程建设实施监督检查。

第十一条 丹霞山内建设项目不得破坏周围环境风貌。建筑物、构筑物的形式、布局、高度、体量、造型和色彩等，应当与周围景观和环境相协调。

第十二条 丹霞山内建设单位、施工单位在施工前应当对施工场地周围环境及林、竹木、植被、水体、岩石、湿地、文物、景观农田等资源制定保护方案。

施工过程中，应当采取有效措施，防止对地质遗迹、生态环境和人文景观造成污染、破坏。竣工后，应当及时恢复环境原貌。

第十三条 在丹霞山建设通信基站、发射塔、电网、水网必须符合规划，并经环境影响评价和地质灾害危险性评估，经丹霞山管理机构审核后，依法办理审批手续。

第十四条 韶关市人民政府对丹霞山内不符合规划的建设项目应当限期拆除或者搬迁。对于非法建设项目，不予补偿。

第三章 保护与管理

第十五条 丹霞山保护范围划分为特级、一级、二级、三级保护区和景观环境保护带。

特级保护区是全面体现丹霞山地质、地貌、遗迹和天然名胜的区域，包括金龟岩－金龙山、大石山和大湖坑区域。

一级保护区是特级保护区之外的典型丹霞地貌分布区，包括丹霞景区的大部、金龟岩、大石山特级保护区外围、飞花水景区中部、仙人迹景区南部、五马山小区等。

二级保护区是一级保护区的外围，对一级保护区起保护和缓冲作用的区域。包括大部分河谷盆地和丘陵地区。

三级保护区是丹霞山内，以上各级保护区之外的区域。

景观环境保护带是三级保护区以外与外围公路之间的丘陵平原范围。

第十六条 丹霞山管理机构应当按照保护范围设立永久性界桩或者其他边界标志。任何单位和个人不得移动或者损坏。

第十七条 特级保护区内禁止一切人工建设及其他影响景观和生态环境的活动。

一级保护区内禁止建设度假村、宾馆、招待所、培训中心、疗养院等服务设施，除总体规划确定的道路外，严禁修建公路。

二级保护区内严格限制与风景游赏无关的建设。

三级保护区内可以建设必要的旅游服务点，但是限制建设度假村。

景观环境保护带内禁止建设污染环境的项目和烧荒，禁止开辟用材林生产基地。

第十八条 丹霞山下列自然景观和人文景观应当予以严格保护：

（一）地形地貌、山体、地层、岩石、古生物化石等地质遗迹；

（二）湿地、瀑布、河溪、景观农田、水体、林、竹木植被、野生动植物、特殊地质环境等自然景观；

（三）文物古迹、原有建筑、石雕石刻等人文景观及其原生地；

（四）古建筑、古山寨、古墓葬、古遗址、碑碣、摩崖石刻等文物古迹。

第十九条 丹霞山内的单位、个人和游览者，应当爱护景物和自然环境，不得有下列行为：

（一）破坏景观景物和景区设施；

（二）烧田坎、野炊、燃放烟花爆竹；

（三）在非指定地点吸烟、焚香、生火；

（四）炸鱼、毒鱼、电鱼；

（五）放养牲畜、家禽；

（六）法律、法规、规章禁止的其他行为。

第二十条 在丹霞山内进行下列活动，应当经丹霞山管理机构同意：

（一）进行科学考察；

（二）拍摄影视剧；

（三）移植树木。

法律、法规、规章规定需要办理审批手续的，应当依法办理审批手续。

第二十一条 丹霞山内不得从事经营性的挖砂、取土活动。因维修基础设施，确需挖砂、取土的，应当经丹霞山管理机构审查同意，报有关部门批准后，在指定地点挖取，并按规定恢复植被。

第二十二条 任何单位和个人不得破坏丹霞山的物种与生态系统。严格限制引进外来物种。禁止运输、携带带病虫害或者有污染的动植物及其包装材料进入景区。

第二十三条 丹霞山所有山林列为省级生态公益林进行保护。严格控制采伐林木，确因更新和抚育等需要砍伐的，应当向丹霞山管理机构提出申请，并载明需砍伐的树种、数量、地点、理由和补种方案，报韶关市林业主管部门审批。

第二十四条 丹霞山管理机构应当对丹霞山的古树名木进行调查、鉴定、登记造册，建立档案，设立保护标志，并落实保护措施。

第二十五条 教学和科研单位需要采集野生动植物标本的，应当向丹霞山管理机构提出申请，并在指定的区域内采集。

采集国家重点保护野生动植物的，必须依法办理相关手续。

第二十六条　丹霞山内的经营活动应当在丹霞山管理机构指定的地点进行，不得随意摆卖、叫卖。

丹霞山管理机构应当加强对经营活动的环境卫生、饮食安全和服务质量的监督检查。

第二十七条　韶关市人民政府应当建立健全护林防火和植保制度，设置防火和植保设施及消防通道，做好封山育林、护林防火、防治有害生物工作。

第二十八条　公安机关应当加强对丹霞山的治安管理，确保景区内人员人身安全和国家、集体及个人的财产安全。

第二十九条　丹霞山管理机构应当科学合理地确定游览线路和各景区、景点的游客容量，制定疏导游客的具体方案，设置路标路牌、公共服务、地质科普和安全警示等标识标志，定期检查险要旅游路段，及时排除安全隐患。

第三十条　游览者应当按照规定购买门票，遵守旅游秩序，服从丹霞山管理机构管理。

凡利用丹霞山地质遗迹和风景资源进行经营活动的，应当按规定缴纳地质遗迹使用费和风景名胜资源有偿使用费。

门票收入、地质遗迹使用费和风景名胜资源有偿使用费由丹霞山管理机构收取，实行收支两条线管理，用于丹霞山的保护、管理和基础设施建设。

第三十一条　丹霞山内应当推广使用环保型交通工具。

第四章　法律责任

第三十二条　有下列行为之一的，由丹霞山管理机构责令改正，并对个人处50元以上100元以下罚款；对单位或其他组织处500元以上1000元以下罚款：

（一）违反规定烧田坎、野炊、燃放烟花爆竹的；

（二）炸鱼、毒鱼和电鱼的；

（三）擅自携带外来物种，运输、携带带病虫害或有污染的动植物及其包装材料进入景区的；

（四）不按指定地点经营，随意摆卖、叫卖的；

（五）随意放养牲畜家禽的。

第三十三条　不按规定购买门票或者不缴纳地质遗迹使用费和风景名胜资源有偿使用费的，由丹霞山管理机构责令改正，并处核定价格一倍以上两倍以下的罚款。

第三十四条　违反本规定的其他违法、违规行为，由丹霞山管理机构或者有关行政主管部门，依照国务院《风景名胜区条例》、《自然保护区条例》和《广东省地质环境管理条例》或者其他有关法律、法规的规定予以处罚。

第三十五条　丹霞山管理机构和其他有关管理部门工作人员玩忽职守、滥用职权、徇私舞弊、索贿受贿的，依法给予处分；构成犯罪的，依法追究刑事责任。

第五章　附　则

第三十六条　本规定所指丹霞山的四至点坐标为东经113°36′25″至113°47′53″，北纬24°51′48″至25°04′12″之间。东北、东、东南以国道G106线和国道G323线为界，西、西北以省道S246线为界，南、西南以湾头－鹧鸪石－大王冲－大井－河塘一线为界。

第三十七条　本规定自2009年6月1日起施行。

地方规范性文件

中共广州市委　广州市人民政府
关于加快我市旅游业发展建设旅游强市的意见

（穗字〔2009〕15号）

为深入贯彻党的十七大精神，贯彻落实《珠江三角洲地区改革发展规划纲要》（以下简称《规划纲要》）和省委省政府《关于加快我省旅游业改革与发展建设旅游强省的决定》（粤发〔2008〕20号），进一步加快我市旅游业发展，建设旅游强市，特提出如下意见。

一、充分认识加快旅游业发展的重大意义

（一）加快旅游业发展是贯彻落实《规划纲要》赋予广州发展新定位的必然要求。《规划纲要》明确指出，广州要强化国家中心城市、综合性门户城市和区域文化教育中心地位，将广州建设成为广东宜居城乡的"首善之区"，成为面向世界、服务全国的国际大都市，为广州科学发展确立了新目标和新方向。加快旅游业发展，建设旅游强市，有利于推动形成以现代服务业为主导、服务经济为主体的现代产业体系，增强中心城市文化引领功能、综合服务功能和集聚辐射功能，加快建设国家中心城市，全面提升科学发展实力。

（二）加快旅游业发展是推动我市产业结构调整、转变经济发展方式的重要途径。旅游业是现代服务业的重要组成部分，具有发展空间广阔、市场需求巨大、带动能力强、综合效益高、环境污染少的特点。发展旅游业是我市构建现代产业体系的重要内容，有利于优化产业结构，拉动内需，扩大就业，增加城乡居民收入，提高经济发展质量，为经济社会又好又快发展注入强大动力。

（三）加快旅游业发展是建设宜居城乡"首善之区"的重要举措。随着我市经济社会发展和城乡居民收入水平不断提高，旅游已成为人民群众提高生活质量的迫切需求。加快旅游业发展，建设旅游强市，有利于培育新的经济增长点，打造良好的旅游资源环境，为市民提供优质旅游产品和服务，满足城乡居民日益增长的精神文化需要，不断提高市民的生活质量和幸福指数；有利于统筹城乡旅游发展，优化旅游产业空间布局，推动农村生态旅游发展，持续增加农民收入，促进城乡协调发展；有利于更好地展示我市良好的生态、人文、社会、投资等环境，促进广州与国内外城市的经济文化交流，进一步提升我市的国际影响力。

二、加快旅游业发展的指导思想、基本原则和主要目标

（一）指导思想。

坚持以邓小平理论和"三个代表"重要思想为指导，深入贯彻落实科学发展观，围绕建设国家中心城市和全省"首善之区"的目标，以解放思想为引领，以改革开放为动力，以市场为导向，以世界眼光谋划我市旅游发展大格局，积极推动我市旅游业实现新的跨越式发展，努力把旅游业培育发展成为我市经济发展的优势产业，把我市建设成为旅游强市。

（二）基本原则。

——坚持改革创新原则。深化旅游体制改革，建立健全旅游市场运作机制，创新旅游经营业态、推介营销、管理体制、产业政策等发展模式，形成政府引导、市场运作、企业为主、社会参与的旅游业发展大格局。

——坚持精品战略原则。充分挖掘和发挥我市丰富的历史、人文、生态资源优势，提升旅游的文化内涵，推动旅游产业与文化产业互动发展，积极发展高端旅游产品，培育一批主题突出、特色鲜明、文化内涵丰富、具有国际水准的旅游精品项目，打造商务会展旅游、购物旅游、历史文化街区旅游、生态休闲度假旅游等高端产品，形成旅游新增长点，提高广州旅游业的核心竞争力。

——坚持城乡、区域协调发展原则。按照城乡一体化要求，大力发展具有岭南特色的乡村旅游业，形成城乡旅游资源共建共享、功能布局合理、产品差异发展的一体化新格局。加强与珠三角地区、环珠三角地区、泛珠三角地区的旅游开发与合作，深化穗港澳旅游合作，整合和优化区域旅游资源，共同打造亚太地区具有重要影响力的国际旅游目的地和游客集散地。

——坚持保护与开发相结合原则。正确处理旅游资源

开发与环境保护的关系，形成经济、社会、环境协调发展格局。

（三）主要目标。

到2012年，全市旅游总收入达到1000亿元，旅游外汇收入超过34亿美元，旅游业增加值占全市服务业增加值的比重达到9%以上。旅游业作为我市国民经济的优势产业地位初步确立，旅游基础设施更加完善，旅游环境更加优化，旅游产业素质显著提升，初步建成国家旅游强市。

到2020年，旅游总收入突破2000亿元，旅游外汇收入超过46亿美元，旅游业增加值占全市服务业增加值的比重达到10%以上，广州旅游形象的影响力和旅游品牌的竞争力全面提升，建成国际、国内重要旅游目的地，成为国际化和区域性旅游中心城市。

三、构建有影响力的特色旅游品牌产品体系

按照点、线、面相结合的要求，深化旅游文化资源整合，着力打造“山、水、城、花”优势品牌，推进旅游业品牌化发展，提升我市旅游整体形象。

（一）深化以珠江游为主的水文化休闲旅游品牌产品开发。围绕湖、涌、江、海，积极发展游船、游艇、邮轮旅游。珠江是贯穿广州东西走向的大自然中轴线，要充分利用这一独特的自然旅游资源，积极推进珠江游线路向东、西延伸，并加强两岸旅游资源整合、景观建设和景区景点配套；高规格建设好游船码头，改善码头形象，优化码头布局，提高服务能力；提高游船的档次和品质，做好游船、游艇的评星工作；推进游船、游艇多样化经营，结合实际适度发展，使之品牌化、多元化、高级化、国际化；以南沙、番禺为主，做好邮轮旅游开发，积极开展和逐步完善邮轮旅游相关配套设施规划和建设，打造邮轮旅游经济产业链，完善珠江水文化休闲旅游产品体系；加强沿岸相关区域协作，扩大珠江游的辐射面。

（二）加强都市旅游品牌产品体系建设。

1. 展示“千年商都”风采。推进集商务、购物、旅游、休闲等为一体的购物中央商务区和集聚区的建设，联动开展各类旅游、购物、餐饮、文化等促进活动，积极推进商务会展旅游，办好“广交会”和争办其它有影响力的国内外会展和商务活动。

2. 突出“岭南文化”特色。重点突出以镇海楼、陈家祠、西关大屋等为代表的岭南建筑艺术，以波罗诞和天后诞庙会、沙湾飘色、乞巧节等为代表的岭南民俗文化，以广绣、广彩、广雕等为代表的岭南工艺艺术，以南越王墓、南越国宫署遗址及木构水闸遗迹等为代表的岭南历史文化。建设以粤剧为代表的特色鲜明的岭南文化剧场。

3. 擦亮“食在广州”金字招牌。提高美食之都的品牌效应，加强餐饮配套设施建设，打造特色鲜明的美食街（区）、酒吧街，办好广州国际美食节和广州国际茶文化博览会。

4. 挖掘“现代都市”亮点。以新城市中轴线为核心，重点推进广州电视新塔、双子塔、广州歌剧院、广东省博物馆、琶洲国际会议展览中心、广东科学中心、海心沙市民广场、大学城、科学城、亚运城、白云新城、广州国际体育演艺中心、动漫城等城市新建标志性建筑、广场、主题公园的旅游配套设施建设，展示广州现代大都市的风范；整合工业旅游资源，打造以先进制造业为核心的工业旅游精品线路。

5. 扩大“近代史迹”影响。整合三元里抗英遗址、黄埔军校旧址、国民党一大会议旧址、孙中山大元帅府、中山纪念堂、黄花岗七十二烈士墓、辛亥革命纪念馆、广州起义烈士陵园、广州起义纪念馆、农民运动讲习所、中共三大会址纪念馆，着力打造红色旅游精品线路。

6. 打造“海上丝绸之路”文化旅游品牌。整合黄埔古港、南海神庙、十三行、太古仓等历史文化资源，形成有吸引力的品牌线路。

7. 加强“宗教文化”旅游产品开发。推广以佛教的六榕寺、光孝寺、华林寺、海幢寺、大佛寺，道教的仁威庙、五仙观、纯阳观、三元宫，伊斯兰教的怀圣寺、清真先贤古墓，天主教的石室和基督教的东山堂等为代表的宗教文化旅游品牌，塑造广州和谐文化的城市形象。

8. 拓展“亚运”旅游品牌效应。全面实施“走进广州、参与亚运、回味亚运”旅游营销战略。丰富和完善亚运会场馆的旅游、文化、商务、休闲功能，打造亚运旅游文化集聚区。加强赛后亚运场馆利用和旅游产品开发的结合，形成“后亚运”旅游效应。

（三）推进山水相融的生态休闲旅游产品品牌升级。重点扶持和推进增城白水寨、湖心岛、小楼人家，从化以温泉养生谷、蝴蝶谷、生命谷、流溪河、石门森林公园等为主要内容的百里观光长廊，南沙湿地、滨海旅游风景区，番禺长隆旅游度假区、莲花山、大夫山、海洋生态旅游区、海鸥岛、宝墨园、南粤苑，萝岗天鹿湖，海珠万亩果园，白云帽峰山，花都王子山，天河火炉山、华南植物园等生态休闲旅游项目建设，加快各景区（点）的规划建设和改造升级。积极打造温泉、高尔夫等旅游精品；支持农村、农民依托当地资源发展乡村旅游，引导和鼓励农业龙头企业依托生产科研基地发展农业观光体验游，按照民间投资、政府补贴相结合的原则，同步推进村庄改造与生态旅游、乡村旅游功能建设，形成“一区（县）一品”、“一镇（街）一景”、“一村一业”错位互补、协同发展的格局，着力打造一批档次高、吸引力强的休闲旅游度假胜地。力争用3－5年时间，基本建立起与我市生态旅游、森林旅游、乡村旅游发展相适应的旅游基础设施体系，形成成熟的生

态旅游和乡村旅游产品体系。

（四）提升"花城"旅游品牌形象。积极推进以花木为特色的城市景观美化工作，加强以花卉为主题的公园、景区（点）的开发建设，加快岭南花卉批发市场、广州花卉博览园、南方花卉交易中心等特色市场的旅游服务设施配套和相关旅游线路整合，办好广州迎春花市、园林博览会及以花为主题的花卉、园艺节展活动，引导鼓励城乡居民、企业进行庭园花木种养，营造整体"花城"氛围。

四、培育有竞争力的品牌旅游企业

（一）培育一批以骨干旅行社为核心的具有国内、国际影响力的品牌旅行社企业。鼓励支持创办中外合资旅行社，引导优质国际品牌旅行社集团进入我市。逐步实现我市旅行社行业在管理体制、人力资源、市场扩展、服务标准等方面与国际接轨。

（二）培育一批以国际品牌酒店和国内品牌酒店为牵引的酒店企业。以促进我市酒店业进行产业整体提升和结构调整为目标，引导国际品牌酒店集团有步骤地进入，推进我市品牌酒店集团有计划地向外扩张，提高酒店业的整体竞争力。

（三）培育一批以国家级5A景区（点）为样板的生态、休闲、观光企业。着力打造有国内、国际影响力和辐射力的品牌景区（点），逐步形成以品牌景区为核心的具有区域竞争力的旅游企业集群。

（四）培育大型综合性旅游企业集团。以现有的大型旅游企业为基础，以市场为导向，通过改制、重组、国际化发展等方式，培育具有国际竞争力的大型旅游企业集团，带动广州旅游业的发展。

（五）培育一批具有自主创新能力的民营旅游企业。通过改革创新，走出一条挖掘民智、吸引民资、依靠民力、做活民营旅游经济的发展之路，促进民营旅游企业规模化、品牌化、国际化发展，使民营旅游企业逐步成为我市经济的创新主体、发展主体。

五、加快旅游基础设施建设

（一）加快旅游交通网络建设。各级政府和有关部门要把重点景区（点）的道路建设纳入重要议事日程，并努力加快与周边地区的空港、海港、铁路、地铁、轻轨、高速公路等对接的交通网络建设，全面改善旅游交通条件，建立多层次、高水准、布局合理的旅游交通体系。完善旅游交通设施和规范旅游交通标识，形成便捷优质的交通指引和保障。加快旅游景区（点）停车场（站）的建设，适应团队游客和"自驾游"游客群体的需求。

（二）加快旅游问询服务中心建设。在机场、火车站、客运码头及主要交通枢纽设立公益性的旅游问询中心，在游客集中的商业街区设立公益性与市场化运作相结合的旅游问询服务站，利用旅行社、景区（点）、星级饭店等自身资源优势在街道社区设立旅游问询服务点。

（三）营造和谐语言环境。在旅游"窗口"单位全面推行普通话服务，普及英语常用口语，重点岗位要熟练使用英语。星级饭店（宾馆）要在接待外国人的客房摆放英文版报纸。在外国游客较集中的区域，如机场、火车站、客运码头、主要旅游景区（点）、三星级以上饭店大堂、大型购物中心、大型会展中心等，要摆放外语宣传资料，系统介绍广州的景区（点）、交通、美食、特产、文化活动等，并及时更新。公共场所和旅游景区（点）要设立规范的中英文双语标识。市属新闻媒体要开办英语频道、英语专题和英语专栏节目。

（四）加强旅游厕所建设和旅游环境综合整治。按照国家有关标准和要求，在城区主要街道、重要公共场所、主要旅游景区（点）、游客集聚区和通往主要旅游景区（点）道路上改造或新建厕所，并积极推广环保生态厕所。坚持不懈地抓好旅游景区（点）环境综合整治工作，着力解决旅游景区（点）"脏、乱、差"的环境秩序、"三废"排放、垃圾处理等突出问题，为旅游者营造安全、文明、优美、舒适的旅游环境。

（五）推进旅游信息化进程。依托广州信息技术优势，大力发展旅游电子政务和旅游电子商务。办好中国广州旅游网，使之成为集网络统计平台、网络调查平台、网络预订平台、网络培训平台、网络营销平台等为一体的综合性旅游网络平台。制定相应标准规范，引导行业健康发展。鼓励和支持旅游企业与优质信息化企业合作，促进旅游企业信息化应用规模的扩大和应用水平的提高。

六、创新旅游市场宣传和促销模式

（一）建立和完善国际化宣传促销网络体系。加强与各级政府和政府有关部门驻外办事机构及国家旅游局驻外办事处的联系，在国内外主要客源城市和友好城市设立旅游宣传促销"窗口"；组织旅游企业积极参加国内外旅游交易会和展销会；加强与国际国内知名媒体的合作，提升广州城市形象的国际影响力；密切与航空部门合作，把促销工作做到开通的所有航线；调动和发挥国际旅行社等企业对外促销的积极性，在境外广泛建立旅游促销网点，对成绩显著的给予奖励。

（二）加强区域旅游合作。落实《珠江三角洲地区改革发展规划纲要》和服务业对港澳扩大开放先行先试各项政策措施，深化泛珠三角区域旅游合作，推进与港澳更紧密旅游合作，推进广佛同城化、广佛肇一体化，建立区域旅游联动机制，实现客源互送、信息互通、资源共享、多方共赢，建设国际旅游中心。

（三）建立宣传促销保障机制。按照政府导向、旅游企业参与的原则，多渠道筹集宣传促销经费。各级政府可按照当地旅游收入的一定比例，逐步加大宣传促销经费的投入，保证重点旅游市场促销需要。有条件的区（县级市）可整合社会力量，设立专项旅游宣传促销资金。各旅游企业也要加大旅游宣传促销力度和经费的投入。

（四）全方位开展宣传促销活动。各级政府和各有关部门要把广州旅游宣传作为宣传工作的重要内容之一。外宣、外经、文化、体育、广电、外事、侨务、台办等部门，要利用各自优势和渠道积极参与旅游宣传工作。市属各新闻媒体要开设专栏、专题，加大旅游宣传力度。加强与周边及国际国内重要旅游城市旅游电视宣传节目的置换播出工作，构筑和完善国际国内主要客源城市平面媒体宣传网络。要积极发挥政府的主导作用，各部门积极联动，在城市中心广场、主干道、机场、火车站、客运码头、大型购物中心等游客集散地设置旅游公益广告牌、指示牌。充分利用国际会议、展览、节庆、国际友好城市交流等平台，多渠道宣传广州旅游形象和旅游产品。

七、创新旅游行业管理体制

（一）强化旅游行业管理。优化市、区（县级市）旅游行政管理机构，理顺旅游业行政管理关系，明确旅游业行政管理职责；建立和完善科学的旅游统计体系；充分发挥各类旅游协会作用，推进行业自律。

（二）加强旅游市场监管。建立健全各相关部门联动的旅游市场综合治理长效管理机制，共同维护旅游市场秩序，保护旅游者的合法权益。建立健全旅游行政执法体系和质量监督网络，提高旅游投诉处理效率。加强旅游行业诚信体系建设，规范旅游企业经营行为，营造良好的旅游经营环境。

（三）推进旅游标准化建设。加快旅游饭店和旅行社的星级评定工作，全面推行景区（点）A级等级管理体制，制定实施与广州旅游业态相适应的旅游基础设施建设标准、管理标准和行业服务标准。

（四）强化旅游安全管理。按照“谁主管、谁负责”的原则，全面落实各级政府和企业的安全责任制。要加强旅游设施的维护保养和检测，强化重要旅游大型活动、重要旅游接待时期、重要旅游接待场所的安全防范措施，增强安全保障能力。完善与有关部门的应急联动机制，落实假日值班制度，确保及时有效应对各类旅游突发事件。

八、实施旅游人才战略

（一）建立广州旅游人才资源信息库。全面开展全市旅游人才资源调查工作，摸清旅游人才资源现状，了解直接和间接从业人员的数量和比例，分析我市旅游人才资源特点，有关职能部门要有针对性地制定全市旅游人才培训规划、标准和政策措施。

（二）完善旅游人才培训机制。整合我市旅游教育培训资源，逐步形成以高等院校、职业中专、培训中心为主体的培训体系，建立多形式、多层次、多渠道的旅游人才培训机制。有计划有重点地培养高级职业经理人、高级导游员以及市场营销、会展管理、商品研发、景观设计、电子商务等方面的专业技术管理人才。加强广大旅游从业人员尤其是第一线人员的职业道德、服务技能、作风纪律教育培训。完善旅游从业人员资格考试和资格认证制度，建立广州旅游人才认证中心，逐步实现所有从业人员与国家技能技术人才通用标准要求接轨，做到持证上岗。

（三）拓宽旅游人才使用、引进渠道。各企事业单位要创新旅游人才的激励机制，稳定和用好现有旅游人才，注重有潜力、有事业心后备旅游人才的选拔和使用，让他们在本职岗位建功立业。积极运用项目合作、兼职、考察讲学、学术休假、担任业务顾问等灵活多样的形式，通过创造良好工作环境和良好生活条件，吸引和留住懂经济、善经营、会管理的旅游高级专门人才及紧缺人才服务我市旅游业。

九、落实旅游业发展政策

（一）着力培育多元化优秀旅游市场主体。坚持市场化导向，充分调动各方面的积极性，建立多元化的旅游业投融资体系，鼓励投融资形式的创新。支持成长性好的优秀旅游企业进入资本市场，在境内外证券市场融资。采取出让开发权、经营权、使用权等多种方式，鼓励和支持海内外大企业、大财团和国内民营企业投资开发旅游业。积极探索建立境内外产业基金。鼓励旅游企业通过资本运营等方式，向集团化、网络化、专业化发展。

（二）加大政策扶持力度。积极推进国民旅游休闲计划，全市国家机关、企事业单位和社会团体经审批的公务活动，可以委托本市旅行社安排交通、住宿、餐饮、会务等事项。支持重点旅游项目的建设，要在规划用地、税费征收等方面给予支持。贯彻落实《国务院办公厅关于搞活流通扩大消费的意见》（国办发〔2008〕134号）文件精神，逐步实现旅游企业与工业用电、用水同价。

（三）建立旅游奖励激励机制。对进入我市的大型旅游专列、包机、邮轮和入境旅游做出突出贡献的旅游企业予以奖励，具体办法由旅游行政管理部门会同相关部门制定。

十、完善旅游业发展的保障机制

（一）切实加强对旅游工作的领导。各级党委和政府要以科学发展的思路，认真贯彻落实中央和省有关文件精神，进一步提高认识，增强责任感、紧迫感和使命感，把旅游业作为带动广州经济社会发展的优势产业来抓，列入重要议事日程，出台相关政策和措施，切实抓紧抓好。要切实发挥广州旅游管理委员会的作用，及时研究和协调解决旅游业发展中的重大问题。

（二）加强观光立市的旅游意识宣传教育。着力提高全市居民、村民的文明水平，改进生活方式，提升文明素养，营造城乡旅游产业大发展的和谐文明环境。

（三）进一步加大政府导向性投入。从2009年起，市财政视财力情况加大旅游导向性投入，主要用于旅游整体形象的宣传促销、旅游规划编制、旅游基础设施建设、人才培训、旅游商品开发、旅游发展创新、奖励扶持企业、团队游客招徕等。各区（县级市）要相应建立旅游业发展专项资金，力争每年有一定幅度的增加。

（四）加大相关部门的协作力度。各部门要牢固树立大旅游意识，按照职能分工，通力合作，共同培育旅游业发展。发展与改革部门要把旅游发展特别是旅游基础设施建设、旅游重点项目建设和旅游产业政策纳入国民经济和社会发展规划，港务、交通、林业、农业、市政园林、劳动保障、水务、国土、规划、建设、环卫、文化、体育、宗教、旅游等部门要共同搞好旅游资源的综合利用和开发，公安、交通、工商、经贸、旅游、物价、质监、环保、环卫、安监、卫生、城市管理等部门要协同加强对旅游市场的监管，创造良好的旅游环境，建立和完善旅游公共服务体系。

（五）高标准编制旅游发展规划。加快推进全市旅游发展总体规划及分区旅游规划的编制工作。注重做好与城市总体规划及各相关规划的衔接，强化旅游规划的科学性、严肃性。各区（县级市）的旅游规划和重大旅游项目开发建设要符合全市旅游总体规划要求，并报市旅游主管部门审核备案，由同级人民政府批准执行。

（六）深入贯彻落实《广州市旅游条例》。制定相应的实施细则及配套措施，落实各级政府及有关部门的旅游促进职责，构建相关管理部门依法行政、旅游企业守法经营、旅游消费者依法维权、旅游业又好又快发展的大环境。

（七）强化目标管理。各有关部门、单位和各区（县级市）要按照本意见的要求，抓好相关工作和有关政策的落实。市委、市政府督办部门及广州旅游管理委员会办公室，要加强对各部门、单位和各区（县级市）年度旅游发展目标任务的督促检查，确保各项发展目标的顺利实现。

（二〇〇九年十月十六日）

广州市旅行社组织外国人来穗旅游奖励办法（试行）

为大力发展广州入境旅游，提升我市旅行社开拓国际客源市场的积极性和主动性，鼓励广州市旅行社组织更多的外国游客到我市旅游观光，确保我市入境游人数持续增长，把广州建设成为国际旅游中心城市，特制定本奖励办法。

一、奖励对象

凡在我市行政区域内获得批准设立并取得工商营业执照的旅行社，依法以各种形式开展组织入境外国游客来穗旅游的，入住我市酒店1晚以上（含1晚）或以包邮轮的形式在穗港口停靠并安排外国游客上岸观光，有旅游外汇收入的，均可依照本办法的规定向广州市旅游局申请此项奖励。

二、奖励原则

（一）入境旅游的奖励项目实行申报制，对组织外国游客以包邮轮和入境（过夜）旅游的旅行社进行奖励。凡符合奖励条件的旅行社可在规定时间向广州市旅游局提出书面申请，未在规定时间提出申请的，视为自动放弃该年度奖励资格。

（二）根据申请奖励的旅行社在每年的7月底前上报的上年度经营和财务信息等统计资料，以及经会计师事务所对旅行社组织或接待入境外国游客人次数（如自组自接的团队只计算组织人次）和旅游外汇收入等有关团队资料的审计报告等相关资料，实行年度一次性奖励。

（三）市旅游局对申请奖励的旅行社提交的组织或接待入境外国游客人次及旅游外汇收入等有关团队资料进行审核后，给予奖金奖励；对组织接待外国人入境游前5名的旅行社，授予“广州市旅行社发展入境游突出贡献奖”称号。

三、奖励标准

（一）以包邮轮形式组织入境外国游客旅游的：以包邮轮的形式在穗港口停靠并安排外国游客上岸观光的旅行社，按每艘邮轮1万元人民币标准给予奖励。

（二）以其他方式组织外国游客入境（过夜）旅游的：对依法以各种形式组织外国游客入穗旅游，且安排游客入住我市酒店1晚以上（含1晚）的旅行社，按每人次5元人民币给予奖励。

四、申请与审核

（一）实行年度计评，计评期限为每年度的1月1日至12月31日，符合申请条件的旅行社应对期限内组织或接待入境游外国人数进行审计、核报，作为评奖申报依据。

（二）申请奖励的旅行社应于每年的7月15日至31日内向市旅游局提出上年度的入境游奖励书面申请，提交“广州市入境旅游奖励金申报表”和相关资料，并按本办法规定提交团队书面证明材料。

1. 以包邮轮形式组织入境外国游客旅游

①本社上年度组织或接待外国人入境游人次和外汇收入指标的审计报告；

②以国外包邮轮的形式入境的，应提供旅行社与境外邮轮公司和相关境外旅行社签订的包邮轮业务合同；

③提供边检和港口的盖章确认（邮轮停靠港口的书面证明和盖章确认的名单表）；

④游客名单表（包括旅游团号·姓名·护照号码·联系电话等内容）；

⑤团队行程表（原始件及复印件）；

⑥每团队收入（含外汇收入）、支出凭据（复印件）。

2. 以144小时便利措施、免签、团签、自备签证等各种方式组织外国游客入境来穗（过夜）旅游

①本社上年度组织或接待外国人入境游人次和外汇收入指标的审计报告；

②游客名单表或144团队名单表（经边检盖章确认）；

③游客机票名单（注明承运航空公司、航班号、日期、时间）；

④团队行程表（原始件及复印件）；

⑤与港澳旅行社或客源国组团社的业务合同及团队确认书（含团队报价、人数等）；

⑥入住酒店名单表（包括旅游团号·姓名·护照号码·入住时间、联系电话等内容）；

⑦酒店入住业务合同、确认书、付房费凭据（原始件和复印件）；

⑧每团队收入（含外汇收入）、支出凭据（复印件）；

（三）市旅游局应在每年的9月底前完成对旅行社提交的上年度入境游奖励申请材料的审核确认，颁发奖金、奖牌，并给予通报表彰。

市旅游局将经审核符合奖励条件的旅行社和拟奖励金额进行公示，公示期不少于10个工作日。公示期内，任何单位和个人均有权对拟奖励旅行社和拟奖励金额提出异议，经公示无异议的或虽有异议，但经核实异议不成立的，市旅游局按核定的总额一次性向符合条件的旅行社发放奖金。

经审核旅行社报送的申请材料不符合本办法规定的，市旅游局应当书面告知申请人，并说明理由。

五、监管措施

（一）申请奖励的旅行社应遵纪守法、诚实守信，按规定如实申报，做到填表完整·数据准确·材料真实

（二）市旅游局将加强对旅行社入境游业务的监督管理，并委派人员核查团队资料，发现以下情形的，视情节轻重，无限期取消入境游奖励资格，并依法给予相应处理：

1. 以“零团费”或“负团费”运作入境游团队，扰乱我市正常旅游市场秩序的。

2. 凡年度内发生侵害旅游者合法权益、重大旅游质量投诉和责任事故等重大违规行为受到行政机关罚款以上处罚的。

3. 弄虚作假，虚报入境游业绩，骗取政府奖励的。

4. 在入境游团队运作中有其他严重违法违规行为的。

附件

广州市入境旅游奖励金申报表

申请日期：　　年　　月　　日

<table>
<tr><td>申请单位（盖章）：</td><td colspan="3"></td><td>许可证编号</td><td></td></tr>
<tr><td>申请项目</td><td colspan="5">在下列相应的位置划（√）
1. 组织或接待外国人入境在穗过夜旅游奖（　　）
组织人数　　　人次；接待人数　　　人次。
2. 组织外国人入境旅游包邮轮奖（　　）
邮轮数　　　艘，其中：人数　　　人次。法定代表人签字：</td></tr>
<tr><td>地址</td><td colspan="3"></td><td>邮编</td><td></td></tr>
<tr><td>电话</td><td colspan="3"></td><td>传真</td><td></td></tr>
<tr><td>法定代表人</td><td></td><td>经办人</td><td></td><td>联系电话</td><td></td></tr>
<tr><td rowspan="3">申请单位</td><td>户名</td><td colspan="4"></td></tr>
<tr><td></td><td colspan="4">开户行</td></tr>
<tr><td></td><td colspan="4">帐号</td></tr>
<tr><td>审核单位意见</td><td colspan="5">广州市旅游局（盖章）
年　月　日</td></tr>
</table>

备注：1. 须填列相关附表（共2个）；2. 申报单位还须根据申请的项目，提供其规定的资料；3. 所报材料及表格必须用电子文档；4. 自组自接的团队只计算组织人次。

来穗入境旅游组待人次情况汇总表

填报单位（盖章）：

项目 团号	人次		国别和地区	组织的旅行社	接待的旅行社	入住酒店和时间	参观的景点（区）	旅游日程
	组织	接待						
本页合计								
总累计								

法定代表人签字：　　　经办人：　　　联系电话：　　　填表日期：

备注：自组自接的团队只计算组织人次

来穗入境包邮轮情况汇总表

填报单位（盖章）：

项目 邮轮号	停靠时间	航次	国别和地区	人数	组织/接待的旅行社	合作邮轮公司	起始港口本页合计
本页合计							
总累计							

法定代表人签字：　　　经办人：　　　联系电话：　　　填表日期：

中共深圳市委　深圳市人民政府关于加快我市旅游业发展建设国际滨海旅游城市的意见

（深发［2009］10号）

旅游业是当今世界最具发展潜力的朝阳产业之一，是增加民生净福利、构建和谐社会的有效载体和生动形式，是发展现代服务业的重要组成部分。为贯彻落实《中共广东省委广东省人民政府关于加快我省旅游业改革与发展建设旅游强省的决定》（粤发［2008］20号），加快建设国际滨海旅游城市步伐，结合我市旅游业发展实际，提出如下意见。

一、指导思想、基本原则和主要目标

（一）指导思想。

以邓小平理论和“三个代表”重要思想为指导，全面贯彻科学发展观，深入落实《珠江三角洲地区改革发展规划纲要（2008－2020年）》和《深圳市综合配套改革总体方案》，以举办2011年世界大学生夏季运动会为契机，进一步拓展我市旅游业的优势和潜力，创新旅游业发展模式，提高旅游经济发展的规模和质量，做大做强旅游产业，使之成为我市发展现代服务业的重要增长点，促进我市经济社会又好又快发展。

（二）基本原则。

1. 改革创新原则。进一步增强我市旅游业发展的创新意识和开拓干劲，深化旅游体制改革，创新旅游发展模式，完善旅游市场运作机制，形成政府指导、市场运作、企业为主体的旅游产业发展格局，保持我市旅游产业在资源、产品和市场拓展等方面的持续创新能力。

2. 国际化的原则。以国际化标准推进我市旅游产业发展。建设开发一批具有国际水准、体现国际时尚的旅游设施和产品；提高外国游客和旅游外汇收入的比重；提升旅游业管理和服务的国际化水平；改善城市的国际化旅游环境，实现国际游客拥有较高的出游无障碍化便利；推进与港澳旅游的深度合作。

3. 以人为本的原则。重视游客和市民的个性化旅游需求，尊重游客的消费选择权，保护市民和游客对旅游资源的共享权利，重视旅游活动中游客安全、便利和合法权益的保护。

4. 保护环境的原则。坚持环境保护与合理开发并重，以资源高效、永续利用和循环使用为要求，推进社会效益、经济效益和生态效益的良性循环，实现我市旅游业的全面协调可持续发展。

（三）主要目标。

1. 近期目标：到2012年，把深圳旅游业发展成为具有核心竞争力和区域影响力的重要产业，成为我国最重要的旅游目的地、客源地和出入境旅游集散地之一。全市旅游总收入达到650亿元左右，旅游外汇收入达到30亿美元左右。

2. 远期目标：到2020年，把我市建设成为在国际上具有较高知名度、在亚太地区具有影响力的国际滨海旅游城市。全市旅游总收入达到1000亿元左右，旅游外汇收入达到50亿美元左右。

二、主要任务

（一）抢占旅游业发展制高点，以高端旅游带动我市旅游业全面发展。

通过大力发展高科技含量、高文化含量、高附加值、高产业带动力、高开放度、低资源消耗、低环境污染的高端旅游，引导旅游产业发展模式向建设资源节约型、环境友好型产业的方向转变，旅游发展结构由传统的观光旅游向观光游览与休闲度假并重的结构升级转化，带动我市旅游业的全面发展。

1. 推进重大旅游项目建设。大力推进东部华侨城、欢乐海岸等重大旅游项目建设，打造我市旅游业发展的新增长点。借鉴国际著名滨海旅游胜地的开发经验，按照保护性开发原则，以国际化、生态化、高端化为要求，采取整体规划、分步实施的策略，积极推进大鹏半岛旅游资源的保护与开发，依托大鹏半岛的山海资源和区位优势，整合东部旅游资源，创新保护与开发的管理机制，兴建海滨度假酒店，加快下沙旅游度假区、西涌国际会议与度假中心的规划建设步伐，把大鹏半岛打造为国际一流水准的滨海旅游度假胜地。重视现有旅游项目的更新和完善，积极推进海上田园湿地公园、大小梅沙、光明新区绿色生态旅游区等片区的更新改造，不断增强我市旅游业发展的后劲。

2. 扶持旅游新业态的发展。加强对邮轮游艇产业发展的政策支持，加快蛇口太子港国际邮轮码头等东西部邮轮游艇基础设施建设步伐，把邮轮游艇产业培育成为我市旅游业发展的生力军。着力形成摩托艇、帆船等海上运动及高尔夫、登山、滑翔、自驾游、在线旅游等新热点，积极扶持会展旅游、商务旅游、工业旅游、科技旅游、文化旅游、修学旅游、体育旅游、购物旅游、节庆旅游等特色旅游项目的发展。促进旅游企业积极利用我市发展高端服务业和总部经济的政策，壮大实力，提升水平。加大对旅游制造业的扶持力度，培育旅游制造业品牌企业。

3. 开展旅游业节能环保工作。进一步打造一批资源节约型、环境友好型酒店和景区。创建“绿色酒店”、“绿色景区”，制定符合可持续发展要求的产品标准、服务标准和管理标准，形成绿色旅游管理体系。全面贯彻绿色建筑理念，注重建筑节能和可再生能源等新技术的应用，将太阳能应用与旅游设施建设结合起来，实现人、环境与建筑的共生共容和永续发展，体现深圳建设生态文明城市和国家创新型城市的风范。对被评为“绿色酒店”、“绿色景区”的企业给予一定的奖励和政策扶持。大力提倡“绿色旅游”消费方式，引导游客强化环保意识。

4. 提高旅游业科技含量和信息化水平。积极引导旅游企业通过信息化技术和手段与资本市场、金融服务、房地产等产业对接。提高酒店设备、游乐设施、旅游汽车、游船游艇、直升飞机、野营设施、高尔夫装备、旅游保健和安全装备等旅游设施设备的信息化应用水平，推动科技含量高、适应现代需求的旅游项目、旅游产品的开发。

（二）打造旅游大品牌，构建旅游大格局。

1. 提高深圳旅游的知名度与美誉度。全力打造“精彩深圳，时尚之都”的整体旅游品牌；在国外宣传“TheWindowofChina”（中国之窗）的深圳旅游形象；在港澳地区推广“近在咫尺，远超想象”深圳旅游形象。利用各种大型赛事和节庆活动的举办，大力推广城市旅游形象，促进旅游产业发展。宣传、文体旅游、经贸、外事等部门要借助我市举办“大运会”的契机，紧密配合，有效整合资源，合力拓展深圳旅游宣传的深度与广度。文体旅游部门要进一步加大旅游宣传促销力度，尤其要加强对海外主要客源地的宣传促销工作。城市旅游整体形象宣传广告，可列入本市各大媒体公益广告的范围。

2. 打造“都市风情”、“主题公园”、“滨海休闲”和“高尔夫之都”四大特色。打造“都市风情”特色，主要是突出深圳对外开放“窗口”的城市特征，进一步完善城市的各种旅游功能，使大型金融服务区、中央商务区、文化娱乐场所、文化产业集聚地、购物中心、商业街区、食街、酒吧街等成为海内外游客的旅游热点。大力推广商务旅游、会展旅游。

打造“主题公园”特色，主要是以文化为灵魂，通过创新手段挖掘主题公园的文化内涵，拓宽主题公园的市场空间。同时，结合我市的人文旅游资源，探索开发新的主题公园或景区，推动深圳的主题公园向海内外扩展，使我市成为名副其实的“主题公园之都”。

打造“滨海休闲”特色，主要是以东西部的滨海旅游资源为依托，逐步开发若干个国际级滨海休闲旅游度假区和一批高品位的滨海生态旅游设施，推进深圳湾15公里滨海岸线、东部滨海栈道的建设。着力发展邮轮游艇产业，积极开发各种海洋休闲旅游项目，举办有国际影响的旅游水上运动盛事。

打造“高尔夫之都”特色，主要是充分利用我市比较完善的高尔夫设施和良好的气候条件，推出以高尔夫运动为主线、各种休闲娱乐和美食购物活动配套的旅游线路，并通过举办各种高尔夫国际赛事，吸引海内外的高端游客。

3. 科学整合旅游资源，构建各具特色的区域旅游功能布局。根据我市旅游资源分布特点和产业特征，全市旅游空间布局主要划分为中心城都市风情旅游圈、西部生态文化旅游圈、中部休闲娱乐旅游圈、东部历史人文旅游圈和东部滨海休闲旅游圈五个旅游功能区域。各功能区域按照合理分工、扬长避短、优势互补、协调发展的原则，打造自身特色，避免区域内和区域间重复建设。

4. 加强区域合作，构建深港澳旅游圈。进一步推进深港澳旅游的深度合作，共同致力于建设世界级旅游目的地，联手推广区域旅游线路，打造国际知名的区域旅游品牌。加强政府和业界的定期协商，研究构建深港澳旅游圈的措施并协同推进有关政策的落实。建立深港旅游市场监管的快速反应机制和旅游旺季联合疏导指挥体系。

（三）全力构建公众旅游服务体系，为海内外游客营造良好的旅游环境。

1. 积极推进国民旅游休闲计划。开展国民旅游休闲计划试点工作，研究出台有关措施，逐步落实带薪休假、探亲休假，鼓励用人单位结合国家法定节假日弹性安排带薪休假、探亲休假时间。鼓励企业开展奖励旅游，使旅游成为增进民生净福利的有效载体。利用市内和社区公园建设一批符合社区普通居民和来深建设者消费能力和习惯的休闲娱乐设施，满足其日常休闲消费需求。重视老年人旅游消费需求，鼓励开展“银发旅游”。

2. 进一步完善公众旅游信息网络。完善旅游公共资讯系统，通过短信、声讯台、网站、触摸屏等多种途径提高游客在我市获取旅游资讯的便利程度。加大深圳旅游网建设力度，增加信息量和服务功能，提供互联网查询、预订、采购、投诉等服务，把深圳旅游网打造成为境内外游客了解深圳旅游资源的重要旅游门户网站。推进城市旅游宣传资料进酒店和景点活动，推动主要旅游企业建立游客服务中心。

3. 加快旅游咨询中心、旅游集散中心建设。逐步完善现有的旅游咨询服务中心，改进服务方式，提高服务水平，同时要在大运村等处建设新的旅游咨询服务点，形成覆盖全市、提供多功能服务的旅游咨询网络。按照政府扶持、企业运作的方式，加快深圳旅游集散中心建设，大力推进旅游便民计划。

4. 加快旅行社服务网点建设。指导全市旅行社建立覆盖全市、层次分明的旅游零售服务网络体系。在商业区、居民社区、游客集散区等处设立旅行社营业部，在宾馆、便利店等处设立协议收客点。机关、企事业单位和社会团体经审批获准的公务活动，可委托旅行社安排交通、住宿、餐饮、会务等事项。

5. 建立健全全市旅游公共标识系统。公安、财政、规划国土、交通、市场监管、文体旅游、城管等部门要统一协调，指导、支持各区根据《深圳市旅游公共标识系统实施方案》的要求设置旅游公共标识，适当增加设置范围和密度，提高标准化、国际化程度，在2011年举办“大运会”前基本完成全市的旅游公共标识系统建设。

6. 加强旅游行业诚信体系建设和旅游市场监管。大力实施“旅游质量提升计划”，建设旅游行业诚信体系，推广“优质诚信旅游”。发挥旅游协会等中介机构在推进诚信建设中的作用，建立行业自律、诚信鼓励、失信惩戒等制度。强化旅游行政管理部门对旅游企业服务质量的规范管理和监督检查，规范导游等旅游从业人员的服务行为，大力整顿规范旅游市场秩序，依法打击非法、超范围经营旅游业务的行为和旅游市场的欺诈、侵犯游客合法利益的行为。

（四）加快旅游业改革开放步伐，创新旅游管理体制机制。

1. 争取实施更为开放的出入境旅游政策。争取国家有关部门支持，进一步简化深圳户籍居民和常住人口到香港旅游的出入境手续。进一步简化到香港、澳门的外国游客进入深圳的手续，以及在深圳国际机场的外国游客过境便利手续，吸引更多的外国游客进入深圳旅游，提升深圳的国际化水平。

2. 积极推动旅行社创新经营模式。推广和倡导旅行社实行“八统一”管理模式，即统一采购、统一产品、统一广告、统一财务、统一人事、统一选址、统一形象、统一组团，规范旅行社的经营行为。

3. 探索导游薪酬体制改革。针对目前导游薪酬体制方面的问题，探索建立以基本工资和导游服务费为主体、带团补贴为补充的导游人员薪酬体系，规范导游人员收取佣金、小费的方式和标准，切实保障导游人员获取合法收入的权利。市人力资源和劳动保障部门逐步将导游职业纳入社会化职业技能鉴定体系。

4. 积极引进世界著名品牌旅游企业。加大力度，引进世界著名品牌的外资酒店、酒店管理公司和外资旅行社进入我市；争取率先试行外资旅行社经营中国公民出境游业务，推动我市旅行社行业建立与国际接轨的企业管理制度。

5. 研究试行旅游卫星账户统计制度。开展旅游卫星账户的研究工作，通过科学有效的统计方法，更准确地反映和评估旅游业在第三产业和国民经济中的地位和作用，全面反映旅游业对经济的带动作用。

三、保障措施

（一）加强组织领导。

各级党委、政府和有关部门、单位要高度重视，把加快旅游业发展列入重要工作日程。市政府建立旅游联席会议制度，由分管副市长牵头，各相关部门负责人为成员，建立健全协调机制，加大解决旅游业发展中重大问题的力度。各区政府要建立健全加快旅游业发展的工作协调机制，出台相关配套政策和措施。

（二）完善法规、规章体系。

根据旅游产业发展的需要，按照相关法律法规要求，积极推进《深圳经济特区旅游管理条例》及其实施细则的制订或修订，完善其他与旅游相关的地方性法规、规章等规范性文件。

（三）加大政策扶持力度。

1. 支持重大旅游项目建设，完善旅游用地政策，加强旅游产业用地保障。将高端旅游企业用地优先纳入我市近期建设规划年度实施计划，在每年新供用地中，通过“招标、拍卖、挂牌”等公开方式，优先保障经认定的高端旅游企业和大型生态景区企业的用地需求。在基本生态控制线内安排旅游设施的，应作为环境影响重大项目依法进行可行性研究、环境影响评价及规划选址论证。位于大鹏半岛的应符合《大鹏半岛保护与发展管理规定》等规定和有关规划。

2. 完善旅游业价格、收费政策。按照国务院《关于加快发展服务业的若干意见》（国发［2007］7号）和国务院办公厅《关于加快发展服务业若干政策措施的实施意见》（国办发［2008］11号）精神，对酒店、景区景点等旅游企业的用电、用水，逐步实现与一般工业企业同等标准收费（旅游企业内的特种用水单位不适用此政策）。积极协调和逐步减免对旅游企业的卫生检疫、海域使用金。

3. 加强对酒店业发展的宏观调控。推进酒店业合理布局、供求平衡。适度控制福田、罗湖、南山新建高星级酒店，促进其在提高管理水平和服务质量上下功夫；积极推动特区外高星级酒店的建设，完善全市酒店业的合理布局；

对特区外新建四星以上的高端酒店进行奖励，奖励办法由相关区政府、管委会制定；鼓励发展功能化、特色化、连锁化酒店，尤其是滨海、山地休闲度假型酒店。四星标准以上酒店项目以及投资5亿元以上的重大旅游项目，有关部门应在规划选址阶段充分听取文体旅游部门意见。

4. 进一步改善旅游交通环境。鼓励酒店、景区、景点、旅行社选用管理规范、安全生产情况及服务质量信誉良好的专业包车客运企业；进一步改善和配置景区、景点公交车线路，加快旅游景区人流密集区域的公交网络建设；福田、深圳湾口岸以及新规划口岸的监管区域外设置专门的旅游车停靠站，允许我市县际包车客运车辆及持有包车客运标志牌的市际、省际包车客运车辆临时停靠，方便接送游客。

5. 完善外国人入境旅游的奖励政策。根据《关于对旅行社组织外国游客来深旅游实行奖励的办法》，对旅行社组织的包机游客、一日游游客、普通过夜游客、高端过夜游客按相应标准予以奖励。根据旅游市场的发展情况，进一步完善有关奖励措施，鼓励旅行社招徕更多的外国游客到我市旅游。

（四）加大财政投入。

市、区政府要进一步加大对旅游业的投入，对旅游宣传促销和重大旅游节庆活动给予一定的经费支持。2009年至2011年，“大运会”组委会每年安排一定的专项经费用于大运旅游服务计划。

（五）健全旅游市场监管机制。

公安、交通、市场监管、文体旅游、城管等部门要依法查处涉及各自职责范围的旅游违法行为，积极配合旅游行政管理部门加强对旅游市场的监督管理，形成严厉打击各类非法旅游经营行为的联合执法机制。加强旅游执法队伍建设，强化旅游执法工作。各区也要积极探索旅游执法新机制，不断健全旅游市场监督管理的长效机制。

（六）加强旅游人才队伍建设。

各级政府、行业、企业、学校要共同推进旅游行业的教育培训工作。继续落实“科教兴旅”战略，办好我市高等院校旅游专业。完善在职培训体系，加快培养中高级旅游经营管理人才和生产服务一线技能型人才。制定、完善旅游专业人才的从业资格、分类等级、执业规则等制度和职业资格培训、考核评价体系。重视旅游高端人才的引进，推动旅游企业职业经理人队伍建设。建立健全人才激励机制，不断增进旅游人才的总量储备。抓好旅游行业外语教育，以举办“大运会”为契机，开展“迎大运旅游行业英语普及计划”，提升全行业的外语水平。

（七）强化旅游安全管理和应急工作。

旅游活动的各个环节都要建立健全安全制度，落实责任制。公安、交通、市场监管、应急（安监）、文体旅游、卫生人口等部门要密切配合，切实做好对景区景点、酒店、旅行社的消防安全、运输安全、设备设施、卫生防疫等方面的安全检查，建立健全景区景点的预警机制，对人流量大的重点景区采取节假日调峰疏导等措施，及时消除隐患，防止各类安全事故特别是重特大安全事故的发生。市、区旅游部门和各旅游企业要建立健全旅游突发事件等各类应急预案，形成处理各类突发旅游事故的快速反应机制。

（二〇〇九年八月十七日）

中共阳江市委　阳江市人民政府
关于加快旅游业改革与发展的实施意见

为贯彻落实《中共广东省委、广东省人民政府关于加快我省旅游业改革与发展建设旅游强省的决定》（粤发〔2008〕20号）和《关于试行广东省国民旅游休闲计划的若干意见》（粤府〔2009〕19号）精神，充分发挥我市旅游资源优势，进一步提升旅游业发展水平，结合省粤西（阳江）现场会和粤西地区工作会议有关要求和我市实际，现就加快旅游业改革与发展提出如下实施意见。

一、加快旅游业发展的总体要求

（一）指导思想。

1. 以邓小平理论和“三个代表”重要思想为指导，全面落实科学发展观，按照“打基础、抓规范、拓市场、促发展”的发展思路，以培育旅游精品为重点，以加强区域合作和构建现代旅游营销体系为手段，以体制创新为动力，重点打造“碧海银滩船说阳江”城市旅游品牌形象，抓住发展机遇，积极主动对接珠三角，服务珠三角，融入珠三角，把阳江建设成为国际旅游休闲度假胜地和珠三角美丽的“西部花园”。

（二）基本原则。

2. 保护与开发并举的原则。坚持“严格保护、科学规划、合理开发、永续利用”，科学开发和利用旅游资源，促进经济效益、社会效益和生态效益良性循环，实现旅游业的可持续发展。

3. 特色和精品相结合的原则。坚持突出特色，点线相结合，以漠阳民俗风情和海洋文化为依托，充分挖掘独具魅力的自然景观、民俗风情、人文景观、历史遗址、自然奥秘，充分挖掘景区景点的民俗内涵、文化内涵、历史内涵、科学内涵，打造一批独具特色、品位较高的旅游产品，增强阳江旅游的吸引力和影响力。

4. 产业化发展的原则。坚持“政府主导、社会参与、市场运作”的发展战略，创新旅游业发展的经营理念，有效整合“行、游、住、食、购、娱”等要素，完善旅游产业体系，增强旅游业的关联带动作用，推进文教体卫、交通、电讯、农业、工业等行业与旅游业的有机结合，形成旅游发展合力。

5. 合作与发展的原则。加强与省内外旅游景区和企业间的合作，打造与珠三角区域共有的旅游线路和品牌，共同推出具有国际吸引力的世界级自然文化元素精品旅游线路；加快旅游业对外开放步伐，吸引珠三角和国际旅游企业来阳江投资、建设和经营，走互利共赢的道路。

6. 市与县（市、区）共同开发的原则。发挥县（市、区）旅游资源优势和特色，加大旅游项目招商引资和建设力度，加快旅游资源开发、旅游景区建设、旅游产品包装和旅游基础设施建设步伐，形成全市资源整合，各县（市、区）旅游产品各具特色的良好发展格局。

（三）主要目标。

7. 塑造阳江城市旅游品牌形象，形成以依托“南海I号”旅游文化的滨海度假为龙头，喀斯特自然地貌、山水生态、商务会展、运动保健休闲和漠阳美食为特色的旅游产品链。通过实施《广东省阳江市旅游发展总体规划（2007—2020）》，全市旅游基础设施进一步完善，服务水平显著提升，形成一批在国内外有影响的旅游精品。把阳江建设成为旅游主题形象鲜明、旅游产品特色突出、旅游基础设施完善、旅游服务质量优良的国际旅游休闲度假胜地。到2011年，全市旅游接待总人数达到800万人次，年均增长12.5%；旅游总收入达到50亿元，年均增长18.5%。

二、加快我市旅游业改革与发展的主要工作任务

（四）切实加强政府主导管理模式。

8. 进一步提高对发展旅游业重要性的认识。把旅游业发展纳入国民经济和社会发展总体规划摆上重要议事日程。充分发挥阳江市旅游发展工作委员会（以下简称市旅游委）的作用，建立工作例会制度，统筹协调解决旅游业发展中的重大事项及困难、矛盾和问题。强化旅游行政管理部门职能，进一步完善市、县（市、区）旅游行政管理机构。

（五）营造旅游发展大环境。

9. 以项目为载体，加大投入力度，建设旅游精品。策划、包装一批优势旅游项目，全方位开展招商引资，采取BOT、TOT等方式吸引国内外知名的大企业、大财团参与我市旅游开发，建设一批具有较强产业拉动和辐射作用、适应旅游市场需求的精品旅游项目。近期，全市重点推进海

陵岛、环东湖生态区、月亮湾、凌霄岩国家地质公园等具有地方特色的旅游资源开发建设，争取建成一批高端、高品位的旅游精品。

10. 加强和规范旅游市场管理。充分发挥市旅游质量监督管理所、旅游监察大队、旅游服务指导中心（含自驾车游服务中心）、旅游协会的指导、监督、协调、咨询等功能，健全游客投诉、紧急救援、旅游咨询、散客服务等旅游服务机制。加强旅游行业法制建设，促进旅游管理法制化、规范化。发挥市旅游委的综合指导作用，加大旅游市场执法检查力度，规范净化旅游市场。强化旅游安全管理，建立完善旅游业公共突发事件的应对管理机制，提高对公共突发事件的应急和处置能力。制订饭店、旅行社旅游接待服务质量标准，统一规范处理突发事件和受理投诉的操作流程等，逐步建立和完善旅游者权益保障体系。

（六）形式多样拓展旅游大市场。

11. 加强阳江市整体形象宣传。完善旅游宣传资料，多种拓展旅游宣传，提高宣传效益。通过媒体、展览、赛事、商务、庆典等渠道搞好阳江旅游宣传。确立宣传标志，打响“碧海银滩船说阳江”城市旅游品牌宣传口号。

12. 积极完善并推进旅游信息化建设。逐步完善阳江旅游目的地营销系统，将全市旅游景区（点）、旅行社、宾馆饭店、旅游购物、旅游交通、旅游服务等纳入信息化统一展示与营销。车站、码头、景区（点）、旅游饭店等游客集中的地方逐步设立多媒体电子触摸屏和摆放旅游宣传资料，为游客提供内容广泛的中英文旅游信息咨询服务。建设和完善市、县（市、区）二级旅游信息平台，加强交流与合作，推进“信息互通、客源互动、资源互补、利益共享”。

13. 举办丰富多彩的旅游节庆活动。组织好旅游文化美食节、国际风筝节、阳江龙舟节、开渔节、大型体育比赛和国际刀剪博览会等活动，把旅游与文化、体育、饮食、商贸结合起来，不断扩大阳江旅游宣传影响。

14. 大力开展专项旅游促销活动。在黄金周和其他旅游旺季，有重点抓好旅游宣传，组织参加“9＋2”地区和“两广十市”的旅游交易会、推介会、业务洽谈会，适时有针对性地推出旅游组团线路，积极开拓境内外客源市场。市旅游主管部门要加强统筹协调，统一组织好全市专项旅游宣传促销活动，广泛动员组织旅游企业参与。宣传、文化、经贸、外事、侨务等相关部门要结合各自工作特点，配合搞好宣传。

15. 推行旅游邮资门票。借鉴先进地区宣传推广旅游景点的成功经验，加强与邮政、税务等单位的合作，推出印制精美的旅游邮资门票，多形式扩大阳江旅游的宣传推介。

16. 加快粤西旅游合作步伐。统筹粤西旅游发展协调机制，建立旅游资源整合合作机制，重点建立联动的重大旅游突发事件应急处理机制和旅游质量联动投诉机制；加强旅游宣传互动和旅行社市场开放，允许互设分社，共同打造滨海旅游黄金线路，共同出版自驾游旅游地图，共同建立旅游宣传电子网络平台。

（七）创新体制做强做大旅游企业。

17. 加快旅游企业体制、机制、管理、经营创新步伐，建立产权明晰、责权明确、协调高效的机制和模式，构建一批跨地区、跨行业、跨所有制的旅游企业集团，培育多元化的旅游市场主体。

（八）鼓励和扶持旅游商品开发。

18. 鼓励旅游商品研发机构研发内涵深、品位高的旅游商品，奖励创新型、有地方特色旅游商品的设计和生产。积极探索政府贴息贷款等措施，用于鼓励旅游商品开发项目。规范旅游商品经营行为，倡导为游客提供优质的便民、利民、惠民服务，做旺旅游购物市场。加快名优土特产品、旅游工艺品一条街的建设。

（九）大力推行国民旅游休闲计划。

19. 积极落实带薪休假制度，弹性安排休假时间。创造条件鼓励和引导公众在国家重要法定节假日前后集中安排休假。

20. 推动建设一批旅游休闲服务社区、旅游休闲小城镇、环城市旅游度假带和城市中央休闲休憩区，提供更多旅游休闲场所。

21. 通过加强管理，完善设施，提升服务，努力引导景区（点）、宾馆饭店创建一批国民旅游休闲计划示范基地，着力打造一批旅游休闲精品线路，构建丰富多样的旅游休闲产品体系。选择诚信经营、价格优惠、服务质量好、有实力的旅行社试点创建国民休闲计划示范旅行社，由示范旅行社大力开发奖励旅游、福利旅游、修学旅游、银发旅游、大众休闲度假旅游等休闲旅游产品。

22. 积极探索试行“国民旅游休闲卡”，凭卡参加旅游休闲活动可以获得相应便利和优惠。

23. 鼓励城市休闲公园、博物馆、爱国主义教育基地、科普教育基地、红色旅游景点等，免费或以优惠价格向公众开放。推动旅游休闲示范旅行社和基地对在校学生、农民工、残疾人及年满60周岁以上人士等特定群体参与国民旅游休闲计划给予特别优惠。

24. 积极倡导各级各类学校可在寒暑假和黄金周等法定假日期间，组织教师和学生开展修学旅游活动。研究探索由县级以上教育主管部门会同旅游主管部门通过公开招标，确定学生修学旅游的接待服务单位。旅游主管部门要指导旅游企业在活动内容上确立明确的教育主题，落实安全防范措施，并提供相应的优惠。

（十）积极主动对接珠三角。

25. 构建旅游大格局，培育“黄金海岸”旅游品牌。

力争将我市旅游规划纳入全省“黄金海岸”的海滨旅游规划重点。以海岸为主线，把海陵岛打造成国际旅游休闲岛，推动滨海旅游品牌建设。创新“广东黄金海岸阳江滨海旅游开发示范区”的机制体制，形成阳江与珠三角地区以都市旅游为重点的资源互补，建设珠三角群众休闲度假的“西部花园”。

26. 加强旅游协作，巩固重要客源市场。建立我市与珠三角城市旅游合作网站，互联互通，实现网上旅游资讯的共享。在各城市入口处设置明显的旅游指示系统，方便引导外地旅游车辆到达旅游目的地；在各高速公路出口处逐步设立高标准、功能完善的旅游接待中心，方便外地旅游车队和自驾车旅游；争取设立广州白云国际机场阳江候机楼，实现阳江与广州白云国际机场往来交通的无缝接驳；积极创建全国首个航空旅游示范区，利用合山通用机场组建通用航空会所，构建阳江航空旅游示范基地。

27. 科学整合旅游资源，保证旅游开发建设品质。以“大视野、大策划、大政策、大干劲”推动旅游业招商引资和开发建设，要坚持“在保护中开发，在开发中保护”的原则，科学有序地开发利用好我市的旅游资源。要严格把好开发准入关，积极引进国际品牌饭店投资和管理集团、国内外大型旅游景区（点）开发企业和大型旅游房地产商、旅游大批发商等，通过其国际客源网络和品牌影响力，进行专业化、集约化的开发，从整体上提升我市国际旅游的份额和市场竞争力。

三、加快我市旅游业改革与发展的保障措施

构建旅游产业发展政策支持体系，在财政扶持、发展规划、土地使用、人才建设等方面对旅游产业发展进行保障。

（十一）加大财政对促进旅游业发展的资金投入。

28. 加大对旅游业的财政性资金投入。贯彻落实《中共阳江市委阳江市人民政府关于进一步加快旅游业发展的决定》（阳发〔2007〕10号）文件精神，在2009年至2011年，一是市财政每年安排120万专项经费，用于旅游宣传促销，并根据财力逐年增加，纳入地方年度财政预算，各县（市、区）政府也要结合实际安排相应旅游宣传促销经费；二是市财政每年安排专项经费，用于本市旅游企业特色旅游商品（纪念品）研发经费的补贴支持；三是市财政每年安排专项经费，用于旅游人才培训、旅游规划。通过发挥财政资金扶持的导向作用，引导和带动各类资金不断增加对旅游基础设施和配套设施的投入。

（十二）创新旅游投融资多元化机制。

29. 鼓励外资、民资以独资、合资、合作、租赁等形式开发旅游资源和兴办旅游项目。引进大型旅游企业集团参与景区（点）的经营。通过为投资者提供立项、报批等一条龙优质服务等办法，促进旅游项目投资和旅游企业发展。鼓励和辅导有条件的旅游企业以旅游资源开发上市融资。

30. 用足用活国家和省对扶持旅游业发展的优惠政策和措施，积极争取上级对基础性项目、公益性项目给予专项资金支持。根据省委省政府粤发〔2008〕20号文件精神，对列入我省旅游业发展规划的重大旅游建设项目和发展生态旅游项目用地给予支持；对投资10亿元以上的重大旅游建设项目用地计划由市或向省相关部门申报专项安排。支持农村集体经济组织利用非耕农用地，在不改变土地农用性质的前提下以合作方式与开发商合作开发旅游项目，利用集体建设用地建设接待、办公用房的，合作经营单位可凭合作协议办理接待、办公用房报建手续。对投资额1亿元（人民币）以上的旅游项目，包括AAAA级以上的景区、列入省重点旅游开发项目和市政府重点扶持的从事旅游纪念品开发的企业，参照《阳江市市区土地出让金和建设工程项目报建费用征收管理办法》（阳府〔2008〕79号），可按最低标准减半收取建设单位需缴交的行政事业性收费。建设五星级以上的旅游饭店的优惠政策另行制定。

31. 用电方面给予优惠。对于投资建造五星级以上饭店、AAAA级以上旅游景区，可将经营区和员工生活区用电分开单独装表，按商业和住宅两类标准分别计费。

（十三）实施阳江市旅游发展总体规划。

32. 坚持科学规划、合理开发、永续利用原则，按照旅游设施与自然景观、人文环境相协调要求，认真实施《广东省阳江市旅游发展总体规划（2007—2020）》，由市里统筹和配套支持部分资金，推动五个县（市、区）旅游总体规划和重点旅游资源详细控制性规划的编制工作，对重点旅游资源的开发建设严格把关。各县（市、区）政府要将当地旅游发展总体规划与城乡总体规划和全市旅游发展总体规划相衔接。发挥和强化城市的旅游功能，提升城市文化、体育、交通、商贸、会展、娱乐、接待及其他服务设施档次，构建城市景观系统和旅游产品体系。

（十四）加强旅游人才队伍建设

33. 加快发展旅游人才教育培训。建立以高等院校和职业技术学院为基础的旅游人才教育培训体系，并通过多种形式组织开展培养中高级旅游经营管理人才和生产服务一线技能型人才。

34. 规范旅行社和导游人员的管理，建立健全导游人员执业的准入、激励、保障和责任追究等机制。大力开展旅游行业技能比赛，开展评优评先进活动，提高旅游从业人员服务水平和服务质量，促进旅游管理人才队伍和旅游服务人员队伍综合素质的提高。

（二〇〇九年十二月一日）

梅州市人民政府办公室
关于加快全市乡村旅游发展的指导意见

（梅市府办〔2009〕77号）

各县（市、区）人民政府，市府直属和中央、省属驻梅各单位：

乡村旅游是指依托乡村良好的自然环境和文化景观，以农业生产活动、农村乡野风光、乡村文化特色、地方民族习俗等为吸引物，利用城乡之间在自然景观、生活习俗及文化等方面的差异开发旅游产品，提供观光游览、休闲度假、康体娱乐、学习和购物等服务的旅游活动。为充分利用我市乡村旅游资源丰富的有利条件，进一步推动全市乡村旅游的又好又快发展，经市政府同意，特制定本指导意见。

一、重要意义

（一）有利于推动农业农村经济发展。

发展乡村旅游，把农业生产过程、农村风情风貌、农民劳动生活场景等作为旅游资源进行开发，形成旅游产品推向市场，有利于促进农业结构调整，拓宽农业发展的内涵和外延，发挥农业的旅游观光和文化传承等功能；有利于促使农民就地向非农领域转移，加快脱贫致富步伐；有利于加速传统农业向现代农业转变，创造新的农业农村经济增长点，实现“以旅促农”、“以旅助农”。

（二）有利于推动新农村建设。

发展乡村旅游，有利于进一步满足和扩大城镇居民在农村地区的消费，加快信息、资金和技术等社会资源向农村流动，促使农村干部群众的思想观念得到进一步解放，有效推动农村“三个文明”和社会主义新农村建设。

（三）有利于推动旅游业发展。

发展乡村旅游，将极大地丰富旅游产品的供给体系，为旅游产业发展提供更广阔的空间，从而推动旅游业的可持续发展。

二、指导思想

今后一段时间，我市乡村旅游发展工作的指导思想是：以科学发展观为指导，以促进现代农业发展和社会主义新农村建设为目标，坚持“政府推动、部门配合、市场运作、因地制宜、突出特色”的原则，紧密结合现代农业发展、扶贫开发和新农村建设等系列创建活动，不断完善基础设施建设，着力优化乡村旅游环境，提高从业农民素质，积极推动乡村旅游快速、健康发展，助推梅州“绿色崛起”和“三名城一基地”建设。

三、目标任务

以打造景区依托型、城市郊野型、农业资源型、民俗风情型等多种类型的乡村旅游点为重点，大力推进乡村旅游示范点工程建设，力争通过3～5年的努力，使各县（市、区）均能建成2～3个成熟的乡村旅游示范点，向旅游市场开放，丰富梅州“世界客都”旅游产品体系，推动农业与旅游、文化与旅游的共同发展。

四、政策措施

（一）提高认识，加强引导。

1. 形成共识，群策群力。建设和发展乡村旅游是一项复杂的社会工程，涉及面广，直接关系农民利益和农村集体利益。因此，各级各部门要从贯彻落实市委、市政府“推动绿色崛起、实现科学发展”战略的高度出发，切实把发展乡村旅游摆上重要议事日程，结合本部门实际，明确目标，制定措施，在有条件的村（镇）建立乡村旅游示范点，从人、财、物等方面帮扶示范点加快基础设施建设，尽快形成一批主题鲜明、交通便利、服务配套、环境优美的新型旅游村（镇）。

2. 示范带动，积极推进。各地要结合“百千万工程”和“全国农业旅游示范点”、“星级农村旅馆”等创建活动，结合各部门实际确定一个示范点，各级旅游部门要率先在本地区抓好乡村旅游示范点的建设，以点带面发展乡村游。要积极争取更多的乡村旅游点列入国家或省的“百千万工程”项目，为乡村旅游发展增添活力和支撑。同时，鼓励和支持有条件的村（镇）建设旅游专业村（镇），充分调动各地和农民群众发展乡村旅游的积极性和创造性。

（二）强化规划，加大投入。

按照生态保护与旅游开发、生态效益与经济效益、生态旅游与文化旅游“三结合”的原则，注重对客家文化和生态环境的保护与利用，突出重点、量力而行、分步实施，根据市场发展的需要和可能，成熟一个，建设一个，实现乡村旅游发展的最佳生态效益、经济效益与社会效益。要坚持“多予、少取、放活”的方针，加大政府对乡村旅游的导向性投入，重点支持乡村旅游规划、人才培训、市场宣传、基础设施建设等。今后，各县（市、区）申报上级旅游扶贫资金或景点建设专项资金，原则上必须选择乡村旅游发展项目，突出扶持乡村旅游示范点的建设。鼓励和支持各种成分经济组织以购买、租赁、承包、联营或股份合作等形式，投资乡村旅游开发。鼓励金融机构加大乡村旅游开发信贷投入。对乡村旅游建设项目用地收取的土地出让金，专项用于该项目的公共基础设施建设。对经市规划确认重点扶持的乡村旅游企业，给予适当的政策扶持。

（三）夯实基础，改善环境。

1. 加强公共基础设施建设。各级交通、旅游等部门要结合“村村通工程”，协助旅游开发经营单位优先解决从市区到各交通干道再到乡村旅游点的道路建设问题。环保、卫生等部门要加强对乡村旅游景区及其周边环境污染防治的管理，特别是污水垃圾处理。农业部门要优先扶持乡村旅游点沼气项目建设。建设等部门要指导农户建设具有客家文化特色的建筑。林业部门要对乡村旅游点进行林相改造，营造优美环境。旅游部门要指导规范设置旅游标识（牌），并根据乡村旅游景区生态承载能力，合理安排旅游线路和游客。

2. 加强水、电、通讯和信息等设施建设。市、县水利部门要保障乡村旅游点用水需求。电力部门要确保用电需要和安全。通讯、广电部门要实现乡村旅游点信号和电视全覆盖。

（四）打造精品，提高效益。

1. 充分挖掘乡村旅游资源。开发一批具有知识性、趣味性、竞技性、娱乐性和参与性的现代农业观光游、乡村生活体验游、乡村民俗风情游等乡村旅游产品。

2. 鼓励、支持乡村旅游商品开发经营。倡导和推进“果进篮、花进盆、菜进盒、农副产品进袋”工程，重点扶持一批具有自主品牌和梅州特色的农产品深加工企业及诚信规范的乡村旅游购物商店，不断延长乡村旅游产业链，提升乡村旅游附加值，为农民带来更多实惠。

3. 推行绿色经营模式。乡村旅游产品的开发和经营，要深化利用地方乡土资源，营造特色服务品牌和形象，增强市场吸引力与竞争力，降低乡村旅游经营成本，提高效益。

（五）加强培训，提高素质。

1. 提高乡村旅游从业人员素质。通过送教上门、举办培训班等方式，提高乡村旅游从业者在经营服务、食品卫生、旅游文化、旅游安全、接待礼仪、餐饮和客房服务等方面的素质和服务技能，造就一批守法纪、有文化、懂技术、会经营、讲诚信的乡村旅游经营管理人才。

2. 加强乡村旅游镇（村）干部培训。重点加强对乡村旅游资源丰富、乡村文化特色明显、发展潜力大的相关镇（村）领导干部的培训，提高镇（村）领导干部发展乡村旅游的能力。

（六）加强促销，拓展市场。

1. 制定乡村旅游促销方案。重点是搞好乡村旅游产品的策划与包装，帮助乡村旅游企业设计和提升服务产品形象，利用电台、电视台、报刊、网站、会展、节庆活动等宣传手段，将乡村旅游产品推向市场。

2. 加强与旅行社的紧密合作。积极开展“引客入梅”和“梅州人游梅州”等活动，并在主要客源地设立营销网络，广泛开展信息交流与区域合作，实行资源共享、线路互连、市场互动、客源互送，拓宽梅州市乡村旅游的客源渠道，加快实现乡村旅游发展良好的经济、社会与生态效益。

（七）规范管理，科学发展。

对乡村旅游的住宿、餐饮、娱乐、购物等主要消费环节制定服务规范标准，进一步建立健全乡村旅游诚信经营体系、行政执法体系和质量监督网络。加强环境保护工作，注重生态建设。加强价格监管，强化卫生防疫、食品药品和餐饮卫生的监督与检查。加强旅行社和导游员管理，规范导游解说和团队运作，强化乡村旅游市场监管，实现乡村旅游的又好又快发展。

（二〇〇九年八月三十一日）

中共惠州市委　惠州市人民政府
关于贯彻落实《中共广东省委广东省人民政府关于加快我省旅游业改革与发展建设旅游强省的决定》的实施意见

（惠市委发〔2009〕12号）

为深入贯彻落实科学发展观和《中共广东省委、广东省人民政府关于加快我省旅游业改革与发展建设旅游强省的决定》（粤发〔2008〕20号），进一步加快我市旅游业改革与发展，建设旅游强市，结合我市实际，现提出如下实施意见。

一、指导思想和主要目标

（一）指导思想

以邓小平理论和“三个代表”重要思想为指导，全面贯彻落实科学发展观，解放思想，改革创新，以贯彻《珠江三角洲地区改革发展规划纲要》（以下简称《规划纲要》）为契机，以打造“休闲惠州·度假天堂”旅游品牌为目标，着力推进惠州旅游“3510”工程，构建惠州旅游产业发展新格局，推动惠州旅游产业的持续快速发展，建设旅游强市，把惠州建设成为珠三角乃至粤港澳地区休闲度假基地。

（二）主要目标

1. 近期目标：到2012年，全市接待游客总量达到3000万人次，其中过夜游客1000万人次，旅游总收入达到180亿元左右，建成4A级以上旅游景区10家以上，其中争创5A级景区4家，四星级以上旅游酒店20家以上，培育一批具有国际竞争力的知名旅游品牌，初步建成旅游强市。

2. 远期目标：到2020年，我市的旅游整体形象更加鲜明，旅游基础设施更加完善，旅游环境更加优化，旅游综合竞争实力更加增强，旅游产业总体规模、服务质量、综合效益进入广东省前列，建成粤港澳地区顶级休闲度假基地和影响全国、面向世界的高水准知名旅游目的地。全市游客接待量达到6000万人次，过夜游客1800万人次，旅游总收入达到300亿元左右。

二、主要任务

（一）创新旅游管理体制

1. 强化旅游行政管理部门职能。健全和完善市、县（区）旅游行政管理机构，强化旅游行政管理部门职能。参照省级旅游行政管理部门机构设置情况，适当增加市旅游行政管理部门人员编制。充分发挥各类旅游协会的作用，制订行业规范，推进行业自律。

2. 推进旅游企业改革与创新。鼓励国际和国内知名旅游企业进入惠州，鼓励实力雄厚的企业财团涉足旅游业，鼓励本地优势旅游企业重组扩张，培育具有明显竞争力的旅游企业集团。以生态的理念发展惠州旅游产业，加强旅游景区的生态和环境保护力度，鼓励旅游景区开展环境管理体系认证，实现惠州旅游的可持续发展。

3. 完善旅游统计体系。加强旅游统计工作，完善旅游统计指标体系，建立旅游统计卫星账户，与国民经济核算体系相衔接，准确把握旅游产业整体情况，为我市旅游发展决策提供科学依据。

（二）打造五大旅游品牌

1. 森林度假顶级品牌。以罗浮山、南昆山、象头山森林度假为依托，重点建设罗浮山旅游区、南昆山森林度假综合旅游区和象头山森林生态休闲旅游区，规范各类度假山庄的建设与经营，妥善处理旅游资源开发与保护之间的关系，加强旅游接待点的统一管理，规划建设好南昆山生态旅游度假区，打造珠三角地区顶级森林度假品牌。

2. 滨海度假知名品牌。加快环大亚湾五星级度假酒店群建设，结合顶级娱乐休闲度假基地建设，整合阳光、沙滩、海岛、温泉、珍稀生物等特色滨海旅游资源，发展高档度假、商务会展、豪华游艇、滨海别墅等高端旅游产品，打造国际知名的滨海旅游度假品牌。

3. 温泉养生优势品牌。以龙门温泉群为主体，惠城近郊温泉为补充，滨海温泉为特色，突出重点，稳步发展惠州的温泉养生旅游，注重温泉与森林、温泉与滨海等旅游产品的有机结合，不断提升温泉养生旅游产品的品位，打造特色温泉养生旅游品牌。

4. 文化旅游特色品牌。大力弘扬“崇文厚德，包容四海，敬业乐群”的惠州精神，充分展示惠州“文明城市”

的风貌，努力发掘东坡寓惠文化、东樵宗教文化、东江惠州民俗文化和东江革命历史文化的独特魅力。加强旅游与文化的结合，进一步提升罗浮山、惠州西湖、秋长客家围屋群、香溪堡、皇思扬古围村、崇林世居等一批旅游景区的文化品位。深入挖掘惠州小金口麒麟舞、龙门农民画、客家山歌、瑶族舞火狗、惠东渔歌、李家拳和龙形拳等历史文化遗产和非物质文化遗产，打造惠州特色的旅游文化品牌。

5. 运动休闲潜力品牌。依托涛景、嘉宝田、棕榈岛、汤泉等多家高尔夫球场，发展以高尔夫运动为主的惠州高端运动休闲优势品牌。同时利用滨海资源开展海上潜水及海上赛艇等高端水上运动休闲旅游品牌。

（三）构建五大旅游组团

1. 中部西湖旅游组团。以惠州西湖、中心城区、特色街区为核心的城市旅游组团。加快丰渚园、丰湖书院的规划建设，并将高榜山、红花湖景区、会展中心、东江游以及规划中的惠园和水东街改造项目一并纳入大西湖景区，规划建设景区游客接待中心和大型停车场，开通观光旅游专线，创建国家5A级景区。把惠州西湖建设成粤港澳地区顶级的旅游观光、商务会展、休闲度假的胜地。

2. 东部稔平半岛旅游组团。以巽寮湾为核心的东部稔平半岛滨海休闲度假旅游组团。把平海、铁涌、港口区域作为惠州市旅游改革与发展的试验区。进一步加大招商引资力度，整合双月湾、海龟湾、平海古城、海滨温泉等优势旅游资源，到2020年把稔平半岛建设成亚洲一流、世界知名的滨海旅游新城，打造成国家5A级旅游景区。

3. 西部罗浮山旅游组团。以罗浮山为核心的西部文化旅游休闲组团。擦亮“岭南第一山”品牌，充分挖掘罗浮山宗教文化内涵，打好“葛洪牌”，培育集祈福观光、生态旅游、会议休闲为一体的复合型旅游产品，延长旅游产业链，带动特色旅游商品的发展壮大，组建大罗浮山旅游区，打造成国家5A级旅游景区。

4. 北部南昆山旅游组团。以南昆山为核心的北部森林度假、温泉养生旅游组团。将南昆山温泉大观园、农民画乡嘉义庄及香溪堡旅游区纳入大南昆范围，把大南昆旅游区打造成珠三角修学旅游基地和国家5A级景区，带动乡村旅游、社区生态旅游、农民画乡体验旅游等多种休闲度假旅游的发展。

5. 南部秋长镇隆旅游组团。以叶挺故居和秋长客家围屋为核心的南部红色旅游、客家文化旅游组团。弘扬惠州红色文化和客家文化，加强镇隆崇林世居、秋长碧滟楼、会龙楼等客家围屋的保护、修复、旅游开发和整体规划，打造成惠州客家文化旅游的重点地区。

（四）完善旅游产业体系

1. 加强旅游产业体系建设。按照大旅游、大市场的发展理念，推进同业聚集和产业协作，完善旅游产业体系，延长旅游产业链，重点扶持重大旅游项目、旅游龙头企业，支持它们品牌化、连锁经营，做大做强。鼓励旅游景区加强与关联企业的合作，推进旅游景区投资经营多元化，支持旅游景区品牌化发展。

2. 创新旅游产品和服务。坚持大力发展休闲度假旅游产品的同时，大力培育和创新旅游新产品，形成复合型旅游产品体系，丰富旅游活动内容，满足旅游者多层面的需求，积极发展森林度假休闲游、温泉养生健康游、滨海生态悠闲游、历史文化寻根游、绿色农业观光游、运动健身休闲游、客家饮食文化游、城市观光会展游、工业环保特色游、拓展漂流探险游等，形成产品类型丰富多样、结构较为完备的旅游产品体系。

3. 积极扶持旅游商品和制造业的发展。加大旅游商品开发力度，鼓励组建具有一定规模和自主研发能力的旅游商品制造企业，擦亮“罗浮三宝”、“南昆八珍”、“龙门农民画”等惠州名优特旅游产品品牌的同时，开发出新的具有浓郁惠州和岭南文化气息的旅游商品，规范旅游商品经营活动。积极引进国际知名旅游装备制造企业，重点开发游艇、高尔夫装备、野外探险装备等品牌旅游装备产品，推进旅游商品生产营销规模化，培育旅游商品购物街或交易市场。

（五）积极试行国民旅游休闲计划

1. 成立由分管领导牵头、各相关部门负责人组成的领导小组，建立相应的管理机制、联席会议机制、督导机制和信息反馈机制，建立试行国民旅游休闲计划的相关政策措施，并对试行工作给予必要财政支持，为国民旅游休闲计划的顺利推进提供有力保障。

2. 全面推行带薪休假制度和无会旬，鼓励企业将旅游休闲作为职工的福利和奖励；开展与中小学综合实践课程和素质拓展相衔接的修学旅游，创建大学生教育实习基地；鼓励个人休假与法定假日相结合，实行弹性休假。

3. 创建一批国民旅游休闲示范单位、示范基地和示范旅行社，试行公务活动委托代办制度。积极开拓奖励旅游、带薪休假、公务委托、商务会展、青少年科普活动等旅游市场，积极扶持自驾游、自助游、现代农业观光游、乡村旅游、家庭旅游市场的发展。

4. 与省内较有影响的旅行社合作，推行旅游“休闲卡”及旅游优惠券，带旺惠州旅游市场；与本市的旅行社联手推动国民旅游休闲计划试行工作。

（六）加强旅游市场开拓

1. 开拓珠三角和港澳旅游市场。构建“区域联动、资源共享、优势互补”的旅游联合发展体系，抓住《规划纲要》实施的契机，加强与广州、深圳、东莞等珠三角城市和香港、澳门旅游部门的合作，与他们的旅游部门、景区以及旅行社构建三重合作体系，签订旅游合作协议，吸引更多珠三角和港澳游客来惠旅游。

2. 开拓国内旅游市场。邀请国内媒体和旅行商来惠踩线，重点开发湖南、广西、福建、四川、重庆等省、市潜力市场，与重点客源城市进行全面合作，实行无障碍旅游并向周边幅射，不断开拓国内旅游市场。

3. 开拓国际旅游市场。积极开发亚太国家和地区市场，创造条件拓展欧美等远景市场。引导和鼓励旅游企业通过多种方式在旅游客源地或目的地国家和地区兴办旅游企业，吸引国际品牌进入惠州开展旅游业务，引导惠州旅游企业与国际接轨。加快推进落实"144小时便利签证"措施，联手推广"一程多站"旅游精品线路，吸引更多国际游客来惠旅游。

（七）营造旅游发展的良好环境

1. 加快完善旅游配套设施。重点解决制约旅游业发展的瓶颈问题，加快城市公共交通和各主要景区的交通建设，开通市、县（区）中心城区至主要景区的公共交通专线。在机场、车站、高速公路、码头和主要出入口及主要景区（点）设置规范的旅游标识牌。

2. 进一步规范旅游市场秩序。推动完善旅游服务质量监督机制，加大旅游市场执法力度，强化旅游交通、食品、购物等安全监管，优化治安秩序，营造安全旅游环境。加强旅游行风建设，全力推进诚信旅游。

3. 加快完善旅游公共服务功能。成立惠州城市游客中心，建立健全游客投诉、紧急救援、旅游咨询、游客服务机制。开设12301旅游服务热线，加快旅游信息化建设，大力发展旅游电子政务、电子商务，建立高质量的惠州旅游网站，积极开发网络营销。

三、保障措施

（一）加强组织领导

各级党委和政府要高度重视旅游业的改革与发展，加强对旅游业发展的指导和协调。市政府成立由市长任组长，主管副市长任副组长，各县（区）和市直各有关部门的负责人为成员的旅游产业发展领导小组，以加强对我市旅游产业发展的领导。各县（区）也要成立相应机构，每年召开两次专题会议，研究制订旅游业发展的相关政策措施，解决旅游业发展中遇到的矛盾和问题，统筹协调旅游业发展。

（二）强化旅游项目审核

加强旅游行政管理部门在旅游发展中的核心管理作用；强化旅游项目审批管理，旅游项目的申请、立项、批准须书面征求同级旅游管理部门的意见。

（三）强化旅游规划的执行

旅游项目的开发要符合《惠州市旅游发展总体规划（修编）（2008－2020）》（以下简称《规划》），各级政府和相关部门要遵循《规划》的科学性和严肃性，要确保旅游项目的开发建设符合惠州旅游发展总体规划的要求。重点旅游项目和重点区域的旅游开发要制订专项规划。

（四）加大旅游投入

加大财政扶持旅游发展的力度，市旅游宣传经费视市财力逐年增加。市旅游发展基金增加到100万元/年，市旅游培训经费50万元/年。省财政每年安排的农村劳动力培训转移及促进就业专项资金，可适当安排一部分，专项用于旅游业人才培训；现代服务业发展引导资金安排向旅游业倾斜。各县（区）根据财政状况和旅游产业发展规模，相应增加旅游宣传经费和旅游发展基金的投入。

（五）加大旅游宣传推广力度

充分发挥政府主导作用，利用各种渠道，整合资源，强化惠州旅游目的地整体形象宣传。旅游、宣传部门要密切合作，进一步提高宣传策划水平，加大宣传推广力度。惠州本地新闻媒体要全力支持和宣传惠州旅游，策划办好惠州国际生态悠闲旅游节，做大做强这一品牌。做好"鹅城八景"、"惠州十大名胜"的评选活动，继续采取"走出去，请进来"的方式，大力宣传推介惠州旅游。加大在中央电视台、南方卫视、中国旅游报等国内和行业主流媒体，以及凤凰卫视、凤凰周刊的广告投放力度，进一步提升惠州旅游的总体形象。

（六）加强人才队伍建设

加强旅游管理人才培养力度，积极引进旅游高级人才，优化旅游人才队伍结构，建立以高等学校和职业技术学校为基础的旅游人才教育培训体系，完善旅游人才培育与再教育相结合的人才培养机制，加强对旅游从业人员的继续教育、职业资格培训和考核评价。定期举办全市旅游从业人员培训班、旅游行业技能大赛等活动，全面提高旅游从业人员素质，推动人力资源合理配置。

（七）完善扶持旅游发展的优惠政策

制定优惠措施，积极吸引外资和民间资金投资惠州旅游。对我市重大旅游建设项目和发展生态旅游项目用地给予支持，对投资3亿元以上的重大旅游建设项目用地指标由市专项安排。支持农村集体经济组织利用非耕农用地，在不改变土地农用性质的前提下以合作方式与开发商合作开发旅游项目，利用集体建设用地建设接待、办公用房的，合作经营单位可凭合作协议办理接待、办公用房报建手续。在按标准建设保护好森林公园的前提下可划出5%以内的林地进行综合开发。对旅游企业行政事业性收费项目进行一次清理，为企业营造宽松的经营环境。进一步加大对符合条件的旅游企业和项目的信贷支持，拓宽旅游企业融资渠道，完善金融扶持政策。

（二〇〇九年四月三十日）

惠州市贯彻《珠江三角洲地区改革发展规划纲要（2008－2020年）》建设粤港澳地区旅游休闲度假基地实施细则

为认真贯彻落实《珠江三角洲地区改革发展规划纲要（2008－2020年）》（以下简称《纲要》），建设粤港澳地区旅游休闲度假基地，根据《纲要》、《中共广东省委、广东省人民政府关于加快我省旅游业改革与发展建设旅游强省的决定》、《中共惠州市委、惠州市人民政府关于实施〈珠江三角洲地区改革发展规划纲要〉实施方案》和市委、市政府关于建设旅游强市的工作思路，制定本细则。

第一章　总则

以邓小平理论和“三个代表”重要思想为指导，全面贯彻落实科学发展观，解放思想，改革创新，以实施惠州旅游“3510”工程（三大体系、五大品牌、十条精品旅游线路）为主要载体，打造“休闲惠州·度假天堂”的旅游整体新形象，构建惠州旅游产业发展新格局，把惠州建设成为粤港澳地区旅游休闲度假基地。

第二章　主要目标

第一条　近期目标：到2012年，全市接待游客总量达到3000万人次，其中过夜游客1000万人次，旅游总收入达到180亿元左右，建成4A级以上旅游景区10家以上，其中争创5A级景区4家，四星级以上旅游酒店20家以上，其中五星级酒店10家，培育一批具有国际竞争力的知名旅游品牌，初步建成旅游强市。

第二条远期目标：到2020年，我市的旅游整体形象更加鲜明，旅游基础设施更加完善，旅游环境更加优化，旅游综合竞争实力更加增强，旅游产业总体规模、服务质量、综合效益进入广东省前列，建成粤港澳地区顶级休闲度假基地和影响全国、面向世界的高水准知名旅游目的地。全市游客接待量达到6000万人次，过夜游客1800万人次，旅游总收入达到300亿元左右。

第三章　重点任务

第三条　创新旅游管理体制

（一）强化旅游行政管理部门职能。健全和完善市、县（区）旅游行政管理机构，强化旅游行政管理部门职能。充分发挥各类旅游协会的作用，制订行业规范，推进行业自律。

（二）推进旅游企业改革与创新。鼓励国际和国内知名旅游企业进入惠州，鼓励实力雄厚的企业财团涉足旅游业，鼓励本地优势旅游企业重组扩张，培育具有明显竞争力的旅游企业集团。以生态的理念发展惠州旅游产业，加强旅游景区的生态和环境保护力度，鼓励旅游景区开展环境管理体系认证，实现惠州旅游的可持续发展。

（三）完善旅游统计体系。加强旅游统计工作，完善旅游统计指标体系，建立旅游统计卫星账户，与国民经济核算体系相衔接，准确把握旅游产业整体情况，为我市旅游发展决策提供科学依据。

第四条　打造五大旅游品牌

（一）森林度假顶级品牌。以罗浮山、南昆山、象头山森林度假为依托，重点建设罗浮山旅游区、南昆山森林度假综合旅游区和象头山森林生态休闲旅游区，规范各类度假山庄的建设与经营，妥善处理旅游资源开发与保护之间的关系，加强旅游接待点的统一管理，规划建设好南昆山旅游中心镇，打造珠三角地区顶级森林度假品牌。（责任单位：博罗县政府、龙门县政府）

（二）滨海度假知名品牌。加快环大亚湾五星级度假酒店群建设，结合顶级娱乐休闲度假基地建设，整合阳光、沙滩、海岛、温泉、珍稀生物等特色滨海旅游资源，发展高档度假、商务会展、豪华游艇、滨海别墅等高端旅游产品，打造国际知名的滨海旅游度假品牌。（责任单位：惠东县政府、大亚湾管委会）

（三）温泉养生优势品牌。以龙门温泉群为主体，惠城近郊温泉为补充，滨海温泉为特色，突出重点，稳步发展惠州的温泉养生旅游，注重温泉与森林、温泉与滨海等旅游产品的有机结合，不断提升温泉养生旅游产品的品位，打造特色温泉养生旅游品牌。（责任单位：惠城区政府、龙门县政府）

（四）文化旅游特色品牌。大力弘扬“崇文厚德，包容四海，敬业乐群”的惠州精神，充分展示惠州“全国文明城市”的风貌，努力发掘东坡寓惠文化、东樵宗教文化、东江惠州民俗文化和东江革命历史文化的独特魅力。加强旅游与文化的结合，进一步提升罗浮山、惠州西湖、秋长客家围屋群、香溪堡、皇思扬古围村、崇林世居等一批旅游景区的文化品位。深入挖掘惠州小金口麒麟舞、龙门农民画、客家山歌、瑶族舞火狗、惠东渔歌、李家拳和龙形拳等历史文化遗产和非物质文化遗产，打造惠州特色的旅游文化品牌。（责任单位：市文化广电新闻出版局、旅游局）

（五）运动休闲潜力品牌。依托涛景、嘉宝田、棕榈岛、汤泉等多家高尔夫球场，发展以高尔夫运动为主的惠州高端运动休闲优势品牌。同时利用滨海资源开展海上潜水及海上赛艇等高端水上运动休闲旅游品牌。（责任单位：市旅游局）

第五条　构建五大旅游组团

（一）中部西湖旅游组团。以惠州西湖、中心城区、特色街区为核心的城市旅游组团。加快丰渚园、丰湖书院的规划建设，并将高榜山、红花湖景区、会展中心、东江游以及规划中的惠园和水东街改造项目一并纳入大西湖景区，规划建设景区游客接待中心和大型停车场，开通观光旅游专线，创建国家5A级景区。把惠州西湖建设成粤港澳地区顶级的旅游观光、商务会展、休闲度假胜地。（责任单位：市规划建设局、惠城区政府）

（二）东部稔平半岛旅游组团。以巽寮湾为核心的东部稔平半岛滨海休闲度假旅游组团。把巽寮、平海、铁涌、港口区域作为惠州市旅游改革与发展的试验区。进一步加大招商引资力度，整合双月湾、海龟湾、平海古城、海滨温泉等优势旅游资源，到2020年把稔平半岛建设成亚洲一流、世界知名的滨海旅游新城，打造成国家5A级旅游景区。（责任单位：惠东县政府）

（三）西部罗浮山旅游组团。以罗浮山为核心的西部文化旅游休闲组团。擦亮“岭南第一山”品牌，充分挖掘罗浮山宗教文化内涵，打好“葛洪牌”，培育集祈福观光、生态旅游、会议休闲为一体的复合型旅游产品，延长旅游产业链，带动特色旅游商品的发展壮大，组建大罗浮山旅游区，打造成国家5A级旅游景区。（责任单位：博罗县政府）

（四）北部南昆山旅游组团。以南昆山为核心的北部森林度假、温泉养生旅游组团。将南昆山温泉大观园、农民画乡嘉义庄及香溪堡旅游区纳入大南昆范围，把大南昆旅游区打造成珠三角修学旅游基地和国家5A级景区，带动乡村旅游、社区生态旅游、农民画乡体验旅游等多种休闲度假旅游的发展。（责任单位：龙门县政府）

（五）南部秋长镇隆旅游组团。以叶挺故居和秋长客家围屋为核心的南部红色旅游、客家文化旅游组团。弘扬惠州红色文化和客家文化，加强镇隆崇林世居、秋长碧滟楼、会龙楼等客家围屋的保护、修复和旅游开发，进行整体规划，成为惠州客家文化旅游的重点地区。（责任单位：惠阳区政府）

第六条　完善旅游产业体系

（一）加强旅游产业体系建设。按照大旅游、大市场的发展理念，推进同业聚集和产业协作，完善旅游产业体系，延长旅游产业链，重点扶持重大旅游项目、旅游龙头企业，支持它们品牌化、连锁经营，做大做强。鼓励旅游景区加强与关联企业的合作，推进旅游景区投资经营多元化，支持旅游景区品牌化发展。

（二）创新旅游产品和服务。坚持大力发展休闲度假旅游产品的同时，大力培育和创新旅游新产品，形成复合型旅游产品体系，丰富旅游活动内容，满足旅游者多层面的需求，积极发展森林度假休闲游、温泉养生健康游、滨海生态悠闲游、历史文化寻根游、绿色农业观光游、运动健身休闲游、客家饮食文化游、城市观光会展游、工业环保特色游、拓展漂流探险游等，形成产品类型丰富多样、结构较为完备的旅游产品体系。

（三）积极扶持旅游商品和制造业的发展。加大旅游商品开发力度，鼓励组建具有一定规模和自主研发能力的旅游商品制造企业，擦亮“罗浮三宝”、“南昆八珍”、“龙门农民画”等惠州名优特旅游产品品牌的同时，开发出新的具有浓郁惠州和岭南文化气息的旅游商品，规范旅游商品经营活动。积极引进国际知名旅游装备制造企业，重点开发游艇、高尔夫装备、野外探险装备等品牌旅游装备产品，推进旅游商品生产营销规模化，培育旅游商品购物街或交易市场。

第七条　积极试行国民旅游休闲计划

（一）成立由分管领导牵头、各相关部门负责人组成的领导小组，建立相应的管理机制、联席会议机制、督导机制和信息反馈机制，建立试行国民旅游休闲计划的相关政策措施，并对试行工作给予必要财政支持，为国民旅游休闲计划的顺利推进提供有力保障。

（二）全面推行带薪休假制度和无会旬，鼓励企业将旅游休闲作为职工的福利和奖励；开展与中小学综合实践课程和素质拓展相衔接的修学旅游，创建大学生教育实习基地；鼓励个人休假与法定假日相结合，实行弹性休假。

（三）创建一批国民旅游休闲示范单位、示范基地和示范旅行社，试行公务活动委托代办制度。积极开拓奖励旅游、带薪休假、公务委托、商务会展、青少年科普活动等旅游市场，积极扶持自驾游、自助游、现代农业观光游、乡村旅游、家庭旅游市场的发展。

（四）与省内较有影响的旅行社合作，推行旅游“休闲卡”及旅游优惠券，带旺惠州旅游市场；与本市的旅行社联手推动国民旅游休闲计划试行工作。

第八条 加强旅游市场开拓

（一）开拓珠三角和港澳旅游市场。构建"区域联动、资源共享、优势互补"的旅游联合发展体系，抓住珠三角《纲要》实施的契机，加强与广州、深圳、东莞等珠三角城市和香港、澳门旅游部门的合作，与他们的旅游部门、景区以及旅行社构建三重合作体系，签订旅游合作协议，吸引更多珠三角和港澳游客来惠旅游。

（二）开拓国内旅游市场。邀请国内媒体和旅行商来惠踩线，重点开发湖南、广西、福建、四川、重庆等省市潜力市场，与重点客源城市进行全面合作，实行无障碍旅游并向周边幅射，不断开拓国内旅游市场。

（三）开拓国际旅游市场。积极开发亚太国家和地区市场，创造条件拓展欧美等远景市场。引导和鼓励旅游企业通过多种方式在旅游客源地或目的地国家和地区兴办旅游企业，吸引国际品牌进入惠州开展旅游业务，引导惠州旅游企业与国际接轨。加快推进落实"144小时便利签证"措施，联手推广"一程多站"旅游精品线路，吸引更多国际游客来惠旅游。

第九条 营造旅游发展的良好环境

（一）加快完善旅游配套设施。重点解决制约旅游业发展的瓶颈问题，加快城市公共交通和各主要景区的交通建设，开通市、县（区）中心城区至主要景区的公共交通专线。在机场、车站、高速公路、码头和主要出入口及主要景区（点）设置规范的旅游标识牌。

（二）进一步规范旅游市场秩序。推动完善旅游服务质量监督机制，加大旅游市场执法力度，强化旅游交通、食品、购物等安全监管，优化治安秩序，营造安全旅游环境。加强旅游行风建设，全力推进诚信旅游。

（三）加快完善旅游公共服务功能。成立惠州城市游客中心，建立健全游客投诉、紧急救援、旅游咨询、游客服务机制。开设12301旅游服务热线，加快旅游信息化建设，大力发展旅游电子政务、电子商务，高质量建立惠州旅游网站，积极开发网络营销。

第十条 建设任务：到2012年

（一）创建国家5A级景区4个：惠州西湖、博罗罗浮山、龙门南昆山、惠东巽寮湾。

（二）创建国家4A级景区5个：惠城区洲际温泉风景区、龙门地派温泉风景区、龙门天然温泉风景区、龙门香溪堡风景区、惠东永记生态园风景区。

（三）创建五星级酒店8家：凯宾斯基国际酒店、白鹭湖喜来登酒店、富力万丽酒店、金海湾喜来登度假酒店、金海湾嘉华度假酒店、金海湾海宸度假酒店、金海湾康帝度假酒店、南昆山温泉大观园酒店。

第四章 保障措施

第十一条 加强组织领导

各级党委和政府要高度重视旅游业的改革与发展，加强对旅游业发展的指导和协调。市政府成立由市长任组长，主管副市长任副组长，各县（区）和市直各有关部门的负责人为成员的旅游产业发展领导小组，以加强对我市旅游产业发展的领导。各县（区）也要成立相应组织，每年召开两次专题会议，研究制订旅游业发展的相关政策措施，解决旅游业发展中遇到的矛盾和问题，统筹协调旅游业发展。

第十二条 强化旅游项目审核

加强旅游行政管理部门在旅游发展中的核心管理作用；强化旅游项目审批管理，旅游项目的申请、立项、批准须书面征求同级旅游管理部门的意见。

第十三条 强化旅游规划的执行

旅游项目的开发要符合《惠州市旅游发展总体规划（修编）（2008－2020）》，各级政府和相关部门要遵循《规划》的科学性和严肃性，要确保旅游项目的开发建设符合惠州旅游发展总体规划的要求。重点旅游项目和重点区域的旅游开发要制订专项规划。

第十四条 加大旅游投入

加大财政扶持旅游发展的力度，市旅游宣传经费视市财力逐年增加。省财政每年安排的农村劳动力培训转移及促进就业专项资金，可适当安排一部分，专项用于旅游业人才培训；现代服务业发展引导资金安排向旅游业倾斜。各县（区）根据财政状况和旅游产业发展规模，相应增加旅游宣传经费和旅游发展基金的投入。

第十五条 加大旅游宣传推广力度

充分发挥政府主导作用，利用各种渠道，整合资源，强化惠州旅游目的地整体形象宣传。旅游、宣传部门要密切合作，进一步提高宣传策划水平，加大宣传推广力度。惠州本地新闻媒体要全力支持和宣传惠州旅游，策划办好惠州国际生态悠闲旅游节，做大做强这一品牌。做好"鹅城八景、惠州十大名胜"的评选活动，继续采取"走出去，请进来"的方式，大力宣传推介惠州旅游。加大在中央电视台、南方卫视、中国旅游报等国内和行业主流媒体，以及凤凰卫视、凤凰周刊的广告投放力度，进一步提升惠州旅游的总体形象。

第十六条 加强人才队伍建设

加强旅游管理人才培养力度，积极引进旅游高级人才，优化旅游人才队伍结构，建立以高等学校和职业技术学校为基础的旅游人才教育培训体系，完善旅游人才培育与再教育相结合的人才培养机制，加强对旅游从业人员的继续教育、职业资格培训和考核评价。定期举办全市旅游从业人员培训班、旅游行业技能大赛等活动，全面提高旅游从业人员素质，推动人力资源合理配置。

第十七条 完善扶持旅游发展的优惠政策

制定优惠措施，积极吸引外资和民间资金投资惠州旅游。对我市重大旅游建设项目和发展生态旅游项目用地给予支持，对投资3亿元以上的重大旅游建设项目用地指标由市专项安排。支持农村集体经济组织利用非耕农用地，在不改变土地农用性质的前提下以合作方式与开发商合作开发旅游项目，利用集体建设用地建设接待、办公用房的，合作经营单位可凭合作协议办理接待、办公用房报建手续。在按标准建设保护好森林公园的前提下可划出5%以内的林地进行综合开发。对旅游企业行政事业性收费项目进行一次清理，为企业营造宽松的经营环境。进一步加大对符合条件的旅游企业和项目的信贷支持，拓宽旅游企业融资渠道，完善金融扶持政策。

第五章　附则

本《细则》自印发之日起实施。

本《细则》由市旅游局负责解释。

各县区、各有关部门根据本《细则》，结合本地、本部门实际，提出具体的实施办法。

中共肇庆市委　肇庆市人民政府
关于贯彻《中共广东省委广东省人民政府关于加快我省旅游业改革与发展建设旅游强省的决定》的实施意见

（肇发〔2009〕22号）

为贯彻落实《中共广东省委广东省人民政府关于加快我省旅游业改革与发展建设旅游强省的决定》（以下简称《决定》），抢抓机遇，科学发展，先行先试，加快推进我市旅游业改革与发展，建设旅游经济强市，现结合我市实际，提出如下实施意见。

一、指导思想和基本原则

（一）指导思想

以邓小平理论和“三个代表”重要思想为指导，以广东建设全国旅游综合改革示范区为契机，以加快发展为目标，以改革创新为动力，以优化结构为主线，以打造精品为抓手，认真贯彻落实省委、省政府《决定》精神，坚决贯彻落实科学发展观，解放思想，全面推进“肇庆千里旅游画廊”资源整合开发，大力推行国民旅游休闲计划，打造“国际化旅游休闲之都”，建设旅游经济强市。

（二）基本原则

1. 机制创新原则。进一步深化全市旅游体制改革，建立健全管理科学、监督到位、调控有力的旅游行政管理体制和多元化的旅游投资经营机制，形成政府引导、市场运作、企业为主、社会参与的旅游产业发展格局，增强发展活力。

2. 统一规划原则。以《肇庆市旅游业发展总体规划》（2005－2020年）、《肇庆市旅游业“十一五”发展规划》（2006－2010年）为指导，根据各地、各旅游业单位实际，有计划、有步骤、分层次实施，形成特色鲜明、优势互补的旅游产业发展新局面。

3. 综合配套原则。坚持旅游发展与城市发展融合互动，围绕打造“国际化旅游休闲之都”，加强城市基础配套设施建设和公共旅游休闲设施建设，增强城市旅游功能，提高城市旅游价值。

4. 合作发展原则。加强与省内外的旅游交流与合作，推进市内旅游景区和企业的合作，形成优势互补、资源共享、市场共建、信息联动、共同发展的格局。

二、工作目标

近期目标：到2012年，我市旅游产业结构进一步优化、旅游配套设施进一步完善、旅游品牌形象进一步提升、旅游客源市场进一步扩大、旅游服务水平进一步提高、旅游管理机制进一步健全、旅游综合效益进一步明显，初步建成旅游经济强市。全市旅游接待人数达到2290万人次，年均增长14%；旅游收入达到120亿元，年均增长16%。全市建成2个以上5A级旅游景区（点）、5家以上五星级旅游饭店，培育3个以上省内领先、全国有名的知名旅游品牌。

远期目标：到2020年，建成依托粤港澳、辐射全国、面向世界的具有较高国际水准的旅游目的地。全市旅游接待人数超过7000万人次，年均增长15%；旅游收入超过380亿元，年均增长16%；旅游业成为全市重要的支柱产业之一。

三、政策措施

（一）加大政府投入力度，筑牢旅游业发展基础。

1. 加大对旅游业的支持力度，市政府每年安排的600万元市旅游业发展专项资金，主要用于支持重点旅游景区（项目）规划、旅游基础配套设施建设、旅游公共服务、旅游商品开发、旅游资源保护、旅游信息化建设等。具体由市旅游发展局负责管理实施。

2. 各县（市、区）要相应设立旅游业发展专项资金，加大对本地旅游基础设施建设和旅游公共服务的财政性资金支持，为社会投资旅游业营造良好环境。

（二）加大旅游规划编制与实施力度，统筹全市旅游业发展。

1. 推进旅游业发展规划编制工作，建立市、县（市、区）、景区（项目）三级旅游规划体系。县（市、区）完成旅游业发展规划编制并通过评审的，每个规划从市旅游业发展专项资金中安排资助5万元。

2. 加强旅游规划的实施管理，防止盲目开发、低水平开发和重复建设。要把符合旅游业发展规划作为审批新上项目的必要依据，有关部门在审批旅游项目（包括景区景点、酒店宾馆、旅游购物、旅游娱乐、旅游交通、旅游制造业等）立项、办理有关证照时，应按管理权限先征求旅游行政管理部门的意见。

（三）加大旅游体制改革力度，增强旅游发展活力。

1. 健全市、县（市、区）两级旅游行政管理机构，强化旅游行政管理职能。各县（市、区）政府要参照市的做法，争取将本地旅游行政管理部门列入政府工作部门。

2. 加大旅游业对外招商引资力度，广泛吸引市外、境外客商投资我市旅游业。对招商引资有功的单位和个人，按市有关奖励政策进行奖励（属单位或个人工作职责范围以外引资成功的，按实际引资额的0.4%给予奖励；属单位或个人工作职责范围以内引资成功的，按实际引资额的0.2%给予奖励）。奖励资金由引资落户所在地的同级财政解决。

3、创新旅游投融资机制。在符合国家法律法规的前提下，允许对有条件的景区景点实现所有权与经营权分离，通过租赁、承包、拍卖经营权等形式吸引各类社会资金投入；鼓励旅游企业进行股份制改革，支持实力强、业绩优、信誉好的公司上市融资，政府要做好协调地方金融机构和资产经营公司提供信贷支持、信用担保和相关融资服务工作。

（四）加大旅游企业创优扶持力度，打造知名旅游品牌。

2009年起，从市旅游业发展专项资金中安排部分资金扶持有条件的景区、酒店、旅行社评级创星，扩大规模、提升素质、树立品牌。

1. 旅游景区获评为国家5A级的，给予30万元奖励；获评为4A级的，给予10万元奖励。

2. 旅游饭店获评为五星级的，给予30万元奖励；获评为四星级的，给予10万元奖励。

3. 旅行社获评为省五星级的，给予20万元奖励，获评为四星级的，给予10万元奖励。

以上奖励经费在市旅游发展专项资金中列支。50%奖给经营班子，50%奖给其他有功人员。

（五）加大旅游宣传促销力度，拓展旅游客源市场。

1. 市、县（市、区）两级政府要安排适当的旅游宣传促销专项经费，用于向外宣传促销本地旅游产品。

2. 鼓励旅游企业和政府通过市场运作手段联合开展宣传促销活动。凡与旅游局一起成功策划组织在省内、国内具有较大影响和产生重大效应的旅游宣传促销活动，企业所在地县（市、区）政府给予适当的经费补助。

3. 鼓励旅行社、旅游景区积极拓展省外市场。旅游企业开拓省外市场取得显著成效的，企业所在地县（市、区）政府给予适当的奖励。

（六）加大重点旅游项目扶持力度，壮大旅游发展堆头。

切实抓好省、市出台的旅游业发展优惠政策的落实，推动一批大型旅游项目的开发建设。凡列入市旅游业发展规划，投资额在5亿元以上的旅游项目，用地计划由市专项安排；列入省旅游业发展规划、投资额在10亿元以上的重大旅游建设项目，用地计划按粤发〔2008〕20号文的规定由省专项安排。

（七）加大旅游综合整治力度，营造和谐旅游发展环境。

1. 加强旅游市场秩序整顿和管理，规范旅游经营和服务行为，保护旅游消费者和经营者的合法权益。

2. 建立市、县（市、区）两级假日旅游协调领导小组联席会议制度，统一协调处理旅游市场综合整治中的重大问题。

3. 建立全市统一的旅游投诉网络系统，及时受理投诉，查处旅游违法违规行为；发挥各类旅游协会作用，制定行业规范，强化行业自律；推进诚信体系建设，倡导依法经营和诚信服务。

4. 强化旅游安全监管，落实层级安全责任追究制，营造安全旅游环境。

（八）加大旅游人才培训力度，提升旅游队伍素质。

1. 建立以市内大专院校、职业技术学校和就业训练中心为依托的旅游从业人员教育培训体系，力争到2012年全市在校旅游专业学生达到2300人。

2. 加大导游培训考试力度，力争到2012年全市在册持证导游达到2500人。

3. 加强旅游从业人员职业培训和资格认证工作，力争到2012年全市旅游从业人员持证上岗率达60%。

4. 积极引进高素质旅游专业人才，健全人才选拔、培养使用、激励竞争机制，推动旅游人才资源的合理配置。

（九）加大旅游信息化建设力度，建立便捷的旅游信息统计和查询系统。

1. 建立健全旅游统计体系、旅游信息调查制度和假日旅游预报制度，及时把握旅游市场动态。

2. 建设完善市、县（市、区）两级政府旅游网站和旅游企业网站，发挥电子商务和网络宣传促销的优势。

3. 在我市主要交通出入口、重点旅游通道和游客集散地建设游客服务中心或接待站，为旅游者提供方便及时的旅游信息咨询和接待服务。

（十）加大旅游区域合作力度，拓宽旅游发展空间。

1. 以“市场开放、客源互送、优势互补、合作共赢”为原则，加强区域旅游合作。充分发挥“两广联游”区位优势，加强与广州、佛山、梧州、贺州、桂林等地的合作，巩固扩大“两广六市”合作成果。

2. 加强与韶关、清远、中山、江门等地合作，共同开发省内市场；加强与北京、华东等地旅行社的合作与交流，大力开发北京和长三角市场；加强与省内和港澳旅行社合作，拓展港澳市场，并以此为基础，开发日韩、台湾、东南亚及欧美市场。

（十一）加大国民旅游休闲计划实施力度，拉动旅游消费。

1. 积极贯彻落实省试行国民旅游休闲计划的意见精神，先行先试。在全市范围内依法全面落实带薪休假、探亲休假，倡导奖励旅游、福利旅游；鼓励企业、事业单位制定优惠措施，为员工带薪休假和参与旅游创造条件；按照分步实施原则，有步骤地将修学旅游纳入我市学校综合实践活动内容。

2. 加快“国际化旅游休闲之都”建设。丰富旅游休闲产品，改善旅游休闲环境，制定相应优惠办法，吸引市外游客前来休闲度假。鼓励和支持旅游景区、酒店和旅行社创建国民旅游休闲计划示范基地。凡成功申报为省推行国民旅游休闲计划示范基地的旅游景区（点）、酒店、旅行社，要列入政府的重点宣传对象。

（十二）加大旅游文化资源整合力度，促进旅游与文化的融合互动。

1. 打破传统观念和行业部门界限，进一步理顺文化文物资源管理体制，从旅游开发的角度实现对文化资源的科学保护和经营利用。

2. 加快中心城区文化文物资源的开发利用，在加强保护的基础上，推进阅江楼、高要学宫、丽谯楼（永明宫）、崇禧塔的参观游览配套开发和完善，增加可游性，实现与七星岩、鼎湖山、盘龙峡等自然山水的融合，打造旅游文化经典线路。

3. 借鉴国内其他城市的经验做法，加快对旧城区的整体改造，突出岭南建筑特色，增加旅游功能配套，打造特色文化旅游街区。

四、组织领导

（一）要强化旅游发展意识，加强领导。各级党委、政府要充分认识加快我市旅游业改革与发展的重要意义，认真贯彻落实省委、省政府《决定》精神和市委、市政府部署要求，制定相关配套政策和措施，进一步加大对旅游业的扶持力度。

（二）要加强综合协调，部门密切配合。强化市、县（市、区）两级旅游行政管理部门的行业综合协调管理职能。市旅游发展局要牵头做好对各地、各部门的协调工作。各有关部门要强化旅游改革与发展意识，积极主动配合旅游部门共同发展旅游支柱产业。发改、规划部门要把旅游发展特别是旅游基础设施建设、旅游重点项目建设和旅游产业政策，纳入国民经济和社会发展计划及城市发展规划；建设、林业、环保、文化、民族宗教等部门要共同搞好旅游资源的综合开发利用和保护管理；交通、工商、物价、安监、质监、卫生、食品药品监管等部门要加强旅游运输和游乐设施安全、商品价格、市场秩序、食品卫生、产品质量等方面的监管；宣传部门要加大对城市形象、旅游产品、旅游服务的宣传，为加快我市旅游业改革与发展创造良好的舆论氛围。

（三）要加强检查督办，确保政策措施落实。各地要加强对实施意见贯彻落实情况的跟踪督办，及时掌握工作进展情况，确保各项政策措施的落实。

（二〇〇九年十一月十七日）

旅游标准规范

广东省餐饮服务质量评定标准

2009 年 11 月 4 日发布　　　　2010 年 3 月 1 日实施

广东省质量技术监督局发布

前　　言

本标准由广东省旅游局提出，广东省旅游协会归口，广东省旅游协会、广东省旅游局质量规范与管理处、广东酒店行业协会联合起草。

主要起草人：冼锋、李进茂、尹欣、范莉文、蔡涛、温祈福、彭树挺、秦鑑洪、麦月嫦、甘达坚、吴小丽、张建新。

1.　**适用范围**

本标准适用于广东省餐饮服务质量等级评定。

本标准适用于在广东省辖区内依法从事经营的各种类型的餐饮企业，包括旅游饭店、餐馆、餐厅、餐饮服务单位等。

2.　**规范性引用文件**

下列文件中的条款通过本标准的引用而成为本标准的条款。凡是注日期的引用文件，其随后所有的修改单（不包括勘误的内容）或修订版均不适用于本标准，然而，鼓励根据本标准达成协议的各方研究是否可使用这些文件的最新版本。凡是不注日期的引用文件，其最新版本适用于本标准。

《中华人民共和国标准化法》、《中华人民共和国食品安全法》、《中华人民共和国节约能源法》

GB/T14308	《旅游饭店星级的划分与评定》
GB16153	《饭馆（餐厅）卫生标准》
GB14934	《食（饮）具消毒卫生标准》
GB18483	《饮食业油烟排放标准》
GB13495	《消防安全标志》
GB/T18973	《旅游厕所质量等级的划分与评定》
GB57498 - 5	《生活饮用水卫生标准》
GB/T18883 - 2002	《室内空气质量标准》
GB3096 - 2008	《声环境质量标准》
GB22337 - 2008	《社会生活环境噪声排放标准》
GB/T10001. 1	《标志用公共信息图形符号》第 1 部分：通用符号
GB/T10001. 2	《标志用公共信息图形符号》第 2 部分：旅游设施与服务符号
LB/T007	《绿色旅游饭店》标准》
SB/T10420	《饭店业星级服务人员资格条件》
SB/T10426	《餐饮企业经营规范》
JGJ64	《饮食建筑设计规范》

3.　　术语和定义

下列术语和定义适用于本标准。

3.1　星级

用星表示餐饮企业的服务质量和服务设施的等级。

4.　　餐饮等级的划分和依据

4.1　等级名称：星级

4.2　星级划分

餐饮服务等级划分为五个星级，从高到低依次为：五星级、四星级、三星级、二星级、一星级。

4.3　等级划分依据

以餐饮企业的服务质量，以及建筑、装饰、设施、设备及管理、餐饮质量、卫生等为依据。

5.　　餐馆星级的评定

5.1　星级评定的组织和权限

5.1.1　设立广东省餐饮服务星级评核机构，负责广东省餐饮企业星级评定的组织和实施工作。

5.1.2　餐饮服务星级评核机构设省市级评审员，负责对广东省餐饮企业进行星级评定前后的检查。

5.1.3　评核机构的评审员须经过专门培训与考核，合格者由评核机构颁发资格证书，评审员要定期接受培训、资格证书要年审、复核。

5.1.4　评核机构和评审员应严格执行检查纪律，按有关规定行使职权。

5.1.5　参评餐饮企业均应按参评内容接受评核机构评审员的检查，并有责任如实向评审员提供餐饮企业的有关情况和资料，反映宾客的满意程度，为评审员提供工作便利。

5.2　星级评定方法

5.2.1　检查评分实施细则由广东省餐饮服务星级评核机构制定并组织实施。

5.2.2　星级评定按星级划分条件和检查评分实施细则相结合，全面考核综合平衡来确定。

5.2.3　评核机构每年对星级餐饮企业进行复检，保持餐饮企业所达到的星级标准。

5.3　参加星级评定的基本条件

5.3.1　参评餐饮企业必须办理营业执照，持证合法经营。

5.3.2　参评餐饮企业需正式营业使用满1年以上。

5.3.2　参评餐饮企业严格遵守国家有关的食品安全、卫生、防疫、环保、节能、消防、规划等有关法律法规要求，并提供相关合格证明。

5.3.3　参评餐饮企业保证各种设施设备符合国家有关规定，采购并使用节能、节约型设施设备和用品，降低能源与物品损耗。

5.3.4　参评餐饮企业必须使用有合格凭证的原材料，确保各种原料、辅料、调料的安全质量符合国家标准的有关规定和要求。

6.　　星级划分条件

6.1　五星级

6.1.1　选址

a）位于城镇商务区、旅游景区、城市繁华地段，交通便利；

b）必须远离污染源，距离暴露垃圾堆（场）、坑式厕所、粪池150米以上；

6.1.2　建筑

a）建筑物主题鲜明，采用绿色、节能环保型的建筑设计理念；

b）建筑物内部结构功能布局和装修装饰能与所在地的人文环境相得益彰；

c）建筑物外观造型美观，有助于丰富当地的旅游目的地形象；

d）建筑物的明显位置标有中英文店名、店徽，而且标志清晰、实用、美观，符合GB/T10001.1和GB/T10001.2要求。

6.1.3　装饰

a）内、外装修采用高档、环保建筑材料；

b）装修装饰风格鲜明，工艺精致；

c）墙壁、天花板采用无毒材料覆涂，装饰材料必须防滑防污；

d）厨房墙面满铺瓷砖，用防滑材料满铺地面，有明渠排水地槽及防虫鼠的地槽盖，有天花吊顶；

e）除有富丽堂皇的门廊及大厅外，内饰装潢整体气氛表现高雅豪华气派；

f）摆放花卉或有益人体健康的绿色植物，有中心艺术品。

6.1.4 设施设备

a）餐厅

1）至少有300个以上餐位，每个餐位平均使用面积不小于2平方米；

2）有与接待能力相适应的前厅、多功能兼用的宴会厅或零点餐厅、包房和相应的备餐间，空间宽阔、布局合理、装饰豪华、格调高档、独具风格；

3）配有程控电话并有专人接听，满足客人订餐、订座和工作需要；

4）有中央空调或分离式空调，餐厅温度在20℃－26℃范围，并能够根据客人就餐的需要调节适宜的温度，保证空气清新；

5）豪华家具，餐厅桌椅数量与接待能力匹配，备有符合安全标准的专供特殊人群就餐的桌椅；

6）餐、茶、酒、咖啡具等精致配套，并有可为高档宴会服务的特色高档餐具；

7）有公共音响播放系统，背景音乐曲目、音量可自行调节，音质良好；

8）各宴会厅及包房应有不同的名称或序号；

9）各宴会厅及包房有提供客电话；

10）各服务区域灯光光源充足，亮度不低于50lX，适合客人阅读菜单和看报及就餐需要，灯光可自由调节，能够形成不同的用餐气氛；

11）餐厅、厨房如不在同一楼层应配有食品专用梯，员工进出店堂的通道与客人分开；

12）三层以上楼房须有与接待能力相适应的符合安全质量标准的客用电梯；

13）设有规范的公共信息图形符号，符合GB/Tl0001.2规定；

14）主要公共区域有闭路电视监控系统；

15）完好有效的供水、供电系统；

16）有应急供电系统、应急照明设备，双路供电或自备发电系统和紧急呼叫系统；

17）消防器材配备合理，有消防喷淋系统装置及消防自动报警系统，必须在餐厅内显眼位置张帖或悬挂火灾疏散示意图及消防安全程序，以指导客人在发生紧急情况时的处理方式，所有安全疏散通道出入口均设有安全指示标志，并保持畅通。

b）卫生间

1）各层分设男、女宾客使用的公共卫生间，有足够的厕位，有特殊人群厕位，要求全部采用精美材料装修，有艺术装饰，设备自动化，通风照明良好，整洁舒适，客人与员工分设；

2）各宴会厅及包间、包房内设有独立的卫生间，采用精美材料装修，设备先进，通风照明良好，整洁舒适，有艺术美感。

c）厨房

1）有充足的冷冻冷藏和储藏设备、设施，各种食品分类存放，配有制冰机；

2）厨房整体布局合理，有充足通畅的排烟排风换气设备，有空调，温度适宜；

3）厨房与餐厅之间有起到隔音、隔热和隔气味作用的进出分开的防火门；

4）有垃圾分类的设施并保持其封闭，有符合环保要求的垃圾处理设备。

d）其它服务设施

1）设有足够车位的宾客专用停车场或有规范的代客泊车条件；

2）有特殊人群专用车位，无障碍通道；

3）有公用电话，并配备市内电话薄；

4）有衣帽间或存衣处，提供贵重物品寄存服务；

5）有专门的酒吧或茶室或其它供客人休息交流且提供饮品服务的场所；

6）提供宽带接口或无线网络，客人可进行在线或无线上网；

7）设有非吸烟区；

8）备有万能手机充电器及一定的应急药品，以备客人之用。

6.1.5 卫生要求

a）食品卫生等级标准达到A级；

b）排污设施符合国家/地方卫生和环保的有关要求；

c）厨房各种设备、炊具整洁卫生，功能齐全，摆放合理；

d）用于原料、半成品、成品的工用具不能混用；

e）传菜过程有防污染措施；

f）粗加工过程中动物性食品与植物性食品分开，生熟不能混放；

g）采取有效的消杀蚊蝇、蟑螂和老鼠等虫害措施；

h）公共区域环境清洁，卫生间通风良好，专人负责日常卫生，清洁舒适、无异味，其门口与食品加工间不直接相通，符合卫生标准；

i）厨房安装吸排烟净化装置及通风系统；

j）餐厅设有餐、饮具存放柜；

k）餐厅卫生每餐整理，使用后的托盘、盖具、餐具、茶具、酒具每餐洗涤每餐消毒；

l）餐器具清洁符合手工清洗或机器清洁操作规范的要求，洗涤和清洁用品都为无磷产品；

m）水源充足，水质符合国家《生活饮用水卫生标准》，二次供水有完善的水源卫生防护设施；

n）厨房地面无食物残渣，排烟排气设施无油垢沉积，运转正常；

o）有封闭式空调垃圾房，垃圾收集按可回收和不可回收将垃圾分类；有机垃圾应进行无害化处理。

6.1.6 专用工作间要求

a）设有独立的原料库、粗加工间、烹调间、面点间、餐具洗消间和更衣室；

b）原料专库，主副食分区存放，有机械通风设施，设置符合规范的离地、离墙存放设施，原料不得与有毒有害物品同库存放；

c）食品储存区有温度计和湿度计，符合安全储存管理要求；

d）粗加工间分设肉类原料、水产品和蔬菜原料洗涤间或池，并有明显标志，加工肉类、水产品的操作台、用具和容器与蔬菜分开使用，并有明显标志；

e）烹调间使用隔墙烧火炉灶或油气炉，安装有抽排设备，排烟罩运作良好，设有配料操作台和食用器具存放柜；

f）餐具洗消间设双门，进出分开，设专用潲水桶、浸泡池、消毒池、漂洗池、高温消毒机等设备设施，应配备符合卫生要求的餐具储存设施；

g）冷荤间位置合理，做到专人、专室、专工具、专消毒、专冷藏，有足够的冷气设备和空气消毒设备，有二次更衣室；

h）烧烤间清洗消毒设备完善，设有腌制间（场所）、烧烤卤肉间（场所）、晾挂及风干间（柜），以及独立的粗加工间；

i）配餐间安装紫外线等空气消毒装置，配有更衣和洗手消毒设备和配餐台、空调；

j）凉菜间、裱花间、刺身间、水果间各功能间面积应与实际供应量相适应，设更衣及洗手、消毒设施，配备有空调、食品冷藏设施，配备专用工具及其清洗、消毒设施，设置感应水龙头；

k）凉菜间要设置能够开合的食品输送窗，加工好的食品从输送窗出菜；

l）二次更衣室内配有更衣柜或挂衣处，且有足够数量的洗手消毒设施；

m）工作人员严禁在操作厅内吸烟、喝酒、用餐，严禁厨房工作人员穿着工作服在客用餐厅用餐。

6.1.7 餐饮管理

a）有健全的卫生管理制度，定期清洗、消毒、保持洁净卫生；

b）从业人员经卫生知识培训合格并持有有效的健康证，餐饮企业的员工每年体验一次，有传染性疾病者严禁继续上岗；

c）有完善的餐饮管理规范、服务标准及管理规范、厨政管理规范、财务管理规范、行政人事及后勤管理规范、员工手册、企业视觉识别系统等，做到制度化、典章化、科学化管理；

d）有信息化管理系统作为辅助手段；

e）有完善的培训制度，并定期举行提高员工专业素质和服务水平的培训课程；

f）有完善的采购及验收制度，并具备产品检验合格证或化验单；

g）根据经营特色、风格定位，购置相应的设备设施、用品用具，配备相应级别、数量的专业管理、技术及服务人员；

h）有完善的餐饮营销制度，建立客户数据库，并能及时地组织实施各项有效的营销策划方案，做到及时调查和掌握餐饮客源市场的需求，结合本店的经营特色，合理制作菜单，菜单制作精美，图文并茂，有本店菜点介绍、价目表，且中英文对照，并根据季节变化及时更换菜单品种；

i）连续一年没有发生重大食品安全事故和投诉；

j）晚餐营业结束时间不早于21：30；

k）取得国家劳动和社会保障部门职业资格证书的高级服务师、烹调师（含技师及高级技师）占同工种人员比例15%以上，中级服务师、烹调师占同工种人员比例50%以上，中级及以上面点师占同工种人员比例30%以上。

6.1.8 餐饮质量

a）符合卫生要求，规范操作流程；

b）菜点有明确的、统一的质量标准，投料标准，严格按标准制作；

c）原材料安全卫生，种类多样，选料精致、用料新鲜、品质保证；

d）有用高档原材料制作的风味特色菜点，味道纯正，加工精细；

e）菜点出品做到色、香、味、形、器俱佳，且符合绿色、营养的健康理念；

f）自酿饮品要有良好的感官性和营养价值，保证质量；

g）菜肴装盘规范，与菜式相协调，造型美观；

h）所供应的菜点能满足宾客对烹制时间的需求；

i）有市级或以上餐饮行业权威机构认定且市场认可的名菜名点；

6.1.9 服务项目

a）为宾客提供与所在地旅游、本餐饮企业经营项目有关的咨询服务、宣传品、以及供宾客餐前餐后阅读的生活资讯类杂志、当地的报刊等；

b）有制作精美的介绍本餐饮企业特色、风味特点和价格的广告宣传牌或宣传品；

c）设有服务台，有值班经理和咨客（迎宾员）；

d）设有订餐处，可以提供就餐咨询、预订、宴会菜单及餐饮个性化服务；

e）能接受两家或以上银行指定的信用卡结算服务；

f）提供店内贵宾个性化服务和特殊人群需要的特殊服务；

g）有供宾客使用的公用电话和本市电话号码簿；

h）设有公共休息处，并有供宾客使用的沙发或沙发椅、茶几；

i）宴会厅有宴会前厅或可供宾客休息用的沙发、沙发椅、茶几、衣架、电话；

j）可提供热毛巾和冰块服务；

k）餐厅内提供挂衣、罩衣服务；

l）为宾客提供预订或安排出租汽车的服务；

m）提供门前车辆疏导和迎宾服务；

n）设无烟区座位，在该区域显眼处或相应台桌上有标牌；

o）能提供高规格的宴会、酒会、自助餐、冷餐会服务；

p）倡导绿色环保，不使用一次性筷子和一次性湿毛巾、不使用塑料桌台布；

q）酒水储备充分，烈性酒、软饮料、鸡尾酒、小吃供应及时，整个酒吧酒水供应能够适应客人多层次、多方面的消费需求，各种酒水、饮料供应无假冒伪劣商品；

r）烹调方法多样化，并能按顾客要求提供席前烹制菜肴服务；

s）有供应宴会的精制面点20款以上；

t）能提供外卖及打包服务，采用可降解的包装物。

6.1.10 选择项目

按第14页6.6点要求的31项内容，至少具备25项。

6.2 四星级

6.2.1 选址

a）周边没有污染源；

b）位于城镇的商业区、二级主干道两侧区域及旅游景点附近、交通便利。

6.2.2 建筑

a）建筑结构坚固耐用、易于维修、易于保持清洁；

b）建筑布局和功能划分合理，环境舒适优雅，具有突出风格；

c）建筑物外墙无破损、无污迹、整洁；

d）在建筑物的明显位置有中英文店名、店徽，指示标志明显、清晰、实用，符合GB/T10001.1和GB/T10001.2要求。

6.2.3 装饰

a）内、外装修采用中高档的装饰材料；

b）装修装饰有特色；

c）墙壁、天花板采用无毒材料覆涂，装饰材料必须防滑防污；

d）厨房墙面满铺瓷砖，用防滑材料满铺地面，有明渠排水地槽及防虫鼠的地槽盖，有天花吊顶；

e）装修装饰别致，有摆放花卉和艺术品。

6.2.4 设施设备

a）餐厅

1）至少有250个餐位，每个餐位平均使用面积不小于1.5平方米；

2）有与接待能力相适应的前厅、多功能兼用的宴会厅、零点餐厅、包房和相应的备餐间，布局合理，装修装饰高雅；

3）配有程控电话，能够适应客人订餐、订座和开展相应工作需要；

4）有中央空调，室温适宜，通风良好，空气清新；

5）中高档家具，餐厅桌椅数量与接待能力匹配，备有符合安全标准的供特殊人群就餐的专用椅；

6）餐、茶、酒、咖啡具等精致配套，并有为宴会服务的特色餐具；

7）有背景音乐，音量适宜；

8）餐饮包房应有不同的名称或序号；

9）餐厅、厨房如不在同一楼层应配有食品专用梯，员工进出店堂的通道与客人分开；

10）三层以上楼房须有与接待能力相适应的符合安全质量标准的客用电梯；

11）设有规范的公共信息图形符号，符合GB/Tl0001.2规定；

12）各服务区域灯光光源充足，适合客人阅读菜单和看报以及就餐需要；

13）主要公共区域有闭路电视监控系统；

14）完好的供水、供电系统；

15）有应急供电系统、应急照明设备和紧急呼叫系统；

16）消防器材配备合理，有消防喷淋系统装置及消防自动报警系统，所有安全疏散通道出入口均设有安全指示标志及紧急疏散示意图，并保持畅通。

b）卫生间

1）各层分设男、女宾客使用的公共卫生间，有足够的厕位，有特殊人群厕位，全部采用中高档材料装修，有艺术装饰，且设备齐全、完好、洁净，通风照明良好，布局合理，客人与员工分设。

c）厨房

1）有足够的冷藏、冷冻和储藏设备、设施；

2）厨房整体布局合理，有充足通畅的排烟和排风换气设备，温度适宜；

3）厨房与餐厅之间有隔音、隔热和隔气味措施；

4）有垃圾分类的设施并保持其封闭。

d）其它服务设施

1）餐饮企业本身或附近设有与接待能力相适应的专用停车场；

2）客用区域内能提供国际互联网接入服务；

3）备有万能手机充电器及一定的应急药品，方便客人所需时使用。

6.2.5　卫生要求

a）食品卫生等级达到A级；

b）排污设施符合国家/地方卫生和环保有关要求；

c）厨房各设备炊具整洁卫生，功能齐全，摆放合理；

d）用于原料、半成品、成品的工用具不能混用；

e）厨房地面无食物残渣，排烟排气设施运转正常；

f）粗加工过程中动植物类原料分开加工区域，生熟不能混放；

g）采取有效的消杀蚊蝇、蟑螂和老鼠等虫害措施；

h）公共区域环境清洁，卫生间设备洁净，通风良好，其门口与食品加工间不直接相通，符合卫生标准；

i）餐厅设有餐、饮具存放柜；

j）餐厅卫生每餐整理，使用过的托盘、盖具每餐洗涤，餐具、茶具、酒具每餐消毒；

f）餐器具清洁符合手工清洗或机器清洁操作规范的要求；

g）水源充足，水质符合国家《生活饮用水卫生标准》，二次供水有完善的水源卫生防护设施。

6.2.6　专用工作间要求

a）设有独立的原料库、粗加工间、烹调间、餐具洗消间；

b）食物原料专库，主副材料分区存放，有机械通风设施，食物原料不得与有毒有害物品同库存放；

c）粗加工间分设肉类原料、水产品和蔬菜原料洗涤间或池，并有明显标志，加工肉类、水产品的操作台、用具和容器与蔬菜分开使用，并有明显标志；

d）烹调间使用隔墙烧火炉灶或油气炉，安装有排气罩，排烟排气良好；

e）餐具消洗间设双门，进出分开，设专用洗涮水并有充足、有效的消毒设施；

f）冷荤间位置合理，做到专人、专室、专工具、专消毒、专冷藏，有足够的冷气设备和空气消毒设备；

g）烧烤间清洗消毒设备完善，独立的粗加工间；

h）配餐间设有洗手、消毒设施，备有配餐台、空调；

i）凉菜间（含裱花间、刺身间、水果间）各功能间面积应与实际供应量相适应，设二次更衣及洗手、消毒设施，配备有空调、食品冷藏设施，配备专用工具及其清洗、消毒设施；

j）凉菜间要设置能够开合的食品输送窗，加工好的食品从输送窗出菜；

k）配备男女更衣室，内配更衣柜；

l）工作人员严禁在操作厅内吸烟、喝酒、用餐，厨房工作人员严禁穿着工作服在客用餐厅用餐。

6.2.7　餐饮管理

a）有健全的卫生管理制度和岗位责任制，定期清洗、消毒、保持洁净卫生；

b）从业人员经卫生知识培训合格并持有有效的健康证，餐饮企业员工每年体验一次，有传染性疾病者严禁继续上岗；

l）有完善的餐饮管理规范、服务标准及管理规范、厨政管理规范、财务管理规范、行政人事及后勤管理规范、员工手册、企业视觉识别系统等；

c）开展服务培训课程，提高服务质量；

d）有信息化管理系统作为辅助手段；

e）有完善的采购及验收制度，并具备产品检验合格证或化验单；

f）根据餐饮企业的经营特色、风格定位，配备相应级别、数量的专业管理、技术及服务人员；

g）合理制作菜单，菜单制作美观，明码标价，并根据季节变化及时更换菜单品种；

h）最近一年内没有发生重大食品安全事故和投诉；

i）应制定符合营运需要、有效的质量管理和质量保证体系；

j）确保饮食卫生，合理控制餐饮成本；

k）晚餐营业结束时间不早于21：30；

l）取得国家劳动和社会保障部门职业资格证书的高级服务师/高级烹调师以上（含技师及高级技师）占同工种人员比例10%以上，中级服务师、烹调师占同工种人员比例40%以上，中级及以上面点师占同工种人员比例20%以上。

6.2.8 餐饮质量

a）符合卫生要求，规范操作程序；

b）有统一的质量标准，并按质量标准投料制作；

c）原材料安全卫生，种类多样，用料新鲜、品质保证；

d）有用中高档原材料制作的风味特色菜点；

b）菜点烹制色、香、味、形俱佳，具有良好的营养价值；

e）自酿饮品要有良好的感官性和营养价值，保证质量；

c）菜肴装盘规范，与菜式相协调；

d）所供应的菜点能满足宾客对烹制时间的需求。

6.2.9 服务项目

a）为宾客提供与所在地旅游、本餐饮企业经营项目有关的咨询服务、宣传品和报刊杂志等；

b）有介绍本餐饮企业特色、风味特点和价格的广告宣传牌或宣传品；

c）设有服务台，有值班经理和咨客（迎宾员）；

d）设有订餐处，可以提供就餐咨询、预订、宴会菜单；

e）能接受两家或以上银行指定的信用卡结算服务；

f）能提供店内贵宾接待服务及为特殊人群提供特殊服务；

g）设有公共休息处，并有供宾客使用的沙发或沙发椅、茶几及公用电话；

h）宴会厅有供宾客休息用的沙发或沙发椅、茶几、衣架和电话等；

i）可提供热毛巾和冰块服务；

j）有供宾客使用的公用电话和本市电话号码簿；

k）为宾客提供安排出租汽车的服务；

l）能提供中高档宴会、酒会、自助餐服务；

m）设无烟区座位，在该区域显眼处或相应台桌上有标牌；

n）酒吧酒水供应能够适应客人的消费需求，各种酒水、饮料供应无假冒伪劣商品；

o）能提供外卖及打包服务，采用可降解的包装物。

6.2.10 选择项目

按第14页6.6点要求的31项内容，至少具备18项。

6.3 三星级

6.3.1 选址

a）严禁建于产生有毒、有害物质的工业企业防护地段内；

b）围栏、通道、台阶等周围环境整洁，餐厅周边无污染源。

6.3.2 建筑

a）建筑整体设施布局合理，易于维修、易于保持清洁；

b）建筑物外墙无破损、无污迹、整洁；

c）在建筑物的明显位置有店名，标志正规、清晰，符合GB/T10001.2要求。

6.3.3 装饰

a）内、外装修采用中档的装饰材料；

b）墙壁、天花板采用无毒材料覆涂，装饰材料必须防滑防污；

c）厨房墙面满铺瓷砖，用防滑材料满铺地面，有明渠排水地槽及防虫鼠的地槽盖；

d）装修装饰美观大方。

6.3.4 设施设备

a）餐厅

1）至少有200个餐位；

2）有与接待能力相适应的前厅、零点餐厅、包房和相应的备餐间，布局合理、装修装饰舒适美观；

3）配有程控电话，满足客人订餐、订座需要；

4）有空调，室温适宜；

5）中档家具，餐厅桌椅数量与接待能力匹配，备有符合安全标准的供特殊人群就餐的专用椅；

6）餐、茶、酒具统一配套；

7）包间、包房应有不同的名称或序号；

8）设有规范的公共信息图形符号，符合GB/Tl0001.2规定；

9）各服务区域灯光光源适宜；

10）有应急供电系统和应急照明设备；

11）消防器材配备合理，有消防喷淋系统装置，所有安全疏散通道出入口均设有安全指示标志，并保持畅通。

b）卫生间

1）有分设男、女宾客使用的公共卫生间，有充足的厕位，有特殊人群厕位，采用较好的材料装修，通风照明良好，布局合理。

c）厨房

1）有足够的冷藏、冷冻和储藏设备、设施；

2）厨房整体布局合理，有充足通畅的排烟和排风换气设备；

3）厨房与餐厅之间有隔音、隔热和隔气味措施；

4）有垃圾分类的设施并保持其封闭。

d）其它服务设施

1）提供适当的停车场或车位；

2）准备有一定的应急药品，以备宾客必要时所需。

6.3.5 卫生要求

a）食品卫生等级达到B级或以上；

b）排污设施符合国家/地方卫生和环保有关要求；

c）厨房各设备炊具整洁卫生，功能齐全，摆放合理；

d）用于原料、半成品、成品的工用具不能混用；

e）餐厅卫生每餐整理，使用过的餐具、茶具、酒具每餐消毒；

f）粗加工过程中动物类食品原料与植物类食品原料分开加工，存放时不能生熟混放；

g）采取有效的消杀蚊蝇、蟑螂和老鼠等虫害措施；

h）公共区域环境及卫生间设备洁净，通风良好，其门口与食品加工间不直接相通，符合卫生标准；

i）餐厅设有相应的餐具存放柜；

j）排烟排气设施运转正常；

k）水源充足，水质符合国家《生活饮用水卫生标准》。

6.3.6 专用工作间要求

a）设有独立的粗加工间、烹调间和餐具洗消间；

b）粗加工间分设肉类原料、水产品和蔬菜原料洗涤间或池，加工肉类、水产品的操作台、用具和容器与蔬菜分开使用；

c）烹调间使用隔墙烧火炉灶或油气炉，排烟排气良好；

d）餐具消洗间设双门，进出分开，有充足的清洗、消毒和储存设备设施；

e）冷荤间位置合理，有足够的冷气设备和空气消毒设备；

f）烧烤间清洗消毒设备完善；
g）配餐间设有洗手、消毒设施；
h）凉菜间（含裱花间、刺身间、水果间）设洗手、消毒设施，有空调、食品冷藏及清洗消毒设施；
i）工作人员严禁在操作厅内吸烟、喝酒、用餐，厨房工作人员严禁穿着工作服在客用餐厅用餐。

6.3.7 餐饮管理

a）有卫生管理制度和岗位责任制，定期清洗、消毒、保持洁净卫生；
b）从业人员持有有效健康证并经卫生知识培训合格，餐饮企业的员工每年体验一次，有传染性疾病者不得继续上岗；
c）有餐饮管理规范、服务操作规程及各岗位作业标准；
d）有采购及验收制度，并具备产品检验合格证或化验单；
e）根据餐馆的经营与定位，配备相应级别、数量的管理、技术及服务人员；
f）合理制作菜单，明码标价；
g）最近半年内没有发生过重大食品安全事故和投诉；
h）取得国家劳动和社会保障部门职业资格证书的高级服务师/高级烹调师以上（含技师及高级技师）占同工种人员比例5%以上，中级服务师、烹调师占同工种人员比例30%以上，中级以上面点师占同工种人员比例10%以上。

6.3.8 餐饮质量

a）有统一的质量标准；
b）自酿饮品要有良好的营养价值，保证质量；
c）原材料安全卫生，用料新鲜、品质保证；
d）菜点具有良好的营养价值；
e）菜点能满足宾客对烹制时间的需求。

6.3.9 服务项目

a）有介绍餐饮企业风味特色、价格的广告宣传牌或宣传品；
b）有咨客（迎宾员）；
c）有订餐电话，可以提供就餐咨询和预订服务；
d）有供宾客使用的本市公用电话号码簿；
e）能为特殊人群提供特殊服务；
f）设有公共休息处；
g）为宾客提供安排出租汽车的服务；
h）餐厅为不吸烟的客人设无烟区座位；
i）酒吧酒水供应充足，各种酒水、饮料供应无假冒伪劣商品；
j）可提供消毒巾；
k）能提供外卖及打包服务，采用可降解的包装物。

6.3.10 选择项目

按第14页6.6点要求的31项内容，至少具备10项。

6.4 二星级

6.4.1 选址

a）围栏、通道、台阶等周围环境整洁，餐厅周边无污染源。

6.4.2 建筑

a）整体设施布局合理，易于维修、易于保持清洁，环境舒适；
b）在建筑物的明显位置有店名，标志正规、明显、清晰，无损坏。

6.4.3 装饰

a）内、外装修采用符合标准的装饰材料；
b）墙壁、天花板采用无毒材料覆涂；

c）装饰材料必须防滑防污。

6.4.4 设施设备

a）餐厅

1）至少有150个餐位；

2）有零点餐厅、包房和相应的备餐间；

3）配有电话，能够适应客人订餐、订座和工作需要；

4）有空调，室温适宜；

6）餐厅桌椅数量与接待能力匹配；

7）有应急照明设备；

8）消防器材配备合理，有消防喷淋系统装置，所有安全疏散通道出入口均设有安全指示标志，并保持畅通。

b）卫生间

1）有分设男、女宾客使用的公共卫生间和充足的厕位，有供用餐者使用的洗手设施；

c）厨房

1）有足够的冷藏和储藏设备、设施；

2）厨房布局基本合理，有排风、排烟设备，温度适宜；

3）厨房与餐厅之间有隔音、隔热和隔气味措施；

4）厨房有放置临时垃圾的设施并保持其封闭；

6.4.5 卫生要求

a）食品卫生等级达到C级或以上；

b）排污设施符合卫生和环保要求；

c）厨房各种炊具、设备整洁卫生，摆放合理；

d）用于原料、半成品、成品的工用具不能混用；

e）设置密闭的废弃物盛放容器；

f）采取有效的消杀蚊蝇、蟑螂和老鼠等虫害措施；

g）公共区域环境清洁，卫生间设备洁净，符合卫生标准；

h）餐厅设有餐、饮具存放柜；

i）餐厅卫生每餐整理，使用过的餐具、茶具、酒具每餐消毒，无污迹；

j）水源充足，水质符合国家《生活饮用水卫生标准》。

6.4.6 专用工作间要求

a）设有独立的粗加工间、烹调间和餐具洗消间；

b）粗加工间分设肉类原料、水产品和蔬菜原料洗涤间或池，加工肉类、水产品的操作台、用具和容器与蔬菜分开使用；

c）配餐间设有洗手设施，备有配餐台；

d）烹调间排烟排气良好；

e）餐具消洗间设双门，进出分开，有清洗、消毒和保洁设备设施；

f）冷荤间位置合理，有冷气设备和空气消毒设备；

g）凉菜间（含裱花间、刺身间、水果间）设洗手设施，配备有空调、食品冷藏及清洗、消毒设施；

h）工作人员严禁在操作厅内吸烟、喝酒、用餐，厨房工作人员严禁穿着工作服在客用餐厅用餐。

6.4.7 餐饮管理

a）有卫生管理制度和岗位责任制；

b）从业人员经卫生知识培训合格并持有有效的健康证，员工每年体验一次，有传染性疾病者不得继续上岗；

c）具备服务操作规程、作业标准；

d）产品有检验合格证或化验单；

e）根据餐饮企业类型与风格，配备相应级别、数量的技术及服务人员；

f）菜单明码标价；

g）取得国家劳动和社会保障部门职业资格证书的服务师、烹调师占同工种人员比例15%以上。

6.4.8 餐饮质量

a）菜点具有风味特色、卫生安全、营养搭配合理；

b）有统一的质量标准；

c）原材料安全卫生，用料新鲜；

d）自酿饮品要有良好的感官性，保证质量。

6.4.9 服务项目

a）为宾客提供与经营项目有关的咨询服务；

b）有咨客（迎宾员）；

c）有订餐服务；

d）各种酒水、饮料供应无假冒伪劣商品；

e）可提供消毒巾；

f）能提供外卖及打包服务，采用可降解的包装物。

6.5 一星级

6.5.1 选址

a）符合国家城市规划和国家安全消防条例要求；

b）必须远离污染源，周围环境整洁。

6.5.2 建筑

a）布局基本合理，建筑结构坚固耐用；

b）在建筑物的明显位置有店名，标志明显、清晰、无损坏。

6.5.3 装饰

a）有装修，墙壁、天花板等采用无毒材料覆涂；

b）装饰材料必须环保、防滑、防污。

6.5.4 设施设备

a）餐厅

1）有100个以上餐位；

2）有桌椅、餐具、灯具及照明充足的就餐区域；

3）家具完好，餐厅桌椅数量与接待能力匹配，各餐厅桌椅摆放整齐、舒适；

4）有应急照明设备；

5）消防器材配备合理，有消防喷淋系统装置，所有安全疏散通道出入口均设有安全指示标志，并保持畅通；

b）卫生间

1）有供男、女宾客使用的公共卫生间。

c）厨房

1）有冷藏和储藏设备、设施；

2）厨房布局基本合理，有排风、排烟设备；

3）厨房有放置临时垃圾的设施；

6.5.5 卫生要求

a）餐馆食品卫生等级达到C级或以上；

b）排污设施符合卫生要求；

c）餐饮加工区域及用具保持整洁、卫生；

d）餐具、茶具、酒具每餐消毒，无污迹；

e）采取有效的消杀蚊蝇、蟑螂和老鼠等虫害措施；

f）公共区域环境清洁，卫生间设备洁净，通风良好；

g）水源充足，水质符合国家《生活饮用水卫生标准》。

6.5.6 专用工作间要求

a）厨房使用面积与餐位数比例合理，厨餐面积比例不小于1：2；
b）专间应为独立隔间；
c）专间内应有符合饮食卫生的消毒设备；
d）专间面积须与就餐场所面积和供应就餐人数相适应。

6.5.7　餐饮管理

a）有卫生管理制度和岗位责任制；
b）从业人员持有有效的健康证并经卫生知识培训合格，员工每年体验一次，有传染性疾病者不得继续上岗；
c）具备服务操作规程；
d）取得国家劳动和社会保障部门职业资格证书的服务师、烹调师占同工种人员比例10%以上。

6.5.8　餐饮质量

a）菜点出品具有风味特色、卫生安全、营养搭配合理；
b）原材料安全卫生，用料保证品质；
c）自酿饮品、果汁要保证质量。

6.5.9　服务项目

a）为宾客提供与经营项目有关的咨询服务；
b）各种酒水、饮料供应无假冒伪劣商品；
c）能提供外卖及打包服务，采用可降解的包装物。

6.6　选择项目

6.6.1　有庭院花园；
6.6.2　有文化主题；
6.6.3　有计算机餐厨管理系统；
6.6.4　有闭路电视监控系统；
6.6.5　有不同风格、风味、特色的餐厅分区；
6.6.6　厨房灶台有“运水烟罩”设备；
6.6.7　有营养师，并对供应的品种进行营养分析；
6.6.8　有食品卫生检验室；
6.6.9　有饼屋或面包房房；
6.6.10　有茶艺表演或专业茶室；
6.6.11　设有专用卫生间的餐饮包房不少于包房总数的80%；
6.6.12　卫生间与盥洗室分设；
6.6.13　卫生间提供冷热水；
6.6.14　所有餐饮包房都设有独立的备餐间及洗手间；
6.6.15　有儿童娱乐活动区；
6.6.16　有娱乐设备、设施；
6.6.17　分设客用通道、员工通道及进货通道；
6.6.18　有会议设备、设施；
6.6.19　有符合仓储条件的用品仓、食品原料仓、酒水仓；
6.6.20　有多功能厅，能提供高档大型自助餐、酒会、冷餐会；
6.6.21　有定期开展主题营销活动；
6.6.22　能提供酒后代驾车服务；
6.6.23　能提供婚庆、礼仪、主持及相关服务；
6.6.24　使用可再利用的资源；
6.6.25　有本科及以上学历的工作人员占总人数20%以上；
6.6.26　有省级或以上权威部门授予的荣誉；
6.6.27　有3人或以上的高级技师、中国饭店业高级职业经理人；

6.6.28 有3人或以上获国家级奖项（指国家主管部门或行业协会等权威机构授予的中国饭店业优秀企业家、中国饭店业管理大师、中国饭店业服务大师、中国饭店业策划大师、中国烹饪大师、中华名厨等）；

6.6.29 企业代表（或团体）曾在省级或以上的行业技能大赛上获得过金奖；

6.6.30 企业曾获中国餐饮名店、中华餐饮名店、中华餐饮金鼎奖等国家级表彰；

6.6.31 企业通过1SO9000、14000、18000等国际认证。

7. 服务质量要求

7.1 仪容举止

7.1.1 服务人员仪容仪表端庄、大方、整洁，工牌端正佩戴地左胸前上方，不得歪扭，符合上岗要求；

7.1.2 楼面员工服装必须平整、挺括、无皱褶，无破损，有明显的性别、职位区分；

7.1.3 员工着装配套规范，与餐厅风格和档次相协调，服装必须完好，不陈旧、无破损、无污迹、不开线、不掉扣，尺寸适中；

7.1.4 穿制服纽扣要全部扣好，穿西服时，不论男女不得敞开外衣，卷起裤脚、衣袖等，制服外衣衣袖、衣领处，制服衬衣衣领口，不得显露个人衣物。制服外不得显有个人物品，如：纪念章、笔、纸等，制服衣袋不得多带物品；

7.1.5 员工上班须面容整洁、精神饱满，服务人员表情自然亲切，提倡微笑服务；

7.1.6 男性员工不得留长发，前发不过耳，后发不过领，不染彩发、不留小胡子、大鬓角、女性员工不留怪发型，一般发不过耳，如是长发，上岗必须盘起，必须保持美观、大方、舒适之发型；

7.1.7 女性员工必须化淡妆上岗（男员工不适宜化妆），容貌美观自然，有青春活力，化妆与工种、服务场所协调；

7.1.8 员工上班不佩戴影响食品安全和质量的饰品；

7.1.9 举止姿态要求举止文明、姿态端庄、主动服务，符合岗位规范；

7.1.10 当值员工坚持站立服务，精神饱满、站姿优美、表情自然、面带微笑，两眼平视或注视服务对象，微笑点头示意，两手交叉在体前（女性）或交叉在背后（男性），两脚成V字型（女性）或与肩同宽（男性），身体正直平稳，随时准备为客人提供服务；

7.1.11 当班或与客人交谈需要坐下时，坐姿平稳、端庄、自然，面带微笑，两脚平齐，两手垂于体侧并放在两腿上，重心垂直向上，双肩平稳放松，坐下服务或与客人交谈时，两眼应注视客人，精力集中；

7.1.12 行走姿势美观，动作文雅、面带微笑、自然大方，行进中两眼平视，正对前方，身体保持垂直平稳，无左右摇晃、八字步和罗圈腿，行进速度适中，不可跑步，注意前方客人，与客人碰面，应微笑问好；

7.1.13 引导客人行进时，主动问好，指示方向，介绍服务项目或设施，走在客人的右前方或左前方1.5－2步远距离处，身体略为侧向客人；

7.1.14 为客人服务或与客人交谈时，动作优美、自然，符合规范，手势正确，幅度适当，客人容易理解，不会引起客人反感或误会，使用手势时应尊重客人风俗习惯，注意同语言使用的配合。

7.2 个人卫生

7.2.1 员工上岗前不吃异味较大的食品，保持牙齿清洁，口腔清新，用餐后要刷牙或漱口；

7.2.2 员工需常修指甲，指甲不可过长，保持指甲清洁，女性员工不可涂用深色指甲油；

7.2.3 勤洗澡，勤理发，勤换工作服，保持头发梳洗整齐，没有头皮屑；

7.2.4 上班时不吸烟、不喝酒、不吃零食、不在工作岗位用餐；

7.2.5 员工上岗前上洗手间后必须洗手，餐厅服务员要做到接触食品前必须洗手，养成良好习惯；

7.2.6 不在客人面前或对着食品打喷嚏、咳嗽、打哈欠、伸懒腰、吹口哨、挖耳朵等，不做有碍卫生的动作。

7.3 礼节礼貌

7.3.1 对宾客一视同仁，礼貌待客，诚信无欺；

7.3.2 主动问候客人，要根据时间、场所、情景、接待对象不同，准确运用问候礼节；

7.3.3 应根据客人的身份、年龄、性别、职业，运用不同称呼，亲切和蔼，老顾客尽量称呼其全名（或姓氏加客人喜欢的称谓）；

7.3.4 根据不同场景、说话内容、具体情况要准确回答客人的问题，且反应灵敏，应答得体；

7.3.5 能根据迎接、送别的具体需要正确运用，做到讲究礼仪顺序，形式、语言亲切正确，关照、示意得体；

7.3.6 服务操作规范，不打扰客人，礼貌大方；

7.3.7　对待客人谦虚有礼、朴实大方、表情自然、面带微笑、态度诚恳；

7.3.8　应尊重客人的风俗习惯和宗教信仰，对客人的服饰、形象、不同习惯和动作，不评头论足，按照客人的要求和习惯提供服务；

7.3.9　同客人见面或握手时，能正确运用礼貌形式，动作规范；

7.3.10　不做客人忌讳的不礼貌动作，不说对客人不礼貌的话。

7.4　服务态度

7.4.1　对客服务应面带笑容，热情饱满、和蔼可亲、待客诚恳。

7.4.2　服务应主动热情、耐心周到、体贴入微、宾客至上，以主人翁态度和责任感对待本职工作；

7.4.3　对客服务始终如一，不和客人争吵，对宾客提出的问题应耐心解释，不推诿和应付；

7.4.4　助人为乐，照顾周详，对老弱病残客人主动照顾，服务细致，对有困难的客人提供帮助，准确及时做好特殊服务处理，主动热情迎接、问候、引导入住，开单点菜、上菜斟酒、桌面服务能够给予特别照顾。有赠送客人的菜点、饮料供应及时，告知客人酒店对他的特别照顾；

7.4.5　眼勤、口勤、手勤、腿勤、心勤，想客人之所想，急客人之所急，服务于客人开口之前；

7.4.6　站在客人的角度去看问题，切身处地为顾客着想，尽能力满足顾客需要；

7.4.7　引导销售，能根据客人需要准确介绍产品和提供的服务；

7.4.8　向顾客提供个性接待，掌握他们嗜好并提前与预订席位的客人联络，有针对性地预先备好客人喜欢的菜品；

7.4.9　提供超出顾客期望、令之印象深刻的服务，带给顾客出乎意料的惊喜和愉快的体验；

7.4.10　建立顾客意见箱或设立投诉电话，有顾客的跟踪回访制度和受理投诉的人员，诚恳谦虚地做好顾客访谈工作，多与客人沟通，对宾客提出的意见和建议认真研究，及时改进，并有完整的记录档案。

7.5　服务语言

7.5.1　所有服务员能用普通话为宾客提供服务，不少于20%的一线服务及管理人员能用英语处理外宾就餐服务和客人投诉；

7.5.2　对客服务语言要文明、礼貌、简明、清晰，说话和气、语言亲切、称呼得当，使用敬语，语言运用准确得当；

7.5.3　同客人交谈时注意倾听，精神集中、表情自然、姿态端庄，不随意打断客人谈话或插嘴，时时表示尊重；

7.5.4　上岗或在公共场所举止文明，不高声喧哗，动作轻稳，声音柔和，不影响客人。

7.6　服务人员岗位要求

7.6.1　迎宾领位员个人形象美观、端庄、大方、协调，有良好的气质和风度修养，服务意识主动、强烈，态度端正，注意仪容仪表和礼貌；

7.6.2　楼面服务员熟悉菜单和产品种类、品种、价格、做法及营养价值，掌握服务技巧，态度热情、服务周详细致，操作快速，主动及时为客人分菜、派菜，斟酒及时，客人餐饮结束，服务员拉椅、征求客人意见、递送衣物主动、及时，告别语言运用规范，客人离开后清理台面，整理餐具迅速、无声响；

7.6.3　预订人员熟练掌握宴会预订工作内容、工作程序和预订方法，了解宴会厅的设施设备、经营范围、预定标准和场地利用状况；

7.6.4　酒吧服务员熟练掌握酒吧服务工作内容和工作程序，具有较丰富的酒水知识、推销经验和服务技巧。客人示意点酒，主动推销，介绍酒水名称、产地、品质、商标、储存时间等清楚、准确；

7.6.5　采购、收货人员掌握必要的食品知识和食品检验技能，保证提供的服务操作质量。

7.7　操作要求

7.7.1　提供服务操作要快速准确，严格遵守约定时间，不误时，不失约，程序要准确无误，因客观原因不能按时提供或完成服务的，要耐心向客人解释；

7.7.2　桌面整洁、排列整齐，餐具摆放美观、规范，给客人提供良好就餐环境；

7.7.3　爱护客人行李物品，服务时轻拿轻放；

7.7.4　客人点菜后，15分钟内开始上菜，以后上每道菜的间隔在5分钟以内为宜（或按客人要求的时间控制上菜节奏），使用干净托盘，掌握上菜节奏与时间，托盘走菜姿态轻稳，无碰撞、打翻、溢出现象发生；

7.7.5　如现场制作相对费时费工、运用明火或有浓烟异味、有碍他人进餐的食品要征得相关客人同意；

7.7.6　服务员在贵宾用餐前掌握接待规格，熟悉客人生活特点和宗教信仰。

附录 A（规范性附录）

餐饮服务质量评定标准

序号	项　目	项　目　标　准	总分	实际得分			
				优	良	中	差
3	选址（满分 15 分）						
3.1	建造	符合国家城市规划和国家安全消防条例要求	5	5	3	1	0
3.2	地理位置	a）位于交通便利地带（市中心、商务区、机场或旅游景区等繁华地区）	5	5	3	1	0
		b）餐饮企业周围环境良好（有庭园、花园等绿化场地供客人休闲活动）	5	5	3	1	0
4	建筑（满分 30 分）						
4.1	建筑风格	a）建筑有艺术特色	8	8	5	2	0
		b）采用绿色环保建筑材料	5	5	3	1	0
4.2	建筑布局	a）各功能设施位置、分隔合理，客人使用方便	2	2	1	0.5	0
		b）服务设施方便客人辨认、进出和使用	2	2	1	0.5	0
		c）分设客用通道、员工通道及进货通道	2	2	1	0.5	0
4.3	建筑物结构	a）建筑物坚固耐用，易于清洁和维修	2	1	1	0.5	0
		b）外墙无破损，整洁无污迹	2	2	1	0.5	0
4.4	店名店徽	在建筑物的明显位置有中英文店名店徽，标志清晰美观，符合 GB/T1001.1 和 GB/T1001.2 要求	2	2	1	0.5	0
5	装修装饰（满分 41 分）						
5.1	装修材料	a）采用高档、豪华、环保的装修材料（花岗岩、大理石、地毯、木地板或其它优质材料）	11	11	8	3	0
		b）墙面、天花板、地板等装饰材料防滑防污，且易于清洁	3	3	2	1	0
5.2	装饰	a）工艺精致、造型别致、格调高雅、环保设计	10	10	6	2	0
		b）摆放花卉等绿色植物	3	3	2	1	0
		c）有中心艺术品	4	4	3	2	0
		d）有文化主题	10	10	6	2	0
6	设施设备（满分 86 分）						
6.1	餐位数	优：有 300 个以上餐位，其中宴会厅或散台每个餐位平均使用面积不小于 2 平方米 良：有 250 个以上餐位，其中宴会厅或散台每个餐位平均使用面积不小于 1.5 平方米 中：有 100 个以上餐位，其中散台每个餐位平均使用面积不小于 1.5 平方米 差：不满 100 个餐位	5	5	3	1	0

续表

序号	项　目	项　目　标　准	总分	实际得分			
				优	良	中	差
6.2	前厅	优：前厅公共面积100平方米以上，并与接待能力相适应，空间宽敞，布局合理 良：前厅公共面积50－80平方米，并与接待能力相适应 中：前厅公共面积20－49平方米 差：前厅公共面积小于20平方米	5	5	3	1	0
6.3	包间（包房）	a）　包房平均面积（含备餐间、洗手间） 优：平均面积不小于40平方米 良：平均面积30－39平方米 中：平均面积15－29平方米 差：平均面积小于15平方米	2	2	1	0. 5	0
		b）　有不同的名称或序号，内设电话	1	1	0.5	0	0
		c）　包间内有独立卫生间（不少于80%）	1	1	0	0	0
		d）　包间有独立备餐间（不少于80%）	1	1	0	0	0
6.4	餐厅	优：有大型多功能宴会厅、零点餐厅、包房及相应的备餐间，装饰豪华，布局合理 良：有零点餐厅、包房及相应的备餐间，装修舒适美观 中：有零点餐厅、包房及备餐间 差：就餐区域布局明显不合理与接待能力不匹配	5	5	3	1	0
6.5	电话	a）　配有程控电话，满足订餐、订座等工作需要	1	1	0.5	0	0
		b）　有公用电话和市内电话薄	1	1	0	0	0
		c）　宴会厅区域内设有独立公用电话间	1	1	0	0	0
6.6	卫生间	a）　各楼层有与员工分设的供男、女宾客使用的公共卫生间，厕位充足，设备先进，有供特殊人群使用的厕位	2	2	1	0.5	0
		b）　卫生间与盥洗室分设	1	1	0	0	0
		c）　卫生间提供冷热水	1	1	0	0	0
6.7	厨房	a）　布局合理	4	4	2.5	1	0
		b）　有空调、鲜风系统、“运水烟罩”设备	1	1	0.5	0	0
		c）　有垃圾分类设施并符合环保要求	1	1	0.5	0	0
6.8	家具	优：豪华家具，桌椅与接待能力匹配，摆放整齐美观舒适，备有特殊人群就餐专用椅 良：中高档家具，桌椅与接待能力匹配，摆放整齐美观，备有特殊人群就餐专用椅 中：家具完好无损，桌椅与接待能力匹配，摆放整齐 差：家具陈旧，桌椅与接待能力不匹配	5	5	3	1	0
6.9	餐具	优：餐、茶、酒、咖啡具等精致配套，并有可为高档宴会服务的金、银器皿等高档餐具 良：餐、茶、酒、咖啡具等精致配套，并有为宴会服务的特色餐具 中：餐具统一配套，无破损 差：餐具有破损较明显	5	5	3	1	0

续表

序号	项　目	项　目　标　准	总分	实际得分			
				优	良	中	差
6.10	停车场	a) 有与接待能力相匹配的宾客专用停车场，有供特殊人群使用的无障碍通道	2	2	1	0.5	0
		b) 有一定数量的停车场或车位，达不能满足正常经营需要	1	1	0	0	0
6.11	空调	中央或分离式空调，室温适宜，温度可调节，空气清新	3	3	2	1	0
6.12	背景音乐	音质良好，音量可调	1	1	0.5	0	0
6.13	电梯	a) 三层及以上楼层配有与接待能力相适应的高质量客用电梯，装修豪华	2	2	1	0.5	0
		b) 餐厅、厨房不在同一楼层配有食品专用梯	1	1	0	0	0
6.14	灯光	各服务区域光源充足，亮度不低于501X且适合客人阅读菜单、看报及就餐需要，灯光亮度可调节	1	1	0.5	0	0
6.15	智能化系统	a) 主要公共区域有闭路电视监控系统	2	2	1	0	0
		b) 有餐厨管理系统	1	1	0	0	0
		c) 提供国际互联网服务（无线网络或有线上网）	2	2	1	0	0
		d) 完好有效的供水、供电系统	3	3	2	1	0
		e) 有应急供电系统（双路供电或自备发电系统）、应急照明设备、紧急呼叫系统	2	2	1	0.5	0
		f) 合理配备消防器材，有消防自动报警系统，有消防喷淋系统装置	2	2	1	0.5	0
6.16	其他设施	a) 餐厅内设衣帽间或挂衣柜并提供罩衣服务，宴会厅及包房有供宾客休息用的沙发、茶几等	1	1	0.5	0	0
		b) 供客人休息交流的酒吧或茶室等公共场所	1	1	0.5	0	0
		c) 设非吸烟区	1	1	0	0	0
		d) 供客人使用的万用手机充电器及应急药品	1	1	0.5	0	0
		e) 有食品卫生检验室	1	1	0.5	0	0
		f) 有饼屋（或面包房）	1	1	0.5	0	0
		g) 有会议设备、设施	4	4	2	1	0
		h) 有多功能厅，能提供大型宴会、自助餐、酒会等服务	5	5	3	1	0
		i) 有符合仓储条件的用品仓、食品原材料仓、酒水仓	3	3	2	1	0
		j) 有儿童娱乐活动区	1	1	0	0	0
		k) 有娱乐设备、设施（如：配备卡拉OK等）	1	1	0	0	0
7	卫生要求（满分53分）						
7.1	厨房设备	优：厨房设备、炊具整洁卫生、功能齐全、布局很合理 良：厨房设备、炊具整洁卫生、功能比较齐全、布局比较合理 中：厨房设备、炊具整洁卫生、基本能满足生产需求 差：厨房设备、炊具卫生差，且不能满足生产需求	10	10	8	5	2

续表

序号	项目	项目标准	总分	实际得分			
				优	良	中	差
7.2	清洁与卫生	a) 食品卫生等级（A：优/B：良/C：中/D：差）	3	3	2	1	0
		b) 餐器具清洁符合手工清洗或机器清洁操作规范（洗涤和清洁用品为无磷产品）	5	5	3	1	0
		c) 原材料、辅料符合卫生要求和质量标准	3	3	2	1	0
		d) 粗加工过程中动物性食品与植物性食品分开，生熟不混放	2	2	1	0.5	0
		e) 采取有效的消杀蚊蝇、蟑螂和老鼠等虫害措施	5	5	3	1	0
		f) 公共区域环境清洁，卫生间设通风良好，专人负责日常卫生，清洁舒适、无异味，其门口与食品加工间不直接相通，符合卫生标准	2	2	1	0.5	0
		g) 设有相应的餐具存放柜	2	2	1	0	0
		h) 宾客就餐区卫生每餐整理，使用过的托盘、盖具每餐洗涤，餐具、茶具、酒具每餐消毒	5	5	3	1	0
		i) 传菜过程有防污染措施	2	2	1	0.5	0
		j) 水源充足，水质符合国家《生活饮用水卫生标准》，二次供水有完善的水源卫生防护设施	3	3	2	1	0
7.3	排污	a) 排污设施符合国家/地方卫生和环保有关要求	5	5	3	1	0
		b) 排烟排气设施无油垢沉积，运转正常	2	2	1	0.5	0
		c) 厨房安装吸排烟净化装置	2	2	1	0.5	0
		d) 有空调垃圾房，封闭式，垃圾分类回收，将有机垃圾进行无害化处理	2	2	1	0.5	0
8	专间要求（满分15分）						
8.1	仓储	a) 设有独立食品原料库、用品仓、酒水仓，有机械通风设施，设置符合规范的离地、离墙存放要求，原料不得与有毒有害物品同库存放	1	1	0.5	0	0
		b) 食品原料仓有温度计和湿度计，符合安全储存管理要求	1	1	0.5	0	0
8.2	粗加工区	分设肉类原料（包括水产品）和蔬菜原料洗涤间或池，并有明显标志，加工肉类（包括水产品）的操作台、用具和容器与蔬菜分开使用，并有明显标志	1	1	0.5	0	0
8.3	烹调间	烹调间使用隔墙烧火炉灶或油气炉，安装有排气罩，排烟排气良好，设有配料操作台和食用具存放柜	2	2	1	0.5	0
8.4	消洗间	餐具消洗间设双门，进出分开，设专用潲水桶、浸泡池、消毒池、漂洗池等设备设施，应配备符合卫生要求的餐具储存设施	2	2	1	0.5	0
8.5	冷荤间	冷荤间位置合理，做到专人、专室、专工具、专消毒、专冷藏，有足够的冷气设备和空气消毒设备，并有二进消毒间	1	1	0.5	0	0

续表

序号	项目	项目标准	总分	实际得分			
				优	良	中	差
8.6	烧烤间	烧烤间清洗消毒设备完善，设有腌制间（场所）、烧烤卤肉间（场所）晾凉间（柜），独立的粗加工间	1	1	0.5	0	0
8.7	配餐间	配餐间安装紫外线等空气消毒装置，配有洗手消毒设备和配餐台、空调	1	1	0.5	0	0
8.8	凉菜间	a） 凉菜间（含裱花间、刺身间、水果间）各功能间面积应与实际供应量相适应，设二次更衣及洗手、消毒设施，配备有空调、食品冷藏设施，配备专用工具及其清洗、消毒设施，设置感应水龙头	1	1	0.5	0	0
		b） 凉菜间要设置能够开合的食品输送窗，加工好的食品从输送窗出菜	1	1	0.5	0	0
8.9	员工更衣室	员工更衣室男女分开，内配有更衣柜，且有足够数量的洗手消毒设施	1	1	0.5	0	0
8.10	操作厅	工作人员严禁在操作厅内吸烟、喝酒、用餐，厨房工作人员严禁穿着工作服在客用餐厅用餐。	2	2	1	0.5	0
9	餐饮管理（满分70分）						
9.1	管理制度	a） 有健全的卫生管理制度	5	5	3	1	0
		b） 有完善的餐饮管理规范文本：服务标准及管理规范、厨政管理规范、财务管理规范、行政人事及后勤管理规范、员工手册、企业视觉识别系统优：有上述管理规范文本，很完善、祥细、实用良：有上述管理规范文本，比较完善、祥细、实用中：有上述管理规范文本，不够完善、祥细、实用差：没有上述管理规范文本	15	15	10	5	0
		c） 有完善的服务培训课程并定期开展培训课程	3	3	2	1	0
		d） 有完善的采购及验收制度	1	1	0.5	0	0
		e） 有效的质量管理和质量保证体系	2	2	1	0.5	0
		f） 餐饮企业的建筑、附属设施和运行管理符合国家有关法律法规和规定，能提供相关证明	3	3	2	1	0
		g） 从业人员持有有效的健康证并经卫生知识培训合格，员工每年体验一次，有传染性疾病者严禁继续上岗	3	3	2	1	0
		h） 有环保、节能措施	2	2	1	0.5	0
9.2	管理及技术人员	a） 有营养师，并对供应的品种进行营养分析	1	1	0.5	0	0
		b） 本科及以上学历工作人员占总人数20%以上	2	2	1	0	0
		c） 有3人或以上的高级技师、中国饭店业高级职业经理人	2	2	1	0	0
		d） 有3人或以上获国家主管部门或行业协会等权威机构授予的国家级奖项	2	2	1	0	0
		e） 企业代表（或团体）曾在省级及以上的行业技能大赛上获得过金奖	2	2	1	0	0

续表

序号	项　目	项　目　标　准	总分	实际得分			
				优	良	中	差
		f)　其它技术人员 优：高级服务师、烹调师（含技师及高级技师）占同工种人员比例15%以上，中级服务师、烹调师占同工种人员比例50%以上，中级及以上面点师占同工种人员比例30%以上 良：高级服务师、烹调师（含技师及高级技师）占同工种人员比例5%以上，中级服务师、烹调师占同工种人员比例30%以上，中级及以上面点师占同工种人员比例10%以上 中：服务师、烹调师占同工种人员比例10%以上 差：服务师、烹调师占同工种人员比例底于10%	10	10	5	2	0
9.3	经营管理	a)　根据餐馆类型，购置相应的设备设施、用品用具，配备相应级别、数量的专业管理、技术及服务人员	3	3	2	1	0
		b)　经常开发研制新的菜点，较受客人欢迎	3	3	2	1	0
		c)　有完善的餐饮营销制度，建立客户数据库，并能及时地组织实施各项有效的营销策划方案，做到及时调查和掌握餐饮客源市场的需求，结合本店的经营特色，合理制作菜单，菜单制作精美，图文并茂，有本店菜点介绍、价目表，且中英文对照，并根据季节变化及时更换菜单品种；	3	3	2	1	0
		d)　晚餐营业结束时间不早于21：30	1	1	0.5	0	0
		e)　获市级或以上行政管理部门评定的荣誉	2	2	1	0	0
		f)　曾获中国餐饮名店、中华餐饮名店、中华餐饮金鼎奖等国家级表彰	2	2	1	0	0
		g)　连续1年没有发生重大安全事故和食物投诉	2	2	1	0.5	0
		h)　通过ISO9000、14000、18000等认证	1	1	0	0	0
10	餐饮质量（满分85分）						
10.1	原材料	原材料选料精致、用料新鲜、健康营养、品质保证，种类多样	20	20	10	5	0
10.2	菜点	a)　菜点有明确的、统一的质量标准	15	15	10	5	0
		b)　有用高档原材料制作的风味特色菜点，味道纯正，加工精细	10	10	5	2	0
		c)　菜点做到色、香、味、形、器俱佳，符合绿色、营养的健康理念	20	20	10	5	0
		d)　有省级或以上行业权威认定的名菜名点或单项成套特色品种，且市场认可	3	3	2	1	0
		e)　菜点能满足宾客对烹制时间的需求	3	3	2	1	0
10.3	自酿饮品	自酿饮品具良好的感官性和营养价值，保证质量	2	2	1	0.5	0
10.4	装盘	菜肴装盘规范，与菜式相协调，造型美观	2	2	1	0.5	0
10.5	其他	a)　厨房各工序分工明确到位	5	5	3	1	0
		b)　食品处理和回用符合处理和回用操作规范的要求	5	5	3	1	0

续表

序号	项　目	项 目 标 准	总分	实际得分			
				优	良	中	差
11	服务项目（满分 45 分）						
11.1	可提供与所在地旅游、本餐饮企业经营项目有关的咨询服务、宣传品和报刊杂等为宾客提供与所在地旅游、本餐饮企业经营项目有关的咨询服务、宣传品、以及供宾客餐前餐后阅读的生活资讯类杂志、当地的报刊等；		2	2	1	0.5	0
11.2	有制作精美、介绍本餐饮企业特色、风味菜点和价格的广告宣传牌或宣传品		2	2	1	0.5	0
11.3	设有服务台，有值班经理和咨客（迎宾员）		1	1	0.5	0	0
11.4	设有订餐处，可以提供就餐咨询、预订、宴会菜单及餐饮个性化服务		3	3	2	1	0
11.5	能接受一家或多家银行指定的信用卡结算		2	2	1	0.5	0
11.6	提供店内贵宾特别服务和对特殊人群的针对性服务		3	3	2	1	0
11.7	为宾客提供预约或安排出租汽车的服务		1	1	0.5	0	0
11.8	提供门前车辆疏导、代客泊车和顾客酒后代驾等服务		1	1	0.5	0	0
11.9	能提供大型宴会、酒会、自助餐、冷餐会服务		5	5	3	1	0
11.10	酒水储备充分，适应客人多层次、多方面的消费需求，各种酒水、饮料供应无假冒伪劣商品		3	3	2	1	0
11.11	烹调方法多样，并能按顾客要求提供席前烹制菜肴服务		5	5	3	1	0
11.12	有供应宴会的精制面点 20 款以上		2	2	1	0	0
11.13	有定期开展主题营销活动		5	5	3	1	0
11.14	有茶艺表演或专业茶室		1	1	0.5	0	0
11.15	茶室能提供婚庆、礼仪、主持及相关服务		2	2	1	0	0
11.16	有不同风格、风味、特色的餐厅分区，满足顾客不同需求		5	5	3	1	0
11.17	外卖及打包服务采用可降解的包装物，不使用一次性筷子和一次性湿毛巾，不使用塑料桌布，倡导环保节能		2	2	1	0	0
12	服务要求（满分 65 分）						
12.1	仪容举止	a) 服饰完好整洁程度（无破损、无污迹、不陈旧、服装平整、挺括）	2	2	1	0	0
		b) 服装与餐饮企业格调协调程度（与企业档次、特色、服务工种协调）	1	1	0.5	0	0
		c) 不同岗位着装区别（按部门、按工种、按级别区分）	1	1	0.5	0	0
		d) 着装统一程度（外套、裤或裙、鞋、袜、领带或领花、工号牌统一）	1	1	0.5	0	0
		e) 举止文明、姿态端庄、表情自然、微笑点头示意，符合岗位规范	2	2	1	0.5	0
		f) 引导客人时走在客人右前方或左前方 1.5－2 步远距离处，主动问好，指示方向，介绍服务项目或设施	1	1	0.5	0	0
		g) 手势和动作注意同语言使用的配合，动作规范，尊重客人风俗习惯	1	1	0.5	0	0

续表

序号	项　目	项　目　标　准	总分	实际得分			
				优	良	中	差
12.2	个人卫生	a）员工需常修指甲，保持指甲清洁，女性员工不涂用深色指甲油	1	1	0.5	0	0
		b）勤洗澡，勤理发，勤换工作服，保持头发梳洗整齐，没有头皮屑	1	1	0.5	0	0
		c）员工上岗保持口腔清新	1	1	0.5	0	0
		d）上班时不吸烟、不喝酒、不吃零食、不在工作岗位用餐	1	1	0.5	0	0
		e）员工上岗前用洗手间后必须洗手，餐厅服务员要做到接触食品前必须洗手，养成习惯	1	1	0.5	0	0
		f）不在客人面前或对着食品打喷嚏、咳嗽等，不做有碍卫生的动作	1	1	0.5	0	0
12.3	礼貌礼节	a）主动问候客人，礼貌大方，老顾客尽量称呼其全名	1	1	0.5	0	0
		b）诚信无欺，态度诚恳	2	2	1	0.5	0
		c）准确回答客人，反应灵敏，应答得体	1	1	0.5	0	0
		d）尊重客人的风俗习惯和宗教信仰，按照客人的要求和习惯提供服务，尊重宾客的合法权	1	1	0.5	0	0
12.4	服务态度	a）对客服务面带笑容，主动热情、耐心周到、体贴入微、宾客至上，以主人翁态度和责任感对待本职工作	2	2	1	0.5	0
		b）具有忍耐精神，对宾客提出的问题应予以耐心解释，不推诿应付	2	2	1	0.5	0
		c）助人为乐，对有困难的客人提供帮助	2	2	1	0.5	0
		d）切身处地为顾客着想，服务于客人开口之前	3	3	2	1	0
		e）引导销售，能根据客人需要准确介绍产品和提供的服务	2	2	1	0.5	0
		f）观察客人的潜在需求，向顾客提供个性接待	3	3	2	1	0
		g）提供超出顾客期望、令之印象深刻的服务	3	3	2	1	0
		h）建立顾客意见箱或设立投诉电话，多与客人沟通，对宾客提出的意见和建议认真研究，及时改进，并有完整的记录档案	3	3	2	1	0
12.5	服务语言	a）外语水平优：所有服务员能用普通话为宾客提供服务，一线服务及管理人员至少20%以上能用英语为有需要的客人提供服务良：所有服务员能用普通话为宾客提供服务，一线服务及管理人员至少10%以上能用英语为有需要的客人提供服务中：所有服务员能用普通话为宾客提供服务，有一线服务及管理人员能用英语为有需要的客人提供服务差：没有一线服务及管理人员能用英语为有需要的客人提供服务	5	5	3	1	0
		b）同客人交谈时注意倾听，精神集中、表情自然，不随意打断客人谈话或插嘴，时时表示尊重	1	1	0.5	0	0

续表

序号	项　目	项　目　标　准		总分	实际得分			
					优	良	中	差
12.5	服务语言	c)	对客服务语言要文明、礼貌、简明、清晰，亲切柔和	2	2	1	0.5	0
		d)	上岗或在公共场所不高声喧哗，动作轻稳，声音柔和，不影响客人	1	1	0.5	0	0
12.6	服务人员岗位要求	a)	迎宾领位员个人形象美观、大方、有良好的气质和风度修养，服务意识主动、强烈，态度端正，注意仪容仪表和礼貌	1	1	0.5	0	0
		b)	楼面服务员熟悉菜单和产品种类、品种、价格、做法及营养价值，掌握服务技巧，态度热情、服务周详细致，操作快速，语言运用规范，客人离开后清理台面，整理餐具迅速、无声响	3	3	2	1	0
		c)	预订人员熟练掌握宴会预订工作内容、工作程序和预订方法，了解宴会厅的设施设备、经营范围、预定标准和场地利用状况	1	1	0.5	0	0
		d)	酒吧服务员熟练掌握酒吧服务工作内容和工作程序，具有较丰富的酒水知识、推销经验和服务技巧	1	1	0.5	0	0
		e)	采购、收货人员掌握必要的物品及食品原料优劣分辨、检验真伪的技能	1	1	0.5	0	0
12.7	操作要求	a)	提供服务操作要快速准确，程序要准确无误	5	5	3	1	0
		b)	桌面整洁、排列整齐，每桌餐具摆放美观，规范	2	2	1	0.5	0
		c)	爱护客人行李物品，服务轻拿轻放	1	1	0.5	0	0
		d)	服务员在贵宾用餐前掌握接待规格，熟悉客人生活特点和宗教信仰	1	1	0.5	0	0
评分说明：1. 本标准满分为500分；2. 各星级应得最低分数：一星级100分、二星级200分、三星级300分、四星级350分、五星级450分								

附录B（规范性附录）

餐饮服务质量评定总表

项目 申请星级	选择项目说明	缺项说明	餐饮服务质量评分		
			应得分	实得分	得分率
星级					
市餐饮星级评定机构意见（盖章）			省餐饮星级评定机构意见（盖章）		

深圳市绿色景区标准

深圳市文体旅游局　深圳市人居环境委员会

2009 年 8 月

1　适用范围

本标准规定了创建绿色景区，推动资源节约和改进环境管理的基本要求。本标准适用于接待海内外旅游者的不同类型的景区，包括以自然或人文生态景观为主的各类景区。

2　引用标准和规范性文件

下列标准所包含的条文，通过在本标准中引用而构成为本标准的条文，本标准出版时，所示版本均为有效。所有标准都会被修订，使用本标准的各方应探讨使用下列标准最新版本的可能性。

GB3838—2002 地表水环境质量标准

GB3095—1996 环境空气质量标准

GB3096—1993 城市区域环境噪声标准

GB3096—2008 声环境质量标准

GB/T17775—1999 旅游区（点）质量等级的划分与评定

GB/T15971—1995 导游服务质量

GB/T10001.1 标志用公共信息图形符合第 1 部分：通用符号

GB9664 文化娱乐场所卫生标准

GB16153 饭馆（餐厅）卫生标准

GB/T16767 游乐园（场）安全和服务质

GB/T9001－_ 2004 质量管理体系、原则、体系和支持技术通用指南

GB/T24001－2004 环境管理体系、原则、体系和支持技术通用指南

GB18483—2001 中华人民共和国饮食业油烟排放标准

HJ14—1996 环境空气质量功能区划分原则与技术方法

DB4426—2001 广东省水污染物排放限值

DB4427—2001 广东省大气污染物排放限值标准

《深圳经济特区循环经济促进条例》（2006 年 3 月）

《深圳生态城市建设规划》（2006 年 8 月）

《深圳市生态街道评价标准》（2009 年 2 月）

《深圳市生态工业园区建设标准》（2009 年 2 月）

《深圳市绿色社区考核标准》（2009 年 2 月）

3　术语和定义

下列术语和定义适用于本标准。

3.1　景区

经区级以上（包含区级）行政管理部门确定成立，有管理机构，范围明确，具有参观、游览、度假、康乐、求知等功能，并提供相应旅游服务设施的独立单位。包括旅游景区（景点）、主题公园、度假区、度假村、高尔夫球场、休闲山庄、自然保护区、风景名胜区、森林公园、地质公园、动物园、植物园、游乐园、博物馆、其他文化馆所、其他文物保护单位等。

3.2　绿色景区

绿色景区是以循环经济为理念，采用绿色设计，坚持清洁生产，倡导绿色消费，保护生态环境和合理使用资源的环境友好型、资源节约型景区。绿色景区是以独特的生态资源、自然景观和与之共生的人文生态为依托，以促进旅游者对自然、生态的理解与学习为重要内容，提高对生态环境与社区发展的责任感，形成可持续发展的旅游区域。

3.3　绿色景区分类

3.3.1 自然生态型

是指以突出自然风光等特色形成的自然生态与其生境为主建设的生态旅游区。这类区域主要适用于科考、观光、登山、探险、度假、野营、徒步等活动。

3.3.2 人文景观型

是指以突出历史文化等特色形成的人文生态与其生境为主建设的生态旅游区。这类区域主要适用于历史、文化、社会学、人类学等学科的综合研究，以及适当的特种旅游项目及活动。

3.4　深圳市绿色景区

绿色景区是深圳市生态系列创建的组成部分之一。管理规范、具有示范效应的典型景区，通过了本标准确定的评定程序后，可以获得深圳市绿色景区的称号。

4　深圳市绿色景区标准

4.1　基本条件

（1）制定了景区总体规划或相关专项规划并获得相关部门审批，以及环境管理规章制度并得以实施；

(2) 国家和地方有关法律、法规、制度及各项政策得到有效的贯彻执行，近三年内未发生重大安全事故、重大污染事故和重大生态破坏事件；(3) 景区有普及率较高的节能减排设施，且有相应科学合理的生态保护措施；(4) 符合相应的安全标准，并通过景区安全检查。

4.2 **建设指标**

4.2.1 资源保护

4.2.1.1 人文景观类。

(1) 资源修复“修旧如旧”，保持其原有风貌；(2) 有专门的文物等资源的保护规划，或在其他规划中有专门章节；(3) 对可能危及资源永续利用的行为制定有风险预案；(4) 景区内的古建筑得到良好保护。

4.2.1.2 自然生态类。

(1) 制定的旅游总体规划或其他规划中有资源保护专章；(2) 建立了对动植物重要物种的监测保护制度，并得到落实；(3) 根据资源重要性进行分区保护并有明确的保护标识；(4) 保持景区自然生态系统的真实性和完整性；(5) 有针对外来生物入侵及病虫害的控制措施，并取得成效。

4.2.2 环境保护

4.2.2.1 对景区规划建设进行了环境影响评估，并严格落实了评估报告中提出的对策和措施。

4.2.2.2 环境状况

(1) 景区内水环境质量达到国家《地表水环境质量标准》(GB3838—2002) Ⅳ类及以上的要求；(2) 景区内大气环境质量满足相应环境功能区划标准的要求；(3) 景区内声环境质量满足相应环境功能区划标准的要求。

4.2.2.3 景区排放的废水、废气排放浓度稳定达到广东省水污染物排放限值 (DB4426—2001)、广东省大气污染物排放限值标准 (DB4427—2001) 和中华人民共和国饮食业油烟排放标准 (GBl8483—2001)。

4.2.2.4 废物处理

(1) 景区内拥有完备的固体废弃物收集处理系统，并对电池、金属及再生资源等进行回收利用；(2) 景区内垃圾得到及时处理，并进行分类回收处理；(3) 景区内垃圾箱布局合理，数量充足，与景观环境相协调，有可回收和不可回收垃圾分类标识。

4.2.2.5 景区环境干净整洁，卫生清理工作及时、到位。

4.2.3 节能降耗

4.2.3.1 节水

(1) 节水用具使用比例达到一定要求；(2) 景区内有倡导节约用水的标识或提醒用语；(3) 使用中水用及雨水用作绿化或环卫等途径达到一定的比例；(4) 景区单位营业收入新鲜水耗小于等于 10 立方米/万元。

4.2.3.2 节能

(1) 节能型灯具的使用比例达到一定要求；(2) 景区内使用节能设备（如节能电梯、空调等）；(3) 使用太阳能、风能等可再生能源，作为景区补充用能；(4) 景区单位营业收入综合能耗小于等于 0.15 吨标煤/万元。

4.2.3.3 降耗

(1) 不使用一次性木筷、不可降解的一次性发泡餐具；(2) 不使用过度包装的货物，只要有可能就使用大件包装或者可重复使用的容器包装材料。

4.2.4 景区建设

4.2.4.1 分类的环境设计（根据景区类别选择其中的一类打分）人文生态类：尊重资源的文化环境，保留显性的文化特征。自然生态类：景观设计能保护自然和生物的多样性。

4.2.4.2 建筑设计

(1) 选址合理，符合相关规划，与环境相协调，无错乱现象；(2) 建设中使用隔热、保温材料、节能墙体和环保装修材料；(3) 采用沙砾、卵石、木材、石材等本土材料，不切割原生态系统。

4.2.4.3 旅游厕所设计

(1) 位置隐蔽，与环境相适，但易于寻找，方便到达，适于通风；(2) 数量充足，干净明亮，无污迹、无异味；(3) 全部使用冲水厕所，或使用生态厕所；(4) 有完备的无障碍设施；(5) 有挂衣钩、卫生纸、洗手液、面镜、干手设备等。

4.2.4.4 绿色交通设计

(1) 线性与地形水系相呼应；(2) 建成生态式的停车场；(3) 主干道采用降噪材料；景观路沿线绿化好，景观完整；(4) 使用清洁能源的交通工具。

4.2.4.5 吸烟管理

(1) 景区设立专门的吸烟区，并有明显的标识，其他场所均禁止吸烟；(2) 对非吸烟区的吸烟行为，管理措施明确，执行到位。

4.2.4.6 引导标识

(1) 景区内的引导标识位置明显，内容清晰，易于理解，并有第二语种（如英语）说明；(2) 景物介绍牌使用可再生性（生态）材料。

4.2.4.7 饮食卫生与安全

(1) 餐厅清洁卫生，各项消毒设施完善，符合国家相关食品卫生标准；(2) 不使用危害人体和环境的消毒和洗涤用品。

4.2.5　景区管理

4.2.5.1 制定环境管理方针与绿色服务规范，明确服务程序和岗位责任制。

4.2.5.2 管理游客容量

（1）确定日接待游客上限；（2）制定有限制游客数量的预案，游客人数超过承载量时，主动采取措施限制进入的游客流量。

4.2.5.3 员工培训

（1）为员工提供节能降耗、循环经济和环境保护等方面的培训并有培训记录；（2）重要责任岗位人员有相应的资质证书。

4.2.5.4 管理体系

（1）建立环境管理体系，并通过 ISO14001 标准认证；（2）建立质量管理体系，并通过 ISO9001 标准认证；（3）符合广东省《景区游乐安全管理要求》；（4）通过其他环境或管理体系认证。

4.2.5.5 制度落实与监督

（1）相应的负责人定期检查各项措施实施情况，有记录，有整改，有成效；（2）员工有机会参与管理，有建议和反馈渠道；（3）设有游客意见箱以接受相应的投诉意见，并有合适的反馈渠道。

4.2.5.6 参加省、国家或国际环境保护活动并获得奖励或表彰。

4.2.6　景区经营

4.2.6.1 游客综合满意度调查评分（根据附录 C 规定的程序和方法调查）。

4.2.6.2 旅游购物

（1）有专门或兼职的督导人员，负责绿色产品的服务的监控、评价；（2）主动与游客进行沟通，取得理解、支持与配合；（3）不提供野生保护动物为原料的食品，不以野生动物名义招揽顾客；（4）不采购、加工、出售以野生动物骨、皮等为原料的纪念品；（5）不出售对人体健康有害的产品；（6）不无偿提供塑料购物袋。

4.2.6.3 不欺生、不敲诈，有礼貌，敬语普及程度高，随时帮助游客。

4.2.7　生态教育

4.2.7.1 讲解手段能采取生态措施或材料，讲解方案生态意识强，内容完整，对游客生态引导作用明显。

4.2.7.2 游客中心提供含环境教育内容的宣传资料及游客手册，具有明显的生态教育与引导特点。

4.2.7.3 含有生态教育内容的引导标识牌所占比例达到一定要求。

4.2.7.4 导游员的生态意识明显，导游语言、行为能充分体现生态性，生态行为对游客的引导示范作用明显。

4.2.8　社区共享

4.2.8.1 景区用工以当地人为主，并积极购买当地土特产品与服务。

4.2.8.2 能积极捐款或支持政府组织的环境或自然保护行动，以及其他社会发展进步行动。

4.2.8.3 景区与周边居民关系融洽，并形成良好的互动。

附件：

《深圳市绿色景区》申报、评定程序

第一条【目的】

为了保证绿色景区评定工作的科学性和规范性，进·步提高景区（点）的环境质量和管理水平。推进景区循环经济建设，促进旅游业的可持续发展，根据《绿色景区标准》，特制定该项标准的评定程序。

第二条【自查与申报】

申请绿色景区的景区（点）在对照《绿色景区标准》完成了自检、自评和各项整改工作后，认为达到本标准的评分细则要求，在服务质量和环境质量达到细则所规定的相应要求，即可向市绿色景区评定委员会或所在区绿色景区评定委员会申请进行评定。

第三条【评定管理】

绿色景区的申请，可由区绿色景区评定委员会受理，进行初评，报市绿色景区评定委员会复核后确认、公布，亦可直接由市绿色景区评定委员会受理申请，进行评定、公布。

第四条【申请程序】

绿色景区（点）申请程序为：

（一）旅游区（点）提交申请报告；

（二）所在区级绿色景区评定委员会初评；

（三）市级绿色景区委员会组织评定；

（四）市绿色景区评定委员会组织公示及征求相关部门意见；

（五）市绿色景区评定委员会发布公告。

第五条【评定流程】

绿色景区评定工作应按照以下流程进行：

（一）组成评定小组；

（二）拟定评定计划；

（三）现场评定；

（四）完成评定报告、做出推荐结论；

（五）由绿色景区评定委员会审核、批准；

（六）颁发绿色景区证书。

第六条【评定小组的组成】

评定小组受市或区绿色景区评定委员会的委派具体承担对景区（点）创绿的评定工作。

评定小组人数可根据所评定景区（点）的规模、等级、评定时间长短等条件进行调整。一般情况下成员不少于3名。

第七条【评定小组组长的职责】

评定小组应确定一名评定小组组长。其职责是：

（一）主持编制评定计划；

（二）负责组织对有关材料和文件的审核；

（三）主持现场检查；

（四）负责组织现场抽样调查工作；

（五）执笔并提交评定报告。

第八条【评定小组成员的职责】

评定小组成员的职责是：

（一）服从组长的程序安排；

（二）在组长指导下编制工作计划；

（三）独立完成分工范围内的各项评定任务，包括实地检查、核对资历、编制报告、小组内部交流、向组长报告检查结果等；

（四）完成组长交办的其他工作，如收集、整理各项评定情况、协助编写评定报告等；

（五）负责验证各项整改措施的落实情况。

第九条【评定计划】

评定计划应包括以下内容：

（一）评定目的。明确所评定的景区（点）的质量标准和达到的要求。

（二）评定范围。明确被评定景区（点）所在的行政区域、范围、旅游区（点）类型、规模等。

（三）评定依据。包括评定的标准和评分细则以及细则中要求的其他相关标准等。

（四）评定小组成员。包括评定小组组长、各执行小组成员名单和小组成员工作分工、合作的安排。

（五）起止日期。

（六）详细工作日程安排。

第十条【评定日程】

现场评定的计划中，应包括下列内容及相应的时间安排：首次会议，现场检查，资料审核，抽样检查，末次会议。

第十一条【评定文件目录】

现场评定的文件目录为：

（一）基本评定文件：绿色景区标准及各项评定细则，

现场检查表，资料审核表，游客意见评分细则及调查表。

（二）其他评定材料：首、末次会议签到表，所评定单位自检和推荐部门初评、核查报告，现场检查笔记本等。

第十二条【首次会议】

评定小组的首次会议应明确目的和程序：

（一）首次会议的目的为：向受评定方介绍小组成员，确认评定范围、目的和工作计划；介绍所采用的评定方法和程序；评定小组与受评定方建立正式的联络渠道；确认评定小组所需的资料和条件；商定末次会议的时间。

（二）首次会议的程序为：组长宣布开会，并介绍评定组成员；受评定方介绍参会的中高层管理人员；受评定方介绍情况；组长宣布此次评定活动的评定范围、目的、评定依据和评定计划；组长介绍评定方法和程序；由受评定方确定配合人员；组长确认末次会议时间，并宣布会议结束。

第十三条【现场评定工作组织】

现场评定组根据所评定的内容分为三个评定小组，即现场检查组、资料审核组、抽样调查组，各小组各司其职。评定小组和根据检查的具体时间安排，灵活调配各执行小组成员。

第十四条【现场检查组职责】

现场检查组的职责包括：

（一）提问和交谈。与各部门管理人员的交谈，判断他们对各项规章、制度及工作情况的了解程序与执行情况，从而判断其质量管理体系的实施情况。

（二）现场观察。检查员事先熟悉标准文本及评分细则，在现场观察中要做好记录。对所申报材料中把握不准的部分，在检查中要做较详细的记录。对于与推荐报告不一致的内容应该在现场把问题查清楚。

第十五条【资料审核组职责】

资料审核组的职责是：查阅文件和记录资料。在审核中要查阅的记录有：各项管理规章、日常工作记录、培训记录、奖惩登记、投诉及重大事故处理记录等。

第十六条【抽样调查组职责】

抽样调查组职责是：组织访问人员，抽取样本，并随机访问游客，取得访问结果，进行统计分析。在样本选择中应做到随机抽样，样本要合理，尽量分布均匀。

第十七条【评分标准】

评分标准以客观事实为基础：

（一）客观证据主要依据。首先是在文件、记录审阅以及在现场观察中发现的客观事实；在现场检查中，受检查人员或游客对检查员所提问的回答，也可以作为重要的参考内容。

（二）必须以评定标准为依据。判定不符合标准的项目时，一定要以绿色景区标准为依据，不以检查员个人的意见好恶为主导。

（三）确定不符合标准的项目时，评定小组要充分讨论，互通情况，统一意见。

（四）按照绿色景区基本条件评定细则（附录A），共4项，是绿色景区申报的门槛条件；申报单位必须完全满足基本条件，才有资格申报绿色景区，未能达到基本条件要求的单位，不接受绿色景区的申请。

（五）按照绿色景区建设指标评定细则（附录B），共8类76项，总分500分，评分400分以上的申报单位可授予绿色景区称号。

第十八条【末次会议】

末次会议是现场评定工作结束的会议。

（一）目的。评定小组向受评定方通报评定结果和评定结论。会议由评定组长主持，参加人应为受评定方的高层管理者和部门负责人。

（二）程序和内容：评定组长宣布末次会议开始；组长介绍评定工作情况；评定小组提出需要补充和改正的项目并提出整改意见；受评定方就提出的不符合项及整改意见表明意见；组长宣布会议结束。

（三）对待进一步整改或明确的问题，现场评定不形成最终结论。

第十九条【评定报告及其上报】

评定小组在现场评定的基础上，撰写有关的评定报告，并列出是否授予绿色景区称号的建议，将评定结果报市级或区级绿色景区评定委员会核准审定。

第二十条【监督检查】

（一）授牌。经评定的绿色景区，将授予由市绿色景区评定委员会统一规定制作的标志、标牌和证书，未经授权许可的单位和个人不得擅自使用。

（二）复核。经评定的绿色景区，由区绿色景区评定委员会每年进行一次复核，并报市绿色景区委员会备案。

（三）期限。绿色景区标志的使用有效期为两年（自颁发证书日起计算），到期需重新申请、评定。标志使用有效期满不继续申请的，不得继续使用该标志。

（四）景区在使用绿色景区标志期间发生重大安全事故的，将取消其绿色景区标志，并向社会公布。

附录 B(规范性附录):

深圳市绿色景区评分表

序号	评定项目	定指标名称	考核办法	大项分值	分项分值	小项分值	评分			
							景区自评	区绿色景区评定委员会评分	市绿色景区评定委员会评分	复核
1	资源保护			40						
分类资源保护措施(1.1 和 1.2 按景区类型选择一类打分)										
1.1	人文景观类				40					
1.1.1	资源修复	资源修复“修旧如旧”,保持原有风貌	现场检查			12				
1.1.2	文物保护规划	有专门的文物等资源的保护规划,或在其他中有专门章节	检查文件			8				
1.1.3	预防措施	对可能危及资源永续利用的行为制定有风险预案	检查文件			10				
1.1.4	历史建筑	景区内的古建筑得到良好保护	现场检查,检查文件			10				
1.2	自然生态类				40					
1.2.1	保护规划	制定的旅游总体规划或其他规划中有资源保护专章	检查文件			10				
1.2.2	制度完善	建立了对动植物重要物种的监测保护制度,并得到落实	查阅文件			8				
1.2.3	分区保护	根据资源重要性进行分区保护并有明确的保护标识	现场检查,检查文件			7				
1.2.4	生态系统保护	保持景区自然生态系统的真实性和完整性	现场检查,检查文件			7				
1.2.5	生物入侵	有针对外来生物入侵及病虫害的控制措施,并取得成效	现场检查			8				
2	环境保护			85						
2.1	环境影响评价	对景区规划建设进行了环境影响评估,并严格落实了评估报告中提出的对策和措施	现场检查,检查文件		10					
2.2	环境状况				30					
2.2.1	水环境质量	景区内水环境质量达到国家 GB3838-2002《地表水环境质量标准》IV 类及以上的要求	现场监测,检查文件水质达 IV 标准给 10 分,达 V 类标准给 5 分,低于 V 标准不给分			10				
2.2.2	大气环境质量	景区内大气环境质量满足相应环境功能区划标准的要求	现场监测,检查文件达标给 11 分,不达标给 0 分			10				

续表

序号	评定项目	定指标名称	考核办法	大项分值	分项分值	小项分值	评分			
							景区自评	区绿色景区评定委员会评分	市绿色景区评定委员会评分	复核
2.2.3	声环境质量	景区内声环境质量满足相应环境功能区划标准的要求	现场监测,检查文件达标给10分,不达标给0分			10				
2.3	达标排放	景区排放的废水、废气排放浓度稳定达到广东省水污染物排放限值(DB4426－2001)、广东处大气污染物排放限值标准(DB4427－2001)和中华人民共和国饮食业油烟排放标准(GB18483－2001)	检查监测文件全部达标给15分不达标给0分		15					
2.4	废物处理				20					
2.4.1	收集系统完备	景区内拥有完备的固体废弃物收集处理系统,并对电池、金属及再生资源等进行回收利用	现场检查,检查文件			5				
2.4.2	垃圾处理	景区内垃圾进行分类回收,并得到及时处理	现场检查			5				
2.4.3	垃圾箱设计	布局合理,数量充足,与景观环境协调,有可回收和不可回收垃圾分类标识	现场检查			10				
2.5	景区环境卫生	景区环境干净整洁,卫生清理工作及时、到位	现场检查		10					
3	节能降耗		现场颞,检查文件水质达IV标准给10分,达V类标准给5分,低于V标准不给分	75						
3.1	节水				30					
3.1.1	节水用具	节水用具使用比例	现场检查打分方式以100%为满分,每10%一个档次评分,低于50%给0分。			10				
3.1.2	节水标识	景区内有介导节约用水的标识或提配用语	现场检查,检查文件			5				
3.1.3	中水及雨洪利用	使用中水及雨水用作绿化或环卫等途径的比例	现场检查,检查文件以80%为满分,每10%一个档次评分,低于40%给0分。			10				

续表

序号	评定项目	定指标名称	考核办法	大项分值	分项分值	小项分值	评分			
							景区自评	区绿色景区评定委员会评分	市绿色景区评定委员会评分	复核
3.1.4	景区水耗	景区单位营业收入新鲜水耗小于等于10立方米/万元	检查文件			5				
3.2	节能				35					
3.2.1	节能灯具	节能型灯具的使用比例	现场检查打分方式以100%为满分，每10%一个档次评分，低于50%给0分			5				
3.2.2	节能设备	景区内使用节能设备（如节能电梯、空调等）	现场检查，检查文件			5				
3.2.3	清洁能源使用	使用太阳能、风能等再生能源，作为景区补充用能	现场检查			15				
3.2.4	景区能耗	景区单位营业收入综合能耗小于等于0.15吨标煤/万元	检查文件			5				
3.3	降耗				10					
3.3.1		不使用一次性筷、不可降解的一次性发泡餐具	现场检查，检查文件			5				
3.3.2		不使用过度包装的货物，只要有可能就使用大件包装或者可重复使用的容器包装材料	现场检查，检查文件			5				
4	景区建设			105						
分类环境设计（4.1和4.2按景区类型选择一类打分）										
4.1	人文景观类	尊重资源的文化环境，保留显性文化特征	现场检查，检查文件		5					
4.2	自然生态类	景观设计能保保护自然和生物的多样性	现场检查，检查文件		5					
4.3	建筑设计				15					
4.3.1		选址合理，符合相关规划，与环境相协调，无错乱现象	现场检查，检查文件			5				
4.3.2		建设中使用隔热、保温材料、节能墙体和环保装修材料	现场检查，检查文件			5				
4.3.3		采用沙砾、卵石、木材、石材等本土材料，不切割原生态系统	现声检查			5				
4.4	旅游厕所				25					
4.4.1		位置隐蔽，与环境相适，但易于寻找，方便到达，适于通风	现场检查			5				
4.4.2		数量充足，干净明亮，无污迹、无异味	现场检查			5				
4.4.3		全部使用冲水厕所，或使用生态厕所	现场检查，查检文件			5				
4.4.4		有完备的无障碍设施	现场检查			5				

续表

序号	评定项目	定指标名称	考核办法	大项分值	分项分值	小项分值	评分			
							景区自评	区绿色景区评定委员会评分	市绿色景区评定委员会评分	复核
4.4.5		有挂衣钩、卫生纸、洗手液、面镜、干手设备等	现场检查，每项1分，最多5分			5				
4.5	绿色交通				25					
4.5.1	道路连贯性	线性与地形水系相呼应	现场检查			5				
4.5.2	停车场建设	建成生态式停车场	现场检查			5				
4.5.3	道路建设	主干道采用降噪材料，景观路沿线绿化好，景观完整	现场检查			5				
4.5.4	交通工具	使用清洁能源的交通工具	现场检查			10				
4.6	吸烟管理				10					
4.6.1	设立无烟区	景区设立专门的吸烟区，并有明显的标识，其他场所均禁止吸烟	现场检查			5				
4.6.2	非吸烟区管理	对非吸烟区的吸烟行为，管理措施明确，执行到位	现场检查			5				
4.7	引导标识				15					
4.7.1	引导标识内容	景区内的引导标识位置明显，内容清晰，易于理解，并有第二语种（如英语）说明	现场检查			10				
4.7.2	引导标识材质	景区标识牌使用可再生性（生态）材料	现场检查			5				
4.8	饮食卫生与安全				10					
4.8.1		餐厅清洁卫生，各项消毒设施完善，符合国家相关食品卫生标准	现场检查			5				
4.8.2		不使用危害人体和环境的消毒和洗涤用品	现场检查			5				
5	景区管理			90						
5.1	管理责任制	制定环境管理方针与绿色服务规范，明确服务程序和岗位责任	检查文件		5					
5.2	管理游客容量				10					
5.2.1	规定流量上限	确定日接游客上限	检查文件			5				
5.2.2	采取限人措施	制定有限制游客数量的预案，游客人数超过承载量时，主动采取措施限制进入的游客流量	检查文件			5				
5.3	员工培训				10					

续表

序号	评定项目	定指标名称	考核办法	大项分值	分项分值	小项分值	评分			
							景区自评	区绿色景区评定委员会评分	市绿色景区评定委员会评分	复核
5.3.1		为员工提供节能降耗、循环经济和环境保护等方面的培训，并有培训记录	检查培训记录、现场考核			5				
5.3.2		重要责任岗位人员有相应的资质证书	检查文件			5				
5.4	管理体系				40					
5.4.1		建立环境管理体系，并通过 ISO14001 标准认证	检查文件			12				
5.4.2		建立质量管理体系，并通过 ISO9001 标准认证	检查文件			12				
		符合广东省《景区游乐安全管理要求》	检查文件			8				
5.4.3		通过其他环境或管理体系认证	检查文件			8				
5.5	制度落实与监督				15					
5.5.1	定期检查	相应的负责人定期检查各项措施实施情况，有记录，有整改，有成效	查阅检查记录			5				
5.5.2	员工参与	员工有机会参与管理，有建议和反馈渠道	座谈、现场检查			5				
5.5.3	游客意见	设有游客意见箱以接受相应的投诉意见，并有合适的反馈渠道	现场检查、检查文件			5				
5.6	环保活动	参加省、国家或国际环境保护活动并获得奖励或表彰	检查文件		10					
6	景区经营			60						
6.1	游客满意度	游客综合满意度调查评分（根据附录 C 规定的程序和方法调查）	问卷调查 80% 为满分，以每 5% 为一个档次扣 5 分，低于 60% 给 0 分。		20					
6.2	旅游购物				35					
6.2.1		有专门或兼职的督导人员，负责绿色产品服务的监控和评价	现场检查，检查文件			5				
6.2.2		主动与游客进行沟通，取得理解、支持与配合	现场检查，检查文件			5				
6.2.3		不提供野生保护动物为原料的食品，不以野生动物名义招揽顾客	现场检查			8				
6.2.4		不采购、加工、出售以野生动物骨、皮等为原料的纪念品	现场检查			7				
6.2.5		不出售对人体健康有害的产品	现场检查，检查文件			5				

续表

序号	评定项目	定指标名称	考核办法	大项分值	分项分值	小项分值	评分			
							景区自评	区绿色景区评定委员会评分	市绿色景区评定委员会评分	复核
6.2.6		不无偿提供塑料购物袋	现场检查			5				
6.3	友好程度	不欺生、不敲诈,有礼貌,敬语普及程度高,随时帮助游客	现场考核		5					
7	景区教育			20						
7.1	讲解手段	讲解手段能采取生态措施或材料,讲解方案生态意识强,内容完整,对游客生态引导作用明显	现场检查、检查文件		5					
7.2	游客中心	游客中心提供含环境教育内容的宣传资料及游客手册,具有明显的生态教育与引导特点	现场检查,检查文件		5					
7.3	引导标识内容	含有生态教育内容的景区标识牌所占比例	现场检查,占80%为满分,以每10%为一个档次扣1分,低于40%给0分。		5					
7.4	导游员	导游员的生态意识明显,导游语言、行为能充分体现生态性,生态行为对游客的引导示范作用明显	现场考核		5					
8	社区共享			25						
8.1	社区劳务	景区用工以当地人为主,并积极购买当地土特产品与服务	走访居民、检查文件		7					
8.2	社会公益	能积极捐款或支持当地政府组织的环境或自然保护行动,以及其他社会发展进步行动	检查文件		8					
8.3	社区关系	景区与周边居民关系融洽,并形成良好的互动	走访居民、检查文件		10					
总分	500									

注:1. 本标准共计8项大尖,76项小类;2. 非营业性景区水耗、能耗指标给满分;3. 环保监监测数据采用多次监测结果。

附录 A（规范性附录）：

“绿色景区”基本条件平定细则

序号	指标名称	达到与否
1	景区要有经专业机构制定并获得相关部门审批的旅游总体规划和相关专项规划，并严格按照规划实施	
2	国家和地方有关法律、法规、制度及各项政策得到有效的贯彻执行，近三年内未发生重大安全事故、重大污染事故和重大生态破坏事件	
3	景区有普及率较高的节能减排设施，且有相应科学合理的生态保护措施	
4	符合相应的安全标准，并通过景区安全检查。	

注：绿色景区基本条件评定细则是绿色景区申报的门槛条件；申报单位必须完全满足基本条件，才有资格申报绿色景区，未能达到基本条件要求的单位，不接受绿色景区的申请。

附录 B：绿色景区

绿色景区申请企业基础信息表

<table>
<tr><td>名称</td><td></td><td>主管部门</td><td></td></tr>
<tr><td>单位地址</td><td colspan="3"></td></tr>
<tr><td>类型</td><td colspan="3">在下列正确的位置划（√）：自然旅游景区（点）、主题公园、度假区、度假村、休闲山庄、保护区、风景名胜区、森林公园、动物园、植物园、文化馆所、其他人造景点、其他文物保护单位等。</td></tr>
<tr><td>公司电话/传真</td><td></td><td>邮政编码</td><td></td></tr>
<tr><td>景区网址</td><td></td><td>电子信箱</td><td></td></tr>
<tr><td>公司负责人</td><td></td><td>电话</td><td></td></tr>
<tr><td>创绿活动负责人</td><td></td><td>电话</td><td></td></tr>
<tr><td>创绿责任部门</td><td></td><td>电话</td><td></td></tr>
</table>

1. 基本数据

<table>
<tr><td rowspan="2">面积</td><td colspan="2">总面积</td><td>平方米</td><td colspan="2">建筑面积</td><td>平方米</td></tr>
<tr><td colspan="2">水域面积</td><td>平方米</td><td colspan="2">绿地面积</td><td>平方米</td></tr>
<tr><td rowspan="3">交通状况</td><td colspan="2">依托主要干道名称与距离</td><td colspan="4"></td></tr>
<tr><td colspan="2">依托车站/码头名称与距离</td><td colspan="4"></td></tr>
<tr><td colspan="2">停车场的个数/停车位数量</td><td colspan="4"></td></tr>
<tr><td rowspan="2">工作人员</td><td>总人数</td><td>人</td><td>导游（讲解）人员</td><td>人</td><td>安保人员</td><td>人</td></tr>
<tr><td>管理人员</td><td>人</td><td>高级导游（讲解员）</td><td>人</td><td>环卫人员</td><td>人</td></tr>
<tr><td rowspan="3">上年经营情况</td><td colspan="2">接待游客人数</td><td>万人次</td><td>营业收入</td><td colspan="2">万元</td></tr>
<tr><td colspan="2">其中：入境游客数</td><td>万人次</td><td>利润总额</td><td colspan="2">万元</td></tr>
<tr><td colspan="2">门票价格</td><td>元</td><td>上缴税费</td><td colspan="2">万元</td></tr>
</table>

2. 景区概况（1000字以内，内容包括：行政归属单位、经营管理单位、开业时间、发展地程、累计投入、经营业绩等）

3. 旅游资源和旅游活动项目概况（旅游资源内容包括：类型种类、特色、数量、品位、组合关系、保护措施等，旅游活动包括常设和专项旅游活动项目的名称、内容、活动方式、项目建设单位等）

4. 涉及能耗、物耗的基础和专用设施（简要列出主要供电、给水、排水、排污、通讯、交通、安全等设备设施）

5. 创建绿色景区的工作和成果（简述"创绿"工作的主要过程。相关材料可以作为附件提交：公司提供绿色产品、绿色服务情况，包括宣传培训、活动计划、总结；社会环境效益，包括各种报道、社会各界反映、宾客表扬和建议等）。

附录C（规范性附录）：

绿色景区游客意见评分细则

一、绿色景区评定对游客意见的评分，以游客对该景区（点）的综合满意为依据。考察方式是，评定检查员在景区（点）联络员陪同下，在评定现场直接向游客发放、回收、统计《绿色景区游客意见调查表》（以下简称《调查表》）。

二、在质量等级评定过程，《调查表》发放规模，应区分景区（点）的规模、范围和申报等级，一般为30～50份，采取即时发放、即时回收、最后汇总统计的方法。回收率一般不应低于80%。

三、《调查表》的分发，应采取随机发放式。原则上，发放对象不能少于三个旅游团体，并注意游客的性别、年龄、职业、消费水平等方面的均衡。

四、游客综合满意度的计分方法：

（一）游客综合满意度总分为100分。

（二）计分标准：1. "总体印象"项为综合项，总分为20分，其中"很满意"20分，"满意"15分，"一般"10分，"不满意"0分。

2. 其他10项为分类项，总分80分，每项为8分。各项中"很满意"8分，"满意"6分，"一般"3分，"不满意"0分。

（三）计分办法：先计算所有《调查表》各单项的算术平均值，再对各单项的算术平均值加总，作为综合得分。如存在某一单项在调查表中未填写的情况，则该项以其他各项（除总体印象项外）的平均值计入总分。

五、绿色景区游客意见综合得分要求为不低于80分。

附录D（规范性附录）：

绿色景区游客意见调查表

调查项目 Items	很满意 Very satisfactory	满意 Satisfactory	一般 Fair	不满意 Unsatisfactory
总体印象 Overallimpression				
生态景观 Ecologicall and scape				
节约水电 Saving of water&electicity				
园区卫生 Environmentalhygiene				
环保资讯 Information of environment				
一次性用品 Supply of environment				
排污防污 Drain contamination				
旅游厕所 Tobilet				
废物利用 Reuse of wastematerial				
绿色食品 Greenfood&beverage				
景观保护 Scenery&relicprotection				

游客姓名：____________ 联系方式：____________ 调查员：____________

旅游发展规划

（第 419～430 页）

广州东北部山区旅游发展战略规划

（摘要）

第一章　旅游发展条件分析

一、旅游开发条件分析（SWOT 分析）

（一）优势

1. 广州东北部山区旅游资源丰富，是广州市旅游发展的潜力区域。山区优良的生态环境已经成为山区旅游持续发展的独特优势，并发挥着对珠江三角洲的生态屏障作用；

2. 广州山区旅游的发展具有区位交通优势，山区镇与广州中心城区的交通距离均在2小时范围内，与珠三角主要地市的距离在3小时范围内，其旅游发展的潜在需求市场巨大；

3. 广州山区旅游的发展具有后发优势，可以借鉴发达地区的发展经验，改革创新，实现山区旅游业的跨越式发展；

4. 经过十多年的发展，山区旅游已经具有了有一个良好的基础。山区经济的快速发展、产业转移、产业升级为旅游产业的持续发展提供了产业保障。

（二）劣势

1. 一些山区镇旅游产品开发粗放，产品结构单一，缺乏龙头企业，竞争力不强，旅游业处于初级发展阶段。旅游人才缺乏，旅游管理水平较低，旅游服务质量有待改善，旅游从业人员素质有待提高，旅游酒店等旅游接待设施的配套有待进一步完善和加强；

2. 山区的经济水平仍然比较薄弱，制约了旅游产业的发展，山区旅游接待人数持续增长，但占全市的市场份额较低，旅游经济总量小，产业规模不大，产业质量、效益不高。

（三）机遇

1. 广东省政府和广州市政府提出建设和谐广东和广州的战略目标，鼓励区域协同发展，发展绿色产业，政府重视山区旅游产业的发展，推出了政策、资金、人才、促销等一系列扶持举措；

2. 粤港澳、泛珠三角区域合作的日益推进，广州亚运会和广交会的举办，为广州东北部山区旅游的发展开辟了广阔的市场空间和发展腹地。

表 1－1　广州山区镇旅游资源分级评价表

资源级别	资源类型	代表性景区（点）
一级旅游资源	温泉度假	从化温泉镇温泉旅游度假区（含天湖景区）、增城派潭温泉旅游度假
	森林生态	增城派潭派潭白水仙瀑景区
二级旅游资源	森林生态	石门国家森林公园、王子山森林公园（含红山村、油菜花节）、牛牯嶂风景区
	休闲农业与乡村度假	小楼人家（含菜心节）、湖心岛景区（含西境村、黄何屋村）、兰溪荔枝沟景区、宣星桃源村
	其他	广州抽水蓄能电厂（含小杉村）、何仙姑景区、响水峡景区（含乡村美食节）
三级旅游资源	休闲农业与乡村度假	庙尾村大自然休闲农场、狮象岩村农家乐、派潭车洞村农家乐、派潭汉湖村农家乐（含石达开故居）、香蜜山果庄、布依科技生态农场、从化蝴蝶谷乡村度假旅游区
	森林生态	大丰门森林公园、桂峰山古人类遗址森林公园、高百丈风景区
其他旅游资源		寺庙、红色旅游点、古村宗祠、古建筑和老街巷等

（四）挑战

1. 客源市场的竞争激烈，由于交通发展迅速，游客的出行空间拓展；

2. 由于资源的同构化和产品同质化，邻近市县所产生的替代性竞争，对广州东北部山区旅游业的发展提出了严峻挑战。

二、旅游资源评价

（一）旅游资源分区评价（略）

（二）旅游资源分级评价

广州东北部山区目前拥有的国家级或省市级旅游景区景点，包括2个国家3A级旅游区，1个国家森林公园和广东省森林生态旅游示范基地，1个省级风景名胜区，3个省级旅游特色镇和1个旅游特色村，1处广州市农家乐旅游示范点。但缺乏在国际上具有较高吸引素质的旅游资源。根据广州山区镇旅游资源禀赋特点和旅游市场需求趋势，将山区旅游资源划分为三个等级（见表1－1）。

第二章　规划理念与战略目标

一、规划指导思想

广州东北部山区六镇基本上都属于生态环境优良区域，也是生态环境敏感地区，对广州市的生态安全具有重要的影响。本规划应立足该地区自然和经济环境的特点及其战略区位，充分重视旅游业在当地经济和社会发展中的战略地位，配合广州建设生态旅游示范区和乡村旅游示范区的需要，以突出优势、强化特色、打造精品、塑造品牌为指导思想，以市场为导向，促进山区六镇旅游发展上规模、上档次、上水平，力争在省内独树一帜，打造鲜明的旅游目的地形象。

二、规划原则

（一）旅游开发应与当地自然生态环境相结合

（二）旅游开发与当地经济社会发展相结合

（三）旅游开发与广州旅游需求发展趋势相结合

三、规划期限

一期（近期）：2010年——2011年

二期（中期）：2012年——2013年

三期（远期）：2014年——2015年

四、旅游产业定位

（一）对广州东北部山区镇旅游业地位的认识

（二）旅游产业定位

旅游业发展应充分发挥各山区镇生态旅游资源和乡村旅游资源优势，与生态经济和休闲农业相结合，作为地区经济的战略性主导产业优先发展。

五、战略目标定位

产业经济发展目标：规划期末，旅游业成为各镇经济的重要支柱产业。

旅游目的地建设目标：充分利用广州的经济优势和市场优势，通过本地区生态旅游和乡村旅游示范性项目的规划和建设，使广州的郊野度假旅游开发进入国内领先行列和全国度假旅游开发的创新区和示范区，并在广州东北部山区建成全国首个国家度假公园集群。

六、主题定位

根据山区六镇区位条件、旅游资源特点及旅游市场需求趋势，应重点开发以“生态. 乡村”为主题的休闲度假旅游产品，满足城市居民日益增长的康体养生、亲子教育的需要，打造鲜明的旅游目的地形象。

七、市场定位

（一）区域市场细分

根据对广州东北部山区区位条件、旅游资源条件以及客源市场需求特点分析，客源市场开发可以分为三个层次：

基础市场：主要是广州本地的城市家庭和单位团体市场，以1－3日游为主。

核心市场：以广州、佛山、东莞、深圳、香港、澳门为核心的珠三角地区，以自驾车和旅行社组织的1－3日游为主。

拓展市场：主要是来穗的国内外游客，以公务考察和旅行社组织的1－3日游为主。

（二）市场类型细分

根据各区旅游资源特点和开发主题定位，广州东北部山区旅游开发可重点针对以下几类细分市场：

第一类是休闲度假市场，这部分市场是本地区最重要的群体，以家庭市场为主要形式，特点是消费水平较高，且重游率高。出游形式以自驾车为主，旅行社组织为辅。

第二类是会议度假市场，这部分市场是以单位团体市场为主要形式，特点是消费水平高，对接待设施要求较高。

第三类是奖励旅游市场，这部分市场也是以单位团体市场为主要形式，特点是对配套服务设施要求较高，适宜开展团体活动。

八、形象定位

（一）阶梯形象定位：中国首个（国家）度假公园集群，包括：中国第一个山地度假（国家）公园、中国第一个温泉度假（国家）公园、中国第一个森林度假（国家）公园、中国第一个乡村度假（国家）公园。

（二）整体旅游形象

广州绿海，假日田园

（三）分区旅游形象

1. 中国第一个山地度假（国家）公园

目的地范围：花都区梯面镇镇域范围

规划公园名称：花都王子山山地度假（国家）公园

形象口号：王子森林，山地花海

2. 中国第一个温泉度假（国家）公园

目的地范围：从化温泉风景区（温泉镇）、从化养生谷（良口镇）范围

规划公园名称：从化温泉度假（国家）公园

形象口号：温泉祖庭，养生之都

3. 中国第一个森林度假（国家）公园

目的地范围：从化温泉镇（不含温泉风景区）、从化吕田镇、良口镇流溪河森林公园范围

规划公园名称：从化流溪河森林度假（国家）公园

形象口号：森林王国，童话世界

4. 中国第一个乡村度假（国家）公园

目的地范围：增城派潭、小楼、正果镇域范围

规划公园名称：增城荔乡田园乡村度假（国家）公园

形象口号：人间美景，世外桃源

（四）分镇旅游形象

从化吕田：美食吕田，流溪家园

从化温泉：温泉祖庭，生态王国

增城小楼：仙姑故里，小楼人家

增城正果：人间正果，山水画廊

增城派潭：派潭仙境，温情乡村

花都梯面：王子森林，山地花海

第三章 旅游开发与布局规划

一、区域旅游开发总体布局

（一）旅游开发总体格局

根据本区域资源特点和市场需求趋势，围绕本区域旅游发展主题定位，重点发展乡村度假、温泉度假、森林度假、休闲农业四大主题产品，形成三大特色组团，即西线山地度假组团、中线温泉·森林度假组团、东线乡村度假组团，形成山区六镇错位发展、特色鲜明、优势互补、整体协调的旅游开发总体格局。

（二）从化吕田总体布局战略

突出流溪河源头这一形象，大力发展森林生态、乡村美食和农家乐旅游产品。

（三）从化温泉总体布局战略

充分利用“岭南第一泉”的百年老字号品牌，深挖历史文化内涵，将温泉风景区作为“中国温泉之都”主题旅游街区进行建设，重新擦亮温泉度假品牌。同时利用区位和资源优势，大力发展森林度假和乡村度假旅游产品。

（四）增城小楼总体布局战略

作为增城荔乡田园乡村度假（国家）公园的一部分，进一步强化何仙姑文化的资源优势以及小楼人家的品牌知名度，重点开发以何仙姑文化为代表的民俗文化旅游产品，以及以小楼人家为代表的农家乐体验旅游产品，打造以何仙姑民俗文化为特色的农家乐体验之旅。

（五）增城正果总体布局战略

作为增城荔乡田园乡村度假（国家）公园的一部分，充分利用正果镇保存完好的荔乡田园风光，针对城市居民自驾车旅游市场，重点完善自驾车旅游环境以及开发乡村度假旅游产品，打造荔乡风情. 乡村度假体验之旅，以创新理念重新塑造乡村度假旅游新形象，成为全国乡村旅游示范区以及全国首个乡村度假（国家）公园的核心区域。

（六）增城派潭总体布局战略

作为增城荔乡田园乡村度假（国家）公园的一部分，进一步巩固山水观光旅游产品和温泉度假产品的优势地位，加强景点建设。同时大力挖掘派潭农业土特产资源，发展休闲农业，争取成为全国休闲农业旅游示范区。

（七）花都梯面总体布局战略

梯面镇旅游资源条件和旅游品牌条件与其它五镇比较都相对较落后，旅游特色尚不突出。应充分利用区位和交通条件优势，以“花海”为主题，大力发展以王子山为龙头的山地度假项目，同时围绕“花海”主题，积极发展观光农业示范项目和农家乐示范项目，大力完善自驾车旅游接待设施，打造中国第一个山地度假（国家）公园品牌。

二、重点旅游建设项目策划（略）

三、旅游资源分期开发规划

（一）一期建设规划

1. 建设目标

一是确定发展定位，明确发展方向。通过加强景点建设，丰富旅游内容，完善各项旅游配套设施建设，营造旅游氛围。二是包装策划旅游整体形象，塑造山区旅游品牌。具体来说，近期项目建设以政府主导为主，围绕“生态·乡村”这一产品开发主题，重点完善旅游公共服务设施和休闲农业旅游示范点建设，初步塑造广州乡村游品牌形象。

2. 建设项目

近期应主要结合休闲农业和新农村建设，完善农家乐旅游接待设施，大力营造乡村旅游休闲环境。重点建设从化吕田镇狮象岩乡村美食农家乐项目、增城小楼镇东境村农家乐旅游示范点、增城派潭镇车洞休闲农业示范点、花都梯面花海观光农业项目。并且在小楼人家、派潭密石村、梯面红山村、吕田狮象岩村、吕田香蜜山果庄、吕田布依科技生态农场、庙尾村大自然休闲农场等条件较好的乡村旅游点积极发展休闲农业项目；同时重点建设花都、增城的乡村风景道项目，带动乡村旅游的发展。

表 3－1　规划一期旅游建设项目表（2010 年－2011 年）

序号	项目名称	项目地点	项目等级	建设性质	规划建设内容
1	狮象岩乡村美食农家乐项目	吕田	重点项目	新建	打造“从化美食第一村”形象
2	东境村农家乐旅游示范点	小楼	重点项目	续建	在原有基础上提升档次和品位，丰富旅游内容
3	车洞休闲农业示范点	派潭	重点项目	新建	作为休闲农业示范点进行开发建设
4	王子山森林公园	梯面	重点项目	新建	漂流、森林花海
5	梯面花海观光农业项目	梯面	重点项目	新建	王子山乡村风景道沿线、红山村、紫霞山庄花海项目
6	小楼人家	小楼	一般项目	续建	景区观光农园、西境村农家乐
7	密石村观光农园	派潭	一般项目	新建	“红柿”观光农园、农家乐
8	香蜜山果庄	吕田	一般项目	续建	观光果园、农家乐
9	布依科技生态农场	吕田	一般项目	新建	观光农业
10	小杉村农家乐	吕田	一般项目	新建	农家餐饮
11	庙尾村大自然休闲农场	正果	一般项目	新建	观光果园、农家乐
12	乡村风景道	梯面、派潭、小楼、正果	重点项目	改建	乡村旅游示范道路

（二）二期建设规划

1. 建设目标

在初步树立乡村旅游品牌形象的基础上，通过招商引资和政府主导相结合的方式，重点开发休闲度假产品，提高山区旅游接待设施的档次、规模和服务特色，打造温泉度假、森林度假和乡村度假三大旅游品牌，并争取获得国家旅游局支持，率先在全国设立首个国家度假公园集群，占领有利的市场竞争地位，成为广州市民周末休闲度假的首选之地和珠三角地区著名休闲度假旅游目的地。

2. 建设项目

二期主要建设“温泉祖庭”主题旅游街区、宣星桃源度假农庄，石门森林公园森林度假产品、兰溪荔枝沟岭南人家乡村民宿体验项目、王子山森林公园山地度假产品等重点旅游度假项目；同时，加强旅游景点建设，在编制好总体规划的基础上，重点建设何仙姑家庙景区、汉湖老街（石达开故居）景区、桂峰山古人类遗址森林公园、湖心岛风景区、兰溪荔枝沟景区。

（三）三期建设规划

1. 建设目标

进一步丰富各类度假产品的内容，提升产品品位和服务质量，扩大市场规模，并通过示范性项目的建设，使广州建立的全国首个国家度假公园集群形成规模效应和品牌效应，并在温泉度假、乡村度假和森林度假产品领域进入国内领先行列以及成为全国示范地区，使广州成为国内外知名的休闲度假旅游胜地。

2. 建设项目

主要是完善各重点旅游项目的后续开发建设，大力推进乡村度假旅游产品的开发，包括宣星桃源度假农庄、兰溪荔枝沟岭南人家乡村民宿体验项目、王子山森林公园、湖心岛风景区等。

四、旅游线路组织规划（略）

表 3－2　二期旅游建设项目表（2012 年－2013 年）

序号	项目名称	项目地点	项目等级	建设性质	规划建设内容
1	“温泉祖庭”主题旅游街区	温泉	重点项目	续建	建设国内第一个以温泉文化为主题的旅游街区。
2	宣星桃源度假农庄	温泉	重点项目	新建	成为广东乃至全国乡村度假旅游示范点。
3	石门森林公园	温泉	重点项目	续建	创新森林生态旅游产品形式，力争成为广东省森林度假第一品牌。
4	兰溪荔枝沟岭南人家乡村民宿体验项目	正果	重点项目	新建	打造中国最佳休闲乡村旅游目的地形象，成为全国乡村度假旅游示范点。
5	王子山森林公园	梯面	重点项目	续建	山地度假和山地运动旅游项目。
6	何仙姑家庙景区	小楼	重点项目	续建	扩大景区规模和范围，挖掘景区文化内涵，提升景区文化品位
7	汉湖老街（石达开故居）景区	派潭	重点项目	新建	挖掘石达开故居名人文化，结合农家乐项目，建设石达开故居主题景区。
8	湖心岛风景区	正果	重点项目	续建	完善景区建设，丰富旅游内容
9	兰溪荔枝沟景区	正果	重点项目	续建	作为休闲农业示范点建设
10	桂峰山古人类遗址森林公园	吕田	重点项目	新建	作为文化型生态景区进行建设
11	派潭农业土特产旅游直销中心	派潭	一般项目	新建	作为特色旅游购物场所进行建设

表 3－3　三期旅游建设项目表（2014 年－2015 年）

序号	项目名称	项目地点	项目等级	建设性质	规划建设内容
1	宣星桃源度假农庄	温泉	重点项目	续建	乡村度假项目二期建设
2	兰溪荔枝沟岭南人家乡村民宿体验项目	正果	重点项目	续建	乡村民宿项目二期建设
3	王子山森林公园	梯面	重点项目	续建	森林度假项目二期建设、王子山自驾车休闲营地。
4	湖心岛风景区	正果	重点项目	续建	乡村度假旅游项目建设

第四章　重点旅游产品开发规划

一、乡村度假旅游产品规划

（一）产品定位

建成全国首个乡村度假国家公园；建设一批国家级的乡村度假旅游示范区以及 AAAAA 级旅游区。

（二）市场定位

基础市场：主要是广州本地的散客、家庭和单位团体旅游市场，以 1－3 日游为主。

核心市场：以广州、佛山、东莞、深圳、香港、澳门为核心的珠三角地区，以自驾车和旅行社组织的 1－3 日游为主。

机会市场：主要是来穗的国内外商务公务游客，以单位考察和旅行社组织的 2－3 日游为主。

（三）产品类型

庄园式乡村度假产品：是指依托乡村特色庄园来开展

旅游度假活动，一般位于城乡结合部，邻近风景区或乡村景区，具有良好的交通条件和交通网络；庄园与乡村具有空间上的相对独立性，服务设施较为齐全；档次较高。

产权式乡村度假产品：是指采用将所有权和经营权分开的方式，开发的兼具地产和旅游经营性质的乡村度假产品。在产权上，由开发商面向社会出售。

公寓式乡村度假产品：是指在乡村范围内通过新建或改造民居为度假公寓，并由原著农户或旅游运营商经营管理的度假产品。

（四）产品组合（略）

（五）开发要点

1. 营造原生的乡村环境

2. 配套舒适的旅游设施

3. 提供周全的旅游服务

4. 设计多样的文化娱乐

二、温泉度假旅游产品规划

（一）产品定位

建成全国首个温泉度假国家公园；建设一批 AAAAA 级的温泉度假旅游区。

（二）市场定位

基础市场：主要是广州本地的散客、家庭和会议旅游市场，以 1－3 日游为主。

核心市场：以广州、佛山、东莞、深圳、香港、澳门为核心的珠三角地区，以自驾车、单位团体和旅行社组织的 1－3 日游为主。

机会市场：主要是来穗的国内外商务公务游客，以单位考察和旅行社组织的 1－3 日游为主。

（三）产品类型

特色温泉景区——“特色温泉＋景区”；温泉会议中心——“温泉＋会议休闲”；温泉休闲乐园——“温泉＋运动游乐”；温泉康复基地——“温泉＋康复疗养”；温泉生态庄园——“温泉＋生态农庄”；温泉度假社区——“温泉＋旅游地产”。

（四）产品组合（略）

（五）开发要点

1. 把握温泉度假发展趋势，走“温泉＋X”的大温泉开发之路

2. 整合文化主题，创新泡浴模式，打造温泉泡浴特色

3. 以温泉带动特色休闲产业发展，实现温泉度假村综合开发价值最大化

4. 引入景区化打造理念，提升温泉度假景区整体品质

5. 以高水准的策划规划设计指导开发，实现温泉度假景区可持续发展

三、森林度假旅游产品规划

（一）产品定位

建成全国首个森林度假国家公园；建设一批 5A 级的森林度假旅游区。

（二）市场定位

基础市场：主要是广州本地的散客、家庭和学生团体市场，以 1－3 日游为主。

核心市场：以广州、佛山、东莞、深圳、香港、澳门为核心的珠三角地区，以自驾车和旅行社组织的 1－3 日游为主。

机会市场：主要是来穗的国内外商务公务游客，以单位考察和旅行社组织的 1－2 日游为主。

（三）产品类型

森林观光生态旅游；森林度假生态旅游；森林探险生态旅游；森林科考生态旅游。

（四）产品组合（略）

（五）开发要点

1. 注重规划，生态优先

2. 合理分区，适度开发

3. 主题鲜明，特色突出

4. 社区参与，协调发展

四、休闲农业旅游产品规划

（一）产品定位

打造一批广东省以及国家级的休闲农业旅游品牌。

（二）市场定位

基础市场：主要是广州本地的散客、家庭和学生团体市场，以 1－2 日游为主。

核心市场：以广州、佛山、东莞、深圳、香港、澳门为核心的珠三角地区，以自驾车和旅行社组织的 1－2 日游为主。

机会市场：主要是来穗的国内外商务公务游客，以单位考察和旅行社组织的 1－2 日游为主。

（三）产品类型

观光农园；农家乐；农业节庆；休闲农庄。

（四）产品组合（略）

（五）开发要点

1. 确定鲜明的休闲农业旅游主题定位。

2. 构建氛围浓厚的休闲农业景观体系。

3. 注重融入休闲农业旅游的文化要素。

4. 提供安全卫生的配套设施和服务。

5. 兼顾农业生产、旅游发展与农民利益。

第五章　旅游可持续发展规划

一、生态环境保护规划

（一）保护原则

1. 生态优先原则

良好的生态环境是广州东北部山区镇旅游发展的基础

条件，在旅游发展和生态保护出现矛盾的情况下坚持生态优先原则，保障旅游业的可持续发展。

2. 双赢原则

生态环境保护为旅游业发展提供良好的环境条件，保证了整体旅游环境的质量，旅游业在获得发展的同时可以为生态环境保护提供必要的资金和物质支持，实现环境保护和旅游业发展的双赢局面。

3. 高标准原则

生态环境具有系统性，任何一个环节的破坏都可能对整体生态环境产生影响。对生态环境要自始至终以高标准、严要求进行控制和管理，切实做好保护工作。

4. 短期利益与长远利益相结合原则

生态环境保护的目的就是要为旅游业更好的发展创造条件，将山区镇的资源优势转化为经济优势。因此，在旅游业发展中要坚持短期利益与长远利益相结合的原则，既不能只顾眼前，以破坏生态环境为代价来换取一时之利，也不能裹足不前，丧失发展时机。

5. 分区分类保护原则

东北部山区镇区域面积广，生态环境多样，资源类型丰富，对不同的资源类型和不同区域的生态环境在保护级别和保护措施上应不同。

（二）生态环境保护要点

1. 森林植被保护

2. 大气环境保护

3. 水环境保护

4. 固体污染物的处理

（三）生态环境建设重点

1. 构建城乡一体化的整体生态环境

2. 优化城镇景观环境形象

3. 打造绿色、生态的旅游（景）区

4. 建立健全、规范化的生态环境保护管理体系

二、旅游资源保护规划

（一）基本原则和方法

（二）旅游资源分类保护

1. 山林生态旅游资源的保护

2. 温泉旅游资源的保护

3. 文物古迹旅游资源的保护

4. 人文活动旅游资源的保护

三、景观环境及绿化规划

（一）景观环境规划

1. 规划目标

· 以现状自然生态景观与人文地域景观为基础，改造各镇域的景观环境，突出旅游功能，营造旅游观光、休闲度假氛围。

· 营造区域特色典型景观，配套相应的旅游产品和活动。

2. 规划内容

区域内各镇景观环境多样，需要对不同类型的景观进行规划和控制，提出不同的控制要求，营造不同的景观效果。具体内容包括建筑景观、村镇景观、道路景观和植被景观等。

（1）建筑景观

规划原则：利用现状，发扬传统；改造美化，突出特色。

（2）村镇景观

规划原则：地方特色，有序发展；利用现状，控制规模。

（3）道路景观

规划原则：做好道路景观绿化及旅游服务设施配套建设，打造景观廊道和乡村风景道。

（4）植被景观

规划原则：适地适树、营造特色景观。

（二）绿化规划

1. 规划原则

2. 规划内容

（1）道路交通绿化规划

（2）滨水景观绿化规划

（3）基础绿化规划

四、服务质量保障规划

（一）规划目标

以提升区域旅游服务质量为核心，以满足旅游者需求为导向，完善旅游服务质量体系，加强旅游服务质量的规范与监督管理，保障高水平旅游服务质量。结合广州东北部山区镇旅游资源特色，重点保障乡村旅游和生态旅游服务质量。

（二）规划内容

1. 完善旅游服务质量体系

2. 加强旅游服务质量工程建设

3. 完善旅游服务质量保障措施

第六章　生态旅游示范区和乡村旅游示范区建设指引

一、生态旅游示范区建设指引

生态旅游是以吸收自然和文化知识为取向，尽量减少对生态环境的不利影响，确保旅游资源的可持续利用，将生态环境保护与公众教育同促进地方经济社会发展有机结合的旅游活动。生态旅游区以可持续发展的基本国策为依据，对旅游景区实行生态化发展与管理，实现区域内经济、社会与环境的可持续发展。建设生态旅游示范区是大力发展生态旅游活动和建设生态旅游区的重要举措，建好生态旅游示范区将有利推动生态旅游的发展。

生态旅游示范区建设指引分为硬件建设和软件建设两方面。硬件建设主要指旅游设施方面，包括旅游交通设施、建筑设施、标识系统设施等三大类。软件建设主要指旅游管理及服务质量方面，主要包括旅游资源保护、环境保护、综合管理和社区共建等四方面。

（一）旅游交通设施

（二）建筑设施

（三）标识系统设施

（四）旅游资源保护

（五）环境保护

（六）综合管理

（七）社区共建

二、乡村旅游示范区建设指引

] 乡村旅游区（点）是指利用乡村自然景观和人文环境等资源，为游客提供观光、休闲、度假、餐饮、娱乐、购物、科普、农事体验等服务的旅游活动场所，包括农家乐、休闲农业、乡村度假、乡村特色餐饮等类型。结合不同类型的乡村旅游示范区，制定相应的建设指引。

（一）总体指引

乡村旅游示范区（点）依托乡村环境，开发利用乡村资源，开发乡土气息浓郁的旅游产品，并营造乡村特色浓厚的旅游氛围。乡村旅游示范区的基本要求可概括为：设施齐备，安全有序，卫生达标，服务规范。

（二）分类指引

1. 农家乐型
2. 休闲农业型
3. 乡村度假型
4. 乡村特色餐饮型

第七章　旅游开发投融资规划

一、指导思想

由于广州东北部山区六镇均处于生态敏感地区，地区经济也相对处于欠发达水平，发展旅游业既能够适应地区生态保护的要求，又能够加快促进地区经济的发展。将旅游业作为山区经济的战略主导产业来发展，离不开政府的主导、政策的倾斜、企业的参与和社会的重视，尤其是一些基础性工程和示范性项目，需要政府在资金、政策和市场方面给予高度重视和大力支持。

二、旅游建设项目投融资规划

由于山区六镇资源禀赋不同，旅游业发展基础也有较大差异，本规划根据广州东北部山区旅游发展总体战略思想和塑造主题形象的需要，仅针对近中期一些重点项目和特色项目进行投融资分析。

第八章　旅游发展政策保障

一、确立旅游业的产业地位

高度重视北部山区旅游业的发展，结合广州主体功能规划及全省的山区开发工作和扶贫工作，将旅游业作为北部山区的战略性主导产业优先发展，在政策、资金等方面加大对旅游业的扶持力度，并根据旅游规划要求在基础设施建设方面进行完善配套。

二、先行先试，推行市民休闲基地及奖励旅游制度

发挥广东作为“中国旅游综合改革示范区”的体制优势，结合广州主体功能规划对山区镇经济发展的补偿机制，由市政府在山区镇设立“市民休闲基地”，并制定相应的管理办法。同时，由政府推行度假基金制度，市民在指定的休闲基地休闲度假，可享受度假基金的补贴。度假基金按照政府、企业、个人三方共同分担的原则，制定配套的基金管理办法和相应的奖励旅游法规政策。通过政策的大力扶持，推动山区旅游跨越式发展。

同时，争取获得国家旅游局支持，在广州率先试办国家度假公园，并形成品牌。

三、发挥政府主导作用，直接推动示范性旅游项目建设

根据旅游业作为战略主导产业的发展思路，应充分发挥政府的主导作用，结合新农村建设和扶贫工程，合理调配各渠道对山区社会经济建设的资源投入，对本规划确定的乡村风景道、乡村旅游示范点等政府投资和政府补贴项目在资金方面给予重点扶持，直接推动这些示范性旅游项目建设，营造优良的山区旅游大环境，迅速形成山区旅游度假氛围。

四、统一宣传促销，突出整体旅游形象，形成品牌效应

五、区域联合，共同开发旅游市场

六、建立广州生态旅游示范区和乡村旅游示范区（点）制度

七、设置山区旅游发展资金，建立旅游发展激励机制

八、大力完善旅游交通大环境

九、加强旅游信息化建设，建设网上旅游电子商务平台

十、建立广州东北部山区旅游开发组织协调机构

十一、成立旅游发展常设咨询机构

深圳大鹏半岛旅游开发战略规划

（摘要）

第一章 战略目标：功能定位和远景

1.1 大鹏半岛开发的目标定位及战略价值

1.1.1 大鹏半岛开发的目标定位

《深圳市旅游发展总体规划（2005－2020）》确定将以大鹏半岛为主体的东部滨海旅游圈的目标定位为：用较长的一段时间，逐步将这一地区建设成为旅游产业为主的超大型旅游产业带，具有国际水准的生态型滨海综合旅游度假胜地。

确定大鹏半岛的发展目标是：建设国际一流标准的生态型滨海旅游度假胜地。

1.1.2 大鹏半岛开发的战略价值

1. 大鹏半岛开发是走向国际化、赢得竞争优势的制高点。2. 大鹏半岛开发将大大提升城市价值，塑造城市新特色。3. 大鹏半岛开发是拓展新产业，保持城市持续繁荣的潜在空间。

1.2 大鹏半岛细分定位及开发取向

1.2.1 细分目标定位之一：毗邻大都市的度假型旅游区

1.2.2 细分目标定位之二：亚热带滨海生态旅游区

1.2.3 细分目标定位之三：高端化、国际化的旅游区

大鹏半岛现状条件下的游客来源主要为本市居民和珠江三角洲地区城市居民，并呈现明显的“一日游”和当日往返特点的“旺丁不旺财”现象。基于未来的区域地位和开发前景，本地区的市场目标定位不应该立足于现有的客源市场来考虑，而是应着眼于眼前性的目标。行何仅基于现状和常规增长速度的市场目标预测都显得有所不足。1. 先取适度高端化的市场定位。2. 必须把握国际化的市场前景。

1.3 大鹏半岛作为滨海旅游胜地的开发远景

1.3.1 丰富多彩的旅游产品类型

滨海旅游的主要吸引物为“3S”（阳光、沙滩和海水），并以沙滩和与沙滩相连的海域组成的滨海亲水景观为游乐场所。大鹏半岛应合理利用海岸空间的沙滩资源，拓展业态，形成由沙滩亲水、水上运动、文化观光、主题公园及生态景区、民俗参与项目和专项旅游活动组成的旅游产品体系，以满足游客在大鹏半岛停留较长时间度假的需要。

大鹏半岛旅游产品的开发，要与历史文化要素的结合，提升滨海旅游的吸引力。

大鹏半岛要打造有影响力的节庆类旅游盛事活动。

1.3.2 满足各种层次需要的旅游配套设施

旅游住宿、旅游饮食和文化娱乐是滨海旅游胜地配套的三大要素。大鹏半岛的开发，应从不同层次保证各要素的健全完善，避免缺失。

一是要建设不同层次的旅游住宿设施。

二是要精心营造有吸引的夜生活氛围。

1.3.3 琳琅满目的购物旅游环境

大鹏半岛就借鉴其它海滨旅游胜地的成功经验，开设购物、步行街。

要开设大量的手工艺品制作中心、香水作坊、陶器作坊、奶酪作坊、玻璃器皿作坊等，既是旅游点，又是购物区。

1.3.4 良好的可进入性和便捷的旅游区内交通

1.3.5 人文氛围浓厚的度假环境

第二章 原则与策略：在保护前提下的开发

2.1 大鹏半岛旅游开发的价值原则

2.1.1 资源保护优先原则

2.1.2 弹性发展原则

2.1.3 共享性原则

2.2 大鹏半岛旅游开发的技术原则

2.2.1 “水”“陆”一体原则

2.2.2 景观价值最大化原则

2.2.3 创新至上原则

2.3 大鹏半岛旅游开发策略指引

1. 梯型后退格式”建筑风格。2. 度假酒店成群分布。3. 沙滩与腹地一体化规划开发。4. 景观统筹下的片区开发。5. 亲水空间优先。6. 交通道路不应切割岸线景观。7. 基础设施与景观的纯粹性相协调。8. 土地出让应考虑旅游项目的公共产品功能。9. 以大项目品牌带动作为开发启动

的第一步。10. 持续塑造并宣传大鹏半岛的国际形象。

第三章　空间面局：构建与创造

3.1　大鹏半岛旅游开发布局理念
3.1.1　"递进化"安排开发档次
3.1.2　"动""静"结合布局项目
3.1.3　"从多元到单一"安排产业功能
3.2　大鹏半岛旅游分级保护与开发框架
3.2.1　核心保护区
3.2.2　建设控制区
3.3　大鹏半岛旅游开发的空间结构与功能
3.3.1　城市功能视角下的空间布局
3.3.2　旅游功能视角下的空间布局
1. 旅游景观分区
（1）大鹏湾滨海旅游度假片区
（2）七娘山—西涌旅游片区

（3）大亚湾滨海旅游度假片区
（4）排牙山旅游片区
2. 旅游接待基地
（1）大鹏旅游接待基地
（2）新大旅游接待基地
3.4　大鹏半岛重点景观点（区）的开发特色指引
1. 葵涌城区：城市职能中心
2. 溪涌：滨海度假旅游区
3. 坝光：产业基地 + 生态景观区
4. 下沙：综合性公共开放型旅游度假区
5. 大鹏城区：生态产业园区——旅游服务基地
6. 大鹏所城：历史文化主题景观区
7. 大亚湾核电区：滨海科教旅游区
8. 南澳：渔家风情小镇
9. 龙歧湾：弹性发展的滨海新城区
10. 新大：弹性发展的旅游服务基地
11. 桔钓沙：滨海运动休闲主题度假区
12. 西涌：国际化滨海旅游度假胜地 + 国际会议中心
13. 东涌：滨海营地 + 海岸景观带
14. 七娘山：国家地质公园

第四章　旅游设施：规律与差异

4.1　滨海旅游胜地的旅游设施种类

类别	小类	名称及备注
住宿设施	①酒店或旅馆	包括星级酒店、非星级酒店、青年旅馆、社会旅馆、家庭旅馆、乡村客栈等不同类型和档次。
	②度假村	由多组呈片区状分布并有住宿游乐空间的区域构成。
	③帐篷营地	临时或永久性露营地。
	④度假公寓	有自助设施的度假功能公寓或别墅。
娱乐休闲设施	①公益性设施	文化类（文化馆、图书馆、博物馆、科技馆、展览馆等），表演类（影剧院、音乐厅、杂质场等），其它类。
	②经营性设施	游乐馆（游乐场、歌舞厅、酒吧、俱乐部、活动中心等），体育类（室内外体育健身或竞赛场地），其它类。
景区设施	①海滩浴场	包括公众型和专属非公众型的浴场。
	②生态景区	以收取门票为特征的生态景观区域。
	③主题公园	商业化投资并收取门票的人选型景观区域。
	④其它景区	包括自然类和历史类的遗址地区。
餐饮设施	①附属餐厅	酒店内设餐厅。
	②社会餐厅	专门提供餐饮服务的独立场所。
	③专营店	冷饮店、甜品店、咖啡馆、茶馆等类型。
购物设施	①单体商店	综合性商场、日用品店、服务店、百货公司、购物中心、SHOPPING MALL。
	②特色商业点	有特色的货摊、纪念品商店、特色商品市场（如夜市）
	③购物街区	各类商店、商场和商铺集中的购物街道或街道群。
公共服务设施	①旅游功能设施	会议中心、休闲广场、公共步行道、旅游咨询中心等。
	②社会功能设施	医疗中心、公共安全设施等。

4.2　大鹏半岛旅游设施建设的的则要求
4.2.1　与大鹏半岛的战略定位和分步开发策略相符合
首先，从长远看国际化是大鹏半岛的最终选择，更是项目承载和项目运作成功的必由之路。
4.2.2　与旅游资源的开发与保护战略相协调
4.2.3　体现国际发展经验的趋势性要求
（1）设施生态化开发。
（2）项目开发追求精细化、互动化和多样化。
（3）致力于打造丰富的夜生活。
（4）大型新兴特色项目开发成为重头戏。
4.3　大鹏半岛旅游设施建设的种类和结构

第五章　住宿设施：功能与韵味

5.1　大鹏半岛旅游住宿设施发展策略和特色要求
5.1.1　发展策略
1. 长远来看应按需发展，不过早地作总量限制
2. 应以高档和中档为主
5.1.2　特色要求
1. 建筑特色是“四低一高”
2. 宁静与纯粹性是体验重点
3. 亲近自然和环境优美是价值追求
4. “新水”特征是其最显著的吸引力
5. 度假氛围的营造是建筑和经营成败的关键
5.1.2　建设布局指引
5.2　度假型酒店和商务型酒店建设策略
5.2.1　度假型酒店
5.2.2　商务型酒店
5.3　高星级度假型酒店群建设策略
5.3.2　基本规划建设要求
5.3.3　选址和开发要点
5.3.4　开发的分步与弹性策略
5.4　中小型度假住宿设施建设策略
5.4.1　度假公寓
5.4.4　汽车旅馆
5.4.5　帐蓬营地
5.4.6　度假村或度假山庄
5.4.7　半社会化旅游接待设施

第六章　特色旅游项目：创意与体验

6.1　大鹏半岛开发大型滨海生态景区的策略分析
6.1.1　规划建设的技术要求
1. 用地：较大的面积、完整的原生态植被和充分的过渡地带
2. 规划：最少的规划就是最好的规划
3. 人工建筑：限量原则
4. 环境：创造人与环境的互动性
6.1.2　布局选址的建议
1. 景区用地
2. 选址建议
6.2　大鹏半岛开发海滨浴场的策略分析
6.2.2　开发的技术要求
1. 海滨浴场布局应体现度假和安全的功能需要。
2. 对沙难进行永续利用和持续监测。
3. 海滨浴场与滨海建筑应保持必要的尺度距离和空间控制。
6.2.3　选址建议
6.3　大鹏半岛开发海上旅游设施的策略分析
6.3.1　海上旅游类型与特点
6.3.2　邮轮游艇业
6.3.3　海上旅游设施建设的技术要求
6.3.4　开发选址建议
1. 海域功能选址。2. 口岸、码头选址

第七章　旅游配套设施：便利与环境

7.1　大鹏半岛建设滨海风情小镇的策略分析
7.1.1　意义和类型
7.1.2　开发的技术要求
7.1.3　布局选址建议
7.2　大鹏半岛建设滨海娱乐游憩区的策略分析
7.2.1　功能与特征
7.2.2　开发的技术要求
7.2.3　布局选址建议
7.3　大鹏半岛开发旅游餐饮购物设施策略分析
7.4　大鹏半岛旅游交通规划设计策略
7.4.2　旅游交通规划设计策略分析
7.4.3　交通规划设计的操作指引

第八章　支掌因素：超前与空间

8.1　大鹏半岛旅游地形象设计策略
8.1.1　国际滨海旅游地形象的教训
8.1.2　旅游地形象设计策略分析
8.1.3　旅游地形象设计操作建议
8.2　大鹏半岛海岸线开发利用策图分析
8.2.1　海岸线概况
8.2.2　海岸线开支策略分析
8.2.3　海岸线保护开发操作指引
8.3　大鹏半岛开发的政策问题分析
8.3.1　生态与环境保护政策
8.3.2　用地及投融资政策
8.3.3　深港及相关区域合作政策

全省旅游业统计资料

（第431~452页）

2009年广东省接待国内游客抽样调查综合分析报告

【基本情况】 按照国家旅游局的要求，省旅游局于2009年5月至10月对全省12个地级以上市的国内旅游情况进行抽样调查，并以此作为对全省国内旅游人数及其构成、出游花费、停留时间等主要指标进行测算。本次调查对象为2009年到广东旅游的国内游客，调查地点为宾馆、旅馆及其景点，调查方式由调查员持问卷面访游客或游客自填问卷两种方式。全省共收回有效问卷10654份，在旅游住宿设施方面收回问卷6558份，占有效问卷的61.55%；在旅游景点收回问卷4096份，占总数的38.45%（其中过夜游客占64.53%，一日游游客占35.47%）。

【游客来源构成】 调查表明：本省居民占居广东省国内旅游最大的客源市场，占被调查游客总数的44.43%；来广东省的外省游客主要集中在泛珠三角区域（9+2），排在前三位为湖南、广西和湖北，分别占8.45%、5.79%和4.04%；来自江西、四川、浙江、河南、福建、上海、北京的游客所占比重均超过2.50%。排居前十位的客源地游客占入粤全部游客的80.38%，其中外省游客占35.95%。

与上年调查数据相比，本省居民游客比例从2008年的51.52%下降至2009年的44.43%；外省游客比例则由2008年的48.48%增长至2009年的55.57%。2009年度，浙江、上海已进入广东客源地前10名。其中来自浙江的游客比重由上年的1.83%上升至2009年的2.97%；来自上海的游客的比重由上年的1.75%上升至2009年的2.55%；来自江苏的游客的比重由上年的1.77%上升至2009年的1.94%。

表1　来广东国内游客前十位客源地（单位:%）　　（单位:%）

名次	第一	第二	第三	第四	第五	第六	第七	第八	第九	第十
省市	广东	湖南	广西	湖北	江西	四川	浙江	河南	福建	上海/北京
比重	44.43	8.45	5.79	4.04	3.43	3.20	2.97	2.91	2.61	2.55

【游客性别年龄构成】 本次抽样调查表明：来广东旅游的国内游客中男性占58.98%，女性占41.02%。其中，以25～34岁之间为最多，占总数的35.06%；其次为35～44岁之间，占总数的33.21%；65岁以上及14岁以下的比重较小。统计表明，25～44岁之间的人群是到广东的主要旅游人群，占总数的68.27%。

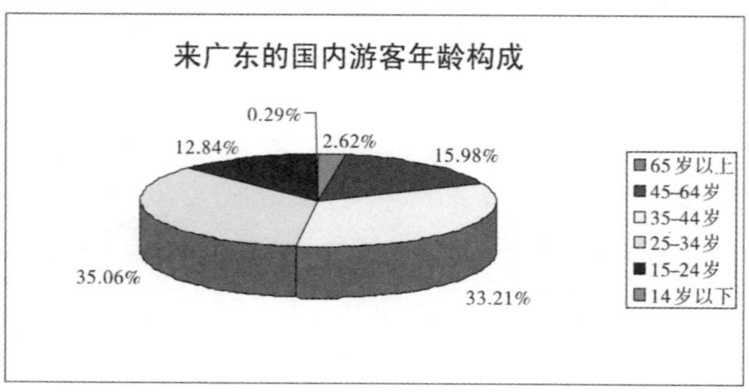

【游客职业构成】 本次抽样调查表明：来广东旅游的国内游客中，管理与销售人员最多，占总人数的33.96%；其次为专业/文教科技人员，占12.85%；公务员占到12.63%。从数据看，公务员比重从2009年的第2位下降到第3位，专业/文教科技人员的比重上升到第2位。

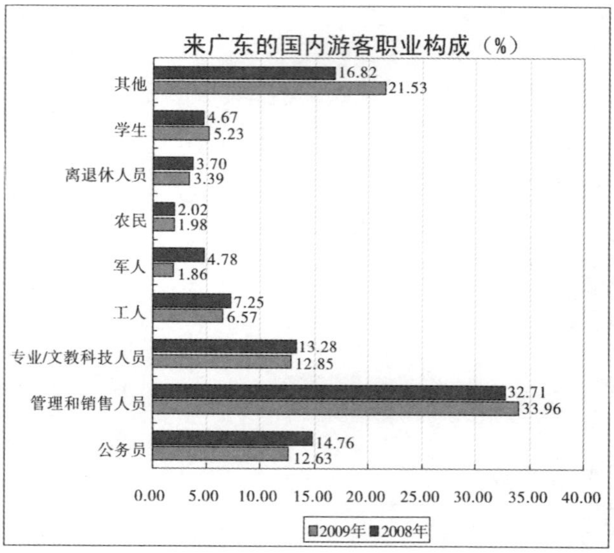

【游客出游目的】 2009年，国内游客来广东旅游的目的，以休闲观光度假为主，占总人数的50.56%，比上年高出

3.49 个百分点。来广东的游客中因商务活动出游的游客占到 20.19%，排在第二位，因会议出游的游客占 6.92%，排第四位，与上年排序位保持一致。由此可见，商务会展旅游市场已经成为广东重要的细分旅游市场。

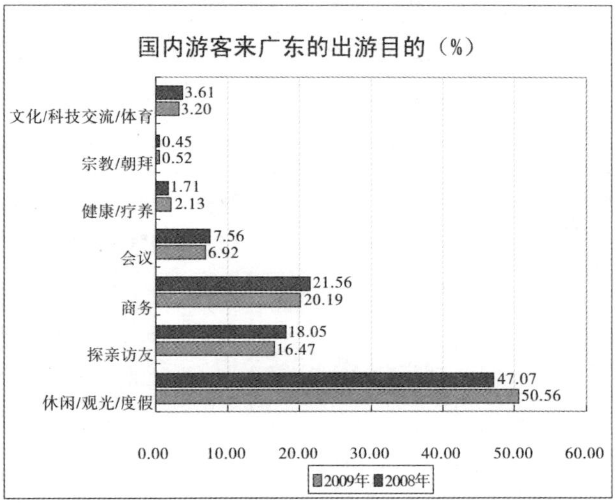

【游客出游方式构成】　从调查数据分析表明：游客通过公共交通工具和自驾车方式（含个人自驾车及单位公车）来广东旅游的比重较大，两者比重合计占总数的 72.17%，与上年相差不大。

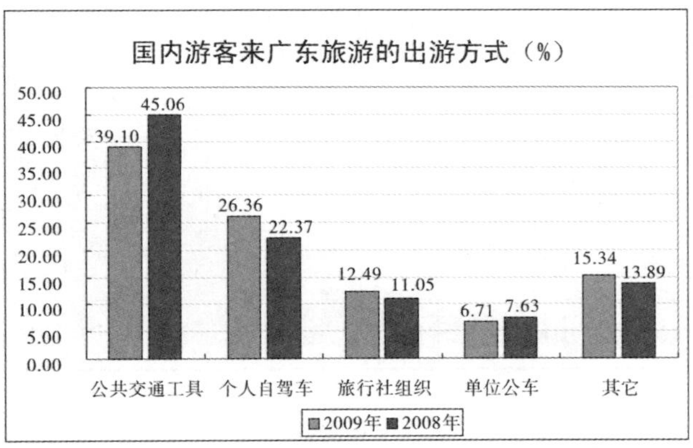

【住宿游客去景点游览的比重】　本次抽样调查表明：住宿游客中，去景点游览的客人比重为 63.71%，大大超过上年的 51.97%，增加 11.74 个百分点。从各市的调查情况看，除广州（43.57%）和汕头（43.43%）的住宿游客去景点的比例较低之外，其他各地市的比例都较高，肇庆、珠海、深圳、惠州、河源、梅州等市的住宿游客去景点的比例均超过 70%。

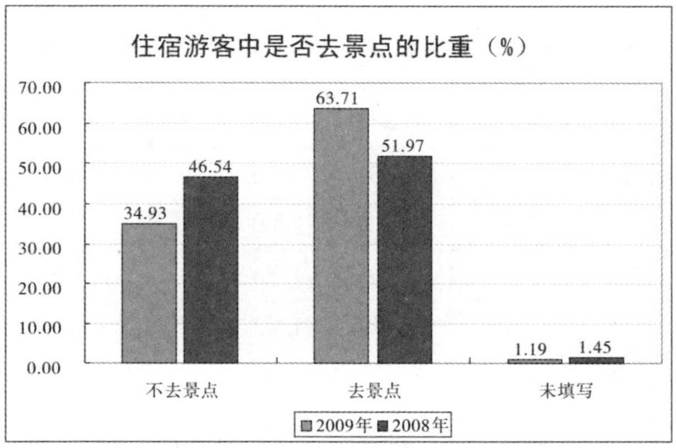

【国内游客人均停留时间构成】　2009 年国内游客在广东旅游的人均停留时间为 2.28 夜，与上年相比有所下降（2008 年为 2.35 夜），其中入住宾馆酒店的游客人均停留时间为 2.18 夜，住旅馆的为 2.12 夜，住亲友家中的为 2.63 夜。在粤游客中，停留 2～3 夜的客人最多，占 52.30%；停留 1 夜的占 33.62%；停留 4～7 夜的占 12.69%；停留 8 夜以上的最少，只有 1.39%。在景区景点接受调查的游客中，一日游游客占 35.47%，过夜游客占 64.53%。分类统计结果如下：

1. 游客在各市人均停留时间。（见表 2）

表 2　游客在各市人均停留时间　　（单位：夜）

城市	夜数	城市	夜数	城市	夜数
广州	2.61	汕头	1.93	梅州	1.88
韶关	1.72	江门	1.91	肇庆	1.89
深圳	2.85	湛江	2.35	东莞	1.84
珠海	1.84	惠州	2.18	河源	1.51

2. 按出游方式分类的人均停留时间。（见表 3、表 4）

表 3　不同出游方式的人均停留时间　　（单位：夜）

出游方式	公共交通工具	个人自驾车	旅行社组织	单位公车	其他
停留时间	2.38	2.22	1.84	2.52	2.68

表 4　各市不同出游方式人均停留时间　　（单位：夜）

出游方式	公共交通工具	个人自驾车	旅行社组织	单位公车	其他
广州	2.55	2.27	2.41	2.71	3.08
韶关	1.78	1.60	1.40	1.83	1.85
深圳	3.00	3.06	1.89	2.74	2.28
珠海	2.03	1.72	1.83	1.88	2.55
汕头	2.01	1.63	1.56	1.68	2.25

续表

出游方式	公共交通工具	个人自驾车	旅行社组织	单位公车	其他
江门	2. 05	1. 83	1. 62	3. 10	2. 71
湛江	2. 42	2. 00	2. 00	3. 83	2. 62
肇庆	2. 07	2. 19	1. 68		1. 97
惠州	2. 20	1. 92	1. 63	2. 64	2. 52
梅州	1. 67	1. 91	1. 29	1. 75	2. 95
河源	1. 46	1. 50	1. 00	2. 00	1. 40
东莞	1. 93	1. 74	1. 96	1. 33	2. 30

3. 按性别分类的人均停留时间为：男性游客人均停留时间为2. 24夜，女性游客人均停留时间为2. 33夜，女性高于男性。与上年相比，均出现小幅下降。

4. 按年龄分类的人均停留时间。(见表5、表6)

表5　不同年龄范围的人均停留时间　(单位：夜)

年龄范围	65岁以上	45～64岁	35～44岁	25～44岁	15～24岁	14岁以下
停留时间	2. 15	2. 26	2. 20	2. 33	2. 38	2. 68

表6　各市不同年龄范围人均停留时间表　(单位：夜)

城市	65岁以上	45～64岁	35～44岁	25～44岁	15～24岁	14岁以下
广州	2. 76	2. 59	2. 65	2. 67	2. 35	1. 38
韶关	1	1. 65	1. 6	1. 88	1. 87	
深圳	2. 28	2. 77	2. 63	3	3. 19	2
珠海	2. 33	1. 86	1. 94	1. 78	1. 48	1. 5
汕头	1. 71	1. 88	1. 82	1. 76	2. 88	
江门	2. 43	1. 59	2. 02	1. 67	2. 4	5. 5
湛江	1. 48	2. 18	2. 48	2. 34	2. 59	
肇庆	1. 62	2. 17	1. 85	2. 09	1. 68	
惠州	1	2. 24	2. 14	2. 18	2. 59	
梅州	1. 62	2. 12	1. 83	1. 89	1. 68	
河源		1. 49	1. 54	1. 45	1. 67	
东莞	2. 17	1. 99	1. 82	1. 74	1. 58	2. 5

5. 按出游目的分类的人均停留时间。(见表7、表8)

表7　不同出游目的的人均停留时间　(单位：夜)

出游目的	休闲观光	探亲访友	商务	会议	健康疗养	宗教朝拜	文体交流
停留时间	2. 22	2. 24	2. 43	2. 33	2. 4	2. 09	2. 41

表8　各市不同出游目的人均停留时间表　(单位：夜)

城市	休闲观光度假	探亲访友	商务	会议	健康疗养	宗教朝拜	文化体育科技交流
广州	2. 5	2. 24	2. 93	2. 6	3. 07	1. 11	2. 7
韶关	1. 83	1. 49	1. 32	2. 3	1	3	2. 59
深圳	2. 94	2. 78	2. 54	2. 96	2. 63	3. 92	3. 09
珠海	1. 76	1. 93	2. 15	2. 48	1. 84	1. 85	2. 42
汕头	1. 96	1. 89	1. 91	1. 23		1. 67	2. 54
江门	1. 81	2. 51	1. 94	2. 26	1. 44	2	4. 33
湛江	2. 5	1. 76	2. 32	2. 68	1		3. 43
肇庆	1. 9	1. 81	1. 91	1. 95			1. 86
惠州	1. 99	2. 31	2. 66	1. 42	1. 91		2. 09
梅州	1. 85	2. 22	1. 8	1. 56	1. 52	1	1. 6
河源	1. 44	1. 78	1. 67				1
东莞	2. 01	1. 52	1. 57	1. 62	2. 21	3. 5	2. 11

6. 按游客职业分类的人均停留时间。(见表9、表10)

表9　不同职业的人均停留时间　(单位：夜)

游客职业	公务员	管理和销售人员	专业文教科技人员	工人	军人	农民	离退休人员	学生	其他
停留时间	2. 28	2. 4	2. 24	2. 06	2. 23	2. 23	2. 09	2. 22	2. 21

表 10　各市不同职业的人均停留时间　（单位：夜）

城市	公务员	管理和销售人员	专业文教科技人员	工人	军人	农民	离退休人员	学生	其他
广州	2.75	2.79	2.63	2.04	2.06	2.43	2.33	2.02	2.56
韶关	1.96	2	1.49	1.27	2.56	1.43	1	1.6	1.5
深圳	2.99	2.99	2.82	2.42	2.61	3.21	2.66	3.02	2.83
珠海	1.98	1.96	1.64	1.9	2.31	1.67	2.39	1.51	1.72
汕头	2.11	1.89	1.96	1.31			1.94	3	1.84
江门	1.8	1.89	1.84	1.28	1.71	2	1.93	3.64	2
湛江	1.96	2.21	2.99	2.36	1.27	1.86	1.86	2.26	3.02
肇庆		2.17	1.85	2.65		1.76	1.67	2.05	1.05
惠州	1.79	2.49	1.68	1.44	2	1.92	2.22	1.82	2.31
梅州	1.88	1.97	2.1	1.67	2.24	1	1.43	1.56	1.81
河源	2.05	1.43	1.46	1.27				1.75	1.32
东莞	2.1	1.63	1.91	1.36	1.5	2.62	2.04	1.83	2.01

【游客人均天花费】　2009 年抽样调查汇总的国内游客花费情况主要包括国内过夜游客在各市人均天花费及构成，国内一日游游客人均花费，国内过夜游客在广东省内的人均天花费等三大部分。

1. 国内过夜游客在各市的人均天花费及构成。（分别见表 11、12、13、14、15）

表 11　各市不同年龄游客的人均天花费　（单位：元）

城市	65 岁以上	45～64 岁	35～44 岁	25～44 岁	15～24 岁	14 岁以下
广州	830.8	916.47	934.94	851	860.27	491.75
韶关	1000	725.76	592.34	670.51	702.08	
深圳	787.13	754.7	985.29	958.41	886.69	595
珠海	510.88	675.85	631.75	623.58	659.75	601.67
汕头	682	630.72	909.61	606.29	921.13	
江门	1309.52	684.38	719.61	638.56	665.02	387.12
湛江	508.11	555.21	776.03	704.2	902.54	
肇庆	470.57	426.09	443.62	515.43	499.66	
惠州	800	705.5	612.8	643.64	715.51	
梅州	401.49	343.14	382.06	355.83	444.25	
河源		625.2	632.34	605.02	529.38	
东莞	1212.73	1163.14	894.3	693.14	832.3	520

表 12　各市不同职业的游客人均天花费　（单位：元）

城市	公务员	管理和销售人员	专业文教科技人员	工人	军人	农民	离退休人员	学生	其他
广州	877.43	913.49	961.91	705.93	728.40	724.78	931.26	794.93	883.26
韶关	500.13	629.77	776.76	709.16	519.94	719.55	746.48	724.29	791.36
深圳	1094.19	983.19	817.79	750.94	550.21	704.17	712.97	764.19	1030.56
珠海	777.38	723.70	555.30	628.58	498.67	300.00	450.44	630.02	582.44
汕头	758.91	772.81	865.25	394.70			703.6	509.91	808.73
江门	829.39	683.43	782.19	623.70	514.44	820	1127.81	489.00	580.30
湛江	702.71	669.21	633.45	829.95	643.37	530.77	323.38	615.14	887.60
肇庆		426.09	443.62	459.07		562.14	466.7	464.97	581.22
惠州	754.25	697.53	634.92	467.50	240.00	623.76	484.52	591.65	589.00
梅州	397.45	384.39	347.34	337.19	519.79	263.19	343.26	343.47	328.23
河源	602.69	630.04	557.65	452.46				497.71	669.38
东莞	1126.43	1005.47	736.36	954.44	345	533.04	899.23	671.43	859.76

表 13　各市不同出游目的游客人均天花费　（单位：元）

城市	休闲观光度假	探亲访友	商务	会议	健康疗养	宗教朝拜	文化体育科技交流
广州	865.23	823.46	906.60	945.79	866.78	525.39	1026.57
韶关	688.09	557.09	714.56	825.88	461.76	722.97	635.51
深圳	963.11	656.54	1124.05	1001.53	873.73	778.57	986.26
珠海	664.94	556.34	592.47	789.47	346.25	535.29	524.04
汕头	637.60	563.78	1166.36	780.28		523.60	840.27
江门	645.09	629.28	812.38	824.65	772.59	695.00	1506.67
湛江	743.06	476.41	806.08	1060.55	178.29		729.07
肇庆	460.32	470.65	593.93	467.69			428.00
惠州	617.73	467.93	743.62	878.42	605.73		723.06
梅州	345.64	421.47	419.2	461.07	260.09	222.51	307.59
河源	626.27	571.30	660.51				518.75
东莞	1003.48	707.32	847.95	956.12	652.94	507.14	310.94

表 14　各市过夜省内外游客人均天花费情况表　（单位：元）

城市	随机调查游客比重		人均天花费（元）		
	本省游客	外省游客	本省游客	外省游客	平均
广州市	29.98%	70.02%	929.81	1006.66	988.60
韶关市	67.82%	32.18%	727.13	677.20	710.43
深圳市	21.98%	78.02%	860.00	961.68	943.88
珠海市	64.10%	35.90%	720.78	822.30	764.44
汕头市	47.81%	52.19%	701.17	1008.98	891.41
江门市	75.00%	25.00%	625.60	821.16	682.15
湛江市	48.48%	51.52%	866.97	807.77	835.50
肇庆市	49.58%	50.42%	475.83	625.60	537.32
惠州市	58.19%	41.81%	674.15	737.04	698.57
梅州市	74.59%	25.41%	504.29	501.32	503.43
河源市	81.10%	18.90%	578.20	558.33	575.38
东莞市	47.24%	52.76%	751.67	891.78	842.46

表 15　不同住宿类别国内游客人均天花费表（单位：元）

城市	住宿在宾馆酒店	住宿在旅馆	住宿在亲友家中
广州市	988.60	889.12	599.12
韶关市	710.43	563.38	608.36
深圳市	943.88	509.30	249.35
珠海市	764.44	587.48	323.24
汕头市	891.41	434.80	328.25
江门市	682.15	505.43	382.07
湛江市	835.50	245.59	260.29
肇庆市	537.32		525.00
惠州市	698.57	361.51	326.65
梅州市	503.43	291.96	421.12
河源市	575.38	538.69	355.85
东莞市	842.46	716.46	339.60

2. 一日游国内游客人均花费。（见表 16）

表 16　各市一日游游客人均花费表（单位：元）

城市	一日游游客人均花费
广州市	595.22
韶关市	516.17
深圳市	291.27
珠海市	387.24
汕头市	288.29
江门市	258.90
湛江市	251.95
肇庆市	708.87
惠州市	226.09
梅州市	211.77
河源市	349.38
东莞市	609.22

【国内游客对住宿设施的选择】 通过各市对当地景点游客的抽样调查显示，住宾馆饭店游客比重较高（44.33%）；其次是住在亲友家中（23.60%）；选择住旅馆招待所的比重较低（16.10%）。（见表 17）

表 17　游客对住宿设施的选择情况表（单位：%）

地区	旅馆/招待所	饭店/宾馆	亲友家庭	不在本市过夜
广州	16.04	34.85	47.81	1.30
韶关	16.71	49.87	6.47	26.95
深圳	21.88	26.85	35.73	15.54
珠海	36.75	25.25	19.00	19.00
汕头	16.50	55.56	26.60	1.35
江门	20.49	39.34	9.02	31.15
湛江	16.28	40.47	22.79	20.47
肇庆		74.13	0.13	25.74
惠州	17.78	46.39	6.96	28.87
梅州	8.96	62.85	10.13	18.06
河源	12.82	39.93	15.02	32.23
东莞	19.63	51.27	14.09	15.01

【国内游客对广东旅游的印象】 本次抽样调查主要从游客对广东旅游的总体印象及住宿餐饮、长途交通、市内交通、景点游览、娱乐、购物、服务等 9 个方面进行抽样统计，结果如下：

1. 总体印象。从调查情况看，国内游客对广东旅游服务质量评价不错，评价"好"及"一般"的合计达到 96.79%，评价差的只有 0.88%。总体印象评价"好"的比重超过 50% 的市有：深圳、东莞、梅州、珠海、江门、广州、河源、湛江。

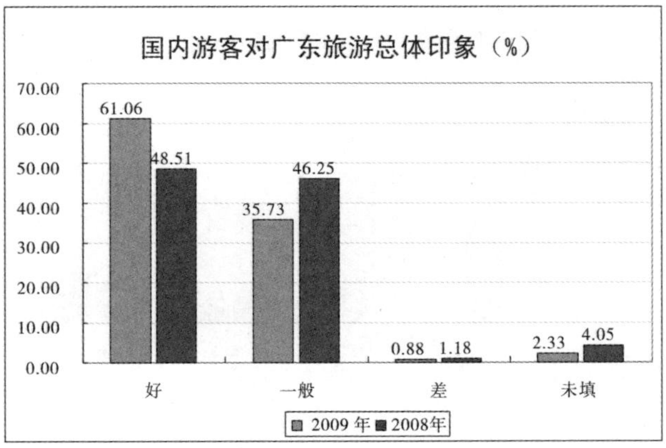

2. 对住宿的印象。评价"好"的比重超过 70% 的市有：梅州（82.08%）、江门（79.29%）、深圳（78.91%）、东莞（75.78%）、广州（75.66%）、湛江（74.75%）、珠海（74.23%）。

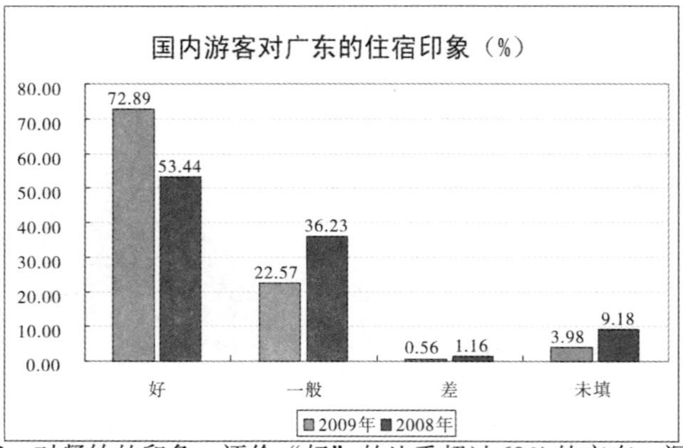

3. 对餐饮的印象。评价“好”的比重超过60%的市有：深圳（76.23%）、梅州（69.06%）、东莞（68.35%）、湛江（64.98%）、珠海（62.56%）、江门（61.87%）。

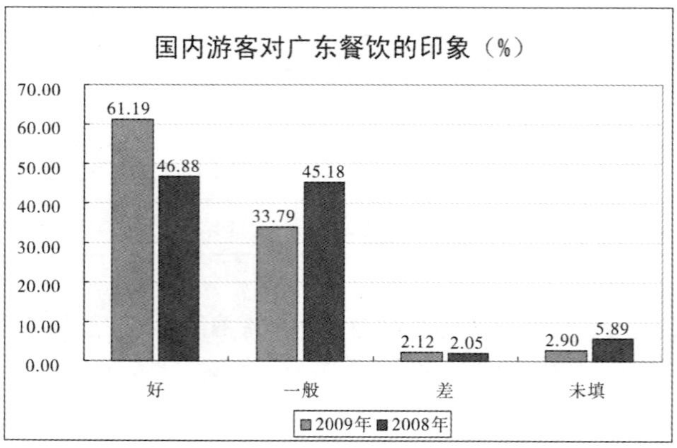

4. 对长途交通的印象。国内游客对广东旅游的长途交通印象总体评价比上年略有下降，但评价“好”的比重较上年上升7.82个百分点。评价“好”的比重超过50%的市有：东莞（64.27%）、深圳（52.24%）、珠海（54.41%）、梅州（50.65%）。

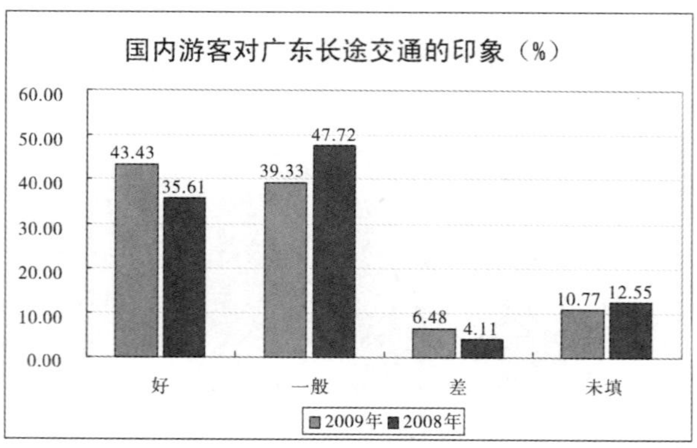

5. 对市内交通的印象。国内游客对广东各市内的交通状况还比较满意，评价“好”的指标，从上年的35.56%上升为43.57%；评价“差”的比重从上年的5.45%上升为10.83%。评价“好”及“一般”的合计比重达到83.96%。

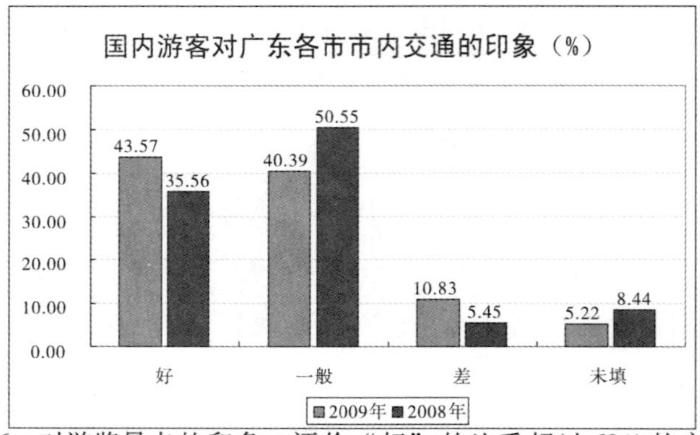

6. 对游览景点的印象。评价“好”的比重超过60%的市有：深圳（68.11%）、珠海（66.74%）、梅州（66.29%）、东莞（64.03%）、江门（61.87%）。

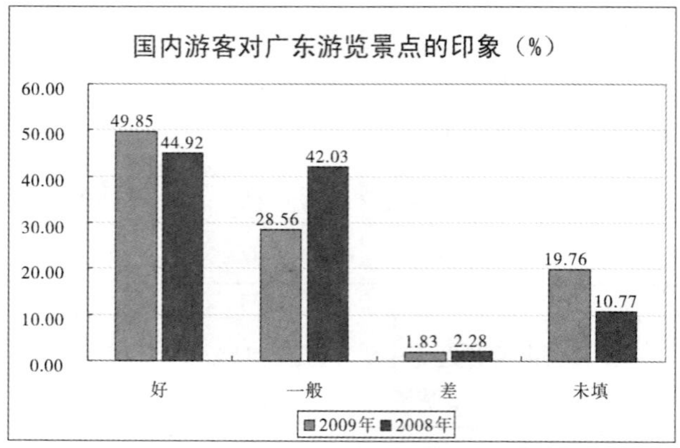

7. 对娱乐的印象。评价“好”的比重超过50%的市有：东莞（68.11%）、珠海（65.64%）、深圳（60.66%）、江门（54.04%）。

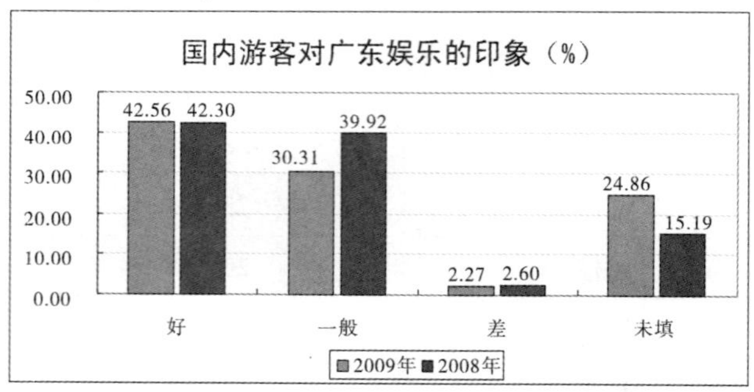

8. 对购物的印象。国内游客对广东购物印象比较满意，评价“好”的比重，从上年的49.82%上升为55.14%，深圳、珠海、广州、东莞、江门、梅州、湛江等地的购物印象“好”的比例均超过50%。

9. 对服务的印象。国内游客对广东旅游业的服务比较满意，评价“好”的比重从上年的43.83%上升到55.14%；评价“好”比重超过60%的市有：梅州（71.66%）、江门（65.91%）、珠海（65.20%）、东莞（63.31%）、广州（61.28%）。

（费永红）

2009年广东省各市旅游业收入情况

ANNUAL RECEIPTS OF TOURISM TRADE BY LOCALITY 2009

单位：亿元人民币 Unit：100millionyuan

市别 City	收入合计 Total	比上年增长(%) Growth(%)	其中 旅游外汇收入 International Tourism Receipts	比上年增长(%) Growth(%)	国内旅游收入 Domestic Tourism Receipts	比上年增长(%) Growth(%)
全省合计 Total	3068.39	15.01	684.92	7.34	2383.47	17.42
广州 Guangzhou	994.04	18.66	247.52	13.77	746.52	20.38
深圳 Shenzhen	544.25	5.10	188.53	0.17	355.73	7.92
珠海 Zhuhai	168.84	8.87	70.12	6.41	98.71	10.69
汕头 Shantou	74.29	9.42	3.35	-25.66	70.94	11.92
佛山 Foshan	204.68	9.97	44.53	10.13	160.15	9.93
韶关 Shaoguan	71.38	35.71	1.44	-3.87	69.94	36.87
河源 Heyuan	35.69	15.03	0.87	33.84	34.82	14.63
梅州 Meizhou	50.30	37.62	1.79	-14.84	48.51	40.83
惠州 Huizhou	115.12	19.24	27.39	19.11	87.73	19.28
汕尾 Shanwei	25.52	11.82	0.35	-0.31	25.17	12.01
东莞 Dongguan	151.49	17.72	35.35	11.51	116.14	19.75
中山 Zhongshan	110.26	13.40	13.96	-11.54	96.30	18.23
江门 Jiangmen	104.02	14.85	27.93	2.70	76.09	20.06
阳江 Yangjiang	35.10	16.92	0.96	-9.72	34.13	17.90
湛江 Zhanjiang	53.17	13.05	1.53	16.23	51.64	12.96
茂名 Maoming	62.39	10.25	0.67	-12.36	61.72	10.56
肇庆 Zhaoqing	79.46	20.78	5.52	29.99	73.93	20.14
清远 Qingyuan	75.08	33.46	3.08	-0.29	72.00	35.43
潮州 Chaozhou	46.37	29.70	7.56	12.54	38.81	33.68
揭阳 Jieyang	28.27	31.91	1.01	68.76	27.26	30.85
云浮 Yunfu	38.66	12.22	1.46	6.08	37.20	12.48

2009年广东省国际旅游（外汇）收入构成

BREAKDOWN OF INTERNATIONAL TOURISM RECEIPTS 2009

单位：万美元　　　　Unit：USD10000

	收入总额 Receipts	结构比例（%） P. C. Total（%）
合　计 Total	1002813	100
一、长途交通费 LongDistanceTransportationFee	376055	38
1. 民航 Air	276776	28
. 铁路 Rail	33093	3
3. 汽车 Motor	29082	3
4. 轮船 Sea	37104	4
二、游览 Sightseeing	34096	3
三、宿费 Accommodation	115323	12
四、餐饮 FoodAndBeverage	80225	8
五、商品销售 Shopping	204574	20
六、娱乐 Entertainment	61172	6
七、邮电通讯 Communication	19053	2
八、市内交通 LocalTransportation	27076	3
九、其他服务 Others	85239	9

2009年黄金周（“五一”小长假）旅游接待人数和收入统计

NUMBER OF VISITORS AND TOURISM RECEIPTS IN GOLDEN HOLIDAY WEEK 2009

时间	接待人数（万人次）	同比增长（%）	过夜旅游者（万人次）	同比增长（%）	一日游游客（万人次）	同比增长（%）	旅游收入（万元）	同比增长（%）
Time	Numberof Tourists Received（10000 persons）	Growth（%）	Numberof Tourists Staying Overnight Received（10000 Persons）	Growth（%）	Numberof Day Visitors（10000 Persons）	Growth（%）	Tourism Receipts（10000 yuan）	Growth（%）
1.25～2.1	2271.68	10.44	554.29	14.51	1717.39	9.18	1091083.00	8.73
5.1～5.3	877.57	10.87	202.91	9.24	674.65	12.30	416674.59	12.16
10.1～10.7	2223.39	9.15	671.13	7.50	1552.26	9.89	1219562.00	8.73
合计	5372.64	13.26	1428.33	16.97	3944.30	11.97	2727319.59	12.96

2009年广东省各市国际旅游（外汇）收入

ANNUAL INTERNATIONAL TOURISM RECEIPTS BY LOCALITY 2009

单位：万美元　　Unit：USD10000

市　别　City	旅游外汇收入 International Tourism Receipts	比上年增长（%） Growth（%）	占全省比重（%） P. C. Total（%）
全省合计 Total	1002812.97	9.27	100.00
广州 Guangzhou	362396.15	15.77	36.14
深圳 Shenzhen	276026.24	1.93	27.53
珠海 Zhuhai	102670.22	8.28	10.24
汕头 Shantou	4909.82	-24.36	0.49
佛山 Foshan	65194.06	12.06	6.50
韶关 Shaoguan	2111.88	-2.19	0.21
河源 Heyuan	1267.47	36.19	0.13
梅州 Meizhou	2624.00	-13.35	0.26
惠州 Huizhou	40106.51	21.20	4.00
汕尾 Shanwei	510.86	0.05	5.57
东莞 Dongguan	51755.75	13.47	5.16
中山 Zhongshan	20434.25	-9.99	2.04
江门 Jiangmen	40891.42	4.50	4.08
阳江 Yangjiang	1411.94	-8.13	0.14
湛江 Zhanjiang	2236.74	18.28	0.22
茂名 Maoming	980.51	-10.82	0.10
肇庆 Zhaoqing	8088.57	21.00	0.81
清远 Qingyuan	4510.92	1.47	0.45
潮州 Chaozhou	11072.38	26.20	1.10
揭阳 Jieyang	1480.90	71.72	0.15
云浮 Yunfu	2132.38	7.94	0.21

注：按折算前同比

2009 年广东省接待过夜主要国家旅游者人数

FOREIGN VISITOR ARRIVALS BY NATIONALITY 2009

单位：人次　　　　Unit：person－times

国　别 Nationality	合　计 Total	占总数比重（%） P. C. Tatal（%）	比上年增长（%） Growth（%）
合　计 Total	6175557	100. 0	1. 41
韩　国 Korea	328041	5. 3	0. 95
日　本 Japan	993607	16. 1	15. 91
菲律宾 Philippines	42871	0. 7	28. 94
新加坡 Singapore	250542	4. 1	26. 52
泰　国 Thailand	125825	2. 0	－3. 36
印　尼 Indonesia	124208	2. 0	－3. 28
马来西亚 Malaysia	340476	5. 5	16. 54
美　国 United States	543728	8. 8	20. 32
加拿大 Canada	107612	1. 7	14. 32
英　国 United Kingdom	125780	2. 0	12. 18
法　国 France	107037	1. 7	10. 61
德　国 Germany	100628	1. 6	7. 38
意大利 Italy	81291	1. 3	22. 30
俄罗斯 Russia	39995	0. 6	4. 37
澳大利亚 Australia	137743	2. 2	25. 19
新西兰 New Zealand	22875	0. 4	40. 84
其　他 Others	2703298	43. 8	－11. 25

2009年广东省各市接待过夜旅游者人数

NUMBER OF TOURISTS STAYING OVERNIGHT RECEIVED BY LOCALCITY 2009

单位：人次 Unit：person－times

市别 City	接待过夜旅游者总人数 Total	比上年增长（%）Growth（%）	其中 入境旅游者 Inbound Tourists	比上年增长（%）Growth（%）	外国人 Foreigners	比上年增长（%）Growth（%）	国内旅游者 Domestic Tourists	比上年增长（%）Growth（%）
合计 Total	181935509	12.44	27380099	5.02	6175557	1.41	154555410	13.86
广州 Guangzhou	39755265	12.66	6894044	12.56	2311844	7.78	32861221	12.68
深圳 Shenzhen	28403109	6.81	8963698	3.08	1463809	－3.33	19439411	8.62
珠海 Zhuhai	12087332	8.36	2978429	4.06	478622	－2.93	9108903	9.85
汕头 Shantou	6801326	10.04	123161	－11.59	68875	－8.04	6678165	10.54
佛山 Foshan	8359026	4.18	983454	0.26	157032	－2.18	7375572	4.72
韶关 Shaoguan	6763683	4.77	58775	－3.17	2887	15.57	6704908	4.85
河源 Heyuan	3666834	11.10	41295	3.62	2825	98.25	3625539	11.19
梅州 Meizhou	4043375	14.36	79735	－8.86	14820	－36.09	3963640	14.95
惠州 Huizhou	9431140	16.77	1442523	8.63	338653	4.74	7988617	18.37
汕尾 Shanwei	2416222	9.27	21941	－11.99	254	－14.48	2394281	9.51
东莞 Dongguan	14170272	17.02	2259625	－0.91	896420	－3.20	11910647	21.18
中山 Zhongshan	5519057	4.50	475857	－26.99	109601	－7.88	5043200	8.93
江门 Jiangmen	8619339	2.68	1158939	4.04	150002	－0.83	7460400	2.48
阳江 Yangjiang	2772186	13.07	42028	－23.19	5140	75.01	2730158	13.90
湛江 Zhanjiang	4673248	177.58	50665	53.56	21520	24.54	4622583	180.06
茂名 Maoming	2019383	17.31	8697	10.06	1683	－5.18	2010686	17.34
肇庆 Zhaoqing	8405103	18.26	1123206	11.19	101088	11.18	7281897	19.43
清远 Qingyuan	5244734	6.85	226287	5.40	12364	5.88	5018447	6.92
潮州 Chaozhou	3077100	25.50	338100	28.60	30685	31.49	2739000	25.13
揭阳 Jieyang	2025910	25.87	48820	19.65	3446	－15.97	1977090	26.03
云浮 Yunfu	3681865	12.38	60820	7.93	3987	19.51	3621045	12.46

2009 年广东省旅行社组团接待旅游者人数

TOURISTS RECEIVED BY TRAVEL AGENCY 2009

单位：万人次 Unit：10000person－times

	2008 年	2009 年	比上年增长（%）Growth（%）
1. 入境旅游者 Inbound Tourists	377. 60	370. 12	－1. 98
#外国人 Foreigners	101. 09	97. 04	－4. 01
港澳同胞 Compatriots of HongKongandMacao	250. 01	242. 00	－3. 20
台湾同胞 Compatriots of Taiwan	26. 50	31. 08	17. 28
2. 国内旅游者 DomesticTourists			
其中：组团 Bygrouptour	1474. 20	1711. 65	16. 11
3. 出境旅游者 OutboundTourist	358. 66	356. 78	－0. 52
#香　港 HongKong	164. 23	176. 65	7. 56
澳　门 Macao	87. 13	60. 84	－30. 18
出　国 Goabroad	107. 30	119. 29	11. 18

2009 年广东省接待过夜旅游者人数

NUMBER OF TOURISTS STAYING OVERNIGHT RECEIVED 2009

单位：万人次 Unit：10000person－times

	2008 年	2009 年	比上年增长（%）Growth（%）
合　　计 Total	16181. 39	18193. 55	12. 44
1. 入境旅游者 Inbound Tourists	2595. 63	2738. 01	5. 49
#外国人 Foreigners	609. 00	617. 56	1. 41
港澳同胞 Compatriots of HongKongandMacao	1718. 67	1841. 27	7. 13
台湾同胞 Compatriots of Taiwan	267. 95	279. 18	4. 19
2. 国内旅游者 Domestic Tourists	13585. 77	15455. 54	13. 76

2009年旅行社组团国内旅游人数

NUMBER OF DOMESTIC GROUP VISITERS 2009

单位：人次　　　　Unit: person – times

市别 City	国内游（人数）Domestic Tourists	比上年增长（%）Growth（%）	省内游（人数）Within Province Tourists	比上年增长（%）Growth（%）	省外游（人数）Outer Province Tourists	比上年增长（%）Growth（%）
合计 Total	17116489	10. 20	12091616	7. 43	5024823	17. 51
广州 Guangzhou	5696105	5. 22	4168806	6. 41	1527299	2. 08
深圳 Shenzhen	2515215	16. 51	1317793	9. 19	1197422	25. 79
珠海 Zhuhai	735131	8. 39	569663	2. 63	165468	34. 36
汕头 Shantou	509500	13. 86	326300	14. 01	183200	13. 59
佛山 Foshan	2369667	8. 40	1966905	8. 15	402762	9. 64
韶关 Shaoguan	125370	16. 04	75794	52. 05	49576	-14. 80
河源 Heyuan	73969	33. 94	43367	40. 16	30602	26. 00
梅州 Meizhou	87968	3. 64	43829	-6. 98	44139	16. 90
惠州 Huizhou	376029	-4. 56	260063	-15. 14	115966	32. 48
汕尾 Shanwei	27197	30. 33	13413	20. 57	13784	41. 48
东莞 Dongguan	1144523	17. 05	790211	6. 52	354312	50. 16
中山 Zhongshan	1311221	19. 81	1037420	9. 46	273801	86. 64
江门 Jiangmen	610777	-1. 16	491191	-6. 82	119586	31. 68
阳江 Yangjiang	165509	26. 63	125685	54. 02	39824	-18. 89
湛江 Zhanjiang	272090	42. 82	108789	37. 01	163301	46. 98
茂名 Maoming	314579	52. 29	226794	82. 09	87785	7. 03
肇庆 Zhaoqing	302512	16. 87	214088	16. 49	88424	17. 80
清远 Qingyuan	230670	-23. 38	189152	-21. 31	41518	-31. 60
潮州 Chaozhou	162700	18. 76	74791	20. 16	87909	17. 59
揭阳 Jieyang	52642	36. 05	27071	52. 45	25571	22. 14
云浮 Yunfu	33115	7. 85	20491	8. 45	12624	6. 89

2009年广东省各市旅行社组团出境游人数

NUMBER OF OUTBOUND GROUP VISITORS BY LOCALITY 2009

单位：人次 Unit：person－times

市别 City	合计 Total	比上年增长（%） Growth（%）	其中					
			香港游 HongKong	比上年增长（%） Growth（%）	澳门游 Macao	比上年增长（%） Growth（%）	出国游 Abroad	比上年增长（%） Growth（%）
合计 Total	3567765	－0. 53	1766481	7. 56	608381	－30. 18	1192903	11. 18
广州 Guangzhou	1681041	1. 87	706523	19. 59	318279	－35. 98	656239	16. 72
深圳 Shenzhen	913794	－5. 99	546134	0. 29	86826	－17. 25	280834	－12. 94
珠海 Zhuhai	189072	－14. 04	88460	－4. 23	51708	－43. 98	48904	38. 64
汕头 Shantou	28853	－4. 57	17838	－4. 22	2527	33. 85	8488	－12. 71
佛山 Foshan	295954	0. 46	150900	－4. 81	61459	－14. 49	83595	30. 23
韶关 Shaoguan	3444	－27. 23	1270	－39. 32	1420	－8. 51	754	－30. 70
河源 Heyuan	1978	－45. 61	1185	－49. 40	307	－53. 20	486	－23. 94
梅州 Meizhou	3422	98. 38	2011	199. 26	567	372. 50	844	－9. 54
惠州 Huizhou	19586	－20. 38	11468	－23. 70	3726	－25. 47	4392	－3. 89
汕尾 Shanwei	2542	24. 36	2309	28. 28	199	－13. 85	34	161. 54
东莞 Dongguan	126500	12. 01	59563	68. 78	16277	－57. 78	50660	60. 56
中山 Zhongshan	181170	12. 06	126684	0. 86	17776	28. 44	36710	65. 16
江门 Jiangmen	59364	7. 42	21464	－6. 71	31845	20. 04	6055	5. 71
阳江 Yangjiang	583	－89. 16	207	－86. 89	219	－87. 78	157	－92. 18
湛江 Zhanjiang	6448	－4. 10	3728	－5. 26	750	－54. 21	1970	71. 16
茂名 Maoming	5306	－44. 69	2241	－63. 09	1969	－21. 15	1096	6. 82
肇庆 Zhaoqing	22105	16. 81	10610	3. 91	6632	7. 18	4863	92. 59
清远 Qingyuan	8853	85. 60	5770	91. 06	2600	87. 86	483	31. 97
潮州 Chaozhou	15870	15. 55	7131	18. 77	3266	16. 19	5473	11. 26
揭阳 Jieyang	1091	85. 86	614	29. 81	11	－78. 00	466	628. 13
云浮 Yunfu	789	－0. 25	371	2. 77	18	－94. 58	400	308. 16

2009 年广东省出境旅游团体人数(按线路分)
OUTBOUND TOURISTS LEAVING THE COUNTRY THROUGH TRAVEL SERVICE GROUP TOUR 2009

单位:人次　　Unit:person – times

市别 City	合计 Total	香港 HongKong	澳门 Macao	港澳 HongKong &Macao	泰港澳 Thailand, HongKong &Macao	新马泰港 Singapore, Malaysia Thailand& HongKong	新马港 Singapore, Malaysia& HongKong	泰国 Thailand	泰港 Thailand& HongKong	新泰港 Singapore, Thailand& HongKong	菲律宾 Philippines	韩国 Korea	韩港 Korea& HongKong	澳大利亚 Australia	日本 Japan	越南 Vienan	其他 Others
全省合计 Total	3567765	1605031	620110	166663	15459	56259	123025	129516	17838	11274	16289	78011	10416	25055	132864	19181	540774
广州 Guangzhou	1681041	690832	311856	20080	369	23950	59020	67404	2506	1217	7221	39180	638	13088	64763	18293	360624
深圳 Shenzhen	913794	427879	70257	125934	4830	23677	37385	40313	8933	6942	6473	21722	4753	8740	44000	0	81956
珠海 Zhuhai	189072	88460	51708	10378	288	1184	3979	1975	0	310	193	3765	167	239	3232	0	23194
汕头 Shantou	28853	17636	1361	1368	0	967	1484	891	0	29	2	855	20	338	855	0	3047
佛山 Foshan	295954	150900	61459	18	9802	2489	8604	9802	2537	33	590	6831	1029	1582	8143	175	31960
韶关 Shaoguan	3444	871	673	837	0	265	22	82	0	0	0	55	0	2	155	3	479
河源 Heyuan	1978	1018	139	335	0	71	25	47	0	0	0	97	0	0	103	0	143
梅州 Meizhou	3422	1685	567	326	0	28	72	52	6	8	1	3	0	16	0	2	656
惠州 Huizhou	19586	11142	3726	326	0	465	419	24	162	62	0	215	377	106	115	0	2447
汕尾 Shanwei	2542	2151	199	0	0	0	44	106	0	0	0	0	0	0	42	0	0
东莞 Dongguan	126500	35507	53952	5154	112	1355	4631	2055	1790	2209	1218	1853	2583	207	4521	0	9353
中山 Zhongshan	181170	126684	17776	77	0	590	4147	5613	1714	109	530	2171	714	450	5632	696	14267
江门 Jiangmen	59364	21465	31845	31	15	112	2225	441	155	349	6	609	132	71	1055	0	853
阳江 Yangjiang	583	207	219	0	0	76	0	20	0	0	23	8	0	22	0	0	8
湛江 Zhanjiang	6448	2735	515	103	43	320	522	34	20	0	0	217	0	10	27	0	1902
茂名 Maoming	5306	2210	1862	31	0	58	100	29	15	0	0	66	3	19	107	12	794
肇庆 Zhaoqing	22105	9803	6109	0	0	21	0	158	0	6	2	41	0	0	51	0	5914
清远 Qingyuan	8853	5770	2592	5	0	107	131	61	0	0	0	7	0	7	28	0	145
潮州 Chaozhou	15870	7131	3266	1642	0	520	201	382	0	0	20	311	0	140	6	0	2251
揭阳 Jieyang	1091	574	11	18	0	4	14	0	0	0	0	2	0	0	26	0	442
云浮 Yunfu	789	371	18	0	0	0	0	27	0	0	10	3	0	18	3	0	339

2009 年广东省各市旅行社构成

BREAKDOWN OF TRAVEL AGENCIES 2009

单位：家、人 Unit：Number

市 别 City	小 计 Total	其中		旅行社从业人员 Employees of Travel Agencies
		出境组团社	外资旅行社	
合计 Total	1092	138		34658
广州 Guangzhou	199	37	5	7296
深圳 Shenzhen	193	30	2	6212
珠海 Zhuhai	90	9		1853
汕头 Shantou	63	4		974
佛山 Foshan	71	14		3275
韶关 Shaoguan	43	1		568
河源 Heyuan	28	1		331
梅州 Meizhou	34	3		502
惠州 Huizhou	37	3		1902
汕尾 CShanwei	17	2		316
东莞 Dongguan	47	9		1966
中山 Zhongshan	24	7		1430
江门 Jiangmen	46	5		964
阳江 Yangjiang	23	1		368
湛江 Zhanjiang	28	1		2050
茂名 Maoming	17	2		1126
肇庆 Zhaoqing	33	2		2150
清远 Qingyuan	44	1		500
潮州 Chaozhou	24	3		476
揭阳 Jieyang	20	2		213
云浮 Yunfu	11	1		186

2009年广东省旅游住宿设施分布情况

BASIC STATISTICS ON TOURIST AGENCIES HOTELS 2009

单位：家　　Unit：Number

市别 City	合计 Total	星级宾馆 小计 ByStar Class	白金五星	五星级 FiveStar Class	四星级 FourStar Class	三星级 ThreeStar Class	二星级 TwoStar Class	一星级 OneStar Class	无星级宾馆 StarClass Unappraised
合计 Total	9912	1190	1	79	191	636	269	14	8722
广州 Guangzhou	1570	242	1	12	34	132	62	1	1328
深圳 Shenzhen	503	150		14	31	74	31		353
珠海 Zhuhai	458	91		8	9	66	8		367
汕头 Shantou	47	42		3	7	20	10	2	5
佛山 Foshan	161	97		5	16	47	28	1	64
韶关 Shaoguan	719	53		1	7	37	6	2	666
河源 Heyuan	487	30		1	3	15	10	1	457
梅州 Meizhou	139	31			2	13	15	1	108
惠州 Huizhou	1978	66		2	11	43	10		1912
汕尾 Shanwei	288	15			2	11	2		273
东莞 Dongguan	98	98		19	26	38	14	1	
中山 Zhongshan	472	35		3	6	20	4	2	437
江门 Jiangmen	430	29		4	3	19	3		401
阳江 Yangjiang	313	33		3	3	17	10		280
湛江 Zhanjiang	560	40		1	6	24	9		520
茂名 Maoming	20	20		1	3	6	10		
肇庆 Zhaoqing	828	36			3	17	13	3	792
清远 Qingyuan	609	41		1	6	24	10		568
潮州 Chaozhou	12	12			4	5	3		
揭阳 Jieyang	18	9		1	5	1	2		8
云浮 Yunfu	202	20			4	7	9		182

2009年广东省各市旅游住宿设施床位分布情况

BREAKDOWN OF TOURIST HOTEL BY LOCALITY 2009

市　别 City	座数 Numberof TouristHotel	客房（间） Numberof Room	其中 星级	床位（张） NumberofBed	其中 星级	从业人员（人） Employees
全省合计 Total	9912	478575	161339	816106	270275	520409
广州 Guangzhou	1570	119469	36726	200298	63152	127212
深圳 Shenzhen	503	52502	27075	81063	40877	53881
珠海 Zhuhai	458	44368	11940	82769	20089	55000
汕头 Shantou	47	7116	6605	12069	11150	6763
佛山 Foshan	161	18254	11484	34421	19274	26681
韶关 Shaoguan	719	19514	5144	38208	9827	28635
河源 Heyuan	487	14976	2434	27672	4582	16597
梅州 Meizhou	139	8300	2650	17566	5000	10000
惠州 Huizhou	1978	23621	8072	42037	13105	22018
汕尾 Shanwei	288	8194	2194	14170	3269	6384
东莞 Dongguan	98	16332	16332	24389	24389	40009
中山 Zhongshan	472	27650	4975	43363	8709	16600
江门 Jiangmen	430	25500	2699	41000	4742	13208
阳江 Yangjiang	313	10684	3166	21369	5910	4482
湛江 Zhanjiang	560	22127	8867	38089	15649	32782
茂名 Maoming	20	4518	1959	6338	3545	4457
肇庆 Zhaoqing	828	25312	2155	37970	4235	19586
清远 Qingyuan	609	22422	3875	40181	7626	21000
潮州 Chaozhou	12	1558		2448		2874
揭阳 Jieyang	18	2206	1531	3968	2538	3490
云浮 Yunfu	202	3952	1456	6718	2607	8750

2009年广东省旅游景区（点）构成情况

BASIC STATISTICS ON SCENIC SPORTS 2009

单位：点　　　　Unit：Number

市　别 City	合　计 Total	已评级 小　计	5A级 5ALevel	4A级 4ALevel	3A级 3ALevel	2A级 2ALevell	未评级
合计 Total	758	126	2	78	34	12	632
广州 Guangzhou	94	22	1	14	5	2	72
深圳 Shenzhen	40	6	1	5			34
珠海 Zhuhai	43	3		2	1		40
汕头 Shantou	8	4		3	1		4
佛山 Foshan	44	6		6			38
韶关 Shaoguan	36	3		3			33
河源 Heyuan	30	5		2	1	2	25
梅州 Meizhou	21	11		4	7		10
惠州 Huizhou	63	8		6	2		55
汕尾 Shanwei	13	1		1			12
东莞 Dongguan	29	4		3		1	25
中山 Zhongshan	25	2		2			23
江门 Jiangmen	30	7		7			23
阳江 Yangjiang	9	3		2	1		6
湛江 Zhanjiang	68	12		2	6	4	56
茂名 Maoming	23	3			3		20
肇庆 Zhaoqing	44	4		4			40
清远 Qingyuan	75	11		8	3		64
潮州 Chaozhou	38	2		1	1		36
揭阳 Jieyang	14	2		1	1		12
云浮 Yunfu	11	7		2	2	3	4

2009 年广东省各市景点分布

BREAKDOWN OF SCENIC SPORTS 2009

单位：个、人　　　　Unit：Number

市　别 City	小　计 Total	已评级	未评级	景点从业人员 EmployeesofScenic Spots
合计 Total	758	126	632	90694
广州 Guangzhou	94	22	72	14072
深圳 Shenzhen	40	6	34	15812
珠海 Zhuhai	43	3	40	4000
汕头 Shantou	8	4	4	645
佛山 Foshan	44	6	38	3607
韶关 Shaoguan	36	3	33	1750
河源 Heyuan	30	5	25	2163
梅州 Meizhou	21	11	10	3760
惠州 Huizhou	63	8	55	11413
汕尾 Shanwei	13	1	12	1357
东莞 Dongguan	29	4	25	3508
中山 Zhongshan	25	2	23	2074
江门 Jiangmen	30	7	23	3142
阳江 Yangjiang	9	3	6	1391
湛江 Zhanjiang	68	12	56	7586
茂名 Maoming	23	3	20	1176
肇庆 Zhaoqing	44	4	40	3459
清远 Qingyuan	75	11	64	5000
潮州 Chaozhou	38	2	36	2500
揭阳 Jieyang	14	2	12	1219
云浮 Yunfu	11	7	4	1060

各级旅游管理机构

（第 453 ~ 468 页）

广东省旅游局

省旅游局领导

广东省旅游局党组书记、局长：杨荣森（2008年2月29日任职）
广东省旅游局党组成员、机关党委书记、巡视员：曾维炳（2009年10月16日任巡视员）
广东省旅游局党组成员、副局长：周开生（2007年8月20日任职）
广东省旅游局党组成员、副局长：张振林（2009年4月28日任职）
广东省旅游局副局长：王志红（2009年3月27日任职）
广东省旅游局党组成员、副局长：梅其洁（2009年9月21日任职）
广东省旅游局党组成员，省纪委、省监察厅派驻省旅游局纪检组长、监察专员：黎增丰（2010年6月24日任职）
广东省旅游局党组成员、副巡视员：林上福（2010年3月26日任职）

省旅游局机关、直属事业单位负责人

办公室主任：邱招贤
电话：（020）87513611
传真：（020）87513620

党办主任：于非已
电话：（020）87513651
传真：（020）87513657

政策法规处处长：曾晓峰
电话：（020）87513616
传真：（020）87513551

行业管理处处长：刘益华
电话：（020）87513625
传真：（020）87513674

市场开发处处长：甘达坚
电话：（020）87513622
传真：（020）87513640

规划统计处处长：陈瑞东
电话：（020）87513632
传真：（020）87513764

港澳台旅游事务处处长：毛　诚
电话：（020）87513631

教育培训处处长：李振德
电话：（020）87513612
传真：（020）87513770

人事处处长：余　斌
电话：（020）87513641
传真：（020）87513650

机关工会主席：蔡立斌
电话：（020）87513561
传真：（020）87513563

省旅游质量监督管理所所长：廖国强
电话：（020）87513661
投诉电话：（020）22386699
（020）87513664
传真：（020）87513740

省旅游职业技术学校校长：冒超球
地址：广州市同和街同泰路1111号
电话：（020）37247320

省旅游发展研究中心主任：李国平
电话：（020）87513711
传真：（020）22220298

省旅游发展促进中心主任：孙朝晖
电话：（020）87513578
传真：（020）87513579

广东省旅游局
地址：广州市黄埔大道西463号
电话：（020）87502666
传真：（020）87503222
邮编：510630
网址：http：//www. visitgd. com

各市、县（市、区）旅游局

广州市

广州市旅游局
局党委书记、局长：朱　力
地址：广州市东风西路140号13楼—15楼
电话：（020）81078200
传真：（020）81078234
邮编：510170
http://www.visitgz.com
http://www.gzly.gov.cn

局党委副书记、纪委书记、机关党委书记：唐仕荣
电话：（020）81078200

巡视员：马相承
电话：（020）81078200

副局长：李志新
电话：（020）81078200

副局长：黄小晶
电话：（020）81078200

副局长：谭爱英
电话：（020）81078200

副巡视员：周泽健
电话：（020）81078200

办公室
电话：（020）81078233
传真：（020）81078234

政策法规处
电话：（020）81078237

国际市场开发处
电话：（020）81078257

资源开发与市场推广处
电话：（020）81078266

行业规范与管理处
电话：（020）81078243

质量监督与执法处
电话：（020）81074230

行业培训指导处
电话：（020）81078242

科技与信息处
电话：（020）81078253

政治处
电话：（020）81078205

工会
电话：（020）80178207

纪委办、监察室
电话：（020）81078229

机关党委
电话：（020）81078210

离退休干部管理处
电话：（020）81078206

广州旅游质量监督管理所
电话：（020）81078277　86666666
紧急救援中心
电话：（020）81078250　86666330

越秀区文化广电新闻出版局（旅游局）
局长：陈健秀
地址：广州市越秀区暑前路8号9楼
电话：（020）87615152
传真：（020）87615152
邮编：510080

海珠区文化广电新闻出版局、版权、旅游局
局长：沈　杰
地址：广州市海珠区宝岗路35号南北广场3楼
电话：（020）34269570
传真：（020）34269570
邮编：510240

荔湾区文化广电新闻出版局
局长：郭泽果
地址：广州市荔湾区逢源路280号金升大厦7楼
电话：（020）81839931
传真：（020）81818871
邮编：510150

白云区旅游局
局长：段栓柱
地址：广州市广园中路238号白云区政府7楼
电话：（020）86579881
传真：（020）86575757
邮编：510405

黄埔区交通局、旅游局
局长：杨家伟
地址：广州市黄埔区大沙东路333号
电话：（020）82378773
传真：（020）82378987
邮编：510240

天河区旅游局
局长：林志云
地址：广州市天府路1号2号楼6楼
电话：（020）38622872
传真：（020）38624261
邮编：510655

南沙区经贸科技和信息化局（旅游局）
局长：潘玉璋
地址：广州市南沙开发区凤凰大道1号
电话：（020）39910512
传真：（020）84986646
邮编：511455

萝岗区经济发展与科技局（旅游局）
局长：孙秀清
地址：广州市萝岗区香雪三路1号行政服务中心D栋
电话：（020）82111349
传真：（020）82118218
邮编：511530

番禺区旅游局
局长：黎德权
地址：番禺区市桥镇桥兴大道43号
电话：（020）3993806
传真：（020）3993817
邮编：511400

花都区旅游局
局长：黄兆祥
地址：广州市花都区迎宾大道交通大楼14楼
电话：（020）36897862
传真：（020）36898392
邮编：510800

从化市旅游局
局长：曾令泰
地址：从化市街口镇东成路20号二楼
电话：（020）87922116
传真：（020）87926819
邮编：510900

增城市旅游局
局长：史青山
地址：增城市荔城镇府前佑路滨海一街海涛居5－6栋首层
电话：（020）82634078
传真：（020）82664398
邮编：511300

深圳市

深圳市文体旅游局
局长：陈　威
地址：深圳市福田区福中三路市民中心C区1楼、2楼
电话：（0755）82002320
传真：（0755）82003142
邮编：518035
http:www.szwtl.gov.cn

党组书记：李小甘
电话：（0755）82003216

副局长：岳川江
电话：（0755）82003268

副局长：易能全
电话：（0755）82003208

副巡视员：王　敏
电话：（0755）82003182

办公室
电话：（0755）82002239
传真：（0755）82003201

旅游推广促进处
电话：（0755）82003160

旅游协调管理处
电话：（0755）82003181

福田区贸易工业局（旅游局）
局长：张尊众
地址：深圳市福田区福民路123号福田区委大楼26层
电话：（0755）82918333转2619、2617
传真：（0755）82918631
邮编：518048

罗湖区贸易工业局（旅游局）
局长：王　萍
地址：深圳市罗湖区文锦中路罗湖管理中心大厦21楼
电话：（0755）25666604
传真：（0755）25666612
邮编：518007

南山区贸易工业局（旅游局）
局长：周　辉
地址：深圳市南山区桃园东路区委大楼A座8楼
电话：（0755）26667554
传真：（0755）26542170
邮编：518052

盐田区旅游局
局长：李枝尧
地址：深圳市盐田区深盐路2088号区行政文化中心大楼
电话：（0755）22320281
传真：（0755）22320287
邮编：518081

宝安区贸易工业局（旅游局）
局长：贝济标
地址：深圳市宝安区23区海关大楼
电话：（0755）27848108
传真：（0755）27849315
邮编：518101

龙岗区旅游局
局长：高远林
地址：深圳市龙岗区中心城清林中路

海关大厦东座 12 楼
电话：（0755）28949663
传真：（0755）28949660
邮编：518172

光明新区经济服务局旅游科
局长：王　毅
地址：深圳市光明新区光明大道 1 号
光明新区管理委员会大楼
电话：（0755）88211812
传真：（0755088211643
邮编：518107

坪山新区经济服务局旅游科
局长：王伟雄
地址：深圳市坪山新区深汕路坪山新
区管理委员会 583 号
电话：（0755）84622007
传真：（0755）84622226
邮编：518118

珠海市

珠海市文体旅游局
局长：刘福祥
地址：珠海市香洲区红山路 165 号
电话：（0756）2113818
传真：（0756）2636701
邮编：519070
http://www.okzhuhai.com/

党组书记、副局长：张梅生
电话：（0756）2602733

副局长：王春剑
电话：（0756）2630778

副局长：朱辉
电话：（0756）2638612

副局长：段胜明
电话：（0756）2638693

副局长：秦凤尝
电话：（0756）2661986

副局长：成瑜荣
电话：（0756）2636623

党组成员：陈毅然
电话：（0756）2222962

办公室
电话：（0756）2636712

产业规划与发展科
电话：（0756）2636602

城市活动策划科
电话：（0756）2602913

文体场馆管理科
电话：（0756）2661893

文化艺术科
电话：（0756）2602926

新闻出版科（版权科）
电话：（0756）2636781

广播电影电视科
电话：（0756）2661771

文物科
电话：（0756）26636627

群众体育科
电话：（0756）2661056

竞技体育科
电话：（0756）2638620

旅游推广促进科
电话：（0756）2630682

市场管理科
电话：（0756）2661511

人事监察科
电话：（0756）2602961

旅游质监所
电话：（0756）3336061

旅游协会
电话：（0756）3355181

香洲区文体旅游局
局长：彭甦
地址：香洲区柠溪路 284 号 B 区 3 楼
电话：（0756）2283709
传真：（0756）2298641
邮编：519010

金湾区文体旅游局
局长：张文
地址：金湾区办公中心 9 号楼
电话：（0756）7263321
传真：（0756）7799919
邮编：519090

斗门区旅游局
局长：陈夏森
地址：斗门区井岸镇朝福路 436 号
5 楼
电话：（0756）5551157
传真：（0756）5153885
邮编：519100

高新区社会发展局
局长：周火根
地址：南方软件园 A3 楼
电话：（0756）3629815
传真：（0756）3629810
邮编：519085

万山区经济发展局
局长：匡澍
地址：香洲区梅华东路 301 号 2 单元
4 楼 413 房
电话：（0756）2233017
传真：（0756）2233017
邮编：519000

横琴新区产业发展局
局长：梁滔闻
地址：横琴新区德政路 41 号管委会大楼 C 栋
电话：（0756）8841921
传真：（0756）8842002
邮编：519000

高栏港区社会发展局
局长：淑红玉
地址：南水镇政府
电话：（0756）7268695
传真：（0756）7268695
邮编：519000

汕头市

汕头市旅游局
局长：陈华佳
地址：汕头市跃进路 28 号 4 楼
电话：（0754）88297615
传真：（0754）88286555
邮编：515037
http://stly.gov.cn

副局长：于临生
电话：（0754）88973637

副局长：陈　斌
电话：（0754）88971151

纪检组长：刘向平
电话：（0754）88976363

调研员：黄燕湖
电话：（0754）88295611

副调研员：方展荣
电话：（0754）88975666

办公室
电话：（0754）88293456
传真：（0754）88286555

资源与市场开发科
电话：（0754）88451799

质量规范与管理科
电话：（0754）88297614

质量监督管理所
电话：（0754）88297616

导游服务中心
电话：（0754）88973837

金平区旅游局
局长：林荣杰
地址：汕头市金园路 12 号
电话：（0754）88604761
传真：（0754）88626858
邮编：515041

龙湖区旅游局
局长：陈邦哲
地址：汕头市珠江路 23 号珠江楼 6 楼
电话：（0754）88831051
传真：（0754）88831096
邮编：515041

澄海区旅游局
局长：陈建伟
地址：澄海区文冠路党政办公楼
电话：（0754）85861480
传真：（0754）85850350
邮编：515800

濠江区旅游局
局长：杨育挺
地址：汕头濠江区达濠商业街秀峰路 1 号审计综合楼 2 楼
电话：（0754）87386933
传真：（0754）87386966
邮编：515071

潮阳区旅游局
局长：郑立候
地址：潮阳区中山西路 10 号
电话：（0754）83822059
传真：（0754）83615871
邮编：515100

潮南区旅游局
局长：陈少华
地址：潮南区峡山商贸城 15 街 629 号
电话：（0754）87762589
传真：（0754）87762578
邮编：515141

南澳县旅游局
局长：蔡利逊
地址：南澳县后宅镇光明路老财政楼
电话：（0754）86806090
传真：（0754）86803033
邮编：515900

佛山市

佛山市旅游局
局长：朱粤平
地址：佛山市禅城区佛山大道 93 号
电话：（0757）82984405
传真：（0757）82981017
邮编：528000
http://www.visitfoshan.com

副局长：陆建生
电话：（0757）82211736

副局长：谢建华
电话：（0757）82981346

办公室
电话：（0757）82981035
传真：（0757）82981017

行业管理科
电话：（0757）82981346
传真：（0757）82212061

资源与市场开发科
电话：（0757）82963039
传真：（0757）82963039

旅游质量监督所
电话：(0757) 82212061
传真：(0757) 82212061

禅城区经贸局
局长：胡安泉
地址：佛山市禅城区潮安路禅城区政府通济大院8楼
电话：(0757) 82340836
传真：(0757) 82340837
邮编：528000

南海区旅游局
局长：林平武
地址：佛山市禅城区朝安路禅城区政府通济大院8楼
电话：(0757) 86226096
传真：(0757) 86286786
邮编：528000

顺德区委宣传部（文体旅游局）
局长：张新杰
地址：顺德区大良镇德民路政府大楼
电话：(0757) 22831968
传真：(0757) 22831970
邮编：528333

高明区文化广电新闻出版（旅游）局
局长：吴兆华
地址：佛山市高明区荷城沧江路10号
电话：(0757) 88881287
传真：(0757) 88881112
邮编：528550

三水区经贸（旅游）局
局长：杨伟亮
地址：三水区西南道健力宝北路37号
电话：(0757) 87755911
传真：(0757) 87755914
邮编：528100

韶关市

韶关市旅游局
局长：陈　波（2009年12月任职）
　　　王晓梅（2009年12月离职）
地址：韶关市风度北路市政府大楼12楼
电话：(0751) 8885710
传真：(0751) 8916132
邮编：512000
http://www.sgtravel.cn

副局长：蔡　福
电话：(0751) 8888650

副局长：陈仲耀
电话：(0751) 8884718

副局长：罗永东
电话：(0751) 8888109

办公室
电话：(0751) 8885710

人事科
电话：(0751) 8891607

管理科
电话：(0751) 8891005

开发科
电话：(0751) 8916130

质监所
电话：(0751) 8916131

南雄市旅游局
局长：黄志星
地址：南雄市雄州镇永康路13号
电话：(0751) 3822010
传真：(0751) 3822909
邮编：512400

曲江区旅游局
局长：梁志勇
地址：曲江区马坝镇文化路口
电话：(0751) 6666003
传真：(0751) 6667088
邮编：512100

乳源县旅游局
局长：卢东华
地址：乳源县鹰峰西路7号
电话：(0751) 5384529
传真：(0751) 5387381
邮编：512700

新丰县旅游局
局长：朱卫斌
地址：新丰县政府内
电话：(0751) 2262181
传真：(0751) 2262610
邮编：511100

乐昌市旅游局
局长：梁丽娟
地址：乐昌市政府大院内档案局1楼
电话：(0751) 5551113
传真：(0751) 5551113
邮编：512200

仁化县旅游局
局长：李世朗
地址：仁化县新城横路37号4楼
电话：(0751) 6358911
传真：(0751) 6353418
邮编：512300

始兴县旅游局
局长：邓海清
地址：始兴县城墨江桥北路粤兴大厦3楼
电话：(0751) 3312828
传真：(0751) 6131999
邮编：512500

翁源县旅游局
局长：黄　旭
地址：翁源县龙仙镇文化局新大楼4楼
电话：(0751) 2860177
传真：(0751) 2860177
邮编：511100

浈江区旅游局
局长：黄建华

地址：浈江区启明路文化中心
电话：（0751）8311159
传真：（0751）8311158
邮编：512023

河源市

河源市旅游局
局长：古敏生
地址：河源市新区兴源东路1号华怡大厦2楼
电话：（0762）3388793
传真：（0762）3388285
邮编：517000

副局长：李德标
电话：（0762）3388865

副局长：张振辉
电话：（0762）3888235

副局长：杨友平
电话：（0762）3387021

纪检组长：何　彤
电话：（0762）3388032

副调研员：吴运坚
电话：（0762）3388132

办公室
电话：（0762）3388920

人事教育科
电话：（0762）3388795

质量规范与管理科
电话：（0762）3388185

资源与市场开发科
电话：（0762）3387555

质量监督管理所
电话：（0762）3387777
传真：（0762）3388285

源城区旅游局
局长：罗伟平
地址：源城区政府大院内
电话：（0762）3325113
传真：（0762）3334100
邮编：517000

东源县旅游局
局长：欧文初
地址：东源县政府大院内
电话：（0762）8833277
传真：（0762）8831117
邮编：517100

和平县旅游局
局长：黄春彭
地址：和平县政府大院内
电话：（0762）5641365
传真：（0762）5641365
邮编：517200

龙川县旅游局
局长：巫资发
地址：龙川县老隆镇东风路50号4楼
电话：（0762）6893003
传真：（0762）6752547
邮编：517300

紫金县旅游局
局长：傅作荣
地址：紫金县党政大楼0524号房
电话：（0762）7838996
传真：（0762）7838996
邮编：517400

连平县旅游局
局长：罗光明
地址：连平县环城南路县政府招待所4楼
电话：（0762）4326978
传真：（0762）4337998
邮编：517500

梅州市

梅州市旅游局
局长：陈建新
地址：梅州市嘉应路24号
电话：（0753）2260389
传真：（0753）2242728
邮编：514021
http://www.mzta.gov.cn

副局长：杨贵宏
电话：（0753）2259296

副局长：丘加悦
电话：（0753）2259199

办公室
电话：（0753）2279102、2242776

资源开发与管理科
电话：（0753）2246318

市场促销与管理科
电话：（0753）2243687

旅行社饭店管理科
电话：（0753）2259681

旅游质量监督管理科（所）、旅游执法大队
电话：（0753）2243654

梅江区旅游局
局长：李志雄
地址：梅州市仲元路区政府大院
电话：（0753）2196933
传真：（0753）2196933
邮编：514000

梅县旅游局
局长：杨柏芳
地址：梅县新城行政区
电话：（0753）2587791
传真：（0753）2587123

邮编：514700

兴宁市旅游局
局长：刘文忠
地址：兴宁市中山东路1号
电话：（0753）3327258
传真：（0753）3325298
邮编：514500

丰顺县旅游局
局长：陈国清
地址：丰顺县汤坑镇新世纪24区雄风大道74号
电话：（0753）6689333
传真：（0753）6689889
邮编：514300

蕉岭县旅游局
局长：古添强
地址：蕉岭县桂岭大道中252号
电话：（0753）7892818
传真：（0753）7892758
邮编：514100

五华县旅游局
局长：张茂华
地址：五华县政府大院内
电话：（0753）4431073
传真：（0753）4436200
邮编：514400

大埔县旅游局
局长：黄周水
地址：大埔县城府前路11号
电话：（0753）5535328
传真：（0753）5532992
邮编：514200

平远县旅游局
局长：肖明羲
地址：平远县大柘镇平远大道新村商住楼
电话：（0753）8899878
传真：（0753）8899878
邮编：514600

惠州市

惠州市旅游局
局长：崔　爽
地址：惠州市环城西路80号3号楼
电话：（0752）2230701
传真：（0752）2207428
邮编：516001
http://www.huizhoutourism.com.cn

党组书记、副局长：吴琦生
电话：（0752）2208678

副局长：李仕民
电话：（0752）2210078

副局长：谭跃华
电话：（0752）2214676

副局长：郭武飘
电话：（0752）2684138

副局长：田佑良
电话：（0752）2208829

办公室
电话：（0752）2230701　2210068
传真：（0752）2207428

质量规范与管理科
电话：（0752）2221051　2208232
传真：（0752）2221051

资源与市场开发科
电话：（0752）2208430　2661791
传真：（0752）2661792

旅游质量监督管理所
电话：（0752）2238354
传真：（0752）2200806

导游管理中心
电话：（0752）2225198　2106235

惠城区旅游局
局长：吴章仲
地址：惠州市下角寿山路4号1楼
电话：（0752）2231782
传真：（0752）2213082
邮编：516001

惠阳区旅游局
局长：张文志
地址：惠阳区淡水金惠大道区政府大楼1楼127室
电话：（0752）3370048
传真：（0752）3364631
邮编：516211

惠东县旅游局
局长：陈继祥
地址：惠东县平山镇平深路爱华围5号
电话：（0752）8865678
传真：（0752）8894128
邮编：516300

博罗县旅游局
局长：邓东方
地址：博罗县罗阳镇北门路133号3楼
电话：（0752）6622568
传真：（0752）6622568
邮编：516100

龙门县旅游局
局长：陈瑞玲
地址：龙门县城西林路42号
电话：（0752）7781777
传真：（0752）7781777
邮编：516800

大亚湾经济技术开发区旅游局
局长：陈丽娟
地址：大亚湾经济技术开发区中兴中裕7号投资股大厦6楼
电话：（0752）5568253
传真：（0752）5568253
邮编：516081

汕尾市

汕尾市旅游局
局长：张林海（2009年3月任职）
吕以皆（2009年3月离职）
地址：汕尾市城南路旅游大厦
电话：（0660）3381891
传真：（0660）3364804
邮编：516600
http://www.swlyj.com

副局长：林兴文（2009年3月离职）
电话：（0660）3364802

副局长：邓晓虹
电话：（0660）3282080

办公室
电话：（0660）3364804
传真：（0660）3398800

质量规范与管理科
电话：（0660）3398929

资源与市场开发科
电话：（0660）3396193

旅游质量监督管理所
电话：（0660）3364163

陆丰市旅游局
局长：林植章
地址：陆丰东海镇北堤路19号
电话：（0660）8821137
传真：（0660）8821137
邮编：516500

海丰县旅游局
局长：罗金泉
地址：海丰县海城农林路39号
电话：（0660）6603662
传真：（0660）6600848
邮编：516400

陆河县旅游局
局长：罗小宁
地址：陆河县城朝阳路85号
电话：（0660）5528551
传真：（0660）5528551
邮编：516700

汕尾市城区旅游局
局长：许岸悦
地址：汕尾市文明南路209号
电话：（0660）3356051
传真：（0660）3356053
邮编：516600

红海湾开发区旅游局
局长：刘文芬
地址：汕尾市红海湾田墘街道南苑小区南阳街6号
电话：（0660）3438856
传真：（0660）3438856
邮编：516620

华侨管理区旅游局
局长：庄泽棠
地址：汕尾市华侨管理区办公大楼
电话：（0660）8251958
传真：（0660）8253299
邮编：516532

东莞市

东莞市旅游局
局长：梁少虾（2009年7月任职）
蒋小莺（2009年7月离职）
地址：东莞市城区万寿路76号
电话：（0769）22678666
传真：（0769）22226805
邮编：523003
http://www.dongguan.travel

副局长：李耀辉
电话：（0769）22226665

副局长：余建民
电话：（0769）22228286

副局长：李亚鹏
电话：（0769）22220136

副调研员：叶树红
电话：（0769）22227618

办公室
电话：（0769）22226801

质量规范与管理科
电话：（0769）22226722

资源与市场开发科
电话：（0769）22226762

信息科
电话：（0769）22226676

旅游质量监督管理所
电话：（0769）22227160

中山市

中山市旅游局
局长：车　卫
地址：中山市东区起湾道3号竹苑广场7楼
电话：（0760）88811825
传真：（0760）88806615
邮编：528403
http://www.zhongshantour.com.cn

副局长：梁照平
电话：（0760）88800316

副局长：梁渭林
电话：（0760）88801089

副调研员：吴东就（2009年9月由副局长改任现职）
电话：（0760）88800686

副调研员：谭桂林
电话：（0760）88804601

副调研员：欧阳泽生
电话：（0760）88810078

办公室
电话：（0760）88811825

行业管理科
电话：（0760）88818786

市场拓展科
电话：（0760）88809664

资源开发科
电话：（0760）88805214

旅游质量监督管理所
电话：（0760）88805211

江门市

江门市旅游局
局长：周锦新
地址：江门白沙大道6号之二
电话：（0750）3551911
传真：（0750）3551300
邮编：529000
http://www.jm-tour.com
Email:jmtour@pub.jiangmen.gd.cn

副局长：冯裕聪
电话：（0750）3551877

副局长：张　华
电话：（0750）3551611

办公室
电话：（0750）3551911
传真：（0750）3551300

市场科
电话：（0750）3530883

质管科
电话：（0750）3515566
旅游投诉电话：（0750）3515566

蓬江区旅游局
局长：何坚毅
地址：江门市建设二路18号7楼
电话：（0750）8222220
传真：（0750）3221932
邮编：529000

江海区旅游局
局长：陈全学
地址：江门市东海路338号江海区机关大院3号楼7楼
电话：（0750）3861530
传真：（0750）3861659
邮编：529000

新会区旅游局
局长：胡锦旋
地址：新会圭峰山风景区管委会A座
电话：（0750）6173301
传真：（0750）6173302
邮编：529100

台山市旅游局
局长：容兆廉
地址：台山环北大道46号2楼
电话：（0750）5503287
传真：（0750）5512456
邮编：529200

开平市旅游局
局长：许永锋
地址：开平长沙东路3号
电话：（0750）2229177
传真：（0750）2293314
邮编：529300

鹤山市旅游局
副局长：李绍林
地址：鹤山沙坪镇东升路50号
电话：（0750）8902286
传真：（0750）8989649
邮编：529700

恩平市旅游局
副局长：郑素红
地址：恩平沿江路2号
电话：（0750）7711728
传真：（0750）7727302
邮编：529400

阳江市

阳江市旅游和外事侨务局
局长：丁锡丰
地址：阳江市东风二路60号行政服务中心3楼
电话：（0662）3361261
传真：（0662）3361292
邮编：529500
http://www.visityj.com/

副书记：陈达华
电话：（0662）3366033

副局长：张　开
电话：（0662）3366381

副局长：柯远平
电话：（0662）3361969

副调研员：杨　江
电话：（0662）3318816

办公室
电话：（0662）3361261　3318816
传真：（0662）3361292

资源与市场开发科
电话：（0662）3318692

质量规范与管理科
电话：（0662）3357693

旅游服务指导中心
电话：（0662）3188777

质量监督管理所
电话：（0662）3356345

旅游监察大队
电话：（0662）3188777

江城区旅游管理中心
主任：关秋华
地址：江城区建设路108号
电话：（0662）3110195
传真：（0662）3110996
邮编：529500

海陵岛旅游局
局长：邓修来
地址：海陵岛闸坡镇碧涛村5栋4楼
电话：（0662）3890246
传真：（0662）3890400
邮编：529536

阳春市旅游局
局长：陈以霜
地址：阳春市南新大道6号
电话：（0662）7735179
传真：（0662）7735179
邮编：529600

阳东县旅游管理中心
主任：冯　敏
地址：阳东县政府综合楼
电话：（0662）6611536
传真：（0662）6632777
邮编：529900

阳西县旅游管理中心
主任：梁道高
地址：阳西县政府综合楼2楼
电话：（0662）5533329
传真：（0662）5531732
邮编：529800

湛江市

湛江市旅游局
局长：林　红
地址：湛江市赤坎区海滨六路3号之三沙湾大厦A座5楼
电话：（0759）3161921
传真：（0759）3161178
邮编：524044
http://zjtravel.yinsha.com

副局长：陈振华
电话：（0759）3162169

副局长：陈　龙
电话：（0759）3161908

办公室
电话：（0759）316192　33161303
传真：（0759）3161178

质量规范与管理科
电话：（0759）3161962

资源与市场开发科
电话：（0759）3161963

质量监督管理所
电话：（0759）3161636　2262444

湛江市旅游服务中心
电话：（0759）3161136　3161038

霞山区旅游局
局长：卢河江
地址：湛江市霞山区解放西路22号霞山区政府2号楼12楼
2号楼12楼
电话：（0759）2173899
传真：（0759）2173899
邮编：524013

麻章区旅游局
局长：张　蓓
地址：湛江市麻章区政通东路1号
电话：（0759）2732922
传真：（0759）2732922
邮编：524094

坡头区旅游局
局长：吕其让
地址：湛江市坡头区南调路区府大楼1楼
电话：（0759）3950032
传真：（0759）3950032
邮编：524057

雷州市旅游局
局长：洪　新
地址：雷州市雷城西湖大道38号
工商银行7楼
电话：（0759）8851100
传真：（0759）8808778
邮编：524200

廉江市旅游局
局长：黎法槐
地址：廉江市迎宾一路7号
电话：（0759）6609005
传真：（0759）6609005
邮编：524400

吴川市旅游局
局长：陈　豪
地址：吴川市市府招待所2号楼
电话：（0759）5608851
传真：（0759）5613022
邮编：524500

遂溪县旅游局
局长：黄高梅
地址：遂溪县遂城镇中山路133号
电话：（0759）7768413
传真：（0759）7768413
邮编：524373

徐闻县旅游局
局长：陈北跑
地址：徐闻县政府大楼1楼
电话：（0759）4879770
传真：（0759）4879772
邮编：524100

湛江经济技术开发区旅游局
局长：李　武
地址：湛江经济技术开发区乐怡路社保大厦7楼

电话：（0759）3628273
传真：（0759）3628273
邮编：524022

茂名市

茂名市旅游局
局长：李清汉
地址：茂名市迎宾路137号大院3号楼
电话：（0668）2897183
传真：（0668）2287085
邮编：525000
http://www.mmlyj.com

调研员：李　宁
电话：（0668）2891286

副局长：陈中波
电话：（0668）2869767

副局长：车健明
电话：（0668）2869737

副调研员：黄经豪
电话：（0668）2891286

办公室
电话：（0668）2288187
传真：（0668）2287085

旅行社管理科
电话：（0668）2285548

饭店管理科
电话：（0668）2886589

资源与市场开发科
电话：（0668）2869757

旅游质监科
电话：（0668）2270544

信宜市旅游局
局长：江柳钦
地址：信宜市政府大院
电话：（0668）8873553
传真：（0668）8878665
邮编：525300

高州市旅游局
局长：钟　平
地址：高州市中山路73号
电话：（0668）6658383
传真：（0668）6658282
邮编：525200

化州市旅游局
局长：杨　剑
地址：化州市政府大院
电话：（0668）7360777
传真：（0668）7360777
邮编：525100

电白县旅游局
局长：肖国忠
地址：电白县政府综合楼1楼
电话：（0668）5115325
传真：（0668）5115335
邮编：525400

茂南区旅游局
局长：潘谢斌
地址：茂名市油城三路319号
电话：（0668）2112133
传真：（0668）2112122
邮编：525000

茂港区旅游局
局长：马　堂
地址：茂名市茂港区政府大楼3楼
电话：（0668）2689333
传真：（0668）2688128
邮编：525027

肇庆市

肇庆市旅游发展局
局长：郑时广
地址：肇庆市古塔南路
电话：（0758）2231081
传真：（0758）2224054
邮编：526040
http://www.zqtourism.com

副局长：李达标
电话：（0758）2282316

副局长：房宇文
电话：（0758）2209022

副局长：郑向平
电话：（0758）2265568

副局长：张丽文
电话：（0758）2705831

办公室
电话：（0758）2231081　2224627

行业管理科
电话：(0758)2261673　2262296(投诉)

市场开发科
电话：（0758）2237543　2261696

资源规划科
电话：（0758）2286192　2225270

劳动人事科（党办）
电话：（0758）2224850　2289173

财务管理科
电话：（0758）2224365　2277932

离退休干部管理科
电话：（0758）2224903

市旅游服务中心
电话：（0758）2238509

鼎湖区旅游发展局
局长：赖宏升
地址：肇庆市鼎湖坑口区府大院
电话：（0758）2625260

传真：（0758）2625260
邮编：526070

端州区旅游局
局长：陈秀萍
地址：肇庆市古塔中路15号
电话：（0758）2721364
传真：（0758）2721364
邮编：526040

封开县旅游发展局
局长：陈　剑
地址：封开县江口封洲二路行政中心
电话：（0758）6681820
传真：（0758）6681820
邮编：526500

德庆县旅游发展局
局长：潘子杰
地址：德庆县委大院
电话：（0758）7781728
传真：（0758）7781852
邮编：526600

高要市旅游局
局长：谢富文
地址：肇庆市人民中路12号
电话：（0758）2234578
传真：（0758）2235122
邮政：526040

四会市旅游局
局长：徐达强
地址：四会市汇源路8号
电话：（0758）3368919
传真：（0758）3368919
邮编：526200

广宁县旅游局
局长：杨淦标
地址：广宁县南街镇南东一路17号
电话：（0758）8638388
传真：（0758）8638388
邮编：526300

怀集县旅游发展局
局长：严耿文
地址：怀集县怀城镇解放中路78号
电话：（0758）5522631
传真：（0758）5531618
邮编：526400

清远市

清远市旅游局
局长：雷玉春
地址：清远市新城人民二路18号市政府国际会展中心5楼
电话：（0763）3360029
传真：（0763）3366896
邮编：511518
http://www.qyta.gov.cn/

副局长：邹　俊
电话：（0763）3363238

副局长：虞卫旗
电话：（0763）3361448

副调研员：张秀莲
电话：（0763）3361948

办公室
电话：（0763）3363390
传真：（0763）3366896

市场开发科
电话：（0763）3368636

规划统计科
电话：（0763）3364299

行业管理科
电话：（0763）3363126

质量监督科
电话：（0763）3364098

英德市旅游局
局长：邓明华
地址：英德市浈阳路运通大厦9楼
电话：（0763）2222642
传真：（0763）2222642
邮编：513000

连州市文体旅游局
局长：唐记南
地址：连州市番禺路128号潭电大厦9楼
电话：（0763）6319113
传真：（0763）6319113
邮编：513400

清新县旅游局
局长：朱小玲
地址：清新县太和镇笔架路3号行政服务中心2楼东面
电话：（0763）5820368
传真：（0763）5833070
邮编：511800

阳山县旅游局
局长：祝翠冰
地址：阳山大道107号2楼
电话：（0763）7886282
传真：（0763）7886282
邮编：513100

连南瑶族自治县旅游局
局长：杨建明
地址：连南政府综合大楼三楼
电话：（0763）8662008
传真：（0763）8662008
邮编：513300

广东清远经济开发区社会事务管理局
局长：段习文
地址：清远经济开发区1号区
电话：（0763）3483072
传真：（0763）3483072
邮编：511517

佛冈县旅游事业局
局长：黄小云
地址：佛冈县人民中心综合办公大楼

102－106 号
电话：（0763）4292021
传真：（0763）4292021
邮编：511600

连山壮族瑶族自治县旅游局
局长：蒋振江
地址：连山县鹿鸣东路行政服务中心
电话：（0763）8733287
传真：（0763）8763287
邮编：513200

清城区旅游局
局长：罗惠琼
地址：清城区东城新区行政服务中心大楼 4 楼
电话：（0763）3939159
传真：（0763）3939159
邮编：511500

潮州市

潮州市文物旅游局
局长：伍　茸
地址：潮州市城太平路 16 号
电话：（0768）2223585
传真：（0768）2250239
邮编：521000
http://www.chaozhoutour.net

党组书记、副局长：谢鸿洲
电话：（0768）2355899

副局长：郑永宁
电话：（0768）2295059

副局长：吴永利
电话：（0768）2355790

副局长：许泽香
电话：（0768）2250028

副调研员：刘书灿
电话：（0768）2295069

副调研员：陈伟忠
电话：（0768）2295578

办公室
电话：（0768）2229018
传真：（0768）2250239

综合科
电话：（0768）2251309

名城保护建设科
电话：（0768）2251319

文物管理科
电话：（0768）2250018

旅游管理科
电话：（0768）2229633

旅游市场开发科
电话：（0768）2225123

潮州市旅游质量监督管理所
电话：（0768）2277123

潮州市旅游监察大队
电话：（0768）2277123

潮州市旅游服务中心
电话：（0768）2285149

潮安县旅游局
局长：陈钟强
地址：潮安县政府新综合楼 6 楼
电话：（0768）5816829
传真：（0768）5816387
邮编：515600

饶平县旅游局
局长：林吉贵
地址：饶平县城西区六号路外经大楼 7 楼
电话：（0768）7801972
传真：（0768）7801361
邮编：515700

湘桥区旅游局
局长：黄炎藩
地址：潮州市太平路 125 号
电话：（0768）2219932
传真：（0768）2219932
邮编：521000

揭阳市

揭阳市旅游局
局长：谢锐锋
地址：揭阳市东山区卢前路中段民主楼 2 层
电话：（0663）8292227
传真：（0663）8292077
邮编：522031

副局长：杨金河
电话：（0663）8292520

副局长：谢静鸿
电话：（0663）8292563

副局长：李介兴
电话：（0663）8292287

办公室
电话：（0663）8292227

旅游业务管理科
电话：（0663）8292076

资源与市场开发科
电话：（0663）8292775

教育培训科
电话：（0663）8292074

质量监督管理所
电话：（0663）8292446

普宁市旅游局
局长：张少民
地址：流沙镇长春路联运大楼南栋东梯 5 楼

电话：（0663）2248753
传真：（0663）2248752
邮编：515300

揭东县旅游局
局长：许奕鸿
地址：揭东县城金凤路中段县政府后2楼204室
电话：（0663）3262893
传真：（0663）3275989
邮编：515500

揭西县旅游局
局长：彭伟明
地址：揭西县滨江公园侧
电话：（0663）5527938
传真：（0663）5527938
邮编：515400

惠来县旅游局
局长：严文水
地址：惠来县惠城镇葵南新路
电话：（0663）6681071
传真：（0663）6681071
邮编：515200

云浮市

云浮市旅游局
局长：袁伙月
地址：云浮市玉皇路78号
电话：（0766）8825088
传真：（0766）8810058
邮编：527300
http:/www.yunfutravel.com

副局长：叶金波
电话：（0766）8818099

副局长：岑德洪
电话：（0766）8818093

办公室
电话：（0766）8816580
传真：（0766）8810058
人事教育科
电话：（0766）8813392

资源与市场开发科
电话：（0766）8839082

行业管理科
电话：（0766）8822360

罗定市旅游局
局长：吴云锋
地址：罗定市龙园路131号
电话：（0766）3833886
传真：（0766）3833186
邮编：527200

郁南县旅游局
局长：林少华
地址：郁南县都城镇中山路31号旧县委大院
电话：（0766）7337229
传真：（0766）7337229
邮编：527100

新兴县旅游局
局长：张文权
地址：新兴县新城镇黄塘路12号
电话：（0766）2920898
传真：（0766）2882029
邮编：527400

云安县旅游局
局长：甘家贤
地址：云安县港城大道6号
电话：（0766）8616656
传真：（0766）8613392
邮编：527500

云城区旅游局
局长：黄锦全
地址：云浮市区解放中路32号区府大院
电话：（0766）8813669
传真：（0766）8813669
邮编：527300

名　录

（第 469 ~ 511 页）

广东省国家级森林公园

序号	森林公园名称	所在地	级别	批建时间	面积(公顷)	批准单位	管理单位
1	广东流溪河国家森林公园	从化市流溪河林场	国家级	1983. 8. 23	8831	国家林业部	流溪河林场
2	广东梧山国家森林公园	深圳市沙头角	国家级	1989. 6. 9	678	国家林业部	沙头角林场
3	广东小坑国家森林公园	曲江县小坑镇	国家级	1992. 9. 9	16700	国家林业部	曲江县林业局
4	广东南澳海岛国家森林公园	南澳县	国家级	1992. 12. 11	1373	国家林业部	黄花山林场
5	广东南昆山国家森林公园	龙门县	国家级	1993. 10. 4	2000	国家林业部	龙门县林业局
6	广东南岭国家森林公园	乳源县	国家级	1993. 2. 6	27333	国家林业部	乳阳林业局
7	广东韶关国家森林公园	韶关市南郊二公里	国家级	1993. 5. 8	2010	国家林业部	韶关林场
8	广东新丰江国家森林公园	河源市东源县	国家级	1993. 5. 9	4479	国家林业部	新丰江林管局
9	广东东海岛国家森林公园	堪江市东海开发区	国家级	1993. 5. 10	667	国家林业部	东海林场
10	广东西樵山国家森林公园	南海市	国家级	1994. 12. 29	1400	国家林业部	西樵山森林旅游开发总公司
11	广东石门国家森林公园	从化市	国家级	1995. 11. 1	2636	国家林业部	大岭山林场
12	广东圭峰山国家森林公园	江门市新会区	国家级	1997	3550	国家林业局	新会区管委会
13	广东英德国家森林公园	英德市	国家级	2000. 12. 28	107000	国家林业局	英德森林公园管理委员会
14	广宁竹海国家森林公园	广宁县	国家级	2004. 12	8500	国家林业局	广宁县林业局
15	广东北峰山国家森林公园	台山市	国家级	2004. 12	1161. 60	国家林业局	江门市古兜山林场
16	广东大王山国家森林公园	郁南县	国家级	2004. 12	806	国家林业局	郁南县林业局
17	广东神光山国家森林公园	兴宁市	国家级	2005. 12. 23	674. 60	国家林业局	兴宁县林业局
18	广东御景峰国家森林公园	惠东县梁化林场	国家级	2005. 12. 23	1333. 33	国家林业局	惠州市梁化林场
19	广东观音山国家森林公园	东莞市	国家级	2005. 12. 23	657. 18	国家林业局	东莞市观音山森林公园开发公司
20	广东三岭山国家森林公园	湛江市	国家级	2006. 12. 27	738. 79	国家林业局	湛江市公用事业局
21	广东雁鸣湖国家森林公园	梅县雁洋镇	国家级	2006. 12. 27	769. 80	国家林业局	梅县林业局
22	广东天井国家森林公园	省天井山林场(乳源县)	国家级	2008. 12	5564. 10	国家林业局	省天井山林场
23	广东大北山国家森林公园	揭西县(大北山林场)	国家级	2008. 12	3067. 20	国家林业局	揭阳市大北山林场
24	广东镇山国家森林公园	梅州市蕉岭县	国家级	2009. 12	2177. 37	国家林业局	蕉岭县林业局
25	广东南台山国家森林公园	梅州市平远县	国家级	2009. 12	2073. 20	国家林业局	平远县林业局

广东省省级森林公园

序号	森林公园名称	所在地	级别	批建时间	面积(公顷)	批准单位	管理单位
1	广东亿万森林公园	广州市龙眼洞	省级	1992	67	省林业厅	广东省林业科学研究院
2	广东海景森林公园	佛山市南海区	省级	1993	67	省林业厅	佛山市林科所
3	广东云勇森林公园	高明市	省级	1993	1800	省林业厅	云勇林场
4	广东宝山森林公园	东莞市樟木头	省级	1993	1382. 40	省林业厅	樟木头林场
5	广东清溪森林公园	东莞市	省级	1993	1200	省林业厅	东莞市清溪林场
6	广东大屏嶂森林公园	东莞市	省级	1993	1200	省林业厅	东莞市大嶂林场
7	广东大岭山森林公园	东莞市	省级	1993	2302. 20	省林业厅	东莞市大岭山林场
8	广东河排森林公园	恩平市	省级	1993	3000	省林业厅	江门市河排林场
9	广东仁化森林公园	韶关市仁化县	省级	1993	6762	省林业厅	韶关市仁化林场
10	广东刘家山森林公园	韶关市始兴县	省级	1993	1168. 07	省林业厅	韶关市刘张家山林场
11	广东龟顶山森林公园	肇庆市	省级	1993	131	省林业厅	肇庆市林业局
12	广东红山森林公园	潮安县	省级	1993	852	省林业厅	潮州市红山林场
13	广东花滩森林公园	阳春市	省级	1993	4000	省林业厅	阳江市花滩林场
14	广东九龙峰森林公园	惠东县	省级	1994	2900	省林业厅	惠东县林业局
15	广东霍山森林公园	龙川县	省级	1994	1050	省林业厅	龙川县林业局
16	广东双髻山森林公园	大埔县	省级	1994	1066	省林业厅	大埔县林业局
17	广东南山森林公园	云浮市	省级	1994	264	省林业厅	云浮市林业局
18	广东火山峰森林公园	陆河县	省级	1994	1667	省林业厅	陆河县林业局
19	广东尖峰山森林公园	斗门县	省级	1995	171	省林业厅	斗门县林业局
20	广东莲花山森林公园	海丰县	省级	1995	3200	省林业厅	海丰县林业局
21	广东丰溪森林公园	大埔县	省级	1996	2933	省林业厅	大埔县林业局
22	广东王子山森林公园	广州市花都区	省级	1998	3070	省林业厅	花都区林业局
23	广东黄龙湖森林公园	从化市	省级	1998	4637. 20	省林业厅	广州市林业局
24	广东长潭森林公园	蕉岭县	省级	1999	842	省林业厅	蕉岭县林业局
25	广东茂名森林公园	茂名市	省级	1999	300	省林业厅	茂名市林业局

续表

序号	森林公园名称	所在地	级别	批建时间	面积(公顷)	批准单位	管理单位
26	广东天湖森林公园	连州市潭岭	省级	2000	1224	省林业厅	连州市林业局
27	广东帽峰山森林公园	广州市白云区	省级	2001	4095.50	省林业局	白云区林业局
28	广东金钟山森林公园	高要市	省级	2001	333	省林业局	高要市林业局
29	广东黄岐山森林公园	揭阳市	省级	2001	118	省林业局	揭阳市林业局
30	广东东山森林公园	博罗县	省级	2002.4	182.30	省林业局	博罗县林业局
31	广东天鹅山森林公园	梅州市梅江区	省级	2002.11	1667	省林业局	梅江区林业局
32	广东笔架山森林公园	清远市清新县	省级	2002.12	1821	省林业局	清远市笔架山林场
33	广东羊角山森林公园	清远市佛冈县	省级	2002.12	1835.20	省林业局	清远市羊角山林场
34	广东羚羊峡森林公园	高要市	省级	2003.3	311	省林业局	西江林业局高要林场
35	广东汤泉森林公园	博罗县汤泉林场	省级	2003.9	1000.50	省林业局	惠州市林业局
36	广东宝安森林公园	深圳市宝安区	省级	2004.5.12	564.90	省林业局	深圳市宝安区农林渔业局
37	广东分塔山森林公园	龙门县	省级	2004.5.12	218	省林业局	龙门县林业局
38	广东潜龙湾森林公园	开平市镇海林场	省级	2004.5.12	2055.80	省林业局	开平市林业局
39	广东大南山森林公园	汕头市潮南区	省级	2004.6.29	3677	省林业局	汕头潮南区林业局
40	广东东江森林公园	省东江林场(紫金县古竹镇)	省级	2004.6.29	1962.50	省林业局	省东江林场
41	广东太和洞森林公园	清新县	省级	2004.6.29	3388	省林业局	清新县林业局
42	广东贤令山森林公园	阳山县	省级	2005.8.9	1563.20	省林业局	阳山县林业局
43	广东大雁山森林公园	江门鹤山市	省级	2006.8.23	320.55	省林业局	江门鹤山市林业局
44	广东油田森林公园	龙门县永汉镇	省级	2006.10.23	730.20	省林业局	惠州市油田林场
45	广东象头山森林公园	博罗县泰美镇	省级	2006.10.24	578.20	省林业局	惠州市象头山林场
46	广东天堂山森林公园	博罗县柏塘镇	省级	2006.10.25	396.80	省林业局	惠州市白芒林场
47	广东龙山森林公园	博罗县麻陂镇	省级	2006.10.26	1782.47	省林业局	惠州市鸡笼山林场
48	广东水东陂森林公园	博罗县公庄镇	省级	2006.10.27	1670.58	省林业局	惠州市水东陂林场
49	广东桂峰山森林公园	龙门县地派镇	省级	2006.10.28	1581.33	省林业局	龙门县林业局
50	广东九龙湖森林公园	肇庆市鼎湖区凤凰镇	省级	2006.11.27	729.40	省林业局	肇庆市林业总场北岭山林场
51	广东羚羊山森林公园	肇庆市鼎湖区、端州区	省级	2006.11.27	1518.50	省林业局	肇庆市林业总场北岭山林场
52	广东贞山森林公园	肇庆四会市贞山街道办	省级	2006.11.27	424.80	省林业局	肇庆市林业总场大南山林场

续表

序号	森林公园名称	所在地	级别	批建时间	面积(公顷)	批准单位	管理单位
53	广东大坑山森林公园	肇庆市怀集县大坑山镇	省级	2006. 11. 27	712. 20	省林业局	肇庆市林业总场大坑山林场
54	广东状元湖森林公园	肇庆市封开县金装镇	省级	2006. 11. 27	646. 80	省林业局	肇庆市林业总场大水口林场
55	广东新岗森林公园	肇庆市怀集县洽水镇	省级	2006. 11. 27	904. 30	省林业局	肇庆市林业总场新岗林场
56	广东螺壳山森林公园	肇庆市广宁县北市镇	省级	2006. 11. 27	736. 60	省林业局	肇庆市林业总场葵垌林场
57	广东韩山森林公园	梅州市丰顺县丰良镇	省级	2007. 10. 8	1045. 55	省林业局	丰顺县林业局
58	广东天鹿湖森林公园	广州市萝岗区黄陂农工商公司	省级	2008. 1	88	省林业局	广州市萝岗区农林渔业局
59	广东后洞森林公园	韶关市乐昌	省级	2008. 1	616. 20	省林业局	省直乐昌林场
60	广东莲花顶森林公园	广州白云区	省级	2009. 6	531. 80	省林业局	省直龙眼洞林场
61	广东紫莲山森林公园	潮州市湘桥区	省级	2009. 7	546. 93	省林业局	潮州市林业局

备注：截至2009年底，广东省拥有国家级森林公园25家，森林面积206. 17公顷；省级森林公园61家，森林面积103278. 98公顷。排名以评定时间为准。

广东省国家A级旅游景区（点）质量等级评定名录

旅游景区（点）名称	所在地	级别	评定时间（年）
深圳华侨城旅游度假区	深圳市南山区	AAAAA	2007
广州长隆旅游度假区	广州市番禺区迎宾路	AAAAA	2007
珠海圆明新园	珠海市前山镇	AAAA	2000
肇庆星湖风景名胜区	肇庆市城区	AAAA	2000
深圳观澜湖高尔夫球会	深圳市宝安区观澜镇	AAAA	2000
韶关丹霞山风景名胜区	韶关市仁化县	AAAA	2000
阳江海陵岛大角湾风景名胜区	阳江市海陵岛	AAAA	2000
广州白云山风景名胜区	广州市北部	AAAA	2000
清远清新温矿泉旅游度假区	清远市清新县三坑镇	AAAA	2000
中山孙中山故居	中山市南朗镇	AAAA	2000
佛山西樵山风景名胜区	佛山市南海区	AAAA	2000
梅州雁南飞茶田景区	梅州市梅县雁洋镇	AAAA	2001
河源新丰江国家森林公园	河源市旅游大道	AAAA	2001
广州中山纪念堂	广州市东风中路	AAAA	2001
广东美术馆	广州市二沙岛烟雨路	AAAA	2001
广州宝墨园	广州市番禺区沙湾镇紫坭村	AAAA	2001
广州莲花山旅游区	广州市番禺区东面	AAAA	2001
汕头中信高尔夫海滨旅游度假区	汕头市濠江区	AAAA	2002
汕头礐石风景名胜区	汕头市南区	AAAA	2002
江门圭峰山风景名胜区	江门市新会区会城镇	AAAA	2002
江门开平立园	江门开平市塘口区	AAAA	2002
江门金山温泉旅游度假区	江门恩平市那吉镇那吉墟	AAAA	2002
惠州西湖风景名胜区	惠州市区	AAAA	2003
湛江湖光岩风景名胜区	湛江市西南部	AAAA	2003
东莞鸦片战争博物馆	东莞市虎门镇	AAAA	2003
广州西汉南越王墓博物馆	广州市越秀区解放北路的象岗山	AAAA	2004
汕头南澳生态旅游区	汕头市南澳县	AAAA	2004
广州黄花岗烈士陵园	广州市越秀区先烈中路	AAAA	2004
梅州雁鸣湖旅游度假村	梅州市梅县雁洋镇	AAAA	2004
广州越秀公园	广州市白云区	AAAA	2005
广州从化碧水湾温泉度假村	广州从化市流溪温泉旅游度假区	AAAA	2005
佛山三水荷花世界	佛山市三水区中部	AAAA	2005
江门新会古兜温泉旅游度假村	江门市新会区崖南	AAAA	2005

续表

旅游景区（点）名称	所在地	级别	评定时间（年）
清远连州地下河	清远连州市东陂镇	AAAA	2006
佛山市三水森林公园	佛山市三水区	AAAA	2006
江门锦江温泉	江门恩平市大田镇	AAAA	2006
珠海农科中心	珠海市前山镇	AAAA	2006
韶关曹溪温泉	韶关市曲江区	AAAA	2006
中山詹园	中山市南区	AAAA	2007
深圳仙湖植物园	深圳市罗湖区	AAAA	2007
佛山清晖园	佛山市顺德区	AAAA	2007
惠州龙门铁泉旅游度假区	惠州市龙门县	AAAA	2007
惠州南昆山温泉旅游大观园	惠州市龙门县永汉镇	AAAA	2007
惠州南昆山生态旅游区	惠州市龙门县	AAAA	2007
广东省飞来峡水利枢纽风景区	清远市清新县飞来峡镇	AAAA	2007
清远玄真古洞生态旅游区	清远市清新县城北侧	AAAA	2007
清远黄腾峡生态旅游区	清远市清城区黄腾峡	AAAA	2007
清远碧桂园假日半岛故乡里旅游度假区	清远市清城区石角镇	AAAA	2007
湛江蓝月湾温泉度假邨	湛江市海滨三路 32 号	AAAA	2007
汕尾玄武山旅游区	汕尾陆丰市碣石镇北郊	AAAA	2007
佛山长鹿休闲度假农庄	佛山市顺德区伦教三洲建设东路 8 号	AAAA	2008
梅州叶剑英纪念园	梅州市梅县雁洋虎形村	AAAA	2008
梅州灵光寺旅游区	梅州市雁洋镇境内的阴那山麓	AAAA	2008
潮州东山湖温泉度假村	潮州市潮安县沙溪镇	AAAA	2008
清远聚龙湾天然温泉度假村	清远市佛冈县汤塘镇	AAAA	2008
广州起义烈士陵园	广州市中山二路 92 号	AAAA	2008
中国科学院华南植物园	广州市天河区天源路 1190 号	AAAA	2008
广州动物园	广州市先烈中路 120 号	AAAA	2008
广州陈家祠旅游区	广州市中山七路恩龙里 34 号	AAAA	2008
深圳市中信明思克航母世界旅游景区	深圳市盐田区沙头角海滨明思克大厦	AAAA	2009
惠州市海滨温泉旅游度假区	惠州市惠东县平洲镇	AAAA	2009
惠州市罗浮山风景名胜区	惠州市惠城区博罗县	AAAA	2009
江门市富都温泉度假村	江门台山市都解镇华村大石古	AAAA	2009
江门市川岛旅游度假区	江门台山市川岛镇上川岛飞沙滩旅游区	AAAA	2009
清远市宝晶宫生态旅游度假区	清远市英城宝晶官	AAAA	2009
揭阳市京明温泉度假村	揭阳市揭西县京溪园镇新洪村	AAAA	2009
佛山市南风古灶旅游区	佛山市石湾区高庙路 6 路	AAAA	2009

续表

旅游景区（点）名称	所在地	级别	评定时间（年）
肇庆市龙母祖庙景区	肇庆市德庆县悦城镇	AAAA	2009
肇庆市盘龙峡景区	肇庆市德庆县官圩镇金林水库区	AAAA	2009
肇庆市德庆学宫景区	肇庆市德庆县朝阳西路26号	AAAA	2009
河源市御临门温泉度假区	河源市紫金县九和镇幸福热水村	AAAA	2009
阳江市凌霄岩景区	阳江市阳春市河朗镇	AAAA	2009
广州市广东科学中心	广州市番禺区大学城西六路168号	AAAA	2009
深圳市西部海上田园旅游区	深圳市宝安区沙井街道民主村	AAAA	2009
深圳市观澜山水田园农庄景区	深圳市宝安县观兰环观南路	AAAA	2009
韶关市广东大峡谷景区	韶关市乳源县大布镇	AAAA	2009
东莞市松山湖景区	东莞市松山湖科技产业园区	AAAA	2009
东莞市观音山国家森林公园	东莞市樟木头镇石新区笔架大道	AAAA	2009
云浮市六祖故里旅游度假区	云浮市新兴县六祖镇	AAAA	2009
云浮市金水台温泉景区	云浮市新兴县水台镇圩镇	AAAA	2009
汕头莲花峰旅游区	汕头市潮阳区	AAA	2001
广州抽水蓄能电站旅游区	广州从化市吕田小杉	AAA	2002
茂名西江温泉度假村	茂名信宜市郊北界西江村	AAA	2005
茂名天马山生态旅游区	茂名信宜市北界镇	AAA	2005
茂名水东湾第一滩旅游度假区	茂名市茂港区	AAA	2005
湛江南亚热带植物园	湛江市西南部	AAA	2005
湛江雷州天成台旅游度假村	湛江雷州市乌石镇乌石港右侧的北海滩	AAA	2005
湛江吴川吉兆湾旅游度假区	湛江吴川市覃巴镇吉兆海滨	AAA	2005
广州洪秀全故居纪念馆	广州市花都区新华街	AAA	2005
广州气象卫星地面站	广州市天河区东莞庄路	AAA	2005
广州十九路军淞沪抗日将士陵园	广州市天河区水荫路	AAA	2005
河源霍山风景区	河源市龙川县田心镇	AAA	2005
潮州韩文公祠	潮州市湘桥区笔架山（韩山）山麓	AAA	2005
梅州五华热矿泥山庄	梅州市五华县转水镇	AAA	2005
梅州五指石风景名胜区	梅州市平远县	AAA	2005
湛江鹤地银湖旅游区	湛江廉江市河唇镇	AAA	2006
清远市太河古洞旅游区	清远市清新县太和镇北郊花尖山	AAA	2006
惠州香溪堡旅游区	惠州市龙门县	AAA	2007
惠州冠和博物馆	惠州市河南岸惠淡路金山湖畔	AAA	2007
阳江春湾风景区	阳江阳春市春湾镇	AAA	2007
云浮罗定龙湾生态旅游区	云浮罗定市龙湾镇	AAA	2007

续表

旅游景区（点）名称	所在地	级别	评定时间（年）
云浮蟠龙洞省级风景名胜区	云浮市城区内	AAA	2007
广州荔湾区博物馆	广州市龙津西路逢源北街84号	AAA	2008
揭阳世铿院	揭阳市惠来镇葵潭镇玄武社区	AAA	2008
清远九州驿站英德天门沟景区	韶关英德市石牯塘镇八宝山	AAA	2008
清远英德茶叶世界	韶关英德市英红镇	AAA	2008
湛江三岭山森林公园	湛江市区西南3公里处	AAA	2008
珠海市外伶仃岛风景区	珠海市外伶仃岛	AAA	2009
湛江市东海岛省级旅游度假区	湛江市东海岛旅游度假区	AAA	2009
梅州市益塘水库旅游区	梅州市五华县转水镇	AAA	2009
梅州市神光山森林公园	梅州市兴宁市福兴镇	AAA	2009
梅州市长潭旅游区	梅州市蕉岭县长潭镇	AAA	2009
梅州市西岩茶乡度假村	梅州市大埔县枫朗镇西岩山	AAA	2009
梅州市龙鲸河漂流旅游区	梅州市丰顺县新世纪24区雄风大道76号	AAA	2009
广州九龙潭水上世界度假区	广州市花都区北兴镇	AA	2001
河源水坑生态娱乐旅游区	河源市龙川县	AA	2002
河源新丰江电站大坝旅游区	河源市西南3公里处	AA	2003
湛江市雷州西湖公园	湛江雷州市雷城西湖大道37号	AA	2004
湛江市雷州雷祖祠	湛江雷州市游览区	AA	2004
湛江市雷州三元塔公园	湛江雷州市曲街4号	AA	2004
湛江市金鹿园	湛江市湖光镇	AA	2004
东莞市冠和博物馆	东莞市樟木头镇	AA	2006
广州市丹水坑风景区	广州市萝岗区南岗镇	AA	2006
云浮市郁南大湾南江古民居文化景区	云浮市郁南县	AA	2007
云浮市罗定罗镜东山公园旅游区	云浮罗定市区	AA	2007
云浮市罗定蔡廷锴将军故居旅游区	云浮罗定市罗镜镇龙岩村	AA	2007

备注：截至2009年底，广东省拥有国家A级旅游景区（点）126家，其中5A级2家，4A级78家，3A级34家，2A级12家。排名以评定时间为序。

广东省三星级以上饭店名录

地区	饭店名称	星级	饭店地址	评星时间	客房（间）	床位（张）	餐位（个）
广州（白金五星1家，五星级12家，四星级34家，三星级132家）	广州花园酒店	白金五星	广州市环市东路368号	2007.06	828	1183	1317
	中国大酒店	五	广州市流花路	1990.02	850	1710	734
	广州东方宾馆	五	广州市流花路120号	1990.09	699	1391	748
	白天鹅宾馆	五	广州市沙面南街1号	1990.01	843	1307	2700
	广东国际大酒店	五	广州市环市东路339号	1994.01	603	1011	1918
	广东亚洲国际大酒店	五	广州市环市东路326号之一	2005.06	442	651	1958
	广州碧桂园凤凰城酒店	五	广州市广园东路新塘路段	2006.04	573	998	1890
	广州建国酒店（原天伦万怡大酒店）	五	广州市天河林和中路172号	2007.09	405	542	800
	嘉逸国际酒店	五	广州市天河北路468号251	2008.12	251	285	762
	白云宾馆	五	广州市环市东路367号	2009.01	706	1101	700
	香格里拉大酒店	五	广州市海珠区会展东路1号	2009.02	704	700	1051
	南沙大酒店	五	广州南沙海滨新城商贸大道南二路	2009.07	318	504	1580
	天誉威斯汀酒店	五	广州市天河区林和中路6号	2009.08	448	511	760
	中央酒店	四	广州市机场路33号	1989.05	231	382	
	广信江湾大酒店	四	广州市沿江中路298号	1993.09	320	507	1060
	广东迎宾馆	四	广州市解放北路603号	1994.09	263	453	1100
	华厦大酒店	四	广州市侨光路8号	1994.09	564	1026	898
	广州凯旋华美达酒店	四	广州市明月一路9号	1994.10	339	562	1094
	广州珀丽酒店	四	广州市江南大道中348号	2002.07	399	793	773
	广州远洋宾馆	四	广州市环市东路412号	1996.07	281	424	720
	广东胜利宾馆（主楼）	四	广州市沙面北街53号	1996.07	310	434	400
	广东大厦	四	广州市东风中路309号	1998.06	493	908	1200
	番禺宾馆	四	广州市番禺市桥镇大北路130号	1999.07	260	473	2300
	花都新世纪酒店	四	广州市花都区秀全大道43号	1999.07	395	622	1200
	增城宾馆	四	广州市增城市荔城雁塔大道	2000.04	348	651	1018
	广州大厦	四	广州市北京路374号	2000.12	465	799	1326
	百花山庄度假村	四	广州市增城市百花山庄度假村	2000.12	167	309	1000
	嘉逸豪庭酒店	四	广州市天河区林和中路148号	2002.04	147	228	280
	全球通大酒店	四	广州市越秀南路208号	2001.05	247	418	710
	景星酒店	四	广州市天河区林和西路89号	2001.07	366	619	2000
	太阳城大酒店	四	广州增城市新塘群星路1号	2002.01	192	265	1050

续表

地区	饭店名称	星级	饭店地址	评星时间	客房（间）	床位（张）	餐位（个）
	华威达酒店	四	广州市黄埔大道西499号	2003.08	308	463	700
	新港明珠大酒店	四	广州经济开发区夏港大道721号	2004.09	236	298	430
	东方豪城大酒店	四	广州市大道中618号	2004.10	241	384	600
	皇家国际饭店	四	广州市天河区天河路89号	2005.03	114	157	310
	祁福酒店	四	广州市番禺区市广路	2005.06	282	495	3530
	广州文化假日酒店	四	广州市华侨新村光明路28号	1996.07	428	589	1084
	流花宾馆	四	广州市环市西路194号	2005.12	237	492	750
	云山大酒店	四	广州市先烈中路云鹤北8号	2006.09	151	257	345
	南航明珠大酒店	四	广州市新白云国际机场空港五路	2006.09	338	653	1150
	鼎龙国际大酒店	四	广州市广州大道北63号	2006.10	288	450	600
	金桥酒店	四	广州市寺右新马路93号	2006.10	303	442	350
	新珠江大酒店	四	广州市滨江东路795号	2007.10	359	766	720
	广州十甫假日酒店	四	广州市荔湾区第十甫路188号	2009.01	280	413	262
	燕岭大厦	四	广州市天河燕岭路29号	2009.05	269	496	800
	珠江帝景酒店	四	广州市艺州路灏景街1号	2009.03	100	144	800
	华夏国际商务酒店	四	广州市林乐路39～49号	2009.08	198	294	548
	广东新大地宾馆	三	广州市站前路108～122号	1989.09	194	361	600
	广东胜利宾馆	三	广州市沙南大街54号	1990.02	118	203	1100
	爱群大酒店	三	广州市沿江西路113号	1989.05	308	571	800
	广州宾馆	三	广州市起义路2号	1989.11	351	639	900
	番禺美丽华大酒店	三	广州市番禺区市桥清河中路8号	1991.07	171	342	1000
	湖滨宾馆	三	广州市沿江东路451号	1993.01	221	442	600
	湖天宾馆	三	广州市东风西路156号	1993.03	212	380	480
	三禺宾馆	三	广州市三育路23号	1993.07	646	1234	2000
	东方丝绸大厦	三	广州市东风东路752号	1994.08	212	369	450
	湛江大厦	三	广州市站前路88号	1995.01	121	245	420
	广东华侨友谊酒店	三	广州市天河南二路42～44号	1995.08	144	253	400
	广州总统大酒店	三	广州天河石碑岗顶	1996.12	215	331	292
	广东温泉宾馆	三	广州从化市温泉镇温泉东路80号	1996.01	261	504	600
	广州白云国际机场宾馆	三	广州白云国际机场	1997.07	324	524	725
	广东艺术中心友谊宾馆	三	广州市人民北路689号	1998.12	112	217	555
	东园宾馆	三	广州经济开发区青年路东园4街	1999.11	103	164	550

续表

地区	饭店名称	星级	饭店地址	评星时间	客房（间）	床位（张）	餐位（个）
	远洋大厦	三	广州市天河龙口东路6号	2000.07	227	404	200
	番禺香江大酒店	三	广州市番禺区大石迎宾路	2000.08	154	293	1500
	丽江渡假花园酒店	三	广州市番禺区石楼镇	2000.08	109	228	570
	花都丽美大酒店	三	广州市花都区商业大道53号	2000.08	78	112	800
	新世界大酒店	三	广州市人民北路520号	2000.09	80	150	360
	广州新好景饮食娱乐中心	三	广州市广深公路新塘路段	2000.12	63	141	1000
	天龙大酒店	三	广州市大道北路118号	2000.12	136	261	800
	莲花山粤海度假村	三	广州市番禺区莲花山旅游区	2000.12	85	178	600
	双湖酒店	三	广州从化市吕田小杉	2000.12	147	302	500
	丽都大酒店	三	广州市北京路182号	2000.12	385	784	2100
	京华酒店	三	广州市新华镇云山大道55号	2000.12	90	156	500
	从化温泉正大度假村	三	广州从化市温泉东路106号	2000.11	54	118	180
	金湖酒店	三	广州市花都区建设南路4号	2000.11	96	199	800
	广州喜悦度假酒店	三	广州市番禺区光明北路223号	2002.12	118	157	340
	从化天伦酒店	三	广州从化市街口镇河溪南路38号	2002.12	91	173	1280
	世昌宾馆	三	广州市番禺区市桥镇迎宾路富都城	2000.11	70	131	1160
	番禺合力大酒店	三	番禺区市桥镇坑口路106~108号	2000.10	100	188	380
	华海大酒店	三	广州市江南大道中232号	2000.12	141	255	160
	新天河宾馆	三	广州市天河路178~188号	2000.12	234	402	800
	广州越秀天安大厦	三	广州市解放北路960号	2001.04	179	310	550
	（广州）珠海特区大酒店	三	广州市海珠北路11~15号	2001.05	154	278	400
	广东邮电大厦	三	广州市中山二路18号	2001.07	109	224	500
	惠福大酒店	三	广州市惠福西路38号	2001.09	138	262	480
	世昌大酒店	三	广州市番禺区市桥繁华路3号	2001.11	96	173	1100
	民航大酒店	三	广州市机场路276号	2001.11	105	166	450
	祈福（南沙）酒店	三	广州南沙经济技术开发区进港大道	2001.11	230	432	1000
	白云鸿波山庄	三	广州市白云大道白云鸿波山庄	2001.11	67	181	300
	五羊城酒店	三	广州市人民中路322号	2001.11	302	595	800
	芙蓉鸿波山庄	三	广州市花都区芙蓉度假村鸿波山庄	2001.12	92	149	300
	鸿福门酒店	三	广州市黄埔东路3729号	2001.12	118	217	800

续表

地区	饭店名称	星级	饭店地址	评星时间	客房（间）	床位（张）	餐位（个）
	星都大酒店	三	广州市昌岗中路 172 号	2001. 12	128	280	900
	冰花酒店	三	广州市天河区天河北路 2 号	2001. 12	81	150	625
	华金盾大酒店	三	广州市中山大道 368 号	2001. 12	219	363	900
	从化湖光度假山庄	三	广州市从化黄竹塱	2001. 12	99	190	300
	龙泉大酒店	三	广州市番禺区大北路 99 号	2001. 12	139	226	430
	广州国际海员俱乐部	三	广州市滨江西路 20 号	2001. 12	175	310	1000
	浙江大厦	三	广州市先烈中路 85 号	1989. 08	122	245	222
	广东蓄能大厦	三	广州市天河龙口东路 32 号	2002. 01	70	140	300
	广州华茂中心	三	广州市盘福路 63 号	2002. 01	130	245	475
	广州富丽华大酒店	三	广州市长堤大马路 316 号	2002. 01	360	665	661
	广蓄电站专家村	三	广州市从化温泉康复路 17 号	2002. 01	100	182	300
	华辉度假村	三	广州市从化桃园镇云星大道	2002. 01	70	139	280
	广轩大厦	三	广州市海珠区沥滘振兴大街 9 号	2002. 04	270	505	600
	广州市金来大酒店	三	广州市天河 108 号	2002. 08	144	283	
	南方毅源大酒店	三	广州市番禺区迎宾大道南大路 8 号	2002. 10	119	203	
	金苑山庄	三	广州市恒福路 117 号	2002. 12	152	270	
	广州石化明珠宾馆	三	广州市黄埔区石化路振兴街 18 号	2003. 02	70	121	580
	东悦酒店	三	广州市麓景路 8 号	2003. 03	167	334	800
	广州长城酒店	三	广州市东山区寺右新马路 19 号	2003. 04	116	225	380
	花都大酒店	三	广州市花都区新华镇 44 号	2003. 09	52	70	630
	广州雍富大酒店	三	广州市番禺区大岗镇豪岗路 3 号	2003. 10	43	88	500
	西湖苑宾馆	三	广州市天河区五山华南理工大学	2003. 11	98	178	440
	银河大酒店	三	广州市天河区沙太路 268 号	2004. 02	210	336	500
	灿业大酒店	三	广州市大金钟路 61 号	2004. 04	108	206	1000
	壹心宾馆	三	广州市白云区三元里大道 1299 号	2004. 04	138	254	108
	广州汇东假日酒店	三	广州市广汕一路 1 号	2004. 06	147	291	2000
	中华酒店	三	广州市花都区站前路 33 号	2004. 11	75	108	300
	广武酒店	三	广州市天河区天沙路 603 号	2005. 01	220	294	400
	鼎福休闲酒店	三	广州市天河区大观面路 2 号	2005. 01	83	132	50
	来利大酒店	三	广州市白云区人和镇人和大街 8 号	2005. 03	150	220	138
	广东博斯坦宾馆	三	广州市天河北路 76 号	2005. 03	77	123	500
	山西大厦	三	广州市三元里大道	2005. 10	200	360	400
	怡凯酒店	三	广州市工业大道南石岗路 90 号	2006. 01	176	298	450
	广东南洋长胜酒店	三	广州市天河区天平架兴华路 38 号	2006. 01	249	390	680
	新凤凰酒店	三	广州市花都区迎宾大道大华二路	2006. 06	65	105	80

续表

地区	饭店名称	星级	饭店地址	评星时间	客房（间）	床位（张）	餐位（个）
	丽盈大酒店	三	广州市花都区茶园路9号	2006.06	79	144	300
	龙逸山庄度假村	三	广州市天河区龙洞迎龙路1203号	2006.07	112	258	350
	大华酒店	三	广州市天河路625号天娱广场	2006.08	211	345	640
	神州酒店	三	广州市天平架沙太路1号	1998.01	96	186	800
	景观酒店	三	广州市花都区芙蓉嶂旅游度假区	2006.09	85	160	300
	嘉福利晶酒店	三	广州市天河区长兴路8号	2006.09	111	165	800
	月亮湾酒店	三	广州市广州大道中明月一路18号	2006.10	142	250	500
	空港酒店	三	广州市白云区人和镇	2006.10	62	70	1000
	牡丹大酒店	三	广州市花都区新华街站前路34号	2007.01	51	116	400
	友田酒店	三	广州市花都区狮岭镇东升路	2007.01	90	150	800
	融园山庄	三	广州市花都区芙蓉度假村内	2007.01	166	312	300
	悦海酒店	三	广州市黄埔区海员路39号	2007.02	129	200	600
	广东奥体大酒店	三	广州市天河东圃大观路	2007.08	160	306	460
	金之鼎酒店	三	广州市花都区新华镇天贵南路	2007.09	88	126	300
	合神酒店	三	广州市天河区沙太路陶庄1号	2007.11	73	131	652
	华悦酒店	三	广州市花都区新华街建设北路	2007.12	84	161	800
	锦都商务大酒店	三	广州市花都区新华街滨湖路1号	2007.12	128	215	300
	荣威酒店	三	广州市花都区新都大道13号	2007.12	90	166	320
	阳光酒店	三	广州市花都区建设北路119号	2008.06	50	97	260
	金怡酒店	三	广州市番禺区市桥禺山西路大富村口	2008.06	62	98	1500
	金宝酒店	三	广州市花都区新华街凤凰北路	2008.07	32	44	100
	正和大酒店	三	广州市番禺区市桥陈涌村金业街	2008.07	87	99	576
	三茂大酒店	三	广州市环市东路374号	2008.10	120	219	550
	广东南洋冠盛酒店	三	广州市天河区天府路11号	2008.11	207	360	1200
	豪悦酒店	三	广州市番禺区桥南街桥南路196号	2008.11	149	240	350
	红叶酒店	三	广州市机场西乐嘉路8号	2008.12	179	302	350
	合兴大酒店	三	广州市花都区建设北路213号	2008.12	179	315	1020
	红帆酒店	三	广州市珠海区革新路126号之一	2008.12	95	156	300
	江南商务酒店	三	广州市白云区增槎路789－828号	2009.02	99	193	350
	怡东酒店	三	广州市白云区人和镇凤和村	2009.12	186	354	1200
	广州晨悦酒店	三	广州市天河区天源路961号	2009.12	119	216	569
	圣玛登酒店	三	广州市中山八路19号	2009.12	88	143	360
	银座大酒店	三	广州市番禺区街禺山大道228号	2009.01	305	435	750

续表

地区	饭店名称	星级	饭店地址	评星时间	客房（间）	床位（张）	餐位（个）
	凯利登大酒店	三	广州市花都区天贵路 92 号	2009. 01	121	170	1060
	乐涛居酒店	三	广州增城市新塘镇港口大道	2009. 01	79	130	800
	翠鸟水电度假村	三	广州从化市温泉镇温泉西路 20 号	2009. 01	209	378	416
	嘉尔登大酒店	三	广州市花都区新华街	2009. 01	68	86	1200
	大塘宾馆	三	广州市海珠区东风村聚德西路	2009. 01	83	162	52
	山水时尚酒店黄埔店	三	广州市黄埔区黄埔东路 727 号	2009. 01	221	336	918
	大舜晶华商务酒店	三	广州市天河区中山大道西 277 号	2009. 01	155	235	280
	英伦公馆酒店	三	广州市天河区天河东路 220 号	2009. 08	40	40	300
	琶洲酒店	三	广州市海珠区新港东路 37 号	2009. 08	126	238	390
	八骏酒店	三	广州市新华街三东大道 26 号	2009. 08	49	94	1300
	南洲大酒店	三	广州市海珠区南洲路 188 号	2009. 08	83	142	1260
	中濠大酒店	三	增城市石滩增滩公路横岭开发区	2009. 07	39	54	1200
	悦来登大宾馆	三	广州增城市新塘镇东坑三横路	2009. 07	120	177	30
	广大商务酒店	三	广州市大学城中环西路 230 号	2009. 06	110	202	1300
	合成大酒店	三	广州市花都区狮岭大道中 1 号	2009. 02	160	195	300
	江南商务酒店	三	广州市白云区增槎路 789 ~ 828 号	2009. 02	99	243	350
	新港假日酒店	三	广州市海珠区新港东路二号	2009. 04	118	206	800
	广天大厦	三	广州市黄埔大道西 243 号	2009. 06	127	203	500
深圳（五星级 14 家，四星级 31 家，三星级 74 家）	阳光酒店	五	深圳市嘉宾路 1 号	1993. 08	372	700	476
	香格里拉大酒店	五	深圳市建设路火车站东侧	1993. 08	553	1050	970
	富临大酒店	五	深圳市和平路 67 号	1996. 08	541	1050	520
	骏豪酒店	五	深圳市宝安区观澜镇高尔夫大道	1997. 07	228	400	591
	南海酒店	五	深圳市蛇口工业区工业一路	1990. 09	296	750	925
	彭年酒店	五	深圳市罗湖区嘉宾路 2002 号	2002. 06	511	664	988
	圣廷苑酒店	五	深圳市福田区华强北路 4002 号	2003. 01	297	398	2210
	威尼斯酒店	五	深圳市深南大道 9026 号华侨城	2003. 01	376	542	950
	恒丰海悦国际酒店	五	深圳市宝安区新城广场大厦	2006. 04	266	305	1700
	富苑酒店	五	深圳市南湖路 3018 号	1996. 02	351	680	614
	深圳华侨城洲际大酒店	五	深圳市华侨城深南大道 9009 号	2009. 07	550	567	1600
	大梅沙京基喜来登度假酒店	五	深圳盐田区大梅沙盐葵路 9 号	2009. 07	386	608	805
	百合酒店	五	深圳市布吉镇	2009. 07	300	413	900
	深航国际酒店	五	深圳市福田区深南大道 6035 号	2009. 07	420	656	1101
	晶都酒店	四	深圳市红岭南路金融中心	2004. 07	402	780	1334

续表

地区	饭店名称	星级	饭店地址	评星时间	客房（间）	床位（张）	餐位（个）
	新都酒店	四	深圳市建设路 309 号	2004. 07	410	623	1284
	都之都大酒店	四	深圳市宝安区九区	2004. 07	204	360	1200
	新世纪酒店	四	深圳市福田区华强北路	2007. 08	237	323	1049
	庐山国际大酒店	四	深圳市春风路 66 号	2006. 06	189	301	318
	东华假日酒店	四	深圳市南山区南油大道东华园	2006. 06	285	362	720
	格兰云天大酒店	四	深圳市深南中路 3024 号	2007. 08	220	372	1230
	明华国际会议中心	四	深圳市蛇口工业区龟山路八号	2007. 08	265	685	750
	廷苑酒店	四	深圳市龙华镇人民北路 33 号	2008. 09	159	210	850
	宝明城花园酒店	四	深圳市宝安区公明镇建设路	2008. 09	246	466	1380
	中南海滨大酒店	四	深圳市南山区南新路 18 号	2007. 06	126	221	800
	金碧酒店	四	深圳市春风路 3002 号	2007. 06	272	457	700
	宝利来大酒店	四	深圳市宝安区松岗镇楼岗大道 2 号	2008. 09	204	353	800
	雅兰酒店	四	深圳市盐田区大梅沙	2008. 09	203	363	300
	华侨城海景酒店	四	深圳市华侨城海景酒店	2008. 09	456	812	800
	大梅沙海景酒店	四	深圳市盐田区盐梅路 10 号	2008. 09	312	547	480
	俊园酒店	四	深圳市罗湖区爱国路 1001 号	2004. 03	87	139	550
	圣德堡大酒店	四	深圳龙岗区横岗镇六约村	2009. 03	191	285	800
	富丽华大酒店	四	深圳市深南东路 2098 号	2005. 04	210	359	950
	芭堤雅酒店	四	深圳市盐田区大梅沙内环路	2005. 04	268	536	700
	君逸酒店	四	深圳市龙岗区横岗为民路 8 号	2005. 04	376	620	1356
	中油大厦酒店	四	深圳市区南山大道 1110 号	2005. 12	203	293	650
	中阁城大酒店	四	深圳市松岗镇 107 国道谭头路口	2005. 12	125	161	773
	长丰酒店	四	深圳市宝安区沙井新桥北环路口	2006. 08	143	175	640
	华丽城酒店	四	深圳市龙岗区平湖街道华南大道	2006. 08	367	530	550
	宝晖商务酒店	四	深圳市宝安区 45 区自由路 2 号	2007. 04	185	234	260
	金晖嘉柏酒店	四	深圳市深南大道国际市长交流中心	2007. 09	391	568	915
	花园格兰云天大酒店	四	深圳市深南中路 4028 号	2008. 12	209	283	410
	万悦国际酒店	四	深圳市宝安区前进一路 90 号	2009. 06	339	503	516
	金至尊酒店	四	深圳市宝安区新沙路东段 2 号	2009. 12			
	星雅轩酒店	四	深圳市花岗区布吉兴路 13 号	2009. 12	186		
	东湖宾馆	三	深圳市水库	2009. 09	97	180	160
	粤海酒店	三	深圳市深南东路 130 号	2009. 09	229	430	800
	竹园宾馆	三	深圳市东门北路 29 号	2009. 09	190	350	1148
	小梅沙大酒店	三	深圳市小梅沙 156 号	2009. 09	156	280	500

续表

地区	饭店名称	星级	饭店地址	评星时间	客房（间）	床位（张）	餐位（个）
	环宇大酒店	三	深圳市红岭中路3号	2004.07	305	580	1000
	罗湖大酒店	三	深圳市南湖路3号	2009.09	234	450	690
	迎宾馆	三	深圳市新园路6号	2009.09	292	560	600
	京鹏宾馆	三	深圳市深南东路57号	2009.09	220	400	500
	国宾大酒店	三	深圳市深南东路	2004.07	230	410	600
	海燕大酒店	三	深圳市嘉宾路	1994.08	283	550	300
	长城大酒店	三	深圳市红桂路4号	2009.08	140	250	500
	帝豪酒店	三	深圳市宝安北路1号	2009.09	150	280	480
	银湖旅游中心	三	深圳市罗湖区笔架山	2009.09	197	380	2260
	友谊酒店	三	深圳市嘉宾路3号	2009.09	100	190	800
	长安大酒店	三	深圳市深南东路文锦路口	2004.07	173	320	1170
	丽都酒店	三	深圳市东门南路45号	2009.09	265	500	621
	晶都城酒店	三	深圳市平湖镇平湖大道	2009.09	70	120	600
	凯利莱酒店	三	深圳市龙岗区布吉镇布吉路	2006.06	230	420	800
	鸿波酒店	三	深圳市华侨城侨城西街10号	2006.06	113	200	550
	沙田酒店	三	深圳市滨河路下沙大道	2006.06	80	150	445
	芙蓉宾馆	三	深圳市罗湖区东门南路	2006.06	145	260	690
	丰乐园大酒店	三	深圳市罗湖区布吉路21号	2006.06	78	150	400
	上海宾馆	三	深圳市深南中路46号	2006.06	144	260	500
	名兰苑酒店	三	深圳市南山区蛇口工业八路68号	2006.06	77	133	280
	双溪威大酒店	三	深圳市深圳国际机场路（对面）	2006.06	236	366	400
	凯利宾馆	三	深圳市嘉宾东路2027号	2006.06	173	300	750
	景明达酒店	三	深圳市福田区景田商报东路83号	2001.06	143	230	430
	千富大酒店	三	深圳市宝安区石岩镇老街	2006.06	50	75	800
	潭海酒店	三	深圳市广深公路松岗段44号	2000.12	62	88	825
	南方联合大酒店	三	深圳市深南东路2002号	2006.06	203	347	620
	北方大酒店	三	深南中路北方大厦	2007.08	81	155	370
	上园大酒店	三	深圳市沙井广深公路沙井段473号	2007.06	125	198	530
	金湾酒店	三	深圳市深南大道竹子林	2009.01	81	156	1200
	四川宾馆	三	深圳市红荔路2001号四川大厦	2009.09	153	308	520
	碧海恒诚酒店	三	深圳市金田二区建安1路2号	2007.08	70	112	1000
	永通大酒店	三	深圳市人民北路3146号	2007.08	80	160	700
	投资大厦宾馆	三	深圳市福田中心区深南大道	2008.09	66	126	180
	老地方酒店	三	深圳市东门南路1033号食品大厦	2008.09	267	486	470

续表

地区	饭店名称	星级	饭店地址	评星时间	客房（间）	床位（张）	餐位（个）
	国丰大酒店	三	深圳市彩田路12号	2009.09	122	259	50
	云鹏大酒店	三	深圳市红岭南路红岭大厦三座	2003.08			
	火车站大酒店	三	深圳市罗湖区建设路火车站大厦	2008.10	238	381	800
	青海大酒店	三	深圳市福田区北环大道7043号	2009.09	84	136	300
	实华酒店	三	深圳市北环大道7001号	2008.10	150	256	610
	山水大酒店	三	深圳市福田区上梅林中康路25号	2003.12			
	南方苑酒店	三	深圳市八卦四路22号	2008.10	92	133	240
	河东宾馆	三	深圳市沿河东路19号人民桥侧	2009.08	104	180	130
	丽苑大酒店	三	深圳市罗湖区东门中路2048号	2009.09	103	155	490
	泰然宾馆	三	深圳市深南中路车公庙泰然工贸园	2004.10	102	178	2000
	金鹏大酒店	三	深圳市宝安区龙华镇人民路	2004.12			
	聚豪酒店	三	深圳市宝安区松岗镇	2009.12	39	61	800
	山水时尚酒店（预备）	三	深圳市福田区华发北路一号	2005.04			
	广深宾馆	三	深圳市深南东路广深大厦86号	2009.09	212	347	420
	沙嘴酒店	三	深圳市福田沙嘴路与福强路交汇外	2005.04	168	240	1220
	迪富宾馆	三	深圳市福田区振华路111号	2005.06	160	270	900
	三九大酒店	三	深圳市深南东路2号	2009.08	230	410	690
	皇家酒店（预备）	三	深圳市罗湖区南庆街汇商名苑	2005.06			
	吉盛酒店	三	深圳市宝安观澜街道办观澜大道中	2005.12	169	204	630
	航空大酒店	三	深圳市深南东路130号	2005.12	94	179	136
	广深铁路大酒店	三	深圳市罗湖区和平路1023号	2005.12	110	189	500
	蔡屋围大酒店	三	深圳市罗湖区解放西路4058号	2006.04	96	200	338
	湖北宾馆	三	深圳市罗湖区解放路3034号	2006.04	65	115	300
	世纪华源酒店	三	深圳市福田区八卦一路	2006.04	125	242	420
	汉永酒店	三	深圳市宝安区福永街道	2006.08	110	124	100
	梧桐山宾馆	三	深圳市沙头角梧桐路2002号	2007.01	58	101	600
	千柏洲商务酒店	三	深圳市西乡鹤州广场路3号	2008.01	76	98	100
	金鹏大酒店	三	深圳市布吉镇布吉街金鹏路26号	2008.01	98	142	800
	六联酒店	三	深圳市龙岗区深汕路	2008.01	40	55	1500
	财富酒店	三	深圳市福田区华强南路3021号	2008.12	152	194	97
	翠珊园酒店	三	深圳市宝安区石岩街道	2009.08	92	140	1230
	吉盛宾馆	三	深圳市宝安区民治大道吉盛楼	2009.08	107	133	389
	东星汉永酒店	三	深圳市宝安区沙井街道中心路	2009.08	149	209	182
	南澳大酒店	三	深圳市龙岗区南澳街道水头沙海滨	2009.08	120	219	900

续表

地区	饭店名称	星级	饭店地址	评星时间	客房（间）	床位（张）	餐位（个）
	吉盛酒店	三	深圳市龙岗区盛平南路1号	2009.08	120	151	750
	金帝都大酒店	三	深圳市宝安区松岗镇松岗大道	2009.12	140	179	220
珠海（五星级8家，四星级9家，三星级66家）	银都酒店	五	珠海市拱北粤海东路	1998.06	305	530	1130
	珠海度假村酒店	五	珠海市吉大石花东路	2000.03	472	1167	2800
	海湾大酒店	五	珠海市拱北水湾路	1997.01	239	484	700
	怡景湾大酒店	五	珠海市吉大情侣中路	2000.11	383	508	436
	珠海德翰大酒店	五	珠海市吉大情侣中路	2002.09	534	850	1377
	中邦商务酒店	五	珠海市情侣中路33号	2007.06	157	192	330
	粤财假日酒店	五	珠海市吉大景山路188号	2008.10	338	499	938
	昌安假日酒店	五	珠海市粤海中路2130号	2008.12	163	231	680
	珠海宾馆	四	珠海市吉大景山路	1989.00			
	君悦来酒店	四	珠海市吉大园林路1号	1994.01	179	358	700
	粤海酒店	四	珠海市拱北粤海东路30号	1999.11	361	755	1844
	华骏大酒店	四	珠海市夏湾区侨光西路	2000.10	220	359	500
	御温泉度假村	四	珠海市斗门县斗门镇	2001.01	77	200	700
	骏德会酒店	四	珠海市拱北联安路188号9栋	2001.10	71	141	302
	南油大酒店	四	珠海市水湾路368号	2004.04	230	584	580
	2000年大酒店	四	珠海市香洲人民东路121号	2004.10	294	516	560
	西藏大厦	四	珠海市梅华西路166号	2009.03	200	284	298
	易乐园度假村	三	珠海市斗门县白藤湖好景区内	1992.05	175	361	350
	金叶酒店	三	珠海市迎宾大道	1993.11	165	321	680
	步步高大酒店	三	珠海市粤海路2号	1993.12	212	407	460
	华侨宾馆	三	珠海市拱北迎宾大道	1997.07	197	384	450
	碧海酒店	三	珠海市香州区碧海路1号	2000.09	154	308	300
	红山楼酒店	三	珠海市梅华东路26号	2000.09	59	109	300
	歧关大酒店	三	珠海市拱北昌盛路66号	2000.09	159	294	1000
	好世界酒店	三	珠海市拱北莲花路327号	2000.09	83	131	500
	北京酒店	三	珠海市翠前南路1号	2000.09	137	268	220
	飞行员度假酒店	三	珠海市吉大石花西路	2000.09	204	338	3000
	旅游大酒店	三	珠海市吉大海滨南路56号	2000.09	119	235	428
	望海楼	三	珠海市海滨北路3号	2000.09	160	323	630
	中苑酒店	三	珠海市人民东路101号	2000.09	98	198	350

续表

地区	饭店名称	星级	饭店地址	评星时间	客房(间)	床位(张)	餐位(个)
	国泰大酒店	三	珠海市拱北侨光路 37 号	2000. 09	124	248	100
	拱北民安酒店	三	珠海市拱北莲花路 56 号	2000. 09	80	149	358
	中天酒店	三	珠海市吉大景山路 62 号	2002. 08	120	212	300
	云海酒店	三	珠海市吉大九洲大道	2001. 01	150	316	300
	金凤凰酒店	三	珠海市香洲凤凰南路 1167 号	2001. 01	208	400	300
	永通酒店	三	珠海市拱北友谊路 219 号	2001. 04	102	207	410
	鸿都酒店	三	珠海市拱北粤海东路 1138 号	2001. 04	95	154	480
	赋龙酒店	三	珠海市香洲区康宁路 70 号	2001. 08	71	119	312
	昌安酒店	三	珠海市拱北莲花路 37 号	2001. 09	105	200	200
	友谊酒店	三	珠海市拱北友谊路 46 号	2001. 10	106	185	1000
	聚龙酒店	三	珠海市唐家商业广场	2001. 11	96	139	350
	新昌安酒店	三	珠海市九洲大道中段 1023 号	2001. 11	108	199	270
	侨苑酒店	三	珠海市香洲海滨北路 4 号	2002. 01	60	118	220
	金都酒店	三	珠海市拱北粤海东路 1062 号	2002. 05	148	261	150
	香江酒店	三	珠海市拱北迎宾南路 2126 号	2002. 05	129	219	300
	愉景酒店	三	珠海市香洲康宁路 68 号	2002. 08	54	100	300
	珠海市民安酒店	三	珠海市香洲湖海路 52 号	2002. 09	66	128	150
	海洋大酒店	三	珠海市情侣南路 428 号	2002. 11	93	159	450
	六和商务酒店	三	珠海市人民东路 228 号	2003. 01	56	97	130
	芙蓉王酒店	三	珠海市拱北粤海中路 2007 号	2003. 10	43	73	250
	金嘉利酒店	三	珠海市拱北粤海中路 1039 号	2004. 03	84	127	500
	濠天度假酒店	三	珠海市湾仔南湾南路 5009 号	2002. 10	92	112	268
	珠海新海利大酒店	三	珠海市拱北夏湾粤华路 271 ~277 号	2004. 10	132	196	3000
	鑫明园酒店	三	珠海市建业五路 4 号	2005. 01	68	108	260
	扬名酒店	三	珠海市香洲翠香路 227 号	2005. 01	99	197	320
	东方凯悦酒店	三	珠海市吉大九洲大道东 1043 号	2004. 12	71	101	220
	南湾国际大酒店	三	珠海市南屏镇环屏路 1 号	2005. 06	173	280	800
	满庭湘酒店	三	珠海市前山明珠南路 1032 号	2005. 12	56	100	600
	昌安华策酒店	三	珠海市拱北侨光路 5 号	2006. 01	95	127	320
	风景酒店	三	珠海市前山翠仙路 211 号	2006. 01	41	71	700
	伙工殿酒店	三	珠海市拱北北岭侨岭街 34 号	2006. 01	68	77	3000
	翡翠宫酒店	三	珠海市香洲区凤凰南路 1126 号	2006. 01	44	84	100
	四海商务酒店	三	珠海市拱北粤海中路 2300 号	2006. 01	121	187	150
	九洲湾畔酒店	三	珠海市吉大情侣中路九洲水会	2006. 01	60	83	200

续表

地区	饭店名称	星级	饭店地址	评星时间	客房（间）	床位（张）	餐位（个）
	木棉花酒店	三	珠海市拱北侨光路3号边检大院内	2006.07	93	166	120
	豪庭商务酒店	三	珠海市前山逸仙路21号	2006.07	145	249	180
	桃园商务酒店	三	珠海市斗门区环湖北路8号	2006.07	55	92	1523
	金色假日酒店	三	珠海市吉大景和街71号	2006.08	129	224	250
	金口岸度假酒店	三	珠海市拱北昌盛路5号	2006.08	107	138	420
	金莎度假村	三	珠海市斗门月白藤湖湖滨一区8号	2006.12	135	292	200
	金山酒店	三	珠海市前山鞍莲路2号	2007.01	57	98	1200
	银湖假日酒店	三	珠海市白藤湖湖滨二区75号	2007.02	80	152	200
	迈豪国际酒店	三	珠海市吉香洲区大情侣中路91号	2007.02	115	160	100
	君临酒店	三	珠海市香洲区翠微东路68号	2007.02	110	188	72
	金岸酒店	三	珠海市斗门区井岸镇连桥路38号	2007.04	57	88	380
	晶都酒店	三	珠海市香洲华海路144号	2007.05	77	156	300
	金茂酒店	三	珠海市金湾区金海岸花园中路	2007.01	96	139	400
	鸿银酒店	三	珠海市金湾区三灶镇金海大道南	2008.01	107	191	70
	学苑宾馆	三	珠海市香洲梅华东路276号	2008.07	103	211	5000
	五月天酒店	三	珠海市前山明珠北路383号	2008.11	55	96	180
	优派酒店	三	珠海市香洲区红山路163号	2008.11	54	81	600
	千鹏酒店	三	珠海市香洲区人民西路366号	2009.03	99	192	350
	桃园假日酒店	三	珠海市斗门区白藤湖湖滨一区17号	2009.06	88	164	100
汕头（五星级3家，四星级7家，三星级20家）	金海湾大酒店	五	汕头市金砂东路	1994.11	389	650	1500
	帝豪酒店	五	汕头市金砂东路188号	2000.07	552	1000	4000
	君华大酒店	五	汕头市金砂东路97号	2006.04	318	483	1045
	国际大酒店	四	汕头市金砂东路	1991.07	295	289	891
	龙湖宾馆	四	汕头市迎宾路	1996.08	248	450	443
	澄海花园酒店	四	汕头市澄海区文冠路	2001.07	209	392	1166
	中信度假村酒店	四	汕头市河浦区中信大道	2001.07	161	368	720
	金佳诚酒店	四	汕头市潮南区广祥路中段	2003.12	182	302	500
	金城大酒店	四	汕头市广汕公路司马浦西段	2005.11	163	255	300
	皇都大酒店	四	汕头市潮阳区两英镇环城东路中段	2009.08	388	441	1800
	潮阳金叶大厦	三	汕头市潮阳区棉新大道	1996.01	120	188	400
	潮阳金苑假日大酒店	三	汕头市潮阳区峡山镇广祥路	1996.01	128	250	380
	南天大酒店	三	汕头市达豪府前路	1997.09			
	鮀岛宾馆	三	汕头市金砂路	1999.04	200	328	600
	金海鸥酒店	三	汕头市汕樟路下蓬169号	1999.09	123	206	600

续表

地区	饭店名称	星级	饭店地址	评星时间	客房（间）	床位（张）	餐位（个）
	南海大酒店	三	汕头市潮阳区峡山广汕路	1999.04	120	240	200
	花园宾馆	三	汕头市汕汾路与衡汕路交界处	2000.05	208	400	1200
	华侨大厦	三	汕头市汕樟路41号	2000.05	224	409	500
	民航大酒店	三	汕头市珠江路中段	2000.07	136	260	510
	南澳县海湾宾馆	三	汕头市南澳县青澳湾	2002.08	94	209	130
	榆园大厦	三	汕头市金陵路8号	2003.08	66	132	180
	天马大酒店	三	汕头市潮南区司马浦镇司下公路边	2003.09	230	410	320
	青澳湾度假村酒店	三	汕头市南澳县青澳旅游区	2003.11	252	264	360
	南钟天酒店	三	汕头市潮南区陈店陈沙路口	2004.03	123	221	760
	丰盛发酒店	三	汕头市潮阳区谷饶镇	2004.05	146	221	220
	和平大酒店	三	汕头市潮阳区和平镇和惠新路中段	2004.06	73	146	680
	旅侨大酒店	三	汕头市澄海区中山北路	2005.01	93	179	700
	南海阁大酒店	三	汕头市南澳县后宅镇海滨路	2005.09	128	248	348
	潮阳区东方明珠大酒店	三	汕头市潮阳区城北一路中段	2005.11	59	94	360
	钱澳湾旅游度假村	三	汕头市南澳钱澳湾路	2005.11	74	164	300
佛山（五星级5家，四星级16家，三星级47家）	佛山皇冠假日酒店（原佛山宾馆）	五	佛山市汾江南路75号	2004.02	398	508	2080
	华夏新中源大酒店	五	佛山市禅城区西庄镇陶博大道	2007.06	329	491	1800
	名都大酒店	五	佛山市南海区大沥镇广佛路	2008.12	308	411	880
	哥顿酒店	五	佛山市顺德区容桂大道中38号	2008.12	200	296	1200
	财神酒店	五	佛山市顺德区乐从大道东82号	2009.07	408	558	478
	中恒金都大酒店	四	佛山市机场路口	1997.12	257	473	1200
	皇家银海大酒店	四	佛山市高明区沿江路29号	1998.06	241	433	497
	金城大酒店	四	佛山市汾江南路48号	2000.12	212	300	1730
	仙泉酒店	四	佛山市顺德区顺峰山旅游区	1990.06	263	427	1050
	新世界万怡酒店	四	佛山市顺德区大良镇清晖路150号	2001.01	383	571	485
	碧桂园度假村	四	佛山市顺德区北滘镇碧江大桥侧	2002.01	198	378	1500
	碧桂花城大酒店	四	佛山市顺德区陈村镇佛陈大桥侧	2003.01	59	99	1500
	新君悦酒店	四	佛山市顺德区陈村镇佛陈路口	2003.01	103	193	1000
	鹿茵酒店	四	佛山市顺德区桂州大道中1号	2003.01	173	268	1200
	佳宁娜大酒店（原华侨大厦）	四	佛山市祖庙路14号	2003.07	153	255	1000
	千叶度假酒店	四	佛山市三水区森林公园内	2003.09	99	123	800
	均安碧桂园大酒店	四	佛山市顺德区均安镇翠湖路1号	2004.04	52	69	400

续表

地区	饭店名称	星级	饭店地址	评星时间	客房（间）	床位（张）	餐位（个）
	福盈酒店	四	佛山市顺德区大良环市北路 38 号	2004. 05	137	184	1200
	云影琼楼酒店	四	南海区西樵山白云洞风景区内	2005. 09	136	250	550
	新阳光酒店	四	佛山市南海区广佛公路盐步平地	2006. 03	116	203	350
	祈福（仙湖）酒店	四	佛山市南海丹灶镇仙湖度假区	2008. 06	234	468	2300
	西樵山大酒店	三	佛山市南海区西樵山白云洞风景区	1989. 09	170	371	650
	尖东酒店	三	佛山市南海区桂城石啃	1995. 03	69	154	600
	禅城酒店	三	佛山市汾江中路 103 号	1996. 07	137	210	500
	三水华厦酒店	三	佛山市三水区新华北路 54 号	1997. 07			
	金湖酒店	三	佛山市普兰二路 23 号	1999. 09	164	252	680
	南海迎宾馆	三	佛山市南海区桂城南海大道	2000. 07	64	112	330
	柏斯顿酒店	三	佛山市南海区平新路厦西平稳段	2000. 09	70	128	1000
	石湾宾馆	三	佛山市汾江四路 15 号	2000. 12	105	195	420
	三水君悦酒店	三	佛山三水区西南镇健力宝南路 5 号	2000. 12	116	196	1200
	恒威大酒店	三	佛山市高明区河江工业区	2000. 12	97	186	700
	金泉大酒店	三	佛山市南海区西樵樵高路 D 座 1 号	2000. 12	85	160	460
	旋宫酒店	三	佛山市祖庙路 1 号	2000. 12	80	172	560
	南海君悦大酒店	三	佛山市南海区九江镇儒林东路口	2001. 05	58	120	700
	栢安大酒店	三	佛山市三水区广海大道西 30 号	2001. 08	48	89	350
	南海平洲宾馆	三	佛山市平洲区永安路 8 号	2001. 09	87	156	450
	佛山南国大酒店	三	佛山市汾江南路 67 号	2001. 12	177	298	900
	鸿业酒店	三	佛山市大沥镇广佛高速路口对面	2002. 07	95	167	150
	鸿南大酒店	三	佛山市三水区新华路 23 号	2002. 09	151	256	750
	辉利大酒店	三	佛山南海区九江镇儒林西路 48 号	2002. 09	117	229	1450
	顺德市皇帝酒店	三	佛山市顺德区大良镇锦龙路 118 号	2000. 11	178	330	600
	容莲宾馆	三	佛山市顺德容奇江南大道 23 号	2001. 04	102	180	500
	中旅华夏酒店	三	佛山市顺德区大良区宜新路 28 号	1997. 07	116	205	2000
	凤城酒店	三	佛山市顺德区大良区碧鉴路 1 号	2002. 09	130	210	1500
	麒麟山庄	三	佛山市南海区桂丹路上柏路段	2003. 01	76	107	1000
	鸿运酒店	三	佛山市汾江中路 5 号	2003. 11	83	128	250
	力之源大酒店	三	佛山市南海区长堤路 5 号	2004. 01	51	100	220
	高陞酒店	三	佛山顺德区北滘镇五长沙 18 号	2004. 06	90	160	750
	时代大厦酒店	三	佛山市顺德区大良新宁路 60 号	2005. 02	220	369	400
	帝庭酒店	三	佛山市顺德区勒流镇银捷路 23 号	2005. 02	63	100	80
	万里来大酒店	三	佛山市顺德区勒流镇政和路 10 号	2005. 02	88	170	400

续表

地区	饭店名称	星级	饭店地址	评星时间	客房（间）	床位（张）	餐位（个）
	金懋大酒店	三	佛山市南海区西樵镇广厦路1号	2005.02	88	140	280
	贵都酒店	三	佛山南海区桂城佛平路车南回路段	2005.07	97	165	450
	蓝澳酒店	三	佛山市季华四路国际陶瓷展览中心	2005.10	59	93	100
	顺德长鹿度假酒店	三	佛山市顺德区伦教三洲建设东路	2006.03	90	180	1628
	京粤大酒店	三	佛山市南海区黄歧广佛路169号	2006.04	104	158	300
	康颐酒店	三	佛山市南海桂城新佛平路	2006.04	81	153	380
	福裕酒店	三	佛山市南海桂城桂澜路东侧	2006.04	78	121	200
	新建豪酒店	三	佛山市南海区官窑瑶平路段	2007.07	99	189	400
	明苑迎宾馆	三	佛山高明区荷城筲街道文汇路9号	2007.07	102	200	600
	金银酒店	三	佛山汾江西路4号	2006.08	88	168	180
	世纪星酒店	三	佛山商明区荷城街道文华路455号	2006.09	81	132	500
	华泰大酒店	三	佛山南海区盐步广佛路78号	2007.02	75	106	102
	置业宾馆	三	佛山市南海大沥广云路段	2008.04	138	259	60
	皇都酒店	三	佛山市佛平路19号	2008.06	158	255	100
	中联大酒店	三	佛山市盐步区横江关边村82号	2008.02	92	157	68
	百盛达商务酒店	三	佛山市南海区桂城海大路4号	2009.10	153	198	118
	天豪酒店	三	佛上市南海区松岗松下工业园	2009.12	90	157	200
韶关（五星级1家，四星级7家，三星级37家）	莱斯大酒店	五	韶关市浈江区启明北路	2008.10	217	349	700
	香榭丽宫酒店	四	韶关市韶南大道中8号	2008.03	98	165	560
	流花宾馆	四	韶关市西河新华北路138号	2005.04	127	246	796
	福苑大酒店	四	韶关市西河松山	2005.06	105	160	371
	方圆民族温矿泉酒店	四	韶关市乳源瑶族自治县城鹰峰西路	2006.09	118	250	500
	曹溪温泉假日度假村	四	韶关市曲江区马坝镇转溪桥	2007.10	610	1240	2000
	龙翔大酒店	四	韶关市翁源县	2007.10	139	232	1200
	乐昌迎宾大酒店	四	韶关乐昌市金融路52号	2008.12	160	266	700
	南雄市珠玑大酒店	三	韶关南雄市建设路12号	1998.01	122	280	700
	粤通大酒店	三	韶关火车站旁	1999.01	257	514	500
	广铁漂流大酒店	三	乐昌坪石镇群众路三巷	1999.01	100	190	480
	韶关小岛饭店	三	韶关市西堤路27号	2000.06	60	114	350
	乳源小岛饭店	三	韶关市乳源县解放北路2号	2000.06	102	206	350
	丽晶酒店	三	韶关市江区北江路2号	2001.01	112	213	800
	怡东大酒店	三	韶关市始兴县中心坝5号	2001.01	64	114	300
	湖心宾馆	三	韶关市工业东路17号	2001.07	75	203	500
	丹霞山和景酒店	三	韶关市丹霞山风景区	2002.04	120	244	680
	南雄迎宾馆	三	韶关南雄市建设路6号	2003.01	116	235	800
	北苑宾馆	三	韶关市风度北路122号	2003.04	85	172	566

续表

地区	饭店名称	星级	饭店地址	评星时间	客房（间）	床位（张）	餐位（个）
	新丰交通大酒店	三	新丰县城105国道旁	2003.06	68	136	500
	新丰县迎宾馆	三	新丰县公园内4号	2003.06	58	108	480
	坪石富丽酒店	三	韶关乐昌市坪石岭南路69号	2004.05	65	130	250
	曲江迎宾馆	三	韶关市曲江区府前中路	2004.11	84	159	500
	国林宾馆	三	韶关市浈江区站南路口	2004.12	60	132	420
	新华宾馆	三	始兴县振兴路128号	2004.12	53	103	330
	金世纪商务酒店	三	韶关市浈江区北江路28号	2005.01	59	94	800
	河珊酒店	三	韶关市十里亭乌教塘	2004.12	142	287	390
	金源酒店	三	韶关市风采路66号	2005.12	136	233	400
	聚雅轩酒店	三	韶关市北江区解放路126号	2005.04	98	181	800
	翁源县福源大酒店	三	翁源县建设一路368号	2005.09	32	68	400
	君临酒店	三	韶关市浈江南路75号	2005.09	42	85	350
	金雄鹰宾馆	三	南雄市雄中路55号	2005.10	52	119	360
	泉景酒店	三	韶关市环园西路1号	2006.05	58	110	300
	艺苑大酒店	三	韶关市新华南路	2006.05	60	125	1800
	星之光大酒店	三	乐昌市解放路51号	2006.06	90	150	145
	华南温泉酒店	三	韶关市曲江区马坝镇马坝大道南	2006.06	63	118	550
	粤源大酒店	三	韶关市翁源县沿江路3号	2006.06	105	168	700
	明珠大酒店	三	韶关市武江区芙蓉新城金洲路1号	2006.09	101	205	150
	金鸡宾馆	三	乐昌市坪石镇金鸡路4号	2006.12	110	229	410
	远东酒店	三	始兴县城兴平路1号	2007.02	43	87	1000
	百乐宫大酒店	三	新丰县丰城大道东10号	2007.12	35	62	360
	濠景酒店	三	韶关市解放路124号	2008.02	61	110	50
	丛林山庄	三	韶关市浈江区森态路11号	2009.06	180	400	1000
	金海洋假日酒店	三	乐昌市长乐路88号	2009.07	36	66	80
	幸福华庭酒店	三	韶关市武江区惠城南路122号	2009.09	193	307	600
河源（五星1家，四星级3家，三星级15家）	翔丰国际酒店	五	河源市源城区沿江东路1号	2007.06	233	368	860
	新世界酒店	四	河源市长塘路8-1号	2001.08	101	191	450
	假日酒店	四	河源市宝源山庄沿江路10号	2006.07	147	321	1360
	滨江金利大酒店	四	河源市源城区碧水居地段	2009.03	160	310	1200
	明珠银发酒店	三	河源市河源大道13号	1997.09	66	148	350
	紫金宾馆	三	紫金县紫城镇秋江路36号	2000.11	60	112	250
	新华信大酒店	三	河源市兴源路1号	2001.08	86	156	600
	旺业大酒店	三	河源市沿江路20号	2003.09			
	金利大酒店	三	河源市河源大道17号	2003.09	101	208	480

续表

地区	饭店名称	星级	饭店地址	评星时间	客房（间）	床位（张）	餐位（个）
	霍山宾馆	三	龙川县老隆镇老龙大道	2004.01	128	216	800
	连平南方酒店	三	连平县城官灯公路	2004.04	37	77	200
	龙川旅游大酒店	三	龙川县经济开发区5号小区	2005.04	88	168	460
	华达大酒店	三	河源市河源大道南71号	2005.04	126	256	550
	新江大酒店	三	河源大道北新城汽车站对面	2005.11	121	241	1000
	和平世纪大酒店	三	和平县城和平大道88号	2006.01	85	187	1300
	连平江都大酒店	三	连平县忠信镇沿江中路	2006.05	87	174	600
	新丽源大酒店	三	河源市新市区红星路	2006.03	54	98	600
	紫金和润假日酒店	三	河源市紫金县城金山大道	2008.04	125	193	200
	连平星河湾酒店	三	河源市连平县滨河路1号	2009.12	62	116	250
梅州（四星级2家，三星级13家）	千江温泉酒店	四	丰顺县雄风大道金河桥头	2004.08	150	299	580
	金雁富源大酒店	四	梅州市丽都西路	2004.12	110	250	500
	友谊宾馆	三	梅州市彬芳大道29号	1999.12	138	267	480
	金帆大酒店	三	大埔县城文明路138号	2000.12	45	90	850
	梅州栢丽大厦酒店	三	梅州市华侨城宪梓大道	2003.06	110	218	450
	丰顺县风度温泉大酒店	三	丰顺县汤坑镇东山路1号	2004.08	124	234	450
	田园大酒店	三	梅州市江南路35号	2006.03	132	251	350
	太平洋酒店	三	梅州市彬芳大道88号	2006.05	105	176	500
	迎宾楼大酒店	三	五华县水寨镇华兴中路13号	2006.09	41	83	850
	金叶大酒店	三	兴宁市205国道文生路口	2006.09	113	190	360
	长潭旅游度假村酒店	三	蕉岭县长潭大道2~3号	2007.02	66	138	800
	锦发大酒店	三	梅县丙村镇交通街	2007.03	42	80	640
	逢源温泉酒店	三	丰顺县汤坑镇汤坑路49号	2007.06	63	118	330
	平远迎宾馆	三	平远县城羊甸街31号	2007.11	47	102	500
	交通大酒店	三	大埔县义招路	2009.11			
惠州（五星级2家，四星级11家，三星级43家）	罗浮山宝田国际度假会议中心	五	惠州市博罗县罗浮山风景区	2007.05	235	377	610
	康帝国际酒店	五	惠州市环城西一路渡口所	2007.05	468	544	697
	三阳酒店	四	惠阳市陈江镇仲恺大道118号	2003.01	151	229	600
	惠州宾馆	四	惠州市环城西二路17号	2003.09	153	230	1000
	凯旋假日酒店	四	惠州市麦兴路11号	2006.01	146	213	800
	家路国际大酒店	四	惠阳区淡水星河东路	2007.01	205	249	560
	丽景花园酒店	四	惠阳区淡水南门西街	2007.01	160	193	500
	金华悦国际酒店	四	惠州市下埔大道28号	2008.03	768	3100	
	富华大酒店	四	惠州市博罗县城罗阳二路72号	2008.03	100	134	920

续表

地区	饭店名称	星级	饭店地址	评星时间	客房（间）	床位（张）	餐位（个）
	金世纪假日酒店	四	惠州市惠城区沥林镇惠樟路	2008.03	188	289	600
	万事达华侨酒店	四	惠州市惠东县城	2008.11	205	500	100
	隆泰金都酒店	四	惠州市花边南路	2009.03	171	269	360
	新都会大酒店	四	惠州市惠阳区白云路 50 号	2009.03	93	126	650
	西湖宾馆	三	惠州西湖芸华洲	1991.06	89	119	800
	金叶大厦	三	惠州市鹅岭南路 3 号	1992.06	122	190	600
	龙苑大酒店	三	惠州市鹅岭西路 7 号	1993.07	70	100	400
	君豪大酒店	三	惠州市下角南路 3 号	1999.09	79	128	1000
	大亚湾中海酒店	三	大亚湾澳头镇新澳大道 1 号	1999.09	90	156	820
	惠阳百老汇酒店	三	惠阳市淡水开城大道 88 号	2000.12	139	215	468
	西湖大酒店	三	惠州市环城西二路 10－11 号	2000.12	187	320	1200
	麦科特酒店	三	惠州市麦地路 63 号	2000.12	85	156	800
	海湖大酒店	三	惠州市南坛路 8 号	2000.12	165	283	1200
	园洲宾馆	三	惠州市博罗县园洲镇兴园二路	2001.03	107	143	800
	中惠大酒店	三	惠阳市淡水镇土湖工业路 1 号	2001.11	86	157	80
	新丽晶大酒店	三	惠阳市淡水镇开城大道	2002.10	91	105	900
	星旗宾馆	三	惠阳市淡水镇中山二路 39 号	2003.04	123	178	330
	广成酒店	三	惠阳市淡水镇南门大街 1 号	2003.04	120	208	600
	金玉宾馆	三	惠州市鹅岭东路 9 号	2003.04			
	南方大酒店	三	惠州市鹅岭北路 12 号	2003.04	126	241	800
	麦雅商务酒店	三	惠州市麦地路 30 号	2004.10	107	163	425
	德泽园（嘉柏）假日大酒店	三	惠州惠东县巽寮松园湾海滨度假区	2004.10	99	193	694
	嘉宾园度假村	三	博罗县福田镇桥东路	2005.01	88	138	500
	广进酒店	三	惠州市惠阳区淡水镇	2005.05	84	89	48
	金鑫酒店	三	惠州市惠城区麦地南东二路 2 号	2005.08	89	143	360
	一景酒店	三	惠东县平山镇新华路	2005.08	75	117	500
	天外天大酒店	三	惠州市鹅岭南路 2 号	2005.12	90	166	148
	凯雅酒店	三	惠州市麦地南路 11 号	2006.01	107	151	400
	京联宾馆	三	惠州市博罗县城博义路 3 号	2006.06	129	193	200
	金鑫商务酒店	三	惠州市麦地路 16 号	2006.08	62	102	460
	日华大酒店	三	惠阳淡水开城大道	2006.09	64	101	80
	柏利商务酒店	三	惠州惠东县平山镇新华路 91 号	2006.09	42	57	260
	万汇徕大酒店	三	惠州惠阳区淡水镇	2006.12	87	127	100

续表

地区	饭店名称	星级	饭店地址	评星时间	客房（间）	床位（张）	餐位（个）
	大富贵酒店	三	惠州市大湖溪广汕路	2006.12	155	205	380
	龙朝大酒店	三	龙门县城太平新路33号	2006.12	132	238	800
	鲁惠大酒店	三	惠阳区淡水镇开城大道21号	2006.12	69	123	200
	月亮宫大酒店	三	惠阳上塘石园东街118号	2007.02	60	94	100
	鑫都大酒店	三	惠州市惠州大道中段70号	2007.11	87	144	510
	明月湖大酒店	三	惠州市黄塘路118号部队综合楼	2008.05	100	215	580
	南洋大酒店	三	惠州市惠阳区白云三路16号	2008.12	80	120	350
	顺天云景大酒店	三	惠州市江北文昌二路9号	2009.05	150	193	400
	千帆阁酒店	三	惠州市大亚湾经济技术开发区霞涌	2009.06	78	129	400
	时代假日酒店	三	惠州市惠城区龙丰路3号	2009.08	133	201	500
	盛龙大酒店	三	惠州市龙门县县城迎宾大道39号	2009.08	32	48	600
	华尔富商务酒店	三	惠州市江北5号小区期湖塘路3号	2009.12	71	113	144
	南城商务酒店	三	惠州市河南岸白泥路	2009.09	100	161	450
	景新酒店	三	龙门县城百乐路	2009.12	32	64	500
汕尾（四星级2家，三星级11家）	海丰莲花山度假村	四	海丰县莲花山森林公园龙喷须	2007.01	131	233	350
	东陆酒店	四	陆丰市东海镇洛洲东路3号	2008.04	246	466	1452
	汕尾友谊宾馆	三	汕尾市政府办公楼西侧	2000.11	104	210	450
	美丽华大酒店	三	汕尾市汕尾大道中段	2000.12	198	373	700
	金伯爵广场	三	海丰县城东镇洪围村东二环路东侧	2000.12	73	140	1200
	陆丰大酒店	三	陆丰市北提路11号	2001.01	85	169	200
	红海湾得胜宾馆	三	汕尾市红海湾遮浪办事处	2004.03	134	255	400
	龙山宾馆	三	陆丰市龙山大道18号	2005.09	90	171	860
	蓝岛假日酒店	三	汕尾市城区通航路128号	2006.08	69	178	100
	瑞龙庄园	三	陆河县上护樟河榜榜响	2007.01	122	210	482
	富之城酒店	三	海丰县城广富路439号	2008.04	105	146	968
	新洲宾馆	三	汕尾市区汕尾大道中段西侧	2008.04	99	185	120
	泰林酒店	三	汕尾市汕尾大道中段东侧	2009.06	125	226	1060
东莞（五星级19家，四星级26家，三星级38家）	银城酒店	五	东莞市莞太大道48号	1997.09	333	405	800
	金凯悦大酒店	五	东莞市凤岗镇凤深大道66～68号	2001.03	293	399	1482
	三正半山酒店	五	东莞市樟木头石新大道	2001.03	101	101	680
	豪门大饭店	五	东莞市虎门镇港口路	2002.01	248	295	1190
	龙泉国际大酒店	五	东莞市虎门镇连升路金洲段	2002.01	643	1060	1800
	嘉华大酒店	五	东莞市厚街镇家具大道口	2002.09	760	1030	5062
	御景湾酒店	五	东莞市东城区迎宾路8号	2003.09	268	445	1200

续表

地区	饭店名称	星级	饭店地址	评星时间	客房（间）	床位（张）	餐位（个）
	长安莲花山庄	五	东莞市长安镇莲花山边	2004.08	281	350	400
	富盈酒店	五	东莞市厚街广深高速公路东莞出口	2003.09	345	480	1000
	东莞长安国际酒店	五	东莞市长安镇锦绣路1号	2004.08	400	440	1360
	东莞海悦花园大酒店	五	长安镇霄边管理区德镇中路129号	2004.03	353	400	200
	石龙金凯悦大酒店	五	东莞市石龙镇莞龙公路西湖路段	2004.08	403	495	1360
	喜来登大酒店	五	东莞市厚街镇S256省道莞太路	2005.09	500	700	1014
	新都会怡景酒店	五	东莞市塘厦镇环市东路6号	2006.04	256	315	1000
	太子酒店	五	东莞市黄江镇江北路	2006.11	429	473	2040
	三正半山酒店	五	东莞市塘厦镇迎宾大道	2007.05	366	620	1080
	汇华国际饭店	五	东莞市常平镇常平大道	2007.12	635	706	1500
	丰泰花园酒店	五	东莞市虎门镇树田村横圳水库侧	2008.12	370	571	1200
	帝豪花园酒店	五	东莞市大朗美景中路769号	2008.12	469	604	2388
	寮步金凯悦大酒店	四	东莞市寮步镇教育路1号	1997.09	216	308	955
	文华大酒店	四	东莞市厚街镇太路新塘路段	2000.12	113	130	900
	珊瑚大酒店	四	东莞市厚街镇107国道	2000.12	88	108	1200
	江龙大酒店	四	东莞市厚街镇107国道旁	2001.09	186	220	1000
	东莞宾馆	四	东莞市城区东正路11号	2001.09	178	283	1500
	新都会酒店	四	樟木头镇维多利商业大道38号	2002.01	301	400	1500
	君爵酒店	四	东莞市万江镇石美广深路	2002.03	173	262	1000
	汇美大酒店	四	东莞市常平镇中元街9号	2002.04	220	240	450
	宏远酒店	四	东莞市宏远路1号	2002.04	215	333	2000
	花园酒店	四	东莞市樟木头镇南城广场	2003.04	148	180	900
	长安酒店	四	东莞市长安镇中心107国道旁	2003.09	148	258	800
	三正莲湖度假村	四	东莞市桥头镇湖滨路	2003.12			
	新世纪酒店	四	东莞市常平镇常平大道8号	2004.03	228	278	920
	华翔国际酒店	四	东莞市横沥镇瑞康路	2004.03	100	125	245
	司马假日酒店	四	东莞市常平镇司马管理区1号	2004.03	67	102	450
	梵尔赛酒店	四	东莞市常平镇下墟梵尔赛路	2004.03	168	200	320
	东莞丽池海悦酒店	四	东莞市厚街镇厚街大道东	2004.03	301	420	210
	业丰大酒店	四	大朗镇莞樟路金朗大道23号	2005.04	138	155	930
	汇源海逸大酒店	四	东莞市虎门镇虎门大道	2005.04	221	235	530
	万盈酒店	四	东莞市麻涌镇麻涌大道	2005.06	77	90	350
	中汇文华大酒店	四	东莞市高埗镇振兴路	2005.06	139	168	1600
	华禧酒店	四	东莞市长安镇107国道边上沙路段	2006.05	219	268	300
	半岛酒店	四	东莞市常平镇北环路口	2006.05	415	600	400

续表

地区	饭店名称	星级	饭店地址	评星时间	客房（间）	床位（张）	餐位（个）
	方中假日酒店	四	东莞市茶山镇茶山大道西 28 号	2006.05	231	330	1600
	嘉辉会酒店	四	东莞市凤岗镇官井头嘉辉路	2007.08	43	55	504
	美怡登酒店	四	东莞市常平镇中元路	2009.02	260	289	500
	石龙宾馆	三	东莞市石龙镇绿化中路 2 号	1989.03	108	146	15
	丽晶酒店	三	东莞市城区莞太大道衫山	1991.07			
	东方酒店	三	东莞市城区解放路 35 号	1992.01			
	广彩城酒店	三	东莞市莞太大道篁村新基	1994.06	118	262	1250
	石碣豪华大酒店	三	东莞市石碣镇新城区	1994.06	67	70	1324
	金湖酒店	三	东莞市塘厦镇塘夏大道南	1995.03	233	466	500
	莲城酒店	三	东莞市长安镇莲峰路口	1995.03	145	184	2500
	乌沙大酒店	三	东莞市长安镇乌沙环东路	1995.12	98	150	740
	黄江假日酒店	三	东莞市黄江镇黄江大道 3 号	1995.12	90	170	410
	西湖大酒店	三	东莞市篁村西湖乐园	1999.01	251	433	335
	麻涌宾馆	三	东莞市麻涌镇街心公园	2000.11			
	明苑大酒店	三	东莞市虎门镇龙大道南	2000.11	128	221	500
	篁胜渔村酒店	三	东莞市篁村区胜和体育路 11 号	2000.12	78	122	1580
	盛御酒店	三	东莞市石龙镇西湖大道 1 号	2000.12	60	114	1100
	恒丰酒店	三	东莞市桥头镇恒丰新村 2 号	2001.09	127	165	730
	宝石大酒店	三	东莞市企石镇振华路 1 号	2001.09	136	158	100
	西湖酒店	三	东莞市石龙西湖区	2001.09	92	144	356
	金岛山庄	三	东莞市塘厦镇 128 工业区	2001.09	69	112	1300
	绿洲酒店	三	东莞市道滘镇振兴路 156 号	2001.09	49	66	138
	沙头酒店	三	东莞市长安镇 107 国道沙头路段	2001.12	120	150	160
	华通城大酒店	三	东莞市企石镇东山区湖滨路口	2001.12	434	497	1400
	丰田酒店	三	东莞市凤岗镇雁田管理区	2002.07	65	100	500
	丽江酒店	三	东莞市高埗镇捷达工业区十三座	2001.09	61	111	680
	嘉福海港酒店	三	东莞市沙田镇新城中心区	2003.09	60	80	56
	乐怡酒店	三	东莞市厚街镇康乐北路	1996.12	100	158	50
	中明酒店	三	东莞市中堂镇新兴路一号	2004.06	69	121	1500
	万江篁胜酒店	三	东莞市万江 107 国道拨跤窝路段	2004.07			
	莱莉雅酒店	三	东莞市凤岗镇永盛商业大街	2005.05	69	89	180
	东逸酒店	三	东莞市长安镇莲峰路 103 号	2005.08	72	84	60
	鸿茂酒店	三	东莞市常平镇常黄路	2006.01	51	78	400
	四季酒店	三	东莞市望牛墩镇中大道新电城	2006.01	115	160	100

续表

地区	饭店名称	星级	饭店地址	评星时间	客房（间）	床位（张）	餐位（个）
	宏信假日酒店	三	东莞市清溪镇浮岗香芒大道	2006.08	128	160	300
	美景湾酒店	三	东莞市横沥镇沿江路1号	2007.03	198	223	386
	富豪酒店	三	东莞市常平镇金美路256号	2008.02	128	132	150
	天鹅湖酒店	三	东莞市常平镇木伦村	2008.02	120	148	120
	金沙亚都酒店	三	东莞市长安镇靖海中路36号	2009.07	84	108	110
	中青旅山水设计师酒店	三	东莞市东城区东莞大道189号	2009.07	126	151	210
	亚都酒店	三	东莞市长安镇长中路115号	2009.07	106	127	165
中山（五星级3家，四星级6家，三星级20家）	国际酒店	五	中山市中山一路142号	2004.08	350	550	1665
	中山古镇国贸大酒店	五	中山市古镇镇中兴大道	2004.08	278	482	2350
	香格里拉大酒店	五	中山市起湾道北16号	2007.06	475	654	580
	富华酒店	四	中山市石岐富华道一号	1990.02	360	700	1600
	小榄旅游大酒店	四	中山市小榄镇文化路	2000.11	92	148	490
	中山温泉宾馆	四	中山市三乡镇雍陌村	2000.11	311	530	1070
	中山真善美大酒店	四	中山市三角镇金三大道	2005.06	141	192	820
	汇景酒店	四	中山市东升镇龙昌路同乐大街	2008.05	132	222	950
	长命水海逸酒店	四	中山市长命水大街9号	2008.05	123	193	920
	京华酒店	三	中山市中山三路	1990.02	85	160	1500
	富洲酒店	三	中山市西区富华道131号	1998.03	258	480	800
	招商局会所	三	中山市三乡镇雍陌村	2000.01	90	170	524
	金岛酒店	三	中山市东凤镇同安会	2000.03	51	100	800
	小榄大酒店	三	中山小榄海傍路沙口1号	2000.11	125	260	1300
	汇昌酒店	三	中山市坦洲镇南坦路245号	2000.11	110	144	550
	南中酒店	三	中山市南头镇永兴路1号	2001.01	165	300	300
	中山三乡金煌酒店	三	中山市三乡镇文昌路	2001.11	74	127	600
	东悦酒店	三	中山市沙溪镇沙溪南路38号	2002.06	60	116	96
	小榄花城酒店	三	中山小榄镇新市路89号	2002.12	76	133	1250
	乡泉别墅	三	中山市三乡镇	2002.12	63	124	350
	昆仑酒店	三	中山市南朗镇南岐北路8号	2004.01	96	170	800
	菊城宾馆	三	中山市小榄镇红山路46号	2004.01	155	300	1800
	莲兴酒店	三	中山市石岐区莲塘东路13号	2004.04	51	68	700
	紫来轩酒店	三	中山市石岐区天门天乐街8－10号	2004.12	41	55	150
	乐天酒店	三	中山市三角镇南三公路旁	2005.09	44	62	340
	龙泉酒店	三	中山市古镇横古公路18号	2006.07	192	311	150

续表

地区	饭店名称	星级	饭店地址	评星时间	客房（间）	床位（张）	餐位（个）
	古镇为民酒店	三	中山市古镇新兴大道东 13 号	2006. 09	194	335	1000
	好世界酒店	三	中山市神湾镇神湾大道 215 号	2006. 12	99	125	300
	金莎商务酒店	三	中山市石岐区康华路 43 号	2007. 06	90	136	1000
江门（五星级 4 家，四星级 3 家，三星级 19 家）	潭江半岛酒店	五	开平市中银路 2 号	2000. 07	254	434	2538
	逸豪酒店	五	江门市迎宾大道中 118 号	2006. 12	644	1013	5000
	鹤山市碧桂园凤凰酒店	五	鹤山市沙坪镇鹤山大道 623 号	2008. 10	111	202	780
	丽宫国际酒店	五	江门市东华二路 28 号	2009. 07	330	504	1850
	银晶国际酒店	四	江门市港口路 22 号	2000. 04	216	390	1500
	开平三埠假日酒店	四	开平市长沙港口路 10 号	2000. 12	90	163	700
	龙泉度假酒店	四	江门市新会区圭峰山龙潭景区	2006. 01	117	210	880
	新乔都大酒店	三	江门市紫茶路 18 号	2000. 12	79	150	1390
	开平三埠海景酒店	三	开平市三埠新昌潭江西路 15 号	2000. 12	76	134	700
	冈州宾馆	三	新会市会城圭峰路 9 号	1991. 11	117	237	1000
	北湖宾馆	三	鹤山市沙平镇北湖路 1 号	1992. 01	85	196	700
	富尔文华酒店	三	江门市迎宾三路天龙三街 25 座	1997. 07	76	144	500
	王府洲别墅度假村	三	台山市下川王府洲度假村	2001. 05	54	83	300
	华安阁酒店	三	鹤山市雅瑶镇	2001. 06	40	76	500
	恩平侨联大酒店	三	恩平市恩城镇南堤西路 33 号	2003. 01	108	224	1700
	台山富城大酒店	三	台山市台城侨光大道 1 号	2003. 07	62	84	600
	台山下川海湾胜景酒店	三	台山市下川镇王府洲旅游区	2003. 07			
	台山下川桂园酒店	三	台山市下川镇王府洲旅游区	2003. 07	155	220	250
	台山下川帝苑别墅度假村	三	台山市下川镇王府洲旅游区	2003. 07	158	262	200
	鹤山叠翠山庄	三	广东鹤山市大雁山风景旅游区	2003. 08	56	106	200
	海角城大酒店	三	台山市赤溪镇田头铜鼓渔塘湾	2004. 04	176	352	680
	新会区金田大酒店	三	新会区会城中心路 15 号	2004. 08	145	262	1300
	园林大酒店	三	江门市荷塘镇瑞丰路 11 号	2005. 09	43	81	650
	君威酒店	三	鹤山市桃源镇 325 国道	2006. 01	45	90	388
	锦江大酒店	三	台山市下川岛镇	2006. 09	31	34	100
	爱依华酒店	三	江门新会区会城镇冈州大道西 6 号	2007. 07	40	77	100

续表

地区	饭店名称	星级	饭店地址	评星时间	客房（间）	床位（张）	餐位（个）
阳江（五星级3家，四星级3家，三星级17家）	阳江温泉度假村酒店	五	阳江市阳东县合山镇325国道旁	2006.11	463	751	900
	碧桂园阳江凤凰酒店	五	阳东湖滨西路（阳东碧桂园内）	2009.07	342	625	1100
	东湖国际大酒店	五	阳春市东湖东路213号	2009.07	209	346	1500
	阳江市国际大酒店	四	阳江市东风三路	1998.04	248	468	808
	阳江紫光大酒店	四	阳江市闸坡旅游大道南	2004.11	79	139	340
	悦华大酒店	四	阳春市东湖西路40号之二	2007.08	104	172	1160
	阳春金鹏大酒店	三	阳江市城东大道2号	1995.12	73	175	330
	闸坡银波酒店	三	阳江市闸坡旅游大道南	1998.01	147	305	330
	粤海酒店	三	阳江市登峰东路16号	2001.07	84	140	400
	阳春花园酒店	三	阳春市县前路124号	2001.07	58	111	1100
	金海利大酒店	三	阳江市海陵岛闸坡镇海滨路23号	2001.07	72	152	70
	海陵岛小港湾山庄	三	海陵岛闸坡镇	2003.06	52	108	380
	闸坡浪琴湾酒店	三	闸坡镇旅游大道南碧涛村16号	2003.08	50	100	380
	华坚宾馆	三	阳江市了岗路1号	2003.07	148	276	1000
	海陆空火锅城大酒店	三	阳江市东风二路7号	2004.08	119	242	1100
	粤法酒店	三	阳江市闸坡镇	2004.10	81	155	250
	登宝酒店	三	阳春市春城镇南新大道	2006.08	35	82	1000
	富华大酒店	三	阳江市石湾北路143号	2006.09	103	192	250
	莱茵堡酒店	三	阳江市建设路239号	2008.02	78	128	600
	嘉华酒店	三	阳江市区石湾北路口	2008.02	62	125	460
	新朗商务酒店	三	阳春市东湖西路47号	2008.04	88	170	400
	天堡商务酒店	三	阳江市东风一路42号	2008.12	150	285	95
	名濠饭店	三	阳江市东风二路1号	2009.06	54	87	1100
湛江（五星级1家，四星级6家，三星级24家）	皇冠假日酒店	五	湛江市乐山大道31号	2008.09	416	598	600
	银海酒店	四	湛江市人民大道中52号	1994.04	134	253	708
	湛江海滨宾馆	四	湛江市海滨三路32号	2001.12	365	686	1093
	中国城酒店	四	湛江开发区乐山大道中48号	2006.12	121	184	1000
	金辉煌酒店	四	湛江市人民大道中15号	2006.09	208	316	680
	南海宾馆	四	湛江市坡头区17号	2008.5	181	299	1000
	丽波度假村	四	廉江市海军路塘山岭边	2009.08	313	644	890
	环球大酒店	三	湛江市赤坎区棋川大道北6号	1992.10	175	276	450
	湛江迎宾馆	三	湛江市赤坎区跃进路3号	1994.09	133	348	1000
	新莱都大酒店	三	湛江市霞山区人民大道73号	1995.08	72	142	450
	锦华大酒店	三	湛江市海翔路16号	2000.11	126	252	800
	新新格里拉酒店	三	湛江市霞山解放西路北二巷1号	2000.11	93	175	700

续表

地区	饭店名称	星级	饭店地址	评星时间	客房（间）	床位（张）	餐位（个）
	富丽华大酒店	三	湛江市椹川北路160号	2002.10	251	467	500
	宇兴电力度假村	三	湛江市东海岛东简省级旅游度假区	2002.10	51	87	140
	金海大酒店	三	湛江市赤坎海田路288号	2002.10	126	220	1000
	中国园酒店	三	雷州市西湖大道198号	2003.11	76	145	960
	洪都大酒店	三	雷州市西湖大道六横路001号	2003.12	70	138	600
	南油迎宾馆	三	湛江市坡头区南调路	2004.06	92	152	220
	美丽华大酒店	三	湛江市霞山解放西路36号	2004.12	136	182	500
	名都大酒店	三	雷州市西湖大道36号	2004.12	69	146	1100
	镇海大酒店	三	湛江市霞山区绿塘路93号	2005.01	81	160	650
	园府酒店	三	湛江市赤坎区康顺路19号	2005.04	79	175	300
	运通宾馆	三	湛江市赤坎椹川大道北99号	2006.04	109	220	460
	怡心大酒店	三	廉江市新风路1号	2006.08	152	298	1800
	松源酒店	三	湛江市遂溪县	2006.09	87	138	800
	银塔大酒店	三	湛江市遂溪县城新风路88号	2006.09	76	129	800
	北苑度假村	三	湛江市东海岛涛声北路	2006.09	59	114	90
	康龙度假村	三	湛江市东海岛龙海天涛声南路	2006.09	70	108	140
	南海西部石油伊甸园度假村	三	湛江市南三镇林场东南海岸天然	2006.09	112	251	170
	中南酒店	三	湛江市人民大道中29号	2006.10	160	261	650
	聚雅酒店	三	徐闻县徐海路76号	2006.12	59	125	3000
茂名（五星级1家，四星级3家，三星级6家）	茂名国际大酒店	五	茂名市双山三路99号	2008.10	265	489	568
	花园酒店	四	茂名市光华南路163号	2004.08	220	376	700
	东园大酒店	四	茂名市官山四路33号	2008.06	93	123	1800
	高州大酒店	四	高州市高凉东路636号	2009.01	168	280	800
	飞龙宾馆	三	化州市下部区乐园路	1998.01	83	173	552
	南国大酒店	三	茂名市光华北路218号	2002.01	95	181	280
	嘉燕大酒店	三	茂名市双山一路89号	2004.01	92	170	400
	西江温泉度假村	三	信宜市北界镇西江河畔	2004.08	58	125	160
	加州旅馆	三	信宜市新兴路	2007.10	91	165	210
	金龙泉大酒店	三	茂名电白县水东镇向阳大道88号	2009.09	79	151	1416
肇庆（四星级3家，三星级17家）	星湖大酒店	四	肇庆市端州四路37号	1994.09	252	311	660
	皇朝酒店	四	肇庆端州五路9号	2000.12	1350	648	900
	德庆醉然居假日酒店	四	德庆县德城镇青云路	2009.06	121	268	660
	新松涛宾馆	三	肇庆市七星岩风景区内	1990.06	117	354	800
	肇庆华侨大厦	三	肇庆市天宁北路90号	1990.06	206	438	1000
	荔枝湾度假村	三	四会市东城区四会大道南	2000.08	124	273	515

续表

地区	饭店名称	星级	饭店地址	评星时间	客房（间）	床位（张）	餐位（个）
	四会贞山宾馆	三	四会市贞山旅游区	2000.12	249	426	1300
	德庆新时代大酒店	三	德庆县康城大道	2001.04	57	108	400
	新长讯宾馆	三	肇庆市康乐北路38号	2001.12	118	208	300
	波海楼	三	肇庆市星湖西路	2001.12	90	181	280
	怀集腾业大酒店	三	怀集县怀城镇西区	2002.12	52	88	700
	德庆新丽都大酒店	三	德庆县德城镇文兰北路	2003.08	205	385	1308
	怀集县新世界大酒店	三	怀集县解放北路	2004.09	218	394	750
	德庆县登云酒店	三	德庆县康城大道东128号	2005.01	58	113	400
	湖滨大酒店	三	肇庆市天宁北路82号	2006.01	132	300	1200
	南粤苑度假中心	三	肇庆七星岩万松岗	2006.03	68	138	250
	广宁华侨大酒店	三	广宁县南街镇南东一路路37号	2007.09	113	189	800
	万豪裕龙大酒店	三	肇庆市西江南路23号	2008.12	47	89	600
	肇庆高尔夫渡假村	三	高要市回龙镇	2009.01	57	126	180
	德庆君悦大酒店	三	德庆县龙母大街	2009.09	128	248	600
清远（五星级1家，四星级6家，三星级24家）	碧桂园假日半岛酒店	五	清远市清城区石角镇	2007.05	199	367	724
	国赋园宾馆	四	清远市新城半环北路	2001.05	60	123	380
	清远迎宾馆	四	清远市北江2路	2001.05	157	302	800
	华冠大酒店	四	清远市新城6号区凤鸣路8号	2002.01	120	205	450
	嘉华大酒店	四	清远市新城二号区2~9号	2003.07	121	238	711
	连州大厦	四	清远连州市东门中路31号	2003.12	138	263	350
	英德海螺国际大酒店	四	英德市浈阳东路1号	2009.03	288	446	1500
	白云温泉山庄	三	佛岗县汤塘黄花湖度假区	2000.10	73	150	250
	红楼宾馆	三	清远连州市人民路238号	2002.01	80	160	260
	环城步步高酒店	三	清远市环城一路10号	2002.07	66	115	350
	湖滨步步高酒店	三	清远市曙光一路88号	2002.08	86	182	700
	天泉度假村（酒店）	三	阳山县称架镇	2002.09	68	134	450
	龙城大酒店	三	清远市石角镇府前路218号	2003.06	56	102	850
	伟顺酒店	三	清远市新城东24号小区	2003.11	68	130	180
	英州大酒店	三	英德市百花路1号	2003.12	57	111	420
	翠苑宾馆	三	清远市滨江路	2004.01	74	120	150
	鸿都大酒店	三	清远连州市番禺路226-230号	2004.03	50	102	400
	雄风大酒店	三	阳山县陵园路69号	2004.10	65	136	400
	星光大酒店	三	清远市佛冈县星光大酒店	2004.12	45	95	450
	阳山宾馆	三	清远市阳山县电塔路2号	2005.06	108	263	600
	粮香大酒店	三	英德市建设路59号	2006.01	55	111	1080
	英德市小岛宾馆	三	英德市英洲大道长线街1号	2006.01	68	115	230
	英德市迎宾馆	三	英德市利民路3号	2006.01	46	86	238

续表

地区	饭店名称	星级	饭店地址	评星时间	客房（间）	床位（张）	餐位（个）
	丁香花园酒店	三	清远市北江一路七星岗	2006.07	190	314	700
	卓代花园酒店	三	阳山县城阳山大道北	2006.10	163	300	1000
	侨丰宾馆	三	清远市先锋东路1号	2006.10	72	144	56
	国金商务酒店	三	清远市清城区北门街倾城摩尔广场	2008.01	66	124	200
	东方大酒店	三	清远市建设路口	2008.01	44	85	400
	连南迎宾馆	三	清远连南三江镇	2008.01	50	100	600
	雄风宾馆	三	阳山县城南大道76号	2008.07	132	238	130
	凯逸假日酒店	三	阳山县北门路城市广场	2009.08	177	375	500
潮州（四星级4家，3星级5家）	潮州迎宾馆	四	潮州市潮枫路中段	2000.12	154	301	600
	潮州宾馆	四	潮州市潮枫路1号	2006.01	221	360	800
	声乐大酒店	四	潮安县庵埠亨利北路	2006.09	168	216	1000
	海逸大酒店	四	潮安县开发东片A区	2009.10			
	安南大酒店	三	潮安县城区潮汕路安南路口	2000.04	72	115	1000
	金融信托大厦	三	潮州市潮枫路79号	2000.12	93	169	210
	汇侨大酒店	三	潮州市潮枫路中段	2000.12	88	175	750
	金龙宾馆有限公司	三	潮州市环城南路35－37号	2001.05	76	137	500
	饶平大酒店	三	饶平大道168号	2007.12	68	120	230
揭阳（五星级1家，四星级5家，三星级1家）	榕江大酒店	五	揭阳市东山区	2007.12	233	369	680
	揭阳特美思大酒店	四	揭阳市东山区2号路	2000.04	205	403	500
	揭阳市阳美国际大酒店	四	揭阳市东山区阳美路	2003.10	141	209	500
	揭西特美思度假村	四	揭阳市揭西县河婆镇城东	2003.12	109	194	600
	揭东金叶酒店	四	揭阳市揭东县城西一路	2003.12	197	359	650
	惠来宾馆	四	惠来县城南环一路	2006.03	162	318	980
	普宁金叶大厦	三	普宁市流沙河西路	1996.01	176	356	450
云浮（四星级4家，三星级7家）	翔顺大酒店	四	新兴县龙山旅游区	2006.01	141	260	160
	凯旋酒店	四	云浮市云城区建设北路11号	2007.08	166	276	1100
	翔顺花园酒店	四	新兴县翔顺花园二区	2007.08	83	159	900
	好莱湾酒店	四	罗定市兴华一路2号324国道旁	2009.10	119	209	1200
	光明大酒店	三	云浮市云城区	2000.11	90	169	300
	郁南县新都酒店	三	郁南县都城镇中山路22号	2005.03	79	136	500
	新永光大酒店	三	云浮市郁南县都城镇中山路2号	2005.09	68	125	500
	新丽晶大酒店	三	云浮市区河滨东路232号	2006.01	55	102	900
	卓成大酒店	三	云浮市云城区建兴云东路241号	2008.06	76	108	1080
	金鹏大酒店	三	云浮市云城区建兴云中路5号	2008.6	89	172	315
	华立龙山温泉度假村	三	云浮市新兴县龙山温泉度假村	2009.10	76	168	130

注：截至2009年底，广东省星级饭店总数1190家，其中白金五星级1家，五星级79家，四星级191家，三星级636家，二星级269家，一星级14家。

广东省旅游院校(系·专业)一览表

院校名称	旅游专业	学历层次	学校地址	邮　编	联系电话	网　址
中山大学管理学院旅游酒店管理系	旅游管理、酒店管理	本科	广州市新港西路 135 号	510275	020－84114239	www. bssysu. com
广州大学旅游学院	旅游与休闲管理、酒店管理	本科	广州大学城广州大学社科东楼	510006	020－39366725	ly. gzhu. edu. cn
华南理工大学经济与贸易学院	旅游与酒店管理专业	本科	广州大学城华南理工大学南校区	510006	020－39380762	www. scut. edu. cn
华南师范大学旅游管理系	国际旅游管理、国际酒店管理、城市休闲娱乐管理和会展旅游管理	本科	广州市中山大道西 55 号	510631	020－85210886	home. scnu. edu. cn
华南师范大学增城学院旅游管理系	国际旅游专业、国际酒店管理方向专业、旅游管理专业方向	本科	广州市萝岗区九龙镇	511363	020－82877110	lygl. scnuzc. cn
暨南大学管理学院旅游管理系	酒店管理、旅行社经营管理、旅游英语	本科	广州市黄埔大道西 601 号暨南大学惠全楼	510632	020－85227110	ms. jnu. edu. cn
广东商学院旅游学院	旅游业资讯、旅游研究、世界文化遗产资讯、景点景区	本科	广州市海珠区赤沙路 21 号	510320	020－84096477	ly. gdcc. edu. cn
广东外语外贸大学英文学院	国际会展与旅游系	本科	广州市白云区白云大道北 2 号	510420	020－36207229	felc. gdufs. edu. cn
广东技术师范学院	旅游管理与服务教育专业	本科	广州市天河区中山大道 293 号	510665	020－38256139	www. gdin. edu. cn
广东工业大学	旅游市场营销，旅游企业管理	本科	广州市广州大学城外环西路 100 号	510006	020－39322722	www. gdut. edu. cn
中山大学南方学院	旅游管理	本科	广州市从化温泉镇	510970	020－61787331	www. nfsysu. cn
仲恺农业工程学院	英语(旅游管理)	本科	广州市海珠区仲恺路 501 号	510225	020－89003030	www. zhku. edu. cn
广东商学院华商学院	旅游管理专业(酒店管理方向)	本科、专科	广州市增城荔城街华商路 1 号	510440	020－82666666	www. gdhsc. edu. cn
广东外语艺术职业学院	旅游英语、酒店管理	专科(高职)	广州天河区瘦狗岭路 463 号	510640	020－38457353	www. gtcfla. edu. cn
广东农工商职业技术学院	旅游管理、酒店管理	专科(高职)	广州市天河区粤垦路 198 号	510507	020－85230071	www. gdaib. edu. cn
广州番禺职业技术学院	旅游管理、酒店管理	专科(高职)	广州市番禺区沙湾青山湖	511483	020－84736666	www. pyp. edu. cn
广州工程技术职业学院	旅游服务与酒店管理	专科(高职)	广州市环市东路 465 号	510075	020－87693663	www. gzvtc. cn
广东机电职业技术学院	旅游管理	专科(高职)	广州市白云区沙太路麒麟岗	510515	020－61362191	www. gdmec. cn

续表

院校名称	旅游专业	学历层次	学校地址	邮　编	联系电话	网　址
广东女子职业技术学院	旅游英语、旅游日语、旅游管理、酒店管理	专科(高职)	广州市番禺区市莲路南浦段2号	511450	020－34557002	www. gdfs. edu. cn
广东白云学院	酒店管理	专科(高职)	广州市江高镇学苑路1号	510450	020－36093333	www. bvtc. edu. cn
广东工贸职业技术学院	旅游英语	专科(高职)	广州市广州大道北1098号	510510	020－87745757	www. gdgm. cn
广东培正学院	酒店管理	专科(高职)	广州市花都区培正大道中1号	510830	020－86710202	www. peizheng. net. cn
广州铁路职业技术学院	涉外旅游	专科(高职)	广州市石井街庆隆中路100号	510430	020－86020463	www. gtxy. cn
广州涉外经济职业技术学院	涉外旅游、酒店管理	专科(高职)	广州市沙太路大源金龙路32号	510540	020－36783769	www. gziec. net
广州康大职业技术学院	旅游管理	专科(高职)	广州市萝岗区华师康大教育园	511363	020－82872088	www. kdvtc-edu. cn
广州南洋理工职业学院	旅游管理	专科(高职)	广州市从化环市东路529号	510925	020－87828752	www. nyjy. cn
广东岭南职业技术学院	涉外旅游管理、涉外酒店管理	专科(高职)	广州市天河区大观中路492号	510663	020－22305555	www. lnc. edu. cn
广东理工职业学院	应用英语专业(旅游服务方向)、酒店管理	专科(高职)	广州市下塘西路3号	510091	020－83505073	www. gdpi. edu. cn
广州华夏职业学院	旅游与酒店管理	专科(高职)	广州市从化城鳌大道东772号	510935	020－87868990	www. gzhxtc. cn
广州松田职业学院	旅游管理	专科(高职)	广州市增城朱村街	511370	020－82856989	www. sontanedu. cn
广东外语外贸大学公开学院	国际旅游管理	专科	广州市白云大道北2号		020－36209026	www. gdufs. edu. cn
广东省旅游职业技术学校	旅游服务与管理、酒店服务与管理旅游艺术、旅游英语、旅游日语	中专	广州市白云区同泰路1111号	510515	020－37248645	www. gds-lyxx. com
广州市旅游商贸职业学校	酒店服务与管理、导游服务与管理	中专	广州市海珠区工业大道南泰沙路沙溪横街15号	510280	020－84302391	www. gzvstc. net
广州市旅游职业学校	旅游服务与管理、商务外语、酒店服务与管理	中专	广州市前进路云桂大街5号	510220	020－84236178	www. gztschool. comP
广东建设职业技术学院	旅游与酒店管理	中职	广州市白云区人和镇方华路	510440	020－37321680	www. gdcvi. net
广东新里程旅游学校	旅游管理、酒店管理	中专	广州市白云区江高镇私企区巴江东路2号	510000	020－38765771	www. gdxlctravel. com
广州市轻工高级技工学院	旅游与酒店管理	中专	广州市钟落潭镇竹料管理区东风南路38号	510545	020－87481623	www. gzslits. com. cn

续表

院校名称	旅游专业	学历层次	学校地址	邮编	联系电话	网址
广州市实验技工学校	商务日语与旅游管理	中专	广州市海珠区同福东南村路79号	510000	020－84448339	www. ssyschool. com
广东省电子职业技术学校	旅游与酒店管理	中专	广州大道北同和同宝路10号	510515	020－37240362	www. gddzxx. com
广州从化市技工学校	旅游与酒店管理、烹饪与酒店管理	中专	广州从化市街口镇海塱开发区	510900	020－87968440	www. gzchts. com
广州番禺区岭东职业技术学校	旅游酒店管理与导游服务	中专	广州市番禺区大岗镇兴业路136号	511468	020－34937981	www. ldzz. cn
广东省高级技工学校	饭店(酒店)服务与旅游	中专	广州市花都区雅瑶镇镇政府	510000	020－86447073	www. gdsgj. com
广州潜水学校	旅行社管理、景点讲解、潜水导游	中专	广州市南洲路146号	510290	020－34060161	www. qshxx. com. cn
暨南大学深圳旅游学院	旅游管理系	本科	深圳市华侨城	518053	0755－26931753	www. sztc. edu. cn
深圳大学师范学院旅游文化系	汉语言文学(文化导游)	本科	深圳大学校内	518060	0755－26534297	norc. szu. edu. cn
深圳职业技术学院旅游系	旅游管理、酒店管理	本科	深圳市南山区西丽湖	518055	0755－26731000	www. szpt. edu. cn
深圳广播电视大学	旅游、英语	专科	深圳市解放路4006号	518001	0755－82116807	www. szrtvu. com. cn
中山大学旅游学院	旅游规划与管理、旅游人力资源管理	本科	珠海市唐家湾中山大学珠海校区	519082	0756－3668277	stm. sysu. edu. cn
吉林大学珠海学院旅游管理系	酒店管理、旅行社管理、高级导游	本科	珠海市金湾草堂	519041	0756－7626292	www. jluzh. com
广东科学技术职业学院外国语学院	旅游英语、旅游管理	专科	珠海市金湾区珠海大道南侧	519090	0756－7796350	www. gdit. edu. cn
珠海市艺术职业学院	导游、旅游管理	专科	珠海市金湾区广安路2号	519090	0756－3982377	www. zhac. net
珠海市城市职业技术学院	国际旅游管理	专科	珠海市金湾区西湖城区金二路	519090	0756－7253031	www. zhcpt. net
珠海市第一中等职业学校	旅游服务与管理	中专	珠海市香洲区香华路51号	519002	0756－2651300	www. zhyz. net. cn
汕头职业技术学院	旅游管理	专科	汕头市濠江区东湖	515078	0754－83582511	stzy. stedu. net
广东省粤东高级技工学校	酒店服务与旅游	中专	汕头市金新路85号	515041	0754－88249837	www. gdydgj. com
汕头市鮀滨职业技术学校	旅游服务与管理(导游)	中专	汕头市金平区汕樟路35号	515041	0754－88547547	skvs. stedu. net
佛山科学技术学院	旅游管理	本科	佛山市江湾一路18号	528000	0757－83989841	www. fosu. edu. cn
华南师范大学南海校区	旅游管理	本科、专科	佛山市南海	528225	0757－86687222	www. nhxy. com

续表

院校名称	旅游专业	学历层次	学校地址	邮　编	联系电话	网　址
佛山职业技术学院	酒店管理、旅游管理(休闲旅游)、旅游管理(涉外旅游)	专科	佛山市南海区狮山镇官窑	528237	0757－83338760	www.fspt.net
顺德职业技术学院	酒店及旅游管理系	专科(高职)	佛山市顺德区德胜东路	528333	0757－22323732	www.sdpt.com.cn
佛山市高级技工学校	旅游与酒店管理	中专、高专	禅城区市东下路22号	528000	0757－83324344	www.nhjx.com
佛山市华材职业技术学校	饭店服务与管理、旅游服务与管理	中专	佛山市禅城区丝织路25号	528000	0757－82301064	www.fshc.net
三水技工学校	饭店(酒店)服务与旅游	中专	佛山市三水区云东海观光大道	528100	0757－87820598	www.ssjx.com.cn
佛山市顺德区容桂职业技术学校	旅游服务与管理	中专	佛山市顺德区容桂街道小黄圃	528313	0757－28199019	rgzz.sdedu.net
李伟强职业技术学校	旅游服务与管理	中专	佛山市顺德区大良金沙大道健民街4号	528300	0757－22326830	www.lwqzx.sdedu.net
顺德中专、技工学校	旅游与酒店管理	中专	佛山市顺德区大良街道办	528300	0757－22617715	www.sdzz.net
顺德区胡宝星职业技术学校	旅游服务与管理	中专	佛山市顺德区杏坛镇新涌	528325	0757－27382621	xtzz.sdedu.net
佛山市实验技工学校	旅游与酒店管理	中专	佛山市实验技工学校芦苞镇	528138	0757－87232886	www.shiyanjx.com
韶关学院	旅游管理	本科、专科	韶关市大学路	512005	0751－8120066	www.sgu.edu.cn
广东松山职业技术学院	旅游英语	专科(高职)	韶关市曲江区南华	512126	0751－6501666	www.gdsspt.net
韶关广播电视大学	旅游	专科	韶关市新兴路9号	512026	0751－8760873	www.sgrtvu.net.cn
韶关市北江中等职业学校	旅游导游	中专	韶关市韶南大道中30号	512027	0751－8287130	www.sgbjzz.com
韶关市中等职业技术学校	餐饮	中专	韶关市教育路	512000	0751－8929500	www.sgszz.com
韶关市高级技工学校	旅游管理	中专	韶关市韶瑶路168号	512026	0751－8127111	www.sggaoji.com
河源职业技术学院	旅游管理、酒店管理、涉外旅游	专科(高职)	河源市东环路	517000	0762－3800008	www.hycollege.net
河源市技工学校	旅游服务与管理	中专	河源市源城区东环路	517000	0762－3800633	www.hyjgxx.com
和平县职业技术学校	旅游与酒店管理	中专	和平县教育路育才新村1号	517200	]0762－5632100	www.hyhpzx.cn
河源理工学校	旅游服务与管理	中专	河源市东环路大学城	517000	0762—3692331	www.hylgxx.net
嘉应学院地理与旅游学院	旅游管理	本科	梅州市嘉应学院工业大楼	514015	0753－2186956	www.jyu.edu.cn
梅州市农业学校	旅游服务与管理	中专	梅州市东郊天字岌	514011	0753－2356234	mznx.meizhou.net
梅州市职业技术学校	酒店管理、烹饪	中专	梅州市东山教育基地学子大道	514089	0753－2290133	www.mzsz.cn

续表

院校名称	旅游专业	学历层次	学校地址	邮编	联系电话	网址
梅州市高级技工学校	饭店(酒店)服务、旅游	中专	梅州市中环路	514071	0753－2321183	www. mzsjgxx. cn
梅州城西职业技术学校	旅游服务与管理	中专	梅州市环市西路	514031	0753－2202280	www. mzcxzz. com
梅州财贸学校	旅游服务与管理	中专	梅州市华南大道剑英公园对面	514071	0753－2185615	www. mzcmxx. com
惠州学院	旅游管理(师)、旅游管理	本科	惠州市演达大道 46 号	516007	0752－2529000	www. hzu. edu. cn
惠州旅游学校	旅游管理系	中专	惠州市惠城区马安镇新乐大道	516057	0752－3619501	www. hzts. net
惠洲商业学校	导游与旅游管理、酒店管理	中专	惠城区江北文华二路 86 号	516003	0752－2829100	www. hzcs. com. cn
惠州经济职业技术学院	旅游管理、商务英语	专科	惠州市惠城区马安镇圣马龙大道	516057	0752－3619806	www. hzcollege. com
汕尾职业技术学院	旅游管理	专科	汕尾市城区文德路	516600	0660－3386864	www. swvtc. cn
东莞南博职业技术学院	旅游管理、酒店管理	专科	东莞市南城区西湖路 99 号	523083	0769－86211555	www. gdnanbo. com
东莞市高级技工学校	旅游管理(导游)、星级酒店管理	中技	东莞市清溪大道三星路口	523112	0769－22293101	web. dgjx. net:91
东莞市石龙职业技术学校	旅游	中专	石龙镇竹丝洲 58 号	523320	0769－86881309	slzhiye. w56. west263. cn
东莞市职业技术学校	旅游与管理	中专	东莞市城区新风路 129 号	523003	0769－22227691	www. dgzxt. com
电子科技大学中山学院	行政管理(会展经济与酒店管理)	本科	中山市石岐区学院路 1 号	528402	0760－88332307	www. zsc. edu. cn
中山职业技术学院	旅游管理	专科(高职)	中山市博爱七路 25 号	528404	0760－88269288	www. zspt. cn
中山市旅游学校	旅游、酒店服务与管理	中专	中山市三乡镇金涌大道 23 号	528463	0760－6337636	www. sxlg. com
中山市建斌中等职业技术学校	旅游服务与管理	中专	中山市小榄镇文东南街 18 号	528415	0760－22113730	www. xljb. net
广东江门艺华旅游职业学院	旅游管理,酒店管理	专科(高职)	江门市五邑路 683 号	5290000	0750－3963333	www. jmyhu. com
台山市联合中等专业学校	旅行社服务与管理、酒店服务与管理、旅游航空服务	中专	台山市沙岗湖科教文化开发区	529000	0750－5659595	www. tslhzz. com
江门职院附属中等职业技术学校	旅游管理、烹饪与酒店管理	中专	江门市环市二路 14 号	529000	0750－3508210	www. jmpt. edu. cn
鹤山市职业技术高级中学	旅游与酒店管理	中专	广东鹤山市沙坪镇大林路 175 号	529000	0750－8877601	www. hszygz. com
江门市高级技工学校	旅游与酒店管理	中专	江门市江北路 1 号	529030	0750－3103906	www. jmjx. com

续表

院校名称	旅游专业	学历层次	学校地址	邮　编	联系电话	网　址
江门市第一职业高级中学	酒店服务管理、旅游服务管理	中专	江门市胜利北路40号	529000	0750－3281488	www. dyzz. net
江门职业技术学院	旅游管理、旅游管理	专科(高职)	江门市潮连大道6号	529000	0750－3725555	www. jmpt. edu. cn
江门新英职业学校	旅游管理	中专	江门市江海区东宁路26号	529000	0750－3862028	www. jmxyzx. com
江门市杜阮旅游职业技术学校	旅游服务与管理、酒店管理	中专	江门市中心西侧5公里	529000	0750－3671250	drqz. l78. bizcn. com
阳江市第一职业技术学校旅游专业	旅游服务与管理、管理酒店服务与管理	中专	阳江市东风三路9号	529500	0662－3354338	www. yjyizhi. com
阳江职业技术学院	旅游管理	专科(高职)	阳江市江城区东山路	529566	0662－3351820	www. yjcollege. net
广东海洋大学	旅游管理	本科	湛江市湖光岩东	524088	0759－2362175	www. gdou. edu. cn
湛江市霞山区职业高级中学	旅游服务与管理	中专	湛江市霞山区文明北一路29号	524003	0759－2301308	www. gdzjxz. com
湛江市商业技工学校	旅游与酒店服务管理	中专	湛江市霞山人民大道南4号	524001	0759－2515568	www. zjsx. gd. cn
湛江市旅游职业技术学校	旅游服务与管理、酒店服务与管理	中专	湛江市霞山区绿塘路63号	524002	0759－2626639	www. zj8z. com
广东省旅游商务职业技术学校	旅游服务与管理	中专	湛江市赤坎椹川大道北89号	524033	0759－3210853	www. gdlysw. com
茂名职业技术学院	旅游管理	专科(高职)	茂名市文明北路232号大院	525000	0668－2920126	www. mmvtc. cn
茂名市第二职业技术学校	旅游与酒店专业	中专	茂名市官渡南路31号大院	525000	0668－2091001	www. mmez. cn
信宜市职业技术学校	旅游与酒店管理	中专	信宜市竹山路308号	525300	0668－8872988	www. xyszjzx. com
肇庆学院	旅游管理	本科、专科	肇庆市端州区迎宾大道	526061	0758－2716043	www. zqu. edu. cn
肇庆职业学校	旅游服务与管理	中专	肇庆市端州区人民南路42号	526040	0758—2208891	www. zqzyxx. com
肇庆市华洋外语学校	日语导游	中专	肇庆市星湖东路8号	526060	0758－2253089	www. zqhy. net
广东省肇庆市高级技工学校	酒店服务与旅游	中专	肇庆市端州一路大冲广场北侧	526060	0758－2851217	www. zqgj. cn
肇庆市工程技术学校(肇庆农校)	旅游与酒店管理	中专	肇庆市鼎湖区坑口	526000	0758－2625919	www. zqnx. com
肇庆市贸易中等职业学校	中英文导游	中专	肇庆市江滨西路30号	526020	0758－2894623	www. zqmyxx. com
肇庆旅游学校	旅游服务与管理	中专	肇庆市鼎湖山牌坊侧	526000	0758－2626229	www. 2233. net
肇庆工商职业技术学院	旅游英语	中专	肇庆市七星岩旅游区	526020	0758－6179018	www. zqtbu. com
清远职业技术学院旅游与家政管理系	旅游与家政管理	专科(高职)	清远市清城区东城街蟠龙园	511500	0763－3936229	www. qypt. com. cn

续表

院校名称	旅游专业	学历层次	学校地址	邮　编	联系电话	网　址
清远市职业技术学校	旅游服务与管理	中专	清远市清新县滨江路 98 号	511800	0763 – 5818552	www. qyzz. com
清远市清城区职业技术学校	旅游服务与管理	中专	清远市清城区西门岗 15 号	511500	0763 – 3302075	www. qyqczx. com. cn
广东清远华南职业培训学院	饭店(酒店)服务与旅游	中技	清城区横荷街道办 5 号区	511520	0763 – 3371916	www. hzpxy. com
清新县职业技术学校	旅游服务与管理	中专	清远市清新县清河大道	511800	0763 – 5825250	www. qyzz. net
英德市职业技术学校	旅游服务与管理	中专	英德市贞阳中路 59 号	513000	0763 – 2282745	www. ydzx. com. cn
广东韩山师范学院	旅游管理	本科	潮州市桥东	521041	0768 – 2525449	www. hstc. edu. cn
潮州市职业技术学校	旅游管理	中职	潮州市中山路北庆德里 3 号	521000	0768 – 2231676	www. czzj. com
潮州市虹桥职业技术中学	旅游管理	中职	潮州市西湖虹桥头	521000	0768 – 2231713	www. czhqzz. com
潮汕职业技术学院	旅游管理	专科(高职)	揭阳普宁市大学路 1 号	515343	0663 – 2290558	www. chaoshan. cn
罗定职业技术学院	旅游英语、旅游管理、旅游管理专业	专科(高职)	罗定市西门岗 5 号	527200	0766 – 3782735	www. ldpoly. com
云浮市中等专业学校	旅游服务与管理饭店服务与管理	中专	云浮市宝马路 2 号	527300	0766 – 8836037	www. yfzzxx. com

编后记

2009年，广东旅游围绕加快产业转型升级，把旅游业培育成广东国民经济战略性支柱产业和人民群众更加满意的现代服务业的目标，全力推进综合改革创新。本卷全面地记录了这一发展变化的情况。

广东旅游每年都有许多鲜活的亮点，需进一步总结和宣传，《广东旅游年鉴》作为载体已默默承载着这一切。作为记录这一发展变化的各位编辑、特约编辑为承担这一使命而自豪。在此，衷心感谢各级旅游部门、旅游同仁和撰稿人员以及世界图书出版广东有限公司为此付出的辛勤劳动。

本卷的出版，得到了省旅游局、各市旅游局领导的关心和大力支持；省建设厅、省林业局、省文物局及省非物质文化遗产保护中心等单位对年鉴《名录》资料收集提供了极大的帮助。恳切期望各级领导一如既往地关注、呵护这一功在广东旅游业的历史性刊物。

本卷力求适应现代出版物的要求，充分发挥电子出版物信息容量大、快捷等优点，以方便读者使用。由于编辑水平有限、时间仓促、人力有限，倘有谬误之处，谨请业内外人士不吝赐教。

广东旅游年鉴编辑部

2009年12月

2010年4月27～28日，广东旅游年鉴编辑工作会议在恩平市召开。